U0619301

甲午战争的百年回顾

——甲午战争120周年学术论文选编

张海鹏 崔志海 高士华 李细珠 编

中国社会科学出版社

图书在版编目（CIP）数据

甲午战争的百年回顾／张海鹏等主编 . —北京：中国社会科学出版社，
2014.8

ISBN 978 - 7 - 5161 - 4731 - 3

Ⅰ.①甲… Ⅱ.①张… Ⅲ.①中日甲午战争—研究 Ⅳ.①K256.307

中国版本图书馆 CIP 数据核字(2014)第 200829 号

出 版 人	赵剑英
责任编辑	吴丽平
责任校对	宗 合
责任印制	李寡寡

出 版	中国社会科学出版社
社 址	北京鼓楼西大街甲 158 号（邮编 100720）
网 址	http://www.csspw.cn
	中文域名:中国社科网 010 - 64070619
发 行 部	010 - 84083685
门 市 部	010 - 84029450
经 销	新华书店及其他书店

印刷装订	环球印刷(北京)有限公司印刷
版 次	2014 年 8 月第 1 版
印 次	2014 年 8 月第 1 次印刷

开 本	710 × 1000 1/16
印 张	61.75
插 页	2
字 数	1039 千字
定 价	318.00 元

凡购买中国社会科学出版社图书,如有质量问题请与本社联系调换
电话:010 - 64009791
版权所有 侵权必究

序　言

今年是甲午马年，正值甲午战争 120 周年。甲午战争虽已经过去两个甲子，但在中国人的历史记忆中打下的烙印，难以磨灭。甲午战争失败成为中国历史发展的转捩点，也成为远东历史发展的转捩点，进一步说甚至成为国际局势发展的转捩点，中国在甲午战争中失败的惨痛教训，在在都引起人们深深的思考。不幸的是，甲午战争 120 周年的时候，中日关系正经历着建交 40 年后的一次令人痛苦的倒退。个中因缘，值得总结。痛定思痛，因对 120 年前的甲午战争历史作出检讨，算作历史与未来的对话。

回首伤痛，不是为了在伤痛上撒盐，而是为了总结历史教训。学史使人明智，认真反思历史场景，认识那场战争何以发生、何以成为那样令人不忍回首的结局，对于今天维护祖国领土完整与统一，更好地实现中华民族伟大复兴的中国梦，具有重要的现实意义。

一　中日关系的历史

据日本史学家井上清教授的分期，日本古代史在新石器时代和弥生时代（金石并用时代），正当中国秦汉时期。六七百年后，到了奈良时代和平安时代，就是中国的唐朝。公元 4 世纪以后，日本通过朝鲜，接触了中国文化。井上清指出："日本社会就是这样恰如婴儿追求母乳般地贪婪地吸收了朝鲜和中国的先进文明，于是从野蛮阶段，不久进入了文明阶段。"[①] 日

---

① 井上清：《日本历史》上册，天津市历史研究所译校，天津人民出版社 1974 年版，第 20 页。

本"倭奴"国王接受了东汉皇帝颁发的"汉委奴国王"金印。尤其在奈良时代，日本多次派出遣唐使率领大量留学生到长安、洛阳留学，吸收了中国文化中的许多东西，从文字、儒学、佛学、法律制度、行政体制、文学、庙宇建筑乃至京城设计，唐文化形成了日本文化的基础。8世纪初日本最早的历史书《日本书纪》就是用汉文书写的。

近代以前一千几百年间，中日关系总体上是好的，日本知识界把中国看做老师。

但到了16世纪末期，明朝万历年间，丰臣秀吉以武力统一了日本全国后，他的野心膨胀起来。作为日本的关白（相当于宰相），他想要征服琉球、中国台湾、菲律宾，还要征服朝鲜和中国，甚至提出要把北京作为日本的首都。① 他说过，要把日本交给他的弟弟秀长管理，他自己辅佐天皇坐镇北京，把大唐作为天皇的直辖领土。这是日本政治家最早的扩张主义的主张和野心。

1597年，丰臣秀吉再次侵朝，次年（万历二十六年）明朝军队应邀入朝，和朝鲜军队一起打败入侵日军，丰臣秀吉死于朝鲜，占领朝鲜的图谋未能成功。但丰臣的这种主张一直为德川幕府时期的政治家、思想家所继承。德川幕府时期的一些思想家都鼓吹占领中国，提出建立"大大日本帝国"。这是近代以来所谓"大日本帝国"最早的说法。

二　甲午战争的历史背景

明治维新后，日本明治天皇立志要"继承列祖列宗之伟业"，要"开拓万里波涛，布国威于四方"，图谋夺取琉球、朝鲜和中国台湾。明治维新的先驱者吉田松阴提出"北割满洲之地，南收台湾、吕宋诸岛"。"脱亚入欧"论的主张者福泽谕吉要求日本"应同西洋人对待中国朝鲜之方法处分中国"。② 无疑，这是为发动侵华战争制造理论根据、提供舆论准备。

1874年日本借口琉球漂流民在中国台湾南部被杀事件讹诈清政府，

---

① 丰臣秀吉：《二十五条觉书》，引自水野明《日本侵略中国思想的验证》，《抗日战争研究》1995年第1期。

② 吉田松阴、福泽谕吉言论，引自水野明《日本侵略中国思想的验证》，《抗日战争研究》1995年第1期。

在出兵台湾未获满意结果后，用狡猾的手段逼得总理衙门大臣承认日本此举是"保民义举"。1875 年日本强行把独立的琉球王国改为日本的琉球藩。1879 年日本以武力吞并琉球。因为琉球与中国存在藩属关系，吞并琉球遭到清政府抗议，中日之间就琉球地位问题谈判数年，成为未决的悬案。直到 1887 年，总理衙门大臣曾纪泽还向日本驻华公使盐田三郎提出，琉球问题尚未了结。1888 年，日本已决心用战争手段解决中日关系问题，便主动放弃谈判。此后，清政府不承认冲绳县，只承认琉球国。

琉球得手，日本即把朝鲜问题提上议事日程。1873 年，西乡隆盛说过：天皇"早在维新时就已考虑朝鲜一事"，"忍耐至此，乃为等待今日之到来"。① 日军从台湾撤兵不到半年，就派军舰到朝鲜釜山进行测量，在江华岛与朝鲜军队发生冲突。日本一方面与清政府谈判朝鲜问题，另一方面压迫朝鲜订立了第一个不平等条约《江华条约》。这个条约挑拨中国与朝鲜间存在的宗藩关系，规定"朝鲜国乃自主之邦"，为日本下一步侵朝行动打开了方便之门。1882 年朝鲜发生壬午兵变，1885 年朝鲜发生甲申政变失败，日本操纵朝鲜政局的图谋未能得逞。为此，日本派出伊藤博文到中国与李鸿章谈判，签订了《天津会议专条》，规定"将来朝鲜国若有变乱重大事件，中日两国或一国要派兵，应先互行文知照"。日本未从甲申政变中占到便宜，但却取得了向朝鲜派兵的权利，这又是日本的一次胜利。

三　日本的战争准备

在搁置琉球谈判后，日本立即抓紧扩军备战，建设海陆军，为此，成立直属天皇的参谋本部，还派遣大批间谍到中国侦察敌情。1887 年春，参谋本部陆军大佐小川又次综合侦察结果，提交《征讨清国方略》，对中国总兵力和各省军力分布做了详细报告，分析了清政府的财政、军费、海军建设、沿海和长江防御设施、官僚和国民素质，分析了日本政府财政状况、军费和海军建设，以及日本官僚和国民素质，提出"断然先发制人，

① 引自井上清《日本历史》中册，天津市历史研究所译校，天津人民出版社 1974 年版，第 542 页。

制订进取计划"的侵略计划，建议以八个师团军力"攻占北京，擒获清帝"。①

1890 年，日本首相山县有朋在日本第一届国会上提出"主权线"和"利益线"概念，认为日本是主权线，朝鲜是利益线，为了确保利益线，就要进攻中国。显然，日本将发动侵华战争的命题已经提上国会讲坛。在第四届国会上，天皇提出所谓"兼六合而掩八纮"②，实际上就是批准了发动侵朝、侵华战争的方针。

1893 年，日本政府成立"出师准备物资经办委员会"，颁布《战时大本营条例》，这是日本迈向侵华战争的重要步骤。同时，派出参谋次长川上操六率队到朝鲜和中国各地考察，布置了军事间谍网，构思了进攻作战的细节，得出了对华作战可以稳操胜券的结论。外务大臣陆奥宗光秘密对英国交涉修改条约，并在 1894 年 7 月完成签约，英国同意在日本对华开战时保持中立，实际上支持了日本的侵华立场。

这时候，正好朝鲜南部发生东学道农民起义，起义军打出了"逐灭夷倭""灭尽权贵"口号，表达反对外来侵略和封建统治的态度。1894 年 5 月 31 日起义军占领全州。朝鲜政府要求清政府出兵"代剿"。日本随即知道朝鲜的请求，喜出望外。伊藤博文首相和山县有朋枢密院长把这个消息看作"天助"，是发动战争的最好借口，随即怂恿清政府出兵："贵政府何不代韩戡乱……我政府必无他意。"③ 实际上，所谓"必无他意"只是谎言。李鸿章对日本"必无他意"信以为真，派出直隶总督叶志超带 2000 人兵力开赴朝鲜。

日本制造战争借口成功，立即于 6 月 5 日正式成立战时大本营。与此同时，派出一批日本海军开赴汉城。叶志超部清军于 12 日全部到达朝鲜牙山。日本一个旅团约 7000 人兵力利用"大演习"名义租用游船公司的轮船也进驻朝鲜仁川，与清军形成对峙，实力远超清军。

这时候，东学道农民起义事件已经平息。清政府建议中日两国同时撤兵。日本不但拒不撤兵，且继续增兵。为了拖延撤兵，日本进一步提出了

---

① 小川又次：《清国征讨方略》，《抗日战争研究》1995 年第 1 期。

② 引自井上清《日本历史》下册，天津市历史研究所译校，天津人民出版社 1974 年版，第 668 页。

③ 引文见《北洋大臣来电》，《光绪朝中日交涉史料》第 13 卷，第 7、8 页。

改革朝鲜内政的主张，要求清政府同意。清政府认为这是干涉朝鲜内政，表示反对。7月23日清晨，日本驻朝公使大鸟圭介以"改革内政"名义，率军攻入汉城王宫，驱逐国王，组成亲日傀儡政府。朝鲜士兵抵抗，死伤数十人。7月25日，日本海军不宣而战，在仁川附近丰岛海面击沉中国运兵船"高升号"，约800名清军死难。日本发动的侵朝、侵华战争就这样开始了。有学者认为，7月23日日军占领朝鲜王宫，是日本侵略朝鲜之战的开始；7月25日，击沉"高升号"，就把侵略矛头直接对准中国。

8月1日，日本对中国宣战后，大本营迁到广岛，天皇以大元帅身份到广岛来统帅大本营，举国一致的战时指挥体制正式形成。"集中目标，讨伐中国"的情绪，弥漫全国。

历史事实证明，甲午战争是日本蓄谋已久，经过周密准备后发动的，绝不是如有的日本学者所言是偶然冲动。

四　清政府对战争的爆发束手无策

鸦片战争后，中国遭受英法美俄等欧美大国的侵略，清政府切身感受到自己的落后，对英法诸大国的强大是领教过的。但那时候的士大夫和清流派各大臣，对近邻日本却是看不起。1871年中日之间签订《修好条规》，总理衙门没有让日本拿到中国给予欧美的那些特权，日本对此心存不满，过了几年日本特权条约才得到批准。清政府主政和清流各大臣对国际大势懵无所知，对东邻日本在明治维新后的改革发展也不求了解，对日本蓄谋发动侵朝、侵华战争的备战活动完全不了解。日本参谋本部派出要员来华考察敌情，从事种种间谍活动，包括与若干官员接触，清政府竟罔无所闻。情报人员绘制了包括朝鲜、我国东北和渤海湾在内的军用详细地形图，图上标明每一条道路和小丘。有一位欧洲人曾经获得了这样一份地图。[①] 中日开战后，与军令部和外务省有直接联系的著名间谍宗方小太郎一直在威海卫北洋舰队基地刺探军情，中国官方发现了他传出的情报，对他抓捕通报。但宗方在离开威海卫乘船到上海的途中用湖北蔡甸商人的假

---

① 见 T. Dennett Roosevelt and Russo-Japanese War. p. 148，转引自丁名楠等《帝国主义侵华史》第一卷，人民出版社1973年版，第331页。

身份骗过了所有检查，顺利回国。[①]

　　日本大规模出兵朝鲜，暴露了他更大的侵略野心。清政府和主事的北洋大臣李鸿章手足无措，进退维艰。事前对日本的图谋缺乏基本的调查研究，对日本可能的侵略野心未能作出准确的判断，对近些年中日之间不断发生的台湾事件、琉球事件、壬午兵变、甲申政变等交涉只是就事论事，敷衍塞责，得过且过，并不追究日本动作的背后原因，对中日关系的走向未能做出认真的总结与长远的安排。

　　李鸿章培育的北洋舰队虽然在1888年成军，但1888年以后就不再购进新的战舰，军费捉襟见肘，弹药严重不足。在中国担任总税务司职务的英国人赫德，曾深深卷入中国政治事务，他在黄海大海战半个月前写信给中国海关驻伦敦的代表金登干，说"北洋水师的克虏伯火炮没有炮弹，阿姆斯脱郎的火炮又无火药。冯·汉纳根……需要有足够打一场几个钟头之久的大海战的炮弹，现在还没有到手"。[②]据《泰晤士报》驻东京记者布林克莱（Brinkley）报道，日本在战前储存的弹药"比在一次对华战争中可能耗去的还要多"[③]。慈禧太后为了修建圆明园，以及为了仿效乾隆，要做60岁大庆，挪用军费，而且令大小官吏贡献年俸若干，完全不顾民心向背，不顾大战当前，一意粉饰太平。李鸿章管得了北洋舰队，却管不了南洋舰队。兵员分布在全国各地，动辄请奏，调动不便。有人说，甲午战争中，李鸿章以一人敌日本一国，怎么可能打赢战争。

　　清政府各大臣意见相左，主战、主和争论不休。帝党、后党围绕主战、主和相互攻讦。为了巩固光绪皇帝的地位，帝党主战。主战人士拿不出克敌制胜办法。慈禧太后为了不耽误自己的60岁大庆，支持李鸿章对日妥协。御史言官主战，他们没有实权，不敢得罪慈禧太后，把攻击的矛头对准了李鸿章。朝廷和政府难以形成对日作战的领导核心。

　　面对日本大举出兵，李鸿章显然不相信日本会先开仗，他劝告日本派兵人数不要多，不可深入内地，日本答复"唯行其所好而已"，日本的军

---

①　《宗方小太郎日记》1894年9月11日、12月14日条，戚其章主编《中国近代史资料丛刊续编·中日战争》第六册，中华书局1993年版，第123、132页。

②　《赫德致金登干函》，北京，1894年9月2日，见陈霞飞主编《中国海关密档　赫德、金登干函电汇编》第6卷，中华书局1995年，第112页。

③　A. M. Pooley（Ed.），*Secret Memoirs of Count Hayashi*，p.44，转引自丁名楠等《帝国主义侵华史》第一卷，第331页。

事行动不受中国政府约束。日军占领朝鲜王宫，李鸿章让官兵相信所谓万国公法，说什么"我不先开仗，彼谅不动手"，"谁先开仗，即谁理绌"。①中国提出中日同时撤兵，日本拒绝。在撤兵和改革朝鲜内政问题上，中日之间不能取得共识，李鸿章以为，单凭外交上的折冲樽俎，就可以"保全和局"，所以没有做厚积兵力打仗的准备。俄国参与调停，英国参与调停，美国也参与调停，法国、德国在观望。无论是参与调停还是观望，都是为自己在华和在远东的利益着想，并不是从中国的利益出发。俄国驻中国公使积极参与调停，但俄国驻朝鲜代理公使私下甚至劝日本早点开战，免得中国做好了准备。英国表示绝对不会采取威胁手段强迫日本撤兵，英国甚至劝告清政府妥协，承认日本对朝鲜的侵略要求，以免发生战争。清政府自己不做备战准备，不把外交寄托在自己实力基础上，"保全和局"的调停外交不能获得实效。日本外交则是利用英俄矛盾，谋求英俄中立。日本外交成功了。战争即将开始，清政府及其外交部门一直等待调停，一个半月时间过去了，基本上未做军事上的准备，这场战争的结局，是不难预计的。

赫德（R. Hart）在战争爆发时就说过："战争骇人地向毫无准备的我们袭来，李鸿章所吹嘘的舰队、要塞、枪炮和人力，都已证明远非一般所期待得那样厉害。"②"外交把中国骗苦了，因为信赖调停，未派军队入朝鲜，使日本一起手就占了便宜。"③

五　战争进程略述

这场战争为时八九个月。战争进行中，在李鸿章消极防御作战方针的指导下，仗也打得很窝囊。丰岛海战后，北洋海军不敢到大同江以南海域巡行，制海权拱手让给日本。

1894年9月，有两场大战。一是平壤大战，另一是黄海大战。清军一万多人退到平壤，清军叶志超部龟守城内，不布置远局，不侦察敌情，

---

① 《复叶提督》，《李文忠公全书》电稿，第16卷，第14、15页。
② 引自丁名楠等《帝国主义侵华史》第一卷，第345页。
③ 《中国海关与中日战争》，第59页，转引自戚其章《甲午战争国际关系史》，人民出版社1994年版，第71页。

被四路日军分进合击，予以歼灭。黄海大战，是世界上现代战舰第一次海上大战，鏖战数小时，北洋舰队小败。李鸿章报告清政府：北洋舰队"快船、快炮太少，仅足守口，实难纵令海战"，① 实行"避战保船"死守港口的方针，放弃了黄海制海权。10月，日军分成两路，一路突破清军鸭绿江防线，进入辽宁境内；另一路在辽东半岛花园口登陆，进入辽东。鸭绿江沿线守军两万多人，未能堵住日军进攻，海城被日军包围。日军在花园口登陆差不多半个月，除了本地农民奋起抵抗外，李鸿章未组织抵抗。日军占领金州后，攻下设防的大连湾。日军进攻大连湾和旅顺，李鸿章指示："宁失湾，断不失旅"②，结果，设防的大连湾被放弃，旅顺守军1万多人，却有将无帅，指挥不灵，北洋舰队的基地、"铁打的旅顺"也在11月下旬被攻陷。日军攻进旅顺，兽性大发，在旅顺进行大屠杀，两万居民死难。日本外相陆奥宗光也记下了世界舆论的谴责："日本披着文明的外衣，实际是长着野蛮筋骨的怪兽。"③ 围攻海城的日军，与七八万清军长期对峙。老迈的刘坤一，身任两江总督、湘军统帅，可以节制各军，却不亲临前线，坐视海城在1895年2月被日军攻占。清军指挥不灵，军无斗志，节节败退，到3月上旬，兵败如山倒，连失牛庄、营口、田庄台，大量军火、辎重被日军掳去。日军占领辽西，有进取北京之势，威胁清廷安全。

一支日军两万多人于1895年1月在山东半岛荣成湾登陆。清军在山东半岛未布置防守，日军在那里登陆，没有遇到抵抗。2月攻占有坚固设防的北洋海军基地威海卫，北洋海军提督丁汝昌在等待后援无望后自杀，北洋海军全军覆没。3月，日军占领澎湖群岛，军锋直指台湾。

清军失败狼藉，海陆军主力尽失，仗是不好再打了。日本也差不多耗尽了军力。面对日本进取北京之势，列强鉴于他们在华利益，是不会高兴的。英国虽然支持日本，也不希望战争延长下去，更不希望战争引起中国国内革命发生，推翻清政府。日本也在考虑和谈，清政府早在平壤大败后就开始求和活动。1894年11月，李鸿章就派天津海关税务司、德国人德璀琳带着李鸿章写给伊藤博文的介绍信前往日本，为日本所拒。在美国撮

---

① 《据实奏陈军情折》，《李文忠公全书》奏稿，第78卷，第61页。

② 《复旅顺龚道》，《李文忠公全书》电稿，第18卷，第26页。

③ 陆奥宗光：《蹇蹇录》中译本，商务印书馆1963年版，第63页。

合下，1895 年 1 月清政府派出总理衙门大臣张荫桓等人前往日本，日本指摘张荫桓等"全权不足"，拒绝谈判，甚至指名只有李鸿章来才能开谈。

当北洋海军全军覆没后，清政府已经没有条件讨价还价了。1895 年 3 月 19 日，李鸿章以全权大臣名义到达日本乞和。谈判是在伊藤博文主导下进行，中方的要求基本上不予采纳。3 月下旬，还在谈判中，日本海军占领澎湖。谈判时，伊藤还提出台湾问题，表明了日本夺取台湾的意向。日方还动辄以"进攻北京"相威胁，逼迫中方就范。4 月 17 日，伊藤博文与李鸿章在《马关条约》上签字。

条约主要内容为：中国承认朝鲜为独立国；将辽东半岛、台湾全岛、澎湖列岛割让给日本；赔偿日本军费银二万万两，三年内交清；与日本订立通商行船条约及陆路通商章程；开放沙市、重庆、苏州、杭州为通商口岸，日本轮船可驶入以上口岸；日本臣民得在中国通商口岸任其从事各项工艺制造，又得将各项机器任便装运进口，免征一切杂税；日本军队暂时占领威海卫，待赔款付清和通商行船条约批准互换后，才允撤退，威海驻兵费由中国支付。日本割占辽东半岛，引起欧洲列强不满，由于俄法德三国干涉，日本吐出刚刚得到的辽东半岛，却要清政府以 3000 万两白银赎回。赔款 2.3 亿两白银，给中国带来无穷的财政负担，现代化进程踯躅难行；台湾割让，给中华民族带来了剜心的痛！

六　中日胜败比较研究

对于中国在甲午战争中失败，120 年来各方人士有不同的解读。这里依据历史事实，做出一些分析。

第一，中日两国社会发展阶段不同，是评估战争胜败的基础性因素。鸦片战争前中国是封建社会，鸦片战争后成为半殖民地半封建社会。虽然在 19 世纪 60 年代开展了洋务运动，但在社会发展阶段上，只可与日本幕府末期的改革相比较，改革效果，中国尚且不及幕府末期。日本通过明治维新，大力提倡与开展"殖产兴业"，不仅引进西方资本主义的生产技术，而且引进西方资本主义的社会制度，使日本迅速发展成为一个后起的资本主义国家。据统计，从 1868 年到 1892 年，日本总共建成了 5600 多个公司，总投资达到 2.89 亿日元，平均每年设立 225 个公司，资本差不多 1100 万日元，折合中国 700 多万两白银。① 1892 年前日本在洋务企业方面的成就和中国洋务运动时期相比，中国方面可以说是很难望其项背了。

第二，国内经济政治实力不同。甲午战争前，日本已经形成了全国统一市场，颁布了宪法，召开了国会，建立了以天皇为核心的高度集权的中央统治机构，政府大臣大多留学欧洲，或者到欧美各国考察过，建立了新式陆海军，新式陆军加上预备役部队近 30 万人。社会发展阶段不同，经济成长实力相差甚大，军备实力中国不如日本，这是决定这场战争成败的关键因素。

第三，对战争的准备情况不同。日本发动这场侵朝、侵华战争，做出了几代人的准备，包括政治准备、经济准备、军事准备、社会动员和国际舆论准备，设计多种实施方案。单是对敌情的调查，可谓无所不细其极，周到翔实。情报人员足迹遍及北京、天津、上海、汉口、广州、福州、厦门、湖南、陕西、四川以及东北各地。一些后来在日本政坛担负重要职务的人都曾到中国做过调查，如桂太郎、川上操六、桦山资纪等。所有到中国搜集情报的人回国后都提交调查报告。著名的如桂太郎等《邻邦兵备略》、驻华武官福岛安正《征清意见书》、小川又次《征讨清国方略》以及海军部的六份《征清方策》等。小川又次对中国国情民情以及兵力部署的掌握，是清政府高层官员所不及的。情报人员绘制了包括朝鲜、我国东北和渤海湾在内的军用详细地形图。反过来，清政府朝野对日本明治维新以来的情况缺乏了解，对日本几代人准备"征韩"、"征清"的图谋未曾研究。驻日使馆参赞黄遵宪撰写了一本《日本国志》，刊刻后不为国内所重视，这部书的价值直到甲午战败才被发现。曾任驻日本公使的黎庶昌，对日本社会有相当了解，曾判断日本对中国终有一战，甲午战前要求再派他到日本赴任，揭穿日本对华战争阴谋，但他不为总理衙门接受，只落得终老乡里。清政府处理中日关系交涉，包括 1871 年建交、琉球事件、台湾事件、朝鲜壬午兵变、朝鲜甲申政变等，都是就事论事，不是放在欧美列强推行殖民主义侵略政策的大背景下思考，不去追究、探讨所有这些事件的背后原因，且往往处置失当，常常堕入日本谋略的彀中，不能自拔。

---

① 高桥龟吉：《明治大正产业发达史》，第 24 页，转引自樊百川《清季的洋务新政》第 1 卷，上海书店出版社 2003 年版，第 22 页。

第四，日本组成举国一致的战争体制，包括军事、政治、后勤、外交都分别作了周到安排。"集中目标，讨伐中国"的情绪，弥漫全国。战端一开，清政府惊慌失措。清政府内各大臣意见相左，主战、主和争论不休。帝党、后党围绕主战、主和相互攻讦。为了巩固光绪皇帝的地位，帝党主战。主战人士也拿不出克敌制胜办法。慈禧太后为了不耽误自己的60岁大庆，支持李鸿章对日妥协。御史言官主战，他们没有实权，不敢得罪慈禧太后，把攻击矛头对准了李鸿章。朝廷和政府难以形成对日作战的领导核心。李鸿章以北洋大臣、直隶总督处在应战的指导地位，应对谋略、调兵遣将，在在需要奏请，而且遇事掣肘，难以迅速形成决策。有人说，李鸿章以一人敌日本一国，虽然语带夸张，在某种意义上也反映了实情。

第五，两国战争指导原则不同。在战争指导原则上，日本实行积极进攻的战略原则，李鸿章采取的是消极防御的战争指导方针，"保全和局"是李鸿章应对战争的不二法门。李鸿章在战争一触即发之际，不相信战争能打起来，只相信万国公法，要以理服人，"谁先开仗，即谁理绌"。[①] 把应对战争可能爆发放在国际调停上。他不断请俄国、英国、美国出面调停，调停时间长达一个半月，不做战争准备。平壤大败后，李鸿章眼看局势于己不利，又忙着请列强调停和局。日本在外交上应付调停，在军事上一步也不放松，处处掌握主动。历史事实证明，在战争的每一步进展上，李鸿章都把战争的前景寄望于列强调停。调停没有把中国带进和局。

日本在战役指挥上，总是先下手为强，每一步都是先手，不给对方留下后路，直至消灭对方主力。李鸿章的战役指挥，是步步退让。"避战保船"，死守港口，放弃了渤海、黄海制海权。仗打得实在窝囊。

日本在广岛设立战时大本营，天皇亲自坐镇，统一指挥军事和政治、外交。清政府没有建立统一的国防军，只有镇压太平天国后留下的湘军和淮军，还有练军。这些军队基本上是旧式的军队，没有统一的领导机关，各有所属，互不听调，一些将领贪生怕死，只知保存自己，没有全局观念。李鸿章指挥北洋海军，却指挥不动南洋海军；可以指挥淮军，却指挥不动湘军。叶志超部从牙山败退，还向朝廷报牙山大捷。鸭绿江沿线数万清军，互不相属，互不支援，一两天时间，防线就被日军全面突破。大连湾守将见日军进攻，放弃抵抗。旅顺是北洋海军基地，设防坚固，各守将

---

① 《复叶提督》，《李文忠公全书》电稿，第16卷，第14、15页。

互不统属，有将无帅，最后也被日军攻破。

第六，国际环境不同。国际环境总起来讲对清政府不利。清政府与列强签订了《南京条约》、《天津条约》、《北京条约》、《越南条款》，中国已束缚在西方列强的条约体系之中，以中国为核心的东方宗藩体系正在全面崩溃。清政府还存在中国中心观念，守着夷夏之防、宗藩体系，想以调停手段达到以夷制夷目的，缓解中国面临的紧迫局面。其实，列强在华各有利益，而且互相矛盾。李鸿章想借俄国力量对日本施压，俄国表面上答应，是为了增加俄国在远东获利的机会，一旦日本强硬，并不想真正去调停。英国与俄国在远东的利益冲突，不想俄国在调停中起多大作用，急忙插手调停，实际上英国是支持日本对华行动的。美国也不想对日本施压。日本虽然在幕府末期也被迫与列强签订不平等条约，但日本在幕府末期就开始改革，进到明治维新时期，大刀阔斧地推行"殖产兴业"式的资本主义改革，国力大增，并争取废除不平等条约。在李鸿章调停期间，日本成功地劝说英国采取中立政策，破解了清政府的调停策略。其实，欧美列强对日本在华的侵略行动，是乐观其成的。甲午获胜后，日本与列强间签订的不平等条约就陆续废除了。

总之，清代中国处在封建社会末期，面对西方资本主义列强的挑战，完全处在下风。在国际事务上，朝野上下颟顸无能，内政一塌糊涂，赔款压力巨大，经济成长乏力，贪污腐败成风，武备不兴，民气不扬。这种状况对付成长中的资本主义小国日本，战败是必然的。

七　甲午战争的历史影响

甲午战争的结局，是清政府事前没有料到的。日本在战争中完胜，也是欧美各国没有料到的。

第一，甲午战争的失败给予中国的打击是世纪性的。从近代中国的历程中处处可见甲午失败的影响。

中国的宝岛台湾以及澎湖列岛在《马关条约》中割让给日本。清政府在洋务运动中苦心经营的台湾模范省一举被日本攫走，台湾人民失去祖国庇护，遭受长达半个世纪的苦难。为了反抗日本占领，台湾人民开展了流血的和不流血的斗争。半个世纪牺牲60万人的生命，台湾人民的爱国情怀，不可谓不深，不可谓不烈。

　　按照条约规定，清政府被迫付出 2 亿 3 千万两白银战争赔款，三年还清，还清以前日军驻在威海卫，清政府承担三年军费 150 万两白银。清政府平均每年需付出 8000 万两赔款，相当于一年财政收入。这是清政府无法承担的。清政府只得忍痛向法俄、英德银行团，发起三次大借款，共借得外币折合约 3 亿两白银，扣除折扣、佣金，实得 2.6 亿两白银。此银交还日本外，所剩无几。三次大借款，中国除忍受苛刻的政治条件外，经济上遭受重大损失，中国要付出本息远远超过 3 亿两白银的数额，总额可能在 6 亿—8 亿之间。加上几年后《辛丑条约》本息差不多 10 亿两白银赔款，中国被牢牢捆绑在欧美和日本债务单上，国家的贫穷落后难以摆脱。

　　第二，甲午战争的胜利刺激了日本巨大的野心。日本从一个不怎么被人看得起的亚洲国家变成亚洲巨人，变成军国主义—帝国主义国家。通过《马关条约》的签订，不仅牢牢地把琉球控制在自己手中，也把本来属于台湾的钓鱼岛群岛控制在自己手中，霸占台湾成为他的第一块殖民地，还在中国承认朝鲜独立的名义下实际控制了朝鲜半岛，为 1910 年吞并朝鲜打下了基础。中国付给日本的赔款，折合成 3.58 亿日元。这是当时日本怎么都想不到的一笔巨大收入。日本内阁大臣井上馨说，看到这样大的财富滚滚而来，"无论政府和私人都顿觉无比地富裕"。这笔巨款中近 2.7 亿日元转入临时军费和扩军支出，用作扩充海陆军等军事费用以及扩大军事产业基础。其中建立八幡制铁所（今天属于"全日铁"）这样的大型钢铁厂，只用了 58 万日元。同时它还提出 5000 万日元作为储备金，建立了金本位制，为日本资本主义经济发展打下基础。① 可以说，日本的资本主义经济基础和军事工业基础以及教育基础，都是靠甲午战争中攫取的不义之财。正是在这个基础上，日本在 1905 年取得了对俄战争的胜利。也就是这个基础，成为此后日本制定大陆政策，在 1931 年发动九一八事变，1937 年发动七七事变，企图一举灭亡中国。第一次中日战争（甲午战争）和第二次中日战争，带给中国人民无尽的苦难。

　　第三，甲午战争出人意料的结局，刺激了帝国主义列强加大侵略中国的胃口。欧美列强看见东方刚刚崛起的小国日本打败了中国，便认为

---

　　① 　以上日元数字，参考蒋立文《甲午战争赔款数额问题再探讨》，《历史研究》2010 年第 3 期。

这个东方巨人已经躺在"死亡之榻"上，瓜分这个巨人"遗产"的时机已经到来，便纷纷在中国占领租借地，划分势力范围，抢占路矿权利，控制中国经济命脉，中国名义上保持独立地位，实际上处在半瓜分的状态。

第四，甲午战争后，中国历史上与周边亚洲国家建立的宗藩关系体系彻底瓦解，殖民主义体系在亚洲取代了宗藩关系体系。远东以及国际格局发生变化。远东地区（包括中国与朝鲜）从此成为欧美、日本等列强关注的焦点。此后，八国联军（其中日本出兵最多）对中国的侵略，第一次世界大战（日本借口对德国宣战，进攻并占领中国山东），巴黎和会，华盛顿会议以及九国公约，李顿调查团，第二次世界大战（中国抗日战争战场是第二次世界大战东方主战场），太平洋战争，开罗会议，等等，都直接与远东，与中国相关。说甲午战争改变了世界格局，是一点都不为过的。

第五，甲午战争的失败，不仅给予中国沉重一击，同时也给中华民族猛烈的警醒！中国不能停留在老样子上，应该有所变革。1894 年 11 月，正是平壤战败和黄海海战失败后，孙中山等在夏威夷发起成立兴中会，提出了推翻清朝的主张，第一次发出了振兴中华的号召。康有为领导的戊戌维新也从反对签订《马关条约》开始。严复在天津的报纸上第一次提出了"救亡"的口号，此后，"救亡"成为所有爱国者的中心口号。

革命和维新两股力量成为甲午以后推动中国变革的主要力量，可以说这是中国旧民主主义革命的真正开端。

中华民族的觉醒还表现在开始有意识地向西方学习。甲午以前，中国朝野也好，知识界也好，对东邻日本是瞧不起的，对日本在幕府末期的改革是不大了解的，对日本明治维新后的进步也是不屑于看到的，总之对日本在近代的崛起是不重视的。中国派留学生到美国，到欧洲都比日本早。但是，1896 年，因为甲午战败的刺激，第一批 13 人的留学生去了日本。1905 年日本战胜了俄国，大出中国知识分子的意外，这一年涌到日本的中国留学生有 8000 到 1 万人。这些年轻的留学生放下了看不起日本的身段，要去看看日本是怎样自强的，日本是怎样学习西方的，中国可以从中学到些什么？当年留学日本的青年吴玉章写道："东亚风云大陆沉，浮槎东渡起雄心。为求富国强兵策，强忍抛妻别子情。"说的就是这样的心情。中国民主主义革命时期的许多革命者都是留日学生出身（包括中国国民党和中国共产党的早期领导人）。在日本，他们学到了要学习西方，要改变中国，只有用革命的手段，才能救中国。马克思主义的理论，最初也是由留日学生带回中国的。

从此以后，中国社会改造自身的革命就成为不可逆转的了！

第六，甲午战争的胜利刺激，使日本忘乎所以，以为日本可以主宰世界，最终落得彻底失败的结局。

日本自从16世纪末丰臣秀吉统一全国以来，就立下了宏愿，要把中国的北京作为日本的都城。甲午战争以后，日本一直盯着中国。当第一次世界大战打响后，日本借口对德国宣战，出兵青岛，提出灭亡中国的二十一条，不久占领济南和胶济铁路线。今年是第一次世界大战爆发100周年，我们知道，中国派出了劳工到欧洲参与对德作战。日本却在山东，名义上对德作战，实际上对中国作战。1931年九一八事变后，日本在中国发动局部战争，不断占领长城沿线。1937年卢沟桥事变后，日本叫嚷三个月灭亡中国。但是中国在极其困难的条件下坚持了长达八年的抗战，在苏联、美国、英国的支持下，中国的抗战获得了最后胜利，日本接受了无条件投降。这是近代以来中国对外作战的第一次胜利！

日本由于甲午战争的胜利冲昏了头脑，没有弄清楚第二次中日战争时的中国，已经不是第一次中日战争时的中国，中国人民的觉醒是一个决定性的条件，国共两党建立抗日统一战线，中国共产党在抗战中发挥的中流砥柱作用，都是这种觉醒的表现。

日本有识之士，日本政治家，应当反省历史，尤其应该反省明治维新以来"脱亚入欧"的历史，反省侵略周边国家的历史。

日本要想成为一个正常的国家，这个正常的国家应该是一个与邻国和平共处的国家，是一个剔除了侵略邻国野心的国家，是一个不称霸的国家。

第七，居安思危，常存战备之思，永远使自己立于不败之地。

历史经验告诉我们，甲午战争以来中日国交的历史，战争多于和平，紧张多于友好。要创造和平多于战争，友好多于紧张的局面，中日两国人民都要经常回顾历史教训，牢记历史教训。

历史教训还有一点要注意：16世纪末以来，日本政治家常存灭我之心。这是我们在回顾甲午战争的世纪影响的时候，不要忘记的。当然，今天的中国，既不是第二次中日战争时的中国，更不是甲午年第一次中日战争时的中国。但是，中国人民，中国的军人不要陶醉于自己的成绩，只有居安思危，常有战备之思，我们才能立于不败之地。

从这个角度说，120 年前的甲午战争，今天还在影响着中日两国，甚至影响着国际关系！

八　中日关系前景展望

回顾 120 年前甲午战争的历史，客观地看待中国失败的历史教训，我们的心情并不轻松。从这些历史教训中我们可以得出几点认识。

第一，国贫民弱，经济落后，难免受外人欺凌。近代欺凌过中国的欧美国家（包括后起的日本），都是正在上升中的资本主义—殖民主义国家，都已经完成了或者正在完成工业化。中国当时只经历了延迟的、远不完全的早期现代化进程，根据学者研究，这个过程的力度还不如日本幕府末期的改革。对于中国这样一个历史悠久、"地大物博"又停留在封建社会末期的大国，落后就要挨打，是难以避免的。

第二，国家要避免被侵略，关键在于国家强大。国家强大的基本要素有三：经济实力增长，外部势力不敢小视；社会制度优越，外国不能轻视；人民奋发向上，外国不会恣意动武。通过完成新民主主义革命，中国已经在中国特色社会主义道路上迈出了坚实步伐，国家经济总量（GDP）已经大大超过日本，居世界第二位。中国共产党领导下的多党合作协商议政的民主制度，正在获得欧美一些有识之士的关注甚至认可。中国民气的昂扬向上，同仇敌忾，是与 120 年前决然两途的。我们可以说，2014 年的马年，不是 1894 年的马年，这是为 120 年的全部历史和现实证明了的。1894 年的马年是不可能复制的。

第三，外交交涉，国际上的折冲樽俎，一切都要以国家实力为基础。19 世纪 90 年代的中国正好缺乏这样的基础，却要谋求以夷制夷，无异与虎谋皮，实际上被外国列强玩弄于股掌之中，根本起不到以夷制夷的作用。这样的历史教训是十分深刻的！

第四，中日复交的政治基础需要尊重。1972 年 7 月中日两国复交以后，中日两国之间共签署了四个政治性文件。这些条约和协议的基本精神在于正视过去以及正确认识历史，是发展中日关系的重要政治基础。鉴于今天安倍政权的右倾化，使中日两国关系处在 1972 年建交以来最紧张的时刻；又鉴于 16 世纪末以来，近 400 年间日本谋我中华的历史，尤其是第一次中日战争、第二次中日战争中，日本对中华民族的极大损害，为使中日关系正常化，我们更要抓住正视历史和正确认识历史这一条不放。只有保证这一条，中日两国关系才能建立在正确的基础上，才有向前发展的可能。

第五，中国人和国际社会要记住抗战胜利纪念日和南京大屠杀死难者国家公祭日。日军攻进旅顺，兽性大发，在旅顺进行大屠杀，两万居民死难。日本军人对和平居民的野蛮大屠杀，是日本"武士道"精神的体现，是日本军国主义精神的体现。这不是日本军人的第一次表现。1937 年 12 月的南京大屠杀，以及第二次侵华战争期间在中国各地的屠杀，都是这种精神的体现。中国人民和世界爱好和平的人民定会永远记住。2014 年 2 月全国人民代表大会常务委员会通过 9 月 3 日为中国抗日战争胜利纪念日，通过 12 月 13 日为南京大屠杀死难者国家公祭日，完全体现了人民的意志，是中国人民同仇敌忾昂扬意志的体现。

第六，第二次世界大战后国际安排，应该落实。至今造成中日关系紧张的钓鱼岛问题，与甲午战争有着密切关系。钓鱼岛至少在明代初年（14 世纪下半叶）就为中国人发现，为中国所管辖。但日本在甲午战争胜利确有把握的 1895 年 1 月，通过内阁决定把钓鱼岛划归冲绳县管辖。日本外务省正式发布的文件说钓鱼岛属于冲绳县，就是指此。但是日本内阁的决定是秘密的，从未对外正式公布，直到 1952 年编辑《日本外交文书》才收录这个决定。所以日本窃取钓鱼岛，是偷偷摸摸的行为，是见不得人的勾当。但是，日本这种窃取行为，却掩盖在甲午战争胜利的结局中。其实，说起冲绳县，本是琉球王国，是明清两代中国的藩属国。日本吞并琉球，曾引起清政府强烈不满，交涉经年，直到 1888 年日本为策划大举侵略中国主动停止交涉，最终也被甲午战争的结局掩盖了。今天所以要重议琉球，是因为琉球主权未定。琉球主权未定，基本上是两个理由：一是因为中日之间就琉球地位的谈判，被甲午战争打乱了；再是由开罗宣言等一系列国际条约所形成的对日本领土的规定，这是第二次世界大战后的一项国际安排，至今尚未落实。

第七，对中日关系抱有谨慎乐观态度。钓鱼岛争端，再议琉球，给中日关系蒙上了阴影。一些人变得很紧张，很悲观。因为我提出了琉球问题,有人甚至怀疑今后日本是否会欢迎我去日本。

其实,我认为中日关系并没有那么悲观。

我把1871年以来的中日关系发展史分成几个阶段。

一、1871—1888年,是近代中日建交的试探时期,是中国看不起日本,日本却在积聚力量准备侵略中国的时期。1888年中国北洋海军成军,引起了日本的高度警觉,此后加快了日本准备侵略中国的步伐。

二、1889—1930年,是日本策划大举进攻中国并最终形成大陆政策的时期,甲午战争发生,《马关条约》签订,台澎被割让。日本加入八国联军,是八国联军中军队人数最多的国家。占领山东,提出二十一条。1927年召开东方会议,形成《对华政策纲领》,确立了将中国东北(所谓满蒙)与中国关内(所谓中国本土)相分离的政策,决定经营满蒙,为下一步大举侵略中国做准备。1928年发生济南惨案和皇姑屯事件。这个时期是日本开始转变为帝国主义的时期,是中日关系历史上日本第一次大举侵略中国的时期。

三、1931—1945年,日本发动"九一八"事变,发动"七七"事变,发动"一二·八"事变,占领中国首都并进行南京大屠杀,企图灭亡全中国,这个时期日本第二次大举进攻中国,但是这一次侵略遭到了最后的失败,日本国家覆亡。

四、1945—1951年,美国占领日本并对日本进行改造。

五、1952—1971年,日本追随美国,日本作为美国的外交附庸,成为美国对中国实施包围而形成的反华反共半月形包围圈的中坚一环,中日之间长期敌视,没有国家关系,只有民间外交、只经不政。廖承志、宫崎达之助在维持中日民间贸易方面起了重要作用。

六、1972年以来,是中日建立外交关系的时期。1972(《中日两国关于恢复邦交正常化的联合声明》)、1978(《中日和平友好条约》)、1998(《中日关于建立致力于和平与发展的友好合作伙伴关系的联合宣言》)、2008年(《中日关于推进战略互惠关系的联合声明》),中日之间签订了四个政治性文件,这四个文件是制约并维持中日关系的基石。2002年日本小泉纯一郎内阁首相参拜靖国神社以后,中日关系出现不和谐因素,但到2008年福田康夫上台,又与胡锦涛签订了战略互惠关系的联合声明。

1871—1971年整整一百年间,中日之间的关系是以战争、对抗和敌视为基调的,只有1972年复交以来的40年是在平等的基础上互利互惠交往的历史，我们应当珍视这一时期的中日交往的历史。1972 年中日之间的贸易总额只有 10 亿美元，1981 年是 100 亿美元，2002 年超过 1000 亿美元，2011 年已经发展到 3449 亿美元（日方统计）。2012 年中日贸易总额虽然下降了 3.9%，还是保持了一个相当庞大的数字（3294.5 亿美元）。2013 年年中日贸易总额减少 5.1%，但也达到 3125.5 亿美元。美国超过中国成为日本最大贸易伙伴。尽管中日贸易总额大大超过中国和俄罗斯的贸易总额，但是这两年大幅减少，还是引起注意的。政治上，2012 年中日建交 40 周年的国家间的纪念活动未能按计划进行。这就出现了中日之间政治、经济同时趋冷的现象，值得中日两国之间政府和民间人士思考。

当然，这种趋冷，毕竟不同于 1972 年以前的时期，更不同于 1945 年前的时期。两国之间的四个政治性文件还是存在，两国领导人的交往虽然冻结，安倍参拜靖国神社（2013 年 12 月 26 日），是对受到日本帝国主义侵略的各国人民的一次忤逆，中国外交部发言人已经声明中国人民不欢迎安倍，等于把安倍放入中国的黑名单。尽管如此，两国的外交关系还是存在，两国的民间往来继续存在，两国间的相当规模的经济关系还是存在。

今天的中国已经不是 1972 年前的中国，更不是 1945 年前的中国，当然也不是 1894 年的中国。日本像从前那样欺负中国的可能性已经不大可能有了。中日之间的经济贸易联系，我判断不大可能继续大幅减少。

中日之间的历史认识问题将会长期存在，钓鱼岛争端将会长期存在。中日美三国之间的关系将会长期胶着。琉球群岛是美国在亚洲最重要的军事基地，日本正是依靠这个军事基地强调集体防卫。像有的国际关系学者估计的中日之间出现针对美国的所谓"战略集中原则"，在可以预测的未来还不可能出现。同样中美之间针对日本的"战略集中原则"也不可能出现。日美之间针对中国的所谓"战略集中原则"也是难以实现的。中美日三国，现在是一个等腰三角形，未来可能向等边三角形发展。未来10—20 年，中美之间的经济差距进一步减小，甚至可能出现反逆差，中美之间的政治、外交关系可能出现更大程度的改善，中日之间的经济差距可能继续拉大，而国家之间紧张关系可能缓解。

随着中国与周边国家间的关系和国际关系进一步调整，日本或者美国在国际上和中国周边国家关系上包围中国的态势难以得逞。

日本的政局也会发生变化。日本对华友好的力量还是存在的，日本人民中意识到侵略战争对中日两国人民带来伤害的力量还是存在的。日本执政党中的自民党和公明党在修改和平宪法等问题上认识并不一致，中日之间改善关系的可能性还是很大的。日本国内爱好和平的民间力量如果不能忍耐安倍代表的右翼势力扩大，起而推翻安倍右翼内阁政府的可能性是存在的。

我的研究结论是：中日之间因为钓鱼岛问题引起的争端短期内不会解决，但是中日关系大局不会有本质的改变。钓鱼岛争端虽然涉及中日之间在东海和西太平洋主导权的争夺，但毕竟不是中日关系的全部。中日关系回复到 1972 年前，回复到 1945 年前的可能性几乎不存在。我认为，中日之间在钓鱼岛区域发生冲突的可能性是存在的，但中日之间打仗的可能性是很小的。从长远看，现在中日之间的困难局面，将只是 1972 年建交以后中日关系长期发展中的一个有意思的插曲！

总结甲午战争以来 120 年的历史，我们应该从历史和现实的角度反省和检讨，去谋求中日正常关系的未来，造福于中日两国人民。

张海鹏

中国社会科学院学部委员

山东大学特聘一级教授

2014 年 6 月 8 日

目　录

甲午战争的起因及过程研究

关于中日甲午战争的起因问题 ……………………………… 金基凤（3）

略论日本发动甲午战争的背景、过程及其影响 …………… 丁名楠（17）

修建颐和园挪用"海防经费"史料解读 ……………… 陈先松（28）

清政府的战备与甲午战争 ……………… 王楚良　施渡桥（44）

论甲午黄海大战与中国北洋海军 ……………… 郭毅生　汤池安（59）

论北洋海军战役指挥问题 ……………………………… 戚其章（84）

北洋海军管带群体与甲午海战 ……………………………… 苏小东（97）

试论清军甲午战败的军事原因 ……………………………… 张一文（114）

甲午海战挫败的几点反思 ……………………………… 王家俭（126）

麦吉芬与中国海军 ……………………………… 班福德（138）

日军旅顺屠杀研究 ……………………………… 关　捷（145）

旅顺屠杀事件与国际舆论 ……………………………… 大谷正（158）

山东对甲午战争的反应

　　——兼述《申报》对山东战场的有关报导 ……… 张玉法（165）

略论甲午战争中的主战与主和 ……………………………… 杨东梁（184）

甲午战争与灾荒 ……………………………… 李文海（194）

甲午战争中人物研究

中日甲午战争与慈禧太后 ……………………………… 王道成（209）

再论甲午战争中的李鸿章 ……………………………… 戚其章（221）
关于中日甲午战争中一起"倒清拥李"
　的密谋事件 ………………………………………… 夏良才（234）
翁同龢与甲午战争 ……………………………………… 龚书铎（241）
刘坤一与甲午战争 ……………………………………… 商鸣臣（251）
汉纳根与甲午中日战争 ………………………………… 谢俊美（263）

甲午战争与日本研究

日本侵略中国思想的验证 ……………………………… 水野明（277）
日清战争前的日本对清战争准备 ……………………… 中塚明（286）
日本财界与甲午战争 …………………………………… 李廷江（294）
日本国民眼中的甲午战争 ……………………………… 原田敬一（309）
日本及德国学者对甲午战争起因的看法 ……………… 乔伟（316）
明治天皇与甲午战争 ………………………… 黄尊严　陈德金（326）
甲午战争与日本间谍 ………………………… 李文海　康沛竹（343）
中国驻日使团与金玉均
　——兼论金玉均被刺与甲午战争爆发之关系 ………… 戴东阳（359）

甲午战争与国际关系研究

中日甲午战争与俄国的远东政策 ……………………… 王魁喜（393）
再论沙俄与甲午战争的关系 …………………………… 米庆余（405）
试论甲午战争前夕英俄的远东外交 …………………… 林敏（424）
英国与中日甲午战争 …………………………………… 高鸿志（435）
美国政府与中日甲午战争 ……………………………… 崔志海（443）
法国与中日甲午战争 …………………………………… 葛夫平（479）
中日甲午战争与东亚 …………………………………… 张振鹍（507）
甲午战争与东亚政治格局的演变 …………… 戴逸　杨东梁（521）
甲午战争与近代日本的亚太政策 ……………………… 臧运祜（529）
东亚近代史中的中日甲午战争 ………………………… 桧山幸夫（542）

清日战争前后韩中日三国外交关系

　　——亚细亚传统秩序的解体过程与近代化之矛盾 ……… 金胜一（550）

论清日战争前后清日两国的对韩政策 ……………………… 金昌洙（561）

十九世纪的"文明"与"野蛮"

　　——从国际法视角重新看待甲午战争 ……………………… 赖骏楠（574）

马关议和与《马关条约》研究

马关议和前夜的清政府与列强 ……………………………… 李平子（603）

中日《马关条约》形成问题研究 …………………………… 崔　丕（617）

试论督抚与《马关条约》签订后的换约问题 ……………… 贾小叶（631）

马关签约后清朝官员的谏诤活动 …………………………… 王如绘（662）

《马关条约》换约前官员士子的拒和运动 ………………… 梁娟娟（676）

关于甲午战争的赔偿金问题 ………………………………… 伊原泽周（694）

甲午战争赔款问题考实 ……………………………………… 戚其章（712）

甲午战争赔款数额问题再探讨 ……………………………… 蒋立文（730）

论《马关条约》与钓鱼岛兼及琉球问题 ………… 张海鹏　李国强（755）

马关签约与割让台湾研究

光绪乙未台湾的交割与保台 ………………………………… 梁华璜（771）

乙未割台与反割台斗争的历史回顾 ………………………… 王汝丰（831）

张之洞"援外保台"思路演变及其与

　　"台湾民主国"关系考论 ………………………………… 陈忠纯（843）

甲午战争的影响研究

甲午战争前后中国人日本观的转变 ………………………… 王晓秋（861）

清末国人对中日甲午战争及日本的看法 …………………… 李国祁（873）

《万国公报》与中日甲午战争 ……………………………… 郑师渠（901）

甲午战争前后日本对华观的变迁
    ——以报刊舆论为中心 ………………………… 王美平（924）
从国难中觉醒
    ——试论甲午战争的历史作用 ………………… 丁伟志（954）

甲午战争的起因及过程研究

关于中日甲午战争的起因问题

金基凤

关于中日甲午战争的起因，史学界存在着各种不同的说法，大致概括为以下几种：（1）日本为侵略朝鲜和中国挑起的；（2）中日两国在朝鲜争夺统治权引起的；（3）中国政府凌驾于朝鲜王室之上反对朝鲜改革内政而与日本支持朝鲜改革内政引起冲突；（4）中日两国派兵讨伐朝鲜暴乱发生冲突；（5）朝鲜发生东学党（亦称东学教）起义是战争的直接起因；（6）中国军舰先向日本军舰开火引起的；（7）日本天皇挑起；（8）日本军部挑起；（9）日本专制主义政府与国会冲突引起；（10）日本产业资产阶级挑起，等等。这些说法，有的揭示了战争起因的实质，可惜未能具体深入地进一步阐述；有的触及了战争起因的某些侧面，但不够准确和全面；有的则不符合历史真实，有的甚至是别有用心的恶意歪曲。所以，对于中日甲午战争的起因问题，至今仍是一个应该探讨的问题。

本文拟通过对上述一些观点的充实、商榷、纠正和批判，对日本国内经济和政治军事状况的研究以及资本主义列强在东亚争夺的分析，集中探讨中日甲午战争的起因问题。

一

由于国内外一些史学工作者认为，"1894 年的朝鲜东学党起义，是中日甲午战争的直接原因"① 和中日 "两国冲突的起因是两国派兵讨伐朝鲜

---

① 王芸生：《六十年来中国与日本》第 2 卷，三联书店 1980 年版，第 15 页。

的暴乱"①，因此，探讨中日甲午战争的起因问题就不能不涉及朝鲜的东学党起义和甲午农民战争问题。

我们认为，无论是朝鲜的东学党起义还是朝鲜的甲午农民起义，都不是引起中日甲午战争的直接原因。

朝鲜的东学党起义和甲午农民起义发生的时间是不同的，两者的领导力量、所提要求、斗争手段等也有差异。东学党起义发生在 1892 年末至 1893 年初，甲午农民起义则发生在 1894 年至 1895 年初。1892 年 11 月，东学党第二世道主崔时亨号召东学教徒几千人，向全罗道观察使李宪植为东学教祖崔济愚申冤，举行了"教祖伸冤"运动②，揭开了东学党起义的序幕，第二次又有数千人聚集全州府，控诉地方官吏、军校、土豪劣绅对东学教徒迫害和榨取的种种罪行。1893 年初东学党运动达到高潮，1 月，东学领袖 40 人到汉城，在光化门前静坐 3 日，向国王请愿哀求为"教祖伸冤"，但未获成功。后来东学领袖们提出了反侵略口号"扫破倭洋"等，吸引了广大群众。三四月间，东学教徒聚于汉城，举行了三次集会，批评时政，控诉迫害，张贴逐斥洋倭的榜文等。在 3 月间，参加忠清道报恩集会的群众达数万人，他们来自全罗道、庆尚道、忠清道、京畿道、江原道等地，不顾寒风冷雨，示威 20 余日，开展了规模空前的反封建反侵略的群众运动，但由于东学领袖们的卑怯，使这场运动仅停留于请愿集会的形式。此后大多数东学党领袖站到政府一边，运动逐渐衰落下去了。

以全琫准为首的甲午农民起义领袖多是开化的知识分子，他们组织了农民军，建立了指挥部，提出了"尽灭权贵"、"逐灭夷倭"等反封建反侵略口号，并且开展了大规模的武装斗争。1894 年的农民战争，开始爆发于全罗道，农民起义的直接原因是 1893 年的农业歉收和粮价高涨。1894 年初，全罗道古阜郡农民起义反对郡守赵秉甲的横征暴敛。农民起义军占领了古阜郡城，解除了官吏的武装，拘捕了赵秉甲等人，释放囚犯。打开粮仓分发给劳苦人民。古阜起义之后的农民军，也多是平民。他们长期坚持了武装战争。

①　《大英百科全书》第 5 卷，第 630 页。
②　为东学教创始人崔济愚申冤的东学党运动。崔济愚出身于庆尚道的没落两班（封建贵族）家庭，一度从事商业，他于 1860 年创立东学教，东学教是朝鲜民间的秘密团体。东学即东方文学，与西学（天主教）相对而言。它的基本思想是"待天治病"，又有"人乃天"的朴素平等思想。崔济愚于 1863 年被捕，1864 年在大邱被害。

甲午农民起义的领导人全琫准也不承认古阜起义是东学党起义，他说古阜起义时，"冤民东学虽合，东学少，而冤民多"。"军器、军粮皆民间措办矣。"① 全琫准虽然曾参加过东学党，但他在甲午农民起义时，并不以东学魁首自称，他对东学的态度和做法是联合其力量，利用其组织，以发展农民起义的力量，他思想中认为东学"除治病外，绝无它利"。

当时住在朝鲜的一些外国人，也注意到甲午农民起义与东学党起义的不同之处。当时驻朝鲜美国公使在给本国政府的报告中写道："我认为东学本身是不危险的，他们是平稳的、和平的。除'教祖伸冤,之外再实现若干教理即可满足他们的要求。"② 一位多年住在仁川的日本人说："在全罗、忠清两道发生的案件，完全异于东学党乱"，又说："农民军初期由两部分组成。一是普通农民，一是小官贱民。农民是这次内乱的真正动力。"③

因此，东学党起义并不是甲午农民起义，甲午农民起义也不是东学党起义的继续。自然不能将东学党起义看作是中日甲午战争的起因。

我们还想进一步指出，甲午农民起义也不是中日甲午战争的直接原因。中日两国出兵朝鲜镇压农民起义并不是两国冲突的起因。

甲午农民起义军迅速扩大胜利，于1894年4月28日攻下了李氏王朝的原籍、朝鲜南部的战略要地——全罗道首府全州。农民起义进入高潮。但起义领袖却受政府欺骗，缺乏政治经验，中了政府诡计，在中日两国出兵朝鲜以后，为了不给武力介入提供借口，于6月10日在全州与政府缔结了停战协定并退出了全州。停战后国内已恢复和平：商店也都照常营业了。连日本驻朝公使大鸟圭介也在6月11日给本国的电文中也说：京城已平稳，再次发电文之前，不必派大队来朝鲜。当天下午他又发电报说：从朝鲜京城的目前状况看，没有理由进驻过多的兵力。翌日大鸟再次电告日本政府：日本军队登陆过多，将引起外交上的疑义，希望将本使认为必要之兵力外的部队均撤至对马。6月18日，当6000日本大军在仁川登陆时，连大鸟都感到吃惊，并向政府"抗议"道：不听小官的申诉，派如

---

① 《东学党乱记录》下，第522—525页。

② 《朝鲜全史》第13卷，近代篇。

③ 信夫清三郎；《陆奥外交》，第18—19页。

此之大兵是何故也①？十分清楚，朝鲜甲午农民起义并不是中日甲午战争的直接原因。

农民起义军既然已与朝鲜政府停战，中日两国军队也就失去了继续留在朝鲜的"理由"。从6月1日至15日间，大鸟与袁世凯进行了频繁的会谈后，一致同意以6月15日为限，两国军队留下很小一部分外全部撤回本国②。这表明中日两国军队并未与朝鲜甲午农民起义军接触，朝鲜内战实际上已经停止。所以不能说甲午战争的起因是中日"两国派兵讨伐朝鲜的暴乱"。

二

马克思主义者始终从"战争是政治通过另一种手段"（即暴力）"的继续"这一观点出发来考察各种战争③。为探讨中日甲午战争的起因，有必要弄清明治政府和统治阶级实行的政治措施。

明治维新是一场不彻底的资产阶级革命。明治政权是代表大资产阶级和地主阶级利益的立宪君主制政权。明治政权提出了"富国强兵""殖产兴业"和"文明开化"三大政策，大力扶植和发展资本主义，迅速地将日本建成为拥有强大军备和雄厚经济实力的资产阶级近代国家。

随着日本资本主义的发展和近代天皇制的确立，日本对外侵略扩张的要求也就日益强烈，这就是日本挑起侵略朝鲜和中国的甲午战争的根本原因。

明治政府自1880年开始，以廉价处理方式将大批国营企业转让给私人资本家以后，很快掀起了早期产业革命热潮，日本资本主义得到急速的发展。

以三井、三菱为首的大资本家，不仅从政府手中廉价获得了许多工矿企业④，而且还白白得到政府高达1471850日元的补助金，其公司与工业资本成倍增长。1884年有公司2520所，资本115223000日元，到1893年

---

① 《日本外交文书》第27卷第2册，第186页。

② 同上。至于后来日本方面拒不撤兵，并制造借口和事端，已与朝鲜农民起义无关了，但也恰恰说明了日本发动侵略战争的真正原因和直接起因。

③ 列宁：《社会主义与战争》，《列宁选集》第2卷，人民出版社1972年版，第673页。

④ 详见色川大吉《近代国家的出发》，《日本历史》第21卷，第150页统计表。

公司增至 4860 所，资本激增为 306012000 日元，10 年间公司增加了 1 倍，资本增加近 3 倍，其中工业资本增加了 15 倍，商业资本增加了 3.5 倍，运输资本增加了 12 倍①。三菱的长崎造船所变成了夸耀为"东洋第一"的大造船厂。过去称为"物产的三井"、"金融的三井"，"海运的三菱"，都变成了"矿山的三井"、"产业的三井"和"造船的三菱"了。这些政商，在甲午战争前，已逐渐发展成产业资本家，其产业资本已超过商业资本并开始形成一些垄断组织和大财阀。

产业资本中发展最快的是棉织业。在最早实行企业近代化的大阪纺织公司的带动下，纱锭和工厂激增，生产也成倍增长。1885—1890 年，棉纺厂就从 22 个增为 30 个，纱锭也从 59704 个增为 277895 个，棉纱产量也增加了约 7 倍②。到 1890 年时，日本已从棉纺织品进口国变为出口国。1890 年日本开始有 100 捆棉纱出口③。

随着产业革命第一个高潮的到来，近代化工厂企业数量也大大增加。1868 年时全国仅有 405 个工业企业，且主要是工场手工业，1893 年就增加到 3344 个，绝大部分是近代企业④。交通运输业的发展也很迅速。1872 年时全国铁路仅有 28.48 公里，1893 年就增至 3284.38 公里，增加 115 倍。⑤ 使用蒸汽动力的船舶总吨位，1870 年仅有 15498 吨，到 1893 年就增至 110205 吨⑥。

在日本资本主义经济规模急剧扩大和生产迅速增长的基础上，对外贸易也急速发展起来。输出品中最多的是生丝和绿茶，其次是大米、煤、铜等，输入品中最大宗的是皮棉、棉纱和糖，其次为纺织品、米、石油和机械等。1868 年出口总值只有 15553000 日元，1892 年增为 91103000 日元，1868 年进口总值为 10693000 日元，1893 年就已增为 88257000 日元⑦。

应该特别指出的是，由于后进的日本所处的特殊历史条件，日本在开

---

① 详见大内兵卫《明治时代的经济》。
② 安藤良雄编：《近代日本经济史要览》，第 64 页。
③ 小仓武一主编：《近代日本农业的发展》，第 24 页。
④ 楫西光速等编：《日本资本主义的发展年表》，第 35 页。
⑤ 同上书，第 10、35 页。
⑥ 同上书，第 7、35 页。
⑦ 同上书，第 4、34—35 页。

展产业革命实现资本主义工业化的过程中，是以国营重工业的军工企业来带动以纺织业为中心的轻工业实现近代化的。这就造成了日本资本主义一开始就依靠国营重工业实现资本主义工业化的局面。由于国营重工业主要是军事工业，这一基本状况决定日本资本主义从形成伊始就带有军事性质。

急速发展的资本主义，提出了进一步扩大原料、资金、劳动力供应来源和扩大商品销售市场的要求。而日本国内的状况却无法充分满足资本主义发展的要求。

在明治政权的统治下，农民不仅没有从封建制度下解放出来，而且还额外负担了新政府的大部分财政开支。农民向国家"交纳的土地税和间接消费税占国家经济总收入的百分之七十一弱，占租税总收入的百分之八十七"。① 残酷的剥削压榨使广大农民一贫如洗，纷纷破产，丧失了起码的社会购买力。日本工人的工资是世界上最低一类的，劳动时间却超过12 小时。日本女工的最高工资仅相当英国女工最低工资的十分之一，甚至低于殖民地印度工人的工资。而每个纱锭每年需用的棉花量，英国为35 磅，印度为 134 磅，日本却高达 220 磅②。在寄生地主和资本家沉重的压迫剥削下，日本工人和农民的购买力几乎丧失殆尽，致使日本国内市场极其狭小。日本的原料本来就较贫乏，更由于确立了半封建的寄生地主制，则不仅在原料，而且在提供劳动力等方面，都增加了障碍。日本资本主义发展与国内资源不足的矛盾更加尖锐。

因此，为求得资本主义的进一步发展，日本产生了对外寻求原料、市场和殖民地的强烈要求。而带有浓厚封建残余的近代天皇制的确立，使日本对外的侵略扩张要求更加强烈了。

明治政权一建立，就确立了以"武国"和扩张为"最高国策"。1869年 3 月 15 日发布的所谓《天皇御笔信》就表露了侵略扩张的野心，宣称要"继承列祖列宗之伟业"，"开拓万里波涛，布国威于四方"。其侵略矛头，首先指向了朝鲜与中国。"征服朝鲜"，不仅是日本资本主义对外经济扩张的需要，而且具有重要的军事战略意义。

明治政府早在 1875 年侵入朝鲜制造江华岛事件，更于 1876 年迫使朝

---

① 　井上清：《日本军国主义》第 2 卷，第 170 页。

② 　海野福述：《松方财政和寄生地主制的形成》，《日本历史》第 15 卷，第 118—119 页。

鲜政府签订不平等条约开港，此后不断加紧对朝鲜的经济、政治侵略。在经济上，日本将朝鲜作为工业原料，特别是大米、大豆和黄金的重要供应地。从 1888 年至 1893 年 5 年平均日本每年出口国产高价大米 69 万石，同时又进口朝鲜廉价大米 56 万石。1881 年至 1884 年输入朝鲜黄金 20 万元①。从明治初年到 1893 年，日本从国外输入的黄金总额为 1230 万元，其中从朝鲜输入的达 835 万元，约占 68%。而从 1885 年至 1887 年，输入朝鲜黄金相当于国产黄金量的 4 倍。日本从朝鲜掠取粮食、黄金和渴望进一步扩大市场，便迫不及待地要独霸朝鲜。

当时朝鲜在政治上还处于对中国清政府的从属地位，朝鲜所处的地理位置又离日本最近，所以日本统治阶级称朝鲜为“渡满（中国东北）桥梁”，将其看作是侵略中国的一块跳板。

在日本侵略者看来，中国是一个邻近的、最大的掠夺对象，他们早就精心炮制了对外侵略扩张的蓝图，在明治年间制定的日本“大陆政策”，就已确定了征服中国台湾、朝鲜，征服中国东北和内蒙古地区，征服中国内地和征服世界五个侵略步骤②。关于第一个侵略步骤，日本早在 1874 年就出兵侵略台湾，攻地杀人，侵扰半载，索得偿银军费而去③。关于其第二和第三个侵略步骤，就是挑起蓄谋已久的侵略朝鲜和中国的甲午战争。早在 1882 年，日本就利用朝鲜反日起义中焚毁日本领事馆事件掀起过反华浪潮，1884 年又利用朝鲜甲申事变之机再次掀起过更大的反华恶浪。只是由于当时日本资本主义还不够发展，军事实力还不够雄厚，日本才未敢贸然挑起战争。但日本一直加紧扩充军事工业，增加军备，制定战争计划。从 1883 年起军费开支大增，到 1890 年已占总预算的 30%，而 1892 年 8400 万元的总预算中军费竟超过 3450 万元④。海军军费的增加更加惊人，和 1811 年相比，1887 年陆军军费增加了 40%，海军军费则增加 200%。从 1885 年起日本开始实行十年扩军计划，更在 1887 年日本参谋部拟定了一份《征讨清国策》。计划进攻北京，占领长江流域，妄想将辽东半岛、台湾、澎湖列岛及长江两岸划归日本版图，同时将中国其他地区

---

① 《日帝的朝鲜经济侵略史》，第 101、109 页。
② 参见万峰《日本近代史》（增订本），第 278 页。
③ 详见王芸生编著《六十年来中国与日本》第 1 卷，第 62—113 页。
④ 色川大吉：《近代国家的出发》，《日本历史》第 21 卷，第 150 页。

划分为东北、华北、江南、青藏、内外蒙、甘肃、准噶尔等几个小国，分别附属于日本。这份计划还规定："以5年为期，作好准备，抓住时机、发动进攻。"到1892年，日本已提前完成了扩军计划，做好战争准备，军部于1893年4月成立了"出师物资经办委员会"。参谋次长川上操六以"漫游"朝鲜和中国为名，到处组织间谍网，如在上海就成立了名为"日清货易所"的特务培训机关。到1894年时，发动侵朝侵华战争只是寻求什么借口的问题了。

我们从甲午战争后所签订的《中日马关条约》的具体内容，可以清楚地看出日本通过战争所追求的目的，也可以看清日本挑起战争的原因。《马关条约》规定：中国承认日本对朝鲜的控制，割让中国的辽东半岛、台湾、澎湖列岛给日本，这是把朝鲜、中国辽东半岛以及台湾澎湖列岛变成日本的殖民地，并以此为基地和跳板，进一步侵略中国内地；条约规定中国赔偿日本军费2亿两白银，日本从中国掠夺了惊人的财富，为日本资本主义的发展提供了大量的资金；条约规定开放沙市、重庆、苏州、杭州为商埠、日本轮船得驶入上述各口岸；条约规定允许日本在中国各通商口岸得自由从事各种工艺制造，各项机器仅纳入口税，得自由装运入口；日本在中国制造的货物，免征一切杂捐，并享受在内地设栈寄存的优待。这是把中国变为日本的原料供应地、商品销售市场和投资场所的有力证据。

通过上述简要叙述，可以看出，日本挑起侵略朝鲜和中国的甲午战争，是日本资本主义发展和推行"大陆政策"的必然步骤，什么中国挑起论和中日两国共同挑起论，都是不足为据、不值一驳的；而且仅从日本国内某一部分、某一侧面来探讨日本挑起侵略战争的原因，如天皇挑起论、军部挑起论或资产阶级挑起论等也是不够全面的。应该说是日本统治阶级及其代理人（军部和天皇自然应包括在内）共同挑起的。

三

我们认为，日本统治阶级发动甲午战争的直接契机是1890年开始的日本经济危机和政治危机，所谓"朝鲜问题"仅仅是挑起战争的一个借口。

1889年日本农业遭灾大歉收，粮食减产560万石，米价飞涨，国内市场越加缩小，更严重影响了对外贸易。1890年世界资本主义又发生经济危机。在内外夹击之下，日本终于发生了严重的经济和政治危机。1890年几项主要生产和外贸指标都急速下降，大批中、小型工厂企业纷纷破产，全国许多县市发生抢米暴动，各地出现了"米价昂贵，人心不安，斩汨泽，弊大限"等标语口号。当年1月爆发全国农民大起义后，人民斗争不断发展。与此同时，统治集团内部矛盾和分歧也日益加深。1893年秋伊藤博文内阁正在同英国交涉修改不平等条约，主张"对外强硬"派对政府发动攻击。政府唯恐这一活动妨碍谈判，便压制"对外强硬"派，使众议院休会，又在休会中突然解散议会，结果引起舆论对政府的极大不满。1894年官僚专制的统治集团的危机达到顶点，伊藤内阁险些垮台。于是日本统治集团想用发动对朝鲜和中国的侵略战争来转移国内的视线，以摆脱其困境。1894年7月7日，日本驻美公使就曾对美国务卿说："就必须将日本人民的视线从对国内局势不满转移开的观点看，对中国开战也是值得欢迎的。"1894年3月，日本外相陆奥宗光对驻华公使说："日本国内政治形势越来越紧张，用通常手段已不能使这种混乱的人心平静下来了。"又在给驻英公使青木的信中说："国内的政局日益紧迫，不做出使人惊心动魄之事业，已不能使这种混乱平息下去，但是要开战，也还不能没有任何借口。"①

恰好在这时朝鲜发生了甲午农民起义，这对日本来说确实是个大好机会，使其终于找到挑起战争的借口。

朝鲜甲午农民起义势如破竹地迅猛发展，朝鲜政府惊恐万状，便向中国清政府求援。日本探知消息后立即安排圈套，诱使清政府出兵朝鲜，以便日本趁机出兵朝鲜。日本驻朝临时代理公使杉村浚再三催促清政府派兵"伐剿"甲午农民起义，并向袁世凯信誓旦旦地表示：日本对此"必无他意"。事实上日本在5月就已作好出兵准备，5月20日，参谋总长炽仁亲王派参谋部成员到朝鲜进行活动，并秘密做好运送军队的准备工作和设置了通讯联络站。还以陆军大演习为名，准备征用船只作运兵之用。按日本军事当局制定的作战计划，将以陆军主力在山海关附近登陆，在华北平原同中国军队决战，攻占北京。为此，首先将第五师团开入朝鲜牵制中国军

---

① 藤原彰：《军事史》，第75页。

队，然后以海军迅速控制黄海和渤海湾的制海权①。日本政府于 6 月 2 日召集了内阁会议，决定出兵朝鲜，6 月 5 日又根据"战时"大本营条例，在参谋本部内设立大本营，大本营对第五师团下动员令，进行紧急动员，要求全国陆海军为护卫日本"帝国使馆和帝国臣民"作好战争准备②。6 月 6 日，就决定紧急派遣一个大队步兵到朝鲜。回国休假的日本驻朝公使大鸟圭介于 6 月 1 日赶回汉城，他看到的却是一片平静景象，原来农民起义军为了不给日本和清政府出兵的借口，已同朝鲜政府停战，从全州撤退了。镇压甲午农民起义和保护使馆、侨民的借口已经用不上了。提到日程上来的应是日中两国共同撤兵的问题。清政府提出了双方撤军的提议。而日本政府已决心要挑起战争，一计不成，又生一计，重新寻找开战的借口。对此，陆奥宗光的《蹇蹇录》有明白的记述："当时中日两国军队虽同驻朝鲜国内，但驻地相隔甚远，一时似无发生冲突之患；而东学党在表面上也似乎趋于平静。……但目前既无迫切的原因，又无表面上的适当借口，双方还不可能开战。因此，要想使这种内外形势发生变化，除去实施一种外交策略使局势改观以外，实在没有其他方法。"③ 日本政府挖空心思策划出来的"外交策略"，就是提出所谓"改革朝鲜内政方案"，以使开战外交"百尺竿头，更进一步"。日本政府已料到清政府不会接受这个方案，它只是要在外交上争取主动，以便军事上先发制人而已。清政府果然拒绝了日本的方案，于是在 6 月 2 日，日本政府决定，以武力为后盾，由日本单独迫使朝鲜政府实行所谓"改革"。6 月末，5000 名日军已集结在汉城和仁川之间待命。7 月 23 日清晨，日本在朝鲜发动政变，同日，日本大本营向在朝鲜的混成旅团发出命令：如清军增兵，就以主力消灭之。在此前一天，日本海军舰队也接到命令说，倘若清政府向朝鲜运兵，就主动出击，并立即从佐世保港出发，赶赴朝鲜近海。7 月 25 日上午 7 时 52 分，集结在朝鲜牙山口外的日本舰队，发起突然袭击，以偷袭方式打响了第一炮，挑起了中日甲午战争④。日军不宣而战打了一星期后，于 8 月 1 日日本政府才正式宣战。正式发动了中日甲午战争。

①　田中惣五郎：《日本军队史》，第 206 页。
②　田保桥洁：《近代日朝关系的研究》，第 42—43 页。
③　陆奥宗光：《蹇蹇录》中译本，第 20—21 页。
④　藤村道生：《日清战争》，第 89 页。

四

日本胆敢发动侵略朝鲜和中国的甲午战争，还有其外部的有利条件，即欧美列强的怂恿、挑拨和支持是日本发动中日甲午战争的一个重要原因。

19世纪90年代，世界上一些主要资本主义国家已经完成了向帝国主义的过渡。而"资本主义向垄断资本主义阶段的过渡，向金融资本的过渡，是同分割世界的斗争的尖锐化联系着的"①。可是，"近年来世界上所有未被占据的地方，除了中国以外，都被欧洲和北美的列强占据了。在这个基础上已经发生了某些冲突和势力变动，这预示着最近的将来会有更可怕的爆发"②。这样，地大物博、资源丰富的中国和富饶的朝鲜，就成了列强争夺的主要对象。日本当时无论在财力上还是在军事上都还不够雄厚，如果没有其他帝国主义的援助和支持，它是不敢轻易发动侵略朝鲜和中国的甲午战争的。日本的侵略活动始终是在列强与东北亚相互矛盾和争夺、相互利用和勾结之中进行的。在某种意义上也可以说，日本不过是代表欧美列强开放朝鲜以及彻底打开中国的大门，为其扫除直接瓜分中国领土的障碍的马前卒，日本发动甲午战争揭开了列强直接分割中国领土的序幕。

沙皇俄国是当时日本北进侵略政策的主要对头。从19世纪中叶，沙俄侵占中国黑龙江以北、乌苏里江以东广大地区之后，就进一步力图在远东取得不冻港，进而把中国东北和朝鲜变为它的势力范围。沙俄也将其侵略魔爪伸进了朝鲜，在西伯利亚铁路建成之前，它力图从政治上控制朝鲜，阻止日本侵占朝鲜。所以当甲午战争风云笼罩东北亚，李鸿章要求沙俄出面调停以使中日两国军队同时撤出朝鲜时，沙俄曾表示支持中国。沙俄驻华公使喀西尼对李鸿章说：望两国同心协力③。沙俄政府也向清政府保证：将竭尽一切力量支持中国④。沙俄外相指示喀西尼说：应极力说服

---

① 列宁：《帝国主义是资本主义的最高阶段》，《列宁选集》第2卷，第798页。
② 同上书，第806页。
③ 《中日交涉史料》第13卷，第24页。
④ 《中日战争》第7册，第245页。

日清同时从朝鲜撤兵，如果日本不肯接受，将另外采取措施①。但是，当形势进一步发生变化时，沙俄就自食其言，转变态度，极力挑拨日本发动战争。这是由于沙俄考虑到西伯利亚铁路还未建成，运输不便，出面干涉日本于自己没有好处；如果硬要让日本撤兵，很可能迫使日本投入英国怀抱，于己不利；日本并不威胁沙俄在中国的权益，只要日本能表示"尊重"沙俄在朝鲜的利益，那就不如听任中日交战，甚至盘算等到中日双方精疲力竭时，自己坐收渔人之利。察知沙俄意图后，日本立即向沙俄"诚恳"地保证：日本无意占领朝鲜，仅是要使朝鲜改革内政以保证朝鲜"独立"，别无他意，并表示愿意尊重沙俄在朝鲜的利益②。于是沙俄对日本表示满意③，为了取得日本的欢心④，沙俄外相训令喀西尼公使说：绝不干预日清两国争议，不做关于日清两国撤兵的劝告。对沙俄如此卑鄙的挑拨行为，恩格斯曾在 1894 年 9 月一针见血地指出："中日战争是把日本作为工具的俄国政府挑拨起来的。"⑤

　　李鸿章靠沙俄调停的打算落空后，转而乞求英国出面斡旋。英国在远东政策的基本点是所谓的"维持现状"，也就是保持其优势地位。因为它在中国已攫取了广泛的权益，并力图把长江流域和华南变成其独占的势力范围。它不希望出现新的竞争者，所以对日本的侵略活动也是有戒心的，不希望日本发动侵华战争。但是，由于英俄矛盾很深，英国又害怕沙俄夺取朝鲜建立军港，南下与它争霸。因此它又愿意支持日本来钳制沙俄。所以开始时英国想维持现状，有意让中日两国军队留在朝鲜，企图以此防止俄国南侵，另一方面又担心迫日太盛会使俄法日联合起来孤立英国⑥。日本摸透了英国意图后，立即向英国表示：若俄法向日本提出联合反对英国，日本就举国一致，即使国家变成焦土也将抵抗到底⑦。并向英国再三说明日本就是要遏制沙俄的南侵，并于 6 月向英国提出日清两国"打一仗前后"即缔结条约，把朝鲜作为日清两国共同的保护国，"以尽早地遏

---

① 《陆奥外交》，第 34 页。
② 陆奥宗光：《蹇蹇录》，第 68—69 页。
③ 同上书，第 21—22 页。
④ 同上书，第 66 页。
⑤ 《恩格斯致劳拉·拉法格信》，《马克思恩格斯全集》第 39 卷，第 285 页。
⑥ 井上清：《修改条约与日清战争》，第 226 页。
⑦ 同上。

止俄国人南侵"的提案①，伊藤首相在写给陆奥外相的指示（6 月 25 日）中说：为牵制俄国，我们采用的是"我们要依赖英国"的方针②。英国也考虑利用日本作为远东的前哨和侵略中国的工具，因而采取了拉拢和支持日本，利用日本以遏制沙俄的策略。英日两国的勾结，使日英修正条约于 7 月 16 日签字。英国外相金伯利向青木公使和日本政府致祝词说："此约之性质，对日本来说，远胜于打败清帝国大军。"③ 这表明，英国是完全支持日本的，甘愿充当其后盾，鼓励其随心所欲地侵略中国。于是日本有恃无恐，发动战争的一切顾虑都消除了，就在 7 月 17 日，即日英签订修改条约的第二天，大本营召开御前会议，决议开战，并决定了作战计划④。中日战争也就随即打响了。

除英俄两国外，李鸿章还曾向其他列强求助。德法两国不仅拒绝了李鸿章的请求，反而向日本政府表示：对中国"决不可不加以一大打击"⑤。法国驻日公使何罗楗甚至向日本建议订立法日同盟，以怂恿和支持日本发动对中国的侵略战争。

李鸿章把最后一点希望寄托在美国身上，哀求美国出来调停。这只能是水中的泡影，不切实际的幻想。因为美帝国主义所向往的，首先是建立"太平洋帝国"，以夺取太平洋霸权到夺取世界霸权。可是直到 1899 年美国夺取菲律宾之前，它在远东缺少一个有力的基地，美国海军要跨越太平洋作战，将遇到极大的困难。美国当时也没有足够的军事实力。1866 年英美侵略者先后派遣舰队袭击朝鲜江华岛和平壤地区，均为英勇的朝鲜军民击退，1871 年美国又对朝鲜进行新的军事冒险，依然未能得逞。从此，美国就采取了通过日本进行侵略的政策，利用日本为美国的资本和政治势力侵入中国和朝鲜开辟道路。从美国在战争期间，派军事顾问参加日本侵略军作战，掩护日本特务在中国进行活动，以美国国旗掩护日本海军袭击北洋舰队等事例，更充分证明美国是日本发动侵华战争的积极鼓动者和支持者，难怪陆奥外相事后极为感激地

---

① 井上清：《日本历史》下册，中译本，第 686 页。

② 同上。

③ 信夫清三郎：《日本外交史》，第 174 页。

④ 同上。

⑤ 陆奥宗光：《蹇蹇录》，第 28 页。

说："美国为从来对我国友谊甚厚，最抱好意之国。"① 结果是再明白也没有了：李鸿章幻想依靠列强，向欧美摇尾乞怜的投降主义计划，终于彻底破产。

当然，中朝两国都处于日益陷入半殖民地深渊的境地，处在列强争夺的旋涡之中，无疑大大便利了新兴的日本侵略者的侵略。

因此，俄国的挑拨，德法的怂恿、英美的支持，是日本发动中日甲午战争的重要原因。

（原文载于《世界历史》1981 年第 6 期）

---

① 陆奥宗光：《蹇蹇录》，第 28 页。

略论日本发动甲午战争的
背景、过程及其影响

丁名楠

1894 年，日本军国主义挑起的甲午中日战争，给中国人民带来了深重的灾难。这次战争割地之广、赔款之巨，都是空前的。它不仅导致了帝国主义企图瓜分中国的大祸，而且对中国、日本和远东国际形势具有深远影响。

日本发动甲午战争的国内历史背景

中日甲午战争是日本军国主义发动的，它的酝酿为时已久。远在明治维新以前，日本国内就有人狂热地鼓吹侵略中国。著名的思想家、明治维新的先驱者吉田松阴（1830—1859），即是其中有名的一个。他从狭隘自私的考虑出发，以邻为壑，积极主张侵略周围的国家。他在狱中著的《幽囚录》，露骨地鼓动日本"今宜急修武备……谕琉球朝贡，会同各诸侯责朝鲜纳质奉贡，如古盛时。北割满洲之地，南收台湾、吕宋诸岛，渐示进攻之势"。又说：日本"割取朝鲜、满洲，并吞中国，所失于俄美者，可取偿于朝鲜、满洲之地"①。幕政改革派桥本左内（1834—1859）也叫嚷，如不兼并中国和朝鲜的领土，"日本就难以独立"②。

明治维新后不久，日本就着手实现吉田等人的遗愿。1876 年 6 月，

---

① 引自林子侯《台湾涉外关系史》，第 276 页；李秀石：《明治维新的先驱——吉田松阴》。

② 见李秀石《明治维新的先驱——吉田松阴》。

日本政府派大藏卿伊达宗城为全权代表、外务大丞柳原前光为副使来中国订约，建立正式外交关系。伊达提出凡别国在中国享受的各项侵略特权，日本都要一体均沾，遭到清政府断然拒绝。9月，中日订立《修好条规》和《通商章程》，体现了相互平等的原则精神，但伊达因为没有完成日本政府赋予他的使命，回国后即被免职。第二年，柳原来华要求对《修好条规》作多处修改，被李鸿章驳回，直到1873年外务卿副岛种臣来中国，才交换了《修好条规》的批准书。由此可见，日本与中国建交伊始就怀有险恶用心。副岛等人来华还负有秘密使命，柳原以上年琉球船民在台湾高山族居地遭风遇害为口实，到总理衙门纠缠，借机试探清政府对琉球、台湾的态度。清总署大臣毛昶熙等严正指出：台湾、琉球"俱我属土，属土之人相杀……何预贵国事而烦为过问？"驳斥了琉球属日的说法，但随后又说：杀人者为"生番"，"未便穷治"，"姑且置之化外"①。日本抓住答辞中很不得体的"化外"二字，否定台湾高山族居地是中国领土，并以此为根据，准备对台湾大兴问罪之师。

日本熊本镇台鹿儿岛驻军头目桦山资纪（后任台湾第一任总督）少佐得知琉球船民在台湾遭难的消息，赶到东京报告陆军大辅西乡从道，要求攻台。日本派他和水野遵（后任台湾第一任民政长官）等人到大陆和台湾进行侦察，窥探虚实。1874年4月，日本任命西乡从道为"台湾事务都督"，率日军三千余人，在琅𤩽登陆，进攻台湾。清政府集调军队准备抵抗，日本侵台企图没有得逞。但在同年10月两国订立的《北京专条》中，清政府不但没有谴责日本的侵略行为，反而肯定其出兵"原为保民义举起见，中国不指以为不是"②，等于变相承认琉球是日本属土，助长了日本的扩张野心。1876年，日本强迫朝鲜签订第一个不平等条约《江华条约》，三年后又正式吞并琉球，改为冲绳县。由此，吉田侵略邻国的思想部分地成了现实。日本此后在朝鲜接连制造的壬午（1882）事变和甲申（1884）政变失败后，认为要夺取朝鲜，与中国迟早必出一战，于是积极从事对华作战的准备。

1886年，日本军部首脑、参谋总长山县有朋派参谋本部第二局长小川又次中佐到中国作广泛调查，回国后，他提出了名为《讨伐清国策》

---

① 引自王芸生《六十年来中国与日本》第1卷，第64—65页。
② 王铁崖编：《中外旧约章汇编》第1卷，第343页。

的报告书，主张在 1892 年前完成对中国作战准备，以便伺机突然发起攻击。报告书的第三部分《善后处理》，赤裸裸地暴露了日本阴谋侵占、分裂中国领土的狂妄野心。它说：日本将来与中国缔结和约时，应将盛京盖州以南的辽东半岛、山东登州府、舟山群岛、台湾、澎湖以及长江两岸十里之地，直接并入日本版图。它还提出企图肢解中国的方案：将山海关以西，长城以南的直隶、山西、山东与黄河以北的河南省，江苏省黄河故道、镇江府、宝应湖、太湖，浙江省杭州、绍兴、宁波等府归日本，东北内（大）兴安岭以东、长城以北，单独立为一国，仍由清朝统治；黄河以南、长江以北，扶植明朝后裔立国，并使其割让长江以南的土地归日本；西藏、青海、天山南路，拥立达赖喇嘛，内外蒙古、甘肃省、准噶尔扶立当地各部首领，但他们都必须接受日本的监护，等等。[①] 当时日本羽翼未丰，实现这样庞大的侵华计划，当然力不从心。但后来日本的侵华罪行，在这个报告书里都有踪迹可寻，同吉田等人的扩张思想不无联系。

1889 年，日本颁布帝国宪法，山县任第一届内阁首相，次年在帝国议会里首次发表施政方针，明目张胆地把朝鲜看作日本的利益线。他为了侵占中国的辽东半岛，极力主张扩军造舰，要求陆海军费应占年度预算支出的大部分。1891 年，沙俄宣布修筑西伯利亚大铁路，以便加强对远东的控制。山县等人认为这对日本在大陆进行扩张不利，力主在通车前，击败中国，夺取朝鲜，并加紧建造和向英法等国购买军舰。日本还把北洋舰队看作日本海军的假想敌，认为打败中国海军，夺得制海权是取胜的关键。为加速完成造舰计划，日皇睦仁从王室经费中拨出专款赞助，以示倡导。甲午战争前，日海军有大小军舰 30 多艘，排水量近 6 万吨，陆军有 7 个师团，总人数 7.5 万余人，战时可扩充到 23 万人。面对日本的积极备战，中国却歌舞升平。清政府于 1885 年成立海军衙门后，将一部分经费移作修建颐和园和三海工程之用，供那拉氏享乐。1888 年清政府停止购舰，1891 年户部又奏准两年内停止购买枪炮、船舰、机器。中国海军的基础原比日本强些，但由于日本加紧购舰造船，中国却停滞倒退，终于被日本赶上，并且差距越拉越大，反而处于劣势。

伊藤博文于 1892 年 8 月上台组阁后，为了转移国内斗争的视线，走

---

① 梁华璜：《甲午战争前日本并吞台湾的酝酿及其动机》。引自林子侯前书，第 508—509 页。

上了发动对外战争的道路。1894 年 5 月，朝鲜爆发东学党领导的农民起义，这对日本政府来说，仿佛是"欲渡河而船来"，于是故意揪住不放，照外务大臣陆奥宗光的话说，"索性（借此机会）使两国（中、日）关系破裂，一变阴天，使降暴雨"，决意挑起对华战争。日本驻华盛顿公使建野乡三于 7 月 7 日对美国副国务卿说："为了使日本国民的注意力从国内现状不满中转移出来，我们宁愿反华战争"①，真是一语道破了日本军国主义的险恶用心。伊藤内阁就这样地同军部一起共同发动了侵略中国的甲午战争。

日本军部、内阁关于战争的战略分歧

日本统治集团决定挑起侵华战争，但军事上能否取胜，却没有充分的把握。伊藤内阁对于列强会不会进行干涉，更是忧心忡忡。日本军部和内阁在发动对华战争这点上是一致的，但是对战争的战略和策略方面，存在不同的意见。开战后不久，伊藤博文起草了一份意见书，估计西方列强必然会用武力进行干涉，因而强调日本必须文武协调，使战略和策略一致起来，对战争采取速战速决的方针。②

然而，明治维新后，根据宪法规定，日本的国防计划、用兵作战以及军队编制等属于统帅权的事项，实际上掌握在参谋本部手里，构成了日本军部与内阁二重政府并立的法律基础。

1894 年 5 月 19 日，睦仁天皇批准了参谋总长栖川宫炽仁亲王提出的《战时大本营条例》。和平时期提出和批准这样的条例，都是不同寻常的，意味着日本准备发动战争的极大决心。这个条例规定：大本营是天皇亲自主持下的战时最高统帅机构，有关战争的统帅权事宜不受任何国家机关的限制。天皇的战时军令大权，仅由作为天皇幕僚长的参谋总长辅佐。大本营的成员全是陆海军高级将领，没有一名文职官员，即使内阁首相也不能出席大本营会议，无权参与作战计划的制定和作战指挥的行施。大本营的核心人物是参谋本部次长兼兵站总监川上操六中将。

伊藤博文身为内阁首相，不甘心被排斥在战时大本营之外。他以外交

---

① 田保桥洁：《日清战争外交史》。
② 藤村道生：《日清战争》，中译本，第 93 页。

与军事不可分、不参加战争高级领导于指挥外交不利为理由，要求他本人和外务大臣陆奥宗光出席大本营会议得到天皇的特许。伊藤在陆奥协助下，在大本营内部逐步施展影响，对军部做出的重要决定设法加以限制和改变。

8月5日，参谋总长向天皇提出第一期作战计划，认为要战胜中国必须取得制海权，日海军联合舰队应寻求与北洋舰队决战，并提出日本在其海军处于胜利、失败或胜负不分形势下的对策。第二期作战计划要依第一期作战结果而定。① 这个计划根本没有提到台湾，显然它在大本营的视野之外。

8月中旬，日本为执行第一期作战计划，决定派遣桂太郎的第三师团赴朝，增援已在朝鲜的野津道贯的第五师团，并把这两个师团编为第一军。枢密院长山县有朋自请担任第一军司令官。9月12日，山县、桂太郎、军参谋长小川又次等率领第三师团，在联合舰队护送下，到达仁川。三天后，睦仁天皇到广岛大本营所在地第五师团司令部指挥作战。

盘踞汉城的日本第五师团长野津道贯中将，于9月15日率先对平壤清朝守军发起强攻。当时平壤清军约一万三四千名，其中北洋陆军拥有毛瑟枪和克虏伯炮，比日军使用的村田式步枪和青铜炮性能优越。日军不但武器较差，而且粮食不足，每人随身只带两天的"明道寺粰（蒸熟晒干的米饭）"和少量弹药。如果清军能坚守两天以上，日军将不战而退。② 但双方交战不到一天清军溃败，平壤轻易地被日军占领。两天后，中日海军在鸭绿江口发生剧烈海战。这次战斗历时五小时，双方均以新式巨舰、巨炮猛烈搏击，这在世界海战史上还是第一次。结果，中国失船较多，李鸿章夸大败绩，将北洋舰队隐藏在威海军港内，把制海权拱手让敌，坐待覆灭。

平壤、黄海战役后，日本第一期作战计划大体告成。这时军部的侵略气焰高涨，决心把战火引向中国境内。9月21日，大本营决定将第一师团、第二师团和第十二混成旅团编为第二军，以陆军大臣大山岩大将为司令官，配合第一军渡鸭绿江，入侵中国东北，执行第二期对华作战计划。10月24日，第二军在花园口登陆，包抄旅大后路，不到一个月占领了大连、旅顺。第二军轻易获胜使山县大为冲动，他违反大本营关于速战速

---

① 梁华璜：前文，引自林子侯前书，第519页。
② 藤村道生：《日清战争》，中译本，第105—106页。

决的指示，调第三师团强攻辽南要地海城，陷入清军重围，不得脱身。直到第二年2月，第二军派乃木希典少将率第一旅团北上，攻占盖州，才使第三师团由被动防守转为主动进攻。睦仁撤销山县第一军司令官的职务，但为保全名誉，于年底以养病名义，召山县回国，掩盖其冒险作战的错误。

日本攻占旅顺后，军部与内阁在第二期对华作战方针上，出现了严重的战略分歧。以山县为代表的军部，主张把大本营移到中国的东北，陆军主力逐渐转移到渤海湾沿岸登陆，在直隶平原与清军决战，逼清政府订立城下之盟。伊藤不同意这一意见，提出攻占台湾的主张。他认为日军在直隶平原决战，一旦中国出现无政府状态，必然引起列强的干涉，使日本难以应付。他向大本营提出紧急计划，主张第一、第二军仍驻守各自的占领区，仅调其中的一部分跨海作战，进攻山东半岛，夺取北洋海军的另一基地威海卫，另外组织第三支军队（所谓南征军）攻占台湾，以便将来议和时提出割让要求。他指出在进攻台湾时，只要对列强采取缓和办法，照顾他们的通商利益，保护其在台侨民，就不致引起对方干涉①。

军部对进兵山东半岛，攻占威海，表示同意，认为此举是未来决战的预备战，这支军队可以视为直隶平原作战的一翼，但反对进攻台湾。山县主张日军攻取威海卫后，应立即将大本营移到中国东北，指挥"攻屠敌国之首都，迅速结束此次战乱"。川上操六、桦山资纪等都赞成大本营迁往中国，陆海军高级将领中只海军参谋长山本权兵卫支持伊藤。山本认为大本营移到海外，万一列强联合舰队切断日本与大陆的交通，在中国作战的陆军主力与本国隔绝，就会陷于孤立，立即出现极危险的局面。但山县等不顾伊藤的反对，仍然坚持在直隶平原作战。3月16日，小松宫彰仁亲王（原近卫师团长）以"征清大总督"身份，率领大总督府参谋长川上操六等向旅顺进发，除已在中国境内的五个师团外，决定加派近卫师团、第四师团以及临时第七师团参加作战。

军部和内阁各持己见，互不相让。前外务大臣大隈重信、前首相松方正义都出来支持伊藤。大隈赞成迅速派遣第三支部队占领台湾。松方写信给川上，强调占领台湾的重要意义。他说"台湾非永久归于我国不可"，"台湾之于我国，正如南门之锁钥，如欲向南发展，以扩大日本帝国之版

---

① 梁华磺：前文，引自林子侯前书，第519页，

图，非闯过此一门户不可。如因攻占台湾而失去进攻北京之机会，就帝国百年大计设想，实无大损失，至少比攻北京失台湾更有大益"①。伊藤又将沙俄在远东集结军队的消息转告陆军大臣山县。在美国的"调停"下，清政府先派出张荫桓等赴日求和，后来又指派李鸿章为全权代表到日本乞降。在这种情势下，伊藤内阁的主张终于占了上风。在 4 月 17 日签订的《马关条约》中，日本割取了中国的台湾和辽东半岛（后来退还），朝鲜名义上"独立"，实际上被日本控制。吉田在《幽囚录》中鼓吹的压服琉球、朝鲜，北割满洲，南收台湾的侵略思想，基本上全部实现。

甲午战争的影响

甲午战争对中国、日本和远东国际形势都产生了重大深远的影响。

首先，对中国来说，这次战争的失败，一方面造成中国国际地位的进一步沉沦，面临严重的亡国危险；另一方面为中国人民敲响了警钟，促进了民族的觉醒。

甲午战前，中国封建官僚和士大夫，昧于世界形势，沉湎于醉生梦死之中，虚骄自大，盲目乐观，根本不把日本放在眼里，说什么"倭不度德量力，敢与上国抗衡，实以螳臂挡车。以中国临之，直如摧枯拉朽"②。英法等国也过高估计中国的实力。英国在某种程度上，一直把中国看作英俄之间在远东的缓冲力量，甚至一度提议缔结英中联盟。法国外交部长在中法战争后曾把中国视为亚洲的四强（中法英俄）之一③。甲午战争暴露了清政府的无能和中国的积弱，帝国主义立即凶相毕露，轻蔑地称中国为"远东病夫"，叫嚣要将瓜分这个病夫的遗产提上日程。一个被称为"中国通"的英国人必麒麟叫嚷："它（指中国）一定象土耳其（即所谓的'近东病夫'）一样地每况愈下"，断言"中国非崩溃不可，我们所作的只是接受无可避免的事实"。他投书伦敦《每日新闻》，鼓吹与俄法达成协议，"商定各国接管的范围"，说什么"英国应索取从华南珠江到华北山

---

① 梁华璜：前文，引自林子侯前书，第 519—520 页。
② 王炳耀：《甲午中日战辑》，第 9 页。
③ 《帝国主义侵华史》第 1 卷，第 319 页。

东省南部之间的全部地区"，然后，再鼓动法俄，"各取你们的一份"①。德国首相毕鲁 1898 年在帝国议会的一次演说中表示："有人提出要瓜分中国。这种瓜分无论如何将不由我们来促其实现。我们要做的事就是要准备好，不管发生什么事，我们决不空手而返。"② 沙俄财政大臣维特报告沙皇：俄国有无可争辩的权利，从庞大的中华帝国遗产里，分得最大部分的猎物③。中国当时面临的被瓜分的严重危机，是甲午战争对中国的直接影响的一个方面。

当塌天的亡国大祸即将临头的时刻，在漫漫长夜里闪烁出一道耀眼的，象征着中华民族的觉醒曙光，这就是战后资产阶级作为政治势力在中国的出现。不论革命派还是改良派，他们关怀祖国的前途和民族的命运，火热地投身于救亡图存的活动，为中国带来了新的希望。

孙中山是伟大的民主革命的先行者。甲午战争前夕，他曾向李鸿章上书，建议改良政治、发展生产；甲午战争失败的消息传到檀香山后，他于同年 11 月，联络当地华侨中的爱国人士，成立第一个资产阶级革命小团体兴中会，揭出列强鲸吞瓜分中国的危险，大声疾呼要"振兴中华"。第二年 2 月，他回到香港组织兴中会总会。在总会章程上，明确提出"驱除鞑虏，恢复中华，创立合众政府"的纲领性口号，由此坚定地走上资产阶级革命的道路，为中国的独立和强大，鞠躬尽瘁地奋斗了一生。孙中山思想转折性的变化和兴中会的成立，对以后的中国历史具有重大的意义。

甲午战争后的几年里，维新变法很快由思想酝酿和组织准备发展成为政治变革的实际行动。战前中国虽已产生改良主义思想，但没有形成一股政治力量。马关条约的订立立即在国内掀起了抗议的浪潮，康有为、梁启超等联合全国在北京应试的一千多名举人，发起公车上书，反对割地、主张迁都抗战，造成相当大的声势，起了振聋发聩的作用。康有为、梁启超在这次上书中出了名，成为资产阶级改良派的代表人物。此后各地设学校，立学会、办报馆，像雨后春笋蓬勃地发展了起来，推动变法维新运动的迅猛开展。康有为、梁启超、谭嗣同、严复等人的资产阶级求新、求变

---

①　W. A. Pickering, *Pioneering in Formosa*, 1898.

②　引自 P. H. Clements, *Boxer Rebellion*, p. 128。

③　《维特伯爵回忆录》，中译本，第 94 页。

的思想与顽固保守的封建主义思想进行了论战，他们反复说明要救国只有维新、要维新只有学外国的道理，成为近代中国第一次思想解放的潮流。资产阶级改良派从甲午到戊戌变法几年中对中国历史的积极作用是绝不能低估的。

其次，甲午战争对日本产生了巨大的影响。它极大地助长军国主义的恶性发展，为它的最后崩溃播下了基因。

日本一举击败中国，占领了中国的台湾，局部控制了朝鲜，一跃而为亚洲的强国，挤进了帝国主义的行列。日本军事上的胜利，提高了它的国际地位，列强自此对它另眼看待。英国立意同它订立同盟，视为平等的伙伴。

日本从战争中掠得巨大的经济利益。它从中国勒索到的大赔款（包括退还辽东半岛的赎金在内），共合三亿六千四百余万日元①，使日本立即显得阔绰起来。前外务卿井上馨说："在这笔赔款以前，日本财政部门根本料想不到会有好几亿的日元，全部收入只有八千万日元。所以，一想到现在有三亿五千万日元滚滚而来，无论政府或私人都顿觉无比的富裕。"② 日本从这笔大赔款中拨出绝大部分作为扩充海陆军经费，加速迈上了军国主义的进程。其次，它从中国还夺得大量战利品，除夺占旅顺和威海全部军事设施外，北洋舰队的残余船舰十一艘包括"定远"、"镇远"两只巨型铁甲巡洋舰在内，都被日本缴获。日军在平壤、九连城、大连、牛庄等处还掳获了大批武器弹药和军用物资。至于日本掠获的军粮、马匹及其他物资（不包括抢自民间的大量财物），更是不计其数。③ 日本侵略者在战争中发了大财，尝到了甜头，刺激它向外扩张的贪欲。此后二十年内，它利用国际国内的有利条件，每隔十年发动一次冒险性的战争，都获得意外的成功。这就使它的胆子越来越大。它在日俄战争后，将东三省南部作为它的势力范围，后来又在英、俄默许下吞并了朝鲜。第一次世界大战期间乘西方列强互相火拼的机会，夺得德国胶州湾租借地及其在山东的特权，提出灭亡中国的"二十一条"，确立了在中国的霸主地位；战后又分得原德国在太平洋的一部分属地。大战结束后，英、美等国势力重返东

---

① 见中塚明《日清战争の研究》，第 307 页。
② 《帝国主义侵华史》第 1 卷，1973 年版，第 369 页。
③ 姚锡光：《东方兵事纪略》；Vladimir, *China-Japan War.* 第 194、215 页。

亚，它们一面把日本作为监视苏俄的远东哨兵，加以利用，一面又企图打破日本独霸中国的格局，同它进行斗争，引起日本军国主义的极大不满。日本趁 30 年代世界规模的资本主义经济危机，发动了第二次全面的侵华战争，后来又与德国法西斯相呼应，扯起大东亚共荣圈的旗号，挑起太平洋战争，终于遭到彻底的失败。日本军国主义 50 年间的暴起暴落，有些人视为奇迹，其实是历史的必然。暴起孕育着暴落的芽蘖，甲午战争的胜利成为日本军国主义最终败亡的起点。

第三，甲午战争引起了远东国际形势的剧烈变化。

甲午战争前，远东三国中国、日本和朝鲜虽然在程度上各有不同，但它们都受不平等条约的桎梏，都是半殖民地。这个地区国际形势的显著特点是英俄的争霸以及它们的尖锐对立，在斗争中英国占据上风。甲午战后，日本国势的直线上升，中国、朝鲜地位的急遽下降，俄国加强在远东的侵略活动，德国开始参加这个地区的帝国主义的角逐以及美国独立地对华门户开放政策的提出等，破坏了战前的相对稳定的远东国际形势，削弱了英国传统的优势地位。

远东国际形势的变化，战争期间已经开始。平壤、黄海战役以后，中国失败已成定局，英国资产阶级的舆论明显地偏向日本。《泰晤士报》9月 24 日的社论，强调指出英日两国在远东不仅没有根本的利害冲突，却有共同的利益，要求英国政府重视日本的力量，以防止战后俄国在远东的扩张。战后，英国竭力讨好日本，如拒绝参加三国干涉还辽，支持日本对台湾的占领等。

俄国对华政策是要使中国永远成为一个衰弱的、受其支配的国家，同时维持朝鲜现状。因为朝鲜如果被日本占领，对它将构成威胁。平壤、黄海战役后，它一再警告日本不要向大陆扩张，但怂恿它占领台湾，企图把日本势力从俄国身边引开。马关条约订立后，它带头纠合德、法，胁迫日本放弃辽东半岛。清政府对俄国发起干涉还辽，感恩戴德，重要疆吏刘坤一、张之洞等主张与俄国订立密约，许以厚利，结强邻以自保。1896 年李鸿章奉命去俄国缔结《御敌互相援助条约》（即《中俄密约》），俄国乘机把魔爪伸进中国东北，加强了其在中国的侵略地位。

甲午战前，德国在远东的商业利益不大，德皇威廉二世曾企图"要及时地在中国沿海占领一个坚固的据点"，但没有选定合适的地方。德国在战时表面上装作对远东不感兴趣，却在盘算着乘机大捞一把。德国参加三国干涉还辽的目的，既能削弱俄法同盟，又"可以从心怀感激的中国得到一块地方作为海军基地和加煤站之用"①。战后它要求在汉口、天津建立租界作为干涉还辽的酬劳，接着又强占胶州湾。德国参加远东的角逐是甲午战争后开始的，自此这个地区又多了一个积极进行侵略活动的重要角色。

美国在远东的活动，长期以来主要是跟在英国后面捡取便宜，分享权利，成为英国侵华的一个不显眼的小伙计。19 世纪 90 年代，随着美国工农业的飞跃发展，国内出现一股主张对外扩张的势力，太平洋上的夏威夷群岛、关岛、菲律宾都相继被它占领。1899 年它作为独立的大国，单独地提出对华门户开放政策，表示不再追随英国充当配角。从某意义来说，也是对英国传统地位的挑战。

英国在战时和战后推行亲日政策，使清朝统治者大为沮丧。日本占台的野心暴露后，清政府企图将台湾抵押给英国，免得被日本夺占，并要求与英国政府就此事举行谈判，被外交大臣金伯雷拒绝。英国政府根据国防部情报局和海军部的调查，认为台湾没有什么战略价值，日本领有台湾，于英国并无损失。英国对台湾战略地位的这种错误判断，就"标志着远东的英国时代开始走向完结"。② 可以说，甲午中日战争是对英国在远东的传统优势的一次前所未有的冲击。它破坏了英国多年来力图加以维持的远东相对稳定的国际形势，预示着一个激烈的动荡不安的时代的来临。

（原文载于《中国社会科学院研究生院学报》1985 年第 2 期）

---

① 《帝国主义侵华史》第 1 卷，第 373 页。
② 郭焕圭：《英国外交与台湾的被割让 1894—1895》。

修建颐和园挪用"海防经费"史料解读

陈先松

  光绪十二年（1886），北洋"海防经费"[①] 主要来源——海防专款改归海军衙门统筹收支。之后，一方面，清政府借海军衙门大修颐和园；另一方面，北洋海军未能再购战舰以致实力逐渐被日本海军超越，终致甲午战败。在这两种现象的反差对比中，人们自然联想到：北洋海军之所以未能及时扩充，与大量海防经费挪用于颐和园有很大关系。由此，清政府挪用海防经费（海军经费）修建颐和园，成为中国近代史研究的重要问题。甲午战后，康有为、梁启超、池仲佑等对此有所论述。[②] 较早开展学术研究的有罗尔纲、吴相湘、包遵彭、萧一山等学者，他们主要依据《李文忠公全书》、《李文忠公尺牍》、《曾忠襄公遗集》、《清德宗实录》等资料，但相关信息比较零碎、有限，研究尚不充分。[③] 20 世纪 80 年代以后，

---

  ① 相关研究所谓的"海防经费"或"海军经费"，实指海军衙门经费。本文系对以往研究展开商榷，名为"海防经费"，探讨的也是海军衙门经费的挪用问题，故题名对"海防经费"一词加上引号。"挪用"，指某方面的经费移用到其他方面或公款私用，至于"挪用"后又归还的数额是否仍在"挪用"范畴，学界没有统一认识。本文对"挪用"一词的理解，系指没有归还的数额。如此，出使经费先借拨后又偿还的 23 万两，没有计入"挪用"之列。关于海防经费，海军经费，海军衙门经费及出使经费借拨、偿还的情况，详见下文。

  ② 《康南海自编年谱》，中国史学会编：《戊戌变法》第 4 册，上海人民出版社 1957 年版，第 121—122 页；梁启超：《饮冰室合集·文集之四》第 1 册，中华书局 1989 年影印本，第 40—41 页；池仲佑：《海军大事记》，中国史学会编：《洋务运动》第 8 册，上海人民出版社 1961 年版，第 483 页。

  ③ 罗尔纲：《清海军经费移筑颐和园考》，《大陆杂志》1952 年第 4 卷第 10 期；吴相湘：《清季园苑建筑与海军经费》，《学术季刊》1955 年第 3 卷第 2 期；包遵彭：《清季海军经费考实》，《中国历史学会史学集刊》1969 年第 1 期。另外，萧一山的《清代通史》对此问题也有一定研究。（参见《清代通史》下卷，中华书局 1986 年影印本，第 934—938 页）

较多档案资料的刊布，加之海军史研究日益受到重视，邹兆琦等学者对清政府挪用"海防经费"数额作了深入研究，相关结论是，挪用数额在百万两至一千余万两之间。① 他们在史料解读中，将海军衙门经费混同于海防经费，忽略海防专款挪用数额的辨析，并有较多误读，其相关结论值得商榷。

在此，需先明晰几个概念：（一）海防经费。狭义而言，特指作为财政名目出现的海防专款；广义而言，指实际用于海防建设的费用，既包括海防专款，也包括因海防专款不敷而从其他财源另拨的购船经费、海军要塞修建经费等。（二）海防专款。即近代财政史或海军史著作提到的"海防经费"，划拨于光绪元年，是南北洋海防建设的专用款项，光绪十一年底改归海军衙门统筹收支，并由此涉及海防经费挪用问题。（三）海军衙门经费。海军衙门因承担南北洋海防建设、东北练兵、铁路修建、三海及颐和园工程等而收用的款项。包括开办经费、海防专款、雷正绾军饷、洋药税厘"常年经费"、洋药税厘"新增经费"、铁路经费、海防捐、海防新捐、"海军巨款"② 本息银、土药税厘等，其源非海防专款一项，其用非海防建设一途，与海防经费不存在对等关系。（四）海军经费。与"海军"相关的各种经费，或指"海军衙门经费"，③ 或指光绪十四年北洋海军成立以后的北洋海防建设费用。④

邹兆琦等学者所谓的"海防经费"或"海军经费"，根据所述内容，

① 参见邹兆琦《慈禧挪用海军费造颐和园史实考证》，《学术月刊》1984 年第 5 期；樊百川《清季的洋务新政》，上海书店出版社 2003 年版，第 1136—1146 页；张利民《清廷挪用海军经费修筑颐和园考》，《南开学报》1983 年第 3 期；戚其章《颐和园工程与北洋海军》，《社会科学战线》1989 年第 4 期；王家俭《李鸿章与北洋舰队：近代中国创建海军的失败与教训》，三联书店 2008 年版，第 395—401 页；叶志如、唐益年《光绪朝三海工程与北洋海军》，《历史档案》1986 年第 1 期；王道成《颐和园修建经费新探》，《清史研究》1993 年第 1 期。

② 海军衙门从广东、两江、湖北、直隶等省筹得的 260 万两海军经费。详见下文。

③ 光绪十二年以后，海军衙门所收进的海防专款、雷正绾军饷、洋药税厘"常年经费"、洋药税厘"新增经费"、土药税厘等，皆可称为"海军经费"。参见大学士麟书等清单，光绪二十三年十一月十八日，军机处录副，3/124/6188/59；署理福州将军古尼音布折，光绪十三年八月初三日，军机处录副，3/124/6187/40 等。本文所引军机处录副等档案资料，除特别注明外，皆藏于中国第一历史档案馆。

④ 光绪十四年北洋海军正式建军，与此相关，北洋之前报销相关海防建设费用时称为"海防经费"，自光绪十五年起则改称为"海军经费"。参见顾廷龙、戴逸主编《李鸿章全集》，安徽教育出版社 2008 年版，第 10 册，第 360 页；第 14 册，第 27、410 页。

实指各种海军衙门经费。其中，只有海防专款是完全意义上的海防经费。本文拟在前人研究基础上，充分挖掘档案文献，对颐和园工程相关史料重新解读，梳理清政府挪用海军衙门经费修建颐和园的情况，[①] 明晰海防专款挪用数额，以期深入对晚清海防史、财政史的研究。

一　海军衙门经费挪用来源辨析

学界关于清政府修建颐和园过程中挪用海军衙门经费的具体数额有不同意见，对挪用经费的具体来源鲜有提及。

（一）挪用海军衙门闲存款的史料

光绪十四年，因户部暂缓从洋药税厘项下每年添拨“新增经费”100万两，[②] 海军衙门奏称：

> 按照总理衙门奏准，南北洋经费章程，例应四百万两。现在每年所入不及三百万两，而放款必须三百三十余万两。是以海军衙门奏请由户部每年添拨洋药加税银一百万两。臣奕譞本意以三十余万两补

---

① 或有学者认为，海军衙门只应负责海防建设等本职工作，而颐和园工程不过是特殊情况下的皇差，在此前提下，所有用于颐和园工程的海军衙门经费皆应视为“挪用”。这一认识从大的方面来说没有问题，但晚清财政较为复杂，海军衙门部分进款诸如“海军巨款”、洋药税厘“新增经费”等，本有为颐和园工程筹款的因素，尚需具体分析。本文认为，“海军巨款”由地方督抚报效而来，报效的动机、过程主要为颐和园工程，在海军衙门上奏时也明确了本银备海防、息银归工用的原则。如此，用于颐和园工程的“海军巨款”息银，不应算作“挪用”；“新增经费”出于各关洋药税厘，海军衙门筹议时虽有为颐和园工程筹款的考虑，但在清廷园囿建设不得动用国家正款的谕旨下，不论是海军衙门正式奏请还是户部划拨明文，皆未提到颐和园工程。海军衙门每年抽拨30万两修建颐和园时，也坦承“腾挪”。如此，用于颐和园工程的洋药税厘“新增经费”，应视为“挪用”。关于“海军巨款”息银的筹措、使用，详见下文；关于洋药税厘“新增经费”的筹措、挪用，参见中国第一历史档案馆编《光绪宣统两朝上谕档》，广西师范大学出版社1996年版，第14册，第58页；张侠等编《清末海军史料》，海洋出版社1982年版，第635—636页；海军衙门折，光绪十四年四月二十一日，军机处录副，3/168/9393/29；户部致军机处咨呈，光绪二十年三月二十一日，军机处录副，编号131651号附件，台湾“故宫博物院”藏；中国第一历史档案馆编：《光绪朝朱批奏折》第64辑，中华书局1995年版，第869页；海军衙门片，光绪十五年六月十一日，军机处录副；3/168/9394/38。

② 参见张侠等编《清末海军史料》，第635—636页。

（海军衙门）放款之不足，以二十万两分年缴还赏借三海修工之款，①
其余四十余万两，一半修建颐和园等处工作，一半留为续办第二枝
（支）海军经费。无如郑工不完，户部无可添拨，现又奏请筹拨数十
万两，即使部议照办，仅能补放项正款之不足，于赏借之款及工作、
海军一时均无从顾及……颐和园等处接修各工，臣等惟有将现存之四
十五万七千五百余两闲款尽数撙节动用。其不敷之款统俟明年查看河
工情形，再行筹办。②

该史料提供了若干信息：其一，"南北洋经费"指南北洋海防专款，是海
军衙门的"放项正款"，并不宽裕。其二，海军衙门挪用了 457500 余两
修建颐和园。其三，所挪用经费为海军衙门"闲款"，与备"放项正款"
的海防专款对立叙明，不应包括后者。

海军衙门"闲款"，指没有固定用途、支用相对自由的款项，与北
洋主力军舰维养、东北练兵、铁路修建等大宗支出没有直接关系。主要
包括海军衙门收用的六分平余银和官民捐输款两大类。六分平余银，指
南北洋海军、东北练军等薪饷公费改按京平发放而扣回的节省款，每
100 两扣回 6 两，自光绪十三年起，作为海军衙门"各项杂支用款……
免其造册核销"。③ 官民捐输款，又称为报效款，以申请皇帝谕旨和赏
赐为目的，往往因皇恩浩荡而使报效官员法外升擢，不似海防捐等常规
捐纳，需受户部、吏部种种定章制约。海军衙门自成立起，即收受此类
捐输款，"海军创设，需款浩繁……不得已藉收捐款为权宜补苴之
计"。④

海军衙门"闲款"以六分平余、官民捐输款为重，还有其他史料的佐
证。光绪十四年，海军衙门筹措到"海军巨款"以后，称"本银专备购舰、
设防一切要务，其余平（平余）、捐输二款，拟另款存储，专备工作之
需……不惟海防缓急足恃，腾出闲杂各款专顾钦工，亦不致有误盛典"。⑤

---

① 慈禧太后赏借给三海工程的宫中银。
② 中国第一历史档案馆编：《光绪朝朱批奏折》第 64 辑，第 869 页。
③ 同上书，第 867 页。
④ 海军衙门折，光绪十四年十一月十五日，军机处录副，3/168/9393/57。
⑤ 海军衙门折，光绪十四年十二月十五日，军机处录副，3/168/9393/64。

"捐输"款，即官民捐输款，① 连同六分平余，已明确为专顾"钦工"的"闲杂各款"。

（二）挪用"海军经费"的史料

光绪十五年六月，海军衙门奏称：

> 臣衙门开办以来部拨各款，原备南北洋海防经费、东三省练饷、水操，内外学堂各项，需用浩繁，本有入不敷出之势，又加以颐和园工程需款，亦属不赀，又不能不竭力兼筹，用蒇要工。通盘计算，海军经费果能按年全数解清，尚可勉强把注。以今岁而论，即可每年腾挪银三十万两，拨交工程处应用。倘臣衙门经费收不敷出，再行酌度情形，另筹办理。②

该史料提供两条信息：其一，海军衙门从光绪十五年起，每年提取 30 万两修建颐和园。③ 其二，据海军衙门所言，该款出于"海军经费"。

"海军经费"是"海军衙门经费"的简称，即"臣衙门开办以来部拨各款"。查海军衙门，自光绪十一年开办以来，户部先后拨付经费 335 万两、④ 原南北洋海防专款每年约"四百万"两、⑤ 雷正绾军饷每年约 34 万余两、⑥ 洋药税厘"常年经费"每年约 65 万两、⑦ 洋药税厘"新增经费"

---

① 查海防捐于光绪十三年九月经户部奏准改为郑工捐，于十一月二十八日正式实行，改归户部支配；海防新捐虽由海军衙门收管，但奏准于光绪十五年八月，正式开办于十一月二十八日。换句话说，海军衙门于光绪十四年上奏时，所指"捐输"款不可能是脱离自己掌握的海防捐及尚未设立的海防新捐，而只能是与常规捐纳有别的官民捐输款，即个人报效款。参见户部折，光绪十三年九月二十八日，军机处录副，3/168/9600/120；海军衙门折，光绪十五年八月，军机处录副，3/168/9440/18；《捐纳房呈报户部与各省收捐数目月总单》，"户 66"，中国社会科学院近代史研究所藏。

② 海军衙门片，光绪十五年六月十一日，军机处录副，3/168/9394/38。

③ 另参见海军衙门片，光绪十七年二月十六日，军机处录副，3/168/9396/6。

④ 参见中国第一历史档案馆编《光绪朝朱批奏折》第 64 辑，第 866 页。

⑤ 国家图书馆：《户部奏稿》，全国图书馆文献缩微复制中心 2004 年，第 4887—4889 页。

⑥ 中国第一历史档案馆：《光绪宣统两朝上谕档》第 13 册，第 13—14 页。

⑦ 海军衙门折，光绪二十年二月十七日，军机处录副，编号 130643，台北：台湾"故宫博物院"藏。

每年 100 万两①等。具体到本文所指"海军经费",从时间上判断,应是洋药税厘"新增经费"。光绪十四年,海军衙门还直言经费入不敷出,"于(三海工程)赏借之款及(颐和园)工作、(第二支)海军一时均无从顾及",② 而至光绪十五年,海军衙门则强调"以今岁而论",能够每年提银 30 万两。那么,光绪十五年海军衙门经费有何不同?查海军衙门曾筹议每年添拨洋药税厘 100 万两,并以其中 20 余万两修建颐和园,"统俟明年查看河工情形,再行筹办"。③ 至光绪十四年九月,黄河郑工合龙,海军衙门得偿所愿,自光绪十五年起每年添进洋药税厘"新增经费"10万两,④ 从中抽拨 30 万两办理颐和园工程,也是计划中事。

二 海军衙门经费挪用数额辨析

部分颐和园工程史料,只是笼统涉及海军衙门经费挪用数额,引起诸多学者推测。这些史料及相关数据需进一步解读。

(一)附于昆明湖水师学堂报销的史料

昆明湖水师学堂开办于光绪十二年,其目的一是培养满族海军人才,一是借此拉开颐和园工程序幕,所谓"规复昆明湖水操旧制,经醇贤亲王会同臣奕劻等奏准在织染局一带地基建盖学堂,并将沿湖各殿座酌修数处以备临幸阅操"。⑤ 据《醇亲王府档案》记载,光绪十二年底至十三年底,海军衙门"放给修建水操学堂等处工程动用库平银"678712 两。⑥此为昆明湖水师学堂开办费用及颐和园沿湖"各殿座酌修数处"费用的总和。

对于该则史料,学者基本认为应将水师学堂作为颐和园工程一部分,

---

① 参见户部致军机处咨呈,光绪二十年三月二十一日,军机处录副,编号 131651 号附件,台北:台湾"故宫博物院"藏。

② 中国第一历史档案馆编:《光绪朝朱批奏折》第 64 辑,第 869 页。

③ 同上书,第 869 页。

④ 参见户部致军机处咨呈,光绪二十年三月二十一日,军机处录副,编号 131651 号附件,台北:台湾"故宫博物院"藏。

⑤ 海军衙门片,光绪二十一年二月十六日奉旨日期,军机处录副,31670/41。

⑥ 《奏销光绪十二年至十三年收支海防常年经费折底》,醇亲王府档案,清二,198。

进而将学堂费用计入颐和园工程经费之内，遂认为共挪用海军衙门经费678712两。① 此说不妥。昆明湖水师学堂并非颐和园工程一部分，其具有独立的海军教育功能，并培养了一批海军人才。光绪十九年，该学堂第一届学生毕业，共35名，经北洋水师学堂考校，喜昌、荣续2人"英文、测算、推步等学所得分数，较之历届学堂毕业诸生并不稍逊，实为难得"，其余"考得分数在一百八十分以上者"，可以"留堂教习、预备派上练船"之人还有22名等，合格率达68%。②

昆明湖水师学堂的开办包括建造房屋、购备书籍器具等，若以规模相似的威海水师学堂作比较，其费用大约是10447两。③ 扣除学堂费用，海军衙门拨付给颐和园"沿湖各殿座酌修数处"的工程经费约668265两，但出款名目不明。

(二) 关于"海军巨款"的史料

光绪十四年，李鸿章在奕𫍯授意下，以颐和园工程及万寿庆典相号召："醇邸来函，以万寿山工程用款不敷，属（嘱）函致各处，共集款二百万，存储生息，以备分年修理……万寿山大报恩延寿寺为将来慈圣六旬祝嘏之所，关系典礼綦重……我辈受国厚恩，自当竭力代谋，各尽臣子之义"，④ 终劝得两广等督抚报效"无碍京协各饷之正杂款"260万两，此即"海军巨款"。关于这笔经费的使用，海军衙门奏称：

> 臣奕（𫍯）尝思筹一大批银款，存储北洋生息，按年解京，以补正杂各款之不足，本银专备购舰、设防一切要务。其余平、捐输二款，拟另款存储，专备工作之需……兹得诸臣急公济用，相助为理，不惟海防缓急足恃，腾出闲杂各款专顾钦工，亦不致有误盛典。⑤

---

① 参见张利民《清廷挪用海军经费修筑颐和园考》，《南开学报》1983年第3期；邹兆琦《慈禧挪用海军费造颐和园史实考证》，《学术月刊》1984年第5期；戚其章《颐和园工程与北洋海军》，《社会科学战线》1989年第4期。

② 顾廷龙、戴逸主编：《李鸿章全集》第35册，第541页。

③ 参见顾廷龙、戴逸主编《李鸿章全集》第14册，第134页。

④ 参见顾廷龙、戴逸主编《李鸿章全集》第34册，第434页。

⑤ 海军衙门折，光绪十四年十二月十五日，军机处录副，3/168/9393/64。

以上史料包含三条信息：其一，"海军巨款"本银 260 万两，需存储北洋生息，暂时不能动用。其二，所生息银应按年解京，名补海军衙门"正杂各款之不足"，实因"万寿山工程用款不敷……以备分年修理"，是颐和园工程专用款项。① 其三，由于"海军巨款"的存在，海军衙门自谓"海防缓急足恃"，遂腾出六分平余银、官民捐输款等闲杂各款"专顾钦工"。

从现有资料来看，"海军巨款"本银 260 万两存于汇丰银行 1072900 两、德华银行 440000 两、怡和洋行 559600 两、开平矿务局 527500 两，至光绪二十年六月后，陆续提为战备经费，此前并未它用。② "海军巨款"息银，据一些学者估计约 40 万两，此为理论上的估算值，③ 其实际拨放情况为，光绪十七年前以抵拨方式间接解给海军衙门 91183 两，④ 之后作为抵押，以偿还总理衙门借拨的出使经费，至光绪二十年五月先后偿还 23 万两，共解颐和园工程经费 321183 两。

六分平余银、官民捐输款是"专顾钦工"的闲杂款。其中，南北洋海军、东北练军薪饷公费等自光绪十三年起扣留六分平余银，北洋约有 43 万两，⑤ 南洋约有 21 万两，⑥ 东北练军约有 48 万两，⑦ 共计约 112 万两。官民捐输款自海军衙门开办至光绪二十年七月止，共收 465700 余两，⑧ 两

---

① 光绪十七年，海军衙门再次重申："所得息银专归工用。"参见海军衙门片，光绪十七年二月十六日，军机处录副，3/168/9396/6。

② 海军衙门折，光绪二十年十月初三日，军机处录副，编号 136023，台北：台湾"故宫博物院"藏。

③ 参见邹兆琦《慈禧挪用海军费造颐和园史实考证》，《学术月刊》1984 年第 5 期；戚其章《颐和园工程与北洋海军》，《社会科学战线》1989 年第 4 期；王家俭《李鸿章与北洋舰队：近代中国创建海军的失败与教训》，第 401 页。

④ 参见顾廷龙、戴逸主编《李鸿章全集》第 15 册，第 350 页。

⑤ 数据源于光绪十三年至光绪二十年北洋海防经费例行报销清单、定远等舰常年经费报销清单。光绪十七年清单参见顾廷龙、戴逸主编《李鸿章全集》第 15 册，第 347、349 页，其他清单参见中国第一历史档案馆藏军机处录副。

⑥ 数据源于江南筹防案第 8 案至第 15 案清单。其中，第 13 案清单参见台湾"故宫博物院"藏军机处录副，其余清单参见中国第一历史档案馆藏军机处录副。

⑦ 参见海军衙门折，光绪十四年四月二十一日，军机处录副，3/168/9393/29。

⑧ 海军衙门折，光绪二十年七月初四日，军机处录副，编号 133656，台湾"故宫博物院"藏。

项共计约 1585700 两。但被忽略的是，① 此数额若全部移用于颐和园工程，应包含前文所述之海军衙门"闲款"457500 余两在内，不能重复计算。

（三）挪用海防新捐的史料

光绪十七年二月，海军衙门奏称：

> 查颐和园自开工以来，每岁暂由海军经费内腾挪三十万拨给工程处应用，复将各省督抚认筹海军巨款二百六十万陆续解津发存生息，所得息银专归工用，业于十四年十二月、十五年六月间两次奏明在案。

> 伏查臣衙门就岁入之款而论，每年拨发南北洋、东三省及各项杂支，无事之秋尚虞不敷，况海军初创，布置一切，用度实繁，幸赖海防新捐稍资补苴。惟每年拨工之款，原属无多，各省认筹银两亦非一时所能解齐，钦工紧要，需款益急，思惟（维）至再，只有腾挪新捐暂作权宜之计，所有工程用款即由新海防捐输项下暂行挪垫，一俟津存生息集有成数，陆续提解臣衙门分别归款。②

该则史料说明三个问题：其一，清政府借昆明湖水师学堂开办暗修颐和园的时间是光绪十二年，公开大修并将清漪园改名为颐和园的时间是光绪十四年。根据文中"颐和园自开工以来，每岁暂由海军经费内腾挪三十万拨给工程处应用"，有学者认为，海军衙门挪用"海军经费"（实为洋药税厘"新增经费"）至晚始于光绪十四年。③ 此说并不准确。该文只是叙述"颐和园自开工以来"的筹款过程，阐述的是"每岁暂由海军经费内

---

① 学界多将海军衙门"闲款"与六分平余、官民捐输款分开叙述，并单独列算。参见张利民《清廷挪用海军经费修筑颐和园考》，《南开学报》1983 年第 3 期；邹兆琦《慈禧挪用海军费造颐和园史实考证》，《学术月刊》1984 年第 5 期；戚其章《颐和园工程与北洋海军》，《社会科学战线》1989 年第 4 期；王家俭《李鸿章与北洋舰队：近代中国创建海军的失败与教训》，第 401 页；樊百川《清季的洋务新政》，第 1136、1139 页。

② 海军衙门片，光绪十七年二月十六日，军机处录副，3/168/9396/6。

③ 参见戚其章《颐和园工程与北洋海军》，《社会科学战线》1989 年第 4 期；王道成《颐和园修建经费新探》，《清史研究》1993 年第 1 期；樊百川《清季的洋务新政》，第 1137 页。

腾挪三十万……业于……光绪十五年六月……奏明在案"，"复将各省督
抚认筹海军巨款二百六十万陆续解津发存生息……业于十四年十二月……
奏明在案"。究其实，海军衙门应自光绪十五年始，每年腾挪银 30 万两。
其二，海军衙门称挪借的海防新捐，可由"海军巨款"息银偿还，然该
笔息银随后用于偿还出使经费 100 万两，至甲午战前尚难以偿清。"津存
生息集有成数，陆续提解臣衙门分别归款"也就成了一句空话。其三，
所有颐和园工程经费的缺口都可从海防新捐内挪垫，这意味着海防新捐成
为颐和园工程经费的大宗来源，但在光绪十七年之前"稍资补苴"南北
洋海防建设、东三省练兵等用款的前提下，海防新捐没有全部用于颐和园
工程。

关于海军衙门收用海防新捐的数额，已有研究多集中于直隶等少数省
份的探讨，而无全国性实据的支撑。[①] 据中国社会科学院近代史研究所藏
档案记载，海防新捐自开办起至光绪十九年九月止，户部收 119 万余两，
各省除截留外应解海军衙门 278 万余两，共应解海军衙门 397 万余两。[②]
从时间上看，距海军衙门裁撤还有一年多时间，但考虑到捐数逐年递减及
甲午中日战争的影响，增收幅度不会太大；从经费解拨来讲，"应解"可
能存而未解，各省收数在海军衙门裁撤前不会全部解清，这在数据的估算
上应略有保留。一正一负之间，将海军衙门可以掌控的海防新捐数估计为
397 万两，大致合理。若其中大多移用于颐和园工程，则挪垫数额大约为
300 万两。

（四）挪借出使经费的史料

海军衙门从各省挪凑 260 万两巨款生息，历年所得有限，遂以此息银
作抵，一次性借取出使经费 100 万两。光绪十七年八月，总理衙门奏称：

---

① 参见罗尔纲《清海军经费移筑颐和园考》，《大陆杂志》1952 年第 4 卷第 10 期；张利民
《清廷挪用海军经费修筑颐和园考》，《南开学报》1983 年第 3 期；邹兆琦《慈禧挪用海军费造颐
和园史实考证》，《学术月刊》1984 年第 5 期；戚其章《颐和园工程与北洋海军》，《社会科学战
线》1989 年第 4 期；王道成《颐和园修建经费新探》，《清史研究》1993 年第 1 期；王家俭《李
鸿章与北洋舰队：近代中国创建海军的失败与教训》，第 399 页；樊百川《清季的洋务新政》，
第 1139—1140 页。
② 《捐纳房呈报户部与各省收捐数目月总单》，"户 66"，中国社会科学院近代史研究所藏。

再此次册报实存出使经费银一百九十七万余两，款内已于本年四月间准海军衙门咨开奏准暂行借拨颐和园工程银一百万两，由天津生息项下按年尽数归还。①

查相关史料，海军衙门巨款息银于光绪十八年五月偿还 5 万两，作为"第一次归还出使经费之款"并充为新疆电线经费，② 又于同年底偿还 14万两、③ 光绪二十年五月偿还 4 万两，④ 共计 23 万两。可见，出使经费借拨而未还的数额约为 77 万两，而非 100 万两。⑤

三　部分史料误读的纠正

此外，还有不少史料被误读。这些史料反映的是三海工程、慈禧太后万寿庆典等经费筹措活动，却被误认为与颐和园工程有关。

（一）与三海工程有关的德商洋款史料
光绪十二年十一月，醇亲王奕谭致函李鸿章称：

南海工作为奉养璇宫而设，秉北堂明发之便诏示天下，可谓一举两得。第经费实在棘手……计工程处入款……除文铦等饬交之款……外，皆系王设法筹措，乃智力已竭而功效尚远……可否指称创建京师水操学堂或贵处某事，借洋七八十万之谱……而以闽海常年十万内徐为发还。⑥

李鸿章随即应允，并向德商借洋款 500 万马克，约银 101 万余两。⑦

① 中国第一历史档案馆编：《光绪朝朱批奏折》第 87 辑，第 93 页。
② 同上书，第 270 页。
③ 参见顾廷龙、戴逸主编《李鸿章全集》第 14 册，第 595 页。
④ 参见顾廷龙、戴逸主编《李鸿章全集》第 15 册，第 355 页。
⑤ 参见张利民《清廷挪用海军经费修筑颐和园考》，《南开学报》1983 年第 3 期；戚其章《颐和园工程与北洋海军》，《社会科学战线》1989 年第 4 期；王家俭《李鸿章与北洋舰队：近代中国创建海军的失败与教训》，第 396、401 页。
⑥ 顾廷龙、戴逸主编：《李鸿章全集》第 34 册，第 136 页。
⑦ 叶志如、唐益年：《光绪朝三海工程与北洋海军》，《历史档案》1986 年第 1 期。

一些学者认为"闽海关常年十万"、德商洋款为颐和园工程而筹措。①

此实为三海工程。"南海"是三海工程的主要部分;"文铦等饬交之款"是慈禧太后对粤海关前任监督的罚款,于光绪十一年六月奉懿旨用于"三海现修内外工程";②归还德商洋款的"闽海关常年十万",是闽海关每年应解的内务府银,于光绪十一年底改解"工程处",内务府奉宸苑随后说明"三海等处工程需款甚殷",要求闽海关迅速报解。③

(二) 与三海工程有关的宫中赏借银、盐商捐输款史料

光绪十七年,礼亲王世铎等奏称:

> 奉宸苑工程处前因工款待用孔亟,蒙恩由内赏借银两,光绪十四年十二月赏借银十二万两,十五年三月赏借银四十八万两,七月赏借银三十万两……现经数年之久,自应筹款恭缴赏本……据两江总督刘坤一奏称两淮商人……共认捐银一百万两……臣等公同商酌此项捐输系额外筹画之款,谨拟提银九十万两恭缴叠次赏借款项。④

至光绪十九年九月,两淮盐商捐输款缴清,户部从中拨出 90 万两归还宫中赏借银。⑤ 一些学者认为,宫中赏借银或盐商捐输款是颐和园工程经费的重要来源。⑥ 这些史料仍与三海工程有关。"奉宸苑"自光绪十一年六月起,即御定为三海工程的承修机构;⑦ 慈禧赏借的 90 万两宫中银,见于三海工程处"正项进款单";⑧ 礼亲王世铎是奕谭逝世后负责三海工程的最高官员,曾于光绪十七年汇报三海工程进度,表示"南

---

　① 参见张利民《清廷挪用海军经费修筑颐和园考》,《南开学报》1983 年第 3 期;邹兆琦《慈禧挪用海军费造颐和园史实考证》,《学术月刊》1984 年第 5 期;王道成《颐和园修建经费新探》,《清史研究》1993 年第 1 期。

　② 中国第一历史档案馆编:《光绪宣统两朝上谕档》第 11 册,第 128 页。

　③ 参见奉宸苑咨福州将军文,《内务府档案·奉宸苑类》,案卷号 4596。

　④ 世铎等折,光绪十七年十月初七日,军机处录副,3/133/6567/50。

　⑤ 参见户部折,光绪十九年九月二十一日,军机处录副,3/132/6537/44。

　⑥ 参见王家俭《李鸿章与北洋舰队:近代中国创建海军的失败与教训》,第 395—396 页。

　⑦ 中国第一历史档案馆编:《光绪宣统两朝上谕档》第 11 册,第 128 页。

　⑧ 中国第一历史档案馆编:《光绪朝朱批奏折》第 103 辑,第 57 页。

海随时传办零星活计各工"、"北海极乐世界等处"应竭力催办，陆续
接修等。①

（三）与三海工程有关的土药税厘史料

光绪十七年十一月，两江总督刘坤一奏称：

> 又土药税厘统解部库一条……现准部咨，行令将各省关土药税
> 厘，一并尽数批解海军衙门兑收，俟借款还清，再行解部。②

该史料没有出现"颐和园"或"工程"字样，但在清政府挪用各笔经费
修建颐和园仍感紧张的情况下，有学者判断，海军衙门收用土药税厘，就
是为了颐和园工程。③

其实，该史料所指仍是三海工程。醇亲王奕譞逝世后，三海前期工程
共欠 66 万余两。④ 光绪十七年五月，接任督修王大臣世铎奏准由海军衙
门暂为挪借，由户部土药税厘项偿还。⑤ 即此各省土药税厘归海军衙门兑
收以"还清"借款的原委。

至光绪十九年，海军衙门兑收各省土药税厘年限获准延长三四年，目
的是筹发三海续修工程经费，其数约为 81 万余两。至光绪二十一年，因
海军衙门裁撤和三海工程相关经费 147 万余两的提前结清，⑥ 各省土药税
厘改归户部掌，管并由户部每年发给奉宸苑 30 万两，作为皇家园囿岁修
经费。颐和园工程方从中受惠。⑦

---

① 参见世铎等折，光绪十七年五月初五日，军机处录副，31555/72。

② 《刘坤一遗集》第 2 册，中华书局 1959 年版，第 711—172 页。

③ 参见樊百川《清季的洋务新政》，第 1144 页；王家俭：《李鸿章与北洋舰队：近代中国
创建海军的失败与教训》，第 400—401 页。

④ 参见世铎等折，光绪十七年五月初五日，军机处录副，3/105/5554/72。

⑤ 世铎等折，光绪十七年五月初五日，军机处录副，3/123/6122/28。

⑥ 参见中国第一历史档案馆编《清代中南海档案》第 28 册，西苑出版社 2004 年版，第
267—273 页；海军衙门片，光绪二十一年二月十六日奉旨日期，军机处录副，3/146/7209/41。

⑦ 参见《奏为酌拟岁修款项收发章程》，光绪二十一年，《内务府档案·奉宸苑类》，案卷
号 4597。

（四）　与万寿庆典有关的铁路经费史料

铁路经费原归海军衙门掌管，后因关东铁路的修建，于光绪十七年后径由该路主修者李鸿章收支，以归简易。光绪十九年三月，李鸿章致函湖北藩司王之春：

> 北洋铁路经费岁需二百万，系不可再少之款，昨经农部以恭办万寿庆典，于今明两年各截留百万，商由此间息借洋款，以备造路之用，仍符每年二百万之数。①

与此相对应，光绪二十年二月，《申报》称：

> 今岁恭逢皇太后六旬万寿……在廷王公大臣、外省将军督抚以及实缺提镇司道，各抒报效之忱……户部总司出纳，更应力求撙节，遂将铁路经费暂停支放，为移缓就急之计。关外工程，今春并未开办……想须俟万寿庆典告成，然后再议兴工也。②

此为"万寿庆典"挪用铁路经费的史料。颐和园是慈禧举办庆典的重要场所，其修建与万寿庆典有一定关系，庆典期间也会张灯结彩庆贺一番，但颐和园工程不同于万寿庆典。前者侧重工程大修，后者侧重各项典礼活动，范围也不限于颐和园一处。部分学者忽略两者差异，认为颐和园工程挪用铁路经费 200 万两，并不妥当。③

四　余论

一些学者还认为海防专款、海军衙门开办经费、海防捐、美国退款、

---

① 顾廷龙、戴逸主编：《李鸿章全集》第 35 册，第 504 页。
② 《申报》，光绪二十年二月十六日，"铁路停工"。
③ 参见邹兆琦《慈禧挪用海军费造颐和园史实考证》，《学术月刊》1984 年第 5 期；戚其章：《颐和园工程与北洋海军》，《社会科学战线》1989 年第 4 期。

部库存款等，也用于颐和园工程，① 没有确切实据。根据现有档案文献资料，笔者认为，颐和园工程经费约为 8145148 两，出自海军衙门经费7375148 两、总理衙门经费 770000 两。除本为颐和园工程而筹的"海军巨款"息银 321183 两外，属于"挪用"性质的海军衙门经费数额约7053965 两，而"挪用"的海防专款数额不会超过 668265 两。

颐和园工程经费来源　　　　　（单位：库平两）

账单进款来源	终极来源	数额	财源性质	包含海防专款	说明
海军衙门拨款	不明	668265	海军衙门经费	不明	附于昆明湖水师学堂奏销
海军衙门拨款	六分平余银	1585700	海军衙门经费	否	包含光绪十四年海军衙门垫放"闲款"457500 两
海军衙门拨款	官员捐输款		海军衙门经费	否	
海军衙门拨款	"海军经费"	1800000	海军衙门经费	否	实为洋药税厘"新增经费"
海军衙门拨款	"海军巨款"息银	91183	海军衙门经费	否	"海军巨款"息银本为颐和园工程而筹
总理衙门借款	"海军巨款"息银	230000	海军衙门经费	否	
总理衙门借款	出使经费	770000	总理衙门经费	否	原借 100 万两，由"海军巨款"息银归还 23 万两
海军衙门借款	海防新捐	3000000	海军衙门经费	否	此估计数据有较大弹性

　　传统观点强调颐和园工程的经费来源于海防经费，进而严重影响了北洋海军的发展，似无直接依据。但在甲午战前数年的关键时期，清政府确曾挪用大量海军衙门经费、总理衙门经费修建颐和园而非补贴北洋海防建

---

　　① 关于海防专款，参见罗尔纲《清海军经费移筑颐和园考》，《大陆杂志》1952 年第 4 卷第 10 期；邹兆琦《慈禧挪用海军费造颐和园史实考证》，《学术月刊》1984 年第 5 期。关于海军衙门开办经费，参见邹兆琦《慈禧挪用海军费造颐和园史实考证》，《学术月刊》1984 年第 5 期。关于海防捐，参见张利民《清廷挪用海军经费修筑颐和园考》，《南开学报》1983 年第 3 期；邹兆琦《慈禧挪用海军费造颐和园史实考证》，《学术月刊》1984 年第 5 期；戚其章《颐和园工程与北洋海军》，《社会科学战线》1989 年第 4 期；王家俭《李鸿章与北洋舰队：近代中国创建海军的失败与教训》，第 398—399、401 页；樊百川《清季的洋务新政》，第 1138—1139 页。关于美国退款、部库存款，参见王家俭《李鸿章与北洋舰队：近代中国创建海军的失败与教训》，第400—401 页。

设。光绪十一年，清政府受中法战争战败的刺激，购置致远号等4艘巡洋舰，熟知中国内情的伊藤博文断言："当法事甫定之后似乎奋发有为，殊不知一二年后则又因循苟安，诚如西洋人形容中国所说又睡觉矣。"[1] 此语不幸言中。颐和园工程与北洋海军并无直接关联，但在清政府宁愿耗费巨资修建颐和园、追求安逸享受的情况下，北洋海军难以获得及时发展，也就不足为奇了。

（原文载于《历史研究》2013 年第 2 期）

---

[1]　北平故宫博物院编：《清光绪朝中日交涉史料》，台北：文海出版社 1970 年版，第 184 页。

清政府的战备与甲午战争

王楚良　施渡桥

清军在中日甲午战争中惨遭败绩的原因，已有不少论者从政治、经济、军事以及作战指挥等诸多方面进行了论述，取得了可喜的成绩。本文拟从战备角度作些探讨，因为中国在甲午战争中的失败，与战备的指导思想以及具体实践存有着严重失误，有密不可分的关系。

一　战备指导思想方面的失误

19 世纪 60 年代至 90 年代初，洋务派通过"自强"活动，做了不少抵御外侮的准备工作，取得了一定的成绩。但是，清政府在战备思想上存在着重大失误。举其要者而言，有以下几个方面。

（一）在战与和的关系方面，立足于和，缺乏抗战的信心和决心

19 世纪 70 年代以后，边疆危机纷至沓来，中国应取什么方针对付外敌入侵，已成为紧迫的大事。1874 年发生日本侵台事件后，李鸿章提出了"明是和局，而必阴为战备，庶和可速成而经久"① 的指导思想。他认为"洋人论势不论理"，中国只有加紧"自强"活动，增强自己的军事实力，才能与外国侵略者抗衡，即"我能自强，则彼族尚不敢妄生觊觎，否则后患不可思议也"②。但是，他又认为在中国的武备加强之前，"必以

---

① 《李文忠公全书》，奏稿，卷 24，第 11 页。
② 《李文忠公全书》，朋僚函稿，卷 3，第 13 页。

力保和局为紧要关键。"① 因为，中国的"有贝之财，无贝之才，均未易与数强敌争较"，何况练兵、制器、造船各事，"尤需岁月迟久，乃能有济"。所以，必须"力保和局"、"隐忍徐图"。只有中国的武备切实加强了，"然后以战则胜，以守则固，以和则久"②。上述指导思想与奕䜣早在1861 年提出的"外敦信睦，而隐示羁縻"③ 的外交方针并不矛盾，不过有所发展而已，因而为清廷所接受，并付诸实际行动。

应当说，"外和"、"内备"的指导思想，基本符合第二次鸦片战争后出现的中外相对和平的形势，本无可指责。问题出在把"力保和局"变成了绝对化。为了避免战争，即使帝国主义提出有损国家权益的条件，也被迫接受；甚至杯弓蛇影，对于帝国主义的虚声恫吓，也视为会爆发战争，因而一再妥协忍让，实行屈辱外交。李鸿章在处理马嘉理案时说："毒蛇螫手，壮夫断腕，不断腕则毒螫不能消也。"④ 也就是说，不做出些损害国家利益的让步，就不可能遏制毒如蛇蝎的帝国主义发动侵略战争。而一旦爆发战争，"彼之军械强于我，技艺精于我，即暂胜必终败"⑤。把武器和技艺视为战争胜负的唯一条件。正是基于这种片面认识，他在中法战争时，公开提出"未可与欧洲强国轻言战事"，并一再建议清廷及早与法国议和。一味委曲求和的恶果是十分明显的，它既助长了帝国主义的侵略野心，又泯灭了统治集团抗战的信心和决心，贻误了战备的时机。例如，甲午战争爆发前夕，日本不但拒绝从朝鲜撤兵，反而不断增兵，战争端倪显露的情况下，清政府仍不紧急备战，而把希望寄托于俄、英的"调解"。结果，战争一旦爆发，清军便丧失了先机之利，着着落后，处处被动。中国早期改良派思想家王韬对此痛心地指出：中国"几乎国不可为国"，"此盖误于羁縻之说，而驾驭未得其宜也"⑥。

（二）海防指导思想"以守为防"，不是"以战为防"

洋务派首领李鸿章在清政府支持下，组建近代海军，加强海防建设，

---

① 《李文忠公全书》，译署函稿，卷 4，第 3 页。
② 《李文忠公全书》，奏稿，卷 39，第 34 页。
③ 《筹办夷务始末》（咸丰朝）卷 71，第 26—75 页。
④ 《李文忠公全书》，译署函稿，卷 3，第 47 页。
⑤ 《李文忠公全书》，奏稿，卷 24，第 12 页。
⑥ 《洋务运动》第 8 册，第 8 页。

有其不可磨灭的功绩。但是，他的海防指导思想，虽然在组建北洋舰队期间曾主张"以战为防"，即攻势作战，而当北洋舰队成军和旅顺、威海基地初具规模以后，便转而主张"以守为防"，即守势作战。他不是把海军用于海上机动作战，争夺制海权，而是"与海口炮台相依辅"，控扼渤海门户，也就是他所说的"自来设防之法，必须水陆相依，船舰与陆军实为表里"①。上述海防指导思想所造成的后果是十分严重的。

其一，满足于北洋海防建设的初步成就，不争取继续发展。1891年李鸿章第一次检阅北洋防务后，便认为当时的海防虽尚需继续加强，"但就渤海门户而论，已有深固不摇之势"②。于是，奕譞等挪用巨额海军经费修建颐和园，他支持；户部决定北洋停购船械两年，他不据理力驳。这样，北洋海军成军后，除增添自造的"平远"舰外，再未购进一艘新舰，也未更新设备。而日本却在1888年以后，大力发展海军，添置航速快、速射炮多的新式战舰，总吨位由14783吨增加到了37222吨，至甲午战争时，其作战能力反而超过了北洋舰队。

其二，以为只要"水陆相依"、"以守为防"，即可御敌于海口之外。因此，只注意调集防海口和基地的部队，忽视了在后方组建和部署战略机动部队。关于组建战略机动部队问题，曾有多人提出建议，如淮军将领周盛传建议在山东济宁一带组建一支部队，"暗修战备，无事潜于沿途城邑，运存粮械军需，有警赴援"，作为"先事绸缪之一法"③。但清政府和李鸿章始终未予重视，以致日军从辽东、山东半岛登陆以后，清军的陆上作战便处于十分被动不利的状态。李秉衡任山东巡抚后，虽临时组建了十几营战略机动部队，但因时间短、数量少、战斗力差，因而也未能有效地发挥抗击日军的作用。

其三，"水陆相依"、"以守为防"，含有片面保存舰队实力的企图。日军增兵朝鲜时，李鸿章竟将驻仁川的舰船撤回，从而使牙山清军处于孤立无依的危境。丰岛海战后，他又提出"保船制敌"实质是保船避战的方针，致使日本舰队得寸进尺，窜入威海、旅顺之间进行骚扰。黄海海战后，北洋舰队龟缩威海港内，最后全军覆没。

---

① 《李文忠公全书》，奏稿，卷72，第37、4页。

② 《李文忠公全书》，奏稿，卷39，第34页。

③ 《周武壮公遗书》，御兵篇（上），第4页。

（三）既欲保护朝鲜、却疏于援朝的军事准备

清政府对日本吞并朝鲜进而侵略中国的野心早有察觉，并为此作了些对付的准备。如李鸿章在19世纪70年代就说："日本狡焉思逞更甚于西洋诸国，今之所以谋创水师不遗余力者，大半为制驭日本起见。"① 另一些枢疆大吏也提出要警惕日本的侵略野心。可是，清政府既想保持与朝鲜的宗藩关系，又感到"中国将往助而力有未逮，将坐视而势有不能"，在进退两难的情况下，便由李鸿章出面规劝朝鲜政府一方面改善自身的武备，一方面采取"以夷制夷"之策，"先与英德法美交通"，以"牵制日本"，并"杜俄人之窥伺"②。李鸿章还天真地认为，"但使朝鲜能联络外交，以自固藩篱，则奉吉东直皆得屏蔽之益"③。他还错误地认为日本的侵华策划者伊藤博文是个"不欲轻言战事"的人。这样，清政府便放松了援朝的军事准备，没有在毗连朝鲜的地区预筹战略部队以及预储军械粮秣等物资，以便一旦有警，立即派重兵入朝作战。至于以八旗兵为主体的东北边防军，也没有针对日本侵朝进行部署，而是偏重于防俄。后来，当朝鲜形势紧张，清政府又决定派兵入朝作战时，只好临时抽调守口、守点部队，既削弱了旅大等地的防御力量，影响了海防的稳固性，又丧失了以成建制的部队由陆路及早入朝的时机，终于造成极大的被动。

（四）既不研究敌情，又不制订作战预案

战前，日本通过各种渠道搜集中国的政治、经济、军事情报，并据以制订周密的侵华战争预案。中国则相反，不仅缺乏有效的侦察手段，切实掌握日本的动向，甚至对于战时完全可以预见的一些问题，诸如怎样对付日本舰队，怎样进行抗登陆作战，怎样遂行军械粮饷保障，怎样进行战场准备等，事先均未认真进行研究，更谈不上具体部署。为此，只能临时应付，打毫无计划和准备的糊涂仗。另外，因忽视战略侦察，以致对敌军的进攻方向一再判断错误，该重点设防的不设重兵，不该重点设防的却重兵云集，部署失当，于是为敌所乘。

---

① 《李文忠公全书》，译署函稿，卷11，第43页。
② 王彦威辑：《清季外交史料》卷16，第15—16页。
③ 《李文忠公全书》，奏稿，卷52，第30页。

二　实际战备工作中的缺陷

甲午战争前，清政府虽然做了一部分准备战争的实际工作，但从反侵略战争的需要来衡量，仍然存在着不少缺陷，有些还是重大缺陷。

（一）军队的近代化建设滞后

1. 武器装备未能实现近代化。清政府在镇压太平天国、捻军等农民起义时，就开始注意改善军队的武器装备。湘军头目之一，湖北巡抚胡林翼在攻打武昌时，因久攻不下，遂到广东购买洋炮用以攻坚。湘军统帅曾国藩则说："湘潭、岳州两次大胜，实赖洋炮之力。"[①] 1862 年，李鸿章率领淮军进驻上海后，目睹西洋枪炮的威力，深以"中国军器远逊外洋为耻"，便立即改用洋枪炮。19 世纪 70 年代后，边疆危机日益加重，为御侮保土，清政府更加重视改善军队的武器装备。至甲午战前，在全国 12 个省区先后办起了军事工业，制造枪炮船舰、装备清军，并着手组建海军。但是，这些军工企业由于投资少、设备落后、管理不善，因而生产能力极为低下，而且所生产的新式枪炮远远满足不了清军更新装备的需要。即使向外国购买，又限于军费支绌，虽然先后购买了相当数量的武器装备，仍然满足不了军队的实际需要。正如李鸿章所说，改善清军的准备，"徒以经费支绌，不能畅所欲为"。[②] 因此，至甲午战争爆发，整个清军中只有淮军基本实现了武器装备的近代化，其他如湘军、练军以及八旗、绿营，始终是冷热兵器并存，有些部队中冷兵器仍占半数以上。海军是新的军种，需费更巨，李鸿章等花了九牛二虎之力，通过购买外国舰只，才组建成北洋海军。但是南洋，福建、广东舰队，因受经费的制约，无力购买铁甲巨舰，所以一直未能成军。

2. 编制体制落后，不利于作战指挥。清陆军的编制体制，既落后又紊乱，突出反映在以下三个方面。其一，长期实行单一营制，不向合成军队方向发展，从 19 世纪 60 年代开始，清陆军不仅有步兵、骑兵，而且还有炮兵和类似工程兵的长夫。但是，清政府未能将这些兵种编组成以步兵

---

① 《曾文正公全集》（二），世界书局 1936 年版，第 55 页。
② 《李文忠公全书》，奏稿，卷 38，第 19—20 页。

为主，骑兵、炮兵、工程兵为辅的合成军队，制订合同战术，进行合同训练。与此相反，新编的练军，仍然抄袭湘军的单一营制。而这种以营为基本单位的营制，不但军种之间难于合成统一，就是本兵种之间也难于协同作战，发挥整体威力。正如有人所说，单一营制，"平时仅可饰观，临战最易溃乱"①。其二，不实行裁冗兵、练精兵的方针。八旗、绿营早已不堪任战，可是，清政府始终没有采取大刀阔斧的裁减措施。结果，有了练军、防军，仍然保留八旗、绿营，用大量军饷养无用之兵，从而影响了练军、防军保持充足的数量和对武器装备的改善。其三，缺乏统一的领导和指挥体制。如前所述，清军既有八旗、绿营，又有防军、练军。这些军队自成体系，互不统属，名义上由皇帝掌握兵权，实际权力操控在将军、督抚手中，湘淮军则由各自的统帅遥控。这样，就形成了即使在同一战区的部队，却由多人领导和指挥，无法协同配合。盛宣怀指出：甲午战争中，"平壤、鸭绿江口，威、旅、海、盖诸战，皆败在各军心志不齐，并不互相援应"。② 这种"心志不齐，并不互相援应"弊端的出现，实由于缺乏统一的领导和指挥体制。

　　3. 训练有名无实，不符合实战需要。清政府对具有战略意义的训练工作，始终未采取切实有效的措施，以致成效不显，问题不少。一是操练洋枪洋炮的积极性不高。有些将弁因新式武器性能复杂，故"每多不屑深求"，甚至弃而不练，因而"兵不谙器"的现象比较普遍。李鸿章在中法战争后曾指出："陆军不乏战将，而深谙利器操法用法者颇少。"③ 曾国荃在1885年7月的奏折中称：江南陆营"于西法操练尚未熟谙，即于各种后膛枪炮，亦未一律演习"。④ 二是练为战的思想不突出。当时就有人指出："今之练兵者，非为战也。""非以为战，则练胆、练阵不能试之于对垒之地，而徒肆之于讲习之时。"⑤ 早期改良派思想家郑观应则指出："虽中国亦仿西法练兵，计已十余年而仍不能强者，因将帅非武备学堂出身，未谙韬略，又无胆识，惟延西人教习口号，步伐整齐、枪炮命中而

① 《清代档案史料丛编》（10），第233页。
② 陈旭麓等主编：《甲午中日战争》下册，第434页。
③ 《洋务运动》第2册，第568页。
④ 张侠等编：《清末海军史料》（上），第45页。
⑤ 《洋务运动》第3册，第568、569页。

已。不知此特兵法之绪余也。"① 这段话指出了当时训练中的重大的缺点，即那些行伍起家的将领，一般都不重视针对外国侵略军的作战特点学习和研究先进的战法，相反，为经验主义所束缚，将他们镇压农民起义军的陈旧战法用于对外战争，以致难于有效地抵御侵略军的进攻。三是不进行为国雪耻的爱国主义教育。古人云："明耻教战"，"知耻近乎勇"。在清军屡被入侵之敌所败，国家遭到奇耻大辱的景况下，清政府及统兵将帅却不对部队进行强兵御侮，为国雪耻的爱国主义教育，以激发官兵的练兵热情和保卫社稷家园的战斗决心。这样，部队的训练也就丧失了目的性的原动力。

4. 军队管理松弛，腐败现象日趋严重。由于放松对部队的管理教育，以致后起的湘、淮军，在镇压农民起义，转入和平环境以后，重蹈八旗、绿营的覆辙，逐渐将佚兵疲，腐败现象日益滋蔓。以淮军为例：驻守天津小站、马厂一带的盛军周盛传部，其兵卒不但随便上街"乱用钱文"，而且"不甘劳苦"；对枪械的保养很差，损坏极多。其将领大多"精气久耗于利欲，而勇悍非复其往时"②。他们克扣兵饷，"士心嗟怨，逃者纷纷"，闹事哗变时有发生。该部由卫汝贵接统后，不但毫无振兴气象，反而每况愈下，"自卫接统以来，军士辄怏怏怨怼，大抵谓其朘刻勇丁，交通权贵，遂人人有溃变之思。"③ 盛军如此，庆军吴长庆部亦然，"奸淫掳掠，时有所闻"，将士已"毫无战志"。李鸿章虽然感到淮军"暮气已深"，却仍然放任不管，甚至包庇纵容。1880 年有人上奏清廷说："淮军将骄卒惰，素耽安逸，恐虞溃散。"李鸿章上疏辩驳："查津防淮军，无事时督令筑城浚河，屯田穿渠，修整炮台营垒，工作之暇，朝夕练习枪炮，讲求西洋操法，其劳苦倍甚于他军，所谓'骄惰安逸'者何在？"④ 1889 年，李鸿章再次奏称：淮军"均知廉洁自爱，习苦耐劳，尚无骄惰积习，虚冒情弊"。⑤ 由于讳疾忌医，报喜不报忧，以致腐败现象日益严重。

其实，湘军与练军也并不比淮军好。有人指出："各省防练诸军，大

---

① 夏东元编：《郑观应集》（上），第 870 页。
② 《中日战争》第 2 册，第 636 页。
③ 陈澹然：《寤言》卷 2，第 34 页。
④ 《李文忠公全书》，奏稿，卷 66，第 42—43 页。
⑤ 《李文忠公全书》，海军承稿，卷 1，第 26—28 页。

半安闲太久，习气熏灼，其真能御敌者，实难枚举。"① 淮军名将刘铭传则称："湘淮两军，已成强弩之末。"② 早期改良派思想家薛福成早在1875年就指出："今勇营已稍不如前矣。若使积年屯驻，不见大敌，久而暮气乘之，又久而积习锢之，恐复如绿营之不振。③" 淮军和湘军在甲午战争中的表现，实际上已比绿营好不了多少。

值得研究的是，中国的北洋舰队已经跻身于近代海军的行列，为什么同样败于日本海军之手？我们认为，北洋舰队之败，究其原因，还是败在近代化水平低下。当时的北洋舰队，不仅存在着速射炮少、弹药量少质差、训练不够得法、指挥水平不高和同样沾染腐败习气等弊端，更主要的还在于缺乏以争夺制海权为核心的近代海战的战略战术。中日甲午战争的实践表明，导致中败日胜的一个十分重要的原因，在于清陆、海军的近代化水平落后于日本的陆、海军。

（二）海防部署缺乏周密考虑

首先，关于海军基地建设。李鸿章先则设防于大沽、北塘、山海关等海口，继则于辽东半岛的旅顺和山东半岛的威海分别建立海军基地，构成控制渤海湾的锁钥。这样的设防部署，从拓宽津京防御纵深、改善渤海湾和直、奉两省的海防态势来看，应当说是可取的。但是，旅顺港的地理位置固然重要，在地形方面却口狭水浅，难容大的舰队，且又三面临海，防御极为不易。另外，如果从沿海七省一水相通的全局和近代海军行动快捷的特点考虑，还应将天然形势优于旅顺甚至优于威海，地理位置十分重要的胶州湾建成海军基地。该湾水深面广，可容大的舰队；口门宽二三里，小于威海卫，大于旅顺口，比较适中。被李鸿章派往胶州湾勘查的北洋海军总查英人琅威理自然认为，旅顺、威海乃北洋之隘口，而胶州湾则是北洋之要口，并认为该湾自然条件甚好，"无论潮之涨落，吃水最深之船，可以随时出进，实为海军之地利，南北洋水师总汇之区"。若布置得宜，"敌人来犯，不能得利。"④ 应当说，琅威理的上述见解是比较客观的。就

---

① 《中日战争》第5册，第219页。
② 《刘壮肃公奏议》卷2，第11页。
③ 朱寿朋编：《光绪朝东华录》（一），第64页。
④ 《李文忠公全书》，奏稿，卷79，第34页。

战略地位而言，胶州湾地处南北洋适中之地，上可策登莱，下可控江浙，南洋、北洋两支舰队可以声势联络，互相支援。可是，李鸿章只顾将北洋舰队用于控扼渤海门户和保卫京畿，因而虑不及此。他认为胶州湾过偏南，"鞭长莫及"，"断难远顾"，加上军费拮据，因而未及兴建。李鸿章过多地考虑北洋一隅尤其是渤海口门的防范，表明其还缺乏纵览全局的战略眼光，同时也影响了对日作战。甲午战争中，日本正是利用旅顺地势上的弱点，在金州以北的花园口登陆，切断后路，进而攻占旅顺。旅顺被占，渤海门户的另一翼威海卫便直接处于日本舰队的兵锋之下，而北洋舰队除威海外，再无可以依托的基地与敌舰周旋了。

其次，关于陆上设防部署。19 世纪 70 年代初，李鸿章在加强津沽海口设防时，主张以陆防为主。在具体部署方面，既重视仿照洋式，改建大沽、北塘海口炮台，又注意侧后设防，在大沽之后 30 余里新城修筑台垒，以与大沽、北塘炮台相互援应。同时，在小站等地屯扎重兵，以为"游击援应之师"。19 世纪 80 年代建北洋舰队以后，他的设防思想有所变化，即如前所述，主张依靠海口炮台和水上舰队，御敌于口门之外。据此，在筹建旅顺和威海基地时，只注意加强海口的设防，而忽视了侧后和纵深设防。对于三面临海的旅顺基地，李鸿章虽然意识到"所筑炮台专为备击洋面敌舰而设，若论防守周密，必须于后路金州一带设立重兵"①，但实际上并没有在后路构筑工事，部署重兵。对于威海基地，洋员泰莱提出，"南部之内陆炮兵，其内向一面，并无保障，敌人可从此面而来攻"②。虽发现了薄弱环节，也没有采取有效的弥补措施。另外，李鸿章在镇压太平军和捻军时，注意在后方部署重兵，以防抄袭。可是，在辽东和山东半岛设防时，竟完全忽视了在敌人可能从基地后方登陆的要口进行设防，既不构筑工事，也不部署必要的守备部队和机动部队。由于存在以上的疏忽，尽管旅顺和威海基地炮台、营垒林立，工程构筑坚固，不易被敌从正面突破，可是翼侧和后方却暴露无遗，以致被狡诈的日军乘隙而入，先后将该两地攻破。一旦基地失守，便完全丧失了反击能力，使敌军得以长驱直入，如入无人之境。

---

① 《李文忠公全书》，奏稿，卷 38，第 18 页。
② 《中日战争》第 6 册，第 55 页。

（三）动员体制不适应反侵略战争的要求

长期以来，清政府始终未能建立起适应反侵略战争需要的动员体制，以便战争来临之际，使全国军民很快从平时转入战争状态。其主要弊病表现在以下几个方面。

其一，长期奉行"攘外必先安内"的方针，将大批部分散驻扎各地，担负震慑地方的任务。一旦外敌入侵，不得不东抽西调，从内地仓促调赴前线，在运输工具十分落后的情况下，行动非常缓慢，往往缓不济急，贻误战机。其二，湘、淮军出现以后，临时招募制盛行。其实，这种制度的弊端是十分明显的：（1）兵员得不到充分的训练。"仓猝召募，战阵非所知，率尔行军，枪炮非所习，以此御敌宜乎，见敌则奔，以此守城宜乎。"①（2）兵员素质低劣。"一旦戒严，则仓猝召募，皆乌合不逞之众，妄厕戎行。"② 由于招募来的不少是游民，因而时常发生违抗命令，甚至反叛事件。（3）武器弹药很难配备齐全，不少新组建的部队只能用落后的枪炮凑数。即使配备了的新式枪炮，也因训练时间短促，不能熟练地使用，因此出现"其放炮则误于用弹而炮为之裂，其用枪则不准而虚靡锭药"，"故半以自轰半以资敌"③ 的现象。在中日甲午战争的平壤之战中，由于所募新兵"必俟操练稍熟，乃可陆续派往前敌"，从各省抽调的部队又"因道远运艰，亦难猝集"④，以致先期进入平壤的部队，只得滞留等待援军。可是，日军未待清援军到达，已向平壤发起了大规模的进攻。以上情况，正是动员体制不适应反侵略战争需要的表现。其三，军民对立，不动员民众参战。由于清王朝一直奉行"防民甚于防寇"的反动方针，因此，军与民始终是对立的。从第一次鸦片战争三元里人民反抗英国侵略军起，到中日甲午战争辽东、山东半岛和台湾人民抗击日本侵略军止，都是人民群众自发进行的爱国行动。至于统治当局，不但不积极支持，反而进行阻挠和破坏。手握军政大权的李鸿章，无论在边海设防中，还是在反侵略战争中，他都把民众力量拒之门外。在海防方面，有人建议兴办团练

---

① 陈耀卿编：《时事新编》卷4，第21页。
② 孔广德编：《普天忠愤集》卷7，第17页。
③ 《洋务运动》第3册，第568—569页。
④ 《中日战争》第3册，第80页。

协助防守，李却说："民团不能与洋兵搏战"①，"未有不恃兵而专恃民者。"甲午战争爆发不久，又有人提出在天津兴办团练，李坚不同意，并大加斥责。军队的战斗力很差，又不动员民众参战，战胜强敌的希望也就更加渺茫了。

（四）后勤体制庞杂，保障措施不力

清军的后勤机构，随着"自强"活动的开展有所扩大和完善。李鸿章说："凡筹饷、修船、制器……置设电线，以及储备械具粮斤，无一而非急务。"是以"海防则有练饷、支应、军械、机器制造、电报、船坞、工程等局，并分设营务处……俾专责成而免贻误"。但是，这些机构只存在于北洋地区，而在中央却没有设立管辖全国后勤的统一机构。另外，各省、区的后勤机构繁简不一，且又各行其是，互不协调，因而严重影响了补给和运输的及时性、准确性。甲午战争中，参战的部队有淮军、湘军、奉军以及他省的部队，这些部队的后勤补给均自成体系，各自为政。仅东北地区的200余营中，就有十多个互不统属的供应系统。这样，不但各部队之间粮饷器械供给参差不齐，而且造成道路拥挤，运输困难。当时，节制关内外各军的两江总督刘坤一对供应体制不统一的危害深有体会。他说：曾国藩东征，左宗棠西征，兵一手招募，饷一手经营，粮饷器械充足，利于作战；现在"兵则各省凑拨，强弱莫知，饷则各省分承，赢绌莫必，查问枪炮均属阙如，臣徒拥虚名以临诸将，所有一切粮械，无不仰给于人，万一应付稍迟，前敌诸军何能枵腹荷戈，徒手搏贼？"②

另外，北洋虽建有比较完备的后勤机构，但也没有建立统一的后勤领导体制。如枪炮弹药由总管军火专员主管；兵弁衣粮，因公用费，由部管粮饷专员主管，海防支应局及旅顺、天津军械局、制造局、威海机器厂、养病院，由北洋大臣简员督理；医药专员则受命于海军部。由于多头领导，以致在甲午战争中北洋的后勤保障极为不力，舰只损坏无人修理，枪炮弹药补充不上，医生等因是文员，不属提督管辖，于是不顾士卒伤亡，临阵先逃。显然，这种不统一、不科学的后勤体制，是无法有力地保障前方部队作战需要的。

---

① 《李文忠公全书》，朋僚函稿，卷10，第25页。
② 《刘坤一遗集》，第二册，奏疏，卷22，第832页。

此外，武器弹药供应方面存在的问题，对于战争的影响也十分明显。首先，新式枪炮供应不足。有的论者提出："甲午战争之际，调往前线作战的军队，也只有3/5的部队装备了各种类型的来复枪，其余的仍然扛着大刀或戈矛。"① 其次，武器弹药的质量低劣。例如，当威海被日军攻占时，清军从刘公岛发炮攻击，炮弹落至威海炮台竟不炸裂，"倭人剖而视之，见其中皆泥沙。另有未裂各弹，验视则空无所有"②。另据辽东半岛前敌统帅宋庆称："前领子弹半多不响，即响亦不及远。拆验药已成灰，想系陈久变坏，误事非浅。"③ 再次，由于枪炮新旧杂陈，种类繁多，口径极不统一，给弹药的供应带来不少困难。战后，张之洞指出："查中国从前军营所用火枪，种类纷杂，最为大病。不独一省之中此军与彼军异器，甚至一军之中此营与彼营亦复异器，以致药弹不能通用，一种弹缺，即一种枪废。且行军匆遽之时，配发子药，偶有歧误，虽有利器，俨同徒手，失其所资，临敌安有不溃？"④

三　造成战备失误的深层原因

纵览清政府在战备方面存在的诸多失误，不难得出这样的结论：中国在甲午战争爆发前就已种下了失败的根苗。而这些问题的存在，是有其深刻的政治和思想渊源的。

（一）政治上腐败落后，苟且偷安，给战备的实施造成重重阻力

其一，泥守旧制，蹈常袭故。早成虚设的经制兵八旗、绿营，清政府之所以不予裁撤，是因为"若竟废而不用，殊与定制有违"⑤。所以，明知虚糜军费，也在所不惜。而单一营制和多头领导，既肇源于清前期实行的"化整为散"、"以文制武"，又迷恋于镇压农民起义时的湘淮军营制。更有不少湘淮军将领，自称"功名自马上得之"，因而对于操演洋枪洋炮"多姗语姗笑"，不予重视。战争爆发前后，清政府总是把希望寄托于西

---

① 孙克复、关捷：《甲午中日陆战史》，第38页。
② 《中倭战守始末记》卷三，第2页。
③ 陈旭麓等主编：《甲午中日战争》上册，第308页。
④ 《洋务运动》第4册，第96页。
⑤ 王彦威辑：《清季外交史料》，卷13，第256页。

方列强的调停，则是不顾时代的变易、作战对象的不同，机械搬用传统的"以夷制夷"策略，结果只能"受制于夷"。洋务派开展"自强"活动，有利于清军以至整个国防建设向近代化方向发展，可是一再受到"辩夷夏大防"的封建顽固派的掣肘，甚至攻击他们"直欲用夷变夏"，以致李鸿章不无痛心地说："我办了一辈子的事，练兵也，海军也，都是纸糊的老虎，何尝能实在放手办理？"① 所有这些，都反映出习惯的惰性力。

其二，由慈禧执掌实权的最高统治集团，骄奢淫逸，挥金如土，加上大量战争赔款，致使财政日益拮据，入不敷出，从而极大地制约武备的加强。如海防经费，1875 年清廷许诺每年拨给 400 万两，但到 1877 年李鸿章只收到不足 200 万两。淮军的薪饷费则由 19 世纪 70 年代的 300 万两减至 19 世纪 80 年代的不足 200 万两。即使如此，还要挪用巨额海军经费修建御苑，以致根本没有资金购买新的舰只和器械。这样，"以筹饷练兵为急务"的主张也就有其名而无其实了。另外，由于文武官吏钻营舞弊，敛钱自肥，玩忽职守，因而导致部队营务废弛，训练不勤。同样，由于文恬武嬉，歌舞升平，加之"天朝上国"的观念仍缠绕在统治者的头脑之中，对"蕞尔小国"日本不无轻视之意，认为日本"虽与西洋合好"，"岂遽能强压我国"。因而既不详察日本的国情军情和侵略意图，又不考虑自己的战备工作是否适应反侵略战争的需要。正如时人所指出："倭酋积虑处心已数十年，国制兵制更改数十次，日日讲求训练，而我不知；我之人才日销，武备日弛，而我亦不知。"②

其三，政治上的苟且偷安，无所作为，在外交上必然害软骨病，一味实行"以羁縻为上"的妥协退让政策，虽然提出了"阴为战备"，却始终侧重于"力保和局"。在此情况下，平时自然不可能深察敌情、预筹战策、编练御侮之兵，加强战场建设，改善后勤保障体制，以备不虞；也不可能对部队进行"强兵御侮"、"誓雪国耻"的爱国主义教育。1894 年 11 月 27 日，李鸿章在给丁汝昌、戴宗骞等威海卫陆海军将领的电报中称："半载以来，淮将守台守营者，毫无布置、遇敌即败，败即逃走，实天下后世大耻辱事。汝等稍有天良，须争一口气，舍一条命，于死中求生，荣

---

① 吴永：《庚子西狩丛谈》，第 107 页。
② 《中日战争》，第 5 册，第 294、299 页。

莫大焉!"① 此时才鼓励官兵知耻舍命而战，无疑已是于事无补的马后炮了。

其四，伴随清王朝的日趋没落，其中央集权逐渐削弱，地方督抚掌握着经济、军事实权，形成各自为政状态。以军队而言，也就不可避免地产生各分畛域、互不统属的分散局面。由于积重难返，因而即使成立了海军衙门这样的统率机关，也无法对各洋海军实施统一领导和指挥，以致甲午战争中，只有北洋舰队孤军作战。

（二）"中体西用"方针制约战备工作向深层次发展

洋务派首领在"自强"活动中始终遵行"中学为体，西学为用"的方针。这一方针，在学习西方"长技"的过程中，有一定的积极意义。它可以用"中体"这一前提抵挡顽固派对引进西方技术的诋毁，减少来自传统习惯势力的阻力。但是，洋务派天真地认为只要引进西方的"长技"，便可达到国家自强的目的。如李鸿章认为，"机器制造一事，为今日御侮之资，自强之本"②。左宗棠则说："制造轮船，实中国自强要著。"③ 为了减少来自顽固派的攻击，他们还宣扬"西学中源"说，声称"今之仿学西人，仍自返其本而已"④。

由于洋务派首领坚持"中体西用"的方针，因而在军事变革方面始终停留在学习西方技艺的浅层面。李鸿章公开声称，"中国文武制度，事事远出西人之上，独火器万不能及"⑤。正是受这种思想的束缚，所以不愿对属于"中体"范畴的内容实行变革，不学习外国先进的编制体制和兵役制度，使中国的军制迈向近代化，而始终处于"军制冗杂，事权纷歧"的落后状态。即使新组建的海军，也不能完全摆脱旧体制的束缚，正如甲午战争后"镇远"舰枪炮官曹喜祥等所说："我国海军章程，与泰西不同，缘为我朝制所限，所以难以尽仿，所以难而操胜算也。"⑥

洋务派首领更不重视学习掌握西方先进的军事学术。李鸿章说："中

① 顾廷龙、叶亚廉主编：《李鸿章全集》，电稿（三），第219页。
② 《李文忠公全书》，奏稿，卷9，第34页。
③ 《左文襄公全集》，奏稿，卷41，第31页。
④ 《海防档》，福州船厂（一），第102页。
⑤ 《筹办夷务始末》（同治朝）卷25，第9页。
⑥ 陈旭麓等主编：《甲午中日战争》下册，第400页。

西用兵之法大略相同。"① 张之洞则说："夫将帅之智略，战士之武勇，堂堂中国自有干城腹心，岂待学步他人，别求新法。"② 这种盲目自大情绪，导致了在战争指导上的抱残守缺，因袭镇压太平军、捻军时所用的"以主待客"、"以守为战"、"以静制动"等老套，无论海军、陆军，都不研究近代战争的特点，灵活运用近代战争的战略战术。派人出国留学或自办的军事学堂中，也只注意选派中下级军官学习西方的技术和战术，从未抽调高级将领学习西方的军事学术和军事思想，使军事改革向更深的层次发展，以致正如某些外国人所说的那样，中国的将官"对于西方国家所实践的战争原则毫无所知"，与日本的将领形成明显的反差。当时，国内也有人指出："今日海陆各军，用器尚新，而将领无西学，此忧方大。"③ 甲午战争后又有人指出："盖战争之胜败，纯以学术优劣为标准。我国昔时筑垒购舰，固不遗余力，然运用纯物质之学术，未能深于研究。故船垒虽称坚固，而深通学术之将帅竟乏其人。夫物质恃学术之运用而始有效果者也。"④ 以上论述，从较高的视角揭示了清军在甲午战争中败北的原因，堪称高明之见。

"前事不忘，后事之师。"中日甲午战争虽然已经是 100 多年前的历史事件，但是这次战争留给我们的教训却是那样的众多而又深刻，那样的值得反思！本文所论述的有关战备工作的失误对战争所造成的严重恶果，对于我们正在进行的国防现代化建设，仍有借鉴作用。这是我们今天重新回顾这次战争的目的所在。

（原文载于《军事历史研究》1995 年第 1 期）

---

① 《李文忠公全书》，奏稿，卷 35，第 35 页。

② 《张文襄公全集》（一），第 258 页。

③ 《中日战争》第 5 册，第 294、299 页。

④ 《军学》第 2 期，第 24 页。

论甲午黄海大战与中国北洋海军

郭毅生　汤池安

近百年以来，中国人民为争取独立解放，与帝国主义和封建势力展开了极为英勇光辉的斗争。毛主席说："从鸦片战争、太平天国运动、中法战争、中日战争……直到现在的抗日战争，都表现了中国人民不甘屈服于帝国主义及其走狗的顽强的反抗精神。"[1] 因此，在近代史的研究中，我们应该充分阐扬中国人民这种伟大的革命精神。我们看到：在鸦片战争中有林则徐和广东人民予英军以坚决的打击，有关天培、陈化成的壮烈牺牲；在中法战争中的有冯子材、王德榜等镇南关大捷和刘永福临洮奏功。但是，在中日甲午战争中，中国人民这种反侵略英雄事迹却没有得到应有的叙述。现在的近代史书籍中，甲午战争被描写得灰暗失色，毫无生气，似乎清政府不抵抗，连广大人民、士兵群众和爱国将领等也被腐蚀了。很显然这是违背事实的。如果具体地发掘史料，我们可以看到在甲午战争这场中国人民反对日本帝国主义的正义的自卫战中，不仅有台湾人民可歌可泣的反割台、反奴役的斗争，而且在战争过程中也有不少海陆军将领和士兵群众，进行了坚决的抵抗。不过，由于清政府腐朽统治集团失败主义的领导，他们失败了！

特别是对于中国北洋海军，我们觉得有很多问题值得重新加以研究和评价。我们从对黄海大战的探讨中，觉得北洋海军并不是如某些记载所说的那样训练废弛，不堪一战；海战开始前阵形排列也不是总兵刘步蟾为了懦怯的目的而擅加更改；海战中广大将士都异常英勇，值得大书特书；他们在这次大战中并没有失败，而是沉重地打击了敌人，顽强地击退了敌人

---

[1] 《毛泽东选集》第 2 卷，第 626 页。

的进攻。北洋海军最终的失败责任不在于广大海军将士，而应归咎于清政府腐朽统治和李鸿章失败主义的领导。

我们的这些看法建立在如下的一些材料分析的基础上，是否恰当，还请历史家们和人民海军同志们批评指正。

一　刘步蟾是否违反议定阵形？

在近时的讲稿和教科书中，关于黄海大战中国舰队所采取的阵形大都给予否定的看法，认为总兵刘步蟾懦怯巧滑，企图居中躲避敌人攻击，擅改议定阵形，"信旗所示，为诸舰相并横列（Line Abreast），以主舰居中，而非如提督与诸管带所议分段纵列"①，并以此作为北洋海军腐败的明证，予人以战无不败的感觉。其实这种看法是很不可靠的。只有泰莱的 Pulling Strings in China 一文中持此说，而以往传统性的各种记载都与之相反。

泰莱的 Pulling Strings in China 一文，是根据他战时的日记及所作报告，在黄海战后三十年写出的。他本人原是个不得志的英国海军后备少尉，他参加北洋舰队后便野心勃勃，极想指挥舰艇。曾建议购智利巡洋快舰，并付其指挥。可惜事与愿违，他的许多狂想和奢望，都遭到实际担负北洋舰队领导责任的右翼总兵刘步蟾的制止，不得畅其所为。因此泰莱对刘步蟾嫌怨颇深。虽三十年之后，犹不能忘情，故在 Pulling Strings in China 一文中，还对刘中伤一番，这一点我们要估计到，不可偏信其言。所以刘步蟾是否违背议定阵形，我们还要依靠别的史料来加以证明。

刘步蟾是否违反了军令，擅改队形，这对正确认识黄海大战是一个重要的关键。现在从涉猎到的一些材料中，客观地分析一下，我们暂可作出这样的判断：刘步蟾没有违反议定的阵形。

北洋海军总查汉纳根给北洋大臣的报告内称："清国船队于发现汽烟之初，已察知为日本军舰，于是提督采取最能展开之后翼梯队，各船以七

---

① 　W·F·Tyler：Pulling Strings in China，译文载《东方杂志》第 28 卷第 7 号，第 63—73 页。

浬之速率与日本舰队渐次接近。"① 这报告是真实的。汉纳根不会虚报军情替刘步蟾脱罪。而且临敌违令，擅改队形，从军法上讲，是极为严重的罪过，刘步蟾果有其事，岂能塞人耳目，不被揭露。丁汝昌对刘步蟾，无论从私情公法而论，都没有必要包庇。丁汝昌既能报告李鸿章说济远先逃，以致紊乱船队，处方伯谦以极刑，那么对违令而擅改队形的刘步蟾，丁汝昌反而会容忍，这是难于解释的。

丁汝昌既能杀方伯谦，当然也易于把罪名加在刘步蟾的头上。"济远首先退避，将队伍紊乱，自昌受伤后，刘镇步蟾尤为出力。"② 这是丁汝昌给李鸿章的战后电报，那么"尤为出力"的刘步蟾，当然不会违令了。"窃自倭寇起衅以来，昌屡次传令，谆谆告诫……我军必须整队攻击。"③丁汝昌是注重队形的，因此刘步蟾不可能擅改队形而为丁汝昌所不察。"提督采取最能展开之后翼梯阵。"这一点是没有什么可怀疑的了。

我们也可以从泰莱所写的，看出破绽来。泰莱说："提督、总兵及汉纳根皆聚飞桥上，予奔赴焉，共商量尚有若干预备之时间……予草草果餐，继之为一极忙碌之时间……在此半小时内，予未遑顾及他事，是予乃加入飞桥上之集会……予回环一览，在予下者为了望塔之圆顶，总兵立塔内之梯口，其旁为舵师，立于飞桥之前方者为提督及汉纳根。"④ 据此，早餐后在飞桥上之会集，决定各舰成掎角鱼贯航进，信旗挂起，各舰遵令而行，但在泰莱离开飞桥后，丁汝昌、刘步蟾与汉纳根见敌舰队成单纵阵迫近，故又决定采取梯阵。"汝昌自坐定远为督船，作掎角鱼贯陈进，遥望倭船作一字竖陈来扑，快船居前，兵舰继之。汝昌谓其直攻中坚也。以镇远定远两铁甲居中，而张左右翼应之，令作掎角进雁行。"⑤ 因此，舰队队形之更改，实非刘步蟾之违令，而是事前商定的。至于泰莱所说刘步蟾发出的信旗是违背"提督与诸管带所决议分段纵列"，甚不确切。在当

---

① 汉纳根向北洋大臣所作报告。

② 李鸿章：寄译署，光绪二十年八月廿三日酉刻。以下引李鸿章之电报多采自《李文忠公全书》电稿卷15至20，该电稿又可查以下诸书：《中日战争》4；《甲午战争电报录》；《蹇蹇录附录》（龚德柏译本）；《中东战纪本末》；《中日战记辑要》等书。故以下再引电文，不注书名，只记月、日，读者不难检对。

③ 同上。

④ Pulling Strings in China.

⑤ 《东方兵事纪略》海军篇。

时情况下，提督无法召集诸管带议事，泰莱在这里所指的应该是战前之
"提督开战事会议，议决战时众舰前后分段纵列成直线，每段大抵姊妹舰
二，成'四度行列'"。① 但这种会议，泰莱从未被召参加，因而不得不
"殊觉失望"。其会议内容，自不能详知。汉纳根的报告中有："战斗之
前，各舰长所接受之战斗训令：1. 舰型同一诸舰，须协同动作，互相援
助；2. 始终以舰首向敌，借得保持其位置而为基本战术；3. 诸舰务于可
能范围之内，随同旗舰运动之。"② 简单三条，正是提督与诸管带会议的
决议。北洋舰队成后翼梯阵，也是符合这一决议的。丁汝昌虽未必如李鸿
章所说："情形熟悉，目前海军将才尚无出其右者。"③ 但统带海军十来
年，从经验中，也会得到一些必要的知识，至少也能从"各国刊行海军
册籍"内，研究一些有利的作战队形。

泰莱说到刘步蟾令诸舰相并横列的真实性也是值得怀疑的。

泰莱的说法是："相并成直线之排列未见完全，盖两翼弱舰觉其位置
之危险，逗立于后，故我方舰队成半月形。"④ 这简直是对中国海军将士
的一种污蔑。据同时参战的马吉芬（在镇远任炮火指挥）说："各舰比见
旗舰定远揭扬'立即起锚'之信号，无不竞相起锚，行动较之平昔更为
敏捷，即老朽之超勇、扬威两舰，起锚费时，因之落后，然亦疾驰，竟就
配备。"⑤ 两人说法，决然不同。当时北洋舰队将士的求战情绪高昂，两
翼弱舰自不会畏葸而逗留于后。汉纳根事后也曾说过："诸华舰颇能如余
之意。"⑥《冤海述闻》的记述："令全军起锚备战，复令相距四百码成掎
角阵……我军阵势初本掎角鱼贯，至列队时，复令作掎角雁行……原议整
队后，每一点钟船行八哒，是时队未整，督船即行八哒。"⑦ 泰莱的"相
并横列"的说法，显然为其捏造。如果刘步蟾果然发出"相并横列"
的信号，那么定远舰绝不会在队未整时即急急先行。并且泰莱还说刘步
蟾企图居中躲避炮火，那么定远更不会先行。左右翼各舰也不是因害怕

①　Pulling Strings in China.

②　汉纳根向北洋大臣所作之报告。

③　复奏海军统将折，《清季外交史料》卷95，第3页。

④　Pulling Strings in China.

⑤　《马吉芬黄海海战之评述》，《海事》第10卷第3期，1936年9月1日出版。

⑥　《普天忠愤集》，林乐知译，汉纳根语录。

⑦　《普天忠愤集》，《冤海述闻》。

而逗立于后。所以定远舰所示信号，是令诸舰成后翼梯阵无疑。定远是旗舰，所挂之信旗，必为众人所注目，但各种记载，并没有"相并横列"之说。

"我队阵形，恰似楔状，此所以有后翼梯阵之传说也。然我舰队实为鳞次横阵。"[1] 日方报告："敌队阵形，似为不规则之单横阵，又似为后翼梯阵。"[2] 所谓传说，这是因为定远所示信旗，确是令舰队成后翼梯阵，故有如此记载。而"鳞次横阵"、"似为不规则之单横阵"、"成半月形"等则是当时的实在情形。其原因用华舰速率不齐，各舰没有保持规定的距离。

在泰莱的笔下，刘步蟾是个"闻战震悚失所"的懦夫。泰莱说刘步蟾"整日筹思"，"倘或遇敌，将何以自保其皮"。[3] 又说刘步蟾擅改队形是其"急智已售，此为深谋焦思之结果"。[4] 这都是含血喷人之词，果真如此，则黄海大战绝不会历时四五个小时。刘步蟾既能在开始之始就想出"居中躲避炮火"的办法，那么开战后，他必定也会想出一个巧滑避敌的方法，定远怕早就遁逃了。但我们知道，定远在这次战争中是英勇作战的，它虽未必堪当"以寡击众"、"搏败为功"之荣，但确实是"苦战在后"。一直到日本舰队在"日已将沉，遂即停战"，向东遁去的时候，定远、镇远等舰，虽负创伤，仍尾追十余里。

刘步蟾是否违反议定阵形，不仅关系我们对他个人作出正确评价问题，而实在是关系我们在黄海大战中，对北洋舰队作出正确的评价的问题。

按泰莱的说法，我们就应该心甘情愿地承认北洋舰队在黄海大战中是失败了，而且，北洋舰队的失败，首先就在于队形的错误，其队形的错误又要归罪于刘步蟾。于是，泰莱之私怨已遂，但是中国人民的真实历史却被篡改了。

既然北洋舰队临敌应战前，改变阵势不是刘步蟾的私人意图，那么，由"掎角鱼贯"陈进改为"掎角雁行"（或"后翼梯阵"），又是基于什

---

[1]　《马吉芬黄海海战述评》。

[2]　日本联合舰队司令长官伊东祐亨向大本营所作报告。

[3]　Pulling Strings in China.

[4]　Ibid.

么原因呢？这种改变又是否正确呢？

我们认为丁汝昌、汉纳根决定采取"后翼梯阵"，并不如一些评述者所说，丁汝昌、汉纳根系陆将出身，不谙海战。

海战上，队形的决定，一方面要考虑到本身舰队的特点，另一方面也要估计到敌人的情况。北洋舰队采取"后翼梯阵"，可以说丁汝昌、汉纳根是顾及到了这两方面的。不过，无论何种队形，都各有其优劣之点，并不是绝对完善的。

北洋舰队比日本舰队成立较早，北洋舰队各舰船，最新式的也是在战前六七年所购。[①] "一八八〇年以来，十五载之，世界各国……兵器发达及其改革竞争，正以此间为最，列强海军，若增高舰速，若加大速射炮，若发明无烟火药，俱其显著佐证，而于海军战术以及巨之变化也。"[②] 所以北洋舰队的舣装，不及日本新颖。北洋各舰大抵注重舰首重炮，舷侧炮甚少，日本舰队舷侧炮多，而速射炮又为其独有。在这种情况下，北洋舰队只能以"舰首向敌"才能发挥其强大火力，所以后翼单梯阵甚是符合北洋舰队的特点。日本舰队则尽量利用舷侧炮，所以它采取单纵阵陈行，横绕北洋舰队而攻击。北洋舰队因舰速较小，只好"惟随敌队之运动以为运动"，"而努力于敌前"。因此，北洋舰队和日本舰队都在尽量利用自己炮火的威力。

"我队与敌队相持，曾布为并列纵阵前进，其后改为单纵阵，终至采用后翼单梯阵。"[③] 我们假设北洋舰队，以并列纵阵对敌，则北洋舰队只有领队两舰之舰首炮可用。这样，在战争一开始时就不能发挥全部火力，并且有被分为两队的可能，否则的话，北洋舰队就只能以二分之一的舰船应敌。若北洋舰队成单纵阵对敌，则势必与日本舰队平行而航，这样，两队皆可利用舰首尾炮和一舷侧炮。但北洋舰队舷侧炮少，而舰首重炮在这种情况下是不便于运用的。因此，北洋舰队成单纵阵，在运动上虽比较自如，可是亦会处于窘境。（见图一、图二）

---

① 自光绪十三年订购致远、靖远、经远、来远后，即停止添购。
② 《英国海军年舰对黄海海战之评述》，《海事》第 10 卷第 2 期，1936 年 8 月 1 日出版。
③ 汉纳根向北洋大臣所作报告。

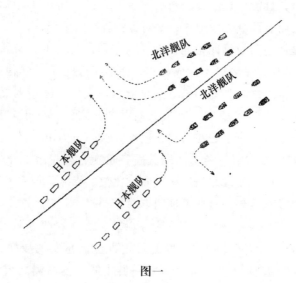

图一

注：……→假设航线

北洋舰队若以并列纵阵应敌，将处于不利地位。

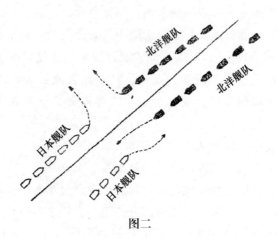

图二

注：北洋舰队又若以单纵阵应敌，则与日舰队平行而航，亦不甚有利。

　　舰队在作战时编队的选择，主要是为了充分利用自己的火力。而北洋舰队无论采用何种队形，都不及后翼梯阵之得力。

　　北洋舰队成立后翼梯阵"于攻势有利，当舰队进航时，各舰前面，均得开阔无阻，且能保护旗舰，当敌舰接近或航过时，旗舰舷侧炮火，可保护后续舰，而后续舰一舷炮火，又可保护其次之后续舰。"[1]

英水师提督斐利曼特评论北洋舰队所采取的阵形时，称赞不置，谓："非实在深谙海战之学者，不能成此阵，亦不能行此计。"[2] 他在比较中日两军战舰阵形得失之后，写道："丁与依东俱误矣，抛最弱之舰于阵外，丁之误也，然犹不过二舰也，伊东则竟以全队之腰，向丁之头，拦丁之路，竟在绕出丁旁以攻丁之左右翼，岂不大误……为伊东计，奇险实不可思议。"[3] 固然，日本第一游击队因其航行迅速，得越过北洋主舰，但后续各舰，航速较逊，便被北洋舰队截断。比叡、赤城、西京丸以至于松岛旗舰，被打得或沉或创，这便是证明。

至于伊东祐亨"竟在绕击丁之旁，以攻丁之左右两翼"，这点并不确切。他自己说："不期此际于左舷舰首之方位，亦发现敌舰二艘（即平远、广丙及二鱼雷艇），即以信号令第一游击队攻击右侧之敌，会第一游击队已将指向左侧之敌航进，第一游击队乃解前顶信号，为攻击敌之右翼者，先向敌队中央进发，旋向左方渐次变针，以抗敌队右翼。"[4] 原来，"专攻两翼弱舰"，乃是出于游击队司令伊藤之不谙旗号也。但日本持其舰速优势，终于通过北洋舰队的前面而绕至背后。

也有人认为，北洋舰队在这次海战中，处处失利。日本舰队却完全按计划进行"胜利的攻击"。其实不然，北洋舰队虽然被日本舰队打乱了队形，它同样也打乱了日本舰队的队形。日本比叡舰被迫驶入北洋舰队之内，西京丸、赤城两舰所遭受的苦难，这都说明了日本舰队的后殿诸弱舰，亦同样遭受猛击。

所以在海战中，任何队形都有它得失的地方。

美国一海军上校马鸿曾评论黄海海战说，北洋舰队"处于防御形势，以待敌之攻击，该国提督，或已虑及其舰队中央与左右两翼之弱点矣。果敌队截我中央，则舰队势力，必须两分，而中央较之左右两翼，又有易于应援之利，两铁甲舰并列中央，可谓宜得其当"[5]。所以，北洋舰队以两铁

①　英国贺伦比元帅：《黄海海战评论》，《海事》第9卷第12期，1936年7月1日出版。

②　《中东战纪本末》卷7。

③　同上。

④　伊东祐亨向大本营所作报告。

⑤　《海事》月刊第9卷第12期，1936年7月1日出版。

甲舰居中成后翼梯阵应敌，实在并非刘步蟾懦怯，希图躲避炮火，而是为了最好地发挥本队的战斗力，利用本队的优长。所以，北洋舰队采取的队形，应该是正确的。

认为黄海大战，北洋舰队失败了，并且这种失败是从战争一开始，即北洋舰队所排列的队形就注定了的，这一观念，毫无根据，我们应该予以驳斥。

为了更好地说明问题，我们还应该从黄海大战经过的实际情况来进行一些研究。

二　黄海大战中谁是胜利者？

1894 年 9 月 17 日（光绪二十年八月十八日）中日双方所发生黄海大战，从"午后十二时半，旗舰定远以五千二百米达之距离开始炮击"[1]，直至下午五时半日本松岛旗舰"发召还第一游击队之信号"[2] 而撤退，共历五小时。这确实"为地球各国海战向来罕有之事"。[3] 为了正确评述此战中双方的得失，有必要抛开一些现成的结论，进行具体的全面的分析。为此，我们首先得考查双方势力的对比：北洋舰队共有舰只 12 艘，排水量总共约 34680 吨，各种炮约 220 门；日本亦有舰只 12 艘，排水量总共约 40840 吨，各种炮约 260 门，而且快炮甚多，北洋舰队无之，又日本舰队平均航速比北洋舰队约快三浬，所以当时评论咸谓："无论吨数、员兵、舰速，或速射炮、新式舰，实以日本队为优。"[4] 当然，中国方面定远、镇远二舰，装甲厚，重炮威力大，予日舰以严重威胁，但总的说来还是以日方势力居上风。更况交战时济远、广甲驶逃，平远、广丙尚未至战地，实际任战的只有八船，这就更加重了中国方面的艰苦局面。在这种敌强我弱、敌众我寡的情况下，北洋舰队与敌人鏖战达五时之久，姑不论其胜负，其英勇沉着、与敌偕亡之义烈精神，亦足以为后世人所铭记不忘。

---

① 汉纳根向北洋大臣所作报告。
② 伊东祐亨向其大本营所作报告。
③ 李鸿章奏稿：《大东沟战状折》，见全书奏稿卷 79。
④ 英国海军中将富礼满对黄海海战之评述。

　　9 月 17 日北洋舰队护运完毕，准备归航，于午前十时发现敌舰。"各舰皆发战斗喇叭"，① "定远揭扬立即起锚之信号"，② "以定远镇远为第一队，致远靖远为第二队，经远来远为第三队，济远广甲为第四队，超勇扬威为第五队"，③ 以 "五浬之航速力"，④ "成并列纵阵前进"，"仔细视察日本军舰"。⑤ 丁汝昌、汉纳根、刘步蟾在定远舰桥上见日本舰队成单纵阵逼近，故决定采取后翼梯阵以应敌。令第二队、第四队列于定远左后方；第三队、第五队列于镇远右后方（见图三）。这时，"各舰以七浬之速率，与日本舰队渐次接近。"⑥

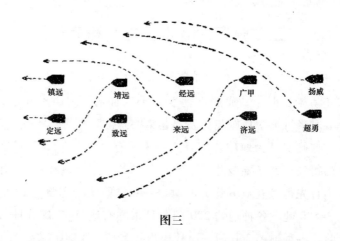

图三

　　注：据日本联合舰队司令长官伊东祐亨向大本营所作报告内所绘之战图；定远以左为来远、致远、广甲、济远；镇远以右为经远、靖远、超勇、扬威（缺靖远一舰位置）。马吉芬在镇远舰服务，故来远傍镇远之右，必可信。根据北洋舰队以二姊妹舰为一队之编制，由并列纵阵改为后翼梯阵，来远必傍于镇远之右。这样，可知队形之更改，各舰并未紊乱，而是按编队有秩序地站基位置，马吉芬之说可信。

---

① 　马吉芬黄海海战述评。
② 　同上。
③ 　《东方兵事纪略》海军篇；《冤海述闻》；《大东沟战事纪实》。
④ 　汉纳根向北洋大臣所作报告。
⑤ 　同上。
⑥ 　同上。

日本舰队于"午后零时五分……令各舰就战斗配备"。[①] 为避炮火，"使西京丸及赤城二舰，由队右移至队左。"[②] 日本舰队又于左舷舰首之方位，发现北洋舰队之平远、广丙二舰。日本舰队本向北洋舰队中央航进，这时"旋向左方渐次变针"，[③] 于北洋舰队"左舷二十二度半之角度航来"，[④] 十二时半，北洋舰队首先发炮轰击。其时两队相距约为五六千米，日本"游击队比至三千米内外，方猛烈应战"。[⑤] 于是，"两军大小各炮，连环轰发，不少间断。"[⑥]

定远旗舰首先发炮，各舰亦随效之。对于这第一炮，泰莱说："提督与予立于十时炮上飞桥，刘总兵不能不见，乃忽于此时命开炮，此事后来究如何解释，予绝不知之，亦绝不闻论及之。"[⑦] 言下之意，刘步蟾大有暗算丁汝昌和泰莱之举。此实无稽之谈，而事后有论及此事者，或认为北洋舰队在离敌甚远即行开炮，是临阵惊惶之表现，此亦未免出于臆测。

北洋舰队的求战情绪高昂，"舰员中，水兵等尤为活泼，渴欲与敌决一快战……士气旺盛，莫可名状……各舰皆将舢板解除，仅留六桨小艇一只，意在表示军舰之运命，即乘员之运命，舰存与存，舰亡与亡，岂可有侥幸偷生之念，或借舢板遁逃，或忍败降之辱哉。此外若十二时炮之薄炮盾，若与战斗无益者之木器、索具、玻璃等项，悉行除去无余，各舰皆涂以深灰色。沿舱面要部四周，积置砂袋，高可三四英尺，以钓床充速射炮员作保护之用，以煤袋配备冲要处所，借补砂袋之不足，通气管及通风筒，咸置之舱内，窗户与防水门，概为锁闭，凡有乘员，俱就战斗部署，战斗喇叭余响未尽，而战斗准备，蓄以整然。"[⑧] 这种坚决果敢的行为，与临战惊惶毫无共同之点。定远舰发出的第一炮，落于吉野左舷，相差不过百米，而并非距离过远。北洋舰队有定镇二铁甲舰，舰大炮巨，不宜于近海和近距离作战。故北洋舰队以"五千二百米"之距离首先发炮，是先发

----

① 伊东祐亨向大本营所作报告。

② 同上。

③ 同上。

④ 汉纳根向北洋大臣所作报告。

⑤ 伊东祐亨向大本营所作报告。

⑥ 日本第一游击队舰队司仅伊藤八月十九日自济物浦向日主所折电报，见王炳耀《中日战辑》卷3《朝鲜纪乱》4。

⑦ Pulling Strings in China.

⑧ 马吉芬黄海海战述评。

制人而非惊惶失措。因此，北洋舰队也并不是因惊惶应战而造成了失败。

自定远舰发炮攻敌，一场险恶的鏖战便揭开，双方都尽量舍短用长，争取主动制敌。如果研究此历时五钟之大战过程，则大略可划分为三个阶段：

初，敌我两队愈接近之时，日舰第一游击队吉野等四舰，以两倍于北洋舰队之速力，自左至右，横越定远之前，绕攻右翼之超勇、扬威二弱舰。此二舰虽竭力抵抗，但防御力特弱。故中弹起火。而日方本队松岛等为首诸舰亦达定远右方，于是北洋舰队遂向右方回转约四度，舰首指向日舰本队，这时日舰本队后继诸舰因速率迟缓，装备薄弱，遂被华舰人字阵之尖割断，日舰被分为两部分，势大不利。"定远猛发右炮攻倭大队，各船又发左炮攻倭尾队三船。"① 西京丸揭起"赤城、比叡危险"信号。此三舰"但因速力迟缓，不能继行，终成孤军"② 被致远等猛烈射击，同罹火灾。比叡不得不冒险闯入华舰中，期取捷径以与本队会合。但"该舰目的亦未得达到……吾人以水准射击迎之，俄顷之间，该舰后部舱面，已起火灾，喷出浓烟，甚高甚烈"。③ 姚锡光记云："我将士谓比叡、赤城已为我击沉，而定远复击沉其西京丸一艘。"④ 即指此时战况而言。（见图四、五）

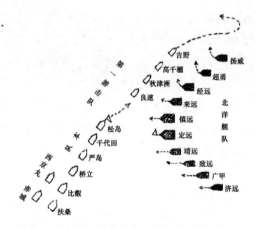

图四　海战开始时双方队形

---

① 李鸿章：《大东沟战状折》。
② 日方记载之中日战史：《黄海海战》，见《中日战争》1，第242页。
③ 马吉芬：《黄海海战评述》。
④ 《东方兵事记略》海军篇。

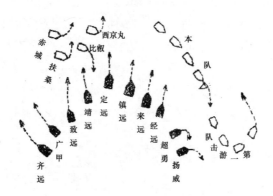

图五　第一阶段战况

可见在开战之始，北洋舰队的人字梯形阵是发挥了积极作用的。日舰的单纵阵，抛弱舰于后，致全队被华舰截分为二。呼应不灵，遭受沉重攻击。泰莱说，"敌人始终秩序井然，如在操演中"，不能不令人认为是夸诞与虚假。

在午后两点钟前后，日舰转据优势，华舰处于极不利之境地。因日舰第一游击队见本队后继诸舰危殆，遂转舵回航，急来营救。本队日舰"圈入人字之脚，致远、经远、济远三舰皆被挖出圈外"。① 日游击队回航后，"用左舷炮火射击通过，因得与本队共同夹击"② 北洋舰队，这样华舰便处于腹背受敌的包围中，而且阵形被打乱，处于各自为战之困境。但华舰英勇壮烈、果敢沉着之精神此时亦得到最高发挥，除方伯谦、吴敬荣二败类怯阵驶逃外，其余各舰莫不同仇敌忾，在众寡悬殊的情况下，沉毅果敢地应战：致远弹药垂尽，适与日吉野快舰相遇，乃毅然向彼冲击，期与同尽，不幸中其鱼雷，遽尔颠覆；经远管带林永升奋勇督战，"发炮以攻敌，激水以救火，依然井井有条"。③ 但敌舰所发巨弹，有如雨霰，林永升中弹脑裂阵亡，全船大火焚没。当此之时，致远沉、经远火，超勇、扬威亦搁浅焚没，北洋舰队确是处于劣势中。但是诸舰并不气馁，仍然继续坚持战斗，定远、镇远与日舰本队五舰恶斗，来远、靖远等与第一游击

---

① 王炳耀：《中日战辑》卷3《朝鲜纪乱》4。

② 伊东祐亨向大本营所作报告。

③ 王炳耀：《中日战辑》卷3《朝鲜纪乱》4。

队战在一起。定、镇二舰始终保持姊妹舰相互依持的距离。丁汝昌裹创督战，激励士气。刘步蟾"指挥进退，时刻变换，敌炮不能取准"。① "镇远管带林镇戎泰会及助战之二西人，开炮极为灵捷，标下各弁兵亦皆恪遵号令，虽日弹所至，火势东奔西窜，而施救得力，一一熄灭。"② 李鸿章奏云："各将士効死用命，愈战愈奋，始终不懈，实属勇敢可嘉。"③ 验诸此时实情，确非虚语。（见图六）

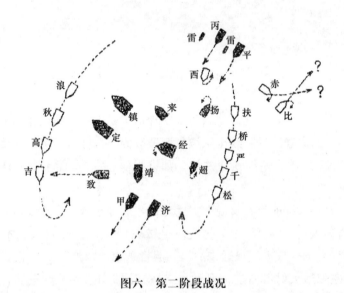

图六　第二阶段战况

由于华舰的坚持不懈，英勇抗击，日舰的包围攻击，并没有稳操胜券，同样遭到严重杀伤，特别是三点钟之时，松岛逼近，遭镇远以十二寸巨炮射中要部，"霹雳一声，船舷倾斜了五度，冒上白烟，四顾黯淡，炮台指挥官海军大尉志摩清直以下，死伤达百余人，死尸山积，血流满船，而且火灾大作，更加困难"。④ 按日舰本队共八船，在战争中"比叡、赤城和西京丸不知去向"。⑤ 扶桑先已被创，松岛遭此一弹，人员死伤几半

---

① 李鸿章：《大东沟战状折》。

② 王炳耀：《中日战辑》卷3《朝鲜纪乱》4。

③ 李鸿章：《大东沟战状折》。

④ 日方记载的《中日战史》十二《黄海海战》，见《中日战争》1，第241页。

⑤ 同上。

（按：松岛舰定员三百余人），"损害特甚"。实已失去指挥和战斗能力。而桥立、严岛、千代田受伤虽稍轻，但似此三舰显然绝非镇、定二舰之敌，故日方气沮势颓，于三时半左右向东南引退，镇、定二铁舰即尾击之，日舰不得已复回头应战，双方皆猛烈炮击，期争取最后胜利。日舰之第一游击队，因其舰快炮亦快，会使来远频罹火灾，但彼亦受损匪轻，伊藤奏云："臣所乘之吉野舰，受伤尤剧，惟修整后，尚可驶用"。① 在战斗后阶段，靖远知定远桅楼折损，无从指挥，遂主动代旗舰升旗集队，于是平远、广丙二舰、镇中、镇南等炮船及港中雷艇，俱来会合。华舰势力益振。此时已至五点半钟，"倭船多受重伤，复见诸船并集，当即向西南一带飞驶遁去，我军尾追数里，敌船行驶极速，瞬息已远，然后收队驶回旅顺。"② 于是黄海大战到此乃告结束。③ （见图七）

图七　第三阶段战况

①　王炳耀：《中日战辑》卷 3《朝鲜纪乱》4。

②　李鸿章：《大东沟战状折》。

③　以上所述海战经过，除已注明出处者外，皆系综合以下各文，比较而得：姚锡光：《东方兵事记略》海军篇；李鸿章《大东沟战状折》，《海战请奖折》，《海战阵亡请恤片》；王炳耀：《中日战辑》卷 3《朝鲜纪乱》4；《冤海述闻》，《大东沟战事纪实》；马吉芬：《黄海海战评述》；泰莱，Pulling Strings in China；《日清战争实记》（提要）十二、黄海海战等。至于中国北洋舰队所列人字雁行阵所起之作用，除第一节中之论述外，更有龚照玛行寄李鸿章电文可证，该电云："我军十一舰，在大东沟外遇倭船十二只，彼此开炮，先将彼队冲散，战至下午三点钟，我队转被彼船冲散。"（见《清光绪朝中日交涉史料》，转引自《中日战争》3，第 128 页）

这次黄海大战究竟胜利谁属，当时中外议论纷纭，未有定评。不过近时某些中日战争的作品中，有的人简单认为北洋海军战败了。这是值得商榷的。关于这问题我们认为应该在考察以下几方面以后再作评论。

首先，我们将海战中双方的损失作些考查。中国方面的损失，因北洋舰队不事隐讳，故中外咸知，计沉致远、经远、超勇、扬威四舰，超、扬二船虽名为军舰，但舰中隔壁，俱为木造，且老旧而防御力薄弱。故其沉没对北洋舰队战斗力损失不大。致远、经远的牺牲，确是不小的损失，不过两舰将士们的英勇壮烈精神，无论对当时的战斗情绪或此后北洋舰队的士气都是极可宝贵的鼓舞和榜样。

日本方面所受损失，因其极力弥缝，故记载颇不一致。中国官方记载，无论电报、奏折与上谕都说击沉日舰三艘。据李鸿章奏："中外各将弁目击攻沉倭船三艘，而采诸各国传闻，则被伤后沉者，尚不止此数。"[1] 私人笔记和报道亦有击沉日舰四艘之说[2]。报纸记载颇不一致：《字林西报》云："又接华官电，击沉四日舰。"[3] "日本万朝报又记大东沟海战情形云：'比叡、松岛、赤城三舰，俱被炮丸所中，受损而沉，赤城舰中统带以次九武员，士卒百余人歼焉'。"[4] 日方记载有的承认西京丸沉没，有的则夸称大捷，认为除各舰多受重伤外未沉一艘。伊藤（吉野舰长）于济物浦电报日主云："检点各船，内除以商船改充兵舰之西京丸舵已轰断，舟中有观战之某大吏，几被华军连船擒去外，余舰未沉一艘，然或受重伤，或遭小损者，无一能免"。[5] 日本的记载是否可信呢？马吉芬说："日本各舰所受损伤，据日人自称，极鲜极微，殊不知日队归航之时常尽作伪之能事，将被弹之孔，用涂色帆布加以隐蔽，令外人无从见其受伤。致世人不明真相，多误信之。反之，中国受伤舰抵旅顺后，泊于东港，不事隐讳，任人观览，且于炮口周围，缠以红布片，借示宗教之寓意"。[6]

---

① 李鸿章：《大东沟战状折》；又见其电稿，八月十九日辰刻、戌刻寄总署电；又见光绪二十年九月初九日上谕，该谕云："我船被沉四只，击沉倭船三只。"

② 曹和济：《津门奉使记闻记》云："（八月十八日）北洋海军护送运兵船至鸭绿江口外大东沟，又名大鹿岛地方，突遇倭船十二，我以十五舰与战三时久，毁倭四船。"（转引自《中日战争》1，第154页）

③ 《中东战纪本末》卷3。

④ 王炳耀：《中日战辑》卷3《朝鲜纪乱》4。

⑤ 《伊藤向日皇报告》，同上书。

⑥ 马吉芬：《黄海海战评述》。

因此我们对待日方材料要抱批判态度，不可误信为真。从前面我们对海战过程的探讨中，查知日舰受到很沉重打击，比叡、赤城等三舰很有可能被击沉，此三弱舰又蹈定远等火网中，置身绝地，能安然无事颇难令人置信。我们认为：中国方面的报道既然都认为沉日舰三艘，这不能不是有一定根据。要不然朝中对丁汝昌早以谤书盈篋，此事不会没有人揭发的。

还应该指出：日本未沉各舰，受伤比华舰为巨。定远等于十月中即修复，而松岛却全船无一完处，修至十一月还不能出坞，"故伊藤以八重山弥其阙，而以桥立为号令船"。① 所以，从双方的损失来观察，若谓日本得胜，确有夸大失实之处。清政府对此战认为是"以寡敌众"。"转败为功"，故对刘步蟾、汉纳根以下，爵赏有差。社会舆论有的认为此战"获全胜，大状海军之色"。② "虽互有损伤，而倭船伤重先退，我军可谓小捷，若后队不散，当获全胜。"③ 国外评论如《俄国新报》："海军一战，中日船伤人毙，彼此相敌。"④ "英人之有识者谓：鸭绿江之战，中日未分胜负，想尚有战事也。"⑤

总之，对此战结果，如果从双方损失来看，日本不得自欺欺人，夸称胜利。中国固不可以为大捷，但北洋舰队以寡击众，沉着应战，终于驱逐日舰而返，也可谓小胜，或者至少是双方未分胜负。

其次，日舰首先退却，也说明其势穷力尽，无力再战。不过伊藤却隐讳这点，反而诬称北洋舰队先退："维时日已将落，中国舰队退至威海卫，我船随之而行，惟恐华舰于黑暗中施放水雷，不敢逼近，是夕臣等在庙岛歇宿，准备十八日再战。"⑥ 这一段颠倒是非的话，马吉芬曾加以揭露，马云："惟是旅顺在望，航程弥近，威海卫远在八十涅以外，我队之不舍近而求远，岂待智者而后知之乎，且威海卫当时既无船坞，复无船厂，小修或可胜任，大修理则势所不能，乃旅顺机器与厂坞俱备，军需品储藏充实，我队岂肯舍可能而就不可能，况我队于暮色苍茫，视界尚未全黯之时，针路直指旅顺，彼敌军强谓不知我目的地，其理由根据，果安在

---

① 王炳耀：《中日战辑》卷3《朝鲜纪乱》4。
② 《时事新编初集》卷4《论行军当严赏罚》。
③ 《清光绪朝中日交涉史料》（1684）《北洋大臣来电》3，见《中日战争》3，第124页。
④ 同上书，引自《中日战争》3，第118页。
⑤ 《中东战纪本末》卷3，第3页。
⑥ 《日本二等水师提督伊藤上日皇电报》，王炳耀：《中日战辑》，《朝鲜纪乱》4。

耶？由是推之，此时敌战斗力已不优于我军，盖可深信也。"① 虽然在海战的中间阶段，北洋舰队致远沉、经远火、济远、广甲驰逃，阵形致乱，一度陷于危急。但由于定远、镇远等沉着抵抗，三点钟以后，命中日旗舰松岛，靖远又代替旗舰，升旗聚队，镇南、镇中二炮船并二雷艇投入战地，华舰势力复振，日舰力不能敌，"即向西南一带飞驰遁去"。② 这样，北洋舰队便由于在危急中英勇坚持，"以寡击众"，最后终于"转败为功"，尾追日舰十余浬而返。

复次，在整个甲午战争中，双方海军都把护运陆军作为首要任务，反而把歼击敌舰、控制制海权居于次要地位，即黄海一战，中国为护运铭军刘盛休部，日舰亦是由于护运而双方发生遭遇战，由于此洋舰队坚持了四五个小时的战斗，我船运送之陆军铭军八营，得以乘间陆续起岸，不至被日舰截夺，重蹈高升之灾。北洋舰队此行目的在护运陆军，经过这番苦战，胜利完成了此项任务。日本方面，本来是派西京丸装马步兵千余，由诸战舰护送，将在大孤山登陆，以抄袭我陆军后路，"此战竟令全军俱复"。③ 可见日舰无论从保护运船或歼击中国主舰方面，都没有达到目的，结果灰溜溜地昏夜遁回，还夸谩大捷，这真是侵略者丧心病狂的一种表现。

最后，如果黄海之战日方获得大胜，此役后制海权当归日本，但事实并不是这样。北洋舰队在旅顺修理时期及修复后出海数次巡行，日舰均未敢主动来攻，反而是趁华舰出海后，扰袭威海队，以图牵制，而无力正面交锋，这种情况，使得某些误信日本夸大宣传的人感到纳罕。英国海军提督斐利曼特便疑问在心，他说："实言之，华舰自大东沟战后，泊于旅顺者约两礼拜，东兵过海而来，从貔子窝登陆，围攻旅顺，彼伊东者，不过梭巡策应，而于丁军门之踪迹，付诸淡忘，一若幸其不出，即心满意足也者。既占旅顺，又任丁军门稳渡威海，伊东与之相距，仅海程七十浬（合华程二百二十里），不知围亦不知攻也"。④ 其实，以日本侵略者之狼子野心，何尝不想将北洋舰队吞而食之，不过力有未逮，不敢轻易浪战。

---

① 马吉芬：《黄海海战述评》。

② 李鸿章：《大东沟状折》。

③ 同上。

④ 《中东战纪本末》卷7。

黄海之战，日舰已受重损，若再有失误，制海权转归中国，日本在华陆军便成釜底游鱼，战局就不堪设想了。所以，伊东并非对丁汝昌"付诸淡忘"，而实在是守弱观变。他在期待陆军的帮助。北洋舰队如果不是受清政府腐朽集团"保船制敌"，坚伏不出失败主义的领导和钳制，放诸大洋与日舰角逐，则鹿死谁手，还未可料定。

三　北洋海军最终覆灭的原因

如上所述，北洋海军既然在黄海大战中以寡击众，力摧强敌，那么，后来却在威海卫全师覆没。这是什么原因呢？是否由于海军训练废弛、腐败不堪之所致？如果别有原因，主要关键又何在？关于这些问题，我们探讨的初步结果如下：

首先来看北洋海军是否废弛和腐败的问题。关于北洋海军腐败的记载，主要依据《东方兵事记略》一书。该书整个说来叙事详细，层次明晰，远胜一时诸作。但作者姚锡光在战时居东抚李秉衡幕，陆军中事，彼所深知，至于海军，则不尽详。且姚为主战派，因嫉恨李鸿章，故对北洋海军亦有先入之见，对海军消极方面有夸大之处。再者，姚站在封建历史家立场，漠视广大海军将士的积极方面与爱国精神，没有估计他们在战争中的作用，因此在他眼下北洋海军是灰色的，故而予以否定。

及至现在，很多历史家还是把北洋海军与李鸿章所训练的淮军混为一谈，等同视之。其实二者在兵将来源、素质、训练、官兵关系与战斗力方面都有严重区别。在陆军中确是"好男不当兵、好铁不打钉"，兵皆游手，将尽贪钱。而海军的士兵却是经过选择的。海军军官是中国最早一批受过西方教育和近代军事训练的人物（后来的启蒙学者严复便与刘步蟾、邓世昌同期肄业）。所以自琅威理、汉纳根、马吉芬以至泰莱，对广大北洋海军将士都持肯定的看法。参与威海卫之役的肯宁咸写道："假使中国陆军在其士卒的挑选和效率上，及其将官的训练和能力上，能企及海军，则甲午一战的结果或当大异。……中国的海军在提督丁（汝昌）指挥之下，质料上远胜于陆军，军官们大都是受过欧式训练，当琅威理做他们的领袖时，更是彻底地训练过。中国战舰上的水兵，都是沿海招募来的，自然是很好的水兵。他们经过本国的军官和西洋的教官训练，即使在他们赌性发作时，纪律偶然松懈，但他们是受过很好的训练而且知道怎样使用他们的枪炮，那是日本人也承认的。"① 作者这段话是有充足材料作背景的，并非溢美之词。从战前的两次大阅海军与黄海、威海卫战斗中的实际表现，我们觉得北洋海军的素质远比陆军为优。他们的士气和战斗力如果不是受失败主义领导的阻扼而不得发扬，将有更光辉的表现。前任北洋舰队总教习英人琅威理在甲午战前曾与人言："中国海军之势力，仆所深知，日本不敢战则已，如曰战也，大非中国之敌……中国海军实有不能轻视者，其操阵也甚精，其演炮也极准，营规亦殊严肃，士卒矧皆用命，倘与日本海军较，中国未尝或逊……华人聪颖异常，海军虽练习未久，然于演放炮位，施放水雷等事，无不异常纯熟……故余于中国海军诚不胜其敬慕也……彼诽谤中国海军多所废弛者，皆凭空臆说也。"② 英国远东海军提督斐利曼特而在疵议中国陆军之后也说："至于北洋之船，实可资其利用，故虽琅君去三年不返，传言威严渐失，规模渐弛，并疑应战之具亦殊不足，然其驰船之法，甚合机宜，操演阵势仍纯熟而兼能变化，水师每打海靶，多能命中，或谓水雷亦颇不弱。"③ 以上二人的评价可以从黄海大战中得到证明。例如阵势的变化运用，初华舰出鸭绿江以掎角并列纵陈前进，既判明日舰是单纵阵来扑，立即改为最能发扬本队火力的掎角雁行阵。两铁舰居中，既可冲突制敌，又便于左右应援。弱舰超勇、扬威置于最隐蔽之右翼，减少受敌攻击，这种阵形虽未必堪当"纯熟而兼能变化"之誉，但确乎是考虑到了敌我实际情况而作出的适当布置。

北洋海军的炮术，无论在会操打海靶与黄海之役的实战中，准确度颇高，亲历战役的泰莱说："炮术甚佳，训练虽有遗憾，惟水兵可称善战。"④ 马吉芬也说："就炮术而论，双方固皆拙劣，然中国兵优于日本兵，日人应自承之，何则，除六磅以下各小炮外，日军之命中率，约在百分之十二，而中国之命中率，约在百分之二十以上也。"⑤ 据英国海军年鉴载，日舰队备炮无一受损，舰体损失亦轻。中国炮发射速度远逊日本，但松岛、吉野却被重创，吉野备炮会有几门受损。若华舰亦有快炮，则日

① 肯宁咸：《乙未威海卫战事外记》，《中日战争》6，第318—319页。
② 琅威理语录，《中东战纪本末》卷7。
③ 《斐利曼特而语录》，《中东战纪本末》卷7。
④ Pulling Strings in China。
⑤ 马吉芬：《黄海海战之评述》。

本损失就更不可问。①

在黄海之战中，广大海军士兵的爱国心和战斗力，中外记载都予以肯定，临战之日，"自午前九钟起，各舰犹施行战斗操练一小时，炮手亦复习射击不辍……舰员中，水兵等尤为活泼，渴欲与敌决一快战，以雪广乙高升之耻，士气旺盛，莫可名状"。② 当时战况极为险恶，敌弹狂飞，尤如雨霰，但"众士兵均狞厉振奋，毫无恐惧之态。当予巡视时，一兵负重伤，同侣嘱其入内休养。及予重至此炮座，见彼虽已残废，仍裹创工作如常"。③ 此种可歌可泣的感人事例还有很多，因篇幅所限只付阙如。

海军指挥官中，如邓世昌、林永林固为中外钦仰，即被姚锡光称为"孤寄群闽之上，威令不行"的丁汝昌，亦裹创督战，始终不懈。"诚英勇忠贞之华将也。"④ 泰莱所极力诋毁的刘步蟾，虽初会"闻战惶惧"，但旋即色定，"自昌受伤后，刘镇步蟾尤为出力。"⑤ 而且他"通西学，海军规制，多出其手"，⑥ 对北洋海军的创立与训练都有其功绩。其他如镇远大副杨用霖，记名总兵张文宣等皆精于海战之学，在战斗中淬厉奋发，克尽职责。当威海卫沦陷时，几乎全体海军领导人皆自杀殉国，这种壮烈牺牲的精神，在当时清政府腐败的统治集团中，确实难能可贵的。张文宣死前遗书李鸿章谓："此次战事有守一月而不支者，有守数月而不支者，有守半年不支而至死不屈者。相座当付泰西各国观战武员评其得失勇怯，不能以成败论。"⑦ 但是，后来的人不免以成败来评论他们。这是很可惜的！（威海卫之失，主要责任不在海军，我们在论丁汝昌文中将详述）

所以总的来说，北洋海军的素质、训练和战斗力，不仅比陆军超出许多，即"与日本海军较，中国未尝或逊"。⑧ 不过，我们同样也要看到：在当时的历史条件下，处于清政府腐朽官僚集团控制和侵蚀下的北洋海军，还是有很大弱点的。在军官中如方伯谦、吴敬荣临阵驰逃，紊乱船

① 《英国海军年鉴对黄海大战述评发射速度条》，《海事》第10卷第2期。

② 马吉芬：《黄海海战之评述》。

③ Pulling Strings in China.

④ 《琅威理语录》，《中东战纪本末》卷7，关于丁汝昌，我们另有交评述，此处从略。

⑤ 李鸿章致总署电，八月十三日酉刻。

⑥ 《清史稿·列传》卷247，刘步蟾传。

⑦ 张士珩：《书从兄文宣死难事》，见《中日战争》6，第326页。

⑧ 《琅威理语录》，《中东战纪本末》卷7。

队，削弱士气和战斗力。假若济远、广甲不逃，则黄海之战日方损失将更重。又如刘步蟾喜用同乡，与丁汝昌不能和衷共济，在军中有闽人结党的宗派恶习。在士兵中也有部分品质差，所谓"海军岁例巡南洋，率淫赌于香港、上海"，即指此，在黄海之战中，也有些士兵惶怯，躲藏于甲板厚处。这些现象在反动统治时代的军队中，即令是训练最好的军队，也是难免的。如果我们历史地全面地看待，特别从战斗考验中来看，还应该肯定北洋海军好的方面是占主要地位。

北洋舰队另一个较重弱点即舰老、行迟、装备差。北洋舰队最新舰只亦购于战前六年，定、镇二舰虽舰大炮重，而每小时仅行驶十四浬半，但日本一般舰只皆在十九浬，吉野尚每时廿三浬，腐朽的清政府移海军经费大建颐和园，不仅未添快舰，连速射炮亦无，而日本舰队则几全是速射炮。这些都还是次要的，在海战中"极严重之事因，厥为子弹之缺乏"①。这样虽"炮手技能，綦为卓越"，②但英雄亦无用武之地。许多记载都指出海战中因炮弹不足而严重削弱了华舰的战斗力，但弹药不足的原因何在呢？肯宁咸指出："中国人在鸭绿江上是可以得胜的，假使他们的炮弹不是实着泥沙。这不是海军提督的过错，而是军需局的坏蛋官吏的罪恶。"③按1890年户部停止南北洋购买外国军火。而天津机器局又腐败不堪。因此炮弹供应甄不充足。马吉芬说："数周以来，我队渴望决一快战。日复一日，战斗训练无怠，整饬亦无遗憾，但弹药颇感不足，舰队迭次请之而不发，吾人殊无救济之法，责有攸归，其咎初不在舰队。吾人遭受陆上腐败官吏之掣肘，以至于此。而全队员兵，犹矢志以人力之所及而赴战，精诚勇敢，谁有可议者。"④

由此可见，弹药装备的不足，长官和士兵中所受官僚腐败习气的侵袭，都在很大程度上影响了北洋海军的战略及战斗力，但是同样我们也看到，这不是北洋海军失败的主要原因，应该指出：中国海军之败，不败于海军本身，清政府腐朽统治集团失败主义的领导，北洋大臣与海军衙门对海军的钳制和束缚，是海军最终覆没的根源所在。

---

① Pulling strings in China.
② 马吉芬：《黄海海战之评述》。
③ 肯宁咸：《乙未威海卫战事外纪》，《中日战争》6，第318页。
④ 马吉芬：《黄海海战评述》。

　　北洋海军是受北洋大臣与海军衙门的钳制，即归李鸿章管辖，李视北洋海军为囊中私物和个人政治资本，亟不愿"以北洋一隅之力，搏倭人全国之师"。兼以他是清政府腐朽统治集团的代表者，根本不相信海军的力量，所以总强调海军快船、快炮太少，仅足守口，实难以令海战"。①"海上交锋，恐非胜算。"② 因此放弃制海权，听任日舰纵横海上，而华舰却株守口内，所谓"作猛虎在山之势?!"结果造成"我军端坐，拱手以待倭人之围攻"③ 的被动挨打的局面。北洋海军的失败便是李鸿章"保船制敌"的失败主义政策造成的。

　　李鸿章集团出卖和葬送北洋海军这点，当时就有人指出过。汉纳根说："迨至中国陆军屡败于日，已有责北洋海军之不出者，不知此不能为海军咎，亦不能为丁汝昌咎也，有钳制海军者（如饬令毋得失船之类），丁汝昌不能专主也。"④ 在《论丁军门掣肘贾恨事》一文中，作者写道："泰西各国军制，海军提督实战舰之成，今乃临之以北洋大臣，更涖之以海军衙门，一国三公，吾谁适从，何权之杂而不专也。"⑤ 所以把北洋海军复殁之责，归之丁汝昌和海军训练废弛是不恰当的。

　　在中日战争中，丁汝昌代表了海军将士们主动求战的爱国精神，一再发出援朝、巡海、决战的建议电文，但是都遭钳制和遏抑而不能实现，下面我们举出几次大战的情况来说明：

　　当日本侵朝衅端已成，战机迫切之际，丁汝昌曾请率大队援朝鲜，先发制敌，但李鸿章却发电阻止，谓"倭虽添军，谣言四起，并未与我开衅，何必请战。"⑥ 这就放弃海上主动权，让日本海军从容往来仁川、济物浦，将大批陆军护送到朝鲜。伦敦英报引马吉芬家书评论此事说："日本之衅既成，余（指马吉芬——引者）与定远统领海军提督丁禹廷军门之意，本欲驰至朝鲜之济物浦，先行发炮、以攻日本兵舰，乃将欲成行，忽接京电，不许出洋，队止。"此信刊诸美国日报，伦敦报既接此电，乃

① 李鸿章：《奏军事紧急情形折》，《清光绪朝中日交涉史料》，转引自《中日战争》3，第112 页。

② 李鸿章：《奏爱海军统将折》。

③ 翰林院侍读学士文廷式等参鸿章奏，引自阿英《近代外祸史》，第 143 页。

④ 汉纳根军门语录，《中东战纪本末》卷 7。

⑤ 《时事新编初集》卷 4。

⑥ 李鸿章复丁军门五月二十二日戌刻，《中东战纪辑要》，第 97 页。

为之论曰：“此上策也，乃事败垂成，全局大变，惜哉！惜哉！总之此策若行，日本舰队，必已大受伤痍，岂能飞扬跋扈，至于此极。”① 在六月开初，丁汝昌又请率大队巡行朝鲜海面，李鸿章复电严责其不自量力云：“兵船时时要整备，汝拟初十内，带八船操汉江不同江一带，五六日即回，此不过摆架子耳……有何益处，人皆谓我海军弱，汝自问不弱否？”② 李鸿章这样严厉地钳制海军，造成了被动挨打的局面；济远、广乙在丰岛之败，便是直接的后果。“方济远、广乙之发自威海也，汝昌电请鸿章，率我海军大队继发接应，二十二日已升火起锚，戒严将发，鸿章电泥之，遂不行。”③ 查李鸿章在六月二十一日复丁汝昌电中有：“叶号电，尚能自固，暂用不着汝大队去，将来俄拟派兵船，届时或令汝随同观战，稍壮胆气。”④ 即指此事。说来好笑，李鸿章自己怕鬼，却要骂丁汝昌胆小，其实丁汝昌的主张十分正确。如果二十二日北洋海军大发，廿三日晨正好赶上丰岛之战，日本必败无疑，但李鸿章怕人追究，乃放一马后跑，于六月廿四日令丁汝昌“即带九船往汉江洋面游巡迎剿”，⑤ 但他不放心，要丁汝昌“惟须相机进退，能保全坚船为安，乃盼速回”。⑥ 在七月初，他干脆令丁汝昌“不必再往鸭绿江口”。⑦ 八月，“一再严令丁提督曰：无论事件如何，理由如何，北洋舰队无得航出山东高角与鸭绿江口划线之外，不惟忠勇之丁提督愤慨无以，而麾下将士大部亦多为不平之鸣。”⑧ 八月中旬的黄海大战，对李鸿章而言，纯属意外，北洋海军在这次战役中，所以能主动击敌，力挫强寇，是由于暂时摆脱了李鸿章钳制的结果。

黄海大战后，李鸿章不仅没有增加任何对海军的信心和勇气，反而更加坚持其“保船制敌”的失败主义策略，十月中旬以后，“旅顺日益危逼，汝昌知旅顺堕，则北洋门户失，大局震惊，罪且不测，自赴天津，请以海军全力援旅顺，决死战，鸿章咨之谓：‘汝善在威海守汝数只船勿

---

① 《中日战辑》卷3《鸭绿江水战杂记》，《中东战纪本末》卷4。
② 李鸿章复丁提督六月初二中刻，《中东战纪辑要》，第101页。
③ 《东方兵事纪略》海军篇。
④ 《中东战纪辑要》，第108—109页。
⑤ 《李鸿章寄丁提督》（光绪廿年六月二十四日）。
⑥ 同上书。
⑦ 《李鸿章寄刘公岛丁军门》（七月初八日酉刻）。
⑧ 《马吉芬黄海海战述评》。

失，余非汝事也，'廿五日旅顺陷，船坞沦于倭，海军根本遂废，褫汝昌职，自是我兵舰束于威海，巡弋所及，西不过登州，东不过成山，每值大队倭舰至，且坚伏不出矣。十一月初十日，朝命严守镇定两铁舰，勿损伤、盖从鸿章议也。"① 北洋海军的船坞、修理厂、仓库皆在旅顺，丁汝昌请"全力援旅顺，决死战"，无论对战事全局和海军前途，都是完全正确的。李鸿章的阻止是一种全无心肝的可耻的卖国行为，旅顺失陷，海军只好困守威海死港，坐以待毙。在此后极为不利的情况下，丁汝昌并没有丧失信心，"决命借一，尚堪一战"，② 他曾反映海军将士们英勇的斗志，主张与日舰并力决战，挽回颓势，"倭房之在荣成登岸也，丁军门见倭来势汹汹，知必有违犯威海之意，与其安坐而待围攻，曷若潜师而起，迎头痛击……北洋某大宪（指李鸿章——引者）……乃谨慎太过，流于畏怯，既无大臣任事之勇，又无相机决战之谋，仅复以不许出战，不得轻离威海一步，并有如违令进战，虽胜亦罪之语。丁军门受此牵制，郁郁不得行甚志，卒为倭房所困，以迄于亡，闻引决之际，尚大骂某大宣不置"。③

这段话把威海卫海军复没的原因和责任说得很明白确切，从甲午战争整个过程中，从每个具体环节的考查中，我们看出，并不是海军将士避战畏敌，恰好相反，他们是力求争取主动，打击敌人。但指挥海军的最高权力却控制在代表清腐朽统治集团的李鸿章手里，由于他根本不相信海军力量，对之钳制束缚，使其不得主动击敌，于是一误再误，遂至坐困威海，全军覆没。

马吉芬说："震撼东亚之中国舰队，今也已成过去。彼等将士忠勇，遭际不遇，一误于腐败政府，再误于陆上官僚，与其所爱之军舰，同散殉国之花。"④ 证以当时事实，确非虚语。今日之，仍令人无限感怀！

（原文载于《文史哲》1957 年第 6 期）

---

① 《东方兵事纪略》海军篇。
② 同上。
③ 《时事新编》，《集论丁军门掣肘赍恨事》。
④ 马吉芬：《黄海海战评述》。

论北洋海军战役指挥问题

戚其章

甲午海战中北洋海军的战役指挥问题，断断续续地争论了 90 多年。随着争论的进行，研究者的认识也在不断深入。最近，杨志本、许华二位同志又发表了《论丁汝昌海上战役指挥失误问题——兼与戚其章等同志商榷》（以下简称"杨文"）① 一文，对北洋海军战役指挥问题提出了一些值得重视的见解，读后颇受启发。但是，杨文涉及北洋海军战役指挥的两个关键性问题，我认为还有必要作进一步的探讨。

一 关于黄海海战中的布阵

在甲午海战研究中，对北洋舰队的布阵问题意见最为纷纭，成为争论的焦点。其所以如此，是因为北洋舰队在海战中的阵形有过多次变化，要准确地把握变化中的各种阵式，难免见仁见智。不过，幸而海战参加者和目击者留下大量报告和记述，使我们判断北洋舰队的布阵有了客观的史实依据。

杨文认为，北洋舰队在黄海海战中是"由启航后的五叠雁行阵改列为一字雁行阵"。之所以称北洋舰队的迎战阵式为五叠雁行阵，是因为"先行的十舰分成五个小队，每小队为二舰，各成一字雁行阵"；而称之为一字雁行阵，则是因为"各小队之两艘军舰是左右排列"的。此说固然新颖，却找不到任何一条史料根据。

---

① 杨志本、许华：《论丁汝昌海上战役指挥失误问题——兼与戚其章等同志商榷》，《近代史研究》1988 年第 1 期。

　　应该看到，北洋舰队各小队两艘军舰的队列角成 45°，故可以说是"左右排列"，也可以说是前后排列。小队只是舰队布阵的一个组成单元，并不能根据小队的排列来确定舰队的阵式名称。因为同样的小队排列，有时在雁行阵中出现，有时在鱼贯阵中出现，这是本无定准的。问题是要看舰队的整体排列。众所周知，北洋舰队迎战时五个小队是前后排列，鱼贯而进的。怎么能够仅仅根据各小队两舰"左右排列"，就说它是一字雁行阵，从而断定北洋舰队的迎战阵式是五叠雁行阵呢？

　　迄今为止，还从未发现有哪一位海战参加者说北洋舰队的迎战阵式为五叠雁行阵。相反，倒是众口一词地指出北洋舰队起航后是采用鱼贯阵。据 20 世纪 50 年代对参战水手的调查，都一致承认北洋舰队发现敌舰后是以"双纵阵"驶进的。德籍洋员汉纳根时任北洋海军总教习，参与海战的决策和指挥，在战后给李鸿章的报告中也指出："我队与敌队相持，曾布为并列纵阵前进。"[①] 无论"双纵阵"也好，"并列纵阵"也好，指的都是鱼贯阵。《冤海述闻》明确指出："我军阵势初本掎角鱼贯。"[②] 此书署名"冤海述闻客"，据我考证其人即济远舰帮带大副何广成[③]，是一位参加海战并掌握一定指挥实权的军官。海战参加者的这些记述足以证明北洋舰队是以鱼贯阵迎敌的。

　　如果说北洋舰队起航时是以鱼贯阵前进的话，那么以后是否改列为一字雁行阵了呢？杨文是做出肯定判断的。其主要根据是日人浅野正恭的《近世海战史》（1903 年译本）和竹下勇的《近世帝国海军史要》（1938年编）。然此乃私家著述，书中舛错多有，绝不可以第一手资料视之。其所附战斗经过图，内容亦不甚可靠，如将经远和靖远的位置颠倒，即明显之错误。问题还在于所附之图只是一种示意图，不单是这些一般单写海战的书，即使是那些最重要的日人官私著述，如平田胜马《黄海大海战》（1986 年出版）、川崎三郎《日清战史》（1987 年出版）、日本参谋本部《明治二十七八年日清战史》（1904 年出版）、日本海军军令部《明治二十七八年海战史》（1905 年出版）等，所附之海战图都毫无例外是示意图。甚至连黄海海战后不久出版的堪称"第一手资料"的《日清战争实

---

① 《汉纳根黄海海战报告》，《海事》第 81 卷第 5 期。

② 《冤海述闻·大东沟海战纪实》。

③ 戚其章：《〈冤海述闻〉研究》，见《历史论丛》第 5 辑，齐鲁书社 1985 年出版。

记》,其附图也并无二致。杨文强调使用第一手资料,并且批评我和其他同志不注意引证"宝贵的具有较强说服力的第一手资料",而恰恰在这个非常关键的问题上,该文作者却出现了类似的疏忽。显而易见,不管从日人一般的海战著作还是日方第一手资料的有关附图中,都是不可能找出北洋舰队改阵后阵式的准确答案的。

事实上,如何改阵是北洋舰队内部的决议,日本联合舰队只能从观察中约略窥知之。可是,当时双方相距约三海里之遥,而且相对位置不断变化,加以硝烟弥漫,笼蔽沧海,日舰要想通过观察来准确判断北洋舰队的改阵是极端困难的。所以,日本参战将领在报告中对北洋舰队的改阵问题总是不太肯定,并且说法不一。如日本联合舰队司令官伊东祐亨中将在给大本营的海战报告中便说:"敌之阵形似为不规则之单横阵或后翼梯阵。"① 作为日本舰队的最高指挥官,竟然判断不出北洋舰队改的是"不规则之单横阵"还是"后翼梯阵"!其他日方参战者的记述更是猜测纷纷,说明都对北洋舰队的改阵问题感到难以确切地把握。看来,根据日本方面的记载是解不开改阵之谜的。

北洋舰队的改阵命令是提督丁汝昌最后下的决心,我们首先应该看看他是怎么说的。他在给李鸿章的海战报告中称:"十八日午初,遥见西南有烟东来,知是倭船,即令十船起碇迎击,我军以夹缝雁行阵向前急驶。"② 丁汝昌所说的夹缝雁行阵,其阵法是将十舰分五个队:定远、镇远为第一队,居中;致远、靖远为第二队,居左;来远、经远为第三队,居右;济远、广甲为第四队,居最左(左翼阵脚);超勇、扬威为第五队,居最右(右翼阵脚)。每队两舰相距400码,队列角成45°;队与队的间距为533码。自左侧视之,北洋舰队前排为济远、致远、定远、来远、超勇五舰,后排为广甲、靖远、镇远、经远、扬威五舰,前后各舰弥缝互承,不相遮蔽,呈鱼鳞排列之状,故又称鳞次横阵。在镇远舰担任炮火指挥的美籍洋员马吉芬即称:"我船实为鳞次横阵,以两铁甲舰为中心,顺次排列于鳞状也。"③ 当时在附近海域"观战"的英国远东舰队司令斐

① 川崎三郎:《日清战史》第7篇第4章,第109页。

② 《中日战斗》(三),第134页。按:因变阵需要一个过程,当时时间仓促,故实际上北洋舰队初接敌时为近似"人"字的阵形。请参阅拙著《中日甲午战争史论丛》,此不赘论。既战之后,才逐渐形成改阵命令所规定的夹缝雁行阵。

③ 《马吉芬黄海海战评述》,《海事》第10卷第3期。

利曼特中将也说北洋舰队"左右排列，状若锯齿"①。鳞状也好，锯齿状也好，都是形象地描绘夹缝雁行阵的特点。所有这些，足以证实北洋舰队改的是夹缝雁行阵，而不是杨文所说的"一字雁行阵"。

北洋舰队的夹缝雁行阵是以小队为单元组成，故又可称之为夹缝雁行小队阵。在这里，值得注意的是《冤海述闻》中的一段记述："我军阵势初本掎角鱼贯，到列队时，复令作掎角雁行。"② 丁汝昌说改的阵式是夹缝雁行阵，《冤海述闻》的作者却说是掎角鱼贯阵：同是海战参加者，所说为何不同呢？我曾在《刘步蟾黄海战绩考》一文中写道："夹缝雁行阵（实际上是夹缝雁行小队阵）每队包括两艘军舰，而掎角雁行阵每队则包括三艘军舰。若将掎角雁行阵变为小队，就与夹缝雁行阵完全一致了。因此，所谓'掎角雁行阵'，亦即'掎角雁行小队阵'的省称。可见，夹缝雁行小队阵和掎角雁行小队阵，实际上指的是同一种阵势。"③ 在《甲午黄海之战北洋舰队阵形考》一文中，又对这一看法做了进一步的阐述④。对此，杨文提出了不同的意见，认为："将北洋海军的迎战队形称为'掎角雁行小队阵'显然不妥，这是因为掎角阵必须以三艘编成的小队才能采用。非常明显，北洋海军在黄海海战中既然是以二舰编为小队，它就根本无法列成小队的掎角阵。"此论有点近乎胶柱鼓瑟了。编制阵图的目的原不是为了按图索骥。这种以二舰一队为单元组成的阵式，可不可叫做掎角阵呢？完全可以。不仅《冤海述闻》这样叫，《东方兵事纪略》这样叫，而且西方海军人士也这样叫。如斐利曼特记述道："（丁汝昌）悬旗传令各舰起锚备战，复令分两舰为一队，一舰为首先行，一舰作掎角势以随之。"⑤ 这说明当时中外海军人士都把这种阵式称为掎角阵。而90多年之后，作者杨文却硬说这种阵式"绝不能被称为掎角阵"，是无法令人信服的。

无论如何，北洋舰队改阵后的阵式是夹缝雁行小队阵或掎角雁行小队阵，而绝不会是一字雁行阵。

北洋舰队此阵的主要特点，是"始终以舰首向敌，借得保持其位置

---

①　《斐利曼特黄海海战评论》，《海事》第 10 卷第 1 期。

②　《冤海述闻·大东沟海战纪实》。

③　戚其章：《刘步蟾黄海战绩考》，《北京师范大学学报》1982 年第 2 期。

④　戚其章：《甲午黄海之战北洋舰队阵形考》，《辽宁大学学报》1983 年第 1 期。

⑤　《英斐利曼特水师提督语录》，《中日战争》（7），第 548 页。

的基本战术"①。之所以决定采取此阵，绝不是丁汝昌一时的心血来潮，而是与其军舰本身的性能和武器装备情况密切相关的。北洋舰队舰型，火器陈旧，缺少速射炮，这是众所公认的。北洋舰队的主力舰只与日本的最新军舰相比，在型制上要落后整整一代。它以重炮见长，拥有25公分口径以上的重炮25门，是日本的两倍多。在参战的十舰中，这类重炮除广甲一门未曾装备外，其余九舰各备有二门至四门不等。日本参战的12艘舰中，有6艘未配装25公分口径以上的重炮，而另外6艘虽备有这种重炮，却配置不匀，扶桑舰装了四门，号称"三景舰"的松岛、严岛、桥立才各有一门。根本无法形成强大的攻击力量。重炮大抵装置在舰首，仅仅就此而论，北洋舰队是居于领先地位的。显而易见，北洋舰队如此布阵，是要扬长避短，以发挥舰首重炮的威力。连敌人也看出了北洋舰队"之所以构成雁行阵，因彼之重炮皆配备于舰首"②。

杨文对北洋舰队的布阵是持否定评价的，认为"'始终以舰首向敌'的战术带有致命的错误"。其理由有二：

一是"不利于充分发扬火力"。杨文认为，所有火炮"能同时发扬火力的射击舷角，即全舰火炮最佳的射击舷角为左右45°—135°"，而北洋舰队以雁行阵迎敌，则其"最佳射击舷角的扇面只有25°"。对日舰来说，无疑如此。但以此来套北洋舰队，则类于削足适履了。最佳射击舷角之确定，系因舰而异，并非一成不变。往往在彼为最佳射击舷角而在此则非是，或者相反。北洋舰队各舰之舷侧，一般仅备有机器炮之类的小炮，只有杀伤力而无贯穿力和爆破力，对敌舰之舰体是起不到摧毁作用的。如果北洋舰队在不具备舷侧速射炮的情况下改用鱼贯阵，岂非舍长而就短？实际上，就雁行阵来说，舰首主炮最佳射击舷角扇面的中线应不同于鱼贯阵。北洋舰队的最佳射击舷角的扇面不可能只有25°。以定远、镇远二舰为例，舰首重炮为并排配置的双炮，而且是四门大炮二二排列，则各侧炮火的最佳射击舷角，应是以舰首尾线与左、右舷正横线成直角的分角线为中线的90°，再去掉为邻舰所留之20°安全界，尚有70°。因为北洋舰队"始终以舰首向敌"，左、右两侧合并计之，其有效的最佳射击舷角则为140°。

---

① 《汉纳根黄海海战报告》，《海事》第8卷第5期。
② 《高千穗某尉官战时日记》，转见川崎三郎《日清战史》第7编第4章，第111页。

正由于北洋舰队主炮最佳射击舷角的最大打击扇面为 140°的扇形区域，故在海战中能够左右开弓，发挥了舰首重炮的最大威力。丁汝昌在海战报告中说："定远猛发右炮（舰首右侧重炮）攻倭大队，各舰又发左炮（舰首左侧重炮）攻倭尾队三船。"[①] 即是最好的证明。

一是不利于机动。杨文认为只有采用单行鱼贯阵才是有利的。甚至具体设想："以舰队的一舷拦击敌方舰队，争取对其实施'T'字战法的攻击"，以迫使日本联合舰队"同北洋海军形成同向异舷交战"。从而断定："如果是这样的话，黄海海战的过程和结局就可能大为改观了。"然而，这仅是一种设想而已，是没有多少根据的。"同向异舷交战"究竟对谁有利呢？这正是敌方所求之不得的。因为这样一来，北洋舰队的舰首重炮有一半不能发挥作用，连自己的这点长处也给取消了。全面权衡雁行、鱼贯两种阵法，何者为利，何者为弊，其理昭然若揭。如果北洋舰队真的采用单行鱼贯阵，与日本联合舰队进行一舷对一舷的齐射的话，那么，它就会陷于更加危殆的处境，甚至有全军覆没的危险。

海战的实践表明：北洋舰队若采取单行鱼贯阵是必不成功的。汉纳根在海战报告中即提到北洋舰队在海战中一度"改为单纵阵"[②]。坪井航三的海战报告也证实了这一点。据日人平田胜马《黄海大海战》的记述，北洋舰队改为单行鱼贯阵的时间是在下午 1 时 29 分。"此时，敌之各舰向左舷转舵，恰成单纵阵，发舰首炮攻击我本队。"但是，改阵的效果并不好，竟使北洋舰队钻进了敌阵的间隙。《吉野舰记事》写道："此刻敌之中坚正处于我左舷。至 2 时 35 分，双方相距三千公尺时，我本队各舰位于敌之右舷，形成夹击形势。吉野之速射火炮，使敌大受其苦。"试问：北洋舰队改单行鱼贯阵的优越性又表现在哪里呢？正由于北洋舰队改单行鱼贯阵后吃了大亏，后来才不得不又回到原来的阵式。

北洋舰队缺乏机动的症结，并不是没有采取单行鱼贯阵，而是未能处理好布阵中合与分的关系。鱼贯阵和雁行阵是最基本的阵式。却不是固定的阵式，阵式是可以随机变化的。每种阵法本身，都包含着合与分两种因素。合可化为分，分也可以变为合。在布阵时，只有将合与分的关系处理恰当，才能真正做到"种种变化，神妙不穷"。恰恰在这个问题上，丁汝

---

①　《中日战争》（3），第 135 页。

②　《汉纳根黄海海战报告》，《海事》第 8 卷第 5 期。

昌的观点是相当机械的，他总是片面地强调一个"合"字，命令"整体攻击"。不管在何种情况下都要求"合"，集中为单一的编队，因此在敌舰的夹击下陷于被动的境地。海战打到下午 3 时 20 分以后，北洋舰队所以能够逐渐变被动为主动，主要是自动地将舰分为两群，使两队敌舰不得不相互远离，从而摆脱了腹背受敌的艰难处境。定远舰枪炮二副沈寿堃指出："大东沟之役，初见阵时，敌以鱼贯来，我以雁行御之，是也。嗣敌左右包抄，我未尝开队分击，致遭其所困。"① 既肯定北洋舰队的迎战阵式，又指出其未能适时分队的缺陷。作为海战参加者，沈寿堃根据亲身经历进行反思，对北洋舰队布阵做出了实事求是的评价。

由此可见，如果北洋舰队真的采用单行鱼贯阵，并与敌舰"形成同向异舷交战"的话，那才会犯"致命的错误"哩。

二　关于威海卫之战中的作战方针

北洋海军在威海卫之战中惨遭覆灭，其原因何在？这是长期以来人们聚讼不休的问题。一般论者皆归咎于北洋海军的消极防御方针。我过去亦持有同见。但经过深入研究之后，开始感到问题不是这样简单，应该以历史的态度重新予以估价。

杨文对丁汝昌实行消极防御方针的批评，并不完全恰当。对北洋海军的消极防御问题，要进行具体的分析，既不能将责任一股脑儿地推到丁汝昌身上，也不能认为北洋海军自始至终实行的是消极防御方针。

甲午海战爆发后，北洋海军确实奉行了一条消极防御方针。但是，也要看到，到 1895 年 1 月，北洋海军的作战方针又有所调整。当时传来日本欲犯山东的消息，清廷闻讯，谕李鸿章悉心筹酌。李鸿章即电丁汝昌，提出了"水陆相依"的原则，令丁"与洋弁等悉心妥筹，详细电复，以凭核奏"。② 丁汝昌与洋员、水陆各将合议后，复电称："倭若渡兵上岸，来犯威防，必有大队兵船、雷艇牵制口外。汝昌、（马）格禄与刘镇（超佩）及诸将等再三筹划：若远出接战，我力太单，彼船艇快而多，顾此失彼，即伤敌数船，倘彼以大队急驶，封阻威口，则我船在外，进退无

---

① 《盛档·甲午中日战争》（下），第 403 页。
② 《李文忠公全集》电稿，第 19 卷，第 37 页。

路，不免全失，威口亦危；若在口内株守，如两岸炮台有失，我则战舰无多，惟有依辅炮台，以收夹击之效。"这个方案的基本思想，是认为根据敌我力量对比，舰台依辅是唯一可行之法。但同时提出要加强威海后路防御：威海"地阔兵单，全恃后路游击有兵，以防抄袭，方能巩固"。这个方案吸收了洋员及诸将、特别是陆军将领的意见，由丁汝昌集中起来上报。李鸿章阅后，认为"似尚周到"①，并得到清廷的批准。可见，在日军进攻威海的前夕，从清廷、李鸿章到威海守将，对这个方案都是表示赞同的，并不存在原则的分歧，即使这个方案还有什么缺点的话，也不能委过于丁汝昌一人。

丁汝昌之所以下决心采用这一方案，是充分地考虑到当时的客观条件。经过黄海一战，北洋舰队"失船五号，余多被损赶修"②。可战之舰仅剩定远、镇远、靖远、来远、济远五艘，使本来战舰即少于日本的北洋海军更加相形见绌了。其中，来远受伤最重，驶入旅顺船坞修理，到旅顺吃紧时才修好一半，因怕被敌舰堵在口内，不得不驶回威海。1894 年 11 月 14 日，船队从旅顺返航，当驶进威海北口之际，不意镇远舰被礁石擦伤多处，伤势严重，管带林泰曾引咎自尽。丁汝昌当即从上海请来外国技师赶修，连修一个多月，始勉强补塞，但已不能出海任战。北洋海军主要靠的是定远、镇远两艘铁甲，如今镇远已伤，定远势难独办远海作战。尽管如此，但从威海的设防情况看，日军要想从海上攻入还是极端困难的。正由于此，丁汝昌才制定了"依辅炮台，以收夹击之效"的作战计划。此项计划，既是从舰队的实际情况出发，又对保卫刘公岛根据地有利，不能称作是"消极防御"。

杨文指责丁汝昌"始终株守港内"，以此作为他实行"消极防御"的例证，也是不妥的。事实上，丁汝昌既反对冒险出击，也反对株守港内。他自始至终执行的是既定的舰台依辅的作战方针，是不能称之为"消极防御"的。当日军于1895 年 1 月 30 日水陆两路进攻时，丁汝昌亲率定远、济远、来远三舰至威海南口，"与刘公岛东方二炮台猛烈应射，声震山岳，硝烟蔽空。定远泊日岛西方，济远自日岛北航行东西，来远在日岛炮台正面

① 《清光绪朝中日交涉史料》(2281)，第28卷，第25页。
② 《盛档·甲午中日战争》(上)，第176页。

海中。定远渐次航向西，共来远以巨炮纵射。"① 日舰筑紫等受伤急退，在此日的战斗中，北洋舰队一面回击自海上来犯的敌舰，一面以炮火支援威海南岸守军，不仅击毙了日本陆军少将大寺安纯，而且重创日军步兵第十六联队第二大队，一次发炮歼其89人，使敌人只好放弃沿海边大道进占威海卫城的企图。此后，日军连日水陆夹击，北洋海军每次都驶至威海南口或北口，与刘公岛、日岛炮台配合，努力防战。日舰被伤多艘，损兵折将，终难接近威海南、北两口，气焰为之大挫。日本海军几次组织陆战队，企图占领刘公岛和日岛，也遭到了失败。这说明北洋海军舰台依辅的作战方针是积极的，并且是有成效的。在当时大局已坏的情况下，不可能指望北洋海军几艘军舰去夺取胜利，扭转局面。不过，北洋海军的抗御却赢得了一些时间，给清政府提供了一个挽回败局并实行战略转移的机会。所以，在威海卫之战中，北洋海军的作战方针属于积极防御，而不是消极防御。至于清政府没有捉住这个重要的机会，那又是另一回事了。

如果说在制定舰台依辅的作战方针时，从清廷到内外臣工，意见曾一度趋于一致的话，那么，随着战局的变化，敌氛渐逼威海，彼此的意见分歧也变得明显了。当时，大致有三种具有代表性的主张：

其一，是袭击日本运兵船。清廷获悉日军登陆龙须岛后，开始议论不定，一面谕饬"海军战舰必须设法保全"；一面指示迅筹"相机合力出击"，"毋得束手坐待，致为所困"②。不久，在枢府内部，袭击日本运兵船的意见占了上风。1895年1月23日，清廷谕海军"乘间出击，断贼归路"③。山东巡抚李秉衡以守土有责，急欲扫清敌氛，非常赞成朝廷的主张："倭人既经登陆，其船上必无重兵，我若以兵船奋力攻击，毁其运兵及接济粮械之船，则水路受创，陆路亦易得手。"④

其二，是迅速增援威海后路，署南洋大臣张之洞认为：威海"台坚炮巨，炮手亦好，敌船不能攻，故袭后路，此攻旅顺之故智也"。当时，清廷已先后从南方调二十五营北上，以加强近畿一带防御。他以山海关一带军情趋于缓和，诸军尚多，此二十余营"似非急需"，建议令此二十五

① 桥本海关：《清日战争实记》第11卷，第381页。
② 《清光绪朝中日交涉史料》（2330），第29卷，第30页。
③ 《清光绪朝中日交涉史料》（2347），第29卷，第36页。
④ 《李忠节公奏议》第6卷，第2页。

营"直趋烟台，探明成海后路，相机援剿"。对此，刘坤一亦表赞同。另外，张之洞还建议调驻扎近畿总统皖军马步二十营的提督程文炳和总统甘军马步十八营的提督董福祥，"即日率老营启行，由德州、济南一路前进，以期迎头堵截"①。张之洞的主张符合既定的防御方针，是对丁汝昌的很大支持。但是，丁汝昌提出："威防如能支，尚须曹军门及吴宏洛来援。"② 曹军门，指前广东陆路提督曹克忠。统领新募三十营驻天津新城南小站，其四营靠近山东境之歧口，吴宏洛为前澎湖镇总兵，统领宏字六营一哨驻大沽、北塘间的新河镇。在他看来，曹、吴两军之驻地皆距山东甚近，东来增援尚不难如期到达，而其他各军则恐缓不济急，故向李鸿章提出了这个请求。

其三，是摇摆于出击与坚守之间。李鸿章在日军登陆后，曾指示丁汝昌："若水师至力不能支时，不如出海拼战，即战不胜，或能留铁舰退往烟台。"这项"出海拼战"的指示是有条件的，就是到"力不能支时"可出此策。但是，当会见刘坤一之后，他的想法又有所改变，电令威海陆军主将戴宗骞："江南援师虽缓不济急，究有指望，死守待之而已。"此时，丁汝昌电称：海军出口则"陆军将士心寒，大局更难设想"，"万无退烟之理"。李鸿章复电表示同意："汝既定见，只有相机妥办。"并将此意电告李秉衡："鸿迭饬水陆将领力图保威，以待援应。"③ 二人的意见又趋于一致。

究竟袭击日本运兵船的主张是否可行？我在旧作中是持肯定态度的，认为此举"胜败虽难肯定，但一定能够粉碎日军的登陆计划"④。这在当时纯系主观臆断，既不是从实际出发，也对北洋海军的实力做了过高的估计。因此，我在将要出版的一部新作中已对此加以修正。如今，杨文更进了一步，认为此举不仅"可能打掉敌人的一部分登陆力量，并有可能粉碎敌之登陆企图"，甚至"即使在最不利的情况下，也可能不至于落得一个丧军失地的结果"。这未免离实际情况太远了。事实上如果北洋舰队贸然出海，适中敌人的计谋。日本方面早就做好了对付北洋舰队出海的周密

---

①　《清光绪朝中日交涉史料》（2340），第 29 卷，第 34 页。

②　《李文忠公全集》电稿，第 19 卷，第 14 页。

③　同上书，第 46 页。

④　戚其章：《中日甲午威海之战》（1962 年版），第 35 页。

准备，并为此制定了《联合舰队作战大方略》。内称："若敌舰驶出威海卫港，应巧妙地将其诱至外海，我主力战舰（联合舰队本队、第一游击队及第二游击队）实行适当的运动，准备战斗。筑紫舰及另七舰（赤城、摩耶、爱宕、武藏、葛城、大和、鸟海）则组织陆战队，伺机登陆，占领刘公岛。"① 可见，若北洋舰队真的出口拼战或绕过成山角袭击日本运兵船，一定会遭到数倍于己的敌舰的包围，并且刘公岛也要面临陷落的危险。这无异于孤注一掷，必定大失其利，甚至有极大的可能提前归于覆灭。杨文所说"可能不至于落得丧军失地的结果"，只不过是一种绝难实现的想象罢了。伊东祐亨为什么要将北洋舰队"诱至外海"？其目的就是使北洋舰队脱离刘公岛、日岛等处炮台的掩护，以孤立作战。这说明伊东所希望的正是北洋舰队放弃舰台依辅的近海作战战术。这一事实从反面证明，袭击日本运兵船的计划行不通，舰台依辅的近海作战战术是正确的。

　　北洋舰队全军覆没最主要的直接原因，不是作战方针有误，而是威海陆路防守不力。许多北洋海军军官在战后总结失败教训时都指出了这一点。如来远舰帮带大副张哲溁说："（威海）南帮炮台失守，误却大局。"千总郑祖彝说："威防不守，一误于南岸，再误于北岸。当南岸失守时，丁军门不肯带船避敌者，以护军驻一孤悬之刘公岛，依海军为命，岂可如南北岸之陆师炮台，明知海军依之为命，竟不战而溃，置之不理也。要其所以敢溃者，因各有专权，无人节制故。"陆海两军指挥不统一，是清朝军制之一大弊病，故此建议："海军防次所有陆师及炮台暨兵船各将领，须归一人节制。"镇远舰枪炮官曹嘉祥和守备饶鸣衢也认为："沿海备带炮台、水雷营等处，须归海军提督节制，作为一气，不啻唇齿相依。威海之败，诚为此也。"② 丁汝昌自尽的前几天，派专弁送信给刘含芳，极其痛心地写道："当南岸未失以前，昌与张文宣等曾挑奋勇，备事急时即往毁炮。讵料守台官既不守，又不许奋勇入台，又竟以资敌，反击船、岛，贻害不浅。此船、岛所以不能久撑也。"③

　　威海后路防御薄弱，亟待充实加强，丁汝昌早已有见于此。他在建议

　　① 《日清战争实记》第 23 编，第 84 页。
　　② 《盛档·甲午中日战争》（下），第 397—401 页。
　　③ 《清光绪朝中日交涉史料》（2550），第 32 卷，第 14 页。

舰台依辅之策的同时，即曾要求增设威海后路游击之师，以防抄袭。当时，烟台守将汉中镇总兵孙金彪也说："威海既为水师根本，（敌）舰攻不利，或以陆队潜渡汊港，从后抄袭，则我全台俱难为力，非得大支援兵扼要屯扎。"① 李秉衡颇有同见，断定"敌图威海，必先由后路登岸"②。并奏请设立大支游击之师："合观全势，非另有大支游击之师，不足以资策应。"③ 设立大支游击之师，乃具有重要战略意义之举，然却受到种种干扰，未能顺利地落实。因为清廷在对战争的战略指导上，存有重京畿和辽沈而轻山东的思想，先是谕李秉衡饬曹州镇总兵王连三统带所部马步练军北上，扎于北塘后路的军粮城。这样的调动起不了多大作用，却不仅使山东的兵员减少，而且还预支三个月的军饷，以及秋季底饷、公费和津贴，这不能不影响山东的防务。继之，又严谕李秉衡饬登莱青镇总兵章高元率八营东渡援辽，使山东半岛的防务更为空虚。在清廷的错误战略思想指导下，李秉衡在威海后路设立大支游击之师的计划终于落空。

　　威海陆路全失之后，丁汝昌又寄希望于援军东来，以确保舰队和刘公岛基地的安全，但这一希望又完全落空。由于威海陆路失陷后得不到解救，带来了以下恶果：一、陆上炮台、特别是南帮炮台之陷，使日军得以用各台大炮猛击刘公岛和港内舰队，并击沉了靖远，造成极大的危害；二、日军既完全占领威海陆地，这才有可能破坏防口拦坝，派鱼雷艇进港偷袭，炸毁了旗舰定远和来远，使北洋舰队完全丧失了出海作战的能力；三、日军利用威海南岸三台的猛烈炮火，与威海口外的日本舰队实行夹击，将日岛炮台击毁，从此便专攻刘公岛，使北洋舰队面对敌人的猛烈炮火，再无回旋余地。北洋舰队以少量余舰，与刘公岛炮台相依辅，奋力抗击日军的水陆合攻多口。但在没有援军的情况下，仅靠独立支撑局面，终究是不能持久的。北洋舰队之最后覆灭，也就在人们的意料之中了。

　　由上述可知，威海卫战役之败的主要原因，并不是丁汝昌指挥上的失误。杨文认为此乃丁汝昌战役指挥的"严重失误"，并称之为"海战史上

---

① 《盛档·甲午中日战争》（下），第401页。
② 《山东巡抚衙门档》（第一历史档案馆藏）。
③ 《李忠节公奏议》第5卷，第180页。

典型的蠢举",不但有些过分，而且近于苛求。以成败论人，可能是古今一律。但是，成败虽是历史人物的实践，却不是其实践的全部。我们必须对历史人物进行全面考察，并坚持历史主义的态度，才有可能做出客观而公正的评价。

（原文载于《近代史研究》1989 年第 3 期）

北洋海军管带群体与甲午海战

苏小东

北洋海军曾是晚清军事自强的最大成就，也是近代中国人做的第一个强国之梦。但曾几何时，这支经过数十年努力、耗费数千万两白银建成的亚洲一流舰队，竟在甲午中日战争中不堪一击，未战几个回合便全军覆灭了。百余年来，后人已无数遍地反思过北洋海军留下的遗憾和耻辱，并将一切致败原因都进行了细致的梳理。唯独对北洋海军的各级指挥将领，人们多以同情之心讳言其咎，尽力去开掘他们的经历中那些值得称道的事迹和言论，并将其升华为爱国主义精神。然而，当我们为此聊以自慰时，他们的形象却并未因此变得清晰起来，因而我们又陷入了另一个窘境，即无法对北洋海军在甲午战争中屡战屡败直至全军覆没后，竟连一艘日舰都未击沉的事实作出令人信服的解释。因为，北洋海军的失败并不全是客观原因所致；其内部败因也很难归咎于提督丁汝昌一人。丁以外行身份统领海军，指挥失误毫不奇怪，且属特例。本文主要考察受过正规培训的北洋海军战舰管带（舰长）这一军官群体，试图通过重建其成长过程再现他们的本来面貌，并以此诠释他们在甲午海战中的表现。

一

北洋海军的战舰管带几乎均为福建船政后学堂（驾驶班）前几届毕业生，有些人还于毕业后作为海军留学生赴英国深造过。虽学历有所不同，但他们的海军生涯可以说都是从福建船政学堂开始起步的，而在校学习阶段又正是其素质养成的关键时期。

福建船政学堂是晚清军事自强的最早成果之一，也是国内第一所培养近代化造船人才和新型海军军官的学校，具有重要的历史地位。也许正是这一开先河的性质，决定了它的历史局限性亦同样十分明显。从海军教育的角度加以考察，其本身不论是海军特色还是一般的军事特色都极为淡薄。严格说来，船政后学堂还不是正规的海军军官学校。因为当时中国尚未创建近代化海军，该学堂无从纳入海军编制，所以学生不着统一制服，更谈不上军事化管理。不仅如此，学堂的主办者及管理人员几乎都不懂海军，根本不知如何实施海军教育。学堂虽然聘用了一批外籍教师，但中方人员对近代海军的无知，又决定了所聘洋员的海军教育训练水平极为有限。反映办学水平和教育取向的一个重要指标，便是学堂教学内容及学科的设置。据北洋海军中军左营副将、"济远"舰管带方伯谦记载，他于1867年考入船政后学堂第一届驾驶班，在堂学习4年，所开课程有英文、算法、驾驶、测算、枪炮操法5科，其中英文和算法是贯穿堂课始终的课程。① 鉴于学生入学前多未接触过自然科学知识，又因驾驶班聘用外籍教师以英文授课，学堂重视基础课和外语课教学当然无可厚非。问题在于，船政后学堂培养的毕竟是海军军官，在其课程设置中仅"枪炮操法"一科与军事有关，甚至连起码的强身健体的体育课也未开设，这显然不利于学生养成军人素质。

　　船政后学堂招收的学生一般在12—17岁之间，虽非广泛的择优选拔，但可塑性较强。学堂主办者也注意到学生的这一特点，并给予了足够的重视，不过不是有针对性地强化军事教育训练，而是要用传统士子的模式规范学生，唯恐他们在学习西方海军技术的同时思想也随之西化。船政大臣沈葆桢认为："欲习技艺不能不藉聪明之士，而天下往往愚鲁者尚循规矩，聪明之士非范以中正，必易入奇邪。今日之事，以中国之心思通外国之技巧可也，以外国之习气变中国之性情不可也。"因此在学生"每日常课外，令读《圣谕广训》、《孝经》，兼习策论，以明义理"。② 按照这种"中体西用"的教育原则，学堂培养的只能是掌握了一定"外国之技巧"的士子。而中国传统士子之"性情"，经过长期的积淀，早已形成共有的特质，即重文轻武，喜静不喜动，善思考而恶劳作。这些特质存在于传统士子身上也许会有见仁见智的不同评价，但对军人来说则肯定是致命的弱

---

① 方伯谦：《益堂年谱》（手稿），同治六年至十年条。按：方伯谦，字益堂。
② 《沈文肃公政书》卷4，光绪庚辰版，第6—7页。

点。因此，船政后学堂的学生虽已被定位为未来的海军军官，但他们却不想也无从体认其准军人角色。

1874 年秋，英国海军军官寿尔（Henry N. Shore）曾到福建船政学堂访问。在船政后学堂的算学课上，学生们用毛笔缮写作业及其作业本之整洁，都给他留下很深刻的印象。在外籍教师嘉乐尔（James Carroll）那里，他听到的也是对学生的称赞，"说他们勤勉与专心工作也许超过英国的学生"。但寿尔在仔细观察之后却得出了这样的结论："从智力来说，他们和西方的学生不相上下，不过在其他各方面则远不如后者。他们是虚弱孱小的角色，一点精神或雄心也没有，在某种程度上有些巾帼气味。这自然是由抚育的方式所造成的。下完课，他们只是各处走走发呆，或是做他们的功课，从来不运动，而且不懂得娱乐。大体说来，在佛龛里呆着要比在海上作警戒工作更适合他们的脾胃。"① 其实学堂里的外籍教师也承认，"让清国学生作体育比进行学术教育还远远为难"②。寿尔参观船政学堂时，第一届学生虽已毕业，但因"抚育的方式"相同，他们在校时的情景也不会例外。由于中西方的文化差异，寿尔语近尖刻的评论，难免会被疑为偏见。但战争的规则只承认优胜劣败，因此任何国家或民族，评价军人优劣的客观标准必然有其相同的素质要求。船政后学堂的学生在校期间没有受到应有的军事教育和训练，书本知识学得再好，也不过是一介书生，与培养近代海军军官的要求相去甚远。

学堂主办者则认为，学生的文强武弱是在校学习期间的正常现象，而由学生到军人的角色转换似乎也很简单，完全可以在下一步的上舰实习阶段完成。沈葆桢早就说过："出自学堂者，则未敢信其能否成材，必亲试之风涛，乃足以觇其胆智。否即实心讲究，譬之谈兵纸上，临阵不免张皇。"③ 因此，第一届驾驶班学生于 1871 年夏堂课结业后，即被派上练习舰进行为期两年的实习。实习科目虽然也有操演枪炮，但主要是在外籍教习的指导下练习驾船航海，以验证所学的书本知识。而寿尔在练习舰上的发现又进一步验证了他在学堂里所看到的一切；学生们"不喜欢体力劳

① 寿尔：《田凫号航行记》，《中国近代史资料丛刊·洋务运动》第 8 册，上海人民出版社 1961 年版，第 385—386 页。

② 《斐利曼特尔海军中将评日清海战》，戚其章主编：《中国近代史资料丛刊续编·中日战争》第 7 册，中华书局 1996 年版，第 293 页。

③ 《沈文肃公政书》卷 4，第 46 页。

动，因为怕弄脏手指"，甚至连常规的爬桅杆训练也极不情愿。① 实习结束后，他们确实已达到了当初确定的近海航行的培养目标，有些人还能胜任远洋航行，于是不论是外籍教习还是中国官员都认为这些毕业生已是合格的舰长和大副了。但是若仅仅以能否驾船航海为标准，海军军官与普通轮船船长又有什么区别？

船政后学堂的前几届学生毕业后，大多数人先后被直接分配到兵船上任职，少数优秀者则被派往英国继续深造。1877 年春，船政后学堂第一、第二届毕业生中的 12 人作为第一批海军留学生启程赴英，先后进入格林尼茨皇家海军学院学习驾驶理论，并到英舰队的各种军舰上实习，留学期限为 3 年。英国是当时的海军强国，其海军教育方式、内容及环境均属世界一流，为海军学生留学深造提供了极为有利的客观条件。但就中国海军留学生而言，他们出国时已是 20 多岁的青年，长期养成的传统士子性情已基本定型，即使是置身于西方国家，在短短的两三年留学时间里也很难有明显的改变。从现存的史料看，他们在留学期间仍习惯于重视海军专业技术的学习与实践，对海军军事理论却几乎没有涉猎。至于其军人素质，亦未能在新的环境里得到加强。最典型的例子是留学生严复在留学第二年向清政府驻英公使郭嵩焘讲述的一件事，他说："西洋筋骨皆强，华人不能。一日，其教习令在学数十人同习筑垒，皆短衣以从。至则锄锹数十具并列，人执一锄，排列以进，掘土尺许，堆积土面又尺许。先为之程。限一点钟筑成一堨，约通下坎凡三尺，可以屏身自蔽。至一点钟而教师之垒先成，余皆及半，唯中国学生工程最少，而精力已衰竭极矣。此由西洋操练筋骨、自少已习成故也。"② 严复不仅注意到中国人与英国人在身体素质上的差异，进而还得出了"西洋筋骨皆强"是"自少已习成故"的结论，其认识已比较深入。如果严复听到过英人寿尔几年前对船政学堂学生的评价，此时肯定也已完全认同他的观点，即中国学生的"虚弱孱小"同样是由"抚育的方式造成的"。不过，留学生们在承认差别的同时，又因"已习成故"而不得不接受这个现实，从而放弃了改善自身素质的努力。特别是中国传统的读书做官观念在他们的头脑中还根深蒂固，而做官一般是无须劳力的，这又使他们在思想上难以认同西方的军事教育训练方

---

① 寿尔：《田凫号航行记》，《中国近代史资料丛刊·洋务运动》第 8 册，第 390 页。
② 郭嵩焘：《伦敦巴黎日记》，岳麓书社 1984 年版，第 450 页。

式。正因为如此，他们留学英国除了海军军事技术水平有所提高，在极其
薄弱的军事素质方面实无多大长进。作为军人，身体强健永远都是先决条
件，否则就根本无法应付高强度的军事训练和紧张激烈的战争。而且，身
体如果不堪重负，在此基础之上的军人应有的理想、信念、敬业、尚武、
献身等精神素质也必然要大打折扣。从这个意义上说，船政后学堂毕业生
和海军留学生的素质都存在严重的缺陷。他们既无军人的体魄和精神，又
缺乏军官的军事思想素养，只不过是掌握了一定的近代海军专业技能的文
弱书生。作为中国历史上的第一批受过正规培训的新型海军军官，他们尚
未达到其所要担负的新的历史使命的要求，这在后来的实践中得到了充分
的证明。

二

　　沈葆桢对由他主持培养的船政学堂前几届学生以及海军留学生颇为看
重，当直隶总督兼北洋大臣李鸿章筹建北洋海军时，他曾致函特别提示：
"轮船操演，非求管驾于学堂不为功，将来厚望在出洋局矣。"[①] 其实无须
沈提醒，李鸿章亦深知其中道理，而且这也是当时的唯一选择。他从为北
洋购置第一批炮船开始，即陆续择优选调船政学堂前几届毕业生担任管
带、大副等职。第一批学习驾驶的 12 名海军留学生学成归国后，有 9 人
被他网罗到北洋，其中除严复留在刚建立的天津水师学堂任教，其余 8 人
均被委以主力战舰管带要职。

　　但是，学生官们上任不久，其素质缺陷便逐渐暴露出来，实际表现难
如人意。1876 至 1877 年，李鸿章从英国购买的 4 艘炮船先后到华，随即
选调 4 名船政学堂第一届驾驶班毕业生前来担任管驾。但他很快发现：
"四船管驾均非锐意向上之人，中国水师人才造诣实浅，又不肯虚心求
教。"[②] 后来，随着更多的船政学堂毕业生以及海军留学生进入北洋服役，
李鸿章对他们的个性和弱点也有了更多更具体的了解。1881 年初，他在
与船政大臣黎兆棠的往来信函中多次讨论海军学生官的素质问题。李、黎

---

　　① 沈葆桢：《复李中堂》，《沈文肃公牍》2，巡台六。福建省图书馆藏稿本。
　　② 李鸿章：《复吴春帆京卿》，《李文忠公全书·朋僚函稿》卷 17，光绪乙巳四月金陵版，
第 23—24 页。

二人对这些学生官总的评价是:"闽厂学生大都文秀有余,威武不足,诚如来示,似庶常馆中人,不似武备院中人。然带船学问究较他处为优,在因材器使,随事陶成而已。"① 经过实践检验,当年英人寿尔对船政学堂学生的评价,如今又在中国官员的口中以另一种表述而得到证实。李鸿章明知学生官们文强武弱,不足以胜任战船管带,但因在带船学问方面无人能够取代他们,也只好"因材器使"而寄希望于将来。

在李鸿章看来,学生官担任战船管带已是勉为其难,遑论海军将才之选。因此,他一方面选定虽不懂海军但久经战阵的原淮军将领丁汝昌为正在建设中的北洋海军的统领,希望借丁的军旅资历和带兵经验驾驭整个舰队,当然也含有由他本人直接控制海军的目的;另一方面又聘用一批外籍雇员,分别担任舰队高级顾问和舰艇教习、战术技术军官等职,以帮助北洋海军进行正规训练。因丁汝昌是外行,所聘舰队高级顾问的作用就显得格外重要。甲午战争前,北洋海军先后聘用过 3 位外籍高级顾问,其中任职时间最长、表现最出色的是英国海军军官琅威理(William M. Lang)。

1882 年 11 月,李鸿章正式延聘琅威理为副提督衔北洋海军总查,在丁汝昌的直接领导下负责舰队的管理与训练。琅威理是职业海军军官,来华前为英国海军现役舰长,既精通海军业务,又有管理、训练舰队的丰富经验。但他能否在北洋海军立足并发挥应有的作用,除了取决于其个人因素外,管带各舰的学生官们的合作态度亦至关重要。琅威理刚一上任,便发现由海军留学生和船政学堂毕业生担任管带的巡洋舰,在管理上存在许多弊端,现有人员素质极差,整顿将非常费力。② 琅氏治军严格,训练有方,且能以身作则,很快为包括各舰管带在内的海军官佐所敬惮。他实施的正规化管理与训练,不久即初见成效。据他自己回忆,"曾于深夜与其中军官猝鸣警号以试之,诸将闻警无不披衣而起,各司所事,从容不迫,镇静无哗"。③ 但就在北洋海军的纪律、训练都大有起色之际,因 1884 年中法战争爆发,琅威理以英国政府宣布局外中立而回避去职。丁汝昌当时对琅氏去职颇感惋惜,谓"洋员之在水师,最得实益者,琅总查为第

---

① 李鸿章:《复黎召民廉访》,《李文忠公全书·朋僚函稿》卷 19,第 41 页。

② 《中国海关密档》第 3 册,中华书局 1992 年版,第 209 页。

③ 《英琅威理军门语录》,上海广学会译著:《中东战纪本末》卷 7,光绪丁酉新春图书集成局版,第 29 页。

一……其人品亦以琅为最。平日认真训练，订定章程，与英国一例，曾无暇晷。即在吃饭之时，亦复心手互用，不肯稍懈"。而且"琅亦深得各管驾、弁兵之心，于今尚有去后之思，可验诸口碑"。①

其实，从后来发生的事件看，琅威理与各舰管带的良好关系不过是一种暂时现象。由于琅威理任北洋海军总查期间所表现出来的工作能力、业务水平及敬业精神都是无可挑剔的，而刚入北洋海军服役不久的学生官们资历尚浅，自知技不如人，同时又有初任战船管带的职业热情，所以双方能在一定的时期内维系领导与被领导的关系。此外，北洋海军当时尚未经制化，各舰管带均非实缺，学生官们能否保住现职或继续升职，总查琅威理的意见显然有其不可忽视的作用，因而不能不对他有所顾忌。两年后，琅威理再次被聘为北洋海军总查，并在一段时间内仍与学生官管带们保持了相当和谐的关系。但随着各舰管带的地位最终趋于稳固，双方的关系便有了微妙的变化，矛盾逐渐凸显出来。

1888 年 10 月 2 日，以《北洋海军章程》的颁布为标志，北洋海军宣告正式成军。在清廷随后发布的任职谕令中，丁汝昌等各级军官均获升署舰队武职实缺。其中，"镇远"、"定远"号铁甲舰管带林泰曾、刘步蟾分别升署仅次于提督丁汝昌的北洋海军左、右翼总兵，"致远"、"济远"、"靖远"、"经远"、"来远"号巡洋舰管带邓世昌、方伯谦、叶祖珪、林永升、邱宝仁升署副将，"超勇"、"扬威"号巡洋舰管带黄建勋、林履中升署参将，"威远"、"康济"号练习舰管带林颖启、萨镇冰升署游击。此项任命意味着各舰管带已正式成为朝廷命官。一年后，便发生了导致琅威理负气辞职的"撤旗事件"。1890 年春，北洋舰队例巡南洋时寄泊香港，提督丁汝昌因事离舰，旗舰"定远"号管带刘步蟾即撤下提督旗换升其总兵旗。这等于是向琅威理发出一个明确信息：他在舰队中没有副提督的地位。当琅威理提出质问时，刘步蟾答以海军惯例如此。② 不错，在《北洋海军章程》中确实没有副提督的编制，但同样亦无外籍总查的编制。如果完全按章程规定办，琅威理的总查职务似乎也可以不予承认。刘的换旗理由显然经不住推敲。实际情况是，清廷确曾赏给过琅威理提督衔，李

① 丁汝昌：《致袁观察书》，《丁汝昌集》，山东大学出版社 1997 年版，第 34 页。
② 李锡亭：《清末海军见闻录（节录）》，《中国近代史资料丛刊续编·中日战争》第 6 册，中华书局 1993 年版，第 23 页。

鸿章在发给他的文电中也一向称其为提督。如今舰队的一个一直受他领导的总兵官突然以换旗的方式宣布他不是副提督，李鸿章又明确以刘步蟾为是，琅氏感到这是对他的羞辱，遂拂袖而去。此后至甲午战争前，北洋海军再未聘请高级顾问。

这次"撤旗事件"，表面上是刘步蟾与琅威理之争，实际上反映的是大多数管带的一种情绪。北洋海军虽是一支近代化的舰队，但因植根于封建土壤之中，必然要受到封建毒素的侵蚀。当年的学生官们在进入北洋海军服役的同时，也便进入了旧的官僚体制，于是仅有的那点职业热情和进取精神很快即消磨殆尽，并在追逐私利、贪图安逸的腐败风气中开始随波逐流。他们逐渐意识到，在和平时期，工作表现通常不是晋升的决定因素，敬业自然也就成了十分愚蠢可笑的行为。但琅威理却始终坚持按章办事，而且铁面无私，这就不可避免地要触犯到各舰管带的尊严和利益。尽管他们当时和后来始终承认，在琅威理任总查期间，北洋海军的纪律和训练都是历史最好水平，但对他的反感却依然与日俱增。尤其是当他们的地位稳固以后，就再也不能容忍一个洋人在他们面前指手画脚了。一位知情者事后指出，"众将怀安，进谗于李傅相（鸿章）而去之"，道出的正是琅威理辞职背后的真实隐情。①

丁汝昌失去一位得力助手，遂"凡关操练及整顿事宜，悉委步蟾主持"②。他如此超脱，既是因为不懂海军业务，也是出于无奈。北洋海军军官绝大多数为福建人，如12艘大舰的管带，除"致远"舰管带邓世昌和"平远"舰管带李和是广东人，其余均为闽籍。闽系军官逐渐成为能够左右整个舰队的派系势力，且以人多势众排挤非闽系官兵，内部矛盾已呈公开化，皖人提督丁汝昌亦不过依违其间。他因"孤寄群闽人之上，遂为闽党所制，威令不行"③。由于这些管带们并没有学到琅威理的敬业精神及严格的治军方法，又沾染了许多不良习气，结果在他们的具体主持下，北洋舰队的管理、训练水平急剧下滑，与琅威理在时形成了鲜明的对比。

---

① 《卢氏甲午前后杂记》（手稿），第3页，福建师范大学图书馆藏。
② 《陈兆锵所记中日战役情形》，《清末海军史料》，海洋出版社1982年版，第349页。
③ 姚锡光：《东方兵事纪略》，《中国近代史资料丛刊·中日战争》第1册，上海人民出版社1957年版，第63页。

　　关于舰队训练，北洋海军的中下级军官于甲午战后呈文总结教训，披露了许多鲜为人知的内幕。他们指出："我军无事之秋，多尚虚文，未尝讲求战事。在防操练，不过故事虚行，故一旦军兴，同无把握。虽执事所司，未谙款窍，临敌贻误自多。"例如"平日操演炮靶、雷靶，唯船动而靶不动"；并"预量码数，设置浮标，遵标而行。码数已知，放固易中"。"徒求其演放整齐，所练仍属皮毛，毫无裨益"。操演船阵时，先期预定阵式，"各管驾只须默记应操数式，其余皆可置之"。而且"一令即出，亦多催至再三，方能应命，用之已惯"。① 这种流于形式的训练已不是有无实战性的问题，而完全是在各舰管带集体故意下的虚应敷衍，弄虚作假。

　　训练废弛只是海军走向腐败的一种表现，同样严重的问题还有纪律的日趋败坏，而带头违规违纪者还是各舰管带。《北洋海军章程》规定："总兵以下各官皆终年住船，不建衙，不建公馆。"② 此章程本是由许多管带参与起草制订的，但实际上早在这之前各舰管带就已经在基地及其附近兴建私宅，可见规章制度在他们的心目中不过是一纸具文。③ 这不仅是海军军官携妻带妾建房陆居的利弊问题，关键是他们动摇了军纪的严肃性，由此产生的后果极为严重。琅威理任总查期间，上岸陆居之风在一定程度上受到了遏制，"自琅去后，渐放渐松"，自左右总兵以下争相挈眷陆居。上行下效，军士亦去船以嬉，以致"晚间住岸者，一船有半"。纪律一经破坏，便愈演愈烈，直至视为故常。每年冬季舰队例巡南洋，一至上海、香港，官兵便相率上岸淫赌。④ 时人注意到："海军军官生活大都奢侈浮华，嫖赌是平常事。刘公岛上（北洋海军基地）赌馆、烟馆林立，妓院有七十多家。"⑤ 各舰管带按官职大小每年薪俸银少则1000余两，多至近

---

　　① 北洋海军"来远"舰帮带大副张哲、"定远"舰枪炮大副沈寿堃、枪炮二副高承锡等战后呈文，载《盛宣怀档案资料选辑之三·甲午中日战争》（以下简称《盛档之三·甲午中日战争》）下册，上海人民出版社1982年版，第398、403、407页。

　　② 《北洋海军章程·官制》（十四款本）第2册，北洋海军编印，第3页。

　　③ 据方伯谦《益堂年谱》记载，他于1881年调入北洋的当年即移眷至大沽，到1888年已在烟台、威海、刘公岛兴建3处私宅，并有妻妾随侍。其他管带恐怕也不能免俗。

　　④ 《张哲溁呈文》，《盛档之三·甲午中日战争》下册，第399页；姚锡光：《东方兵事纪略》，《中国近代史资料丛刊·中日战争》第1册，第63页。

　　⑤ 李锡亭：《清末海军见闻录（节录）》，《中国近代史资料丛刊续编·中日战争》第6册，第22页。

4000 两，普遍超过同级绿营武官薪俸的 3 倍以上，但仍纷纷以权谋私。《北洋海军章程》规定，各舰月有"行船公费银"数百两，用于购置"水线以上船舱内外应用各色洋漆、油斤、纸张、棉纱、砂布"等以保养船械，例由管带领银包办。但日久弊生，间有管带以职权之便侵吞此款，"应换不换，应油不油，故其船身各件易坏，而后膛炮机亦至生锈"①。足见其腐败已到了相当严重的程度。

1891 年夏，北洋海军的 6 艘主力战舰应邀第二次出访日本。舰队在横滨停留期间，横滨海军基地司令官东乡平八郎（甲午战争时任"浪速"号巡洋舰舰长）曾仔细观察过北洋舰队旗舰"定远"号，舰上中国海军官兵给他的印象是缺乏纪律性，而且他发现舰上大炮没有擦干净，上面还挂满了晾晒的衣物，遂生轻视之心。②北洋舰队军官也同样对日本海军进行了观察，但关注的重点却仅限于武器装备。"定远"舰管带刘步蟾即向丁汝昌力陈：日本海军实力已超过中国，北洋海军添船换炮刻不容缓。③甲午战争前夕，"济远"舰管带方伯谦又直接上书李鸿章，内称："倭之敢轻我中国者，以我海军战舰无多，且皆旧式，不及其新式快船快炮之利。倘我添行速率之船多艘，并各船上多添快炮，则彼自闻而震慑。"④他们注意到日本海军实力已迅速提高以及对中国构成威胁，并主张尽快更新北洋海军的武器装备以与之抗衡，所见不无道理。但构成海军实力的因素不仅有武器装备，还包括操纵武器装备的人，而后者的作用尤为重要。况且，当时中日海军在武器装备方面的实际差距并不像他们所强调的那样严重，"倭之敢轻我中国者"主要亦不在此。北洋海军的致命弱点是官兵素质低下，但其管带们竟无一人注意到中日海军在这方面的明显差距，其自身素质由此亦概可想见。实际上，1891 年至甲午战争前的 3 年，正是北洋海军在各舰管带的直接作用下走向腐败变质的时期。有鉴于此，曾任

①　《北洋海军章程·俸饷》（十四款本）第 4 册，第 15 页；郑观应：《盛世危言·水师》，《郑观应集》上册，上海人民出版社 1982 年版，第 880 页。

②　〔美〕约翰·罗林森：《中国发展海军的奋斗，1829—1895》，苏小东等译，海军军事学术研究所 1993 年印行，第 168 页。

③　窦宗一：《李鸿章年（日）谱》，台湾文海出版有限公司影印，第 231 页。据池仲佑《海军实纪·刘军门子香事略》所记，刘步蟾还曾当面向李鸿章力争添购新式战舰，见《清末海军史料》，第 372 页。

④　《方管带驻韩日记并条陈防倭事宜》，孔广德辑：《普天忠愤集》卷 5，光绪二十一年石印本，第 25 页。

驻英、法、比、意四国公使的薛福成于1893年发出警告："今日海军，不在骤拓规模，而在简核名实；不在遽添船炮，而在增练材艺。"①

三

北洋海军的管带们军事素质不高，也决定了他们对战争必然持消极的态度，甚至没有勇气去面对战争。英国远东舰队司令斐利曼特尔(E. Fremantle)海军中将驻华期间曾就海战问题与北洋海军的管带们作过交谈，一位管带用流利的英语对他说："海战是最愚蠢的战争。"这位海军将军听后感到非常不可思议，他说："诚然，战争是愚蠢的，但这决不应该从一海军军官口中说出。平时以国家柱石自任，国难当头愿以身殉国者，这才是作为军人应尽的天职"。② 也许那位北洋海军军官的话不一定能代表大多数管带的态度，但如果联系到战前北洋海军训练和纪律尽弛的事实，却足以证明他们确实没有为随时投入反侵略战争作过积极的准备。也正是在这样的被动状态下，他们迎来了1894年爆发的甲午中日战争。战争中，北洋海军的管带们尽管都不同程度地作出了各种爱国反应，但他们身上的素质缺陷也暴露无遗。

虽然中日两国于8月1日即已正式宣战，而且在此之前的7月25日还发生过日本舰队偷袭中国军舰及运兵船的丰岛海战，但对北洋海军管带群体的严峻考验实际上到9月17日的黄海海战才真正开始。是日上午11时许，北洋舰队在完成护送陆军至中朝边界大东沟登陆的任务后正准备返航，突然发现日本舰队来袭。提督丁汝昌当即传令停泊于大东沟口外的"定远"、"镇远"、"致远"、"靖远"、"济远"、"广甲"、"超勇"、"扬威"等10艘主力战舰，以前后交错配置的双纵队起锚迎敌。接敌途中，丁汝昌见12艘日舰以单纵队扑来，遂又下令改阵式为双横队。③ 但出乎意外的是，舰队接敌时形成的并不是双横队，而是一个散漫的类似"人"字的阵形。之所以会出现这样的严重后果，除了后续各舰向两翼展开费时

---

① 薛福成：《强邻环伺谨陈愚计疏》，《庸庵全集·海外文编》卷2，光绪辛丑上海书局石印本，第18页。

② 《斐利曼特尔海军中将评日清海战》，《中国近代史资料丛刊续编·中日战争》第7册，第291页。

③ 关于北洋舰队的接敌阵形，本文为简明起见，未使用专业名称。

较多外，至少还有两个原因。一是各舰管带"勇怯不同"，"勇者过勇，不待号令而争先；怯者过怯，不守号令而退后。此阵之所以不齐，队之所以不振也"。① 二是旗舰"定远"管带刘步蟾擅自下令提前发动攻击，致使整个编队失去了作最后整理的时间，已来不及补救。

中午 12 时 50 分，北洋舰队以零乱的阵形接敌至 5300 米时，"定远"舰 305 毫米口径右主炮在刘步蟾的指挥下发出了海战的第一炮。随后，距离更远的其他各舰也相继发炮。但日舰却迟迟没有还击，直到逼近至 3500 米，才在有利阵位上开始发炮。那么，刘步蟾为什么在比日舰发炮距离远近 2000 米时就下令攻击？史学界普遍认为，"定远"舰的第一炮是向全队发出的进攻信号，目的是为了先发制人，力争战场主动。② 此论看来颇有道理，似已成定评，其实深究起来是根本站不住脚的。从理论上说，海战场上只有最高指挥官才有权发出舰队开战指令，旗舰管带无此权限。刘步蟾既没有接到丁汝昌的命令，又未向其请示，便擅自下令开炮，这在战场上是绝对不允许的行为。况且，先发制人也是有条件的，只有能够达到"制人"目的时，"先发"才有意义。当时的海军界权威人士、美国著名海军理论家马汉（Alfred Thayer Mahan）在评论这场海战时，依据的是中日海军交战距离为 3000 米这样一个并不准确的数字，但即使是这个被传闻大大缩短了的距离，他仍表示："这样远距离的射击。海军舆论能否首肯，我的回答是否，战斗的关键在于最初，最初的射击已经决定胜负的一半。并尽可能要短兵相接。"③ 事实上也是如此，北洋舰队发动的第一波炮击，炮弹尽落于海，无一命中。④ 刘步蟾是被时人誉为"明海战术"的将领，何以会在与日本海军决战的关头犯下违背战场纪律和战术原则之大错？对此，亲历此次海战的"广甲"舰大管轮卢毓英作了较为合理的解释："初经战阵心慌意乱耳"⑤。

---

① 《沈寿堃呈文》，《盛档之三·甲午中日战争》下册，第 403 页。

② 这一观点自 1978 年史学界重新评价刘步蟾时开始出现，后逐渐成为普遍认同的主流结论，在此恕不一一列举有关论著。

③ 马汉：《评鸭绿江口外的海战》，《中国近代史资料丛刊续编·中日战争》第 7 册，第 320 页。

④ 日本海军军令部编：《廿七八年海战史》上卷，第 6 章"黄海战纪"，东京水交社 1905 年版。中方史料亦有相同记载，见姚锡光《东方兵事纪略》，《中国近代史资料丛刊·中日战争》第 1 册，第 67 页；《卢氏甲午前后杂记》，第 26 页。

⑤ 《卢氏甲午前后杂记》，第 26 页。

"定远"舰发射的第一炮没有击中日舰，其强大的后坐力反将己舰的舰桥震坍，正在舰桥上观察日舰的丁汝昌毫无思想准备，跌落甲板负伤。数分钟后，"定远"舰的信号装置又被日炮摧毁、由于丁汝昌事先没有指定自己的代理人和代理旗舰，因此北洋舰队从一开始便失去了统一指挥，从而陷入各自为战的混乱状态。丁的这一重大失误，固然说明了他这个外行海军提督的无知，但作为"内行"的各舰管带在这个问题上也并不比丁高明多少。且不说战前他们没有就此提醒过丁汝昌。即在旗舰指挥信号中断后，由其他军舰主动接替指挥亦属基本常识。然而，在近5个小时的海战中，竟然没有一个管带挺身而出。直到海战接近尾声时，"靖远"舰管带叶祖珪才在帮带大副刘冠雄的提示下代升督旗收队，对指挥作战已毫无意义了。海战后，李鸿章根据丁汝昌的报告，奏请朝廷奖恤有功和阵亡军官，其中提到丁汝昌受伤后"总兵刘步蟾代为督战，指挥进退，时刻变换，敌炮不能取准"①。此话说得颇为模糊，也极易给人造成错觉。所谓"代为督战"，是督一舰还是督整队？如指督"定远"一舰，这是管带分内之事，谈不上代督；如指督全队，旗舰信号装置于开战不久即被摧毁，他又如何能指挥其他各舰？

在没有主动代理旗舰指挥的问题上，如果说各舰管带均负有责任的话，那么其中责任最大的无疑是另一艘大铁甲舰"镇远"号的管带林泰曾，因为按地位而论他是提督的第一代理人。据当时任帮办"镇远"管带的美国军官马吉芬（Philo N. McGiffin）战后回忆，"镇远"的信号索具在开战不久也被日炮摧毁，或许这就是该舰没有接替旗舰指挥的原因。但他同时又披露了另一个情况，说该舰一直由副管驾杨用霖指挥作战，言外之意是管带林泰曾没有履行其职责。② 长期以来，中国学者一直将马氏赞誉中国海军官兵作战勇敢的言论视为信史而大量引用，惟对其扬杨（用霖）抑林（泰曾）之论多持怀疑态度。论者以林、马间的矛盾证明马有诬林之嫌，但对林未指挥"镇远"舰作战之说，则始终拿不出"证伪"的直接证据。相反，一位亲历海战的中国海军军官的自述，却进一步证实

---

① 《直隶总督李鸿章奏请优恤大东沟海军阵亡各员折》，《清光绪朝中日交涉史料》卷21，故宫博物院民国二十一年铅印本，第22页。李鸿章此折于10月5日上呈，在此前后的9月21日至10月中旬，丁汝昌获准离职疗伤，由刘步蟾暂代提督。

② 马吉芬：《鸭绿江外的海战》，《中国近代史资料丛刊续编·中日战争》第7册，第271、284页。

了马氏的说法。原来，"大东沟之役，林（泰曾）惊慌失措"，"故饮浓酒至大醉而卧于指挥台下，一切调度进退指挥"，"皆公（杨用霖）一人耳"。①

海战进行到下午 2 时 30 分左右时，北洋舰队已沉毁"超勇"、"扬威"两舰，但停泊大东沟口内外的巡洋舰"平远"、"广丙"及诸鱼雷艇也赶来参战，大中型军舰仍有 10 艘。日方则有 3 艘弱舰因伤被迫退出战场，仅余 9 舰继续作战。实力对比虽发生了有利于北洋舰队的变化，但因缺乏统一指挥，被动防御的态势并未改变。尤其当 3 时 30 分左右"致远"舰被击沉后，混乱局面更加恶化。"济远"、"广甲"、"来远"、"经远"、"靖远"、"平远"、"广丙"等舰先后撤离战场，或驶往近岸施救，或径回旅顺基地。② 此时海战场上仅有"定远"、"镇远"两舰在坚持作战，奋力抗击日本舰队本队 5 舰的围攻。其他军舰在日第一游击队 4 艘快速巡洋舰的追击下，各求自保而溃散，甚至坐视已受重伤的"经远"舰被日舰追及击沉，竟无一舰施以援手。避至近岸的 4 艘军舰有幸得以施救，并待日舰退走后方升旗与两艘铁甲舰会合，这场持续 5 个小时的海战亦就此结束。

在黄海海战中，中日双方投入的作战兵力基本相当，但结果却大不一样。北洋舰队损失巡洋舰 4 艘（不包括逃逸途中触礁被毁的"广甲"号），其余各舰均不同程度受伤。而日本舰队却 1 舰未沉，仅有 3 舰受重伤，两相比较。不难看出北洋舰队是严重失利的一方；而在双方胜负的背后，实是中日海军官兵素质的优劣不同，其中尤以管带（舰长）群体在战术意识、指挥艺术及作战勇气等方面的差距最为明显。诚然，北洋舰队的大多数管带毕竟率领各舰与敌进行了搏战，这本身似乎就成为肯定他们的依据。特别是力战捐躯的 4 名管带，其中"经远"管带林永升中炮阵亡，"超勇"管带黄建勋、"扬威"管带林履中、"致远"管带邓世昌均为战舰沉毁后蹈海自尽，表现出的也是与舰共存亡的气概。按照惯例，丁汝昌在海战报告中自然要将死难管带的壮烈讲足，同时还要为一部分幸存管带评功摆好，朝廷也便格外开恩予以从优议恤和

---

① 《卢氏甲午前后杂记》，第 36、48 页。
② 《常备舰队司令官海军少将坪井航三报告》（明治二十七年十月十一日），《廿七八年海战史》上卷，第 250 页。

奖赏。但在丁汝昌的内心，他最看重的只有邓世昌，亦最痛惜"殒我邓君万夫雄特之将"①。

经黄海一战，北洋海军不仅实力严重折损，而且士气也更加一蹶不振。战后，丁汝昌因伤获准疗养，奉命暂代提督的刘步蟾及各舰管带已是责无旁贷，本应有所作为。然而，对于朝廷和李鸿章不断下达的尽快修复伤舰并择能战之舰早日出海的指令，他们始终未作积极回应。李鸿章以其对他们的了解，似乎有所预感，遂去电警告说："若刘步蟾等借修理为宕缓，误我大计，定行严参！"丁汝昌虽离职养伤，仍"当认真督催，勿为若辈把持摇惑"。②但李的警告此时已不起作用。北洋海军刚刚经历过"寄身炮弹之中，判生死于呼吸"的惨烈海战，仍然惊魂未定，心有余悸。在旅顺基地休整期间，包括管带在内的各级军官"皆以虎口余生，每以公余日驰逐于酒阵歌场，红飞绿舞，虽陶情荡魄，亦触口惊心"③。他们对继续与日本海军作战已经丧失信心，醉生梦死的放纵，正是悲观、绝望的表现。鉴于士气如此低落，离职养伤的丁汝昌在写给朋僚的信中表示："或搜或剿，非身亲督队，别无作气之术。"④ 可悲的是，当他仅治疗一个月即"力疾上船"后，非但无力使全军士气振作起来，反而在他们的影响下动摇了自己的信心。因此，面对日军于 10 月 24 日发动的辽东半岛战役，北洋海军的表现极为消极，没有为保卫旅顺作出任何努力。

旅顺陷落前夕的 11 月 13 日晚，北洋舰队匆匆撤往威海基地，不料次日凌晨进港时，"镇远"铁甲舰不慎触礁受重伤，管带林泰曾于 16 日服毒自杀。丁汝昌在事故报告中说，"因风大水溜，浮鼓稍有移动"，故致"镇远"擦伤。⑤ 但问题是，在前行驶的"定远"舰能够顺利进港，何以随后跟进的"镇远"舰会因浮标移动而触礁？清廷览奏，感到其中情节颇多疑窦，尤其是"林泰曾纵因船损内疚，何至遽尔轻生？"甚至认为，"难保该船无奸细勾通，用计损坏"，因此谕令"李鸿章严切查明，据实

---

① 丁汝昌：《复张楚宝昆仲》，《丁汝昌集》，第 218 页。

② 李鸿章：《寄旅顺丁提督龚道》，《李鸿章全集·电稿三》（三），上海人民出版社 1987 年版，第 10 页。

③ 《卢氏甲午前后杂记》，第 32 页。

④ 丁汝昌：《复吴瑞生》，《丁汝昌集》，第 217 页。

⑤ 《丁提督来电》，《李鸿章全集·电稿三》（三），第 163 页。

详晰复奏.不得一字疏漏"。① 李鸿章本有掩饰之意，及见朝廷深疑，遂赶紧复奏说明："林泰曾向来胆小，想因疏忽，内疚轻生，未必有奸细勾通，用计损坏。"② "胆小"和"疏忽"，的确道出了"镇远"触礁及林泰曾自杀的真实原因。但对北洋舰队来说，事故原因已无关紧要，问题的严重性在于，在实力已很薄弱和士气极为低落之际，最大的两艘铁甲舰竟自伤其一，从而更加不敢出海作战了。

在接下来的威海卫之战中，丁汝昌提出港口防御方案，其决策依据正是当时舰队的实力和士气，而后者又是决定性因素。换言之，北洋舰队最终选择株守军港这一下策，是丁汝昌与部分洋员及诸管带集体研究决定的，当然也体现了大多数官兵的意志。当日军于1895年1月20日在山东半岛荣成湾登陆时，丁汝昌曾召诸管带会议，结果还是决定守卫港口，不去袭击日军运兵船。③ 此后，北洋舰队为了避免与日军海军在海上交锋，曾倾全力协同威海南北帮炮台抵御日军的陆路进攻。至2月1日登陆日军攻陷威海卫城及海岸炮台，完成对军港的水陆合围，北洋舰队又将生存的希望寄托在外省援军能及时赶到并由陆路解围，但因援军迟迟不到和日军水陆夹攻日急，港内海陆军官兵的情绪日趋不稳，管带中因绝望而无意再战者也日渐增多。2月5日至9日，日军以鱼雷艇夜袭和利用夺取的岸上台炮炮击，先重伤铁甲舰"定远"，继又击沉巡洋舰"来远"、"靖远"、练习舰"威远"、差船"宝筏"。当"来远"、"威远"于夜间遭袭时，管带邱宝仁、林颖启登岸逐声妓未归。在此期间的7日上午，还发生了13艘鱼雷艇和2艘汽艇在管带率领下的集体逃跑事件。10日，丁汝昌令将已搁浅的"定远"舰炸毁，以免资敌，管带刘步蟾于当晚服毒自尽。至此，丁汝昌已得不到管带们的支持，完全失去了对局面的控制。先是刘公岛居民求放生路，"兵轮管带不欲战者复交煽其间，兵勇水手和之"。丁汝昌虽明确表示拒绝投降，并勉慰固守待援，但在军中洋员和部分管带的纵容下，士兵散而复聚，仍喧噪不已。丁见兵心已变，势不可为，乃命诸

---

① 《清实录·德宗实录》（五），中华书局1987年影印本，第551—552页，光绪二十年十月甲子条。

② 李鸿章：《复译署》，《李鸿章全集·电稿三》（三），第186页。据亲历者卢毓英的回忆，亦谓林泰曾本忠厚胆小，故因船损而愧惧自杀，见《卢氏甲午前后杂记》，第36—37页。

③ 《泰莱甲午中日海战见闻记》，《中国近代史资料丛刊·中日战争》第6册，第59页。

将候令，同时沉舰。"诸将不应，盖恐沉船徒降，取怒倭人也。"① 11 日，丁知陆援已无望，几次派人要将"镇远"舰用鱼雷轰沉，但无人动手。次日凌晨，他见投降已成定局，决以一身报国，遂吞鸦片自尽。② 当天，港内的海陆军官兵及残存的 10 艘军舰便向日军投降了。

笔者无意贬低北洋海军的管带们，也不否认他们都各有其长处，以及其中有个别相对的优秀者。本文正是在这个前提下，将北洋海军管带作为一个群体加以考察，试图以同样数量繁多的史料为依据补苴出他们的另一面，以使其形象更接近于真实和完整。毫无疑问，倘若关起门来自说自话，北洋海军的管带们与旧式水师军官相比已有质的进步。但海军是国防武装，其作战对象主要为敌国海军，因而海军军官素质的优劣也只有与同期的世界各国尤其是假想敌国作横向比较才有意义。就此而言，北洋海军管带的群体素质显然不高，远未达到近代海军舰长所要求的水平。甲午海战在很大程度上也是中日海军的素质较量，而事实证明，北洋海军管带与日本海军舰长在素质上确实存在较大的差距，这不能不说是北洋海军屡战屡败直至全军覆没的一个重要原因。

（原文载于《近代史研究》1999 年第 2 期）

---

① 以上见姚锡光《东方兵事纪略》，《中国近代史资料丛刊·中日战争》第 1 册，第 71 页。刘步蟾自杀时间，姚文记为 2 月 8 日，但亲历者的《牛刘马三道会陈海军覆亡禀》（《清末海军史料》，第 338 页）和《卢氏甲午前后杂记》（第 47 页）均作 2 月 10 日，故从是说。

② 据《东方兵事纪略》称：丁汝昌死后，"英员浩威作降草，仍托诸汝昌语，管带闽人某译华文，牛昶炳暑以毒军提督印"，另据《牛刘马三道会陈海军覆亡禀》，丁与洋员马格禄面商后，亲作降书，并派"广丙"舰管带程璧光送往日舰，遂即仰药自尽；《卢氏甲午前后杂记》则称丁命海军军械委员陈恩焘作降书，并派程璧光送书，随后自杀，本文无意讨论这一问题，仅录此存疑。

试论清军甲午战败的军事原因

张一文

19 世纪中叶以前，中日两国同为闭关锁国的封建国家。19 世纪中叶以后，两国的国门差不多同时为西方列强的坚船利炮所打开，并从此开始走上学习西方的富国强兵之路。可是，仅仅过去二三十年，日本竟走上了向外扩张侵略的军国主义道路，悍然对中国发动了震撼远东的甲午战争，并使清军遭到惨败。为什么拥有四亿多人口和近百万常备军的大清帝国，在"蕞尔小邦"日本数万军队进攻之下竟"战无一胜"呢？本文试图从军事角度具体分析清军遭致惨败的基本原因。①

一 国防发展战略的失误是甲午战败的首要原因

清王朝经过两次鸦片战争失败后，已有创建近代海军以增强国防的愿望。清王朝发展海军的目的，当然是为了抵御外来侵略，其主要目的是防御日本。直隶总督兼北洋大臣李鸿章说过："泰西虽强，尚在万里之外，日本则近在户闼，伺我虚实，诚为中国大患。"② 又说："日本狡焉思逞，更甚于西洋诸国，今之所以谋水师不遗余力者，大半为制驭日本起见。"③诚然，清王朝在创建近代海军方面作了很大努力，尤其是 1874 年日军入侵台湾之后，更引起朝野对日本的警觉，增强了建设近代海军的迫切感，并制定了优先发展北洋海军的方针。因此，此后十余年间，积极创设造船

---

① 《光绪朝东华录》，总第 3595 页。
② 李鸿章：《筹办铁甲兼诸遭使折》，《李文忠公全集·奏稿》卷 19。
③ 李鸿章：《论覆梅启照条陈折》，《李文忠公全集·奏稿》卷 39。

厂向西方购买舰船，构筑旅顺口、威海卫等海军基地，开办各类水师学堂。1885 年在京城设立海军衙门，1888 年宣告北洋海军正式成军，在海防建设方面取得了很大的成绩和进步。然而，日本也并未睡大觉。它针对北洋海军的筹建，先后拟订了第六、第七、第八次扩充海军的计划，每年以财政收入的四分之一作军费，并连年发行海军公债，终于在 1894 年前建成了一支较北洋海军更为精锐的舰队，其主要船只由于下水时间较晚，因而航速更快，安炮更多，其性能较北洋舰队的主要舰只为优，其中所谓"三景舰"，即"松岛"、"严岛"、"桥立"，公开提出要具有足以穿透北洋舰队"定远"和"镇远"舰装甲的火力。

　　就在中日双方竞相压过对方的关键时刻，清廷主政者以北洋舰队成军为满足、停止了继续发展的步伐，自 1888 年至 1894 年甲午战争爆发的 7 年间，再未购买过一艘军舰；1891 年户部决定两年内停止向外洋购买枪炮、船只及器械，致使整个国防建设完全处于停滞状态。清王朝这一国防发展战略上的失误，李鸿章在战前已有所察觉。他在 1894 年 5 月第二次校阅海军后向朝廷的奏报中说："西洋各国，以舟师纵横海上，船式日异月新。臣鸿章此次在烟台、大连湾，亲诣英、法、俄各铁舰详加察看，规制均极精坚，而英尤胜。即日本蕞尔小邦，亦能节省经费，岁添巨舰。中国自十四年北洋海军开办以后，迄今未添一船，仅能就现有大小二十余艘勤加训练，窃虑后难为继。"① 李鸿章的担心并不是多余的，北洋舰队在黄海海战中战败，舰只性能相对落后，是一个重要原因。

　　甲午战前清王朝在国防发展战略方面的失误，并不仅限于海军方面。应该说，在陆军和整个国防体制的改革方面反映得更为明显。自 19 世纪 60 年代中期以后的近 30 年中，八旗、绿营固已腐朽不堪，即使在部分绿营按照勇营制度改编的"练军"，以及部分湘淮军实行经制化的"防军"之中，除了采用洋枪、洋炮和改练洋操以外，并未进行过什么改革。只有李鸿章控制的分驻于渤海沿岸的数十营淮系防军，略具某些国防军的性质。至于国防体制，除了于 1885 年成立了试图经管全国海军事务的海军衙门外，其余一概无甚改变。

　　而在同一时期，日本陆军却基本完成了实行近代化的改革。早在 19 世纪 70 年代初，日本就颁布征兵令，用义务兵役制取代武士职业兵役制，

---

　　① 《李鸿章奏校阅海军事竣折》，《清末海军史料》（上），第 283 页。

并开始建立起拥有现役和预备役的近代常备军。1878 年，日本政府陆军省参谋局，脱离政府自隶天皇，扩大为独立的参谋本部。1883 年，日本建立第一所陆军大学。1888 年，陆军将原来的镇台制，改行野战师团制。进入 90 年代，每年都举行有二三万官兵参加的陆军大演习或海陆军联合大演习。1893 年，颁布了《战时大本营条例》，成立了由天皇直接领导的最高统帅部——大本营。总之，日本的战争机器已全盘近代化了。

因此可以认为，清王朝在陆军改革以及整个国防体制改革方面的严重滞后，其给战争所带来的影响，绝不亚于海军发展方面延误。正是清王朝在国防发展战略方面的上述种种贻误，为清军在甲午战争中战败埋下了祸根。

二　战备工作的迟缓使战局从一开始就陷于被动

1894 年春，朝鲜爆发东学党起义，清廷应朝鲜政府的请求，派兵入朝协助弹压。日本便以此为借口，大举派兵入朝，迅速占领了仁川、汉城等战略要地；海军舰队也开至朝鲜海面，控制釜山、仁川等海港，为挑起战争作准备。

从 6 月 12 日日本先遣队在仁川登陆到 7 月 25 日丰岛海战爆发的一个半月之内，赴朝日军增至万人，其蓄意扩大事态、挑起战争的企图已十分明显。然李鸿章思想麻痹，一误再误。首先，日方顽固地拒绝了清方提出的两国同时自朝撤军的合理主张，其蓄意挑起战端的野心已可窥见。其次，当日方节外生枝地提出"改革朝鲜内政"、继续大量向朝增兵时，驻日大使汪凤藻、驻朝商务大臣袁世凯也建议向朝增兵，李鸿章则强调"倭廷欲以重兵胁议韩善后，并非与我图战"[1]，"若我再添兵厚集，适启其狡逞之谋"[2]，拒不向朝鲜增兵。甚至当总理衙门提出："倭如添兵未已，我应否多拨以助声势，望审筹酌办"[3]，李鸿章仍不顾严峻的形势，回电说："我再多调，日亦必添调，将作何收场耶？"[4] 仍一厢情愿地想避

---

① 《李鸿章全集·电稿二》第 709 页。
② 同上书，第 706 页。
③ 同上书，第 718 页。
④ 同上。

免战争。

李鸿章拒不进行备战，还寄希望于西方列强出面调解。尤其当俄表示要用"压服"的办法"勒令（日）与中国商同撤兵"之后，更增加其求和的幻想。直到丰岛海战前三天，李鸿章还幻想俄方直接参战，他致电北洋海军提督丁汝昌说："将来俄拟派兵船，届时或令汝随同观战"①。

李鸿章之所以迟迟不作战备，还在于他迷信《万国公法》。他认为："两国交涉，全论理之曲直，非恃强所能了事。"② 又说："日虽竭力预备战守，我不先与开仗，彼谅不动手，此万国公例，谁先开战即谁理绌。"③ 他似乎不懂得，谈判交涉应以军事实力为后盾，增兵备战非但不影响谈判，而且有利于谈判；军事准备得越充分，对谈判交涉越有利，达成协议的可能性就更大。

7 月初，赴朝日军已逾万人，这时李鸿章才认识到日军"恐非空言所能勒退"，开始考虑抽调部队，增援朝鲜。14 日，朝廷决定"大举致讨"，他才被迫决定选派卫汝贵、马玉昆、左宝贵等率兵万余，取道陆路，增援汉城；同时决定从北塘抽调 1500 人，取道海路，增援牙山。此时开战在即，李鸿章以区区 1500 人增援牙山绝地，非但于大局无补，反而加重了驻牙山清军的负担，实属不智之举。

7 月 21 日，赴朝清军取道海陆，分头出发。25 日，由方伯谦率领的"济远"、"广乙"及运兵船"高升"号在朝鲜牙山口外半岛海面遭日海军第一游击队袭击，"广乙"搁浅自焚；"操江"被俘，"高升"连同船上近千名将士被击沉。日方蓄谋已久的中日战争终于爆发。

李鸿章企图以和平手段谋求和平，终于未能避免战争。由于幻想和平，清方对朝鲜战争发展可能出现的各种情况，全然没有分析判断，更没有制订各种应急方案。至于战争如果打到中国本土后又怎么办，他们既未想过，更谈不上进行了什么切实的战备工作。正如当时美国驻华公使田贝所说："中国以完全无准备状态而卷入战争，乃史无前例。"④ 清方正由于在战前未作好充分的战备工作，故战事从一开始就陷于被动，从而给战争

---

① 《李鸿章全集·电稿二》，第 805 页。

② 同上书，第 760 页。

③ 同上书，第 794 页。

④ 美国驻华公使田贝给美国国务院的秘密报告（1894 年 11 月）。

的结局播下了失败的种子。

三　战略谋划不善使战局节节失利

战略是谋划、指导战争的方略，是作战指导的灵魂。丰岛海战后，清王朝被迫于 1894 年 8 月 1 日对日宣战。光绪帝发布谕旨，宣示中外。其中写道："倭人渝盟肇衅，无理已极，势难再予姑容。著李鸿章严饬派出各军，迅速进剿，厚集雄师，陆续进发，以拯韩民的涂炭。并著沿江沿海各将军督抚及统兵大臣，整饬戎行，遇有倭人输船入各口，即行迎头痛击，悉数歼除，勿得稍有退缩，致于罪戾。"① 有的论者认为，此段文字就是清廷关于整个甲午战争的战略方针。笔者认为，此段文字只是政治性宣言，并不具有为整个甲午战争规定战略方针的性质。因为它只讲到了朝鲜，根本未涉及在本土作战的问题；只讲到了陆军，并未涉及海军作战问题。因此，它充其量只是关于清军赴朝作战期间的作战方针。

1894 年 9 月中旬，清朝陆军在平壤战败，北洋舰队在黄海海战中受重创，标志着中日双方军队在朝鲜作战的基本结束。战事进入第二阶段，战场开始移向中国本土。9 月 19 日，李鸿章向朝廷上了一篇《据实陈奏军情折》，其中提出："伏愿圣明在上主持大计，不存轻敌之心，责令诸臣，多筹巨饷，多练精兵，内外同心，南北合势，全力专注，持之以久，而不责旦夕之功，庶不堕彼速战求成之诡计。"② 这是李鸿章根据多年来对日本的了解，并深入分析研究了中日双方力量对比，以及各自国情的特点，而提出的关于战胜日本的总设想、总方针，内容涉及军事、政治、经济、思想等领域，其中包含有难能可贵的"持久战"思想，对于弱的大国如何战胜强的小国具有普遍意义。不过，在当时的情况下，要清王朝接受并做到上述诸方面的要求，则是不现实、不可能的。因此，李鸿章的这些正确主张，只具有思想资料的价值，不可能对正在进行的甲午战争，具有现实的指导意义。

就在同一份奏折中，李鸿章还就当前的战略方针提出自己的主张。他说："就目前事势而论，唯有严防渤海以固京畿之藩篱，力保沈阳以固东

---

① 《光绪朝东华录》（三），总第 3441 页。
② 《李文忠公全集·奏稿》卷 78，第 62 页。

省之根本，然后厚集兵力，再图大举，以为规复朝鲜之地。"① 这就是日军行将侵入中国本土时的清军作战方针。究竟应如何评价这个方针呢？京畿是清王朝的统治中心，严防力保当然是必要的；但与此同时，李鸿章为了保住清王朝祖宗的陵寝所在地，又"力保沈阳"，这就出现了两个保卫中心。备多力分，这在战略上就分散了兵力与注意力，于战局十分有害。事实也正是这样，当进军朝鲜之际，李鸿章即从旅顺调兵力；后来增防鸭绿江前线，又从旅顺抽调兵力，甚至连守将宋庆也被调走，致使旅顺防御空虚，听凭日军在花园口登陆。后来虽从外地添调和临时招募了一些部队应敌，终因兵新力单，大连、旅顺先后陷敌，北洋舰队不得不退避威海，渤海门户遂不可恃。

正当旅顺吃紧之际，清廷非但未能加强威海方向的防务，反从山东抽调章高元部 8 营援救旅顺，致使山东防御力量也受到削弱。虽然连光绪帝也感觉到"旅顺既为倭踞，现又图犯威海，意在毁我战舰，占我船坞，彼之水师乃可往来无忌，其谋甚狡"。② 然而也未采取任何有力的对策和措施来改变这种危险处境。在日军海陆夹攻下，威海于 1895 年 2 月 2 日陷落，北洋舰队随之全军覆灭，渤海门户为之洞开。

旅顺、威海相继失陷，北洋舰队全军覆没，京畿遂暴露在日军进攻的兵锋之下。回顾甲午战争的全过程，清军北不坚守旅顺，南不坚守威海，而将主要兵力集结于辽河平原，这种战略重次的颠倒，导致战局的急转直下。究其原因，一是由于战备工作迟缓，又缺乏战略预备队，临战拆东补西，顾此失彼；二是对实行陆海协同始终缺乏认识，故对旅顺、威海的防御未能摆上战略位置。因而"严防渤海"的战略方针，实际上成了一句空话。这是甲午战争中战略指导上的一大失误。

四　海军使用不当是甲午战败的又一重要原因

北洋海军是清廷惨淡经营多年的一个近代军种，也是清廷手中唯一能对敌构成威胁的战略打击力量，它能否在保卫海疆中发挥作用，对战争全局关系甚大。当时，中日两国海军力量的对比，日方在航速、速射炮方面

---

① 《李文忠公全集·奏稿》卷 78，第 62 页。
② 《李鸿章全集·电稿三》，第 345 页。

占有优势，而清方则在装甲和大炮口径方面占有优势。就总体而言，日方略占上风。不过，如将日舰队远离本土，北洋舰队近靠基地等条件考虑进去，这种优劣之势又会受到一定的减杀。因此，中日海军间的较量，谁都不具有必胜或必败的把握。在这种情况下，清方只要指挥得当，完全有可能进行胜利的作战。但李鸿章、丁汝昌等被这种相对的劣势所吓倒，完全丧失了战斗意志和胜利信念，对北洋海军作了一系列错误的作战指导。

丰岛海战前夕，丁汝昌本准备统率北洋舰队大队前往牙山一带巡航，行前致电说："大队到彼，倭必开仗，白日唯有力拼，倘夜间暗算，猝不及防，只听天意。"① 流露出严重的畏敌怯战情绪。李鸿章接报后，非常生气，批评他"人有七分怕鬼"，一气之下，遂取消了这次舰队出巡行动，其实北洋舰队对日本舰队也有很大的威胁。据说"日本之畏定、镇二船甚于虎豹。"此次北洋舰队若按计划出巡朝鲜海面，非但在丰岛海战中不至于吃亏，而且还有机会重创日本海军。然而，由于李鸿章的轻率决策，这个战机被错过了。

中日正式宣战后，清廷和李鸿章给北洋舰队规定了一条远巡黄海、速去速回、聚泊严备、力保坚船的作战方针。若以当时双方海军实力而论，这个方针基本上是正确的，只是积极进攻精神显得不够而已。在这方针指导下，北洋舰队于7月27—8月12日的半月间，曾三次到朝鲜海面巡弋，只是未曾发现日舰，无功而返。

但8月10日，日本联合舰队对威海进行了一次袭扰，引起了清廷和李鸿章的震惊，于是下令正在出航的丁汝昌带全队回防。自此之后，清廷和李鸿章规定北洋舰队只在旅顺、威海一线巡航，严扼渤海门户，不得远离。这样一来，黄海的制海权遂拱手让予日本。北洋舰队若于此期间至朝鲜海面巡弋，寻机作战，乘敌航渡或半渡之际袭击日之运兵船，将有较大的取胜把握。可惜，北洋舰队自8月中旬起即停止出巡。

9月17日，北洋舰队在从大东沟返回途中与日舰队遭遇，发生了黄海海战。北洋舰队虽遭到沉毁5艘、伤4艘的重大损失，但主力舰"定远"、"镇远"尚在，对敌仍能构成威胁。可是，自此之后，丁汝昌以修舰为由，更加不敢出巡。10月24日，日海军护送第二军在辽东半岛花园口登陆，清方在半月前就获有情报，但在长达十余天的登陆期间，北洋舰

---

① 《李鸿章全集·电稿二》，第804页。

队龟缩港内，毫无作为，又丧失了一次进击日军的机会。

旅顺失守后，威海成了北洋舰队的唯一栖息之所。这时，李鸿章给北洋舰队的指导方针是："有警时，丁提督应率船出傍台炮线内合击，不得出大洋浪战，致有损失。"① 所谓"傍台炮线内合击"，看起来似乎含有水陆协同之意，然炮台只有港口才有，他处则无，故其实质是死守港口。海军的特殊功能在于它的机动作战，若只令株守港内，则与要塞炮无异，即失却其本身存在的价值。丁汝昌等经过研究，提出了具体的作战方案，即"倘倭只令数船犯威，我军船艇可出口迎击；如彼船大队全来，则我军船艇均令起锚出港，分布东西两口，在炮台炮线水雷之界，与炮台合力抵御，相机雕剿，俾免敌船闯进口内，即使陆路包抄南北两岸，师船当可支撑攻击彼船；若两岸全失，台上之炮为敌用，则我军师船与刘公岛陆军，惟有誓死拼战，船沉人尽而已。"② 这一作战方案，虽然设想了三种情况，然对狡猾的日军来说，第一、第二种情况是不会出现的，故其实质也是死守港口。此后，朝廷一再要求率队出海拼战，丁汝昌最终也未敢率队出击。处在当时的情况下应如何击敌，署两江总督张之洞的建议具有积极意义。他说：北洋舰队应"就现在铁舰快船四五号，疾驶至成山头一带，顷刻可到，袭其达兵运械接济船及游弋之船，得到则进。如彼大队来追，则收至威海船台相依，倭必受伤。……或虑战败船毁，不知威海若失，海军已无老营，寥寥数舰，然后贼从容图攻，终归不支。趁此时威海炮台未失，赶紧用之，犹有万一之望。"③ 这个建议操作起来虽未必如此简单，但其精髓在敢于寻机出击，比之株守威海、坐以待毙，确要胜出一筹。可惜，李鸿章、丁汝昌对此毫无反应。日军在荣成登陆后，水陆夹攻威海，北洋舰队遂全军覆没。

养兵千日，用在一时，以北洋海军这样一支近代化舰队，在抗击外敌入侵的战斗中，完全可能发挥更大的作用。然在错误作战方针指导下，除了在黄海遭遇战中曾击伤过数艘敌舰外，最终也未能击沉击毁过一艘敌船，甚至连一次主动出击的战斗也未曾有过。设想北洋海军的指挥者从战争一开始就有"船沉人尽"、与敌决一死战的精神准备，统率全舰队官

① 《李鸿章全集·电稿三》，第 219 页。

② 同上书，第 348 页。

③ 同上书，第 388—389 页。

兵，积极备战，寻机击敌，定能在消灭敌军、保卫海疆方面建功立业。可惜，李鸿章、丁汝昌等似乎不懂得，在与敌人交战的状态下，若要保存自己，就先要消灭敌人，若要保全北洋舰队，就要尽可能多地歼灭敌之舰艇。幻想在不消灭敌之舰艇的情况下保存自己，是万万办不到的。这就是北洋舰队全军覆没留给后人的血的教训。

五　军事素质低下导致甲午战争每战皆败

军事素质低下也是导致战争失败的重要原因。清军兵勇的素质低下是众所周知的。当时美国驻华副领事毕德格就曾说过："中国素不以与外国战争为事，其兵皆散布各省，由各督抚主政，兵部堂官并无调度会合之权。兵散则力分，故不能与外国争锋。日本改用西法，陆军、海军皆归部臣节制，故能通力合作，积健为雄。此中（国）东（日本）之所以异也。"① 清朝兵勇或长期驻防，从未见仗；或从他省临时抽调，放下冷兵器，拿起洋枪炮；甚或临时招募，未及训练即开赴战场，其军事素质之差，可以想见。

中下级军官大多出身行伍，文化水平很低，未经正规培训，近代军事知识十分贫乏，不会带兵打仗。北塘的防军是直属北洋的淮军主力，即使这样，其所"添募之兵大率游手羸弱，不能施放枪炮，且额亦不充，自总兵吴育仁及营官初发祥外，鲜有知兵能教战之人"②。北塘尚且如此，其他部队的官兵素质更可想见。这样的乌合之众，怎能战胜敌人呢？

清军高级军官的情况也并不稍好。这些人大多出身行伍，早年在镇压农民起义中发迹。清军没有培养高级军官的学校，他们均未经过专门训练，除了像聂士成等少数将领有较多近代军事知识外，大多知识陈旧，年龄老化，基本上依旧袭用镇压农民起义时的一套旧战法，进攻时以密集队形冲击，防御时依赖一线火力拦截，守城时墨守城垣，附廓而屯，当然不能适应近代战争的需要。清军将领尤其缺乏指挥大兵团作战的经验，平壤守将叶志超等，株守孤城，不布远势，坐待敌军来攻，当其后路受到威胁

① 《李鸿章全集·电稿三》，第 175 页。
② 《李鸿章全集·电稿二》，第 1049 页。

时，更全线溃退。宋庆守辽东，本有鸭绿江天堑可资凭借，然防御没有纵深，手中不掌握预备队，故一处被敌突破便全线溃决。日军在花园口登陆，事先获有情报，前后持续十余天，本应乘敌立足未稳之时给予打击，然李鸿章非但未组织部队进行抗登陆作战，反而下令不许清军抗击日军。他命令当地驻军"速即严防，于□路要口，多置旱雷，散队埋伏，多方以误之，勿轻与接仗为要"。① 自此错失了歼敌良机。尤其对孤军冒进的海城日军，清军曾集中了数倍于敌的兵力，先后组织实施了 5 次反攻作战，也未能收复海战，可见清军指挥能力和战斗力的低下。

比较而言，由于海军是一个技术性很强的近代兵种，其军官大多经过培养训练，其中有的还经过英国、德国海军学院的深造，具有较高的近代军事知识。但北洋海军提督丁汝昌从未经过与其职务相适应的高级军事训练。他"出身行伍，未涉海军门径，凡关操练及整顿事宜，悉委（刘）步蟾主持。"② 丰岛海战前他奉命率舰队巡航朝鲜海面，竟弄错了牙山的地理位置，受到李鸿章的训斥。甲午战争爆发后，从未见制订过海军作战预案，致黄海海战开始不久舰队就中断指挥，致遭重创。黄海海战后，他更是株守港内，任凭敌军登陆而无所作为。最后北洋舰队全军覆没，丁汝昌是难辞其咎的。

李鸿章实际上是清军在甲午战争中的战略指挥员。但事实表明，他也是一个不称职的战略指挥员。他在处理和与战的关系上，一厢情愿地企求和平，迟迟不做战争准备，不懂得能战方能言和的道理；他在处理海军与陆军的关系上，缺乏海陆协同的概念，不懂得发挥海陆军联合作战的整体威力，从未组织过一次海陆协同的作战行动；他在处理战场南翼与北翼的关系上，重北翼轻南翼，导致了战略重次的颠倒；他在处理海军攻与守的关系上，实行消极防御，避战保船，不懂得只有消灭敌人才能最终保存自己的道理；他在处理上一战略阶段与下一战略阶段的关系问题上，往往只顾眼前，不顾长远，拆东补西，挖肉补疮，缺乏照顾全局的战略头脑。总之，李鸿章在军事思想方面所存在的片面性、表面性和落后性，导致了在战略决策与指挥方面的一系列失误。因此，清军甲午战败，他要负首要责任。

① 《李鸿章全集·电稿三》，第 79 页。
② 《陈兆锵所记中日战役情形》，《清末海军史料》（上），第 349 页。

六　国防体制落后是甲午战败的深层原因

甲午战争时期的清朝国防体制，基本保持着鸦片战争以前的状况，中央军事决策指挥机构很不健全，指挥关系极不顺畅，远远不能适应近代战争的需要。皇帝为最高统帅，享有军事上最高决策权，但办事机构极不健全。军机处并非专门的参谋机构，内阁中虽设有兵部，但仅仅管理绿营兵籍和武职升转之事，并不具有后来国防部的职能。虽新设了海军衙门，未见在甲午战争中有何作为，而对全国四支舰队也未能实行统一的指挥。黄海海战失利后，清廷曾一再要求从南洋调舰充实北洋舰队，但由于南洋大臣的拒绝而未能执行。战争中期成立的督办军务处，性质不明，职司不清，一时难以发挥作用。

甲午战争之初，军事、外交等统由北洋大臣李鸿章一手经理。对上通过总理各国事务衙门向皇帝报告情况，领受指令，层层转递，极不便捷。李鸿章负有相当于"前敌指挥"的责任，但北洋大臣衙门难以起到战时司令部的作用。李鸿章身为北洋大臣，直隶、旅顺、威海为其辖区，此外则概无指挥、调度之权，有事尚需提请中枢批准、转达。而战时事务冗繁，时间紧迫，反复辗转，贻误时机。这样复杂的军事指挥体制，根本不能适应近代化战争的要求。

甲午战争时期的清军，无论是八旗、绿营，抑或练军、防军，其主要职能是对内弹压各地人民起义，尚不是严格意义上的国防军。八旗绿营固然早已腐朽不堪，不能作战，就是防军、练军，其营制仍是因袭早期湘军的营制，以营为基本作战单位，营以上再无确定的建制，平时星散各地，互不统属，战时凑合一处，难以发挥有机战斗集体的作用，以致在平壤出现了四位统将并列，旅顺出现六位统将并列的有将无帅的奇怪现象。即使于平壤临战前委任叶志超为总统，一时也难以起到统一指挥的作用。

陆军在兵种构成上，只有步兵和马队，没有炮兵、工兵、辎重兵的建制，难以适应近代作战的需要。而日军采用军、师、旅、联队、大队、中队、小队的编制序列，和步、骑、炮、工、辎混合编组的建制，显然具有很多优越性。

清军也没有建立起统一的后勤制度。由于防军、练军带有很大的私属性，粮饷均由各省自筹，若调往前线，后勤供应就更加复杂艰难，军械也由各省自筹，制式冗杂，规格不一，给枪械的管理和弹药的供应带来很大困难。

在兵员来源上，清军仍实行世兵制和募兵制，政治、文化、身体素质均难以保证。没有建立起预备役、后备役制度，平时养兵不少，战时又不够用。临时招募，形同乌合，兵痞流氓，辗转应募，开到前线，望风即溃。这样的队伍怎能敌得过训练有素的日军呢？

清军全国拥有 90 万军队，在总兵力上对日本全国近 20 万军队占有很大优势。但由于清军军制落后，调集起来十分艰难，仍感兵力不敷，在战场兵力对比上每每处于劣势。如在平壤，清军兵力为 1.3 万，而日军则达 1.6 万；在鸭绿江防线，清军兵力为 3.04 万，而日军也为 3 万人；在旅顺，清军 1.47 万人，而日军则达 2.5 万人；在威海，清军 2.1 万人，而日军则有 2.5 万人。清朝全国拥有 90 万军队，又在本土作战，然调集速度缓慢，在战场兵力对比上每每处于劣势。兵力数量上处于劣势的清军，要对优势日军取得战斗、战役的胜利，确实是很困难的。

综上所述，清军在战前既有国防发展战略上的失误和战备工作的迟缓，战争过程中战略上又谋划不善，再加军队素质低下和国防体制落后，终于导致了甲午战争"战无一胜"的惨败。以上六个方面存在的问题，表明在战争的各个重要环节上，清军都存在着严重的失误或缺陷。这六个方面反映出的问题，正是清王朝政治腐败在军事上的具体表现。为什么差不多同时起步进行改革的中国和日本，其结局竟有如此大的差异呢？究其原因，在于清王朝所推行的改革，仅仅局限于从外国引进机器和技术，而对腐朽的封建生产关系及其上层建筑，则根本没有触动。这种畸形的改革方针反映在军事上，就是只买军舰、枪炮和机器设备，而对旧的国防体制、军事制度、指挥体系、军官培训任用制度，以及旧的军事思想一概不予触动。这种严重滞后的"上层建筑"，使近代化的武器装备不能发挥它应有的效用，以致在实战中"战无一胜"。由此可见，清军在甲午战争中的惨败，完全不是偶然的。

（原文载于《清史研究》1994 年第 4 期）

甲午海战挫败的几点反思

王家俭

一 前言

19 世纪是一个海洋时代，世界各大强国无不加强海军，纷纷向海外扩张。东方的中日两国首当其冲，一方面期以新建的海军而求自保；一方面又互相竞争，进而争夺黄海的控制权。甲午战争表面上固然是为了争夺朝鲜，但实际上亦是为了争夺黄海的制海权。中日之间既系隔海作战，自必先由舰队冲突以求获得制海之权，此时的陆军反而居于次要地位。盖以如无海军支援，其在陆地作战势必倍加困难。故知谁能掌握黄海的制海权，谁即能控制朝鲜。诚如西方海军评论者之所言，两国交战，"必其先能主海，而后运兵保民，惟所欲之，无不如志；且使败于陆路，仍可登舟而返。而不第此也，东海往来，一帆风顺，日卒之犯中国，华师之保朝鲜，举不啻朝发而夕至，海权之所关系，尤为重大"。①

甲午战争北洋海军之所以受创，虽然历经丰岛、大东沟及威海三次战役，实则丰岛之役仅为战争之序幕，威海之役则为要塞之保卫战，只有大东沟之役方才是双方胜负的主要关键。自甲午战争后，迄今转瞬已是一个世纪，百年之间，学者对于此次海战问题提出检讨与评论者不知凡几。虽云历史之陈迹，亦是发人之深省。本文以为，冰冻三尺，非一日之寒。此次之失败，实在种因甚早，历史之研究固宜从微观处着手，但亦应从宏观

---

① 参看杨家骆主编《中日战争文献汇编》第 7 册，台北鼎文书局刊，第 546 页；林乐知采译、蔡尔康札记《英斐利曼特而水师提督语录并序》。

处着眼，方能对于事实的真相获得更深一层的了解。爱特不揣简陋，将个人之浅见提出，以供与会学者之参考。

二　近代海军发展困难之二项因素

（一）传统的因素

军备乃是一个国家立国的基础，不论对内维持社会的秩序或对外抵抗强敌的侵略，都非有足够的军备，即难以办到。不过，一国的军备也与其立国的形势乃至与其历史地理条件密切相关，故有的重海而轻陆，有的重陆而轻海，其间的差别很大，并不可一概而论。依据地略学家的看法，世界拥有强大军备的国家约可分为三类：一属海洋国家，二属大陆国家，三属海陆并重国家。三者互争雄长，各有优劣，皆可对于世界的大局造成极大的影响。以海权国家而论，必须具有一定的相关条件，诸如适当的海岛位置，优势的天然港湾，漫长而曲折的海岸线，频繁的海外贸易与海上交通，重视海洋发展的政策，拥有海外的据点及殖民地等。故所谓“海权”并不等于海军。换言之，除海上武力之外，还要包括海洋的交通与航运，生产贸易，海外殖民地及海洋政策等的因素在内。① 反观我国，虽然濒临西太平洋海岸，背陆面海，具有两栖国家形势，而且海岸线绵长，又有不少优良的港湾，但因幅员辽阔，民族活动的主要空间在陆而不在海，即使有少数民间的海上活动也不受政府的支持，甚至又常用禁海令加以压抑，因此，我国民族的海上事业难以发展。另在海军方面，吾国虽在春秋时代即有水军或水师出现，但亦不过用以运兵运粮以辅陆军之不足，即使在内河内湖或近海发生水战，其规模也不甚大，故真正之国家海军，直到南宋时代方具雏形，海权方面，我国因无海上强大的敌国外患，既无大规模的海洋交通与航运，又无海外的殖民地，故除明初郑和下西洋尚可称为掌握南洋与印度的海权而亦不过昙花一现外，其后则几乎无足称道。相反的，由于我国历代外患皆在北方，故陆军特别发达，除防守长城以阻胡人南下之外，有时甚至还渡漠远征，或更向西北开拓，直达中亚一带。由此一历

---

① 波特（E. B. Porter）、尼米兹（Chester W. Nimitz）：《海权史》（Sea Power – A Naval History），颜子魁译，1967年4月台北，国防部联合作战研究委员会刊，第1册，第1页，波特教授原序。

史的背景可知，我国仅为一陆权国家而非海权国家，一旦要想效法海权国家，发展海军及海洋事业，诸多皆须从头开始，自必困难万端。

（二）现代的因素

再就近代海军而言，实在可以说是一个综合各种高科技的新式兵种，不论是船炮的装备、器械的操作、航海的技术、舰队的组织、人员的教育训练，无不需要专门的知识与经验，始能操作与管理，发挥海军应有的功能，而在一个既无近代海军基础，又无近代工业科技的国家如中国者，实不啻是一项严重的挑战。[①]

首先是国防的自主性问题，亦即是军事配备能否自行制造的问题。从国防自主性的观点而言，一个国家的军事配备必须由该国自行制造，而不可假手于他国。以中国而言，便是"中国之海军，宜使其成为中国之海军，而不可移他国之海军，而为中国之海军"。[②] 可是由于中国工业落后、科技水平过低，国防根本无法自主。虽然左宗棠与李鸿章等洋务运动领袖曾经先后创设福建船政局（1866），江南制造局（1867），分别向法国、美国购买机器，延聘外国的工程人员前往指导，企图自行制造新式的轮船与枪炮。可是其结果并不理想，非但造价昂贵，且所造船炮也多窳劣不堪，无法与洋人的相比。最后仍须分别向英国的阿模士庄（Armstrong）和德国的伏耳铿（Vulcan）采购，除了在当时的朝臣之间引发一场冗长的"自制"或"外购"，以及"购买大船"抑或"购买小船"，"应向英国购买"抑或"应向德国购买"[③] 等的争辩之外，并且靡费了数百万两的宝贵国币，甚至有时还会受骗于外国人，而在战时又要受其所制。为了国防不能自主，中国几乎尝尽苦头。

其次是科技的转移问题。仅有船炮的装备而无人操纵驾驶，则船炮亦不过等于无用的废铁，发生不了作用。可是要想操纵或驾驶那些机械，就非要有近代的科技转移（Know-how Transfer）不可。不错，在当时清廷曾经在福建船政局内附设一所船政学堂，招募一批学生分别学习造船与驾

---

① 参看拙著《中国近代海军史论集》，1984 年台北文史哲书局出版，第 304—307 页，《近代中国海权意识的觉醒》。

② 杜锡珪：《欧美日本海军报告书》，又名《考察列强海军报告书》1931 年自序，刊地不详，第 184 页。

③ 参看许景澄《许文肃公遗集》，1918 年上海石印，第 3 册，第 18 页，《书札二》。

驶，延聘英、法的教习为之教导。其后李鸿章也曾在天津创设一所天津武备学堂和一所天津水师学堂，研习西方的陆、海军兵法与技术。接着并曾将那些学生中的优秀者派赴欧洲先进国家如英、法、德等国深造，借期培养一批军事的专门人才。然而类似此等历经一二百年发展出来的西方科技文明，如此精密奥妙的学问，要想在短期之内转移过来殊非易事。一般的技术人员或者尚可很快娴熟，但要想培养一位既忠君爱国，有勇知方，又具备长期海上经验而能行军布阵，指挥一个大舰队的统帅，则更是难之又难。清季在发展海军时便曾经遭遇此一难题，而成为新海军成长的一大绊脚石。

再次是财政问题。近代化的海军，不论是船炮的配备，以及人才的训练无不需要大量的金钱加以支持。西方的海权国家，常将其海军与航运及海外贸易相结合，以海军保护其海上的交通和商业的安全；以海外贸易的税收作为海军活动的经费，故能互为配合，相得益彰。可是，反观中国则不然。盖以直至清末的中国，依然保持着一种以田赋为主的财政结构，经济也是以农业为主，工商业并不如四方之发达。以故全部的岁入，每年亦不过 4 千万两左右，为数实在相当有限。此一数目，在平常时期或可勉为相抵或略有剩余，如道光十八年（1838）之岁入为 4127 余万两（库平），岁出为 3620 余万两，两抵余额，计有 500 余万两。[1] 但如遇非常时期，则其余额即将大减。如鸦片战争时期，道光二十年（1840）尚可余 320 余万两；至二十一年（1841）即下降为 120 余万两，二十三年（1843）更下降到 35 余万两，其财政的拮据可想而知。[2] 迨及光绪年间，财政收入虽以海关及厘金约 6000 万两而较前增加，然而军费、防费、赔款、偿债等支出亦加浩繁。财政左绌右支，困难万端。有时尚可勉为收支平衡，有时甚至出现巨额赤字。以光绪十七年（1891）为例，是年岁入是 8960 余万两，而岁出则为 8930 余万两，已经将要亮起红灯。[3] 再过十年（1900），各省岁入相抵，即不敷一千数百余万两。而在此情形下，尚要支付庚子大批的赔款，更是如同雪上加霜。清代末年的财政如此，要想再

---

① 何烈：《清咸同时期的财政》，台湾"国立"编译馆 1981 年印，第 50 页。

② 同上书，第 50—51 页。

③ 同上书，第 315—316 页。

发展一支强大的新式海军，其困难已不难想象。①

最后，国民的海洋意识对于海军的发展，也是一个决定的因素，西方海权发达的国民无不视海洋为生命，富于冒险犯难的精神，衽席波涛，视海洋如平地，常欲征服之而利用之。故能促使其政府制定宏观的海洋政策，加强海上的活动，从而也促进了海军的发展。中国为一大陆国家，生存空间多以陆地为限，且国民在海洋的活动又常为政府的禁令所阻，即使有少数的水师亦不过为陆军之辅助，其任务主要是缉私捕盗，维持社会的治安，而非为保护海上的商业或开疆拓土。故绝大多数的国民常视海洋为畏途，望洋兴叹而不敢冒险问津。职是之故，当清季创建海军之时，全国上下，便只有少数几位眼光远大的沿海督抚大吏有此认识；其他的大小官员，非但不能赞助，且反而处处訾议、掣肘、斥之为浪费金钱的无益之举，甚至连最高当局也常是模棱两可，不肯予以大力的支持，自然对于海军的发展影响甚大。②

综上所述，可知 19 世纪的中国，于创建海军时条件是如何的不足，而又缺乏一个健全的基础。英人赫德（Robert Hart）曾经对严复表达此一类似之见。他说：

> 海军之于人国，譬犹树之有花，必有根柢枝干，坚实繁茂，而与风日水土有相得之宜，而后花见焉。由花而实，树之年寿亦以弥长。今之贵国海军，其不满于吾子之意者众矣。终必当于根本求之，徒苟于海军，未见其益也。

赫德服务于中国海关总税务司长达 40 年之久，与清季海军具有密切关系，此种观察，自然不无所见。严复毕业于福建船政学堂，又曾留学于英国，归国后，先后执教于船政学堂及北洋水师学堂将近 20 年，可谓海军之耆宿，对于中国的海军利弊自是知之最稔。故特于其序《海军大事记》时，引用 30 年前与赫德谈话之语，借使国民与当路者憬然于海军盛衰之故。

---

① 吴廷燮：《论清光绪时之财政》，1936 年故宫博物院文献馆刊《文献论丛》，此处引自包遵彭、吴相湘等编《中国近代史论丛》第 2 辑第 3 册，第 230—235 页，1958 年台北正中书局刊。
② 杜锡珪：《考察列强海军报告书》，第 43—74 页；马汉（马罕 Allred. T. Mahan）：《海权在历史上的影响》（The Influence of Sea Power upon History），第 25、30、37、39、71 页。

语重心长，发人深省。①

三　近代海军发展政策的错误

除了内在与外在的因素之外，清廷在创建海军时政策的错误，也是造成海军发展的最大伤害。此等错误的政策可从海军之未能中央化与任用统帅之失当，以及经费之滥拨滥用三方面，予以证明。

（一）海军未能中央化之失策

前已言之，近代海军乃是一个科学化、机械化的兵种，不论是装备和训练都须投入大量的人力与物力及金钱，并需要经历一段相当长的时间，日积月累始可有成效。因此自须由中央来主持，作一全方位的布置与规划，方能达成此一艰巨的任务。可是清廷对于此点却并无明确的认识，只是"头痛医头，脚痛医脚"，胡乱地对付。同治初年（1862），军机大臣文祥鉴于内外的需要，原有意建立一支属于中央所有的海军，特命英籍中国海关统税务司李泰国（Horatio Nelson Lay）向英国购买兵轮及趸船八艘，组成一支小型的中英联合舰队。不料，李泰国竟然在未经中国政府同意下，私自与英国海军大佐阿思本（Sherard Osborn）立约，损害中国的主权，因而引起一连串的纠纷，最后迫不得已，乃将此项轮船退回②，也使文祥的计划受到严重的挫折。经过此次海军中央化的失败之后，清廷即将海军发展的任务，交由各地的督抚负责办理，而不再过问。由于沿海督抚经常更换，人事难以安定，且各人对于海军的认识与看法不同，有的冷漠，有的重视。再加以地方主义的思想太重，各怀畛域之见。此疆彼界，而难以同舟共济。因此虽经十余年的努力，成效却仍不足观。根据英国驻华公使威妥玛（Thomas Wade）的观察，直到光绪四年（1878），中国亦不过仅在上海与福州二处拥有两支地方性的小型舰队，而且装备与训练均不值一顾。至于就整个中国而论，则根本就没有一支属

　①　严复：池仲祜《海军大事记序》，载包遵彭等编《中国近代史论丛》第1辑第1册，台北正中书局刊，第1—2页。

　②　参看 John. L. Rawlison, The Lay-Osborn Flotilla: Its Development and Significance, *Papers on China.* 4，pp. 58—93. Harvard University East Asian Research Center. 1950。吕实强：《中国早期的轮船经营》，中研院近代史所刊4，1967年6月，第43—112页，《李泰国、阿思本兵轮案》。

于中央的统一海军。①

其后，虽然亦曾有人鉴于海军发展的绩效不彰，兼以各地分立，指挥困难，而不断地企图推进海军的中央化，但却均一一地归于失败。② 直到中法战争（1884—1885）之后。方才于朝野千呼万唤下，在中央成立一个海军衙门，来统辖全国的海军事务。并且以光绪皇帝的生父醇亲王作为总理大臣，亲自主持。但是令人意外的是这个号称为"新内务府"的海军衙门，非但对于海军毫无建树，且使其发展困难重重而陷于一筹莫展的境地。这实在是近代中国海军史上的一大悲剧。③

海军衙门设立之后，全国的海军事务虽统辖于中央所有，实则负责的仍为各地区的督抚，因此以前所产生的种种问题，依旧存在而未获解决。南洋不论，④ 仅以北洋而言，由于该军受命先练，作为全国的模范，甚为各方所关注，是以李鸿章所遭遇的困难也特别多。他既要应付朝臣的攻击，又要面对大吏的掣肘，如户部尚书翁同龢便常对海军经费加以挑剔，不肯与之合作。御史李慈铭也不以建设海军为然，认为是"竭中华涸敝之赋，买狄夷觊觎之船，用我之短，争彼之长"，殊为非计，同时，又指责李鸿章"深信夷人，动效夷法，广作机器，久糜巨资"。⑤ 兵部侍郎黄体芳反对李氏训练海军尤烈。认为如此一来，"则是水师者非中国沿海之水师，乃直隶天津之水师；非海军衙门之水师，乃李鸿章之水师也"。⑥ 朝廷之外，在各地督抚之中，李鸿章也遇到不少的阻力。尤其是湘淮二系之间，更是时有摩擦发生。远在海防与塞防之争时，湘系领袖左宗棠即与李鸿章的意见不合，各持己见，互不相让。以致"数年来竭东南财力以

---

① 见《英国外交部档案》（F. O 17）782 pp. 172—173，No. 152，"Thomas Wade to Salisbury"，Peking，Aug. 27. 1878.

② 如海关总税务司英人赫德、长崎领事余乾耀、翰林院侍讲学士前驻日公使何如璋、侍讲学士张佩纶等，皆曾有此建议，参看拙著《中国近代海军史论集》，第 206—210 页。

③ 参看拙著《清季的海军衙门》，收入《中国近代海军史论集》，台北文史哲出版社刊1984 年，第 199—238 页。

④ 参看拙著《清季南洋海军的创建与演变》，载台湾师范大学《历史学报》1991 年 19 期，第 235—278 页。

⑤ 李慈铭：《越缦堂日记》，光绪十年三月初三日记。

⑥ 黄体芳：《大臣会办海军恐多贻误、请电谕使臣遄归练师》，载《光绪朝东华录》22 册，光绪十四年，第 2—3 页；又见林乐知译、蔡尔康札记《英斐利曼特而水师提督语录》，见杨家骆编《中日甲午战争文献汇编》第 7 册，第 543 页。

助西征", 使得海防经费大受影响。① 另一湘军领袖刘坤一, 也是李鸿章的反对者, 不论在两广总督或两江总督任内, 都不肯与之合作。除嘲笑李氏所购的蚊炮船多是些无用的废物之外, 并在购买铁甲船方面而与之意见相左, 不断地埋怨其过于靡费, 几使"东南巨款悉数投掷外洋"。② 他如湘军水师出身的鼓玉麐等, 态度也非常保守, 不肯将长江水师所用战船汰旧换新, 以与外海水师配合, 此外, 张之洞在两广总督时期, 也想独树一帜, 另创一个舰队, 而与北洋对抗。③ 甚至到甲午战争时, 还有人认为只是直隶一省与日本作战, 与南方的海军并不相干。故致威海告急, 而南洋舰队却坐视不救, 而为世界各国所不解。于兹可见, 当时的地方官吏是何等地缺乏整体意识与爱国观念。④ 李鸿章以直隶总督而兼北洋大臣, 既要推行政令, 又要办理外交, 另外还要负责军事、国防、洋务等, 百事丛脞, 集于一身。对于海军的发展, 实难以专注, 这也是中国创建现代海军失败的另一症结所在。

(二) 任用统帅之失当

俗云:"千军易得, 一将难求。"对于陆军而言, 固然如是, 对于海军而言, 亦不例外。特别是在海军训练与教育刚刚萌芽的清季, 一般兵舰的官弁水手得来已经匪易, 至于既受过完整的新式海军教育, 又有统率舰队经验的高级将领, 则更是难以寻求。李鸿章由军旅起家, 对此自是知之甚深。故于受命专练北洋水师一军时, 即曾一再地周咨博访, 分向有关人士请教。经过慎重的考量, 始决定从旧部中挑选一位有勇知方, 忠诚可靠, 而又有带兵作战经验的人暂时充任。最初他任命督操的是直隶候补道许钤身, 因系文人, 又为纨绔子弟出身, 自非适当人选。继又命马建忠出任北洋营务处, 负责督练海军事宜。马氏虽为留法, 于现代海军略有认识, 但亦非科班出身, 实难膺任斯职。其后他又一度考虑过刘铭传, 但未能实现。一再延宕, 直至光绪五年十月间, 方才奏留曾隶长江水师的淮军

---

① 姚欣安:《海防与塞防的争论》, 载吴相湘等编《中国近代史论丛》第 1 辑第 5 册, 第 208—215 页。

② 刘坤一:《刘忠诚公遗集》《书牍》7, 第 35 页,《致黎召民船政》。

③ 刘声木:《苌楚斋随笔》卷 6, 第 7 页。

④ 胡燏棻:《变法自强条陈疏》, 光绪二十一年十月, 见王炳耀辑《甲午中日战辑》, 第 273 页。

旧部丁汝昌在北洋海防差遣。次年，特派汝昌赴英接船，借以增广其见闻。经过二年的观察与历练，方于光绪七年十月，奏荐他为北洋水师提督。于此可见鸿章态度之慎重。①

诚然，丁汝昌虽有长江水师的背景，但对于新式海军的训练却是懵然无知，故鸿章的另一构想便是延聘一位西方（特别是海上霸主的英国）的海军专家充当教习，作为丁汝昌的高级助手。初曾透过英籍中国海关总税务司赫德从海关巡舰方面借调数名英国官员作为教习，② 但以彼等皆为商船出身，对于海军仍有隔阂，故拖延数年，始又改聘英国海军大佐琅威理（William M. Lang）为北洋海军总查。琅氏自光绪八年（1882）在华任职，前后六年之久。由于其出身皇家海军，且热情负责，对于中国海军依照英国的方式施以严格的训练。不论操阵、演炮、营规，皆要求达到世界海军的水准。不久军容为之一肃。当醇亲王与李鸿章巡阅时，二人皆大表满意。③ 此种安排，虽不失为一时的权宜之计。岂料时日一久，却又衍生出另外一些问题。一是将帅不和：舰队中一部分经由海军学校毕业而又曾留学英国的年轻军官，对于非海军出身却身居高位的提督丁汝昌，日渐心存不服，以致丁汝昌孤寄群闽之上，一筹莫展，大权转落于左翼总兵刘步蟾之手，丁氏几变为"傀儡提督"。④ 二是华洋冲突：舰队中的中国高级将领对于英籍总查执法过严，深为不满，矛盾日增。终于导致光绪十六年（1890）的香港"升旗事件"，迫使琅氏辞职以去。琅氏离职后北洋海军风纪渐弛，训练日懈，精神大不如前。⑤ 对于北洋海军又为一大致命伤。

当"升旗事件"发生后，李鸿章本应洞烛先机，认识到海军内部矛盾的严重性，而将人事重新加以调整，以海军出身而又曾受留英教育的其他将才，取代丁汝昌的提督。当时刘步蟾、林泰曾或邓世昌等人皆有担任

① 关于丁汝昌的出身问题参看《清史稿校注本》469，《列传》249《丁汝昌传》；拟命刘铭传为北洋水师提督事，见李鸿章《朋僚函稿》卷19，第38—40页，光绪六年十一月十九日《复张幼樵侍讲》，另据袁保龄言，鸿章尚拟请张佩纶帮练北洋水师，可见他对丁汝昌并不完全满意，见项城袁氏家集《阁学公书札录遗》，第2页，《致黄斋》。

② 时为光绪五年（1878）五月，计聘葛雷森（Capt. Glayson）为总教习；哥嘉（Capt. Cocker）、章斯敦（Capt. Johnston）为教习。

③ 参看拙著《近代中国海军论集》，第69—72页，《琅威理之借聘来华及其辞职风波》。

④ 英人泰莱（W. F. Tyler）语，参看《张荫麟先生文集》，台北九思出版社1977年刊，上册第497页，《泰莱甲午中日海战见闻记》。

⑤ 姚锡光：《东方兵事记略》卷4，光绪二十三年武昌刊，第4—5页。

提督资格，如此，则不但可使海军内部的积怨得以消除，且海军的人事也可纳入正规，并可借机培养国家自己的人才，而不必仰赖外人的鼻息。可是李鸿章却竟不此之图，其中的原因确实有些令人费解。然亦可能因为丁汝昌尚能尽忠职守，并无重大过失，不忍决然将之职务撤除；抑或在鸿章看来，刘、林等人个性方面存有缺点，仍嫌其年轻气浮，历练不足。[①]　当然，也不能排除此时的鸿章已经官僚老化，敷衍因循，不思求新求变。及至甲午战败，始将汝昌撤职，为时已晚。

（三）海防经费之滥拨滥用

晚清于经营海防创建海军之初，既无一个通盘的计划，也没有一定的专用经费，仅由东南各地沿海的督抚自行设法，就地筹措，以致数年时间，困难万端。同治十三年，日兵犯台，始知其为失策而幡然改图，决定实行南北洋分防，并指拨江海关等厘金洋税作为海防经费。以每年400万两分拨给南北洋，以应急需，是为南北洋海防经费之由来。

这批海防经费在20年间（1875—1895）曾经三次易手：先是南洋大臣沈葆桢以为400万两分解两洋为数甚微，自动请求将南洋的部分拨给北洋，希能借此先完成北洋一军。但在三年之后却又因故将此200万两收归南洋所有。光绪十二年，海军衙门成立，海防趋于统一，南北洋海防经费也拨归海军衙门所有。甲午战后，海军衙门撤废，此批经费转交与户部，自此告一段落。

当时政府的岁收约为9000万两。[②]　海防经费400万两，约占4.4%，其数本已不多。经南北洋分拨后，为数更微。可是这笔经费的问题却层出不穷。最严重的乃是：

1. 拨解未能如数：由于自强运动期间各省推展洋务用费浩繁，各省无不深感财源不足，再加以督抚权力较前为重而又有浓厚的自主意识，因此对于应拨给南北洋的海防经费，不是拖欠，即是截留，使南北洋根本即难收到足额。以北洋而论，自光绪元年至六年，平均每年仅及1/4多；七

---

①　邓世昌此时职务尚低，刘、林二人皆为总兵，较为适任总督之职。刘步蟾尤优，且已实际担任指挥舰队之责，但依照当时鸿章手下幕僚人员的看法则是"刘步蟾近蠹、林泰曾近柔"，皆有其个性的缺点。参看张佩纶《涧于日记》，庚辰（光绪六年）三月十一日记。

②　按清末财政岁收多少不一，此处所据者为御史林绍年于光绪十四年所作之估计。参见《林文直公奏折》卷1，第14—16页，《停止海军报效折》。

年至十二年，平均每年仅超过半数；十二年以后，海军经费虽云拨归海军衙门，但情形却依然未见好转，有时甚至还不如以前。北洋海军每年原需170余万两，经过一再删减，最后仅余90余万两，捉襟见肘，维持经常的人事经费已甚勉强，至于再增加装备，则更为不可能。[①]

2. 政府之滥拨滥用：即使如此少量的海防经费，政府还要不断地向之动脑筋，借故滥加挪用。计先后奉旨借拨晋豫赈银20万两，借拨晋省赈粮银10万两，代购豫省赈粮借拨银12万两，直省采买赈粮借拨银15万两，扣招商局借拨京城平籴资本银6万两，奉旨拨借河间开井费银4万两，添购京籴杂粮银3万两，合计共达70万两。再加上借拨滇案恤银20万两，合为90万两，几乎是北洋前三年收入的一半。此外，户部为了偿还西征军饷借款，又规定于各海关额拨南北洋海防经费四成洋税内扣除一半（100万两），影响北洋海军发展至深且巨。更为不幸的是，至光绪十七年，户部竟奏请停购船械二年，如此一来则更使北洋海军受到致命的一击。本来自北洋舰队成立之后即未再添一船一炮，至此则更是添购无望，而使其船炮日渐落于日本海军之后。甲午海战之失利，虽然原因甚多，但日本的快船快炮确亦为其取胜之一主要因素。[②] 由上可知，清廷之对于海军的建设是如何的漠不关心。至于开募海防捐、筹借洋款、集捐万寿山工银，动辄一二百万，名虽为海军，实则皆为修建三海及颐和园工程，其视国事如儿戏，实在是举世少有的荒唐之事。[③] 他国不论，反观东邻日本其对海军建设即为不然，既有制度，又有远见。当在明治三年（1869）五月即订下"二十年海军扩张计划"，按部就班，逐步实施，而将其海军纳入正轨。十五年（1882），又提出"八年造舰计划"，将其舰艇大加扩充。十九年（1886）及二十四年（1891），再继续调整，以期可以与中国海军对抗。在海军经费方面也相应地不断增多，从明治四年（1871）的50万日元，增至明治二十年（1887）的1000万日元，军米20万石。[④] 除此之外，为了扩充海军经费，其政府并发行"海军公债"，追加海军预算，征课华族累进税，鼓励陆海军及驻外人员捐献每月部分所得。甚至明治天皇

①　李鸿章：《李文忠公全集》，海军函稿卷一，第10—12页，光绪十一年十二月十七日《筹议海军经费》。

②　《李文忠公全集》，奏稿，卷72，第35—38页，《覆奏停购船械裁减勇营折》。

③　参看拙著《中国近代海军史论集》，第236—237页附注82、83、84、85。

④　伊藤正德：《现代日本文明史》第4卷《国防史》，昭和16年东京，第98页。

亦先后拨出宫中用费60余万元，充作海军经费，以示倡导。① 两相对照，固然令人扼腕，但亦可从此看出中日两国基本国策之不同，海军战略之互异。日本旨在对外扩张，故其海军战略亦具积极性和攻击性；中国的国策旨在维护现况，故其海军战略则具消极性和防守性。此种战略思想，对于海军的发展实有决定性的影响。

结　　论

海军平时为国家外交的后盾，战时保卫国家的生存，关系于国防民生至深且巨。与陆军相辅相成，同为一国军备之必需。吾国因系陆权国家，对于海洋较为忽视；因之海上力量不振，自19世纪以来，屡受海权国家的侵凌。有识之士憬然于海军的重要，林则徐、魏源等均曾大声疾呼，要求建立近代新式海军。而曾国藩、李鸿章等洋务运动领袖，也多以发展海军为推展自强的主要目标。30余年间，先后建立了南洋、北洋、闽洋与粤洋四支舰队，其中尤以北洋最为翘楚。不料，甲午之役竟然全军覆没，其中的原因实在深值吾人反思。本文从历史的观点，追溯吾国海军现代化兴衰的关键，深感可由内在与外在两个层面着眼，或者牵涉到传统的社会思想、经济、政治制度；军事组织；外交导向等的深层结构；或者关系到近代国防自主、科技转移、财政结构等的复杂事项，皆使我国在发展近代新海军时受到许多意想不到的阻力与制约。

前事不忘，后事之师。检讨过去以策励将来。尤其是在海洋资源争夺日烈的今日，除领海的范围由3海里扩充为12海里之外，复将各国的渔业区伸展为200海里。以吾国在太平洋区及东南亚所处之地位，若无强大的海军，即难维护民族生存的空间，保卫领土主权的完整。知此，历史的教训，方可发生启迪的作用。

（原文载于戚其章、王如绘主编《甲午战争100周年纪念论文集》，人民出版社1995年版）

---

① 日本海军有终会编：《近世帝国海军史要》，昭和13年，东京，第205—206页。

麦吉芬与中国海军

［美］ 班福德 （Paul W. Bamford）

菲洛·诺顿·麦吉芬 （Philo Norton McGiffin，1860—1897） 在安纳波利斯海军学院时是一名特立独行的学生，他的表现时好时坏，最后终于毕业。但由于各种原因，他没有被任命为军官，其中部分原因是由于在这所学院毕业的学生中，只有少数人被实际任命为美国海军军官。失业后的麦吉芬在寻找机会，最后终于应李鸿章总督之邀，在中华帝国海军（北洋舰队）中得到一个职位 （1885）。在这以后的十年中，麦吉芬作为李鸿章北洋舰队中的少数外国人之一，尽职尽责，并对李鸿章忠心不二。和其他有些人不同，麦吉芬享有直接与李鸿章联系的特权，并以他的忠诚和办事得力，赢得了一个相对来说令人羡慕的职位。

在为李鸿章效力期间，麦吉芬根据李的命令至少担任过五种不同的工作。第一，担任天津北洋水师学堂教习，此间他尽职胜任，教学有方。第二，被派往国外从事"情报"使命。他曾于1886年被派往朝鲜（当时被认为是中国的附属国）去绘制某些海岸线的地图；他还曾出访日本，后来向李鸿章述职。第三，被派往英国驶回北洋舰队定购的外国炮舰[①]；使团首领是威廉·朗 （William Lang，旧译琅威理）。[②] 第四，

---

① 威廉·M. 朗 （琅威理），英国海军上校，李鸿章的顾问，为回避中法战争于1884年离开中国，1886年重返中国任职；1887年率团赴英，驶回中国在英国和德国定购的4艘军舰。1890年辞职。

② 中国在英国定购的舰只包括两艘小型巡洋舰，各2300吨（致远和靖远）；在德国定购的其他两艘各2900吨的舰只（经远和来远）也于同年（1887）造好，它们大概经由中国另外一使团驶回。参看下面引用的麦吉芬和弗兰克·马布尔的文章中公布的舰船表。

从英国回来后，麦吉芬受命参与在威海卫组建一所新的水师学堂的工作；历经拖延，这所小规模的水师学堂方才建成。第五，到1894年，麦吉芬已在中国服务10年；他被批准回家省亲（回美国）；但当中日之战爆发时，他却取消了休假计划，主动要求作为北洋舰队的一名军官出海作战。

麦吉芬被授以镇远舰管带帮办职位。镇远舰是北洋舰队中两艘7400吨级的德国造（1883年造成）装甲舰（称为铁甲舰）之一。这两艘军舰是当时中国火力最猛、武器装备最好的战舰，分别配有12.2英寸大炮4门。1894年9月17日，中日两国舰队相遇，在当时发生的鸭绿之战（黄海大战）中，这些大炮发挥了令人可怕的威力。当时这两艘中国战舰的表现异常突出，由于镇远舰管带开战不久便受伤失去指挥能力，该舰实际上是在麦吉芬的指挥下进行战斗的。在长达5个小时的海战中，作为镇远舰实际上的指挥官的麦吉芬由于多处受伤，大部分时间是在越来越困难的情况下指挥战斗的。他除了受到冲击波的创伤（部分地失明、耳聋）外，还遭到严重烧伤，并被弹片多处击中。但他得到了同舰其他中国军官，特别是杨用霖的协助。尽管这两艘中国战舰遭到日舰连续不断的猛烈炮击，舰上的装甲却能使它们幸免于难。对于中国的铁甲舰来说不幸的是，它们的进攻火力因供应给其6英寸炮，特别是12.2英寸巨炮的炮弹质量低劣且数量不足而受到削弱，不能发挥其优势。① 然而，尽管如此，两国舰队都遭受了严重损失。黄昏时，双方似乎都不愿再打下去了。剩下的中国军舰退到了旅顺港。

身受严重烧伤和弹伤的麦吉芬被移往美舰"莫诺克西号"，他在那里接受了几周的治疗后，又移到陆地继续养伤。他不顾听力和视力受到损害及其他外伤，仍接受采访，撰写报告，起草信件或新闻稿发往海外，尽管当时由于另外一名外国军官威廉·F. 泰勒（William F. Tyler，旧译泰莱）

---

① 关于12.2英寸炮弹供应不足的情况，见麦吉芬《鸭绿之战》，载《世纪杂志》1895年第601期；威廉·F. 泰勒《旅华回忆录》（Pulling Stringsin China，伦敦，1929年出版，第39—43页）；约翰·L. 罗林森《中国1839—1895年海军发展史》（Johnl. Rawlinson, *China's Struggle for Naval Development*，1839—1895，哈佛大学出版社1967年版，第148—150页）。泰勒评论说："对于中国舰船来说，非常严重的问题是弹药的极度缺乏。"

从中作梗，有些材料被删改或没被发表（或发出）。①

最后，在1895年初，由于据传日本人悬赏5000美元捉拿他，麦吉芬便辞去了在中国海军中的职务，在朋友的帮助下偷偷去了上海，并乘坐由上海驶往美国的一艘轮船回国。② 到达美国后，他先是在华盛顿和家人住在一起，接受地方报纸记者的采访和从事写作。但后来，持续的伤痛促使他决定到纽约市去寻求进一步的治疗。他在那里继续接受记者的采访，并且很可能是在别人的帮助下，设法完成并发表了他的关于鸭绿之战的文章（1895年5月）。他还就这一主题给海军战争学院的1895学期学员作了演讲。③ 他甚至还同时从事一些有报酬的工作，并在1895年秋天非常乐观地宣布他仍希望重返中国，但又说还有许多医疗问题未能解决：头部的伤痛尚未痊愈，另外还有一大堆令人头痛的问题和治疗。④ 后来，麦吉芬在给朋友的一封信中说"医生们极力劝他进行某种手术"。关于未来的外科手术，麦吉芬曾这样评论说："我知道我的脑壳将要被切下一块大约3平方英寸的骨头，切掉大脑中央附近的这根神经，我的眼睛也要被取出来（只需要几个小时，如果丢不了还能找到的话）……我忘了死亡的比例是多少，那无关紧要，但是……有很大一部分人变成了神经病，有些人则成了瞎子。"⑤

---

① 泰勒，1865年生，比麦吉芬（1860年生）小5岁。两人都野心勃勃，为了得到李鸿章的宠爱并在北洋舰队中得到一个位置而明争暗斗。在甲午海战中，他们同时分别在两艘铁甲舰上得到了显然高低不等的位置，麦吉芬在镇远舰，泰勒在定远舰。麦吉芬在他为李鸿章效力的十年中，已多次得到李的厚爱和提携，因而在鸭绿之战中被授以显著位置。他们都表明他们对这次战争的重大意义、起因、特点和后果有所了解。同样也非常聪明的泰勒在当时和后来处处阻碍和贬低麦吉芬。他在35年后还这样写道："鸭绿之战后……我到达［港口］后所做的第一件事就是提防麦吉芬捣乱。我知道他将成为一个鸭绿狂并往外拍了许多电报，所以我便安排了一名新闻检查官，并恰巧及时地扣留了［麦吉芬］向外界发的一份电文，其大意是说我们已经取得了一场辉煌的胜利。"（见泰勒《旅华回忆录》第57页，并参看第58—60页各处）泰勒与中国海军中主要由英国人和德国人组成的外国人顾问团的良好关系，有幸使他能够进行许多幕后操纵。由于麦吉芬因受伤而退出竞争，加上海战后许多军官职位出现空缺，泰勒终于在清军围攻威海卫时得以提拔。据笔者所知，在麦吉芬后来发表的文章或对记者的谈话中，没有一处表明他相信某一方或哪一艘军舰取得了"辉煌的胜利"，泰勒事后的这种指责完全是凭空捏造。

② 根据李·麦吉芬所说，麦吉芬确确实实是在朋友的帮助下偷偷到上海去的。

③ 《阿尔弗雷德·塞耶·马汉书信文章集》（罗伯特·西格尔二世与多丽丝·D.马圭尔编，安纳波利斯1975年版）第2卷，第416页。

④ 《纽约每日论坛报》1895年9月29日第13版。

⑤ 引自理查德·哈丁·戴维斯《菲洛·诺顿·麦吉芬舰长》，见《命运的真正战士》，纽约1906年版，第173—174页。

他对治疗前景冷嘲热讽，不当一回事，但知道凶多吉少。就在写下这封信不久，由于严重的疼痛越来越厉害，加上担心将来的头部手术，他决定以自杀来结束自己的痛苦挣扎，并真的在 1897 年 2 月 11 日付诸行动。[①]

可以理解，"麦吉芬的故事"当时不但使得宾夕法尼亚州西部竞相报道，纽约的一些报纸也闻风而动。它们报道他的身体状况，他在中日甲午战争中的经历，以及他对后期战争（当时经常被称为朝鲜战争）的看法。中日甲午海战被认为是加深了解海军技术变化的一次机会，而麦吉芬则是人们所知道的唯一一名参加这次海战的美国人。因此，麦吉芬精心撰写并在《世纪杂志》上发表了他亲眼所见的甲午海战的"非技术性"的细节描述。[②] 他的回忆至今仍被认为是重要的现场见证材料。在那一时期，麦吉芬的这些回忆文章立即（也许有些过于匆忙）得到了许多评论家，包括非常权威的前海军史专家阿尔弗雷德·塞耶·马汉（ALfred Thayer Ma-han）的高度赞赏。[③] 此后不久，《美国海军学院论文汇编》等又发表了由

---

① 关于自杀的报道，见《纽约每日论坛报》1897 年 2 月 12 日第 1 版。

② 麦吉芬：《鸭绿之战：中国铁甲舰镇远号指挥官的个人回忆》，载《世纪杂志》1895 年，第 585—604 期。在他的文章发表时，麦吉芬声称他一点也不打算再把文章写成"一种专业报告"，而事实上，他的文章既是技术性的又是专业性的。这篇文章得到了同时代许多海军作者的交口称赞；但是，威廉·泰勒在他 1929 年出版的那本书中表达了相反的看法，称麦吉芬的"文章对他的所见所为作了精彩而完全虚构式的描写，并用他那用绷带裹得严严实实的许多伤口来炫耀自己"。（见泰勒《旅华回忆录》，第 58 页）

③ 阿尔弗雷德·塞耶·马汉：《鸭绿之战的教训》载《世纪杂志》1895 年，第 629—632 期（马汉对麦吉芬文章的评论于同期刊登）。《世纪杂志》的编辑罗伯特·约翰逊（Robert John-son）曾邀请马汉为麦吉芬的文章写一篇 2000 字的评论；马汉写了近 4000 字，对麦吉芬的整篇文章作了有力的评价。马汉不仅愿意而且急于对麦吉芬的文章作出评论，这也许部分的是出于经济上的原因（马汉是卖文为生）。但是，马汉显然是在专业方面感兴趣，如果马汉自己当时不曾帮助安排麦吉芬后来访问海军战争学院，那反倒会令人吃惊。通过这次访问，麦吉芬计划给海军战争学院的军官们只作一次的演讲扩大成了 3 次，时间是在 1895 年 6 月到 10 月 1 日之间。（见《马汉书信文章集》第 2 卷，第 416—418 页；罗伯特·西格二世《阿尔弗雷德·塞耶·马汉其人其信》（安纳波利斯海军学院出版社 1977 年出版，第 327—328 页）威廉·泰勒也承认，麦吉芬"在美国参谋学院讲学，并成功地被相当认真地对待了一番"。麦吉芬确实受到了非常认真的对待。一份曾公开发表的海军战争学院 1895 学期报告《摘要》评价麦吉芬的演讲是"对现代海上战争实际情况的适时而重要的观察材料"，它"不能被详细地披露……（因为）他为战争学院的军官们所作的评论"都是"机密"。这份摘要是海军战争学院海军历史资料征集处主任伊夫林·M. 彻派克在 1994 年 1 月 25 日给笔者的信中提供的。但是，麦吉芬的宿敌威廉·泰勒仍不解心头之恨，他称麦吉芬的"大脑得了一种奇怪的毛病"，他甚至在鸭绿之战前"就有点神经不正常"。（见泰勒《旅华回忆录》）

美国和外国的海军军官撰写的其他一些论文和许多讨论文章。① 许多评论家从鸭绿之战中吸取了教训，并用赞赏的口吻提到麦吉芬的那些早已为人们所熟知的观点及发表在《世纪杂志》上的文章。

但是，公众对麦吉芬的兴趣在 1897 年很快便消失了。在验尸陪审团的报告和验尸官的判定证实麦吉芬确实完全是自杀后一个月，《纽约每日论坛报》就评论说："鸭绿英雄是一个自杀者。"麦吉芬所剩下的那点荣耀，也在他于日记中表达的最终愿望被公开曝光后不久烟消云散。② 从那以后，麦吉芬的名字便从报纸上完全消失了。

麦吉芬死后，关于他的第一篇大块文章是在大约 10 年以后发表的，其作者是麦吉芬童年时代的忠实朋友、新闻记者理查德·哈丁·戴维斯（Richard Harding Davis）。戴维斯的文章是一篇受到公众称赞和欢迎的作品，然而不幸的是，它既不是对麦吉芬生涯的准确、公正的叙述，也不是作为记者的戴维斯的光荣。③ 不过，戴维斯的这篇存有许多疏漏和缺点的广为流传的文章，却有助于把早些时候出现的几篇简短的文章和百科全书词条进行的那种错误描述牢固地确定下来。后来又出现了其他一些文章，但似乎很少有作者去发掘和利用严肃的文件资料。从那以后，戴维斯的这篇唾手可得的文章便被那些为麦吉芬撰写"生平简略"的人大量应用和引用。直到 20 世纪 90 年代，那些不依据有关文件资料撰写关于麦吉芬的文章和论文的作者，包括一些掌握严肃的史学家技巧的知名作家，仍在习惯性地沿袭前人的错误。甚至连声誉卓著的《美国传记辞典》（DAB）的历史编辑们，也不肯修改前版中的错误，而是自 1961 年以来就将有关麦

---

① 以下关于鸭绿之战和麦吉芬刊于《世纪杂志》上的文章的分析以及人们关于这一问题的讨论，载于 1895 年《美国海军学院论文汇编》。

② 《纽约每日论坛报》，1897 年 2 月 12 日：《鸭绿英雄是一个自杀者》，见第 1 版，共 3 版；1897 年 3 月 11 日，验尸陪审团和验尸官的报告，见第 12 版，共 6 版；1897 年 4 月 10 日，《麦吉芬指挥官的信仰》，摘自麦吉芬最后的日记，见第 5 版，共 5 版。

③ 戴维斯的文章《菲洛·诺顿·麦吉芬舰长》（147—175 页）颠三倒四，次序混乱，这是他为哗众取宠而惯用的风格，它毫无根据地声称："几乎所有参加中日甲午海战的中国军官都是麦吉芬的学生"，在戴维斯这篇长达 28 页的文章中，图片占 4 页，关于麦吉芬在安纳波利斯求学时的不良行为的讨论占 4 页。引用麦吉芬给他母亲的一封信的内容占 7 页。甚至连戴维斯所用的标题都不对；麦吉芬不是舰长。鸭绿之战时，他的官衔是舰长助理（管带帮办），他自己也是这么说的。

吉芬的词条原封不动地一版再版。①

也许是由于再也无法忍受现有的各种出版物中的各处错误。麦吉芬家族才决定支持由一名家族成员来负责为麦吉芬修立一部篇幅更长、内容更为严肃的传记的想法。李·麦吉芬自告奋勇，承担起了这一任务。② 她以一个文化人的冷静，最终完成了意图显然十分明确的书稿，取名为《黄海海战中的美国人》（1968 年出版）。③ 该书篇幅不算长，只有 160 页。它是我们目前所能见到的唯一一本麦吉芬传记。但是，在职业方面，李·麦吉芬是一位女记者和儿童读物作者。值得称赞的是，当她撰写的麦吉芬传出版时，她至少已经有 12 本儿童读物出版，其中有些还获了奖。她坦率地承认，由于受所处环境的限制，她在撰写麦吉芬传时，不得不过多地依赖她的家族所收集的有关麦吉芬的文章资料，而不曾大量利用其他文件，如国外出版的著作和文章，以及虽然知之甚少但很可能极有价值的中文资料。④

在答复笔者对有关麦吉芬材料的问询方面，同档案保管人员和图书馆工作人员一样，中华人民共和国、英国和美国的史学工作者都采取了合作的态度，并给了笔者很大的帮助。最近 40 年来，研究中国海军发展的历史学家们撰写并出版了大量论著。由中华人民共和国山东社会科学院历史

---

　　① 在麦吉芬死后，关于他的文章和百科全书条目（都存在许多事实和翻译上的错误）主要有：a. 帕克·本杰明：《菲洛·麦吉芬的故事》，载《陆军与海军杂志》第 34 卷 25 期，1897 年 2 月 20 日出版。b. A. T. C. 普拉特：《时代名人》（1896）2 卷本。c.《全美传记百科全书》（1898）第 25 卷。d. B. J. 洛卒：《哈泼美国历史百科全书》（1902）10 卷本。更近些的文章也存有夸大之词和错误：e.《美国名人录（1607—1896）》（芝加哥 1950 年出版）修订本（1967）第 417 页。f.《美国传记辞典》（1961，编辑杜马斯·马隆）第 6 卷第 2 部分，第 48—49 页（用的是克罗尔·S. 艾尔登从 1930 年版中照搬来的有错误的条目）。g.《哈泼军事传记百科全书》（1992），第 469 页。

　　② 李·麦吉芬，1908 年生，1937 年与历史学家诺顿·麦吉芬结婚。1931—1937 年在纽约州锡拉丘兹市和布法罗市任报纸专栏作家和时尚版编辑；1937 年后任自由杂志撰稿人和儿童读物作家；曾因撰写儿童读物多次获奖。她的最后一部著作是《黄海海战中的美国人》。

　　③ 全称是《黄海海战中的美国人：菲洛·诺顿·麦吉芬，中国海军中的美国舰长，1885—1895》。

　　④ 李·麦吉芬在其前言中曾提到，关于菲洛·麦吉芬的"汉文"译称，她曾得到别人的帮助。作为文献目录，她列了一张书单，但关于她的材料来源（大部分是未公开的家族书信）她没有加以注释说明。似乎从未有人对她的这本书作学术上的评论。该书也很少被大学和公立图书馆购买，捐赠给图书馆的若干本被归入了"少年读物"一类。在美国和加拿大各图书馆进行的一次电脑调查表明，各学院、大学和公立图书馆共藏有该书不到 125 本。

研究所（戚其章教授）发起主办，定于 1994 年秋举行的中日甲午战争 100 周年国际讨论会的准备工作正在进行。所以，利用最近出版的论著和新发现的文件，现在可以再撰写一部新的麦吉芬传了。①

（原文载于戚其章、王如绘主编《甲午战争 100 周年纪念论文集》，人民出版社 1995 年版）

---

　　①　在从事这一方面研究的中国学者中，笔者所注意到的中文论著主要有：a. 姜鸣：《龙旗下的舰队·近代中国海军的兴衰》，上海交通大学出版社 1991 年版。b. 戚其章：《北洋舰队》，山东人民出版社 1981 年版。c. 张侠等合编：《清末海军史料》，海洋出版社 1982 年版。自约翰·罗林森 1957 年出版了他那部如今已成为经典之作的《中国 1839—1895 年海军发展史》以来，也已有许多英文著作问世。朱昌峻在其论文《中日甲午战争：一个美国人的初步评价》中列出了一些。戴维·庞的《沈葆桢与中国十九世纪的现代化》一书（412 页）今年刚由剑桥大学出版社出版，目前笔者尚未见到该书。

日军旅顺屠杀研究

关　捷

甲午中日战争期间，日军在中国的罪行，擢发难数，罄竹难书。

1894 年 11 月 21 日，日军攻入旅顺口后，从东向西沿街挨门逐户搜查，不分男女老幼，见人就杀，杀完街内百姓，又到郊区搜山，杀人惨状，目不忍睹。在这场惨绝人寰的血腥屠杀中，约两万名中国人死于日军屠刀之下。

这场惨剧中的中国人是受害者，幸存者曾以悲愤之情控诉日军暴行，研究者在许多著述中揭露日军屠杀暴行，以警后人；当事的日本杀人凶手却讳莫如深，政府首脑则竭力辩解，研究者有的直言不讳，有的则轻描淡写，也有的试图抹杀，目睹惨状的西方人是见证人，他们发往世界各地的报道，比较真实地反映了这一事件的经纬。这场大屠杀曾激起各国舆论的谴责。然而，关于日军制造旅顺屠杀的一些问题，诸如是日军士兵自发的偶然事件，还是日军司令官的有计划屠杀；屠杀几天；杀害多少人；当时世界舆论如何；日本又是如何辩解；怎样估价这场屠杀的严重后果与恶劣影响等，并未取得世人之共识。日本的一些著作竟然不顾历史事实，认为屠杀一是报复清军肢解日军俘虏；二是杀害的是换了百姓服装的清军士兵；三是当时的报道夸大了，等等。

事实真相究竟如何呢？本文仅将中、日、英文史料进行综合分析，以揭示日军在旅顺实行屠杀的本来面目。

一　自发事件，还是有计划屠杀

1894 年 12 月 1 日，日本外务大臣陆奥宗光致外务次官林董电称：日本军队遵守纪律，"若有如阁下所云之事实（日军于旅顺屠杀行为——引者），亦必有起因"。① 这个起因系指所谓清军"凌辱"日军，日军受到"刺激"，而实行的"报复"。②

言外之意：其一，日军的屠杀是自发的；其二，日军之所以进行屠杀是由于受到刺激而进行报复。对此，首先必须澄清，日军真的受了某种"凌辱"和"刺激"吗？

日本所说的日军的士兵受清军"凌辱"，系指11月18日土城子战役的日军死亡问题。事实上，11月18日，日本第二军骑兵第一大队长秋山好古少佐、步兵第二旅团长西宽二郎少将分别率部进犯土城子，遭到徐邦道拱卫军、卫汝成成字军迎头痛击。此战相当激烈，据日军二等中士川崎荣助在日记中记载：双方激战数小时，"炮声如雷，弹如雨注，硝烟弥漫，笼罩原野，彼我难辨……我军苦战之状，实非笔墨所能尽述"。③ 日军战败，狼狈逃窜，丢下伤员和尸体而不顾，有的伤兵按武士道精神剖腹或"割喉而死"。④ 此次战斗中，清军击毙日步兵小队长中万德次中尉以下12人，伤浅川敏靖大尉等43人，合计死伤55人。⑤ 此战日军败北，官兵均感意外，丢了面子，异常恼怒，伺机发泄。日军的伤亡和自刎，不应视为清军的"凌辱"。

毋庸否认，土城子战后，清军确"曾斩（日军死者）馘，归悬于旅顺市"。⑥《中东战纪本末·朝警记十》载：日兵数名曾"被华军获而尸诸市"。⑦ 这种做法是清军对日军侵略暴行的愤慨而采取的过激行为。但是也应了解，中国古代战时即有割取所杀敌人左耳用以记功，对罪大恶极者杀一儆百示众的做法，清军的做法与此类同。

<hr>

① 日本外务省编：《日本外交文书》卷27，原书房1978年版，第935号文件，第607页。

② 同上书，第936号文件，第607页。

③ 河村直等编：《日清战争实记》，第14编，博文馆1895年版，第20页。

④ 同上书，第12编，第4—5页。

⑤ 据《骑兵中尉某致友人书》、《川崎荣助军曹日记》：日军骑兵死1人，伤5人；步兵死12人，伤43人；计55人，向野坚一《从军日记》说伤亡48人。

⑥ 姚锡光：《东方兵事纪略》卷二金旅篇第4，《中日战争》（一），上海人民出版社1957年版，第41页。又见龟井兹明《日清战争从军写真帖——伯爵龟井兹明の日记》，日本柏书房1992年版，第142页。

⑦ 蔡尔康编译：《中东战纪本末·朝警记十·奉天之战（四）》卷四，上海广学会1897年版，第45页。

　　这种做法引起了"倭人恫怨"和愤慨，有的甚至扬言要吃清兵的肉。① 三田村龙之介在《日清战争记·金州旅顺之大战》中，叙述了日本军在土城子败北和死伤者受到清军"凌辱"后的报复行动："敌兵（指清军——引者）的残忍激怒了我军，师团长（指第一师团长山地元治——引者）命各将校进行报复，各部队在视察了战斗状况后进攻旅顺并进行屠杀，我军对敌人没有丝毫宽容，稍有抵抗的人，秋山（好古少佐）便立即将其杀死，二十一日一战，街道上横尸千余具，在此后，每天都屠杀数百人，真是伏尸成山。血流漂杵。"②

　　随第二军到土城子的日谍向野坚一在《从军日记》中写道：山地元治命令士兵"如果见到敌兵一个不留"，所以当山地见到第三联队任意杀人时，未加制止，却嘱咐部下：对此"不许轻易对外泄漏"。③ 这就是外国记者所说的日军"督兵之员不能临时禁止"。④ 美国《纽约世界》记者克里曼（James Creelman）也指出："日本统帅与其分统，非不尽知连日屠杀。"⑤ 也就是说，日军指挥官对屠杀采取默许态度，否则屠杀不会延续 5 天（屠杀天数，后面考证）。向野坚一在 1924 年 9 月 23 日金州民政署纪念日谍三崎（山崎羔三郎、钟崎三郎、藤崎秀——引者）被处死的会上的讲话中透露："在旅顺，山地将军说'抓住非战斗员也要杀掉'……旅顺实在凄惨又凄惨，旅顺口内确实使人有血流成河之感。"⑥

　　从上述资料可得出以下结论：

　　第一，对清军"凌辱"日军俘虏的说法，应具体分析。土城子战斗中，日军仅毙命 12 人，其中有战死者，也有自刎者，但是究竟几人战死，几人自刎，目前发现的资料均无记载。至于陆奥在 12 月 16 日说清军惨杀日军俘虏，烧死或钉死在架子上⑦，毫无证据，而且是在屠杀事件发生 25

　　① 龟井兹明：《日清战争从军写真帖》，第 142 页。
　　② 《日清战争记·金州旅顺之大战》，日本大阪松云堂 1894 年版，第 66 页。1895 年大阪青木嵩山堂出版之村松恒一郎《日清海陆战史》中亦叙述了日军"发誓为死难者报仇"（第 30 页）。
　　③ 向野坚一：《从军日记》，1932 年油印本，大连图书馆藏。
　　④ 见《北洋大臣来电》（光绪二十年十二月十五日到电报档），《清光绪朝中日交涉史料（2233）》卷 27，故宫博物院 1932 年版，第 39 页。
　　⑤ 《倭寇残杀记》，《中倭战守始末记》卷二，第 26 页。
　　⑥ 向野坚一：《三崎山追忆》，1932 年油印本，大连图书馆藏。
　　⑦ 《日本外交文书》卷二十八，第 943 号，第 610 页。

天之后的训令中提到的，很难说不是为解脱日军罪行编造的谎言。如所周知，陆奥提到的屠杀手段恰恰是日军在旅顺大屠杀中之所为，目睹杀戮的外国人向世界所作之大量报道和旅顺幸存的中国人可以做证。

第二，日军旅顺屠杀不是士兵的自发行为，而是师团长山地元治部署的有组织有计划的行动。这样一次大规模的持续 5 天的大屠杀，如果不是日军依照战场指挥官的命令或得到更高层次的第二军司令官大山岩之默许，那是不合情理的。

第三，日军大屠杀不是"报复"，而是泄愤。如果仅仅是报复，为何连杀 5 日，几乎全城屠尽？报复清军，为何屠杀妇女儿童？如果说日第二军自花园口登陆，攻金州，占大连湾，所向无阻，骄横不可一世，却在土城子遭到惨败，丢了颜面，因此日军产生了以屠杀发泄怨气的心理。这倒是合乎逻辑的。

第四，两军交战，必定互有杀伤，但是杀害俘虏和百姓却是违背人道和国际公法的。清军官兵为保卫国家，对侵华日军进行抵抗，是无可指责的，至于个别士兵出于义愤，产生过激行为，这种错误在战场上也是难免的。日本在这种个别问题上大做文章，不过是转移视线，制造屠杀借口而已。

二　屠城日期与杀害人数

日本既不承认旅顺屠杀事实，自然也不会招认屠杀日期。目前，对日军旅顺屠杀的日期说法不一，有 3 天、4 天、3 天 4 夜说。

1894 年 12 月 13 日登莱青兵备候补道刘含芳在致李鸿章电中说："前月廿五六七八等日（阳历 11 月 22—25 日）搜山，廿九日（阳历 26 日）即不杀人。"① 文中未提及 21 日的市内屠杀，仅说 22 日开始搜山，屠杀 4 天。詹姆斯·阿伦（James Allan）在回忆录《旅顺落难记》中也认为屠杀 4 天。②

事实上，11 月 21 日日军进入旅顺后即开始了屠杀。21 日中午，日军

---

① 《刘含芳谏电》1894 年 12 月 13 日，《清光绪朝中日交涉史料》（2159 附件一），《中日战争》三，第 277 页。

② James Allan, *Under the Dragon Flag*, London, 1898, p. 79.

攻下鸡冠山炮台及附近的临时炮台后，长驱直入旅顺，步兵第二联队长伊瀬知大佐率领下的各队对败兵（指清军——引者）进行扫荡。① 12 月 2 日，东京《日日新闻》和《朝日新闻》以炫耀的口气提到第二联队先行前进，"屠杀了潜伏在旅顺市内的敌兵"。② 河村直编《日清战争实记》也承认日军"屠杀了潜伏于旅顺市内的败兵（实为百姓——引者）"。③ 由此可见，21 日应是日军屠杀之第一天。22—25 日，日军边在市内屠杀，边搜山，即对旅顺郊区和逃进山林里的百姓进行屠杀。日军第一师团野战炮兵第一联队辎重兵小野六藏在日记中谈到 22—25 日旅顺屠杀情形，其中 23 日的日记写道："搬运行李到米河子途中，看到被捉的 3 名中国人由炮兵中士松井斩首，到底为何我不知道。"④ 乘坐"吉野"舰的东京《日日新闻》特派员横川勇次于 11 月 26 日于旅顺登陆后，还看到日军将抓来的中国人捆在一起的情景。⑤ 可见，日军屠杀计 5 日，加上夜间，即 5 昼夜。3 天、4 天或 3 天 4 夜说都不准确。关于屠杀人数日军竭力隐瞒，并一再宣扬他们在旅顺俘虏的 355 名中国人受到了"仁慈"待遇，还被送往东京。⑥ 可是日军不说明将俘虏送往东京的原因。中国较早记载日军杀害旅顺人数的是 1896 年（光绪二十二年）清朝提调太仓顾元勋主持竖立的"万忠墓"碑，碑文中记载"官兵商民男妇被难者计一万八百余名口"。⑦ 1948 年旅顺各界为纪念当年牺牲的中国人民重修万忠墓。《重修万忠墓碑文》载："我同胞之死难者凡二万余人。"⑧ 依据旅顺博物馆曲全林考证为 1.8 万人。⑨ 孙宝田依据长时间实地考察，认为被杀者达 1.9 万多人，其中抬尸扛队所记"实有一万八千三百余骨灰，以柳木棺三口盛之，丛葬于白玉山东麓"，另外有家人领走千余具尸体另行安葬。⑩

① 日本参谋本部编：《明治二十七八年日清战史》第 3 卷，东京印刷株式会社 1904 年版。
② 山本忠辅：《旅顺口占领详报》，《朝日新闻》1895 年 12 月 2 日。
③ 《日清战争实记·旅顺口的陷落》，《中日战争》（一），第 256 页。
④ 《小野六藏日记》，1895 年 10 月印刷，日本国会图书馆藏。
⑤ 横川勇次：《海上の音信》（第八），东京《朝日新闻》1894 年 12 月 7 日。
⑥ 《关于旅顺口事件善后训令》，《日本外交文书》卷二十七，第 943 号，第 610 页。
⑦ 《万忠墓碑文》，存于旅顺万忠墓。
⑧ 《重修万忠墓碑》，存于旅顺万忠墓。
⑨ 曲全林：《万忠墓记》，政协大连市委员会文史资料委员会编：《甲午战争在大连专辑》，《大连文史资料》第 4 辑，第 73 页。
⑩ 《旅大文献征存》（手抄本），大连市图书馆藏。

而日本人的说法，则差距相当大。充当日本第二军法律顾问之有贺长雄仅说："在街道上的尸体总数大约有 2000 人，其中 500 人是非战斗者。也有渡港湾而要逃跑的人被开枪打死的，因此水中也有许多死尸……二十二、二十三、二十四这几天间，看见有少数日本兵士用绳子把中国人三三五五地绑在一起拉往郊外，也就是说拉出去杀死。"①

后来的研究者，如藤岛宇内在《从屠杀地"满洲"归来》论文中说，日军屠杀 6 万人。从詹姆斯·阿伦的《旅顺口落难记》中得知日军用最新式武器屠杀中国平民、妇女儿童达 6 万名。②

陆奥在《蹇蹇录》中回避了日军屠杀人数，只在注释中引用了英国国际公法学者胡兰德（Huland）博士关于全市内仅剩掩埋其同胞尸体的 36 人③的数字。

其实未被杀的不仅有 36 人。因为据参与抬尸的鲍绍武说，日本人怕尸体腐烂，引起传染病，"就抓了八九十人去抬尸"。④ 这些人没有被杀。另外有逃到山东的百余人⑤，逃往外地的和外出未归者四五百人，还有躲在英国洋行内三百余人，以及和顺戏院演员八九十人。⑥ 总计旅顺口当时未被屠杀者，应有 760—880 人。

被杀者中士兵与百姓各有多少，这是很难统计准确的。桥本海关说"清兵死于旅顺者凡二千五百人"。⑦ 蒲雷（A. M. Pooley）说清军"约死二千人"。⑧ 河村直说：旅顺战役中"华军的死伤达四五千人"。⑨ 克里曼说："旅顺之战场所死者，华人（清军——引者）不逾百人，惟无军械在手之人（平民——引者）被杀者至少 2000 人。"⑩ 以上 4 人中，河村直的

---

① 有贺长雄：《日清战役国际法论》，日本哲学书院 1896 年版，第 109 页。

② 藤岛宇内：《从屠杀地"满洲"归来》，《潮》1972 年 9、10 月。但是在阿伦的书中，并未提到具体屠杀数字，6 万人显然是夸大了。

③ 陆奥宗光：《新订蹇蹇录》，中冢明校注，日本岩波书店 1983 年版，第 126—127 页。

④ 《旅顺大屠杀见闻》，《旅顺博物馆调查资料》，《大连文史资料》第 4 辑，1988 年版，第 60 页。

⑤ 见《北洋大臣来电一》（光绪二十年十二月十三日），《清光绪朝中日交涉史料》（2217）。

⑥ 孙宝田：《旅大文献征存》（手抄本），藏于大连市图书馆。

⑦ 《清日战争实记》卷九，东京博物馆 1895 年版，第 310 页。

⑧ 《中东战纪本末三编》卷二，第 18 页。

⑨ 《日清战争实记》第 18 编，东京博物馆 1895 年。

⑩ 《中倭战守始末记》卷二，第 26 页。

数字是未将清军死伤人数分开，克里曼称清军死"不逾百人"，又过少。

综合以上资料，唯清军被杀 2000—2500 人，平民被杀 1.75 万—1.8 万人，总计被杀约两万人较准确。

三　舆论谴责与日本的辩解

某些曾活动在旅顺屠杀现场的西方记者，目睹日军对中国人残酷屠杀，"欲救之，但不能止"。① 他们不顾风险，将日军的屠杀暴行的报道发往世界各地。

旅顺大屠杀的第 4 天，即 11 月 24 日，美国《纽约世界》记者克里曼即向国内发回通讯（摘其数句）；"我亲眼看见旅顺难民并未抗击犯军"，"我见一人跪于兵前，叩头求命，兵一手以刺刀插入其头于地上，一手以剑割下头颅"；"有一人由屋脊跌下街心，兵以刺刀插十余次"，"予与威利阿士（Frederic Villiers《黑白画报》记者），见二兵曲身一尸之旁，甚为诧异……此二兵已将尸首剖腹，剜出其心"。②

12 月 1 日，《泰晤士报》记者在与陆奥宗光会面时质问：日军"杀害捆缚之俘虏或平民特别是妇女之事，不仅为欧美各报社记者所目睹，且为各国舰队之军官乃至英国海军中将等亦于现场所亲见，日本政府将采取何种善后措施?"③

12 月 28 日曾在旅顺目睹日军屠杀的美国驻日领事馆武官海军上尉欧伯连（M. T. O'Brien）从金州给英国驻日公使谭恩（Dun Edwin）写一份报告，其中写道："我看见一些尸体，双手缚在背后"，"我也看见一些被屠杀者的尸体上有伤，从伤痕可以断定他们是被刺刀杀死的，从尸体的地点看，可以确定他们死前未曾抵抗"；"抢掠一直进行到完全抢光，直到再没有什么可抢的时候才停止"。④

这些报道、报告，首先震惊了西方世界。一些正直的人纷纷谴责日军之暴行。《世界》杂志刊文抨击道："日本是披着文明的皮而带有野蛮筋

---

① 《中倭战守始末记》卷二，第 24—25 页。
② 同上。
③ 《日本外交文书》卷二十七，第 935 号文件，第 606 页。
④ Dun Write to W. Q. Gresham（Jan 7th, 1895）App. *Foreign Relations of the U. S.* 1894.

骨的怪兽，日本今已摘下文明的假面具，暴露出野蛮的真面目。"①

　　一些国家政府反应亦甚强烈，美国驻日公使谭恩会见陆奥时说："如果此时日本政府不采取一定善后措施，迄今日本所获之名誉，必尽消失。"俄国驻日公使希特罗渥（Hitrawo）拜会陆奥谈到旅顺事件时态度"冷淡，令人可怕"。陆奥感到有四面楚歌之势，急电伊藤说："此等事实如最终不能否定，应有一定善后的考虑。"②

　　美国国务卿格莱星姆（W. Q. Gresham）为美日已达成缔结改证条约协议，并即将由参议院通过而为难，特告日本驻美公使栗野慎一郎："若日军在旅顺口屠杀中国人传闻属实，参议院的通过必将引起极大困难。"③

　　日本政府对旅顺屠杀事件究竟应该采取什么措施？如果日本像他们自己所说的是"文明"国家，按照常规：第一向中国赔礼道歉，乃至谢罪；第二赔偿中国之损失；第三查处制造血案之凶手。但日本政府认为如此办理，就等于承认屠杀事实，而"承认错误危险甚多，亦非上策……莫如……致力辩护"。④ 于是日本政府采取了以下"措施"：第一，诡辩"事出有因"。12 月 1 日陆奥致电林董说："日本军队遵守纪律……所云（日军在旅顺的屠杀——引者）如果属实，亦必有起因"⑤，即攻击清军曾截肢日本俘虏⑥，于金州处死山崎羔三郎等 3 名间谍。⑦

　　第二，对善后问题置之不理。12 月 2 日，日本驻德公使青木向陆奥出主意："明智之举就是不理睬此事。"12 月 15 日锅岛外务次官将伊藤博文与大本营磋商之善后对策电告陆奥："此事的处置很棘手，莫如束之高阁，置之不问，而致力于辩护。"⑧

　　第三，收买新闻。12 月 15 日为了使伊藤与陆奥的辩解迅速传到各国，陆奥应允负担驻日的外国记者发往本国的电报费和在《纽约时报》、《瓦尔多》等报上的刊载费。

---

　　① 转引自《新订蹇蹇录》，第 126 页。

　　② 《日本外交文书》卷二十七，第 941 号文件，第 609 页。

　　③ 转引自《新订蹇蹇录》，第 127 页。

　　④ 《日本外交文书》，第 942 号文件，第 610 页。

　　⑤ 《日本外交文书》，第 935 号文件，第 606 页。

　　⑥ 《日本外交文书》，第 936 号文件，第 607 页。

　　⑦ 冈部四山：《旅顺に占领后谈——清兵の暴虐及ひ我军の屠杀》，东京《日日新闻》1894 年 12 月 4 日。

　　⑧ 《日本外交文书》，第 937 号，第 608 页。

第四，攻击报道。12 月 28 日陆奥在送给各驻外使节的辩解书附件中，攻击《世界》杂志记者的报道是"予以极大的夸张和渲染，以便达到耸人听闻的效果"。①

第五，作歪曲事实的辩解。12 月 16 日陆奥《关于旅顺口事件善后工作之训令》称：被杀的大部分是身着平民服装伪装成平民的士兵。"居民在打仗前就离开了"；"一些留下来的人受命射击和反抗"，"看到日本俘虏被肢解的尸体的残酷景象受到很大刺激"；日本人仍然遵守纪律；"俘虏大约 355 名中国人，受到友好对待，并在几天内送往东京"。②

大山岩在答辩书中则说：11 月 21 日傍晚开始到日落后一直持续战斗，"旅顺市街上将混在一起的士兵和百姓杀死，实属难免"。③

12 月 28 日，陆奥又将辩解④寄给驻各国使节，其主要内容是：指责旅顺事件是"误传"，"毁坏我军之名誉"；诬蔑清军"丢掉军服，穿上老百姓的衣服"，"秘密地携带武器"，"当他们被日军发现，就奋起抵抗，战斗到死"；攻击和平居民"受命开火和抵抗"；美化日军，受到刺激后，"还是遵守纪律"；再次重申俘获的 355 名中国人，"受到了仁慈的对待"。⑤

日本为回答英国著名学者胡兰德根据国际法对日本违背起码人道主义的批评，证明日本旅顺大屠杀的合法，在国际上挽回影响，派有贺长雄赴法国进行活动，并出版法文版《日清战役国际法论》，书中引用了日本国内未公开的大山岩答辩书，试图说明屠杀"是战术上的问题，而不是法律上的问题"。⑥ 日本以上措施，对外是"辟谣"，对内是统一口径，其基调是否认旅顺的屠杀事件。但是，历史事实是不容抹杀的。不仅目睹屠杀事件的外国记者、军官们证实事实的存在，连日本政府和官兵也供认杀人

---

① 《日本外交文书》，第 945 号附件甲号，第 611—612 页。
② 《日本外交文书》，第 943 号文件，第 610 页。
③ 有贺长雄：《日清战役国际公法论》，第 118—119 页。
④ 即公诸报端的《陆奥声明》，Dun Write to W. Q. Gresham （Dec. 20th. 1894），*Foreign Ralations of the United States*，1894。
⑤ 《日本外交文书》，第 945 号附件甲号，第 613 页。
⑥ La Guerre，*Sino-Japonaise au Point de Vue du droit international*，1896，Paris.

过多和有"许多无益之杀戮"。① 目睹屠杀的中国人更证实日军杀害了大量平民。

1951 年王宏照说:"鬼子把我二哥拖到南门外(水师营南门),用刺刀活活刺死。"

1963 年鲍绍武说:"当时我家有九口人,日本兵踢开门就冲进屋里,见人就杀,我在天棚上藏了起来才得幸免。"

1971 年苏万君说:"我走进几处住家,看见老的、小的都被鬼子砍死在炕上、地下。"

1976 年袁明广说:"我姨奶家十多口人被鬼子杀了十口。"

1976 年吴道德说:"我当时正在旅顺办事,身上被鬼子捅了很多刀,脸都看不清了。"②

日本士兵和随军记者的日记也记载了日军旅顺大屠杀的暴行。

步兵窪田仲藏在《从军日记》中写道:"看见中国兵就杀,看到旅顺市内的人皆屠杀,因此道路上满是死人,行走很不方便。在家里住的人也都被杀,一般人家也都有三人到五六人被杀,流出的血使人作呕。"③

龟井兹明日记载:1894 年 11 月 21 日亲见"路旁及涠河中敌兵(指清兵——引者)尸体和刀枪衣物无数"。23 日看到"东新街、中新街、西新街约 2000 户空无一人,路上尸体如山,血流成河,民房内家俱残破,纸张、鞋子等散乱狼藉,尸体鲜血淋漓",有的被砍头,脑浆迸裂,有的腹腰被切断,肠胃裸露,惨不忍睹。④

小野六藏在 1894 年 11 月 25 日日记中记录了日军屠杀居民的情景:"我们第一分队得到允许外出到旅顺市街散步,看到每家多者十多名少则二三名'敌尸',有白发老爷,还有婴儿一起被打死,白发老婆和媳妇手拉手横躺在地,其惨况不可名状……海上可看见漂浮的死尸……归来时改走另条路,途中死尸累累。"⑤

上述事实,铁证如山,谁也无法辩解。

---

① 《新订蹇蹇录》,第 127 页。

② 《旅顺大屠杀见闻》,《大连文史资料》,第 4 辑,第 58—62 页。

③ 转引自陈舜臣《江河流水录·小说日清战争》(下),日本中央公论 1981 年版,第 194 页。

④ 龟井兹明:《日清战争从军写真帖——伯爵龟井兹明的日记》,第 170、189 页。

⑤ 《小野六藏日记》,1895 年 10 月印刷,日本国会图书馆藏。

四 严重后果与恶劣影响

日本政府对日军在旅顺屠杀清军 2000 人，市民 1.8 万人的暴行，采取了掩饰和回避责任的态度。① 日本历史学家藤村道生指出，"这样一来，旅顺屠杀事件的责任问题就被搁在一边。但结果从日军的军纪来说，却产生了一个不能掩盖的污点，对残暴行为毫无罪恶感，以致后来又连续发生了这种行为。"② 事实正是如此，日军在山东半岛和辽东半岛上继续烧杀抢掠。

1895 年初，日本第二军改编为"山东作战军"。仍由大山岩任司令官。日军自 1 月 20 日从荣成湾登陆后，即行劫掠。2 月 2 日侵占威海城，日军官兵挨门逐户抢劫，"民间鸡豕竟吞噬，器皿钱财一掠空"③，"拆毁我房屋，搜取我衣物，糟蹋我的黍稷稻粱，屠杀我鸡犬牛羊"。④ 日军对具有反抗意识的民众大肆屠杀，仅在长峰、九家疃和海埠三个村庄就杀害45 人。⑤

1895 年 3 月 4 日，日第一军进攻牛庄前，司令官野津道贯竟特许各部队"自由征集物资"，以"尽可能地犒劳士兵"⑥，这就等于暗示士兵可以任意抢掠。5 日，日军奥保巩的第五师团与桂太郎的第三师团攻入牛庄后，"执剑挨户搜查，杀人无算"。⑦ 日本记者目睹了"尸积成山，尸山之间流出几条浑浊的血河"⑧，被杀民众达 200 人，9 日，日军攻入田庄台，野津令士兵将"可疑的房屋全部烧毁，镇内到处起火，黑烟笼罩了整个市街"。大火烧到翌日，"这座拥有数千户居民的繁华市镇终于变成了一片焦土"，侵略者却认为"此火扫荡了辽河对岸，清除了敌军据点，

---

① 参谋本部编《明治二十七八年日清战史》一书，完全掩盖日军的旅顺屠杀事件，明治三十七年东京印刷株式会社版。

② 藤村道生：《日清战争——东亚近代史的转折点》，日本岩波书店 1982 年印刷发行，第133 页。

③ 岳晓岩：《日本军》，《蜗庐杂咏》（手抄本）。

④ 《祭乙未殉难诸公文》，《丛氏钞存》（手抄本）。

⑤ 见戚其章《甲午战争史》，人民出版社 1990 年版，第 412 页。

⑥ 《日清战争实记》，第 23 编，第 28 页。

⑦ 同上书，第 32 编。

⑧ 同上书，第 23 编，第 32 页。

对我军可谓有利。"①

甲午战争后，对违背国际法，大举入侵中国，纵容日军肆意烧杀抢掠的军事指挥官，日本政府没有给予任何惩罚，反而视为英雄，予以表彰。如大山岩战后叙侯爵，1898 年晋升陆军元帅；野律道贯以功晋大将，授伯爵；奥保巩授男爵；桂太郎任台湾总督等。

甲午战后，日本政府狂热地奖励屠杀中国人民的战争罪犯，致使日本战犯，不但没有罪恶感，反而产生了自豪感。这就为日军后来继续侵占旅大 40 年，奴役东北 14 年，霸占台湾 50 年，犯下屡屡罪行埋下祸根。

1905—1945 年的 40 年，日本对旅大地区进行殖民统治，仅在旅顺"关东都督府监狱署"（今旅顺监狱），就关押过数千名中国人。其中多为中国抗日志士与和平居民。1930 年日本对 27.6 万人次施以酷刑，1940 年被折磨者达 44.3 万人次，被迫害致死者也逐年增加。1936 年因重刑而亡者达 150 人。② 1942—1945 年 8 月间，被累死、饿死、打死和绞死者有700 多人。1931—1945 年，东北沦陷的 14 年间，日本残杀群众无数。仅1935 年 5 月中旬，日本侵略者在吉林省吉林市老黑沟（今榆树沟乡）杀人放火达 5 天，日军把抓到的人用铁丝穿进锁骨，三五个人一串，然后用刺刀将其挑死，再扔进火海。或用铁丝捆绑居民双手，用木杆将 20 多人串起来，推入河泡溺死。全村 300 户 1000 多人全部被杀，成了无人村。③1936 年 5 月，日军放火烧毁白家堡子，枪杀无辜百姓 368 人。1937 年 4月到 11 月，日本在哈尔滨一带杀害民众 198 人。④ 1937 年 9 月，日军杀害修建孙吴县平顶树飞机场劳工 250 余人。⑤ 此外，日军还在抚顺、营口、虎石沟、辽源方家柜等地各杀害万余人。

第二次世界大战期间，日本侵略军不仅在中国实行"三光"政策，制造许多无人区，而且侵占东南亚各国后，所到之处亦进行多次大屠杀⑥。这

①　《日清战争实记》，第 24 编，第 18、24 页。

②　《关东局要览》，第 130 页。

③　《吉林老黑沟惨案被发现》，*The Journal of Studies of Japanese Agaression Against China*，1991/8，p. 51。

④　《四一五大逮捕》，《东北历次大惨案》，中华书局 1989 年版，第 119 页。

⑤　《黑龙江历史大事记》（1931—1945 年），黑龙江人民出版社 1986 年版，第 127 页。

⑥　1942 年 2 月日军在新加坡惨杀华侨、华人 3—4 万人，参见洪眉《日军对新加坡华人的大屠杀》，《纵横》1987 年第 5 期；马来亚柔佛的柔南华侨被日军杀害 3299 人，参见陈嘉庚《南侨回忆录》，第 379 页。

些暴行都是甲午战争中旅顺大屠杀的继续和重演，完全是由于日本政府的支持、包庇、纵容造成的。

迄今，绝大多数日本人都能正确认识，日本军国主义分子曾给中国人民带来怎样的严重灾难，有种赎罪感，愿意两国家永不再战，世世代代友好下去。然而也有极少数人，怀恋过去，参拜神社，修改教科书，热衷于日本变成军事大国，预谋对海外派兵，等等。这种人终将被历史潮流所淘汰。

（原文载于张海鹏主编《第二届百年中日关系史国际研讨会论文》，中华书局1995 年版）

旅顺屠杀事件与国际舆论

［日］ 大谷正

　　所谓旅顺屠杀事件，是在日清战争时，陆军大将大山岩指挥的第二军在攻占清国北洋海军基地——旅顺（旅顺口）的过程中发生的事件，现在中国称之为"旅顺大屠杀"，欧美称为 Portarthvr Massacre 或 Port Arthvr Atrocities。但是，在作为事件一方的当事国——日本，却很少有人知道这个事件，也没有人研究它。① 笔者在大学的教学实践中感觉到研究旅顺屠杀事件的必要性，正在对这个屠杀事件的几个侧面进行研究。作为研究的一部分，本文就欧美各国报纸怎样报道旅顺屠杀事件、欧美怎样看待旅顺屠杀事件等问题进行初步的探讨。

一　日本史料中的旅顺屠杀事件

　　旅顺是位于辽东半岛南端的天然良港。当时它和对岸山东半岛的威海卫同为北洋海军的基地。在那里有北洋海军唯一具有舰船修理能力的船坞和海军工厂，其背后由一群炮台护卫着。为攻占旅顺和威海卫而组成的第二军在辽东半岛花园口登陆，占领金州和大连湾以后，向着目的地——旅顺进发。第二军司令部通过谍报活动了解到，旅顺的守备兵力包括本来的

---

① 　笔者曾就旅顺屠杀事件写过两篇论文：《关于旅顺屠杀的研究》，《专修大学法学论文集》第 45 号，1987 年 3 月出版：《世界报和日清战争报道》，《专修大学社会科学年报》第 23 号，1989 年 3 月出版。本文第三节参照了《世界报和日清战争报道》。上述论文将收于近期出版的笔者的著作《近代日本的对外宣传》（研究出版社计划于 1994 年出版）。关于旅顺屠杀事件中国方面的研究，笔者参照了《近代东北人民革命运动史》，1960 年出版，《甲午中日陆战史》，1984 年出版。

守备部队和各地的败兵，共 12000 人，其中 9000 人是新近募来的新兵，估计其战斗力很低，因而做出了以第一师团（师团长山地元治中将）、混成第十二旅团（旅团长长谷川好道少将）和临时炮兵联队就能攻取旅顺要塞的判断。在正式的战斗开始之前，两军之间曾经有一些较小的对抗。在 11 月 18 日的土城子战斗中，日军骑兵第一大队的搜索骑兵遇到中国军队的攻击，死 11 人，伤 37 人，不得不抛弃其死伤人员而撤退。作为同旅顺屠杀事件的关系，人们曾多次提到这次战斗。日军从 11 月 21 日晨开始向旅顺发起进攻，然后控制了旅顺的主要地区。在当天下午和第二天以后，日军扫荡旅顺市区及其周围，在这个过程中发生了以"旅顺屠杀"而闻名的大量杀人事件。[①] 笔者想把旅顺屠杀事件分成两个阶段来思考，一是 11 月 21 日的战斗和当日黄昏（下午 3 时 30 分以后）对市区的扫荡（这时中国人死亡最多），一是在战斗告一段落以后的 11 月 22 日以后对旅顺市区及其周围地区的扫荡中对于败兵的杀害及卷入其间的居民的被害。笔者分别称之为第一阶段和第二阶段。

最初，日本方面对这个事件进行了比较开放的报道。日军当局报道，日军死伤 288 人；清军死亡，在旅顺方面是 2500 人，在金州方面及金州与旅顺之间是 2000 人，共计 4500 人；在医院治疗的清军伤员 40 人；俘房只有 355 人。[②] 同清军庞大的死亡数字相比，俘房甚少。任何人都能看到这是一组极不正常的数字。第二军司令官大山岩给大本营的报告说："21 日，在市区中，不分士兵与居民，加以杀戮，实在难以避免"，他承认对非战斗人员的杀害。然后他又承认于 22 日以后为防止逃亡或为了惩罚而杀害了战俘。[③]

当时的日本报纸、《日清战争实记》（博文馆出版）等杂志和大量出版的带插图的战争纪实文学都肯定地、生动地描绘了旅顺战斗和在市区不分青红皂白大量杀人的情形。甚至有些跟随日军侵入旅顺市区的日本新闻记者也武装起来杀害清国败兵并进行掠夺。在这些人眼中，没有什么战时国际法的规定，只把这种屠杀视为合理的"复仇"。他们称赞血腥的屠

---

① 参照日本陆军参谋本部编《明治二十七八年日清战史》第 3 卷，1907 年出版，第 19 章《攻占旅顺口》。

② 《东京朝日新闻》1894 年 12 月 13 日。

③ 有贺长雄：《日清战役国际法论》，陆军大学版权，哲学书院 1896 年版，第 7 章《旅顺口战役》，第 105—126 页。

杀。这是粗暴而非人道的行为。

　　从以上日本史料也可以了解到，旅顺屠杀事件是实际存在的事实，而且，当时日军和日本国民都把这个事件视为合理的"复仇"，在某种意义上视之为理所当然的事件。但是，后来这个事件受到了欧美报纸、杂志的谴责，其影响逐渐扩大，成为外交问题，事态变得复杂起来了。

二　日清战争的情报环境

　　欧美各国的新闻界大规模地报道了这次发生于 19 世纪末在远东的非西欧国家间的大规模战争。其根本原因在于"战争发生在帝国主义的世界体制正在拉开帷幕这样一个特殊的时间"，[①] 如安南问题、中国问题和朝鲜问题所示，远东问题正在成为其矛盾的焦点，引起了欧美世界的注意。另外，由于通信技术的发达和新闻事业的迅速扩大，使大规模地报道这次战争能够成为现实。

　　19 世纪中叶，英国在远东和欧洲之间开设了轮船定期航班，法国也紧随其后开设了定期航班。这时，公司与国家相结合，建立了有补助金的邮政合同制度，从而在远东和欧美之间建立了定期的邮政往来。随后于 19 世纪 70 年代初建成横断俄罗斯大陆的通信线路（丹麦大北电信公司）和作为南路的海底线路（东方电信公司），从而以电信把欧亚联系在一起了。若通过电信，从远东发往欧美的情报，当天就能到达；若通过邮政往来，一个月能到欧洲，半个月能到美国。[②]

　　19 世纪 80 年代和 90 年代是欧美各国，特别是英美两国新闻界的黄金时代。由于实行了技术革新，出现了基本上与现代相同形式的多版报纸。报纸的经营者和记者竞相发表独家新闻，其中又以战争报道最引人注目。日清战争引起了欧美各国国民的注意，但在欧美各国国民中又有一种不是直接当事者的轻松气氛，而且那些报道充满了东方人的残暴和异国情调，这次战争是引人入胜的报道对象。[③] 关于日、清战争的情报大量流入

---

　　① 藤村道生：《日清战争》，岩波书店 1973 年版，序文。

　　② 拙著《日清战争时期的对外宣传》，《近代日本研究年报》第 12 号，1990 年版，第 159—160 页。

　　③ 参见芳地昌三译《战争报道内幕》，时事通信社 1987 年版；菲利浦·奈特利《初次的受害者》节译本；简爱斯·威尔顿《黄色的小山羊》，纽约 1989 年版。

欧美世界的背景中有上述通信技术的革新和新闻经营的惊人发展。在这样的框架内，欧美的报纸报道了当时欧美人对中国和日本的认识和经过偏见加工的战争报道。日清战争一开始，欧美各国的报社都派出了随军记者（War correspondent）。他们本来可以从外交部、远东舰队的船员、居住在远东的特约记者和路透社等渠道获得战争情报，但是，他们为获得更生动的情报而派出了随军记者。在日本外务省档案中有 17 名欧美随军记者和画家的申请，其中被批准者 14 名，美国和英国各 5 名，法国 3 名，德国 1 名。此外还有以各种形式把战地的和日中两国的情报不断送往欧美各国的外国报纸通信员。日本政府曾经对国内各报社实行了严格的报道控制，其中包括新闻稿事前审查制度，但是，对于外国报社尚不能实行这种控制。因此，这些随军记者可以自由地从日中双方对战争进行取材。

三　美国《世界报》特派记者克里尔曼
关于旅顺屠杀事件的报道

关于旅顺屠杀事件，《世界报》记者詹姆斯·克里尔曼（James-Greelman）曾经写了一篇最有名的报道。《世界报》是约瑟夫·普利策（Joseph Pulitzer）经营得最成功的报纸。克里尔曼生于加拿大，身材矮胖，留着山羊胡子。他以名人专访，如对托尔斯泰、罗马教皇利奥十三世、西廷·布尔等的专访而闻名。克里尔曼的文章以简短、风格优美、客观主义与危言耸听适度配合而获好评。①

在当时的美国舆论中，支持日本占压倒的优势。他们认为，日本的胜利意味着远东"文明"的进步，而中国的胜利则意味着"野蛮"的继续。他们说，日本的战争目的在于保障朝鲜独立，是正义的。他们把日本视为弱者，甚至向日本倾注了"偏袒"的感情。在日清战争中作为随军记者的克里尔曼，最初也写过反映这种美国舆论的报道，其中包括关于平壤之战的报道（10 月 24 日发表）。在这篇报道中，他说日军"勇敢而人道"，清军"愚蠢而野蛮"，贯穿于这篇报道始终的基准是文明对野蛮之战。但是，此后不久他开始怀疑日本的战争目的了。其转折点就是他同朝鲜国王

---

　①　克里尔曼作品集：《大路上——一名特派记者的漫游》，波士顿，劳斯罗波出版社 1900 年版。

的会见。会见是由朝鲜国王的侍医、美国公使馆书记官安连博士安排的
（12 月 3 日发表）。在这篇报道中，他告诫人们，曾经是朝鲜解放者的日
本，正在成为取代中国的新统治者。文中引用了朝鲜国王的发言——
"我希望以美国士兵作为自己的警卫"。随后，克里尔曼随第二军在辽东
半岛登陆，亲眼看到了日本对于金州城的进攻，了解到战争的现实与
"文明"的距离甚远。他曾经一度相信日本所主张的日清战争是"文明的
义战"的论点，而这种观念正是在这时崩溃了。

　　11 月 21 日，他目击了日军对旅顺的进攻。第二天，他和其他外国记
者、观战武官一起进入旅顺市区。他目击了屠杀事件。12 月 12 日的《世
界报》刊载了他以"日军大屠杀"为题写的电讯，后来又于 12 月 20 日
以报纸的整个第一版和第二版刊载了题为"旅顺屠杀"的长文。《世界
报》说："在旅顺，在正规的战斗中死亡的中国人不足 100 人，但我们确
信至少有 2000 名非武装人员被杀害。这也许可以说是军队看到被刀砍碎
的战友的尸体以后的必然后果，也许可以说这是复仇，但是，文明国家是
不会进行我在旅顺所目击的屠杀的。"《世界报》在做了上述报道以后，
掀起了批评旅顺屠杀事件的高潮，呼吁废除领事裁判制度。这家报纸说，
把美国市民的生命财产交给野蛮的日本人是很危险的。他们要求阻止将在
上院批准的日美新条约。它引起了不少反响，日本政府也不得不为此采取
对策。

四　欧美各国怎样认识这个事件

　　曾经在屠杀现场的伦敦《泰晤士报》记者托马斯·科温（Thomas Co-
wen）和《纽约先驱论坛报》记者加维尔（A. B. de Guenville）都写了长
篇通讯。[①] 他们所写的事实，各报大同小异，都报道了日军大量杀人，只
是评论稍有不同。《纽约先驱论坛报》说，屠杀是对中国军队野蛮行为的
报复，因而是正当的。伦敦《泰晤士报》记者科温在叙述了同样的事实
以后说，如果日本希望被人视为文明国家，就要对此负起责任。但是，他
在广岛会见陆奥外相并取得了日本政府将采取一些措施的情报以后感到满

---

　　① 《抗击日本人的勇敢城市》，见《纽约先驱论坛报》1894 年 12 月 20 日；《暴行发生在陷
落后的旅顺港》，见《泰晤士报》1895 年 1 月 8 日伦敦。

意，因而他的批判也是不彻底的。①

现在我们感到不解的是，美国人和英国人对于旅顺屠杀的批评，不是指发生了大量死亡的 11 月 21 日午后至黄昏的屠杀，而是集中批评在 11 月 22 日以后，即战斗结束以后对于败兵的搜索和杀人，即笔者所说的旅顺屠杀事件的第二阶段。他们一致认为，在这样的情况下杀人是不必要的，非法的。他们进一步认为，这种杀人是暴露亚洲的野蛮日本人本性的行为。这也许可以说是以战时国际法及作为其基础的西方文明为绝对标准形式的具有东方特点的思维。② 他们所要求的并非对整个第二军的处分，而只是对极有限的范围内的责任者进行处分。如果进行了这种处分，则对日本的谴责可能再次转换为对日本 "文明" 程度的称赞。

如日本内阁书记官长伊东己代治给井上馨的信所述，③ "战胜之后，出现了犹豫的动向"，对意气昂扬的军队已不可能进行处分了。日本政府只想以辩解和欺骗把事件搪塞过去。于是，欧美各国新闻界对日本的印象恶化了。

日清战争以后，欧美各地流行黄祸论的说法。德国皇帝为俄国皇帝设下的圈套也许是一因素，但是，从根本上说，这是对打败清国以新的势头出现于远东的日本的警惕。当时欧美人的不安是因为存在着这样的怀疑：日本于维新以后虽然推动了 "文明化" 的进程，但只是外表，其本质仍然是 "野蛮"，是非西欧化的。这种怀疑是同狡猾、不诚实、令人生惧、不知其内心在想什么的日本人（东方人）的形象联系在一起的。从这时起，在已经成为亚洲霸主的日本军官的指挥下，把中国人和蒙古人作为士兵组织起来，进攻欧美世界的 "黄祸心理"（尽管 "黄祸" 并不是现实，"白祸" 才是现实，但是，欧美世界是被害偏执狂，因而流行 "黄祸论"）多次出现于欧美出界。④

陆奥宗光著的《蹇蹇录》就这个事件引用了某美国报纸的报道：牛

① 拙著《日清战争时期的对外宣传》，第 162—163 页。

② 参见爱德华·W. 塞德：《东方格调》，板垣雄三译，平凡社 1993 年版。

③ 《关于井上馨的文书》1894 年 12 月 15 日伊东己代治给井上馨的信。

④ 日本关于 "黄祸论" 的研究，参见小寺谦吉《大亚细亚主义》，宝文阁 1916 年出版；桥川文三《黄祸物语》，筑摩书房 1976 年版；平川祐弘《和魂洋才系谱》，河出书房新社 1971 年版。另外参见了约翰·W. 多佛尔《残酷的战争》，斋藤元一译，书名《人种偏见》，TBS 不列颠百科全书出版社 1987 年版。

津大学的国际法教授霍兰德（Thomas E. Holland）的论文（《日清战争与国际法》）说"日本是有文明皮肤和野蛮筋骨的怪兽"。[①] 理应是文明军队的日军所引发的旅顺屠杀事件，欧美各国的有关报道，以及日本政府对这个事件的不诚实处理，使各国对于"文明国家"日本的单纯理解产生了怀疑。如有许多论者指出，战前美国言论界的主流是亲日论。然而，日本在日清战争中的胜利却引起了人们对日本的警惕。[②] 其理由当然不仅旅顺屠杀事件，但是，不容置疑，关于旅顺事件的报道和印象是这种转变的重要因素。

本文主要介绍了美国报纸的议论。在英国，战前支持清国的议论是很强大的，所以，英国的事态也更复杂，笔者还没有做好对之进行分析的准备。在讨论这个问题的时候，需要对必须思考的"东方格调"和"黄祸论"进行复杂的研究。笔者希望在另外的论文中讨论这个问题。

（原文载于戚其章、王如绘主编《甲午战争100周年纪念论文集》，人民出版社1995年版）

---

① 陆奥宗光：《蹇蹇录》，岩波文库新版，中塚明校注，1983年版。

② 托马斯·L. 哈顿：《第一次中日战争中美国的新闻报道和公众之声》，《新闻季刊》第50卷，1973年第1期，第55—59页；杰弗勒·W. 多佛隆：《辫子战争：1894—1895中日战争中的美国经济困窘》，马萨诸塞通信社1975年版。

山东对甲午战争的反应

——兼述《申报》对山东战场的有关报导

张玉法

一　前言

发生在 1894 至 1895 年的中日甲午战争，战场辽阔，并包括海战和陆战。受战争影响的地区且不论，陆战场包括朝鲜北部、奉天南部、山东东部以及澎湖、台湾，海战场包括黄海和东海。从 1894 年 7 月 25 日战事在朝鲜发生，到 1895 年 1 月 20 日日军在山东荣成登陆，再到 2 月 12 日北洋舰队在威海覆灭，再到 4 月 17 日中日议和完成、马关条约签字，山东都有不同的反应。

山东对甲午战争的反应是积极的，下面即从兵勇之招募、间谍及资敌之防制、团练之兴办、增兵与筹饷、防务与备战、陆战与海战、议和之反对等方面加以论述。

二　兵勇之招募

关于兵勇之招募，仅就烟台一地而论，发动者有三：一为旅顺之驻军，二为威海之驻军，三为济南之抚署。1894 年 9 月 2 日《申报》云：

> 前次旅顺、威海两处，俱至烟台募勇，因见投效者皆系老弱残病，不堪入选，因移至迤东之冈榆地方招募。

又于 9 月 16 日《申报》云：

> 旅顺、威海二处派员至烟台募勇，凡闾巷少年，无不踊跃应募，
> 已集二千余人，加以训练，即回防所驻扎。

又 10 月 6 日《申报》云：

> 日前屡有武弁自威海、旅顺至烟台招勇，近日又有武弁由旅顺口
> 至烟招募亲军二百名，克日成军。盖此次月饷从优给发，每月关银四
> 两二钱，故有志从戎者，无不投袂而起。

又 10 月 14 日《申报》云：

> 威海巩军今又来烟招勇；惟烟人之强壮者早已应募他往，怯弱者
> 流不堪入选，故招募多日尚未成军。

又 10 月 20 日《申报》云：

> □□又有武弁自旅顺来烟募兵一营，惟应募者不多，因将已□□
> 之二百余名载回旅顺，余则移至迤东文荣地方招补，以符额数。

凡此皆为旅顺、威海驻军至烟台、文登、荣成等地招军的例子。除威海所
招之军用以防守威海以外，旅顺驻军至山东所招之军，用于辽东作战。另
外，亦有在外带兵之山东籍将领回山东招兵，然后带往辽东前线作战者，
如甘肃凉州镇总兵田在田奉旨回山东原籍招募乡勇十营，于 1894 年 11 月
开抵通州。①
　　在山东所招募之兵，有用于外地作战者，有用于防卫山东者。用于防
卫山东之兵，除威海驻军所招者外，有济南抚署所招之兵。1895 年 12 月
11 日《申报》云：

---

① 《申报》1894 年 11 月 20 日。

抚提部院营务处何出示募兵，于初五日（12 月 1 日）开拔。

又 12 月 23 日《申报》云：

> 抚提部院营务处日前招募亲兵，现已成军，逐日操练，但见步伐整齐，进退合度，不愧为节制之师。

上述两则，系为抚提部院营务处在烟台招兵之示例，其他地区的情况如何？尚待研究。

招兵是为了参与中日战争或山东防务，在前述招兵期间的战事情形是：1894 年 9 月 16 日日军占平壤，9 月 21 日山东籍将领宋庆奉命帮办北洋军务，调度辽东防务。北洋海军提督丁汝昌自 9 月 17 日大东沟海战失败后，率舰巡防于旅顺、威海之间，11 月 21 日日军陷旅顺，11 月 27 日丁汝昌奉命死守威海炮台，而日本军舰至迟在 10 月 6 日即在山东成山洋面游弋。①

三　间谍及资敌之防制

关于间谍及资敌之防制，见于《申报》对烟台地区的报导，主要为间谍之防制。如 1894 年 10 月 11 日《申报》云：

> 倭人间谍，到处皆有，官吏中之关心时事者，往往悬赏购拿，殊不知朝鲜人之为倭奸者，尤当加意严缉。烟台市时见朝鲜人蹀躞往来。近日又有来自釜山者，类皆熟习倭文、精于倭语，当此军书旁午，而过都越国，终日嬉游，苟非刺探军情，安得闲情逸志，诚防之不可不早者也。

又如 11 月 13 日《申报》云：

> 自天津等处拿获倭奸后，烟口亦谣言四起，或谓某茶馆搜出倭人

---

① 郭廷以：《近代中国史事日志》，台北，1963，第二册，第 883—895 页。

几名，或谓某烟馆藏有倭人若干，甚至谓威海炮台内又有倭奴间谍为人识破，拿获正法。言之凿凿，及详加察访，则皆子虚乌有之谈也。彼喋喋者，果何为哉！

再如 11 月 23 日《申报》云：

> 倭人蓄意肇衅，密布间谍，防之不可不严。前由福山县抄登州府端大尊札谕令军民人等严密查拿。又以所有倭国商民安分寓居者，均在保护之内，仍宜加意保护，勿得错认，致与为难。

凡此，皆为山东方面注重防谍，而又希望做到勿枉勿纵的例证。

至于防止资敌，见 1895 年 4 月 6 日山东巡抚李秉衡奏。奏云："卫河一带，粮船纷纷北行，驶过临关，直抵天津，已咨直隶总督严密稽查，预防奸商盗运出海，接济敌粮，下所司知之。"① 这方面的资料虽然不多，可知山东地方官已注意到经济作战。

四　团练之兴办

关于团练之兴办，在福润任巡抚时即已开始，李秉衡于 1894 年 8 月 16 日调山东巡抚后，亦札饬登州府及莱州府各属举办团练。② 其后登州府之文登（威海所在）、黄县、福山（烟台所在）等县，莱州府之掖县、潍县、昌乐等县，皆办团练。登州团练，有登州籍翰林院侍读王懿荣奏请回籍办帮，至 1895 年 1 月 28 日谕准。③ 登州府文登、黄县二县团练办理情形及效果，据 1895 年 5 月 21 日李秉衡奏：

> 臣懿荣于今年正月奉旨回籍办理登州团练，二月到籍，倭氛未靖，周历十属，查勘情形。今先后查得文登一县，团长拣选知县于霖逢、廪生林基达，平日倡办团练，最为认真，联络城乡，合为一气。

---

① 《清德宗实录》卷363，第 13 页，光绪二十一年三月癸未条。
② 李秉衡：《李忠节公奏议》卷8，第 14—15 页。
③ 《清德宗实录》卷358，第 3—5 页，光绪二十一年元月乙亥条。

揣知夷情叵测，预为坚壁清野之谋。凡有大兵过境，先时备置粮草，平价公卖，使兵无缺，使民无扰。复于本年正月于该城失陷之际，冲锋不避，力持危局，积存火药，仓猝难以盖藏，乃于各箱中置机捻，倭贼果然搬移触发，立时轰毙十余人，因之不敢逗留。林基达素有孝行，兼饶勇略，此次昏夜大雪之暗探内外消息，来往奔告营伍，纠合乡众，相机诱剿，单人独骑，为贼所遇，死事甚烈。……黄县一县团长前任广东封川县候选知县山民、四品衔候补员外郎丁世常、候选训导王常益、四项统选教职丁庭闻等，于该城危急之时，劝捐银至七万七千余两之多，募备乡勇一营，并招乡兵两营，禀请臣秉衡派员管带，昼夜堵御，挖造地营，衣不解带，备极辛劳。①

由文登、黄县的团练事例可知，团练在中日战争中的功能是：①为国军预先备置粮草，使兵无缺，并免扰民。②探听敌人消息，伺机打击敌人。③捐款募勇，交由巡抚差委。④直接与敌人作战。

福山县因有通商口岸烟台，其办理团练情形，报纸时有报导。如1894 年 11 月 23 日《申报》云：

烟台办理民团业已就绪，经抚宪札谕，由商民自行举办，所有经费款项，不经地方官之手。近将所募团丁，分段巡查，以卫闾阎而防奸宄。

又如 11 月 29 日《申报》云：

烟台举办团练，用以查奸宄而安闾阎，除盘查保甲外，所有力食之小工、扛夫人等，亦各给腰牌一面，以便稽查。

又如 12 月 2 日《申报》云：

烟台办理民团守卫地方，而旅居之潮州商民，亦招募勇丁，自成一队，各铺门口，高悬旗帜，大书奉宪团防字样，所招各勇，约期至

---

① 李秉衡：《李忠节公奏议》卷 8，第 14—15 页。

会馆操练。

又如 12 月 23 日《申报》云：

> 团防之设，原为保卫地方起见，不但盘查奸宄，视为具文而已
> 也。近来招募勇丁，仿照西洋操法，口号步伐一如海防营之规模，似
> 此认真办理，方足以资得力，以视他处办团行同儿戏者，真不可同日
> 语矣！

再如 1895 年 2 月 6 日《申报》云：

> 乡间团防，以滨海较远，亦只虚应故事而已。惟烟街巡防严密，
> 不遗余力，宵小不能容身，相率遁至四乡，各村庄为身家性命计，亦
> 相率办团，以资捍卫。

由福山的例证可知：①乡间多虚应故事，烟台则甚为认真。②款由民间自
筹，团由民间自练，小的社群亦可单独办理。③办理的目的在盘查奸宄、
保卫地方。④办理团练的地方，治安较佳。

　　值得注意的是，奏请回籍办理团练的翰林院侍读王懿荣即福山人，历
来修方志的人都对他的义行大书特书。如 1915 年出版的《山东通
志》云：

> 中东战事急，上疏请回籍办团练，奉旨驰往，并发饷银五千两。
> 因驰至登州，周览形势，联络乡团，不辞劳瘁。和议既成，请假省
> 亲，缴还饷项，东抚馈以千金不受，而以私财散遣所调兵弁。①

1931 年出版的《福山县志》，对王懿荣的有关记载略同，附有所作《偶
感》诗云："岂有雄心辄请缨，念家山破自魂惊，归来整旅虾夷散，五夜
犹闻匣剑鸣。"② 1984 年 10 月出版的《烟台文史资料》，载有《爱国学者

---

① 《山东通志》卷 176 "人物志" 11，第 5071 页。
② 《福山县志》卷 6 之 3，第 94—95 页，卷 7 之 2，第 29 页。

王懿荣》一文，除记述有关事迹外，并对有关事迹的背景加以说明：
①王懿荣到达登州办团练时，中日已议和，使王壮志未酬；既然未能为国
家尽力，不愿累及国家财政，乃变卖家产，遣散兵勇，把领得的五千饷银
缴回。① 1990 年出版的《福山区志》，对王懿荣有关事迹的记载，与《爱
国学者王懿荣》一文略同。②

　　莱州府的团练，可以掖县、潍县、昌乐为例，但资料颇为缺乏。掖县
的情形，《四续掖县志·翟虞臣墓志铭》中有所记述：

　　　　乙未海氛起焉，公徇于中丞李公暨锡公清弼之请，复任郡城总
　　董，办理团练、工程、车马诸局，竭勤尽瘁，桑梓赖以保卫者
　　大矣。③

潍县的团练，《山东通志》及《潍县志稿》中有零星的记载。《山东通
志》中有云：

　　　　郭杭之……潍县人，举于乡……甲午中东事起，犹佐治乡团，时
　　有议迁避者，概置不问。④

《潍县志稿》中有云：

　　　　陈阜，赏郎中……二十年中东之役，李中丞秉衡委办莱州团练，
　　福山王文敏公奏派会办登州团练。

又有云：

　　　　张仔……累至闽抚……甲午沿海戒严，邑人群谋招募乡兵，仔毅

---

　　① 《爱国学者王懿荣》，载《烟台文史资料》第 3 辑，1984 年，第 23 页。作者为王懿荣的
后人王宜训。
　　② 《福山区志》第 32 编"人物"，第 613—614 页。
　　③ 《四续掖县志》卷 6，第 19 页。
　　④ 《山东通志》补遗，第 6210 页。

然建修城之议，卒以众意难违，独出资修西北角颓圮者。①

关于修城，《潍县志稿》另有记载：

> 潍城东北隅，上建真武庙，庙下累石阶九十一级，土人呼曰礓
> 磜，盖修石城时所筑也。………光绪二十一年春，有兵火之警，大府
> 檄办团防，丁君郭仁子安，以是地为东北隅扼要，乃独捐赀重修之，
> 复濬城濠长三百丈，城内土基培之使厚，用灰沙合筑，以期永久，长
> 二百步，凡靡白金二千两，而以余赀葺真武庙。②

至于昌乐县的团练，据《昌乐县续志·文学传》所载：

> 陈映斗……入邑庠……岁甲午，倭人犯顺，东府戒严，众议聚保
> 营邱古城，举公为团长，事结后，群服其廉能。③

从初步搜集的资料看来，莱州府的团练，与登州府相较，甚至特殊之处，
惟县大修城池，自亦为团防工作的重点。

甲午战争期间，山东登州、莱州二府兴办团练，不仅用于维护治安，
保卫地方，且被视为一种可资运用的抗日武力。1895 年 1 月 20 日，日军
在山东荣成登陆，并向威海方面进军。1 月 28 日上谕有云："本日张之洞
电奏，威海援军，缓不济急，请饬李秉衡，晓谕荣成、登州一带居民，集
团助战；并请令李鸿章，饬海军现有铁快各船，驶至成山，袭其运船等
语。集团一策，著李秉衡即饬地方文武，赶紧举办。至令海舰出击敌船，
年前廿七、八日叠降谕旨，未据李鸿章复奏。"④ 可惜的是，李鸿章未能
派舰至荣成阻日船运兵登陆，而亦未见荣成、登州地方的团练，有阻击日
军的行动，故使威海腹背受敌，终至溃败。

---

① 均见《潍县志稿》卷 29 "人物"，第 32 页。
② 《潍县志稿》卷 8，第 17 页。
③ 《昌乐县续志》卷 31，第 25 页。
④ 《清德宗实录》卷 358，第 3—5 页，光绪二十一年元月乙亥条。

五　增兵与筹饷

增兵与筹饷，可以分两方面论述：其一，山东的兵调到其他战场，为增加战力多募兵额，其饷项则需由山东供给，这增加了山东的财政负担。如曹州镇总兵王连三带兵驻扎长城九门口，原只 800 人，奉令另招三营，并将原带之 800 人添招 200 名，凑足两营，共合五营，共 2500 人，原规定所需薪饷皆由山东支拨。东抚李秉衡以财政负担过重，乃于 1895 年 4 月 11 日奏请将另招之三营饷项，由户部设法，到 4 月 25 日皇帝将此事批交户部。[①]

其二，自山东海防吃紧后，因防营兵力不足，奉旨添招 30 营，到 1895 年 4 月 11 日已次第成军，新旧合计约有 80 营、4 万人。自是年 3 月以后，饷银月需 20 余万两，山东无法负担，东抚李秉衡在 1895 年 4 月 11 日的上奏中，请求截京协各饷，以济眉急。皇帝亦于 4 月 25 日批交户部。[②] 但部议仅准一半。李秉衡不得已，又于 1895 年 9 月 2 日奏请移用东海关洋药厘金余款，皇帝于 9 月 21 日批交部议。[③] 此时中日战争虽早已结束，但问题乃系中日战争增兵而来。

以上两个案例，均发生于甲午战争期间，问题的提出亦均在甲午战争正式结束以前。到马关条约订立后，仍在研拟解决办法。

六　防务与备战

防务与备战，可分海防与陆防两方面观察，威海虽在山东省，但北洋海军不归山东巡抚调度。1894 年 7 月 18 日，《申报》即开始报导山东防务与备战的情形：

> 日本窥伺朝鲜，将有兵衅中国，驻扎烟台一带防营，咸磨厉以须，预备调遣。近日将行营军炮，一律试演，以验利钝。

---

① 《李忠节公奏议》卷 7，第 14—15 页。
② 同上。
③ 同上书，卷 9，第 15—16 页。

由于山东地区《申报》仅在烟台派驻记者，所报导皆为烟台的状况，或在烟台采访而得的状况。8 月 18 日《申报》报导烟台的状况云：

> 近日购到大炮，安置东西二炮台，十一、十二等日，逐一演放，以资历练。

又云：

> 烟台迤东有上庄田舍地方，为威海往来必经之路。惟鸟道羊肠，崎岖特甚，车辆马足，阻碍殊多。兹由嵩武军派勇一哨，前往修理，此后转运饷械，可资利便矣。

9 月 16 日《申报》报导登州地区情况云：

> 登州办理海防，十分严密，向有广武诸营驻扎，尚恐兵力不厚，复添募鼎军两营，业已招集。凡隶名细柳者，皆系身材长大，能耐劳苦，与日兵之渺小孱怯者，不可同日语矣。

该日《申报》又报导省垣派兵赴登州防守的情形云：

> 现闻抚宪派委前署东海关道李观察办理海防，统带嵩武军六营来东驻扎，不日即可到防。

李观察，指候补道李正荣，10 月 11 日《申报》报导，李正荣自省垣带来之嵩武军六营已驻扎登州，又有马队 500 名，在登州迤西黄县驻扎。并谓登州向无电线，已一律安设，以传报军情。

前述防务与备战，多为福润任山东巡抚时的部署。福润于 1894 年 6 月，于中日交涉日趋恶化、战争一触即发之际，即奏准添炮队四营，装备火炮 36 门，以为布防威海后路之用。中日正式宣战后，福润更令总兵曹正榜在烟台编成东字军三营，并饬令沿海十余州县筹办民团，以助战

守。① 但清廷对福润的调度能力似乎并不信任，到 8 月 10 日日舰开始骚
扰威海后，清廷即于 8 月 16 日将福润调安徽，另以李秉衡为山东巡抚。②
李秉衡受命后，正逢科考入闱，到 9 月 30 日始赴任。此时驻烟台之嵩武
营及海防练军连日操练，准备接受李秉衡的校阅。③ 李就任后，即添募兴
字军四营驻防莱州，另添募练军一营增防烟台。10 月上旬，将驻曹州之
松字营马队和济字副中营东调，分扎琅玡台（在诸城）和石臼所（在日
照）；又命莱州知府何鸣高招募莱边炮队四营，守备莱州海口。到 12 月
下旬，李秉衡将集中于烟台的济字右营、精健前营、泰靖左营及河成左营
调往荣成县附近，以防日军从该处登陆。嗣因荣成沿海地方空阔，又抽调
泰靖、精健两营并马队一哨驻扎荣成，以固威海东面后路。当时山东半岛
的总兵力约 60 营，共约 3 万人，比原有的兵力增加 1 倍以上。④ 李并亲自
自济南至烟台布置海防，在潍县设粮台及炮厂，到 1895 年 1 月日军在荣
成登陆，进攻威海后，李秉衡将驻地移至掖县，直到中日议和后始回
济南。⑤

　　李秉衡在山东烟台、登州、胶州等地布防与备战的情形，《申报》屡
有报导。1894 年 10 月 20 日《申报》云：

　　　　抚宪李大中丞来东阅视海防，于十四日（10 月 12 日）驾临登州
　　校阅防军，十八日（10 月 16 日）抵烟，以便再赴威海、胶州一带地
　　方勘视。

又云：

　　　　海防兵力已厚，近又由省垣派出练勇三营。一营拨守胶州口之炮
　　台，其二营则于十五日由烟台经过，迳赴威海驻扎。

又 10 月 27 日《申报》云：

① 戚其章：《甲午战争》，北京，1990，第 359—360 页。
② 郭廷以：《近代中国史事日志》，台北，1963，第二册，第 880—881 页。
③ 《申报》1894 年 10 月 14 日。
④ 戚其章：《甲午战争》，北京，1990，第 363—367 页。
⑤ 《潍县志稿》卷 3 通纪 2，第 22 页；《四续掖县志》卷 5 大事记，第 92 页。

山东抚宪李中丞于十八日行抵烟台，已列前报。中丞当日即至西炮台阅视一周。翌日赴东炮台验视，料理一切防务。暂作勾留，拜折上闻，一俟接到电旨，再赴威海、胶州等处。拟于廿五日起节前往。中丞敝衣减从，自带庖丁，不烦供给，有古大臣风范。数十年来，大宪过境，从无如此次之简略者。

又 10 月 31 日《申报》云：

山东巡抚阅海防后，于九月二十四日启节赴威海勘验炮台，闻事竣，仍回烟台驻节。

在李秉衡布置海防的过程中，有两次重要的人事调动，都发生在 1894 年 11 月。一是办理登州等处海防的前署东海关道李正荣因事撤差，所遗防务，经李秉衡另派夏辛酉统领接办，而以署登荣水师协镇李协戎为帮办。① 一是登州镇总兵章高元，因旅顺吃紧，奉调往援，于 11 月 22 日督率嵩武军四营、广武炮队二营、福字军二营，航海北渡。所遗差缺，由李秉衡扎委中军官中营游击刘游戎出任。② 其后，《申报》继续对山东布防与备战的情形有所报导。1894 年 12 月 2 日《申报》云：

自旅顺口等处军情吃紧，烟台地方亦防范加严，所有炮位子药逐日检点，而了望哨探诸人更番联络，风雨之夕，亦不稍有疏懈。

又 12 月 11 日《申报》云：

登州历次办理防务，积储军装不少。日前提解快枪、抬炮数千件至烟台支发应用，略加修饰，即成利器。

---

① 《申报》1894 年 11 月 15 日。
② 《申报》1894 年 11 月 29 日。

又云:

> 初八日由省中发来练勇八营，系张镇军福兴统领。镇军为湘军宿将，前值中法构衅，曾带振字全营来东驻扎，军事颇能认真，不似他军统领望风而溃者可比。

又 1895 年 1 月 2 日《申报》报道:烟台连日有练勇到防，前后共计 30 余营，因对烟台的防务有所分析:

> 烟台一隅，颇擅形势，前岸有芝罘二岛为屏蔽，通伸岗、八蜡庙东西对峙，俱存新式炮台，以资控御。后面则有奇山，联络左右，怀抱崆峒岛，又当口门之冲，若有兵船停泊，正可作掎角之势，进战退守，可以操纵自如。今就陆路言之，各防营择要驻扎，颇得地势，东西炮台下两岸俱有重兵扼守，奇山之后，共扎十余营，以备东西策应，且可防敌人自后路来袭。今又于山内及山口各扎数营，盖防前队或有疏虞，则后路当可接应，似此布置严密，自可固若金汤，何患倭奴之窥伺哉!

可惜的是，日军并未进攻烟台，却选择了防务空虚的荣成作为登陆地点，以攻击威海后背，致使李秉衡以烟台为中心的布防，大部落空。

七　陆战与海战

山东的陆战与海战，是以北洋海军基地威海为中心。威海于 1881 年成为北洋舰艇屯泊之所，此后陆续建设炮台，由德国陆军工程师汉纳根设计和修建，所用大炮全部购自德、英等国，包括德国克鲁伯厂制造的大炮和英国阿姆斯特朗厂制造的大炮。战争爆发后，更在威海南北两岸炮台后路增筑临时炮台多座。威海设防的要点在一"守"字，炮台形势只能顾及海中，不能兼顾后路。至于威海作战时的海军战力，有战舰定远、镇远、来远、靖远、济远、平远、广丙七艘，炮舰镇东、镇西、镇南、镇北、镇中、镇边六艘，练习舰康济、威远二艘，另有大小鱼雷艇十三艘。①

日军进攻威海，系海路与陆路并行。1895 年 1 月中旬，日舰开始在威海、登州正面骚扰，另一方面即布置陆军在荣成登陆，以攻威海腹背。据《申报》报导，1 月 14 日，有日舰数艘在威海近海游弋，或谓对威海展开进攻，但被击退。② 1 月 18 日有日舰三艘开至登州海面，以炮轰击登州，守军亦以炮还击。1 月 19 日，日舰以炮轰登州，守军工事略有损毁，民舍亦被扫射。1 月 20 日，日舰复至登州外海，是日，日军即在荣成之龙须岛登陆。日军在荣成登陆时，附近有守军三四营，一度使登陆之日军受创，然卒不敌。1 月 23 日，日军进至桥头。③

当时中国在威海后路的登莱二州（包括烟台）驻有陆军 32 营、1.6 万多人，派往荣成前线迎敌的兵不过 10 营、5000 人，而日军迄 25 日登陆完毕，总人数达 3.46 万。荣成县本无防营驻守，知县杨承泽曾令绅民办防团，但无武器，未能抵抗日军；奉令来援的副将阎得胜所率五营河防军以及分统刘树德、总兵孙万林等军，亦未能有效抵抗。到 1 月 30 日，日军即抵达威海地区，开始进攻南帮炮台。时威海陆路暨南帮、北帮炮台，由戴宗骞率绥、巩各军防守，但日军很快占有南帮的摩天岭、杨枫岭、鹿角嘴、所前岭、皂埠嘴等炮台，戴宗骞退北帮炮台。2 月 2 日，日军攻陷威海卫城，再攻北帮炮台，时北帮各炮台已为丁汝昌派人摧毁，将戴宗骞移到刘公岛，戴以陆路弃守，至刘公岛后自杀，而日军即于 2 月 2 日当日占领北帮炮台。陆战已告结束，接下来日本海军即与北洋海军展开决战。日本海军攻击刘公岛始于 1 月 30 日、日本陆军进攻南帮炮台之时，但到 2 月 5 日战事才趋激烈。2 月 5 日，中国定远舰首先中雷搁浅，次日又有二舰中雷，来远、威远沉没。2 月 7 日 13 艘鱼雷艇于逃走时或搁浅或被俘，率康济舰防守日岛炮台之萨镇冰撤回刘公岛。2 月 9 日，靖远舰亦中炮搁浅。2 月 12 日，广丙舰管带程璧光携以丁汝昌为名之乞降书向日本乞降。在此前后，丁汝昌自杀，乞降书是否为丁生前书就，则史无定论。④

①　戚其章：《甲午战争》，北京，1990，第 343—347、386—387 页。

②　《申报》1895 年 1 月 23 日。

③　《申报》1895 年 1 月 22 日、29 日、2 月 8 日。

④　戚其章：《甲午战争》，北京，1990，第 387—426 页。

2月14日以后，《申报》对山东的陆海战况有较多的报导，但未必正确，彼此亦有矛盾。2月14日报云：在日兵未攻威海时，有战船13艘、水雷船11艘、木质小巡船10艘，在威海外海往来游弋，后即在荣成湾停泊，有日本水陆兵约20000人，在荣成登陆。① 2月28日报云：1月19日日兵2万名分载50船，另长夫10000名，20日有一半在永清（荣成）湾登陆。永清湾有华兵约400名、大炮4尊。日兵船一面发炮攻击，一面调登陆部队，将华军击退。嗣日军开往荣成，城中约有居民一万数千人，没有防守，炮皆三四百年前旧物。23日，复有一批日军登陆，即分由南边大道及北边大道进向威海，临行复分占各要隘。晚华兵纷纷来击，皆为日兵所败，或退往文登，或返回威海。日军冒风雪前进，30日攻东帮炮台，华军溃退，有往威海城者，有往海滨者。三炮台中有一炮台为华军（守炮台之英人）自轰毁，另二炮台为日军获得。即以轰击刘公岛，华舰发炮反击。日兵自东帮炮台分兵西上，2月2日夺得西帮炮台，炮已尽为华军所毁。2月4、5日（应为5、6日），日以水雷船攻华舰，定远、来远、威远及另一小兵船皆中弹沉没，7日镇（靖）远舰亦毁，是日有中国水雷船13艘由西边出口移去，或被日舰所俘，或被击沉。2月11日（应为12日），有华兵舰悬白旗纳款，中国大兵船4艘、小兵船6艘，以及炮台、军械，均为日军掳去，海军提督丁汝昌亦死。刘公岛中国海军投降后，有西人13名，日人以礼款待，用轮船送至烟台。刘公岛中华军4000人、水手2000人，亦驱至岸上。②

有关威海的防卫与失败，3月2日的《申报》有较为完整的记载：威海南北两岸，计驻巩军5营、绥军5营、水雷各一营，由戴宗骞总统，刘超佩分统。刘公岛有三营，东口有水雷一营，则归张德山统领。初日本拟攻威海，戴宗骞请东抚李秉衡拨勇6营，驻扎要隘。布置既定，日军来犯，攻北岸不克。北岸由宗骞驻守，辖绥军5营，水雷一营，北山嘴上、中、下炮台三座，黄坭崖炮台一座，祭祀坛炮台一座。南岸计有南山嘴炮台二座、龙王祠炮台一座，由刘超佩驻守，辖巩军五营、水雷一营。戴、刘有约，若日军攻南岸，则绥军策应，攻北岸则巩军策应。日军攻北岸不得，转攻南岸，戴正欲援，面刘已败。刘为卸责，谓戴救援太迟，戴乃募

---

① 《申报》1895年2月14日。
② 《申报》1895年2月28日。

敢死之士千人，各予百金，夺回南山嘴炮台二座，但又为日军夺去。嗣北岸亦无法防守，五炮台尽失。戴冀望张德山利用其在刘公岛的守军，并刘公岛南北的地阱炮台两座，以及荒（黄）岛、日岛的地阱炮台两座，规复失土不果，乃于刘公岛吞烟自杀。

　　造成陆海战失败的重大原因之一在于缺乏援军，关于此点，1895年2月18日及26日《申报》屡有报导。陆路方面，到2月7日，东抚李秉衡以前敌不支，后路诸军亦不能克期齐集，不得已退驻黄县，以待援兵。到2月11日，继荣成、文登之后，宁海州亦告失守，而援兵仍不至。海路方面，南帮炮台失陷后，陆路诸军俱已溃退，刘公岛仅余兵船6艘、陆军4营，死守海隅，以待西路援兵。既而弹药不继，军志渐消，丁汝昌乃于2月12日仰药死。另据2月15日及4月8日《申报》报导，尚有一件事加速刘公岛海战的失败，即是2月7日丁汝昌令王平带鱼雷艇8艘出击，而王则率艇逃往烟台，余艇或沉没，或降日。2月17日的《申报》对威海之降有较详细之记载：日军自1月26日起攻犯刘公岛，历十余口，丁汝昌及各统领无不奋勇争先，后以力不能支，只得静候援军。一日接烟台讯，知援军未能调出，不觉大失所望，刘姓统领忽率师退避。丁汝昌见兵船日遭损失，而刘公岛东首有一小岛亦被日人所占，各兵船煤火已竭，日人更内外夹攻，不得已于2月8日召集张统领及各西员商议，金以束手无策，不如设法降日。乃于12日拟就降书，遣人乘广丙轮往见日军首领伊东祐亨。书中谓愿将炮台兵舰让与日本，唯望不伤害中外将弁水手兵丁，伊东接受。是日，丁汝昌、统领张文宣吞烟自尽，统领杨用霖则举枪自杀，另有武弁三人亦服毒自尽。伊东闻之，于13日致书刘公岛某统领，请派人于14日至其松岛舰订降约。14日降约议妥，日舰入海口，将镇远、平远、致远、广丙4大舰及小轮船6艘收去。事后，日人将棺木7具（除前述6人外，另加2月10日自杀之定远舰管带刘步蟾）及滞留岛中败勇用康济轮船送烟台。

　　刘公岛降日之初，《申报》对丁汝昌之死颇为赞扬，2月20日报谓：刘公岛以黑子弹丸之地，与日人争持既久，弹药粮饷悉数用完，丁汝昌无可如何，是以向日人投降，苦心孤诣，甚为可哀，既而知罪难逃，乃自杀。是日报载，日人于2月17日以康济轮运送丁等棺木情形，亦备述日人对丁等之崇敬，谓：丁、杨、刘之棺木经日人昇上康济轮，启行时日人放炮为礼，各日军长官极为肃恭，盖感其忠魂毅魄。但到3月22日，《申报》则大骂丁汝昌，谓：丁汝昌于定远各舰被击毁后，甘心降敌，将炮台兵舰悉举而属诸他人；不死于力战之时，而死于投降之后，虽有苏张之才辩，亦不能强为之解。

值得注意的是：威海降后，辽东战场尚有战争，因此日本对山东续施压力。1895 年 3 月 18 日，登州之长山岛，有日舰数艘往来游弋，邀截由南赴津之轮船，搜查有无军火等物。① 3 月 26 日，又有日舰数艘向登州轰击，并在长山岛登陆，将岛中之了望台及通连登州之电线毁坏。② 到 3 月 30 日中日停战条约成立后，日军始未在山东继续挑衅。

八　对议和之反应

关于山东对议和的反应，本文不拟深研，仅举二例作一说明；其一，当中日议和及日本要挟各款的消息于 4 月 19 日传到烟台以后，据《申报》记者观察，一般的民情分为两派："凡有血气者，皆发指眦裂，志切同仇；其萎靡者闻之，则惟得过且过，偷安目前而已。"③ 其二，山东巡抚李秉衡先后于 4 月 19 日及 25 日两度上折阻止议和，其理由约有三点：①辽东为京师左辅，台湾为东南藩篱，皆不能割让。②二亿赔款，可用以养战士，与日本再战，半年之内可胜。③南京、苏州、杭州、重庆、沙市等地向未准各国通商，不能向日本开例。④ 李秉衡上奏之日，《马关条约》已经签字，事实上此时中国亦无力再战。唯就李秉衡及烟台有血气者的反应看来，中国虽败，仍有再战的勇气。

九　余论

1894 年 7 月 25 日至 1895 年 4 月 17 日的中日甲午战争，战场从朝鲜蔓延到奉天、直隶、山东、台湾四省，海陆战争，以奉天和山东二省最为激烈。山东省的陆军除备战、决战外，并支援辽东战场，北洋海军初以威

---

① 《申报》1895 年 3 月 26 日。
② 《申报》1895 年 4 月 5 日、12 日。
③ 《申报》1895 年 4 月 28 日。
④ 两折见《李忠节公奏议》卷 7，第 24—27 页，卷 8，第 1—3 页。

海为基地，支援韩国及辽东战场，最后则在威海与日本海军进行决战，失败后投降。

战争失败的原因，表现在山东战场的，约有数点：①海战与陆战不能作适当的配合：日本方面，海、陆战配合良好。计划在荣成登陆，先遣军舰在登州、威海作骚扰性的攻击；日军攻南帮炮台，海军同时进扰刘公岛。中国方面则不然。北洋海军在山东属客卿，不遵山东巡抚李秉衡的调度。李秉衡希望北洋水师能巡防荣成等海口要地，北洋海军于旅顺失败后即避居威海港不出，以致日军能顺利在荣成登陆。① 丁汝昌负责海战，戴宗骞负责陆战。当日军自荣成登陆向威海进军，丁汝昌不准戴调威海之军作外线作战，且惧南帮炮台为日军所得、受日运用，急谋先将南帮炮台破坏，因受到守军反对不果。南帮各炮台仅有其一于临危时主动破坏，其他皆入敌手，使威海大受威胁。丁汝昌有鉴于此，不待日军来攻，即将北帮炮台破坏，使负责陆战的戴宗骞愤而自杀。不仅海、陆军不能配合，海军内部的合作亦有问题。丁汝昌出身淮军，安徽人，海军管带则多闽人，兵弁则多鲁人，指挥阶层且有洋人。战争当时论者已批评丁汝昌不知兵、不习海战，稍挫之后，士气瓦解，洋人建议投降，丁不知如何去办。②部分官员怠忽职守，军队纪律亦不严整：在中、日战争中，山东地区无论海战、陆战，死节者固多，临阵脱逃者亦所在多有。海战方面，如鱼雷艇管带王平，丁汝昌命其率船队冲敌，竟私逃烟台，谎报军情，嗣后并远走上海。陆战方面，如荣成县知县杨承泽未能认真办理海防，及日军登陆，即隐匿不出，嗣即潜逃。又如受李秉衡参奏的威海司巡检王翰，临阵托疾引退，挈眷远徙，造成人心惶惶，乃予革职处分。② 至于一般将士，据《申报》记者的观察："东省师旅如云，兵力不可谓不厚，所苦统带者，咸以保全性命为事，甚且纵兵骚扰地方，寇退则来，寇至则去，有兵诚不如无兵耳。"③《申报》记者另有记云："威海来烟之逃兵，间有隶南省者，皆乘新裕轮船赴上海，再行回籍，街市之间，略作安静。"④ ③援军不至，守军无力再战：山东战场吃紧之时，李鸿章拟调南洋海军四舰应援，两江

---

① 《申报》1895 年 2 月 21 日。

② 《申报》1895 年 3 月 18 日。

③ 《申报》1895 年 4 月 3 日。

④ 《申报》1895 年 3 月 9 日。

总督刘坤一以南洋为财富重地，要求免派；① 李秉衡亦已奏请清廷，调他地之军应援，但以交通关系，援军迟迟不能至。因此，山东无论海战、陆战，皆无法持续。前述诸因，固然造成山东战场的失败，但在山东作战的中国将士，亦有英勇悲壮的一面，前已论述，兹不多赘。

值得特别一提的是在山东战场，中国伤患的救助，依靠外国传教士者颇多。1895 年 2 月 14 日《申报》记云：目下受伤兵士，多往烟台，由内地传教会医生为之敷治，忙迫异常，登莱青道等出赀佐之。2 月 15 日《申报》记云：受伤士兵至烟台求治者，仅 2 月 9 日即达百人，参加救助的有男教士 6 人，女教士 3 人，另又请英国军舰医生为助；英教士慕维廉更在上海为战地救助募款，迄 2 月 13 日，汇烟台者已达 1100 两。在烟台救助中国伤患者，为外人所办的红十字会医院，上海《申报》曾出面为医院募款。②

（原文载于戚其章、王如绘主编《甲午战争 100 周年纪念论文集》，人民出版社 1995 年版）

---

① 戚其章：《甲午战争》，北京，1990，第 351 页。
② 《申报》1895 年 2 月 22 日。

略论甲午战争中的主战与主和

杨东梁

在甲午战争史的研究中，和战之争的问题近年来颇为史学界所注目，特别是战争期间主战与主和的对立往往和帝党与后党的矛盾斗争相关联，因而对争论的性质也产生不同看法：或认为其实质是要不要反对日本侵略，要不要维护国家和民族主权的斗争，说到底是一场爱国与卖国之争；或认为帝后党之争虽属爱国与卖国之争的性质，但也包含宫廷内部争权夺利的因素。还有论者认为帝党主战、后党主和并非贯穿于甲午战争始终，前者并非始终主战，后者亦非始终主和，考察和战问题应该划分阶段。也有人提出帝党主战不一定绝对正确，后党主和也不一定绝对错误，评价主战与主和都不应绝对化、简单化，具体问题要做具体分析，等等。

实则和战之争在中国近代御侮史上是种普遍现象，不但存在于每次战争之中，而且卷入的人代表面亦较广阔，即使在甲午战争中，在统治阶级内部，也不应将其仅仅局限于帝党、后党这一狭窄的圈子内。下面略就和战之争的实质，和战之争在战争不同阶段的具体表现以及围绕主战与主和而产生的战败责任等问题略抒己见，以求教于方家。

一

我们在分析、评价甲午战争中的和战之争时，不应就事论事，局限于某个局部范围。应该看到主战与主和之争并不是甲午战争中的特有现象，可以说在中国近代史上，每一次对外战争不论是鸦片战争、第二次鸦片战争、中法战争，还是甲午战争、八国联军侵华之役，无不贯穿着主战与主和的争辩与对抗。甲午战争中的和战之争应当放到近代中国所面临的帝国主义入侵以及中国人民反抗外来侵略这一历史全过程中去考察。

　　主战与主和之争首先牵涉到一个对国际、国内形势的认识问题。中国近代的主和论者以及后来的一些评论者往往以洞察形势、"识时务"者自居，鸦片战争期间的琦善就自诩不尚"空言"，"一意要和"。他恫吓道光帝说："该夷兵势既众，而此间船炮技艺，久在洞鉴之中，此时若与交仗，纵幸赖圣主鸿福，而其事终于未了"①；中法战争期间，郭嵩焘认为当时"中国无可战之机，无可战之势，亦无可战之理"，并攻击主战派"一袭南宋以后议论，以和为辱，以战为高，积成数百年气习"②。李鸿章也强调法国海军强大，"海上实未可与争锋"，陆上虽可一战，"但一时战胜，未必历久不败；一处战胜，未必各口皆守"，一旦"决裂"，就会"全局动摇"③；甲午战争前夕，李鸿章又公开声言"万寿庆典，华必忍让"④，"力持其牢不可破之和议"⑤。对于忍让求和之举，后来的评论亦颇有极力赞颂者；蒋廷黻称赞鸦片战争中的琦善有"知己知彼"的功夫，说他具有"超人之处"，"他知道中国不能战，故努力于外交"⑥；王信忠写《中日甲午战争之外交背景》一书，也认为甲午之役中的主战派"纯系虚骄之气，非有知己知彼之明，慷慨陈词，语多高调"，较之苦心求和的后党"犹稍逊一筹"。

　　那么，翻开一部中国近代史，积弱、落后的中国面对强大、蛮横的入侵者，是否真的"无可战之机，无可战之势"，甚至"无可战之理"呢？这是一个任何人都不能回避的问题。

　　在强权政治的时代，弱肉强食是一条铁律。资本主义、帝国主义列强与殖民地、半殖民地弱国之间不可能有什么公正的和平、光荣的和平，这是人们常识范围内的事。尽管战争只是暂时的，不论胜负如何，终归要有一个"和"的结局。但所谓的"和"，对失败的弱国来说，只能是不平等的和议，屈辱的和约，江宁城下之盟，天津、北京条约，《中法会订越南条约》、马关议和、辛丑条约无不如此。在列强主宰世界的时代，战与和

---

　　①　《筹办夷务始末》（道光朝），见中国近代史资料丛刊《鸦片战争》第4册，第75页。
　　②　郭嵩焘：《养知书屋文集》奏疏卷12，第38、6页。
　　③　《清光绪朝中法交涉史料》卷4，第22—23页。
　　④　《清季外交史料》卷91，第11页。
　　⑤　《清光绪朝中日交涉史料》卷17，第1页。
　　⑥　蒋廷黻：《琦善与鸦片战争》，《清华学报》第6卷第3期。

的主动权从来只掌握在侵略者手中，处于被侵略受欺侮地位的中国，在战与和之间很难有选择余地。当列强把战争强加于自己头上时，若不想听人摆布，任人宰割，就只能以反侵略战争去对抗侵略战争，这是一条最简单不过的真理。真正的识时务者，正是那些坚持抵抗入侵，"宁为玉碎，不为瓦全"的爱国者，只有他们才是中国的脊梁。

甲午战争中以李鸿章为代表的主和派有一条基本的议和理由，即中国没有作战的条件，亦即"无可战之机，无可战之势"。当战争一触即发时，李鸿章电告驻朝清军说："日内外俱备，我备未齐，不宜先露兵机"，"两国交涉全论理之曲直，非恃强所能了事，仍望静守勿动"①。1894 年 7 月 18 日，清廷中枢会议形势后上呈皇帝的奏折虽反映了主战派的某些意见，但核心内容仍是一个以"和"为主的方针，奏折说："且兵端一起，久难暂定。中国沿海地势辽阔，乘虚肆扰，防不胜防；又当经费支绌之时，筹款殊难为继"②，说来说去，归根到底一句话，还是中国不能战。

那么，中国当时有没有作战的条件呢？诚然，处于半殖民地地位的中国在经济上、政治上、军事上都很落后，清政府腐败无能，经济基础异常薄弱，军队缺乏训练，作战缺乏准备，这些都是事实，但若与走上"维新"道路不久的日本相比，也决非实力悬殊，不堪一击。

从经济上看，日本通过推行"殖产兴业"政策，的确取得颇为瞩目的成绩，但甲午战前他们在重工业方面的发展仍很缓慢，与中国相比，并不居于领先地位。当时日本的机器制造业几乎是一片空白，机器设备与中国一样都是从欧美进口的；钢铁工业号称重工业的基础与核心，而日本战前却一无所有，相反中国却建成了当时亚洲首屈一指的汉阳钢铁厂（1894 年开始试生产）；再从衡量一个国家工业化水平的重要标志——蒸汽动力的数量来看，日本也是相当落后的。甲午战前，日本全国蒸汽动力拥有量只有 5.65 万马力，仅相当于第二次世界大战前一艘小型巡洋舰的动力。所以西方学者认为："事实上，到 1893 年，尽管政府作了推进工业化的努力，日本基本仍是一个农业国"③；从政治体制上看，明治政府仍然是一个封建性很强的政权，虽然在 1889 年日本颁布了一部"帝国宪

---

①　《李文忠公全书》，电稿，卷 16，第 7、10 页。

②　《清光绪朝中日交涉史料》卷 14，第 40 页。

③　《新编剑桥世界近代史》第 11 卷，中译本，第 653 页。

法"，但"在天皇大权的限制下，议会只不过成了专制政府的遮羞布"①。
与封建专制的清政府相比，也不过是百步笑五十步而已！从军事上看，由
于清廷腐败，在军事制度、武器装备、训练水平、军事纪律、战略指导、
作战指挥等方面均不如日本。但经过洋务运动，清政府的确在改善武器装
备和建设海防方面，作了巨大努力，并取得了可观成绩。由于"大治水
师"，到19世纪80年代末，北洋舰队已拥有大小舰艇近50艘约5万吨，
成为东亚一支颇具实力的舰队；在陆军装备方面，甲午战前，清军也有了
较大改善。在大量进口西方火器的同时，自己创办的兵工厂也在制造近代
武器，19世纪七八十年代，江南制造局先后仿制成阿姆斯特朗炮（英
式），1890年又仿造后膛火炮。1893年仿制成1888式毛瑟枪，只比创制
国德国晚5年。加之中国有辽阔的疆域，众多的人口，又在本土作战，回
旋余地大，后劲强，便于持久坚持。

　　当时，连日本自己也没有必胜的把握，甚至一些政界首脑对这次冒险
的赌注均惴惴不安，陆奥外相承认，在平壤、黄海战役之前，"最后的胜
败都暗自有所焦虑"②。但清廷方面以慈禧和李鸿章为代表的决策者们，
既没有面对挑战的勇气，更没有把战争打到底的决心，这样，任何有利条
件都会化为乌有。

　　关于作战决心的重要性，我们还可以从台湾人民的抗日壮举中得到最
好的印证。甲午战争后期，台湾人民以一隅之地，一省之民，在外无援
兵，内无粮饷的困难情况下，面对日本7万大军（士兵5万人，夫役2.6
万人）和一支海军舰队，竟坚持抗战四个多月，毙伤日军3万多人，使
侵略者付出了巨大代价。台湾人民能做到的，为什么集中全国人力、物
力、财力的清政府反而做不到呢？这里难道有什么深奥的道理吗？

二

　　主战与主和之争可以说贯穿于甲午战争的全过程，但在不同阶段，双
方争论的焦点，提出的方针，拟采取的措施又不一样。

　　1. 战争爆发前："身膺重寄"，主持军事、外交的直隶总督，北洋通

---

① 小山弘健等：《日本帝国主义史》第1卷，中译本，第33页。
② 陆奥宗光：《蹇蹇录》，中译本，第90页。

商大臣李鸿章面对日本的挑衅，在战云密布时却消极备战，"一意主和"①。他的理由是中国实力不如日本，"越国进剿、毫无把握"②，因而在军事上采取消极防御，在外交上寄希望于列强干涉，"始则假俄人为钳制，继则恃英人为调停"③。而内阁学士文廷式以及张仲炘、张嘉禄等翰林、御史则上疏要求朝廷对中日争端采取坚决措施。太仆寺卿岑春煊、礼部右侍郎志锐都上奏，要求"示以必战之势"，翰林院修撰张謇还提出"此时舍大张旗鼓，攻其所必救，则朝鲜之事无可望瓦全"④。在军机大臣、总理衙门大臣会议上，翁同龢、李鸿藻等也"力主添兵"，速赴朝鲜，认为对日本的侵略如不予以痛击，今后祸无底止。同时也不放弃谈判机会，"但使无碍大局，仍可予以转圜"。这种积极备战，依靠自己力量打败侵略者的主张无疑是唯一正确的方针。不过此时的主战派对敌我双方实力的估计是不足的，认为"中国讲究武备近三十年，以中视西，或未可轻取，以剿倭奴，足操胜算"⑤。显然对敌人的长处和自己的弱点缺乏正确判断。

2. 战争爆发后：1894 年 7 月 25 日，日本海陆军在丰岛海面和牙山同时袭击清军，战争爆发。8 月 1 日，两国互相宣战。甲午战争正式拉开帷幕。在中日双方激烈交战期间，和战两派辩论的焦点是消极抵抗，积极求和，还是积极抗战，争取胜利。

战争已成事实，光绪帝按翁同龢的建议命李鸿章采取主动，对派出的援军"迅速电催，星夜前进，直抵汉城"。当时主战派提出，应趁日军立足未稳："迅图进剿，先发制人"，而李鸿章却强调"目前只能坚扎平壤"，并电示前敌将领卫汝贵等"可守则守，不可则退"⑥；对海军则强调"以之攻人则不足"，提出"以保船制敌为要"⑦。由于一意主和避战的李鸿章掌握陆海军的指挥大权，致使战机一误再误，陆军败于平壤，退守辽东；海军在黄海海战后，也避港不出，拱手让出制海权。此时，主和派更

---

① 吴汝纶：《桐城吴先生全书》，尺牍，卷 1，第 115 页。
② 《李文忠公全书》电稿卷 15，第 42 页。
③ 《清光绪朝中日交涉史料》卷 14，第 21—22 页。
④ 《张謇致翁同龢密函》。
⑤ 《清光绪朝中日交涉史料》卷 14，第 40 页。
⑥ 《李文忠公全书》，奏稿，卷 17，第 16 页。
⑦ 《清光绪朝中日交涉史料》卷 17，第 27 页。

以"保陪都、护山陵"为托词，力主妥协投降。他们把求和的赌注压在英、俄调停上，李鸿章竭力主张"以俄制日"，声称"若能发一专使与商，则中俄之交固，必出为讲说"①；主战派虽不反对在外交上利用列强之间的矛盾争取援助，但认为应着眼于依靠自己的力量，取得战场上的主动权。8月16日：翁同龢上疏，"力言俄不能拒，亦不可联，总以我兵能胜倭为主，勿盼外援而疏本务"②。9、10月间，当西太后想与俄使喀西尼接触，再次试探俄国出面干涉的可能性时，翁同龢又"力言喀不足恃"。

1894年10月上旬，日军做入侵中国本土的准备，英国担心自己的在华利益会因战争扩大而蒙受损失，遂有五国（英、俄、法、美、德）联合调停的"倡议"。围绕英国提出的议和条件，清政府内主战、主和的争论又趋激烈。英国"调停"的基本条件是赔偿军费和朝鲜"独立"。慈禧太后、奕䜣、奕劻以及军机大臣孙毓汶、徐用仪都主张接受英国条件，妥协求和，孙、徐两人主张尤力，"以为不如此不能保陪都、护山陵"；翁同龢、李鸿藻则坚决反对，建议"称上意不允以折之"③。但此时慈禧决计求和，"天意已定"，主战派虽闻和议"求死不得"，但终无回天之力，不过徒发愤激之词而已！

11月，日军攻陷金州、大连、旅顺，英国驻华公使欧格讷再次建议清政府赔款求和，清廷内部的主和派四处活动，妥协求降之风更加浓烈。11月11日，浙江在京的杭州、嘉兴、绍兴三府籍官员14人受徐用仪、孙楗（孙毓汶之子）指使，上书奕䜣，"请忍辱受和"④。随后，盛京三陵总管20余人连名发电"请议和"。奕䜣、孙毓汶、徐用仪力主接受英国调停，在11月27日皇帝召见时，孙、徐都劝告光绪接受和议，认为"机不可失"，"时不可错"；而翁同龢则陈词抗争，认为接受这样的调停无异投降，"至若再现望希和，而不全力与战，何以振中国？"但慈禧太后同意奕䜣等人的意见，于12月13日由总理衙门指派英人德璀琳赴日试探遭拒。12月20日，清廷又告知日本将派总理衙门大臣、户部侍郎张荫桓，署湖南巡抚邵友濂赴日议和。对此，主战派奋起力争，文廷式上奏

① 《翁同龢日记》第33册，第91页。
② 同上书，第71页。
③ 同上书，第97页。
④ 《张謇日记》，光绪二十年十二月。

说："今贼势日逼，则和事万不可讲"①；有"陇上铁汉"之称的御史安维竣"拼命上一疏"，直陈"此举非议和也，直纳款耳。不但误国，而且卖国"，并把攻击矛头直指慈禧："又谓和议出自皇太后，太监李莲英实左右之"②，真可谓大胆敢言。而岑春煊、易俊等数十人也先后上疏，提出宜修战备，勿为和议所误。

1895 年 1 月 5 日，张、邵两人陛辞出京，当时全国舆论沸腾，"适行抵沪上，匿名揭帖遍布通衢，肆口诋諆，互相传播"③。张、邵二人也承认这体现了"人心思奋""同仇敌忾"之诚，上疏要求朝廷"饬下关内外统兵大员，一意筹战，力求实效，勿以臣等之行，意存观望"④。

3. 马关议和：1895 年 1 月下旬，辽东半岛的营口、牛庄、田庄台等重镇先后落于敌手，清军在山海关前线全面溃退；同时，海军另一重要基地威海卫亦告陷落，北洋海军彻底覆灭。战场上的形势更加速了主和派屈辱求和的进程，使他们求和的气势更盛。2 月 10 日，光绪帝召见军机诸大臣，商讨局势，"问诸臣，时事如此，战和皆不可恃"，大臣们束手无策，"罔知所措"。此时在政府中枢，主战与主和两派争论主要是围绕割地、赔款问题展开。翁同龢认为"但得办到不割地，则多偿当努力"；孙毓汶、徐用仪则认为"不应割地，便不能开办"，"必欲以割地为了局"⑤。2 月 28 日，慈禧在召见奕䜣、李鸿章和全体军机大臣时，面谕李鸿章"任汝为之，毋以启予也"⑥，正式授李以割地求和全权。

在马关谈判前后以及《马关条约》签字、换约过程中，主战派与主和派的争论主要是要不要割让台湾，要不要继续作战。1895 年 3 月 1 日，李鸿章赴日谈判前夕，翁同龢即叮嘱他："台湾万无议及之理。"⑦ 4 月 3 日，条约内容电达朝廷，翁同龢"力陈台不可弃"。但"覆水难收"，4 月 17 日，经慈禧同意，李鸿章在《马关条约》上签字画押。

---

① 中国近代史资料丛刊《中日战争》第 3 册，第 333 页。
② 王芸生：《六十年来中国与日本》第 2 卷，第 193 页。
③ 同上书，第 206 页。
④ 同上书，第 207 页。
⑤ 《翁同龢日记》第 34 册，第 12 页。
⑥ 同上书，第 13 页。
⑦ 同上书，第 14 页。

《马关条约》的内容一经公布，举国震骇，主战、主和之争又达到了一个新的高潮，争论的焦点是如期换约还是废约再战。这一时期的和战之争有如下两个特点：（一）主和派虽握实权，却心虚气馁、理屈词穷；而主战派的阵营进一步扩大，声势颇壮，与举国一片废约、备战的爱国舆论相呼应，形成一股强大力量。在京师，一批官员联名上奏反对和约；在地方则一批督抚、将军反对和约，力主再战；在前线，则主要将帅慷慨陈词，以战为己任。此外，在京参加会试的 3000 名举人上书和许多地方士绅的上书更为这股爱国热流推波助澜。（二）主和派要求迅速批准条约，以免"激成事变，贻误邦国"；主战派则提出迁都再战，"持久制倭"。翁同龢曾劝光绪"迁都再战"，刘坤一也提出"再战三战"，"用兵两年"，强调"持久二字，实为现在制倭要着"①。谭继洵认为"銮舆西幸长安""亦未尝不可采取"，并预料"坚持一年，倭必形见势绌，无难蹙之"②。章京文瑞等甚至提出"坚持战备，以十年为期"。这一时期，主战派提出的持久战思想无疑是切实可行的战略方针，但决策者们却都没有这种决心和勇气。

三

甲午战争以日本大胜、中国惨败而告结束。战后，清廷内外又围绕主战与主和进一步追究战败责任，一时间议论纷纷，谬论流传，绵绵不绝。当今学者，不能不认真对待，分清历史是非，以正视听。

首先，战争是由谁挑起的？谁应负战争的责任？在马关议和的谈判中，日本首相伊藤博文对李鸿章是这样说的："此次战争，如贵国政府诚心避免，决非不可能。奈贵国未尽应尽之道"，居然把战争责任推给中国方面。可悲的是作为清廷全权首席代表的李鸿章竟也按照侵略者的调子亦步亦趋，说什么："北京政府中之政治家，唯以主战为能事，对国外形势极为生疏，徒露圭角，不顾破绽，诚堪忧虑"；"少壮政治家往往坚持主战论，余则断然不取，只愿国家平安无事"③。

---

① 王芸生：《六十年来中国与日本》第 2 卷，第 319 页。
② 中国近代资料丛刊续编：《中日战争》第 3 册，第 130—131 页。
③ 《日本外交文书》卷 28，第 1089 号文件，附件 2。

按照这样的基调，战后舆论界竟出现一股打着检讨战败原因的旗号，诽谤主战爱国言行的逆流。有人说："甲午之战由翁同龢一人主之，通州张謇、瑞安黄绍箕、萍乡文廷式等皆文士，梯缘出其门下，日夜磨砺以须，思以功名自见，及东事发，咸言起兵……于是文廷式等结志锐，密通宫闱，使珍妃进言于上，妃日夜怂恿、上为所动，兵祸遂开"①；有人甚至不惜歪曲历史来美化侵略者，攻击主战派，说什么："日本本无侵占朝鲜与中国寻衅之意，均是翁同龢及一批清流派所激成"②，如此等等。此种谬论本不值一驳，因为它既有悖于事实，也不符合情理。众所周知，日本发动侵略战争是蓄谋已久的，也是不可避免的，这如同景阳冈上的老虎，"刺激"不"刺激"它都是要吃人的。战争前夕，日本外相陆奥给其驻朝公使大鸟的训示中就明白无误地要他"不妨利用任何借口，立即开始实际行动"③，怎么能说是由清廷"主战派""激成"的呢？再则，主战派在侵略者步步进逼面前挺身而出，坚持抵抗，捍卫民族利益，又怎么能说是挑起"兵祸"的罪魁呢！按照失败主义者的逻辑：主战有罪，妥协退让有功，那么在近代历史上，中华民族面对侵略者的频频入寇，除逆来顺受、屈辱求和、束手待毙外，就别无其他选择了。这种逻辑纯属卖国逻辑、祸国殃民的逻辑，只会受到侵略者的青睐，而为真正的中国人所不齿！

当论及甲午战败的原因时，主战与主和两派之间也存在根本分歧（尽管和战之争已成历史陈迹）。1898 年戊戌政变时，西太后加给翁同龢的一条罪状就是指责他在甲午战争中"借口倚陈，任意怂恿……以致不可收拾"④；李鸿章的亲信吴汝纶也认为，由于翁同龢等"一意主战才导致战败"。而主战派则认为战争准备不足者是导致失败的原因，《马关条约》换约后，光绪帝发出的诏谕认为甲午之役是"仓猝开衅"，"将非宿选，兵非素练，纷纷召集，不殊乌合，以致水陆交绥，战无一胜"⑤；主战将领宋庆在马关签约后分析战败原因时也说："当日启衅之初，未尝准

① 胡思敬：《国闻备乘》卷 2。
② 刘声木：《苌楚斋四笔》卷 7，第 7 页。
③ 陆奥宗光：《蹇蹇录》，中译本，第 34 页。
④ 《光绪朝东华录》，光绪二十四年十月。
⑤ 王芸生：《六十年来中国与日本》第 2 卷，第 327 页。

备，着着落后，致有今日之事"①。这些分析虽然没有触及战败的根本原因，但大致不错，与主和派分析战败原因时的歪曲事实、造谣诽谤、人身攻击不可同日而语！

（原文载于《清史研究》1994 年第 4 期）

---

① 王芸生：《六十年来中国与日本》第 2 卷，第 316 页。

甲午战争与灾荒

李文海

1895 年 3 月 2 日，在中日甲午战争的炮火尚未完全停息，李鸿章即将以清政府全权代表的身份赴日议和的前夕，一位名叫钟德祥的御史上了这样一个奏折："顷闻奉天锦州一带地方，上年荒歉异常，加以倭贼所至搜掠，土匪继之，劫食一空，村聚穷民，菜色满路。自冬腊两月以来，四野已多饿殍。地方官吏为兵事所困，无力议及赈救。若更至三四月青黄不接之时，必立见屯空村尽，言之痛心。"① 这个奏折谈到了灾荒与甲午战争之间的关系，问题提得十分尖锐，但角度还仅限于人民群众受着天灾战祸双重荼毒的苦难方面。事实上，当时的严重自然灾害，曾在许多方面给予这个历史事变以或隐或显的影响，颇值得我们作为一个专门问题进行较为细致的探讨。

灾区与战区

就全国范围来说，1894 年并不是一个大灾巨祲之年。但是，几个自然灾害较重的地区，恰恰与甲午战争的战区临近或重合，或者与战争有着特殊的密切关系，这就大大增强了灾荒与战争之间的相互影响。

首先是作为中国方面战争最高决策中心和指挥中心所在地的顺直地区。在甲午之前，这一地区已经连续 11 年发生大面积水灾（个别年份为先旱后涝）。甲午年夏秋间，又一次遭洪潦之灾。这年岁末，因甲午

---

① 中国近代史资料丛刊续编（以下简称丛刊续编）：《中日战争》（二），中华书局 1989 年版，第 462 页。

之战革职留任的直隶总督李鸿章奏称："本年顺、直各属，自春徂夏，阳雨应时，麦秋尚称中稔。""距自五月下旬起，至七月底止，节次大雨淫霖，加以上游边外山水及西南邻省诸水同时汇注，汹涌奔腾，来源骤旺，下游宣泄不及，以致南北运河、大清、子牙、滏阳、潴龙、潮白、蓟、滦各河纷纷漫决，平地水深数尺至丈余不等，汪洋一片，民田庐舍多被冲塌，计秋禾灾歉者一百二州县，内有被潮、被雹之处。"这个奏折认为，"本年水灾之重，与（光绪）十九年相等，而灾区之广，殆有过之"①。

接替李鸿章任署理直隶总督的王文韶在次年初夏也上奏报告上年的顺直灾情，特别是"永平、遵化两府州属，雨水连绵，冰雹频降，滦、青各河同时涨发，漫决横溢，庐舍民田，尽成泽国"②。这些重灾区，"收成不及十分之一，小民无以为食，专恃糠秕。入春以来，不但糠秕全无，并草根树皮剥掘已尽，无力春耕，秋成无望，较寻常之青黄不接更形危机"。"访查该处情形，一村之中，举火者不过数家，有并一家而无之者。死亡枕藉，转徙流离，闻有一家七八口无从觅食服毒自尽者。"③直隶和锦州一带的灾民，"日以千数"地向热河等地逃荒就食，自1894年秋到1895年夏，络绎不绝。

其次就是奉天一带，这是甲午战争中陆战的主要战场。1894年夏天，由于连降暴雨，河水泛滥，造成巨灾。盛京将军裕禄在当年12月15日上奏说："奉省自本年夏间大雨连绵，河水涨发，所有沿河之承德及省城西南之新民、广宁、锦县、辽阳、海城、盖平、复州、岫岩等处各厅州县，同时均被淹涝。"翌年2月18日又奏："去岁奉天夏雨过多，沿河州县所属低洼地方，田亩被水淹涝。受灾各区，以锦县、广宁、新民、牛庄为最重，辽阳、海城、承德、岫岩次之，盖平、复州、熊岳又次之。"④

陵寝总管联瑞在给军机处的一份电报中也谈到奉天灾情："本年夏间，南路之辽、复、海、盖，西路之新民、锦县、广宁各城，以及省城附近地方，农田多被淹潦，灾歉甚广，数十万饥馁之民，嗷嗷待哺。瞬届天

① 中国第一历史档案馆藏《录副档》，光绪二十年十二月十九日李鸿章折。
② 《录副档》，光绪二十一年四月十五日王文韶折。
③ 《录副档》，光绪二十一年二月二十八日浙江道监察御史李念兹折。
④ 《近代中国灾荒纪年》，第584、585页。

气严寒，无衣无食，更难免不乘间滋事。兵荒交困，万分危迫。"①

　　当时在锦州转运局任职的知府周冕，在致盛宣怀的电报中也证实："查自锦至辽，沿途大水为灾，类多颗粒无获，极好者不过一二分收成。"② 直到次年初夏，他在一封电禀中还说："锦州、广宁一带，上年秋灾既重，今年春荒尤甚，现在麦秋无望，节逾小满，尚是赤野千里，拆屋卖人，道殣相望。"③

　　山东半岛是甲午战争中另一个战场，而恰恰在这里，也遇到了不大不小的水灾。1894 年 11 月 3 日，山东巡抚李秉衡奏报："东省沿河各州县，历年灾祲，民困已深。本年虽幸三汛安澜，而夏秋雨水过多，各处山泉同时汇注，低洼处所积潦难消。或民田被淹，收成无望；或房屋冲塌，修复无资。""就查到之处而论，则以济南府属之齐东，武定府属之青城、蒲台、利津被水为最重；济南府属之章丘，泰安府属之东平、东阿，武定府属之滨州及临清州等处次之。"④ 据上谕，这一年山东全省因灾蠲缓钱粮的地区达 81 州县及 5 卫、1 所。

　　以上三个灾区，山东及顺直地区，都是连年灾荒，但毕竟离战争前线还有一段距离。唯独奉天受灾区域，或者是中日双方军队激烈战斗的战场，或者最终为日本侵略军所占领，至少也是紧邻前线的军事要地，因此，生活在这里的人民群众，在天灾人祸的交相蹂躏之下，其痛苦悲惨情景，也就可想而知了。

　　余虎恩在《上刘岘帅书》中这样说："第关外近岁大荒之后，继以重兵，天灾流行，民不聊生。锦州等处盗风日炽，抢往劫来，所在多有。良善之家至鬻妻子为食，困苦流离，野有饿殍。有司不以告，长吏若不闻，政体尚堪问乎？"⑤

　　奉天府府丞李培元在《沥陈大局实在情形请速筹切实办法折》中则这样说："今奉省年荒民困，重以兵灾，田不能种，归无所栖，苟不急图，内乱将作。"⑥ 这里所说的"兵灾"，最主要的，当然是指日本侵略军野蛮

---

① 丛刊：《中日战争》（三），第 219 页。
② 《近代中国灾荒纪年》，第 584 页。
③ 丛刊：《中日战争》（四），第 116 页。
④ 《朱批档》，光绪二十年十月初六日李秉衡折。
⑤ 《普天忠愤集》卷六。
⑥ 丛刊：《中日战争》（三），第 366 页。

残酷的烧杀抢掠。不论是旅顺口震惊中外的大屠杀，还是折木城、田庄台等地把繁华城镇轰成一片焦土的绝灭人性的大破坏，都使尚未逃脱天灾带来的饥寒交迫的人民，雪上加霜，一下子又陷入侵略军铁蹄的肆意践踏和炮火的无情屠戮之中。前引陵寝总管联瑞的电文中，除具体描述天灾的惨象外，还详尽记录了日本侵略军给这一地区带来的巨大灾难："讵自九月二十七八等日，贼兵分四大股，东自九连城、沙河、长甸河、安平、东洋河、蒲石河，南自花园口、皮子窝等处同时进犯，盘踞窜扰。东南驻防各军，虽皆奋力扼御，奈贼锋过锐，弁兵伤亡甚多，兼以众寡不敌，屡战皆北，以至东边之安东、凤凰城、宽甸及孤山、长甸、东瀰、花园口，并省南之大台湾、金州等处，半月之内，相继失陷，岫岩、复州被贼围困，地方已失大半，到处商民望风徙，城市一空……小民既被贼扰，又遭兵劫，疮痍遍地，惨不堪言。""绅民迁避，络绎道途；商贾惊惶，到处罢市。"①

上面提到的"既被贼扰，又遭兵劫"，"贼扰"指的是日本侵略军的奸淫烧杀，"兵劫"则是指某些清军（尤其是一些败兵）纪律荡然、扰害百姓的事。应该说，甲午战争期间，由于战争正义的、反侵略的性质所决定，不少清军英勇作战，在军纪方面也颇为严明，出现了许多可歌可泣的动人事迹。但也毋庸讳言，有一些清军在侵略者面前，软弱得像一头绵羊，不堪一击；而在人民群众面前，则又凶狠得像狮子一样，作威作福，予取予求。这自然是当时那个政权全面腐败的一种表现和反映。这方面的材料也是很多的，这里只举一个小小的实例：当时襄助直隶臬司周馥办理"东征转运事宜"的袁世凯，一方面看到"辽沈自遭兵祸，四民失业，饥馑流离"；一方面又看到"凤军在关外抢掠尤甚"，曾多次向督办东征军务的钦差大臣刘坤一建议说："关外居民本极困苦，近遭灾荒，营勇骚扰太甚，哭声载道，惨不忍闻"，要求约束军纪，同时拨出一部分军粮，作为对灾民的赈济②。

不难想象，在天灾战祸的"风刀霜剑"严酷相逼之下，人民群众过着怎样一种人间地狱式的悲惨生活，实在是最清楚不过的事了。

---

① 丛刊《中日战争》（三），第 218 页。
② 《容庵弟子记》卷二。

灾荒与战争进程

如果再作稍进一步的观察，我们就会发现，自然灾害曾经给予甲午战争的历史进程以多方面的影响。

战争的胜负，很大程度上取决于人民群众的支持，这大概可以算是一种常识。从中国方面来说，由于甲午战争是一场反侵略战争，全国人民（也包括统治阶级中相当一部分人士）是积极支持这场战争的。就是作为主要战场的辽沈地区，广大人民也在十分艰难的条件下对支援抗日做出了巨大的努力。姚锡光《东方兵事纪略》在讲到辽南战事时就说："时倭兵大半西赴海城，东边踞倭寡，而九连城、凤城、安东义民颇觇倭人动静赴告我军，高丽义州亦有请兵愿内应者，兵机甚利。"① 但是，严重的灾荒，极大地限制了人民群众支援抗日的能力。特别是物质条件的支援方面，由于人民群众在自然灾害的打击下，处于"困苦流离，野有饿殍"的情况之下，所以常常是军队不仅不能得到老百姓的接济，反而还要匀出很少的军资军食去救济挣扎在死亡线上的老百姓。刘坤一的弟弟刘侃在《从征别记》中曾记录他到唐山以后的一段经历和见闻："既至，见饥民数千，疲困道旁，日毙数十人，幼稚十六七；盖壮者或他适，妇女惜廉耻，忍死不出，风俗良厚。而地方多巨富，无赈济者。军中倡义赈款钱三十余万贯，施放三十余州县，地广事繁，筹措须日。余彷徨庭户，虑迟则创，命帐前差官、兵目人等多备饼饵、米粥，日就道旁给之。许队伍中收养小儿，由是收养以百数。余拟资二千贯，用二百五十串合众人所施至八百串，而义赈事大集矣，斯民庶几少苏。然乐亭、滦州有一村人口仅存十三四者，盖三年水患，播种无收，官吏贪征粮税，隐匿不报，致奇穷无补救也。"②

当然，这支军队后来并没有正式投入战斗。但是试想，如果真的打起仗来，周围无衣无食引颈企盼军队救济以免饿死沟壑的群众，军中是收养来的数以百计嗷嗷待哺的小儿，你叫他怎么去打胜仗？

无怪乎吴大澂一到前线，做的第一件事情就是筹赈。他向朝廷上奏

---

① 丛刊：《中日战争》（一），第 34 页。

② 丛刊：《中日战争》（五），第 201 页。

折，向李鸿章、王文韶、盛宣怀以及广东、浙江、湖北等地督抚发电报，反复强调奉天各地"水灾甚重"，"饥民遍野"，"道殣相望"，幸存下来的群众，"有十余日不得食者"。灾民的悲惨生活，"目击伤心"，"不忍膜视"。如果不迅速"抚辑饥黎"，"收拾人心"，战争将很难进行。不管吴大澂在甲午战争中有怎样的是非功过，也不管此时（战争正在激烈进行中）再来谈赈济灾民是否缓不济急，过于书生气，然而无论如何，他反映的情况，却充分说明了灾荒曾经怎样给战争的进行带来巨大的困难。朝廷对于吴大澂请求的答复是：赈济灾荒，应是地方官的责任，可以由盛京将军裕禄"察看"、"办理"，吴大澂不必过问。

在战争的后勤保障中，军粮的供给是十分重要的环节。由于灾荒，军粮的筹集就成为很大的问题。早在战争还在朝鲜境内进行的时候，这个问题就存在了。当时，朝廷命令黑龙江将军依克唐阿率马队八营，"驰赴平壤一带"参战，规定粮饷军火由李鸿章、裕禄负责。李鸿章、裕禄在复电中打了一通官腔，说了许多困难，依克唐阿立即意识到，"合阅两电所复前情，是奴才一军，粮饷军火仍须自行预筹运解接济"。对此他忧心忡忡地说："粮米价昂，运脚耗费，若在各兵口分内扣留银两，预为办运粮食，窃恐大敌当前，军心解体，难期得力。"[1] 事实上，赴朝作战清军的一切军需供给，都是由奉天负责的，正如定安在奏折中所说："朝鲜地瘠民贫，当此大军云集之时，一切米粮、日用所需无从购觅，皆须由奉天省城及凤凰城转运而往，饷馈艰难，繁费尤属不赀。"[2] 战火燃及中国东北大地后，因为主要战场在奉天，所以军粮的采购也仍就近在此处解决。曾有人参劾盛宣怀在采买兵米中"浮冒多至数十万金"，李鸿章为盛宣怀辩解时说："臣查前敌各营兵米，伤由臬司周馥、道员袁世凯就近在奉省采买"，与盛宣怀无关。[3] 但是，由于严重的自然灾害，造成粮源少，粮价又高，使得军粮的采购十分困难。裕禄曾经抱怨说："现在奉天大军云集，需粮甚多，虽经各军设法购运，而去岁本省秋收甚歉，存粮无多，办运过远，脚费又复太昂，军食攸关，亟须预为筹备。"依克唐阿也奏称："近因奉收歉薄，加以难民纷纷迁徙，来春必失耕种。全军一年所需米

① 丛刊续编：《中日战争》（一），第72页。

② 同上书，第242页。

③ 同上书，第404页。

麦，须急趁冬令车运通时，于铁开、通江口等处预购。况东路山重水复，向无驿路，转运维艰，且沿途无积困处所，运道运具亦非预筹不办。"①战争在中国进行，日军的后勤供给线甚长，清军就地筹粮，本来是一个极重要的优势，但这个优势恰恰因为严重自然灾害的发生而丧失了。翰林院检讨蒯光典说得好："兵事一兴，偶有灾歉，采办艰难，归之于公，则此项无著；扣之于兵勇，有不哗溃者哉！"②

　　灾荒甚至使得清军无法在一些战略要地屯驻立足。吴大澂部的一位名叫王同愈的翼长，在所写《栩缘日记》中记载，1895年2月26日，他的部队在前往田庄台途中所见景象："隔年歉收，一路荒象极重。"另一名叫江虹升的营官，曾亲口对办理前敌营务的晏海澄说："宁远州饥馑情形与锦州无以异，最苦者约一百余村，男妇一万数千人，嗷嗷待哺。"③ 而据袁世凯3月19日给李鸿藻的报告，宋庆军因兵败退至离田庄台不远的双台子，吴大澂先宋败退至此，原本想在这里"收拾余烬"，后来宋、吴会商，"以双台一带泥水过大，不便久驻，且地洼荒苦，各军无可容扎"，不得已只好退到石山，只是派遣小股队伍分驻双台、杜家台等处④。战争期间，为了加强对京畿的保卫，曾命令调陈凤楼马队驻扎滦州。但一直到1895年4月中旬，刘坤一在奏折中仍然说："陈凤楼马队因滦州饥荒，无从购买草料，尚未移扎。"⑤ 同样的情况也发生在关外。为了加强东北所谓"根本重地"的军事力量，原曾计划调拨察哈尔马匹，充作各军之战马。但一直到1895年2月中旬，此事始终未能实现。据吉林将军长顺等的奏报，也是因为"关外歉收，草料皆无"，即使勉强调往，也"必致疲乏无用"，所以请求"不如待有水草时再行拨解"。可是等到水草丰茂之时，战事已经结束了。

　　在统治阶级的心目中，始终有一个难以抛却不顾的阴影，影响着他们全力依靠人民群众去进行战争。这个阴影就是因灾荒带来的社会动荡。下面两条材料颇有一点代表性：一条是西陵将军文瑞的奏折，强调"陵寝重地守护攸关，且邻近州县连年歉收，粮价昂贵，人情异常窘迫。当此外

① 丛刊续编：《中日战争》（二），第137、452页。
② 丛刊：《中日战争》（一），第163页。
③ 丛刊：《中日战争》（六），第260、275页
④ 丛刊：《中日战争》（五），第216页。
⑤ 丛刊续编：《中日战争》（三），第53页。

患未平，诚恐宵小乘隙滋萌，所关匪细，自应预筹设防，以期有备无患①。另一是田海筹上刘坤一书，里边提到"淮南、皖北伏莽甚多，更须招募劲旅，居中策应，庶饥馑之年，盐枭之变，会匪之乱，水旱之灾，有备均可无患矣"②。那么怎么来预先防范呢？办法还是老的一套，兴办团练。据说，这是一箭双雕的好办法，既可以把民众组织起来，配合军队对付日本侵略军，又可以安定社会秩序，对付因灾而起的某些"不逞之徒"。可是，在灾荒严重的情况下，办团练也不是件容易的事。当朝廷根据天津县绅士王守善等的禀请，令李鸿章"募练团勇"时，李鸿章复奏说："惟现值灾祲之后，物力凋敝，劝办甚难。"当朝廷要求山东巡抚李秉衡"筹防募勇"时，李秉衡的回答也是"东省连年水患，工赈频仍，用度日增，征收日减"，"经费支解纷繁，已形竭蹶"。朝廷要求滦州、乐亭举办民团，"以辅兵力之不逮"。经过一段时期的筹办后，负责此事的兵部侍郎王文锦报告说：乐亭已办起联庄会，但"滦州地方灾歉较重，民情瘵苦，联庄会虽易兴办，恐不能如乐亭之踊跃"。就是已经办起联庄会的乐亭，"连年灾歉，造成民力拮据，将来能否持久"，也殊无把握。于是，同一个原因引出了两个互相矛盾的结果：由于灾荒，导致社会不稳定，因而需要组织团练；又是因为灾荒，造成民力拮据，团练很难组织起来。因此就形成了一个解不开的怪圈。在当时，有一些人援引镇压太平天国运动的历史经验，大谈兴办团练对甲午战争的重大作用。其实，不论是客观形势，还是交战对象，甲午战争与太平天国时期都有很大的不同，团练能否兴办，未必见得有多大的关键意义。但无论如何，我们再一次从这里感觉到了灾荒对战争进程的某种关联和影响。

颇具象征意味的是，一场突发的自然灾害，在这次战争的尾声中被拉来作为一种重要的政治筹码。原来，李鸿章父子在日本政府的胁迫下签订了《中日讲和条约》即《马关条约》后，消息传开，国内舆论哗然，群情激愤，朝野人士纷纷上书递呈，要求朝廷拒绝批准这个在丧权辱国的程度上前所未有的不平等条约。它的高潮就是康有为领导的著名的"公车上书"。面对如此强烈的社会舆论，尽管清政府卖国求和的方针已定，但也不得不有所顾忌，在1895年4月25日的上谕中，装模作样地就是否批

---

① 丛刊续编：《中日战争》（一），第665页。
② 丛刊：《中日战争》（五），第455页。

准条约问题征询刘坤一、王文韶的意见。上谕先是说"让地两处，赔款二万万两，皆万难允行之事"；接着说"连日廷臣章奏甚多，皆以和约为必不可准，持论颇正"；但语气一转，又称"如果悔约，即将决裂，苟战不可恃，其患立见，更将不可收拾"；最后则要求刘坤一、王文韶"体察现在大局所系及各路军情，战事究竟是否可靠，各抒所见，据实直陈，不得以游移两可之词敷衍塞责"①。谁都看得清楚，这个谕旨本身就充满了"游移两可之词"，却要刘坤一、王文韶"据实直陈"，不得"敷衍塞责"，岂不可笑？久居官场的刘、王二位，自然不会那么天真，据《东方兵事纪略》说，"文韶等奏颇依违"，就是说，还是发表了一通"游移两可之词"复奏了事。

正在这个时候，4月28日，天津塘沽口外发生了一次大的海啸，"竟日夜风狂雨暴，海水漫溢，冲溃宏字定武等十营，铁路不通，电线四路俱断"②。王文韶等在奏折中把这件事也一起报了上去。清朝最高统治者立即觉得，这是一个可以用来达到某种政治目的的机会。据刘侃《北征纪略》记载："灾变闻，和议益决。"不知是有意制造的舆论还是无意的相互呼应，京津一带立即传开了所谓"海啸是天和"的说法，说是"天意若此，宜亟批换和约"。当时还只是步军统领的荣禄在致奎俊的电报中也说："念三战和原未定，因初七（按：应为初四）海啸，将津沽一带防军淹没多处，子药均失。莫非天意？势不得不和。"③封建统治者终于找到了一个借口，可以用来对付反对批准和约的社会舆论了。正是在这种情况下，清廷于5月3日在和约上盖上国玺，批准了《马关条约》。

5月17日，以光绪皇帝的名义向全国臣民明发朱谕，解释朝廷批准和约的"万不获已之苦衷"，其中一段话是这样写的："加以天心示警，海啸成灾，沿海防营，多被冲没，战守更难措手。是用宵旰旁皇，临朝痛哭，将一和一战两害兼权，而后幡然定计。其万分为难情事，言者章奏所未及详，而天下臣民皆当共谅者也。"④

---

① 《光绪朝东华录》，中华书局 1958 年版，总第 3578 页。
② 丛刊：《中日战争》（四），第 128 页。
③ 丛刊续编：《中日战争》（三），第 301 页。
④ 《光绪朝东华录》，总第 3695 页。

战争善后与赈灾

甲午战争的帷幕一旦正式降下，原先暂时被推到次要地位的灾荒问题，又一下子突出出来。

1895 年 6 月 16 日，仍然署理直隶总督的王文韶向四川、两广、两湖、闽浙、云贵、两江、陕甘、东河、漕运各总督，浙江、广东、广西、湖南、江西、安徽、江苏、山东、山西、陕西、新疆、贵州、河南各巡抚，发出了一封请求支援赈济"畿辅灾黎"的电报，其中说："天津连年大水，积因以深。近畿一带去年被灾尤重。今春大雪，耕种失时。关外兵荒，粮路断绝。加以四月初三、四等日，狂风暴雨，三昼夜不息，海如腾啸，河堤潮涨，纵横千里，荡为泽国。麦芽既失，耕作并废。百万嗷嗷鸿呼号望赈，青黄不接，时日方长。幸蒙恩赏东漕十万石，暂资抚恤，而地广灾重，赈急工繁。又以辽、锦接壤，兵后凶灾，谊当兼顾，非亟筹巨款，万难支持。"[1] 一个地方行政长官，向全国各个省区吁请帮助赈灾，这在以往的灾荒史上还很少见到，几乎可以说是前所未有的。

王文韶的电文中用了"兵后凶灾"四个字，笔者以为是颇为贴切的。在那些惨遭战火摧残的地区，本来应该对那里的老百姓优加抚恤，以固结民心，培育元气。不料 1895 年仍然是灾祲不已，使得那里的群众难圆重建家园之梦。

奉天锦州府、新民厅各属，继上年"秋雨为灾，田禾尽被淹没，颗粒无收，道殣相望"之后，这一年春天又"连绵大雪，民困饥寒，伤亡相继"。据估计，其惨苦情形，同光绪初年"丁戊奇荒"中的山西省相似（按：当时山西某些重灾区的人口死亡率达 60% 至 95%）。夏间，锦县、广宁、承德、新民、金州、海城、辽阳、岫岩、盖州、熊岳、盖平、复州、宁远 13 州县又一次遭水灾侵袭。由于连年被水，瘟疫开始盛行，"省城患时疫者亦多"[2]。

山东的水灾，较上年更重。1895 年夏，黄河在山东境内多次决口。这年 11 月 8 日，李秉衡奏称："东省今岁黄水漫决，上游东平一州全境罹

---

① 丛刊续编：《中日战争》（三），第 421 页。
② 《近代中国灾荒纪年》，第 593 页。

灾，寿张、东阿、郓城、阳谷等亦被淹甚广，下游则青城、齐东最重，高苑、博兴、乐安、利津等县皆黄水所经，小民荡析离居，情殊可悯。此外，运、卫两河漫溢及黄水波及者尚有十数县之多。"① 从决口冲出的黄河浊浪，"汪洋浩瀚，茫无津涯，田庐坟墓尽皆淹没，甚有挟棺而走骸骨无存者。民不得已，尽搬向河堤，搭盖席棚，饥不得食，寒不得衣，数十万生灵嗷嗷待哺。加以风寒水冷，号哭之声闻数十里"。② 这一年，山东全省受灾地区达 87 州县并 4 卫、2 场。

顺直地区因上年大水的影响，春荒极为严重。御史洪良品在 4 月 16 日上奏："自光绪十六年起，淫雨成灾，连年水患，畿南一带，百姓困苦，拆房毁柱，权作薪售，以为生计。""去年积水太久，冬冻未消，麦不能种。小民坐食数月，籽种牲畜食卖一空。现在遍野荒地，无力市牛布种，耕收望绝。"③ 其实，从 1883 年永定河漫口造成大面积洪潦灾害起，水灾在这一地区就没有中断过。因此，这里饥民之多，灾情之重，就显得特别突出。《申报》3 月 24 日报导："客有于役火车者为言，不独津郡饥荒，即附车各村落，一过糖坊（按：应为唐坊），上至胥各庄、唐山、林西、洼里，每一停车，饥民男女，鹄面鸠形，随客乞钱，如蜡之集。……连日大雨，饥继以寒……饿死冻死仍复不知几何，十余龄幼女，不过售十数元，骨肉分离，为婢为妾，在所不恤。"唐山一地，春间聚集饥民数万口，以后愈聚愈多，至春末，依靠粥厂施食为生的灾民达到十余万人之众。入夏后，顺直地区又连降暴雨，兼杂冰雹，旧灾未除，新灾又降，全年被水、被潮、被雹地方达 57 州县。"京外灾黎"，纷纷涌入京城，"扶老负幼，来京觅食，其鹄面鸠形，贸贸溃乱之状，实属目不忍睹"。这些灾民在京城这个所谓的"首善之区"，也并没有一条现成的生路。"所领之粥不足供一饱，伏施之钱米亦无。""不得已，馁卧路隅，待死沟壑者有之；沿门行乞，随车拜跪者有之。……以致城垣之下，衢路之旁，男女老稚枕藉露处，所在皆有。饥不得食，疲不得眠，风日昼烁，雾露夜犯，道殣相望。"④ 恶劣的生存条件，导致"疫病流行"，据不完全统计，因染

① 《录副档》，光绪二十二年九月二十二日李秉衡折。
② 《近代中国灾荒纪年》，第 596 页。
③ 《录副档》，光绪二十一年三月二十二日洪良品折。
④ 《近代中国灾荒纪年》，第 593、595 页。

瘟疫而"路毙"者每月不下 3000 余人。看了这些情况，本节开头王文韶那样焦急地向全国各省请求帮助赈灾的举措，也就不难理解了。

事实上，甲午战争结束前后，赈灾不仅是一个重大的社会问题，而且成了一个尖锐的政治问题。我们曾经指出，在甲午战争时期，主要的灾区同战区基本是重合或极为邻近的。这些地方，正如有的奏折指出的，"师旅之后继以饥馑，民气倍极凋残"。因此，对这些地方的老百姓及时地给予赈济，不仅是战事结束后善后工作的重要内容，也是固结民心、医治战争创伤的重要方法。李秉衡在给盛宣怀的电报中就谈到了这一点："金、复等处俟倭退后诚宜优加抚恤，以固民心。"① 使这个问题更加突出起来的，还有下面这个情况：日本侵略军依然在由他们占领的海城等地，"宽为放赈"，"意图要结民心"。这样，赈灾就又带有了与日本侵略者争夺群众的政治斗争的内容。

应该说，有些人对这个问题是给予了足够的重视并作了实际努力的。例如，地方督抚中的李秉衡，就在战争一结束，立即对山东"被兵各州县""发款赈恤"，并在经费十分困难的情况下，数次向奉天、直隶接济赈款。长年从事义赈的社会名流严作霖，战事一结束，就"集巨款拯大灾"，亲自到锦州一带主持放赈工作。但是，就总体来说，清朝政府对灾区和战区的赈恤，如当时人所说的，只是"杯水车薪"，而且"缓不济急"。这也并不奇怪。清政府面对入不敷出、库储如洗的财政状况，满脑子考虑着如何去偿付两亿多两银子的巨额赔款，哪里还会去认真顾及挣扎在死亡线上的千百万普通老百姓呢？

甲午战争结束前后，社会舆论对李鸿章纷纷诘难，要求追究李鸿章指挥战争和主持和谈的责任。在一片抨击声中，人们联系到顺直地区连年大水，自然也就涉及李鸿章久任直隶总督期间在防灾治河中的种种失误。编修李桂林等的一个呈文中这样说："其河渠则不循水性，横筑堤防，御北则移诸南邻，捍西则移诸东境，水失故道，纵横肆溃。大名道吴廷斌本无治水之能，以趋承李鸿章大受委任，又复引其私人潘陶钧等包揽利权，侵吞巨款。任河自决，领帑银以冒利；俟水自涸，筑浮土以冒功。向来直省苦旱为祲，近则无岁而无水患。"②

---

① 丛刊续编：《中日战争》（三），第 508 页。

② 同上书，第 533 页。

　　究竟李鸿章对顺直水患频仍应负多大责任，是个需要另作专门研究的问题。但不论如何，人们在批评李鸿章在甲午战争中的责任时，同时也联系到他在灾荒问题上的错失，这是完全合乎逻辑的。这也从一个方面反映了灾荒与甲午战争之间的内在联系。

（原文载于《历史研究》1994 年第 6 期）

甲午战争中人物研究

中日甲午战争与慈禧太后

王道成

中日甲午战争爆发的时候，慈禧太后早已撤帘归政。照理说，慈禧太后与中日甲午战争不应该有什么关系了。然而，事实并非如此。慈禧太后不仅与中日甲午战争有关，而且在某些方面发生了较大甚至极大的影响。本文仅就慈禧太后修颐和园、慈禧太后六旬庆典、慈禧太后对中日甲午战争的态度三个问题作一些考察。

一

长期以来，有一种非常流行的说法：慈禧太后挪用海军经费修建颐和园，影响了海军的建设，导致中日甲午战争的失败。此说的代表人物，就是康有为。康有为在《康南海自编年谱》中写道："时西后以游乐为事，自光绪九年经营海军，筹款三千万，所购铁甲十余舰，至是尽提其款筑颐和园，穷极奢丽，而吏役展转扣克，到工者十得其二成而已。于是，光绪十三年后不复购铁舰矣。败于日本，实由于是。"[1]

但是，当我们研究了有关资料之后，却发现康有为的说法并不符合事实。

首先，光绪九年，即 1883 年，清政府并没有为经营海军筹过三千万两的专款。不仅光绪九年（1883）没有，整个光绪朝也没有。

光绪元年（1875），清政府决定创建海军，户部会议奏拨海军经费，每年南北洋各二百万两。但是，这四百万两的海军经费并没有兑现。

---

① 中国近代史资料丛刊：《戊戌变法》（四），第 122 页。

光绪八年（1882）八月二十八日，直隶总督兼北洋大臣李鸿章在奏折中说：

> 昔年户部指拨南北洋海防经费，每岁共四百万两。设令各省关措解无缺，则七八年来水师早已练成，铁舰尚可多购。无如指拨之时，非尽有着之款。各省厘金入不敷解，均形竭蹶，闽、粤等省复将厘金截留。虽经臣迭次奏请严催，统计各省关所解南北洋防费，约仅及原议拨四分之一。①

光绪十一年（1885）七月初二日，李鸿章在奏折中又说：

> 光绪元年，奉拨南北洋海防经费，名为四百万，大半无着，岁各仅得银数十万，只能备养船购器零用而已。②

光绪十一年（1885）九月，海军衙门成立后，每年四百万两的海军经费，拨给海军衙门。但是，报解的情况仍然不妙。总理海军事务奕譞等于光绪十四年（1888）四月二十一日的奏折中说：

> 查臣衙门部拨常年经费虽有四百万之数，而厘金向按八成拨解，并各关洋税及雷正绾军饷，每有解不足数。通盘牵算，岁入不过二百九十余万左右。岁出之项，北洋用款一百二三十万，南洋用款七八十万。现在撙节度支，北洋仅拨银九十余万两，南洋仅拨银五十余万两，并三舰薪粮十八万余两，四快船薪粮二十二万余两，煤油修费二十余万两，东三省练饷一百万两，统计需款三百二十余万两。此就刻下用款而论，已属入不抵出。且三舰、四快船岁修经费有增无减，南北洋常年用款，现在撙节匀拨，已有告竭之势，设使全部拨放，更成无米之炊。③

---

①　中国近代史资料丛刊：《洋务运动》（二），第531页。
②　同上书，第570页。
③　同上书，第59—60页。

从海军常年经费的收支情况看，要拿出三百万两来修颐和园都是不可能的，更不用说三千万两了。

其次，颐和园是由海军衙门"承修"的，颐和园经费也由海军衙门"筹画"，① 颐和园的经费和海军经费的关系，自然是十分密切的。但是，这并不等于海军经费的全部或大部都用来修颐和园了。

从现有材料看，颐和园的修建经费主要有三个来源：

1. 从海军经费中拨给

光绪十五年（1889）六月十一日，总理海军事务奕劻等在奏片中说：

> 臣衙门自开办以来，部拨各款原备南北洋海防经费，东三省练饷，水操内外学堂，各项费用浩繁，本有入不敷出之势。又加以颐和园工程需款，亦属不赀，又不能不竭力兼筹、用蕆要工。通盘计算，海军经费果能按年全数解清，尚可勉强挹注。以今岁而论，即可每年腾挪三十万两，拨交工程处应用。②

光绪十七年（1891）二月十六日，奕劻等在奏片中又说：

> 颐和园自开工以来，每岁暂由海军经费内腾挪三十万两，拨给工程处应用。③

但是，颐和园的名称，始见于光绪十四年（1888）二月，而颐和园工程却在光绪十二年（1886）就开始了。这里说的"颐和园自开工以来"，究竟是从光绪十二年（1886）算起，还是从光绪十四年（1888）算起？"每岁暂由海军经费内腾挪三十万两，拨给工程处应用"，持续了多少年？由于资料缺乏，我们就难以断定了。

光绪十四年（1888），海军衙门因经费困难，奏请由户部每年添拨洋药加税银一百万两，在奏折中，奕谭明确地讲了这一百万两的用途。

---

① 中国第一历史档案馆藏光绪十八年十二月二十七日海军衙门片："臣衙门承修颐和园工程，用款本极繁巨，若再加以垫放三海工程，所需经费，更难筹画。"
② 中国近代史资料丛刊：《洋务运动》（三），第117页。
③ 同上书，第141页。

他说：

> 臣奕譞本意，以三十余万两补放款之不足，以二十万两分年缴还赏借三海之款，其余四十万两，一半修颐和园等处工作，一半留为续办第二枝海军经费。①

这一请求，得到慈禧的批准。从光绪十五年（1889）起，由户部如数拨给。但是，海军衙门是否按奕譞原来的设想，将其中的二十万两用于颐和园等处工程，我们还没有发现这方面的资料。

2. 海军巨款息银

海军衙门成立后，使奕譞等感到困扰的一个问题，就是海军经费历年拖欠，进出多有不敷，颐和园工程又给海军衙门增加了负担。为了备海军要需，同时也为了颐和园的修建、奕譞想出了一个主意："筹一大笔银款，存诸北洋生息，本银专备购舰设防一切要务，其余平捐输二款，拟另款存储，专备工作之需。"② 光绪十四年（1888）冬，他将这一想法函告李鸿章，要李鸿章转商两江、两广、湖广、四川、江苏、湖北、江西各督抚，量力认筹。不久，各督抚先后电复：广东认筹银一百万两，两江认筹银七十万两，湖北认筹银四十万两，四川认筹银二十万两，江西认筹银十万两，直隶认筹银二十万两。这就是人们常说的海军巨款。这笔巨款，自光绪十五年（1889）二月起，至光绪十八年（1892）五月止，陆续解往天津，汇存生息。"所得息银，专归工用。"③ 这笔巨款的本银，直至中日甲午战争爆发，都没有动用。但是，它究竟生出了多少息银？用于颐和园的又是多少？我们就不清楚了。

3. 新海防捐垫款

海防捐的开设，始于光绪十年（1884）中法战争期间。光绪十三年（1887），黄河郑州段决口，改为河工捐。光绪十五年（1889），海军衙门因筹款紧要，仍改为海防捐。这就是新海防捐。光绪十三年（1887）以

---

① 中国第一历史档案馆藏：《朱批奏折》。《清末海军史料》，第684页。
② 中国第一历史档案馆藏光绪十四年十二月十五日海军衙门折，洋务运动、海军152。
③ 光绪十七年二月十六日总理海军事务奕劻等片，中国近代史资料丛刊：《洋务运动》（三），第141页。

前的海防捐，和颐和园没有关系，和颐和园有关系的，只有光绪十五年（1889）以后的新海防捐。

光绪十七年（1891）二月十六日，总理海军事务奕劻等在奏片中说：

> （颐和园）每年拨工之款，原属无多，各省认筹银两，亦非一时所能解齐。钦工紧要，需款益急。思维至再，只有腾挪新捐，暂作权宜之计。所有工程用款，即由新海防捐输项下，暂行挪垫。一俟津存生息集有成数，陆续提解臣衙门分别归款。①

这一经费来源，不同于海军经费拨款和海军巨款息银，这是属于"挪垫"，是要用存津生息的海军巨款息银陆续提解归款的。

光绪二十年（1894）七月十四日，户部在议复文廷式奏请停止捐例折中说："自光绪十五年新海防开例以来，京外所收捐项不下八百余万，以常年通计，每年约收银一百七八十万两"。② 但是，新海防捐项下究竟挪垫过颐和园工程银多少？由津生息巨款息银提解归还了多少？我们就不得而知了。

从目前情况看，要想从海军经费的收支弄清颐和园的修建经费是不可能的，我们只能通过别的途径求得一个比较符合实际的数字。

颐和园是在清漪园的废墟上兴建的。它基本上沿袭了清漪园的布局。前山前湖的建筑，有的按旧式重建，有的则改变了原来的形状和名称。后山后湖的建筑，除了为安置原大报恩延寿寺的佛像，在原为三层高阁的香岩宗印之阁的旧址上兴建了一座一层的同名的庙宇之外，其他均未恢复。但是，为了新的需要，慈禧在颐和园的一些地方，特别是在东部兴建了一大批为行政和生活服务的建筑。从园林部分看，颐和园的规模不如清漪园，从总体看，颐和园和清漪园的建筑又是大体相当的。

根据中国第一历史档案馆保存的乾隆三十二年（1767）大学士傅恒等查核万寿山（清漪园）等工用过银两折，万寿山（清漪园）自乾隆十五年（1750）兴修起，至二十九年（1764）工竣，历时十五年，共用银

---

① 中国近代史资料丛刊：《洋务运动》（三），第141页。
② 中国第一历史档案馆藏：《内务府杂件》。

四百四十万二千八百五十一两九钱五分三厘。由于情况不同，我们不能在清漪园和颐和园修建经费之间画一个等号，但是，它对于我们研究颐和园的修建经费是有参考价值的。

关于颐和园，我们没有发现像清漪园那样完整的材料，我们发现的是清代主管皇家工程的专门机构"算房"关于颐和园 56 项工程用工、用料、用银的估算，相当于我们现在的预算。这 56 项工程，约占颐和园工程的一半以上，共用银三百一十六万六千六百九十九两八钱三分三厘。[①]由此推算，颐和园的修建经费，当在五六百万两之间。

还应该指出，这五六百万两白银是在光绪十二年（1886）至光绪二十一年（1895）之间陆续支出的，它对海军的建设影响不大。事实上，光绪十四年（1888），北洋海军已有大小舰船 25 艘。这些舰船，全部是光绪二年（1876）至十四年（1888）之间购置的。光绪十七年（1891）李鸿章与山东巡抚张曜在校阅北洋海军之后，在奏折中洋洋自得地写道："综核海军战备，尚能日异月新，目前限于饷力，未能扩充。但就渤海门户而论，已有深固不摇之势。"[②] 有人说，当时的北洋海军是亚洲第一，不是没有根据的。

至于光绪十三年（按：应为光绪十四年）后没有添购舰船，并不等于这笔经费就用于颐和园了。因为当时清王朝的财政确实困难，而统治集团内部又存在深刻的矛盾。李鸿章在给郭嵩焘的信中就曾大发牢骚："都中群议，无能谋及远大，但以内轻外重为患，鳃鳃然欲收将帅疆吏之权，又仅挑剔细故，专采谬悠无根之浮言。"在清廷对李鸿章心存疑忌的情况下，怎么可能大力支持北洋海军的建设呢？笔者认为，中日甲午战争的失败，不能简单地归结为慈禧修颐和园。说慈禧修颐和园影响了海军的建设，不如说慈禧对李鸿章的疑忌影响了海军的建设更恰当些。

二

光绪二十年（1894）十月初十日，是慈禧太后的六十岁生日。按照

---

① 参阅拙著《颐和园修建经费新探》，《清史研究》1993 年第 1 期。

② 光绪十七年五月初五日李鸿章、张曜折，中国近代史资料丛刊：《洋务运动》（三），第 146 页。

中国的传统，六十岁是"一轮花甲"，非寻常的生日可比。对于这次生日，慈禧非常重视。早在光绪十八年（1892）二月初二日，就委派礼亲王世铎、庆郡王奕劻等总办万寿庆典。光绪十九年（1893）春，又成立庆典处，专门负责庆典事宜。为了在颐和园接受祝贺，慈禧对颐和园的修建工作抓得非常之紧。主管修建的官员，每五天要向她作一次工程进度的书面报告，甚至在春节期间也照常施工。仿照乾隆年间为皇太后祝寿的成例，自紫禁城西华门经西安门出西直门由石路至颐和园东宫门跸路所经，分设六十段点景，建造各种不同形式的龙棚、经坛、戏台、牌楼和亭座。每段点景，约需银四万两。江南、杭州、苏州三个织造衙门，特造彩绸十万匹，粤海关监督，采办足金一万两，以供庆典之需。慈禧的六旬庆典，成为清政府压倒一切的头等大事。日本政府之所以在这个时候发动侵略战争，原因之一就是："日知今年慈圣庆典，华必忍让。"①

甲午战争爆发后，慈禧虽然主战，但是，当有人建议停止颐和园工程，停办点景，移作军费的时候，慈禧却非常生气，说："今日令吾不欢者，吾亦将令彼终身不欢。"② 八月十五日，光绪诣慈宁宫，向慈禧恭进玉册、玉宝，在她原有的徽号慈禧端佑康颐昭豫庄诚寿恭钦献之后又加上"崇熙"二字，颁诏天下，对有关人员分别进行赏赐。第二天，清军在平壤失利，第三天，北洋海军在黄海之战中受到严重挫折，形势日益严峻，慈禧不得不于八月二十六日发布上谕："所有庆辰典礼，著仍在宫中举行，其颐和园受贺事宜，即行停办。"③ 在大连陷落、旅顺危急的情况下，慈禧在宁寿宫度过了她的六十岁生日。

按照原来的计划，十月初三日至十七日的庆典日程是这样安排的：

> 光绪二十年十月初三日申刻，皇帝率领王公百官诣仁寿殿筵宴，皇帝进爵。初四日巳刻，皇帝率领妃嫔等位公主福晋命妇等诣仁寿殿筵宴，皇帝进爵。初五日辰刻，还宫。初六日午刻，诣寿皇殿行礼。初八日午刻，还颐和园。初十日巳刻，御排云殿受贺。十二日卯刻，皇帝率近支王公百官等诣仁寿殿筵宴，进舞。十三日申刻，皇后率领

---

① 清政府驻朝鲜总理交涉通商事宜袁世凯电。
② 转引自王芸生《六十年中国与日本》第二卷，第 222 页。
③ 《光绪朝东华录》光绪二十年八月庚午。

妃嫔等位公主福晋命妇等家宴。十七日辰刻，还宫。皇帝在万寿寺进膳。①

从这个日程安排，可以看出原定的六旬庆典，要往来于颐和园和紫禁城之间，与庆典有关的处所：乾清宫、慈宁宫、宁寿宫、颐和园、西苑以及长河岸边的万寿寺都修葺一新，并安挂架彩彩绸。颐和园仁寿殿前一座彩棚，所需各色彩绸，就是一万七千五百匹。既然六旬庆典仍在宫中举行，颐和园、万寿寺等处就不用预备，自西华门至颐和园东宫门的六十段点景也可以停办了。

尽管如此，慈禧的六旬庆典，规模仍相当可观。

九月二十五日，王大臣以及外省各大臣呈进万寿贡物，拉开了慈禧六旬庆典的序幕。从十月初一起，内外臣工"穿蟒袍补褂一月"，隆重的祝寿活动正式开始了。

十月初二日辰初，慈禧从西苑仪鸾殿院内乘八人花杆孔雀顶轿出内东三座门至蕉园门外彩殿降舆，乘金辇，光绪率王公等跪送毕，慈禧乘金辇、光绪步行前引，出外东三座门至北长街内跪送毕，乘八人花杆孔雀顶轿进神武门、顺贞门由琼苑东门、东长街出内左门，由景运门至锡庆门外降舆，至黄幄次等候。慈禧乘金辇至锡庆门外彩殿降金辇，光绪率王公等跪接毕，慈禧乘八人花杆孔雀顶轿，光绪步行前引，进锡庆门、皇极门、宁寿门，由皇极殿出宁寿宫东穿堂进养性门。光绪先至阅是楼等候，慈禧乘八人花杆孔雀顶轿至阅是楼院内降舆，光绪率皇后、瑾妃、珍妃跪接，侍膳，进果桌，看戏。戏毕，光绪率皇后、瑾妃、珍妃跪送，慈禧从院内乘八人花杆孔雀顶轿还乐寿堂。

西苑与紫禁城，虽然近在咫尺，但是，慈禧从西苑回宫的典礼却非常隆重，亲身参与庆典的翁同龢，在日记中不禁赞叹道："济济焉，盛典哉！"②

十月初五日，慈禧升皇极殿宝座，光绪率领王公百官诣皇极殿筵宴，光绪向慈禧进酒爵。

十月初六日，慈禧升皇极殿宝座，皇后率领妃嫔等位、公主、福晋、

① 《光绪朝东华录》光绪十九年十二月乙亥。
② 《翁同龢日记》光绪二十年十月初二日。

命妇等诣皇极殿筵宴，皇后向慈禧进酒爵。

十月初十日，是慈禧六旬庆典的高潮。这天，宁寿门外至皇极门外设慈禧皇太后仪驾。辰刻，慈禧御礼服，由乐寿堂乘八人花杆孔雀顶轿出神武门，进北上门，至寿皇殿列圣前拈香行礼。又至承乾宫、毓庆宫、乾清宫东暖阁、天穹宝殿、钦安殿、斗坛等处拈香行礼毕，还乐寿堂。

已初，慈禧由乐寿堂乘八人花杆孔雀顶轿出养性门，由宁寿宫东穿堂至皇极殿后槅扇降舆，步行至东暖阁少坐，外边转传总管二名奏请慈禧步行，升皇极殿宝座。礼部堂官引光绪于宁寿门槛外正中立，大学士于案上捧表跪进光绪，光绪跪受表文，接捧兴，由中门入。宫殿监侍二员前引至皇极殿槛外止。光绪进皇极殿，诣慈禧前跪进表文，宫殿监侍一员跪接表文，安于宝座东旁黄案上。宫殿监侍二员前引，光绪步行至宁寿门槛外拜褥上立，鸣赞官奏："跪、拜、兴"。光绪率诸王大臣等行三跪九叩礼。礼毕、还宫。总管二名引皇后、瑾妃、珍妃步行至殿内拜褥上，诣慈禧前行六肃三跪三拜礼。荣寿固伦公主、福晋、命妇等在槛外随从行礼毕，皇后退。总管二名引敦宜荣庆皇贵妃等位，祺贵妃等位步行至殿内拜褥上，诣慈禧前行六肃三跪三拜礼。礼毕，慈禧起座，从后槅扇乘八人花杆孔雀顶轿出宁寿宫东穿堂，进养性门，还乐寿堂，升宝座，光绪诣慈禧前跪递如意毕，皇后率瑾妃、珍妃诣慈禧前跪递如意毕，敦宜荣庆皇贵妃等位，祺贵妃等位率荣寿固伦公主、福晋、命妇等诣慈禧前跪递如意毕，总管二名奏请慈禧由乐寿堂乘八人花杆孔雀顶轿至阅是楼院内降舆，光绪率瑾妃、珍妃跪接，进膳、进果桌、看戏。戏毕，光绪率皇后、瑾妃、珍妃跪送，慈禧乘八人花杆孔雀顶轿还乐寿堂。

十二日卯刻，慈禧升皇极殿宝座，光绪率领近支王、贝勒、贝子、公等诣皇极殿筵宴，光绪向慈禧进酒爵，进舞。

十三日申刻，慈禧升皇极殿宝座，皇后率领妃嫔等位、公主、福晋、命妇等诣皇极殿筵宴，皇后向慈禧进酒爵、进舞。

十五日，光绪御文华殿，美、俄、英、德、法、瑞典、比利时、日斯巴尼亚等国驻京使臣觐见，祝贺慈禧六旬万寿。

十七日辰初，总管二名奏请慈禧太后由乐寿堂乘八人花杆孔雀顶轿出养性门，至锡庆门外彩殿降舆，乘金辇，光绪率王公等跪送毕，步行前引至御箭亭跪送毕，乘八人花杆孔雀顶轿由景运门出神武门，至蕉园门外降舆，至黄幄次等候。慈禧乘金辇至蕉园门外彩殿降金辇，光绪率王公等跪接毕，乘八人花杆孔雀顶轿进东三座门，由御河桥进福华门至遏瞩楼后角门降舆，步行至颐年殿等候。慈禧乘八人花杆孔雀顶轿至纯一斋后角门降舆，步行至颐年殿。光绪率皇后、瑾妃、珍妃跪接，侍膳，进果桌，看戏。戏毕，光绪率皇后、瑾妃、珍妃跪送，慈禧步行，从纯一斋后角门乘八人花杆孔雀顶轿还仪鸾殿。慈禧的六旬庆典，到此结束。

前线的将士们和敌人进行着殊死的搏斗，紫禁城里却忙于为慈禧太后祝寿，歌舞升平。特别是初九、初十、十一三天，"听戏三日、诸事延搁"。① 这样的政府，怎么可能领导一场胜利的战争。

据户部奏称，这次万寿庆典，各衙门承办工程差务等项共需银五百四十一万六千一百七十九两五钱六分二厘三毫。② 而在战争过程中，户部给前线的两次筹款却只有二百五十万两（第一次筹款三百万两，第二次筹款二百万两，户部、海军衙门各筹一半）。还不到庆典支出的二分之一。如果光绪二十年（1894）没有慈禧的六旬庆典，全国上下、一心一意地对日作战，恐怕战争将是另一种结局。

三

慈禧太后对中日甲午战争的态度，有一个变化过程。当战争刚刚爆发的时候，光绪一力主战、慈禧亦主战，并"不准有示弱语"。③ 但是，当清王朝的军队在朝鲜战场上不断失利，北洋海军又在黄海之战中遭受严重挫折之后，慈禧动摇了。光绪二十年（1894）八月二十八日，她召见翁同龢，要他去天津面询李鸿章；"俄人喀希尼前有三条同保朝鲜语。今喀使将回京，李某能设法否？"尽管慈禧表白自己，"吾非欲议和也，欲暂缓兵耳"。④ 但是，我们可以清楚地看出慈禧的态度发生了变化，希望外国出面干涉，尽快结束战争了。

十月二十四日，旅顺失守。美使田贝根据美国政府的指示，为中日调处，先令停战，若议不成，再开战。光绪认为，"冬三月，倭人畏寒，正

---

① 《翁同龢日记》光绪二十年十月初九日。
② 中国第一历史档案馆藏光绪二十二年十二月十三日户部折，军机处来文。
③ 《翁同龢日记》光绪二十年六月十五日。
④ 《翁同龢日记》光绪二十年八月二十八日。

我兵可进之时而云停战，得无以计误我耶?"① 不愿接受。主战派与主和派之间的斗争更加激烈。珍妃之兄礼部侍郎志锐"上疏画战守策，累万言"。② 并与文廷式等弹劾李鸿章、孙毓汶、徐用仪等主和派大臣。为了打击主战派，十月二十九日，慈禧以"近来习尚浮华、屡有乞请之事"为借口，将进封不久的瑾妃、珍妃降为贵人。③ 一天之后，又说珍妃位下太监高万枝"诸多不法"，交内务府杖毙。④ 接着，将奉光绪之命在热河练兵的志锐召回北京，调充乌里雅苏台参赞大臣，并裁撤满汉书房以孤立光绪。但是，主战的呼声，并未因之停止。十二月初二日，御史安维峻上书，请杀李鸿章，并弹劾军机大臣。认为"此举非议和也，直纳款耳，不但误国，而且卖国"。并托之传闻说，"和议出自皇太后，太监李莲英实左右之"。尽管他表示，对于这样的传闻，"未敢深信"。而未敢深信的理由则是："皇太后既归政，若仍遇事牵制，将何以上对祖宗，下对天下臣民?"把矛头直接指向慈禧。慈禧大怒，斥责安维峻"肆口狂言，毫无忌惮、若不严行惩办，恐开离间之端"，将安维峻革职，发往军台效力赎罪。⑤

　　光绪二十一年（1895）一月十三日，威海卫日舰及炮台夹攻刘公岛及北洋舰队，利顺轮沉没，鱼雷艇十艘突围被房，勇弁鼓噪哗变。而清廷派往日本议和的使臣张荫桓、邵友濂又遭到日本拒绝，要求另派十足全权、曾办大事、名位最尊、素有声望的人为谈判代表。慈禧决定派遣李鸿章。这时，李鸿章因未能迅赴戎机，以致日久无功，已被光绪拔去三眼花翎，褫去黄马褂，革职留任。一月十八日，慈禧面谕军机大臣，"即著伊去，一切开复，即令来京请训"。奕䜣说，"上意不令来京，如此，恐与早间所奉谕旨不符"。慈禧一听，便勃然大怒，说："我自面商，既请旨，我可作一半主张也。"⑥ 次日，发布上谕，李鸿章著赏还翎顶，开复革留处分，并赏还黄马褂，作为头等全权大臣前往日本议和。光绪二十一年三月二十三日（1895年4月17日）李鸿章与日本代表签订了《马关条约》。

① 《翁同龢日记》光绪二十年十月二十五日。
② 《清史稿》卷四百七十，《志锐传》。
③ 《光绪朝东华录》光绪二十年十月壬申。
④ 《翁同龢日记》光绪二十年十一月初二日。
⑤ 《光绪朝东华录》光绪二十年十二月甲辰。
⑥ 《翁同龢日记》光绪二十一年一月十八日。

《马关条约》的主要内容有：1. 承认日本对朝鲜的控制；2. 割让辽东半岛、台湾全岛以及所有附属岛屿与澎湖列岛；3. 赔偿军费白银二万万两；4. 增开沙市、重庆、苏州、杭州四个通商口岸，日船可沿内河驶入以上各口。

这个严重的丧权辱国的条约，遭到了全国人民的反对，正在北京应试的举人康有为等1300多人上书光绪，要求废约拒和，并发出改良政治、挽救危亡的强烈呼吁。在讨论批约时，光绪沉痛地对军机大臣们说："台割，则天下人心皆去，朕何以为天下主！"① 慈禧亦知道，批准这个条约，必将受到天下人的唾骂。当光绪要奕劻和军机大臣请见皇太后面陈和战事宜的时候，慈禧却令内监传懿旨："今日偶感冒，不能见，一切请皇帝旨办理。"② 第二天，又传旨："和战重大，两者皆有弊，不能断，令枢臣妥商一策以闻。"③ 到四月五日，慈禧"犹持前说，而指有所归"。④ 初八日，光绪才"幡然有批准之谕"，但是，"书斋入侍，君臣相顾挥涕"，⑤ 光绪是在怎样的情况下批准了《马关条约》，是不难想象的。

由此可见，慈禧对和战的态度，直接影响了中日甲午战争的进程，她在中日甲午战争中的作用，是极为明显的。

（原文载于《清史研究》1994 年第 4 期）

---

① 《翁同龢日记》光绪二十一年三月二十九日。
② 《翁同龢日记》光绪二十一年四月初一日。
③ 《翁同龢日记》光绪二十一年四月初二日。
④ 《翁同龢日记》光绪二十一年四月初五日。
⑤ 《翁同龢日记》光绪二十一年四月初八日。

再论甲午战争中的李鸿章

戚其章

　　10 年前，当甲午战争 90 周年之际，笔者写了一篇题为《正确评价甲午战争中的李鸿章》的文章①，对否认李鸿章为主和派的观点提出了不同的意见。其后，又将自己的这一看法写进了《甲午战争史》一书。台湾学者吴圳义先生在一篇长达两万余字的书评中对拙作提出了异议。② 可惜吴先生未能运用史料来论证自己的观点，而主要是认为蒋廷黻先生和郭廷以先生与笔者有"不太相同的看法"。因此，笔者感到还有再进一步申明个人观点的必要。

一　战前在对日政策上的态度

　　李鸿章确实是一位十分复杂的历史人物，他在甲午战争中集军事、外交于一身，表现是多方面的。本文仍按甲午战争的进程分别论述，以期把握住李鸿章在甲午战争中的基本倾向和表现。

　　甲午战争爆发以前，当日本大举派兵进入朝鲜、并采取步步紧逼政策时，李鸿章对其侵略野心是有一定认识的。当然，李鸿章的这一认识是有限度的。他断定日本"以重兵挟议，实欲干预韩内政，为侵夺之谋"。然仅此而已。他尚未料到日本会真正借朝鲜问题发动侵略战争。更完全没有想到日本会趁机发动一场大规模的侵略中国的战争。正是基于这一思想，

---

　　① 见《光明日报》1984 年 6 月 13 日《史学》。
　　② 吴圳义：《评〈甲午战争史〉》，见台湾"国史馆"编印《中国现代史书评选辑》（十），第 54 页。

他才指示袁世凯："任他多方恫吓，当据理驳辩勿怖。"① 也正是在这一思想的指导下，中国在同日本关于朝鲜问题的交涉中，才会愈来愈陷入被动境地。

应该说，李鸿章在中日交涉中起初所持的原则立场，是正确的。当时，鉴于朝鲜政府希望中国，"撤兵，解倭急"，而日本驻朝公使大鸟圭介又有"华撤兵，伊即同撤"之语，于是他一面嘱请清军主将叶志超"整理归装"。一面指示袁世凯与大鸟"约定彼此同时撤兵"。② 此其一。其后，当日本抛出所谓"共同改革朝鲜内政"方案时，李鸿章又支持驻日公使汪凤藻的关于"中倭皆不干预韩政，惟劝韩自行清厘"③ 的意见。此其二。对此，是应该加以肯定的。所以，笔者曾说过："李鸿章保全和局的想法不见得全错，是无可厚非的。"④ 吴圳义先生说笔者不像郭廷以先生那样"并未十分苛责李鸿章"，并不符合事实。

如果对史实进行深入分析的话，便不难看出，李鸿章尽管在对日交涉中坚持了原则立场，却未能洞察日本的奸谋，进而及早采取相应的策略。其实，日本挑起战端的决心早就定了，是决不会从朝鲜撤军的，用日本外务大臣陆奥宗光的话说，就是"自该处空手回国，不仅极不体面，且非得策"。⑤ 日本之所以还要同中国讨论双方共同撤军问题，不过是虚与委蛇，赢得时间以寻找挑起战端的机会而已。以后日本政府在抛出所谓"共同改革朝鲜内政"方案的同时，又秘示大鸟圭介："作为延迟我军撤退之理由，阁下可用最公开而表面上的方式，即派遣公使馆馆员至暴动地进行实地调查。而上述调查，务令其缓慢进行，并使其调查报告书故含适于和平状态相反的情况。是所至盼！"并明告："无论使用任何借口以使我军留驻于京城，最为必要。"⑥ 真可谓机关算尽！显而易见，日本的目的是，既要日军死赖在朝鲜不撤，又要想方设法拖住赴朝清军，以制造对中国直接开战的借口。李鸿章对日本挑起战争的决心缺乏正确的估计，一厢情愿地希望日本撤兵，而这种决无结果的谈判只能贻误时机，最后落入

---

① 《李文忠公全集》电稿，第15卷，第49页。
② 《清光绪朝中日交涉史料》第13卷，第15—16页。
③ 同上书，第20页。
④ 拙著《甲午战争史》，第32页。
⑤ 田保桥洁：《甲午战前日本挑战史》，第88页。
⑥ 《日本外交文书》第27卷，第552号。

日本所设的圈套。不能不承认这是李鸿章的一个失误。

曾经有人说，李鸿章不是"纯粹的主和派"。笔者在十年前所写的那篇文章里提出了异议。现在看来，这个提法倒是含有一定的合理因素，可以说李鸿章不是"纯粹的主和派"。那么，战争爆发前的李鸿章究竟应该归于哪一派？这确实是一个值得探讨的问题。

显然，将李鸿章划为主战派是不行的。当时有不少官员提出，应急治军旅，对日示以必战。如太仆寺卿岑春煊称："为今之计，与其后日添防，老师匮饷，靡有穷期，何若今日临以大兵，示以必战？"① 礼部右侍郎志锐亦称："我若急治军旅，力敌势均，犹冀彼有所惮，不敢猝发。是示以必战之势，转可为弭衅之端。"② 翰林院修撰张謇甚至认为："此时舍大张旗鼓，攻其所必救，则朝鲜之事无可望其瓦全。"③ 这些主战言论未必完全可行，但要求在军事上争取主动还是正确的。可惜李鸿章皆与之意见相左。

光绪皇帝对朝鲜形势极为忧虑，多次谕令李鸿章加强战备：

> 6月25日谕："据现在情形看去，口舌争辩，已属无济于事。前李鸿章不欲多派兵队，原虑衅自我开，难以收束。现倭已多兵赴汉，势甚急迫。……此时事机吃紧。应如何及时措置，李鸿章身膺重任，熟悉倭韩情势，着即妥筹办法．迅速具奏。"④

> 7月1日谕："现在倭焰愈炽，朝鲜受其迫胁，势甚岌岌，他国劝阻亦徒托之空言，将有决裂之势。李鸿章督练海军业已有年，审量倭韩情势，应如何先事图维．熟筹措置……我战守之兵及粮饷军火，必须事事筹备确有把握，方不致临时诸形掣肘，贻误事机，李鸿章老于兵事，久著勋劳，着即详细筹画，迅速复奏，以慰廑系。"⑤

> 7月16日谕："现在倭韩情事已将决裂。如势不可挽，朝廷一意主战。李鸿章身膺重寄，熟谙兵事，断不可意存畏葸。着懔遵前旨，将布置进兵一切事宜，迅筹复奏。若顾虑不前，徒事延宕，驯致贻误

---

① 《清光绪朝中日交涉史料》第14卷，第34页。
② 同上书，第38页。
③ 《张謇致翁同龢密函》。
④ 《清光绪朝中日交涉史料》第13卷，第25页。
⑤ 同上书，第29—30页。

事机，定唯该大臣是问！"①

对于 6 月 25 日和 7 月 1 日两次上谕，李鸿章仍未迅速行动，积极进行部署。直到 7 月 16 日的严旨下来，他才开始增派援军赴朝，则已事事落日人后着了，可见，确实不能把李鸿章划为主战派。

那么，称李鸿章为主和派行不行？好像也不行。当时具有代表性的主和派是太原镇总兵聂士成。他默察朝鲜形势，认为实行战略退却是为上策。7 月 10 日，他向直隶提督叶志超建议，速请"派轮接队内渡，免启衅端"。并致电李鸿章称：

> 我军本奉命平韩乱，非与倭争雄也。倭乘间以水陆大队压韩，据险寻衅，蓄谋已久。又敌众我寡，地利人和均落后着，与战，正堕彼术中。今匪乱已平，正可趁此接队内渡，免资口实。此老子不为人先之谋，亦兵家避实就虚之计。……否则，倭将先发制我、衅端一启，大局可危。②

这是一种积极的战略退却。若此建议能被采纳，则不仅可改变中国在军事上的不利处境，而且亦将在政治及外交方面赢得主动的地位。对于日本的侵略计划来说，必将是一个沉重的打击。而李鸿章却未能采纳此策，错过了这次实行战略退却的稍纵即逝的大好时机。后来张謇曾批评李鸿章"败和"③，不是没有道理的。所以，此时的李鸿章自然算不上主和派。

李鸿章的根本问题在于，他不认为日本会真正地发动战争。在他看来，没有必要在军事上争取主动。因为"与日本相逼，日转有词。两国交涉全论理之曲直，非恃强所能了事，仍望静守勿动"。④ 直到日本发动战争的前几天，已经有数日内日本即将开战之传闻。他仍然认为："开仗之说似是谣传。"并指示叶志超："日虽竭力预备战守，我不先与开仗，彼谅不动手。此万国公例，谁先开战，谁即理细。切记勿忘！汝勿

---

① 《清光绪朝中日交涉史料》第 14 卷，第 35—36 页。
② 《中日战争》（六），第 8 页。
③ 黄浚：《花随人圣庵摭忆》，第 448 页。
④ 《李文忠公全集》电稿，第 16 卷，第 10 页。

性急。"①

　　李鸿章之所以相信日本不会开战，主要是因为他对俄国的插手干涉抱有太大的幻想。最初，当李鸿章请俄国公使喀西尼转电俄国政府进行干涉时，喀西尼满口答应，并称："日内即致电，想外部亦同此意。"李鸿章信以为真。即电总理衙门："素稔倭忌英不若畏俄，有此夹攻，或易就范。"② 稍后，喀西尼又派参赞巴福禄面告李鸿章："俄皇已电谕驻倭俄使转致倭廷，勒令与中国商同撤兵，俟撤后再会议善后办法。如倭不遵办，电告俄廷，恐须用压服之法。"③ 言之凿凿，更使李鸿章信之不疑。其实，干涉云云，仅是喀西尼的一己主见，并未得到俄国政府的批准。可是，李鸿章一直不放弃对俄国干涉的幻想。7 月 18 日，他致电驻俄公使许景澄称："初盼议成，倭忌俄，暗嘱英居间，俄益忌英，并未议妥。望赴外部声明，托俄系国家意，或更出力。"到 7 月 23 日，即丰岛海战的前两天，竟然还电告北洋海军提督丁汝昌："将来俄拟派兵船，届时或令汝随同观战。"④ 可见，他对俄国干涉的幻想是始终不悟的。

　　李鸿章一面指望俄国的干涉，一面又同日本驻天津领事荒川已次进行秘密接触。他派伍廷芳和罗丰禄密访荒川，要求荒川将李鸿章希望和解之意转告日本政府。7 月 22 日，朝鲜形势已相当紧急，他又让人转告荒川，他已决定派罗丰禄作为他的秘密特使前往东京，与伊藤博文内阁总理大臣商谈事项。表示衷心希望能够和解，并安排好就朝鲜问题开始商谈。还要求日本政府保证在秘密特使到达东京之前，驻朝日军不采取敌对行动。24日，陆奥宗光复电表示"不特别反对罗丰禄来日本"。⑤ 然而，罗丰禄正准备东渡之际，丰岛海面日舰的炮声却中断了中日之间的这场秘密交涉。难道罗丰禄赴日就有消弭战端之法吗？原来其法不是别的，就是以银赂日。吴汝纶《复陈铭书》称："倭事初起，廷议欲决一战，李相一意主和，中外判若水火之不相入。当时倭人索六百万李相允二百万，后增至三百万，而内意不许。"并特别指出："以上所言，皆某所亲见。"⑥ 是时吴

①　《李文忠公全集》电稿，第 16 卷，第 24、25 页。

②　《清光绪朝中日交涉史料》第 13 卷，第 19 页。

③　同上书，第 24 页。

④　《东行三录》，第 138、144 页。

⑤　《日本外交文书》第 27 卷，第 607、608 号。

⑥　黄浚：《花随人圣庵摭忆》，第 417 页。

汝纶正在李鸿章幕中，而且在对日方针上观点一致。他的话是不会假的。

由此可见，甲午战争爆发之前，李鸿章在对日交涉中尽管有某些可肯定之处，但其基本倾向却是想采取类似绥靖主义手段来消弭战端，这当然是不足取的。因此，战前的李鸿章既不是主战派，也算不上真正的主和派，姑且借用绥靖主义之语义，称之为绥靖派，似乎较为恰当。

二　战争中对和战问题的基本倾向

日本海军既在丰岛海面袭击中国军舰，挑起了战争，李鸿章的态度开始有了很大的改变，复电总理衙门称："倭先开战，自应布告各国，俾众皆知衅非自我开。似宜将此案先后详细情节据实声叙。"并提出："汪使应撤回，倭驻京使及各口领事应讽令自去。"① 就是说，既要声叙日本挑起战端的罪行，又应中断中日两国之外交关系。这是他第一次明确表明与日本决裂的姿态。

但是，应该看到，李鸿章之所以有此转变，与当时西方列强的动向是密切相关的。他认为国际形势对中国是绝对有利的。

首先，对英国倡导的"五强联合调停"计划怀有希望。所谓"五强"，是指英、俄、法、德、美五国。这个计划是英国政府在 7 月上旬提出的，其目的是防止俄国单独插手。英国外交大臣金伯利承认："此举实为防御俄国单独干涉之手段。"② 但是，俄、法、德、美四国各有自己的打算，对联合调停的态度并不积极，实际上此计划已经流产。而在日本挑起丰岛海战的当天，英国公使欧格讷又旧话重提，并且十分肯定："前劝日本退兵和商一节，日本非但不听，且说话更紧，我政府甚为不悦，已电日本。"又称："现在英、俄之外，又约德、法、美三国同办此事，合力逼着日本讲理，谅亦不敢不从。此时说话，总在日本一边用力。我今日即发电我政府，加力催着日本。并往西山请德国钦差回京。令各电各政府同向日本政府说去。此是好机会，难得五国同心帮助贵国。"③ 对于欧格讷的话，无论总理衙门的亲王大臣也好，李鸿章也好，都对列强联合调停产

---

① 《李文忠公全集》电稿，第 16 卷，第 34 页。
② 《日本外交文书》第 27 卷，第 658 号。
③ 《清光绪朝中日交涉史料》第 15 卷，第 23 页。

生了新的希望。

其次，英国在倡导列强联合调停的同时，又提出了中日在朝鲜划区占领的建议，也使清政府感到和解有望。这个建议也是早在战争爆发前就提出来了。其主要内容是："中日两国共同占领朝鲜，双方都撤出汉城和仁川，日本占据汉城以南地区，中国占领以北地区。"① 其实，这个建议已被俄、日两国所拒绝，是根本行不通的。所以，英国政府也就放弃了这个方案。然而，不仅李鸿章还蒙在鼓里，而且连俄、英两国公使也不知底蕴。7 月 26 日，即丰岛海战爆发的第二天，李鸿章仍兴致勃勃地同喀西尼商讨实施划区占领方案的具体办法。喀西尼问："中日应各退何处？须离汉城稍远。"李鸿章胸有成竹地答称："宜令倭兵退釜山，华兵退平壤，各离汉五百里。"喀西尼竟表示赞成："此最公允。"② 就在同一天，欧格讷也告诉总理衙门："我今日尚与各国大臣商量，拟请华兵退至平壤，日本兵退至釜山。日本如不听话，各国均不能答应。"③ 所有这些，都使李鸿章等人产生了乐观的情绪。

复次，日本海军击沉英国商船高升号事件的发生，更使李鸿章坚信英国必不肯善罢甘休。当高升号被日本军舰击沉后，李鸿章认为："至高升系怡和船，租与我用，上挂英旗，倭敢无故击毁，英国必不答应。"④ 在他看来，中国得道多助，日本失道寡助，弭止战端，此其时矣。

正由于此，才促使李鸿章在对日方针上发生了转变。他开始想借外交上的优势地位，采取以战促和的策略。他对北路赴援朝鲜的淮军寄予期望，并抱有很大信心。他认为，这些部队皆旧部，"练习西洋新式枪炮多年"，"凡其力所能及者，当可无误机宜"。并提出："如各军均逼汉城，届时须与各国交涉，再随时请派大员前往督率联络，期有实济。"⑤ 这时，驻英公使龚照瑗来电称："现倭焰盛，望中获一胜仗，日后公议，中益多。"⑥ 与李鸿章的想法正不谋而合。他相信清军会进逼汉城，那时中国

① "British Documents on Foreign Affairs – Reports and Papers From the Foreign Office Confidential Print", Part I. Series E, Vol. 4, *Sino – Japanese War*, 1894, p. 60.

② 《东行三录》，第 146 页。

③ 《清光绪朝中日交涉史料》第 15 卷，第 25 页。

④ 同上书，第 27 页。

⑤ 同上书，第 16 卷，第 3 页。

⑥ 《东行三录》，第 150 页。

转居于主动的地位。再与列强交涉，以促成和议。无论如何。他的以战促
和方针含有积极的因素，是不可一笔抹杀的。

李鸿章采取以战促和的方针，这仅仅是问题的一个方面。另一方面，
他的这个方针又是建立在列强干涉的基础之上的。所以，尽管日本已经挑
起战争，他同喀西尼的联系从未中断过。他曾派盛宣怀与巴福禄密谈。在
交谈中，巴福禄表示："俄国亦不能坐视日本如此之强横。"盛宣怀立即
随声附和："吾想贵国此时亦要发兵矣。倘贵国发兵，大约总在元山一带
俄、韩边界相近之处。"并转述李鸿章的意见："吾国并中堂之意，均欲
与贵国合而为一，将日兵逐出。惟贵国须用兵费甚巨，亦断不能不重为酬
劳。"[①] 靠贿赂强国出兵干涉的办法来实现以战促和的方针，不仅不足取，
也有些异想天开了。

事实上，李鸿章所设计的以战促和方针是不可能实现的。因为它是建
立在列强干涉的基础上，犹如缘木而求鱼，怎么会有什么结果？列强调停
云云，也若镜花水月，渺无迹痕可寻。高升号被击沉事件倒是触动了英国
当权者的神经，但冷静下来以后，权衡利害，英国政府却来了个180度的
大转变，转而认为中国应该赔偿高升号沉没的损失。其理由是："由于高
升号在敌对行动开始之后从事向作战地点运送中国军队的工作，而且高升
号的英国船长已被剥夺了指挥权，实际上对该船的控制权已落入船上的中
国军官之手。所以，女王陛下的政府曾被劝告将赔偿英国国民生命财产损
失的责任归于中国。金伯利大臣准备按照贵公司的要求，支持贵公司向中
国政府提出合理要求。"[②] 这是英国外交部给高升号船主信中的话。由此
可见，英国政府是以防俄为大局，视日本为共同防俄的未来盟友，不会
因一艘商船被击沉而改变此一方针的。这样一来，对李鸿章来说，外交
上由似乎有利转为不利，军事上又步步受挫，其以战促和的计划自然要
落空了。

李鸿章指望列强干涉虽一直未见成功，但真正的议和却是由他开其端
的。8 月 13 日，李鸿章曾向总理衙门报告与巴福禄晤谈情况，称："看来
俄似有动兵逐俄之意。该使谓，如何办法，该国尚未明谕，而大要必不出

<hr>

① 《盛档·甲午中日战争》（下），第 107—108 页。
② *Sino - Japanese War and Triple Intervention.* 1894 - 1895，p. 54.

此。"① 慈禧太后也有联俄的幻想，此电正合她的心意，不过在当时主战舆论高涨的情况下，不便于明确表态罢了。尽管如此，此电却成为她以后探询和议的张本。9 月下旬，慈禧以清军陆海决战失利，提出派翁同龢到天津，探询李鸿章能否设法请求俄国调停。她嘴上说："吾非欲议和也，欲暂缓兵耳。"事实上，她已打定主意要议和了。李鸿章既知慈禧出面主和，正合乎自己的心意，便告诉翁同龢，"俄廷深忌倭占朝鲜"，并保证说："必能保俄不占东三省。"② 从此时起，他便在主和的道路上一直走下去了。

不久，慈禧决定重新起用恭亲王奕䜣，作为推行求和方针的一个关键步骤。从此，她可以内依奕䜣，外靠李鸿章，以推行其求和方针。与此同时，慈禧的亲信荣禄与吉林将军长顺策划于幕后，也起了重要的作用。他们取得了一点共识："惟审量彼己之势，默揣当今之局，和则犯千古之不韪，战则尤兵将之不可恃。此中应如何安危定倾。非出自宸断，将无有以轻言进者。"③ 就是说，要推行求和方针，必须让光绪承担和议的责任。慈禧果然施展手段，迫使光绪降心相从，这便扫除了求和道路上的主要障碍。反对和议的帝党终于败下阵去。李鸿章既是主和的始作俑者，他在以慈禧为首的主和派阵营中，其作用自然是举足轻重的。

于是，清政府便一面公开请英、法、德、俄、美五国出面干涉，一面漏夜商议一件"密事"。所谓"密事"，就是如何派朝廷大臣直接与日本议和，由户部左侍郎、总理衙门大臣张荫桓亲至天津与李鸿章商谈如何开议，以救燃眉之急。张荫桓带去了奕䜣致李鸿章的密函，内称："此时应如何设法以期了结之处，阁下受恩深重，义无旁贷。且系奉旨归我等数人办理。必可合力维持。"④ 同时，李鸿章又接到密寄，内谕："须亟筹救急之方，现各国虽允出为调停，深恐远不济急。"这就将派人直接赴日议和之事和盘托出了。李鸿章选中了在津海关担任税务司的德人德璀琳，致函奕䜣云："若令其前往察酌办理，或能相机转圜。否则，暂令停战，以待

① 《李鸿章全集》（二），电稿二，第 880 页。
② 《翁文恭公日记》，甲午八月二十八日、九月初六日。
③ 《近代史资料》1962 年第 3 期。
④ 《李鸿章未刊稿》（抄本）。

徐商，亦解目前之急。"① 后再函称："如果伊藤肯与商量……或先战。或徐议和。即不烦各国调停矣。"② 当然，这只是李鸿章一厢情愿的想法。结果，德璀琳到日本后吃了闭门羹，空手而归。

德璀琳虽然碰壁而归，但李鸿章仍然认为唯有派员会议之一法，并需要有皇上"主持于上"。他致函奕䜣建议说："现值事机棘手万分，和议不易就范。顷税司德璀琳自倭回津，鸿章与张侍郎面加询问。据称：从旁询探，所欲甚奢，略如赫德所云。即派员会议，势不能一一曲从。惟既经美使居间，请两国派员商办，此系欧洲通行之例，业与张侍郎商酌，电达总署矣。"又称："闻西例，会议即须停战，除战地外，仍可自运兵械。而停战久暂，其权不能全自我操，须至临时再议。一切固应事宜，只可随机应变。若事有转圜，可期结束，两害相形取其轻，亦万不得已之所为。仍赖圣明主持于上，臣下方有所禀承。"③ 清廷根据李鸿章的建议，决定派张荫桓与头品顶戴署湖南巡抚邵友濂为全权大臣赴日议和。张、邵之东渡，在甲午议和活动中有重要的地位。正由于此，才揭开了李鸿章马关议和的序幕。

基于以上所述，可以知道，李鸿章在战争中的态度是有变化的。大致说来，9月下旬以前，他相信列强会出面干涉，而且对援朝淮军抱有一定的信心，因此采取了以战促和的方针；9月下旬以后，由于军事上节节失利，慈禧又亲自出面主和，他又成为慈禧推行主和方针的得力帮手。尽管有这样的变化，主和仍然是李鸿章的基本倾向。因此，称之为主和派，应该是不成问题的。

三　马关议和前后的表现

李鸿章经慈禧点名赴日和谈后，在执行任务过程中一直把依靠列强干涉作为谈判的主要筹码。

当时在清政府内部，主要为割地问题而争论不休。李鸿章感到最为难的也正是割地问题。他在北京期间，曾经一连两天密访欧格讷，意即在此。第一天，他先试探地对欧格讷说："日本来电，中国大臣非有商让土

---

① 《李文忠公全集》，译署函稿，第20卷，第56—57页。

② 《李鸿章未刊稿》（抄本）。

③ 《东行三录》，第199—200页。

地之权勿往议和。割北方领土会影响俄国，割台湾则会影响英国。中国拟抵制割地要求，是否能得到英国的某种支持？"欧格讷答曰："以个人之见，中国应与日本达成协议，以免出现北京被占领的结果。为了和平，中国值得作出巨大牺牲。"又称："日本之割地要求还不够明确，但必将尊意转告外交大臣。"① 李鸿章看欧格讷并未采取拒绝的态度，认为寻求英国支持还有一线希望。

翌日，李鸿章又带着一份由英国传教士李提摩太起草的《中英同盟密约草稿》去密访欧格讷。草稿包括四项内容：

一、中国同英国建立联盟。英国应确保中国的完整，中国应在英国与另一国作战时帮助英国。

二、中国陆军、海军、财政及民政管理事务的改革应征询英国的意见。英国将推荐合适的官员由中国任用；中国也有权雇用其他国家的官兵。

三、中国准备在公允的条件下给予英国臣民以修筑并经营铁路、开发并经营煤矿、铁矿和其他矿山，以及在通商口岸设立并经营各类工业企业的特权。关于铁路、矿山和内地工厂，中国可在二十五年之后按当时的合理市价收回。

四、中国将本着友好的精神，考虑英国增开新口岸的要求，以及发展商业和调整税收的建议，在不影响岁收的原则下发展对外贸易。②

这份草稿实际上是要把中国变为英国的保护国。欧格讷也正是这样认识的："英国政府应代表中国政府同日本交涉，即英国出面结束战争，挽救中国，使之不丧失任何领土。中国政府为报答这一援助，将实际上在若干年内将整个的国家管理权移交给英国，并由英国独揽改组和控制陆海军、修筑铁路、开采矿山的权利，而且还为英国通商增开几个新的口岸。"③ 但是，此时英国支持日本的方针已定，不会去理睬这份"诱饵"。最后，李鸿章提

---

① 拙著《甲午战争国际关系史》，第347—348页。
② *Sino - Japanese War and Triple Intervention. 1894 - 1895*，p. 244.
③ Ibid.，p. 234.

出派出一名英国使馆人员随同前往日本，也被欧格讷加以拒绝了。

李鸿章与欧格讷两次长谈，为时达近五个小时，而未取得任何效果，仍不甘心，又急电驻英公使龚照瑗"速赴外部密商托"。龚照瑗往访金伯利，试探说："倭电非有商让土地之权勿往，上意不允；允之，北则碍俄，南则碍英、法。"① 金伯利颇不以为然，答道："我毫不犹豫地认为，李鸿章应得到就所有问题，包括割地问题，进行谈判的全权。中国的处境非常危险，所以有可能签订和约显然是有利的。授权给一位全权大臣就割地进行谈判，完全不是丢人的事情。欧洲列强曾有过在战败之后以此为前提求和的事。"② 其实，此时英国政府已经掌握日本准备割占中国东北和中国台湾的情报，金伯利的回答暗含劝中国接受日本割地要求的意思。

在英国公使和外交大臣两处碰壁后，李鸿章还想作最后的一次尝试，就是直接向英国维多利亚女王求助。他电令龚照瑗以呈递国电的名义，谒见英国女王，求其对日本"设法力劝，总以公道议和为望"。③ 就是说，希望英王出面劝止日本割占台湾。但是，英国政府还是拒绝中国公使觐见女王亲递国电，由外交部致函龚照瑗称："为接受政治信件之故，君主接见外国使节或公使，不符合一般外交惯例，也不合乎英国宫廷之习惯。"④ 至此，李鸿章始知在割地问题，特别是割让台湾问题上，指望英国劝阻日本是不可能的，他只得怀着无可奈何的心情开始了赴日和谈的艰难历程。

总结以上所述，可以知道，评价甲午战争中的李鸿章是一个复杂而繁重的任务。但是，无论他战前在朝鲜问题上采取绥靖政策，战争中从以战促和转向求和的道路，还是马关议和前后为割地问题而奔走活动，都是把主要希望寄托在西方强国的干涉上，这就注定了他失败的命运，同时，尽管李鸿章在甲午战争中的表现前后有所变化，但其基本的倾向仍是不忘一个"和"，这是不能不承认的。

---

① 《中日战争》续编（六），第591页。
② *Sino – Japanese War and Triple Intervention. 1894 – 1895*，p. 93.
③ 《中日战争》续编（六），第592页。
④ *Sino – Japanese War and Triple Intervention. 1894 – 1895*，p. 107.

长期以来，研究李鸿章者颇不乏人。而且随着新资料的不断发现。此项研究正在进一步深入。包括蒋廷黻、郭廷以先生在内的前辈学者的研究成果，为我们提供了很好的借鉴。例如，郭廷以先生指出："李鸿章自始即竭力避免与日本决裂，外交积极，军事落后，不明日本的决心。所谓外交，只是妄想俄国的相助与英国的调解，而不知俄、英各有怀抱，各有顾忌。"并称："此时李为七十二岁老翁，暮气已深。得失心重，以致举棋不定，进退失据。"① 这些分析深中肯綮，令人折服，实获我心。而吴圳义先生却从以上引文引出了"在论及李鸿章在中日甲午战争中国失败应负之责时，并未十分苛责李鸿章"、"在解释李鸿章对日本一再退让之原因时，颇具同情口吻"②。并与拙作有"不太相同的看法"的结论，真是匪夷所思！

但主要的问题还不在这里。史学评论自有其自身的特点和客观的标准，不能以某一学者的已有结论作为评价的准绳，这是不言而喻的。在这里，笔者对吴圳义先生的评论表示感谢，但希望吴先生能够根据史料来详细论证自己的看法，继续写出文章来，异议相与析，为推动李鸿章研究乃至甲午战争史研究的进一步深入开展而共同努力。

（原文载于《清史研究》1994 年第 4 期）

---

① 郭廷以：《近代中国史纲》，第 272、275 页。

② 吴圳义：《评〈甲午战争史〉》，见台湾"国史馆"编印《中国现代史书评选辑》（十），第 56、57 页。

关于中日甲午战争中一起
"倒清拥李"的密谋事件

夏良才

在距今九十年的中日甲午战争中，有几个怀有扩张主义野心的美国人曾策划过一场密谋，企图趁日本攻打北京之机，在中国实现改朝换代，由李鸿章父子取代清朝统治中国。这件事迄今在国内研究中日甲午战争史的论著中似乎还没有人提及，知道的人大概不多。20 世纪 60 年代末，美国密西根大学中国研究中心的学者玛丽兰·杨写过一本书《帝国的修辞学：1895—1901 年美国的中国改策》①，作者从这一事件的主要策划者之一威尔逊的个人档案中，首先发现了这方面的材料，并在该书中作了披露。前几年，美国辛辛那提市的学者迈克尔·戴万因在他的《科士达评传》一书中②，对这一问题又有进一步的叙述。现在我们想根据上述两书提供的材料，就这一事件作点介绍和评述。

这一事件涉及的主要人物是三个美国人：李鸿章的私人秘书兼顾问毕德格（W. Pethick），美国陆军军官、铁路工程师兼承包商威尔逊（J. H. Wilson）以及美国前任国务卿、马关议和时清政府全权大臣李鸿章的顾问科士达（J. W. Foster）。时间是在 1894 年 9 月中，当时，清政府在平壤、黄海两次关键性战役中遭到沉重打击后，军事上已处于十分被动的局面。而日军在驱逐清军出朝鲜和控制黄海制海权以后，气焰更加嚣张，决意扩大战火，准备分两路大军入侵我国辽东半岛；日本国内舆论竟狂妄

① Marilyn B. Young, *The Rhetoric of Empire：American China Policy，1895—1901*，哈佛大学出版社 1968 年版。

② Michael J. Devine，John W. Foster：*Politics and Diplomacy in the Imperial Era，1873—1917*，俄亥俄大学出版社 1981 年版。

叫嚣要让"旭日军旗""进入北京城"①。这时，毕德格正在美国筹措对华铁路开发事务，他向他的好友威尔逊提供了中国局势的情况，认为遭到日本打击的清政府已无法生存下去，他断言：要使中国从混乱中摆脱出来，李鸿章是最合适的统治者②，初步提出了"倒清拥李"的设想。毕德格担心机密外泄对李鸿章不利，要求威尔逊不向任何人透露，包括他们的挚友科士达。为了保密，毕德格写信不用真名，落款是"月中人"，并嘱咐对方"阅后烧毁"。这表明，这是一个重要密谋，只有他们两人知道。他们之所以气味相投，是有共同的目的和思想基础的。

毕德格和威尔逊都参加过美国的南北战争。威尔逊在 1860 年毕业于著名的西点军校，内战后成为一名铁路工程师和企业家，在他的家乡德拉瓦州不仅在经济上，而且在政治上也具有一定的势力和实力。1885—1886 年他到中国做过铁路考察，在颐和园架设一条供慈禧娱乐用的火车轨道，怀有攫取中国铁路让予权的野心。毕德格在 1874 年来中国，开始是美国驻天津领事馆的副领带，由于熟悉汉语和法、德等国语言，以后成了李鸿章的秘书、翻译和顾问，又是李鸿章儿子李经方的英文老师。毕德格在 1886 年结识威尔逊，从此两人成为挚友，并经营起非法勾当来：威尔逊为毕德格在国外推销中国的古玩字画等美术品，而毕德格则为威尔逊提供国内铁路修造的内部情报。他们都是美国的经济扩张主义者。威尔逊认为，美国在远东的投资应不受任何限制。此人后来是美西战争和镇压中国义和团运动的美军将领，死于 1925 年。毕德格在李鸿章身边二十来年，关系不同一般。毕德格曾为他的主人译读过"数百本"英、法、德文原著，灌输不少"西方自由主义和进步思想"，对李鸿章的思想有影响，并深得他的信任③。毕德格和威尔逊的共同目标，是为美国资本开拓中国市场。

威尔逊很赞赏毕德格的设想，但他认为要干成这样的事业，需要有几个一定身份的人合作，他首先提出的人就是科士达。他对毕德格说，科士达是个有经验的外交家，能保守秘密，他建议毕德格去拜访科士达，争取他的帮助。

---

① 陆奥宗光：《蹇蹇录》中译本，第 90 页，商务版。

② M. J. Devine, J. W. Foster, 第 76 页。

③ J. W. Foster, *The American Diplomacy in the Orient*, 第 296 页。

科士达是美国印第安纳州人，当过律师、报纸编辑，以及驻墨西哥、俄国、西班牙等国的公使或大使，1892 年 6 月至 1893 年 2 月任哈礼逊总统的第二任国务卿。科士达在美国历史上享有"专家外交第一人"的声誉，他奉行的外交策略，都是以消除美国孤立主义形象为出发点的，极力主张通过贸易、传教等手段，在世界范围内扩大美国的影响。科士达对中国一直很感兴趣，早在任俄使期间，就与清朝驻俄公使曾纪泽有过交往，他与清政府驻华盛顿使馆的官员也有联系，如与驻美公使张荫桓的关系很好，甚至对张推崇备至。1893 年他辞去国务卿职务后，曾充当中国驻美使馆的法律顾问。这年下半年，科士达偕其夫人环球旅行，到过广州、上海、天津、北京，参观和考察过开平煤矿，对该矿铁路建设有兴趣。他会见了不少清政府的地方官员，其中包括李鸿章，并极力称道这位"大学士"，说他是中国"第一位最进步和开明的政治家"[1]。在甲午战争期间，他对战事特别关心，并利用中国驻华盛顿使馆法律顾问的身份，以及通过美国驻华公使田贝（C. Denby）和毕德格等人，获得不少有关中国的情报。

威尔逊希望得到科士达的支持，一方面是因为他孚有声望，与中国政界有联系；另一方面他们都主张美国对外扩张，极力寻找机会开拓中国市场。

毕德格与科士达作一番长谈以后给威尔逊写信说：科士达亲自对他说，"最好是改朝换代，推李鸿章掌握权力"[2]。9 月 28 日，科士达又给田贝写了一封信，含蓄地透露了毕德格、威尔逊的密谋计划。他认为，如果日本战胜中国而导致清廷覆没的话，也许会产生一些有益的后果。他暗示田贝要"眼观六路，耳听八方"，密切注视战争形势的发展，为"帮助"中国而抓住一切机会。但他在这封信中不仅关心李鸿章称帝，而且还商量如何给清政府提供美国贷款的问题。因为他已经从中国驻华盛顿使馆得知清政府需要一笔美国借款，为此他已会见了一个纽约的银行家集团[3]。这说明科士达与毕德格、威尔逊的设想还不太一样，他对李鸿章称帝只表达一种愿望，着眼点却是想抓住清政府在战争中和战争后的困境，

① J. W. Foster, *Diplomatic Memoirs*，第 2 卷，第 96 页。
② M. J. Devine，前引书，第 70 页。
③ M. B. young, *The Rhetoric of Empire*，第 29、240—241 页。

夺得对华借款权。

在这前后,威尔逊和毕德格已为他们的设想进行了具体的部署。9 月 23 日,威尔逊给在日本驻华盛顿使馆中充当顾问的史蒂文斯(D. W. Stevens)写了一封信,他说:统治中国的满族集团已失去他们祖先征服汉帝国的那种能力,除非日本迅速采取行动改变这种状况,否则英、俄就将瓜分中国,使日本丧失胜利果实。他在信中自问自答地说:如果清廷覆亡,谁来继承皇位?哪个国家来决定这个混乱国家的命运?只有让李鸿章或他儿子李经方当皇帝和日本来控制这一新局面。这样,使中国甩掉"没有希望的满人"统治,日本就有权成为中国的"救世主"①。威尔逊显然想依靠日本的力量来实现他们的计划。为了达到这个目的,他在信中极力鼓吹日本控制中国的好处。

一个星期以后史蒂文斯回信给威尔逊,说已把他的信送交日本驻美特命全权公使栗野慎一郎看了,还准备抄送一份给日本首相伊藤博文和外相陆奥宗光。史蒂文斯是否给伊藤和陆奥抄送了威尔逊信的内容不得而知,但有一点可以判断,即栗野在得知这一情况后想必是要递报给本国政府的,这就是说,正在同中国鏖战的日本最高当局,很可能已知道美国有那么一伙人希望日本向北京推进、推翻清朝统治而由李鸿章掌权的阴谋计划。

毕德格对诸事顺利感到满意。9 月 28 日,他给威尔逊写信时乐观地说:"将军,你的伟大计划——改朝换代,让你的朋友李(鸿章)当君主——随着每天从中国传来最新消息而越来越成为可行的了。"② 同一天,威尔逊在给田贝的信中说得更露骨,他对这位驻华公使说:"我要你在时机来临时充当华瑞克这一角色。"③ 他们似乎已确信,随着日军兵分两路大举向中国进攻,清廷的覆亡已指日可待,李鸿章将成为统治者。

怀着这一信念的毕德格在 10 月中旬离美返回中国,一直到 12 月初才回到天津。在此途中,他是否路过日本停留(这很有可能),还干了些什么事,无人知晓。在这一段时间内,由山县有朋率领的日本第一军强渡鸭

---

① M. B. Young,前引书,第 28—29 页。

② M. J. Devine,前引书,第 76 页。

华瑞克(Warwick Richard Neville, 1428—1471)英国伯爵,是英国历史上"玫瑰战争"中的主要人物,因拥戴英王亨理六世和爱德华四世而出名,获得一个绰号 King - maker(一拥立国王者)。

③ M. B. Young,前引书,第 29 页。

绿江，连续攻下九连城、安东（今丹东市），并继续分头窜扰，至 11 月中已占领凤凰城、岫岩，逼近海城。另一路由大山岩率领的日本第二军从 10 月 24 日起陆续在辽东半岛的花园口登陆，11 月 6 日占领旅顺门户金州，21 日攻占北洋第一要塞旅顺。在侵略军的追击下，清军望风而逃，溃不成军。在毕德格、威尔逊看来，这样的局面对他们计划的实现非常有利，他们把希望完全寄托在日本向北京进军这一基础上。

但是日军下一步没有攻打北京。11 月下旬，日本大本营对侵华战争的部署发生了战略分歧：山县有朋主张从辽东西出山海关，在直隶与清军决战，一举攻下北京；而首相伊藤却提出了"进攻威海、略取台湾"的决策。他认为日军如攻下北京，立即会在列强中引起强烈反响，甚至导致干涉行动；而且即使日本迫使清廷投降，中国广大军民仍会继续进行反抗，日军不可避免地要陷入"暴民四起"的困境①。经过日皇亲裁，日军大本营于 12 月 14 日下令日本联合舰队载第二军一部分兵力开始向威海进扰。毕德格、威尔逊期望依靠日本方面的配合，显然已经落空。

日本打不打北京，虽然与毕德格、威尔逊的计划没有直接关系，但是下面那封信却很耐人回味。据史蒂文斯在 1895 年 5 月给威尔逊的信中曾这样说：当初，如果日本要攻打北京，那是完全能做到的。它之所以没有这样做，是因为担心在清廷覆亡以后，列强之间会出现一场权力之争，日本在这场争夺中将有相当可观的利益会被欧洲强国抢走，所以日本人感到，更明智的办法是，不把现有的成果去为威尔逊主张的计划进行冒险赌博②。这从侧面说明，日本人对威尔逊计划还是有所反应。

使他们感到沮丧的另一重要情况是，在旅顺失陷以后，清廷下令褫夺了李鸿章的黄马褂，给予革职留任的处分。当毕德格在 12 月初回到天津时，发现他的主人正在为自己的政治前途迷惘和担忧。尽管如此，毕德格还是想尽办法鼓励这位垂头丧气的主人，但唯独没有向他透露他们的密谋③。事情十分清楚：在这种情况下，李鸿章已自身难保，即使他有意自立为王，又能有什么办法来实现这一目标呢？毕德格和威尔逊除了依靠日本的力量外，他们本身是无能为力的。

---

①　藤村道生：《日清战争》中译本，第 129 页。

②　M. B. Young，前引书，第 29 页。

③　M. J. Devine，前引书，第 78 页。

　　"倒清拥李"的设想虽然落空了，但毕德格等人想占领中国市场的欲望并没有消失。1895 年 1 月，毕德格给威尔逊写信又提出新的设想：第一，尽快结束这场冲突；第二，让清帝国分成"两个势力范围"，南部地区让英国控制，北部地区置于美国的影响之下，这样在英、俄之间就形成一个缓冲地带。然后，在美、英军事顾问的帮助下，中国"建立起一支超越日本的优秀海军"①。毕德格对威尔逊说，我们计划的"第一幕已经过去，现在是为第二幕了"②。

　　他们企图用什么办法来完成这"第二幕"，没有见到下文。其实，凭他们几个人就想把中国的北部地区"置于美国的影响之下"，在当时显然是种幻想。但这里也反映出他们的野心，说明他们的眼光已转移到"战后中国"的格局上来，他们比其他列强更早提出"划分势力范围"的设想。

　　在这"第二幕"中，科士达正好被清政府聘为赴日使节张荫桓、邵友濂的顾问，张、邵乞和失败，他又成为议和全权大臣李鸿章的顾问。科士达在动身来中国之前，美国一些铁路公司、造船公司的代表和银行家纷纷将他包围，表示愿意提供贷款，要他用密码告诉他们有关中国赔款数目、建造海军等情报③。科士达本人也做了投资准备，有人说他与原驻华使馆参赞何天爵（C. Holombe）为清政府筹措了四亿两银子④。科士达的目标很清楚，他就是要充当扩大美资输出和美货销售市场的掮客。

　　以上是这一事件的大体经过。我们从上述情况中可以看出，毕德格、威尔逊和科士达的设想，很可能是代表美国国内一部分要求向外扩张、正在迅速膨胀起来的铁路、船舶和银行垄断资本的政治利益。类似毕德格等人的设想，在 1894 年末的美国报纸上经常出现，如《纽约论坛报》曾预言，日本将进攻北京，然后中国分裂成三部分，其中一部由李鸿章统治⑤。这些人都抱有占领中国市场的欲望，总认为冥顽不灵的清廷是妨碍他们扩大对华贸易和铁路投资的最大障碍。他们希望日本打败中国，促使

---

①　M. J. Devine，前引书，第 79 页。

②　同上。

③　J. W. Foster，前引书，第 2 卷，第 107—108 页。

④　J. M. Dorwart，*The Pigtail War: American Involement in the Sino - Japanese War of 1894 - 1895*，第 83 页。

⑤　M. B. Young，前引书，第 27 页。

清廷垮台，为他们策动李鸿章上台创造条件，然后这位"开明"、"进步"的政治家就向日、美资本家敞开中国的大门。在他们看来，如果日本能控制住中国，那么这些具体帮助中国改朝换代的美国人就更能有效地控制住李鸿章，从而最大限度地满足他们打开中国市场的欲望。这就是毕德格、威尔逊等人企图趁中日甲午战争之机浑水摸鱼，制造这样一起未遂政治阴谋的主要目的。

（原文载于《近代史研究》1984 年第 6 期）

翁同龢与甲午战争[①]

龚书铎

一

晚清政坛上，翁同龢无疑是一个重要人物。其父翁心存曾为同治帝师，官拜体仁阁大学士，兄翁同书、翁同爵均官至巡抚，侄翁曾源高中状元，可谓家世显赫。他本人也是状元及第，先后为同治、光绪二帝师傅，两任军机大臣，兼差总理衙门，官至协办大学士、户部尚书，官高位尊。在翁同龢的宦海生涯中，可说是仕途畅达、官运亨通。即使在 1884 年中法战争期间，因慈禧太后借故罢斥恭亲王奕訢，搞了军机大换班而被免去军机大臣差事，但工部尚书本职仍得以保留。十年后，1894 年中日甲午战争期间，翁同龢又与奕訢一同入军机。大致来说，在此之前，翁同龢不仅受到光绪皇帝的宠信，"每事必问翁同龢，眷倚尤重"[②]，而且也得到慈禧太后的倚重信赖。他两任师傅"授皇帝读"，都是慈禧太后所派，尤其是任光绪师傅时，慈禧特指明由他"一人授书"。甲午战争以后，翁同龢因支持变法图强、帮助光绪向慈禧争取权力等问题，逐渐被慈禧所忌恨，1898 年 2 月即被撤出毓庆宫授读，失去了与光绪单独谈话的机会。

在同治朝，翁同龢官位升迁很快，仅从同治四年至十年的六年间，即由正六品的詹事府右中允升至从二品的内阁学士。然而，他毕竟未被大用，没有掌握什么权力。翁同龢得以参与政要，是在光绪朝。其间，他经

---

① 作者附：本文在选题和一些观点上受到李文海教授的指点，他还惠给所积累的有关资料，在此谨致谢忱。

② 《清史稿》卷 442《翁同龢传》。

管、经历的事务虽然不少，但影响大且被人注目的主要是两件事：一是中日甲午战争，一是维新变法运动。就翁同龢与甲午战争的关系而言，应当如何评价，还是有待探讨的问题。

与翁同龢同时及后来的人，对翁在甲午战争中所起的作用褒贬不一，总的看贬多于褒。归纳起来，主要认为翁同龢误信文廷式、张謇等名流所鼓吹对日强硬论，极力主战，终于导致中国在甲午战争中的全面败绩，造成很恶劣的后果。如胡思敬《国闻备乘》卷一《名流误国》说："甲午之战，由翁同龢一人主之。同和旧傅德宗，德宗亲政后，以军机大臣兼毓庆宫行走，尝蒙独对，不同值诸大臣不尽闻其谋。通州张謇、瑞安黄绍箕、萍乡文廷式等皆文士，梯缘出其门下，日夜磨励以须，思以功名自见。及东事发，咸起言兵。是时，鸿章为北洋大臣，海陆兵权尽于其手，自以海军弱，器械单，不敢开边衅。孝钦以旧勋倚之，謇等仅恃同龢之力，不能敌。于是廷式等结志锐密通宫闱，以珍妃进言于上。妃日夜怂恿，上为所动，兵祸遂开。"王伯恭《蜷庐随笔》说："甲午之事，始于项城（袁世凯），成于通州（张謇），而主之者常熟（翁同龢）也。"光绪二十四年五月初九日《申报》记述翁同龢被开缺回籍的缘由说得更明确："此次恭亲王抱疾之时，皇上亲临省视，询以朝中人物，谁可大用？……皇上问：'户部尚书翁同龢如何？'奏称：'是所谓聚九州之铁不能铸此错者。'甲午之役，当轴者力主和议，会建三策……对翁大司农入军机，均格不得行，惟一味夸张，力主开战。以致十数年之教育，数千万之海军，覆于旦夕，不得已割地求和。外洋承此机会，德据胶澳，俄租旅大，英索威海、九龙，法贯广州湾，此后相率效尤，不知何所底止？此届大司农阶之厉也。"此类说法，近人的一些论著中也时有所见。上面所举的这些记载，所述并不都属实，有些情况显然出于风闻，不可靠。但是，它们都把中日甲午战争的发生、失败及其严重后果的责任均归之于翁同龢。这些记述、论著的逻辑是：中国海军、陆军装备都不如日本，战则必败，李鸿章"知己知彼"，主和是正确的，而翁同龢则昧于形势，又误信一帮放言高论的书生的意见，一味主战，并影响了光绪皇帝赞成主战。把这样一场重大战争的发生和失败都归于翁同龢，由他一人负责，未免过于简单化，也不符合历史实际。

翁同龢及"后清流"黄绍箕、丁立钧，门人张謇、文廷式等人，的确都极力主战，反对李鸿章等人的妥协求和。但是，主战不等于"开兵端"、"开边衅",更不能说这场战争是翁同龢造成的。把挑起这场战争的责任归于翁同龢或其他人,实际上就是把它归之于中国。这完全是颠倒是非,混淆黑白,为日本侵略中国开脱罪责。

中日甲午战争完全是日本策划、发动起来的,清政府始终处于被动状态。这是历史事实,也是常识。明治维新后,日本政府就制定了"大陆政策",把对外侵略扩张分为五个时期,前四期为侵略中国和邻邦朝鲜:第一期征服中国的台湾岛;第二期征服朝鲜;第三期征服中国的东北和蒙古地区;第四期征服全中国。随后,日本政府即按此"大陆政策"对中国、对朝鲜进行侵略扩张。显然,日本为了"征服"中国,对中国发动侵略战争是蓄谋已久的。而1894年,日本只不过是利用朝鲜东学党起义制造了挑起战争的机会。东学党起义后,朝鲜政府深感惶恐,为镇压起义,向清政府"借兵"代勘平"匪乱"。日本乘机诱使清政府出兵朝鲜,并声称"我政府必无他意"。李鸿章也听信日本驻天津领事荒川已次所谓日本"别无他意"的保证,告诉"派兵一事势在必行"。他在致总理衙门电中也说:"鸿现候朝鲜文转到,拟派叶提督选派精队数百,乘商轮速往,并派海军四舰赴仁川、釜山各口援护。"① 李鸿章在接到朝鲜政府"恳北洋大臣酌遣数队,速来代剿"的文书后,即派直隶提督叶志超等选带淮军2400多人,分三批乘招商局轮船东渡朝鲜,在牙山登陆集结。同时,照会日本外务省,"派兵援助,乃我朝保护属邦旧例",并声明"一俟事竣,仍即撤回,不再留防"。② 怂恿清政府派援兵赴朝,是日本政府设下的外交骗局。李鸿章派兵入朝,正中了日本设下的挑起中日军事冲突的圈套。日本以此为借口,陆续派兵入朝,达到4000多人,占据了从仁川到汉城一带的战略要地,海军军舰8艘控制了仁川等海口。

当中日两国陆续派兵赴朝时,东学党起义已"平息"。中国政府按原议提出中日两国同时从朝鲜撤军的方案,同时命令正准备增援的后续部队停止出发,并电令在朝清军向牙山集结,准备订期内渡回国。但是,日本决心挑衅,不仅拒不撤兵,反而命令驻扎仁川的日军开进汉城,把朝鲜政府置于日军的监督之下,并继续增兵入朝。到8月底,侵朝日军已达7000多人,多倍于清军,占有优势。战争迫在眉睫。

---

① 《李文忠公全书·电稿》卷15。
② 《日本外交文书》卷27,第2册,第167—168页。

以上事实说明，中日甲午战争是日本蓄谋已久、精心策划的。朝鲜东学党起义，给日本以诱使清政府派兵赴朝的机会，以制造挑动中日军事冲突的事端。

二

在战争一触即发的情况下，清政府内部出现了主战和主和两种主张。翁同龢为主战派代表，李鸿章为主和派代表。他们的支持者分别为光绪皇帝和慈禧太后。究竟怎样评价战、和的是非，是否求和战争就不会爆发，是否因翁同龢等人反对求和而误国，战败的责任谁负？这是需要辨明的。

在中日战争爆发前，李鸿章掌握着军事、外交大权。面对紧急的形势，李鸿章没有在军事上积极备战守，而是企图在外交上依靠西方列强的折冲调停，迫使日本与中国同时从朝鲜撤军，以此来保持和局。他先是认为俄国向来注意向朝鲜攫取利益，必然不让日本为所欲为，于是请求"俄国出面调停此事，以迫使日本立即与中国同时在朝鲜撤退军队"。① 他还向俄国驻华公使喀西尼表示：为了报答俄国的"效劳"，"中国正式承认，俄国具有与中日两国共同解决朝鲜内部组织问题的权利"。② 俄国为了不让日本在朝鲜建立独占势力，甚至攫取这个半岛，也曾接受李鸿章的请求，照会日本政府，劝告它与中国同时从朝鲜撤兵。李鸿章几乎把全部希望都寄托在"以俄制日"的外交上，他在致总理衙门的电中说："喀使奉该国复电，即令巴参赞来告，俄皇已电谕驻日俄使转致日廷，勒令与中国商同撤兵，俟撤后再令议善后办法。如日不遵办，电报俄廷，恐须用压服之法。"③ 但是，日本政府拒绝了俄国的建议。俄国政府从它自己的利害关系考虑，不愿直接"卷入朝鲜纠纷"，对要求日本从朝鲜撤兵只是所谓"友谊的劝告"而已，当它的建议遭到日本拒绝后，也就不了了之。李鸿章所寄予的希望，便成为泡影。

当俄国在进行干预时，英国为阻止俄国插手，也出来进行调停。英国驻华公使欧格讷出面斡旋，促使总理衙门大臣奕劻和日本驻华代理公使谈

---

① 张蓉初译：《红档杂志有关中国史料选译》，第 14 页。
② 同上书，第 27 页。
③ 《李文忠公全书·电稿》卷 15。

判。然而，英国为了自己的利益，实际是帮助日本逼迫清政府对日让步。日本为了发动侵华战争，也需要得到英国的支持。7月14日日本政府照会清政府，拒绝双方同时撤兵，并指责清政府"有意滋事"，使和谈破裂。7月18日《日英通商航海条约》签订后，日本得到了英国的支持，就迅速下达了作战令，挑起侵华战争。

上述的事实表明，李鸿章和主持总理衙门的庆亲王奕劻等人从6月20日左右至7月18日用了将近一个月时间，依靠俄国、英国出面调停，没有做任何军事上的准备，贻误了时机。而日本则加紧进行战争的部署，7月12日，日本外相陆奥宗光电驻朝鲜公使大鸟圭介说："英国在北京之调停已告失败，目前有采取断然处置之必要，只要在不招致外国过分非难的范围内，不妨利用任何借口，立即开始实际行动。"① 7月17日，日英订约第二天，日本大本营举行御前会议，决定对华开战，并制订了作战计划。7月21日，大鸟率日军包围朝鲜王宫，囚禁国王，并矫诏"委托"日军驱逐驻扎牙山的清军，挑动战争。面临紧急情况，在光绪皇帝的催逼下，李鸿章才不得已派兵增援，已经是缓不济急了。

7月25日，日本舰队在丰岛海面袭击了清政府往朝鲜增援的济远号和广乙号军舰，击沉租用运兵的英国商船高升号，清军1000多人壮烈殉难。30日，总理衙门照会各国公使，声明日本首先开战。李鸿章等人对日本退让求和，并没感动日本侵略者，避免战争的爆发。恰恰相反，正是由于李鸿章等人一心寄希望于俄、英调停，没有积极备战，助长了日本的侵略气焰。事实上，到日本发动侵华战争为止，清政府对日交涉是由李鸿章、奕劻等主和派主持的。7月17日，礼部侍郎志锐的奏折中指出："近日证以传闻，参诸洋报，皆言北洋大臣李鸿章与译署大臣主持此事，一味因循玩误，辄借口于衅端不自我开，希图敷衍了事。……今日人之据朝鲜，以四条挟我，俨然有开衅之心。我若急治军旅，力敌势均，犹冀彼有所惮，不敢猝发，是示以必战之势，转可为弥衅之端。不然，则我退而彼进，虽欲求无衅不可得也。"他还指出："综计中日交涉以来，于台湾则酬以费，于琉球则任其灭；朝鲜壬午之乱，我又代为调停，甲申之役，我又许以保护。我愈退，则彼愈进；我益让，则彼益骄。养痈贻患，以至今

① 《蹇蹇录》中译本，第34页。

日，夷焰鸱张，贪婪无已，一误再误，则我中国从此无安枕之日，可不虑哉！"① 志锐是帝党、主战派，他在奏折中对李鸿章和总理衙门大臣对日本的"因循玩误"、"敷衍了事"，步步妥协退让，不做军事准备，以致对"我退而彼进，虽欲求无衅不可得也"提出了批评，是符合事实的，不能说是苛责和无理要求。他认为如果能"急治军旅力敌势均"，则"转可为弥衅之端"，也不是不负责任的"放言高论"，而是契合实际的。志锐上奏折的这一天，正是李鸿章等人依靠西方列强干预落空的时候，也是日本大本营举行御前会议决定对华开战的日子。这也说明这场战争根本不是翁同龢等主战派制造出来的，胡思敬等人的说法是不实之词。但是，当代的研究者竟然不加考订辨析，随意依据这些不属实的记述来立论，同样把这场战争的责任归于翁同龢等人是不严肃的。

事实上，在日本侵华的整个过程中，从"九一八"事变、"一二·八"事变，到全面侵华的"七·七"事变，都不是因为中国有人主战而起衅。当时的国民党政府对日本步步退让，妥协求和，而日本得寸进尺，为实现其征服中国的野心，发动了一次又一次的侵华战争。妥协求和的结果，不仅没能够阻止日本对中国的侵略，换来的是日本武力侵占东三省，建立伪"满洲国"，是对热河、察哈尔和河北地区的武力侵占。究其原因，在近代中国，所谓"主战"，都不是中国方面主动挑起战端，去打人家，而是在外国资本帝国主义武力侵略下被迫抗战。如果主张抵抗也受到指责，那就连基本的是非都没有了。

指责翁同龢等人主战误国的人，有一个理由是认为中国的"海军弱，器械单"，不如日本，战则必败。李鸿章也是这种论调，他尤其强调北洋舰队与日本舰队相比，"快舰不敌"，海上交锋，恐非胜算，因此，只能"保船制敌"。② 黄海海战后，他进而提出"避敌保船"，更表现出对日本侵略者的畏惧，北洋舰队与日本舰队相比，航速、射程确实不如，但并不是绝对劣势，镇远、定远两艘7000多吨重型铁甲舰却使日本人望而生畏。黄海海战中，北洋舰队沉毁四艘，而日本舰队包括旗舰松岛在内的各艘军舰，"或受重伤，或遭小损，业已无一瓦全"。日本舰队无力再战，首先退出战场逃避，北洋舰队还尾追了好一阵才返回旅顺。黄海海战在近代世

---

① 《清光绪朝中日交涉史料》，《中日战争》第2册，第523、524页。
② 《清光绪朝中日交涉史料》，《中日战争》第3册，第72页。

界海战史上其规模罕见，北洋舰队虽损失不小，而日本舰队也遭到很大打击，失去继续作战的能力。李鸿章强调的"避敌保船"，黄海海战后让北洋舰队待在威海卫港内，终于全军覆灭。北洋舰队不是因迎战敌舰被消灭，而是躲在港内"避敌保船"被消灭的。

　　清政府在甲午战争中的失败，原因不止一端，与军备相对落后于日本固然有关，但根本原因是清政府的腐败，军队士兵无斗志，将领大都怯懦畏敌，贪生怕死，甚至闻风而逃。即使武器精良，也难免于失败。黄遵宪在《乐沟行》诗中写道："两军各唱铙歌归，从此华船匿不出。人言有船坚不如疾，有器无人终委敌。"黄诗说出一个道理："有器无人终委敌。"以投入战场的主要部队淮军而言，其腐败情状，朱克柔在所作的《拟白香山新乐府》中有形象的描绘："'文官三只手，武官四只脚'（时北洋谚辞如此）。四脚脱如非，还恐被追攫。……制敌不在斗，与斗何如走。"①20年前，赵烈文在他的日记中就记载了光绪元年淮军腐败的情况："淮军驻津者，皆令赴海滨屯田。兵勇虽来自田间，而逸乐已久，不甘劳苦。又统领营官，朘削日甚，食米、旗帜、号衣之外，下至包头、裹腿，均制办发给，而扣其应食之饷，每人月不得一金，士心嗟怨，逃者纷纷，每哨仅十余人，将弁利其虚伍，以为干没，闻之可为寒心。自军务消息，合肥公养尊处优，不为未然之计，而前后左右，无一骨鲠之士，佞谀者进，朴勤者退。凡不急之务，如兴造土木、损创善堂及宦海幕客，或瞻家，或归榇，或引见，或刻书，均勒营中赞助。甚者嬉游宴饮，挟妓娶妾，无不于焉取之。武人多获穿爵，其巧捷者，知头衔无益，而欲求补署，非联络要津不可，故悉力以奉承上心。顾坐营无掠夺之利，办公薪水又仅足日用，不得不设法渔猎。将习巧宦，而士有离心。当此海疆多事，隐忧甫切，奈之何哉！"赵烈文是很有见识的人物，他见到淮军的腐败和李鸿章的"养尊处优，不为未然之计"，而担忧海防不可恃，不幸而言中。李鸿章本人其实也是"巧宦"，他和淮军将领都干着朘削、干没、勒派等勾当。据梁士诒说，甲午之役李鸿章离北洋大臣任赴日本议和时，淮军钱银所尚存有白银八百余万两。当时清政府财政拮据，军费困难，而李鸿章手上还掌握这样一笔巨额款项，却在叫喊无钱添置军备，这是很不正常的现象。另外，清政府在甲午战争中失败，还因为李

---

① 《朱强甫集》，《中日战争》第5册，第509—510页。

鸿章本人企图依靠俄、英等国的调停，不做战守准备，军事上失去适时把握的时机，造成被动挨打的局面，战争的失败不是由于主张抵抗，而是由于妥协求和。

三

翁同龢等主战派主张抵抗日本侵略、反对妥协求和，无疑是对的。但是，主战派大都是翰苑、台谏，有些是"清流"中人，他们对外部事务不甚了了，对内部事务也缺乏实际经历，喜欢放言高论，却拿不出切实有效的办法，顶多也只能提出如"联英、德以御倭人"一类实现不了的建议。10月7日，由文廷式领衔、翰林院38人联名所上的奏折，即提出："此时倭人得志，势将不利于英；法人与其兵谋，德国亦所深忌。故闻英人颇有借端与倭开衅之志，兵船五十余号尽集南洋。德人亦特厚于我，凡将弁之效力一于中国者，其主皆特赏宝星，又任中国购买军火，藉资御敌。"他们认为英德两国"卫我即所以自卫"，只要给予"大约不过二千万金上下"的兵费，就可以"使伐倭人"。① 这些说法，有的是属于不是事实的风闻，有的是对西方资本主义国家缺少认识，有的则是一厢情愿而已，都表现出这些翰林学士对国际事务太不了解。前面曾谈到奕劻、李鸿章依靠英国调停落空，然而3个月后文廷式等人却提出联络英国以伐日本，同样也是实现不了的。所不同的是，奕劻、李鸿章是依靠英国求和，文廷式等人则是要利用英国对日本作战，然而此时英国与日本早已订立了条约。

翁同龢为什么主张对日作战，在一些当时人的笔记和现代研究者的论著中认为，是"不很光明的心理状态存在，即是欲借此以与李鸿章为难"，"久怀宿怨，屡待报复，李鸿章不欲战而迫之速战"。这就是说，翁同龢的主战是为了借此对李鸿章报复私怨。一般论述都认为翁、李之间关系不好，翁同龢有无借机报复有待探讨，但把对待这场重大战争的和战问题归之于个人之间的恩怨，未免过于简单化，也不符合历史事实。这里仅就翁同龢的主战予以概括地阐述。

翁同龢的主战，不是甲午战争时才如此，而是他一贯的主张。这就需

---

① 汪叔子编：《文廷式集》上册，第26页。

要涉及清流派。翁同龢是清流的领袖人物之一（前清流的首领是李鸿藻，后清流的首领为翁同龢，也有认为翁是前清流南派的首领），而清流派不论是前清流还是后清流，都是主张积极筹备战守，抵御外敌入侵，打击对外妥协、卖国。1879 年崇厚未经清政府同意，在沙俄的胁迫下，擅自与其签订丧权辱国的《里瓦几亚条约》。消息传来，"朝野骇然"，舆论谴责崇厚的卖国行径。在清政府内部，出现了允约与改约的分歧。李鸿章主张批准条约，"徐图补救"，认为"若先允后翻，其曲在我"。① 清流派支持左宗棠的改约主张，反对批准这个危害中国的条约，主张重治崇厚罪，遣使改订条约。翁同龢也是主张备战，重开谈判，"据理争回"。这无疑表现出翁同龢等人维护国家领土、主权的立场。正是在这种斗争下，清政府将崇厚革职拿问，派曾纪泽与沙俄交涉改订条约。尽管改订后的条约仍是不平等条约，但在界务、商务方面毕竟争回了一部分主权，使沙俄把已经吞下的中国领土又吐了出来。19 世纪 80 年代，中法越南交涉和中法战争期间，清流派也是反对李鸿章等人的妥协求和，认为"越人以和亡其国"，主张抗击法国的侵略。翁同龢积极支持刘永福黑旗军的抗法斗争，支持主战派要求抵抗法国侵略的主张。中日甲午战争时，清流派仍然继续其抗战的主张，反对李鸿章等人的妥协求和、不筹战备。翁同龢的主战并不偶然，他体现了清流派对外思想的基本观点。而甲午战争时也还夹杂着帝党与后党的权力矛盾等问题。从这场战争的具体情况而言，主张抵抗日本的侵略战争是对的，而一味妥协求和、不积极筹战备战则是错误的。这里有是非问题，不能把它简单归之于翁、李之间因个人宿怨而以迫战为报复。

就个人素质而言，翁同龢虽身居高位，但不是一个有见识、敢于有为的政治人才。在一些记载中，认为他喜欢联络名士，以"巧妙用事"。王伯恭《蜷庐随笔》记潘祖荫、翁同龢两尚书事说："光绪中，吴县潘伯寅、常熟翁叔平两尚书皆以好士名。潘公断断无他，尤为恳到，翁则不免客气。潘公不好诣人，客至无不接见，设非端正人士，则严气正性待之，或甫入坐，即请出。翁则一味蔼然，虽门下士无不答拜，且多下舆深谈者。此两公之异也。潘公尝向吾言：'叔平虽为君之座师，其人专以巧妙用事，未可全信之也。'已而笑曰：'吾与彼皆同时贵公子，总角之交，

---

① 《李文忠公全书·奏稿》卷 35。

对我犹用巧妙，将来必以巧妙败，君姑验之。'后又曰：'叔平实无知人之才，而欲博公卿好士之名，实亦愚不可及。'庚寅冬，潘公薨于位，翁旋为军机大臣。戊戌罢官，潘公之言竟验。"潘祖荫与翁同龢系世交，他对翁的评论，当不是妄言。在荣禄于甲午战争期间写给陕西巡抚鹿传霖的便条中，对翁同龢也有类似的说法。便条中说："常熟奸狡性成，真有令人不可思意（议）者；其误国之处，有生于济南（宁），与合肥可并论比。合肥甘为小人，而常熟则仍作伪君子。刻与其共事，向于无日不因公事争执。而高阳老矣，又苦于才短，事事为其欺朦，可胜叹哉！"① 荣禄与鹿传霖私交很好，便条所说为"私房话"，不仅对翁同龢，对李鸿章、孙毓汶都有贬斥，其中虽不无荣、翁之间的个人恩怨，但不能说是无中生有。荣禄用的"奸狡"与潘祖荫用的"巧妙"，有轻重之别，而根本点是一致的。从一个久历官场而面对着派系矛盾纷争的官员来说，这也不奇怪。

　　人的思想性格往往是多面的、复杂的。翁同龢的为人"巧妙"只是一面，他还有非"巧妙"的一面。平壤、黄海战役后，慈禧太后打算求和，命翁同龢往天津与李鸿章商请俄使调停，翁同龢拒不受命，辞以"臣以天子近臣，不敢以和局而为举世吐骂也"。慈禧不得已，改为"诘问"淮军败状。② 翁同龢敢于当面顶撞慈禧，反对求和，亦属不易。另据刘声木《苌楚斋随笔》所载："富顺宋芸子太史育仁《哀怨集》自注云：'甲午之役，合肥为朝士所排，常熟密查，覆奏其心无他，乃以大学士入阁办事。余自使间归，见常熟不禁伤痤，叹曰：栋折榱崩。言未既，常熟曰：我执其咎'云云。是文恭公亦以甲午战事自承，不委过于人。"③ 如此说来，翁同龢的人品亦足称道，上述所谓迫李鸿章战以为报复宿怨的说法似未可置信。④

（原文载于《清史研究》1994 年第 4 期）

---

① 《中日战争》第 4 册，第 576 页。

② 《翁文恭公日记》第 33 册，第 89 页。

③ 《中日战争》第 5 册，第 505 页。

④ 所谓翁同龢逼李鸿章对日作战是为报私仇，系指李鸿章曾代曾国藩起草参翁兄安徽巡抚翁同书的奏折，据有的研究者考证，并无其事。

刘坤一与甲午战争

商鸣臣

在一百多年前的中日甲午战争中，刘坤一任钦差大臣，督办东征军务。如何评论他在这场战争中的功过是非，至今仍是人们关注的问题。本文拟就此作初步探讨。

——

刘坤一是著名的湘军宿将。甲午战争爆发前任两江总督，并受命"帮办海军事务"。战前，刘坤一就密切关注当时的形势，提出一些应急措施。1894 年 6 月 28 日，他在致李鸿章的信中说："朝鲜内患未已，几难自存；倭人觊觎已深，意欲乘隙而动。"希望李鸿章在"强邻逼处之时，控驭维持"，"自可杜其狡谋"。他还表示长江防务"不可稍涉松懈"，"沿江文武要不动声色，一体严防"，"并派郭善臣前往吴淞、江阴一带联络各营，节制两翼兵轮，妥为布置"。[①] 7 月 7 日刘坤一在致冯莘垞的信函中，忧虑"台湾孤悬海外"，不知台湾巡抚邵友濂"方略如何？"[②] 7 月 10 日，刘坤一在致江苏巡抚奎俊信中再次强调台湾地理位置重要，要采取相应措施，"台地四面皆海，险要极多"，他虽派两船赴台，造成南洋水师"益形薄弱，而于台仍是无济"的局面，恳请朝廷再从北洋"加拨数号"船只增援。[③] 7 月 23 日，他又在致奎俊的信函中揭露俄国答应调停中日关

---

① 《刘坤一遗集》第 5 册，中华书局 1959 年版，第 2087—2088 页。

② 同上书，第 2088 页。

③ 同上书，第 2089 页。

系的阴谋，"阳为调停，阴实藉此为缓兵之计"。指出因台湾久为日俄所觊觎，"目下虽尚无敌舰到口确信，而声东击西是其惯技"。南洋虽"派拨两船，亦只供转运之需，不能与之角逐海口"。刘坤一还提出："北洋能以坚利之船策应，方可杜其窥伺。"① 显然，甲午战争正式爆发前，刘坤一对形势的估计是清醒的，提出的一些具体措施，也是有见地的。

中日甲午战争爆发后，刘坤一即在7月29日的《筹备海防折》中提出了以下内容：（一）严防日本的迫切性：日本"屡次添兵增械，前往朝鲜，并有兵轮多艘驶出长崎各口，居心叵测，尤不可不严为之防"。（二）海防策略："统观江南形势，论苏、松之门户，以吴淞为最要；论长江之关键，以江阴为最先。"（三）具体防备措施：第一，"要将各兵轮添足人数，分驻吴淞、江阴，与各炮台将领互相联络，昼夜严防，以期有备无患"；第二，"沿海沿江各处口门，亦已就现有兵力，饬派水陆兵勇，分投扼守"；第三，增加崇明防务力量。"该处仅有海澄营勇五百名及练兵二百四十名，兵力过单，指令署苏松镇总兵朱淮森就地暂募新勇五百名，增加练兵六十名。"② 可以看出，在当时的形势下，刘坤一提出的筹备海防策略和一些具体措施是符合实际情况的。在刘坤一得知丰岛海战中北洋舰队死伤千余人的消息后，8月19日，他在致奎俊的函件中指出："倭人敢在牙山海面击我接应之师，衅由彼开，神人共愤。"③ 8月27日，朝廷命他兼署江宁将军。刘坤一对日本发动的这场战争更加深恶痛绝，表示"日本以蕞尔之国，竟敢渝盟背约，大肆披猖，种种情形，殊堪发指"。④ 同时感到肩负重任，"督饬各将士昼夜严防，不敢稍涉松懈"。⑤ 他在《续办海防折》中进一步提出在吴淞、江阴、镇江、江宁一带严密布防的具体措施，其中包括：（一）在崇明、江阴一带置备碰雷、疑雷数百具，扼要分设福山镇所辖之浏浦、七丫等处；（二）南洋各轮，除调赴台湾外，改为兵轮，分泊吴淞、江阴，依附炮台；互相联络，以扼敌船上驶之路；（三）吴淞至江阴防营，现经添设电线，遇有警信，立时传报；（四）江阴附近的黄田港、龙潭港等处，派兵择要扼守；（五）镇江附近的

---

① 《刘坤一遗集》第5册，第2093页。
② 《刘坤一遗集》第2册，第800—801页。
③ 《刘坤一遗集》第5册，第2095页。
④ 《刘坤一遗集》第2册，第805页。
⑤ 同上。

圌山关、象山江面密置水雷，调五营兵力驻在镇江南岸；（六）招募湘勇五百人驻扎江宁；（七）上海机器局制造各项军火，关系重大，为敌所注意，不可不严为之防。刘坤一还强调："敌情叵测，难保不窜入南洋，以图分扰，将一应战守事宜妥为布置。"① 通过以上分析我们认为，刘坤一在甲午战争初期严密布防，时刻准备迎击日军的进攻，无疑是值得肯定的。

随着战事的不断扩大，军饷问题日趋严重。9 月 14 日，刘坤一向光绪上奏"筹款济饷"，提出三条措施：官员倡率输捐；劝谕绅富捐赀；派令典商捐息。他以为"此系补苴目前，为急则治标之计"。刘坤一希望，"将来如能集有成数，拟半留备部拨，一半留为本省筹防之用"。② 刘坤一设想在不增加人民负担的前提下，动员官吏绅商捐款，以解决战争中的部分饷源问题，必将具有一定的实际效益，也是值得赞许的。

加强海防部署和解决军饷的来源问题，是甲午战争中亟待解决的问题。刘坤一在强敌面前敢于如此筹划，正反映了他对这场战争所抱的正确而慎重的态度。

对于如何评价刘坤一不准南洋水师"出师巡徼"之事，我们认为，只要作认真的分析，并不难评估。刘坤一奏说：南洋水师共计兵轮六号，蚊子船四号，运输船两号。"本未成军，仅此数轮，或系水壳，或仅钢板，只能依附炮台为守口之用。至海上交锋，全恃船坚炮利，非有铁甲碰快等舰势难纵横洋面。""各轮未能出巡大洋，实为船力所限。"③ 况且这时的刘坤一是被朝廷罢黜十年而重新起用的第三个年头，如果他有意保存实力，岂不怕朝廷责怪于他吗？很难设想，只能凭借炮台方能发挥作用的南洋水师，而一定要它在洋面与敌人作战才称得上勇敢善战？只有根据自己的军事设施能力进行部署，才容易收到预期的效果。刘坤一说得很清楚，南洋水师"只能依附炮台为守口之用"，它的实际作战能力就这么大，如果再增加负担，那是不能承受的。而且刘坤一的南洋水师"管带责任攸关，督率弁勇，昼夜戒备，未敢稍掉轻心"④。刘坤一号令南洋水师准备迎敌战斗，丝毫没有贪生怕死之状。因此，我们不能一味指责刘

---

① 《刘坤一遗集》第 2 册，第 803—805 页。

② 同上书，第 810 页。

③ 同上书，第 818—819 页。

④ 同上书，第 819 页。

坤一"不出洋巡徼"。

二

时至 1894 年 10 月，日军在辽东、辽南攻陷许多城池，清廷为挽救危局于 28 日谕令刘坤一为钦差大臣，"关内外防剿各军均归节制"。① 并派湖南巡抚吴大澂、四川提督宋庆为帮办。同一天，刘坤一奏请朝廷收回钦差大臣成命。他提出三条理由不能胜任。一是"东北一切情形非所素悉"；二是"关内外各军统将，多不相习，且或系将军、巡抚，或奉命帮办，未便由臣节制"；三是"以衰老之躯，猝膺艰巨，万一贻误大局，关系非轻"。② 10 月 30 日朝廷再次发出谕旨，要他"尽心办理以副委任，毋得固辞。各营弁如有不遵调遣不受约束者，即按军法从事，以一事权"。③ 刘坤一在《恭谢天恩折》中表示"五中循省，感激涕零"，接受任命，并发誓"殚竭血诚，于一切防剿机宜，仰秉睿谟，悉心筹划……亟图补救，迅扫狂氛"。④ 为什么在这个时候清廷要授命刘坤一为钦差大臣呢？我们认为：甲午战争爆发以后，朝廷重用淮系集团，对直隶总督兼北洋大臣的李鸿章寄予厚望，但李鸿章的消极备战和战争进程中的连连败北，尤其旅顺失陷后，形势更加危机，最高决策者的慈禧和光绪感到单靠淮系集团的李鸿章不能负此重任，他们把目光投向湘系集团的元老刘坤一，可以说是淮系集团被冷落、湘系集团被重用的表现。

刘坤一受任不久，即于 1895 年 1 月 3 日上奏"通筹军务"，提出：（一）津、沽一带地位重要，海口纷歧，处处皆应严防，要李鸿章妥为布置；（二）各路将领要与他联络；（三）他将在军队调齐、枪械解到，稍为摒挡，即行驰赴榆关；（四）希望李鸿章与他"同心戮力，共济时艰"。⑤ 显然，这是他受任钦差大臣以来所做的重要部署，也是当时十分紧迫的问题。接着，刘坤一加紧军队调度，派吴大澂统率湘楚各军 20 多营万余人陆续出关，并委任新疆藩司魏光焘为前敌营务处。

---

① 《光绪朝东华录》第 3 册，第 3515 页。
② 《刘坤一遗集》第 2 册，第 826—827 页。
③ 《光绪朝东华录》第 3 册，第 3517 页。
④ 《刘坤一遗集》，第 2 册，第 827 页。
⑤ 同上书，第 828—829 页。

刘坤一受任钦差大臣后，没有即赴前线，而是留驻天津。对于他的这一举动，我们认为有其重要原因，是与刘坤一和李鸿章的特殊关系有关。直隶是李鸿章控制的地盘，刘坤一虽为钦差大臣，但李鸿章在此经营多年，有一个严密的组织网络，各个重要岗位都安插了李的亲信，作为钦差大臣的刘坤一不能不考虑到这一层关系。1895 年 1 月 9 日，刘坤一致督办军务处的函件中表露出他的苦衷："坤一职司调度，并无筹备军饷、军装、军火之权，不得不仰求大力通盘筹画，免误事机。"① 所谓"通盘筹画"，其中之一就是与李鸿章的关系问题。刘坤一在天津逗留，协调与李鸿章的关系则是主要意图之一。如果刘坤一不这样做，甚至与李鸿章搞僵了关系，将出现难以预料的后果，我们必须充分估计到这一问题的复杂性。

1895 年 1 月初，盖平失陷。1 月 16 日，刘坤一上奏，遵旨驻山海关，抽调各营，分派帮办，并陈事宜八条，即分任责成、进兵次第、申明赏罚、采用人才、筹划饷械、酌给津贴、添募亲军、设支应局。② 刘坤一在第一条中指出："遵旨前赴山海关与吴大澂、宋庆等会商，关内则设防守，关外则议战攻。""东三省地面辽阔，山路纷歧，若倭间道入犯，计图牵制大军，则裕禄等应即严密堵剿，非臣所能兼顾。至北洋、津、沽一带，李鸿章会办海军，自己妥为布置，毋庸臣鳃鳃过虑。"③ 在这里，刘坤一把关内的防守和进攻问题，东三省和津、沽一带的职责范围都作了明确的部署。这个部署，我们认为也是重要的。因为从全局看，分片防守、责任明确、各负其责，容易达到克敌制胜的目的。刘坤一也很明白，如果不明确其职责范围，战事失利，朝廷势必怪罪到自己的头上。刘坤一是素有政治经验的封疆大吏，对于军国大事谨慎从事，不敢稍有疏忽。

由于战争形势的急速发展，清廷把大批军队调到山海关内外，准备从陆上痛击日寇。1895 年 2 月初，驻守关外奉天省的辽阳、通化、桓仁、盛京、摩天岭、牛庄、营口、鞍山站、锦州、田庄台及关内天津、北塘、京畿、山海关以及奏调尚未到防之师，共计 400 余营 20 万人。后勤供应，除原由胡燏棻主持的天津东征粮台外，又在天津增设湘军东征粮台，由藩司陈宝箴主持。当时先后从吴大澂出关的湘军有李光久老湘军五营，吴元

① 《刘坤一遗集》第 5 册，第 2126 页。
② 《刘坤一遗集》第 2 册，第 830—833 页。
③ 同上书，第 831 页。

恺恺字军四营，谭表忠、郭长云卫队各一营，共计 20 余营。分别驻扎在牛庄及海城西北之三台子、四台子一带。在 2 月底以前，清军曾四次攻海城，均遭败北，并于 3 月初又先后失去鞍山、牛庄、营口和田庄台等地。

我们应当指出，在这一系列战斗中，大部分湘军官兵表现得英勇顽强，可歌可泣。然而，作为钦差大臣的刘坤一在辽东的陆战中应负什么责任呢？毫无疑问，刘坤一受任节制关内外防剿各军，对接二连三的失败负有重大的责任。

第一，刘坤一没有识破敌人的战略意图，对整个辽东战场未作全面统筹部署，战术上也缺乏机动灵活。

当各路大军云集辽东时，刘坤一并没有对他们统筹部署，也没有及时识破敌人的战略意图，因此，清方处于被动挨打的境地。

1895 年 2 月中旬，盘踞在东北的日军第一军及第二军残部极力想利用冰雪解冻前的有利时机，打败辽南地区清军，于攻占辽河下游的牛庄、营口、田庄台诸城汇合后，南北夹击，实现大本营关于在直隶平原与清军决战的第二期战略计划。为此，2 月 16 日，第一军司令官野津道贯向大本营提出一个所谓"辽河平原的扫荡作战方案"。其要点是第一军之第五师团由凤凰城西进，先以主力扫荡辽阳以南的三家子、兴龙沟、吉洞峪一带，然后进占鞍山站。第三军团主力向海城出击，向鞍山站进攻。与此同时，第二军之第一师团向营口进攻，期于 3 月上旬占领牛庄、营口。① 2 月 21 日，野津道贯与第一师团长山地元治在汤池举行会议，就具体实施步骤进行磋商。双方确定：第一军占领鞍山站后，于 3 月 4 日、5 日转攻牛庄；第二军的第一师团主力进攻大石桥附近，并派兵一个联队、骑兵一小队及炮兵一中队加强海城的守备，然后以 3 月 7 日为期，第一军由东北，第二军团由东南共同进攻营口。对于日本的这个战略意图，刘坤一心中无数。

在牛庄之战中，尽管湘军将领魏光焘和李光久奋力督战，广大爱国官兵英勇奋战，但最后牛庄仍遭失守，造成反攻海城的清军后路被切断，海城之围，不攻自解。显然，牛庄之败，并不败于清军的怯战，根本原因在于清军将领对日军战略意图并不了解，"兵事进止为人所制"②。长顺、依

---

① 参见日本参谋本部《明治廿七八年日清战史》第 26 章，第 4 页。
② 中国近代史资料丛刊：《中日战争》（六），第 296 页。

克唐阿原以为凤凰城日军西进和海城、盖平日军北上是为了夺取辽、沈，因此弃鞍山站之险不守，退保辽阳。驻田庄台的吴大澂和海城前线晏安澜同样也没有估计到海城日军主力北攻鞍山，是为了绕道西山牛庄，反认为"倭人分兵山东，海城必虚"①。他们无视形势的变化，一味顽固地推行反攻海城的计划，置牛庄于不顾，甚至到了3月4日午后，闻牛庄不守，形势十分严重，诸将仓皇失措，晏安澜还要强留各军"乘虚攻海城"，而不急于调军回援牛庄。结果是日军"抽攻牛庄，无人牵制"。② 刘坤一的部将之所以这样指挥作战，归根结底，是由刘坤一缺乏统筹全局的战略决策造成的。同时，我们也要看到：牛庄失陷与刘坤一不调集重兵援助有关。洪良品在一奏折中说："此次牛庄之败，闻由刘坤一拥兵不救所致。……倭渡威海所留朝鲜兵三千人坚伏不出，迨吴大澂率湘军暨吴元恺炮队至十三站，调度关内余虎恩、熊铁生两军合剿，刘坤一概不允从，吴大澂又遣营务处黄自元面陈利害，刘坤一决意不准调往。"③ 刘坤一也承认"此次关外牛庄湘鄂诸军挫溃，仍系被倭包抄，失亡粮械甚多，损折将卒不少"④。失策在于刘坤一战术上缺乏灵活，没有采取相应的反包抄战术，才遭到战争的失利，并使整个战争形势愈益险恶。

第二，刘坤一不能完全行使钦差大臣职权，办事不果断，"兵事则非所宜"。

按理说，刘坤一身为钦差大臣，一切军中大事，应当大刀阔斧地去办，不怕任何险恶势力，充分树立自己的权威，以利于整个战局。然而他处理问题优柔寡断，迟迟拿不出办法，表现出十足的软弱。对于胡燏棻经办的东征粮台，有人就提出没有发挥应有的作用，要改归陈宝箴主持。余联沅指责胡"言买船而船并未买，言练兵而兵仍未练，因循废弛，一切惟视李鸿章意见之所向"。刘坤一对此心里是十分明白的，但他却"知其不可恃，而又不肯明斥其非"⑤。文廷式曾指出：刘坤一"受命以来已愈旬日，诸军统领不易一人，即军械粮饷诸事，于李鸿章任用非人，措置乖方之处亦未敢与闻，如此则所谓钦差大臣者，将来仅成二十一营之统帅而

① 中国近代史资料丛刊：《中日战争》（六），第296页。
② 同上。
③ 《清光绪朝中日交涉史料》卷43，第7页。
④ 《刘坤一遗集》第3册，第1386页。
⑤ 《清光绪朝中日交涉史料》卷32，第30页。

已，何从制偃蹇之疆臣，何以驭骄惰之将领"①。文廷式的这个判断是有一定凭据的。如端良上奏，就说刘坤一未能控制淮军。② 也正因为刘坤一不能有力地行使职权，再加上不能很好地调动李鸿章的淮军，也势必影响战局。当然，这在一定程度上与刘坤一的素质有关。江南道监察御史钟德祥说："刘坤一之性质不免于迟重儒缓，今又渐老而常病，血衰气虚，恐胆力亦随之而减，其心固忠，气则不旺。"③ 作为前线最高指挥官的刘坤一，凭他这种脆弱的素质，要在战争中取胜是极为困难的。

第三，刘坤一对于新调集来的部队，没有认真及时地给予全局观的教育和军事训练，也是战争失利的重要原因之一。刘坤一也承认："关门各军，多系新集之众，与坤一初同袍泽，不审兵之强弱、将之勇怯何如，诚难保其尽能得力，不至偾事。"④ 新调集的部队，不加强严格的军事训练，官兵关系极不融洽，在紧张的军事战斗中势必不能充分发挥作用。

正由于刘坤一对新调集来的军队，没有认真进行教育，各派系之间矛盾不仅不能和缓，反而互相攻讦。参加收复海城作战的有淮军、湘军和东三省的地方部队。担任指挥的是依克唐阿、长顺、宋庆、吴大澂，他们统领着几倍于日军的兵力。但这些新调集起来的部队，并不以大局为重、协同作战，这四位重要将领"虽以将军提督之尊，不能过问他军之营哨"⑤。帮办军务的宋庆、吴大澂"虽负节制诸军名，各军实阴不受部勒"⑥。而且"各统领人为自谋，希图无事"，战时各军"相与徘徊观望，瞻徇依违，败不相救"。⑦ 这样的军队数量再多，也不过是乌合之众。

问题的另一面我们也应注意到。经过一连串的战斗失利，刘坤一对当时的形势还有比较清醒的认识。牛庄失守不久，他在致督办军务处的函件中，总结前段作战的经验教训，指出："现在惟有北固沈、辽，西防宁、锦，以保大局。不必急与争锋，俟我蓄锐养精，而后与之决战；亦当出奇

---

① 《清光绪朝中日交涉史料》卷28，第3页。
② 《清光绪朝中日交涉史料》卷29，第27页。
③ 《清光绪朝中日交涉史料》卷30，第12页。
④ 《刘坤一遗集》第3册，第1385页。
⑤ 《清光绪朝中日交涉史料》卷29，第21页。
⑥ 中国近代史资料丛刊：《中日战争》（一），第157页。
⑦ 宋庆：《大清敕建锦州毅军昭忠祠碑文》。

制胜，不可一味攻坚，使倭伺间乘虚以袭我后，致蹈今日覆辙。"① 这种变被动为主动，以图日后收复失地、不要硬拼的主张，在当时应该说是有的放矢的，也必将收到一定的效果。在 4 月 7 日《奏报军务情形折》中，刘坤一首先指出："此次军务不能取胜，多由统将非才，营务太滥，士卒不精所至。"接着他分析驻山海关内外统将的情况：高州镇总兵余虎恩、徐州镇总兵陈凤楼、曹州镇总兵王连三、九江镇兵宋朝儒、宁夏镇总兵牛师韩、大同镇总兵刘光才、水州镇总兵贾起胜、淮阴镇总兵潘万才、开州协副将卞得祥及记名提督熊铁生……系各省派来宿将，察看勇略，各有所长，无可淘汰。② 问题在于没有精明强干的统帅指挥各路军队，才使战事大受挫折。

　　刘坤一受任钦差大臣以来，在辽东战场上虽有一定的部署，然而由于错综复杂的原因，再加上吴大澂、宋庆等在有的战役指挥上的失误，使战事屡屡失败。如上所述，刘坤一与李鸿章的关系甚为微妙，刘对李没有微词。难怪时人称刘坤一这位钦差大臣"参伍期间，无地方粮饷之权，兵事虽有节制之名，而疆吏未易……贤者无以尽其才"。主张李鸿章专管直隶总督，以刘坤一兼属北洋大臣，"并兼署奉天总督，如此兼有地方之责，一切调兵转饷，尤易指挥"。③ 这里披露的是刘坤一所握实权不多，而希望军政实权集于他一身，其中要把李鸿章的部分权力收归刘坤一。从另一方面看，李鸿章的掣肘影响了刘坤一行使钦差大臣之权。刘坤一致郭善臣的函件中也明确地道出了他的心态："现在一切征调，多由军务处主持，外间又有吴（大澂）、宋（庆）两帮办及各将军督抚均可奏报军事，事权既未能划一，议论又时有纷更，兄徒拥虚名……区区为难之处，非可笔墨形容，唯有捐此余生，以图塞责。"④ 可以看出，刘坤一虽处于钦差大臣的高位，而实际权力并不甚大。他的精神状态，自然是不好的，心态是不平衡的。在这种思想和心绪下，要扭转战局，取得抗敌斗争的最后胜利是难以做到的。

① 《刘坤一遗集》第 3 册，第 1385—1386 页。
② 《清光绪朝中日交涉史料》卷 37，第 28 页。
③ 《清光绪朝中日交涉史料》卷 28，第 5 页。
④ 《刘坤一遗集》第 5 册，第 2129 页。

三

　　李鸿章签订的《马关条约》引起了国人的激愤，不仅台湾人民，而且爱国的士大夫也都强烈反对。

　　早在 4 月 16 日，刘坤一闻和议将成，即坚决反对割让辽东半岛和台湾。他在致督办军务处的信函中愤然表示："既经赔款，又须割地，且割完富未扰之地，无此办法。辽、台并失，南北皆危，并恐各国从此生心，后患不堪设想。如畏倭攻京城，不得已而出此下策，则关、津、畿辅均宿重兵，讵不可一战？"① 刘坤一还指出："现在各军枪械略齐，兵勇锐气可用，即使战而不胜，尚可设法撑持。"②

　　4 月 30 日，他提出："坤一于新定条约，虽未尽意，要之让地、赔款两条，目前固难允行，后患更不堪设想。宜战不宜和，利害重轻事理显然，此固天下共知。"刘坤一还分析当时的形势，部署兵力，准备再战。"一经决裂，倭必分扰猛攻，自以保京畿，固辽、沈为第一要义。查辽、沈等军，依克唐阿、长顺、陈湜等，皆与贼屡战，甚为得力；唐仁廉等亦系凤将，所部枪械已齐，当足以资抵御。更有宋庆、魏光焘、李光久诸军驻扎宁、锦一带，该将领等忠勇过人，屡经大敌，相机战守，似辽、沈后路可无他虞。"③ 在论及敌我双方的条件时，刘坤一认为"倭奴远道来寇，主客之形，彼劳我逸。近得探报，倭新卒多以老弱充数，饷亦不继。在我止须坚忍苦战，否则高垒深沟，严为守御？倭寇悬师远斗，何能久留，力尽势穷，彼将自为转圜之计。况且用兵两年，需饷不过数千万，较赔款尚不及半，而彼之所费愈多，持久二字，实为现在制倭要著"④。接着，刘坤一又把前线将领的心态和他本人的态度作了充分的表述："诸将一闻和约，义愤填胸，欲决一死战。坤一职在兵戎，宗社所关，惟有殚竭血诚，力任战事，此外非所敢知。"⑤ 刘坤一的这些见解是令人称道的，其爱国之心跃然纸上。直到 5 月 5 日刘坤一再奏，叙说日本"若得辽、台、如附

---

①　《刘坤一遗集》第 3 册，第 1394 页。

②　同上。

③　同上书，第 1395 页。

④　同上。

⑤　同上。

两翼，中国必有噬脐之祸。辽、台与倭本国联成一气，日益强盛，将来即求援西洋各大国，亦不能制其死命。是此和议一成，惟任倭为所欲为，贻患无穷，何堪设想"①。刘坤一对割让辽、台给中国带来的祸患，作了深层次的分析。他主张，要利用国际舆论对日不利的形势，"展期换约"，变被动为主动。因为在"约即批准，彼此未经互换"的情况下，"行止仍由我主持。当各国纷起环攻，我坚持与之展期，极力磋磨，彼何敢遽然决裂。若一经换约，即系定局，纵使各国攻取约内之地，恐非中国所有，倭即许以后再商，已落后着"。②刘坤一还认定，如果俄法德与日本开战，"倭自力难兼顾，关、津防务较松"，即可抽调关内劲旅，会合关外诸军，"迅速分路猛攻，收复辽东失地"③。他提出的这些设想，虽然并没有付诸实现，但毕竟反映了刘坤一力图挽救危局的爱国热忱。

割台消息传到台湾之后，引起朝野人士的一致反对，当5月19日清廷派李经方为割台专使时，台湾绅士丘逢甲等筹建"台湾民主国"，推唐景崧为总统，以此组织来抗击日军。刘坤一得知民主国成立的消息，5月29日致函唐景崧。函内主要内容为：（一）台湾民主共和国成立，使其精神为之振奋。原来他以为"恐此生无复有报仇雪耻之日。一聆来音，阳气起于眉间，浸淫而上，几满大宅，不觉沈疴之顿除而展齿之皆折也"。（二）再次指明《马关条约》引起国人的愤慨："此次当轴主和，过存迁就，悉索敝赋……凡有血气，孰不疾首痛心。"（三）对唐景崧寄以热切的希望：在"寇氛更恶、时势更艰"的今天，"执事重以一柱当中流"。（四）表明他的支持态度："坤一虽不材，犹愿振臂一呼，远为同声之应。……但属力所能至，无不尽力勉为。"（五）建议唐景崧注意联络各国："不但邻国宜结，即敌国可结亦宜结。能结邻国，即多一助我之邻；能结敌国，即少一图我之敌。"（六）在台疆势险之时，对刘永福"务望推心待之，屈己从之"。（七）特派其幕僚易顺鼎"持函渡台"转达支持之意。④6月8日，刘坤一在致张之洞的信函中称赞唐景崧的自立民主国"实创千古未有之奇"。尽管唐"智勇深沈，讵自同于孤注，而治第鳃

---

① 《刘坤一遗集》第3册，第1397页。
② 同上书，第1396页。
③ 同上书，第1397页。
④ 《刘坤一遗集》第5册，第2150—2151页。

鳃焉虑难持久，劝其厚结外援"。并向身为南洋大臣的张之洞提出两项
具体要求：（一）要张密拨饷械，潜商闽、浙、粤"就近设法接济"；
（二）主张与北洋大臣李鸿章相约，共同"邀请西洋各大国为之排难解
纷"，即仿效辽东办法，"以款赎台"，以"保全生灵亿万，时局赖以维
持，功德惟无量矣"。① 除上述之外，刘坤一又表示愿从物质上援助刘永
福的抗战，还指出，现在"势局渐定，整顿海防实为刻不容缓之事，而
尤以选将为第一要义"②。只是由于清廷从中作梗无法实现。

　　总之，刘坤一在甲午战争中的表现，大致可分三个阶段：甲午战争爆
发前后，刘坤一竭尽职守，严密布置防务，应予肯定：授任钦差大臣之
后，在关键时期由于错综复杂的原因，并没有完成击溃日寇的任务。刘坤
一也感到："此次军务，征调各省防营，头绪既属纷加，事权又不归一，
以致劳师糜饷，未见立功，良可惜也。"③ 刘坤一节制众多的军队，因其
"事权不归一"，在决定每一步行动时，必然要照顾到各个方面的关系，
在步履维艰的形势下，他很难完成朝廷交付的重任。但我们也应看到：刘
坤一毕竟是领兵主战的最高统帅，就他本人的主观愿望来说，他要尽力而
为之。刘坤一对在田庄台之战担任指挥的宋庆，为表彰其"斩倭六百余
名"的功绩，赏银 5000 两以示奖励。④《马关条约》签订之后，刘坤一的
立场是鲜明的，态度是坚决的。他反对卖国条约的签订，反复申明其危害
性，提出"持久"作战的方针，支持唐景崧的"台湾民主国"及其反割
台斗争，难能可贵的是他没有放松备战，时刻准备迎击日寇。因此，我们
对刘坤一在战争初期和《马关条约》签订后的表现应当予以肯定，而受
任钦差大臣之后，他却不能运筹帷幄，把握战机，有效地抗击敌人。文廷
式曾这样评论：原来"举国望湘军若岁，至是乃知其不足恃"⑤。从此，
湘军的声望一落千丈，清廷寄予的厚望也化为泡影。

　　（原文载于戚其章、王如绘主编《甲午战争 100 周年纪念论文集》，人民出版社
1995 年版）

---

　　① 《刘坤一遗集》第 5 册，第 2153 页。
　　② 同上书，第 2158 页。
　　③ 同上。
　　④ 《清光绪朝中日交涉史料》卷 35，第 22 页。
　　⑤ 中国近代史资料丛刊：《中日战争》（五），第 496 页。

汉纳根与甲午中日战争

谢俊美

在 1894—1895 年甲午中日战争中，受聘在清朝陆海军中任职的诸多外国军事人员里，德国退伍军官汉纳根是一位值得重视的人物。他不仅参加了著名的黄海海战，"几至身殉"，而且为了挽救清政府军事危败的形势，曾向清政府条陈速购战舰、编练新的陆海军的建议，并直接参与了当时新军的筹议活动。虽然他的编练新军计划因种种原因受挫而未果，但在甲午战争史乃至中国近代军事史上仍具有十分重要的价值。长期以来，由于资料的限制，人们对于汉纳根与甲午战争的关系知之甚少，至今尚无专文论述。本文根据翁氏后人提供的翁同龢未刊资料及未刊的《甲午日记》、《乙未日记》，并参照《盛宣怀档案资料》，就此作一论述。

一

汉纳根（1855—1925），德国人，为清朝海关总税务司署天津税务司德璀琳的女婿。来华前，一直在德国军队服役，曾任陆军上尉，1879 年（光绪五年）退役。同年，应清政府聘请来华，协助中国"整饬戎行，以御俄国"。汉纳根在清军中待了一段时间后，发觉当时中国军队还是镇压太平军、捻军时的那一套"旧法"，"绝无奇谋深算，至于泰西武备之举，更梦想不到"，遂"心灰意懒"，离开清军，改而"从事于测算之役"。其时，清政府正在开展海防建设，李鸿章奉旨编练北洋海军和筹划北洋防务，经德璀琳的联络、奔走努力，汉纳根不久后前往天津受聘担任北洋水师学堂教官，兼任李鸿章的副官。受聘期间，他负责"筑造炮台、开辟船坞"的工作，参与旅顺口、大连湾、威海卫等处炮台的设计和建筑事宜。"诸凡兴作之工程，皆余构运之心计也。"对于这些地区沿海炮台的设计，他曾提出过很好的建议，如炮口位置和定向，建议不能只顾海中，应"慎防敌军由陆后犯事宜"，并"具禀声明"，但因当时中国不少官吏缺乏近代防务知识，对外人"心存戒意"，对汉纳根持不信任态度，拒不采纳他的意见。"惜有胶执成法者，妄谓但须于台后树立木栅，已保无虞。其是否怀挟私意，余不敢知；而职此之故，遂与当事者意见不洽。"1891年汉纳根"告辞回国"。

光绪二十年（1894）6月，汉纳根因个人"私事"，第二次来华。当他抵达上海时，得知"中日失和"。待至天津，中日对抗的形势日益严峻。7月23日，汉纳根前往汉城办理个人私事，顺便搭乘清朝雇用的英商"高升"号轮赴朝，"余为搭客，本无所妨。徒以华军中统带诸官均余稔友，各官欲与船主相问答，倩为传译，谊不容辞"。25日，"高升"号行至朝鲜丰岛海面，被日舰"浪速"号开炮击沉，船上清朝官兵除少数被外轮救起外，大部分壮烈牺牲。汉纳根因"身体结硕且擅泳"，奋力"浮海达岸"，幸免于难。事后，李鸿章询问他愿不愿意入北洋海军"代为指教，以助丁汝昌"，他"慨然许之"。经李鸿章奏准，委以五品花翎衔总兵，担任北洋舰队总教习兼副提督，"登定远铁甲舰，会督全军"。①

9月16日，北洋舰队运送淮军入朝，从大东沟返回旅顺。17日下午2时左右，舰队在黄海海面与日本联合舰队相遇，遂爆发了一场激烈的海战。当时汉纳根与北洋舰队提督丁汝昌在旗舰"定远"号上指挥作战。当北洋舰队发现日本舰队时，丁汝昌、汉纳根指挥舰队先以"掎角鱼贯阵"迎敌。及见日本舰队改为"鱼贯纵队"冲来，并发现日本舰队似乎打算攻击中国舰队"中坚"的架势后，立即下令变换队形，"以镇远、定远两铁甲居中，而张左右翼应之，令作掎角雁行阵"。②丁汝昌跌成重伤后，汉纳根仍协助丁汝昌督战。"诸华舰颇能如余意，直至弹药罄尽。"在这次持续5小时的海战中，北洋舰队损失军舰5艘，伤亡官兵800余人。日本舰队也受到重创。海战结束后，李鸿章在奏请奖恤参战有功人员的电文中说："此次海战，洋员在船者共有八人，阵亡二员，受伤四员。

---

① 见《汉纳根军门语录》，《中日战争》（七），第537—538页。
② 姚锡光：《东方兵事纪略》，《中日战争》（一），第67页。

该洋员等以异域兵官，为中国效力，不惜身命，奋勇争先，洵属忠于所事，深明大义，较之中国人员尤为难得。"19 日，光绪帝特颁谕旨，以汉纳根"在海军当差，教练有方，此次大东沟之战，奋勇效力，深堪嘉奖。加恩赏给二等第一宝星，以示鼓励"。① 汉纳根原有花翎总兵衔，因"在船督战尤为出力"，又赏加双眼花翎提督衔。

黄海海战后，北洋诸舰"皆须修理"，一时又无他舰补充。汉纳根有见于此，先后向李鸿章和清政府条陈速购鱼雷快艇、快船的意见，指出由于中国海军"近八年中未曾添一新船，所有近来外洋新式船炮，一概乌有"，而日本的"船炮皆系簇新，是以未能制胜"。要求清政府迅速购买快船，聘请外国将弁水手来华，"新旧合成一大军，另派一洋员为全军水师提督"。② 户部拨巨款交李鸿章办理，李又将此事委诸盛宣怀、汉纳根、连纳等会同上海英商礼和、瑞生洋行具体磋商，与阿根廷、智利等国联系。

汉纳根在向清政府提议购买快船的同时，还向清政府条陈整顿海军的节略。在给翁同龢《谨拟整顿水师刍言》的前言中说：

> 现与倭战，北洋水师最关紧要。今虽未得海军大用，而大东沟之战已极努力，终至击退倭船。奈本船亦各受伤多日，不能再战。然按本分，此时虽未建大功，而识时务者实盼中国可以全胜，徒以管带人员不能满意，且因船上应备之件不全，否则一战成功矣。此后如要海军精强，终于能大战大胜，应先竭力整顿。③

同时提出统一海军领导、建立海军司、裁汰冗员、聘请洋员、调集南洋、福建、广东船舰加强北洋海军等八条建议。这八条建议，查目前已出版的甲午战争资料，均无记载，特摘录如下：

> 一、嗣后海军衙门自行管理海军船只、船坞、制造等局，所用水师文武官员亦由海军衙门自行遴选。

---

① 《中日战争》（三），第 156 页。
② 同上书，第 179 页。
③ 翁同龢未刊资料，见《翁万戈藏其高祖所遗文件手迹》卷 2，外交，第 40 号。

二、海军经费由海军衙门核发。

三、现时最要者海军衙门应派一精明公正之洋员为海军司，在津总理各事，予以权柄，应用之人即由该司派用，无用者准其革退，总期能大战大胜；各船所用洋将亦由该司稽查，凡一切整顿随时禀商海军衙门。

四、水师提督应用一洋员帮同督理操练打仗等事，严定规矩，申明赏罚，带船出战，如有不遵，立即军法从事。

五、派遣刘步蟾前往上海，按照大东沟战事整顿南洋船只备妥北来；派遣林泰曾赴福建将福省船只照样整顿备妥北来，协同对日作战。

六、以上各事整顿齐备，海军司应即来京帮同海军衙门办事。

七、广东鱼雷艇甚多，只用以防口，无大益处，拟请选其行驶极速、船身较巨、可出大洋者数艘，调至北洋，随同对日作战。

八、定远、镇远、靖远、济远等舰，尚无新式快炮，现在外洋尚有做成之大小极新极快炮位可以购买，拟请每船大小添购数尊，以资御敌。①

总理海军事务衙门设于中法战后的 1885 年，名义上它是全国海军的统一领导机构，但实际上有名无实。海军衙门附设于京师神机营内，除了总理大臣、帮办大臣、会办大臣外，其余官员大多由神机营官员兼任，根本管不了海军。在奕譞主持下，海军经费大都被挪用为慈禧太后修建颐和园，以致北洋海军多年无钱向外国购买新式船舰。至于指挥方面，海军衙门虽设总理、帮办大臣和会办大臣，但实权一直掌握在直隶总督兼北洋大臣李鸿章手里。1889 年奕譞去世后，这个情况更为严重。至于南洋、福建、广东水师则完全由所在地区的总督、巡抚所掌握，海军衙门只能负责船只的登记和人员的奖惩备案诸事宜。清朝海军名义上有四支，但海军衙门根本无权指挥。以致甲午战争爆发后，北洋海军战报只呈给军机处，而不呈送海军衙门，海军衙门成了名副其实的筹款机构。汉纳根在《刍言》中提出海军衙门自行管理海军船只、船坞，自行任免海军官吏，无疑是点中了清朝海军存在问题的要害；至于大东沟之战虽"极努力"，"徒以管

①　翁同龢未刊资料，见《翁万戈藏其高祖所遗文件手迹》卷 2，外交，第 40 号。

带人员不能满意，且因船上应备之件不全"，也无疑点出了清朝海军学习西方不彻底。北洋舰队覆没后，海军将士在座谈会上曾一针见血地指出，中国海军之败"实为我朝制所服"[1]，是封建腐朽制度葬送了清朝海军。汉纳根的条陈和《刍言》引起了主战官僚的重视。军机大臣、户部尚书翁同龢代表户部，迅速筹措银 200 万两交付李鸿章，派人同外国联系。汉纳根向总理衙门开列了购买智利钢甲战船"勃拉德"号，钢面甲快船"勃兰格"号，鱼雷钢炮船"康得勃"、"林志"号，钢面甲快船二号以及德国佛尔根修造的新式快船一号，和英国阿姆士脱郎船厂修造的新式面甲快船一号的大小、吨位、航速、炮位的清单。[2] 由于战争形势危迫，北洋海军急需快船，同时也是为了对汉纳根表示支持，经翁同龢、李鸿藻、文廷式等人奏请，光绪帝批准，总理衙门正式授权并札饬汉纳根负责办理向智利、德、英等国购船事宜。1894 年 11 月 10 日（光绪二十年十月十三日）军机处以 400 里加急驿递将购船札文送交北洋行营，其札文原文如下：

　　为札行事：本年九月三十日，据提督衔汉纳根呈递拟购船单，内开：智利国钢甲战船一只，名"勃拉德"；钢面甲快船一只，名"勃兰格"；鱼雷钢炮船二只：一名"康得勃"，一名"林志"；钢面甲快船二只，新式面甲快船一只，共计八艘。并据该提督面称，皆新式新造极坚极快之船，炮位器械具备，若向购买，聘同外国将弁驾船来华，可备海军之用，并愿代为订购，请发给札文等语。本衙门查中国海军需船甚急，该提督于水师利器讲求有素，若向外洋订购，较之寻常行商必有把握，相应札行该提督迅电妥实可靠之人前往验明，密速订购。其船身吨载，行海速率以及炮位鱼雷等项，该提督单开各数谅不至参差，仍仰该提督详细考查，务期事事精良，以副朝廷整顿海军实事求是之意。至船价及一切费用应由该提督随时电商本衙门定议后，按期照拨可也。[3]

---

① 《盛档》之三：《甲午中日战争》（下），第 400 页。

② 翁同龢未刊资料：《汉纳根购船议》，《翁万戈藏其高祖所遗文件手迹》卷 5，国事（军事），第 12 号。

③ 翁同龢未刊资料：《总署给汉纳根购船扎》，《翁万戈藏其高祖所遗文件手迹》卷 2，外交，第 41 号。

　　购船活动极为繁琐，向智利的购船计划因英、日的阻挠而未能成功，最后只从德国购置了几艘快船，这就是后来的"海圻"、"海琛"、"海容"诸舰。

二

　　1894 年 10 月，黄海海战和平壤战役之后，日本侵略者又把战火延烧到中国东北境内。作为对日作战的清朝主要军队湘、淮军和东北防军"与敌接战，无不溃败"。清军的腐朽无能引起了朝野上下的严重不安，不少参战官员指出"寇练兵纯用西法，能竞西式军器用"①，要求"仿用西法，创练新军"②。以军机大臣翁同龢为代表的主战派官员也认定"旧军已不堪再战"，为扭转战局，挽救危败，必须立即着手建立一支新的武装力量，"练兵为第一大政，练洋操尤为练兵第一要著"③，主张编练一支采用西式训练方法的新军来代替旧军。

　　汉纳根在向清政府和李鸿章、翁同龢等条陈整顿海军节略的同一时期，还向办理北洋行营支应事宜的盛宣怀和长芦盐运使胡燏棻提出了中国应编练新式陆军的意见，认为"欲御倭人，强国势"，应赶紧编练新式陆军 10 万人，分前后两队，军制悉照德国良法，统一指挥、统一号令、统一军械、统一战术，与水陆同时兼备，皇帝虽不能亲自统率，然必须命一亲藩"代行"，亲藩若未知西法，可聘用一洋员为军师。④ 10 月 25 日，盛宣怀、胡燏棻向总理衙门条陈中国编练新式陆军的计划，附呈了汉纳根的《节略》。在条陈中，建议清政府聘请汉纳根编练新军。胡燏棻在给翁同龢、汪鸣銮等人的举荐信中还说：德国陆军在世界各国军队中，训练最为精良，日本军队就是照其法编练而成。汉纳根为德国陆军退役军官，来华多年，供职北洋，若能聘其为总教官，由其协助编练一支新军，对大局不无裨益。⑤ 翁同龢等认为盛、胡

---

① 袁世凯致盛宣怀电，《盛档》之三：《甲午中日战争》（上），第 327 页。
② 《清朝续文献通考》兵二，第 9509 页。
③ 袁世凯致盛宣怀电，《盛档》之三：《甲午中日战争》（上），第 327 页。
④ 《汉纳根条陈节略》，《中日战争》（三），第 178 页。
⑤ 详见拙著《翁同龢传》，中华书局 1994 年版，第 424 页。

的建议可取，立即在军机大臣和督办军务大臣会议上提出聘用汉纳根编练新军的意见，并饬盛、胡，让汉纳根草拟一份新军编练计划，供他参考。

同年 11 月 27 日，经光绪帝批准，由总理衙门出面，正式邀请汉纳根到北京面商练兵事宜。29 日，翁同龢、李鸿藻、汪鸣銮、长麟、荣禄等军机大臣、总理衙门大臣、督办军务大臣和会办军务大臣在总理衙门西花厅传询汉纳根有关练兵事宜。翁同龢在日记中记下了汉纳根留给他的印象："汉，时年三十九岁，有髯，文静，尚激昂沉着。"① 问话中，汉纳根就山海关前线冬季作战、向智利等国购船、编练新军三个问题回答了与会大臣的询问。汉纳根特别强调购船的急迫性和编练新军的重要性："买船一事，实为当时要务，千万不可惜小费误大事。如海军胜了，当可到长崎游弋。将来不惟奉天倭人不能久占，即朝鲜仍须退出，亦未可知"。"新军与购船同为急务，海陆并行，方可转扭战局"。与会大臣认为汉纳根"所说各节，皆中窾要"，要汉纳根开明详细节略送上。汉纳根结合问话情况，连夜草拟了一份练兵节略，并于次日呈送总理衙门。根据这份节略，汉纳根计划先"设立一军共五万人"，具体兵种、人数、武器配备情况如下：

步队 4 万人；马队 5000 人；陆路炮队 3000 人，用炮位 144 尊；围城炮队 1000 人，用炮位 40 尊；工程队 1000 人。

步队 4 万人：共 80 营，内立总营 20 个，每总营管带 4 营，每营分 4 哨，共 320 哨，每哨哨官 1 人，哨长 2 人，副哨长 3 人，棚头什长 10 人，护勇 9 人，正勇 100 人，每哨勇计 125 人。

马队 5000 人：共 10 营，内立总营 5 个，每总营管带 2 营，每营分 4 哨，共 40 哨。

陆路炮队 3000 人：分 6 营，立总营 3 个，每总营管带 2 营，每营 4 哨，共 24 哨。

围城炮队 1000 人：分 2 营，每营分 4 哨，共 8 哨。

工程队 1000 人：分 2 营，每营分 4 哨，共 8 哨。

---

① 《翁文恭公日记》第 33 册，第 13 页。

此外，"所有主帅统将连随员粮械各员又总营统带并营官差弁等均应在五万人之外"，具体地说：

大总统1员，其下设总兵衔总军师1员，总管粮械副将1员，总随员副将1员，随员都司3员，随员守备3员，委员外委25员，护勇100名，合计125人。

总兵统领6员，统领以下设军师都司1员，管粮械都司1员，随员守备2员，随员千总2员，委员10员，护勇40名，计57人，6统领合计为324人。6统领中，5统领管步兵，管步兵的每名统领总管步队4总营，马队1营，炮队1营，合计为9000人。

管马队统领1名，管马队5营，计34人。

总营统带副将、参将20员，统带下设管粮械守备1员，随员守备、千总各1员，委员5人，护勇20名，计29人，总计为581人。每统带管步队4营，警官100名，游击、都司100名，警官下设千总随员1员，管粮械千总1员，发审守备委员1员，千总医生1员，差弁2名，护勇10名，计17人，合计1700人。

总管粮械都司下设应用运队2哨，每哨哨官1员，千总、把总哨长各1员，外委副哨长1员，什长9人，运兵90人，每哨共103人，2哨合计206人。

另设行营医院。医院内设都司营官总医官1员，守备副医官2员，外委化学官2名，管治12名，长夫20名，合计37人。

以上全军统将员弁等合计为3000人。[①]

汉纳根以上所讲内容主要偏重于新军编制方面，至于如何编练，以及经费筹措、统帅部的权力、华员与洋员职责权限的划分、军队训练、指挥、军纪等问题均未论及。与会大臣要他再作详细说明。

据说，总理衙门大臣同汉纳根会面并向其询问有关练兵一事，使汉纳根兴奋了几个晚上。他来华十多年，从来未遇上这么多的中国高级官员与他见面，认真倾听他讲述按西式编练军队的意见。所以，对于与会大臣们

---

① 《总理各国事务衙门与汉纳根问答节略》，《中日战争》（三），第175页；翁同龢未刊资料：《汉纳根议兵购船》，《翁万戈藏其高祖所遗文件手迹》卷1，甲午战争，第10号。

所提意见他极为重视。就在他呈送上述节略的第 4 天，他又向总理衙门呈上了另一份节略。这份节略就是我们目前所见到的、刊在盛宣怀档案资料选编之三《甲午中日战争》中的《汉纳根练兵办法》办法共 9 条，主要内容大致归纳为六个方面：

一、仿照德国军制，编练新军 3 万人，督办军务大臣、恭亲王奕䜣命汉纳根为总统。

二、仿照西法设立军务司，总管支应；京城设军务总司，由海关总税务司兼理。遇有要事，就近禀商恭亲王、庆亲王，以免贻误。军务司下设银钱、粮米、军械、杂费 4 所，由军务司主政，每所遴委 1 名洋员经理，总粮台派 4 名华员会同办事。

三、仿西制，新军只设官与兵，不分文武两途，不列夫勇名目。

四、凡全军官弁，分华洋两班。洋员虽为教习，亦系管带官，华员虽系管带，亦应学习教习之事。所有华洋官均需量能授职，评定等次。

五、改变中国传统的各营自行招募士兵的做法，仿照西法招募新兵，其中包括对新兵实行体格检验，官弁服饰统一等。

六、军律信赏必罚，官兵若有违犯，当按军律治罪。至于重大罪名，由华洋人员"参酌西法西律，公同酌议"。①

9 条呈上后，汉纳根感到言而未尽，再次向总理衙门呈上《再陈拟商事宜》节略一份，也是 9 条，作为前 9 条意见的补充。翁同龢未刊资料中保存了这份材料，现将原文附录于兹：

再陈拟商事宜

昨具九条交胡臬司商办，今再将拟商之事条具以闻。

第一条　经费购械聘洋员一则为款甚巨，或借洋款，或由大部另筹，当有一定办法。至每月饷项需银 170 万两可否从各关税项内山各口税务司代领汇寄，或由总粮台交支应司领发，即请酌定。

第二条　拟定各项局所如设新军支应司，即可由新海关照章经理。

第三条　招兵一时不能足额，自应随招随练。

---

① 见《盛档》之三《甲午中日战争》（下），第 355—357 页。

第四条　练扎地方到天津再行定议。

第五条　知照北洋应请或传旨饬遵，或由海军衙门函致照力。

第六条　需马 3 万匹，应请兵部速查蒙古究有若干，先示大概。

第七条　购买军械，纳根愿承其事。

第八条　延聘洋员，前折所陈巴大臣（指德国驻华公使巴兰德——引者）办理全权，即以此人代为募聘最可得人。

第九条　应俟成军后再议。

是否有当，即祈核示只遵。①

汉纳根在呈送了两个 9 条意见后，又于同年 12 月再一次向总理衙门呈送有关设立新军支应司的意见。这个意见不见于官方档案记载而保存于翁同龢未刊资料内。兹录如下：

> 拟设新军支应司
>
> 仿西国军制新练大军 10 万人，自开办之始，以及每月所需饷项薪水军械米粮零费等项款目浩繁，支应亦须照西法办理，庶昭融洽（每月饷项需银 170 万可否从各关税项内由各口税司代领汇寄）。奉旨派胡臬台办总粮台，此项经费自必统由经理。第练兵大员既届洋员应照新海关章程设立一新军支应司收发银两、军械等事，内外方合一气，且督办军务大臣常川在京，练兵大员在外布置，天津固应设支应司，京城亦应设一总司名目，由总税务司兼理，随时与督办大臣商酌机宜较为便宜。至支应司章程悉照新海关办法，即由税务司兼充，所需帮办帐房文案司事官弁等人，即由税司在新关遴派，每月饷项由练兵大员同支应司开单签字向总粮台支取，由支应司给发。悉照新关每月向监督领银一式，缘军营积弊甚深，新军不可稍染旧习，新海关毫无弊窦，且与西法练军合宜。如可照办，即祈奏明请旨定夺立案。②

---

①　翁同龢未刊资料：《汉纳根续议九条》，《翁万戈藏其高祖所遗文件手迹》卷 5，军事，第 10 号。

②　翁同龢未刊资料：《汉纳根拟设新军支应局议》，《翁万戈藏其高祖所遗文件手迹》卷 5，军事，第 14 号。

三

迅速编练一支新军不仅是对日作战的需要，而且也是关系清朝统治安危所系的大问题，由于它涉及让外国人来主持领导，这就使问题变得复杂化起来。围绕着汉纳根的练兵计划，朝廷内部展开了一场激烈的斗争。

以翁同龢、汪鸣銮等为代表的部分主战派官僚认为汉纳根的练兵办法，虽有"窒碍难行之处"，但"大体可用"，主张采纳，请旨批准。翁同龢还就此事亲拟奉片上报光绪帝。但另一个主战派领袖、军机大臣李鸿藻对汉纳根的练兵计划表示保留。李鸿藻认为将兵权交与外人，"断无此理"。李反对汉纳根的练兵计划不尽为公，还有其个人成见在内。有书说："汉纳根练兵之事，李高阳颇不以为然。张小传与汉纳根素有嫌隙，在高阳前极言汉不可用，用则后患无穷。"① 对于汉纳根的这一练兵计划，尤其是洋员在军中的权力支配地位，不少大臣也颇有不同的看法。

翁同龢认为，无论是从目前军事需要，还是从国家长治久安考虑，均须马上编练新军。翁同龢坚持主张编练新军，还有他更深层的考虑：他从帝后党争中已隐约地看到，光绪帝要想真正亲裁国政、取得帝后斗争的胜利，就必须拥有军权，手中掌握一支军队。在他的说服下，光绪帝也坚决主张批准汉纳根的练兵计划。② 根据光绪帝的谕旨，翁同龢亲拟添设洋队的奏稿，并致电胡燏棻，令其速与汉纳根定议开召。③ 但光绪帝和翁同龢的主张和行动，一直受到督办军务大臣恭亲王奕訢和军机大臣荣禄及李鸿藻的阻挠。荣禄在督办军务处，"几乎无日不与翁争执"，对于聘请汉纳根编练新军一事，荣禄反对尤烈。11月14日（十月十七日）督办军务大臣会议讨论编练新军事宜。会上，"仲华（荣禄）力争不可"。经过翁同龢等一再争执和要求，最后议定："招募新军三万人，枪械按三万人核算，洋将宜核减。粮台当与支应局结算。"④ 又"发电致胡臬司（胡燏棻

---

① 《盛档》之三：《甲午中日战争》（下），第339页。

② 同上书，第371页。

③ 《翁文恭公日记》第三十三册，第14页。

④ 翁同龢未刊资料：《〈汉纳根练兵节略〉批文》，《翁万戈藏其高祖所遗文件手迹》卷2，外交（汉纳根条陈六件），第41号。

时已授广西按察使），谓三万最妙，至多不过五万，非余意也"。① 11 月
27 日（十一月初一日），翁同龢草拟新军招募费 1000 万两、粮台 400 万
两的计划，再次遭到荣禄及李鸿藻等人的反对。因荣、李的从中梗阻，胡
燏棻也改变了原先赞同编练新军的态度，"直斥汉为贪利无厌"。② 由于
"胡的鼓簧，以致中变"。12 月 16 日（十一月三十日），翁同龢草拟了一
份"驳洋队稿"，被迫放弃聘请汉纳根，致使汉纳根的编练新军的计划未
能成为事实。鉴于当时严重的军事局势，改而建议由胡燏棻在天津招募、
编练新军 5000 人，后又举荐袁世凯接替胡燏棻编练，这就是有名的天津
小站练兵。

　　汉纳根编练新军的计划受挫后，次年 4 月因北洋舰队覆没而离开北洋
海军。甲午战争后，因德璀琳和李鸿章的关系，曾一度担任新军的教官。
清末，他离开中国军界，转而经营井陉煤矿，直到 1917 年北京政府宣布
中德断交。1918 年底他被段祺瑞把持的北京政府遣送回国。1921 年再度
来华。1925 年病逝天津。

　　（原文载于戚其章、王如绘主编《甲午战争 100 周年纪念论文集》，人民出版社
1995 年版）

---

① 《翁文恭公日记》第 33 册，第 104 页。
② 同上书，第 112 页。

甲午战争与日本研究

日本侵略中国思想的验证

[日] 水野明

一 前言

中日甲午战争是日本帝国主义以向大陆扩张势力吞并朝鲜为目的的侵略战争。这场战争给中华民族带来了无比的屈辱和深重的灾难。

日本明治政府的对外政策是："继承列祖之伟业"、"开拓万里波涛，宣扬国威于四方"。明治维新之后，在十数年之间，中国与朝鲜、琉球的藩属关系都一一被日本破除了。日本一步紧似一步地向中国发动侵略。当时，日本不是大国，是一个小小的"三等小国"，而竟敢向"老大的大清帝国"挑战，且战胜了大清帝国。这是值得我们检讨的课题。

百年来国内外的论著，多偏重于战争的本身和战争过程中有关人物的论评，而对于日本帝国主义之侵略中国思想的形成，在研究的质量上还不够深切，有探究的必要。

本文想就日本侵略思想的形成和积极发动战争的野心，略作粗浅的验证，以求教于大方。

二 四百年来侵略中国的传统思想

日本之侵略中国和朝鲜的思想，可溯源于 16 世纪的丰臣秀吉之侵朝征明的战争。到了德川时代，这种对外扩张的思想，更普遍地影响了一般民众。

丰臣秀吉的侵略朝鲜和征服中国的军事行动是在 1592 年（明万历二

十年）开始的。早在 1583 年他首先表示说："……鏠之三韩、琉球，远邦异域，款塞来享。今也欲征大明，盖非吾所欲，天所授也。"其狂妄的性格，由此可见，也代表了近四百年来之日本妄想侵略中国、朝鲜、琉球的思想。

1585 年 7 月 11 日他被任命为关白，9 月 3 日他给家臣一柳末安的书简中说："余之被任命为日本关白，除统治日本外，同时其统治大权也及于唐国，即明朝。"这是他自己的理解。日本天皇当然没有权力和资格任命他的臣下来统治中国。

1586 年，丰臣秀吉又说："当我统治日本成功之后，我就把日本交给弟弟秀长，我自己则专心一意去征服朝鲜和中国。"

1587 年 5 月，在征讨九州军中，他说："在我生存之年誓将唐（即大明）之领土纳入我之版图。"

1590 年，丰臣秀吉接见朝鲜通信使黄允吉时表示他想征服明朝的野心，并命朝鲜于其发动战争时做向导。他在致朝鲜国王复书中说："……不屑国家之远，山海之隔，欲一超直入大明国，易吾朝风俗于四百余州，施帝都改化于亿万斯年者，在方寸之中。贵国先驱入朝，依有远虑，无近忧者乎。"丰臣秀吉要求朝鲜为先驱，但被朝鲜拒绝了。由此也可看出丰臣秀吉想灭亡中国，把中国"日本化"和"迁都"于中国的具体构想。

1592 年 5 月 18 日，丰臣秀吉给关白秀次的《二十五条觉书》，更具体地表明了他征服明朝的狂妄野心，要约之是下列几点：

（1）宜准备恭请天皇于后年行幸唐（明）都，呈献都城（北京）附近十国（州）与皇室，诸公卿将予采邑。其中下位者将增十倍，上位者将视其人物地位而增。

（2）大唐（明）国之关白，授与秀次，并与（大明）都城附近之百余国（州），日本之关白则由大和中纳言（羽柴秀保），备前宰相（宇多田秀家）二人中择一人任之。

（3）日本之天皇可由良仁亲王（后阳成天皇之子）或八条宫智仁亲王（后阳成天皇之弟）继之。

（4）高丽（朝鲜）国由岐阜宰相（羽柴秀胜）或备前宰相秀家统治。

（5）天皇居北京，秀吉居日本，船来泊之宁波。

丰臣秀吉这种狂大妄想，直使人心惊胆战。他想以中国为天皇的直辖领土，把日本天皇送到北京做中国的皇帝，朝鲜则由丰臣一族来统治。

1592 年和 1597 年，两次征服朝鲜的军事行动，虽然失败了，丰臣秀吉没有达成他的愿望，但丰臣秀吉的侵略大陆和征服中国的思想，却留下了很大遗毒。

到了德川幕府中期，日本侵略中国的思想，又渐渐活跃了。下面想介绍几个代表人物。

并河天民（1679—1718）在他著的《开疆录》中说："大日本国之威光，应及于唐土、朝鲜、琉球、南蛮诸国。……大日本国更增加扩大，则可变成了大大日本国也。"

这是日本的"大日本帝国"的思考和行动模式。直到今天这种思想仍然存在。

林子平（1735—1793）的著作中以《海国兵谈》、《三国通览》二书为有名。在《海国兵谈》跋文中说："余向著《三国通览》，其书在阐明日本之三邻国，即朝鲜、琉球、蝦夷之地图。"又说："……熟虑之下，后世唐山（中国、鞑靼之地）必起侵掠日本之事，不宜怠慢。"林子平鼓吹中国为日本之潜在敌国，必须防备。

本多利明（1743—1820）的《经世秘策》、《西域物语》等名著中大部分是排斥中国文明，鼓吹大日本国主义。《经世秘策》一书中说："……大日本国号应移地至……满洲，山丹、唐太（库页岛）……琉球……"他主张迁都至堪察加，建设一北方海洋大王国。

佐藤信渊（1769—1850）著有《经济要略》、《宇内混同秘策》、《吞海肇基论》、《防海余论》等书。其中《宇内混同秘策》一书，提供了近代日本侵略中国的具体实行计划。他说：

> 皇国日本之开辟异邦，必先肇始自吞并中国。……故此书先详述略取中国之方略。中国既入日本版图，其他西域、暹罗、印度诸国，侏离鴃舌，衣冠诡异之徒，渐慕德畏威，必稽颡匍匐，隶为臣仆。

佐藤信渊的侵略策略，是先取"满洲"，再进一步征服全中国，他说：

> 凡经略异邦之方法，应先自弱而易取之地始之。当今之世界万国中，皇国易取易攻之土地，无比中国之"满洲"为更易取者……故征服"满洲"……不仅在取得"满洲"……而在图谋朝鲜及中国。

此一先攻取"满州"之策略，自明治维新后之甲午战争、日俄战争、第一次世界大战、"九一八"事变、中日全面战争，都是这一侵略计划的具体实行。

佐藤信渊并主张日本天皇亲征："取南京应天府，定为假皇宫……明定'产灵法教'（即神道）……为除万民疾苦，处处营造神社，以祭皇祖大神。"这些构想都是日本侵略中国的"原型"。

吉田松荫（1830—1859）在狱中著《幽囚录》，说："日本今宜急修武备……谕琉球朝贡，会同各藩（诸侯）责朝鲜纳质奉贡，如古盛时。北割满洲之地，南收台湾、吕宋诸岛，渐示进攻之势。"又说："割取朝鲜、满洲，并吞中国，所失于俄美者，可取偿于朝鲜满洲之地。"

桥本左内（1834—1859）也主张："如不兼并中国、朝鲜的领土，日本就难以独立。"

这些幕府时代中期以后的思想家，没有一个不主张吞并中国的。明治初期开国元老山县有朋、木户孝允、伊藤博文、大久保利通、西乡隆盛、井上馨都是他们的门生，接受他们的教诲。

福泽谕吉（1835—1901）的"脱亚论"更为加速日本发动侵略战争提供了理论依据。他说：

> 在此情况下，为建立今日大计，吾人决不犹疑等待邻国开明后一起振兴亚洲，相反，吾人应该脱离此一队伍，与西洋国家共进退。吾人虽与中国、朝鲜为邻国，但在交往上也不必特别经心关照，应同西洋人对待中国朝鲜之方法处分中国。因为与恶友相亲者则不免共负恶名，吾人应从内心谢绝此一东方之恶友（即中国与朝鲜）。

福泽谕吉在《时事新报》上连续发表社论，鼓舞人心，引导舆论，赞美日本的军事行动。他说："日清战争乃文明与野蛮之战争。"其态度之傲慢不逊，为历史所罕见。

福泽谕吉对台湾的反割让、反统治，则主张"消灭所有抵抗者，没收其土地属政府所有"，并主张"把台湾变成无人岛"，消灭全岛的台湾住民，或驱逐全台湾住民，使台湾成为日本人的移住地。

福泽谕吉的"脱亚"思想，是一种"夺亚"的思想，是日本侵略中国思想的总结。

三　明治国家的特质

甲午战争及其以后的日俄战争、中日战争，可谓均由来于日本国家的体制，即明治政体的性质。明治维新所建立的日本，的确是一个统一的国家，但不是一个民主的国家。政治的权力一元化了，但却为以天皇为中心的文武官僚组织所独占专权。随着国权论的膨胀，政府的侵略主义与军事扩张更表里一致了。

明治国家初期的十年间，奠定了以后日本国家的基础。如 1867 年旧历十二月九日发布了"王政复古大号令"，结束了自镰仓幕府以来 700 余年的武家政治。1868 年，改江户为东京，8 月 27 日，睦仁即天皇位，9 月 8 日，改元明治。10 月，定皇居为东京，1869 年 3 月，正式迁都东京。

明治天皇即位时，不过十五六岁，不能亲政，明治政府的实权，实际上是掌握在萨长藩阀手中。1868 年，中央官制，设"三职七科，以太政官为总裁，辅佐明治天皇执政"。1871 年，废藩置县令发布后，政令名实归一。1872 年，发布"征兵令"，实行国民皆兵主义，称军队为"皇军"，即军队为天皇的军队。1874 年，发布了陆军省官制，规定"凡卿由将官任之"。1878 年，置参谋本部，为天皇直辖之军司令部，用兵、作战等军令事项，内阁不能干预，即统帅权归于天皇，确立了日本军阀的特殊地位。

1882 年，以天皇名义公布了"军人敕谕"，军人必须遵守"忠节"、"武勇"、"礼仪"、"信义"、"质素"五项武士道规范，军队便成为军国主义的工具了。

1874 年，设立国事警察。1881 年，又设立了宪兵制度。于是军队、警察、宪兵等统制国民的机构都强化起来了。

1890 年，以天皇名义颁布了"教育敕语"，命令国民遵守武士道、神道精神，并灌输"万世一系"的皇道思想。

在政治上，1885 年新设内阁制，伊藤博文被任命为首届内阁首相。1888 年设枢密院。1889 年颁布"大日本帝国宪法"，1890 年开设了国会。

日本帝国宪法的特质，是天皇大权具有绝对性，议会权限与人权被压抑了。

明治宪法规定：

> 第一条　大日本帝国由万世一系之天皇统治之。
> 第二条　依皇室典范规定，皇位由皇男子孙继承之。
> 第三条　天皇神圣不可侵犯。
> 第四条　天皇为国家元首，总揽统治权，依宪法之条规行之。
> ……
> 第十一条　天皇统帅陆海军。

明治宪法的特质，可从第一、第二、第三条中看出它是祭政一致的，天皇超越了宪法，天皇神格化了。从第十一条，可以看出宪法保障了军部和统帅权的独立。

明治宪法，确立了日本的国家体制，那就是天皇制。这种近代日本的天皇制下，内阁、议会、军部、枢密院都仅是天皇的"辅弼"机关。

明治政府在 1893 年又制定了"战时大本营条例"。于是明治国家便可说是一个具有军国主义支配体制的国家了。

四　天皇的战争指导

甲午战争之思想特质的研究，相关的著述质量还不能令人满意。

福泽谕吉说，日本之战争的胜利是文明的胜利。实际上恰恰相反，日本发动的战争是对文明的宣战。不可否认它是侵略战争，这种侵略是对文明的侵略，是对文明的亵渎。

内村鉴三在论文《日清战争之义》中说："日本为东洋之进步主义的战士，故除进步之大敌中国诸国外，不希望日本之胜利者，在世界万国可谓绝无"，因之日清战争可称为"义战"。内村鉴三的这种论点，我们不能苟同。战争是杀人放火的行为，是丧失人性的行为。美化战争是一种不道德的行为。

1894 年 7 月 25 日，日本政府未向中国宣战，日本海军奇袭中国北洋海军。福泽谕吉的"文明与野蛮"战争论，内村鉴三的"义战"论，对日本的"奇袭"、"偷袭"的行为做厚脸皮的辩护，是"明治时代之日本人代表"的理性的丧失。

明治政府的战争思想性格，我们也可以从明治天皇的宣战诏书中窥知其一二。1894 年 8 月 1 日，明治天皇以国家元首名义正式向中国发布宣战诏书：

> 保全（享有）天佑践万世一系之帝祚大日本帝国皇帝，示汝忠实勇武之有众：朕兹对清国宣战，百僚有司，宜体联意，海陆对清交战，努力以达国家之目的。苟不违犯国际公法，即宜各本权能，尽一切之手段，必期万无遗漏。……讵料清国之于朝鲜事件，对我出于殊违邻交有失信义之举。朝鲜乃帝国首先启发使就与列国为伍之独立国，而清国每称朝鲜为属邦，干涉其内政，于其内乱，借口于拯救属邦，而出兵于朝鲜。联依明治十五年条约，出兵备变，更使朝鲜永免祸乱，得保将来治安，欲以维持东洋全局之和平，先告清国，以协同从事，清国反设辞拒绝。……就其所为而熟揣之，其计谋所在，实可谓自始即牺牲平和以遂其非望。事既至此，朕虽始终与平和相始终，以宣扬帝国之光荣于中外，亦不得不公然宣战，赖汝有众之忠实勇武，而期速克平和于永远，以全帝国之光荣。

明治天皇的宣战诏书中说："在不违反国际法的范围内，尽一切之手段，以达成国家之目的。"而天皇的军队在攻下旅顺时，杀害了六万中国人。它又说是为帮助"朝鲜独立"，但不出十年，却吞并了朝鲜。皇军不但违反了国际公法，日本政府也忘了对朝鲜的诺言。天皇诏书中更说："出兵朝鲜"是为"维持东洋全局之和平"，但从甲午战争后，日本即旁若无人地侵略朝鲜，"蹂躏朝鲜"，更进一步侵略中国及亚洲其他国家，直至第二次世界大战终结为止。半个世纪中亚洲全洲没有一天得到和平。日本的侵略的幻想，给亚洲人带来的是破灭和凄惨。

在日俄战争时，明治天皇的诏书中也同样说："在国际条规范围内，尽一切手段，并期万无遗算。"但日本海军没有遵守国际公法，和在甲午战争时一样，先"偷袭"俄国海军，并把战场扩大到中国东北地区，侵犯了中国的领土主权和中国人民的财产。战后日俄两国并瓜分"南北满"，强占中国领土。

在中日全面战争中，日本天皇没有正式向中国宣战，自1931年"九·一八"事变到1945年8月15日全面投降为止，天皇发表了数回鼓励"皇军"的诏敕。只在1941年12月8日对英美宣战的诏书中说：

> 享有天佑践万世一系皇祚之大日本帝国天皇昭示汝忠诚勇武之有众：朕今对美国及英国宣战。朕希望陆海军将兵奋其全力从事交战，朕希望百官有司励精奉职，朕希望众庶各尽其本分，亿兆一心，举国家之总力，达成征战之目的，期无失算。盖确保东亚之安定以贡献于世界和平，实为丕显皇祖考、丕承皇考作述之远猷。朕所拳拳服膺，而与各国敦睦邦交，同享万邦共荣之乐，亦为帝国经常之外交要义。今不幸与美英两国开启衅端，洵非得已，岂朕之本志耶。前以中华民国不解帝国之真意，妄自生事，搅乱东亚和平，终使帝国操执干戈，于兹四年有余。……长此以往，帝国多年安定东亚之努力悉归泡影，帝国之存立将濒于危殆。事既至此，帝国现为自存自卫，惟有蹶然跃起，冲破一切障碍。别无他途。皇祖皇宗之神灵在天。朕信依尔等之忠诚勇武，恢弘祖宗之遗业，迅速芟除祸根，确立东亚永久之和平，以期保全帝国之光荣。

昭和天皇在对英美宣战诏书中，间接地也向中国宣战了。他说中国不了解日本帝国之真意，无谓地抵抗日本，并扰乱了东亚的和平。又说英美是想称霸东洋，因而打破了日本侵略亚洲多年的努力与企望。

从明治天皇到昭和天皇所发布的诏书都是日本侵略战争的最高指导原理。日本政府所谓的"东亚和平"是在日本帝国主义支配下的和平，是想把亚洲人民都变成日本帝国主义的奴隶。

更值得我们注意的是，昭和天皇对英美宣战诏书中，没有提起遵守"国际公法"一项，这是日本把战争作为达成目的的手段，为达成目的可以不择手段了。

最后还说战争的目的是在皇祖皇宗之神灵保佑下，来恢弘祖宗之伟业。这和所谓建立"大东亚共荣圈"的战争理念完全是风马牛不相及了，因为日本皇室的皇祖皇宗与中国和亚洲人谈不上什么关系。

五　小结

甲午中日战争，到 1994 年是整整一百年。从 1894 年到 1945 年的 50 年中，是日本最"光荣"的 50 年，也是中国最"屈辱"和最"悲愤"的 50 年。这 50 年期间，日本夜郎自大，梦想称霸东亚，并想把日本"神国"思想扩大及于中国和亚洲。日本的帝国主义和西方的帝国主义不同，日本的帝国主义是一种"皇国主义"和"军国主义"的混合产物。

日本国总理大臣，承认了日本的战争是侵略战争，但我们到今天为止，还没有听到从日本天皇口里承认日本的对外战争是侵略战争的语句，因为"神"是不会向人赎罪的。

日本侵略中国的思想，是丰臣秀吉以来四百年来的传统思想。大大日本国、大日本帝国、大东亚共荣圈，都是以恢弘皇祖皇宗伟业为理念以发扬"皇道"精神、建立大日本"皇道"帝国为目的。

日本侵略中国思想的探追，仍然还是我们的一个重要课题。

（原文载于《抗日战争研究》1995 年第 1 期）

日清战争前的日本对清战争准备

[日] 中塚明

前言:日本日清战争研究的"奇怪的倾向"

笔者在 1968 年出版的《日清战争的研究》一书中,对日清战争中日本的出兵意图做了如下论述:

> 日本政府及军部注视着因农民战争而激烈动荡的朝鲜,与其说是对农民叛乱,不如说是对清政府的动静格外关注。如果清政府派兵镇压叛乱的话,那么日本也会立即出兵,凭借多年的准备将清一举压倒,使之成为称霸朝鲜的契机。而且,一旦在朝鲜起事,"对外强硬"派的目光就会立刻转向国外!——当时正值日本国内危机异常高涨之时,专制天皇制的当权者们一定早就等着这个机会呢。①

这一见解是站在研讨和批判 19 世纪后半叶以来接连发动对朝侵略、对华侵略直至太平洋战争的日本军国主义历史的立场上,即站在第二次世界大战后日本历史学界的大多数学者的立场上得出的。在日清战争过去 100 多年,第二次世界大战结束,也即日本军国主义战败过去 50 多年的今天,日本出现了全面否定这一见解的主张。

当然,笔者现在也不认为自己的上述见解是完全正确的,做学问要进步就要欢迎批评。但是,下面介绍的现在在日本出现的主张,是否真是符

---

① 中塚明:《日清战争的研究》,青木书店 1968 年版,第 110 页。

合历史事实的正确观点呢？笔者个人不这样认为，而把它看成一种非常
"奇怪的倾向"。

一　旧日本军及自卫队战史研究者的主张

第二次世界大战结束 50 周年的 1995 年，出版了通观近代日本战争
的《近代日本战争史》（共 6 卷，同台经济恳话会发行，纪伊国屋书店
发售）。以曾在旧日本陆军的士官学校、经理学校、幼年学校就读，战
后步入经济界的人士为会员的同台经济恳话会（会长濑岛龙三，陆军大
学毕业，关东军参谋，曾被扣留于西伯利亚，回国后进入伊藤忠商事会
社，后成为该社会长），为纪念该会成立 20 周年发行了此书。其宗旨是
所谓"殷切希望本着公正的史实，向国民准确无误地传达近代日本经历
过的战争实态，把真实的历史留给后世"。但是，正如编辑委员长奥村
房夫执笔的"前言"中所述，本书的特点在于宣扬"大东亚战争"的
"'本来动机'不是'占领'，而是以后逐步实行的'解放'"，以及
"日本打破了白人在亚洲的帝国主义统治，并向认为白人优越的思想根
基发起了挑战"。

该书第一编"第二章　日清战争"的主要执笔者桑田悦（陆军士官
学校第 58 期毕业，战后历任陆上自卫队干部、防卫大学教授等职）在季
刊《军事史学》上发表了题为《关于日清战争前日军大陆进攻准备说》
的论文（同刊 119 号，1994 年）。桑田在文章中指出，"我国明治二十三
年以前的国防政策，虽然也注视着俄英法等欧洲列强对东北亚的侵略，但
同时对北洋水师的壮大感到强烈的威胁，因此基本上是着眼于国土的防
卫……一国政府要采取对大陆的攻势，就绝对必须取得制海权、保证海上
的运送力并做好兵站的准备"，日清战争前的日本尚不具备这些条件，从
而否定了"日本早就准备对大陆采取攻势，基于对大陆的侵略政策"而
发动了日清战争的说法，认为这一说法是错误的。

防卫厅防卫研究所的战史研究者原刚也作了题为《从军事角度看日
清战争》的口头报告（1995 年 6 月 17—18 日，在"日清战争和东亚格局
的变化"国际研讨会上的报告），并在讨论中说，"日军发动大陆进攻作
战是在日俄战争以后，在此之前是以国土防卫为目标的。日清战争中日军
苦于人马补给这一点就证明了当时没有在外地作战的计划"，从而否定了

日清战争是事先策划好的。

二　高桥秀直、大泽博明等人的"日清开战论"

上述见解是身为职业军人的战史研究者的观点，也有几个专门研究历史的学者，尽管他们的观点有很多不同，但都对以前的日清战争研究进行了全面的否定。

（一）高桥秀直（京都大学文学部）的研究。高桥在已发表的论文的基础上，1995 年出版了专著《走向日清战争的道路》（东京创元社，正文531 页，索引、年表、文献目录、外务省与驻韩日本公使馆往返电报目录等 51 页）。

高桥在绪论中谈到写此书的动机。他说，"经过日清、日俄战争而变为大陆国家的战前的日本，最终以战败而告破产。这种对战前日本大陆国家化的否定、批判是战后历史学的出发点，是基本的立场"。然而高桥对此提出疑问，"关于 19 世纪末期日本近代化和大陆国家化的关系……认为二者不可分的这一见解是否符合事实呢"？换言之，对一向认为从 19 世纪后半叶到末期向近代化迈进的日本在列强的压迫下，靠侵略朝鲜和中国把自己变成帝国主义国家从而完成了近代化（即高桥的所谓"大陆国家化"），除此之外别无他路，这是无法避免的选择的观点，高桥从根本上提出质疑，并论述了日本走向日清战争的过程。

在第一编"近代化过程中的外交和财政"里，高桥在通观了壬午事变（1882 年）以后的日本的对朝政策的同时，以扩军为焦点论述了财政问题。总结出以下 3 点结论：

1. 以伊藤博文和井上馨等长州派为主流的日本政府的对朝政策，并非即使与清相争也要独霸朝鲜，对清朝一贯是想避免战争的。这与日清、日俄战争后的外交路线，即以维持和扩大在大陆的政治支配权为基本目标的外交路线不同，如果将后者称为大陆国家型路线，则前者当属非大陆国家型路线。

2. 关于军备政策，这一时期日本政府为对抗清朝进行了大规模的扩军，但这是出于对清朝海军较日本处于优势而产生的危机感，而并非是积极地图谋与清对战。它是准备对付万一发生的事态的，只要日清间的悬案未解决，就有可能发生不测。

3. 关于财政政策，也与以前通行的说法，即把侵略大陆作为外交目标而采取了扩军至上的财政路线的说法不同，认为日本政府是本着"非大陆国家型小政府"的路线推进日本近代化的。

基于上述结论，高桥写道，"从初期议会期的明治国家的形态以及在此以前走过的路程中，看不出有和日清战争相关联的迹象"。高桥全面驳斥了在以前的日清战争研究中大多数人的见解。

但是为什么在 1894 年夏爆发了日清战争呢？高桥在第二编中作了题为《日清战争的开战过程——1894 年夏》的论述。

在第一编结论的基础上，高桥写道，"日本政府不是有意识要开战才出兵的。当时掌握日本政府主导权的伊藤博文与主张和清朝武力决战的外相陆奥宗光及陆军将领相反，是试图保持和清朝的协调的"（第 514 页），尽管如此，"日本为什么还是走上了战争的道路呢？"他认为，"其理由是6 月 15 日伊藤改变了他的方针……发生这一转变的主要原因不在伊藤对朝政策的变化，而在内政"，"出兵以后，议会各派及舆论界叫喊对外强硬论，给政府施加了压力……将派遣出的大规模部队撤退回来在内政上是有困难的，但不撤回又会招致对清的武力决战。伊藤被迫在撤兵——对清协调和留兵——与清对决两者之间做出选择，结果还是选择了后者。当时政府正临近大选，因而不得不对各政党及舆论界的动向非常敏感"（第514 页），日清战争开战的主要原因，完全在于日本的内政。这就是高桥关于日清战争开战原因的结论。

对于 550 余页的大作来说，笔者认为这未免是过于"贫乏的结论"。

（二）大泽博明（熊本大学法学部）的研究。他虽然和高桥有些不同，但也认为："甲申事变以后，日本政府在外交、军事上的对朝政策不是指向对清战争的，六·二出兵（1894 年 6 月 2 日日本政府的出兵决定）以及日清共同改革朝鲜案提示也不是要对清朝进行'挑衅'。实现日清共同改革朝鲜，才是六·二出兵的真正意图。"并指出，"从全局来讲，对清开战是起初的政策目标失败的结果，是日本外交的失败"[1]，"并不存在从一开始就有意识地准备对清开战并克服种种障碍最终实现开战的过程，也不存在什么冷静的形势分析及不断采取切实的手段以达到目的的

---

① 大泽博明：《日清共同改革朝鲜论和日清开战》，《熊本法学》1993 年，第 3 页。

所谓现实主义外交的‘陆奥外交’……那只不过是《蹇蹇录》所反映的史观”①。

大泽在同一旨趣下还写了《天津条约体制的形成和瓦解》（一）、（二）②、《伊藤博文和日清战争之路》③、《明治外交和朝鲜永久中立化构想的展开——1882—1884 年》④ 等几篇论文。

三　斋藤圣二的军事史研究

持上述见解的人们，他们在政治、思想上的立场多种多样，其观点也有一些不同。但是总体来看，他们都认为日清战争是由于偶然因素而爆发的无计划、无预谋的战争，日本政府出于内政原因，或者说是偶然的阴差阳错，才不得不开始了并不希望发生的战争。在这一点上，他们的观点是一致的。

以高桥、大泽为代表的上述主张，尤其在充分强调军事观点、综合论述事态推移这一点上，有着明显的不足。而且，只强调日本外交政策的一个侧面并以此作为自己的主张的基干，我个人完全不认为这样就可以全面地清楚地解释日本为什么走上了日清战争的道路。

与上面介绍的观点相对，以军事视角为主轴的斋藤圣二（西昂短期大学）的研究引人注目。斋藤是研究成为第一代朝鲜总督的日本陆军最高将领之一寺内正毅的，他写了《关于陆军对日清战争的准备》⑤ 一文，对日清战争的开战和日本陆军的动向进行了详细的研究。

寺内正毅在日清战争开战时，作为参谋本部第一局长主要担任日军输送方面的任务。斋藤从寺内的《日记》以及日清战争中最先出兵的第五师团长野津道贯的有关文书等资料中，逐步搞清了日清战争开战时日军特别是陆军的动向，及陆军和政府之间的关系等情况。

斋藤还论述了日军的“派兵目的”表面上也是“保护日本人及公使馆”，而背后的目的是“与清争夺霸权”，这是无论哪一个决策者都明白

---

① 　大泽博明：《日清共同改革朝鲜论和日清开战》，《熊本法学》1993 年，第48—49 页。

② 　《社会科学研究》43—3、4，1991 年。

③ 　同刊 44—2，1992 年。

④ 　《熊本法学》83，1995 年。

⑤ 　西昂短期大学：《创造》24，1995 年。

的。向争端地区派遣重武装的大军，假如没有搞军事冲突的决心，是不可能走出这一步的，从而论证了上面一、二两节中的各种见解是不能成立的。

四　参谋本部海军部的对清"作战构想"

（一）为列举日本从日清战争之前就早已开始准备和中国进行战争的例子，笔者想介绍一下福岛县立图书馆"佐藤文库"所藏的参谋本部海军部有关作战构想的史料。

福岛县立图书馆"佐藤文库"里收藏了6份和中国进行战争的作战构想，它们是：

1. 《征清方策》（海军少佐樱井规矩之左右，1887年12月30日）
2. 《对策》（海军少佐岛崎好忠，1887年12月）
3. 《对策》（海军大尉三浦重乡，没有日期）
4. 《无题》（海军大尉日高正雄，1887年12月30日）
5. 《阐述对策意见》（海军大尉佐佐木广胜，1887年12月28日）
6. 《对策》（浪速舰长海军大佐矶边包义，1888年4月20日）

以前，作为日清战争前日军具体的对清作战构想，引人注目的是1887年2月参谋本部陆军部第二局长陆军大佐小川又次起草的《征讨清朝方案（清国征讨策案）》①。

关于上面列举的6个作战构想，田中宏已在《日清两国对立和开战的轨迹》②中提到了标题，但是还没有论述其内容和历史意义的文章。

上述6个作战构想的执笔者，在起草该构想的1887年，除了矶边包义是常备小舰队"浪速舰"的舰长以外，其他5人都属于参谋本部海军部。樱井规矩之左右是参谋本部海军部第二局第一科科员，由于科长出差在外，他处于代理科长的地位。岛崎好忠是该部第二局第三科的科长，三浦重乡是第二局第二科科员，日高正雄和佐佐木广胜都是第三局第一科的科员。

---

① 参见《日清战争前的对清策略》，安冈昭男《明治前期日清交涉史研究》，严南堂书店1995年版。

② 前揭《近代日本战争史》第一编所收。

　　顺便提一下，参谋本部海军部第二局掌管海军出师，同局第一科担任出师计划，第二科负责沿岸防御。另外，第三局主管外国谍报，第一科负责欧美谍报①。

　　还有，上面6个文件除一个"没有日期"以外，其余有4个起草日期集中在"1887年12月"。这一事实值得注意，这和前面提到的小川又次的《征讨清朝方策（清国证讨策案）》是在1887年2月的事实一起说明在1887年，参谋本部预测到和中国的交战，并有组织地讨论过作战构想。

　　（二）关于上述6个作战构想，总体内容是以攻击渤海湾，并进攻北京为中心的。对所有这些作战构想都有必要进行分析，但在这里仅就樱井的《征清方策》介绍一下其要点。

　　担当制订海军出师计划的中枢要职的樱井规矩之左右构想的此《征清方策》，首先把海军舰队分成第一、第二及炮舰队三支舰队，第一舰队、炮舰队加上陆军的混合部队，组成"先头部队主力"。这个"先头部队主力"的任务，是攻破中国的北洋舰队和旅顺军港，使大连湾以西即金州半岛变成日军进攻北京的第一根据地。第二舰队作为"先头部队支队"，其任务是防御中国的南洋舰队，确保通往中国的海上交通，解除日军进攻北京的后顾之忧。

　　在初次进攻达到金州半岛为据点的目的以后，后续的大部队便在直隶省抚宁县、洋河口附近登陆，调整态势发起对北京的进攻，这便是樱井的作战构想。

　　樱井记述了首先攻打旅顺的理由，即金州半岛和山东半岛以及众多的岛屿构成了渤海湾的自然门户，中国海军倚旅顺、威海、芝罘三港鼎足而立，在这种情况下，为了航行于渤海湾的日本船舰的安全，就必须先攻打旅顺。海军舰队和陆军共同作战的理由是，从日、中海军的比较来看，日本明显处于劣势，因此让陆军登陆，从背后攻打中国炮台，支援舰队。

　　樱井的作战构想中没有设想日中在朝鲜的冲突，这一点与实际发生的日清战争的过程不同。但在日清战争的实际过程中，日军也攻占了包含旅顺在内的金州半岛，然后攻打了山东半岛，并且陆海军共同作战攻打了威海卫。1895年3月，日军决定进攻中国本土时，天皇自己就热心地主张

---

　　① 参见有贺传《日本陆海军情报机构及其活动》，近代文芸社1994年版，第67页。

把大本营扎在旅顺，然后移到洋河口。这表明在日清战争过程中，日军实际考虑过在洋河口附近登陆、占领，以此作为攻打北京的据点。

从日清战争的实际作战过程也能看出，樱井的《征清方策》绝不仅仅是凭空描绘的作战构想，在以后，它被具体化并运用于日清战争的实战之中。

结语——今后的课题

以上，介绍了现在在日本出现的日清战争研究的一种倾向。高桥和大泽等人的研究，乍看起来似乎很精密，但实际上，他们的考察中欠缺包含军事方面在内的综合视角，只停留在极为观念性的议论上。如果包含军事方面在内进行综合考察，就可以清楚地看到，不能否定日清战争是以朝鲜的甲午农民战争为契机的。日本从政府到军队，预先就设想了和中国交战的时机并做了尽可能的准备，在这种情况下才断然出兵的，而且日中的交战，至少从1887年开始，具体的作战计划就已经被构想出来了。

就高桥秀直、大泽博明等人的研究，笔者准备发表文章进行全面的批判。值此也痛感有必要推进在日本一直被忽视的日清战争军事史的研究。

（原文载于《抗日战争研究》1997年第2期）

日本财界与甲午战争

[日] 李廷江

一　前言

　　有人认为，把甲午战争作为近代中日关系史与近代东亚史的起源，是件怪事。其实，如果考虑到"日本产业革命的起飞期与日本帝国主义对外经济侵略、领土扩张的形成期同步"[①] 的问题时，应该说这种分期是合理的。清国的战败，使 1885 年福泽谕吉呼吁日本国民"脱亚入欧"的必要性和可能性得到了进一步的证实。日本——这个亚洲后起的帝国主义，于欧美列强坚船利炮下，被迫开港、开国的时日尚浅、耻辱未消，此时竟然公开奉"入欧"为国家建设的至上目标，这是多么大的历史嘲讽啊！然而，长期以来，很多的学者认为上述进程，恰恰是日本受"西方冲击"的必然选择，并以"西方冲击""脱亚入欧"的模式为考察近代日本的主要坐标。

　　近年来，针对"西方冲击论"，出现了一种完全从不同的角度提出问题，试图重新考察近代日本的研究。日本学者笼谷直人的几篇论文，就是其中之一。他注意到 1880 年以后，围绕日本国际关系的变化，认为在日中国人贸易商的存在和动向，是"来自亚洲的冲击"，提出了"日本的开港"也是"向亚洲的开港"的耐人寻味的新观点，向"西方冲击论"展开了挑战。[②]

---

　　① 　Peter Duust《经济帝国主义的起源》，福冈教科文协会《第四次九州国际文化会议——战后三十三年的日本》，1977 年，第 213 页。

　　② 　笼谷直人：《1880 年的日本国际环境的变化——关于中国人贸易商的动向》，爱知学泉大学经营研究所《经营研究》第 2 卷第 2 号，1989 年；《1880 年代来自亚洲的冲击与日本的反响——中国人贸易商的动向》，《历史学研究》第 608 号，1990 年 7 月；《来自亚洲的冲击与日本的近代化——中国人贸易商的"团结力"》，《日本史研究》第 344 号，1991 年 4 月。

东京大学平野健一郎教授强调了日清贸易研究所在近代中日关系史上的作用，指出"近代日本的对华政策史也必须把根津一、荒尾精的日清贸易研究所以来的系谱纳入其中，然后再进行组合"。[①] 出于同样的问题意识，村上胜彦教授提示了产业革命的进程与"商权"、殖民地统治的渗透与"商权"的关系非常之重要，指出了"一般而言，'商权'掌握在经济实力强的国家，控制'商权'有时将成为经济支配的杠杆"。[②] 换言之，认为甲午战争前后日本对华贸易的主要课题，是夺回日本的"商权"，似乎并非言之过及。由此可见，借用"商权"的视角，考察甲午战争时期的中日关系，是件颇有意义的工作。

众所周知，日本的"大陆政策"，是受"西方冲击"而形成的日本对外发展战略中，最有影响且重要的观点之一。其核心是"为了与'世界大势'为伍，主张日本继续对外膨胀、发展，扩大在中国大陆的领土、权益和政治影响力"。[③] 关于日本的大陆政策，研究成果不胜枚举，但是，不得不指出的是，日本财界是推行大陆政策的主体，有关财界的研究，似乎有被忽视之嫌。我认为，要了解日本大陆政策的全貌，除了日本军部、政府和民间方面之外，还要注意日本对外经济活动的中心——财界，要对财界的对华认识和活动进行系统的考察。虽然，财界没有提出明确的大陆政策，然而，日本财界作为日本对外经济扩张侵略的主体，始终参与了大陆政策的计划与实施，扮演了十分重要的角色。

本文拟探讨甲午战争前后，日本财界的对华经济活动，以涩泽荣一的认识与行动为中心，从财界的时局对策、战时经营和战后经营的三个方面，进而阐述"商权"问题以及财界初期的对外经济活动的主要内容。

二　财界的时局对策与战时经营

在我们分析财界的时局对策与战时经营之前，有必要对财界的时局认

① 平野健一郎：《关于〈满洲产业调查〉》，年报《近代日本研究——3》，山川出版社 1981 年版，第 453 页。

② 村上胜彦：《产业革命初期的日中贸易——日清贸易研究所》，《东京经济大学学会志》第 174 号，1992 年 1 月，第 63 页。

③ 北冈伸一：《日本陆军与大陆政策》，东京大学出版会 1978 年版。

识进行简要整理。

1. 最初的反响

战争爆发后，日本列岛上下"呈现了把中日对抗视为文明（日本）与野蛮（中国）之争的异常气氛"。① 福泽谕吉在《时事新报》上，发表了题为《应表国民一致之实》的社论，指出"身为日本国民，应无官民朝野之别，必须同心同力、服务于国事"，强调"这场战争，乃开国来的一大事件"。② 财界的首脑们也不例外，纷纷表态，支持战争，号召全国"勤劳创造军用资金，保护我大日本帝国的权利……4000 万同胞齐心协力，竭尽忠君爱国之诚"。③

实际上，大部分财界人士凭他们经商的敏感，早于开战之前，就已经预测到，这几年来中日两国围绕对朝鲜的经济贸易上的竞争与摩擦，必将于不远的将来引发战争。1894 年 6 月 3 日《东京经济杂志》发表社论，"我等朝鲜政策，实为保护我人民商业的不得已之手段……要保护我人民及商业，势必与中国产生冲突，眼下唯有一战，别无出路。……现在，日中两国交战时机已到，实在大快人心"④。

涩泽荣一作为东京银行集会所委员长，在京滨同盟银行的例会上，强调"这场战争，究竟会给我们实业社会带来何等影响，尚难预料，然而，我们决不可以个人的得失、利害，损伤我们一般经济社会的利益"，⑤ 要求维护开战期间经济社会的秩序，为保证银行的安定、社会的平稳，团结一致，共同努力。总之，财界充分认识到，在国家对外战争的紧急时刻，个人的利益、小集团的利益必须无条件地服从国家的利益。

不仅如此，财界、实业界为了支援政府的对华战争，在全国范围里展开募捐活动，以涩泽荣一为发起人，成立了"报国会"。

2. "报国会"的成立

所谓"报国会"，就是 1894 年 7 月 30 日以财界首脑涩泽荣一、三井八郎右卫门、岩崎久弥及福泽谕吉、东久世通禧的名义，响应政府的对华

---

① 《时事新报》1894 年 7 月 29 日。
② 《时事新报》1894 年 8 月 16 日。
③ 《涩泽荣一传记资料》第 28 卷，第 440 页。
④ 《东京经济杂志》1894 年 6 月 3 日。
⑤ 《中外商业新报》1894 年 8 月 17 日。

战争，为开展全国性的募捐活动而成立的报国的组织。① "报国会" 前后仅存在几个月。但是，由于几位发起人在日本社会地位非凡，举足轻重，都是财界的重镇，因此，无论是在动员国民、支持战争的意义上，还是在广积资金，从财政方面援助军事作战的意义上，"报国会" 都是一个十分重要的组织，发挥了极为重大的作用。

一是献金报国。7月29日，福泽再度于《时事新报》上发表《募捐军用资金》的社论，同时率先捐献一万日元，号召国民捐款助战。30日，三井八郎右卫门、岩崎久弥、涩泽荣一、福泽谕吉、东久世通禧等发起人，通过各大报纸，表示坚决支持政府的开战，并决定于8月1日召开募集军用资金的大会。他们号召 "当日清两国兴兵动武之际，全国广大有志之士要积极捐献资金"。② 财界的领导人认为，筹措军费乃是决定这场战争胜败的当务之急，身为财界人士有责任调动民间资本，协助政府。他们连日开会，商讨军费的筹措方法与具体数额。

8月1日下午5时，召开了协议会（募捐军费的商讨会）。与会者均为京滨地区的实业家，近60名。会议 "首先由福泽谕吉代表发起人，详尽地说明了关于募捐军费的宗旨，涩泽讲述了具体的办法"，随后 "与会者一致举双手赞成这一美举，订下了各自承担的捐款数额"。③ 会上，还就募捐军费的手续进行了协商，决定设30名委员，委以全权。30名委员，除5名发起人外，其余的25名，都是实业界的头目。④

据涩泽后来的回忆，成立 "报国会" 最初是涩泽与福泽两人商定的结果。⑤ "报国会" 的成立，不仅激发了实业界的民族主义情绪，同时，还使全国范围内多数实业界带头，采取各种不同形式援助政府军队的运动进一步深入。

二是财界人士为战争效劳。日本财界不计较个人得失，精诚卫国，留下了不亚于军人的伟绩。可歌可泣的故事，比比皆是。被誉为 "煤炭大

---

① 《时事新报》1894年7月30日。

② 《中外商业新报》7月31日。

③ 《读卖新闻》8月3日载有56人出席。

④ 《涩泽荣一传记资料》第28卷，第442页。

⑤ 《龙门杂志》第353号，1917年10月25日，第72—73页。

王"的福冈实业家安川敬一郎，开战前已同外商签订了一大笔合同，开战后，他担心这批煤炭流入中国，立即单方撕毁契约。当对方提出控告时，安川表示，为了日本的大局，蒙受此等损失，乃区区小事，在所不辞。① 8月5日，大日本水产会打出广告，用出售罐头的收入，慰劳战士，增强其士气，为国立功。大阪青年报公义会，设事务所，广求同志的赞助，向在韩日军赠送1万个手巾（绣有"凯旋"二字）、10万把牙刷。② 大阪市西区的军火商秋山仪四郎，把库存的5600支步枪全部捐献给政府，引起了社会上的极大反响。这些枪，都是按合同为英国制作的。③ 按照陆军省的要求，负责海上运输任务的安田忠兵卫、善次两兄弟与炮兵第二队方面濑山署长签订了所有的船只全部服务于战争的契约。④ 另外，铁道局等21个输送会社，决定战争期间无偿为政府输送军人与战争物资。⑤ 神户贸易俱乐部，于5日召开总会，讨论了交战期间的注意事项与手续问题，表示无条件地为战争服务。⑥

三是财界与政府一起致力于募集军费。涩泽荣一等财界首脑响应政府募集军事公债的号召，把"报国会"变成其最大的援助团体。8月15日，日本政府公布了筹措资金，征集军事公债的第143号、第144号敕令。政府的公告，极大地刺激了"报国会"，刺激了财界领导人。正如《中外商业新报》所指出的那样："无论其公债的募集方法如何，报国义会已由报国献金转向购买公债报国上。"⑦

进入9月，涩泽等"报国会"7名专务，在报纸上登出，募集报国军事公债的广告，同时公布了11项规定并指定了11个银行的分店、支店和派出所办理具体事务。⑧ 在涩泽等人的带动下，9月8日在大阪，19日在釜山，都分别展开了大规模的购买军事公债的活动。⑨ 财界的上述活动，不仅给日本军事公债的募集活动赋予了明确的内容，更重要的是使财界、

① 《中外商业新报》9月23日。
② 《大阪朝日新闻》1894年8月15日。
③ 《大阪朝日新闻》1894年7月22日。
④ 《大阪朝日新闻》1894年7月7日。
⑤ 《大阪朝日新闻》1894年7月24日。
⑥ 《大阪朝日新闻》1894年8月5日。
⑦ 《中外商业新报》8月15日。
⑧ 《中外商业新报》9月1日。
⑨ 《中外商业新报》9月8—9日。

实业家成为军事公债募集活动的主体。

综观开战以来，日本财界通过"报国会"所发挥的作用，大致可以归纳为下述几个方面。（1）促使财界对战争的关注，积极支持政府的开战决定，政府、财界、军部之间建立紧密的联系。（2）由于甲午战争是明治以来日本第一次对外的大规模战争，财政问题成为决定战争胜负的一个重要因素。但是，就当时日本的财政情况而言，仅仅依靠尚未稳定的政府财政，没有民间资本的援助，要想达到预定的军事公债数额，几乎不可能。（3）通过发行军事公债，建立战时财政体制，以保证对外战争的顺利进行。这是日本财界在甲午战争中的最大贡献，并为近代日本的历次对外战争中所采用，提供了一条宝贵的经验。总之，从日本财界的战时认识、反应而言，在日本对中国、朝鲜的经济侵略中，所谓的军事侵略与经济侵略时常对立的学界定论并不成立。事实上，两者仅是在默契的前提下，相互作用而已。

3. 夺取商权的动向

日本财界在甲午战争期间的另一个重大步骤，主要表现在商权问题上。下面，仅就日中贸易问题与在日中国商人的问题，进行简单的探讨。

如果认真分析财界的时局认识，我们会发现商权问题占据着十分重要的位置。这里，可以当时的经济新闻、杂志为线索，略加整理。8月17日到9月20日，《中外商业新报》上登载了《日清战争对于实业界的影响》的文章，连载了11次。文章重点提出了中国商人问题、商权问题、中国市场和外国市场等问题，认为：（1）战争并不一定会给商品市场带来不良影响。（2）受战争影响，日中两国商人或多或少将蒙受贸易上的损害，结果也可能从朝鲜撤出。但是，不管战争进展如何，中日贸易间的最大障碍，依然是商权。（3）因此，日本必须重视商权的发展趋势，尽可能地早一些夺回被中国商人垄断长久的关于朝鲜问题的商权。日中交战后，中国商人大部分从朝鲜撤出，在朝鲜商权上形成了真空地带。该文章认为，这场战争对于日本财界来说，是控制掌握商权的绝好时机。[①] 这充分地表明了财界企图借战争之机彻底解决长期以来对华贸易上的所有问题。其理由有三：（1）迄今为止，中日双方贸易的焦点，始终集中在商权上。（2）日本的贸易商在上述的围绕商权问题的日中竞争中，并不具

---

① 《中外商业新报》8月17日—9月20日。

有绝对的优势，不得不时常让步、后退。（3）从现实情况而言，在对外贸易的条件与环境方面，日本仍然面临着相当大的困难。

基于上述的理由，战争开始前一个月里，日本财界与实业界就已经从各个方面努力排除对华问题上的所有障碍，以利于战争的进行。

7月8日，关西地区的对华贸易商人们，在大阪举行集会，就目前的问题，制定了5点对策。（1）废止迄今的信用贸易方法，改用现金。（2）重视商品的质量问题，签订合同时提取1/20的手续费。（3）取缔中国商人的不法行为。（4）组合成员携手对抗中国商人。（5）中国商人如进行破坏，立即取缔。① 在煤炭方面，他们发出战争期间不向中国出口的禁令，决定给违反者开除的处分。神户的煤炭业三十余人，采取有力措施，派出秘密侦探，防止私下向中国出口的卖国行为，并监视中国商人对华贸易。② 另外，大阪的盐商，撕毁了同中国签订的所有合同。

此外，一部分行业的组合露骨地对中国商人施加压力，提出无理要求，各地的中国商人处于险象丛生的恶劣处境中。横滨市的某一组合，以朝鲜问题为借口，逼迫市内的中国商人一次性支付现金，并威胁要全面更改合同。组合委员田代、绵谷、高野三人从7月11日起，走访市内的全体中国商人，通告最后的期限。在这种威胁之下，全体中国商人无一人反抗，都不得不表示按新规定支付现金。③

问题并不仅此而止。甲午战争爆发后，在日中国人成为交战国国民，受到无条约国国民的待遇，不仅被剥夺了治外法权，连生命、财产、经营也丧失了保障。为此，李鸿章就在日华人的安全问题，指示委托美国驻日使馆给予照顾。④ "8月至9月，面向广东的日本杂货的出口受到禁止，清国商人陆陆续续回国。"⑤ 据统计，在神户的中国人居在日中国人之最，战前约有1004名，战争开始后，一半以上回国，最终留下的不足500人。⑥ 另外，"兵（兵库）神（神户）两市的商人，包括京（京都）阪

---

① 《中外商业新报》7月13日。

② 《大阪朝日新闻》1894年7月27日。

③ 《中外商业新报》7月14日。

④ 《清季外交史料》第2卷，书目文献出版社1987年影印本，第1636页。

⑤ 《神户开港三十年史》下卷，第107页。

⑥ 同上书，第404页。

（大阪）的商人，都抢在中国商人归国之前清算了所有的账目，日清两国商人的商战，实际上早在宣战之前就已经开始了"。①

但是，对于财界来说，严格限制在日中国商人的活动，只不过是试图以战争为契机，实现日本"夺回商权"目标的一个内容，或者说仅仅是一个方面。另一方面，就是要从根本上根除中国人长期以来的优势，这在当时被称为"恢复商权"运动，本文称其为"夺回商权"。"夺回商权"运动，大体分两个内容：一是改正对中国人贸易商的交涉（南京口钱），二是废除秤量手续费的问题。

8月24日，大阪与中国有贸易业务的38家会社，制定几项决议，力图打破中国商人长期以来的垄断。② 这类围绕日中交易中，现金决算、交换约定书、提交保证金等问题，一直是迄今为止双方间留下来的悬案。10月26日《国民新闻》也指出，"横滨贸易商人坚决废除手续费的事件，是借日清交战之机所采取的行动，其目的就是要以战争为契机，解决对华贸易中长期以来所存在的一系列问题。令人注意的是，上述的动向，不仅在大阪，还波及到横滨、神户、京都、函馆、东京等地"。③

关于这个问题，东京、横滨、大阪的砂糖交易商组合的事例，很有代表性。这三地的砂糖交易组合，都提出了南京口钱的减半和全部废除的要求。对于日方的要求，中国商人以被雇的日本店员的名义，试图在名古屋、东京的筑地以及大阪市内设立直接出售点，结果还是遭到日本方面的强烈抵制，最终失败。日方的对策之成功，有两点理由。（1）占天时（日中交战）、地利（日本领内）、人和（同行间的团结），充分利用报纸，详细公布中国商人的举动，号召地方上的日本商人拒绝中国商人希望直接交涉的要求。（2）以组织间联手的形式与力量，对抗历来重视相互间团结的中国商人。比如，在大阪，"针对砂糖商组合关于废除口钱的决议，中国的砂糖进口商在大阪市内设立了直接出售点，但是，砂糖商组合、砂糖渍商组合、杂果子组合几家联盟起来，拒不购买，从1929年至1930年，这些直接出售点不得不关闭"。④

---

① 《神户开港三十年史》下卷，第403页。
② 《时事新报》1894年8月28日。
③ 《国民新闻》1894年10月26日。
④ 《横滨市史》第4卷下，第502页。

总括"夺回商权"运动的特点，一是交涉的重点，全部集中在贸易习惯与手续费上。二是运动形态单一性。这些都为日后的对华贸易打下了好的基础。如上所述，在巩固"夺回商权"成果的意义上，1895 年 2 月，涩泽荣一和大仓喜八郎、大江卓等财界人士，考虑到巩固商权的重要性，"大展日本商人的新面目，调研今后商势上对外部的利害，设立一大商业俱乐部、联谊农工商、合并东京商工相谈会、经新俱乐部、日曜会、每日会四团体，目下，已经开始进行设立商业俱乐部的工作"。①

随着甲午战争的爆发和终结，日中两国的商战舞台，由日本单方面的长驱直入，从朝鲜向中国大陆的上海扩展。日清贸易研究所所长荒尾精同样视对中国战争为向中国倾销日本商品的良机，决意在中国设立日本商品陈列所。他与上海的日韩贸易商社协议，同意于 7 月在上海成立日本商品陈列所。这是日本设在中国的第一个商品陈列所。荒尾把日中间的贸易竞争提到扩大日本商权的高度来认识，写下了著名的《对清意见》，其中提出了战后经营中的三项对中国政策。②

三　财界的战后经营

日本于甲午战后的经营，在近代日本史和近代日中关系史中，具有特殊的地位。一方面，战后经营呈现了明治维新后的日本，以战争为背景进行国家建设，以实现近代化的最初形态。另一方面，战后经营的结果，使日本的对外发展不仅在军事方面，同时在经济方面也初步形成了基本的路线与政策（大陆政策）。从这个意义上讲，关于甲午战后经营的研究，对于理解近代中日关系史尤为重要。财界的战后经营，主要包括扩张贸易、设立金融机构、海运与铁路三个内容。本节拟从"夺回商权"的视角对上述问题进行分析。

1. 扩张贸易

扩张贸易，是"夺回商权"的代名词。随着战后资本主义的发展，迅速地扩大对外贸易和直接进出口问题，成为当务之急。这也是下述三个国内外形势急剧变化的结果。首先，是把华侨的投入资金控制在中小企业

---

① 《国民新闻》1895 年 2 月 6 日。
② 《东京经济杂志》1894 年 11 月 3 日。

水平，实行歧视教育。① 其次，1894 年 8 月 4 日，公布了《关于居住帝国内清国臣民》第 137 号敕令，迫使在日中国人重新登记，因此，不少的中国商人离开日本，回中国弃商另找出路。② 再次，就是非杂居问题。所谓非杂居问题，主要指战争爆发后，在各地发生的歧视中国人问题。最后，日本政府公布肯定这种歧视的政策，极大地限制了中国人的生存空间。③ 其结果，以中国人为主的对华贸易发生了根本性的逆转。

东京商工会议所，于开战后的 1894 年 7 月就扩张贸易问题向农商务省提出了关于海外直接进出口方面的 7 项建议。与此前后，大阪商业会议所也提交了关于促进直接进出口的意见，希望政府尽快实施。④

1896 年 7 月 20 日，《太阳》杂志就贸易问题，登载了东京商工会议所益田孝和金子农商务省次官的意见书。具体内容有 6 项：（1）召开农商工高等会议；（2）向外派出商工视察员；（3）向外派出练习生；（4）向外发送和陈列商品样本；（5）试制商品；（6）发行商况报告和报告书等。⑤ 从以上的内容可以看到就扩张贸易问题，政府几乎完全接纳了财界的建议，同时决定召开农商工高等会议，对财界参与战后经营政策制定的政治要求，给予了满意的答复。

2. 设立金融机构

就为什么要在海外设立日本的金融机构，大阪商工会议所做了下述说明："发展直接进出口贸易，是今天增强我国力，增进我民富的诸多手段中，至关重要的措施。在几个促进直接贸易发展的必要机构中，要数交通业与金融业更为重要。交通、金融两个行业，对于商工业而言，犹如鸟的双翼、犹如车的双轮。因此，要取得商工业和直接进出口贸易的快速发展，上述交通、金融缺一不可。"⑥ 作为实现"夺回商权"的重要手段，除了上述财界的诸项建议外，扩大在海外的日本金融机构，成为战后经营中一个极为重要的课题。

1896 年的上半年，财界的主要团体，东京、大阪、神户的商工会议

① 内田直作：《华侨社会的研究》。
② 《大阪朝日新闻》1894 年 8 月 16 日。
③ 山田信夫编：《在日华侨与文化摩擦》，严南堂书店 1983 年版，第 322 页。
④ 《横滨市史》第 4 卷下，第 502 页。
⑤ 《日本商工政策史》第 4 卷，第 259 页。
⑥ 《涩泽荣一传记资料》第 56 卷，第 262 页。

所，分别于 3 月、7 月和 10 月，就设立海外金融机构问题，向政府提交了强烈的请愿书。尽管三份请愿书，带有各自的地方色彩，内容与目的略有差异，但是在强调尽速在海外设立近似于横滨正金银行式的金融机构的意义上，三者之间的意见，是惊人的一致。其后，基于"要取得对清贸易的进一步发展，必须整备我国在清金融机关"① 的考虑，财界向政府提出了设立日清银行的计划。政府也十分重视财界的意见，在农商工高等会议上审议了扩张海外金融机构的问题，并接纳了大仓喜八郎等 7 名专门委员提交的咨询书。

3. 海运与铁路

在战后经营中，日本财界所取得的另一个巨大成果，应是成立东洋汽船公司和修建京釜铁路。

（1）东洋汽船公司的创立。战前，日本的对外航线，多半是近海，有远洋航线的公司极少。东洋汽船公司正是"适应甲午战后，扩大对外航海的要求，以在日、中间开辟邮船航线为目的而成立的"。② 涩泽荣一就扩大海运的方针和紧迫性，于战后不久在东邦协会以《战后海运扩张方针》为题发表了演讲。他强调了海运在日本经济发展中的重要性，指出日本虽有三十几万吨商船，可几乎都在近海的现状令人忧虑，为了国家，一定要开辟远洋航线，要求东邦协会给予支持。③ 1895 年 8 月 12 日，东京商工会议所通过了酝酿一年多的《关于扩张海运的调查》即《关于扩张海运意见书》。17 日，以会头涩泽荣一的名义，分别递交给大藏大臣、农商务大臣、递信大臣。④

在这种情况下，明治二十年（1887）起一直致力于经营浅野会社的个人船主浅野总一郎，响应涩泽荣一的号召，规划成立一个以远洋航线为主的大汽船公司。⑤ 这个计划得到了涩泽的支持。涩泽为总发起人，安田善次郎、森村市左卫门及横滨的原善三郎等东京、横滨的主要贸易商、银行家 7 人被选为该公司的创立委员。⑥ 不久，正在筹备中的大东汽船和东

---

① 《日本外交文书》第 35 卷，第 501 页。

② 《涩泽荣一传记资料》第 8 卷，第 258 页。

③ 《太阳》第 1 号，第 2259 页。

④ 《横滨市史》第 4 卷下，第 586 页。

⑤ 同上书，第 594 页。

⑥ 《涩泽荣一传记资料》第 56 卷，第 262 页。

洋汽船合并，6 月 1 日举行合并总会，8 月 21 日正式得到政府的批准。

东洋汽船公司的成立，标志着汽船在对外贸易中不断增大的作用，促进了日本同亚洲各国、欧美之间贸易的增长。从贸易总额来看，1895 年仅占国内船载货量的 12% 弱，1903 年飞速增长到 37%。[①] 另外，远洋航线的扩展，刺激了对中国大陆沿岸、朝鲜沿海周围的近海航线的发展，为日俄战后出现的对华经济活动的高峰奠定了基础。

（2）京釜铁道的建设。甲午战后，日本向朝鲜政府施加压力，强迫朝鲜同意日本财界建设京釜铁路的事实，是对日本"占领经营"的最好说明。

建设京釜铁道，是日本财界多年来的夙愿，从规划到完成，涩泽荣一发挥了任何人无可比拟的巨大作用。涩泽荣一作为财界的最高领袖，同时也是这一特大工程的总负责人。正是在涩泽荣一的领导下，这一巨大工程方能克服无数困难，取得最终的成功。当然，这本身也反映了涩泽荣一在近代日本政治经济社会中极为特殊的地位。但是，涩泽荣一成功完成建设京釜铁道的工作，与其说依靠他作为财界总司令官的身份，不如说涩泽同政府、军部、民间等方面保持良好的关系，拥有极大发言权本身，具有更为重要的意义。

1901 年 6 月 25 日，涩泽荣一为设立委员长的京釜铁道公司宣告成立。这个海外铁路公司是以民间资本为主的最大的国策公司。从日本财界大陆政策的角度来探讨京釜铁路的建设过程，至少有三个意义。第一，建设铁路，开展对外扩张，从这个意义上说，京釜铁道是后来的南满洲铁路株式会社（满铁）的雏形，也提供了宝贵的经验。第二，把建设铁路作为大陆政策中主要部分的构想，不是始于日俄战争后，而是源于甲午战争后。第三，京釜铁路为以民间资本为主、国家资本为补，在海外设立超大企业，创造了一个成功的先例。

以上，我们考察了财界的战后经营。其特征有以下几点：（1）财界在战后经营中始终有其独自的政策，始终作为主体积极地参与政府的对外经济活动。因此，忽视财界的活动，是不可能对甲午战行的经营以及日本对外经济活动有总体的把握。（2）东京商工会议所的一系列建议，既反映了财界在战后经营中，具有雄厚的组织实力，也说明财界的作用，已不

---

① 《横滨市史》第 4 卷下，第 601 页。

仅是参与经济政策的议论与制定，而是作为一个政治集团，对政治问题表现出极大的关注。（3）财界于战后经营中的"扩张贸易"、"设立海外金融机构"以及"海运和铁路"的三大政策，演变成为日本财界大陆政策的主要内容。

四　结语

应该强调指出，在考察甲午战争时，既要注意到促使战争爆发的政治因素和军事因素，同时也要注意其经济问题的作用。

另外，我们还应当注意到所谓经济因素中，围绕朝鲜商权问题，中日两国间的你死我活的经济战争。经过对财界的时局对策以及战后经营的考察，财界所追求的目标，就是要夺回、确立在日本、朝鲜包括中国境内的商权。事实上，经过战后经营，财界在夺回商权上取得了相当大的进展。第一，以战争为契机，进而从经济、贸易方面狠狠地打击了在日中国商人，很大程度上改善了日中贸易中长期以来所残留的一系列问题，基本上把日本国内的商权控制在手中。第二，财界配合政府，把扩张贸易问题作为战后经营中的首要任务来抓，鼓励日本商人卷土重来再一次占领朝鲜市场，到日俄战争爆发的十年里，一直遥遥领先，在对俄战争中发挥了经济上的绝对优势。第三，荒尾精开拓、占领中国大陆市场的构想，深得涩泽荣一等财界人士的共鸣。他乘胜战之机，以常理预想不到的速度，成功地在上海设立了日本商品陈列所。[①] 接着，更多的日本商人陆续进入中国东北等地，雄心勃勃，志在开拓中国的新天地。就这样，日本在欧美、在朝鲜、在中国东北、上海等地开辟了一条条同中国争夺各地"商权"的战线。

战后经营的另一个侧面，是占领经营。从结果上讲，正是战后经营所带来的日本经济的飞跃发展，从经济上为 10 年后的对俄作战提供了保障。笔者认为，既要注意到导致战争发生的经济原因，也要注意到财界对于战争的态度以及与下次战争间的经济上的联系。

本文阐述了日本财界在战后经营中，逐步推出其大陆政策的过程与内容。其主题是"夺回商权"，其内容大体上包括贸易、金融、海运与铁

---

① 《大阪朝日新闻》1894 年 7 月 8 日。

路。在这期间，一部分财界人认识到采取合办企业是对亚洲经济活动中极为重要且行之有效的方式。同时近代中日关系史中，一些财界人所标榜的"日中同盟"、"日中连带"等亚洲主义的经济思想，时而成为日中合资经营企业的宗旨，时而成为日本对亚洲经济活动的纲领或灵魂。这一点，是我们在考察近代日本对华经济活动时，切不可掉以轻心，必须紧紧把握的一条主线。

最后谈谈财界的政治上的成熟。日本财界由战时至战后，堂堂地走上政治舞台，是战后日本社会中显著变化之一。有人形容，甲午战争后是"实业家使用政治家时代的到来"。[①] 财界在政治上的成长，主要反映在三个方面。首先，财界加紧对政治的参与。伊藤内阁的渡边藏相辞职一事，据称是三菱集团反伊藤系财界人士的阴谋所致。且不管事实的真相如何，在当时若没有财界的支持，即便是内阁想推行政府的决议，也确实是极为困难的。[②] 其次，无论元老，还是政治上的巨头，对财界的要求都是难以回绝的。例如，在设立兴业银行问题上，起初，山县有朋等（长州的元老）极力反对，后来，由于筹备委员涩泽荣一、丰川良平、大仓喜八郎、安田善次郎、中野武营等财界代表的坚持，结果山县甘拜下风，兴银按计划成立。[③] 最后，财界人士积极参与政治，或组建新党，表演于前台，或充当政治上的黑幕，操纵于后台，间接或直接地行使对政治的影响力。[④]

财界的政治成长，某种意义上讲，是财界团体成熟、发展的标志。关于财界组织的发展情况，我们可以从东京商工会议所的不断壮大中见其一斑。1890 年根据政府的《商工会议所法》由东京商业会议所改组成立的东京商工会议所，最初只有两所，翌年增加到 7 所。经过战后经营到1904 年有 36 所，到了第一次世界大战时增长到 60 所，几乎遍布日本各地。[⑤] 另外，于战后不久新设立的农商工高等会议中财界人的参加比例与作用，同样也反映了日本财界政治地位的提高。该会议每年举行一次，共举行三年。参加会议的成员，原则上是高级官僚、实业家和学者。然而，实业家的比率逐年增加。到了第三年，作为会议成员正式登记的几乎全是

① 前岛省三：《资产阶级的政治进出》，岩波讲座《日本历史》17，1962 年，第 230 页。
② 《太阳》第 2 卷第 19 号，第 33 页。
③ 前岛省三：《资产阶级的政治进出》，岩波讲座《日本历史》17，1962 年，第 230 页。
④ 《日韩通商协会》第 34 号。
⑤ 《东京商工会议所 85 年史》上卷，第 287 页。

实业家。① 这些实业家，都是各地商工会议所的会头、各财阀的领袖，被称为财界的重镇。这些财界的领导人，通过参与农商工高等会议之类的政府咨询机构，直接介入政府的政策制定，提高了其在政治上的地位。这类的咨询会议，有两个作用，既是财界表达自己的意见，向政府施加压力的主要场所，同时也为政界、财界提供了相互勾结的渠道。

　　总之，日本财界以甲午战争为契机，不仅逐步地形成了其独自的大陆政策，同时，作为一个独立的政治团体，堂而皇之地登上了近代日本的政治舞台。

　　（原文载于戚其章、王如绘主编《甲午战争100周年纪念论文集》，人民出版社1995年版）

---

① 《日本商工政策史》第4卷，第3—31页。

日本国民眼中的甲午战争①

[日] 原田敬一

一 国民是什么时候才知道向海外出兵的

1894 年 6 月 2 日，日本众议院解散，就在同一天，决定了向朝鲜出兵。但国民并不知道这一事实。众议院解散是在三天以后才通过新闻报道出来，出兵的报道则是在 9 日的报纸上。这是因为 7 日陆军省及海军省发布了禁止登载"军舰军队的动向及有关军事机密战略"命令的关系，所以 8 日的《东京日报》《邮便报知》《国民》《中央》《小日本》等报②于 7 日下午 9 时前被勒令停止发行，到 8 日下午 10 时才恢复发行。就在东京主要报刊勒令停止发行的过程中，加紧了出兵的步伐，9 日才发表了派兵的事实。

不知情的自由党在 8 日的议员会议上为调查情况，制定"我党为视察向朝鲜派遣人员"三项条款。③

6 月 5 日，设置了大本营。同日下午 4 时，发布了第五师团的动员令。6 日下午 2 时 50 分，第五师团的步兵第一大队受命作为先遣队出发。步兵第一大队和工兵一小队，于 8 日傍晚到达宇品港，9 日上午由该港出发。④ 也就是说，8 日这天，军队已开始行动，已经是既成事实了。《国

---

① 详细内容请参照大谷正、原田敬一编《日清战争的社会史》（1994 年版）所收的《围绕日本国民的参战热》。

② 报刊的略写，如《时事新报》=《时事》，《国民新闻》=《国民》，《大阪每日新闻》=《大每》，《岩手公报》=《岩手》。

③ 《时事》1894 年 6 月 9 日。

④ 《明治二十七八年日清战史》第 1 卷，第 107 页。

民》是从 10 日开始，在头版头条刊登了记者去朝鲜的报道。"朝鲜!!!
东洋的危机!!!"（6 月 11 日）等提法，宣告了局势的紧迫。在这一事实
面前，已无须议论向海外派兵的问题了。

二 先从上层刮起了阵风

最迟也不过是从 6 月下旬开始，在日本各地开始了金钱和物资的捐献
运动。7 月初《时事》刊载了以下记事（7 月 6 日）：

> 就馈赠金及捐献金的处理事宜，由于朝鲜事件发生，我国民出于
> 爱国的侠义之心，纷纷志愿献出军队的各种必需品及金钱，当局正忙
> 于处理这些实际问题。

这个时期捐献的项目是：
①5 日元（东京府日本桥区一剑客）（《时事》6 月 27 日）
②10 日元（横滨市一男子）（《国民》6 月 29 日）
③干梅 100 桶（横滨市一旅馆）（《时事》6 月 29 日）
④2000 日元（大分县中津町一女子）（《时事》7 月 18 日）
⑤卷烟 5 万支（东京府日本桥区一男子）（《时事》7 月 19 日）
高额的居多，如"在本县（广岛县）著名豪富八田谨二郎等数位也
表达了捐献的愿望"（《时事》6 月 30 日）。但金额不明。正如所报道的
那样，首先在富裕阶层中开始行动起来。他们的捐献在报上刊登以后，
"参战热"被鼓动起来。

与此相应，7 月 17 日设立了陆军恤兵部。同日的陆军省告示是这样
写的："根据献纳品的质量，有时可不予接受"，"捐献的金额不满一日元
的不予受理"。捐赠物品受到检查，微少的金额也拒绝受理。

三 国权主义的旋风不断

各地于出兵之事公开发表后，以向朝鲜出兵为前提开始了义勇军的筹
划。6 月下旬，在报纸上刊登了这一事项，在广岛便最先结成了由 500 人
组成的义勇军。他们向陆军省提交了参军志愿书。这是 6 月 25 日在《大

阪每日新闻》上刊登的。从时间上考虑，这 500 人参军的行动可能是在出兵公开发表以后才开始的。据笔者的调查，从报道开始，到 8 月 18 日《国民》报道长崎县旧松浦藩士结成义勇军为止，共有 52 件，涉及一道二府二十四县，同 1884 年的甲申事变时，由三府二十四县结成的义勇军是同一规模。如再进一步调查，它的范围比甲申事变时更广泛，可说是全国性的义勇军运动。

参加义勇军运动的人是以旧松浦藩士等士族阶层为中心（旧宇都宫藩和旧水户藩等），并有国权派和民权派（熊本县等）参加。此外剑客和侠客也纷纷报名（前者是高知市和东京府等，后者是东京府和甲府市等），他们是"参加过西南战争"或"结成彰义队和政府军战斗过的"，想借朝鲜事件的发生再树一帜。他们的这种意识是以国权主义的思想为基础的。

但是，义勇军运动还是被中止了。宣战诏书公布一星期后的 8 月 7 日，发布了天皇的诏书："臣民要效力于各自定业，不可怠慢，其中应鼓励生产，培育富强之源泉，这便是朕之所望。"以此为理由，宣告了义勇军运动的中止。地方政府相应发布了解散令，各地的义勇军也随之解散。但运动的热情并没有消失，单纯抱有从军愿望的团体是解散了，但变换角度继续进行运动的团体还存在着。这一国权主义的爱国运动是加入了已经开始的捐赠、捐献运动。

四　知识界人士和上流社会刮起的顺风

7 月 30 日，由三井八郎右卫门、岩崎久弥（三菱）、涩泽荣一、福泽谕吉、东久世通禧五人作为发起人的相谈会，向全国发出了"作为日本国民应分担起捐赠募集军资的义务"的呼吁（《时事》7 月 30 日）。其对象是以城市内的华族、富豪们为中心的大家族，像福泽那样的知识界人士（福泽是在其他知识界人士中具有很大影响力的特殊人物）和有实力的资本家、华族等组成的上流社会，开始了支援日清战争的具体行动，由大约100 人的相谈会成立了"报国会"。在会上决定向全国呼吁义务捐赠资金（《时事》8 月 2 日号外）。福泽作为发起人的代表，发表了充满热情的演说。并起草了提议书，而且通过时常由福泽执笔的《时事》社评，广泛地向国民们宣传"尽全力献出财产"（《时事》8 月 14 日）。9 月初，"义

捐金"的呼吁在一部分报纸上刊登（《岩手公报》9 月 7 日等），以谋求
"军资捐献"。

8 月 13 日，"为了朝鲜事件的经费支出"政府开始了募集公债和借款
（诏谕第一四三号，根据宪法第七〇条的紧急诏谕，《国民》8 月 15 日）。
15 日公布了军事公债条例后（诏谕第一四四号，《国民》8 月 7 日）展开
了军事公债募集运动。① 据条例说，军事公债是年利 6% 以下（17 日的大
藏省告示第三二条说第一次募集 3000 万日元是 5%），50 年偿还，总额是
5000 万日元。就这样在各地掀起了轰轰烈烈的募集运动。在兵库县只有
16 万日元的指标，而募集到的却有 198 万日元（《大每》9 月 15 日）。第
一次募集的 3000 万日元结果竟达到了它的三倍以上，成了 9027 万日元
（《时事》12 月 23 日）。证书的面额是 100 日元，9 月 20 日前先交纳 10
日元，翌年 8 月底以前分 8 次全额付清。当时木工一天的工钱是 54 钱
（东京 1895 年），铁道路费从新桥到大阪是 3 日元 56 钱（1889 年），巡警
的最初月薪是 8 日元（1891 年），白米 10 公斤 67 钱（东京零售价）。②
不用说，10 日元是相当高的一笔金额，更不用说是 100 日元了，这是当
时一般民众力所不及的。正如《岩手公报》（11 月 28 日的社论）所说那
样，"公债募集之事，不得不指望中等以上的资产家"，"时候已到，该是
他们尽全力的时候了"，对资产家进行了激励、鼓舞和鞭策。

这次军事公债的募集，对于福泽等人的"报国会"运动是一次打击。
就军事公债之事，涩泽荣一等人早就与大藏大臣进行了内部商量。"报国
会"里也有这样的意见，"既然有公债募集，何必还要捐集私金"（《时
事》9 月 16 日）。尽管福泽反对，可 9 月 12 日"报国会"还是解散了。
14 日各报也刊登了"报国会解散广告"。以后，上流社会便加入了军事公
债募集和直接向陆海军恤兵部捐资捐献两项运动。

五　舍命志愿者的风暴——贫民捐资与军夫

福泽在《报国会的目的是什么》（《时事》9 月 16 日）社评中说：

---

① 帝国宪法第七〇条："为了公共的安全，在紧急需要时，根据内外情势，政府不能召集
帝国议会，可依据诏谕实施财政上必要的处理。在前述情况下，可在下一届帝国议会上提出，以
谋求其批准。"

② 周刊朝日编：《价格——明治大正昭和风俗史》，朝日新闻社 1981 年版。

"由于公债之事的发起，募捐的事被取消，是可以理解的。"并说："看今日日本，时遇千古未曾有的外战，人们恰如醉了一样，全国各地连贫民都把身上仅有的一点钱也想贡献出来，一天只有20钱的劳动者们也捐献10钱，竟连给小孩压岁的几个铜板也用布包好后贡献出来，这所见所闻怎能不催人泪下"，对贫民和劳动者的捐资进行了称赞。福泽说，"大家正是在认识到它将会给现在的生活带来一些波动，才志愿捐赠的"。福泽呼吁"全国800万户4000万人民，根据贫富捐资"（《时事》8月14日）。开战以后，各阶层的捐资运动在各地陆续掀起，上流阶层的捐资捐献运动，从人名到金额都隆重地刊登在报上，大肆宣传。于是，中层及下层民众也拿着仅有的一点钱来的时候，福泽说"不仅仅只是为了国家，细想一下。也是为了自家的幸福"（《时事》9月16日）。这是全体国民的感慨。

　　另外，作为义勇军运动的继续，许多人志愿做军夫。在这里讨论一下第二师团在岩手县募集军夫的事例。第二师团是为了攻略金州城和旅顺半岛，9月25日下达的动员令。日清战争中，为了兵站和运送战斗物资，野战部队和兵站部队双方都雇用了"军夫"。出征的将校、军士和士兵的总数是240616名[1]，而日本人军夫就有153974人[2]。单说战斗部队，如有100人的话，军夫就有64人。战斗部队是由兵役义务而成立的征兵部队，而军夫则是每日给报酬的民众。日清战争中，战斗部队里包括了相当数目的由民间来的军夫。尽管在国际法上是有问题的，但还是被无视了。如第二师团，像下表所示的那样，军夫是占了全体的40%。

第二师团的战斗员和军夫

部队	战斗员	军夫
野战队	15957（73.5%）	5746（26.5%）
兵站部	356（5.9%）	5711（94.1%）
合计	16313（58.8%）	11457（41.2%）

　　注：此表据《明治二十七八年战役统计》下卷制成，其中所谓战斗员是将校、军士、士兵的统称。

---

[1]　参谋本部：《明治二十七八年日清战史》第1卷，第65页。
[2]　同上书，第74页。

在岩手县，动员令下达以前便开始了军夫的募集。这些都是通过县、郡、市镇村官厅的行政渠道而进行的。9月20日东磐井郡藤泽村的郡官厅的官员，准备招募20名军夫的，其结果有25岁到三十五六岁的"好汉意气者"中，应征人数有二十五六名。

紫波郡志和村的村上荣藏是参加过西南战争的，在日清战争中没能实现义勇兵的志愿，却参加了军夫。南九户郡宇部村的久慈弥吉和二户郡净法寺村的三浦千代吉等都是义勇兵的志愿受挫而参加了军夫的。这样的事例很多。稗贯郡根子村足轻町的38人也同样是这种情况，他们有国权主义思想和旧士族阶层的前史。

由于募集顺利，10月初便超过了预定人员，同月2日离开盛冈市到了仙台市，体格检查后，便正式被采用为军夫。其编制在岩手县组成由川口浩哉千人长率领的一个团体，其下又分别分成盛冈市（桔正三百人长）、南岩手郡（藤本绿百人长）、北岩手郡（长泽纲友百人长）、紫波郡（山本喜兵卫百人长）等，按市郡组成100人的小组（《岩手》10月2日）。

从录用那天起，他们就每天领取报酬。每日的"给养、宿舍费"是用"官费"支付的（《岩手》12月4日），因此，每日的报酬可以全部储蓄起来。由盛冈市出身者组成的桔组，到12月初已寄钱回家四次，共有503日元，由市官厅转交给家属。从《岩手》的报道可知，一人一个月可以有4日元到10日元的汇款。

在岩手县，村民们的意识并没有士兵和军夫的区别。9月下旬在各村召开的壮行会上，士兵和军夫是同等对待，饯行金额也同样，有时比士兵多（东和贺郡笹间村，《岩手》10月9日）。给家属的扶助金和劳力补助也一视同仁（稗贯郡大田村、东磐井郡薄衣村等）。

这样军夫也被要求和士兵一样遵守军纪。第二师团附属军夫队规定的七条军纪里明确记载了外出规定、散步、一日两次的点名、处罚等项目（《岩手》11月20日）。

有关军夫意识的史料很少。从仙台出发时，仙台市官厅前挂起了"图南鹏翼何时奋，久待扶摇万里风"的风幡，这是伊达政宗写的，表达了"图南"的意图。看着它，川口千人长感慨地说："今天也是第二师团大鹏晨翅之日，凌驾于万里长城之上，眼中已没有清国。如何去实现为国献身的义务呀!"(《岩手》11 月 16 日）说明军夫集团表示出了一种士族的气质和意识。江刺郡出身的及川伊势藏谈了他实现军夫志愿高兴的两个理由（《岩手》1895 年 2 月 3 日）:"一是能够尽国民的义务。二是以雪东奥多年之屈辱。"后者也显示出戊辰战争以来东北地区人们的意识。当考虑到这些时，士族的好战气质和他们竭力想撕掉明治维新带给他们的"失败者"的标签，以参加外征来赢得"胜者"的荣誉，这种意识不正是义勇军——军夫运动的特色吗?[①]

从日清战争开始，日本国民的思想状况发生了很大变化。关于战争的大义名分是什么，福泽谕吉设定为"文野战争"（文明与野蛮的战争），"宣战的诏谕"也是在"文野战争"的范围里来说服国民的。由于日本的胜利，由明治初期开始的"蔑视清国"转换成总体上的"蔑视中国"。

由于日清战争中上流阶层的军事公债募集运动，中下层的义勇军运动、军夫志愿运动，合成捐资捐献运动。它的融合，便实现了举国一致的形势。特别是后一运动，在日俄战争中也是没有的。不是只因有了这种"舍命"的民间运动，才使日清战争上升为举国一致的水平吗?

在这里不可能更多地涉及文学。国木田独步在 1900 年 12 月号的《太阳》里发表的《遗物》中描写一个 27 岁的青年军夫向故乡寄了 200 日元。这是一个被雇用为军夫后，开始了新的人生设计的青年的形象。我们要把他和在国民面前出现的战争的意义联系在一起去考察。

（原文载于戚其章、王如绘主编《甲午战争 100 周年纪念论文集》，人民出版社 1995 年版）

---

① 日俄战争中，动员了 693000 人的战斗部队和 252000 人的辎重运输部队。战地动员兵力的 26.6% 是辎重运输部队。大江志乃夫指出，日本人军夫是在日俄战争中被取消了，其原因是费用和军纪问题。《日露战争和日本军队》，立风书房 1987 年版，第 93 页。

日本及德国学者对甲午战争起因的看法

［德］乔 伟

　　1894—1895 年的甲午战争，是中日关系史上的一件大事，也是亚洲，甚至世界史上的大事。甲午之战提高了日本在世界政治舞台上的地位，扩大了在远东的势力。日本由一个弱国，一举成了列强之一。因此更坚定了执行大陆政策，进而侵略中国，称雄世界的野心。为了达到这个目的，朝鲜自然首当其冲。朝鲜的灭亡，是 1931 年"九一八"事变的前奏。1937年 7 月 7 日的卢沟桥事变，亦即第二次日本侵华战争的开始，是日本执行上述政策的必然发展。所以今天举行纪念甲午战争百年会议，不仅有历史研究上的意义，也有它的现实价值。

　　甲午战争起因，是一个非常复杂的问题。它有近因也有远因；或者可以说有表象，也有深层原因。后者说的是日本当时在政治、经济、社会等方面的情况。我不打算在这方面进行探讨。而是准备就近因或者表象，利用对比方式，提出一些肤浅看法，谨向大家请教。

　　下面将利用中国、日本、韩国及德国资料，对起因作一些对比分析。这些外国资料，基本上都是第二次世界大战后出版的著作。它们相对来说，特别是日本资料，要比"二战"前的著作更为客观。① 由于文献不足，不能作太深入研究，只是提供了一个框架。这个框架还需要进一步来填充。该框架也许可以作为未来研究的基础，以探讨中日关系。

---

　　① 《国史大辞典》，东京，1990。

中国有关甲午战争之中国史料

在正式进行对比讨论之前，先简略地叙述一下明治维新前后、甲午战争前后的朝日关系和清日关系。这将有助于较全面地了解问题。明治维新前的日本原系一个诸侯割据、封闭落后的王国。1850 年开始，以美国为首的西方国家，用炮舰政策打开了日本大门。日本为了自卫而奋发图强，派出多人到西方学习。1868 年明治维新成功。明治天皇 1869 年 3 月 15 日在一封御笔信中说，要开拓万里波涛，宣布国威于四方。① 开拓是要侵占朝鲜及中国的领土。一则朝鲜盛产大米、大豆、黄金，皆为日本所需。二则朝鲜是通往中国之桥梁，其地位之重要，是不言而喻的。1870 年明治政府的领导人物，对征服朝鲜一事持有不同观点。军方主张立即发动战争，但政府首相伊藤博文等则认为时机尚未成熟，准备不够充分。最后天皇决定，一方面加强军事准备，接受西方军事训练，② 对此英国和德国出力不少；③ 另一方面采取外交方面的攻势。此外又推行南进政策。1872 年宣布琉球为日本内藩。又借口琉球商船被台风吹到中国台湾，船上人员被杀一事，出兵中国台湾。但此次出兵并未成功，结果被清军及台人击败，后由英、美出面调停，以赔款 50 万两作为撤军条件，结束了此次试探性的军事行动。

当时远东形势是，美国支持日本；沙俄担心日本北进，因而采取阻遏政策；英国要维护既得利益，不愿出现竞争对手，对日、俄均有戒心，但日本还不够强大，因而采取联日制俄的政策。

以上清楚地说明了，日本企图征服朝鲜的野心，以及如何在军事外交上积极准备的事实。下面介绍日本如何效法西方，如法炮制地以炮舰政策，叩开朝鲜大门，逐步扩展势力的经过。日本如何以武力威胁朝鲜及朝鲜被迫与日本签订了第一个不平等条约——《江华条约》的概况，《清史稿》记录如下④：

---

① 《中日甲午战争》，上海人民出版社 1973 年版，第 2 页。

② 同上书，第 6 页；杨正光：《中日关系简史》，湖北人民出版社 1984 年版，第 190 页。

③ （美）费正清：《剑桥晚清中国史》下卷，中国社会科学出版社 1985 年版，第 368 页。

④ 赵尔巽等：《清史稿》列传 313，中华书局 1977 年版，第 14597 页。

　　光绪元年（1876）日本以武力胁朝鲜。突遣军舰入江华岛，毁炮台，毁永宗城，杀朝鲜兵……别以军舰驻釜山要塞……。至是订十二条，大要承认朝鲜为独立自主国，并开元山、仁川两埠通商及日舰得测朝鲜两岸诸事……①

　　订约后，日本商品可免税进入朝鲜，日本纸币得以在朝鲜使用流通。此外又效法英、美取得了领事裁判权。自此日本的政治经济势力逐渐进入朝鲜半岛。以后日本在朝鲜的行动充分说明了这种发展。

　　1882年7月，朝鲜发生"壬午政变"。朝鲜军队杀死日本教官，火烧日本使馆。日使逃回本国。8月9日，日本海军少将仁礼景范率金刚舰抵仁川。清政府派海陆军抵朝，将政变首领大院君押解回北京。② 此次政变，又给日本提供了良好借口。事变平息后，朝鲜日本订立了《济物浦条约》，日本有权在朝鲜京城驻军保护使馆，此外又开元山、釜山、仁川为商埠。③ 日本再一次扩大了在朝鲜的势力。

　　1885年4月，清日签订的《天津条约》，又成为后来日本向朝鲜派军的法律根据。当时清政府之外交人员，由于不懂国际法，将对朝鲜的宗主权双手送给日本。如此一来，《天津条约》不仅是外交上的失败，而且为日军入朝、打败清军提供了极有利的条件。下面再简要地叙述一下甲午战争的直接原因。

　　1894年2月8日，东学党在朝发动起义，朝鲜政府请求清政府派兵入朝镇压。6月5日清政府派叶志超带兵1500人前往。6月6日照会日本出兵，其时日军早已入朝。6月11日东学党乱平，日军仍增兵不已。6月21日照会日军撤出朝鲜。6月22日日本拒不撤军。6月28日日本要求承认朝鲜独立自主。7月2日日本提出改革朝鲜内政二十六条的要求。7月6—13日清政府请英俄等国居间调停，无效。7月16日日本照会清政府，两度要求改革朝鲜内政，并云："两国若启争端，实与中国执其咎。"④ 7月22日夜，"大鸟圭介率兵入朝鲜王宫……遂劫国王李熙，令大院君应

---

① 赵尔巽等：《清史稿》列传313，中华书局1977年版，第14597页。

② 同上书，第14601页。

③ 同上书，第14602页。

④ 同上书，第14613页。

主国事……事无巨细，皆决于日人"①。实际上大院君只是傀儡而已，不久就被迫下台。7月25日日海军击沉清运兵船。实际上日本已对清政府不宣而战。8月1日中日双方正式宣战。

由上述资料看来，日本征服朝鲜，不但在军事上做了充分准备；而且在外交上配合得十分周密，步步紧逼。本来清政府师出有名，理直气壮，后来反要为中日战争负责，真应了日本照会所言。② 甚至朝鲜傀儡政权也宣称，要将中国军队驱逐出境。清政府之无能，达到令人难以置信的地步！

日本有关甲午战争之著作

本文所引的日本资料，主要是"二战"以后出版的历史参考辞书。它们的对象是一般读者，比起若干专著，也许更具代表性。用来作为与清史料对比，似乎更为恰当。下面将按出版年代进行介绍。

1977年每日新闻出版的《亿人の昭和史》，对日清战争作了如下叙述：

> 此乃明治政府对外的第一次战争。直接起因是清朝、日本两国均派兵入朝，因而引起冲突。……起因系两国为了争夺对朝鲜的控制权……我方应朝鲜之请，将清军驱出朝鲜……清军毫无斗志，因而自战争开始，日本一直居上风。③

争夺控制权一事，实与史实不符。日本抗议朝鲜称清朝为上一国，实际上就是承认朝鲜是清朝藩属。正确来说，日本想从清朝手中夺走对朝鲜的宗主权，因而攻击清军挑起战争。此外日本应朝鲜之请，将清军驱出朝鲜一说，尤为牵强。实际情况是：1894年2月8日东学党起义，朝鲜请清朝派兵"平乱"，清依照条约通知日本。而日本政府早就作出了派兵入朝的决定。起义平息后，清朝要求日本同时撤兵，日军不允，寻找战争借

---

① 赵尔巽等：《清史稿》列传313，中华书局1977年版，第14614页。

② 同上书，第14613页。

③ 《亿人の昭和史》，每日新闻，东京，1977，第83页。

口攻击清朝军队，因而挑起战火。朝鲜既未请日政府派兵，① 更不可能要求日军将清军驱出朝鲜。该项叙述显然与事实不符。

1978 年之《日本近现代史小辞典》作了下列叙述：

> 日本明治维新后，政府各部门展开"征韩论"之辩论，1875 年与朝鲜订立了《江华条约》，承认朝鲜为独立国，否认清朝对朝鲜享有宗主权……
>
> 1894 年 2 月农民作乱。7 月 1 日朝鲜请清朝派兵协助平乱，日本就派兵入朝……两军对峙于牙山。战争于 7 月 25 日开始。②

上述论调，虽然与事实完全不相符，但较前书似乎客观得多。虽然没有说明，日军于 7 月 25 日挑起战端，但至少承认战争在 7 月 2 日开始，而非 8 月 1 日。另外，该文并无朝鲜请日军将清军驱出国境一说。

1990 年《东京国史大辞典》认为甲午战争的起因是："日本与清朝双方争夺对朝鲜控制权"；之后又说："为了维护朝鲜独立而发动了战争，最后朝鲜沦为日本的殖民地。"③

该辞书至少承认日本发动了战争，当然在日本来看，这是一场正义的战争，因为它要维护朝鲜的独立。这种论调客观看来十分荒谬，但在军国主义宣传下，部分人还是会相信。但是朝鲜沦为日本殖民地的事实，是与这场"正义之战"相矛盾的，如何能自圆其说，却要大费脑筋。

1992 年出版了《新详说日本史》。该书先叙述了 1876 年的《江华条约》打开朝鲜门户的经过。1882 年朝鲜有内乱，包围了日本使馆。朝鲜不再亲日，转而依靠清朝。日本趁清法之战，虽胜犹败的机会，派兵去朝保护使馆。为了缓和清日关系，李鸿章和伊藤博文在 1884 年签订了《天津条约》。《天津条约》签订之后，日本仍继续努力，恢复以前在朝鲜的势力，同时增兵来对抗清军。接着又说："1894 年农民作乱（东学党），清军应朝鲜政府请求，派兵入朝。同时根据《天津条约》，照会日本出兵。乱平后，由于改革朝鲜内政问题，双方关系紧张。8 月

---

① 赵尔巽等：《清史稿》列传 313，中华书局 1977 年版，第 14612 页。
② 《日本近现代史小辞典》，东京，1978，第 115 页。
③ 《东京国史大辞典》，东京，1990，第 57 页。

日本向清朝宣战……日本军队在训练、纪律及现代武器方面，都远胜于清军。"①

大体说来，该书对当时情况叙述，还比较客观。但乱平后日本拒不撤兵，进入王宫，劫持国王，攻击清军运输船只等事，却只字不提，仅以宣战表示战争开始，日军首先发动进攻而引起战争的事实，完全避而不谈，似乎有掩耳盗铃、逃避战争责任之意。

韩国有关甲午战争之研究

下面介绍韩国学者白钟基的看法。② 他在所撰的《韩国近代史研究》中说：

> 1894 年日本派出大量军队入朝。朝鲜当局虽一再要求日本撤军，但日本置之不理，冲入皇宫，迫使闵政府下台，建立亲日傀儡政权。（令大院君上台，但最后也被迫离宫）。日本为了使朝鲜脱离清朝控制，在该国土地上发动了战争。
>
> 日本并未宣战，即开始军事行动，这纯粹是一场侵略战争……

又说：

> 当时日军实力远远超过清军。日军在进入朝鲜后，未经宣战即开始攻击清军。此次战役纯系侵略战争……
>
> 当时清军只有 2500 人……又无援军，因而败北。
>
> 此一次战役的转折点是：日本成功地取代清国作为朝鲜的宗主；日本在朝建立了军事、政治、经济的基地……

此外还分析了清政府为何不积极出兵的原因，最后认为：

---

① 《新详说日本史》，东京，1992，第 268—270 页。

② 白钟基是在日本学习并取得政治学博士的一位学者。他专攻韩国政治史及外交史，是研究清日韩关系的权威。

日本是有备而战。日人海军船只速度远较清军为快，专门为一场现代化战争而做出了必要准备，因而自开始即一直占上风。①

这些论点是相当客观的。它也补充证实了《清史稿》的资料。当然此处引用韩国资料远远不足，但至少可以看出韩国学者对甲午战争的看法。想来这种看法是可以代表大部分韩国学者的。

德国有关甲午战争之史料

下面引用的德文资料都是第二次世界大战后出版的几本中国通史、近代史著作，并非甲午战争的专著。因为在德国缺少这方面的专著。但这些作者基本是汉学家或中国问题专家，他们的言论有一定的代表性。用来对比，有它的意义。

第一部著作是 1968 年出版的《中华帝国》②，对甲午战争一役，简要描述，现在摘要如下：

> 由于与日本的冲突（甲午战争），清朝洋务运动的努力，毁于一旦……中日战争是为了朝鲜。自 1876 年起，中日双方都争夺对朝鲜行使的宗主权……。当时中国支持国王李熙（1864—1907），日本派兵支持大院君……战争爆发是由于日本击沉一条中国租用的英国商船，该船运来了清朝军队……

看来此书观点并不十分客观。不知根据何种资料，声称自 1876 年起，中日双方都在争夺对朝鲜的宗主权。事实上早在明清时代，朝鲜即尊中国为上国。此外日本亦于 1877 年向清朝抗议，主张朝鲜不应称中国为上国。1894 年日外相陆奥宗光又谓："贵国虽以朝鲜为藩服，而朝鲜从未自称属于贵国。"③ 日本只是想从清朝手中夺去宗主权，而非清、日共同争夺对朝鲜的宗主权，这一点必须澄清。此外 1885 年，李鸿章与伊藤博文在天

---

① 白钟基：《韩国近代史研究》，汉城，1984，第 270—271、286—293 页。

② H. Franke&Trauzettel, *Das chinesische Kaiserreich*, Frankfurt/a. M. 1968, S. 328 – 329.

③ 赵尔巽等：《清史稿》列传 313，中华书局 1977 年版，第 14612 页。

津订约时，李在奏章中曾云："但日本久认朝鲜为自主之国，不欲中国干涉……"① 日本这种想法只是单方面的一厢情愿，并非史实。日一再设法使朝鲜独立，不再受清朝的保护，以实现其吞并计划，但一直未能得逞。直到 1895 年《马关条约》时，清朝才承认："朝鲜为完全独立无缺自主之国。"

1970 年出版的《远东近现代史》，远较前书客观。首先叙述了日本在朝鲜扩张势力的经过，如何在 1876 年签订了《江华条约》。同时指出清方的错误，不应认为朝鲜有内政外交自由权，因而日本乘机单方面宣布朝鲜独立。② 此外还强调，1885 年清日《天津条约》，是一个有关键性的条约，但不利于清朝。③ 有关甲午战争前夕，日军攻占王宫一事，该书说："1894 年 6 月 2 日，日军闯入王宫，俘虏了王后及其子女，宣布 80 岁的大院君为摄政王。原因是王后未答复日本的最后通牒。"④ 接着叙述大院君成了日本的工具，要求日本协助朝鲜驱逐清军。8 月 1 日，日本向清朝宣战，宣称："朝鲜是一个独立国家，已在日本协助下，进入国际大家庭……相反清朝认为朝鲜是藩属，因而继续干涉其内政，日本为了维护朝鲜及远东和平的稳定而宣战。"⑤ 接着简略地叙述了清朝宣战的内容。清朝责备日本违约，用武力强迫朝鲜政府就范，未经宣布就开始战争行动，等等。

此书论点较公正，看来所用资料与前书不同。措辞方面极为谨慎，日本虽然是侵略和征服朝鲜，但在该书中侵略一词绝未出现。只是较详细地叙述了日本夺取朝鲜的过程。其余的几本德国著作，⑥ 对甲午战争起因经过之叙述，不但十分简单，而且措辞也极谨慎，避免尖锐用词，如扩张、侵略等。读者只能自己领会当时日本军国主义的侵略行为。例外的是傅吾康（Franke），他说，他用"帝国主义"概括了日本当时的扩张侵略行

① 赵尔巽等：《清史稿》列传 313，中华书局 1977 年版，第 14605 页。

② Gottfried – Karl Kindermann, Der Ferne Osten, Munchen, 1970, S. 83 – 88.

③ Ibid.

④ Ibid.

⑤ Ibid.

⑥ G. Franz-Willing, Neueste Geschichte Chinas, Paderborn, 1975, S. 81 – 84. Wolfgang Frank, Das Jahrhundert der chinesischen Revolution 1851 – 1949, S. 129. München, 1980. 2te. Auflage Jürgen; Osterhammel：China und die Weltgeaellschaft, München 1989, S. 69 – 9l.

为，是十分恰当的。这样就明确地说明了甲午之战的根本原因，虽然他并没有直接提。

总的来说，大部分德国学者，对甲午之战的叙述，都比较含混，其中客观详细的，应当是《远东近现代史》。另外，傅吾康的说法比较明确，其他著作似乎不够客观。

为什么有关中日关系以及甲午战争的著作这样少，几乎没有专著出现，原因可能是：1. 缺少足够的资料；2. 资料使用方面也有相当的困难。中日文在欧洲不普及。掌握两种语言的人更是寥寥无几，史学家之中更是罕见。至于比较含混的原因，也与资料有关。资料不全，不敢轻易下结论，自然要含混一些。此外，德国也好，西方也好，在学术著作中，尽量求客观，极力排除主观上的判断，让事实说明一切，是普遍治学的精神。

结束语

以上列举了日本、韩国、德国及中国有关史料及著作，分别介绍了各文对甲午战争起因的观点，对此也作了一些分析解说。当然这种分析由于资料不充分，不够全面，但也从中看出一些端倪和大体的研究趋势。现在将这些观点再总结一下：

从各国著作中来看，对甲午战争起因，最含糊其辞的是日本。尽管第二次世界大战后的著作，随着时间的推移，观点也趋向实事求是，接近史实。但对宣战的理由，却提不出任何有力说法，不是为了与清朝争夺对朝鲜的控制权，就是应朝鲜之请，须将清军驱出朝鲜，或是为了维护朝鲜独立而开战。对此前面已做过分析，不再重复。相反的对于突袭清军运兵船只及军舰，却只字不提。至于以武力闯入王宫，劫持王后，扶持大院君为傀儡政府摄政王等事，更是讳莫如深。为什么会有这种现象呢？从日本学者治学态度来看，大部分都十分严谨、认真，也不能说资料不全，或者有些疏忽，因为不只是一本著作这样故意避而不谈。可能受民族心理及政治因素的影响，大约后者成分更多。"二战"前的论点更不必说，完全是官方立场的重复，[①] 政治因素影响学术的现象直到今天并未完全消除。如日

---

① 目前日本学者已能客观地叙述日本军队占领朝鲜王宫事件，日人中塚明先生已有专文论述。见みすず399，1994.6，第39—58页。

本教科书事件就是最好的证明。

韩国学者却十分清楚地强调，起因是日本为了令朝鲜脱离中国的控制，在该国发动了战争。而且提到日本在宣战前已对中国发动了攻击，纯粹是一场侵略战争。这种观点是符合事实的。

德国的几本著作，大体上说来还比较客观，尤其《远东近现代史》的作者对战争起因，作了较详细的叙述。内容上与《清史稿》所载，无大出入。例外的是傅吾康，他认为日本向西方学习的结果，是学到了帝国主义思想，然后推行这种政策。他用"帝国主义"概括了日本的侵略。

值得注意的是，在日本出版的英文《日本大百科事典》，比较详尽地叙述了甲午战争起因是日本推行扩张政策的结果。自 1876 年日本即对朝鲜进行侵略，直到 1894 年 7 月 26 日要求亲日傀儡政权首领大院君向日本发出请求，要求日本将清军驱出朝鲜，日本根据这一请求，遂于 8 月 1 日向清政府宣战。[①] 这一论点十分客观而近史实，在中国以外的著作中，能看到这种论点，是十分难能可贵的。

（原文载于戚其章、王如绘主编《甲午战争 100 周年纪念论文集》，人民出版社 1995 年版）

---

① 见英文《日本大百科事典》第 4 册，东京，讲谈社全 8 册，第 279—281 页。

明治天皇与甲午战争

黄尊严　　陈德金

甲午战争是近代日本军国主义发动的第一次大规模的侵华战争。对于这场战争，明治天皇的态度及责任如何？长期以来，日本的某些史学家往往以开战后明治天皇曾声言"这场战争不是朕的战争"，并拒绝按惯例派钦差去伊势神宫和先帝孝明天皇陵奉告开战之事为由，或把他说成是这场战争的反对者，或把他视为被军部和政府拖入战争的被动角色。然征诸史实，结论却恰恰相反：明治天皇是这场战争的直接推动者和领导者。本文拟分战前准备、开战经过、交战时期、善后处置四个阶段，就明治天皇的言行及作用逐一进行深入的探讨，以揭示他是如何积极参与战争的决策过程、指导和影响战争局势的。

整军经武　殚精竭虑

众所周知，早自 19 世纪 80 年代开始，明治政府便以清政府为假想敌，大肆扩军备战。而作为岛国的日本，要向大陆扩张，海军建设至关重要。因此，明治天皇和日本政府都十分重视扩充海军。为筹集海军扩充经费，明治天皇先后采用谕令政府增加税收、带头捐资、迫令议会通过军事预算等措施，真可谓殚精竭虑，无所不用其极。

1882 年 11 月，海军卿川村纯义提出了一个八年造舰计划，预计从 1883 年起 8 年中投资 2600 万日元，建造大小舰只及鱼雷艇 32 艘。右大臣岩仓具视立即表示赞同。但由于当时日本陆海军经费已高达国家财政预算的 27%，要扩充海军，每年还要增加 402 万日元，从国家财政中已无法追加军费预算，而要增加税收必然会引起民怨沸腾。为压制舆论，强制推行这一造舰计划，岩仓具视上奏明治天皇，提出"应断然增税，以扩大海军经费"。对此，明治天皇于 1882 年 11 月向各地方长官发布了必须扩充军备的敕谕，12 月又向中央各省卿发出了如下谕令：

> 顾方今宇内形势，整备陆海军实为不得已之事，此际宜酌定时机，竭尽庙议，庶几不误国家之长久之计。①

遵照天皇的谕令，太政大臣三条实美指示大藏卿采取措施，将酿造业、烟草业等税收增加至 2400 万日元，以供海军造舰之用。②

1886 年，海军大臣西乡从道又制订了新的海军军备扩充计划。该计划以击沉清政府北洋水师主力舰"定远"、"镇远"号为目标，着重建造 3 艘主力舰，分别以日本的 3 个风景区命名，即"严岛"、"松岛"、"桥立"，称作"三景舰"。并在吴和佐世保两处建立军港，以适应在中国南海和黄海作战的需要。规定吴为大陆作战的后方基地，佐世保为专供出师准备的"最枢要之地"。对于这笔庞大的经费，当时财力不足的日本政府即使发行公债仍难以支付。于是，明治天皇带头从皇室经费中拨出 30 万日元，充作造舰费，并于 1887 年 3 月 14 日发布了如下敕令：

> 朕以为在建国事务中，加强海防是一日也不可放松的事情。然而从国库岁入中尚难以立即拨出巨款供海防之用，故朕深感不安。兹决定从内库中提取 30 万日元，聊以资助，望诸大臣深明朕意。③

天皇带头捐助，内阁首相伊藤博文随即在鹿鸣馆召集地方官员发表鼓动演说，要求地方有志之士以天皇为"榜样"，捐出海防献金。全国华族和富豪无不为之"感动"，半年之内，捐款达 203 万日元，④ 掀起了一股

---

① 远山茂树：《日本近现代史》第 1 卷，商务印书馆 1983 年版，第 63 页。
② 外山三郎：《日本海军史》，解放军出版社 1988 年版，第 26 页。
③ 同上书，第 27 页。
④ 吴廷璆：《日本史》，南开大学出版社 1994 年版，第 478 页。

扩充海军的热潮。

1891 年 7 月，海军大臣再次向内阁提交了建造包括 4 艘铁甲舰在内的 11 艘军舰和 60 艘鱼雷艇的议案。但这一庞大的扩军计划，在第二和第三次议会上却遭到了主要以自由党和改进党为中心的在野党的激烈反对，政府的军事预算案两次被否决。在第四次议会（1892.11.29—1893.3.1）召开之前，伊藤博文率领萨、长"开国元勋"组成"元勋内阁"，声称要与民党"决战"。然而，第四次议会开幕后由自由党员河野广中任委员长的众议院预算委员会在审查政府的预算时，却提出了削减开支 11%、即900 万日元的修正案，议会和内阁再次发生尖锐的对立和斗争。内阁陷入"无所措手足"的困境，万不得已下令休会 15 天。议会针锋相对，向明治天皇递交了弹劾内阁的上奏案，要求尊重民意。

伊藤首相失去了"自信"，只得采取所谓"藏身于衮龙之袖"的非立宪手段，即策动天皇下诏，迫使议会就范。1893 年 2 月 10 日，明治天皇将内阁大臣、贵众两院议长和枢密院顾问官等人召至宫中，当面向他们发布敕谕，说："国防之事，苟拖延一日，将遗恨百年"，要求政府和议会"协衷共济。"还表示今后 6 年之内每年从皇室经费中拨出 30 万日元，并命令文武官员在尔后的 6 年中也要抽出 1/10 的月薪上缴国库，用以补充造舰经费之不足。[①] 在明治天皇的威压下，在野党只得偃旗息鼓，与政府妥协，重新审议了预算案，减少了削减额。这次举动首开天皇压制议会之恶例。

就这样，在明治天皇不遗余力的支持下，经过多年苦心经营，到甲午战争爆发前，日本大体上完成了海军造舰计划，建成了一支拥有 31 艘军舰、24 艘鱼雷艇、总排水量 61373 吨、具有相当规模的近代海军。

在建立战争体制方面，明治天皇也发挥了专制君主的作用。1889 年的《大日本帝国宪法》明确规定："天皇统率陆海军"，天皇有权决定陆海军之常备兵额，有权对外宣战、媾和、缔结条约等。独立的统率权使天皇事实上成了军队的最高统帅，由参谋本部长辅佐天皇行使统帅权。1893 年 5 月 19 日，为更有效地统帅日益壮大的海军，根据明治天皇的敕谕，又设立了与陆军参谋本部并列的海军军令部。并明确规定：海军军令部长由海军大将或海军中将担任，直接隶属于天皇，拥有"帷

---

① 信夫清三郎：《日本外交史》上，商务印书馆 1980 年版，第 250 页。

幄上奏权"。同一天，明治天皇又以第 52 号敕令，颁布了《战时大本营条例》。规定：大本营是战时最高统帅机构，由天皇亲自主持，由参谋总长辅佐行使指挥战争权和发布军令权，政府无权干预；大本营的幕僚由陆海军将校组成，所有文官（包括首相）无权参与大本营的一切作战计划和作战指挥。

《战时大本营条例》，使天皇独立的军事统帅权进一步具体化，完善了战时军事体制，同时也为军部的独断专行提供了条件。它的颁布，标志着日本在大陆发动战争的准备工作已基本完成，剩下的只是时机和借口问题了。

开战前的犹豫与不满

如果说明治天皇在扩军备战的过程中态度积极，言行一致，没有丝毫顾忌的话，那么在甲午战前日本的"开战外交"中，围绕着开战借口与开战方式问题，因虑及欧美列强的态度和日本统治阶级内部的意见分歧，则表现出了前后言行不一，谨慎、犹豫，甚至对军部和外交当局的独断专行不满的情绪。

众所周知，当 1894 年春朝鲜东学党起义爆发后，日本统治集团便一致把它视为发动侵朝侵华战争的良机，并一步步地引向了开战的轨道。

以日本外相陆奥宗光、日本驻朝公使大鸟圭介、驻朝代理公使杉村浚为代表的日本外交当局，为制造出兵朝鲜的借口，玩弄外交权术，设置日政府"别无他意"的圈套，极力诱使清政府出兵朝鲜，把清政府拖入了预设的战争陷阱。

以陆军参谋本部次长川上操六和参谋总长炽仁亲王为首的日本军部，则在朝鲜尚未决定向清政府提出援兵要求的 5 月底 6 月初，便以所谓"陆军大演习"的名义，组成了运输通信体系，并命令日本邮船公司向参谋本部报告所有船舶的运载能力和所在地点，以备随时征用，做好了出兵的准备。

当时正被第六次议会的不信任案弄得焦头烂额的伊藤博文内阁，为转移国民的注意力，摆脱国内的困境，也决定发动对外战争，因而当 6 月 2 日接到驻朝使馆发来的"朝鲜政府已向中国提出援兵要求"的电报后，伊藤博文首相和陆奥宗光外相立即召开内阁会议，在取得阁僚的同意并与参谋本部次长川上操六商议之后，决定以"保护使馆和侨民"的名义出兵朝鲜，首先派出一个混成旅团，以维护中日两国在朝鲜的均势。

其次，伊藤首相进宫上奏明治天皇。明治天皇随即在宫中召见陆军大臣大山岩、海军大臣西乡从道、参谋总长炽仁亲王以及海军军令部长中牟田仓之助，并当面下达了如下敕令：

> 今朝鲜内乱蜂起，其势猖獗，为保护侨居该国的我国国民，决定派遣军队。卿等应悉心协商，妥善处理。①

6月4日，清政府决定应请出兵，派遣直隶提督叶志超、太原总兵聂士成率淮军1500名分批赴朝。6日，电令驻日本公使汪凤藻，按照1885年中日《天津条约》的规定，将此事通知日本政府。

日本见鼓动清政府出兵的奸计得逞，便立即组建战争体制。6月5日，日本根据《战时大本营条例》，经明治天皇敕准，在参谋本部内设立了大本营，建立了直属于天皇的战争体制。同一天，明治天皇亲自批准向朝鲜派出混成旅团，并向驻广岛的第五师团下达了动员令。当天，日本驻朝公使大鸟圭介便率领海军陆战队420人离日赴朝，在6月9日清军到达朝鲜牙山的同一天，于仁川登陆，并于10日进驻汉城。接着，由大岛义昌少将率领的一个混成旅团约4000人，也在6月16日前先后到达了朝鲜，其兵力为赴朝清军的两倍多，并完全控制了汉城、仁川一线的战略要地，掌握了发动战争的主动权。

上述史实清楚地表明：无论是日本军部、内阁还是明治天皇，在发动对华对朝战争这一点上是一致的。在日本决定出兵朝鲜的过程中，明治天皇并未表现出丝毫的犹豫与不安。正是由于明治天皇动用了独立的统率权，亲自批准向朝鲜派出军队，才使日本迈出了发动战争的第一步。

6月10日，当日军进驻汉城之时，朝鲜的局势发生了出乎日本意料的变化，朝鲜农民军已同政府讲和，退出了全州，汉城的局势已平静下来。而中国的军队又远在离京城100公里的牙山，并未深入内地。这样一来，日本侵略者便一时失去了挑起战争的"至当借口"。清政府提出双方

---

① 《日本军国主义侵华资料长编》上，四川人民出版社1987年版，第27页。

都应撤军，各国驻朝使馆也向日方提出了诘询，日本驻朝公使大鸟圭介无词以对，只好电请政府暂停派遣后续部队。但决心挑起战争的日本政府，不愿失去这样一个机会，于是又精心策划了新的外交骗术，提出一个所谓的共同"改革"朝鲜内政的方案。

该骗术最初是由伊藤首相经过多日的苦思冥想，于 6 月 14 日在内阁会议上提出的。陆奥外相经过一天的反复考虑后又附加了两项条件，即"不问与中国政府的商议能否成功，在获得结果之前，决不撤回我国目前派往朝鲜的军队；若中国政府不赞同日本提案时，帝国政府当独立使朝鲜政府实现上述之改革"。后来，陆奥在回忆当时的情况时写道："如果中国政府拒绝我国提案，不问其理由如何，我政府皆不能漠视，并由此可断定中日两国的冲突终将不可避免，不得不实行最后之决心。这个决心，帝国政府在最初向朝鲜出兵时业已决定，事到今日就更无丝毫犹豫之理。"① 陆奥的这番话，和盘托出了日本政府的狡诈阴谋。6 月 25 日，内阁会议一致通过了伊藤、陆奥的提案，并经伊藤首相上奏，得到了明治天皇的裁可。

果然不出日方所料，清政府于 6 月 21 日拒绝了日本关于共同改革朝鲜内政的提案。同一天，陆奥外相以参谋本部派驻天津武官神尾光臣发来的中国已决定向朝鲜增派 5000 名军队的虚假报告为据，上奏明治天皇，声称对中国的意向经过充分考察，日清两国间的冲突业已到了不可避免的地步，要求在武力胁迫下单独进行朝鲜改革。

对于陆奥外相关于日清冲突业已不可避免的上奏，明治天皇颇感意外。因为早已主动提出撤军的清国，又重新派遣大军是难以理解的。而且当时参谋次长川上操六向他提供了陆海军派驻清国情报员的全部资料，天皇处于"得以作出客观判断的地位"。因此，明治天皇曾命令其侍从长德大寺质问陆奥外相："这是虚张声势，还是确实如此?"② 对中国增兵之事表示了怀疑态度。尽管如此，6 月 22 日，明治天皇还是在宫中亲自主持召开了有首相伊藤博文以下内阁全体成员、枢密院议长山县有朋、陆军参谋总长炽仁亲王等人参加的御前会议。会议最终决定："（1）向中国发出

① 陆奥宗光：《蹇蹇录》，商务印书馆 1963 年版，第 22—23 页。
② 藤村道生：《日清战争》，译文出版社 1981 年版，第 64 页。

绝交书；（2）增派第二批派遣军，编成足以粉碎牙山清军的混成旅团。"①
由此可见，直到此时，明治天皇在完全掌握清国动向的情况下，仍同内
阁、军部一样，决心扩大事态，挑起战端。

此后，日本又三管齐下：一面向朝鲜提出难以接受的内政改革方案；
一面向清政府施加压力，进行战争讹诈；一面利用欧美列强在远东的矛
盾，对出面"调解"中日纠纷的俄、英、美等国作出不损害其利益的种
种保证，以消除外国干涉的威胁，并于 7 月 16 日同英国签订了《日英新
约》，取得了英国的支持。日本在外交上既无后顾之忧，在军事上又处于
绝对优势地位，"图穷而匕首见"的时刻就要到了。

7 月 17 日，即日英订约的第二天，日本大本营召开了第一次御前会
议，明治天皇亲自出席。会上，正式作出了对中国开战的决定。同一天，
明治天皇还发布特旨，将预备役中将、著名的主战论者桦山资纪恢复现
役，接替主张"守势"作战的中牟田仓之助为海军军令部长。此举进一
步表明了明治天皇不惜对华一战的决心。

7 月 23 日，驻汉城的日军在大鸟圭介率领下占领了朝鲜王宫，拘禁
了国王李熙，威逼国王的生父大院君李应罡出任摄政，组织了傀儡政府。
25 日，大鸟更迫使大院君宣布废除中朝两国间所有商约，并"授权"日
军驱逐在朝清军。同一天，日本侵略者不宣而战，在牙山口外丰岛附近海
面对中国军舰发动突然袭击，中日甲午战争正式爆发。

尽管日本统治集团都一致同意对华开战，但局势发展如此之快，却出
乎明治天皇和伊藤首相的意料。特别是大鸟公使和日本军部在朝鲜毫无顾
忌地一味蛮干，不免引起了明治天皇和伊藤首相的担忧与焦虑。日军占领
朝鲜王宫事件发生后，明治天皇便命令侍从长德大寺质询：此事为陆奥外
相的训令还是大鸟公使自行其是？驻朝日军向清军驻守的牙山发起进攻
后，明治天皇又再次提出了严厉批评，并曾通过首相伊藤博文，指示外相
陆奥宗光，在弄清楚中国军队的战略意图之前，暂且停止对牙山的进攻。
但是，陆奥外相担心明治天皇插手搞乱了军事部署，扣压了他的指示。对
于此事，明治天皇极为不满，声言"这场战争不是朕的战争，而是大臣
们的战争"，开战之事没有经过充分讨论，是"非本意"的，并拒绝按照

---

① 信夫清三郎：《日本外交史》上，商务印书馆 1980 年版，第 265 页。

惯例派钦差去伊势神宫和孝明天皇陵奉告开战之事。[①]

明治天皇何故不满并发怒？按照明治天皇自己的上述说法，他似乎成了这场战争的反对者。而后世的日本史学家，或把它解释为因"开战外交是在连明治天皇也没有充分同意的情况下，超越了天皇的意志而进行的"；[②] 或把它说成"日清战争不是包括天皇在内的最高首脑层一致同意所发动的战争"。[③] 对于上述说法，笔者均难苟同。

如上所述，自朝鲜东学党起义发生后，日本统治集团便一致把它视为发动侵朝侵华战争的良机，且外交与军事并举，一步步地把它引向了战争的轨道。在预谋和策划开战的整个过程中，无论是军部、内阁，还是外交当局，都以不同的方式参与其中，并施加了各自的影响。明治天皇作为专制君主和日军的最高统帅，无论是决议出兵朝鲜，向朝鲜提出内政改革案，还是最终决定向中国开战，都是最后的裁决人。在发动对华对朝战争这一点上，日本最高首脑层并无原则分歧。这场战争也正是按照日本统治集团及天皇的意志而发动的。当然也毋庸讳言，在采用何种方式挑起战端的问题上，日本统治集团内部确实存在策略上的分歧。以陆奥外相、大鸟公使为代表的日本外交当局及军部，在朝鲜一味实行高压强权政策；而以伊藤首相为首的大部分阁僚，因担心过分的军事行动会招致列强的干涉，引起外交上的麻烦，故主张慎重从事为好。对于这两种意见，明治天皇明显地倾向于后者。其原因：一是出于对伊藤首相的特殊信赖；二是出于对违反自己亲政意志的军部及外交当局的独断专行感到不快；三是因对华开战尚缺乏至当充分的借口，且对战争的前景信心不足。故而对大鸟在朝鲜上演的"围宫劫政"的武剧及日军的偷袭行动表示出了不满情绪。这只能看作明治天皇对军部和外交当局侵犯他"神圣不可侵犯"的军事统帅权的一次抗议，而决不能以此为据把天皇视为这场战争的反对者或被动角色。笔者的结论，正如日本进步史学家井上清所言："计划、准备和发动甲午战争的主体，不论在表面上或在实质上，都是绝对主义的天皇制。"[④]

---

① 藤村道生：《日清战争》，译文出版社 1981 年版，第 87—88 页。

② 同上书，第 88 页。

③ 信夫清三郎：《日本政治史》第 3 卷，译文出版社 1988 年版，第 286 页。

④ 井上清：《日本军国主义》第 2 册，商务印书馆 1985 年版，第 125 页。

坐镇广岛大本营

当日军偷袭得手、初战告捷之后，明治天皇开战前的谨慎不满情绪便一扫而光，全身心地投入到这场不义战争中，担当起了战争的最高统帅。

在战争业已开始的 8 月 1 日，明治天皇发布了对华正式宣战的诏书。诏书极尽颠倒黑白之能事，通篇是欺世盗名的一派胡言。明明是蓄意发动战争的玩火者，却把自己打扮成"维持东洋全面之平和"，"始终与平和相始终"的和平天使；明明是擅派大军入朝，进行肆无忌惮的武装侵略，却硬说是"出兵备变，更使朝鲜永免祸乱，得保将来治安"；本来是用突然袭击的卑劣手段，挑起丰岛海战，却倒打一耙，说成清军"要击我舰于黄河，狂妄已极"，如此等等，不一而足。其目的无非把发动甲午战争的责任强加于中国。诏书最后称："事既如此，朕虽始终与和平相终始，以宣扬帝国之光荣于中外，亦不得不公然宣战，赖汝有众之忠实勇武，而期速克和平于永远，以全帝国之光荣。"[①]

为摆脱日常政务的纷扰，同时也为了就近获得战地的情报，更好地指挥这场战争，9 月 15 日，明治天皇又随战时大本营迁居靠近朝鲜、中国的广岛，吃住在出师朝鲜的原广岛第五师团司令部内，经常召见参战将领，听取汇报，不分昼夜地督励军务，以致朝臣们为他的身体健康而担忧。此后，直到第二年 4 月战争结束、中日签订《马关条约》，明治天皇才离开这里，前后共在此住了 225 天，是明治天皇离开皇宫时间最长的一次。

明治天皇驻跸广岛大本营，意在用行动向日本国民表明，这场战争是基于天皇的意志而进行的，天皇亲自带兵出征，与军队和广大民众是站在一起的。这对于"把民众的思想统一到战争上来"，起到了推波助澜的作用。被派往广岛的民友社记者平田久，就曾以激动的心情写道："我陛下君临每个国民的心中。我皇万岁。"[②]

如前所述，早在战争开始前，日本内阁特别是伊藤博文首相，因担心

---

① 王芸生：《六十年来中国与日本》第 2 卷，生活·读书·新知三联书店 1980 年版，第 83—84 页。

② 藤村道生：《日清战争》，译文出版社 1981 年版，第 101 页。

过分的军事行动会招致列强的干涉，同军部在战略和策略方面便已出现了一定的分歧，故而开战后伊藤首相在给陆奥外相的信中曾表白自己是"不知不觉地就乘船出洋了"，表示了他的不满情绪。因此，伊藤首相在开战后不久又向天皇递交了一份意见书。他估计，虎视眈眈的列强不久将联合起来进行干涉。这种干涉将不仅仅是口头上的劝告，甚至可能是武力的行动。因此，他主张：当务之急是抢在这种列强联合干涉之前，"迅速取得对清国的巨大胜利，居于任何时候均可对敌国提出我国要求的地位"。为此，他提出两条方针：其一是速战速决；其二是"文武配合"，以做到战略和政治策略一致。① 另外，为及时掌握战争的动向，参与战争的指导，伊藤首相又以若不能详细了解军费开支、用兵、作战等方面情况，难以处理国际关系为由，向天皇提出了参加战时大本营会议的请求。而明治天皇出于对伊藤的信赖，特别是想通过伊藤首相抑制军部的独断专行，消除内阁与军部在战略和策略上的分歧，强化内外一致的战时领导体制，破例同意了伊藤的请求。从 7 月 27 日起，伊藤首相、陆奥外相及枢密院议长等人均得以参加大本营会议。但在整个战争过程中，内阁同军部的这种分歧一直未能消除。明治天皇为协调文武关系，又作了大量的工作。

8 月 14 日，日本大本营决定增派第三师团赴朝，增援已在朝鲜的第五师团，并把这两个师团合编为第一军。根据枢密院议长山县有朋的强烈要求，任命他为带职的第一军司令官。山县是狂热鼓吹对华侵略的大军阀、陆军大将，曾当过首任陆军参谋本部长，出任过内务大臣、司法大臣和内阁首相，其资历、声望远高于现任首相伊藤博文。伊藤担心山县求功心切，难以协作，只得建议天皇出面协调。8 月 30 日，明治天皇在山县即将率军出征前特意召见山县，同时召伊藤作陪，当面向二人作出了如下训示：

第一，军国大计应文武配合，周密计议。

第二，在军事方面，大本营与出征主将间，应明确其权限，贯彻计划精神，以期万全。

第三，战场地处海外，陆海军自当共同筹划，故除遵奉大本营命令外，两军尚应互通气息，力求避免发生龃龉，招致失败。

---

① 藤村道生：《日清战争》，译文出版社 1981 年版，第 93 页。

　　第四，在朝鲜交战期间，出征主将与驻该国外交官间，应各奉其职，毋得逾越，并需经常互通气息。

　　第五，国家全局之得失，不仅限于交战，局外有关国家难免进行干涉。因此，外交运用与军事方略应互为补充，避免抵触，注意全局大计，最为重要。①

　　明治天皇此举的用意不言而喻。

　　1894年11月21日攻占旅顺后，日本军部与内阁在下一步对华作战方针上再次出现严重分歧。以山县为代表的军部，主张立即向山海关发起进攻，为在直隶平原与清军主力决战创造条件。以伊藤首相为代表的内阁则认为，严冬即将来临，在辽东作战将发生补给困难，而且在直隶平原决战，会使中国陷入"暴民四起"的无政府状态，使日本失去和谈对手，也必然会招致列强的干涉。因而在12月4日的大本营会议上，提出了"进攻威海，略取台湾"的作战方案，主张在辽东的日军坚持冬季宿营，而把一部分陆军和海军舰队投入威海作战，歼灭北洋舰队余舰，控制威海卫；与辽东半岛的日军形成南北夹击北京的态势，造成有利的媾和条件，进而略取台湾，扩大战果，以便将来议和时提出割让要求。伊藤的方案最终为大本营所采纳。但是，山县有朋求功心切，竟置大本营暂停辽东进攻、冬季宿营的命令于不顾，以停止战斗会使日军士气低落和使清军加强防卫体制为由，于12月1日擅自下令所属第三师团进攻辽南要地海城，结果陷入了清军重围，难以脱身。伊藤首相只得再次请天皇出面制止山县的行动。11月29日，明治天皇下达敕令，并派敕使召山县归国"养病"。其敕令写道：

　　　朕卿不见久矣。今又闻卿身染疾病，不堪轸念。朕更欲亲闻卿述敌军之全部情况。卿宜迅速归朝奏之。②

　　据说，最初山县曾以进军之际更换主帅、对军心不利为由电告大本营说：病已好转，康复在即，能够指挥进攻海城，要求大本营上奏天皇收回

① 《日本军国主义侵华资料长编》上，四川人民出版社1987年版，第36—37页。
② 藤村道生：《日清战争》，译文出版社1981年版，第117页。

成命。后考虑再三，被迫辞职回国。临行前还赋诗云：

> 马革裹尸原所期，出师未半岂空归？如何天子召还急，临别阵头泪满衣！

其愤懑之情溢于言表。但对山县来说，天皇敕召回国，总算使他勉强保住了面子，且回国改任监军，仍参与大本营会议。对大本营来说，召回山县保证了统帅权的一元化，并起到了抑制战地将领独断专行的作用。这一事件再次表明，正是明治天皇运用自己的权威，协调各方关系，才保证了日本的战争机器得以顺利运转。

在筹集战争经费方面，明治天皇也发挥了专制君主的作用。早在战争开始后不久的 8 月 13 日，明治天皇便依据宪法第 70 条："……在紧急需要时……可以诏敕实施财政上的必要的处理"之规定，发布了募集军事公债的第 143 号敕令。8 月 15 日，又以第 144 号敕令，公布了募集金额为 5000 万日元的《军事公债条例》，要求日本人民勒紧腰带，支持侵略战争。通过这次发行公债，共从国民手中募集到了 7694.9 万日元的巨款。[①]

1894 年 10 月 18 日，明治天皇为再次筹集军费，又在广岛大本营所在地召集了第 7 次会议。明治天皇亲临会议，并颁布敕语，声称"衅端既开，不达交战目的，则不可停止"，希望贵众两院"协调一致"，为"宣扬国光"，通过内阁提出的"当前急需之陆海军军费议案"。被战争狂热冲昏头脑的各党派代表，对于天皇"躬亲征清军旅之事"，并"车驾亲临"帝国议会，"赐优渥圣诏"，而"不胜感激恐惧之至"，[②] 故而一反常态表现出了异乎寻常的一致，仅用了 5 分钟时间，便一致通过了政府提出的增拨临时军费 1.5 亿日元的预算案以及募集 1 亿日元的军事公债案。

为鼓动侵略军官兵的战争狂热，明治天皇除派皇后美子亲临陆军医院慰问伤兵外，他本人则不断颁发嘉奖令，吟诵诗歌，为日军的战绩喝彩叫好。

7 月底，当听到成欢陆战日军胜利的消息后，明治天皇兴奋之余，立即写下诗歌一首《成欢之役》，讴歌战争的胜利。其中写道：

---

① 孙克复、关捷：《甲午中日陆战史》，黑龙江人民出版社 1984 年版，第 121—127 页。
② 信夫清三郎：《甲午日本外交内幕》，中国国际广播出版社 1984 年版，第 352—353 页。

　　我勇猛之兵士，踏过彼我之尸体，奋勇前进，那是牙山之本营。
前进，再前进，守敌为锐利的炮火打乱，夺取炮台毫不费力，凯歌三
唱，凯歌三唱。①

　　9月16日，即明治天皇迁至广岛大本营的第二天，又传来了日军攻
占平壤的捷报，在次日的大本营御前会议上，明治天皇又颁布了如下
敕语：

　　朕甫入本营，即接我军平壤大捷之报，深察将士之勤劳，迅奏伟
功，特予嘉奖。②

　　9月19日，明治天皇收到黄海海战的捷报后，又再次下达敕令嘉奖：

　　朕闻我联合舰队奋战于黄海，并获大胜，深悉威力业已压制海
敌。为体察官兵之勤劳，兹对所获特殊功勋予以嘉奖。

　　意犹未尽的明治天皇还亲自谱写军歌《黄海大捷》，哼吟道：

　　忠勇义烈之战，击破敌之气势，使我日旗高照黄海波涛……③

　　1895年2月，清政府眼见北洋舰队全军覆没，只得派李鸿章赴日求
和。但是被胜利冲昏了头脑的以山县有朋为代表的日本军部，不仅没有停
战议和的打算，相反仍坚持主张将大本营移到中国东北，在直隶平原与清
军决战，迫使清政府订立城下之盟。而伊藤首相和海军参谋长山本权兵卫
等人则持反对意见，认为大本营移到海外，万一列强联合舰队切断日本与
大陆的交通，在中国作战的陆军主力与本国隔绝，就会陷入危险的孤立境
地。为满足军部的高涨气焰，同时也为了增加在谈判桌上进一步胁迫清政
府就范的砝码，明治天皇再一次批准了军部的第二期作战计划。3月26

---

　　① 藤村道生：《日清战争》，译文出版社1981年版，第101页。
　　② 《日本军国主义侵华资料长编》上，四川人民出版社1987年版，第37页。
　　③ 藤村道生：《日清战争》，译文出版社1981年版，第108页。

日，因身体状况不佳不宜远征的明治天皇，任命大本营参谋总长陆军大将小松宫彰仁亲王为"征清大都督"，率大本营中的各作战机关进驻旅顺，委以指挥出征全军的大权，摆出了继续进攻的架势，为日本在业已开始的马关议和的谈判桌上予取予求、恣意勒索增添了砝码。

谋划善后　获利渔翁

在甲午战争的善后阶段，即中日媾和及三国干涉还辽交涉过程中，明治天皇仍时刻关注着交涉的进展情况，并据情不时颁发敕语，影响和左右着交涉的全过程，充当着日本最高决策的裁决人，且成为战后最大的受益者。

众所周知，早在 1894 年 10 月 8 日，即英国应清政府的请求提出国际联合仲裁建议后的第二天，陆奥外相便同伊藤首相经过详细的讨论和周密的策划，拟订了一个媾和条约草稿。后来，随战局的发展又进行过多次修改，到 1895 年 1 月 27 日正式提交给广岛大本营御前会议讨论。在这次由明治天皇亲自召集的御前会议上，陆奥外相首先向明治天皇奏明了日本政府关于议和条件的要点，即"朝鲜独立"、中国割地、赔款以及攫取外交、通商、航行等特权，大体上规定了后来马关条约的基本内容。接着，伊藤首相又奏明了日本应采取的议和方针。由于出席会议的文武重臣均无异议，于是明治天皇才可以该草案作为媾和条约的基础，并任命伊藤、陆奥二人为议和全权大臣，准备与中国议和代表"周旋"。[1]

为迫使清政府就范，此后，日本一方面以清廷派出的议和代表张荫桓、邵友濂"委任状不完备"为由，演出了一幕广岛拒使破坏和谈的丑剧；另一方面发起新的攻势，在山东半岛攻占了威海卫，在辽东半岛发动了"辽河平原扫荡战"，并派军南侵澎湖列岛。1895 年 3 月 20 日，当李鸿章在马关同日方开始正式谈判、要求双方先行停战时，伊藤首相又提出了清政府根本不可能接受的苛刻条件。而这一切，都是在明治天皇完全知情，甚至是在他的幕后操纵下进行的。

3 月 24 日，第三次会谈结束后，李鸿章在返回寓所途中遭日本浪人小山丰太郎袭击而受伤，引起各国舆论的公愤，日本政府十分狼狈。明治

---

① 孙克复：《甲午中日战争外交史》，辽宁大学出版社 1987 年版，第 117—121 页。

天皇担心列强借机干涉，或者李鸿章借口伤重回国中止谈判，而使日本前功尽弃，遂多方抚慰。次日，明治天皇假惺惺地颁发敕语，对李鸿章遇刺"深感遗憾"，并表示"对如此犯人，有司定要按法处罚，不得宽恕"，要求"百僚臣庶亦当善体朕意，严惩不戒之徒，以勿损国光而努力"。① 随后，天皇又派侍从武官中村大佐为特使，偕石黑忠直、佐藤进两军医总监同赴马关，"慰问李病"。皇后也"赐予御制的绷带，并派护士2名前去侍养"。为平息国际舆论和引诱李鸿章继续谈判，3月28日，明治天皇批准了重臣会议作出的允诺停战的决定。3月30日，双方签订了除台湾和澎湖地区外，为时三周的停战协定。

从4月1日起，中日马关议和进入了第二阶段。围绕着媾和条款，双方又经过多次交涉，最终于4月17日迫使李鸿章签订了《马关条约》。日本从中国攫取了巨额赔款和在中国开通商埠、割占辽东半岛及台湾、澎湖列岛等一系列殖民权益。4月20日，明治天皇便迫不及待地批准了和约。其批准书以难以掩饰的喜悦心情写道："朕已亲自审阅检查明治二十八年4月17日下关经帝国全权办理大臣、大清帝国全权大臣署名盖章之讲和条约及另约各条款，因甚合朕意，无可非难，故嘉纳批准以上条约及另约。"同一天，明治天皇又任命内阁书记官伊东已代治为换约大臣，俟期前往烟台换约。当一切善后事宜安排完毕后，4月27日，明治天皇才志得意满地离开了广岛大本营，经京都返回了东京。

但是，令明治天皇万万没有料到的是，日本通过《马关条约》攫取的在华殖民权益，特别是对辽东半岛的割占，引起了沙俄等列强的嫉恨。《马关条约》签字仅过6天，俄、德、法三国便联合"劝告"日本放弃辽东半岛。在外交交涉难以转圜、军事上又非三国对手的严峻形势下，日本政府不得不被迫接受三国"退还辽东"的劝告。5月10日，明治天皇发布诏书，正式宣告交还辽东半岛。其诏书再次混淆黑白，把被迫接受三国"劝告"，说成是"朕为和平计，固不吝容纳之"；把无奈交还辽东，说成"今顾大局，以宽宏处事"，并希望百官臣属能"善体朕意，深察时局之大势，慎微戒渐，勿误邦国之大计"。② 为防止战争狂热日炽的军队和国

① 戚其章：《中日战争》，中华书局1996年版，第211页。

② 王芸生：《六十年来中国与日本》第3卷，生活·读书·新知三联书店1980年版，第19页。

民借机闹事，5 月 13 日，明治天皇又对陆海军人发布敕令，要求军人服膺忠节、礼仪、武勇、信义、质朴等道德规范，"恪守军人之本分，以期竭诚报效于他日"。① 其实，屈服于三国干涉的明治天皇也并不甘心就此罢休。后来，他曾对伊藤首相说："由于这次战争，我们熟悉了辽东的地理情况，将来设法在朝鲜某处制造事端，把辽东夺回来吧！"②

甲午战争的胜利，促进了日本资本主义经济的发展，提高了日本的国际地位，对日本社会也造成了多方面的影响，史学界论及颇多，故不赘述。笔者认为，从个体的角度，其最大的受益者应首推明治天皇。

首先，甲午战争进一步提高了明治天皇的"神圣"权威，使天皇制意识形态开始渗透于民众之中。甲午战争在使军部的威望进一步增强、军人的社会地位大为提高的同时，也使同军队站在一起并亲自坐镇指挥的明治天皇同样闪耀着胜利的荣光。在人们眼中，"天皇已经不是深居京都宫廷、隐匿而神秘的贵族天皇了，而是统率连战连胜的陆海军的身为大元帅的天皇了"。③ 日本当代著名史学家信夫清三郎曾这样写道："对外打开通向帝国主义之路的日清战争，对内也越发提高了天皇的权威。……与大本营一起进入广岛、居住在师团司令部的天皇的形象，象征着战斗，象征着胜利，每当战斗和胜利的时候，他就久久地出现在国民的视网膜之上。天皇的确'君临在每个国民的心中'。国民作为'臣民'，仰慕着作为'民之父母'的天皇。日清战争在使天皇'君临在每个国民的心中'的同时，也在'每个国民的心中'，确立了'臣民'的意识。"④ 那种最初只在学校儿童中叫喊的"忠君爱国"的口号，此时已深入大街小巷，家喻户晓。下面的两个事例充分说明了这一点。

据山形县西村山郡大乡村村公所的有关资料记载，1892 年冬，村议会曾就是否动用部分经费迎请天皇的照片（"御真影"）进行讨论，结论是鉴于资金急需用于架设桥梁，决定来年春天再迎请。这说明战前村议会优先考虑的还是当地的实际利益，而非天皇的照片。然而，战后形势则为之一变。据 1907 年一个在美日本人秘密组织的出版物以《忠君思想之牺

① 《日本军国主义侵华资料长编》上，四川人民出版社 1987 年版，第 44 页。
② 井上清：《日本军国主义》第 3 册，商务印书馆 1985 年版，第 230 页。
③ 藤村道生：《日清战争》，译文出版社 1981 年版，第 194 页。
④ 信夫清三郎：《日本政治史》第 3 卷，译文出版社 1988 年版，第 298 页。

牲》为题发表的"时事评论"中介绍，仙台第一中学书记大谷友吉在火灾中竟然为了抢救明治天皇照片而被烧死。这与前述山形县的事例恰成鲜明对照。[①] 事实表明，正是在甲午战争之后，"皇国"意识及"忠君爱国"思想才开始渗透于广大民众之中。

其次，甲午战后的巨额赔款，也使皇室财产进一步扩大。通过《马关条约》，日本从中国勒索了 2 亿两白银的巨额赔款，再加上后来的 3000 万两白银的"赎辽费"，合计为 2 亿 3000 万两，折合日金为 3.65 亿日元，约等于日本 1895 年国家财政收入（0.85 亿日元）的 4 倍以上。对于这笔"飞来的横财"，日本政府除用于扩充陆海军军备、实行金本位制的币制改革及设立各种基金外，还特意从中拨出了 2000 万日元，以"献纳金"的名义划归了天皇。当时的大藏大臣松田正久在 1898 年 9 月 16 日的内阁会议上提出这一议案时申明：甲午战争的胜利，"实有赖于陛下之威光，此固不待言也。当战报初传出之时，陛下即车驾巡幸广岛，为国劳尽心力。此役之后，多赐功赏，皇室经费支出过重，且今后皇室费用将有更增加之必要"，故拟从剩余金中拨出 2000 万元，"编入皇室费用内"。[②] 其用意十分明确，一是对天皇为战争支付的费用予以补偿；二是对天皇在战争中的"劳绩"予以奖赏。它也从一个侧面说明了明治天皇在这场战争中所处的特殊地位及所起的重大作用。

综观上述，可以看出：明治天皇在甲午战争中自始至终都扮演着积极主动的角色。无论是战前的扩军备战、建立战争体制；还是亲自批准向朝鲜派出军队、对华发布宣战诏书、坐镇广岛大本营、协调内阁与军部在战略和策略上的分歧、筹集战争经费、鼓动日军的战争狂热；抑或是操纵马关议和、决定接受"三国干涉"，等等，明治天皇无一不发挥出了专制君主和最高统帅的作用。根据《远东国际军事法庭宪章》第五条之规定，由于明治天皇直接参与了这场战争的策划、准备、发动和实施，故犯有"破坏和平罪"。

（原文载于《文史哲》2006 年第 6 期）

---

① 周启乾：《甲午战争对近代日本的影响》，《日本学刊》1994 年第 5 期。
② 信夫清三郎：《日本政治史》第 3 卷，译文出版社 1988 年版，第 264 页。

甲午战争与日本间谍

李文海　康沛竹

一个世纪以前发生的甲午战争，是中日两国政治、经济、军事力量的全面较量。仅就战争这个角度而言，掌握和了解敌方的情况，对于战争的胜负往往起着关键的作用，这就是所谓"知己知彼，百战不殆"。甲午战争时期，日本政府为了实现其侵华目标，用很大力气开展间谍活动，曾经对战争进程发生过重大的影响。当时，一位名叫易俊的御史沉痛地说："两国角争，间不容发，有备者胜，无备者败。知己知彼者胜，不知己知彼者败。……倭之虚实，我国茫然，而我之一举一动，有士大夫不知，而倭无不知之者。"① 英国著名的谍报史作家理查德·迪肯更明确指出：甲午战争前，日本间谍搜集了大量情报，"其中相当一部分为1894—1895年日华战争的胜利奠定了基础"。② 那么，甲午战争期间日本间谍活动的具体情况究竟如何呢？

一　甲午战争前在华主要间谍机关

日本的谍报活动是"大陆政策"的产物。19世纪中叶以前，日本还是一个封建领主割据、闭关自守的国家，与中国一样，深受西方殖民主义的侵略。1868年明治维新以后，日本逐步走上向外扩张的军国主义道路。明治天皇即位时宣称的"日本乃万国之本，要开拓万里波涛，国威布于四方"的思想成为其向外扩张的"大陆政策"的理论基础，"大陆政策"

---

① 中国近代史资料丛刊续编（以下简称续编）：《中日战争》（一），第318页。
② ［英］理查德·迪肯：《日本情报机构密史》，也译为《日谍密史》，第32页。

的核心也就是用武力向朝鲜和中国进行侵略和扩张。具体分五步：第一期征服中国的台湾，第二期征服朝鲜，第三期征服满蒙（中国东北及蒙古地区），第四期征服全中国，第五期征服南洋、亚洲以及全世界。在"大陆政策"的指导下日本采取了一系列措施，大力发展军事工业，增加军费。

为了配合军事行动，日本开始了对外尤其是对中国的谍报活动。1871年，参议江藤新平提出应尽快派遣间谍，到中国搜集各种情报。他的建议被采纳并很快付诸行动。1872年，日本第一次向中国派出间谍。这一次共派出 3 名间谍，他们是池上四郎、武市正干、彭城中平，都是外务省的官员。池上一行的任务是调查中国东北地区的地理、政治、兵备、财政、风俗等情况。他们三人伪装成商人，在 1872 年夏至 1873 年 4 月间，活动于营口、奉天一带。回到日本以后，他们向明治政府报告了了解到的中国各方面情况，并得出这样的结论："以今日之状态，不数年中国将土崩瓦解。现今为我国解决朝鲜问题之最好时机，机不可失，时不再来"，① 主张应利用清朝政府腐败、虚弱的时机，发动战争。此后，日本又陆续向中国台湾、华北及其他一些地区派遣了间谍。总的来说，派往中国的日本间谍，绝大多数都极力鼓吹尽快发动对华战争，他们的意见在日本高层决策中起了举足轻重的作用。但这一时期，日本间谍在华活动基本上还是零星的，只是随着侵华战争准备活动的加紧，到甲午战争前夕，正式在华设立了间谍机关，才开始了大规模、有组织的谍报活动。

甲午战争前日本在华主要间谍机构，有汉口乐善堂和日清贸易研究所。这两个间谍机关，尽管在战争爆发之前相继解散，但他们搜集的大量情报及培养的一大批间谍，在甲午战争中起到了重要作用。

汉口乐善堂成立于 1886 年，是甲午战争前日本在华最庞大的间谍机关。创办人荒尾精（1859—1896）是日本初期谍报活动的重要头目。他毕业于日本陆军士官学校。军衔为陆军中尉。他很小就学习中文，并深受日本军国主义思想的熏陶和影响。他撰写《兴亚政策》、《宇内统一论》等文，狂热地鼓吹侵略、扩张思想。他认为，日本如能统治中国，可以凭借从中国掠夺的物力、财力养 120 万以上的精兵，建一支庞大舰队，这样，就能使"东洋文明光辉宇内，亚洲威风扬于四海"。他还宣称，日本

① 　葛生能久：《东亚先觉志士记传》日文版，上册，第 41 页。

的皇国体系无比优越，因而，日本必须"统一六合四海"，使全世界奉仰日本天皇的"仁风"。荒尾精的这些理论很富有煽动性，在当时影响颇大，曾迷惑许多青年充当间谍，为日本政府卖命。荒尾精本人也因此很得上司赏识，1886 年春，他被参谋本部选中派往中国建立谍报机构。

荒尾精在中国得到了日本侨民的资助和支持。他在汉口建立了乐善堂，以经营眼药水、书籍、杂货作为掩护，然后逐步将触角伸向中国各地，相继在北京、长沙、重庆、天津、福州等地建立了分支机构，组成了一个遍布中国主要城市的间谍网，并以这些城市为基地，把触角伸展到乡镇农村四面八方。据记载，"倭夷无赖，每令亡命剃发改装，阴入内地"，"潜入直隶、山东、东三省、江浙、闽广等处侦察军情"。① 根据侵略中国的总方针，荒尾精制定了一套严格的纪律和要求，详细规定了需要侦察的范围，主要包括：各类人物、地形地理、人口分布、风俗习惯、运输、服装、仓储、兵制、工厂、秘密结社等。乐善堂的成员背负担挑，到处贩卖货物。货卖光了，就冒充医生、风水先生四处周游。遇到关卡盘查，汉语说不标准，就谎称福建人或广东人蒙骗过去。他们前后用了4 年多时间，将搜集来的大量情报编成了《清国通商总览》一书。全书分二编三册，2000 多页。这是日本根据调查材料综合整理有关中国社会、政治、经济等问题的最早大型文献，其中对清王朝政治腐败、经济凋敝，以及人民被奴役、被压榨等方面的情况描述尤为详尽、具体。此书的出版，对日本扩张主义分子是一个很大的鼓舞。另外，汉口乐善堂还培养了一批间谍，这批间谍成为甲午战争时期的骨干分子。汉口乐善堂的职员一般保持在十七八人左右，先后有日谍 30 多人在这里工作过，主要包括日本浪人及国内间谍组织玄洋社等机构派来的所谓"志士"。甲午战争时期的著名间谍宗方小太郎、石川伍一、山崎羔三郎等人都是乐善堂出身的。

甲午战争前的另一个重要间谍机构日清贸易研究所，设在上海英租界内，成立于 1890 年，所长也是荒尾精，代理所长根津一，是以培养"中日贸易人才"为名的间谍训练机构。

日清贸易研究所表面上是日本民间开办的培养贸易人才的组织，但实际上，是经日本政府批准的、由陆军参谋本部出资开办的训练间谍的学

---

① 续编：《中日战争》（一），第 178、318 页。

校，这从研究所的课程设置、毕业生的去向就可看出。研究所学制三年，毕业后在中国实习一年，课程包括汉语、英语、中日问题等，研究所聘请了汉口乐善堂的一些职员为学生讲课。开办后共招收 150 名学生，分为 3 个班。1893 年 6 月，这批学生毕业，当时，中日关系十分紧张，许多学生分赴中国各地搜集情报作为毕业实习。据清方记载，"倭人向在沪设有日清研究所，约七八十人，五月以前陆续散去，闻多改作华装及僧服者，分赴北京、津、烟、江、浙、蜀、鄂、闽、台各处"①。战争爆发后，有72 名学生去广岛大本营报到，其中一些人成为著名间谍，向野坚一、福原林平、楠内友次郎等人都是研究所的毕业生。

其实，甲午战争时期在华的日本间谍并不很多，但影响颇大，比较著名的除了上面提到的荒尾精外还有宗方小太郎、根津一、神尾光臣等。

宗方小太郎（1864—1923）是日本对华谍报活动的重要人物，前后在中国生活 40 多年。1884 年来到中国后，结识了荒尾精，不久任乐善堂北京支部的支部长，负责调查河北、山东、山西、辽东等地情报。1887年，宗方小太郎只身一人周游东北、华北等地，他脚穿草鞋，带着一根手杖，徒步走了 8 个月，成为在中国内地徒步长途旅行的第一个日本人。战争爆发前夕，在日本大本营的命令下，他多次冒充中国人侦察威海卫北洋舰队的动向，获悉重要情报，因而受到上司嘉奖。

根津一（1866—1927）是继荒尾精之后来中国的重要日本间谍。他17 岁考入横滨师范学校，不久因病退学，后考入日本陆军大学，与荒尾精等人交往密切，深受其影响，专搞侵华谍报工作。1890 年被参谋本部派往汉口，后任日清贸易研究所代理所长。甲午战争前夕，他在上海从事秘密活动，指使手下间谍搜集情报。战时任日本第二军参谋，随军在金州登陆，提出进攻山东威海卫的具体作战方案。

另一个重要间谍神尾光臣（1854—1923），毕业于日本陆军教导团，1882 年调入参谋本部搞谍报工作，被派到中国。1892 年，任日本驻北京公使馆武官，利用他的合法身份在中国从事间谍工作，专门搜集清政府的军事情报。甲午战争前，神尾在天津收买 1 名清政府军机处官员，通过他源源不断地获得军机处大量情报。他极力主张尽快与中国开战，在他送回

---

① 《中国近代史资料丛刊》（以下简称丛刊）：《中日战争》（五），第 7 页。

本国的报告中，"往往过分夸大清国开战意图"。① 以此敦促日本早下决心发动战争。他的报告对于日本发动战争的决策起了很大的作用。

除以上这些人，甲午战争时期，还有一批日本间谍活动于中国各地。这些日本间谍都精通汉语，一些人如宗方小太郎、根津一等都是从幼年时就学习汉文典籍，对中国文化十分了解，《孙子兵法》中"知己知彼，百战不殆"的思想一直被他们奉为座右铭，神尾光臣还是日本军界三大中国通之一。而且，由于日本与中国是同文同种的国家，"须发睛准与华民相类"，② 稍作改装就不易辨认，这些对他们从事间谍活动都是极为有利的条件。此外，这些日本间谍都很能吃苦，心甘情愿地为政府卖命，在他们看来，间谍活动是一项非常神圣的事业，是报效国家的"天职"。着重侵略思想和狭隘民族情绪的灌输，可以说是日本培养训练间谍不同于其他国家的一大特点。据一个英国人的评论，日本谍报机关选派、培养间谍"很少大手大脚地乱花钱，靠爱国主义"，"在对外国的实情一无所知的青年人心中，培养起一种强烈的民族感和尽忠报国的激情"，③ 作为鼓励他们从事间谍活动的精神动力。许多间谍得到升迁和重用，仅以神尾光臣为例，他后来历任辽东守备军参谋长、关东都督府参谋长、关东卫成总督等要职，升到大将、赐男爵。一些日本间谍如根津一、宗方小太郎等还得到天皇接见。

二　日本间谍怎样为发动侵华战争作准备

19 世纪 80 年代以后，日本间谍在中国的活动进入有计划、有组织阶段，尤其是战争前夕的 1893 年，活动尤为猖獗。据各地奏报，"倭人在津日派奸细二三十人，或改装剃发，潜往各处窥探军情"，"京城之潜居者亦恐不少"。一些重要部门都有日谍在活动，比如"上海机器局、天津军械所并获有奸细"。④ 有人说当时有日谍数百人，这个数字虽有些夸大，但日本间谍活跃于中国各地，无孔不入却是事实。他们或以外交官、商

---

① ［日］藤村道生：《日清战争》，上海译文出版社 1981 年版，第 64 页。
② 续编：《中日战争》（一），第 188 页。
③ 《日谍密史》，世界知识出版社 1984 年版，第 38 页。
④ 续编：《中日战争》（一），第 88、51、184 页。

人、学生等合法身份作掩护，或剃发改装冒充中国人，收买汉奸，四处搜集情报，为发动战争做准备。甲午战争前，比较重要的间谍活动有以下几起：

1. 侦察直隶海岸情况

1887年，山本清坚（陆军中佐）、藤井茂太（陆军大尉）奉日本陆军参谋本部之命前来中国搜集情报。山本等人的任务是在中国直隶海岸选择合适登陆点、运兵方法及上岸后的进攻目标。他们从山海关出发，沿洋河、滦河、北塘河、白河一直到大沽口，在长达400多华里的海岸线进行调查。根据山本等人提供的情报，日本陆军制订了直隶平原作战计划。当然，在后来的战争实践中，由于日军占领了大连湾、旅顺口实施了威海卫作战计划，原先制订的直隶平原作战计划有所改变，未予实施。但这个计划的制订本身充分说明日本发动侵华战争是蓄谋已久的。

2. 选择山东半岛登陆点

1888年年底，关文炳（海军大尉）奉命调查正在施工中的威海卫炮台以及威海卫通向荣成的道路、荣成湾形势，选择山东半岛登陆点。关文炳早在三年前中日《天津条约》谈判时就随伊藤博文来华，后留在中国进行军事侦察。他化装成商人，在天津城外直隶总督衙门附近开办了一间书店，作为活动的据点。根据长期的侦察，他向日本海军递交了一份报告，提出了山东半岛的登陆地点。他认为，日本对中国开战时，对威海卫应采取背后进攻的战术，即从荣成湾登陆。他指出，荣成湾面阔水深，沙底适于受锚，无论遇到何等强烈的西北风天气，都可安全锚泊，而且这里位于直隶海峡外侧的偏僻海隅，离威海卫较远，正好拊威海之背。关文炳的建议经过反复核查，在战争中得到完全实施。

3. 川上操六中国之行

川上操六（1849—1899）是日本侵华谍报活动的奠基人，他少年入伍，1885年38岁时升为少将，任参谋本部次长，负责向中国派遣间谍的工作。1893年4月，身为陆军中将的川上操六亲自到朝鲜和中国进行实地考察，为发动战争做最后的准备。1893年是日本对华谍报工作最关键的一年。当时，尽管日本政府的侵华方针早已确定，陆海军也为发动战争做了多方面的准备，但何时发动战争、能否取胜，还需要作出最后的判断，这就取决于谍报部门的情报。日本外务大臣陆奥宗光直言不讳地说："战之能成与否，悉听川上"。川上在考察了朝鲜的金山、仁川、汉城等地之后，乘船经烟台转赴天津。他们在天津停留了一个月。在此期间，他参观了天津机器局，访问武备学堂，观看了炮兵操演炮术和步兵操练步伐，并亲自登上了北塘炮台观看山炮演习。在驻华使馆武官神尾光臣的陪同下，川上还对天津周围的地理形势偷偷地进行了考察。1893 年 5 月 14日川上的视察日记是这样写的："与神尾少佐视察天津城外围堤之南、西、北三面，周长四日里，高二间或二间半，厚二间或一间半。西南开阔，利于进攻，北面多水洼，不利于进攻。"① 接着，川上操六又到了上海、南京等地，参观了上海的江南制造局、金陵机器局等，并在荒尾精的陪同下，参观了日清贸易研究所。通过这次中国之行，川上"不仅看破了中国的极端腐败，而且对其陆军的强弱如何，甚至对地形、风俗人情之微，均得一一进行观察，确信中国不足畏，而增强了必胜信心"。②

4. 搜集渤海湾等地军事情报，敦促日本政府发动战争

川上操六回到日本后，密令公使馆武官井上敏夫（海军少佐）、泷川具和（海军大尉）分头侦察渤海湾航道及山东半岛、辽东半岛、天津、塘沽等地的设防情况。井上是 1892 年来中国的，他曾 3 次潜入旅顺口、大连湾、威海卫等海防要塞，调查北洋海军的部署情况。这一次，他买了一艘小火轮，5 月份从烟台出发，用了两个月的时间，游历了山东半岛、辽东半岛和朝鲜西海岸。每到一处，他都非常仔细地观察炮台驻防情况，"所走洋面均用千斤砣试水深浅，每处相距约一百多里不等"。③

与此同时，泷川具和也乘帆船从塘沽出发，沿渤海岸北行。在这之前，泷川潜伏在天津法租界内，化名堤虎吉，从事间谍活动已 1 年多。他有时装扮成商人，有时做苦力，在市井码头到处侦察，搜集了天津、塘沽一带的大量情报。接到川上操六的密令后，他沿海岸线游历，历时 1 月，对于沿岸各海口的水深、有无沙滩、海底是泥沙还是岩石、民船数目、运输情况等，都做了详细的侦察。他判定，北戴河以南的洋河口为大部队登陆的最适宜地点。此外，泷川还根据他了解的情况，随时向国内报告清廷的动向。7 月 9 号，他在报告中说："内廷正在举办万寿庆典，原本不好

① 德富猪一郎：《陆军大将川上操六》，第 117 页。
② 同上书，第 124 页。
③ 《清季中日韩关系史料》卷 7，"高顺供词"。

动用干戈。北京政府中不仅有反对和非难李（鸿章）之行为者，而且愈近开战之际，堪为名将之声望者愈乏。当然，兵力方面未能稳操胜算，幸寄希望于俄国公使之调停，暗中依赖此种调停下之和平谈判。"他还指出，"华北一带大雨不断，由于涨水铁路被破坏，各地的电线也断了，道路泥泞，军队调动困难，人心动摇不定，军队中也往往听到有发泄不满情绪者"。他的结论是："可乘之机就在今日，拖延时日使彼稳固基础，非为得策。故谓速战有利。"① 泷川的报告，反映了清廷回避战争及对日本有利的种种因素，他的报告，"对日本进行战争的决心起了很大影响作用"。②

5. 密切关注北洋舰队的动向

北洋舰队成军于 1888 年，是当时中国也是东亚最大的一支舰队，拥有战舰 20 多艘，四万余吨，最大主力舰达 7300 吨，居亚洲第一，旅顺、威海要塞经营多年，有颇强的防卫能力。从当时双方实力来看，北洋舰队远远强于日本海军。但是，随着日本侵略野心的膨胀，日本海军的军力不断加强，到战前已赶上并部分超过北洋海军。这时的日本也已拥有 20 多艘军舰，虽然最大战舰只有 4000 吨，但舰队总吨位超过中国。即便如此，日本对北洋舰队还是深具戒心，把它视之为发动侵华战争的巨大障碍。

1894 年 5 月，朝鲜爆发了东学党起义。清政府应朝鲜国王之请，派兵助平。日本认为时机已到，立即成立了战时大本营，以保护侨民为借口，出兵朝鲜。在形势十分紧张、战争一触即发的时候，日本间谍更是加紧了活动，尤其关注北洋舰队的动向，大沽、牙山等地都有大量日谍在活动。7 月 21 日，北洋舰队的爱仁号、飞鲸号载增援士兵自大沽开出赴牙山，据当时随船的德国人满德报告，船只离港时，日本间谍密切关注，在码头梭巡侦察，手持铅笔，将所载物件逐一记数，并且，他发现，"有一倭人久住塘沽。此倭人才具甚大，华、英、德、法言语俱能精通。看其与他人言论间……并随时用铅笔注载。……爱仁、飞鲸、高升船载若干兵、若干饷，何人护送，赴何口岸，该倭人无不了彻于胸"。③ 在这种情形之下，高升号开船日期被日方探知并被击沉也就不足为奇了。

① 《日清战争》，第 72—73 页。
② 同上。
③ 盛宣怀档案资料选辑之三：《甲午中日战争》下册，上海人民出版社，第 102 页。

　　由此可见，为发动对华战争，日本进行了长期、周密的准备。由于日本间谍无孔不入的侦察，日军对于中国各地的地理形势、驻军情形、防御设施了如指掌，甚至"比中国人自己更清楚地知道每一省可以抽调多少人出来作战"。[①] 战争中，清军从俘获的日军身上搜出一份材料，其中对中国"驻兵多寡、有无、处所，分列甚悉"，[②] 还有人亲眼见到日军进攻山东半岛时携带的一张地图，上面村、路、炮台、营房、山、河、井、树都画得十分清楚、详细，一目了然。不仅如此，经过长期的侦察，尤其是川上操六中国之行，日本人看到了清廷的政治腐败及消极避战的情绪，他们确信发动战争的时机已经到来而且日本有胜利的把握，宗方小太郎的看法在当时就很有代表性，他说："根据鄙见，我日本人多数对中国过于重视，徒然在兵器、军舰、财力、兵数等之统计比较上判定胜败，而不知在精神是早已制其全胜矣。"[③]

三　甲午战争中的间谍与反间谍斗争

（一）甲午战争中的日本间谍活动

　　甲午战争爆发后，日本间谍的活动更加频繁、猖獗，"凡我之动静彼皆洞悉无遗，甚或暗中为之接应，为之向导，故彼攻击调度每合机宜，我反多受其制"。[④] 在丰岛海战，进攻辽东半岛、威海卫等一系列军事行动中，日本间谍都起了重要作用。

　　丰岛海战是中日海军的首次交锋，它拉开了甲午战争的序幕，这次海战，是日本"不宣而战"下搞的一次突袭行动。许多中国近代史或甲午战争史著作，在谈到这次海战的爆发时，都提到日本间谍贿赂中国电报生、泄露高升号开船日期一事。这种说法的依据主要是 1896 年 10 月吏科给事中余联沅的一份奏折和姚锡光的《东方兵事记略》中的记载。余折是这样说的："天津电报局内倭寇买通 1 人，每月予以六百金。所以中国军情纤悉皆知，以致高升之覆及大东沟之战，倭人皆先得信。"[⑤] 姚也认

①　转引自丁名楠等《帝国主义侵华史》第 1 卷，1978 年，第 331 页。

②　丛刊：《中日战争》（一），第 59 页。

③　《宗方小太郎报告》第 11 号。

④　续编：《中日战争》（二），第 350 页。

⑤　续编：《中日战争》（一），第 329 页。

为："倭人间谍时在津，贿我电报学生某，得我师期，（高升号）适为所截。"①

其实，高升号开船日期并不是从天津电报局获得的，而是石川伍一从天津军械局得知的，这是甲午战争中日本最为成功的谍报活动之一。

石川伍一（1866—1894）是日本著名间谍，幼入私塾，后入兴亚学校专攻中文，19岁时来华为日本海军搜集情报。在一本日本出版的《名人录》中，石川伍一名下这样写道："石川伍一，间谍。……受命赴中国活动，到过蒙古边境一带。中日战争中在华积极活动。"在石川伍一的间谍生涯中，侦察到高升号开船日期是他对日本海军的一个重大贡献。当时，他"冒广东人，剃发，穿中国衣服"，隐藏在天津军械局一个书吏家中。②丰岛海战后，日本组织撤退其在华侨民。石川伍一奉命随日本侨民乘船离开天津。但夜深船开之后，石川伍一决定继续潜伏下来。于是，他化装成中国人从船上跳下，又回到天津，"以一洋元酬剃工，为天津县李振鹏踪迹破案"，③在客栈被捕。随后，在书吏家中搜出炸药及有关文件，据记载，"搜出私信一函，所有高升轮船兵若干，带兵官姓名并所带物件以及青菜若干斤，均详信内"。④被捕后，石川伍一对其间谍活动也供认不讳。他供认：自1883年以来，他一直在京、津等地往来，后住在军械所刘树芬家中。有一些中国人为他提供情报，刘树芬"将各军营枪炮、刀矛、火药、子弹数目清册，及军械局东局海光寺每天造子弹数量，照抄一份"。⑤他还"供出日本截我高升、操江二船，皆其先期电闻"。⑥可见，高升号开船日期确是石川伍一从天津军械局书吏处打听到并电告日军的。

石川伍一间谍案影响很大，牵涉到很多人以至清廷大吏。天津军械所书吏因"为窝主，传递消息"与石川伍一一同被斩首，李鸿章的外甥、天津军械局总办候补道张士珩因"于其所用书办家擒获日本奸细"也受到舆论指责。后来一些大臣纷纷上奏弹劾李鸿章。分析开战以来的种种失

①　丛刊：《中日战争》（三），第108页。
②　关于这个书吏的名字，或刘桂甫，或刘五，或刘树芬，说法不一，实为同一人。
③　丛刊：《中日战争》（一），第154页。
④　丛刊：《中日战争》（三），第108页。
⑤　续编：《中日战争》（一），第235页。
⑥　丛刊：《中日战争》（三），第39页。

误，其中很重要的一条，即"调发军情又为奸细侦探，遂致高升船所载劲旅，悉为敌击沉"。① 丰岛海战后，日本切断了中国至牙山的海路，控制了朝鲜海域。

10 月下旬，日军分两路向中国大举进攻，一路以山县有朋为司令官，由朝鲜义州附近渡过鸭绿江。另一路以大山岩为司令官，进攻辽东半岛。进攻辽东半岛的作战计划，是由藤崎秀、宗方小太郎等十几名间谍共同商议制订的。他们提出，"先取大连湾附近之大窑口，再进而攻略大和尚山、石门村，占领金州，以绝旅顺后路"。② 10 月 24 日深夜，大山岩率军到达辽东半岛金州以东海面，"饵居民 4 人登船，购乡民衣服"，③ 然后派 6 名间谍秘密登陆以进一步确定进攻方针。这 6 人是：藤崎秀、大熊鹏、猪田正吉、向野坚一、山崎羔三郎、钟崎三郎，他们乘水雷艇登陆，分 3 组活动，后来仅向野坚一一人生还。向野坚一登陆后，混在民工中为清军修筑工事，在普兰店、复州、金州一带刺探军情，有一天被清军发现逮捕。为了销毁藏在鞋里的地图，他故意踩在泥水中，将鞋里的地图弄湿踏烂，然后用两个银元收买押解的士兵为他松了绑绳，深夜跳崖逃走。大山岩部队根据他提供的最新情报，一举攻占金州。

前面已经提到，选择荣成湾作为登陆点以及采取包抄后路的战术，也是由间谍提出的。1888 年以后，日本间谍多次到威海、荣成一带进行侦察，潜入威海驻军防区和炮台重地。进攻前夕，日军派 8 名间谍乘船到成山头右侧龙须岛侦察军情，他们在"近村购食物并鸦片烟，与村民狎，得威海、成山兵防状以去"。④ 1895 年 1 月 20 日，日本陆军在联合舰队的掩护下在荣成龙须岛成山头登陆时采取的就是"远势登陆，抄我炮台后路"⑤ 的战术。10 天后，日军占领了威海卫南、北两岸炮台，封锁了港口，轰击刘公岛及港内的北洋舰队。2 月 16 日，威海卫完全陷落，北洋舰队全军覆没。

由此可见，甲午战争中，日本间谍的确成为军事行动的先锋。根据间谍提供的情报，日军"尽知我军情，先发以制我，致倭人着着领先，而

---

① 续编：《中日战争》（一），第 250 页。

② 《宗方小太郎日记》（手稿）。

③ 丛刊：《中日战争》（一），第 37 页。

④ 同上书，第 55 页。

⑤ 同上。

我则处处落后"。① 不仅如此,日本间谍还为日军私递军火,接济米粮,并多次进行破坏活动。据载:"上海吴淞口五万斤之巨炮毁于药水矣,湖北制造局机器及枪炮子药皆毁于火矣。"② 抓获石川伍一的同时,还缴获炸药地雷8箱,石川伍一供认,"欲用地雷炸药轰海光寺军火器械积聚之所。此寺一毁,则天津毁矣,海防废矣"。③ 此外,战争爆发后,日本的外交人员利用合法身份作掩护也致力于谍报活动,譬如,"驻津倭领事及武随员二人……日派奸细二三十分赴各营各处侦察"。④ 丰岛海战后,德国人满德在致李鸿章的一封信中就提醒说:"中国之驻倭使臣未归,倭国之驻京使臣未归,倭国之驻京使臣未返,非计也。何以故?中使在倭未能探听倭国军情,而倭人在中竟能洞悉中国军事。"⑤

(二) 有识之士的反间谍建议

甲午战争爆发不久,对于日本间谍的活动,很多人就有所察觉并十分忧虑。一些有识之士纷纷上奏,指出:"当此兵衅既开,(倭人)难免不勾结内地奸民为之侦察机密。"所以,"此时中国纵有智勇深沉之将,欲出奇计……必无一倭兵中计者,何则?事未行而机早泄也。"⑥ 有人还"既虑侦探军情,尤虑煽惑土匪乘间生事以牵掣兵力",担心"会匪"、游勇等与"倭人勾通,乘机煽惑。"⑦ 因此,他们认为,战争中反间谍工作当为最要紧之事。安徽一位叫朱照的廪生的看法很具代表性,他说:"用兵之道,密其事,晦其迹。神出鬼没,变化不测,毋使敌人得知我之虚实强弱,而后出其不意,攻其不备,可以制胜,故缉捕间谍,兵家所先",⑧ 把反间谍作为军事行动的先导。这些人还就反间谍问题提出一些具体建议。

首先,反对西方国家尤其是美国保护日本间谍。甲午战争爆发后,总

① 丛刊:《中日战争》(五),第467页。
② 续编:《中日战争》(一),第184页。
③ 丛刊:《中日战争》(三),第39页。
④ 丛刊:《中日战争》(三),第11页。
⑤ 盛档:《甲午中日战争》下册,第102页。
⑥ 续编:《中日战争》(一),第51页,丛刊:《中日战争》(五),第480页。
⑦ 续编:《中日战争》(一),第88、178页。
⑧ 丛刊:《中日战争》(五),第480页。

理衙门发了一份咨文，内容是："日本商民之在中国者，概由美国按照公法代为保护。"① 一些日本间谍因而往往躲在租界内得到各国尤其是美国的袒护。据报，"有日奸在汉口租界外行走，营勇向前盘诘，正欲查拿，该倭人即持刀抗拒，避人租界。英美领事不肯交出，谓系日本安分人，即时护送其登轮往沪"。② 一些间谍被捕后，也有外国为其说情，比如，福原林平等二人被捕后，"上海各领事均为该倭奸存希冀"，清廷也有些担心"就地正法恐滋饶舌"。③ 石川伍一被处决后，据驻美公使杨儒报告，美国多有责怪之意。针对这些情况有人强调指出，"两国交战虽有互保人民之条，而稽察奸究尤应严密"，"美领事不得袒庇"，"如有拿获日本细作，不必递交领事馆，由中国衙门密行监禁"。④

其次，主张实行保甲，严惩汉奸。

日本间谍往往通过汉奸为其搜集情报，据一些人分析，"倭奸之得潜伺于中国者"，最主要的原因之一就是"托庇于华人"，也就是得到汉奸的掩护，因而"非整顿保甲，极力搜查不能断其根株而空其巢穴"，认为清除汉奸才是反间谍的根本所在。他们提出应重治汉奸，"得其窝主，治以重法"。只有这样，才能使中国人"虽有贪利忘义者，欲潜匿倭奴以济奸利，而有所不敢"。⑤ 尤其是，"大军所驻各州县市镇"，更"应责成举行保甲严查汉奸。如此，则敌人无从知我举动，可无高升轮船之失足"。⑥ 与严查的同时，他们提出还必须实行安抚的办法。有人认为，很多地方由于年年发生饥荒，再加上战乱、民不聊生，百姓无以活命，在日本间谍粮、钱的诱惑下不得不当汉奸。要想从根本上改变这种状况，仅仅靠严惩是不够的，更主要的是关心民间疾苦，"拔赈以重生灵，救民命以收民心"。⑦ 张之洞等人还提出，日谍一贯"厚饵穷渔，多方引诱"，因而必须推行奖赏揭发的办法，并在海防重地办理"渔团"，他说："遇有倭人雇募窥探沿海沿江军情，该渔团能将来雇之人捆送到官，讯明属实，赏银

---

① 续编：《中日战争》（一），第 205 页。
② 丛刊：《中日战争》（五），第 5 页。
③ 续编：《中日战争》（一），第 205 页。
④ 同上。
⑤ 丛刊：《中日战争》（五），第 480 页。
⑥ 续编：《中日战争》（三），第 205 页。
⑦ 丛刊：《中日战争》（五），第 449 页。

500 两。"①

此外，为易于辨认，还有人提出禁止日本人剃发改华装。由于日本人与中国人眼睛、头发的颜色一样，相貌多有相似之处，只是发式、服装不同，日本间谍在中国往往剃发改装冒充中国人，很难识别。为此，有识之士提出，日本人在中国一律禁止改华装，否则按间谍治罪。张之洞等人就反复强调："既系安分，何必改装？……如查有华服倭人，即照奸细查办。"②

（三）清廷破获的间谍案

甲午战争中，清廷还破获了几起重大间谍案，除了上面提到的石川伍一，还有 9 名重要日本间谍被逮捕处死。

1894 年 9 月，据南洋大臣刘坤一奏报，逮捕了两名日本间谍：一名叫福原林平，26 岁；另一名叫恼内友次郎，28 岁。这两人都是日清贸易研究所的毕业生，8 月奉根津一的指示赴东北搜集情报。他们冒充湖北商人，准备搭乘法轮去营口，因轮船推迟起程住在法租界内一家旅馆，后被人识破，9 月被处决。

与福原林平等人被捕前后，藤岛武彦、高见武夫 2 人也暴露被捕。他们冒充和尚住在寺中，后被僧人发现送官，在浙江被斩首。

前面说过的被派往辽东半岛的 6 名间谍中，除 1 人生还，其余 5 人都被捕。其中的山崎羔三郎、钟崎三郎、藤崎秀最为出名，都是荒尾精的部下，在日本谍报界被并称"三崎"。

山崎羔三郎是日本国内秘密间谍组织玄洋社的骨干分子。1888 年 25 岁时来上海，曾在汉口乐善堂活动数年，经常化装为卖药商人和算命先生四处活动，甲午战争前夕在汉口开照相馆。战争爆发后，偷上中国运兵船到朝鲜汉城，冒充神户华侨药材商，潜入中国军队牙山阵地侦察。因藏有指南针、地图而被中国军队发觉逮捕，在押解途中逃脱。1894 年 10 月 24 日花园口秘密登陆后第三天被清军依克唐阿部下捕获，于金州城外斩首。同时被处死的钟崎三郎、藤崎秀都是日清贸易研究所的毕业生。钟崎三郎曾扮成药材商侦察渤海湾的北洋舰队情况，后转到山海关侦察中国军队驻

---

① 续编：《中日战争》（三），第 363 页。
② 丛刊：《中日战争》（五），第 6 页。

防和调动情报。藤崎秀曾任日军翻译官，10 月 24 日登陆后，因所携证件不足被百姓捕获。日本谍报机关对"三崎"之死极为重视，占领金州后，找到了三人尸首后厚葬在金州城外崔家屯山上，并命名为"三崎山"。

甲午战争中，尽管清廷破获了几起间谍案，处死了 10 名重要间谍，一些人还提出了各种防谍建议。但从最后结果来看，日本的谍报活动是十分成功的。日本的胜利，既是战略战术的胜利，又是日本谍报工作的胜利。根据日本间谍提供的各种情报，"倭人唯事事先发，故能制我之死命；我唯事事后发，故始终为倭人所制"。[①] 日本人也认为，正是由于间谍的出色工作，日本才能在战争中运筹帷幄之中，决胜千里之外。

甲午战争在很大程度上影响甚至是决定近代中国与日本两国命运的一场战争。战后的日本一跃成为亚洲强国，中国败了，则更加严重地陷入半殖民地的深渊。甲午战争的主要策划者之一陆奥宗光在战后不久写的《蹇蹇录》一书中这样写道："战胜的结果，对内对外大大提高了我国的地位，加强了我国的势力，使过去曾经讥嘲我国只会模仿文明皮毛的欧洲列强从这种错觉中清醒过来；承认日本已经不是远东的山清水秀的一个大公园，而是世界上的一大势力了。"陆奥宗光引用一位英国学者的评论说："远东大战的结果，使一个帝国的声誉日上，同时也使另一帝国的声名扫地。"[②]

这场战争取得如此的结局，自然取决于许多因素，而惊心动魄的间谍战，这条与公开战线相辅进行的隐蔽战线，也是一个不可忽视的原因。事实上，甲午战争时期，日本谍报工作之所以如此成功，与清廷不能严守军事机密，不重视防范间谍有很大关系。一些间谍甚至受到清政府的保护，比较明显的例子是宗方小太郎，他 1877 年周游北方战略要地，就是以"学生"合法身份、持有总署发放的通行证，受到清廷保护的。在两国关系已十分紧张、战争一触即发的时候，清廷还为川上操六提供大量方便，予以"殷勤接待"，李鸿章甚至视他为上宾，请他参观了军工厂、军事设施、军队操练。一些人还为日本间谍提供情报，更为严重的是，为谋求个人私利置民族利益于不顾，两国交战之时，仍给日本提供帮助的也大有人在。在李鸿章的外甥、天津军械局总办张士珩为牟取暴利居然"盗卖子

---

① 续编：《中日战争》（一），第 302 页。
② ［日］陆奥宗光：《蹇蹇录》，商务印书馆 1963 年版，第 91 页。

药济倭，得银 40 万两"。① 据记载，"我国奸商代渠办伙食等物者亦不
少"，李鸿章的儿子李经方通过上海候补道张鸿禄"以米三千石售与倭
人"。② 不仅如此，李鸿章等人在对日本间谍的处理上，明显表现出祖护
之意。比如石川伍一一案，先是"匿地雷事不奏"，③ 继而由于"供词牵
涉李经方及军械所局员"，授意盛宣怀"勒天津县李振鹏改供，为李振鹏
所驳斥。"后来，李鸿章又"立意不杀此人。云：'若杀之，殊有碍于和
局'"。④ 此后，清廷又抓获几名间谍，据给事中洪良品揭发，李鸿章"不
独未杀，并每人送路费一百元，闻该督以'杀了要赔钱'为辞"。⑤ 当然，
石川伍一后来终于被处决，但此前种种内幕充分暴露了当时政治的腐败和
黑暗。另外，由于技术落后，甲午战争时期，清廷的密电码被日军破译。
当时，中国的密码编制非常原始，规律十分简单、交换很少，容易被破
译。破译时间是 1894 年 6 月 2 日。日本由此掌握了 6 月 6 日至 8 月 4 日
驻日公使汪凤藻全部往返密电，计 54 件。由于清廷毫无觉察，整个战争
中一直未改密码，以致在马关谈判期间清廷与李鸿章的往来密电 22 件也
被全部破译，这不能不说是一个沉重的教训。

　　我们回顾一百年以前的这样一段往事，不仅仅是对业已逝去的岁月做
出历史的判断，也是为了提醒今天的善良的人们，当我们在有中国特色社
会主义道路上阔步行进的时候，不要在这方面放松了必要的警惕。

（原文载于《清史研究》1994 年第 4 期）

---

① 丛刊：《中日战争》（一），第 154 页。
② 盛档：《甲午中日战争》下册，第 178 页。
③ 同上。
④ 续编：《中日战争洲》（一），第 302、233 页。
⑤ 丛刊：《中日战争》（三），第 109 页。

中国驻日使团与金玉均

——兼论金玉均被刺与甲午战争爆发之关系

戴东阳

近代朝鲜开化派代表人物金玉均被刺二月余，日本出兵朝鲜，不到半年，甲午战争爆发。由此，金玉均被刺事件成为甲午战争史研究中一个引人注目的问题。日本有关金玉均的论著已有一定数量；国内相关专题研究虽然还很少，但有关甲午战争史等的研究一般均会提到。然而，这个问题至今仍存在不少疑点、盲点、歧义点。尤其关于金玉均被刺的原因及其与中日甲午战争爆发之关系，一直以来，众说纷纭。

一种流传颇久的说法是，中国政府协同朝鲜政府共同刺杀了金玉均，由此刺激日本政府出兵朝鲜，成为中日甲午战争爆发的一大诱因。[①] 而当

[①] 金玉均在日本的同情者如赞助金玉均最力的福泽谕吉等，在金被刺不久，就认定金之被刺是中朝共谋的结果。《福沢谕吉伝》的作者更指出，金玉均之至上海出自中国计划，金被刺后中国政府又堂而皇之用军舰护送，羞辱日本。日本对中国的开战，虽是多年的宿因，此事却是一大动因。参见石河干明《福沢谕吉伝》第3卷，东京：岩波书店1932年版，第388—390、393—398页；高松丑藏编《朝鲜国亡命人金玉均氏暗殺の始末》，大阪：1894年版（出版者不详），第14页。金玉均的朝鲜同党在金玉均墓碑文中作类似说法，参见朴泳孝撰、李埈镕书《青山墓碑文》[甲辰（1904年）二月十八日]，韩国学文献研究所编《金玉均全集》，汉城：亚细亚文化社1979年版，第160页。按：这份墓志铭的撰写者是俞吉濬，朴泳孝等只是署名。当时中国朝野也盛传甲午战争之爆发与金之被刺有关，参见《岑春煊奏参汪凤藻片》（光绪二十年六月十四日），附件2，故宫博物院编《清光绪朝中日交涉史料》卷14，1932年铅印本，第34页；《钟德祥奏陈朝鲜兵事启衅之由片》（光绪二十年六月二十一日），附件2，《清光绪朝中日交涉史料》卷15，第13页；《御史安维峻奏权臣之子李经芳擅作威福请置重典折》（光绪二十年十月二十三日），军机处原折，戚其章主编：《中国近代史资料丛刊续编·中日战争》第1册，中华书局1989年版，第577页；蒿目生撰《龟鉴褊言》（乙未冬十二月），戚其章主编：《中国近代史资料丛刊续编·中日战争》第6册，中华书局1993年版，第553页。西方也有此说，如德国柏（接下页）

时的中国驻日使臣汪凤藻及其前任李经方也成为事件的焦点，清政府大员在甲午战争爆发前后对他们交相弹劾。[①]后来的学者明确指出金之被刺，清政府尤其李鸿章肯定预知此事，且乐见其成。中国驻日使臣李经方、汪凤藻在日本与金玉均的交往，未尝不是一种诱捕的手段。[②]有学者基于这一立场，还专文介绍了日本外务省等地所藏李鸿章父子与金玉均关系的资料。[③]另一种说法是，金玉均被中日韩三国所共同谋杀。[④]

上述诸说，无论清廷大员的奏折，日方同时代人的回忆，还是后来不同层面的传记，均具相当的传言成分。对于中日两国政府一直以来的对金政策，特别是以李氏父子和中国驻日使团为代表的清政府，及以日本外务大臣陆奥宗光为代表的日本政府与金玉均之死的关系，以及金氏之死与中日甲午战争爆发之关系等问题，仍有进一步考察的必要。本文试通过较系统地考察中国驻日使团与金玉均之间的关系，对上述诸问题进行梳理和辨析，从一个侧面揭示甲午战争爆发之原因。之所以选择中国驻日使团作为切入点，一是因为滞日的金玉均主要与中国驻日使馆直接接触，二是因为

林府的《海事通览》在探讨甲午战争问题时，也作如是说，参见《伯林海事通览·日清战争論》，海军军令部编纂《廿七八年海战史》别卷，东京：春阳堂明治38年（1905年）版，第349页。后来的学者继续坚持这种说法，参见田保桥洁《甲午战前日本挑战史》，南京书店民国21年版，第30—31页；王信忠《中日甲午战争之外交背景》，国立清华大学民国二十六年版，第135—140页；王芸生《六十年来中国与日本》第2卷，生活·读书·新知三联书店1980年版，第11—14页；戚其章《甲午战争国际关系史》，人民出版社1994年版，第1—8页。

① 《岑春煊奏参汪凤藻片》（光绪二十年六月十四日），附件2，《清光绪朝中日交涉史料》卷14，第34页；《钟德祥奏陈朝鲜兵事启衅之由片》（光绪二十年六月二十一日），附件2，《清光绪朝中日交涉史料》卷15，第13页；《御史安维峻奏权臣之子李经芳擅作威福请置重典折》（光绪二十年十月二十三日），军机处原折，戚其章主编：《中国近代史资料丛刊续编·中日战争》第1册，第577页。

② 王信忠：《中日甲午战争之外交背景》，第140页。

③ 河村一夫：《李鴻章·李経方と金玉均との関係について》，《朝鮮学報》第74辑，1975年1月，第155—161页；《李鴻章と金玉均との関係》，《日本歷史》第325号，1975年6月，第37—40页。

④ 朝鲜民主主义人民共和国社会科学院历史研究所编、日本朝鲜研究所译编：《金玉均の研究》，东京：日本朝鲜研究所1968年版，第17—19页；琴秉洞：《金玉均と日本：その滞日の軌跡》，东京：绿荫书房1991年版，第791—828页；权赫秀：《关于金玉均暗杀事件与清政府之关系》，原载韩国汉阳大学韩国学研究所编《韓国国学論集》第37辑，1997年，收入氏著《近代韩中关系史的再照明》，首尔，图书出版慧眼2007年版，第109—184页。

尽管金玉均是朝鲜人，但日本政府始终认为朝鲜政府的种种要求"不妥"，而要求与中方商谈。为此，围绕金玉均的一系列交涉活动，其实主要在日本与中国政府尤其是驻日使团和李鸿章之间展开。

一　黎庶昌、徐承祖建议由朝鲜 政府出面引渡金玉均

早在光绪七年（1881）朝鲜遣使游历日本时，金玉均就是使团成员，中国首任驻日使臣何如璋在致总署函中已提到金玉均①，只是当时尚未予以特别关注②。壬午年朝鲜为履行《济物浦条约》中的谢罪条款又派遣使团前往日本，金玉均也随行。这一次，金玉均就其起草的《治道略论》与中国第二任驻日使臣黎庶昌深入切磋③，并促使朝鲜政府一度以此为蓝本推行整治道路的改革方案④，留下了友好交往的历史片段。

清政府早期对开化党人金玉均等不存在特别的猜忌，一直所防范的，是以壬午兵变主谋大院君为首的守旧党。金玉均等人进入清政府的视线，是在甲申事变爆发之后，其间还经历了一个过程。光绪十年十月十七日（1884年12月4日），以朝鲜户曹参判金玉均、驸马锦陵尉朴泳孝为首的开化派，联同日本驻朝公使竹添进一郎，为铲除事大党，挑起甲申事变。事变很快被平定。清政府于二十三日（10日）接到关于事变的电报⑤，因事出意外，一时难辨事变真相，首先怀疑大院君李昰应党，命李鸿章查询翔实。⑥　二十五日（12日）后，清政府陆续收到在朝鲜的吴兆有、袁

---

① 《出使大臣何如璋函》（光绪七年四月十五日），中研院近代史研究所：《清季中日韩交涉史料》第2卷，中研院近代史研究所1972年版，第500页。

② 《出使日本国大臣何如璋等函》（光绪七年七月初三日），《清季中日韩关系史料》第2卷，第509页。

③ 《治道略论》，《金玉均全集》，第3—19页。

④ 《金玉均全集》，"解题"，第 ix 页。

⑤ 《北洋大臣来电》（光绪十年十月二十三日），《清光绪朝中日交涉史料》卷5，第24页。

⑥ 《直督李鸿章致总署论韩乱原因函》（十月二十七日），王彦威辑、王亮编：《清季外交史料》卷50，北平，清季外交史料编纂处1934年铅印，第1页；《李鸿章来函》（光绪十年十月二十七日），附件2，《清光绪朝中日交涉史料》卷5，第32页；《北洋大臣李鸿章函》（十月二十八日），《清季中日韩关系史料》第3卷，第1509页。

世凯等来电，被告知事变并非由大院君党，而是由亲日的开化党挑起①，但清政府看到日本政府"实无动静"，仍认为"朝人匿倭衅华者应系开化之党，戕官迁王者，应系守旧之党"。李鸿章等提议让羁留中国的大院君归朝，清政府不予考虑。② 在事变真相不明的情况下，清政府将处理的基本原则确定为"以定乱为主"，重点是查明并惩办"肇乱罪魁"。③ 此后，来自朝鲜的后续报告终于使清政府相信事变是开化党勾结日本驻朝使馆所为，但谈到"肇乱罪魁"，被指为"乱首"的，还不是金玉均，而是事变之初出面设计宴请，后被清军击毙的领议政洪英植，以及朴泳孝、金玉均则被看作随从。④ 后朝王来函指出乱首为金玉均、洪英植、徐光范等人⑤，由此，金玉均作为"肇乱罪魁"进入清政府的视野。当时，洪英植已在事变中身亡，金玉均等则随日本驻朝公使竹添进一郎逃往日本。这样，无论朝方还是清政府，都将交拿金玉均等作为平定事变的首要任务。

引渡交涉牵涉中日朝三国关系，作为中国政府代表，中国驻日使馆以驻日之便，最先承担起引渡金玉均的交涉任务。金玉均被刺后，日本民间舆论大力抨击中朝两国政府，却很少提及此前颇为艰难的引渡交涉，后来有关金玉均的研究对此也着墨不多，对于中国驻日使馆的工作及其立场更少提及，笔者认为值得进一步考察。

甲申事变爆发时，正值驻日使臣前后任交接时期，由于情况紧急，清政府命新任使臣徐承祖迅速赴任，同时命等待回国的前任使臣黎庶昌暂留

---

① 《寄译署》（光绪十年十月二十五日午刻），《李文忠公全书·电稿》卷4，第24页；《北洋大臣来电》（光绪十年十月二十五日到），《清光绪朝中日交涉史料》卷5，第26页；《直督李鸿章致总署韩乱党用事恐有挟王叛华之意函附吴兆有禀》（光绪十年十月二十五日），《清季外交史料》卷49，第29—30页。

② 《军机处电寄李鸿章谕旨》（光绪十年十月二十六日），《清光绪朝中日交涉史料》卷5，第27页。

③ 《军机处密寄直隶总督李鸿章等上谕》（光绪十年十月二十八日），《清光绪朝中日交涉史料》卷5，第31页；《谕李鸿章办理韩事勿与日生衅电》（十月二十八日），《清季外交史料》卷50，第10—11页。

④ 《北洋大臣李鸿章函》（十一月十一日），附件1—4，《清季中日韩关系史料》第3卷，第1531—1545页。

⑤ 《北洋大臣李鸿章函》（十一月十一日），附件5—7，《清季中日韩关系史料》第3卷，第1545—1546页。

会同商办一切。徐承祖于十一月初启程前往日本，与黎庶昌办理交接事宜①，黎庶昌留任至十二月中旬（1885 年 1 至 2 月）回国。② 因此，有关引渡金玉均的工作，由徐承祖会同黎庶昌共同担当。

黎庶昌和徐承祖的工作，首先是坐实金玉均是否在日本，为引渡交涉提供依据。十一月初五日（12 月 21 日），黎庶昌报告，"风闻金玉均已来东"。李鸿章得知后，当天会晤日本驻天津领事原敬，令其告日本驻华公使榎本武扬及日本政府"勿为所惑"。③ 次日，李鸿章电告黎庶昌和徐承祖，也令告日本政府"勿听播弄"④。其时，日本外务卿井上馨作为便宜行事大臣已启程前往朝鲜处理事变。李鸿章考虑到竹添进一郎一定会推卸事变责任，井上也必将庇护竹添，所以与原敬会谈时先主动为竹添开脱，称"竹添为金玉均所卖"，进而表示金玉均"乃乱首"，逃日而日纳之，于国际舆论及中日朝三国友谊均有不便。李鸿章一面示好，一面施压，意在为引渡金玉均开启方便之门。随后，李鸿章将这一立场分别致电黎庶昌及在朝鲜负责处理事变善后的吴大澂，统一口径。⑤

李鸿章的处理方案得到清政府的肯定。十一日（27 日），徐承祖进一步报告"金玉均确在东"⑥。次日，军机处复电称，金玉均系朝鲜乱党，并传达了与李鸿章相似的意见，令黎、徐告日本政府"勿听播弄，免生枝节"⑦。

不过，徐承祖与黎庶昌等并未遵照指令直接出面与外务省交涉，而是建议由朝鲜国王出面向日本交涉。十一月二十七日（1885 年 1 月 12 日），黎、徐在进一步确认金玉均逃匿在东京庆应义塾的福泽谕吉家之后，致电

---

① 《出使日本大臣徐承祖来电》（清光绪十年十一月十一日），《清光绪朝中日交涉史料》卷 6，第 27 页。

② 《北洋大臣来电》（光绪十年十二月十五日），《清光绪朝中日交涉史料》卷 6，第 45 页。

③ 《急寄译署》（光绪十年十一月初六日午刻），《李文忠公全书·电稿》卷 4，第 33 页。

④ 《寄日本黎徐二使》（光绪十年十一月初六日戌刻），《李文忠公全书·电稿》卷 4，第 34 页。

⑤ 《寄昌黎交吴钦差》（光绪十年十一月初七日巳刻），《李文忠公全书·电稿》卷 4，第 35 页。

⑥ 《出使日本大臣徐承祖来电》（光绪十年十一月十一日），《清光绪朝中日交涉史料》卷 6，第 26—27 页。

⑦ 《军机处电寄黎庶昌等谕旨》（光绪十年十一月十二日），《清光绪朝中日交涉史料》卷 6，第 31 页。

总署称："似宜密嘱朝王，执约责日政府查拿，送交朝廷，治以国法。"①　当时，井上馨以全权大使的身份正与朝方谈判，在朝的吴大澂也正积极促进拘金工作，包括建议朝王托井上协同查拿金玉均等②；示意朝鲜全权大臣金宏集在与井上立约时不可置乱党于不问③；又与金宏集具体商定，鉴于旧条约中尚无拿交逃犯条款，拟在新立条约中添入两国互交罪犯一条。但是，直到朝日条约签订，吴大澂等均未将事件处理情形及时电奏，清政府甚为着急。二十九日（14日），军机处在接到黎庶昌和徐承祖上述建议之后，电谕吴大澂，一面询问朝日条约详情，一面指出，"闻黎庶昌等电称金玉均逃在东京，似宜密嘱朝王执约责日政府查拿交朝"，令吴大澂等"酌办"。④同时将这一谕旨电寄李鸿章，由李鸿章转寄袁世凯。⑤　显然，黎庶昌和徐承祖把引渡视为朝鲜内政，建议由朝鲜方面出面引渡金玉均，与清政府的既定方针完全契合，因而很快被采纳。

　　引渡交涉首先在朝鲜展开，具体则采用吴大澂与金宏集已商定办法，即在新立条约中添加条款。然而，在朝鲜的引渡交涉并不顺利。最初，当朝方提出添加互交罪犯条款要求时，井上馨提出金宏集可另写一份照会，并声称附加的照会与添入条约中的条款作用相同⑥，显然日方已表示同意。朝鲜政府则以答应查拿杀害矶林真三的凶徒相呼应。十一月二十五日（1885年1月10日），即《朝日续增条约》签订次日⑦，金宏集按照约定

---

①　《出使日本大臣黎庶昌徐承祖来电》（光绪十年十一月二十七日），《清光绪朝中日交涉史料》卷6，第35页。

②　《吴大澂与朝鲜国王笔谈》（十一月十七日），附件3，《清季中日韩关系史料》第3卷，第1589—1590页。

③　《会办大臣吴大澂等函》（十二月初三日），附件5，《清季中日韩关系史料》第3卷，第1592页。

④　《军机处电寄吴大澂谕旨》（光绪十年十一月二十九日），《清光绪朝中日交涉史料》卷6，第36页；《旨着吴大澂等确查韩日定约有无关碍电》（十一月二十九日），《清季外交史料》卷51，第15页。

⑤　《寄托旅顺袁道》（光绪十年十一月二十九日酉刻），《李文忠公全书·电稿》卷4，第49页。

⑥　《会办大臣吴大澂等函》（十二月初十日），《清季中日韩关系史料》第4卷，第1610页。

⑦　《朝日续增条约》签订的日期，中方史料中所存条约原稿落款时间为"十一月二十四日"（《照录朝鲜与日本续增条约》，《清季中日韩关系史料》第4卷，第1613页），日方资料则为"十一月二十三日"（《约书原稿》，伊藤博文编：《朝鲜交涉史料》上卷，东京，原书房1970年版，第388页），相差一天。

以朝鲜特派全权大臣身份致井上照会，希望井上大使"遍访各地方"，将金玉均"查拿交出，以昭公允，以敦友谊"。① 不料，条约既已签订，井上却开始"词甚游移"了。二十六日（11 日），井上一反最初立场，以国际法为挡箭牌，拒绝了朝方的要求。他在照会中称："贵我两国，现未有互交罪犯之约，若万国公法之认为合交付者，我国亦无为其逋薮之意也。"然而，"贵大臣所称数犯，若系国事犯者，我政府恐不易副贵大臣之望也"。② 至此，朝方出面的首次引渡交涉陷入僵局。吴大澂考虑到清政府既已确定交涉需由朝方出面的方针，因而没有出面直接照会井上，只是具折奏明应由朝鲜与日本自行议办。③

李鸿章致电总署指出，井上馨既可根据国际法拒绝引渡，朝日间又无互交罪犯条约，仅仅依靠朝鲜官方之力恐难见成效。当时，徐承祖等既已确认金玉均在日本的住处，因此，李鸿章认为，必须与日本外务省议明，才可往拿④，引渡交涉则仍由朝鲜政府主持⑤。但直到吴大澂回国，引渡金玉均问题，与竹添奉旨入卫、谁先行开枪、焚烧日馆等四大"要事"，均因井上声称于事变原委"概置不论"而被暂时搁置。⑥ 后三大"要事"在稍后的中日天津谈判中，经由李鸿章与伊藤博文激烈辩论，大致了结，只有引渡问题悬而未决。光绪十一年十二月（1886 年 2 月），《汉城条约》签订后，朝鲜政府派遣礼曹参判徐相雨、兵曹参判穆麟道一行赴日处理善后事宜，再向日方提出引渡要求，仍遭拒绝。⑦

井上馨此时之拒绝引渡，有其背景原因。金玉均逃日问题直接牵涉日本在甲申事变中的责任，进而影响其在与朝鲜和中国谈判时的地位。本

---

① 《朝鲜特派全权大臣金宏集致日本全权井上照会》（光绪十年十一月二十五日），附件 1，《清季中日韩关系史料》第 4 卷，第 1611 页；《朝鲜国ヨリ我国ヘ送ルベキ国书ノ草案》，伊藤博文编：《朝鲜交涉史料》上卷，第 390—391 页。

② 《日本特派全权大臣井上复朝鲜全权金宏集照会》（光绪十年十一月二十六日），附件 2，《清季中日韩关系史料》第 4 卷，第 1611 页；《朝鲜国ヨリ我国ヘ送ルベキ国书ノ草案》，伊藤博文编：《朝鲜交涉史料》上卷，第 391—392 页。

③ 《会办大臣吴大澂等函》（十二月初十日），《清季中日韩关系史料》第 4 卷，第 1610 页。

④ 《寄译署》（光绪十年十二月十三日申刻），《李文忠公全书·电稿》卷 4，第 54 页。

⑤ 《北洋大臣来电》（光绪十年十二月十五日），《清光绪朝中日交涉史料》卷 6，第 45 页。

⑥ 《军机处交出吴大澂抄折》（光绪十一年正月初三日），《清季中日韩关系史料》第 4 卷，第 1634—1635 页。

⑦ 详参琴秉洞《金玉均と日本：その滞日の轨迹》，第 179—180、184—185、191 页。

来，竹添进一郎正努力撇清与金玉均等人的关系，如果爽快交出金等人，正是日方剖白此心的一个机会。但竹添是事变共谋者，金玉均逃日的知情者，日本政府当然不可能让金玉均回到朝鲜。井上极力所做的，正是为竹添开脱责任。他于事变后特意做了一份所谓事实调查书，内称金玉均等同乘"千岁丸"，是受到其他与其有私交的日本人的庇护，藏匿于混杂的人群中成行的。竹添动乱之际无暇明察，并不知情。不仅如此，事实调查书连竹添预先参与策划事变这一事实，也完全否认了。①

竹添之共同参与谋划甲申事变，众所周知，兹不赘述。今就竹添是否知道金玉均一行同乘"千岁丸"一事，试作说明。

金玉均的友人在金的传记中，对竹添多有指责，称竹添及使馆人员在金等逃入日本使馆后，担心受牵连，态度变得冷淡。② 随同金玉均一起逃亡日本的事变当事者柳赫鲁等在后来的回忆中也说，当时竹添正好收到井上馨的新密令，性格懦弱的他，一时惊慌失措，对随行的金玉均一行态度摇摆起来。但是，金玉均之亡日，竹添却绝非不知情。随金玉均同行的另一位当事者指出，从汉城败退时，正值严冬之夜，后有追兵，金玉均和朴泳孝又分别遭受枪伤，他们是在人数有限的日本士兵护卫之下，随竹添一起逃到仁川的，极其不易。金玉均一行又经竹添公使的斡旋才得以坐上日本商船"千岁丸"。③ 当时一同前往日本的有金玉均、朴泳孝、徐光范、徐载弼、柳赫鲁、李圭完、郑兰教、申应熙等十余人。④ 金玉均本人更明确指出，他们是在竹添再三邀请之下，才同意全部随行的。⑤ 光绪十二年（1886），池运永暗杀事件暴露后，金玉均致李鸿章信中也声称："东奔至于日本之江户，实赖日本公使竹添进一郎救人隘溢急之义气。"⑥ "千岁丸"于光绪十年十月二十六日（1884 年 12 月 13 日）抵达长崎，同船随行的井上角五郎立即致电福泽谕吉，继而陪同金玉均一行到横滨。十一月

---

① 井上馨：《查明事实始末书》，伊藤博文编：《朝鲜交涉资料》上卷，第 301—306 页。

② 古筠金玉均正传编纂委员会：《古筠　金玉均正传》，ソヴル高丽书籍株式会社 1984 年版，第 193、196 页。

③ 琴秉洞：《金玉均と日本：そ滞日の轨跡》，第 159、163—165 页。

④ 杉村浚：《明治廿七八年在韩苦心录》，东京，杉村阳太郎昭和 7 年（1932）版，第 80 页。

⑤ 金玉均：《甲申日录》，《金玉均全集》，第 103—105 页。

⑥ 《古筠金　玉均正传》，第 225 页。

初二日（12 月 18 日），井上角五郎受井上外务卿委托，从横滨赴东京向政府诸参议说明此次遭难的经过。十一月中下旬（12 月下旬），金玉均一行应邀赴东京，先到银座竹川町的三浦屋洋酒店，紧接着前往福泽谕吉宅邸。① 接风宴席上，担任翻译的是日本驻汉城公使馆书记大场永成。② 只是，十一月初二、初三、初四日（12 月 18、19、20 日）福泽谕吉主办的《时事新报》上，井上角五郎等署名多次发表声明称，金玉均、朴泳孝等人不知去向，生死不明。光绪十年十二月（1885 年 2 月）朝鲜特使徐相雨一行到日本向日本政府提出引渡要求时，为了掩人耳目，日本方面有意传播金玉均一行已渡航美国的消息。日本一般民众直接了解到金玉均在日本的动静，大概是在光绪十一年三月（1885 年 4 月）中日《天津条约》最后签署的时候。③ 由此可见日本政府的良苦用心。

可以说，井上馨拒绝朝鲜的引渡要求，名为遵从国际法原则，实有很大的政治考量在其中，且随形势的变化而变化。光绪十一年五月二十日（1885 年 7 月 2 日），李鸿章与当时的日本驻华公使榎本武扬会谈，从朝俄密约谈到引渡金玉均问题。李鸿章称，如果引渡金玉均到朝鲜有困难，是否可以考虑引渡到中国，中国绝对不会对其施加刑法，只加以禁闭。榎本指出，朝鲜人不能引渡到中国。李鸿章提议在日本就地拘捕金玉均，榎本又以日本国内法为据予以否定。④ 但光绪十一年底井上馨与徐承祖商议诱捕金玉均时，其中一个方案就是诱金到上海，与榎本所谓的国际法原则大相异趣，详参下文所论。

金玉均到日本后，有传言说井上馨对金并不十分信任。⑤ 驻朝代理公使近藤真锄曾建议井上对金玉均给予格外关照，使金等为日本将来在朝鲜的利益服务。⑥ 但近藤的劝告似没有产生作用。

---

①　《与李鸿章书》［丙戌（1886 年）六月六日］，《金玉均全集》，第 151 页。

②　琴秉洞：《金玉均と日本：その滞日の軌跡》，第 168、175—176 页。

③　同上书，第 174—175、184—186、193 页。按：此处的《时事》疑为《时事新报》。

④　中岛雄：《日清交际史提要》，外务省编纂：《日本外交文书》明治年间追补（第 1 册），东京，日本国际连合协会 1963 年版，第 371—372 页。

⑤　《袁世凯摘奸论》，附件 5，《军机处奏录呈李鸿章函件片》（光绪十一年九月二十二日），《清光绪朝中日交涉史料》卷 9，第 10 页。

⑥　《驻朝鲜国近藤临时代理公使致井上外务卿》（3 月 23 日到），戚其章主编：《中国近代史资料丛刊续编·中日战争》第 9 册，中华书局 1994 年版，第 30 页。

二　徐承祖与井上馨的拘金交涉

　　金玉均逃日，始终是朝鲜政府的一块心病。中日朝之间再度提起金玉均问题，约在光绪十一年（1885）十一月大井宪太郎渡朝事件之后。在日方的要求下，中国驻日使臣徐承祖代表清政府出面交涉。关于徐承祖与日本外务卿井上馨之间的拘金交涉，尽管已有学者论及，但尚有进一步考察的余地。①

　　徐承祖获悉日本乱党私运军火渡朝是在光绪十一年十一月初七日（1885 年 12 月 12 日），报告者是中国驻长崎理事，徐承祖将情形立即报告李鸿章。李鸿章接电后，命袁世凯嘱朝鲜各口查探搜截。初八日（13日），袁世凯回电称"此金玉均之谋"，并称，此前朝鲜政府对于停泊在仁川港的日本军舰一直忧心忡忡。由此，李鸿章认定这是一起金玉均勾结日本的谋乱事件，特令徐承祖前往外务省交涉，务必不能让金玉均与日本乱党勾结生事，扰乱大局。②

　　徐承祖遵命前往外务省会见外务卿井上馨。井上的态度虽颇为积极，但并不认为金玉均与乱党有关。他称乱党名为自由党，意在挑衅朝鲜，在日本起事，日本政府已在长崎、神户拿获乱党多人，但尚无确供证实此事与金玉均有关。他表示，已令巡捕暗中随察金玉均，如有其与乱党勾结的证据，即行拘办。③ 当时，盛传有 80 余名日本士兵扮作小商混入汉城，徐承祖奉命又就此事面询井上。井上答应电询日本驻朝使馆，同时派遣巡捕 20 名赴朝查拿，并再次表示已对金玉均严加监视。④ 徐承祖将井上的

---

　　① 王信忠：《中日甲午战争之外交背景》（第 126 页）和琴秉洞《金玉均と日本：その滞日の軌跡》（第 231—233、271 页），略有涉及。

　　② 《寄译署》（光绪十一年十一月初九日午刻），《李文忠公全书·电稿》卷 6，第 24 页；《北洋大臣来电》（光绪十一年十一月初九日到），《清光绪朝中日交涉史料》卷 9，第 19 页。

　　③ 《寄译署》（光绪十一年十一月初九日酉刻），《李文忠公全书·电稿》卷 6，第 24—25 页；《北洋大臣来电》（光绪十一年十一月初九日到），《清光绪朝中日交涉史料》卷 9，第 19 页。

　　④ 《寄译署并汉城袁道》（光绪十一年十一月初十日戌刻），《李文忠公全书·电稿》卷 6，第 25—26 页；《北洋大臣来电》（光绪十一年十一月十一日到），《清光绪朝中日交涉史料》卷 9，第 20 页。

意思转呈清政府，清政府信以为真。①

　　然而，下面将谈及的密信问题的揭发，却使拘金问题显得紧迫。其间，由于井上馨一开始对密信大表怀疑，使交涉颇显曲折。但密信收集工作的有效进行，终使井上的立场发生重大转变。

　　十一月初十日（12 月 15 日），李鸿章接袁世凯来电，称有朝鲜大臣接到金玉均密信，内称月内将带日本乱党百余人，入江华作乱。李鸿章接电后，连连致电徐承祖，令其再与伊藤博文、井上馨密商，强烈要求日方凭借这一事实拘办金玉均，彻底清理金党②，以除"乱根"③。与金玉均通信的"朝臣"，是大院君李昰应之兄李晟应长子李载元，他受命"佯私于"金玉均，因而接到金的密信。④

　　徐承祖接到命令后，鉴于井上上次交涉的立场，希望李鸿章电饬朝鲜大臣，将密信抄送日本驻朝公使电达日本政府，以便交涉。但李鸿章告知，因李载元是"佯私于"金玉均，未必肯抄送金信。⑤ 这样，徐承祖的交涉面临很大阻力。果然，井上馨对于所谓金玉均密信大表怀疑，认为"不能为凭"，要徐承祖出面电询日本驻朝使节高平小五郎。如果高平认定确有此事，日本政府就拘捕金玉均。于是，徐承祖将井上交付的电文暗号，直接寄给袁世凯，请袁转交日本公使，并请李鸿章电饬袁世凯照交，获李鸿章支持。⑥

　　在朝鲜的袁世凯加紧了密信收集工作。十二日（17 日）下午，袁世

---

　　① 《军机处电寄李鸿章谕旨》（光绪十一年十一月初十日），《清光绪朝中日交涉史料》卷 9，第 19 页；《发北洋大臣》（光绪十一年十一月初十日），《清光绪朝中日交涉史料》卷 9，第 20 页。

　　② 《寄译署》（光绪十一年十一月初十日申刻），《李文忠公全书·电稿》卷 6，第 25 页；《北洋大臣来电》（光绪十一年十一月初十日到），《清光绪朝中日交涉史料》卷 9，第 19 页。

　　③ 《寄日本徐使》（光绪十一年十一月初十日亥刻），《李文忠公全书·电稿》卷 6，第 26 页。

　　④ 同上。

　　⑤ 《寄汉城袁道》（光绪十一年十一月初十日午刻），《李文忠公全书·电稿》卷 6，第 26 页。

　　⑥ 《寄汉城袁道》（光绪十一年十一月十一日午刻），《李文忠公全书·电稿》卷 6，第 26 页；《北洋大臣来电》（光绪十一年十一月十一日到），《清光绪朝中日交涉史料》卷 9，第 20 页。

凯与朝鲜内外督办商量致高平的信，并抄附金玉均各信。① 十三日（18日），朝王派李乔翼、闵应植带来金玉均致李载元、韩士文信，内中详细记述了起事计划。朝人张甲福、宋秉俊等也不断报告金玉均将勾结日人谋乱之事。江华另有金玉均来信。② 同时又检获金玉均书信二件，均拟翻译后送高平。③

其时，清政府鉴于日本一直以来在金玉均问题上的立场，对于仅仅采用外交途径与日交涉不甚乐观，而寄希望于借助兵力解决。同时，清政府对金玉均密信也提出了诸多疑问。如金玉均致李载元等信函既然是密谋，为何竟落到朝鲜国王手中？高平寄本国政府的信，为何一定要托袁世凯转寄？金玉均果欲成事，理应潜谋偷渡，又为何如此扬言恫吓？④ 然而，李鸿章认为密信确实可信，并就清政府疑虑之处一一进行解释，同时指出日方此时也并非完全拒绝商谈。⑤ 这样，清政府也就不反对首先通过外交谈判与日方交涉，但仍强调需做军事准备。⑥

的确，如清政府所料，拘金交涉并不轻松。十七日（22日），徐承祖再次前往会见井上馨。井上却率先发威，称"催拘无益"，中国"独慌张"。他出示高平十三日（18日）来电，指出袁世凯关于日人扮作商人巡城等电信纯据谣言，致使日本派遣巡捕，惊动人心。他警告"以后如再不审实据报，无以取信，恐碍交涉"。至于拘金，井上称所谓密信是无稽之谈，断难据此拘捕，也不提高平是否已寄送密信。徐承祖与之辩论再三，井上始终坚持己见。为此，徐承祖只能请李鸿章嘱咐袁世凯询问高平，为何未将韩文的金玉均信转呈本国政府？并希望袁以后将相关情报探

① 《北洋大臣来电》（光绪十一年十一月十三日到），《清光绪朝中日交涉史料》卷9，第21页。

② 《寄译署》（光绪十一年十一月十四日辰刻），《李文忠公全书·电稿》卷6，第27页。

③ 《北洋大臣来电》（光绪十一年十一月十六日），《清光绪朝中日交涉史料》卷9，第22页。

④ 《军机处密寄李鸿章上谕》（光绪十一年十一月十五日），《清光绪朝中日交涉史料》卷9，第21—22页。

⑤ 《北洋大臣来电》（光绪十一年十一月十六日到），《清光绪朝中日交涉史料》卷9，第22页。

⑥ 《军机处密寄李鸿章上谕》（光绪十一年十一月十七日），《清光绪朝中日交涉史料》卷9，第23页。

实后再电闻。①

其实，十六日（21 日），朝鲜政府已将金玉均密信原件及翻译稿送交高平。② 高平于十七日（22 日）将金信电寄东京，并声称将积极协助朝方查拿自由党。③ 当时，英国方面也接到驻日英使有关日本乱党与金勾结欲进犯朝鲜的来信。为此，李鸿章致电徐承祖，令向日方表明，并非中国"独慌张"。又估计高平所发金信应该已到，令徐承祖再催询。④

徐承祖接电再次拜见井上，井上仍称"高平无电来"。至此，徐承祖对拘金交涉不抱希望了，认为纵使朝鲜政府交出金玉均密信，日本政府恐怕也不会拘送。同时，鉴于金玉均党人寄居日本者人数有限，他也开始怀疑袁世凯所获密信是否真实。⑤

此时，朝鲜方面继续不断从"佯私于"金玉均的白春培等人处获取金玉均勾结日人谋犯朝鲜的情报。金允植将此抄送高平，高平表示将积极配合朝鲜外署查拿。袁世凯并嘱高平将信转呈日本外务省。⑥ 二十二日（27 日），又据自日本逃回的朝人俞吉濬供称，金玉均计划与日人饭田勾结，来朝作乱，扰乱中日朝关系。⑦ 二十三日（28 日），朝鲜人张甲福再次从日本来信，称日本逮捕的不平党人樽井（藤吉）已供称金有谋乱一事。⑧ 十二月初二日（1886 年 1 月 6 日），李鸿章收到袁世凯抄寄金玉均致李载元的两封信，一张暗号纸，以及朝人白春培的口供。⑨

向朝鲜政府提供金玉均密谋进攻朝鲜消息的，其中有从中渔利、被视

---

① 《寄译署》（光绪十一年十一月十八日申刻），《李文忠公全书·电稿》卷 6，第 28—29 页；《北洋大臣来电》（光绪十一年十一月十八日到），《清光绪朝中日交涉史料》卷 9，第 23 页。

② 《寄日本徐使》（光绪十一年十一月二十日辰刻），《李文忠公全书·电稿》卷 6，第 29 页。

③ 《北洋大臣来电》（光绪十一年十一月十八日），《清光绪朝中日交涉史料》卷 9，第 23 页。

④ 《寄日本徐使》（光绪十一年十一月十八日申刻），《李文忠公全书·电稿》卷 6，第 28 页。

⑤ 《寄译署》（光绪十一年十一月二十日午刻），《李文忠公全书·电稿》卷 6，第 29 页；《北洋大臣来电》（光绪十一年十一月二十日到），《清光绪朝中日交涉史料》卷 9，第 24 页。

⑥ 《寄译署》（光绪十一年十一月二十日午刻），《李文忠公全书·电稿》卷 6，第 29—30 页。

⑦ 《寄译署》（光绪十一年十一月二十三日巳刻），《李文忠公全书·电稿》卷 6，第 30 页；《北洋大臣来电》（光绪十一年十一月二十三日到），《清光绪朝中日交涉史料》卷 9，第 24—25 页。

⑧ 《寄译署》（光绪十一年十一月二十三日戌刻），《李文忠公全书·电稿》卷 6，第 31 页；《北洋大臣来电》（光绪十一年十一月二十四日丑刻到），《清光绪朝中日交涉史料》卷 9，第 25 页。

⑨ 《发觉朝鲜金玉均密谋》（光绪十一年十二月初二日），《李文忠公全书·译署函稿》卷 18，第 20—26 页。

为无赖之徒如张甲福者①，但也有后来为金玉均起草墓志铭的俞吉濬等人。的确，金玉均曾接受大井宪太郎等的邀请，支持自由党人再举大旗，为此还与朴泳孝等人产生分歧，但他对于自由党人的渡韩计划并不赞同。② 日本的征韩派主动与金玉均结交，主要目的是想利用他推行侵略朝鲜的计划。大井宪太郎的侵朝计划，就以拥戴金玉均相号召。大井一派不仅主张侵略朝鲜，还是现政府的反对者。对此，日本政府自然不能等闲坐视。就在中朝两国政府加紧收集各种密信之时，日本官方也开始声称，"所捉乱党供亦涉金"③。这样，日本政府在拘押金玉均问题上逐渐转而开始与中朝两国合作了。

对于日本政府立场的转变，中国驻日公使徐承祖一开始将信将疑。先是袁世凯在朝鲜与即将回国的日本使馆书记官栗野慎一郎商议共同诱捕金玉均计划，拟诱骗金先上中国船，再秘密送往中国。④ 栗野于十一月二十五日（12 月 30 日）随同在朝鲜的巡捕等乘坐"东京丸"离朝。⑤ 对于袁世凯与栗野商议的诱骗计划，徐承祖认为言之似易，行之实难。金玉均本人固然不可能乘坐中国船，而且日本各港并无中国船只，所以徐承祖认定栗野所云，恐系骗人。当时朝鲜政府想派使来索，徐承祖认为也宜从缓。他主张等栗野回日后，再密探实情。时因日本新年按例停止办公，金玉均一事，暂时搁下不提。

然而，年底日本天皇举行的新年招待宴会上，拘金问题居然出现了突破。当时，栗野刚刚从朝鲜回国。井上告诉徐承祖，尽管日本在朝鲜并未拿获任何乱党，拘捕金玉均尚无凭据，但金玉均留日，启彼此猜疑，自由党借其名字煽惑众心，也令人担忧，因此，日方声称只有将金玉均驱除出境，任其所之。徐承祖甚表同意，只是指出，金玉均如去英美尚无大害，但如去俄国则令人担忧。对此，井上非常关切，追问徐承祖的意见。徐承祖提议，日本将金驱逐后，最好能让中国拘捕之，这样既不妨碍公法，又可除灭乱根。他的意见是，由日本送至香港，再由中国请英国公使致信驻

---

① 琴秉洞：《金玉均と日本：その滞日の軌跡》，第 237—238、244 页。
② 《古筠　金玉均正传》，第 252—273 页。
③ 《寄日本徐使》（光绪十一年十一月二十四日），《李文忠公全书·电稿》卷 6，第 32 页。
④ 同上。
⑤ 《北洋大臣来电》（光绪十一年十一月二十六日到），《清光绪朝中日交涉史料》卷 9，第 25 页。

港英督，请其设法送至中国境内，由中方加以拘拿。井上认为此案虽妙，但不知英国公使是否肯行？当时人多，井上约请徐承祖后日独自到其府邸一叙。① 井上馨担心金玉均前往俄国，是有原因的。当时朝鲜和俄国订立了一个密约，其中第一条即是如金玉均至海参崴，俄国官方即将其逮捕并引渡到朝鲜。李鸿章曾特意就这一问题与榎本武扬交换过意见，井上自然印象深刻。②

十二月初三日（1886年1月7日），徐承祖如约拜见井上，双方达成了一个非常细致的拘金方案：先由井上派日本人陪同金玉均赴上海，抵沪后，将金骗出租界，届时由中方立即将其捉拿。井上切嘱不要立即杀害，先监禁。徐承祖答应。③

对于徐承祖与井上商定的拘金方案，李鸿章完全赞同。接徐承祖来电后，他立即转电上海道邵友濂，令其"妥密部署"，等徐承祖续电行期后，即电知。④ 其间，徐承祖提出两点：一是朝鲜政府不要再派使臣前来索要金玉均，因井上已明确表示，如果朝鲜派使来索，则将不再设法诱拘，仍然按照公法拒交；二是日方提出井上角五郎似与自由党及金玉均串通，希望李鸿章嘱咐朝鲜方面立即将其辞退。⑤ 李鸿章一一答应。⑥

事实上，徐承祖与井上商定的诱捕方案难度颇大。双方多次晤商，最后才找到比较合适的人选——日本银行行主涉泽之同伙名叫木下者。此人以前在仁川做贸易，与金玉均一向熟识。月前金玉均旅资匮乏，正好向木下告贷，木下曾告诉行主。该行主因知金玉均与自由党有关，就向井上征

① 《出使大臣徐承祖函》（光绪十一年十二月二十八日），《清季中日韩关系史料》第4卷，第2005—2007页。按：关于徐承祖写这封信的时间，信中提示了一些线索。信中称，栗野抵日当天，正好日皇在宫中举行新年招待宴会。栗野于十一月二十五日离开朝鲜。宴会上井上约徐承祖"后日巳正""独自到舍间一叙"，徐承祖答应。"后日"即十二月初三日，徐承祖与井上会谈，详细议定了拘金方案，但徐承祖在这封信中没有汇报这次会谈的情况。由此推断，这封信大致写于十二月初一、初二日与井上会谈前。

② 中岛雄：《日清交际史提要》，《日本外交文书》明治年间追补（第1册），第364页。

③ 《寄译署》（光绪十一年十二月三日戌刻），《李文忠公全书·电稿》卷6，第33页；《北洋大臣来电》（光绪十一年十二月初三日亥正三刻到），《清光绪朝中日交涉史料》卷9，第25页。

④ 《寄上海邵道》（光绪十一年十二月三日戌刻），《李文忠公全书·电稿》卷6，第33页。

⑤ 《徐使来电》（光绪十一年十二月初五日亥刻到），《李文忠公全书·电稿》卷6，第34页。

⑥ 《复徐使》（光绪十一年十二月初六日巳刻），《李文忠公全书·电稿》卷6，第34页。

求意见，井上因此令其去骗。但一个月来，涉泽、木下二人多方骗说，金玉均总认定上海是危险之地，不愿前往。最后，涉泽表示已不便再说。① 这样，徐承祖与井上商定的诱金赴华计划，历经月余，实际流产。无奈之下，徐承祖提出了一个新的方案。

光绪十二年正月初七日（1886 年 2 月 10 日），徐承祖见井上馨，提议采用遣人刺杀的办法。井上称"此计甚好"，但表示不便表态赞成。徐承祖询问行刺以用朝人为宜，还是用华人？井上认为以朝鲜人刺杀朝鲜人，与中日两国无关。若用华人行刺，恐于中国声望有碍。徐承祖认为此说"甚为得体"。② 当时，金玉均并非不愿离开日本，他希望去美国。但井上与徐承祖深恐其赴美后赴俄③，为此，在诱金赴华计划流产后，开始实施暗杀方案。

李鸿章得知这一方案后，征询袁世凯的意见。袁世凯一度提出由他本人或者由他选派合适人员带朝鲜人赴日行刺。④ 李鸿章经与日本驻天津领事沟通，也认为此案可行，希望徐承祖与井上密商，到时请帮助照料。⑤ 但正在袁世凯积极筹划赴日之际，有位名叫池运永的朝鲜人，自动呈请赴日刺杀金玉均。袁世凯认为此人并不合适，但朝鲜政府"坚信之"。最后，袁世凯因担心与池同往反生枝节，决定放弃原定的赴日设想，只向池指示，抵日后，密谒徐承祖，请教行动方案。袁又请李鸿章致电徐承祖加以指挥，并告知，池于十七日（20日）从仁川赴日。⑥

徐承祖对于袁世凯所谓由其本人带人或派人前来行刺的设想，因恐各

① 《出使大臣徐承祖函》（光绪十二年正月初七日），《清季中日韩关系史料》第 4 卷，第 2011—2012 页。按：按照惯例，所署"正月初七日"当是总署收电的时间。但附件中有正月十三日收到的来电，信中又详细报告了徐承祖接李鸿章正月十七日来电后，有关朝鲜政府派遣池运永赴日行刺问题与对日商谈的进展情况。如此，徐承祖此信应最早写于正月十八日左右。总署收函的时间应在二月份。当时东京与北京之间的函件大约 15 天左右，"正月初七日"很有可能是"二月初七日"之误。以下所注遵从原文，不一一说明。

② 《出使大臣徐承祖函》（正月初七日），《清季中日韩关系史料》第 4 卷，第 2011 页。

③ 《出使大臣徐承祖函》（正月初七日），附件 5，《清季中日韩关系史料》第 4 卷，第 2017 页。

④ 《寄李中堂》（光绪十二年正月十一日），《养寿园电稿》卷 1，第 3 页。

⑤ 《出使大臣徐承祖函》（正月初七日），附件 3，《清季中日韩关系史料》第 4 卷，第 2017 页。

⑥ 《袁世凯发李中堂鸿章电》（光绪十二年正月十五日），《养寿园电稿》卷 1，第 6 页。

国异议，有损中国声望，原本认为不可。他主张应由朝鲜政府派朝人前来。如果朝鲜始终难得其人，才能就地密悬重赏，觅雇华人行之。① 但需密嘱刺客，一旦事败，只说刺杀为寻私仇。如此，日本政府碍于舆论，表面上自然要"故作捕讯，以杜众议"，但一定会"送交韩自办"。中方则"暗中指挥，不可出头"。② 不过，对于池运永之来，徐承祖存观望态度。接到池运永赴日电报后，他赴日本外务省告知一切。井上称，此事前已说明，不便与闻，中方要求帮助，他万难做到。为此，徐承祖计划等池到来后，察看情形。如事势有利，再密嘱参赞陈明远和杨枢等，向池传授机宜，暗中行事。与此同时，徐承祖拟再与井上密商，希望能稍得其协助，但也无把握。总之，如果事势确有为难，他绝不敢任池唐突。③ 徐承祖对池持观望态度，很大原因是此前朝鲜政府曾派张甲福前来行刺，但朝鲜政府最后受诈，徐对于张当初在日本的行踪了如指掌。④

池运永曾宣称金玉均事4个月内可成⑤，然而，4个月以后事情见了分晓，却是事与愿违。五月初（6月初），金玉均同党从池运永处骗取朝王命其刺杀金玉均的印凭，向日本刑部控告。日本政府起先不予理睬。但在几位外国人的怂恿下，金玉均继续控告，日本政府不得不予以重视，最后决定请朝鲜政府召回池，同时下令驱逐金玉均。

五月初二日（6月3日），井上致函日本驻华公使盐田三郎及驻朝使节高平小五郎，将驱逐金玉均出境之前因后果，作了详细说明。信中称，金玉均居住在日本，阻碍日中朝三国友好关系，此次又妨害日本治安。中日朝之间此前曾提出引渡和诱导金氏到中国的方案，均未能实现，为此，只能采取命金限期离境的措施。⑥ 五月初六日（6月7日），井上又将这

① 《出使大臣徐承祖函》（光绪十二年正月初七日），《清季中日韩关系史料》第4卷，第2011页。

② 《袁世凯发李中堂鸿章电》（光绪十二年正月十三日），《养寿园电稿》卷1，第4页。

③ 《出使大臣徐承祖函》（光绪十二年正月初七日），《清季中日韩关系史料》第4卷，第2011—2012页。

④ 《出使大臣徐承祖函》（正月初七日），附件1、3、2，《清季中日韩关系史料》第4卷，第2013—2017页。

⑤ 《袁世凯发李中堂鸿章电》（光绪十二年三月二十六日），《养寿园电稿》卷1，第19页。

⑥ 《井上外务大臣ヨリ在清盐田公使在鲜高平临时代理公使宛》（6月3日），《日本外交文书》第19卷，第573页。

一决定电告高平。① 初八日（9 日），驱逐金玉均令寄送内务大臣山县有朋。② 次日，山县又将此令传达警视总监及东京府以外各府知县令。③ 日本在处理金玉均问题上，最终与中朝两国积极配合了。日本的这一积极态度，除有共同防俄、维持日本治安等方面原因外，盐田三郎在回复井上馨的信中另有透露。二十八日（29 日），盐田收到井上关于驱逐金玉均的信后，回信指出，当时日本正与中国进行修改条约的谈判，配合拘金可获得中国的好感。④

池运永之事既败露，袁世凯嘱咐朝鲜政府不可承认有政府印凭，只希望日方将池运永送回核讯，高平也表示同意。⑤ 召回池运永，以及驱逐金玉均事宜，均由徐承祖出面继续与日本政府交涉。

徐承祖的商谈工作进展顺畅。他见井上称，池运永案事关朝鲜政府，不可追究，只驱逐金玉均出境可也。井上答应照办。⑥ 但当朝鲜政府令池运永回国时，池以缺钱推辞，并声称是朝鲜政府委派他行刺。为此，徐承祖致电袁世凯，望其嘱朝方致电日方，将池押回。⑦ 五月二十三日（6 月 24 日），日本政府押解池回朝。⑧ 池运永抵朝后，被朝鲜政府治罪。⑨ 金玉均出境期限，本限为 15 天之内⑩，但因金玉均缺乏资金，逾期尚未出境。为此，徐承祖商催井上改为拘押。七月初三日（8 月 2 日），井上致信内务大臣山县有朋，令将金玉均放逐到太平洋中无人岛小笠原岛。⑪ 对

---

① 《井上外务大臣ヨリ朝鲜国驻箚高平临时代理公使宛（电报）》（6 月 7 日），《日本外交文书》第 19 卷，第 556 页。

② 《井上外务大臣ヨリ山县内务大臣宛》（6 月 9 日），《日本外交文书》第 19 卷，第 573—575 页。

③ 《山县内务大臣ヨリ井上外务大臣宛》（6 月 10 日），《日本外交文书》第 19 卷，第 575—576 页。

④ 《清国驻箚盐田公使ヨリ井上外务大臣宛》（6 月 10 日），《日本外交文书》第 19 卷，第 575—576 页。

⑤ 《寄李中堂》（光绪十二年五月九日），《养寿园电稿》卷 1，第 34—35 页；《寄李中堂》（光绪十二年五月十一日），《养寿园电稿》卷 1，第 35 页。

⑥ 《寄李中堂》（光绪十二年五月十二日），《养寿园电稿》卷 1，第 35 页。

⑦ 《寄李中堂》（光绪十二年五月二十日），《养寿园电稿》卷 1，第 36 页。

⑧ 《寄李中堂》（光绪十二年五月二十四日），《养寿园电稿》卷 1，第 36 页。

⑨ 《寄李中堂》（光绪十二年六月十二日），《养寿园电稿》卷 1，第 41—42 页。

⑩ 《寄李中堂》（光绪十二年六月四日），《养寿园电稿》卷 1，第 39—40 页。

⑪ 《井上外务大臣ヨリ山县内务大臣宛》（8 月 2 日），《日本外交文书》第 19 卷，第 582 页。

于这一结果，徐承祖认为实为最佳处理方案，"较出境更妥"①。清政府也相当满意。英国方面则早就提出过采取类似处理方式的建议。②

朝鲜有传说，日本政府对金玉均的处置，名为发配，实为保护，不可轻信。③ 但从日方此后的一系列处置来看，应该说，其拘金主要是为管制。金玉均到小笠原岛近一年后，曾致信当时的内务大臣山县有朋和东京府知事高崎五六，以水土不服，重病缠身，要求在友人的帮助下，前往美国等地访问名医救治。④ 对此，日方提出的条件很苛刻，称前往美国可以，但途经横滨只许停留一周至二周，且一旦前往外国，即不准再回日本。⑤ 最后，金的请求不了了之。明治 21 年（1888）4 月，金玉均因水土不服罹病，加上孤岛医药缺乏，日本政府考虑将其移居日本内地。但日方由于担心金氏一旦移居内地获得自由，将会惹出外交麻烦，再度妨害国内治安，因而决定将金玉均由小笠原岛移居北海道。⑥ 北海道交通稍稍便利，为防止朝鲜政府对金再做出威胁举动，又将金安置在北海道厅所在地札幌近旁适合的地方，以便给予相当的保护和监视。⑦ 光绪十五年（1889），日本政府大赦罪人，金玉均亦在其列。⑧ 但金玉均被赦后，日本政府考虑到与朝鲜在政治、军事、外交、贸易等方面千丝万缕的关系，并没有优待

① 《寄译署》（光绪十二年七月十五日酉刻），《李文忠公全书·电稿》卷 7，第 31 页；《直督李鸿章致总署徐承祖报金玉均被押小笠原电》（光绪十二年七月十五日），《清季外交史料》卷 68，第 11 页。

② 《寄李中堂》（光绪十二年正月二十四日），《养寿园电稿》卷 1，第 8 页；《寄译署》（光绪十二年一月二十五日申刻），《李文忠公全书·电稿》卷 7，第 8 页；《北洋大臣来电》（光绪十二年正月二十五日到），《清光绪朝中日交涉史料》卷 10，第 3 页。

③ 《朝鲜国驻箚杉村临时代理公使　井上外务大臣宛》（1 月 25 日），《日本外交文书》第 20 卷，第 329 页。

④ 《井上外务大臣ヨリ在清塩田公使在鲜高平临时代理公使宛》（明治 20 年 5 月 21 日），附记 1，《日本外交文书》第 19 卷，第 585—586 页。

⑤ 《井上外务大臣ヨリ在清塩田公使在鲜高平临时代理公使宛》（明治 20 年 7 月 30 日），附记 2，《日本外交文书》第 19 卷，第 586 页。

⑥ 《松方内务大臣ヨリ大隈外务大臣宛》（明治 21 年 4 月 30 日），附记 1，《日本外交文书》第 22 卷，第 427 页。

⑦ 《松方内务大臣ヨリ大隈外务大臣宛》（明治 21 年 5 月 3 日），附记 2，《日本外交文书》第 22 卷，第 427 页。

⑧ 《出使大臣黎庶昌函》（光绪十五年三月二十三日），《清季中日韩关系史料》第 5 卷，第 2580 页。

金玉均之意。① 明治23年（1890）10月，日本政府正式下令允许金玉均离开北海道到内地自由居住。对此，当时的内务大臣西乡从道曾致信外务大臣青木周藏说明，之所以允许金玉均在内地自由居住，主要是因为金对于日本的国内治安，以及朝鲜政府可能派遣刺客前来行刺而惹外交麻烦的诸种顾虑，均已不复存在。② 可以说，日本拘金，很大原因是为了避免引起外交与内治的麻烦，其中还不乏有向朝鲜示好之意。③ 玄洋社核心人物、金玉均生前友好犬养毅分析井上馨对金的态度时，称井上之所以对金玉均不怀好意，是因为金玉均在日本撰写《甲申日录》，将甲申事变经纬公开，触犯了井上的忌讳。④

三 金玉均被刺与李氏父子、中国驻日使馆及陆奥宗光关系之辨析

金玉均获得自由三年多后，于光绪二十年二月十七日（1894年3月23日）乘坐邮船会社汽船"西京丸"从神户出发前往上海。随行者中有金的贴身随从日本人北原延次，还有朝鲜人洪钟宇及中国驻日本使馆通事兼武弁吴葆仁（静轩）。二月二十一日（3月27日）晚，金氏一行抵达上海，入住东洋行。次日，金在旅舍被洪钟宇枪杀。

金玉均赴沪据称是应李经方之邀，这在当时并非秘密。金玉均本人事先曾向众多好友包括福泽谕吉、后藤象次郎、犬养毅等请教。⑤ 连当时日本驻朝公使大鸟圭介在获知金玉均赴沪后也说，当时有传说，金玉均之赴沪，乃出自李经方的计策。⑥ 随行人员中还有中国使馆人员。为此，金

---

① 《朝鲜国驻近藤代理公使ヨリ大隈外务大臣宛》（明治22年10月14日），《日本外交文书》第22卷，第429页。

② 《西乡内务大臣ヨリ青木外务大臣宛》（明治23年10月30日），《日本外交文书》第23卷，第335页。

③ 《朝鲜国驻近藤代理公使ヨリ大隈外务大臣宛》（明治22年10月14日），《日本外交文书》第22卷，第429页。

④ 犬养毅：《朝鲜第一の人物》，葛生玄晫编辑：《金玉均》"附录"，东京，民友社1916年版，第36页。

⑤ 葛生玄晫编辑：《金玉均》"附录"，第35—156页。

⑥ 《朝鲜国驻劄大鸟公使ヨリ陆奥外务大臣宛》（明治27年3月28日），《日本外交文书》第27卷，第485页。

玉均被刺不久，日本赞助金玉均最多的福泽谕吉宣称，中国政府协同朝鲜政府共同谋杀了金玉均。金玉均的所谓日本友人们进而借此煽动反华、反朝情绪，更将金玉均被刺与中日甲午战争之爆发直接联系起来。时至今日，学界对于金玉均被刺问题，尤其是李鸿章、李经方父子及中国驻日使馆与金玉均被刺的关系，仍存在两种截然相反的观点。一种观点认为李氏父子及中国驻日使团是暗杀的参与者①，另一种观点则认为李氏父子不可能参与谋杀②。那么，金玉均被刺，李氏父子及中国驻日使团是否预先参与？驻日使臣李经方、汪凤藻等人对于日本甲午出兵是否负有直接责任？换个角度，以陆奥宗光为代表的日本政府出兵朝鲜进而挑起中日甲午战争是否与金玉均被刺有关？

　　肯定论者的主要依据是，金玉均临行前，中国使馆官员尤其是驻日使臣汪凤藻特别为金设宴饯行；金玉均赴沪随行人员中又有使馆通事即翻译吴葆仁；以汪凤藻之地位，其与金玉均之往来，无疑是应其前任李经方以及李鸿章之命，因而认为，清政府一直以来就试图通过李经方及中国驻日使馆诱捕金玉均，这正好与李逸植、洪钟宇等的意图不谋而合。李逸植还是通过中国驻日使馆得到李经方请金玉均赴沪的邀请信的。③

　　汪凤藻等为金玉均饯别是事实，不过，这是一种非常中性的行为，在没有更多旁证的情况下，可以根据不同背景，做出完全不同的解释。的确，如果说中国驻日使馆预先参与暗杀计划，如当初徐承祖参与拘金交涉时所表示的，为了避免责任，中方基本原则必须是"暗中指挥，不可出头"。像汪凤藻这样堂而皇之单独宴请金玉均，又令自己的使馆人员随行，唯恐他人不知，似存心授人以口实，可疑之处甚多。至于称中国使馆与李逸植合谋，并帮助李逸植获得李经方致金玉均的邀请信，相关论述中没有提供史料依据。这样，我们需要进一步讨论的是中国使馆人员吴葆仁随行的原因及其性质问题。这一点拟稍后再讨论，先对与此相关的李氏父子与金玉均的关系及其性质作一考察。

　　李经方及其父李鸿章与金玉均的确有交往。光绪十七年（1891）冬，

① 如琴秉洞《金玉均と日本：その滞日の軌跡》，第758—764页。
② 《古筠　金玉均正伝》，第379—389、395—397页。
③ 琴秉洞：《金玉均と日本：その滞日の軌跡》6，第758页。

朴泳孝曾从金玉均处窃取李鸿章复信录呈朝鲜国王。① 当时正是李经方驻使期间。② 金玉均还曾直接与袁世凯通信谈论朝鲜设置交换局问题③，袁世凯对金的建议颇为肯定④，并就如何处理金玉均信件，请示李鸿章⑤。随同金玉均同来上海的北原延次也证实，金玉均在东京时，屡屡出入清国公使馆，又与李鸿章及李经方等有书信往来。金玉均来上海就是应李经方的邀请。⑥

　　如果像肯定论者认为的那样，清政府一直试图通过李经方诱捕金玉均的话，那么，李氏父子及中国使馆与金玉均的交往，无疑是一场与朝鲜政府联手的暗杀阴谋。只是，从李氏父子与金玉均相当时期内交往的目的及性质来看，似很难以"诱捕"一词简单了断。

　　前述朴泳孝从金玉均处窃取的李鸿章复信，朝王获知后，非但不与李鸿章沟通，且讳莫如深。袁世凯于光绪十八年（1892）四月通过一位朝鲜密探获得这个消息，报告了李鸿章，却不敢向朝王公然问询，而希望密告者从秘密途径觅取该信，后因有困难而作罢。⑦ 如果李鸿章与金的通信是中朝两国联手监视或防范的一种手段，朝王与李鸿章之间不至于如此隔阂。金玉均在沪被刺，袁世凯获悉后立即致电李鸿章，建议命上海道检查金玉均行李，凡文迹均予焚毁，指出是因为朝鲜廷臣多与金玉均通信，其

---

　　① 《寄李中堂》（光绪十八年四月二十六日），《养寿园电稿》卷3，第31页。

　　② 李经方于光绪十六年七月二十五日奉上谕，以二品顶戴江苏候补道令充出使日本国钦差大臣［《上谕》（光绪十六年七月二十五日），《清光绪朝中日交涉史料》卷11，第39页］。光绪十七年一月初二日抵达日本。同年六月二十四日丁生母郭氏之忧，获清廷赏假百日［《谕旨》（光绪十七年六月二十四日），《清光绪朝中日交涉史料》卷12，第4页］，于七月二十日回国，十二月十五日回到任所（戚其章主编：《中国近代史资料丛刊续编·中日战争》第3册，中华书局1991年版，第29页）。次年六月，李鸿章之妻、李经方养母去世，李经方第二次丁忧。六月十五日，清政府以记名知府翰林院编修汪凤藻充出使日本国大臣。八月二十一日李经方卸任（郭廷以编著：《近代中国史事日志》下册，中华书局1987年版，第849页）。

　　③ 《寄李中堂》（光绪十八年十月十五日），《养寿园电稿》卷3，第50页；《寄李中堂》，（光绪十八年十一月初八日），《养寿园电稿》卷2，第56—57页；《养寿园电稿》卷3，第54页。

　　④ 《寄李中堂》（光绪十八年十月十五日），《养寿园电稿》卷3，第50页；《寄李中堂》（光绪十八年十月廿六日），《养寿园电稿》卷3，第51页。

　　⑤ 《寄李中堂》（光绪十八年十月十五日），《养寿园电稿》卷3，第50页；《寄李中堂》（光绪十八年十一月初八日），《养寿园电稿》卷2，第56—57页；《养寿园电稿》卷3，第54页。

　　⑥ 《上海在勤大越总领事代理ヨリ陆奥外务大臣宛》（明治27年3月30日），《日本外交文书》第27卷，第490页。

　　⑦ 《寄李中堂》（光绪十八年四月二十六日），《养寿园电稿》卷3，第31页。

中有大院君李昰应,"如发觉,必兴大狱",希望"保全"这些人的性命。李鸿章立即转电上海道令"照办"。① 如果李氏父子与金的交往是中朝合谋的计策,李鸿章也不至于如此急急地烧毁证据,有意"保护"与乱党有交往的人。

其实,李鸿章对待金玉均自有其立场。光绪十八年(1892)二月间,与日本和朝鲜就平壤开埠问题的一系列交涉初见眉目之后,李鸿章在致李经方的信中,谈到他对金玉均的看法:

> 金玉均反复无常,又有大志,断不容其回国,韩君臣深忌畏之。欲为华用,惜无可用之处,不比穆麟德尚有赫德能操纵也。且韩王近年与我音问久绝,疑畏甚深,若知金玉均留华,更加猜疑,殊非妥策。日本现无吞韩之志,故彼不能见用。其生计甚蹙,如何羁縻,俟三月间袁慰庭销假过津再商。②

由此表明,当时金玉均因不能为日本政府所用,想靠近清政府,李经方曾向其父提请让金玉均回朝鲜,或者来华,不是暗杀,而是"为华用"。李鸿章没有同意。李鸿章认为金玉均回朝鲜绝无可能,来华也"无可用之处",又适值中朝之间关系正隔阂,金玉均留华,将增加朝鲜对中国的猜疑。但李鸿章显然并无监视乃至诱捕金玉均之意。他主张用"羁縻"之策,首先是帮助金玉均解决"生计"艰难的问题。具体方案则拟与袁世凯商议。总之,从上述李氏父子与金玉均交往的情形,看不出清政府早就有通过李经方诱捕金玉均的图谋。

金玉均生前友好对于李氏父子与金玉均交往的性质,倒有不少正面的说法。如政治联合说。新闻记者出身、后为千叶县代议士的小林胜民在回忆中说,明治24年(1891)2月,金玉均曾托他带密信到云岘宫拜访大院君。信中希望大院君将李鸿章的话通过这位友人小林千太郎(小林胜民的原名)转告他。③ 小林胜民给大院君送信时,正是李经方

---

① 《寄上海聂道》(光绪二十年二月二十五日申刻),《李文忠公全书·电稿》卷15,第24页。

② 《致李经方》(光绪十八年二月十三日),《李鸿章全集》第35集,"信函七",安徽教育出版社2008年版,第324页。

③ 小林胜民氏谈:《金玉均氏回想谈》,葛生玄晫编辑:《金玉均》,"附录",第73—74页。

驻使日本期间。当时，舆论界盛传，大院君有利用金玉均联合李鸿章共同推翻闵氏政权的阴谋。① 大院君的阴谋是否属实，由于缺乏史料，尚不能肯定。但大院君与金玉均有书信往来是事实。除以上小林胜民的回忆，袁世凯致李鸿章电中也曾提及。② 金玉均被刺后，袁世凯致电李鸿章请命人将金玉均随身书信烧毁，更明确提到其中有李夏应（即李昰应）的信。③ 纪念金玉均协会还称，李经方非常器重金玉均。李的中日朝三国联盟思想正是受金玉均三和主义，即东洋三国的国际同盟思想的影响。④

还有一种说法是经济关系说，称金玉均赴沪是应李经方之召，前往上海推销木材，因当时中国北部开始修建铁路，需从日本输入枕木。马建忠为此事停留上海，李经方又将此事通报金玉均，金玉均因此前往。⑤ 金玉均被赦后，确实曾与长崎市旧改进党人渡边致力于创建公司，图谋振兴朝鲜的矿山事业。⑥ 而中国朝野也曾盛传李鸿章父子在日本有产业，并与日本有生意往来。⑦

对李氏父子参与暗杀金玉均持否定论者，主要依据金玉均被刺后李逸植的口供，其中正好提到上文论及的中国使馆人员吴葆仁随行问题。4 月 4 日，东京地方法院以谋杀未遂及教唆暗杀罪对李逸植进行审讯。审讯中，李逸植供认，诱骗金玉均前往国外的计划由他本人设计，然后指使洪钟宇具体实行。诱骗的引子是劝金玉均前往中国与李经方及李鸿章会面，实现其东洋和平计划，李逸植表示愿意承担金玉均的旅费。当被问到李是否写有介绍信给金玉均时，李没有正面作答，而说他想通过

---

① 《古筠　金玉均正传》，第 371—378 页。

② 《寄李中堂》（光绪十九年三月二十七日），《养寿园电稿》卷 2，第 86 页；卷 3，第 72—73 页。

③ 《寄上海聂道》（光绪二十年二月二十五日申刻），《李文忠公全书·电稿》卷 15，第 24 页。

④ 《古筠　金玉均正传》，第 379—380 页。

⑤ 高松丑藏编：《朝鲜国亡命人金玉均暗杀の始末》，第 14—18 页。

⑥ 《青木外务大臣　西乡内务大臣宛》（明治 24 年 11 月 21 日），附记，《日本外交文书》第 23 卷，第 335—336 页。

⑦ 《江南道监察御史张仲炘奏陈北洋情事请旨密查并请特派大臣督办天津团练折》（光绪二十年八月初九日），《清光绪朝中日交涉史料》卷 19，第 24 页。《洪良品奏李鸿章在日本有商号资本并与倭王情意亲密片》（光绪二十年八月二十一日），《清光绪朝中日交涉史料》卷 19，第 17 页。

清国公使馆翻译吴葆仁的斡旋，与李经方和李鸿章会面，吴葆仁因此随行了。当问到暗杀一事是否预先告知吴葆仁时，李逸植否认，而称吴葆仁随金玉均同行，让金与李鸿章见面并成功回日后，吴将获得晋升。这份预审书后上呈日本内阁。① 其实，肯定论者在论述中也引用过这份口供，但做了较大删节。所删节者，正是有关究竟有没有李经方的介绍信，以及吴葆仁是否预先知情及其随行的目的，这些部分均代以"中略"两字。②

应该说，李逸植的口供还是可信的。口供中，李逸植毫不掩饰他是奉朝鲜国王旨令行刺，他还曾交出盖有国王印玺的诏书。这是朝鲜政府所忌讳的。日本政府曾通过驻朝公使大鸟圭介向朝鲜政府求证此事，朝鲜政府矢口否认，指出乃李逸植伪造。③ 李逸植的同伙还进而供称日本的大三轮长兵卫协助他们实行暗杀计划。④ 李逸植等人连朝鲜国王及日本重要人物都不避讳，当不可能为普通中国公使馆翻译掩饰。吴葆仁到上海后的举动，也不太像是一位同谋者。李逸植曾命洪钟宇在金玉均一到上海，前往东和洋行途中，就从背后开枪将金暗杀，或者一到旅馆就将金暗杀。由于行动不便，洪钟宇才在旅馆伺机行刺。吴葆仁到上海后，首先是帮金玉均送信给金的一位崇拜者、朝鲜人尹致昊，尹是英语翻译官，其父也曾参与甲申事变。尹当晚到金玉均下榻的旅馆拜访。会谈中，尹致昊提醒金玉均，洪钟宇很可疑。案发后，我们没有看到吴葆仁有任何帮助洪钟宇逃匿的迹象，吴本人事发后也立即逃跑，后被捕受审。⑤

的确，以金玉均之老练，当不可能轻易被骗至中国。光绪十一年（1885）底井上馨协同徐承祖令日本银行行主出面，再三诱骗金玉均来上海，均被金拒绝。而金氏此次赴沪遇刺后，他的随从亲信北原延次对日本驻上海代理领事大越成德说，金早就对洪钟宇怀有戒心。在大阪洪与金同船后，金玉均曾对北原说洪形迹可疑，令多加注意。为此，途中北原常常

---

① 《古筠 金玉均正伝》，第386—388页。

② 琴秉洞：《金玉均と日本：その滞日の軌跡》，第837页。

③ 《陆奥宗光答弁书》（明治20年5月），转引自琴秉洞《金玉均と日本：その滞日の軌跡》，第860—861页。

④ 琴秉洞：《金玉均と日本：その滞日の軌跡》，第839—840页。

⑤ 同上书，第838、781—782、788、791页。

不离金玉均左右。① 金玉均临行前，向福泽谕吉等师友请教、告别，师友们都曾提醒金上海之行危险，不可前往。就在金被刺前一天，前来拜访他的尹致昊还有类似提醒。但金玉均当初向友人们解释自己上海之行的原因时，用得最多的一句话是"不入虎穴，焉得虎子"。金的友人在回忆这段历史时，也频频引用这句话来说明金赴沪之原因。为此，金玉均的友人及同情者无不感慨，金玉均之死，一定程度是死于他的大意，死于他的过分自负。

金玉均被刺时，日本外务大臣是甲午战争的指导者陆奥宗光。从井上馨时代以来，日本政府在对待金玉均问题上，基本采取与中朝两国积极协调的态度，均已如上所述。那么，以陆奥宗光为代表的日本政府对待金玉均被刺的立场又是如何？是否为了金之被刺不惜挑起一场战争？目前的研究，对于日本政府在金玉均被刺前后的立场，所论主要涉及其对大三轮长兵卫资助李逸植参与暗杀的默认，以及陆奥在众议院对于征韩论者所提质疑的两次辩护。② 其实，陆奥在得知金玉均赴沪后，与中国政府及朝鲜政府一直积极联络，配合默契，相关史实仍有进一步考察的余地。光绪十八年（1892）上半年，朝鲜国王第二次秘密派遣刺客，李逸植赴日行刺金玉均。李逸植至东京后，因难于单独下手，暗中物色同志协助。光绪十九（1893）年秋，李逸植与流寓法国已久、归国途经东京的洪钟宇等结为同党。当时，李经方已经卸任回国。

陆奥宗光于明治27年（1894）1月31日从日本驻香港领事中川恒次郎的报告中，已知李逸植、大三轮长兵卫、川久保常吉及从西洋回国路经日本的朝鲜人洪钟宇应朝鲜政府之命，正协同谋刺甲申事变的逆贼金玉均。中川是从亡命香港的朝鲜国王妃的侄子闵泳翊处获得这一消息的。当时，闵视袁世凯为世仇，对清朝在朝鲜的举措心怀不满，误以为日本尚保护和支持流寓日本的金玉均等人。报告中，中川认为朝鲜闵妃集团派遣这些市井游侠前来行刺，全然不顾大局，为政治家所不齿。他又认为，不要说金玉均，即使朴泳孝，也不会有机会回国重举旗帜。③ 中川之言，一定

① 《上海在勤大越総領事代理ヨリ陆奥外务大臣宛》（3月30日），《日本外交文书》第27卷，第490页。

② 琴秉洞：《金玉均と日本：その滞日の轨迹》，第818—825、860—867页。

③ 《香港在勤中川领事ヨリ陆奥外务大臣宛》（1月31日），《日本外交文书》第27卷，第482—483页。

程度上反映了日本政府一直以来对金等冷淡相待的原因。

　　3月23日，金玉均前往上海，陆奥宗光及时得到消息。次日，他致电日本驻上海代理领事大越成德，告之金玉均的行程及两位随行人员，令其秘密侦察金玉均赴沪的目的，以及抵达上海以后的活动。① 陆奥又令兵库县知事调查金玉均随行者的具体背景。26日，兵库县知事报告，同行者有本国人北原延次、中国人吴静轩以及朝鲜人洪钟宇。赴沪的目的是前往会见朝鲜人玄映运，玄氏在日本前驻朝公使大石正已觐见朝鲜国王时，因攻击大石而被流放到远恶岛，刚刚被赦免。② 且不论报告对金玉均赴沪原因的说明是真是假，有一点是肯定的，即陆奥已知金玉均的同行者中有朝鲜刺客。但陆奥对金毫无保护之意。

　　不仅如此，陆奥还致电日本驻朝公使大鸟圭介，令其将金玉均赴沪的消息转告朝鲜政府，并请袁世凯转告李鸿章。大鸟在上呈陆奥的复函中，汇报了朝鲜政府的反应，进而探讨"将来万一之事"。

　　大鸟特意提到，对于金玉均此次赴沪，传说是出自李经方的计策。大鸟所考虑的，不包括如何保护金玉均安然回日，而是此次金玉均抵沪，究竟是仅仅将其滞留中国，还是应朝鲜政府的要求直接引渡回朝鲜。这些问题均可能引发中日之间重大的国际问题，需事先考虑。③ 3月25日，大鸟派人将金玉均赴沪的消息告知袁世凯。据袁世凯称，日本政府之意，似听随中国处治。为此，他建议可否饬上海道密派干役，待金登岸，即逮捕解送朝鲜，认为如此可化解朝日之间的怨愤，也可取悦朝鲜政府。④ 可见，金玉均赴沪，日方非但不是不知情，相反还乘金玉均来沪之机，积极与中朝联合，设计种种诱捕方案。而袁世凯方面，并非像后来的学者所说，已预知金玉均将在上海被刺杀。这也可与李逸植口供所称吴葆仁预先不知情相印证。

　　金玉均抵达上海次日被洪钟宇枪杀。我们看到，陆奥在获悉刺杀消息后，态度非常冷静，并要求属下对他所下达的一切关于金玉均的命令保守

---

　　① 《陆奥外务大臣ヨリ上海在勤大越総领事代理宛（电报）》（3月24日），《日本外交文书》第27卷，第483—484页。

　　② 《周布兵库県知事ヨリ陆奥外务大臣宛》（明治27年3月26日），《日本外交文书》第27卷，第484页。

　　③ 《朝鲜国驻劄大鸟公使ヨリ陆奥外务大臣宛》（明治27年3月28日），《日本外交文书》第27卷，第485—486页。

　　④ 《寄李中堂》（光绪二十年二月二十日），《养寿园电稿》卷3，第106页。

机密。

陆奥于金玉均被刺当天，就接到大越成德的电报。^① 随后，他又得知洪钟宇被上海公共租界捕房逮捕并将受讯。^② 陆奥知道，毫无疑问，随同金玉均的日本人和中国人将被牵连到此案中，但即使日本人卷入这一事件中，日方也必须严守公平和公正的原则，避免进行不必要的庇护。^③ 3 月 31 日，大越就金玉均尸体的处置办法请示陆奥。陆奥指示，必须想尽一切办法说服金玉均的仆人，将金玉均尸体在上海就地埋葬，因为日本政府不允许它进入日本。他还同意为该仆人提供翻译。^④ 当时，金玉均尸体已经移交上海县政府，一些同情金玉均的日本人前来上海欲夺回金玉均尸体。陆奥命大越不能有任何举动，必须按照他的训令处理。陆奥的命令是，没有理由阻止这些日本人以个人的名义前来，但仍应按照上次训令处理，即不允许金玉均尸体被运回日本。^⑤ 具体而言，这些日本人抵达上海后，如果向领事馆请求协助，大越除例行公事之外，不可与他们有进一步的关系。如果他们坚持要请大越协助的话，就告之金玉均是外国人，与日本领事无关，婉言相拒。^⑥

4 月 5 日，李鸿章在将洪钟宇送回朝鲜时，特意将此事通告陆奥宗光，并称他相信洪将得到朝鲜国王的厚赏。^⑦ 此后，陆奥所做的，是令大鸟圭介阻止朝鲜政府凌辱金玉均尸体^⑧，以及制止朝鲜政府厚赏刺客洪钟

---

① 《上海在勤大越総領事代理ヨリ陆奥外务大臣宛（电报）》（明治 27 年 3 月 28 日），《日本外交文书》第 27 卷，第 484—485 页。

② 《上海在勤大越総領事代理ヨリ陆奥外务大臣宛（电报）》（明治 27 年 3 月 29 日），《日本外交文书》第 27 卷，第 484—485 页。

③ 《陆奥外务大臣ヨリ上海在勤大越総領事代理宛（电报）》（明治 27 年 3 月 30 日），《日本外交文书》第 27 卷，第 484—485 页。

④ 《陆奥外务大臣ヨリ上海在勤大越総領事代理宛（电报）》（明治 27 年 3 月 31 日），《日本外交文书》第 27 卷，第 495 页。

⑤ 《陆奥外务大臣ヨリ上海在勤大越総領事代理宛（电报）》（明治 27 年 4 月 4 日），《日本外交文书》第 27 卷，第 499 页。

⑥ 《陆奥外务大臣ヨリ上海在勤大越総領事代理宛（电报）》（明治 27 年 4 月 4 日），《日本外交文书》第 27 卷，第 499—500 页。

⑦ 《天津在勤荒川領事ヨリ陆奥外务大臣宛（电报）》（明治 27 年 4 月 5 日），《日本外交文书》第 27 卷，第 500 页。

⑧ 《陆奥外务大臣ヨリ朝鲜国驻劄大鸟公使宛（电报）》（明治 27 年 4 月 10 日），《日本外交文书》第 27 卷，第 503 页。

宇。他认为，不管暗杀出于何种动机，暗杀本身是违反人道和公正的犯罪行为。[①] 陆奥宗光对人道和公正的强调，还进而体现在他对待金玉均的妻子和女儿上。他公开要求朝鲜政府不要对她们进行残酷的、非人道的严厉处罚。[②] 陆奥这种在公开场合俨然捍卫人道和公正，私下却积极进行秘密外交的姿态，是有原因的。当时英国方面对洪钟宇受褒奖表示极大的不满。[③] 日本与英国修改不平等条约的交涉正进入最后时期。金玉均是流亡日本的政治犯，又被从日本随行而来的暗杀者所刺杀。日本政府难脱干系，需要表现出高姿态。当然，英国政府很难了解到陆奥要求其属下所保守的那些"秘密"。3 月 28 日，指挥洪钟宇暗杀金玉均的李逸植及其属下，因试图暗杀朴泳孝等未遂而被捕，4 月 26 日，日本政府的审判结果是，朴泳孝等人无罪释放，送回朝鲜。10 月 10 日，朴等人在新任日本驻朝公使井上馨赴任前夕抵达朝鲜。李逸植回朝后，没有得到像洪钟宇一样的荣耀，而是遭受囹圄之苦。

当时的外务次官林董有一段回忆颇受关注。他说，牙山派兵是中日甲午战争导火线这固然不错，但他相信，促使派兵的原因实际上是金玉均被刺，以及此时清政府的举动。当时林董正好读完俾斯麦等人的传记，他感慨人世间大体是以成败论英雄，而成败之事莫过于战争。所以古今有作为的政治家，博得世人信誉成就大事业者，除了门阀世家之外，皆因战争胜利而拥有了势力。此后有一天，他与陆奥一起喝茶闲谈，说起这番感想。陆奥侧耳倾听，良久后表示"试试看吧"。因此他认为，一般人并不知道，促使陆奥发动中日甲午战争，竟是他喝茶闲谈时的这一番话。[④] 这段回忆被学者作为金玉均被刺与甲午战争之关系的一条重要史料加以介绍。[⑤] 不过，其中是有疑问的。林董所谓打动陆奥并促使他有了发动战争

---

①　《陆奥外务大臣ヨリ朝鮮国驻劄大鸟公使宛（电报）》（明治 27 年 5 月 2 日），《日本外交文书》第 27 卷，第 518 页。

②　《陆奥外务大臣ヨリ朝鮮国驻劄大鸟公使宛（电报）》（明治 27 年 5 月 28 日），《日本外交文书》第 27 卷，第 522 页。

③　《陆奥外务大臣ヨリ朝鮮国驻劄大鸟公使宛（电报）》（明治 27 年 5 月 2 日），《日本外交文书》第 27 卷，第 518 页。

④　林董：《后は昔の记他——林董回顾录》，东京，平凡社 1970 年（昭和 45 年）版，第 74—75 页。

⑤　河村一夫：《李鸿章・李经方と金玉均との关系について》，《朝鲜学报》第 74 辑，1975 年 1 月，第 161 页。

的决心的那番话，是读了俾斯麦传记之后的那番感想，茶话中他丝毫没有说到金玉均被刺如何可以用来发动战争。至于林董开头提到的清政府"此时的举动"，最具有煽动性的，想必是中国政府用军舰运送金玉均尸体问题。但这一行为是否挑衅，王信忠已有辨析。[①]　其实，林董的这段回忆是后来添加上去的。查该回忆录明治38年（1910）的版本可知，其中有多处论及金玉均，但没有上述这段话。对于金玉均被刺，林董最初的回忆中只说当时人心激昂，很难以无事终结。接着介绍4月2日他与陆奥及参谋次长川上操六的会商，涉及的问题是出兵朝鲜以及解散议院，仍没有提金玉均被刺。对于日本出兵，书中其实有进一步说明，称是因为明治15年（1882）和明治17年（1884）两次京城事变中，清政府得着机先，日本失利，因此想借此次出兵，制服中国，挽回前两次的损失。[②]　那天，我们翻阅陆奥宗光《蹇蹇录》，书中多次提到中日《天津条约》，强调日中两国在朝鲜的权力之争，只字未提金玉均被刺事件。而在明治32年（1899）版《蹇蹇录》首页"东学党之乱"之后，我们还发现了一个被后来的版本删去了的眉批，称"日清战争（即中日甲午战争）的近因是议会与政府间的冲突"[③]，这倒与林董的回忆相一致。甲午战争爆发前夕，中日两国政府就派兵及共同撤兵问题进行了长达数月的交涉，双方也从未提及金玉均被刺事件。总之，说日本外务大臣陆奥宗光因为金玉均被刺而不惜挑起战争，是相当勉强的。

四　小结

综上所述，可以看到，作为清政府的代表，中国驻日使团与金玉均最初的交往是友好的。甲申事变金玉均成为朝鲜"乱首"后，驻日使团代表清政府开始参与拘金交涉，但不同时期情形有所不同。日本政府鉴于其在朝鲜的利益，以及金玉均对其国内治安的影响，不同时期对待金玉均的立场虽也有区别，但总体是采取与中朝合作的态度。具体而言：（1）金玉均流亡日本后，黎庶昌、徐承祖奉命协助朝鲜政府引渡金玉均，并提出

---

①　王信忠：《中日甲午战争之外交背景》，第141—142页。

②　林董：《后は昔の记》，东京，春阳堂明治38年（1905）版，第209—211页。

③　陆奥宗光：《蹇蹇录》，东京，东阳堂支店1899年（明治32年）版，第1页。

由朝鲜政府出面引渡的建议，被清政府采纳。日本为了维护其在事变善后谈判中的有利地位，以国际法为辞，拒绝引渡，但并没有迹象显示其有信任金玉均之意。（2）大井宪太郎扰韩事件后，徐承祖继续奉命与日本外务大臣井上馨进行拘金交涉。井上考虑到国内治安，以及日本在朝鲜的利益，最终积极配合，先后共同设计了诱捕、暗杀等方案，终将金玉均流放到小笠原岛。中方对此非常满意。（3）甲午年金玉均赴沪，一般认为是因李经方之邀，随行的还有中国使馆翻译吴葆仁。不过，李经方是否曾发出邀请，邀请目的何在，均已难以确知。但从李氏父子相当长一段时期内与金玉均交往的情形来看，其交往的目的比一般想象的要复杂，且有非朝鲜政府所乐见之处。随同金玉均来沪的吴葆仁，预先并不知晓暗杀内情。因此，以李氏父子及中国驻日使团为代表的清政府是否预先参与暗杀尚无确据。（4）日本外务大臣陆奥宗光在了解金玉均赴沪内幕后，未对金采取任何保护措施，且及时与朝鲜和中国政府沟通，共同商议诱捕、引渡等计划。在金被刺后，又始终采取与朝鲜、中国政府协调的立场。日本出兵朝鲜及挑起中日甲午战争，与金玉均被刺事件没有事实上的关联。

（原文载于《近代史研究》2009 年第 4 期）

甲午战争与国际关系研究

中日甲午战争与俄国的远东政策

王魁喜

近年来，关于中日甲午战争与俄国的关系，先后发表了米庆余同志的《沙俄在甲午战争中充当了什么角色》（以下简称米文）、王少普同志的《沙俄与中日甲午战争》（以下简称王文）①。这两篇文章有一个共同之处，即都认为沙俄在一定时期支持日本侵略朝鲜和中国。米文说"沙皇俄国把日本作为工具，暗中赞助日本对华发动侵略战争"。王文说："从十九世纪八十——九十年代起，直到日本侵略军在东北辽东半岛登陆，沙俄对日本向朝鲜扩张和出兵持'表示支持'和'纵容态度。'"战争爆发后，俄国采取了"坐山观虎斗"的"不干涉政策"。这些论点从日俄关系的一个方面来说，无疑是正确的。但还有日俄为争夺朝鲜和中国称霸远东而矛盾的一面，并且是主要的似乎也是不能忽视的，否则很难说明为什么一贯"支持"、"纵容"日本对华侵略的沙俄，在《马关条约》签订时，发动了三国干涉"还辽"。本文就这方面问题以及沙俄乘机夺取中国领土等问题略加论述。

一

在亚洲后起的日本军国主义者和老牌的扩张主义者沙俄向朝鲜和中国东北扩张和侵略都是蓄谋已久的。俄国从 19 世纪 80 年代，就确定了再次向远东扩张的政策，以便称霸远东。1891 年开始修筑的西伯利亚大铁路，既是这种政策的产物，又是执行它远东政策的工具。这是人所共知的事

---

① 米文载《历史研究》1979 年第 8 期，王文载《社会科学》（上海）1981 年第 3 期。

实。特别是到 1895 年初，这条铁路已经修到外贝加尔湖，正在策划通过
中国东北北部直达海参崴。在亚洲的朝鲜沿海和中国东北夺取不冻港和侵
吞中国边疆领土更是沙俄远东政策的既定目标。日本正是在这种情况下发
动了侵略朝鲜和中国的战争。

日本为向大陆扩张，也是从 19 世纪 80 年代就制订了侵略朝鲜和中国
的战争计划，并加紧扩充陆海军的建设。沙俄修筑西伯利亚铁路的计划在
远东引起的反响是强烈的，特别是一心想向大陆扩张的日本军国主义者尤
为敏感。1889 年 12 月山县有朋内阁成立，在日本外交政策上采用强权政
治的"划时代人物"——榎本武扬担任文相。当他得知俄国已经计划铺
设西伯利亚铁路的消息后，就预测到整个亚洲政局将开始出现划时代的变
化。他从英国对日本修改不平等条约的要求表示了原则上同意的事实中，
认为这与其说是由于日本外相青木的手腕，不如说是铺设西伯利亚铁路计
划所造成的"亚洲全局近况"，使英国有所"深省"的结果①。青木周藏
外相也意识到俄国修筑西伯利亚铁路的计划，其效果等于俄国在西伯利亚
地区实际增加了强大兵力，并预计俄国不久将占领朝鲜各港口，因而日英
两国对俄国的动向具有共同的利害②。1890 年 3 月，日本山县首相说得更
加明确，指出"西伯利亚铁路竣工之日，即俄国对朝鲜开始侵略之时"，
亦即亚洲"掀起轩然大波之日"。因此，山县为了对付这种局面，并能和
其他列强争夺朝鲜，强调必须把"充实兵备"作为"最大的紧急任
务"③。山县首相为了给"扩充军备"制造根据，又提出了一个所谓必须
保护日本"利益线"的扩张主义理论。他强调在当时，"仅仅防守主权线
已不足以维护国家之独立"，必须进而保卫"利益线"，否则就"不可望
成为完全独立之国家"。他指出，日本"利益线的焦点"是朝鲜。为此，
当务之急是扩军备战④。

在山县有朋的上述叫嚣下，日本外相青木提出了题为《东亚列国之
权衡》的外交意见书。他强调俄国远东政策带来的朝鲜危机，极力主张
日中两国结盟把俄国赶出西伯利亚，并把朝鲜、中国东北以及勒拿河以东

---

① 《有关修改条约的日本外交文书》第 3 卷。
② 《日本外文文书》第 23 卷，第 539 页。
③ 《山县有朋意见书》，第 177、185 页。
④ 同上书，第 196—200 页。

的西伯利亚并入日本的必要性①。他还将这个意见书交给了日本参谋本部次长川上操六和陆军次官桂太郎。青木的这个意见虽然未取得全部内阁成员的同意，但确实可以反映出日本军国主义者，此时已把朝鲜和中国东北视为必争之地了。

1891 年 3 月，俄国皇帝正式宣布西伯利亚铁路开工，日本的舆论受到极大震动。著名的政论家大石正巳把西伯利亚铁路看作"席卷日清韩、逐英国于太平洋之外，以囊括亚洲之武器"，并预测铁路完工之日，"不动一兵，不派一舰，即可把朝鲜划入该国版图之中"。他进而警告，日本的"国家之寿命"将随着西伯利亚铁路的延长而缩短②。同年五月，日本出现了对外扩张的东帮协会和东洋俱乐部。后者的领导人公开叫嚣应"由日本掌握东洋之霸权而立于统帅之地位"，即打倒清朝和朝鲜而称霸东洋。

1892 年 8 月，第二次伊藤内阁成立。伊藤首相说服自由党，公布了建造十万吨军舰的方针，不久，又宣布了"制定扩充海军的大方针"。日本的明治天皇在 1893 年 2 月 10 日下达敕谕称："国防一事，苟拖延一日，将遗恨百年"，再次决定六年间从内帑中每年拨发三十万日元。同时从文武官员薪金中抽出百分之十缴纳国库，用以补充造舰费。次年 5 月，日本天皇批准了总参谋长提出的《战时大本营条例》，表明日本军国主义者不久将对外发动侵略战争。为了对中国发动侵略战争，日本参谋本部次长川上操六除不断派遣所属军官到中国各地收集作战资料外，而且他本人亲自用三个月的时间（从 4 月到 7 月）到中国和朝鲜进行调查。他的调查反映在山县有朋在 10 月提出的《军备意见书》中。山县提出"自今十年之后，西伯利亚全线通车之日"，清帝国的中心地区也将不能幸免于列强之瓜分，而清帝国由于兵制衰落和军队士气的低落，对瓜分将无力抵抗。他强调日本的敌手将为"英法俄等国"，为此，日本"应做好准备，一有可乘之机，即应主动采取行动，收取利益"。这就说明日本军国主义者已做好发动侵华战争的准备，只待"可乘之机"了。

上述事实说明，日本发动侵略中国和朝鲜的甲午战争，固有其国内的种种原因，但是俄国的远东政策，特别是这一政策的产物——西伯利亚铁

---

① 《青木周藏自传》，《东洋文库》本，平凡社 1970 年版，第 109 页。
② 大石正巳：《日本之二大政策》，1892 年，第 174 页。

路的修筑，也是日本军国主义者急于发动甲午战争的外在原因之一。当时的俄国外交大臣洛巴诺夫就宣称："日本发动的战争与其说是针对中国，不如说是针对俄国的。"沙俄的财政大臣俄国远东政策的策划者和积极推行者维特说得更清楚。他说："日本进行的战争是我们动工建筑西伯利亚的后果。看来，所有欧洲大国，以及日本都意识到，对中国的瓜分在不久的将来定会发生，而一旦发生这种瓜分，西伯利亚铁路将大大增加我们的机缘。日本的敌对行动主要是针对我们的。"[①] 洛巴诺夫和维特都说日本军国主义者发动甲午战争"主要是针对"俄国的，这固然不完全符合实际，但从他们的言论中道出日本发动这次战争和俄国修筑西伯利亚铁路是有关系的，则是事实。

上述事实说明，早在甲午战前，日俄出于争夺朝鲜和中国是存在利害冲突和矛盾的，即都想称霸远东。只是这种矛盾由于种种原因还没有发展到公开对抗的程度。

二

日本军国主义者预感到俄国修筑西伯利亚铁路对它推行大陆政策的严重障碍，因此它抓住西伯利亚铁路尚未立即威胁它的时机，发动了侵略战争。俄国统治者也明确意识到日本发动的侵略战争有"针对"俄国远东政策的一面。那么俄国何以在日本发动战争之前及战争时期（1895 年初），对日本采取"支持"和"纵容"，以及"不干涉政策"呢？前述米文和王文都作了一些论述，但笔者认为这主要取决于帝国主义在远东的形势以及当时俄国在远东所处的地位。

甲午战前，帝国主义在远东的争夺主要是在英俄之间。但英国在远东的势力无疑是占优势的。俄国急于修筑西伯利亚铁路，也是想排挤英国在远东的势力，甚至幻想取而代之。俄土战争结束之后，俄国侵略矛头由中东转向远东。1890 年 7 月，俄国获悉中国派遣了英国工程师去东北南部和东部珲春进行勘查，立即讨论了修筑乌苏里铁路问题。沙皇亚历山大三世表示有必要"快些动工修筑这条（乌苏里）铁路"。外交大臣吉尔斯随之声称，"俄国对华关系的状况促使外交部认为，修筑西伯利亚铁路的问

---

① 罗曼诺夫：《俄国在满洲》，第 72 页。

题对俄国具有头等的重要性"①。后经陆军大臣提议，只修筑乌苏里一段
铁路已无济于事，于是在 1891 年 2 月的会议上一致同意了修筑横贯西伯
利亚铁路。并在同年 3 月 29 日向全世界公布了这条消息。5 月开始了乌
苏里段的奠基工程。不久制订了分段施工的计划，预计到 1903 年全线通
车。1892 年维特由交通大臣调任财政大臣之后，使修筑西伯利亚铁路问
题发生迅速和急剧的变化。因为在他看来，横贯西伯利亚铁路不论对俄国
的欧洲部分，还是对西伯利亚都具有"经济、文化和政治利益方面的最
大好处"，而且有重要的军事价值，它"将保障俄国舰队得到一切必需
品"，"将在我们东方港口中为它提供一个坚固的据点"，因此"随着铁路
的通车，这支舰队可能大大加强"②。维特虽然加快了修路的速度，但到
甲午战争时期，贝加尔湖以东的铁路（除乌苏里一段外）并未动工，加
之俄国在远东的兵力有限，即实力不足。这就决定了俄国当时在远东不大
可能有什么大的作为，不得不执行"谨慎的"政策③。俄国外交部亚洲司
司长普尼斯特和维特一致认为只有通过和英国采取一致行动的途径"才
有某些可能预防中日冲突带来危害极大的后果，并赢得建成西伯利亚铁路
所必需的时间，到那时，我们就能以具有充分物质手段的姿态出现，并将
在太平洋事务中占据相应的地位"。这就是说俄国在当时主要想争取建成
西伯利亚铁路的时间，同时使日本的侵略势力不至严重威胁俄国既定的势
力范围，这是俄国对日本发动侵略战争由战前的"支持"到"纵容"和
战争爆发后采取"不干涉政策"的重要原因之一。

　　正是由于这种形势，使俄国对在远东占优势地位的英国的态度不能忽
视，这就是维特所说的"除了和英国采取一致行动之外，我们别无他法"
的原因。但英国为了支持日本阻止俄国势力南下，在战争爆发前夕，即 7
月 16 日和日本签订了新的《通商航海条约》，使日本修改不平等条约获
得成功。英国外交大臣金伯利对日本公使说："这个条约的性质，对于日
本来说，比打败清国大军更为有利。"这是英国对日本的最大支持，使日
本不再担心开战后有"欧洲大国干涉"了。因此，甲午战争从国际背景
上说是在英俄矛盾的形势下，日本军国主义者利用了这种矛盾，取得英美

---

①　罗曼诺夫：前揭书，第 52—53 页。

②　同上书，第 60 页。

③　马洛泽莫夫：《俄国的远东政策》，第 51 页。

的支持而发动的。也是沙皇俄国在远东实力不足、不能进行单独干涉的原因之一。

沙皇俄国妄想乘机改变中俄边界，夺取中国领土。1895年2月初，俄国参谋总长奥勃鲁切夫直截了当地表示，他"特别反对与英国一起去阻止日本（取得）胜利的任何行动，因为依他的意见，中国愈弱，对俄国愈有利"。① 当时俄国不仅要改变黑龙江流域的中俄边界，也要在中国西北采取同样行动。当时俄国的资产阶级报刊也发出狂妄的侵占中国领土的叫嚣。1895年3月12日的沙俄喉舌《新时报》叫嚷：沙俄政府必须"采取原来的计划，把西伯利亚铁路的阿穆尔段穿过满洲，这是一条大为缩短、便宜和迅捷的路线，同时，它将阻扰日本在该地区的逾分的要求"②。俄国的一个海军"权威"人士，也在该报上竭力主张：俄国"在远东绝对需要一个海军基地"，而且"应占领满洲"③。俄国的这种企图甚至直到1895年4月，沙俄策划对日本进行干涉时，仍然念念不忘。4月6日俄国外交大臣在给沙皇的奏疏中说："我们的目的可能是双重的，我们要在太平洋上获得一个不冻港，为便利西伯利亚铁道的修筑起见，我们必须兼并满洲的若干部分。"④ 4月11日维特主张如果日本不放弃占领辽东半岛，俄国就炮击日本港口，"这样我们就成为中国的救星，中国会尊重我们的效劳，因而会同意用和平方式修改我们的边界"⑤。俄国需要的是"衰弱的中国"，日本打败中国，中国更加衰弱，这就便利俄国乘机掠夺中国的领土。

笔者认为上述原因是俄国所以对日本发动侵略战争由明显的"支持"到采取"不干涉政策"的基本出发点。

当然，说俄国"支持"日本或采取"不干涉政策"，并不是说俄国在整个战争中没有采取任何干预行动。特别是当日本的侵略势力达到东北大陆的南部，俄国认为它的利益受到严重威胁时，它就不惜采取联合法、德对日进行以武力为后盾的干涉了。这是人所共知的事实。

值得注意的是，沙俄对日本的"支持"或"利用"不是消极的，而

---

① 《红档杂志有关中国交涉史料选译》（以下简称《红档》），第146页。
② 伦敦《泰晤士报》1895年3月16日。
③ 菲利浦·约瑟夫：《列强对华外交》，商务版，第70页。
④ 《红档》，第150页。
⑤ 同上书，第156—157页。

是有条件的。当它没有力量进行干涉，或者日本的军事占领没有危及它所认为的根本利益时，它采取了上述政策。与此同时它又积极创造条件，主要增强在远东的陆海军实力，准备进行干涉。例如 1894 年 8 月 21 日，中日双方正式宣战之后，在沙俄政府召开的特别会议的结论中，虽然提出"俄国积极干涉中日战争是不符合我国的利益"的主张，但同时决定必要时要"增兵朝鲜边境①。1895 年 2 月 1 日，即日本军事行动已经到达辽东半岛，沙俄召开的又一次特别会议上，得出如下结论：第一，"增强我国在太平洋的舰队，以至使我国在太平洋上的海军力量尽可能较日本为强"；第二，与英法等国达成协议，"如果日本和中国缔结和约时所提出的要求侵犯我国的重要利益，则对日本施以共同压力"②。这就是说，如果日本侵犯俄国的"重要利益"，它就准备进行联合干涉，为此，要增强俄国在太平洋的海军实力。到《马关条约》签订时，俄国战舰已达到 18 艘，共约 4 万吨。

俄国不仅增强它在远东海军的实力，同时也增加它的陆军力量。1895年 3 月 24 日，美国国务卿向日本驻美公使透露了美国驻俄公使给本国政府的报告内容。报告说：俄国的野心很大，正在……企图占领中国的北部和满洲，并反对日本占领上述地区和把朝鲜作为保护国。报告还说，俄国在中国北部有三万人，而且正在增加。同时，日本伊藤首相告诉陆军大臣，说俄国已有三万军队进入中国北部③。有一部分俄国军队还曾非法地侵入我国吉林。据维特说："当中日战争期间我们确从符拉迪沃斯托克派遣一些军队，但因没有铁路运输，行动过于迟缓，以致当他们达到吉林时，战争已结束了。"④ 关于俄国当时增兵的情况，清朝的吉林地方官十分注意。1895 年 3 月 4 日署理吉林将军恩泽根据宁古塔副都统的报告说，"年（旧历年）前后陆续由本国轮船载到俄兵一万来人到海参崴下船，坐火车到双城子（即今乌苏里斯克），夜间操演，又运到籽母四爬犁各等情"⑤。所有上述情况说明，沙皇俄国是在积极调兵遣将，准备进行干涉。

① 《红档》，第 142 页。

② 同上书，第 148 页。

③ 藤村道生：《日清战争》，米庆余译，第 146、144 页。

④ 维特：《维特伯爵回忆录》，傅正译，第 69 页。

⑤ 《恩泽为俄兵万人到双城子操演和调营增防塔城扎》，光绪二十一年二月初八日（三月四日），吉林将军衙门档。

这也是研究甲午战争与俄国关系时不能忽视的一个方面，也是我们理解三国干涉"还辽"的重要依据。日本外交大臣陆奥宗光指出："当时俄国对中日两国的真正企图，如果不能兼获鹬蚌之利，也必须尝到熊掌或鲜鱼的一项美味，只是等待时机而已。"[1] 从战后的结果看，俄国既"尝到熊掌"，又得到"鲜鱼"。它把日本赶出辽东半岛，留给它以后侵占，同时以干涉日本"还辽"，索取报酬，从清政府手中取得很多特权，其中之一就是取得西伯利亚铁路阿穆尔段通过我国东北北部修筑直达海参崴的特权。但亦应指出沙俄在它"尝熊掌"吃"鲜鱼"的同时，将骨头和鱼刺也吞下去了。

三

在研究甲午战争与俄国的关系时，沙俄利用甲午战争时期中国在军事上失利的时机，在我国西部和西北侵吞中国领土的活动，也应当予以重视。从 17 世纪中叶以来的中俄关系史中，可以清楚地知道，俄国总是在中国处于危难时期，乘机侵吞中国的领土和扩大在华侵略权益，而每当它干这种不光彩的勾当的时候，往往都是在一种漂亮的词汇掩饰下进行，有时则背信弃义像窃贼一样偷偷进行。甲午战争时期，沙俄对华政策就是这样。在东北它以维持"远东和平"、中国利益的保护者自居，迫使日本退还辽东半岛。但不到三年，俄国就强占了旅顺口。在战争中，俄国政府曾表明维护"中国领土的完整"和"无意侵占中国领土"。但与此同时，它制订了侵占唐努乌梁海的计划并和英国一起私分了中国帕米尔地区。

唐努乌梁海地区位于我国的最西北部。它的东北、西北和北部都是萨彦岭山脉并与俄国相接壤，南依唐努山和乌里雅苏台、科布多相连，战略地位十分重要。这里又是粮食、林产、矿产丰富，珍贵的毛皮更是特产。沙俄早就对这块地方垂涎不已。被他们称之为"移民之天国"。

沙俄早在 19 世纪三四十年代就开始觊觎我国的唐努乌梁海地区，多次派所谓"探险队"非法地闯入那里进行"考察"。并非法地移民到那里挖掘金矿。据俄国人统计，仅 1883 年，在 45 个矿坑中就窃夺了约 550 普

---

① 陆奥宗光：《蹇蹇录》，第 104 页。

特（约九千公斤）的金砂。1860 年《中俄北京条约》签订后，清政府被迫允许俄国商人在边境免税通商，这就为俄国商业资本向唐努乌梁海地区大开方便之门。1864 年，沙俄强迫清政府签订《勘分西北界约记》，把原属定边左副将军管辖的唐努乌梁十个佐领的土地和由科布多参赞大臣管辖的阿尔泰淖尔的两个旗，以及科布多以西的大片中国领土割占去了。

从 19 世纪 80 年代以后，俄国的移民愈来愈多。俄国政府还指示它的移民"向我们在该地区的自然疆界唐努山发展"。这表明沙俄妄想用移民的办法侵占唐努乌梁地区。

甲午战争爆发后，沙俄对唐努乌梁海的侵略已经进入一个新的阶段，即研究了如何侵占的问题。1895 年，俄国伊尔库茨克军区司令部在给总参谋长的呈报中提出：他们认为乌梁海地区"是不断向中国施加压力的最合适的战略据点"。因此，他们建议："俄国与中国一旦发生武装冲突时，总参谋部打算责成伊尔库茨克的机动部队占领位于西蒙古的科布多和乌里雅苏台两城。占领上述两个据点不仅有助于我军在西伯利亚及贝加尔地区开展军事活动，而且还可以保护我国边境不受处于中国统治下的异族匪帮（这是对我国居住在那里的少数民族的诬称——引者）的侵扰。"建议还提出进攻中国的两条路线：（一）进攻库苏古尔湖地区；（二）经过米努辛斯克，越过萨彦岭，通过萨菲亚诺夫村直取乌兰固木。军区司令部认为"后一条路线更好"①。

从这个侵略计划的制订，我们可以看出，当时沙俄利用中国被日本打败的时机，在东北，它装作清政府的"救星"，强迫日本退出辽东半岛，留给它以后侵占；同时在西北又制订了进攻中国的计划。这是沙俄在远东一贯奉行的政策：力图最大限度地获取中国领土，尽可能不让其他帝国主义国家在中国得到领土。

沙俄的这种政策，在侵吞我国西部帕米尔地区的罪恶活动中，得到进一步的说明。

19 世纪六七十年代，沙皇俄国在吞并了中亚的浩罕、布哈拉、希瓦三个汗国之后，便着手侵吞我国新疆西部的帕米尔。

1884 年 6 月，沙俄强迫清政府签订了《中俄续勘喀什噶尔界约》。通过这个界约，沙俄不仅割占了中国喀什噶尔西北的大片领土，而且在帕米

---

① 卡鲍：《图瓦历史与经济概述》，第 142 页。

尔地区，进一步割占了中国的和什库珠克帕米尔。该界约还规定，从乌孜别里山口起，"俄国界线转向西南，中国界线一直往南"，这是中俄勘分帕米尔未定界地区的唯一条约规定。这样一来，只有"一直往南"走向线以东之地仍留在中国境内，而"转向西南"走向线以西的帕米尔土地被俄国强占了，两条走向线之间的三角地带成了"待议区"。这个地区本来就是中国的领土，在具体勘分之前，中国自然应在这里行使自己的主权。

19世纪80年代末和90年代初，俄、英争夺帕米尔的斗争激化起来。沙俄"为了确立自己在帕米尔的霸权"①，违背《中俄续勘喀什噶尔界约》，不断派遣武装人员到帕米尔进行"考察"或"巡视"，为侵占帕米尔作准备。1892年沙俄强占了萨雷阔勒岭以西两万多平方公里的中国领土。沙俄武力强占以后，妄想以"划界谈判"的外交手段，使它非法侵占的土地"合法化"。终以清政府坚持1884年界约为准而给予拒绝。

1894年4月初，中日甲午战争逼近，沙俄乘机提出中俄双方互换在帕米尔地区维持现状的照会，以拖延帕米尔边界问题的合理解决，企图强迫清政府承认沙俄军事占领的现状。4月12日，沙俄外交部向中国驻俄公使许景澄提出照会一份，提出："今因中俄两国商办帕米尔界务，彼此意见不同，目前实难议结。是以本国国家拟请彼此按照现在局面情形，各饬该管官员仍驻原处，不准前进，以免误会而杜衅端。……现在局面暂不变动，徐候商议定局，并无妨碍。如有争论或须续商，即在北京议办。"②沙俄利用清政府当时的不利局势，迫使清政府不得不同意上述无理建议。当时，清政府电示许景澄："当告以众议，定约（指1884年签订之《中俄续勘喀什噶尔界约》——引者）必须遵守"，"界事仍随时相机与商"③。许景澄在给俄国外交部的复照中严正指出："在采取上述措施时，并不意味着放弃中国对于目前由中国军队所占领以外帕米尔领土的权利。它认为应保持此项以一八八四年界约为根据的权利，直到达成一个满意的

① 哈尔芬：《中亚归并于俄国（十九世纪60—90年代）》，第14页。
② 《许文肃公遗稿》第4卷，第17—18页。
③ 《清季外交史料》第89卷，第12—13页。

谅解为止。”①

许景澄还照会俄国外交部：“按照喀约，中国应得一切权利，不能因不进兵稍有减损。且两国既有喀约，必须遵守。中国众议昭然，断难漠视。”② 清朝政府的保留声明，重申了《中俄续勘喀什噶尔界约》的规定和中国在帕米尔地区的领土主权及其他一切权利，指明沙俄武装侵占萨雷阔勒岭以西两万多平方公里的中国领土是非法的。

沙俄政府公然违背“现在局面暂不变动，徐候商议定局”的诺言，拒不恢复帕米尔边界谈判，继续霸占它非法武装占领的中国领土，致使中俄在帕米尔的边界问题，一直得不到解决。

沙俄政府对于清政府的保留声明，无法提出异议，不敢公然坚持以萨雷阔勒岭为边界线。但在1895年3月，沙俄利用日本军国主义者强迫清政府签订不平等的《马关条约》的紧张局势，背着清政府，私自与英国订约，偷偷地瓜分了萨雷阔勒岭以西中国的帕米尔领土。清政府分电驻俄、驻英公使，根据条约力争，坚决不予承认，并再次声明：“后日必重申前说。”③ 明确表示了中国政府的坚定态度。

上述事实说明，甲午战争期间，沙俄不仅要改变东北地区的中俄边界，而且在西北、西部正在干着改变边界的罪恶活动。恩格斯指出：沙俄这种“对别国领土的强力的掠夺，是明白的抢劫”④。

综观甲午战争时期，沙俄对日本的态度，既有“利用”、“支持”的一面，更有矛盾的一面，而这种矛盾早在甲午战前的19世纪80年代末就开始了。沙俄远东政策就是以和英日争夺中国和朝鲜为主要目标。日本发动甲午战争，就有针对沙俄远东政策的一面。只是由于战前沙俄在远东的实力不足，加上战争初期日本的军事行动业未严重威胁到俄国的利益所以才采取了“利用”和“支持”以及“不干涉政策”。但这是暂时的，有条件的。与此同时，沙俄正在为增强它在远东的实力和争取同盟者而不懈地努力。一旦它发现日本的侵略行动，严重地威胁它的“重要利益”，并具备了干涉的条件时，它就不惜以

① 转引自《中华人民共和国外交部文件》（1969年10月3日）。

② 《许文肃公遗稿》第4卷，第17—18页。

③ 《清季外交史料》（光绪朝）第113卷，第6页。

④ 恩格斯：《俄国沙皇政府的对外政策》，《马克思恩格斯全集》第22卷，第34页。

武力为后盾进行干涉。

　　沙俄在对日本进行公开干涉的同时，不仅图谋改变东北的中俄边界，而且在中国的西部和西北偷偷地侵吞中国的领土。这是沙俄一贯对华侵略的特点。

（原文载于《东北师大学报》1985 年第 2 期）

再论沙俄与甲午战争的关系

米庆余

1894 年爆发的甲午战争，是日本对中国的侵略战争。但背后也隐藏着列强的阴影。当年的沙皇俄国，便是一个企图渔利者。1979 年，笔者发表过有关文章，认为日本发动这场侵略战争，同沙皇俄国的暗中纵容是分不开的。时至中日马关议和，沙俄利用日本的决策告一段落。此后，日俄争夺则上升为国际列强争夺东北亚地区的主要矛盾。[①] 后来，有的同志提出异议。这说明这个问题仍是值得研究的。

一 沙俄确有利用日本的决策

人们知道，任何国家的对外关系，归根结底都是为了推行某种政策，以期达到某种目的。因此，论证沙俄与甲午战争的关系，不能不首先考察沙皇俄国在临近甲午战争期间的远东政策。

在现今很少公布沙俄档案的情况下，要对沙俄在甲午战争前的远东政策，做出完整无缺的考察是有困难的。然而有幸的是，苏俄《红档》杂志所刊登的有关沙俄的档案资料中，有一特别值得重视的文件，那就是 1888 年 5 月 8 日（俄历 4 月 26 日）沙俄远东"特别会议"记录。从记录上看，沙俄之所以举行这次特别会议，是因为"根据最近数年来的经验证明，我国在这些地区的政治利益主要集中在朝鲜"，以及所谓"朝鲜位于满洲边境，在相当的情况中它可以成为我国重要的战略据点"。因此，俄国外交部及阿穆尔区总督认为，"政府必须说明我国对远东政治情况的

---

① 见拙文《沙俄在甲午战争中充当了什么角色》，《历史研究》1979 年第 8 期。

看法"，以便亚洲这一地区发生事变时，俄国地方当局及其驻在邻近亚洲国家的代表"得以联合行动"，以"促进我国政策向合理方面发展"，并"作为我国对朝鲜关系的根据"。① 显然，这是一次决策性会议。

美籍俄人安德鲁·马洛泽莫夫在其有影响的著作中认为，此时的沙俄政府"对朝鲜并没有积极的政策"，而是其他国家的"阴谋"，"使得俄国制订了它在朝鲜执行的有关中国的基本政策"。② 然而，事实并非如此。因为这次会议首先提出并讨论的，便是"俄国占领朝鲜是否合适及可能发生何种后果"的问题。人们知道，在沙皇俄国的扩张史上，军事占领是其惯用的手段之一。这不仅是赤裸裸地行使武力，而且包藏着霸占别国领土的野心。因此，不管这次会议的结论如何，首先提出并讨论这一问题本身，便已暴露了沙皇俄国的战略意图。它表明此时的沙皇俄国已把朝鲜作为远东政策的焦点，并力图推进这一政策。恰如这次会议的决策者之一、阿穆尔区总督科尔夫，在此前的奏折中所说的："由于1860年签订的《北京条约》，我国的领地已经达到图们江，得以和朝鲜的国境接壤，并使中国的领土满洲失去了海岸，关闭了它在东洋的出口，这是我国的一大幸事。今后，我国的目标在于维持朝鲜独立。该国是东方的一个弱国。此时没有强盛的保护国，便不足以保存社稷。"③ 也就是说，沙俄这次会议的决策者，并不满足已攫取的中国领土，还要染指朝鲜半岛，充当朝鲜的"保护国"。

诚然，沙俄这次会议并没有明确它占领朝鲜的计划。但这主要是由于当时的历史条件，及其担心可能发生的后果。诸如所谓"朝鲜是一个非常贫穷的国家……它不能成为我国有利的商业市场"；"朝鲜离我们有足够武力的中心太远，阿穆尔军区的资源亦有限，所以我国土地的任何扩张，尤其在我们必须保卫朝鲜三面环海的漫长海岸时，会成为我们的负担"，以及"朝鲜之占领不仅会破坏我国与中国的关系，还会破坏我国与

---

① 见张蓉初译《红档杂志有关中国交涉史料选译》（以下简称《红档杂志选译》），生活·读书·新知三联书店1957年版，第130—131页。

② 安德鲁·马洛泽莫夫：《俄国的远东政策》中译本，商务印书馆1977年版，第30页。

③ 科尔夫（旧译廓尔孚），1884—1893年担任阿穆尔区总督，是继穆拉维耶夫之后的又一个沙俄扩张政策的积极推行者，在任期间多次向沙皇提交奏折。引文见渡边修二郎《东邦关系》，奉公会1894年版，第341页。

英国的关系……使我国的地位在各方面都感到非常困难"等。① 因此，这次会议随后则提出了第二个问题，也即"朝鲜方面是否会威胁我们的安全"问题。

在这个问题上，这次会议的决策者们认为，"朝鲜本身是不足道的"，但是"由于它的软弱，一旦被邻国之一所占有，它可能成为敌视我国的工具"。② 那么，谁是可能占有朝鲜的邻国，并将之作为敌视俄国的工具呢？科尔夫们认为："中国和日本因为和此一国家有历史关系，所以在朝鲜都有扩张的意图。"但是，科尔夫们随后又说："至于日本，其野心计谋由于1884年的汉城之乱，遇到中国方面的有力反对，已迫使它改变了对朝鲜的看法。"天皇政府"对朝鲜不仅放弃了任何私自的计谋"，而且对这一国家的未来命运也"漠不关心"了。③ 言外之意，是认定中国才是企图占有朝鲜，并将之作为敌视俄国工具的邻国。因此，这次会议不厌其烦地议论中国与朝鲜的关系。诸如"中国对于朝鲜的命运可能影响更大"；中国的感召力"在朝鲜是万能的"；以及中国并没有放弃巩固在该国势力的其他措施等。显而易见，所谓"朝鲜方面是否会威胁我们的安全"问题，实际是针对当时的中国的。

进而，科尔夫们认为："假使中国对于朝鲜的保护，只限于保存两国间的传统关系，那么我们并没有借口可以反对此种关系……可惜中国政府不能满足于不久以前所存在的关系，不仅我们假想的意图引起了它的顾虑，而且最近几年来它的自大，显然使它想把朝鲜的内政抓在手里，从而使此一国家成为中国的一个省。假使这一计谋将来付诸实现，那么我国在南乌苏里边区的地位则将非常危险，因为拥有各种丰富物资的中国，将在我国边境代替软弱而无保卫能力的邻居……"④

这里有必要简单回顾一下当时中国与朝鲜的关系。人们知道，中国与朝鲜的传统关系是前近代形成的。当时，朝鲜视中国为"上国"，中国视朝鲜为"属邦"。这中间固然有上下、主从之别，但中国并不干预朝鲜内政，唯是急聘应援而已。19世纪80年代，清政府内确亦有人提出过主持

① 见《红档杂志选译》，第130—132页。
② 同上。
③ 同上。
④ 同上。

朝鲜内政外交的动议。如光绪六年（1880），驻日公使何如璋致书总理衙门，奏请在朝鲜设一办事大臣，"凡内地政治外国条约皆由其主持……"①光绪十年（1884），侍读张佩纶在奏议中也说："当由中朝简派大员，为朝鲜通商大臣，理其外交之政。"②同年12月，朝鲜发生"甲申之变"（即沙俄这次特别会议所说的汉城之乱）时，在朝鲜的袁世凯也致书李鸿章，宣称"莫如趁此民心尚知感服中朝，即特派大员，设立监国，统率重兵，内治外交，均为代理"③等。然而，这些动议中又分别谈道："时方多事，鞭长莫及，此策未能遽行"（何如璋）；"朝鲜近在肘腋之间，实有辅车之势……"（张佩纶）；以及"泰西方盛，不数年必又有异谋，则中国尤难防御……朝鲜非琉球安南可比，如资他人，中原焉能安枕"（袁世凯），等等，显然，上述动议又不过是审时度势之论，而且当时的中国本身已自顾不暇。光绪十二年八月（1886年9月），李鸿章致书醇亲王时表示："目下时局艰难，须先自治而后治人。"④同年九月（10月），清政府军机处在给李鸿章的谕旨中，也认为醇亲王诉说的"无论郡县监国，本不欲办，亦办不到"的意见"切中綮要"，并着令李鸿章"详审酌度"，等等⑤。

这说明，中国力图保持与朝鲜的传统关系，从根本上讲，并没有逸出以求自保的范围。而沙俄这次会议的决策者，也明明知道中国皇帝政府"不拟实行"把朝鲜改为行省的计划，"亦不愿在朝鲜引起骚动"（见下文），但依然把中国与朝鲜的关系，作为决定远东政策的基础和前提，这说明科尔夫们实际是将当时的中国作为俄国远东政策的主要障碍。因此，这次会议不仅明确表示：日本"最近才又关怀到用哪一些方法才能保证上述国家不被中国人所夺取"的方针，"完全符合"我们的看法，"我们应该竭力支持东京内阁的此一方针"，而且详细地讨论了第三个问题，即"我们应采取哪一些措施去反对中国人对朝鲜的计谋"。⑥

首先，这次会议谈道："去年六月，我国驻北京公使根据德国公使方

① 见蒋廷黻编《近代中国外交史资料辑要》中卷，商务印书馆1934年版，第406页。
② 同上书，第404页。
③ 同上书，第416页。
④ 同上书，第450—451页。
⑤ 同上书，第456—457页。
⑥ 《见红档杂志选译》，第132—134页。

面的机密消息报告说，皇帝政府感到将（朝鲜）王国改为行省可能引起困难及危险，因此不拟实行此一计划，亦不愿在朝鲜引起骚动。"但是科尔夫们随后又说："北京政府对朝鲜的此种关系并没有使它放弃目的在于巩固中国在该国势力的其他措施。"[1] 因此，这次会议决定："我们只能限于依照 1886 年天津协议的精神，不容许侵略朝鲜领土的不可侵犯性"，"我们应该努力改变中国人认为我们在觊觎朝鲜的恶意怀疑，并使他们相信，我们完全满意于严格遵守天津协议"[2]。

表面上看，这种决定很是"公允"。然而，当我们重温一下所谓中俄"天津协议"的背景和内容，便可以知道：科尔夫们所说的"严格遵守天津协议"，实际是想排除中国在朝鲜的传统势力。1886 年，当时的沙俄公使拉德仁（亦即洛杜仁斯基），曾在天津与李鸿章就朝鲜问题进行会谈。这是因为 1885 年英俄在阿富汗的矛盾激化，沙俄在海参崴集结兵船，英国恐其南下而派兵舰占据了朝鲜南部海面的巨文岛。为此，沙俄声言："中国若承认英国占领巨文岛，则俄国认为有占领其他岛屿或朝鲜王国一部之必要。"[3] 与此同时，当时在朝鲜担任外务协办的德人穆麟德，也与俄国驻东京公使相互串通，策划俄朝密约。因此，李鸿章在会见拉德仁时提出："俄国能否与我立一密约"的问题。意在说明"朝鲜系中华属邦，又为俄罗斯邻境。今俄国情愿担保以后永远不占朝鲜之地，中国亦照复声明绝无占有朝鲜土地之意。彼此便可尽释嫌疑，他人亦不能造言离间"[4]。对此，拉德仁表示认可。但是同年 10 月 6 日（旧历九月初九）拉德仁交给李鸿章的照会中，不仅只字未提李鸿章要求写明的"朝鲜系中华属邦"之事，反而列入了所谓"日后如有意外难于预料之事……致使不得不变朝鲜现在情形，中俄两国或由彼此政府，或由彼此驻韩大员公同商定办法"等[5]，意在否定中国与朝鲜的传统关系，进而控制朝鲜。当时清政府军机处指示李鸿章，对其"隐寓保护（朝鲜）之意"进行交涉更改。而拉德仁则称，他在照会中所说的一切，"均系传达俄国国家之意，绝无更

① 见《红档杂志选译》，第 134 页。

② 同上。

③ 见王芸生《六十年来中国与日本》第一卷，生活·读书·新知三联书店 1979 年版，第 294 页。

④ 见蒋廷黻编《近代中国外交史资料辑要》中卷，第 453 页。

⑤ 同上书，第 455 页。

改"①。由此可见，科尔夫们在这次特别会议上所重复的"严格遵守天津协议"，实际仍是企图充当朝鲜的"保护国"，左右朝鲜的命运。

其次，这次会议承认："目前还没有理由害怕中国在最近的将来会破坏天津协议"，但在协议前的谈判中，李鸿章还表示"北京政府可能被迫暂时出兵朝鲜平乱……1884 年（应为 1885 年——本文纠正）中日全权代表在天津所订的条约，也允许在相当情况下中国可以暂时出兵朝鲜"。因此，会议决定"必须用种种方法使中国政府不采取此种措施"。进而决定："如果临时干涉只是一种借口，背后却隐藏着中国政府想把军队留在朝鲜的意图，并长期驻扎此一国境，那么在这种情况下我们要采取压迫中国的方式……或者由海军在中国海面示威，或者我们占领朝鲜沿海任何据点。""在我们与中国的广大边界上，可能随便地找到此类压迫的方式，尤其是在中国西部。"

人们知道，1885 年 4 月，李鸿章与伊藤博文在天津确实签订过有关朝鲜的条约，也即中国史称的《天津会议专条》，其中规定："将来朝鲜国若有重大事件，中日两国或一国需要派兵时，应事先相互行文知照，及其事定即行撤回、不再留防。"② 从当时日本对朝鲜的关系来讲，这种规定使日本进一步获得了出兵朝鲜、干涉朝鲜内政的机会；而从当时的中国与朝鲜的关系来讲，则削弱了中国在朝鲜的传统势力，动摇了中国对朝鲜的宗属关系。显然，沙俄在这次会议上作出的上述决定，不仅是为了进一步削弱中国在朝鲜的传统势力，而且是其所谓"竭力支持东京内阁"的一种方式。也即在中日双方可能出兵朝鲜问题上，便包藏着偏袒日本的意图。而这也正是甲午战争前夕，沙俄"赞成"日本出兵的政策上的原因。

虽然，沙俄在这次会议上明确表示，"为朝鲜而同中国战争，在任何场合都是不必要的"。但是，为了推行俄国的远东政策，科尔夫们又特意"补充"说："如果鼓励朝鲜政府发展军事力量，以至超过维持国内秩序的范围时"，也是"不符合我们的利益的"。因此，这次会议再次重申："前面业已提及的目下东京对朝鲜的看法是完全符合我们的利益的。因此我们应使天皇政府完全信任我们对于此一问题的大公无私，以便在发生困

---

① 见蒋廷黻编《近代中国外交史资料辑要》中卷，第 457 页。
② 据日本外务省编《日本外交年表及主要文书》上，文书部分，第 103—104 页。

难时得到其协助。"① 至此，科尔夫们再次确认了旨在利用日本的决策。由此可见，所谓"我们应采取哪一些措施去反对中国人对朝鲜的计谋"，实际是这次特别会议的核心和归宿。它表明当时的沙皇俄国不仅把朝鲜作为远东政策的焦点，而且企图利用日本来达到自身的政策目的。

1894 年 7 月 1 日（俄历 6 月 19 日）也即中日甲午战争爆发前夕，沙俄陆军大臣万诺夫斯基在写给当时的外交大臣吉尔斯的信中，明确地写道："由阁下所送来的业经沙皇批准的有关朝鲜问题的 1888 年 4 月 26 日（公历 5 月 8 日——本文注，下同）特别会议所建议的陆上示威，需要大量的军队，而此项军队的集中也需要若干时日。虽然一如阁下在 6 月 4 日（公历 26 日）函中指出，目前尚无理由忧虑中国方面会有挑衅行动，但鉴于局势可能发生变化……因此我谨请阁下在认为需要举行上述军事示威时，将选定为我国驻军占领的地点，以及外交部所收到的一般朝鲜情况，在适当时期内通知我，俾能及时考虑所需军队的数量与如何命令其集中和装备等问题。"② 也就是说，时至中日甲午战争前夕，沙俄政府贯彻执行的，依然是 1888 年的决策。这也就从根本上决定了沙俄政府及其驻外使节在甲午战争爆发前后的基本立场和基本倾向。

二　沙俄偏袒日本发动侵略战争

外交政策和策略是对外关系的目的和手段。目的是宗旨，而手段则是达到目的的方式。从这个意义上讲，只要沙俄染指朝鲜的目的没有变，那么它的对外策略也必然地会以不同的形式反映到对日和对中国的交涉中来。因此，沙俄对于中日两国出兵朝鲜以及对于战争爆发的基本态度和倾向如何，也就构成了本文论证的又一关键。为具体说明起见，本文现以日俄双方的档案资料为基础，将沙俄在甲午战争爆发前后的基本立场和倾向，按照时间次序归纳如下：

（一）有倾向的观察（2 月至 6 月初）。1894 年 2 月 21 日沙俄驻日公使希特罗渥在给驻朝代办韦贝的信件中说："我从私人方面秘密得来消息，似乎有人在朝准备一次严重的叛乱……有若干日本人参与并纵容此事；朝

---

①　见《红档杂志选译》，第 135、136—137 页。

②　同上书，第 1—4 页、第 26 页。

鲜的谋叛者向这些日本人声称叛乱将对日本有利，但这不过是欺骗而已，因为叛乱仅对中国有利，而且受它接济。"①

　　稍后，沙俄驻华公使喀西尼于 3 月 10 日致电外交大臣吉尔斯，言称"弥漫朝鲜已相当时期的愤激情绪正在日益扩大"，"我认为……中日两国在其对于任何外国威胁朝鲜问题上所获得的协议，并不适用于朝鲜内部骚乱的问题上，而关于后者，中国保留其干涉的独特权利。另一方面，日本在朝鲜有重大利益并有大量侨民住在朝鲜，我很怀疑它会对于直接影响其利益的事情保持漠不关心的旁观态度"。最后，喀西尼认为"我们当然不能置身局外。我国驻远东外交代表及阿穆尔最高当局，对邻国局势的演变应较以前更加注意"。②

　　6 月 1 日，韦贝也向政府报告："南朝鲜的骚动突告严重，中国可能加以干涉。如能派出战舰一艘来此，以观局势，于事当有裨益。"③

　　从上述电文和信件中可以看出，沙俄的驻外使节在朝鲜可能发生和已经发生动乱的问题上，尽管他们的说法不同，但基本上是两种反应：一是认为朝鲜发生动乱仅对中国有利，并在没有获悉中国清政府将要采取何种措施的情况下，便认定中国可能加以干涉，而且保留其干涉的"独特权利"；二是要求本国政府"不能置身局外"。这说明沙俄的驻外代表，在朝鲜出现动乱伊始，便是有所倾向的。

　　（二）赞成日本的出兵（6 月初至 6 月中旬）。6 月 8 日，希特罗渥向吉尔斯报告："据（日本）外务大臣证实，由于中国派兵镇压朝鲜暴动，日本政府根据天津条约已紧急派遣一支一千五百人的队伍，前往保护公使馆及其侨民"；"陆奥先生又说：'一俟中国出兵，日本除采取同样的行动之外别无他策……'同时陆奥先生又特别促使我注意，在目前情况下，中日出兵朝鲜的目的各不相同；中国军队派往朝鲜是为镇压叛乱，而日本军队，据日本外务大臣保证，是纯为保护侨居朝鲜的日本居民以及日本公使馆与领事馆人员的生命及财产"。进而，希特罗渥在同日又以急电的形式报告："日本政府担心朝鲜暴动者可能与中国军队发生冲突，因为中国军队无论如何不会满足于对暴动的镇压与平定，而可能企图留驻朝鲜并控

　　① 见《红档杂志选译》，第 5—11 页。

　　② 同上。

　　③ 同上书，第 4 页。

制朝鲜……"至此，希特罗渥明确表示："以上事实呈请阁下审查，暂时我将不作任何阐释。"①

由于使命的关系，希特罗渥向本国报告驻地的情况，这无可厚非。但是希特罗渥在已经确知日本派出了1500人的情况下，依然"不作任何阐释"地传导日本所谓"保护使馆"的谎言，并借助陆奥宗光的嘴，把所谓中国"可能企图留驻朝鲜并控制朝鲜"，作为"事实"加以报告，则不能说是没有用心的。

与此同时，6月5日喀西尼也向吉尔斯报告说："据可靠情报，中国业已派出一千五百名士兵。日本政府方面也必将立即采取措施以保护其在朝鲜的利益。"进而表示："本人虽病痛在身，唯鄙意在此时接受沙皇所赐假期，殊属不宜。阁下认为必要时，我愿意至迟留在此地至八月中旬。"②喀西尼随后又干了什么，本文尚难详细论证。但是，从当时日本驻华临时代理公使（一等书记官）小村寿太郎于6月17日发给陆奥宗光的报告中可以得知，当时在北京的英、德两国公使，反对日本出兵朝鲜，但是"在华的俄法两国公使却认为，保护日本在韩臣民及商业是必要的，赞成我国之举动"③。可见，希特罗渥与喀西尼是同样的立场，同样的倾向。一个在东京把日本外务大臣的谎言作为"事实"；一个在北京表示"赞成"日本出兵的举动。显然，这是一种别有用心的纵容。

（三）谋求扩大权益的调停（6月下旬）。6月2日，喀西尼再次致电吉尔斯，言称"我乘火车路过天津时，访问了李鸿章……据李称：叛乱虽已大致平定，但中日两国军队之在场，使两国几乎无法避免武装冲突。李以中国政府的名义……希望俄国出面调停此事，以迫使日本立即与中国同时从朝鲜撤兵"；"李声称：英国已提议愿意充当调停者，但中国认为俄国在此次事件中有优先权"。为此，喀西尼说："我认为我国决不应错过目前中国要求我们担任调停者的机会，况且此事对于我方既无任何牺牲，又能大大增加我国在朝鲜以及整个远东的势力，并足以消除在朝鲜发生不可避免而对我方甚为不利的武装冲突之可能"④。吉尔斯收到喀西尼

---

① 见《红档杂志选译》，第26页。

② 同上书，第5页。

③ 见日本外务省编《日本外交文书》第27卷，第2册，第271页。

④ 见《红档杂志选译》，第14—15页。

的上述电报后，立即上奏沙皇并明确表示"我同意喀西尼伯爵的意见：
我国出面调停将增加我国在远东的势力，而且必须防止英国干预此事的可
能。我认为应速将喀西尼伯爵的来电内容通知我国驻东京公使，并嘱其竭
力劝告日本政府，就同时撤退军队一事与中国政府达成协议"。吉尔斯的
奏折获得沙皇的认可。6 月 23 日，吉尔斯向希特罗渥和喀西尼发出了内
容相似的电训，以推行这一决定。

6 月 25 日，希特罗渥根据吉尔斯的训令，会见日本外务大臣。在此
之前，他向吉尔斯报告说："我将竭力促使日本政府与中国同时由朝鲜撤
退军队。"① 然而，根据《日本外交文书》的记载（谈话纪要），希特罗
渥在这次会见中，除了言称由于中国政府的请求，俄国政府以中日不致开
战为目的，"感到对日本政府提出建议是其应该的义务"之外，真正谈到
双方撤兵问题的，则只是所谓"假使中国撤兵之时，日本政府在撤兵之
事上也不会不同意吧，如果真是这样的话，那么我将之作为日本外交大臣
的承诺，也就不难向日本国政府报告了"。既无所谓"竭力"也没有使陆
奥感到压力。相反的，希特罗渥在谈话中语气沉重，却是抱怨日本政府没
有将中日交涉的有关细节向俄国政府作出说明，以致俄国只了解中国一方
的意图，而不了解日方的"本意"。与此同时，从会谈纪要上看，希特罗
渥所关心的，倒是日本政府向中国提出的有关朝鲜改革及两国任命委员的
问题，并且向陆奥明确表示："姑且不论中日之间的有关谈判，俄国也是
朝鲜的近邻之国，因此认为也应参与至今已经进行的协议。"② 可见，希
特罗渥对陆奥宗光的此次交涉，所贯彻的主要意图正是企图插手，以
"增加俄国在远东的势力"。然而，希特罗渥的上述要求，被陆奥当面拒
绝。这一方面说明了日俄之间存在着争夺朝鲜的矛盾，另一方面也意味着
沙俄政府的居间调停以谋其利的决定，在实施中并不顺利。

在这种情况下，吉尔斯于 6 月 28 日再次上奏沙皇，请求把居间调停
的决定改为"仅限于表示支持汉城政府对中日军队撤出朝鲜国境的申请。
至于李鸿章所要求的我国正式调停，只能在冲突双方同意时才可进行"③。
也就是说，此时的沙俄已决定不再坚持以往的决定。

---

① 见《红档杂志选译》，第 16 页。

② 日本外务省编：《日本外交文书》第 27 卷，第 2 册，第 273—277 页。

③ 见《红档杂志选译》，第 19 页。

（四）对日外交的强硬措辞（6月下旬）。如上所述，吉尔斯经过仔细权衡之后（这中间有两天的时间），在沙皇的批准之下，改变了以往的决定。然而，令人注意的是，吉尔斯在6月28日发给希特罗渥的电训中，却加上一句强硬的措辞，即"提示日本政府，如果它在与中国同时撤退朝鲜军队一事上故意阻难，则它应负严重的责任"①。这是决心促使日本撤兵，还有另有所谋？由于吉尔斯发给希特罗渥的训令中没有解释，而这次训令同6月30日希特罗渥向陆奥宗光递交"忠告"日本撤兵的公文又有直接的关系，因此，本文试就现有的资料作出如下分析：

其一，沙俄的这种强硬，是在业已改变先前根据中国的请求而居间调停的情况下作出的反映。因而也就排除了希特罗渥所说的"以任何方式援助中国"的可能性。

其二，沙俄的这种强硬，在很大程度上是由于6月25日希特罗渥会见陆奥宗光时所提出的参与中日两国协议的要求遭到拒绝的结果。因为希特罗渥在同日致吉尔斯的电文中，便已经提出了"我向阁下请示，是否必须继续坚持（居间调停），是否应将我们的劝告以书面形式提出，抑或仅作口头建议"②的问题，显然，这是一种自身的意图受到梗阻的反映。陆奥宗光在《蹇蹇录》中谈道：俄国在甲午战争初期"对我国的论锋较之对中国稍有严厉之形，是因我国常乘战胜之余威，对彼等较之中国更为固执所致"③。情同此理，沙俄此时的强硬措辞，似有同样的原因。

其三，沙俄此时的强硬还是为了达到自身的政策目的。6月25日陆奥宗光会见希特罗渥之后，曾训令驻俄公使西德二郎进一步向沙俄政府说明日本出兵只是希望维持朝鲜的独立及该国的和平与安宁，并无他意，以及所谓日本不首先挑起冲突，倘若不幸交战，则须知日本是不得已的④。从西德二郎6月29日反馈的电文时间，以及吉尔斯在同日向沙皇呈报西德二郎与沙俄亚洲司长克卜尼斯特谈话的内容来看，西德二郎与克卜尼斯特会面的时间应为6月28日，也即与吉尔斯加上一句有所强硬的措辞，向希特罗渥发出电训是同一天。据吉尔斯所谈到的情况是，克卜尼斯听取

---

① 《红档杂志选译》，第19页注①。

② 同上书，第18页。

③ 陆奥宗光：《蹇蹇录》（中塚明校注本），岩波书店1983年版，第325页。

④ 日本外务省编：《日本外交文书》第27卷，第2册，第277页。

了西德二郎的说明之后表示："我们同样希望朝鲜的独立与安宁，可是我们不信这些目的能由中日两国联合占领朝鲜而达到。……最好的办法似乎是从朝鲜王国撤出一切外国军队，然后以外交方式进行协商。如果某些国家，由于他们的行动而制造朝鲜问题，或甚至挑起冲突，则他们应负严重的责任。"① 显然，克卜尼斯特的这种强硬措辞与吉尔斯的上述训令极其相似，但其并非专指日本。因此，西德二郎在次日致陆奥宗光的电文中言称："俄国政府同意我国要求的主要宗旨。然而担心我国兵员永留朝鲜引起日中两国的激烈冲突，并引入其他国家，故而不赞成我军长期滞朝，俄国政府忠告我军与清兵同时回国，以外交手段了此事局。"② 除此之外，并无特殊反映。

　　然而，当我们进一步分析沙俄亚洲司长的上述表示时，又是耐人寻味的：首先，沙俄"同意"日本要求的主要宗旨，则意味着同意日本排除中国在朝鲜的传统势力和实现所谓"朝鲜的独立"；其次，"忠告"日本与中国同时撤兵，则可以使中日双方的任何一方也不能在朝鲜长期保留军事力量。这不仅符合俄国的根本利益，而且符合沙俄政府旨在利用日本以期染指朝鲜的既定方针。由此可见，沙俄此时对日外交的强硬措辞，从本质上讲，还是为了推行俄国的远东政策。诚然，这种强硬措辞也不能不对日本产生某种压力。但是，也正是因为沙俄在强硬的同时，又表示"同意"日本要求的主要宗旨，从而又为日本的侵略行径，保留了很多的空间和余地。

　　（五）满意日本的答复，等待来日的发展（7 月上旬至中日开战以后）。6 月 30 日，希特罗渥向陆奥宗光递交了内含"本官奉君主皇帝陛下政府之命，劝告日本帝国政府容纳朝鲜之请求，且忠告日本若在与中国政府同时从朝鲜撤兵之事上付诸故障，当负重大责任"③ 的公文之后，陆奥宗光于 7 月 2 日便向希特罗渥作出答复。内称朝鲜政府所谓该国内乱业已镇定之意"为时尚早"，"帝国政府之措施，并无侵略疆土之意，完全是针对目前形势而不得已之举。因此，本人毫不犹豫地向俄国特命全权公使阁下保证，在帝国政府认为朝鲜国内形势完全恢复平稳，将来不再有何等

---

① 《红档杂志选译》，第 19—20 页。
② 日本外务省编：《日本外交文书》第 27 卷，第 2 册，第 282 页。
③ 同上书，第 284—285 页。

危虞之时，自当撤回目前在朝鲜的日本军队"云云。① 显然，这是日本政府掩盖其真实目的的诡辩。

　　然而，令人疑惑的是，希特罗渥迟至 7 月 6 日才向吉尔斯作出报告。这中间大约有四天的时间，希特罗渥在等待什么呢？是有意地掩饰陆奥宗光的不实之词，还是为了谋求本国的权益而考虑迂回之策？这是个难以解开的秘密。不过，根据 7 月 1 日希特罗渥连续四次发给吉尔斯的电文来看，似可谓两者兼有。其一，希特罗渥在这四次电文中三次谈道：如果现今在朝鲜的中日对峙还有和平解决的希望，"我深信解决的地点不在北京或东京，而是在汉城。（应）让朝鲜政府在要求日本军队撤退时，提出在中国、日本与俄国三国指定官员监督之下进行其内部改革。这样日本将不能再有任何借口"；"我完全相信，目前如能给日本以堂皇撤退的机会，于事将属有益。例如，答应它在撤退军队后，可以谈到如何压迫朝鲜政府，使这个不幸国家的实在腐败的政府得到若干改进"；"这里我深感有重述一下我的坚定信念的必要，要和平解决，唯有凭借某种堂皇的借口……我在 17 日（公历 6 月 29 日）的电报中曾述及在朝鲜组织混合委员的建议，或可作为日本撤兵的借口"②。显然，这是为了日本，更是为了俄国的权益。因为希特罗渥在同日的电文还曾谈到，陆奥宗光机密地告诉他："英国代办曾表示英国政府希望目前日中事件能够获得和平解决，而且欧格纳在北京已向日本代办建议如何寻求中日两国和平协议的途径。"③可见，希特罗渥在东京对日交涉中实际是兜了一个大圈子，又回到了吉尔斯在 6 月 22 日奏请沙皇批准的既要"增加俄国在远东的势力"，又"必须防止英国干预此事"的基点上来，并在某种意义上干扰了欧格纳寻求和平协议的可能性。其二，希特罗渥在 7 月 1 日的电文中，一方面言称"我深感以言语说服日人，实难见效……而毫无疑问，他们必将从中国得到教训"，但另一方面又在同日的电文中特意报告："我与［日本］首相曾作过一次长谈。我自外务大臣处获悉的一切，业经伊藤伯爵证实。最后他肯定地说：日本毫无夺取朝鲜内政的意图，其目的系在真正保卫朝鲜实际脱离中国而独立，只要获得朝鲜政府实施必要改革，以避免重新发生暴

---

① 日本外务省编：《日本外交文书》第 27 卷，第 2 册，第 289 页。

② 见《红档杂志选译》，第 22—25 页。

③ 同上。

乱与中国再度干涉的某些保证，则日本准备与中国同时撤退军队。"① 这实际又是以伊藤博文的口吻，偏袒日本的侵略行径。

　　诚然，日本在 7 月 25 日不宣而战，首先挑起对华战争，不是希特罗渥与吉尔斯的往返电文所决定的。但是，倾向也是一种力量。希特罗渥作为沙俄的驻日代表，其向背也必然要影响到日本的决策。

　　在此期间，喀西尼也连续向吉尔斯报告："局势已经危急。日本谋取朝鲜内政统治权的企图已很明显……李氏曾表示中国认为朝鲜内政确有改革的必要，并同意此种改革问题应由俄、中、日三国全权代表以会议方式调查并解决之……中国的这种让步给予我国莫大利益。日本的目的似在排斥俄国的参加（7 月 1 日电）。""中国已接受我避免武装冲突的忠告，不再向朝鲜增兵。在此期间，登陆的日本军队已超过一千二百人，并且尚在不断增加中……"（同日的第二次电文）；"……李鸿章请求我国协助，俾使日本同意与俄中两国共同解决朝鲜的改革问题，此项改革应在中日军队从朝鲜撤退后立即实施。我坚信希特罗渥应竭力劝告日本接受此项建议，这一建议对于我国及日本均极有利，它将……摒除中国在朝鲜的优越势力……"（7 月 3 日电）②。时至 7 月 7 日，喀西尼又向吉尔斯报告："希特罗渥已将日本政府交予我驻东京代表的答复机密地传达给我……日本虽然已对我们做出和平的保证，但它的行动明白说明它企图排除俄国与中国，从而擅自左右朝鲜的命运……我深信目前已是明确决定我们态度的时候，我们是否能够容许日本建立独占势力，甚或攫取这个半岛；从显然有惹事企图的日本政策及许多其他政治原因上来看，日本显然不是我们在大陆上的好邻居……"，等等③。同样，沙俄驻汉城使馆参赞凯伯格也在 7 月 8 日向吉尔斯报告说："谣传分散的小股暴徒仍出没于南方各省。但此说并不能作为一万五千名日本士兵留驻汉城与仁川的理由，是项军队显然另有企图。"④

　　按照常规的逻辑，吉尔斯在接到喀西尼及凯伯格的上述报告之后，理应作出更为强硬的反应。但是，事情并非如此。7 月 10 日，吉尔斯给喀

---

①　见《红档杂志选译》，第 22—25 页。

②　以上三篇电文见同上书，第 21、25、27—28 页。

③　《红档杂志选译》，第 31 页。

④　同上书，第 32—33 页。

西尼复电："我们可能随时要保卫我们的利益，可是我们决不愿意跟随中国与日本干涉今日朝鲜的混乱局面。"① 8 月 8 日，吉尔斯又以信函的形式，对喀西尼作了"全面"解释。他说"无论如何，帝国政府所遵循的目标是：不为远东敌对双方任何一国的一面之词所乘，也不被他们牵累而对此局势有偏袒的看法。类似的行动方式不仅有失我们的尊严，甚至可以限制我们将来行动的自由。所以当李鸿章通过你而提出建议，要我们直接干预朝鲜内政改革问题，并担任赞同维持现状的有力调解时，我们毫无遗憾地拒绝了他的建议，因为正如李鸿章所明知的，赞同维持现状就是等于偏袒中国。外交部很明白，所谓改革不过是中日冲突的借口，而且由于我方正式的调解，我们可能一反我们的本意，很容易站在中国……一边，而与日本公开为敌。总之……必须认清在朝鲜可能加于我们身上的任务，在于事件来日的发展，却不在于中国或日本对俄国的友善程度"。②

由上述引文，人们完全可以意识到：沙俄政府之所以没有采纳喀西尼的强烈要求，之所以在朝鲜局势一触即发的情况下反而要求保持"尊严"，原来是为了推行俄国的政策而不能与日本公开为敌。马克思说过："俄国的对外政策是丝毫也不考虑通常意义上的原则的。……但它却同样灵活地利用一切领土扩张的机会，不管这种扩张是附和起义的人民而达到，或是附和角逐的君主而达到。"③ 此时沙俄在朝鲜问题上的政策，正是这种外交的翻版。因此，1894 年的 7 月 9 日，也即当吉尔斯得知日本政府拒不撤兵的答复之后，反而训令希特罗渥："请以友好的态度告知日本政府，我们很高兴地从其照会中获悉，日本并无侵略目的，而且一俟日本政府确信朝鲜的安宁业已恢复，新的混乱已无再起之虞时，即自朝鲜撤退军队"，等等。但是随后又称："鉴于我们处在与朝鲜接境的地位，因之我们对于朝鲜事件不能采取熟视无睹的态度"云云④。

7 月 13 日，希特罗渥向陆奥宗光递交了同样内容的公文，除语言秩序有所变动之外，只是把"我们很高兴"的字样，变成了"表示大为满足"⑤。此后，沙俄不再提及日本从朝鲜撤兵问题，但其觊觎朝鲜的政策

---

① 《红档杂志选译》，第 34—35 页。

② 同上书，第 67 页。

③ 《马克思恩格斯全集》中文版，第 15 卷，第 192 页。

④ 见《红档杂志选译》，第 34 页。

⑤ 全文见日本外务省《日本外交文书》第 27 卷，第 2 册，第 301—302 页。

目的却没有变。7月19日，吉尔斯明确训令希特罗渥："探询日本向朝鲜人要求什么让与，并使日本政府注意：任何让与，如果违背独立的朝鲜政府所签订的条约，均为无效。我们……希望日本能了解我们的善意［!?］"①时至8月21日（俄历8月9日），沙俄政府再次举行特别会议，并作出如下决定：（一）会议认为"俄国积极干涉中日战争是不符合我国利益的"；（二）"不必另作中立声明。继续促使中日两国政府注意尊重我国利益"；（三）"中日战争的结果应是保持在朝鲜的'现状'……"等②。简而言之，用当事人陆奥宗光的说法是："当时俄国对日中两国之深意，有如不能兼得鹬蚌之利，也必尝熊掌或鱼之一味，唯待时机而已。"③

三　有关研究的几点说明

综上所述，可以看出：无论是从1888年沙俄远东特别会议来讲，还是从1894年中日甲午战争爆发前后沙俄政府的基本态度或基本倾向来讲，沙俄与甲午战争都有难逃其咎的密切关系。因此，笔者依然坚持1979年发表的有关文章中的基本观点。当然，历史的结论不是一个人所能完成的。它需要许多人的探讨和研究，有的甚至需要相当长的研究过程。不过，在某些研究角度和方法上取得相对的一致性，又是十分必要的。因此，在这一研究课题依然有待深入的情况下，本文还想作以下几点说明：

（一）近代以来，日俄之间争夺东北亚的矛盾，是从日本明治维新使之走上资本主义道路之后开始的，这是因为沙俄的南下扩张与近代日本从明治初年便确定的所谓"开拓万里波涛，布国威于四方"的国策方针必然要发生矛盾与冲突。然而，日俄的矛盾又不是直线上升的。其中，有相互争夺也有相互利用。这是双方的各自利害关系和实力的消长所决定的，同时也是由于各自对外政策的焦点不同所决定的。比如甲午战争期间，希特罗渥在12月23日向陆奥宗光表示："俄国政府对日本占领台湾不持异

---

① 见《红档杂志选译》，第45页。
② 同上书，第142页。
③ 陆奥宗光：《蹇蹇录》（中塚明校注本），第215页。

议。"① 这一方面是沙俄对日本侵华的怂恿，另一方面又说明了日俄各自对外扩张的着眼点有所不同。而在甲午战争后期，当日本决意割占辽东时，则触及了沙俄想要夺取的战略要地，因而当时的沙俄政府在有人公开暴露所谓"中国愈弱，对俄国愈有利"② 的阴暗心理的同时，决定了必须对日本干涉的决议。

进而，在朝鲜问题上，中日甲午战争之前，中国在朝鲜处于宗主国的地位。换句话说，不论日本向朝鲜扩张还是沙俄对朝鲜浸透，都不可避免地要触及中国与朝鲜的宗属关系问题。这样，在日俄两国向朝鲜扩张势力的矛盾中，又存在着必须首先对付中国的传统势力的共同性。而这种共同性则是他们彼此之间可能构成相互利用或企图相互利用的基础。因此，那种认为在日本蓄意发动甲午战争的过程中，沙俄并未利用日本，而是与日本争夺朝鲜和中国东北地区的观点，不仅与沙俄的实际政策及表现不符，而且忽视了日俄矛盾的复杂性和曲折性。

（二）在分析沙皇与甲午战争的关系中，还有两点是值得说明的。其一，在朝鲜发生动乱的情况下，如果沙俄真是出于避免中日冲突的所谓"友善的目的"，那么劝阻中日两国出兵朝鲜是关键；而在中日业已出兵的情况下，则劝阻中日双方不再增兵才是关键；到了中日双方处于对峙的危急时刻，敦促和劝告中日双方同时撤兵成为关键。诚如是，则可谓沙俄在朝鲜问题上或中日关系上确属"大公无私"。然而，事实恰好相反，沙俄在上述每个关键时刻，要么偏袒日本、"赞成"日本出兵朝鲜；要么以居间调停为名，谋求自身的权益，使李鸿章抱有幻想，从而贻误清政府的战前准备；进而则是"满意"日本所谓"别无他意"的答复或所谓"同意"日本要求的主要宗旨，等等。因此，只要从关键的环节看沙俄的基本态度，则无法得出与本文相左的结论。其二，在论证沙俄与甲午战争的关系问题上，似应主要分析俄政府的远东政策及其策略。至于李鸿章与喀西尼的交涉以及李鸿章对沙俄态度的判断或议论，只能作为参考。因为李鸿章是清政府的北洋大臣、直隶总督，而不是沙俄的外交大臣，其对沙俄政府的观察与判断，特别是对喀西尼答应他的请求居间调停的真意并不了解。附带说一句，有的同志批评笔者为了说明自己的观点，故意采取

① 日本外务省编：《日本外交文书》第27卷，第2册，第519页。
② 见《红档杂志选译》，第146页。

《蹇蹇录》的旧译本。其实，陆奥宗光的《蹇蹇录》本身有多种版本，陆奥本人也有改动。因此认为只有新译本属实，则未免有些武断了①。

（三）关于恩格斯在 1894 年 9 月下半月致劳拉·拉法格信件中所说的："我认为，中日战争是把日本作为工具的俄国政府挑拨起来的。"② 这句话笔者在 1979 年的文章中，并没有将之作为马克思主义的基本原理。因此，同意或不同意这种判断，与是否符合马克思主义的基本原理并无关系。但是，恩格斯作为历史的见证人，而且是那个时代便对沙俄的外交政策作过深刻研究的第一人，其所作的上述判断又是不容忽视的。特别是通过 1888 年沙俄有关远东政策的决议，以及沙俄在甲午战争爆发前后的基本态度或基本倾向，而谈到恩格斯当年所作的判断，似乎并没有逸出"实事求是"的原则。

进而，据日本驻俄公馆西德二郎的报告说，自中日两国宣战以后，当地接到日本陆海军连战连胜的电讯后，"各家报纸的论说完全改变了以往的内容。其中如《新时代》报就一变最初的论调，而非难主张朝鲜独立的英国……对我邦表示好意"。"《市民》报也赞扬我邦最近半个世纪的进步，表示非常的同情。"③ 同年 9 月，沙俄时代的《夜报》在 9 月 23 日、26 日的新闻上，更以日清纠纷为题，"反复论述日清战争完全是文明与野蛮的冲突，不能将之独由日本任之，同远东有关的英、俄、法等三国，当以兵力参与此事，占领整个中国，使之成为保护国"④，等等。及至同年 12 月 1 日，西德二郎又向陆奥宗光报告："本使认为，俄国政府对于（中国）让与台湾不会存有异议。"⑤ 这些（特别是俄国报刊的倾向）更使本文感到：忽视恩格斯上述判断的合理性，岂不是值得三思吗？

以上种种是否妥当，还希望批评指正。最后，有的同志指出，笔者在 1979 年发表的文章中，把 6 月 29 日西德二郎致陆奥宗光电文的后半部分，也即"朝鲜目前的形势终究并非让我撤兵之形势"，误解为"俄国目前并非让我撤兵之形势"。这的确是笔者的疏忽所致。对此笔者向批评者表示感谢，并加以纠正。不过，如本文所述，甲午战争爆发前的沙俄，确

---

① 请参阅《〈蹇蹇录〉的版本与校订》，《南开史学》1992 年第 2 期。

② 《马克思恩格斯全集》第 39 卷，第 285 页。

③ 日本外务省编：《日本外交文书》第 27 卷，第 2 册，第 469—470 页。

④ 同上书，第 474 页。

⑤ 同上书，第 512 页。

有利用日本的决策，并暗中赞助或纵容日本发动侵略战争。时至甲午战争后期，中日战争的结局业已明朗，日俄之间的矛盾关系失去了共同性的中间环节，从而使沙俄改变了对日政策。而这，只能说明在沙俄的对外政策中，"它的方法、它的策略、它的手段可能改变，但是这一政策的主旨——世界霸权是不会改变的"[1]。这也是本文所要坚持的基本结论。

（原文载于《南开学报》1995 年第 2 期）

---

[1] 《马克思恩格斯全集》第 16 卷，第 226 页。

试论甲午战争前夕英俄的远东外交

林　敏

　　1894 年春，朝鲜东学党起义刚一发生，日本就倍加重视，严密监视清政府的举动，欲寻找机会挑起战端①，清算明治初年以来日益恶化的中日关系。然而，西方列强在远东角逐的现状又使日本不能轻易发动战争。甲午战争不仅是中日两国在军事上的对决，也是两国在外交上的一次较量。在世界资本主义支配亚洲的国际环境下，这一较量在很大程度上受到列强远东外交政策的支配和左右。英、俄、德、法、美等国，尤其是英、俄两国出于各自的殖民利益都不同程度地介入了中日间的调停，且英、俄的调停活动在客观上阻碍了日本"开战外交"的顺利实施。本文拟就战争前夕英、俄两国制约战争的动机、行为和影响进行探讨并从日本史的角度就史学界存在的"英、俄两国自始至终支持和纵容了日本发动侵略战争"这一观点②阐述一些意见。

一

　　19 世纪末的英国是远东殖民贸易的最大受益者，其在远东的政

---

　　①　外相陆奥宗光在给日本驻天津领事荒川的电令中指出"注意清政府的举动，如清政府有出兵之举，请速报告"。同时又命令驻朝鲜公使大鸟圭介"不管朝鲜动乱情况如何，如确认清政府有派兵举动，必须迅速电告"。日本外务省编纂：《日本外交文书》第 27 卷第 2 册，日本国际连合协会出版，第 159、160 页。

　　②　国内持此观点的学者颇多，如郭惠青《试论中日甲午战争爆发的原因》，《云南师范大学学报》1985 年第 4 期；王少普《沙俄与中日甲午战争》，载《社会科学（上海）》1981 年 3 期，等等。

治、经济地位远远超过了同时期其他列强。为了确保其在远东，尤其是在中国的经济利益，甲午战争前夕，英国的基本立场是维持远东现存的政治格局，以确保英国的优势地位。为此，英国政府表示愿意积极调停中日纷争。然而，由于19世纪90年代英、俄两国在远东对立的激化，又使英国感到有必要拉拢、利用日本以抵御俄国的南下。这一原因，局限了英国的调停政策。可见，英国对甲午战争的最终立场是以维持其自身的殖民利益为基础的，它体现了英国外交利己主义的本质。

英国在中国攫取殖民利益的活动始于1840年的鸦片战争，战后缔结的中英《南京条约》规定了广州、厦门、上海等地开埠，中国开始沦为西方资本主义国家的原料供应地和销售市场。19世纪中期，欧美资本主义各国都已完成了产业革命。从政治、军事、外交政策上确保本国资本主义发展所必需的海外原料供应地和产品销售市场，是各国资产阶级政府的至上课题。以鸦片战争为开端，俄、法、德、意等列强也相继开始了对中国的经济侵略。作为老牌资本主义大国的英国更不例外，如何维持英国在远东的既得利益成了代表英国资产阶级利益的英国政府外交政策的核心，同时，这也是中日纷争初期英国热衷调停中日纠纷的最大原因。从下表可以看出，至19世纪末，英国在对华贸易中始终占有绝对优势的地位。

列强对华贸易中英国所占比例表[①]　（单位：两）

年份	英国	美国	俄国	欧洲（英俄以外）	列强合计	英国所占百分比
1890	24607989	3676057	897826	2471705	31652947	77.74%
1891	29628097	7731752	1064478	4381413	42805740	69.22%
1892	28870150	6061900	550753	5128142	40610945	71.09%
1893	28156077	5443569	883830	5215090	39698566	70.92%
1894	29943379	9263082	1058728	5770594	46035783	65.04%

---

① 根据黄炎培、庞淞编著《中国四十年海关商务统计图表（1876—1915）》，1966年香港龙门书店发行的数据做成。

续表

年份	英国	美国	俄国	欧洲（英俄以外）	列强合计	英国所占百分比
1895	33960060	5093182	1902192	7552099	48507533	70.01%
1896	44571387	11929853	2229129	9431985	68162354	65.39%

早在甲午战争爆发前一个多月，中日纷争初现端倪时，英国政府就明确地对日本表示"希望将来在有关朝鲜问题上，中日两国不要做出不利于英国的决定……英国政府热切期望东方两大国避免战争"①。英外相召见日本驻英公使，告知"日本军队久驻朝鲜，恐生事端"②，希望日本尽快从朝鲜撤走军队。

7月初，英政府还令驻美、德、法、俄各国公使向各驻在国政府建议共同进行调停，但因各国意见不一，未能实现③。同时，驻华英国公使欧格纳根据政府指示，在总理衙门与驻华日本公使小村寿太郎间进行调停并提出了具体方案，其宗旨是：以日本不再提及中朝宗属关系问题为前提，中日两国在撤走军队之前对朝鲜进行内政改革；中日两国同意保全朝鲜的领土完整；中日商民在朝鲜享有同等待遇等。

关于英国调停案中有关中日两国共同改革朝鲜内政一条，早在6月16日，日本为了应付列强的撤兵劝告使日军驻留朝鲜正当化，已经向清政府提出过该条款并遭到了清政府的拒绝。所以，针对欧格纳的调停，清政府仍坚持认为共同改革案侵犯了朝鲜的主权，且中日谈判的前提是两国从朝鲜撤兵。为此，清政府拒绝了欧格纳的提案，导致英国调停失败。

这一局面对日本十分有利，陆奥外相声称"清政府坚决拒绝英公使的仲裁极不妥当……英国仲裁的失败，不如说使我国终于获得了将来行动上的自由"④。

此后，为了缓和中日两国在朝鲜的对立，英国又提出了既不损害其远

---

① 1894年6月11日，驻英青木周藏公使致陆奥宗光外相电，［日］外务省编纂：《日本外交文书》第27卷第2册，第268页。

② 1894年6月14日，青木公使致陆奥外相电，［日］外务省编纂：《日本外交文书》第27卷第2册，第269页。

③ ［日］外务省编纂：《日本外交年表并主要文书》（上），日本国际连合协会出版，昭和30年，第112页。

④ ［日］陆奥宗光：《蹇蹇录》，岩波书店发行1988年，第89页。

东利益，又可利用中日两国共同防御俄国南下的"朝鲜分割占领案"，即日本占领朝鲜南部，中国占领北部，京城为中间地带。然而，这一建议，也遭日本拒绝。21日，因日本政府拒绝英国提议的和谈建议，英政府照会日本，指责日本违背了中日《天津条约》，如引起战争，日本政府将负完全责任①。当时，英国驻朝鲜总领事采取的态度亦是"支持袁世凯，极力使我们（日本）陷入困难境地"②。

从以上史料可以看出，在甲午战争开战前夕的近两个月时间里，英国政府出于维持其在远东的既得利益，不期望因爆发战争导致远东格局的变化，这是英国对待中日开战所持的基本立场。为此，英国三番五次劝告或警告日本从朝鲜撤军。英国的压力，对日本构成了一定的威胁，使其"开战外交"迟迟不能实现。笔者认为英国自始至终都支持和纵容了日本发动侵略战争这一观点有失历史的真实。当时，在对华贸易中占有绝对优势地位的英国并无特殊的理由冒"得罪"中国、从而失去在华利益的风险去唆使日本发动侵朝、侵华战争。同时，把7月16日《英日通商航海条约》的签订看成是英国支持日本发动侵略战争的根据③这一看法也欠客观。要证实这一点，有必要简单地回顾日本政府修改不平等条约的历史过程。

修改德川幕府时期签订的不平等条约是明治政府成立以来最大的外交课题。早在1871年（明治4年），明治政府成立伊始就派遣岩仓使节团出使欧美修改条约。当时，由于日本国力软弱，其修改条约的要求遭到了所有列强国的拒绝。1880年，外相井上馨又开始着手准备修改条约，1886年进行正式交涉。然而，有关任命外国人裁判官等条款被认为是对外卑躬屈膝、有伤日本国权而遭到政府内外的反对，井上被迫辞职。其后，大隈重信外相继续与列强进行交涉，并提出了承袭井上案的草案。1889年4月，伦敦《泰晤士报》刚一报道该草案内容，日本国内的国权主义者就开始激烈的反对，右翼分子袭击大隈并炸断了其右腿，修改条约的交涉再次宣告失败。以后，1890—1891年连任山县有朋、松方正义两届内阁外相的青木周藏刚刚顺利地开始与英国进行交涉，青木本人却因日

①　[日]外务省编纂：《日本外交文书》第27卷第2册，第309页。
②　同上书，第304页。
③　日英新约签订后英国外相金柏伦称："此条约的意义远远胜过击败清国的大军。"（《日本外交年表并主要文书》上，文书第152页，7月19日青木致陆奥私信。）然而，该谈话是否是唆使日本对华开战，有待商榷。

本巡查刺杀来访的俄国皇太子的"大津事件"而引咎辞职。

第二次伊藤博文内阁成立以后，陆奥宗光外相又雄心勃勃地开始了新一轮的交涉，他任命曾参与过交涉活动、经验丰富的前外相青木周藏出任驻英公使，准备与英国进行交涉。伊藤内阁修改条约的交涉也充满曲折，遭到日本国内"大日本协会"的强烈反对，他们认为交涉内容中提出的外国人内地杂居的时期尚不成熟；日本内地全面开放将会使日本弱小的产业受到冲击。当时，英国政府尽管同意与日本商定修改条约，但鉴于日本国内排外主义情绪的高涨转而采取观望态度。对此，伊藤内阁做出强硬姿势，1893年12月强令"大日本协会"解散，并在同月解散了众议院。然而，翌年3月的总选举，依然是主张"对外硬"的国权主义者取得了多数议席，他们仍不断攻击政府对外政策的软弱，在此情况下，伊藤内阁又在同年6月宣布解散议会。

1894年3月27日，陆奥外相在给青木公使的私信中写道："国内局势日益险恶、政府若无惊人之举，便不足以镇静如此骚乱的人心。然而，又不能无缘无故挑起战争，唯一的希望就是修改条约了。"① 陆奥在私信中提到了"战争"，长期以来，日本一直以中国为"假想敌国"进行军备扩张，或许他所指的战争就是中日间的战争，但他也明确指出了"战争"时期尚不成熟，目前对日本来说最重要的是修改不平等条约。

4月，日英条约修改委员会第一次会议在伦敦召开。7月6日，条约最终修改案送到了陆奥手中，日本政府在欣喜若狂之余，又恐生变故，便急电青木公使："即使只有英文版的条约也可以签字。"② 然而，14日，即预定签字的前日，英外相突然转告日本，英国拒绝签字，理由是：日本强迫朝鲜政府解雇了朝鲜的英国籍军事顾问；日本兵在仁川的外国人居留地上架设军用电线等。日本政府惊慌失措，马上对英国政府进行了"诚恳"的辩解，希望英国政府将修改条约与朝鲜问题区别看待，并得到了英国的谅解③。

由此可见，7月16日的《英日通商航海条约》的签订并非甲午战争前夕的偶发事件，它是日本政府二十余年来外交交涉的结果。然而，从条

① 小松绿：《明治外交秘话》，千仓书房昭和11年，第86页。
② 外务省编：《条约改正关系日本外交文书》（第4卷），第102页。
③ ［日］春畝公追颂会编：《伊藤博文传》（中），统正社发行，昭和19年，第42页。

约中存在的一些不利于日本的条款上看，它也是日本在欲挑起侵略战争的前夕，极力对英国让步、妥协的产物。日本的目的在于获得英国的支持，实现其侵朝侵华的目的。日英新约签订翌日，日本召开第一次大本营"御前会议"，正式决定对华开战。

那么，英国在完全可以拒绝签订新约，更有效地制止日本发动战争的情况下为什么对日本作了让步呢？英国的让步政策是否就是为了支持日本发动侵略战争呢？进入19世纪90年代后，英国的远东政策开始发生了一些变化。促成其变化的根本原因在于俄国所积极推行的远东政策，其标志是1891年5月，俄国开始实施横断西伯利亚大铁路的建设计划。该行动是影响远东国际关系的一件大事。在此以前，欧洲列强与亚洲的交通主要依赖于由英国海军控制的地中海和印度洋航路。然而，西伯利亚铁路的开通将意味着俄国能够在短时间内运送大量的军队和货物到亚洲。这一事态无疑对英国在远东的既得利益构成了极大的威胁，两国在远东争夺殖民地的矛盾愈加尖锐。

1891年8月，法俄缔结政治同盟，翌年又缔结了军事协约。对法国来说，尽管不期望俄国过于热衷于远东事务，但法国资本却对俄国修建西伯利亚大铁路所带来的利益表示了极大的兴趣。同时，对德国来说，俄国积极的远东政策由于减轻了俄德在欧洲的对立也受到了德国的欢迎，在远东出现了俄德接近的倾向。

日英间修改条约的交涉正是在英俄对立加深，英国日渐孤立这一远东国际形势下进行的。英国为了阻止日本接近俄法同盟便有意拉拢日本，以对抗俄国。英国的目的在于"把日清两国置于朝鲜北部或整个朝鲜半岛，其意在于自己不费吹灰之力便可防御俄国的南下"①。可见，"利用日本防御俄国的南下"才是英国同意对日修改不平等条约的根本原因。

综上所述，笔者认为如果认为英国同意修改日英条约是出于支持、纵容日本对中国和朝鲜发动侵略战争，未免不太客观。但是，甲午战争前夕日英新约的签订客观上有助于日本发动侵略战争，这也是毋庸讳言的。7月23日，日军强占朝鲜王宫，25日，在丰岛偷袭中国运兵船，甲午战争正式爆发。这意味着日本冲破列强的制约，实现了"开战外交"，同时也

① 7月19日青木公使致陆奥私信，［日］外务省编纂：《日本外交年表并主要文书》（上），日本国际连合协会出版，昭和30年，第112页。

意味着清政府"避战外交"的彻底失败。

二

甲午战争以前，历史上的日俄关系很少有良好的时期。长期以来，日本一直视俄国为威胁日本的北方强敌。民间的惧俄、仇俄情绪十分强烈。舆论称俄国为"虎狼"、"蝎蛇"，认为在强大的俄国面前，日本人只能"蛰缩屏息，以避其利齿、毒口"，并称"俄国是虎狼凶国，以吞噬蚕食为国策，我国人忌畏俄国已非一朝一夕之事"①。特别是俄国政府在1887年宣布的修筑西伯利亚大铁路计划更加深了日本的危机感。1891年5月，日本巡查刺杀访日的俄国皇太子（1894年1月即位的尼古拉二世）事件，正是日本国民恐俄、仇俄心理的反映。

针对俄国势力南下的动向，1890年3月，内阁总理山县有朋提出了有名的"利益线"论。公开声称"利益线"的焦点正是朝鲜，并称"西伯利亚铁路建成之日，即是朝鲜多事之时"，呼吁日本保护"利益线"，以控制朝鲜来防范强俄。同时他还在同年12月第一届帝国议会施政方针演说中将保护"利益线"作为国策正式提出②。

俄国东进南下的远东政策，中心是夺取中国东北领土并在中国或朝鲜沿岸寻找不冻港。在西伯利亚铁道完工之前，俄国的对朝政策在于维持朝鲜现状并扩大本国在朝鲜的势力。该政策与日本保护"利益线"的国策形成了直接的对立。为此，对于日本出兵朝鲜欲打破远东现存国际关系的行为，俄国政府首先提出了反对。它对日本施加的压力较英国更露骨、更强硬，对日本的"开战外交"构成了极大的威胁。

6月初，俄国就表明了反对日本出兵朝鲜的立场。俄国驻朝鲜临时代理公使韦贝就日本欲派兵入朝一事质问日本驻朝代理公使杉村濬："目前汉城形势已趋平静，日本政府派兵朝鲜，是否妥当?"③ 几日后，韦贝再

---

① 《俄国形势论》（朝野新闻社论，明治11年（1878年12月28日），引自芝原拓自等编《日本近代思想大系12·对外观》，岩波书店1988年版，第126页。另外在《论俄国内外事情》（《朝野新闻》明治16年（1883年5月11日、13日））等社论中，也对日本人仇俄、惧俄的现状进行了分析。《对外观》，第190页。

② ［日］大山梓编：《山县有朋意见书》，原书房，昭和41年，第197页。

③ ［日］外务省编纂：《日本外交文书》第27卷第2册，第178页。

次质问带兵归任的日本驻朝公使大鸟圭介究竟为何带兵入朝鲜。在中、朝两国以及列强的撤兵要求下，大鸟公使不得不多次电告日本政府暂时停止增派兵员①。然而，日本政府发动战争的决心已定，不断增兵朝鲜。并提出日中共同改革朝鲜内政案，为其驻兵朝鲜寻找借口。

李鸿章在得知日本毫无撤兵之意后，6 月 20 日，正式请求驻华俄国公使喀西尼调解中日纠纷，促使日本从朝鲜撤军。随后，俄国政府指示其驻日俄国公使希特罗渥转告日本政府："希望中日纷争和平解决，不要引起战争"，并询问日本，如果清政府撤兵，日本是否也撤走军队②。29 日，俄国以日军驻留朝鲜将导致日中冲突且第三国也有被卷入冲突的危机为理由，通过日本驻俄公使西德二郎劝告日本政府与中国同时撤兵③。30 日，希特罗渥又正式代表俄国政府强烈警告日本"如果在与中国同时撤兵问题上设置障碍，日本政府将负重大责任"④。

对于俄国政府三番五次强硬的警告，伊藤首相与陆奥外相十分紧张。然而，日本政府发动战争的决心十分坚决，认为"现在并非接受俄国'指教'，从朝鲜撤走军队的时期"⑤。表明了只要俄国不进行武力干涉，日本便不会轻易撤走军队的决心。但是，外交上的冒险又使日本战争指导者惶惶不安，他们在回绝俄国劝告的同时，决定利用英、俄在远东的对立关系"以英制俄"，并向驻俄、驻英公使明确指示："今后的策略是以英国牵制俄国。"⑥ 7 月 1 日，伊藤首相致函陆奥外相："目前英国舰队正停靠横滨，明日将回舰函馆。应尽可能使其在朝鲜近海或横滨停留，这更有利于牵制俄国。"⑦ 翌日，伊藤再令陆奥最好将日本的对韩方针时时"密

---

① 6 月 11 日大鸟致陆奥外相电："京城形势稳定，无暴徒的新情况，在我电告政府之前请停止派遣大部队，同时也请做好随时可以派兵出发的准备。"《日本外交文书》第 27 卷第 2 册，第 183 页。6 月 11 日电："就目前形势看，恐怕让过多的士兵进入京城没有正当的理由，请电训大岛少将，在无我的命令之前不得让军队登陆。"同上书，第 184 页。6 月 13 日电："当前尤其紧要的是不让过多的士兵登陆，请与参谋本部商量，并电令大岛尽可能只让少数士兵登陆而且只驻扎在仁川。"同上书，第 192 页。

② [日]外务省编纂：《日本外交文书》第 27 卷第 2 册，第 275 页。

③ 同上书，第 278 页。

④ 同上书，第 284 页。

⑤ 同上书，第 285 页。[日]春畝公追颂会编：《伊藤博文传》（中），统正社发行，昭和19 年，第 67 页。

⑥ 陆奥宗光：《蹇蹇录》，岩波书店发行 1988 年，第 81 页。

⑦ 《陆奥宗光关系文书·书简类》，"国立"国会图书馆藏，第 227 页。

示英国代理公使"①，以求得英国支持。

可见，利用英、俄矛盾"以英制俄"的外交方针是为了对付俄国干涉日中纠纷的强硬立场而制定的，它又从反面证明了俄国的干涉对日本构成的巨大威胁。难怪陆奥在回忆录中称"至今回忆起当时的情景都不能不让人感到毛骨悚然，不寒而栗"②。

7月2日，经天皇批准的对俄三点答复案正式递交给了希特罗渥，其要旨是：一、朝鲜的动乱尚未完全平息，引发动乱的原因尚未根除；二、日本无侵略朝鲜领土之意；三、如朝鲜局势完全恢复正常，将来又无再发生动乱的隐患时，日本将撤走驻朝军队③。俄国对日本政府"无侵略朝鲜之意且动乱平息后马上撤走军队"的回答表示满意，建议日本迅速与清政府谈判，并声称俄国的举动完全出于"希望解除中日两国的纠纷"，且俄国"不能对在邻国朝鲜发生的事态袖手旁观"④。其后，韦贝又根据俄国政府的旨意多次通过大鸟圭介劝告日本撤兵。但日本无视劝告，又耍花招，20日，向朝鲜政府递交两份照会，内容包括：一、清军驻朝侵犯了朝鲜的独立，要求朝鲜政府驱逐清军；二、要求朝鲜政府废除与清朝间的一切条约章程。以上条件限朝鲜政府三日内答复。22日，朝鲜政府拒绝了日本的要求，23日，日军包围朝鲜王宫并切断了经义州通往中国的电信线路，做好了战争准备。

为此，俄国政府通过西德二郎指责日本政府的行为"完全是过分强傲地对中国挑战，亦是对独立国朝鲜的极大侮辱"，并再次表明俄国政府的立场是"不希望改变朝鲜的现状"⑤。

"维持朝鲜现状"正是甲午战争前，俄国政府对朝鲜外交的基本立场，尽管俄国在远东的经济利益远远不如英国，然而由于其与中国、朝鲜相邻的地理位置，俄国一直垂涎中朝的领土并欲从两国获得不冻港，这是俄国南下政策的中心，同时，也是俄国不希望日本势力在朝鲜强大而在战争前夕强硬劝告日本撤军的原因。

---

① 《陆奥宗光关系文书·书简类》，"国立"国会图书馆藏，第230页。［日］春畝公追颂会编：《伊藤博文传》（中），统正社发行昭和19年，第67页。

② 陆奥宗光：《蹇蹇录》，岩波书店发行1988年，第81页。

③ ［日］外务省编纂：《日本外交文书》第27卷第2册，第285页。

④ 同上书，第310页。［日］陆奥宗光：《蹇蹇录》，岩波书店发行1988年，第83页。

⑤ ［日］外务省编纂：《日本外交文书》第27卷第2册，第310页。

三

以上分析了甲午战争前夕英俄调停甲午战争的动机、行为。那么，调停的结果如何呢？它给交战双方带来了什么影响呢？

首先，认为日本得以发动侵朝、侵华战争是英俄两国自始至终支持和纵容的结果这一观点有待商榷。甲午战争始终受到列强制约，但日本以军事力量为背景"无视"这一制约，实行了一条冒险主义的侵略政策。从日本的档案文献看，"第三国介入"的阴影始终笼罩着整个甲午战争，令日本战争指导者"惶惶不安"。

中日矛盾由来已久，明治政府成立以后发动的"征台事件"、"合并琉球事件"使中日关系恶化，尤其是围绕朝鲜问题发生的壬午、甲申事变更使双方矛盾激化。此后，日本的"脱亚论"思潮、军备扩张政策，其矛头都是指向中国的。甲午战争的爆发并非偶然，它是日本军国主义政府对明治以来中日外交的一次大清算。甲午战争中，日本的行为可概括为三点：侵略目的明确，战争准备周密，开战决心坚决。19世纪末，远东已成为列强争夺殖民地的焦点，日本也深知在错综复杂的远东国际形势下，对朝鲜和中国推行侵略外交必将导致列强的干预。然而，为了达到其蓄谋已久的侵略目的，日本不惜在外交上冒风险，对列强的"劝告"乃至"警告"置之不理，以"偷袭"的方式挑起战端，充分暴露了日本军国主义的冒险性。但同时也可以看到，甲午战争中日本的外交是成功的，它利用英、俄在远东的对立关系，避免了同时来自两大列强的外交干涉，使日本能在列强的制约下利用其矛盾实现"开战外交"。

其次，应当指出，甲午战争前夕的国际形势并非绝对有利于日本而不利于中国。在战争爆发前的近两个月时间里，列强，尤其是英俄围绕日本出兵朝鲜并拒绝撤走军队的行为屡次通过外交途径进行了干涉。这些干涉行动客观上阻碍了日本开战计划的实施。同时，英俄两国出于自身的殖民利益都欲维持远东现状，故能应清政府请求劝告日本撤军，这对清政府的"调停、避战"外交应该说是有利的。然而，清政府却没有充分利用较为有利的国际环境，使外交陷入困境。

最后，中国的失败缘于自身无强大的国力。甲午战争中，清政府采取"以夷制夷"的外交，欲通过列强的干涉阻止日本发动侵略战争。"以夷制夷"作为一种外交策略无可非议。然而，在外敌侵略面前不靠自身的力量抵御外敌，把国家和民族的安危寄托于列强的调停，这是重大的失误。同时，列强建立在维系自身利益基础上的不彻底的调停也给清政府带来了负面影响，使清政府过多地信赖列强，消极备战，失去了军事上的主动权。

国力与外交相辅相成，一个软弱的政府不可能有强有力的外交，只有建立在强大国力基础上的外交才是行之有效的，这是甲午战争留给我们的一大教训。

（原文载于《四川大学学报》2002 年第 3 期）

英国与中日甲午战争

高鸿志

中日甲午战争爆发前后，英国始终推行纵容日本侵略中国的政策，一再迫使清政府向日本侵略屈服，以维护并扩大英国在华权益。

一

1894 年春，朝鲜爆发东学党领导的农民起义。朝鲜政府请求清廷派军镇压，日本军国主义者认为侵略朝鲜和中国时机已至，怂恿清廷派军"平乱"，并保证日本"必无他意"，①清廷果然上当，命叶志超、聂士成率军 1500 名入朝，日本立即引用 1885 年的《中日天津会议专条》，以保护日本使馆为借口，派出一支七八千人的部队入朝，占据汉城附近的战略要地，6 月底日本在朝鲜的兵力已增至 1 万人左右，同中国在朝鲜的兵力相比占绝对优势。由于日军大举入朝，中日关系日趋紧张。

清廷最高统治者西太后正忙于筹备 60 寿辰庆典，不欲对日作战，而掌握清廷实权的李鸿章又一意主和，对即将来临的战争寄望于英俄调停，他在天津同俄国驻华公使喀西尼多次会谈，要求沙俄出面干涉，并建议举行中、日、俄三国会议，企图利用英俄矛盾，诱使沙俄制止日本侵略，首遭日本反对，日本驻华公使小村寿太郎叫喊，"三国会议之说，我们决不答应，就为此事打仗，我们也不怕他"。② 英国驻华公使欧格讷同小村一

---

① 顾廷龙、叶亚廉主编：《李鸿章全集》(2)，电稿 2，第 681 页。

② 《清光绪朝中日交涉史料》，"中国近代史资料丛刊"（以下简称"丛刊"）《中日战争》第 2 册，第 600 页。

唱一和，恫吓总理衙门说："闻有中、日、俄三国会议之说，俄国与议一节恐怕不行。"① 沙俄鉴于日本态度强硬，害怕英日结成反俄同盟，被迫退却。7月19日，沙俄明确通知李鸿章，俄国不再干预中日争端。俄国外交大臣吉尔斯在给喀西尼的信中指出，沙俄不愿"站在中国和狡猾的直隶总督的一边，而与日本公开为敌"。②

李鸿章见乞求沙俄救援无望，又转而哀恳英国调停，他甚至异想天开地请欧格讷电告英国政府，"速令水师提督带十余铁快舰径赴横滨……责其以重兵压韩无礼……勒令撤兵"。③ 英国确实不愿爆发中日战争，因为第一，英国在远东的主要敌人是俄国，为了同俄国争夺远东霸权，英国需依靠日本和中国的支持，中日彼此厮杀，势必削弱英国遏制俄国在远东扩张的力量；第二，英国在长江流域各省拥有重大商业利益，它害怕战火蔓延至这些地区而损害自己的利益；第三，西太后与李鸿章均有亲俄倾向，英国唯恐沙俄利用中日战争拉拢清廷，乘机扩大俄国在华势力。6月25日，英国曾伙同其他国家要求中日军队同时撤出朝鲜，日本置之不理，继续向朝鲜增派军队，并宣称驻军朝鲜是因为该国"屡生变乱"，当务之急不是日军撤出朝鲜，而是中日两国共同改革朝鲜内政，"以绝变乱于未萌"，④ 英国顺应日本侵略意图，匆忙收回关于日军撤出朝鲜的倡议，抛出中日共同保护朝鲜计划，图谋迫使清廷承认日本侵略朝鲜的既成事实。

日本见远东形势对它有利，要价愈来愈高，从中日两国共同改革内政，一变而为日本有权单独干涉朝鲜事务，不许中国提出异议。7月19日，日本驻英公使青木周藏扬言："将不惜使用武力，一定要取得对于局势的令人满意的解决。"⑤ 7月20日，日本驻朝公使大鸟圭介竟强迫朝鲜政府将驻朝清军逐出朝鲜。日本蛮横无理的好战态度，使英国感到难以容忍。7月21日，英国驻日临时代办巴柴特向日本送交英国政府照会，指责日本"蔑视《天津条约》之精神"，照会指出："若日本政府固执如斯

---

① 《清光绪朝中日交涉史料》，"丛刊"《中日战争》第2册，第613页。
② 《红档有关中日战争文件》，"丛刊"《中日战争》第7册，第281页。
③ 顾廷龙、叶亚廉主编：《李鸿章全集》(2)，电稿2，第740页。
④ 《日本帝国议会志》，"丛刊"《中日战争》第7册，第19页。
⑤ 《林董伯爵秘密回忆录》，P. 约瑟夫：《列强对华外交》，第50页。

政略而致开战，则日本政府不能不任其责。"① 英国在远东拥有强大舰队，是唯一能用武力制止日本发动侵略战争的国家。日本虽在 7 月 22 日给英国政府的覆照中批驳了英国的指责，但对英国的强硬态度并非毫无顾忌。正当日本统治者对英国措词尖锐的照会疑神疑鬼忐忑不安之际，巴柴特却奉英国政府命令，向日本外务大臣陆奥宗光迅速"交底"，他向陆奥说："上海为英国利益的中心"，今后中日两国开战时，希望日本不进攻上海及其附近地区。② 这无异告诉日本："英国亦有中日两国之交战决不能避免，亦不能制止之观念"，③ 一旦战争爆发，英国不会进行干涉。日本明了英国意图后，愈益肆无忌惮。7 月 23 日，日军进入汉城王宫，废黜朝鲜国王，成立以大院君为首的亲日傀儡政府，宣布朝鲜为"独立自主之国"，不再向清廷朝贡，紧接着，日本海军在丰岛附近海面击沉清廷租用的运兵船英国商轮"高升号"。李鸿章认为"高升号"船上挂有英旗，"日敢无故击沉，英人必不答应"。④ 日本政府也感到事态严重，忙向英国解释："高升"船主降，华兵不降，故击沉，沉后知误击英旗"，表示将派使向英国谢罪，"议赔船货"。⑤ 英国外交部却认为 7 月 23 日日军进犯汉城王宫，标志着中日战争已经开始，日人击沉"高升号"在中日开战以后，无可非议，不仅不要日本赔偿损失，反而将"高升号"被击沉的责任推给中国，强令中国赔偿。英国袒护并纵容日本侵略中国和朝鲜，助长了日本军国主义者的侵略气焰，加速了中日甲午战争的爆发。

二

　　1894 年秋，中国海陆战争均失利，战火逐渐蔓延至中国本土。1894年 10 月，日军分两路侵入东北境内，九连城、安东等城镇相继沦陷，清王朝腐朽无能暴露无遗。英国统治者害怕中国人民起而暴动，他们惊呼：

---

① 陆奥宗光：《蹇蹇录》，"丛刊"《中日战争》第 7 册，第 152 页。
② 同上书，第 153 页。
③ 同上。
④ 顾廷龙、叶亚廉主编：《李鸿章全集》(2)，电稿 2，第 515 页。
⑤ 《清光绪朝中日交涉史料》，"丛刊"《中日战争》第 3 册，第 24 页。

"紊乱正在中国进行着，开始的革命运动，有直接引起屠杀外人的危险。"①

　　此时，英国与沙俄在亚洲的矛盾斗争仍然十分尖锐。沙俄外交大臣洛巴诺夫直言不讳地说："在亚洲我们最危险的敌人无疑是英国。"② 英国担心战争延续，沙俄将出面干涉，从而扩大俄国在中国和远东的影响，希望以牺牲中国的利益为代价尽快结束中日战争。

　　基于上述原因，1894 年 10 月，英国再次向俄、美、德、法、意五国提出由列强共同调解中日争端的方案，其主要内容有：第一，列强共同保证朝鲜独立，第二，中国向日本赔偿军费。英国向上述国家明确指出，此种干涉仅限于"向交战国提出忠告"。③ 英国估计调停一旦成功，必将加强其在中国的政治地位，如失败亦可弄清列强意图与日本的战争目的。美国拒绝英国的调停建议，德国和沙俄以干涉时机尚未成熟为由，不愿参加调停，沙俄甚至指示其驻日公使向日本政府建议："俄日两国互相交换意见，以防其他强国干涉"，④ 向日本献媚讨好。10 月 10 日，欧格讷向李鸿章转述了英国调停方案，清廷在赔款问题上，初颇犹豫，乞求英国主持公道，给予减免，英国外交大臣金伯理面告中国驻英公使龚照瑗："现今只论胜负，负者赔费。"⑤ 欧格讷也向李鸿章施加压力说："今要讲和，非允赔兵费不可。"⑥ 清军战败，清廷处境困难，被迫接受英国调停。11 月初，总理衙门约见英、法等国驻华使节，同意以英国调停方案为基础进行谈判，吁请列强"争取和平"。日本看出英国并无干涉中日战争的决心，它再次出面调停，无非想"知悉日本政府的意向"。⑦ 德、美、俄拒绝参加调停，进一步消除了日本侵略者的顾虑，他们决定继续进行战争。为了不使英国和其他国家摸清日本侵略意图，日本声称：眼下进行谈判，尚难以保证满足日本要求，故"帝国政府关于罢战发表公然意向，不能不让诸

　　① 《德国外交文件》，"丛刊"《中日战争》第 7 册，第 320 页。

　　② 同上书，第 310 页。

　　③ *German Diplomatic Documents 1571—1924*, selected and translated by E. T. S. Duddale Vol. 3. p. 3, 5, New York. 1969.

　　④ 陆奥宗光：《蹇蹇录》，"丛刊"《中日战争》第 7 册，第 176 页。

　　⑤ 《清光绪朝中日交涉史料》，"丛刊"《中日战争》第 3 册，第 210 页。

　　⑥ 《李文忠公全集》，《译署函稿》，"丛刊"《中日战争》第 4 册，第 245 页。

　　⑦ 陆奥宗光：《蹇蹇录》，"丛刊"《中日战争》第 7 册，第 163 页。

他日"。① 英国调停再次碰壁。

日本不仅拒绝英国调停，而且还以上海江南制造总局不断向东北前线清军提供军火为借口，扬言将要进攻上海及其附近地区，这不能不使英日矛盾逐渐尖锐。1894 年 11 月，英国命令其太平洋舰队司令佛瑞曼托（Freemantle）率舰队驶入长江，在舟山群岛附近停泊，准备在必要时用武力保护英国在上海的权益；如中国因对日战争惨败，出现混乱局面，则可浑水摸鱼，乘机占据上海及其他要害地区，包括舟山群岛。据俄国《新时代报》驻伦敦记者说，"英国海军界对舟山群岛的战略重要性有着强烈的兴趣"，伦敦的英国对华贸易商行"正满怀信心地等待英国占领该岛以便在最大的岛上设立商馆和货栈"。②

沙俄对英国在长江流域聚集兵力极为关注，俄帝国主义估计清王朝很可能覆灭，1894 年 9 月 21 日，喀西尼向俄国政府报告说："中国正濒临于危机边缘，后果难以预料，可能会动摇整个君主政体的基础。各地不断传来最不祥的消息，最隐蔽对国家最危险的势力——秘密会社，正利用政府走投无路的困境，在各地煽动日趋严重的骚乱，直接危及在华外人的生命财产，丧魂落魄的清政府不可能提供有效保护。一旦日军在中国本土登陆，特别是如果他们向北京进军——我已经说过这是极其可能的——必将成为空前骚乱的信号，从而导致当今王朝，现存国家政体，以及因中国与列强建立关系而产生的全部成果，完全被毁。"③ 喀西尼的上述观点在一定程度上反映了俄国当政者对中国局势的看法。俄国担心英国趁火打劫，抢先下手；分割中国领土，沙俄外交大臣吉尔斯说，如英国占领舟山群岛，俄国"不会漠不关心"。④ 英俄两国由于惧怕日本控制中国，损害他们的在华权益，在 1894 年末至 1895 年初的一段时间里，两国之间出现相互勾结的倾向。

① 陆奥宗光：《蹇蹇录》，"丛刊"《中日战争》第 7 册，第 164 页。

② *German Diplomatic Documents 1571 - 1924*, selected and translated by E. T. S. Duddale Vol. 3. p. 3, 5, New York. 1969.

③ 纳罗奇尼茨基：《资本主义列强在远东的殖民政策，1860—1895》，1956 年莫斯科俄文版，第 644—665 页。

④ 同上书，第 670 页。

三

1895 年 1 月，清廷战败已成定局，被迫求和。1 月 13 日金伯理训令英国驻日代办要求日本政府公布媾和条件，陆奥宗光回答说，议和条件只有通知拥有全权的中国和谈代表。英国曾想尽办法试图获取有关日本议和方案的情报均未如愿，遂于 1895 年 2 月联合俄法两国要求日本将议和条款通知中国，日本不肯照办，更加引起英国对日本的疑忌，促使它加快同俄国接近的步伐。2 月 21 日，《泰晤士报》发表社论，警告日本说，除非它的媾和条件是温和的，否则它将"冒着同欧洲各国冲突的严重危险"。①沙俄认为在未弄清楚日本的确切意图前，同英国加强联系对俄国有利，指示其驻英大使史达尔利用一切机会同英国政府大臣交换意见，保持密切接触。

1895 年 2 月，李鸿章奉命赴日谈判，行前已获悉日本将提出割地赔款等媾和条件。清廷仍然幻想英国出面干涉，迫使日本放弃割地要求，指示驻英公使龚照瑗就割地一事探询金伯理的意见，金伯理告诫清廷在割让土地问题上，应按列强意图行事，不要轻易许诺，否则，"倭有以借口肆行，各国难以干预"。②其实，只要清廷所割让的土地属于东北部，不涉及英国利益所在的南部地区，英国是会袖手旁观的。可是，当龚照瑗进一步询问金伯理"若言让土或南或北，英、法、俄如何处"③时，这位英国外交大臣却顾左右而言他。英国急于了解日本的媾和条件，一再催促李鸿章从速赴日谈判。

马关议和期间，为谋求列强特别是英俄两国支持，总理衙门将日方媾和条件与中日谈判详情，逐日向列强驻华公使通报。4 月 3 日，英俄等国已完全获悉日本提出朝鲜独立、割让台湾、澎湖列岛，辽东半岛，赔款，增开口岸，允许日本在华开设工厂等媾和条件，英深感满意。利用日本遏制沙俄在中国与朝鲜扩张势力是英国一贯奉行的方针，日本侵占辽东半岛有利于阻止沙俄向东北扩张，台湾被吞并虽对英国在华利益有所损害，

① P. 约瑟夫：《列强对华外交》，第 60—61 页。
② 《清光绪朝中日交涉史料》，"丛刊"《中日战争》第 3 册，第 476 页。
③ 同上。

但英国可援用最惠国条款享有日本夺得的增开口岸以及在华开设工厂等侵略权益。日本向中国勒索巨额赔款，对英国有利无损，英国正可利用中国财政困窘，无力偿付，乘机向清廷提供附有政治条件的贷款，捞取重大政治经济权益，正如《泰晤士报》指出，辽东领土的割让未损害英国的利益，"而按照协定的其他部份，英国的利益可能有所增进"。① 英国对日本的媾和条件感到宽慰，沙俄却异常恼火，准备进行干涉。沙俄仍想重温旧梦，力图争取英国干涉中日谈判。4月5日，俄国驻英大使史达尔在会晤金伯理时说："旅顺口与满洲部份转入日本之手，将改变远东政治均势状况，威胁北京安全，并且可能危及朝鲜独立。"② 金伯理淡然回答道："英国的经济利益——它的贸易——主要集中在南京、上海与长江流域，英国在对日本政府施加影响方面，可能将显示出某种克制。"③ 次日，金伯理在同德国驻英大使谈话时毫不隐讳地说，辽东的割让，将威胁俄国的利益，"英国利益主要集中在上海及其附近"，如果中国将其首都从北京"迁移至旧都南京"，将能从"根本上消除威胁它的危险"。④ 换言之，英国赞同将东北交由日本控制，引诱日本同沙俄冲突，企图在以南京为中心的中国南部地区建立一个受英国监护的小朝廷。4月8日，英国政府正式作出不干涉中日谈判的决定。金伯理向中国驻英公使龚照瑗声明，英国政府不能帮助中国，并威胁说，如果"倭再肆行，中国恐更吃亏"，⑤ 以此逼迫清廷接受日本提出的严重损害中国领土主权的议和条件。

1895年4月，俄国在中国水域集中了二十余艘军舰，联合德、法两国要求日本退还辽东半岛，再次邀请英国参加对日干涉，仍遭拒绝。英国认为俄国对战争还无充分准备，何况德法两国之间矛盾重重，同床异梦，三国联合未必能持久，届时英国定会与三国中的一国达成谅解。4月23日，俄、德、法三国驻日本大使奉命向日本政府送交照会，警告日本必须放弃辽东半岛，当天，金伯理向日本驻英公使加藤高明表示"英国无意

---

① 伯尔考维茨：《中国通与英国外交部》，第215页。

② 纳罗奇尼茨基：《资本主义列强在远东的殖民政策，1860—1895》，1956年莫斯科俄文版，第738页。

③ 同上书，第739页。

④ 《德国外交文件》，"丛刊"《中日战争》第7册，第344—345页。

⑤ 戚其章主编：《中日战争》，《中国近代史资料丛刊续编》第3册，第46页。

干涉",① 继续坚持纵容日本侵华的立场,《泰晤士报》等英国主要报刊一致赞许英国不参加对日干涉的政策,甚至鼓吹如俄、德、法三国联合对日采取军事行动,英国应关闭苏伊士运河,制止三国舰队通过运河前往远东。4 月 24 日,金伯理向加藤高明重申"英国对辽东半岛并不直接感到关切",他说:"不久前,英国政府曾认真地讨论过台湾问题,并得出结论说由于日本获胜的结果,日本肯定会要求占有台湾,日本对台湾提出要求,并非不适当,英国政府不应进行抵制。"②

以上事实表明,中日甲午战争爆发前后,英国始终助纣为虐,支持日本对华侵略。英国从日本侵华战争中获得巨大好处,《马关条约》的主要受益者是日本,其次就是英国,这一条约为英国对华输出商品和资本,进一步控制长江流域各省,巩固与加强英国在华的政治经济地位创造了极为有利的条件。

（原文载于《安徽大学学报》1994 年第 4 期）

---

① "Morinosuke Kajima: The Diplomacy of Japan, 1894 – 1922", Vol. 1, *Sino – Japanese War and Triple Intervention*, pp. 342 – 343, Tokyo 1976.

② Ibid.

美国政府与中日甲午战争[*]

崔志海

  1894—1895 年的中日甲午战争是近代东亚国际关系史上的一个转折点。战前，英国势力的存在和中国看似强大的国力，一直维持东亚地区的脆弱均势，而日本在战争中的速战速胜，一方面将中国的虚弱暴露无遗，勾起欧美各大国进一步侵略中国的欲望，掀起瓜分中国的狂潮；另一方面也令这些大国对日本刮目相看，使日本一跃而成为东亚霸主，中国与朝鲜的宗藩关系被彻底解除。从此，东亚地区进入一个新的多事之秋，各国围绕争夺东亚展开新的角逐，直至第二次世界大战和 1950—1953 年的朝鲜战争结束之后，东亚地区才重新达成新的均势。

  在这场改变东亚局势的战争中，美国的表现似乎没有英、俄、德、法等国家突出，始终声称奉行"中立"政策，实际上却发挥了其他列强不曾起到的作用。本文在吸收前人研究成果的基础上，^② 利用国内外已出版

---

  * 本文的写作系在"韩国高等教育财团"的资助下完成，匿名外审专家提供了很好的意见，谨致谢忱。

  ② 20 世纪 50 年代初，国内学者曾对美国在甲午战争中的亲日立场做过比较多的揭露和批判，详见尚钺《中日甲午战争中美帝帮助日本侵略中朝的影响和教训》和司绶延《中日甲午战争时期美国帮助日本对中朝两国的侵略罪行》（历史教学月刊社编：《中日甲午战争论集》，五十年代出版社 1955 年版，第 85—116 页），以及刘大年《美国侵华史》（人民出版社 1951 年版，第 36—45 页）、卿汝楫《美国侵华史》第 2 卷（三联书店 1956 年版，第 190—218 页）。但受当时学术环境和资料条件的限制，这一时期的相关论著在重建史实方面多有不足。20 世纪 80 年代之后，戚其章教授的《甲午战争国际关系史》（人民出版社 1994 年版）是国内该研究领域的一部权威著作，书中内容多处涉及美国与甲午战争的关系。但由于此著系综合研究甲午战争的国际关系，并把日本、英国、俄国等国家放在更为重要的位置上，因此，也未能对美国与甲午战争的关系进行系统论述。此外，美国学者魁特（Payson J. Treat）著《美日外交关系史》第 2 卷（*Diplomatic Relations between the United States and Japan*，*1853 – 1895*）一直是国内学者研究中日甲午战争时期美国对华政策的一部重要参考书，书中利用了许多宝贵的美国外交档案资料，但作者的学术观点明显亲日，多有偏见，不足为训。

的中、美、日、法等国的外交文件及相关文献，就美国政府在中日甲午战争期间所做的反应及扮演的角色和原因等做一专题研究，希望对甲午战争国际关系史和晚清中美关系史的研究有所推进。不当之处，尚祈方家指正。

一　战前美国对朝鲜问题的观察和反应

由于朝鲜在东亚的特殊地理位置，朝鲜问题在 19 世纪中叶就被纳入美国的东亚政策之中。19 世纪 60 年代，美国成功叩开中国和日本这两个东亚主要国家的大门之后，便有意染指朝鲜，将其作为进一步扩大在中国和日本势力的一个跳板。1871 年 5—7 月，美国亚洲舰队司令率 5 艘军舰入侵朝鲜，但被朝鲜军民击退。1876 年朝鲜与日本签订《江华岛条约》，再次激发美国进入朝鲜的愿望，美国新任驻华公使西华（George F. Seward）认为从"日本的胜利中看到了使美国得到一个条约的机会"，并建议美国政府签订与日本类似的朝美条约。① 1878 年底，美国政府任命海军提督薛斐尔（R. W. Shufeldt）前往东亚执行这一使命。1882 年 5 月美国与朝鲜签订修好通商条约，成为西方列强中最早进入朝鲜半岛、迫使朝鲜向西方国家敞开大门的国家。

1894 年春，朝鲜国内发生东学党起义。6 月 1 日东学党占领全州后，朝鲜国王决定向中国借兵代剿，并于 6 月 3 日正式照会袁世凯，提出借兵请求。次日，清廷便批准李鸿章的派兵赴朝计划。6 月 6 日，清政府根据 1885 年中日《天津条约》相关条款的规定，将中国派兵赴朝一事照会日本政府。得知朝鲜政府向中国借兵的消息后，日本政府极力怂恿清政府出兵朝鲜，为日本蓄谋已久的出兵朝鲜提供借口。在中国通报派兵的次日，日本即按预订方案，也将出兵朝鲜的决定正式照会清政府。但在清朝军队与朝鲜农民起义军交战之前，朝鲜政府 6 月 11 日便与发动起义的东学党人订立《全州和约》，平息了农民起义。6 月 13 日朝鲜政府致函袁世凯，要求撤回清朝军队。清朝政府表示愿意从朝鲜撤兵，但要求日本也同时撤军。而日本政府则拒绝撤军，以朝鲜完成日本所提出的内政改革方案作为撤兵条件，并不断制造事端，增兵朝鲜，将中日撤兵问题逐步引向其与中

---

① Payson J. Treat, *Diplomatic Relations between the United States and Japan*, *1853 – 1895*, Volume II, Gloucester, MASS.：Peter Smith, 1963, p. 24.

国开战、独占朝鲜的预定轨道。

对于因中日两国出兵朝鲜所引发的紧张局面，美国驻朝鲜、中国和日本的外交官从一开始就予以密切关注。1894 年 6 月 18 日，美国驻朝公使西尔（M. B. Sill）向国务院报告，日本派遣大批军队进驻汉城"肯定怀有某种不可告人的目的"，指出："现在很显然，日本人已经到了这里，他们可能会坚信他们不能'有失面子'地离开这里，他们或许会喜欢有一个宣称他们在韩国的影响的机会。"同时，西尔将朝鲜出现的紧张局面归咎于中国，声称："造成目前困难局面的错误很显然都是由于中国人的行动，他们将军队派到朝鲜；如果中国没有这样做，日本派来的军队可能就会少许多，或者不会派遣任何军队。"他还表示，鉴于 1882 年"壬午兵变"和 1884 年"甲申政变"中有 100 余名日本人伤亡，而目前在朝的日本人超过 10000 人，因此日本方面解释派军入朝是为了保护在朝鲜的日本人和使馆，"是相当合乎情理的"。①在 6 月 29 日的报告中，西尔又对日本将改革朝鲜内政作为撤兵条件和要求解除朝鲜与中国的宗藩关系明确表示支持：

> 我可以说，日本对于朝鲜似乎是很善意的。日本似乎仅希望朝鲜永久摆脱中国宗主权的支配，然后通过帮助朝鲜进行把和平、繁荣和开明带给它的人民的改革，以此来帮助这个日本的弱邻，巩固它的独立地位。这个动机受到了许多比较有知识的朝鲜官吏们的欢迎，并且我想象在美国也不会遇到反对的。②

美国驻日公使谭恩（Edwin Dun）同样站在日本一边。他虽然在 6 月 15 日的报告中明确指出，日本在朝鲜部署如此大规模的军队，不可能仅为保护使领馆及侨民，如果不是对中国威胁的话，至少也是想展示日本的力量，表明它有能力在朝鲜组织大量军力，以免中国干预朝鲜事务，威胁朝鲜主权的完整。他断言：日本民众对中国在朝鲜影响力的强烈忌恨，很

① "John M. Sill to Secretary of State, June 18, 1894", in Spencer J. Palmer, ed., *Korean - American Relations: Documents Pertaining to the Far Easter n Diplomacy of the United States*, Volume II, *The Period of Growing Influence*, 1887 - 1895, Berkeley and Los Angeles: University of California Press, 1963, pp. 331 - 332.

② "John M. Sill to Secretary of State, June 29, 1894", op. cit., p. 336.

有可能促使日本政府采取行动，危害中日两国的和平关系。①但 7 月 3 日复电报告造成中日关系紧张局面及解释日本派兵的原因时，谭恩完全赞同日本政府的解释，将责任归咎于中国和朝鲜，谓：日本外务大臣向他保证派军队到朝鲜首先是根据 1882 年的《济物浦条约》，而中国派兵的照会使得日本增兵成为必然，以避免 1882—1884 年事件再次发生；朝鲜所发生的叛乱是由于腐败和压迫，为确保未来的和平，日本要求朝鲜进行激进的行政改革，并建议与中国一道实现这一目标，但遭中国拒绝，因此日本将不顾中国的反对，单独推行这些改革；日本没有任何侵略领土的意图，现在必须由中国做出一些友好表示。②

7 月 7 日美国政府致电对日本拒绝从朝鲜撤军表示遗憾之后，谭恩继续为日本辩护。7 月 10 日，他向美国政府转达日本关于朝鲜政策的表态：

> 日本在朝鲜的目的并不是要制造战争，实质上是为了确保朝鲜的主权、独立、和平、秩序和良好的政治，以避免再次发生叛乱。日本期望消除官场腐败、贪污和各种弊政的根源。朝鲜政府应该实行我们建议的改革，中国的含糊态度妨碍了这些改革，并危害东亚的和平。叛乱并没有完全平息，它的根源依然存在。日本此时撤兵是不明智的，一旦未来的和平得到保证，日本会即刻撤兵，不存在任何与朝鲜发生战争的忧虑。

随后，谭恩附和日本的说法，声称："我个人认为中日之间不存在爆发战争的任何可能性。"③ 7 月 14 日，他又给美国政府写了一份长篇报告，再次声称日本在朝鲜的目的不是要发动战争，只是想对朝鲜进行必要的改革，"使朝鲜不但在名义上而且在实际上实现自主和主权独立"。他说："我与陆奥先生就朝鲜问题做过数次晤谈，没有理由怀疑日本目前在朝鲜所采取行动的动机和政策"，他强调日本政府受国内民意的压力，在朝鲜

① "Dunto Gresham, June 15, 1894", in Jules Davids, ed., *American Diplomatic and Public Papers: The United States and China*, Series III, *The Sino - Japanese War to the Russo - Japanese War 1894 - 1905*, Volume 2, *The Sino - Japanese War I*, "John M. Sino - Secretary of State, June 29, 1894," op. cit., p. 336., Wilmington, Delaware: Scholarly Resourse Inc., 1981, pp. 87 - 89.

② "Dun to Gresham, July 3, 1894", op. cit., p. 148.

③ "Dun to Gresham, July 10, 1894", op. cit., p. 154.

问题上决不能后退，必须达到目的，"如果日本目前在没有获得与出兵规模和支出相称的目标或好处时即从朝鲜撤兵，一定会激起民众的反对情绪"。① 不难看出，谭恩实际上是建议美国政府接受和支持日本的朝鲜政策。

美国驻华署理公使田夏礼（Charles Denby, Jr. ）由于身在中国，在甲午战前比较客观地报告了日本主动挑起战争的事实。如在 6 月 8 日的报告中，他指出清朝出兵朝鲜系"应朝鲜国王的请求"，"主要是为了避免叛军逼近汉城"，"北洋大臣李鸿章已向日本和俄国保证，一旦叛乱平息，清朝方面立即撤兵"。② 7 月 3 日电告围绕朝鲜问题的敌对行动"已迫在眉睫，尽管日本采取进攻行动，但中国方面仍显示妥协态度，请求英国和俄国的调解，争取和平解决"。③ 但这并不表明他的立场站在中国一边。田夏礼当时之所以没有像西尔和谭恩那样支持日本发动战争，主要在于他认为日本不可能在与中国的战争中取胜。④

对于中日出兵朝鲜所引发的紧张局面，美国政府的态度和反应比较微妙。一方面，由于战争结局及影响的不确定性，以及美国当时在东亚的势力有限，将无法主导局面。因此，美国政府开始时并不愿意看到日本因朝鲜问题挑起战争，致使东亚局面复杂化。6 月 22 日，国务院致驻朝公使西尔的电文训令就表达了这一愿望，称："出于美国对朝鲜及其人民的福祉的友好的关怀，兹依总统的指示，训令你竭尽所能来维护和平。"⑤ 6 月 29 日，国务卿葛礼山（W. Q. Gresham）又致电驻日公使谭恩，表示鉴于美国对日本和朝鲜两国都抱有友好感情以及朝鲜目前的无助，要求谭恩弄清并报告日本派兵到朝鲜的原因及日本对朝鲜所提的要求。⑥ 7 月 7 日，葛礼山再次致电谭恩，对日本拒绝从朝鲜撤兵，并要求改革朝鲜内政表示"遗憾"，称："朝鲜国变乱尽管业已归于平定，但日本拒绝撤兵，并要求对该国内政施行急剧改革，合众国政府闻之深表遗憾。且清国有希望日清两国同时撤兵之事，如有上述要求更引起他人之注目。合众国政府对日

①　"Dun to Gresham, July 14, 1894", op. cit. , pp. 175 – 182.

②　"Mr. Denby to Mr. Gresham, June 9, 1894", op. cit. , p. 81.

③　"Mr. Denby to Mr. Gr esham, July 3, 1894", op. cit. , p. 147.

④　"Mr. Denby to Mr. Gresham, June 26, 1894", op. cit. , pp. 113 – 114.

⑤　"Mr. Uhl to Mr. Sill, June 22, 1894", op. cit. , p. 96.

⑥　"Mr. Gresham to Mr. Dun, June 29, 1894", op. cit. , p. 142.

本、朝鲜两国怀有深厚友谊，故希望朝鲜国独立和尊重其主权"，并指示谭恩转告日本政府：如日本政府向不堪防守的邻国施以不正义的战争，大总统将痛感失望。①

但另一方面，美国又拒绝朝鲜和清政府的调停请求，听任日本因朝鲜问题发动战争。1894 年 6 月 24 日，朝鲜政府致函包括美国在内的各国驻朝公使，请求各国政府出面斡旋，敦促日本从朝鲜撤军，指出："在日本与朝鲜和平相处的时候，朝鲜境内保留这样多的日本武装军队是不合乎国际法的。"② 在 6 月 26 日日本公使大鸟圭介谒见朝鲜国王，拒绝撤退日本军队，并逼迫朝鲜进行改革内政之后，朝鲜政府又接连二次致电驻美公使李承寿，请求美国出面斡旋。③

对此，美国国务卿只是一般地对朝鲜的处境表示同情，希望朝鲜的主权得到尊重，但拒绝朝鲜政府的斡旋请求，表示美国必须保持对朝鲜和其他国家"一个公平的中立态度，我们仅能以友好的方式予日本以影响，我们绝不能够同其他国家联合干涉"。④

尽管出于各种原因，美国政府 7 月 7 日致电美国驻日公使，对日本拒绝从朝鲜撤兵表示遗憾，但这只是为应付舆论和其他国家的斡旋建议而表示一种姿态而已。日本外务大臣陆奥宗光当时就已看出美国的意图，指出："美国为从来对我国友谊甚厚，最抱好意之国，从彼国固有之政略上言之，尤不好容喙于远东之事件，究不过难拒绝人类普通爱和平之希望及朝鲜之恳求，故发此劝告，此外无他意也。"⑤ 事实确如陆奥宗光所分析的那样。7 月 8 日，英国驻美大使授命询问葛礼山是否愿意与英国一道联合干预，以避免中日爆发战争，后者就表示，美国奉行友好的中立政策，

---

① 《美国公使谭恩致陆奥外务大臣函》（1894 年 7 月 9 日），戚其章主编：《中国近代史资料丛刊续编·中日战争》第 9 册，中华书局 1994 年版，第 308 页。

② 《朝鲜统理交涉通商事务督办赵秉稷致西露公使》（1894 年 6 月 24 日），中国史学会编：《中国近代史资料丛刊·中日战争》第 7 册，新知识出版社 1956 年版，第 430 页。

③ 《朝鲜办理公使 Ye Sung Soo 致格莱锡函》（1894 年 7 月 5 日发），中国史学会编：《中国近代史资料丛刊·中日战争》第 7 册，第 436—437 页。

④ "Mr. Gresham to Mr. Bayard, July 20, 1894", in Jules Davids, ed., *American Diplomatic and Public Papers: The United States and China*, Series III, *The Sino - Japanese War to the Russo - Japanese War 1894 - 1905*, Volume 2, *The Sino - Japanese War 1*, p. 187.

⑤ 陆奥宗光撰：《蹇蹇录》，中国史学会编：《中国近代史资料丛刊·中日战争》第 7 册，第 155 页。

不会进行干预；美国已向日本方面做过调停，不可能进一步斡旋。次日，葛礼山还特意将 7 月 7 日美国政府致驻日公使谭恩训令的一份复印件交给英国大使，并强调即使是友好的调停，美国也不会参加。① 7 月 13 日，中国驻美公使面晤葛礼山，请求美国出面与其他国家联合，要求日本从朝鲜撤军，制止日本发动战争，葛礼山也以同样理由拒绝，声称美国在 7 月 7 日向日本发出规劝之后，"我们看不出我们还能做什么，我们不可能与其他列强联合进行任何形式的干涉"。他还违心地单方面听信日本方面及美国驻日公使谭恩的说法，认为日本不会发动战争，指出"从谭恩及其他方面收到的情报看来，我难立即相信日本将诉诸战争"。②

然而，值得指出的是，美国一方面以奉行所谓的"中立"政策和日本不会发动战争为理由，拒绝在中日间进行斡旋，另一方面却对日本提出的战争爆发后由美国代为保护在华日本人的请求慨然应允。早在 6 月底，日本为发动战争就询问美国政府，一旦日本公使撤离北京，美国是否愿意保护在中国的日本人及财产，③ 葛礼山当即回复表示，如获中国认可，日本的这一请求将受到"总统的善意考虑"。④ 7 月 13 日，日本外务大臣陆奥宗光在致日本驻华代理公使小村的密函中就通报了日本方面已与美国商定，如获得清政府同意，美国愿意在中日开战时代为保护在华日本商民。⑤ 8 月 1 日，美国驻华署理公使田夏礼收到日本驻华公使小村请求代为保护在华日本人的函件后，当日即照会总理衙门，宣布自即日起，战时在中国的日本人"均在本署大臣及本国驻各口领事保护之下"。⑥

与美国事先私下商定后，日本政府为诱使清政府同意战时由美国代为保护在中国的日本商民，便放出有关风声。1894 年 7 月 16 日，清驻日公

---

①　"Mr. Gresham to Mr. Bayard, July 20, 1894", in Jules Davids, ed., *American Diplomatic and Public Papers: The United States and China*, Series III, *The Sino - Japanese War to the Russo - Japanese War 1894 - 1905*, Volume 2, The *Sino - Japanese War I*, pp. 187 - 188.

②　"Mr. Gresham to Mr. Bayard, July 20, 1894", op. cit., p. 188.

③　"Mr. Dun to Mr. Gresham, June 29", op. cit., p. 142.

④　"Mr. Gresham to Mr. Bayard, July 20, 1894", op. cit., p. 187.

⑤　《陆奥外务大臣致驻中国小村临时代理公使函》（1894 年 7 月 13 日），戚其章主编：《中国近代史资料丛刊续编·中日战争》第 9 册，第 399—400 页。

⑥　《总署收美国署公使田夏礼照会》（光绪二十年七月初二日），《清季中日韩关系史料》第 6 卷，台北："中央研究院"近代史研究所，1972 年，第 3376 页。

使汪凤藻致电清政府，建议请美国政府保护在日本的中国商民，指出日本已约请法国代为保护日本在华商民，中国在日商人求护日切，美使接本国政府电报，如中国政府托美护商，美国愿意效力。① 鉴于中日开战已不可避免，7月28日总理衙门照会美署理公使田夏礼，正式请求美国对在日华民"按照公法代为保护"。② 8月2日，田夏礼照会清朝总理衙门，表示中国请美国保护侨居日本中国人一事已获本国政府同意，并已电令美国驻日本公使"于中日开仗时保护住日本之中国人矣"。③

　　在中日正式开战之前一方面以日本不会发动战争和声称奉行中立政策为由拒绝斡旋，但同时又欣然接受战时保护人角色，这只能说明美国政府其实已知战争不可避免，并乐于看到中日交战。

二　美国政府与日本间谍案

　　中日宣战后不久，8月4日清政府在天津逮捕一个名叫石川伍一的日本间谍。8月6日总理衙门照会田夏礼，表示将根据国际法惯例，对在中国从事间谍活动的日本人予以惩处。照会称：

> 顷接北洋大臣电称，倭人在津日派奸细二、三十人，或改装薙发，潜往各处窥探军情等语。查公法第六百二十七至六百四十一条论处治奸细之罪甚严，现既失和交战，其安分商民自应照约保护，而此等奸细不在保护之列，亦必从严惩治，以符公法。④

对这一合理要求，田夏礼极力抵制和反对，8月8日在回复照会中警告清

---

①《总署收驻日本大臣汪凤藻电》（光绪二十年六月十四日），黄嘉谟主编：《中美关系史料》光绪朝三，台北："中央研究院"近代史研究所，1990年，第1857页。

②《总署发美国公使田贝照会》（光绪二十年六月二十六日），《清季中日韩关系史料》第6卷，第3357页。《总署致美署使田夏礼照会》（光绪二十年六月二十六日），《中美关系史料》光绪朝三，第1860页。

③《总署收美国署公使田夏礼照会》（光绪二十年七月初二日），《清季中日韩关系史料》第6卷，第3386页。

④《总署发美国署公使田夏礼照会》（光绪二十年七月初六日），《清季中日韩关系史料》第6卷，第3418页；《总署致美署使田夏礼照会》（光绪二十年七月初六日），《中美关系史料》光绪朝三，第1870页。

政府对日本间谍要严加甄别，不要制造错案，说"缘此等事情最易办理过情"，"现在中日开仗系在朝鲜，中国地方并无日本一兵一骑，据想即系实有日本人来作奸细之据，如遽行严惩，亦非切当办法"，提议如有日本人在内地从事间谍活动者，请解交就近海口，驱逐回国，"使之不得与内地华民交接，于中国防泄军机似亦为无碍，且此办法已足为惩其作奸细之罪矣"。要求清朝政府"本仁慈之心，不因两国失和，于日本人民恨恶而深绝之可也"。①

对田夏礼这一偏袒日本、危害中国安全的要求，清政府断然拒绝。8月12日，总理衙门复照田夏礼，明确表示其建议与公法不符，对中国安全构成危害，坚持按6日的照会精神办理。②

除向总理衙门建议外，田夏礼还指示美国驻天津领事李德（Sheridan P. Read）与北洋大臣李鸿章直接交涉。8月29日，李德致函李鸿章，要求释放石川伍一，称："石川伍一并非奸细，本大臣应请中堂开放送交驻津李领事转饬回国。"③李德这一要求遭李鸿章拒绝。9月4日，津海关道盛宣怀代表北洋大臣复函李德，驳斥日本方面所谓石川非间谍一说，指出根据中日修好条约相关条款，两国商民均不得改装衣冠，"现在两国失和，忽然改装易服，潜匿民家，四出窥探，其意何居？"此前贵领事声称所有在天津的日本人均已随同日本驻华公使小村回国，"何以该犯石川独不同行，且不令贵领事知其住处？"坚持"石川一犯自应由中国官密访确情，彻查根究，未便遽行开释"。④9月10日，总理衙门就此事再次照会田夏礼，重申日人石川"似不在保护之例"，要求田夏礼停止干涉，转达驻津领事"勿再误会，致倭奸恃为护符，幸逃法网"。⑤

① 《总署收美国署公使田夏礼照会》（光绪二十年七月初八日），《清季中日韩关系史料》第6卷，第3432页。

② 《总署发美国署公使田夏礼照会》（光绪二十年七月十二日），《清季中日韩关系史料》第6卷，第3449页。

③ 《总署收北洋大臣李鸿章文》（光绪二十年八月初五日）附录一：《照录美国李领事来函》，《清季中日韩关系史料》第6卷，第3546页。

④ 《总署收北洋大臣李鸿章文》（光绪二十年八月初五日）附录二：《津海关道盛宣怀复美国李领事函》，《清季中日韩关系史料》第6卷，第3546—3547页。

⑤ 《总署发美国署公使田夏礼照会》（光绪二十年八月十一日），《清季中日韩关系史料》第6卷，第3567页。按：后据石川交代，他确系在中国多年的日本间谍。9月20日清朝按照公法击毙了石川。

继在天津逮捕石川伍一之后，清朝政府在上海、江苏、浙江等地也相继查获一些日本间谍。8 月 14 日，上海道在上海法租界起获两名日本间谍，法国领事以日本人归美国保护，交美署管押。对于这两名日本间谍，美驻沪总领事佑尼干（T. R. Jernigan）和田夏礼也曲意加以保护。佑尼干以事关重大、须电美公使指示和"案情长冗，须用详文，未便电禀"等为由，拒交日本间谍。① 田夏礼则以"本署大臣现尚未接到该总领事详报，无知悉此案详细情形，是以未便遵照所请饬行办理"为词，虚与应付。②

对于美国公使和上海总领事为拒交日本间谍而演出的双簧戏，清政府于 20 日再次照会田夏礼，进行严正交涉，谴责他们的做法违背中立，"于中国防务大有关碍，殊乖两国睦谊"，敦促田夏礼"电饬该领事，迅将此案情形报明贵署大臣查照，一面先将所获倭人二名送交上海道审明惩办，以符公法而重邦交"。③ 同时，清政府指示驻美公使杨儒与美国政府直接交涉。8 月 20 日，杨儒致电总理衙门汇报交涉结果，称："顷晤外部，据云奸细如有确据，领事不应袒护，惟来电情节未晰，已电询田使。"④ 而根据美国国务院外交文件显示，事实是在清朝驻美公使杨儒向美国政府交涉后，葛礼山 8 月 18 日致电田夏礼询问日本间谍案情况，21 日田夏礼便复电做了汇报，同日，葛礼山即致电田夏礼，指示他们交出日本间谍，表示在中国的美国公使馆和领事馆没有授权收留被指控违背中国政府的日本罪犯。⑤

虽然葛礼山已指示交出日本间谍，但田夏礼还是一再拖延。21 日，田夏礼照会总理衙门，推托待接到美国政府的具体指示后即行交出，称：

---

① 《总署发美国署公使田夏礼照会》（光绪二十年七月十六日），《清季中日韩关系史料》第 6 卷，第 3475 页；《总署收南洋大臣刘坤一电》（光绪二十年七月二十日），《中美关系史料》光绪朝三，第 1882 页。

② 《总署收美国署公使田夏礼照会》（光绪二十年七月十七日），《清季中日韩关系史料》第 6 卷，第 3478 页。

③ 《总署致美署使田夏礼照会》（光绪二十年七月二十日），《中美关系史料》光绪朝三，第 1883—1884 页。

④ 《总署收驻美大臣杨儒电》（光绪二十年七月二十日），《中美关系史料》光绪朝三，第 1883 页。

⑤ Payson J. Treat, *Diplomatic Relations between the United States and Japan, 1853 – 1895*, Volume II, p. 484.

"本署大臣已知中国将此事电行驻本国杨大臣转达外部，现接外部来电，嘱将此案细情即行电转。兹已按所知情形电复矣，应俟本国外部将此案如何嘱办，再行办理。是以请贵王大臣俟本署大臣接有外部如何电嘱，自必即行照复。"①

8月23日，驻美公使杨儒将葛礼山21日致电田夏礼的指示通报总理衙门，谓："接号电又晤外部，知田使复电亦到。据葛云，奸细应交，美使及领事祖宕非是，已电田使饬交。"②次日，总理衙门便根据杨儒的报告，再次照会田夏礼，要求他按照美国政府的指示交出日本间谍，称：

上海拿获日本奸细一案，迭经本衙门照会贵署大臣转饬驻沪领事速交在案。兹本月二十三日接出使贵国杨大臣二十二日电称，屡晤贵国外部葛大臣。据云贵署大臣复电已到，并称奸细照例应交，领事不应祖宕，已电贵署大臣饬领事交出等语。应请贵署大臣即遵贵国外部之意转饬驻沪总领事，速将日本奸细二名照交中国地方官审办。③

但田夏礼继续以等待指示为由进行拖延，8月27日照会总理衙门，谎称："本署大臣于二十五日下午已接到本国外部来电，内系仍欲详知此案情形，经于二十六日具电声复，请外部即实行饬知此案应如何办理，想今明二日内，定有外部电复。俟接到时，自当知照贵署即行照办也。"④

如前所述，国务卿葛礼山于21日就指示田夏礼交出日本间谍，田夏礼在给总理衙门照会中所谓的8月26日的具文声复，事实上只是试图说服葛礼山改变此前的指示，同意他们拒交日本间谍，声称这两个日本间谍

① 《总署收美署使田夏礼照会》（光绪二十年七月二十一日），《清季中日韩关系史料》第6卷，第3494页；《中美关系史料》光绪朝三，第1885页。

② 《总署收驻美大臣杨儒电》（光绪二十年七月二十三日），《中美关系史料》光绪朝三，第1886页。

③ 《总署发美国署公使田夏礼照会》（光绪二十年七月二十四日），《清季中日韩关系史料》第6卷，第3506页。

④ 《总署收美国署公使田夏礼照会》（光绪二十年七月二十七日），《清季中日韩关系史料》第6卷，第3522页；《中美关系史料》光绪朝三，第1888页。

"只是在校学生，公开、和平地在上海居住"，居住在中国的日本人改穿中国服装虽与条约规定不符，但并没有遭到反对，请求葛礼山同意由美驻沪总领事作为仲裁人和一名中国官员一道听审，并居然表示外国人犯罪不应由中国政府来处罚，试图让日本间谍享有治外法权。①

然而，美国政府鉴于庇护日本间谍明显违背中立政策，并没有接受田夏礼的意见。8月29日，葛礼山致电田夏礼，明确指示他在处理日本间谍问题上应保持中立，遵守美国政府指示，将日本间谍交清政府处理，电文称：

> 目下中日交战，不相通使，该代办乃局外邦国使臣，理宜不偏不袒，而所行所办，中倭均应视为公道，……此意应切念之，务当遵照公法，而不失局外邦国之谊。美国不得视倭人为美民，亦不得使倭人向无享受如此利益者，而不归中国管辖，亦不得留之治以美例，统归美使领事管理，亦不得将使署、领署作为倭人避法之区。总之倭人仍系倭国子民，应照向来办法，归地方官审办，不得因美官保护而稍有变迁。②

在葛礼山下达如此明确指示后，田夏礼还试图做最后努力，以保护两名日本间谍。8月31日，他再次致电葛礼山，称：美国驻日公使来电，声称日本政府保证这两名日本人不是间谍，并要求中国在美国驻华公使田贝（Charles Denby）回到北京之前不要采取任何行动。"您是授权我向中国政府提出这一建议，还是命令立即无条件地将两名日本人交给中国政府？"田夏礼这一不执行命令的做法显然令葛礼山极为不悦，他当即复电，指出"我29日的指示已十分清楚"。③

---

① Payson J. Treat, *Diplomatic Relations between the United States and Japan, 1853-1895*, Volume II, pp. 484-485.

② 《驻美使馆收美国外部葛礼山照会》（光绪二十年七月二十九日），《中美关系史料》光绪朝三，第1890页。"Mr. Gresham to Mr. Denby, August 29, 1894", in Jules Davids, ed., American Diplomatic and Public Papers: The United States and China, Series III, The Sino-Japanese War to the Russo-Japanese War 1894-1905, Volume 2, The Sino-Japanese War I, pp. 227-228.

③ Payson J. Treat, *Diplomatic Relations between the United States and Japan, 1853-1895*, Volume II, p. 485.

　　总理衙门也于 8 月 31 日在接到驻美公使杨儒关于葛礼山 8 月 29 日电文指示报告后,[①] 当即照会田夏礼,揭露他此前照会内称各节"核与杨大臣电述贵国外部之意两歧",要求田夏礼根据美国政府指示,速饬上海美领事将日本间谍交上海道惩办。同日,总理衙门还就美国驻汉口领事保护逃入租界、伪装华人的日本人照会田夏礼,提出抗议,并谴责田夏礼庇护上海日本间谍的行为助长了在华日本人的间谍活动,指出:

　　　　查中日未经失和以前,条约内载两国商民不准改换衣冠,致滋冒混。是平时倭人改易华装,尚干例禁,况现当两国开战之际,倭人改装薙发,匿居中国,其为窥探军情,有心混迹可知。此次汉口之改装倭人,一经营勇盘诘,即持刀抗拒,逃入租界,情弊显露。而美领事讳为日本安分之人,即时送沪,是否有意袒庇倭奸,殊难剖白。但论公法,似已未协,且于贵国保护真正安分商民之名有损。盖缘沪关所获倭奸,不早交出讯办,以致他口倭奸效尤无忌,实于中国军情大有妨碍。应请贵署大臣严饬各口领事,嗣后如遇此等情事,即照公法交出讯办,以敦睦谊可也。[②]

最后的努力失败后,田夏礼只好于 9 月 1 日照会总理衙门,通报已根据美国政府的指示,致电驻沪总领事佑尼干,令他交出日本间谍。[③]

　　需要特别指出的是,田夏礼和佑尼干附和日本政府说法,称在上海法租界拘捕的两名日本人并非间谍是毫无根据的。两名日本人被引渡后,其身份也被查明,一个名为福原林平,另一个名为楠内友次郎,是奉日本军方之命,计划从上海北上营口,探听军情。为避人耳目,8 月 10 日从上海日人居住地瀛华广懋馆移居中国人在法租界开设的同福客栈,准备候船北上。由于两人举动异常,形迹可疑,引起上海道密探的注意,遂于 14

　　① 《总署收驻美大臣杨儒电》(光绪二十年八月初一日),《中美关系史料》光绪朝三,第 1886 页。

　　② 《总署致美署使田夏礼照会》(光绪二十年八月初一日),《中美关系史料》光绪朝三,第 1893、1892 页。

　　③ 《总署收美署使田夏礼照会》(光绪二十年八月初二日),《中美关系史料》光绪朝三,第 1894 页。

日被租界巡捕拘捕，并从他们携带的行李中搜出与日本军方联络的暗号和电报密码。因此，福原和楠内系日本间谍确实无疑。① 并且，通过他们的招供，还侦破 8 月 19 日在浙江拘捕的两名日本僧人高见武夫和藤岛武彦也同为日本间谍。② 查明真相后，福原林平、楠内友次郎、高见武夫和藤岛武彦先后被处决。

尽管在上述日本间谍案的交涉中，美国驻华外交官的努力都以失败告终，但美国驻华署理公使田夏礼还是成功帮助一位名为川烟丈之助的日本间谍逃避清政府的拘捕，安然返回日本。川烟丈之助原为步兵少尉，1892年 9 月间由日本派往中国从事侦察活动。他在奉天一带活动近两年，到处搜集情报，发回日本国内，对中日战争爆发后日本发动辽东战役立下功劳。1894 年 8 月间，他由东北经烟台转赴北京。8 月 31 日，田夏礼突然致函总理衙门，要求发给川烟丈之助路照，使之"执持赴津"回国，谎称川烟丈之助系一位美国传教士所开学堂的学生，"两月前该学房放热学时，该学生即外出游历，昨于七月三十旋回学房，仍欲入学，伊尚不知中日业已失和。该教士因际此时不愿留此日本学生，欲其回国"。③ 总理衙门虽然在 9 月 2 日的复函中认为田夏礼函中所说的有关川烟丈之助的情况不可信，破绽百出，但顾及在日本的中国侨民需要美国外交官代为出面保护，因此在川烟丈之助回国问题上又不愿过于得罪田夏礼，留了退路，要求在说明川烟丈之助"何年来京附学"和"本年避暑往来踪迹"后，"再与贵署大臣商办"。④

接到总理衙门的回复后，那位美国传教士立即就为川烟丈之助编造了来京附学的时间及暑期游历行踪，并称"该日本人系极好学生，并甚朴实"。田夏礼也在 9 月 5 日致总理衙门函中为其担保，称："查该教士人品向来方正，以上所言实为可靠；仍请贵衙门大臣查照，缮给该日本人川

<hr>

① 《总署收南洋大臣刘坤一文》（光绪二十一年十一月初三日）及附件一：《福原林平口供》、附件二：《楠内友次郎口供》、附件三：《福原林平口供》、附件四：《清单》，《清季中日韩关系史料》第 6 卷，第 3826—3849 页。

② 《总署收浙江巡抚廖寿丰文》（光绪二十一年九月二十八日）及附件一：《藤岛武彦供词》、附件二：《高见武夫供词》，《清季中日韩关系史料》第 6 卷，第 3694—3697 页。

③ 《总署收美国署公使田夏礼函》（光绪二十年八月初一日），《清季中日韩关系史料》第 6 卷，第 3535 页。

④ 《总署发美国署公使田夏礼函》（光绪二十年八月初三日），《清季中日韩关系史料》第 6 卷，第 3539 页。

烟丈之助由京赴津之护照，俾其平安抵津。"① 9 月 13 日总理衙门致函田
夏礼，同意放行，准其出境。在田夏礼的安排下，这名日本间谍终于在
10 月 4 日从上海乘船回国。②

中日开战后，美国受两国的委托，代为保护中日两国在对方国家的侨
民，这本符合正常的国际法惯例。然而，美国外交官在保护在华日本人中
却常逸出国际法合理范围，对日本在中国的间谍也试图加以保护，这就暴
露了他们袒护日本的立场。在日本间谍案问题上，尽管美国政府的立场与
驻华外交官有所区别，基本信守了中立政策，但这并不足以整体上否定甲
午战争期间美国政府的亲日立场，这在此后美国政府在调停中日战争的过
程中反映得更为清楚。

三　美国的第一次调停

中日围绕朝鲜撤兵问题发生之后，清政府始终无意与日开战，曾请求
俄、英和美、奥、意等国加以干涉或调停，避免中日爆发战争。9 月 15
日平壤战败后，清廷内议和之声再起。9 月 27 日，慈禧太后命翁同龢前
往天津，探询李鸿章能否设法请求俄国调停。10 月初，清朝总理衙门官
员奕劻、奕䜣等多次与海关总税务司赫德会谈，商议由英国出面调停，并
提出以保证朝鲜独立和赔偿军费作为讲和条件。10 月末，在英国的调停
建议遭日本拒绝和日军侵入中国本土之后，清政府转而请求美国出面调
停。10 月 31 日，恭亲王奕䜣和孙毓汶、张荫桓等总理衙门官员专门约见
美国驻华公使田贝，举行密谈，援引 1858 年《中美天津条约》第 1 款内
容，请求美国充当调解人，致函日本，建议停战，最终缔结和约。③ 11 月
3 日，总理衙门又迫不及待地召见美、英、法、德、俄五国公使，提出同

①　《总署收美国署公使田夏礼函》（光绪二十年八月初六日），《清季中日韩关系史料》第 6
卷，第 3557 页。

②　《总署收美国署公使田夏礼函》（光绪二十年九月十五日），《清季中日韩关系史料》第 6
卷，第 3658 页。按：对川烟丈之助的在华间谍活动，日本黑全编《东先志士记伅》下（东京：
原书房，1966 年）中有具体记述，参见戚其章《甲午战争国际关系史》，第 232 页。

③　"Mr. Denby to Mr. Gresham, October 31, 1894", in Jules Davids, ed., *American Diplomatic
and Public Papers: The United States and China*, Series III, *The Sino - Japanese War to the Russo - Ja-
panes e War 1894 - 1905*, Volume 2, *The Sino - Japanese War I*, pp. 274 - 277.

意承认朝鲜独立和向日本提供军费赔偿作为和谈条件，请求各国公使建议本国政府出面调停，美国驻华公使田贝在当日致美国政府的电文中称："今日总署召集英、法、德、俄各公使及我本人开会，要求我们电请我们的政府出面干涉，获取和平。它提出谈判的基础为朝鲜独立和分期赔偿战费（数额由友国共同决定）。"①

在议和问题上，一方面，美国政府以保持中立为由，拒绝与欧洲国家联合调停。早在 10 月 6 日，英国外交大臣指示驻美代办歌坤（W. E. Goschen）致函国务卿葛礼山，询问美国是否愿意与英国、德国、法国和俄国一道调停中日战争，并指出调停的条件是由各列强保证朝鲜的独立，日本将获得一笔战争赔款，②美国政府就予以拒绝。葛礼山 12 日复电表示，美国总统虽然真诚希望中国和日本尽快达成和平条件，并不使朝鲜蒙羞，但他不能接受参加四国干涉的要求。③ 即使英国政府做出进一步解释，表示五国的调解活动将"仅限于外交的行动，并将仅于有适当机会采取这一步骤时进行"，④ 但"这个声明并没有变更总统的判断"。⑤ 并且，葛礼山还将这一情况秘密通报日本驻美公使栗野。栗野在 10 月 22 日发给日本外务大臣的电文中写道："国务卿以如下之事密告本使：英国政府询问美国政府关于为恢复和平试图干涉一事，是否有与英、德、俄、法同盟之意。美国政府则以同欧洲诸国结成关系，与美国之政策背道而驰拒绝之。"⑥ 11 月 8 日，法国驻美大使巴德诺（Paten tre）代表法国政府，建议美国与欧洲国家联合调停中日战争，葛礼山也坚决予以拒绝，声称"美国不能加入一项旨在迫使日本接受它事先不准备同意的条件的干预活动"，清政府"只是在看到他们的提议遭到日本人拒绝后才向列强求助，以便列强对日本人施加压力"，因此，不能同意清朝政府的请求；并表示

---

① "Mr. Denby to Mr. Gresham, November 3, 1894", op. cit., p. 298.

② "Mr. Goschen to Mr. Gresham, October 6, 1894", op. cit, p. 252.

③ "Mr. Gresham to Mr. Goschen, October 12, 1894", op. cit., p. 252.

④ 《歌坤致格莱锡》（1894 年 10 月 14 日），中国史学会编：《中国近代史资料丛刊·中日战争》第 7 册，第 447 页。

⑤ 《格莱锡致田贝》（1894 年 11 月 24 日），中国史学会编：《中国近代史资料丛刊·中日战争》第 7 册，第 457 页。

⑥ 《驻美国栗野公使致陆奥外务大臣电》（1894 年 10 月 21 日），戚其章主编：《中国近代史资料丛刊续编·中日战争》第 9 册，第 440 页。

既然中日交战双方可以直接进行谈判，列强也就没有调停的必要。①

另一方面，美国又力图出面单独调停，操纵和谈。11 月 6 日，葛礼山致电驻日公使谭恩，照会日本政府，表示美国愿意为结束目前战争出面单独调停，询问："日本国政府是否承诺?"② 为达到单独调停的目的，葛礼山同日又致电田贝，极力阻止和压制清政府向俄国、英国等欧洲国家寻求外交支持，指出："中国致欧洲各大国同样请求，也许将多少阻碍总统的行动自由"，"总统谢绝任何共同的干涉。我今天训令你行动，大体上可以说已经是在中国请求之先提出了调停。总统希望很快知道他今天提出的他单独的调停，是否为交战国双方都可以接受的"。③ 接到美国政府的指示后，田贝 7 日前往总理衙门，向清政府施压，强调美国只有作为唯一的调停者才会出面斡旋，要求清政府停止向其他国家寻求调停，指出：总署对美国作特别的请求，但同时又请其他五国为中国出面干涉，这种行为是互相矛盾，并且是令人感到困惑的。④

需要指出的是，美国决定出面单独调停中日战争，表面是响应清政府的请求，但实际上更大程度是为日本减轻来自俄国和英国等欧洲国家的外交压力。葛礼山对此直言不讳，在向日本驻美国公使栗野慎一郎解释美国出面调停的原因时，明确表示系出于以下几点考虑：（一）目前欧洲各国欲联合干涉中日战争，结果将对日本不利，因此，美国总统完全出于对日本的友谊，愿意对中日两国进行公平调停。（二）自中日开战以来，日本方面在海陆同时连战连捷，并进入中国本土，逼近北京，日本国之武威已

① M. Patentre, Ambassadeur de France ⌐Washington, ⌐M. Hanotaux, Ministre des Affaires Etrangres, Washington, 8 novembre, 1894, Ministre des Affaires Etrangres, *Documents diplomatiques franais* (*1871 - 1914*)，1re srie (1871 -1900)，Tome 11 (Paris: Im primerie natio nale, 1947)，pp. 413 - 414. 按：本文的法文资料均由葛夫平同志提供并翻译成中文。

② 《林外务次官致陆奥外务大臣电》(1894 年 11 月 8 日发)，戚其章主编：《中国近代史资料丛刊续编·中日战争》第 9 册，第 445 页；"Mr. Gresham to Mr. Dun, November 6, 1894," in Jules Davids, ed., *American Diplomatic and Public Papers: The United States and China*, Series III, *The Sino - Japanese War to the Russo - Japanese War 1894 - 1905*, Volume 2, The Sino - Japanese War I, p. 299.

③ 《格莱锡致田贝》(1894 年 11 月 6 日发)，中国史学会编：《中国近代史资料丛刊·中日战争》第 7 册，第 451—452 页。

④ "Mr. Denby to Mr. Gresham, November 10, 1894," in Jules Davids, ed., *American Diplomatic and Public Papers: The United States and China*, Series III, *The Sino - Japanese War to the Russo Japanese War 1894 - 1905*, Volume 2, *The Sino - Japanese War I*, pp. 302 - 303.

光耀宇内，跃居世界强国之一，美国此时出面调停，对日本的名誉毫无损害。（三）如日本因受各国压制而与英国或其他一、二盟国发生战争，虽与美国无关，但美国和美国人民的一般情谊偏向日本一边，因此美国届时是否仍严守中立而为局外旁观者，乃为美国政治家必须考虑的一件大事。（四）美国在中日两国之间进行友谊的调停过程中，将绝不允许英国插手。日本公使栗野慎一郎当即感谢美国"对帝国之厚情"，表示"急速电告本国政府相答"，① 建议日本政府"应听从合众国之调停，因为该国之舆论不仅大为偏袒日本，且大总统亦因国内策略与其一己之友情，始终尽力于使日本满意之事"。②

　　日本政府虽然认为美国将是日本与中国和谈的最好中间人，但并不愿接受美国的调停建议，使中日谈判受制于第三国，仅表示如清政府将来提出和谈，日本希望其提议尽量由美国公使转达，③ 美国政府居然对日本的答复"表示满意"。④ 19 日、20 日，葛礼山将日本的回复分别通知美国驻华公使田贝和中国驻美公使杨儒。田贝 20 日下午向总理衙门通报结果，宣布："我的政府通知我说，日本可以考虑中国通过我向它直接提出的和平条件。"同时声明"我只要作一个中间人……日本既然不希望斡旋，而是要考虑中国'直接'提出的条件，所以我预备把中国的提案用密码送达驻东京的美国公使，再由他转送给日本政府"。⑤ 11 月 22 日，总理衙门照会田贝，正式委托他调处中日战事，称："贵大臣既有说合之权，应请将中日两国主见互为传述商定，以期早息兵争，仍归和好，庶不负贵国国家及贵大臣美意。"⑥ 在随后的调停过程中，美国驻华公使田贝和驻日公

---

① 《驻美国栗野公使致陆奥外务大臣函》（1894 年 11 月 8 日），戚其章主编：《中国近代史资料丛刊续编·中日战争》第 9 册，第 446 页。

② 《驻美国栗野公使致陆奥外务大臣电》（1894 年 11 月 13 日），戚其章主编：《中国近代史资料丛刊续编·中日战争》第 9 册，第 451 页。

③ 陆奥宗光：《蹇蹇录》，中国史学会编：《中国近代史资料丛刊·中日战争》第 7 册，第 167 页。

④ 《驻美国栗野公使致陆奥外务大臣电》（1894 年 11 月 22 日发），戚其章主编：《中国近代史资料丛刊续编·中日战争》第 9 册，第 457 页。

⑤ 《田贝致格莱锡》（1894 年 11 月 22 日），中国史学会编：《中国近代史资料丛刊·中日战争》第 7 册，第 455—456 页。

⑥ 《总署致美使田贝照会》（光绪二十年十月二十五日），黄嘉谟主编：《中美关系史料》光绪朝三，第 1944 页。

使谭恩作为中间人，与日本的配合十分默契，单方面说服中国方面按照日本的要求和条件举行和谈。

根据 11 月 22 日总理衙门的照会，田贝同日致电谭恩，转达清政府已授权他直接提议和谈，条件是承认朝鲜独立和赔偿适当军费。① 但清政府提出的这一和谈条件遭日本政府的断然拒绝，26 日谭恩代表日本政府复电，指责清政府并没有显现出答应一个令人满意的和平条件的意向，表示如果中国渴望和平并为此任命合适的全权谈判代表，日本将在两国代表会议时提出同意停战的条件。② 田贝则单方面敦促清政府尽快响应日本要求，选派和谈全权代表，指出日本没有提出媾和的确切条件，这对中国更有利，某种程度可摆脱和谈条件的束缚，并为清政府拟定复电内容。③他对清政府内部因主战派和主和派之间的斗争、迟迟不对选派和谈全权代表一事作出答复极为不满。④ 清政府 12 月 12 日答复，表示愿意根据日本的意愿，任命全权谈判大臣与日本全权代表举行和谈，并建议将上海作为会谈地点。之后，日本方面由谭恩复电，拒绝将上海作为会谈地点和拒绝停战，坚持会谈必须在日本境内进行，并单方面要求中方事先将全权谈判代表的姓名和品级通知日本而拒绝将日本全权代表的姓名和品级事先通知中方。对于日方的无理做法，田贝虽然私下表示有点过分，认为日本故意伤害中国的自尊与面子，⑤ 但他仍劝说清政府按照日本的要求行事。12 月 19 日、27 日，田贝两度前往总理衙门，向总理衙门官员讲解一些国际法基本知识，以欧洲以前签订的条约为例，指出选择和谈地点，是战胜国的权利，并非对清政府的羞辱，敦促清政府尽快选派全权大臣前往日本和谈，⑥ 并建议张荫桓最好带上翻译，如有可能，再聘请一名外国法

---

① Payson J. Treat, *Diplomatic Relations between the United States and Japan, 1853 - 1895*, Volume II, pp. 501 - 502.

② Payson J. Treat, *Diplomatic Relations between the United States and Japan, 1853 - 1895*, Volume II, p. 502；北京美国公使馆钞：《美署中日议和往来转电节略》，戚其章主编：《中国近代史资料丛刊续编·中日战争》第 6 册，中华书局 1993 年版，第 607 页。

③ "Mr. Denby to Mr. Gresham, December 8, 1894", in Jules Davids, ed., *American Diplomatic and Public Papers: The United States and China, Series III, The Sino - Japanese War to the Russo - Japanese War 1894 - 1905*, Volume 3, *The Sino - Japanese WarII*, pp. 10 - 14.

④ "Mr. Denby to Mr. Gresham, December 8, 1894", op. cit., pp. 14 - 15.

⑤ "Mr. Denby to Mr. Gresham, December 29, 1894", op. cit., p. 60.

⑥ "Mr. Denby to Mr. Gresham, December 20, 1894", op. cit., pp. 29 - 38.

律顾问。① 1895 年 1 月 1 日，美国国务卿葛礼山在与清朝驻美公使杨儒的会谈中也敦促清政府尽快派全权代表前往日本和谈，指出："清国如愿与日本帝国进行和平谈判，应派出特派大使着手谈判为妥。如求助于他国则徒失时机。"②

在美国驻华公使田贝和美国驻日公使谭恩的穿针引线下，清政府的和谈代表张荫桓和邵友濂一行于 1895 年 1 月 28 日抵达日本长崎，30 日乘英国"皇后"号邮船抵达神户，再由日本安排的轮船转送广岛举行和谈。但在 2 月 1 日第一次会议上，日本谈判代表伊藤博文和陆奥宗光便对清朝谈判代表张和邵的委任状提出质疑，认为不具备全权证书条件。在 2 月 2 日第二次会议上，伊藤博文发表长篇演说，指责清政府在外交上不讲信用，宣布取消和谈。③ 2 月 4 日，日本即安排轮船将清朝和谈使团送回长崎。尽管清政府方面致函日本，表示愿意根据日本的要求，更换委任状，希望日本接受张、邵为谈判代表继续和谈，但日本 2 月 9 日由谭恩致电田贝，再下逐客令，声称日本政府绝对不允许中国全权代表逗留日本，他们必须立即返回中国。④ 无奈之下，张、邵使团只好乘法国邮船"威尔奈斯特·西蒙斯"号离开日本回国。

对于日本借口张荫桓和邵友濂不具备全权代表资格，取消和谈，并剥夺张、邵外交和谈之特权，令他们限日离开日本的行为，美国完全站在日本一边，将责任归咎清政府，甚至指责清政府缺乏和谈诚意。充当中日和谈联络人的美国驻日公使谭恩在 2 月 4 日日方向他通报情况时，明确表态："日本之措施正当，无可非议。"⑤ 田贝则抱怨总理衙门颁发的委任状没有采用他拟订的英文本，完全缺乏全权证书的条件，并指责清政府缺乏和谈意愿，幻想通过外国列强的干涉挽救自己，说："如果中国现在知道

① "Mr. Denby to Mr. Gresham, December 29, 1894", op. cit., pp. 63 - 64.

② 《驻美国公使栗野致陆奥外务大臣函》（1895 年 1 月 4 日），戚其章主编：《中国近代史资料丛刊续编·中日战争》第 9 册，第 461 页。

③ 《有关拒绝张荫桓一行讲和使节经过之奏章》（1895 年 2 月 3 日），戚其章主编：《中国近代史资料丛刊续编·中日战争》第 10 册，中华书局 1995 年版，第 286—287 页。

④ 《美国驻日本公使致美国驻中国公使电》（1895 年 2 月 9 日），戚其章主编：《中国近代史资料丛刊续编·中日战争》第 10 册，第 305 页。

⑤ 《林外务次官致锅岛外务书记官电》（1895 年 2 月 4 日），戚其章主编：《中国近代史资料丛刊续编·中日战争》第 10 册，第 296 页。

世界并不站在她的一边，随她自己开战，那么她将会立即议和。"① 美国
国务卿在日本驻美公使栗野向他通报这一结果时，也对日本的这一决定表
示支持，并声称"他已通过美国驻中国的公使向中国提出了同样的建
议"。②

　清政府聘请的和谈法律顾问、美国前国务卿科士达（John W. Foster）
同样也是为日本服务和效劳。③ 他在 12 月 23 日接到总理衙门聘请的密码
电报的当日，除拜访葛礼山、征求意见外，还拜访日本驻美公使栗野，通
报此事，并保证他本人决不会给日本增添麻烦，做对日本不利的事情，声
称："假若我接受中国差使，将使日本政府感到任何程度的不安，或对我
和日本间的友好关系有任何危害的话，我是不愿接受差使而到日本去
的。"④ 对栗野向他说明日本此次和谈将会向中国方面提出十分苛刻和
严厉的条件，提醒他对此次使命要有充分思想准备，科士达当即赞同日
本的立场，承诺将会配合日本说服清政府满足日本的要求，称："日本
政府尔来所采取之措施素为至当。军国之机运将从此而出，乃势所难
免，此示为本人所充分了解者。故本人对清国之境域，予以相当之忠
告，并使日本政府满意而肯诺媾和。"⑤ 因此，当美国驻日公使谭恩向日
本政府通报科士达将以私人身份担任清政府和谈顾问时；日本外务大臣陆
奥宗光改变了最初的反对态度，⑥ 表示很高兴科士达担任清朝和谈全权代

① "Mr. Denby to Mr. Greham, February 6, 1895", in Jules Davids, ed., *American Diplomatic and Public Papers: The United States and China*, Series III, *The Sino - Japanese War to the Russo - Japanese War 1894 -1905*, Volume 3, *The Sino - Japanese War II*, pp. 92 -96, 99 -100.

② 《驻美国栗野公使致陆奥外务大臣电》（1895 年 2 月 3 日），戚其章主编：《中国近代史资料丛刊续编·中日战争》第 10 册，第 296 页。

③ 按：科士达就聘为中方和谈法律顾问，固然名义上为私人身份，但由于他本人为美国的前国务卿，其担任和谈顾问不但事前得到国务卿的首肯，而且事后也得到美国政府和美国驻华和驻日外交官的密切配合与支持，因此，科士达的使命实际上很难说是纯粹的私人性质，应该说一定程度上已代表了美国政府的立场。

④ 《科士达回忆录》，中国史学会编：《中国近代史资料丛刊·中日战争》第 7 册，第 465 页。

⑤ 《驻美国栗野公使致陆奥外务大臣函》（1894 年 12 月 29 日），戚其章主编：《中国近代史资料丛刊续编·中日战争》第 9 册，第 482 页。

⑥ 按：日本外务大臣陆奥宗光最初担心科士达作为他的私人朋友担任清政府的谈判顾问，可能于日本不利，曾指示日本驻美公使栗野设法阻止，详见《陆奥外务大臣致驻美公使栗野公使电》（1894 年 12 月 26 日），戚其章主编：《中国近代史资料丛刊续编·中日战争》第 9 册，第 480 页。

表的顾问。①

科士达 1895 年 1 月 21 日先期抵达日本后，除收受清政府的聘金之外，② 果然没有让日本失望，未为清朝谈判代表提供任何帮助。对于 2 月 2 日，日本方面以清朝谈判代表委任状缺乏全权资格为由破坏和谈，科士达完全站在日本一边，替日本说话。日本取消会谈的第二天上午，日本外务省外交顾问、美国人端迪臣（H. W. Denison）即向科士达说明，日本拒绝和谈的真实原因是认为清朝任命的二位和谈代表官阶不够高，希望清政府改派恭亲王或李鸿章这样的谈判使臣。③ 科士达本人还认为日本拒绝和谈的另一个没有言明的原因是，日本更希望待威海卫战役彻底摧毁和捕获清朝的北洋舰队之后，取得更为有利的和谈条件，他在回忆录中这样写道："端迪臣的拜访给我的印象是，日本人对于他们拒绝中国代表并不完全觉得安心，希望通过我向世界更完美地说明他们行动的正常。端迪臣没有说出他们行动的另外一个理由。日方已经派出一支军队去攻击威海卫炮台，击毁或捕捉在那里避难的中国海军的剩余部分。当着使臣在广岛举行会议时，在该炮台正在进行着激烈的战事。无疑，日本人感到在这一仗胜利结束后，他们可以处于一个较优越的地位来签订和约。"④ 然而，科士达这位拿着清政府高额佣金的法律顾问不但没有揭露日本拒绝和谈的真实原因，反而将责任完全归咎于清政府所颁委任状缺乏全权性质这个连日本

---

① "Mr. Dun to Mr. Greham, January 17, 1895", in Jules Davids, ed., *American Diplomatic and Public Paper s: The United States and China*, Series III, *The Sino - Japanese War to the Russo - Japanese War 1894 - 1905*, Volume 3, *The Sino - Japanese War II*, pp. 71 - 72.

② 按：清政府聘请科士达为和谈法律顾问的月薪为 1 万美金，共支付了 3 万美金，详见《总署收钦差大臣李鸿章电》（光绪二十年正月二十五日），《中美关系史料》光绪朝三，第 1974 页；《总署收署两江总督张之洞文》（光绪二十一年六月初二日），《清季中日韩关系史料》第 7 卷，第 4373—4374 页。

③ 按：在 2 月 2 日的会谈中，张荫桓就曾询问伊藤博文拒绝和谈，是否因为他们的官阶不足以充当中国的全权大臣，伊藤予以否定，坚持只是因为张的委任状未授予适当的全权（见戚其章主编《有关拒绝张荫桓一行讲和使节经过之奏章》（1895 年 2 月 3 日），《中国近代史资料丛刊续编·中日战争》第 10 册，第 288 页）。日本方面之所以在公开场合不说明此一理由，这是因为清政府早已将谈判代表的姓名和品级通知日本，并得到后者的认可，而日本方面直至和谈的前一天才将他们的谈判代表通知清朝谈判代表。因此，日本如以张、邵的官阶问题作为拒绝会谈的理由，显然会使自己处于十分被动的地位，要为此次和谈失败承担责任。

④ 《科士达回忆录》，中国史学会编：《中国近代史资料丛刊·中日战争》第 7 册，第 472 页。

自己都觉得"并不完全安心"的理由上。在临离开日本之前，他居然对清朝使节的所谓的"不妥适"表示愤怒，宣称："我到北京必请清廷派遣完全的使节，以充分的诚实完成媾和。"①

综上所述，美国这种一边倒的单独调停，除了为清政府和日本政府转达信息外，无论是政府层面，还是科士达以私人身份，对清朝政府都没有提供什么实质性的帮助，反而在许多方面帮了日本政府的忙，缓解了日本来自欧洲国家联合调解的压力，为日本继续按计划发动战争、实现侵略要求，提供了一个有利的国际背景。这在中日签订《马关条约》中再次得到体现。

四　美国与《马关条约》谈判

日本破坏广岛和谈的目的是为寻找一个日本满意的谈判代表及与中国签订和约的最佳时机。根据近代国际法原理和外交惯例，战争中战胜国的成果只有通过签订条约才能获得合法化。2月17日，日军占领刘公岛并俘获北洋舰队全部之余舰，日本政府认为和谈的时机已经成熟，便于当天经美国驻日公使谭恩向清政府转达和谈条件，电称："中国另派大臣，除允偿兵费、朝鲜自主外，若无商议地土及与日本日后定立办理交涉能以画押之全权，即无庸派其前来。"

收到日本的和谈条件之后，求和心切的清朝政府于2月23日即托美国驻华公使田贝致电谭恩，表示愿意和谈，并迎合日本的意图，改任李鸿章为和谈全权大臣，并询问日方："拟在何处会议，即行复电，以便约期前往。"② 然而，需要指出的是，清朝政府当时虽然求和心切，但对日本提出割地的和谈条件还是持很大保留态度，清廷内部存在严重分歧，主战派坚决反对将割地作为谈判条件，即使是和谈全权大臣李鸿章开始时也不愿意承担割地的千古骂名，奏称："割地之说不敢担承。"③ 同时，他拜访

---

① 《日方记载中的中日战史》，中国史学会编：《中国近代史资料丛刊·中日战争》第1册，第268—269页。

② 《美署中日议和往来转电节略》，戚其章主编：《中国近代史资料丛刊续编·中日战争》第6册，第609—610页。

③ 翁同龢：《翁文恭公日记》，中国史学会编：《中国近代史资料丛刊·中日战争》第4册，第538页。

英、法、德、俄等驻华使臣，请求这些国家出面干涉，逼迫日本放弃割地要求，希望自己能"在不应允割让土地的条件下前往日本和谈"。① 在清朝政府和李鸿章是否接受日本提出的割地的谈判条件问题上，作为调停者的美国驻华公使田贝又单方面做了大量的说服工作。

2月22日下午，李鸿章在觐见光绪皇帝之后即拜见田贝，请求美国向中国提供帮助，说服日本结束战争，尤其希望日本方面不要将割让领土作为和谈的条件。对此，田贝明确加以拒绝，警告李鸿章必须首先接受日本方面17日提出的同意朝鲜独立、赔款和割让土地的条件。② 对于李鸿章向欧洲国家寻求外交支持，田贝极为反感，认为李鸿章的想法不切实际，声称："在日本的观点公开之前，就国际法来说，任何的干涉都是没有根据的，即使以自我保护为理由。"他强烈敦促李鸿章和清朝政府彻底放弃求助其他欧洲国家干涉的念头，真诚面对日本，指出："外国的干涉对中国没有好处，它比日本可能采取的任何行动都更有可能导致瓜分，除非俄国、英国、法国表现得比历史上更为无私，否则，他们都会为向中国提供服务而要求巨大的补偿。中国的政策应该是与日本恢复真诚、友好的邦交关系；日本对中日这两个东方大国从长远角度来看有着共同利益的说法不会不予认同。"同时，田贝还劝说其他国家的公使与他一致行动，打消李鸿章寻求其他国家干涉的念头。他在2月26日写给美国政府的报告中写道："在与同僚交谈时，我总是要求他们至少暂时停止讨论有关干涉问题，相反应肯定地表示他们的政府将不会干涉任何不可信的事情，就像我在谈到我的政府时所说的那样。我反复告诉同僚，如果不是因为存在将向中国提供帮助的幻象，我两个月前就促成了和平；只要中国认为，英国或者俄国的枪炮在关键时刻会转而对准日本的船只，它就会拖延直接行动。"③

说服李鸿章接受日本割地的和谈条件之后，3月3日下午田贝又在李鸿章动身前往日本前夕与他举行了一次会谈，提醒李鸿章和清政府要为支付巨额赔款做好准备，建议李鸿章在离开之前将这个问题向光绪皇帝和慈

① "Denby to Gresham, February 26, 1895", in Jules Davids, ed., *American Diplomatic and Public Papers: The United States and China, Series III, The Sino-Japanese War to the Russo-Japanese War 1894-1905, Volume 3, The Sino-Japanese War II*, p. 170.

② "Denby to Gresham, February 23, 1895", op. cit, pp. 152-154.

③ "Denby to Gresham, February 26, 1895", op. cit., pp. 159-162.

禧太后呈明，并有必要向他们提出筹措赔款的办法。田贝向李鸿章授意说：如此巨额的战争赔款，中国不可能通过通常的税收解决，将这个沉重的负担压到人民身上会产生叛乱；中国为偿还巨额赔款应开发资源，通过修建铁路、开办银行和采矿等实业活动获得财政来源，并要由他本人出使回来后控制和领导这些实业活动，而有关这方面的活动和措施还都应掌握在会说英语的人的手里，美国可以为中国提供这样的人才。根据田贝的授意，李鸿章单独觐见光绪皇帝和慈禧太后，转达了田贝这番提醒和建议。①

3月19日中日马关条约谈判开始后，清政府继续争取包括美国在内的各国列强出面干涉，迫使日本降低侵略要求。3月22日，总理衙门除召见俄、法、德、英四国驻华公使外，也召见美国驻华公使田贝征询意见，希望能获得美国的支持，促使日本放弃一些苛刻条件。但田贝不但没有为中国说话，反而责问清政府，指出中国如真想和平，就应该接受日本的条件。②

在拒绝向中国提供支持的同时，美国还在国际上帮助日本，抵制欧洲国家的联合干涉。马关条约谈判开始后，为对付俄、法、德、英四国的干涉，日本外务大臣陆奥宗光3月19日就电示驻美国公使栗野，请求美国国务卿向驻上述四国的美国公使发出指示，帮助探询四国的意向。③ 对于日本外务大臣的这一请求，美国政府虽然以上述四国很难接近，并以此一做法将惹起其他国家猜疑，使美国陷于困难之地，婉言拒绝，但国务卿向日本公使明确保证"美国决不与上述各国结盟，或接受清国之请求"，并对俄国干涉中日和谈持警惕态度，指出："俄国并非怀有好意偏向于日清两国之一方，而是急切想抓住一切可利用之机会，以期达到自己目的。"④婉拒帮助日本探询各国动向不久，美国国务卿便于3月23日将美驻俄公使了解到的俄国动向透露给日本驻美公使栗野，通报俄国欲占领中国之北部和满洲，对日本占领上述土地及对朝鲜具有保护权持有异议，已派3万

---

① "Denby to Gresham, March 5, 1895", op. cit., pp. 193-198.

② "Denby to Gresham, March 23, 1895", op. cit., p. 231.

③ 《陆奥外务大臣致驻美国栗野公使电》（1895年3月19日），戚其章主编：《中国近代史资料丛刊续编·中日战争》第10册，第69页。

④ 《驻美国栗野公使致陆奥外务大臣电》（1895年3月21日），戚其章主编：《中国近代史资料丛刊续编·中日战争》第10册，第70页。

军队驻扎中俄边境，有意干涉中日两国间的纠纷。① 据栗野所说，美国国务卿向他透露俄国这一动向，实际上是对 3 月 19 日本请求美国帮助的一个回应。栗野在 3 月 28 日写给陆奥宗光的信函中这样说道："美国国务卿虽然一度公开表示谢绝，但不数日自美国驻俄公使发来急报。据本官所察，此急报完全是国务卿秘密发出指示，令其复电之结果。"②

　　1895 年 4 月 17 日，李鸿章在马关与日本签订和约，中国国内举国反对；国际上，俄、法、德三国亦以日本割让中国辽东半岛，损害自身利益，联合要求日本放弃对辽东半岛的永久占领。在此形势之下，清朝政府希望推迟交换和约，挽回部分利权。对此，美国的立场再次站到日本一边。4 月 23 日，日本政府召见美国驻日公使谭恩，委托他求助美国驻华公使田贝代为说项，催促清政府尽快批准交换和约，表示："俟和约批准交换完毕后，我皇帝陛下将亲自写信给美国总统表扬谭与田贝二氏对于和平结局给予之帮助。"③ 4 月 25 日，田贝即致函总理衙门，转达日本的要求。④ 4 月 27 日，田贝再次致函总理衙门，询问"所有与日本商定和约正本可于何日批准"，要求"望即示复，以便电复日本"。⑤

　　此外，清政府聘请的美国顾问科士达 4 月 22 日亦专门致函总理衙门，劝说清政府不要过于计较条约给中国造成的损失，说马关条约是清政府所能争取到的最好结果，较之法国在普法战争中失败的结果要好得多。他说：

　　　　日本所索之款虽极奢巨，然与普法之役已迥不相侔。查法国所让两省之地，较之奉天南边并台湾全岛为尤要；所赔兵费用金申算，则六倍日本之数。中国地大物博，土肥矿多，户口之繁甲于天下，百姓

---

　　① 《驻美国栗野公使致陆奥外务大臣电》（1895 年 3 月 24 日），戚其章主编：《中国近代史资料丛刊续编·中日战争》第 10 册，第 74 页。

　　② 《驻美国栗野公使致陆奥外务大臣函》（1895 年 3 月 28 日），戚其章主编：《中国近代史资料丛刊续编·中日战争》第 10 册，第 76 页。

　　③ 《陆奥外务大臣致林外务次官电》（1895 年 4 月 23 日），戚其章主编：《中国近代史资料丛刊续编·中日战争》第 10 册，第 349 页。

　　④ 《总署收美使田贝函》（光绪二十一年四月初一日），《清季中日韩关系史料》第 7 卷，第 4246 页。

　　⑤ 《总署发美使田贝函》（光绪二十一年四月初四日），《清季中日韩关系史料》第 7 卷，第 4253 页。

极为勤俭，工商废而未举，诚能变革中国旧俗，采用泰西新法，富强之期可立而待。不但中日条约让地赔款未足为中国累，而十年之后诸务繁兴，国富民强之效，必为中国前此所未有。区区日本，此约何足深较。①

4月30日他又亲至总理衙门，与军机大臣翁同龢、李鸿藻、庆亲王等会谈，劝说"约宜批准"，② 声称："条约已不是李鸿章的条约而是皇帝的条约了，因为在签字前每一个字都电达北京，皇帝根据军机处的意见，才授权签字。假若他拒绝批准的话，那在文明世界之前，他将失掉了体面，对于皇帝的不体面，军机大臣是应负责的。"③

同时，日本政府还令驻美公使栗野，请求美国政府敦促清政府批准互换条约，对俄、法、德等国的干涉加以牵制，说服三国放弃干涉政策，指出："日本国政府惟恐俄、法、德三国之活动，将诱使清国抛弃条约，以致再开战端。如此结果需要尽力避免，日本国政府切望美国予以友好援助"；④ "合众国如能尽力将其从来为和平所施行之调解，施行于上述各国、特别是俄国，以促请对其所提异议进行重新考虑时，本事件将可圆满解决。因此，帝国政府将秘密致函该国政府，表示希望美国给以援助之意"。

根据日本政府的指示，栗野于26日、27日两次拜见美国国务卿葛礼山，寻求美国帮助。在会谈中，对于日本希望美国出面阻止俄、法、德等欧洲国家干涉中日《马关条约》，葛礼山表示"难以对他国活动置喙"，但同时表示美国"始终在为贵国尽力，将竭尽所能给以援助"。对于日本方面请求美国帮助敦促清朝政府尽快批准互换条约，葛礼山则欣然应允，称："美国政府业于和平谈判开始之际，已给田贝以详细训令，现今政府

① 《总署收美国科士达函》（光绪二十一年三月二十八日），《清季中日韩关系史料》第7卷，第4244—4245页。

② 翁同龢：《翁文恭公日记》，中国史学会编：《中国近代史资料丛刊·中日战争》第4册，第553页。

③ 《科士达回忆录》，中国史学会编：《中国近代史资料丛刊·中日战争》第7册，第480—481页。

④ 《陆奥外务大臣致驻美国栗野公使电》（1895年4月26日），戚其章主编：《中国近代史资料丛刊续编·中日战争》第10册，第146页。

无须重新去电，谅田贝正在尽力奔走。当然，如有须仔细商议之事，亦可再去指令，决不拖延。"次日，葛礼山即为此专门召见清朝驻美公使杨儒，指出："日本之要求当与不当，本官虽难以说明，但请清国对今日之状况加以重新考虑。如清国因有足以挽回今日处境之良策，而特意拖延和平条约之批准，日本则将从事更大规模之战争。此时，欧洲各国终将乘机纠缠于两国之间，努力满足其各自欲望。其结果，清国终将不止于失掉辽东，犹恐失去较此更为广大之领土。"① 与杨儒会谈之后，葛礼山不但将会谈过程告诉日本公使栗野，同时也致电驻华公使田贝，指示他敦促清政府尽快批准和交换条约。②

正因葛礼山所表现出来的亲日态度，日本在 5 月 1 日任命伊东巳代治为换约大臣前往中国的当日致电栗野，再次请求美国政府提供帮助，电云："阁下可会见国务卿，就清国批准条约一事，询问该国务卿自驻清国之美国公使得到如何答复。为批准交换，我国使节已向芝罘出发。故阁下须委托该国务卿劝告清国政府，希清国政府亦派其使节携带批准书前来该地。"③ 次日，日本政府又致函美国驻日公使谭恩，托其尽速电告美国驻华公使田贝，催促清政府按时交换和约。④ 在美国的穿针引线下，5 月 3 日清政府最后任命伍廷芳和联芳为换约大臣，前往烟台。5 月 9 日，正式完成与日本的互换和约工作。

中日批准交换和约之后，由于台湾人民对割台众情激愤，李鸿章和清朝政府希望与日本重新商议台湾问题，但清政府聘请的美国前国务卿科士达又为日本说项，敦促李鸿章和清政府尽快履约，将台湾割让给日本，指出："中国有责任向前走下去，忠实地执行条约。"5 月 18 日，接到日本伊藤博文拒绝就台湾问题举行会议的答复后，科士达即致电总理衙门，要求清政府："迅速采取行动执行条约中关于移交台湾的规定，不要显出犹

① 《驻美国栗野公使致陆奥外务大臣函》（1895 年 5 月 7 日），戚其章主编：《中国近代史资料丛刊续编·中日战争》第 10 册，第 180—181 页。

② 《驻美国栗野公使致陆奥外务大臣电》（1895 年 4 月 27 日）、《陆奥外务大臣致林外务次官电》（1895 年 4 月 29 日），戚其章主编：《中国近代史资料丛刊续编·中日战争》第 10 册，第 148、351 页。

③ 《陆奥外务大臣致驻美国栗野公使函》（1895 年 5 月 1 日），戚其章主编：《中国近代史资料丛刊续编·中日战争》第 10 册，第 351 页。

④ 《陆奥外务大臣致美国公使函》（1895 年 5 月 2 日），戚其章主编：《中国近代史资料丛刊续编·中日战争》第 10 册，第 351—352 页。

豫不决或企图逃避。"① 5 月 30 日，科士达还应李鸿章的请求，亲自陪同李经方赴台完成与日本的交割工作。并且，科士达这次果然充分发挥了法律顾问的作用。鉴于台湾人民武力反抗日本占领台湾，交割工作无法在台湾本岛完成，为按时完成交割工作，避免无限期延迟，科士达想出一个变通办法，让李经方不用上岸便可完成交割工作，指出："按照西方国家的惯例，一个所有权人把大的财产及大块土地移交给另一所有权人时，用一个书面文件叫做'让渡证书'就够了，把这文件签字，交付后，所有权也就移交了，不需要再去巡视土地。"② 6 月 2 日，李经方完全根据科士达的建议，与日本桦山提督乘德国商轮"公义"号在台湾基隆海面完成台湾的交割工作。

对于科士达在充当清朝谈判法律顾问期间所提供的帮助，日本政府极为赞赏。日本内阁书记官伊东巳代治在烟台与中方代表完成互换条约后，即向伊藤博文和陆奥宗光报告说："科士达身为对方顾问，非常尽力。天津、烟台之美国领事李德亦给予我方以极大方便。而且由于李德系科士达亲戚之故，又得以间接利用科士达。"③ 1895 年 6 月科士达回国途经日本东京时，内阁总理大臣伊藤博文专门通过美国驻日公使邀科士达见面，对他所做工作表示感谢。科士达本人在回忆录中这样写道："在会晤的时候，我发现他完全知道我到北京去并和军机处会议的事情。他对于我努力使条约获得忠实的履行深表赞许。"④ 而对于中日战争期间美国政府所给予的帮助和支持，日本天皇在中日互换和约的第 4 天，也即 5 月 12 日，专程写了一封感谢信给美国国务卿，希望对在中国和日本的美国外交官和领事官予以嘉奖。这一建议被美国国务院拒绝之后，日本又于 11 月 1 日将这封感谢信通过日本驻美公使送达美国总统克利夫兰，向他表示"最崇高的问候和敬意"。日本天皇在感谢信中这样写道：

---

① 《科士达日记》，戚其章主编：《中国近代史资料丛刊续编·中日战争》第 6 册，第 628 页。

② 《科士达回忆录》，中国史学会编：《中国近代史资料丛刊·中日战争》第 7 册，第 485 页。

③ 伊藤博文：《机密日清战争》，戚其章主编：《中国近代史资料丛刊续编·中日战争》第 7 册，中华书局 1996 年版，第 153 页。

④ 《科士达回忆录》，中国史学会编：《中国近代史资料丛刊·中日战争》第 7 册，第 486 页。

　　我尊敬的友好的朋友，在日本帝国与中国进行战争期间，在您的善意允许及直接英明的指示下，在中国的美国外交官和领事官们为我们在中国的日本臣民提供了友好服务，并在许多场合向他们提供援助和帮助。此外，战争进入最后阶段时，东京和北京的美国外交代表在您的授权下，为中国能够与我们的政府进行直接联系提供了途径。正是通过在东京和北京的美国外交代表为日中两国政府所提供的直接交流，所有有望最终结束敌对状态的和谈准备工作才得以安排。借此机会，我们谨对您及阁下的官员们所做的事情表示万分感激。您们所做的工作不仅减缓了战争的残酷和痛苦，并最终成功促成和谈，而且也有助于密切我们两国的友谊和睦邻友好关系。①

由此可见，日本方面是多么感激美国在中日甲午战争期间所提供的外交支持和帮助。

五　美国政府态度的原因分析

　　综上所述，美国在中日甲午战争中表面奉行中立政策，实际却站在日本一边。它战前一再拒绝中、朝两国的调停请求和英国的联合调停建议，默认或怂恿日本发动战争。战争期间，美国外交官作为中日两国侨民的战时保护人，一再逸出国际法合理范围，曲意保护在华的日本间谍。作为中日两国的唯一调停者，美国一方面拒绝与欧洲国家联合调停，为日本继续发动战争减轻国际压力，另一方面又单方面劝说清朝政府接受日本的各项侵略要求，帮助日本实现发动战争的目的。美国在甲午战争中偏袒日本的原因是多方面的。

　　首先，美国希望通过日本之手彻底废除中国与朝鲜的宗藩关系。在发展与朝鲜的关系上，美国始终将中国与朝鲜的宗藩关系看作美国向东亚扩张的阻力和障碍。1882 年，美国海军提督薛斐尔在与李鸿章商订《朝美

---

　　①　"Emperor Mutsuhito to Grover Cleveland, November 1, 1895," in Jules Davids, ed., *American Diplomatic and Public Papers: The United States and China*, Series III, *The Sino - Japanese War to the Russo - Japanese War 1894 - 1905*, Volume 3, *The Sino - Japanese War II*, p. 343.

修好通商条约》中，就拒绝将有关中朝宗藩关系内容写入条约内。① 次年，美国新任驻华公使杨约翰（John Russel Young）在与李鸿章的会谈中，也反对中国继续维持与朝鲜的宗藩关系。尽管李鸿章向他解释，在中朝宗藩关系中，朝鲜在内政和外交方面都是自主的，中国并不干涉朝鲜的内部事务，朝鲜只是通过一套特定的仪式表达对中国皇帝的忠诚，但杨约翰还是要求中国放弃这种关系，表示中朝宗藩关系是一个不可接受的时代错误。截至 1886 年，朝鲜先后与美国、英国、法国、意大利和德国签订条约，欧洲列强都继续承认中国对朝鲜的宗主权，或由他们驻北京的外交代表同时负责朝鲜事务。而美国出于对中朝宗藩关系的反感，则派了一位与驻华公使同等级别的驻朝公使。② 总之，进入 19 世纪 80 年代之后，在判断是朝鲜独立还是保留中国宗主权两者之间哪一种情况最符合美国利益问题上，当时的美国政府诚如丹涅特在《美国人在东亚》一书中所分析的那样，显然倾向朝鲜独立，认为："在中国庇荫下的朝鲜，料定会拒阻而不会鼓励对外贸易和内政改革……至于既没有保护又没有防备的一种理论上的独立情况可能比维持中国宗主权更坏一节，美国政府似乎始终没有想到。"③ 甲午战争爆发后，10 月 31 日当恭亲王等总理衙门大臣请求美国驻华公使田贝充当调解人、寻求停战时，田贝公开对清政府维持与朝鲜的宗藩关系表达强烈不满，认为这是中日爆发战争的一个重要原因，因此将清政府答应书面同意承认朝鲜完全独立作为他同意调停的条件。④

同时，美国希望通过日本之手进一步打开中国的大门。尽管自鸦片战争以来，通过一系列不平等条约，包括美国在内的列强获得了开放通商口岸、传教、领事裁判权和最惠国待遇等一系列特权，但中国大门并没有完全打开，清朝政府还没有允许外国完全自由贸易，也没有允许列强在华进

---

① 《总署发北洋大臣李鸿章电》（光绪八年二月二十五日），《总署收北洋大臣李鸿章电》（光绪八年三月初四日），《清季中日韩关系史料》第 2 卷，第 557—565 页。

② 按：当时欧洲国家都承认中国与朝鲜的宗藩关系，由派驻北京的外交官负责朝鲜事务。

③ 泰勒·丹涅特：《美国人在东亚——十九世纪美国对中国、日本和朝鲜政策的批判的研究》，姚曾廙译，商务印书馆 1959 年版，第 385 页。

④ "Mr. Denby to Mr. Gresham, October 31, 1894," in Jules Davids, ed., *American Diplomatic and Public Papers: The United States and China*, Series III, *The Sino - Japanese War to the Russo - Japanese War 1894 - 1905*, Volume 2, *The Sino - Japanese War I*, pp. 279 - 281.

行投资。因此，美国政府认为有必要通过日本之手，进一步削弱清朝政府，为美国扩大对华贸易和投资扫除障碍。1894 年 10 月 23 日，美国驻华公使田贝在写给美国政府的秘密报告中就反对接受清政府的和谈请求，明确表示在中国军队被日本逐出朝鲜之后即结束战争不符合美国的利益，应让战争继续进行，要使清朝帝国能够与这个世界和平、融洽，非武力不行。中国遭到败北，直到其皇朝受到威胁，都是有益的事。只有这样的时机到来之际，才是外国进行干涉之时。[①] 为实现在中国开矿、修建铁路等投资活动，担任李鸿章英文秘书的美国人毕德格（William N. Pethick）和美国商人威尔逊（James Harrison Wilson）在甲午战争爆发后，甚至直接运动美国前国务卿科士达、美国驻日参赞史蒂芬斯（D1W1 Stevens）和美国驻华公使田贝等人，鼓动日本政府攻占北京，推翻清朝政府，日、美联手拥戴李鸿章为中国新的统治者，他们的一个重要理由便是清朝政府拒绝改革，妨碍中国市场的发展，阻止修建铁路，允许欧洲人控制中国，影响美国的商业利益和影响力。[②] 中日《马关条约》签订后不久，田贝在 4 月 29 日写给美国政府的一份报告中一再抱怨日本在《马关条约》中只追求自身利益，在帮助欧美逼迫中国进一步开放市场和投资方面做得不够，背弃承诺，再次暴露了他们当初怂恿日本发动对中国战争的目的。[③] 当时美国国内舆论也公开表示，希望借日本之手，进一步打开中国的门户，指出中日战争"一旦结束，东方贸易对于美国将具有日益增长的重大意义"；一旦"辽阔的中国领土处在日本的英明管理之下，商业及其他利益，……比之任何协定都将增加多得多"，令"美国人对在华商务的真实情况将大开眼界"。[④] 此外，美国人认为中国被日本打败还可为扩大美国在华传教事业提供方便。《世界传教评论》杂志中的一篇文章就曾欢呼中国

① "Denby to Gresham, October 23, 1894," op. cit., pp. 254 – 259.

② 有关此一计划的详细情况及过程参见 Marilyn Blatt Young, *The Rhetoric of Empire: American China Policy 1895 – 1901*, Cambridge: Harvard University Press, 1968, pp. 27 – 30。

③ "Denby to Gresham, April 29, 1895," in Jules Davids, ed., *American Diplomatic and Public Papers: The United States and China*, Series III, *The Sino – Japanese War to the Russo – Japanese War 1894 – 1905*, Volume 3, *The Sino – Japanese War II*, pp. 289 – 299.

④ 福森科：《瓜分中国的斗争和美国的门户开放政策》，杨诗浩译，三联书店 1958 年版，第 13—14 页。按：有关 19 世纪 90 年代之后美国国内对扩大对华贸易的憧憬及这种憧憬对美国对华政策的影响，可参见 Thomas J. McCormick, *China Market: America's Quest for Informal Empire, 1893 – 1901*, Chicago: Quadrangle Books, 1967.

战败的结局"为基督教势力进入中国开辟了一条捷径"。①

　　其次，美国在中日甲午战争中倒向日本一边也是此前美国东亚政策的继续和体现，利用日本以削弱英国、俄国等列强在东亚的影响力。19 世纪初以来，美国的亚洲政策建立在使用武力和与其他大国合作这两个原则基础上，但在 1868 年日本实行明治维新之后，随着日本在东亚的崛起，美国的东亚政策在 19 世纪 70 年代发生了历史性转折，抛弃欧洲伙伴，单独奉行亲日政策，试图通过美日合作削弱英国等欧洲国家在东亚的影响，认为"日本握有开启东方的钥匙"。② 为此，美国不顾欧洲国家的反对和不满，1878 年与日本签订一项条约允许日本享有很大程度的关税自主权。19 世纪 80 年代，美国再次不顾英国反对，表示有意在日本取消治外法权。③ 总之，19 世纪 70 年代之后美国的东亚政策正如美国学者所说，"看好的是日本的未来，而不是中国或朝鲜的前途"。④ 因此，当中日围绕朝鲜问题的矛盾升级以后，美国一再拒绝英国的联合调停建议。对于甲午战争期间英、美在东亚的矛盾和竞争，法国驻英大使就曾分析说："英国对于美国在太平洋的角色和他们与日本的关系的担心并不亚于英国对俄国政策的担心。"⑤

　　同样，美国在 19 世纪 90 年代走上向太平洋扩张的道路之后，也开始将俄国列为它在东亚的一个主要竞争对手。1891 年俄国宣布开始兴建从莫斯科直达符拉迪沃斯托克的西伯利亚铁路，这更加使得美国、英国这些试图扩大在华势力的国家神经紧张，倾向利用日本抵制俄国势力南下，认为"只有日本，这个对登上大陆有切身利害关系的国家，才有可能企图在陆上对俄国'控制太平洋水域的一切国际商业活动'这一恶梦般的前

---

　　①　Marilyn Blatt Young, *The Rhetoric of Empire：American China Policy 1895 - 1901*, p. 22.

　　②　泰勒·丹涅特：《美国人在东亚——十九世纪美国对中国、日本和朝鲜政策的批判的研究》，第 387 页。

　　③　马士、宓亨利：《远东国际关系史》上册，姚曾廙等译，商务印书馆 1975 年版，第 355—361 页。

　　④　孔华润主编：《剑桥美国对外关系史》上册，周桂银等译，新华出版社 2004 年版，第 370 页。

　　⑤　M. de Courcel, Ambassadeur de France 「Londres, 「M. Hanotaux, Ministre des Affaires Etrangres, Londres, 10 avril, 1895, Ministre des Affaires Etrangres, *Documents diplomatiq ues franais (1871 - 1914)*, 1re srie (1871 - 1900), Tome 11, p. 726.

景进行对抗"。①据苏联学者研究，至 19 世纪 90 年代初，美国在中国满洲市场上就已经取得统治地位，在主要商品输入方面将其他竞争者抛在后面。例如，1891—1892 年，美国输入满洲的主要纺织品品种就比英国多 9 倍，美国输入满洲的煤油比俄国多 1.5 倍。② 因此，为抵制俄国势力在中国东北的扩张，美国国务卿在调停中日战争过程中就曾劝说清政府放弃亲俄的外交政策，提醒清政府俄国是中国的主要威胁，建议中国实行亲日政策，指出："清国暗中委托欧洲诸国、尤其俄国，使其对日清间之谈判进行干涉，借以削减日本之要求。依据本官之浅见，俄国并非得以作为清国之友邦而向之求教之国家。清国可惧怕之国家，并非日本而是俄国。"③ 同时，美国国务卿也一再建议日本警惕俄国的野心，不要与俄国进行交易，指出："如日本与俄国达成协议，虽当前无何危害，但俄国野心甚大，令人难以相信。"④ 在以后的东亚国际格局中，俄国作为美国的主要竞争者，长期以来都是美国防备和遏制的主要对象之一。

事实上，对于美国当时利用日本来实现东亚政策，欧洲的其他国家都有同感。如法国驻华公使施阿兰（Grard）在向法国外长汇报时指出：日本有妄想自己在中国担任文明的传布者、并把欧洲人从这个巨大的帝国中排挤出去的野心；美国赞同日本这些野心的倾向对法国来说非常危险。⑤ 法国驻英大使顾随（de Courcel）也向英国外交大臣金伯雷（Kimberley）警告：当美国和日本这两个野心勃勃的国家联合行动时，如果听任事态发展，英、法、俄三个与中国利益密切相关的国家极有可能遇到完全追逐商

① 鲍里斯·罗曼诺夫：《俄国在满洲（1892—1906）》，陶文钊、李金秋、姚宝珠译，商务印书馆 1980 年版，第 13 页。有关 19 世纪美、俄两国关系演变更为系统的论述，请参见 Edward H. Zabriskie, *American – Russian Rivalry in the Far East*：*A Study in Diplomacy and Power Politics, 1895 - 1914*, Westport, Connecticut: Greenwood Press, 1976.

② C. B. 戈列里克：《1898—1903 年美国对满洲的政策与"门户开放"主义》，高鸿志译，黑龙江教育出版社 1991 年版，第 18 页。

③ 《驻美国栗野公使致陆奥外务大臣函》（1895 年 5 月 7 日），戚其章主编：《中国近代史资料丛刊续编·中日战争》第 10 册，第 181 页。

④ 《驻美国栗野公使致陆奥外务大臣电》（1895 年 4 月 5 日）、《驻美国栗野公使致陆奥外务大臣函》（1895 年 4 月 16 日），戚其章主编：《中国近代史资料丛刊续编·中日战争》第 10 册，第 86、104—105 页。

⑤ M. de Courcel, Ambassadeur de France ⌐Londres,⌐ M. Hanotaux, Ministre des Affaires Etrangres, Londres, 5 mars, 1895, Ministre des Affaires Etrangres, *Documents diplomatiques fran. ais* (1871 - 1914), 1re srie (1871 - 1900), Tome 11, pp. 602 - 603.

业利益的国家如美国、德国，今后无疑也包括日本方面的有力的竞争。①
德国驻法大使敏斯特（Minster）在与法国外长讨论甲午战后东亚形势时
亦表示："美国对日本施加的影响是危险的，欧洲应该为她的商业利益担
忧。"② 德国外交大臣马莎尔（Marschall）在与法国驻德大使的交谈中则
讽刺甲午战争期间美国人"对日本有一种炽热的感情"。③ 总之，美国奉
行亲日政策的背后实际上隐藏着美国与欧洲国家的竞争和矛盾。

再者，美国政府在甲午战争中倾向日本一边亦是受国内舆论和偏见的
影响。中日冲突开始后，美国国内舆论普遍同情和支持日本。当日本在平
壤战役获胜的消息传到美国后，美国《波士顿邮报》就为此欢呼。美国
舆论甚至还接受日本方面的宣传，将中日战争看作现代文明与中国保守主
义之间的战争，看作是"进步"和"停滞"之间的战争，因此，美国报
刊的社论和文章都认为这是像中国这样的保守国家罪有应得的。《世界传
教评论》杂志上的一篇社论就挖苦道："中国这个充满自大的约有 3 亿人
口的天朝帝国一再败在一个只有 4000 万人口的小国日本手中，谁都不会
同情天朝帝国所遭受的耻辱，中国只有自己表示感谢。"激进的共和党人
报纸《纽约新闻报》则极力反对美国政府调停中日战争，主张让中国彻
底战败，让清朝统治崩溃，指出："调停的建议是不合理的，它除了符合
英国的利益之外，其结果只能使那个可恶、残忍、反动的清朝政府免于毁
灭；中国的战败将意味着数百万人从愚蒙、专制和独裁中得到解放。因
此，美国总统和国务卿从日本人手中拯救中国是一个有悖国际正义的行
为。"④美国的一些政治家也认为中国在战争中遭受打击对中国来说是一件
好事，如美国国务院中国问题专家柔克义就声称："一次痛击一点也不会

---

① M. de Courcel, Ambassadeur de France ⌐Londres,⌐M. Hanotaux, Ministre des Affaires Etran-
gres, Londres, 10 avril, 1895, Ministre des Affaires Etrangres, *Documents diplomatiques franais* (*1871
–1914*), 1re srie (1871–1900), Tome 11, p. 675.

② Note du Ministre, Paris, 5 avril, 1895, Ministre des Affaires Etrangres, *Documents dip loma-
tiq ues franais* (*1871–1914*), 1. re s. rie (1871–1900), Tome 11, p. 661.

③ M. Herbette, Ambassadeur de France ⌐Berlin,⌐M. Hanotaux, Ministre des Affaires Etrangres,
Berlin, 18 avril, 1895, Ministre des Affair es Etrangres, *Documents diplomatiques franais* (*1871–
1914*), 1re srie (1871–1900), Tome 11, p. 704.

④ Marilyn Blatt Young, *The Rhetoric of Empire: American China Policy 1895–1901*, pp. 21–23.

伤害中国，它仅仅是一付适合中国的补药。"①美国驻华公使田贝则表示，在甲午战争中"日本对中国所做的，正是美国对日本曾经做过的事情，日本已经学会西方文明，现在正迫使它难以操纵的邻居接受西方文明，中国在世界上的惟一希望是真心地吸取教训"。② 出于同样的偏见，在中美关于日本间谍案的交涉中，美国的舆论和政客们也多偏袒日本，反对国务卿允许将日本间谍移交清政府，声称这完全不是一个法律问题，甚至也不只是一个人道主义问题，中国这个半开化的国家不能与日本一样，她无权处理和报复美国的被保护人；向中国移交日本间谍是美国的一个羞辱，它玷污了美国的荣誉、独立和权利。③为平息国内舆论和日本方面的不满，葛礼山下达将上海租界的两名日本间谍移交清政府的指示之后，不得不致函清朝驻美公使杨儒，要求清政府在美国驻华公使田贝回到北京之前保证不得随便处置。④

　　美国在中日甲午战争中奉行的亲日政策，虽然没有直接侵害中国，但无疑为日本发动对中国的战争提供了有力的外交支持，违背了美国声称的对华友好政策。事实上，在当时东亚国际关系中，日本政府在外交上也始终将美国看作最友善的国家而充分加以利用。然而，后来的历史表明，美国希望利用日本来实现其东亚政策，并不是一个十分正确的选择。

　　　　　　　　　　　　　　　　（原文载于《历史研究》2011 年第 2 期）

① "William W. Rockhill to Alfred Hippisley, October 30, 1894," in *Rockhill Papers*, *Houghton Library*, Harvard University.

② "Denby to Gresham, February 26, 1895," in Jules Davids, ed., *American Diplomatic and Public Papers*：*The United States and China*, *Series III*, *The Sino-Japanese War to the Russo-Japanese War 1894-1905*, *Volume 3*, *The Sino-Japanese War II*, pp. 162-163.

③ Marilyn Blatt Young, *The Rhetoric of Empire*：*American China Policy 1895-1901*, pp. 25-26.

④ Payson J. Treat, *Diplomatic Relations between the United States and Japan*, *1853-1895*, Volume II, p. 487.

法国与中日甲午战争[*]

葛夫平

    1894—1895 年的中日甲午战争不仅改变了交战两国各自的命运，同时也是近代远东国际关系史的一个重要转折点。与该地区关系较为密切的列强俄、英、法、德、美均程度不同地卷入这一事件，并对它们日后在远东的利益与地位以及彼此在远东的关系产生深远影响。因此，甲午战争历来受到学界重视。但检视国内外有关甲午战争史和 19 世纪末远东国际关系史的众多论著，法国与中日甲午战争的关系迄今尚无专题研究，相关著作只是附带提到法国，对于法国所扮演的角色和参加三国干涉还辽的动机分析尚不全面；至于还辽条件谈判的曲折过程，则基本没有涉及。本文拟以法国外交文件为核心材料，同时参考俄国、德国、英国、日本、中国的外交文件和相关文献资料，就法国对甲午战争尤其法国在三国干涉还辽以及还辽条件谈判中的态度与作用等问题做一专题研究，以期拓宽和推进甲午战争期间国际关系史的研究。

一　甲午战争爆发前后法国的反应与态度

    在中日两国正式宣战之前，法国由于在朝鲜既无商业利益，也无地缘政治关系，对中日在朝鲜问题上出现的紧张局面并未予以特别关注。迟至1894 年 6 月 30 日，法国外交部长阿诺托（Hanotaux）才通过法国驻英大使德克雷（Decrais）从英国外交大臣金伯利（Kimberley）口中得知"来自北京和东京的最新的惊人消息"，以及有关英国和俄国有意干涉中日朝

---

* 承蒙外审专家提出宝贵意见，谨致谢忱。

鲜之争的情报，并误以为日本请求俄国斡旋。同日，阿诺托电令法国驻俄大使蒙塔佩罗（Montebeuo）提供"有关中日纠纷的有用情报，并告诉我圣彼得堡如何看待金伯利勋爵所说的可能性"。①在随后收到蒙塔佩罗和法国驻华公使施阿兰（A. Gérard）与驻日代办吕班（G. Dubail）有关中日局势的最新进展及英、俄等国态度的电文报告后，阿诺托也无意介入中日冲突，对于清政府请求法国与俄、英、美等国一道调停中日纠纷持消极态度，主张与盟国俄国采取一致立场。7月4日，他就此电令蒙塔佩罗"尽可能准确、快速掌握俄国政府为促使中日纠纷友好解决拟在东京或北京采取的行动"，以便他给法国驻中国和日本代表下达指示。②在与俄国沟通之后，阿诺托完全支持俄国在北京和东京进行调停，促使朝鲜问题和平解决。10日，电令驻日代办吕班以非正式方式向日本政府传达这一愿望，并将法国这一决定和行动通知俄国驻日公使希特罗渥（Hitrawo）。③ 11日，阿诺托便以此推辞清朝政府的再次斡旋请求，表示"我们已经对东京提出温和的劝告，我们在朝鲜问题上没有直接的利害关系，我们自然重视这一问题得到友好解决"。④

　　与此同时，阿诺托又以各种理由拒绝英国的联合调停建议。7月8日英国大使向法国提出共同干涉朝鲜问题的建议，阿诺托便以法国政府对情况不甚了解和法国在朝鲜没有重大直接利益，须在获得更多情报后再作决定为理由，加以推托，⑤并电令蒙塔佩罗尽快弄清俄国政府对英国提案的态度。由于当时俄国和法国都不愿意英国在朝鲜问题上起主导作用，阿诺托便于7月12日致函英国驻法大使度福林（Duferin），正式拒绝英国的建议，称"共和国政府在这个问题上虽然没有直接利益，但已经对东京和北京提出了温和、谨慎的劝告。另外，我们只能原则上决定，在需要时采取与其他将决定参与共同行动的列强类似的措施"；并表示根据法国驻华

---

① Hanotaux à Montebello, 30 juin 1894, Ministère des Affaires Etrangères, , *Documents Diploma-tique Français*（1871 – 1914），lère série, Tome 11, Paris: Imprimerie nationale, 1947, p. 263. 按：以下凡来自该卷外交文件的资料均简化为 *DDF*，Tome 11。

② Hanotaux à Montebello, 4 juillet 1894, *DDF*, Tome 11, p. 268.

③ 参见《驻东京公使致外交大臣电》，1894 年 7 月 11 日，《红档杂志有关中国交涉史料选译》，张蓉初译，三联书店 1957 年版，第 36 页。

④ Hanotaux à Montebello, 11 juillet 1894, *DDF*, Tome 11, p. 272.

⑤ 参见《驻巴黎大使致外交大臣电》，1894 年 7 月 11 日，《红档杂志有关中国交涉史料选译》，第 35—36 页。

公使最近提供的消息，鉴于清政府已与日本代表在北京举行谈判，法国更倾向于中日之间直接达成协议。[①] 7 月 18 日当日本驻法公使曾祢（Soné）询问法国对联合调停的态度时，阿诺托也表达了同样立场，指出："我们在朝鲜的利益并不那么直接，以致带头采取措施，在我们看来，这应该留给那些其利害关系更为直接的列强。我们只能仿效其他政府，向东京和北京提出温和、谨慎的劝告。凡能确保这两个友邦间的纠纷得到和平解决的措施，我们都欢迎。"[②] 可见，起初法国对中日冲突实际上持听之任之的旁观态度。

1894 年 8 月 1 日中日两国正式宣战后，英国提议列强发表中立宣言，并率先在 8 月 7 日的《伦敦公报》刊登《维多利亚女王声明》，宣布"在中日之间这场令人不快的战争中，我们将保持严格公正的中立立场"。[③]意大利追随英国表态。法国则继续追随俄国，拒绝发表中立声明。8 月 8日，阿诺托在与英国驻法代办菲普斯（Phipps）会谈中解释法国政府的立场，表示：法国把中立看成是不言而喻的，无需什么声明，"由于大不列颠在那块土地上有着庞大的商业利益，所以对此事有着更直接的兴趣，可以设想种种不测，英国必须采取步骤以保障其利益。法国情况则完全不同"。[④]

清政府在 9 月 16 日的平壤之战和 17 日的黄海之战两大战役遭受惨败之后，被迫于 10 月 2 日通过中国驻外使节同时向英、俄、法、德等国政府提出调停请求。英国为在华利益最大国，担心日本会乘胜进攻北京，导致中国政局动荡，再次倡议其他国家联合调停。10 月 4 日，英国驻法代办菲普斯致函法国外交部长阿诺托，询问法国是否决定与英、德、俄和美一致行动，参与对两个交战国的斡旋，调停的条件是列强共保朝鲜独立和中国向日本支付赔款。收到英国联合调停的建议后，法国首先征询俄国的意见。5 日，阿诺托先与俄国驻法大使穆伦海姆（Mohrenheim）商议"这种集体行动的可能性"。因还没有得知俄国政府的意见，阿诺托在随后与菲普斯会谈时拒绝对英国的建议作出明确表态，只是模糊地表示这个问题

---

① Hanotaux à Dufferin, 12 juillet 1894, *DDF*, Tome 11, p. 273.

② Hanotaux à Montebello, 18 juillet 1894, *DDF*, Tome 11, p. 290.

③ 《维多利亚女王声明》，1894 年 8 月 7 日，戚其章主编：《中日战争》（中国近代史资料丛刊续编，下略）第 11 册，中华书局 1996 年版，第 124 页。

④ 《菲普斯致金伯利函》，1894 年 8 月 10 日，戚其章主编：《中日战争》第 11 册，第 137 页。

"值得深思熟虑"，"须等待我们外交官的消息"；同时，阿诺托认为此时并没有进行干涉的必要，询问菲普斯有关日本将直接进攻北京、中国局势不稳的消息是来自于英国外交官还是中国驻欧洲使节，表示"我们的代表似乎并没有为此担心，他们也没有给我们发电报"；[1] 指出英国的建议不涉及保护外侨问题，而是一项共同的政治行动，因此首先必须保证列强之间不会对英国的提议产生分歧，应该掌握交战双方对拟议中的干涉计划的看法等等问题，为拒绝英国的联合调停建议寻找种种借口。[2] 同时，又致电法国驻俄代办沃维诺（Vauvineux），指示他务必了解俄国政府对于伦敦内阁提出的集体行动提议持何种态度。[3] 在与俄国充分协商之后，10 月 18 日阿诺托便以"有关政府之间未能就英国的建议达成一致"为由，致电法国驻英、德、奥、美、中和日本使节，宣布法国不支持英国的联合调停建议。[4]

中日战争爆发前后，法国一再拒绝清政府的斡旋请求和英国的联合调停建议，采取观望态度，虽然与其所反复宣称的在朝鲜问题上没有直接利益有关，但这只是表面现象。法国对中日两国为朝鲜问题开战，并非没有自己的打算。实际上，法国乐见中日开战，以便从中渔利。中日宣战后，法国政府即任命精明能干、熟悉远东的外交家阿尔曼（Harmand）为驻日公使，以接替代办吕班的工作。具体而言，法国当时试图通过中日战争达到以下目的。

第一，通过中日战争巩固刚确立不久的俄法同盟关系。共和政体的法国与专制政体的俄国在政制上虽然截然不同，但为摆脱外交孤立局面和对付欧洲的共同潜在敌人——德、奥、意三国同盟和英国，法俄两国走在了一起。1891 年 8 月，法俄签订第一项协定，规定缔约双方同意"对每一个具有威胁整个和平的性质的问题，进行磋商"；如果其中一方受到侵略的威胁，"双方同意在该不测事件成为事实时，两国政府就必须立刻和同时采取的措施，取得谅解"。一年后的 8 月，法国参谋长布瓦代弗尔

---

[1]　Hanotaux à Vauvineux, 6 octobre 1894, *DDF*, Tome 11, pp. 355—356.

[2]　Hanotaux à Estournelles de Constant, 9 octobre 1894, *DDF*, Tome 11, pp. 361 – 362. 按：法国一方面婉拒英国联合干涉的建议，但同时为维护法国的利益又立即调派 4 艘军舰前往中国。

[3]　Hanotaux à Vauvineux, 6 octobre 1894, *DDF*, Tome 11, pp. 355—356.

[4]　Hanotaux aux Ambassadeurs de France à Londres, Berlin, Vienne, Washington, Pékin, To-kio, *DDF*, Tome 11, pp. 377—378.

（Boisdeffre）将军和俄国参谋长奥勃鲁切夫（Obruchev）将军又商定了一项影响深远、针对三国同盟的军事协定，该协定较第一个协定意义更为重大。它规定，如果法国遭到德国或者以德国为后盾的意大利的袭击，俄国就要援助法国；如果德国或者以德国为后盾的奥匈帝国袭击俄国，则法国对俄国也要承担同样的义务。1893 年 12 月和 1894 年 1 月 4 日，俄国和法国政府分别批准该项协议，法俄正式结成同盟。① 鉴于俄国在朝鲜问题上具有重大利益，因此法国从一开始就将中日战争看作实践法俄同盟的第一次良机。法国驻日公使阿尔曼在到日本后不久（8 月 10 日）写给法国政府的报告中，就将法国在中日甲午战争中所要达到的这个目的和盘托出。在这份长篇报告里，阿尔曼虽然认为日本发动战争是错误和危险的，最后并不一定能够取胜，但他明确表示中日开战对巩固法俄同盟是有益的，指出中日为朝鲜问题开战一定会加剧俄国和英国在中国的竞争和矛盾，俄国将会利用这次机会竭尽全力在中国北部海域获取一个不冻港，势必会与英国产生冲突，而"这当然对我们有利，会使我们的友谊和我们的冷漠被更强烈地感受到，也会提高我们向交战双方提出的建议和忠告的价值和影响"。②

其次，利用中日冲突所造成的有利时机，解决中法间关于越南的悬而未决的问题。1884—1885 年的中法战争并没有完全实现法国侵略中国西南的野心。就在中日战争爆发前夕，法国政府任命施阿兰为新任驻华公使（1894 年 4 月 18 日抵达北京），指示除了保全与维护法国在中国所有的既得权益和特权外，他的一项新任务就是与中国划定中越边界，进一步开拓中越之间的交通与贸易关系。③ 中日开战，无疑为法国实现这一目的提供了天赐良机。对此，法国驻日公使阿尔曼在 8 月 10 日的报告中直言不讳，指出：

> 鉴于我们与中国的关系，和我们未来的远东政策的需要，我们所关注的这场冲突对我们具有特殊的意义……目前的战争使中国忙于她

---

① 巴巴拉·杰拉维奇：《俄国外交政策的一世纪（1814—1914）》，福建师范大学外语系编译室译，商务印书馆 1978 年版，第 190—191 页。

② Harmand à Hanotaux, 10 août 1894, *DDF*, Tome 11, p. 316.

③ 参见施阿兰《使华记：1893—1897》，袁传璋、郑永慧译，商务印书馆 1989 年版，第 11—12 页。

的北方，迫使她在相当长的时间内无暇顾及她与我们接壤的边境地区的道路、交通以及其他事情。这为我们提供了一个意想不到的弥补我们所犯错误的机会，公开采取各种必要的措施，而不会招致我们的邻居在边境地区集结大量的部队。我认为我们在这场刚开始的战争中的所得将超过所失，我们的利益促使我们希望它延长，甚至一直进行下去，如果可能的话，在不公开违背中立原则的情况下，倾向其中的一方，我们应该对日本保留我们的鼓励。①

英国驻华公使欧格讷（O'Conor）也一针见血地指出，法国驻华公使施阿兰对他在北京的联合调停采取抵制态度，就是出于这一自私的动机，他说："很显然，他绝不希望为了要避免可能导致削弱中国而有利于法国印度支那领地的战争，而支持英、俄协议或采取任何积极措施。"②而事实也的确如此，中日开战后不久，法国外交部长阿诺托就指示法国驻华公使施阿兰乘机与清政府谈判，"尽快对中国与我们属地之间的边界进行最后的勘查并划定"。③

此外，法国在中日战争爆发前后采取不介入态度，也是因为不愿看到英国在调停中日冲突中起主导作用，以达到牵制英国的目的。无论在欧洲，还是在东亚，法、俄两国与英国都存在利害冲突，将英国看作他们的共同的竞争对手。因此，法国从一开始就与俄国一道，抵制英国在调停中扮演领头角色。对于战前英国发起联合调停的倡议，法国十分赞同俄国的意见，"认为不便给予英国一个主导者的角色"，"不能接受英国的摆布"，④ 因此，法国一方面拒绝英国联合调停的建议，同时又接受俄国的意见，各自采取独立行动，分别向日本提出与英国一致的要求，以摆脱受英国主导之嫌。出于同样目的，对于中日战争爆发后英国提出的联合干涉倡议，法国也加以抵制，于1894年10月9日与俄国达成如下默契：当英

---

①　Harmand à Hanotaux, 10 août 1894, *DDF*, Tome 11, pp. 317—318.

②　《欧格讷致金伯利函》，1894年7月27日，戚其章主编：《中日战争》第11册，第291—292页。

③　Hanotaux à Gérard, 15 septembre 1894, Ministère des Affaires Etrangères, *Documents Diplomatiques*, *Chine*, *1894—1898*, Paris: Imprimerie Nationale, 1898, p. 1.

④　Montebello à Hanotaux, 25 juillet 1894; 2 août 1894, *DDF*, Tome 11, pp. 299—300, 302.

国想加速行动的时候，俄国和法国将达成一致，采取共同行动。① 法国驻华公使施阿兰则直言他在北京抵制②英国公使欧格讷联合调停活动，就是因为他不愿"让英国扮演头等重要的角色"，他还指责欧格讷在调停过程中故意不向其他国家公使吐露真情，"想单独给英国保留该行动将带来的利益"。③ 因此，施阿兰对英国联合干涉倡议的失败表示由衷的喜悦，指出："英国所遭遇的失败，也许有助于清朝政府明白单独一个国家行动的局限性和 3 个月以来女王代表不断向他们承诺的支持的实际效果。"④ 法国驻德代办苏朗—波定（Soulange—Bodin）也对德国拒绝英国的建议感到高兴，与德国外交大臣一道讥讽："英国人开始设法策划武力干预，后来又是单纯的调停，但是他们甚至未能成功地促使列强对交战双方提出忠告。"⑤ 由此可见，法国对中日战争的反应和态度还明显受到它与英国关系的影响。

二　从观望走向干涉

如前所述，法国在中日战争爆发前后采取观望和不介入态度，实有其外交目的和动机。在拒绝英国联合调停的建议之后，对于清政府直接向各国发出的调停请求，法国政府的态度开始有所改变。1894 年 11 月 3 日，恭亲王奕䜣召见包括法国公使在内的驻京各国公使，正式请求各国出面调停中日战争，条件依然是承认朝鲜独立，并向日本支付战争赔款。法国驻华公使施阿兰一改此前的冷淡态度，主张接受清政府的请求，参加列强的共同调停。他在 11 月 5 日的报告中指出，中国提出的和谈条件表面上虽与不久前英国倡议的调停条件相同，但是无论在朝鲜独立问题上，还是在战争赔款的支付上，都给予列强更大的行动自由。这次是交战的一方直接请求干预，并由它自己提出和谈方案，也是它自己把命运交给列强。这就赋予干预行动另一种性质。因此，"我们不能完全拒绝中国向我们提出的

---

① Vauvineux à Hanotaux, 9 octobre 1894, *DDF*, Tome 11, p. 358.

② Gérard à Hanotaux, 9 octobre 1894, *DDF*, Tome 11, pp. 358—359.

③ Gérard à Hanotaux, 5 novembre 1894, *DDF*, Tome 11, p. 409.

④ Gérard à Hanotaux, 23 octobre 1894, *DDF*, Tome 11, p. 381.

⑤ Soulange—Bodin à Hanotaux, 18 octobre 1894, *DDF*, Tome 11, p. 380.

请求"。① 阿诺托也在是日晚收到俄国决定加入干预行动的电报后，于次日通电法国驻德、美、② 意、英大使，指示他们询问各驻在国政府"是否决定接受中国政府的提议"。

尽管法国在不由英国主导的前提下，表示愿意参加列强共同调停中日战争的行动，但由于日本拒绝列强的联合调停，而列强对中日战争也都抱着渔利的态度，法国介入的时机并未成熟。俄国虽愿意加入联合行动，但明确表示不愿意领头，只"在同等条件下与其他列强一起参与外交行动"。③ 英国虽希望中日早日结束战争，但也以清政府的条件几乎与此前无异、不会被日接受为由，表示"确定和平条件的时机尚未到来"，"英国政府不可能再带头干预"。④ 德国则因中日战争给其军工厂带来巨大利益，并期待从中国的惨败中分享战利品，公开声明反对一切旨在中止中日战争的任何尝试。⑤ 美国为了削弱英、俄等欧洲国家在东亚的势力和影响，更是奉行亲日政策，表示："美国不能加入干预行动，因为该行动旨在迫使日本同意它事先不准备接受的条件。"⑥ 在此情形之下，法国只好放弃联合干涉的念头，继续作壁上观，等待时机。11 月 9 日，法国外交部长阿诺托致函法国驻德、意、美、英外交使节，指出："虽然所有列强都希望恢复和平，但没有一个列强相信目前对日本进行调停会产生作用，因而都不愿意在这一调停活动中带头。这种态度要求我们特别谨慎，因此我在中国公使来访时对他做了口头答复。我向他保证我们很希望尽可能为冲突的停止作出贡献，我告诉他我们很愿意参加列强的干预行动。不过，我补充说，在我看来，这一措施需要所有相关国家的政府一致加入。"⑦

进入 12 月，随着甲午战争由朝鲜半岛向中国大陆蔓延，以及日本侵略中国野心的暴露，法国进一步改变观望态度，力主对中日战争进行干预，以谋取自身利益。施阿兰在 4 日的报告中提请法政府关注日本的野

---

① Gérard à Hanotaux, 5 novembre 1894, *DDF*, Tome 11, p. 409.

② Hanotaux aux Ambassadeurs de France à Berlin, Washington, Rome, Londres, 6 novembre 1894, *DDF*, Tome 11, p. 410.

③ *DDF*, Tome 11, p. 410, note 2.

④ Estournelles de Constant à Hanotaux, 7 novembre 1894, *DDF*, Tome 11, p. 413.

⑤ Gérard à Hanotaux, 19 décembre 1894, *DDF*, Tome 11, pp. 498—499.

⑥ Patenôtre à Hanotaux, 8 novembre 1894, *DDF*, Tome 11, pp. 413—414.

⑦ Hanotaux aux Représentants Diplomatiques de France à Berlin, Rome, Washington, Londres, 9 novembre 1894, *DDF*, Tome 11, p. 416.

心，声称根据所掌握的情报，日本会向中国索取库平银 5 亿两战争赔款，[①] 并以担保名义占领旅顺或某些通商口岸，直至中国付清赔款，另将台湾岛和中国海军舰队让与日本，"这些条件虽然看似过分，但对那些了解中国必将失败和日本发动无情战争意图的人来说，日本提出这样的和谈条件并非不可能"。他呼吁法国政府和欧洲国家，不能对日本以战胜国姿态损害自己在中国苦心经营多年的利益无动于衷，不能把欧洲过去扮演的开化角色拱手出让给日本一国，不能将欧洲 50 年的牺牲和努力以及许多合理的愿望一下子放弃。[②] 12 月 15 日，他又致电法政府，建议派遣两艘军舰到舟山，一艘军舰到澎湖列岛，一艘军舰到广州，以确保"我们在任何地方都不至于措手不及"，断言"目前这场战争肯定会引发其他的希望并激发某些贪欲"。[③] 1895 年 1 月 4 日，施阿兰在写给阿诺托的信中再次指责"日本妄想自己在中国担任文明的传播者，把欧洲人从这个巨大的帝国中排挤出去，以便将亚洲保留给亚洲人"。[④]

出于共同利益，俄、英、法三国紧接着就联合干涉中日战争问题进行协商。1 月下旬，就在清政府派遣和谈代表张荫桓和邵友濂前往日本前夕，俄国担心日本的和谈条件危害其在中国东北和朝鲜的利益，认为必须让日本意识到，列强不会对战争结局无动于衷，建议英、法共同警告日本，指出："目前是让东京当局懂得我们不会让日本人将针对中国的军事行动进行到最后极限的合适时机。如果说阻止日本军事行动的时机尚未来临的话，那么至少应该让他们事先明白，我们到现在为止所保持的克制并不意味着我们会对中日战争的后果完全无动于衷。"[⑤]

对于俄国的这一建议，法国积极响应。当俄国驻法大使穆伦海姆向法国政府转达俄国的建议时，阿诺托当即表示："既然该倡议是由帝国政府提出的，那么正如我已经表示过的那样，共和国政府非常愿意赞同俄国政府的提议"，并立即指示法国驻日公使阿尔曼就此与俄国公使和英国代办协商，采取行动。[⑥] 同时，法国还主动协助俄国，劝说英国积极加入由俄

---

① 按：文中的"两"均指库平银两。
② Gérard à Hanotaux, 4 décembre 1894, *DDF*, Tome 11, pp. 467—468.
③ Gérard à Hanotaux, 19 décembre 1894, *DDF*, Tome 11, pp. 499—500.
④ 转引自 Courcel à Hanotaux, 5 mars 1895, *DDF*, Tome 11, p. 603.
⑤ Montebello à Hanotaux, 25 janvier 1895, *DDF*, Tome 11, pp. 549—550.
⑥ Hanotaux à Montebello, 29 janvier 1895, *DDF*, Tome 11, p. 552.

国发起的联合干涉行动。当时，英国担心日本的要求损害其在华商业利益，"对于征服者可能怀有的对欧洲的傲慢和排斥心理有些不安"，因此，接受俄国建议，愿意保持一致立场，表示"我们不能容许日本人在这方面只规定对他们有利的独占性权益，也不能在今后把中国当作一个附庸省份来对待"。①

但同时对俄、法两国先前拒绝英国联合干涉的建议极为不满，同样不愿看到俄国在这个问题上起主导作用，有意与俄国保持距离，声明英国对日没有任何敌意，日本提出割让台湾和占领某一中国通商口岸的要求，"这是交战国的权利"，反对联合抗议，主张俄、英、法三国分开行动，"以免留下示威的印象"；也不主张动员更多欧洲国家参与，认为可能伤害日本人的自尊心；如果欧洲集体干预不成功的话，列强的声誉就会遇到麻烦，"应设法避免这样的结果"。② 对此，法国驻英大使库塞尔（Courcel）婉转地向英国外交大臣金伯利强调三国在东亚加强合作的必要性和重要性，指出："在谨慎对待战胜者的同时，鉴于列强与中国毗邻，他们在这个庞大的帝国四周具有领土利益需要保护，英、俄、法应密切关注远东危机的演变，并时刻准备应对各种可能发生的事情。在我看来，他们应互相通报他们所掌握的信息和他们为了共同的利益而采取的行动，不必强制始终一起行动，采取同样的方式，但他们还是应该保持紧密联系，彼此交流看法。"③ 1895 年 2 月 1 日，就在清朝政府和谈代表在广岛与日本举行会谈当日，法国驻日公使阿尔曼和俄、英驻日使节分别照会日本政府，对中日和谈表示关切。值得指出的是，法国当时还将台湾和澎湖列岛看作法国的势力范围，希望与俄国一道阻止日本对台、澎的占领。3 月 15 日，法国外交部长阿诺托在致法国驻俄大使蒙塔佩罗的密函中特别指出："根据我驻东京使节所提供的情报，台湾将成为自广岛启程的日军进攻的目标，澎湖列岛也是此次远征的目的地。我们自会立即向俄国政府通报这些情报，并向俄政府表示，这一地区对法国来说有特殊利益。尤其是澎湖列岛，我们早在 1885 年即占领该岛。可以这么说，该地区标出了与我们印

---

① Courcel à Hanotaux, 23 février 1895, *DDF*, Tome 11, p. 581.

② 按：当时英国政府的这种态度，实际上为稍后退出三国干涉同盟埋下伏笔。Courcel à Hanotaux, 1er février 1895, *DDF*, Tome 11, p. 555.

③ Courcel à Hanotaux, 1 er février 1895, *DDF*, Tome 11, p. 555.

度支那属地密切相关地区的北部界线，我们特别希望维持该地区的现状。"前天在与穆伦海姆先生的会谈中，我以个人名义告诉他这些看法。"① 4 月 2 日、3 日，阿诺托在与法国驻俄代办沃维诺往来的电报中，也密切关注日本媾和条件中有无割让台湾条款及俄国和英国政府对此的态度。②

在与俄、英联合干涉中日战争过程中，法国政府还为了共同利益捐弃与宿敌德国的矛盾，乐见德国加入干预行动。如前所述，德国从本国利益出发，一直拒绝干涉中日战争。在 1895 年 1 月俄国倡议联合干涉时，德国政府就以"时机尚未成熟"为由，没有参加干涉行动。③ 但在俄、英、法分别向日本提交照会之后，德国一些外交官开始意识到，德国如继续奉行中立政策将在中国丧失机会。2 月 8 日德国驻英大使哈慈菲尔德（Hatzfeldt）致函外交部，建议政府尽快放弃不干涉政策，否则会失去从中国索取报酬的机会。④ 稍后，德国政府便一改置身局外的政策，积极介入调停。3 月 6 日，德国外交大臣马沙尔（Marschall）令驻日公使哥届米德（Gutschmid）劝告日本政府迅速媾和，并"减轻"条件。⑤ 3 月 19 日，德国首相何伦洛熙（Hohenlohe）上奏德皇，请求授权训令驻英大使通知英国政府，声明德国不是始终反对共同干涉的观念，"将来如果东亚情形有实质的变迁时，为德国利益起见，将不犹豫地及坚决地加入"。⑥ 为了欧洲整体利益，英国和俄国也分别就联合干涉问题与德国联系。法国虽然没有就此主动与德国接触，但对俄、英拉拢德国加入共同干涉阵营并不抵制和反对。4 月 1 日，法国驻英大使库塞尔电告阿诺托，英、俄两国都欢迎德国加入列强在远东的行动，认为德国的加入"将会施加更大的影响"。⑦ 次日，阿诺托即电嘱法国驻俄代办沃维诺向俄国了解俄、英、德

① Hanotaux à Montebello, 15 mars 1895, *DDF*, Tome 11, pp. 623—624.

② Hanotaux à Vauvineux, 2 avril 1895; Vauvineux à Hanotaux, 3 avril 1895, *DDF*, Tome 11, pp. 646—647, 656—657.

③ Herbette à Hanotaux, 6 février 1895, *DDF*, Tome 11, p. 564.

④ 参见《驻伦敦大使哈慈菲尔德伯爵致外部参事霍尔斯坦因私函摘录》，1895 年 2 月 8 日，《德国外交文件有关中国交涉史料选译》第 1 卷，孙瑞芹译，商务印书馆 1960 年版，第 11—12 页。

⑤ 参见《外交大臣马沙尔男爵致驻日公使哥届米德男爵电》，1895 年 3 月 6 日，《德国外交文件有关中国交涉史料选译》第 1 卷，第 13 页。

⑥ 《帝国首相何伦洛熙公爵奏皇帝威廉二世》，1895 年 3 月 19 日，《德国外交文件有关中国交涉史料选译》第 1 卷，第 13—17 页。

⑦ Courcel à Hanotaux, 1 er avril 1895, *DDF*, Tome 11, p. 643.

三国就干预远东问题所接洽的情况，而未对德国的加入表示任何不满。①
4月5日，阿诺托将俄使通报的欢迎德国加入列强联合行动的消息电告法
国驻俄、英大使。随后，法国即与德国和俄国一道上演了"三国干涉还
辽"的戏剧性一幕。

　　1895年4月4日、5日，日本终于将媾和条件分别知照欧洲各国。欧
洲各国反应不一。俄国对日本要求中国割让辽东半岛，尤其是旅顺，表示
强烈反对，认为这一割让对中国"构成一种永久威胁"，"使朝鲜的独立
成为泡影"。俄国外交大臣罗拔诺夫（Lobanoff）4月6日即致电巴黎、伦
敦和柏林，建议有关列强采取共同行动，"以一种友好的方式劝告日本政
府削减它的要求，尤其向日本政府指出，旅顺港的割让在远东是很困难
的，应该尽力避免"。②

　　德国也对日本的媾和条件表示强烈不满，认为日本要求"太过分"，
足以对欧洲构成威胁，使"我们将被置于泛亚洲主义和泛美利坚主义之
中"。③ 4月4日，德国外交大臣马沙尔即致电驻俄代办齐尔绪基（Tschir-
schky），谴责日本的媾和条件，"把旅顺变成第二直布罗陀，会使日本控
制直隶海湾，因此事实上降中国地位为日本的保护国"，对这样专横的要
求不能没有忧虑，因为其结果足以危及欧洲的和平，指示齐尔绪基与罗拔
诺夫"坦白地详细讨论这问题"。④ 同日，马沙尔电令德国驻英大使哈慈
菲尔德向英国政府表达同样看法，并认为日本的和谈条件将引发列强瓜分
中国，还有可能导致战争，其危险性不能低估。⑤ 4月6日，又向英国政
府明确表示：如果德国能促使日本降低和谈条件，使欧洲任何国家都不能
以此为借口夺取中国领土，那么这对德国就是最有利的结果。⑥ 因此，对
于俄国联合干涉的倡议，德国积极响应。4月8日，马沙尔电告驻俄代
办，德国准备接受俄国的建议，并指示其驻东京代表以友谊方式劝告日本

---

①　Hanotaux à Vauvineux, 2 avril 1895, *DDF*, Tome 11, pp. 646—647.

②　Vauvineux à Hanotaux, 6 avril 1895, *DDF*, Tome 11, pp. 665—666.

③　Herbette à Hanotaux, 10 avril 1895, *DDF*, Tome 11, p. 672.

④　《外交大臣马沙尔男爵致驻圣彼得堡代办齐尔绪基电》，1895年4月4日，《德国外交文
件有关中国交涉史料选译》第1卷，第20—21页。

⑤　参见《外交大臣马沙尔男爵致驻伦敦大使哈慈菲尔德伯爵电》，1895年4月4日，《德
国外交文件有关中国交涉史料选译》第1卷，第21页。

⑥　参见《外交大臣马沙尔男爵致驻伦敦大使哈慈菲尔德伯爵电》，1895年4月6日，《德
国外交文件有关中国交涉史料选译》第1卷，第22页。

放弃从中国割让旅顺和辽东半岛。① 德国在随后三国干涉还辽中所表现出来的坚定态度，甚至还超过俄国的盟国法国。

然而，出乎意料的是，在中国具有重大利益的英国的态度却发生 180度转变，从先前积极调停中日战争，转而接受日本在《马关条约》中所提出的侵略要求，以此达到牵制俄国南下的战略目的。于是英国便以日本的要求并不过分，外交干预不可能取得成功以及国内舆论反对等为理由，4 月 8 日正式通知法、俄、德三国，拒绝俄国的建议，退出联合行动，声明："我国政府认为不应对日本人的条件进行干预。"② 此外，德国的同盟国意大利和奥匈帝国也以中日《马关条约》与本国没有利害关系为由，拒绝加入联合行动。

在这种复杂的国际关系中，法国从自身利益出发，站在法俄同盟和欧洲主义立场上，始终与俄国保持一致。在接到日本媾和条件的 4 月 5 日晚11 时，阿诺托即致电法国驻俄、英大使，要求他们立即掌握俄、英政府对于日本要求的确切态度。③ 次日，法国驻俄代办沃维诺在与罗拔诺夫会谈中，除表示支持俄国建议，一致反对日本割让旅顺和辽东半岛外，还就两国为达到干预目的采取强制措施的可能性做了探讨。④ 4 月 9 日，在英国明确拒绝俄国联合干涉建议的次日，法国外交部长即电告沃维诺，明确保证法国将支持俄国的提议。⑤ 与此同时，为了确保对日劝告的成功，避免武力干涉的风险，维护欧洲的整体利益和团结一致，法国还与俄、德一道，分别力劝英国不要退出联合行动。4 月 10 日，法国驻英大使库塞尔在与英国外交大臣金伯利交谈中，力劝英国放弃孤立政策，提醒英国不要对从日本最终在中国取得政治和军事上的优势地位中获取商业利益抱有幻想，必须警惕日、美这两个野心勃勃国家的联合行动损害欧洲的商业利益，警告："如果我们听任事态发展，三个与中国相邻的列强极有可能遇

---

① 参见《外交大臣马沙尔男爵致驻圣彼得堡代办齐尔绪基电》，1895 年 4 月 8 日，《德国外交文件有关中国交涉史料选译》第 1 卷，第 24—25 页。

② 《金伯利致欧格讷电》，1895 年 4 月 8 日，戚其章主编：《中日战争》第 11 册，第 722页。

③ Hanotaux aux Ambassadeurs de France à Saint—Pétersbourg, Londres, 5 avril 1895, *DDF*, Tome 11, pp. 662—663.

④ Vauvineux à Hanotaux, 6 avril 1895, *DDF*, Tome 11, pp. 665—666.

⑤ Hanotaux à Vauvineux, 9 avril 1895, *DDF*, Tome 11, p. 668.

到完全追逐商业利益的国家如美国、德国，今后无疑也包括日本方面的有力竞争。”为打消英国对法俄同盟的顾虑，他还向金伯利解释，法俄同盟并不排斥与英国的关系，强调法英俄三国在中国问题上采取一致行动的重要意义，指出：

> 当你们也加入时，法俄之间的这种和谐关系就会变得更加可靠，而不会招致更多的怀疑。全世界的舆论将会从三国的这种友好关系中找到无可争辩的保证，其中任何一国都会节制自己，他们的共同力量足以对付这个或那个国家可能的冲动。中国问题提供了这样一种机会，使法、英、俄这三个与天朝帝国领土接壤的国家可以联合起来，为了它们共同的利益，采取一种维护中国大陆领土完整的保全政策，通过在这个问题上的合作而形成的紧密关系会对将来产生深刻和持久的影响。①

阿诺托在与德国驻法大使和德国政府交流日本媾和条件的看法时，也强调欧洲国家联合干涉的重要性，明确表示欧洲的利益不能听凭日本政治和经济力量过度发展，“因此，我们极力希望看到所有相关国家能够达成协议”。② 法、德在联合干涉还辽问题上所表现出的积极态度和坚定立场，极大地打消了俄国因英国退出所引发的各种顾虑和担忧，坚定了俄国继续推动欧洲国家联合干涉还辽的决心。③ 4 月 16 日下午，俄国沙皇亲自主持内阁会议，决定在法、德两国赞同俄国提议的前提下，由外交大臣指示俄国驻日公使与其法国和德国同僚采取共同行动，友好规劝日本政府放弃对辽东半岛的最终占领。罗拔诺夫向法国驻俄大使蒙塔佩罗强调：“如果法国和德国与俄国保持同样的看法，如果三国的一致在所有国家的眼里极为明显的话，那么英国会保持完全中立。”④ 在收到俄国的提议后，法国也是积极响应，并为实现欧洲国家联合干涉献计献策，继续争取英国加入联合行动。4 月 17 日，阿诺托即电告蒙塔佩罗：“我个人认为，在对日进行

---

① Courcel à Hanotaux, 10 avril 1895, *DDF*, Tome 11, pp. 675—677.

② Hanotaux à Herbette, 12 avril 1895, *DDF*, Tome 11, p. 684.

③ 按：在英国宣布退出联合行动之后，俄国对于是否继续推动联合干涉还辽一度迟疑不决。参见 Montebello à Hanotaux, 13, 14, 15 avril 1895, *DDF*, Tome 11, pp. 691—692.

④ Montebello à Hanotaux, 16 avril 1895, *DDF*, Tome 11, pp. 693—694.

友好劝告问题上，共和国政府的决定无疑会与俄国的意见一致"，并建议圣彼得堡内阁最好同时给伦敦、巴黎、柏林寄发照会，以免给英国留下任何借口，脱离欧洲的联合行动。[①] 当晚 6 时 45 分，阿诺托又密电法国驻英大使库塞尔，令他往访金伯利，争取英国加入一致行动，维护欧洲在中国的共同利益。[②] 根据阿诺托的指示，库塞尔与德国大使哈慈菲尔德一起劝说英国外交大臣金伯利不要脱离列强的共同行动，强调"德国与法国的一致即使只是表面的，对英国也将是一种有力的影响"。[③] 4 月 18 日，法国政府就答复俄国 16 日照会一事紧急作出决定，赞同俄国的提议，并表示："如果这一行动不能产生效果，共和国政府决定与圣彼得堡内阁一起研究由此造成的各种可能性。"[④] 4 月 19 日，蒙塔佩罗将法国的这一正式决定转达罗拔诺夫。与此同时，法国仍然不忘对英国的争取。4 月 20 日，阿诺托电令库塞尔在确保俄国驻英大使斯塔尔（Staal）已将三国将要采取的行动向英国政府通报之后，代表法国政府也向金伯利提交一份内容相同的照会。法国与俄国一致认为，如果英国加入联合行动，"那么采取威胁措施的可能性就可以避免"。[⑤] 此外，法国还动员西班牙加入列强的共同行动，强调"让日本面对尽可能完整的欧洲列强的联盟，将是有益的"。[⑥] 为争取英国和西班牙等国加入联合干涉行动，法国政府真可谓费尽心机。

根据三国达成的协议，4 月 23 日法国驻日公使阿尔曼与其俄、德同僚一起前往日本外务省，各自递交照会，规劝日本放弃对中国辽东半岛的占领。尽管为避免刺激日本，同时也为避免因干涉还辽出现与德国的联合军事行动而遭到国内的反对，法使照会措词温和，不如德国公使照会言词强硬，"向对方做了非常友好的解释，以顾全日本的自尊心"，[⑦] 并因此获得日

① Hanotaux à Montebello, 17 avril 1895, *DDF*, Tome 11, p. 695.

② Hanotaux à Courcel, 17 avril 1895, *DDF*, Tome 11, pp. 696—697.

③ Courcel à Hanotaux, 18 avril 1895, *DDF*, Tome 11, p. 701.

④ Hanotaux à Montebello, 18 avril 1895, *DDF*, Tome 11, pp. 701—702.

⑤ Montebello à Hanotaux, 23 avril 1895, *DDF*, Tome 11, p. 716.

⑥ Hanotaux à Montebello, 23 avril 1895, *DDF*, Tome 11, p. 714.

⑦ Harmand à Hanotaux, 23 avril 1895, *DDF*, Tome 11, pp. 716—717. 另见《林外务次官致陆奥外务大臣等电》，1895 年 4 月 23 日，戚其章主编：《中日战争》第 10 册，第 125—128 页。

本的另眼相待，决定在答复中"不附加敌视法国之言词"。[①] 但实际上法国始终与俄国保持一致立场，密切商议对策，包括在要求遭日本拒绝后的威胁性措施，指示法国海军司令波蒙（Beaumont）上将"与俄国海军司令保持联络"，[②] 计划采取一次海上行动，以便切断日本与中国之间的交通，需要时阻止日本军队的供给，[③] 同时催促日本尽快就退还辽东半岛问题作出答复。[④] 此外，法国还与俄国一道继续动员西班牙加入联合行动，以形成俄、法、德、西班牙和中国五国与日本相抗衡的局面，"从而为远东带来持久的和平"，[⑤] 同时继续做英国的工作，避免英国倒向日本一边。

在俄、法、德三国的共同施压下，鉴于英国也明确拒绝日本的援助请求，[⑥] 日本政府遂于4月30日对三国劝告做出第一次答复，宣布除金州厅外，放弃对辽东半岛的永久占领权，同时要求清政府对日本所放弃之领土支付相当金额作为补偿，而在清政府履行条约所规定的义务以前，作为担保，日本有权占领上述领土。[⑦] 并且，日本还对三国干涉还辽采取分化政策，委托法国进行斡旋，劝说俄、德尽快接受日本条件，"以期法国政府及其他国政府对此均无异议"。[⑧]

尽管法国驻日公使认为"日本的方案可以接受"，[⑨] 欣然同意日本的斡旋请求，表示"必将尽力为之"，[⑩] 并建议日本制订"向俄、法两国政

---

①　《林外务次官致陆奥外务大臣等电》，1895年4月25日，戚其章主编：《中日战争》第10册，第140页。

②　Hanotaux à Montebello, 27 avril 1895, *DDF*, Tome 11, p. 726.

③　Montebello à Hanotaux, 30 avril 1895, *DDF*, Tome 11, p. 734.

④　Harmand à Hanotaux, 29 avril 1895, *DDF*, Tome 11, p. 733.

⑤　Hanotaux à Montebello, 28 avril 1895, *DDF*, Tome 11, p. 730.

⑥　按：4月29日英国明确拒绝日本的援助请求，表示："英国政府往昔既已决定保守局外中立，此次亦欲维持同一意。英国对日本国怀有最诚笃之感情，但同时亦不能不考虑自己之利益。因而关于提议之让步，不能援助日本国，而且此种让步不足以使各国满意。"（《驻英国加藤公使致陆奥外务大臣电》，1895年4月29日，戚其章主编：《中日战争》第10册，第162页）

⑦　参见《陆奥外务大臣致驻俄德法三国公使电》，1895年4月30日，戚其章主编：《中日战争》第10册，第164页。

⑧　《陆奥外务大臣致林外务次官电》，1895年4月30日，戚其章主编：《中日战争》第10册，第163页。

⑨　Harmand à Hanotaux, 1er mai 1895, *DDF*, Tome 11, p. 738.

⑩　《林外务次官致陆奥外务大臣电》，1895年5月1日，戚其章主编：《中日战争》第10册，第165—166页。

府进行谈判之方向"，① 但法国政府在这个问题上依然与俄国保持一致，并没有接受日本的条件。5月1日，阿诺托在与日本驻法公使曾祢面谈时明确表示：对于是否接受日本的修改条件，须"与我们一致行动的列强进行接洽"，并强调"如果日本继续其已走上的道路，那么结果只能导致我们和其他有关列强寻求公正和公开的谅解"。当晚11时，阿诺托便将这一情况电告蒙塔佩罗，指示他立即询问俄国对日本修改条件的态度，并要求他注意"日本自己所提出的签订一个补充协定来修改《马关条约》的条款可能带来的利益"，以及"日本在提出补偿金问题时实际上表明它想修改与辽东半岛无关的条约条款"，对日本抱十分怀疑和警惕的态度。② 第二天，阿诺托又迫不及待地致电蒙塔佩罗，再次询问俄国政府的意见，并再次强调他本人对日本野心和阴谋的怀疑，"我感觉日本似乎并没有就此罢休，日本在谨慎地继续正在进行的谈判和维护其自尊心的同时，它或许能得到更多的东西"。同时，阿诺托还通报了他与俄国大使穆伦海姆之间为在外交手段用尽之后采取军事行动所做的商议。③ 此外，法国还继续做英国的工作，劝说英国不要支持日本，以免日本占领辽东半岛和澎湖列岛的计划变成现实，警告"如果旅顺港与澎湖列岛同时落到同一个列强手中的话，那么它们会彼此互补，对各国的贸易构成最严重的威胁"，建议英国继续向日本进行明智的劝说④。

5月3日、4日，俄国和德国相继作出答复，不满日本的修改条件，⑤ 一致要求日本完全放弃辽东半岛，反对日本保留对旅顺的占领。罗拔诺夫向法国大使强调，三国显得越一致，越坚定，"那么我们的和解努力就越有希望取得成功"。⑥ 提议如果日本拒绝，三国即联合采取军事强制措施。对此，法国政府立即作出积极反应，4日上午召开部长会议，紧急作出决定，指示法国驻日公使阿尔曼与俄国和德国的同僚一道，要求日本完全放

---

① 《林外务次官致陆奥外务大臣电》，1895年5月2日，戚其章主编：《中日战争》第10册，第168页。

② Hanotaux à Montebello, 1er mai 1895, *DDF*, Tome 11, p. 737.

③ Hanotaux à Montebello, 2 mai 1895, *DDF*, Tome 11, pp. 738—739.

④ Courcel à Hanotaux, 3 mai 1895, *DDF*, Tome 11, p. 742.

⑤ 参见《驻俄国西公使致陆奥外务大臣电》，1895年5月3日；《驻德国青木公使致陆奥外务大臣电》，1895年5月4日，戚其章主编：《中日战争》第10册，第170、171页。

⑥ Montebello à Hanotaux, 4 mai 1895, *DDF*, Tome 11, p. 747.

弃对辽东半岛的占领，并确定重新答复的期限。① 与此同时，法国还根据
俄国的建议，进行军事部署，指示法国海军司令波蒙调派"佛凡特"号
（le Forfait）、"阿尔及尔"号（l'Alger）和"迪绍福"号（le Duchaf-
faut）三艘军舰开往烟台，并与俄国海军司令保持密切联系，以向日本施
加更大压力。此外，还建议俄国在解决法国关心的澎湖列岛问题上继续采
取一致立场。②

　　正是在俄国的坚持和三国的共同施压下，日本政府被迫让步，完全答
应三国的要求。5 月 5 日日本驻法公使曾祢向阿诺托递交他刚收到的第二
份备忘录，宣布"日本政府根据法国、俄国和德国政府的友好建议，答
应放弃对奉天半岛的最终占领"。③ 在积极介入中日战争、迫使日本放弃
辽东半岛的同时，法国也不失时机地向清政府索取回报。自 1895 年 1 月
开始，法国外交部长阿诺托就以干涉中日战争为交换筹码，一再要求中国
驻英兼驻法公使龚照瑗和驻法代办庆常转告清政府，早日划定滇越边界，
并签订中越商务条约，使中法关系"更感睦谊"。④ 因阿诺托的要求，龚
照瑗多次致电总理衙门，催促清政府尽快与法国解决越南问题，指出：
"法合俄德争退辽东全境，法议院以前议界务商务未定有违言，哈外部
（即阿诺托——引者注）颇为难，请钧署与施使（施阿兰）即商通融办法
定议以服国人之心。"⑤ 稍后又称："哈外部告庆常云，日事尚未稳妥，议
院将诘问助华原委，若界务商务不定，政府必要受责，他事难为出力。"⑥
与此同时，阿诺托亦一再将与龚照瑗和庆常会谈情况通报法国驻华公使施
阿兰，指示他"抓住机会加速实现我们所追求的解决方案"；⑦声称"目前

　　① Hanotaux à Harmand, 4 mai 1895, *DDF*, Tome 11, p. 745.

　　② Hanotaux à Montebello, 4 mai 1895, *DDF*, Tome 11, p. 746.

　　③ Soné à Hanotaux, 5 mai 1895, Annexe：Mémorandum, *DDF*, Tome 11, p. 749.

　　④ 《使英龚照瑗致总署报法与英俄商调处中日和议电》（光绪二十一年正月二十二日），王
彦威、王亮合编：《清季外交史料》第 106 卷，1932 年刊行，第 13 页。

　　⑤ 《使英龚照瑗致总署报法和俄德争退辽东全境电》（光绪二十一年四月十四日），王彦
威、王亮合编：《清季外交史料》第 111 卷，第 23 页。

　　⑥ 《使英龚照瑗致总署报法与他国密议台事暂不使华与闻恐生枝节电》（光绪二十一年四
月二十一日），王彦威、王亮合编：《清季外交史料》第 112 卷，第 9 页。

　　⑦ Hanotaux à Gérard, 12 janvier 1895, Ministère des Affaires Etrangères, *Documents Diploma-
tiques*, *Chine*, 1894—1898, p. 5.

的形势必须立即签订界务和商务条约",①"法国需要以一种绝对肯定的方式获得越南安全的保证",②"我们将不立即签署商务和界务条约视为最严重的行为"。③ 作为对法国干涉还辽的报偿,1895 年 6 月 20 日,清政府与法国公使施阿兰签订中法《续议界务专条附章》和《续议商务专条附章》,同意将猛乌、乌得、化邦哈当贺联盟猛地等处划归法属越南,并增开云南思茅、河口为法越与中国通商处所,允许法国在西南诸省享有开矿优先权,并将越南铁路接至中国界内,最大限度地满足了法国攫取中国西南的愿望。④

三　法国与还辽条件的谈判

日本在俄、法、德三国的压力下同意放弃对辽东半岛的占领,并不意味三国干涉还辽的结束,这只是完成了最为关键的上半场。日本政府在宣布放弃辽东半岛的同时明确提出两项保留条件:(一)中国须做出补偿;(二)日本继续占领辽东半岛,作为中国履行条约所载对日本义务之担保。⑤

对于日本提出退还辽东半岛的条件,当时主导三国干涉的俄国提出三条原则性建议:(一)由俄、法、德和西班牙以及中国代表在东京与日本谈判,签署一个具有强制性质的协定。(二)为补偿日本放弃对辽东半岛的永久占领,中国应向日本支付一笔温和的补偿金;一旦中国支付第一期战争赔款,日本应立即撤出半岛。(三)为照顾法国的利益,建议由法国

① Hanotaux à Gérard, 6 mai 1895, Ministère des Affaires Etrangères, *Documents Diplomatiques*, *Chine*, 1894—1898, p. 8.

② Hanotaux à Gérard, 8 mai 1895, Ministère des Affaires Etrangères, *Documents Diplomatiques*, *Chine*, 1894—1898, p. 8.

③ Hanotaux à Gérard, 16 juin 1895, Ministère des Affaires Etrangères, *Documents Diplomatiques*, *Chine*, 1894—1898, p. 13.

④ 参见王铁崖编《中外旧约章汇编》第 1 册,三联书店 1957 年版,第 621—625 页。按:法国驻华公使施阿兰在回忆录中也多次坦承,清政府与他签订界务和商务条约与法国因干涉还辽而赢得清政府的信任有着直接关系,将此看作是清政府"对法国政府的初次感谢",欢呼条约的签订"真正地开辟了我们殖民政策史上的一个新纪元",详见施阿兰《使华记:1893—1897》,第 60—67、111—112 页。

⑤ 参见《陆奥外务大臣致驻德国青木驻法国曾祢公使电》,1895 年 5 月 5 日,戚其章主编:《中日战争》第 10 册,第 173 页。

代表或者西班牙代表在谈判中提出澎湖列岛问题，要求日本答应不在澎湖列岛上修建防御工事，也不将它们让与其他列强。此外，俄国还主张以补充说明的方式而非"修改条约"的方式解决还辽问题，以免英国借口插手谈判，坐享三国干涉取得的成果，表示"应该让英国继续处于孤立之中，这是它自找的"。① 对于俄国上述三点建议，法国除对第二条表示赞成外，对其余两条均提出不同意见。首先，法国不赞成中国代表与他们一道参与谈判，认为这会令日本不快，无助于问题的解决和协定的尽快缔结；也不赞成在东京与日本进行谈判，一则日本国内局面比较混乱，不利谈判的进行，二则可能会遭到英、美驻日使馆的抵制。其次，关于澎湖列岛的问题，法国不赞成由法国和西班牙提出这个问题，也反对拒绝英国加入谈判，主张这个问题也与其他问题一样应由俄、法、德三国达成协定，然后提交有关列强及中国与日本，强调："正是由于三国持之以恒的一致，特别是法国和俄国的坚固联盟，才有机会看到持久的符合欧洲整体利益的和平。因此我们主张在澎湖列岛问题上如同其他所有的问题仍应维持这种一致，但不拒绝其他任何列强的加入。我们希望动议始终公开地来自两国的一致行动，这种一致行动自谈判一开始就将两国互相联系在一起。"② 由于不满俄国在中国借款问题上将德国排除在外，德国在还辽条件问题上与俄国的矛盾和分歧更大，一反此前对日本的强硬态度，转而为日本说话，反对俄国向日本提出苛刻要求。首先，在撤离辽东半岛问题上，德国外交大臣马沙尔认为不能要求日本立即撤离，如能确定在支付部分战争赔款后某日撤离，或者在付清补偿金后的某一日撤离，三国就应该满足。至于澎湖列岛问题，德国不主张要求日本承诺拆毁或者不重建防御工事，认为这些工事只是被用作征服和防守台湾的军事基地；表示日本只需在法律上保证不将澎湖列岛让与其他列强，而且永远不对外国海军关闭台湾海峡即可，并以台湾问题关系整个欧洲利益为由，主张邀请英国参与这一问题的谈判。至于行动方式，俄国建议三国列强在东京递交同文照会，德国认为应该与前一次一样，采取友好劝告的方式。③ 在吸收法、德

---

① Lobanoff à Mohrenheim, 27 avril-12mai, Ministère des Affaires Etrangères, *Documents Diplomatiques Français* (1871—1914), 1ère série, Tome 12, Paris：Imprimerie Nationale, 1951, pp. 7—8. 按：此后凡来自该外交文件的资料均简化为 *DDF*, Tome 12.

② Hanotaux à Montebello, 15 mai 1895, *DDF*, Tome 12, p. 11.

③ Herbette à Hanotaux, 21 mai 1895, *DDF*, Tome 12, pp. 27—28.

两国尤其是法国建议的基础上，俄国放弃由三国外交代表和中国代表在东京与日本举行谈判的方式，仍按照此前的方式，先在欧洲三国之间达成协议，然后由三国驻东京使节与日本政府协商，最后由中日之间签订协定。1895年5月22日，俄国建议法国和德国向各自驻日公使发出以下训令：（一）尽力将归还辽东半岛的补偿金减少到一个较小的数字，从严格的法律角度讲，日本不能为其刚刚所作的主动让步向中国要求补偿，因为这是它无条件作出的让步，而且是向三国所做的让步，而不是向中国做出的让步。（二）一旦首批还辽补偿金支付后，尽可能立即确定日本撤兵的条件。（三）关于澎湖列岛问题，原则上确定台湾海峡的通行是绝对自由的，询问日本能为航行自由提供什么样的保证，如果日本不肯承诺不在澎湖列岛上修建新的防御工事，也不答应不将这些岛屿让与第三国的话，可协商发表一个笼统的声明。（四）以上三点应该成为日本政府与三国使节互换照会的内容，三国代表应促使谈判在和解和彼此友善的氛围中进行。①

在大体达成基本共识后，6月5日俄、德、法三国公使一起与日本外务大臣举行会晤，转达三国政府要求。② 7月19日，日本外务大臣就归还辽东半岛和撤兵问题向三国公使作出答复，要点如下：（一）中国为日本退还辽东半岛支付5000万两补偿金。（二）在中国支付这笔补偿金和《马关条约》规定的第一期赔款后，日本将军队撤退到金州半岛以内，在中国支付两期战争赔款并在短期内交换中日商约批准书后，日军将完全撤出辽东半岛。（三）日本承认台湾海峡为国际交通要道，不在日本的控制和独占范围之内，承诺不将台湾和澎湖列岛让与任何列强。③

对于日本所做的这一回复，德国和俄国出现严重对立和分歧。德国认为日本的这一要求合理、适中，明确向俄、英、法三国表示不应反对日本的这一要求，声称："不能认为日本五千万两的要求过高。辽东是最重要军略地点之一，日本占领它能随时威胁北京城；日本放弃它，是剥夺自己的一个最重要的胜利果实。在这种情形下，上述数字似乎是适度的"；"且日本作此要求，主要是为缓和国内舆论。"④ 而俄国认为日本的这一要

①　Montebello à Hanotaux, 22 mai 1895, *DDF*, Tome 12, pp. 30—31.

②　Harmand à Hanotaux, 5 juin 1895, *DDF*, Tome 12, p. 65.

③　Harmand à Hanotaux, 19 juillet 1895, *DDF*, Tome 12, p. 123.

④　《外交副大臣罗登汉男爵的记录》，1895年8月2日，《德国外交文件有关中国交涉史料选译》第1卷，第67页。

求过分，不能接受。首先，在还辽补偿金问题上，俄国认为日本的要价过高，主张减半，必须运用压力使日本将补偿金降至 2500 万两。[①] 俄国外交大臣向德国驻俄大使拉度林（Radolin）明确表示日本"对中国不能再行吮吸骨髓"。其次，在日本撤军日期问题上，俄国坚决反对将还辽和日本撤军日期与清政府履行《马关条约》各项义务和互换中日商约批准书等问题进行挂钩，强调日本撤退辽东的日期应不受中日商约及《马关条约》的牵制，务必在撤退日期上达成谅解并规定期限。[②] 当时，俄国对德国的亲日态度极为不满，怀疑德国政府可能在暗中鼓励日本，至少是迁就日本。[③] 为此，俄国甚至想撇开德国，与法国一起自由行动。8 月 3 日，法国驻俄大使蒙塔佩罗在一封绝密电报中告诉阿诺托："罗拔诺夫亲王今天问我，'我们是否可以重新恢复我们的自由，光我们两国采取行动？'"[④]

在德俄出现裂痕之际，法国在坚守法俄同盟的前提下，尽力调解德俄矛盾，维持三国的共同行动，并主张以牺牲中国的利益满足日俄两方的要求，促使辽东问题尽快解决。在还辽补偿金问题上，法国一方面表示不能断然拒绝日本的要求，相反可以利用它要求日本再次明确它的还辽承诺，同时建议与日本讨价还价，将补偿金削减到 1 亿法郎（约合库平银 2500 万两）或 1.5 亿法郎（约合库平银 3750 万两）。在撤离辽东问题上，法国一方面赞同俄国的看法，认为日本非常巧妙地将撤离辽东的条件与《马关条约》的执行两件事掺和在一起，显然为了达到拖延目的；从法理上说，这两者是有区别的，《马关条约》的执行将中国和日本连在一起，而关于辽东半岛的承诺则将日本和列强连在一起。但法国也承认这两者实际上存在某种关联性——中国对《马关条约》条款的执行将有助于列强促使日本完全履行它的承诺。因此，法国主张日本撤离辽东半岛应与清政府支付还辽补偿金及前两期战争赔款 4 亿法郎（约合库平银 1 亿两）同时进行，但不赞成日本将清政府批准中日商约和付清全部战争赔款作为撤

① 参见《外交副大臣罗登汉男爵的记录》，1895 年 7 月 24 日，《德国外交文件有关中国交涉史料选译》第 1 卷，第 65 页。

② 《驻圣彼得堡大使拉度林公爵致外部电》，1895 年 8 月 9 日；《驻圣彼得堡大使拉度林公爵上帝国首相何伦洛熙公爵公文》，1895 年 8 月 9 日，《德国外交文件有关中国交涉史料选译》第 1 卷，第 68—72 页；Montebello à Hanotaux, 3 août 1895, *DDF*, Tome 12, p. 146.

③ Nisard à Hanotaux, 24 juillet 1895, *DDF*, Tome 12, p. 135.

④ Montebello à Hanotaux, 3 août 1895, *DDF*, Tome 12, p. 147.

离辽东的条件，认为后者不是三国与日本签订协定的内容，它属于日本与中国之间的事情，如果需要的话，列强可以劝告中国。①

另一方面，法国也直接做日本政府方面的工作，规劝日本接受三国的建议。7月25日，在与日本驻法公使曾祢的会谈中，阿诺托就劝说日本不应将撤离辽东半岛问题与中国履行《马关条约》和签订商约问题混在一起，"它们是不应该互相混淆的；在将来的谈判中，日本应同意把这两件事分开处理"。同时，他还建议日本政府尽快履行诺言，满足列强的要求，并利用这一态度要求列强对中国施加压力，以便尽快解决所有的问题，得到日本想要的东西，指出：

> 既然日本政府自愿并友好地答应撤离辽东半岛，既然它实际上已经部分同意撤离，那么它似乎没有必要守卫或者防御旅顺港，处在它的位置，我会设法赶紧收获直截了当的好处。我不会关注次要的谈判细节，我会非常沉着地盘算我应该争取的东西，然后明确地说出来。既然我答应撤离，我就撤离，而且如果需要的话，我会利用这一态度要求有关的列强对中国施加压力，以便尽快解决所有的问题，这些问题的解决将有利于确保和平。这一政策除了可能会使你们迅速解决仍然悬而未决的难题，而且还会给你们带来良好的声誉。此外，还可以让你们腾出双手去应付你们的对外政策。②

在法国的协调下，三国在日本还辽条件上的立场有所接近。德国为避免被俄、法抛弃，前功尽弃，在还辽条件上最终也作了一定让步。8月20日，德国向俄、法两国提交备忘录，通报德国在此问题上的最终立场，声称：考虑到法国和俄国政府所表达的愿望，德国同意尽力使中日商约的签订与撤离辽东问题分开，并设法使日本将还辽补偿金减到3000万两。但明确表示："在教案和台湾问题所暴露出来的中国无政府状态下，我们不能要求日本在中国履行承诺方面满足于纯粹道义上的担保并同意再次削减还辽补偿金。因此，日本对辽东的完全撤离只能发生在中国支付3000万两的辽东半岛赎金和前二期战争赔款之后，或者说在支付一笔总数为1亿

---

① Hanotaux à Nisard, 26 juillet 1895, *DDF*, Tome 12, pp. 139—140.
② Hanotaux à Montebello, 3 août 1895, *DDF*, Tome 12, pp. 147—148.

3000 万两的款项之后。"①

　　对于德国的这一让步，法国表示满意，认为俄、法与德国达成协议已有可能，建议早日了结辽东半岛问题，没有必要为中国节省几百万两而冒风险。8 月 20 日法国外交部官员在《致外交大臣备忘录》中写道："以我之见，应该授权蒙塔佩罗告诉罗拔诺夫亲王，德国照会似提供了达成协议的基础。我认为，为中国节省几百万两所带来的利益似不足以弥补这一问题一直拖延下去所产生的危险，随着时间的流逝，这个问题将越来越难解决。"②

　　然而，鉴于 7 月 6 日签订的中俄《四厘借款合同》有清政府在 6 个月内不得向他国借款的规定，为避免他国分享干涉还辽成果，向中国提供借款，同时为促使日本早日撤出辽东半岛，俄国拒绝接受德国的妥协和建议，坚持在中国支付 3000 万两赎金后，日本必须完全撤离辽东半岛。③而德国也坚持己见。德国外交大臣马沙尔认为"不能希望日本在中国支付特别赔款及条约规定之第一、二期赔款前放弃它最重要的及最有用的抵押品"，并要求三国必须在开始与日本交涉以前就此达成共识。④罗拔诺夫对马沙尔的这一表态极为不满，抱怨"德国自己充当日本的辩护人"，⑤向德国大使表示：他非常希望维持三国的一致行动，但如果这让人等待太久的话，他就必须在没有德国参与的情况下恢复已经中断了很久的谈判，暗示俄国将撇开德国，与法国一道向日本施压。

　　8 月 24 日，俄国政府果真抛开德国，与法国协商，一道向两国驻日公使发出训令，表示：

　　　　我们与德国的谈判尚未完全取得一致，因为我们是从不同的原则出发，法国与我们仍希望保持三国在 5 月 22 日的训令中所确定的计

　　①　Aide-mémoire de l'ambassade d'Allemagne, 20 août 1895, *DDF*, Tome 12, pp. 173—174.

　　②　Note pour le Ministre, 20 août 1895, *DDF*, Tome 12, p. 173.

　　③　Montebello à Hanotaux, 22 août 1895, *DDF*, Tome 12, p. 179. 按：如接受德国建议，日本在清政府付清第二期战争赔款后撤离辽东半岛，那么日本对辽东的占领将延长到 1896 年 5 月，这是俄国无法接受的。

　　④　《外交大臣马沙尔男爵的记录》，1895 年 8 月 22 日，《德国外交文件有关中国交涉史料选译》第 1 卷，第 75—76 页。

　　⑤　Montebello à Hanotaux, 23 août 1895, *DDF*, Tome 12, p. 184.

划范围以内，也就是说我们只确定辽东半岛的赎金数额和日本撤离该半岛的确切日期，而不干涉《马关条约》的有关规定。而德国总是倾向于扩大这一计划的范围，它想把战争赔款的支付日期往前推，与辽东半岛的赎金结合起来，其借口是中国乃至台湾所发生的混乱使人难以相信中国政府，日本将会或者将不会接受这样那样的方案。显然，德国的目的是想增加中国的财政困难，并尽可能减少我们在这方面所提供的支持给中国带来的利益。在这种情况下，我们看不到与德国达成一致的可能性。

因此，训令指示两国驻日公使密切合作，与日本政府直接交涉，要求日本的还辽补偿金不得超过 3000 万两；在中国付清辽东半岛赎金后，日本必须尽早撤出辽东半岛，并确定撤离的确切日期、报告撤离细节。此外，训令还指示他们避免讨论与《马关条约》相关的各种问题，指出："对此我们并没有参与，中国也没有向我们求助以修改条约；如果日本人想对某些内容进行修改的话，他们可以直接与中国人谈判，而无需我们的参与。"①

　　然而，正当三国合作面临破裂之际，日本的退让挽救了德国与俄、法两国的勉强联合。鉴于连续战争所带来的财政困难和三国干涉给日本国内造成的影响，以及占领辽东半岛所需的费用，日本希望早日解决还辽问题的谈判。8 月 28 日，日本公使通知俄国外交大臣罗拔诺夫，表示日本政府为尽早解决辽东问题，愿意在东京马上恢复与三国的谈判。② 在接到俄方通报的这一重大消息后，法国外交部长阿诺托于次日即电复俄国政府，除赞同"应该尽快了结辽东半岛问题"之外，另建议俄国在还辽交涉中应继续维持三国的联合和一致行动，指出："以三国开始的谈判由二国继续，这样的前景并非没有令我担忧。如果日本人感到除了英国以外，还得到德国的支持，我担心我们会发现他们并不好对付。"指示法国驻俄大使蒙塔佩罗务必做好此项工作，"以避免三国一致的破裂"，强调"在这个特殊问题上维持一致直到谈判的结束，非常重要"。③ 与此同时，阿诺托也对德国代办做工作，劝说德国不要将日本撤出辽东与中国支付前二期战争

---

① Montebello à Hanotaux, 24 août 1895, *DDF*, Tome 12, pp. 186—187
② Montebello à Hanotaux, 28 août 1895, *DDF*, Tome 12, p. 194.
③ Hanotaux à Montebello, 29 août 1895, *DDF*, Tome 12, p. 194, note 2.

赔款进行挂钩，指出战争赔款已有威海卫作为担保，"尽速的撤退在日本似乎只有欢迎"。①

对于法国维护三国一致行动的建议，俄国作出积极反应。8 月 30 日罗拔诺夫明确向法国驻俄大使蒙塔佩罗表示，俄国"非常重视谈判继续在三国参与的情况下进行"，"当三国列强代表面对日本大臣们时，意见分歧将会很容易消失"。同一天，罗拔诺夫给俄国驻德大使拍发如下电报："三国列强间的谈判即使没有达成完全一致，但至少使他们的观点十分接近。考虑到我们彼此都希望结束这一问题，同时也鉴于日本自己最近所表达的尽早解决这一问题的愿望，我们向柏林内阁提议，命令我们各自驻东京的使节从现在起恢复他们与日本有关大臣的会谈，我们希望他们能够达成协议。"同时建议法国外交部长也给法国驻德大使拍发一个类似的电报。②

在接到俄国邀请后，德国鉴于法国在撤退期限问题上支持俄国，为了避免法俄单独与日本谈判，同时也鉴于当事国日本政府表示愿意作出让步，德国最后同意三国一道在东京恢复与日本的谈判。8 月 31 日，马沙尔即将俄国的电报转告首相何伦洛熙并主张接受俄国的建议，训令驻日公使与俄法同僚一道，恢复与日本政府的谈判。③ 9 月 1 日，德国首相复信赞同，指出根据形势的变化，"我们必须考虑修正我们迄今为止的观点"。④ 9 月 4 日，马沙尔分别向俄、法两国作出正式答复，同意在三国已经达成一致的两个问题（赎金 3000 万两；日本撤离辽东不与中日签订商约挂钩）上，训令德国驻日公使与其俄法同僚一道立即恢复与日本的谈判。但在日本撤离期限上是否将支付前二期战争赔款作为条件，德国仍与俄、法保持一定距离，主张由日本提议、决定，德国在这个问题上不会对日本施加压力，他表示："我们从来没有意思比日本人更要亲日，如果证实按俄国的预期，日本能自动地放弃第一、二期战争赔款应在完全撤退半

① 《驻巴黎代办许恩致外部电》，1895 年 8 月 30 日，《德国外交文件有关中国交涉史料选译》第 1 卷，第 78—79 页。
② Montebello à Hanotaux, 30 août 1895, *DDF*, Tome 12, pp. 196—197.
③ 《外交大臣马沙尔男爵上帝国首相何伦洛熙公爵电》，1895 年 8 月 31 日，《德国外交文件有关中国交涉史料选译》第 1 卷，第 79—80 页。
④ 《帝国首相何伦洛熙公爵致外交大臣马沙尔男爵电》，1895 年 9 月 1 日，《德国外交文件有关中国交涉史料选译》第 1 卷，第 80—81 页。

岛前支付之条件，则我们将很高兴。"①

　　根据三国达成的一致意见，9 月 11 日俄、法、德三国驻日公使就还辽条件问题一道向日本外务大臣递交照会。10 月 7 日日本政府作出正式答复，表示为迅速解决辽东问题起见，愿意接受三国的要求，将交还辽东半岛的补偿金减至 3000 万两，另不以签订中日通商条约为半岛撤兵条件，并愿于 3000 万两赔款交清后三个月以内完成撤兵。② 10 月 17 日，三国公使又根据三国政府指示，前往日本外务省，向代理外务大臣西园寺递交同文照会草稿，由俄国公使希特罗渥宣读，要求将 10 月 7 日日本撤退辽东条件的声明与 7 月 19 日关于台湾海峡航行自由及日本不割让澎湖列岛予第三国的声明，一并简单摘要列入与日本的换文之中。对此，日本政府也表示接受，并于 19 日下午 2 点由西园寺与三国公使完成换文手续。③ 至此，三国干涉还辽事件终于划上句号。11 月 8 日中日双方在北京签订《辽南条约》，只是例行手续，对三国公使与日本换文的内容加以承认，并且还缺少了有关台湾问题的内容。④

　　纵观法国在中日甲午战争中的态度，虽然宣称在朝鲜问题上无直接重大利益，在战争初期采取不介入政策，但实际上在整个过程中充分利用中日战争，最大限度地为自己谋取利益：一方面，通过与俄国采取一致立场和行动，巩固刚刚缔结不久的法俄同盟关系，缓解法国在欧洲的孤立状态，特别是来自德、奥、意三国同盟的外交压力；另一方面，通过积极参加干涉行动，直接从中国索取回报，进一步实现法国侵略中国西南的野心，并希望阻止日本占领台湾和澎湖列岛。此外，法国积极参加干涉行动，也是出于欧洲主义立场，抵制日本取代欧洲，主宰东亚。尽管俄、英、法、德、意、西等欧洲列强之间存在矛盾和竞争，但在有关中国问题上，它们往往会站在欧洲的立场上，捐弃矛盾，达成一致或

---

　　① 《外交大臣马沙尔男爵致驻圣彼得堡大使拉度林公爵电》，1895 年 9 月 4 日，《德国外交文件有关中国交涉史料选译》第 1 卷，第 81—82 页；Note de l'Ambassade d'Allemagne, 5 septembre, *DDF*, Tome 12, pp. 203—204.

　　② 参见《驻东京公使哥屈米德男爵致外部电》，1895 年 10 月 7 日，《德国外交文件有关中国交涉史料选译》第 1 卷，第 83—84 页。

　　③ 参见《驻东京公使哥屈米德男爵上帝国首相何伦洛熙公爵公文》，1895 年 10 月 20 日，《德国外交文件有关中国交涉史料选译》第 1 卷，第 84—86 页。

　　④ 有关《辽南条约》的内容，详见王铁崖编《中外旧约章汇编》第 1 册，第 636—637 页。

相近的政策和立场，以维护欧洲国家的共同利益。法国与英、德等欧洲国家及俄国在中日甲午战争中所表现出来的渔利态度和欧洲主义立场，是很值得回味的。

（原文载于《中国社会科学》2013 年第 3 期）

中日甲午战争与东亚

张振鹍

一 一场东亚地区性战争

甲午战争是中日两国之间的一场战争。但是谈到这场战争决不能仅谈中国和日本，还必须谈到朝鲜。当然往往也要谈到其他一些国家，例如，要谈英美，要谈俄德法，等等。不过，朝鲜与其他国家在甲午战争中的情况是完全不同的。谈欧美各国，是要说它们对战争的调停、干预等，都属于战争外部的活动，这些国家都是置身于战争之外的。而朝鲜则身处于战争之中：这场战争是因朝鲜而起的，是在朝鲜爆发的，然后又有一些激烈的战斗是在朝鲜土地上进行的，结束战争的条约第一款就是关于朝鲜，如此等等，总而言之，甲午战争从其发生、进程及结局等各方面看，都直接牵连到朝鲜，朝鲜在多方面成为这场战争的直接关系者。这就是说，东亚三国中国、日本、朝鲜尽管地位、处境各有不同，但都卷入了这场战争的漩涡或干系之中，战争超出中日两国的范围，涵盖了东亚地区各国，这事实上是一场东亚地区性战争。

把中日甲午战争如实地看作一场东亚地区性战争具有重要意义，这将有助于说明这次战争的一系列重大问题，如：何以这场战争发生于朝鲜？何以在朝鲜爆发的是中日战争？它何以又扩大到了中国领土并终结于中国？日本取得战争胜利在东亚国际关系中有什么含义？中国战败对东亚国际关系产生了什么影响？等等。本文将就这些问题做一点粗浅的探讨。

二　朝鲜：东亚国际矛盾斗争的集中点

甲午战争的烽火在朝鲜燃起，是由于朝鲜已成为日本向亚洲大陆扩张的第一个目标，成为东亚国际矛盾斗争的集中点。

这种形势根源于西方资本主义势力的东来及日本对朝鲜的激烈争夺。

19世纪40年代英国打开了中国大门，50年代美国冲开了日本大门，西方列强纷纷进入东亚。在这股西力东渐潮流的涌动中，地处中国、日本间被称为"隐士之国"的朝鲜无法再安然锁国了。要求朝鲜开港通商的压力越来越大，一些国家甚至寻找借口实行武力入侵。1866年法国舰队一度占领江华岛（朝鲜历史上的所谓"丙寅洋扰"），1871年美国军舰攻击江华岛（"辛未洋扰"），都受到朝鲜的抗拒，未能取得任何成果。此时，与朝鲜一水之隔的日本也兴起了一阵"征韩论"的叫嚣。最终迫使朝鲜开放者正是日本。

1875年日军舰"云扬号"到朝鲜江华岛附近进行测量，与岛上守军发生冲突，水兵登岸肆虐后退出。第二年，日本以武力威胁，迫使朝鲜签订《江华条约》（《日朝修好条规》）。约内规定在20个月内朝鲜向日本开放釜山等三个通商口岸，日本得在各开放口岸派驻领事，享有领事裁判权。这是朝鲜同外国签订的第一个不平等条约。这个条约之于朝鲜很像《南京条约》之于中国。日本由此向大陆扩张迈出了第一步，以特权者身份进入朝鲜，成为朝鲜的第一个也是最主要的侵略者。

日本从侵入朝鲜的第一天起，其活动就带有强烈的反对中国的性质，这集中体现在《江华条约》第一款上。这一款写道："朝鲜国自主之邦，保有与日本国平等之权。"[①] 这些话就日本来说，完全是虚伪的、欺骗性的，因为它并不真尊重朝鲜的自主和平等，这个由日本强加的、使它在朝鲜享有特权因而破坏朝鲜主权的不平等条约本身就是明证。实际上，这些话乃别有用心，是针对中国、针对当时中国与朝鲜之间的宗藩（宗属）关系的，其真实含义是以此否定朝鲜为清朝的"藩邦"、"属国"，否定清

---

① 王芸生：《六十年来中国与日本》第一卷，三联书店1979年版，第135页。日文约文见日本外务省编《日本外交年表并主要文书，1840—1945》（以下简称《日本外文年表、文书》），上，文书，第65页。

朝在朝鲜的"上国"、宗主国地位，其目的是离间中朝关系，为把朝鲜纳入日本的势力之下扫除障碍。

中国与朝鲜的宗藩关系由来已久。这种关系的基本形式是入贡与册封；朝鲜以中国为"上邦"、"上国"，中国以朝鲜为"属国"、"藩邦"；中国承担保护朝鲜的义务，而又尊重其独立自主，不干预其内政外交。有清一代，这种关系还存在于中国与周边其他许多邻国以及少数非接壤国之间；这些国家分别与中国发生双边关系，集所有这些双边关系之和，形成一个亚洲东部特有的以中国为中心、由这些国家辐辏而成的国际关系体系。在这个国际关系体内，中国与各国的关系有疏有密，其中与朝鲜、越南、琉球三国关系最密，而朝鲜尤为密中之密。日本把中国基于这种关系而在朝鲜的存在视为它侵夺朝鲜的一大障碍，在其侵入朝鲜之始，就一心要割断中朝间的这种固有关系，对朝条约首先宣称"朝鲜自主之邦"，其奥秘即在于此。可以说，《江华条约》已透露出日本对朝关系中的这样一个消息：把中国排挤出去，以便于将朝鲜纳入自己的统治之下。这成为它在朝鲜的战略目标，直到18年后发动甲午战争，从未有所改变。

《江华条约》既打开了朝鲜的大门，日本的势力便迅速发展起来。釜山（1876年）、元山（1880年）、仁川（1883年）三地相继开港，日本不但凭借其货物进口免税的特权，向朝鲜倾销大量商品，而且在这些地方相继设置了日本人特别居留地。这些特别居留地很有点像西方国家在中国一些通商口岸设立的租界，而其侵害主权的程度比租界犹有过之：它们"几乎等于日本领土的延长"，形成"对朝鲜进行殖民地化的根据地网"。[①] 1880年日本实现公使常驻朝京汉城，这是外国派驻朝鲜的第一个、在当时也是唯一的常驻代表，这表明日本在朝鲜已占有重要的政治地位。第二年6月，日本使朝鲜成立日式军队"别技军"，聘日本军官堀本礼造少尉为军事教官，日本势力又渗入了朝鲜的军队之中。

日本的入侵及其势力的增长引起朝鲜民族越来越大的怨愤，日本商人尤其为朝鲜人民所憎恶，朝鲜社会中的反日情绪日益高涨。日本在朝鲜的种种活动也引起清政府的不安，清政府也苦心筹划在朝鲜抑制日本之策；但它首先想到的并不是自己在朝鲜直接做点什么，而是劝朝鲜把欧美各国

---

① 信夫清三郎编：《日本外交史》上册，天津社会科学院日本问题研究所译，商务印书馆1992年版，第163—164页。

引进来，与它们立约通商。1879 年 8 月李鸿章致书朝鲜国王之叔、原任太师李裕元提出此议，美其名为"以敌制敌之策"。他说："日本之所畏服者西人也。以朝鲜之力制日本，或虞其不足；以统与西人通商制日本，则绰乎有余。""若贵国先与英德法美交通，不但牵制日本，并可杜俄人之窥伺，而俄亦必遣使通好矣。"① 这时美国正为谋求打开对朝关系、进入朝鲜而一筹莫展：它的代表薛斐尔（Shufeldt, R. W.）直接叩朝鲜的大门，被拒绝；求日本居间帮助，毫无结果。薛斐尔到天津，李鸿章表示愿意协助与朝订约，使他绝处逢生。另一方面，李又为朝鲜"密择邦交"，选定"先联美国"。② 他告诉朝鲜当局，"美国直接大东洋，向无侵入土地之心，今先与彼立一平善条约，既可杜东邻觊觎，即他国续议通商，亦得有所据依，间执要求之口"。③ 在他的"居间主持"下。1882 年 5 月朝美签订《通商条约》。这个条约不以《江华条约》为依据，但仍然是一个不平等条约（美国在朝鲜享有领事裁判权等特权）。由此美国继日本之后也以特权者的身份进入朝鲜，成为朝鲜的第二个侵略者。

清政府积极促成朝美订约，既是为了保护朝鲜，以美国制衡日本；也是为了维护中朝关系和中国在朝鲜的宗主国地位。这个条约实际上是李鸿章手下的人与美国代表谈成的，他们拟定的约稿第一款第一句话就是"朝鲜为中国属邦"，④ 显然与《江华条约》针锋相对。美方不接受，最后的约文删去了此语。为弥补计，由朝鲜国王于条约签字前发一照会给美国总统，里面第一句话仍申明"朝鲜素为中国属邦"⑤；但接下来的话都是强调朝鲜自主的，与《江华条约》的精神完全一致。结果是，美国进入朝鲜，不是牵制了日本，而是与日本合流；朝美条约成为继《江华条约》之后分离朝鲜与中国的"第二个楔子"。⑥

朝美条约签订两个月后，朝鲜首都爆发"壬午兵变"。这本质上是一场大规模的民众反日运动，而又牵连到朝鲜宫廷内部斗争。事发之后，日

① 李鸿章致李裕元函，全文见王芸生前引书，第 141—144 页。
② 北平故宫博物院编：《清光绪朝中日交涉史料》（以下简称《中日史料》）卷三，第 9 页。
③ 王芸生前引书，第 198 页。
④ 同上书，第 194 页。
⑤ 《中日史料》卷三，第 13 页。
⑥ Dennett Tyler, *Americans in Eastern Asia*, p. 461. New York：The MacMillan Company, 1922.

本决定乘机要挟。清政府得到日本要派水兵步兵各 700 余人去朝鲜的报告，立即决定也派水陆两军前往，以保护朝鲜并"护持"日本：保护朝鲜，是中国作为宗主国本应承担的义务，正如一道上谕所说，"朝鲜久隶藩封，论朝廷字小之义，本应派兵前往保护"；而"日本为中国有约之国，既在朝鲜受警，亦应一并护持，庶师出有名，兼可伐其阴谋"。① 日本的阴谋必应予以挫败，是因为它威胁到中国的安全，军机处一个奏折中说，"倘日本乘此机会或助国王以灭乱党，或助乱党以废国王，从此大权在握，操纵自如，法人之于越南，其前事也。以日朝而成法越，则中国之患将不独在藩属，而在肘腋，其为祸害何可胜言。……论字小之义，已难坐视；为固圉之计，尤应亟图"。② 所谓亟图，就是积极干预，这是中国为在朝鲜遏制日本第一次采取直接行动，这样做的原因和根据在上引上谕和军机处奏折中已有清楚的阐释。以此为始，随着日本对朝侵略的不断加深，中国在朝鲜的干预也不断发展。

清政府出兵 3000 人到朝鲜，牵制了日军，使其未敢妄动；但中国入朝军并没有与日本发生接触，也避免直接介入朝日谈判。③ 8 月 30 日，日朝缔结《济物浦条约》，朝鲜同意向日本道歉、赔款，同意日本派兵护卫公使馆。这是日本第一次在朝鲜京城、也是在亚洲大陆取得驻兵权，这表明它的势力仍在发展。

1882 年 10 月 1 日，中朝两国订立《商民水陆贸易章程》。要求变更两国边界互市旧制、使两国人民在已开通商口岸得以互相交易，这是朝鲜国王的倡议；订立此贸易章程，就是为了解决这个问题。章程前言开宗明义，"朝鲜久列藩封，典礼所关，一切均有定制，毋庸更议"，现改变贸易旧例，"系中国优待属邦之意，不在各与国一体均沾之列"。④ 按照章程的有关规定，等于中国单方面在朝享有领事裁判权。章程最后一段载明是清政府代表"会同"朝鲜代表"议定"的，但很明显是前者加给后者的。这实际上是清政府第一次以近代条约的形式来规范中朝关系，宗藩关系仍被定为相互关系的基础和前提，所以李鸿章称这个章程是"维藩服而扩

---

① 《中日史料》卷三，第 32 页。

② 同上书，第 33 页。

③ 马建忠劝朝鲜对日妥协，《中日史料》卷三，第 46—47 页。

④ 王铁崖编：《中外旧约章汇编》第一册，三联书店 1957 年版，第 404—405 页。

利权"的。① 第二年，清政府根据这个章程向朝鲜首都派驻总办商务委员②，是为中国有代表常驻朝鲜之始。中国在朝鲜的势力和影响大为加强。

各国在朝鲜的矛盾斗争、特别是中日间的矛盾斗争与朝鲜内部各种政治势力间的矛盾冲突交织纠结，越来越激化。1884年12月朝鲜开化党发动政变（甲申政变），谋杀大臣，劫持国王，一时控制了政府，宣布断绝与清朝的宗藩关系。政变者想依靠日本以实现其改变朝鲜政治的愿望，日本则借此以扩充在朝势力，其驻朝鲜公使及驻汉城的军队都直接介入了此次政变，日军一部分且闯进王宫，支持政变政权。驻朝华军随即开来，驱走日军，恢复了朝鲜原来的统治。中日两国军队在朝鲜首都、在王宫内直接对峙、冲突，反映了斗争的极度尖锐，其结局则表明中国军事力量在朝鲜比日本占有明显优势。

为解决甲申政变中中日两国在朝"争斗"造成的问题，1885年4月伊藤博文到天津与李鸿章举行谈判。这是两国第一次直接专门谈判朝鲜问题，这本身已表明在处理有关朝鲜的问题上日本取得了与中国对等的地位。谈判结果定约三条：一、中国驻扎朝鲜之兵及日本在朝护卫使馆之兵，四个月内都"各行尽数撤回"；二、嗣后朝鲜军事教练"由朝鲜国王选雇他外国武弁"担任，中日两国均不派员到朝鲜任教练；三、"将来朝鲜国若有变乱重大事件，中日两国或一国要派兵，应先互行文知照；及其事定，仍即撤回，不再留防。"③ 这使两国在朝鲜一时免于军事接触，而"将来"又同有军事干预权。这等于以条约确立了两国在朝鲜军事对等，从而提高了日本在朝鲜的地位。

这时由于更多的国家陆续进入，朝鲜的局势进一步复杂起来。

继美国与朝鲜立约之后，英、德（1883年11月）、意大利（1884年6月）、俄国（7月）、法国（1886年6月）也分别与朝鲜签订条约，建立邦交。所有这些条约都带有不平等性，这就意味着短短几年间，朝鲜身缚着不平等条约网，向世界主要列强开放了。来到的国家增多，而又各有

---

① 《中日史料》卷四，第20—22页。

② 李鸿章说，"朝鲜为中国藩服，委员前往驻扎，与出使外洋各国体制稍别，而情事略同"。《中日史料》卷五，第9页。

③ 王铁崖编前引书，第465页。

所图,利害不一;再加上自穆麟德(Mollendorff, P. G. von)以来任职于朝鲜各机构中的一些洋员挢越播弄,于是造成旧矛盾蔓延缭辖,① 又产生一系列新矛盾,其中英俄矛盾一时成为朝鲜国际斗争的中心。

1885 年 4 月英国舰队侵占朝鲜巨文岛。这完全是针对俄国的:当时英俄正为阿富汗北部边境问题闹得剑拔弩张,英国为扼制海参崴俄国的海军力量,擅自强占了朝鲜南海中的这个岛屿,建立起军事据点,这就把两国间的矛盾从中亚扩大到东亚,朝鲜成了两国的角逐场。事发之后,英国首先希望得到清政府的支持。初时清政府表示不予反对。但俄国发出威胁,宣称如中国政府承认英国对巨文岛的占领,则它认为就有占领其他岛屿或朝鲜王国一部之必要。日本也有此种危险。清政府不安起来,便转而要求英国军队撤走。英国提出,如果能保证不使任何他国占领该岛,它可以撤兵。清政府与俄交涉,得其保证:如英国退出该岛,它决不夺取朝鲜土地。清政府据此向英国做出保证后,英军于 1887 年 2 月撤出巨文岛。在这场有关朝鲜领土安危的斗争中,清政府俨然成为各方面折冲交涉的中心,它自居于能为朝鲜做主,有关各方也以此相期,这表明中国在朝鲜有举足轻重的影响,也等于这些有关国家承认中国在朝鲜的宗主国地位,承认中朝间的宗藩关系。

将近两年的巨文岛危机表明,俄国正在成为朝鲜国际斗争中的重要因素。在此期间,朝鲜表现出明显的亲俄倾向,俄国则想充当朝鲜的保护者,这使本已担心俄国向朝鲜扩张的中日两国益增疑虑。日本恐惧尤深,它明白,对于它争夺朝鲜来说,俄国作为竞争者其危险性远远超过中国之为障碍,因此防俄应急于和重于反华,为防俄甚至有必要联华。于是它调整政策,采取了对华新策略:缓和对华关系,怂恿清政府加强对朝鲜的控制,借以遏阻俄国②。这反映了日俄矛盾的加剧。

自日本势力侵入朝鲜,在朝鲜触发了国际间利害关系以来,经过十余

---

① 关于中国在朝宗主权问题的分歧是中日两国在朝矛盾冲突的根源,在这个问题上,美国与日本站在一边,英国则以各种方式支持中国。"然而美国的政策业已给予日本的帮助,就像一个同盟国一样。英国在朝鲜为中国的利益所做的,其成就永远也不能像美国为日本做出的那么多。"Dennett 前引书,第 482 页。

② 日本的新策略集中体现于榎本武扬奉外务卿井上馨之命向李鸿章提出的"朝鲜外务办法"八条中。见《中日史料》卷八,第 25—26 页。参阅第 21—22、24—25 页。日本的打算显然是以清政府在前台、日本居幕后,两国共同保护朝鲜,以防止俄国的侵入。

年，朝鲜已成为东亚国际矛盾斗争的集中点。各种矛盾越积越多，各种形式的斗争也越来越复杂，其中任何一种如果激化起来，都可能酿成武力冲突，因此，战争的危险已潜伏于朝鲜。多种矛盾错综纠结，而根源最深、时间最久、对抗性最强且已屡有剧烈表现的乃是中日矛盾。80 年代后期，由于日本政策策略的某些改变，中日在朝关系表面上有所缓和，但深层的矛盾不但没有消减，反而继续发展。清政府以袁世凯为驻朝鲜总理交涉通商事宜，以空前的声势多方面干预朝鲜内政外交，大力强化在朝宗主权，与日本必欲割断中朝宗藩关系的既定战略目标根本对立。日本则不但继续在朝鲜发展势力，而且加紧为夺取朝鲜制造理论，1890 年内阁总理山县有朋提出朝鲜为日本"利益线的焦点"要加以"保卫"，必须以"强力"排除别国的侵入①，等等，就是一个明确的动向。更重要的是，自壬午兵变、甲申政变中日本在朝鲜两次受挫以来，日本统治者已意识到，要夺取朝鲜，在大陆上扩张，迟早必须同中国进行一场决战；从那时起，日本就已针对中国有计划地大力开展了扩军备战，多年来始终如一，毫无松懈。到1894 年，此一战备已趋于完成，由于对内对外政治的需要，便蓄意制造了这场战争。

三　日本："脱亚入欧"

1885 年 3 月，法国侵华战争正在进行，福泽谕吉为日本提出了一个向中朝两国侵略扩张的理论："脱亚入欧（西洋）。"他在自己主办的《时事新报》上以《脱亚论》为题，发表评论说：西洋文明之风东渐，日本国民已渐知采纳此近世之文明。不幸其近邻有两国曰支那、曰朝鲜者，在方今文明东渐之风潮中，无论如何也不可能维持其独立，今后不出数年其国将亡，其领土将为世界文明诸国所分割。故"为今之计，我国不可再犹豫踌躇、坐待邻国之文明开化而与之共同振兴亚洲，毋宁应脱离其行列，去与西洋文明诸国共进退。我国对待支那、朝鲜之法，无须因其为邻国而有所顾忌，只能按照西洋人对待彼等之方式方法加以处理"。② 事隔九年，日本以西方列强对待东亚之道对待朝鲜、中国，可以说是这个脱亚

---

① 信夫清三郎前引书，第 236—237 页。
② 《福泽谕吉全集》第 10 卷，岩波书店昭和 35 年版，第 238—240 页。

论的一次典型实践。

　　1894 年朝鲜南部全罗道爆发东学党起义，来势迅猛。朝鲜政府震惊，急切向中国求援。① 日本期待并怂恿清政府出兵。6 月初，清政府根据"保护属邦"旧例派军赴朝，并以此知照日本。日本立即说朝鲜发生"变乱重大事件"，援引 1885 年 4 月中日天津条约，也向朝鲜派兵。② 以此为始，它的侵朝阴谋便一步步展开。

　　中国军队的集结地是牙山，面对东学党活动区，一心只为帮助朝鲜政府解除起义军的威胁。日军则分驻仁川、汉城，"早晚不断往来"其间③，显然别有用心。此时日本还在参谋本部内设立了大本营，组建战争体制。

　　东学党起义军与政府讲和，朝鲜局势迅速平静了下来。按照中日天津条约，两国军队应即撤回。清政府提出这样的建议，朝鲜也提出这样的要求，日本却决定不撤兵，反而继续向朝鲜增兵。这就造成了对朝鲜武力威胁的态势，并毒化了中日关系。

　　为了留兵驻朝，日本制造了一个改革朝鲜内政的借口。它要求清政府与它一起促朝鲜改革内政，被清政府拒绝。④ 于是它便单独迫朝鲜改革。6 月 26 日日使面谒朝鲜国王提出此一要求，7 月 4 日更具体提出何者当革、何者当兴的纲领条目，要朝鲜政府一一照办。这就走上了公然干预朝鲜内政的道路。

　　日本对朝鲜逼压，其着眼处不只是一个朝鲜，而且还有中国，这已走向对中国动武的一个步骤。7 月 19 日日本向朝鲜提出四项强硬要求：一、

---

　　① 朝鲜政府递袁世凯请援书中说，"壬午、甲申敝邦两次内乱，咸赖中朝兵士代为戡定，兹拟援案烦贵总理迅即电恳北洋大臣，酌遣数队，速来代剿"。王芸生：《六十年来中国与日本》第二卷，三联书店 1980 年版，第 27 页。

　　② 6 月 7 日日本公使照会总理衙门所说出兵朝鲜理由，显然是以 1885 年 4 月中日天津条约为依据。见王芸生前引书第二卷，第 29 页。6 月 12 日日使致总理衙门照会改变说法："我政府并未认朝鲜为清国属邦。此次我国派兵朝鲜，是凭济物浦条约而为之，遵照天津条约办理在案。"同书，第 29 — 30 页。

　　③ 陆奥宗光：《蹇蹇录》，伊舍石译，商务印书馆 1963 年版，第 18—20 页。

　　④ 6 月 21 日中国驻日公使照覆日本政府："善后办法（按：指改革朝鲜内政）用意虽美，止可由朝鲜自行厘革。中国尚不干预其内政，日本素认朝鲜自主，尤无干预其内政之权。"（王芸生前引书第二卷，第 37 页）义正词严地驳斥了日本的无理要求，并一针见血地戳破了它多年来不断侈谈朝鲜"自主"的虚伪性。

汉城、釜山间架设军用电线，应由日本政府自行负责进行；二、朝鲜政府应遵照济物浦条约速为日本军队修建必要之兵营；三、驻牙山之中国军队，应速使其撤退；四、应废除中朝贸易章程及其他与朝鲜独立相抵触之一切中朝条约。[①] 第二天日使又以最后通牒要朝鲜"亟令清军退出境外"，限 22 日以前"确复"。[②] 由此将威逼朝鲜与对付中国直接联系起来。最后通牒期满后，事态急转直下。

7 月 23 日日调大军侵入汉城，直逼王宫，"攻开城门，进入宫内"，[③] 劫持国王，制造政变，扶植大院君组织傀儡政权。日本实则控制了朝鲜政府，朝鲜的重要政令无非都是日本意志的体现了。

25 日，大院君政权矫诏宣布"朝鲜为自主之国，不再朝贡"，并请日军驱逐驻牙山的清军。[④] 同日日舰在丰岛海面向中国开战。从此日朝两国政府之于中国就立于"攻守相助之地"了。[⑤]

日本出兵朝鲜不到两个月，就把这个国家攫入了自己的掌握；而攫夺朝鲜又成为走向对华开战的过渡：夺取朝鲜完成之日，也就成了对华战争开始之时。两者的联系如此之密，可知此时日本侵朝侵华实为一事。

对华战端既开，8 月 20 日日本把一个《暂定合同条款》加给了朝鲜，使日本干涉朝鲜内政合法化并成为它的一项条约权利，还使它获得一些实际利权。8 月 26 日日本与朝鲜签订《盟约》，明确规定首要目的是"撤退清兵于朝鲜国境外"，"日本承担对清国攻防战争之责，朝鲜对日军之进退及其粮食供应，应给予最大便利"。[⑥] 关于为什么要订立这个同盟条约，陆奥宗光半虚伪半坦率地指出："为了防止将来发生种种阻碍，就需要用一个国际条约来加以规定，一面表明朝鲜是一个独立国，具有可以同任何国家订立攻守同盟条约的权利；同时，在另一面将其确切地掌握在我国手

---

① 陆奥宗光前引书，第 35 页。作者谈到提出此四项要求的背景时写道，他已感到需要"促成中日间的冲突"了，于是 7 月 12 日电令驻朝公使大鸟圭介"采取断然处置"，"只要在不招致外间过分非难的范围内，不妨利用任何借口，应即开始实际行动。"大鸟也已感到"有采取高压政策的必要"，于是有 7 月 19 日的四项要求。同书，第 34 页。

② 王芸生前引书第二卷，第 68—69 页。

③ 陆奥宗光前引书，第 35 页。

④ 王芸生前引书第二卷，第 70—71 页。

⑤ 8 月 26 日日朝《两国盟约》前言语。《盟约》日文本见《日本外交年表、文书》上，文书，第 157 页。

⑥ 陆奥宗光前引书，第 77 页。

中，使其就范，不敢他顾，因而才采取订立条约这个一举两得的策略"。①
把朝鲜签订一个使自己归日本掌握、日本能"使其就范，不敢他顾"的
条约说成表明朝鲜是一个有同他国签约权的"独立国"，这是陆奥之流日
本人独特的逻辑，照此逻辑，16 年后朝鲜签订"合并"于日本的亡国条
约也是表明它的"独立"了。日朝《盟约》真正表明的，不过是朝鲜沦
为日本对华战争附庸的境地，处于日本的"保护"之下了。

这个盟约签订不久，经过平壤之战，中国军队全部退出朝鲜。接着，
日军渡江过海分路向中国逼近，战争从朝鲜扩大到中国境内。战区先在辽
东半岛，次年延及山东半岛。自鸦片战争以来，欧洲列强曾先后发动过多
次侵华战争，侵略军曾攻入广东、福建、台湾、浙江、江苏、直隶（河
北）各省的许多地点，中国沿海只有山东、盛京（辽宁）两省的陆地还
不曾有过外军的踪迹；而此次日军铁蹄所踏正是这两省，它几乎侵占了整
个辽东半岛，其深入于中国领土之宽广是前所未有的。这是一次大规模的
对华军事侵略。

日本把战火从朝鲜推进到中国，表明它发动战争所追求的不仅是要得
到朝鲜，而且要有所得于中国。至于要在中国所为何事，它并没有宣布
过。② 但徵诸前史后事，事情可谓一明如镜：一言以蔽之，它要取得西方
列强在中国的一切利权并夺取中国领土。

近代中日关系是从 1871 年两国签订《修好条规》开始的，日本谈判
此约之初，就想"一体均沾"欧美各国在华已有的各种特权，被清政府
顶了回去，未能如愿。以后它一得机会就重提此议，又总不能成功。在二
十多年的时间里，日本在中国眼巴巴地看着欧美各国拥有种种特权、利
益，自己却不能同享，是极不甘心的；屡次用和平手段争而不得，就要用
武力来夺取。于是在朝鲜已入其掌握后，大军便压入中国。而战争果然遂
了它的夙愿，《马关条约》第 6 款规定：中日两国所有约章，因此次失
和，自属废绝。中国约：俟本约批准互换之后，速派全权大臣与日本所派
全权大臣会同订立通商行船条约及陆路通商章程。其两国新订约章，应以

---

① 陆奥宗光前引书，第 77 页。

② 明治天皇对清国宣战诏书一开头要"百僚有司，宜体朕意，海陆对清交战，努力以达国
家之目的"。以下满篇文字都是就朝鲜各事肆意攻击中国，而不及其他，似乎其"国家之目的"
仅在朝鲜。

中国与泰西各国现行约章为本。又本约批准互换之日起，新订约章未经实行之前，所有日本政府官吏、臣民及商业工艺、行船船只、陆路通商等，与中国最为优待之国，礼遇护视，一律无异。①

这样一来，西方列强在中国拥有的权益，日本也都有了。

甲午一战，日本囊括了朝鲜，打败了中国，在中国取得与欧美各国平起平坐的地位，在朝鲜且超过之。它与邻国划开了一条鸿沟，脱离了正被加深侵略的"亚洲"的行列，跻入了欺压、奴役别国的"欧洲"的队伍（它首先欺压的是朝鲜、中国），由此完成了"脱亚入欧"。它成了与中国、朝鲜截然对立的东亚地区内唯一与欧美列强同一类型的侵略国家，走上了在东亚称霸的道路。②

四　中国："东洋之波兰"

日本在战争中的胜利由《马关条约》固定了下来，条约第一款写道："中国认明朝鲜确为完全无缺之独立自主，故凡有亏损独立自主体制，即如该国向中国所修贡献典礼等，嗣后全行废绝。"③ 这个所谓朝鲜"独立自主"与日朝《江华条约》中的"自主"含义一样，是对中国而言的，是否定中朝宗藩关系的。不过那时清政府没有承认，条约文字也没有明说，而现在在清政府自己被迫签字的条约上明确无误地写出来了。至于这个"独立自主"对日本是什么含义，只要看看前述它在朝鲜的所做所为就可一清二楚。这就是说，经过甲午战争，终于实现了日本割断中朝关系、把中国赶出朝鲜的夙愿。不过，它并没有保住战时在朝鲜取得的绝对优势，因为三国干涉还辽以后，俄国登上朝鲜这个国际政治舞台，与日本展开争夺，日本不得不有所后退。战后几年间，朝鲜（1897 年 10 月改名为大韩帝国）成为日俄两国的角逐场，但不再是东亚国际矛盾斗争的集中地了。

中朝关系被割断，具有重要意义。在原有关系体系下中国在朝鲜占有

---

① 王铁崖前引书，第 615—616 页。

② 早在朝鲜甲申政变后，福泽谕吉就发表文章主张诉诸武力，并预想如果在对清战争中获胜，日本"将永被尊为东方之盟主"。信夫清三郎前引书，第 203 页。

③ 王铁崖前引书，第 614 页。

重要地位，因而在朝鲜的国际斗争中是一个重要因素，在东亚国际政治中能发挥重要作用：那是中国在已遭受欧美列强侵凌下仍不失为东亚大国的一个主要标志和象征。此外，自中国与琉球、中国与越南的宗藩关系被日、法割断后，中朝关系成了以中国为中心的东亚国际关系体系的最后一个环节；如今这个环节也破坏了，原有国际关系体系随之最终解体。中国的东亚大国地位为日本所取代，从此沦为一个单纯被侵略国的可悲境地。

《马关条约》还规定中国割地、赔款、给日本种种利权，这对中国是一次惨重的剥夺和宰割。

甲午战争的结局和《马关条约》的缔结造成多方面的后果，一个重要的方面是引来帝国主义列强对中国的大争夺。

争夺的发端是对华借款权。日本要索二万万两白银赔款，清政府只能靠向外国借贷来支付，于是有多国竞揽这笔大生意。经过激烈争夺，三次大借款法俄集团得到其一，英德集团获其二。

再一个是争夺路矿、特别是铁路权，列强间展开了一场历史上有名的"争夺让与权之战"。英、俄、德、法、比、美各国都参加了这场没有枪炮的战斗，结果或多或少各有所获。

更严重的是争夺领土，由此造成中国被瓜分的危机。关于这方面的事，日本人早有过计议，前面说到的那位福泽谕吉在甲午战争前十年（1884 年 10 月）就给中国起了个名号"东洋之波兰"，并以此为题发表了一篇文章，做出预测，大意是：此次中法战争将成为支那灭亡之前奏。支那之敌不单是一个法国，必将有第二、第三、第四个法国接踵而来，支那之敌将是欧洲的几个强国。这些国家将以 18 世纪末俄、普、奥三国瓜分波兰的办法处置支那，中国这个老大帝国将像当年的波兰那样被西方列强所瓜分。文章揭载了"一位住在国外的友人"以"支那帝国未来记"为题致作者的一封信，信中还戏拟了一件假托法国总理兼外长于 1899 年12 月致欧洲列强及日本的题名为"支那帝国分割案"的照会，照会就瓜分支那提出如下的具体方案（还配了一幅《支那帝国分割之图》：广东、广西、云南、湖南、福建五省归法，江苏、浙江、安徽、湖北、江西归英，山东、河南归德，山西、陕西归俄，台湾及福建的一半归日，直隶归各国共有）。照会表示希望明春桃李花烂漫时，各国全权使节各携带其政府之特别命令，集会于扬子江畔的南京城，讨论本方案并做出决定。①

　　这里设想的是 19 世纪最后一个月提出瓜分中国的方案，20 世纪第一年春由五国会议讨论决定；而事实是由于日本发动了甲午战争并战胜了中国，瓜分的时间提前了。这里设想的是瓜分中国之议始倡于法国，历来人们多认为瓜分的第一刀始于德国强占胶州湾；而事实是开瓜分之端者乃日本割占台湾。这里设想的是列强通过会议协商而实现对中国的瓜分；而事实是列强进行了一场大争夺。总起来说，这里设想的对中国的瓜分起主导作用的是欧洲列强，日本只是一个小伙伴，只能得到台湾全岛及福建的一半，那份假托的照会中说"闽浙沿海之地原是明代末叶日本兵曾经侵入之地，此次能在旧地重扬起太阳旗，日本国人当可满足"。而事实是日本占有地（台湾）的面积远远超过德、俄、英、法的租借地，作为变相的领土瓜分的势力范围，日本之所得虽不及他国，却是福建全省：日本在使中国成为"东洋之波兰"中所起的作用比这里设想的大得多，这反映了十年间日本在东亚的侵略地位已大为提高。

　　因甲午战争和《马关条约》而促成的帝国主义在华大争夺，参与国众多，涉及面宽广，激烈性突出，表明这时中国成了东亚国际矛盾斗争的集中点。中国遭遇到空前严重的民族危机，"东洋之波兰"的命运如千钧之系于一发。

（原文载于《抗日战争研究》1995 年第 1 期）

---

　　①　前引《福泽谕吉全集》第 10 卷，第 72—80 页。

甲午战争与东亚政治格局的演变

戴 逸 杨东梁

一百年前，两个东亚的主要国家——中国和日本，进行了一场决定两国命运、决定东亚历史格局的重要战争，这就是中日甲午战争。

19世纪下半叶，东亚（通常包括日本、朝鲜、中国和蒙古）是世界上一个很不稳定的地区，处在多事之秋。一方面帝国主义在这里争夺殖民地的斗争空前激烈；另一方面这个地区的国家正处在一个历史性的巨变时期。当世界上其他地方已经被列强瓜分完毕的时候，争夺东亚地区这些半独立国的斗争就变得尖锐起来。东亚这些半独立国的命运，要么彻底沦为帝国主义的殖民地，要么挣脱殖民镣铐，走上独立、自主的道路。在这样一个决定命运的关键时刻，甲午战争爆发了。这场战争不仅与中、日、朝等当事国的命运息息相关，也调动了英、俄、美、德、法等主要西方强国的神经、配置着这一地区政治、军事力量的组合，给20世纪东亚和世界的历史进程以直接影响。

一

甲午战争以前，在东亚事务中发挥作用的国家主要有四个，即：中国、日本、俄国和英国。而甲午战争的结局，导致了这四股力量的此消彼长，分化组合，因而直接影响着东亚地区战略格局的变化。

中国是东亚地区最大、最古老的国家。16世纪以前，它是走在世界前列的，后来开始衰落下去，到19世纪时，已经远远落后于西方列强。进入19世纪后半期，清王朝正在搞洋务运动（或叫"同光新政"），这是统治集团中一部分人力图赶上世界的一次尝试，但由于本身不易克服的弊病失败了，从而失去了一次机遇。在标榜"求富求强"的洋务运动中，确实兴办了一些工厂，修了一些铁路，造了一些轮船，开设了电报，又创建了海军，引进了西方科学技术，在经济上、军事上、文化教育上都出现了一些变化。可是洋务运动存在着一个致命的弱点，那就是在政治领域里依然是一潭死水，政治改革遥遥无期。在腐朽的封建主义体制下，生产力是很难冲破牢笼，迅速向前发展的。在"弱肉强食"的世界上，一个衰朽的、暮气沉沉的政权在激烈的竞争中不会有立足之地，更谈不上富裕和强盛。中国在甲午战争中的失败就是这场富强梦的破灭。

甲午战争对中国的打击最大，真是创痛深巨，割地之多，赔款之巨，条约之苛，屈辱之深，都是前所未有的。甲午战争之后，中国虽说还是东亚最大的国家，但已被挤出东亚重要政治、军事力量的圈子之外。甲午惨败，使中国的国际地位一落千丈，也使中国失去了一次赶上历史潮流的机会。但甲午战争的失败也刺激着中国国内局势急剧发生变化。战后三年，发生了戊戌维新运动；五年以后，发生了义和团反帝爱国运动。距甲午战争结束不过十六个年头，终于爆发了辛亥革命，一个误国、辱国、卖国的清政府倒台了。

甲午战争对日本的影响也是非常深远的，它是日本近代史上一次划时代的战争，是日本从半殖民地国家向殖民强国过渡的转折点。19 世纪中叶，日本和中国都排列在半殖民地国家的队伍里。当时，中、日两国几乎同时走到了一个决定国家命运前途的十字路口，有可能进一步沉沦下去，变为殖民地，也可能赶上历史潮流，搭上近代化的列车。

日本近代化的起步与中国几乎是同时的（大约在 19 世纪 60 年代）。在此之前，它也是一个闭关锁国的封建国家，也受到西方资本主义势力入侵的威胁，面临着两种方面、两种制度的撞击，所处的地位与中国差不多。但当时西方列强的侵略矛头主要不是指向它，而是指向地大物博、人口众多的中国。西方列强几乎没有对日本发动什么大规模入侵。1853 年，美、俄舰队的"叩关"之举和1854 年《日美神奈川条约》的签订，虽然都是在军事威胁下完成的，却都没有形成一次真正的战争。1864 年 9 月 5 日，英、美、荷、法四国联合舰队炮击下关，史称"下关战争"。但联军登陆后，长州藩迅即屈服求和，战争规模很小。列强在东亚的利害冲突，使英、美感到扶植、利用日本来牵制沙俄，为自己火中取栗是合算的。显然，历史的机遇向日本露出了微笑，而日本及时抓住了这个机遇，"明治维新"，使它走上富强之路。

日本想赶上时代的列车，跻身于世界强国之林，首先把中国作为打击的目标。在甲午战争中，它是胜利者，也是最大的受益者，赔款之多，割地之广，掠夺权利之大，连它自己都始料不及，因而战后举国沉浸在胜利的狂热中。这次战争无疑大大增强了日本的实力，进一步刺激它向外掠夺的野心。甲午战争是东亚的两个竞争对手之间的较量，这场较量是求生存、求发展的斗争。战争的结局，中国失败了，这就使日本脱颖而出，成为东亚一霸，并取得了进一步发展的机会。不过，当时日本还清醒估计到了前途的复杂性，特别是三国"干涉还辽"事件，逼使它冷静下来，"卧薪尝胆"，聚集力量，十年后，它在日俄战争中打败了俄国，终于赶上了欧美列强，与之并驾齐驱。

除了两个直接较量的对手外，最关心甲午战争进程的就得算沙皇俄国了，因为向远东扩张势力，进而称霸亚洲是它的传统政策。甲午战争一爆发，俄国就密切注视着战局的发展，伺机而动。当战争即将结束时，沙皇政府召开了两次大臣特别会议（在1895年2月和4月），准备和日本公开对抗。它的方针是不能让日本走得太远，赢得太多。但是，沙俄对自己在远东的力量心中有数，它在远东没有海军根据地，横贯欧亚的西伯利亚铁路尚未竣工，对战争没有把握，也就是说还不能单独地制服日本。于是它联合了德国、法国进行干涉。

甲午战后，俄国对东亚的野心一方面加紧了对中国东北地区的侵略，另一方面又摆出了一副欲与日本决一雌雄的架势。为了对付日本和英日同盟，俄国于1902年2月与法国缔结同盟，以保护"两国在远东的特殊利益"。同时，沙俄还积极拉拢清政府，在加强向中国渗透的过程中，企图把清政府绑到自己对日作战的战车上。

至于英国，它当时在中国获得的侵略权益最多，势力范围也最大。它千方百计要维护自己在东亚的既得利益，为保持其优势地位，它主张"维持现状"。英国远东政策的核心是如何维护"大英帝国"在世界各地的殖民利益，即为谋求世界霸权服务。当时的英、俄矛盾可以说是全球性矛盾。列宁曾经指出："许多世纪以来，沙皇政府一直在想夺取君士坦丁堡和亚洲大部分地区，一贯推行这种政策……英国是这种野心更长期、更顽固、更强大的敌人。"① 英、俄在亚洲的冲突是全面的，从中近东一直到远东，他们在争夺伊朗、土耳其和朝鲜等战略要地的斗争中，剑拔弩张，各不相让。19 世纪 80 年代中期，英、俄为争夺阿富汗已经走到了战争边缘。与此同时，两国还因争夺朝鲜的巨文岛关系紧张。显然，英国把沙俄看成最主要的竞争对手，于是，扶植日本，抵制俄国向远东扩张。

英国一方面在甲午战争中支持日本，同时又不希望清政府因过分削弱而垮台。正如英国首相在一篇演说词中所说的："无论如何我不能设想，如果中国的中央政府突然被一个征服势力所覆灭，事情会弄成什么样子。一个无首脑、没有任何一种政府的中国，意味着一片世人未想到的混乱和恐怖景象。"② 在甲午战争之前，英国是把中国当成它与沙俄之间的缓冲国来对待的，甚至一度考虑过缔结"中英同盟"的问题。甲午战争中，清政府充分暴露出腐败无能、不堪一击，使得英国的舆论和英国政府的政策发生了明显变化。黄海海战和平壤之战后，《泰晤士报》一篇社论中说："我们绝不会想到……中国的友谊是值得去培植的，更用不着因为它的友谊去迁就它的虚荣心。关于中国的潜力以及中国迷梦已醒的种种神话，已经被这次战争完全澄清了……中国是一盘散沙，它只有通过外力才有可能打起精神来组织起来。我们必须注意不使别的国家完成这种事情，而使我们受损失。"③ 因此，战争后期当清政府主动提出缔结中英同盟国时，英国政府未加理睬。在选择东亚的盟国时，英国把目光转向了新兴的工业强国——日本，当时英国资产阶级的喉舌——《圣詹姆士官报》、《伦敦中国电讯报》都发表文章，鼓吹支持日本去与俄国决一胜负，甚至提出缔结英日同盟的主张。这些新闻媒介的言论反映了英国政府的远东政策，英日同盟终于在几年之后变成现实。

如果说中、日、英、俄是影响东亚战略格局变化的四种力量的话，那么朝鲜就是这四种力量矛盾冲突的焦点。19 世纪下半叶，围绕着朝鲜的国际矛盾冲突中，日本是占主导地位的国家。它疯狂地推行"大陆政策"，视朝鲜为入侵中国东北的桥梁，并急迫地要把这个进出日本海的锁钥地区建成为入侵亚洲大陆的前哨基地。沙皇俄国从 19 世纪七八十年代

---

① 《列宁全集》第 23 卷（中文版），人民出版社，第 125—126 页。

② 克贝道克：《英国的远东政策》（1840—1906），纽约，1931 年英文版，第 11 页。

③ 《泰晤士报》，1894 年 9 月 30 日。

以后，也开始把侵略扩张的重点放到东北亚地区——朝鲜和中国东北。80年代中期，沙俄曾力图变朝鲜为自己的保护国。俄国阿穆尔总督在上奏沙皇时曾直言不讳地供称："当今我所应大勉者，即在维持朝鲜之独立。但该国为东方一弱国，若无强盛之保护者，决不能保其社稷……我俄国宜毅然担任保护之责。"[①] 英国从维护它在太平洋和中国的优势地位这一基础出发，曾希望朝鲜成为东北亚的缓冲地区，但由于它与沙俄的尖锐对抗，特别害怕朝鲜被俄国夺去。1885年4月，英国强占了朝鲜巨文岛，就反映了这样一种心理。

在四种力量中，中国是最薄弱的一方。中朝之间当时存在一种传统的东方式的"宗藩关系"，即朝鲜国王向清朝皇帝按期"进贡"，奉正朔，受册封，清朝皇帝则有义务维护"藩属"国的王统与地位并保护其安全。从政治上看，所谓"藩属"国实际上是独立的主权国家，"宗主国"一般不干涉其内政、外交，中国对朝鲜并不具有西方殖民体系那样的"宗主权"；从经济上看，双方基本上是平等互惠的。19世纪80年代初，日本加紧了对朝鲜的侵略。清朝一部分有识之士认识到："为该国策安全，即为中国固封守。"而处心积虑的日本从中挑拨离间，竭力破坏中朝联合抵抗日本侵略的局面。

甲午战后，朝鲜一步步沦为日本的殖民地。统治朝鲜的李氏王朝曾向沙俄寻求庇护。日俄战争（1904—1905年）后，日本开始实现其独霸朝鲜的目标，朝鲜人民则开展了蓬勃的反日斗争。

二

从19世纪末到20世纪中叶以来，东亚地区国际政治势力的较量共引发四次较大规模的战争，或者叫决定东亚战略格局发展变化的四个回合。

中日甲午战争是第一个回合。甲午战前，东亚局势的特点是英、俄之间的激烈争夺和尖锐对立，总的格局是英国保持着传统的优势地位，局面相对稳定。甲午战争打破了脆弱的平衡。作为胜利者的日本国力骤增，国

---

① 渡边修三郎：《东邦关系》，第341页，转引自王信忠《中日甲午战争之外交背景》，国立清华大学出版社1937年版，第91页。

际地位扶摇直上。中国、朝鲜则从半殖民地的位置上进一步沉沦下去（不久，朝鲜完全变成日本的殖民地）。俄国通过"干涉还辽"在中国和东亚攫取了巨大利益，并通过签订《中俄密约》以结盟的形式加强了对清政府的控制。这样，它在与英国争霸远东的斗争中处于有利地位。日本在经历了三国"干涉还辽"的事件后，提出"卧薪尝胆"的口号，国内沙文主义情绪高涨，积极准备对俄一战；英国为了抵制沙俄的攻势，进一步拉拢日本，从而直接促成了 1902 年《英日同盟》条约的签订。

甲午战争之后，德国、美国也力图在东亚扮演更加积极的角色。到 19 世纪 90 年代，美国和德国已跃居世界工业强国的头两把交椅，但它的经济实力与其在东亚获得的殖民利益的份额却不相称，犹如它们是一桌筵席上后到的客人，其在东亚（特别是中国）分一杯羹的急迫心情是显而易见的。对于德国来说，参加"干涉还辽"是一个挤上筵席桌的契机，它抓住这个机会，强占胶州湾，带头发出了瓜分中国的信号。甲午战后，美国凭着它雄厚的经济实力，借助《马关条约》的规定，使它的对华出口贸易额猛增。从 1894 年到 1900 年几乎增加了五倍。当列强掀起瓜分中国的狂潮时，美国总统麦金莱（Mekinley，William）于 1899 年 12 月向全世界宣布："正在中国发生着的重大事件，美国并不是一个漠不关心的旁观者……我们的目的，是要用一切适当的，合于美国政府传统的手段，来促进美国在该地区的巨大利益。"① 1899 年，美国终于独立地提出了对华"门户开放"政策。这标志着在东亚的政治角逐中，它正以一个有影响的大国面目出现。

1900 年，八国联军侵华。列强也都想乘机巩固、扩大自己在华的势力范围，它们彼此钩心斗角，在如何瓜分中国的问题上矛盾重重，甚至出现剑拔弩张的紧张形势。当时，英国正在南非进行征服布尔民族的侵略战争，美国刚刚打完美西战争，忙于侵略菲律宾，都腾不出更多的兵力，只有日本出兵最多（1.2 万人，一说为 2 万多），扮演着"远东宪兵"的角色。英国特别支持日本，答应向它提供一百万英镑的财政援助，利用日本对抗沙俄。对俄国来说，这是它独霸满洲的大好时机，遂出动大军迅速占领了东北全境，这使得一直觊觎东北的日本军国主义者嫉妒不已。日俄矛

---

① 《美国外交档案》卷首，总统咨文，第 22 页，转引自卿汝楫《美国侵华史》第 2 卷，第 440 页。

盾成了20世纪东亚最突出的一对国际矛盾。当日俄摩擦加剧时，由于德国企图插足长江流域，英德关系也一度紧张。总之，这一时期英俄、日俄、英德在东亚错综复杂的矛盾斗争正进一步尖锐起来。

日俄战争是第二回合。日本在打败中国后，完成了称霸东亚的第一步，接着它决心去与横跨欧亚的强国——俄国迎头相撞。日俄战争以日本胜利，俄国失败而告终，战后的日本一跃跨入世界八大强国的行列。伦敦的《晨邮报》以"世界的大日本"为题发表文章，说明西方舆论已对日本刮目相看。战后，由于俄国势力退缩，日本取得了辽东半岛南部的租借权（即所谓"关东州"），并占有南满铁路和铁路沿线地区。不久，又吞并了朝鲜。日本这时已成为东亚的支配力量。

第三个回合是第一次世界大战期间日本在东亚的扩张，这使东亚力量对比再度发生变化。第一次世界大战发生在欧洲。日本视为"发展国运之天佑"，欲乘此"千载难逢"的时机，以"确立东洋之利权"（《1914年8月8日日本内阁备忘录》），在东亚进一步扩大霸权。但美国政府向英、德提出关于在大战结束前"维持远东现状"的建议，反对日本在中国领土内对德作战。英国因碍于与日本的结盟关系，态度较为暧昧，但它仍希望日本暂缓决定参战问题，并表示它极不愿意日本突破作战行动限于海上的范围。日本没有理睬英国的建议，单方面对德作战。1914年9月初，日本不顾中国政府的抗议，把军队开进山东，占领胶州和济南，并攻陷青岛要塞。同时，其海军则向德属南太平洋群岛发动进攻，占领了马绍尔群岛、加罗林群岛等。日本国内有一种意见，认为应加速解决对华问题，因为"英、俄、法三国的联合势力不仅波及欧洲，而且将及于中国大陆"[1]。按照这样一种形势估计，日本于1915年1月向中国提出了"二十一条"要求，并于5月发出最后通牒。在强大的压力下，袁世凯政府终于接受了空前丧权辱国的"二十一条"，内容包括日本享有德国在山东的一切权利，并有扩大；旅大的租借期及南满、安奉铁路期限延长至99年；日本在南满和内蒙东部享有特殊权利，中日"合办"汉冶萍公司；沿海港湾与岛屿不得租借或割让给其他国家；中国政府聘请日本人为政治、财政、军事顾问，等等。按照这些条件，中国将成为日本的附属国。只是由于中国人民的坚决反对，日本帝国主义的侵略要求才未能实现。在

---

①《对华问题解决意见》，见大津淳一郎《大日本宪政史》，第7卷。

整整四年的大战期间日本以很少的消耗攫取了许多权益，大战之后，日本帝国主义成为称霸东亚的世界五大强国之一。

第四个回合是日本帝国主义全面侵华以及中国人民进行的长达八年的抗日战争。这是号称"东方第一强国"的日本与被视为"东亚病夫"的中国之间的一场最大的决战。中国人民不畏强暴，英勇奋战，在极端困难的条件下坚持斗争（在很长的时间内独立抗击了日本法西斯的侵略），打死打伤日军123万多人，沉重打击了日本帝国主义，在国际反法西斯战争的胜利推进中取得了最后胜利。中国的抗日战争是世界反法西斯战争的重要组成部分，这次战争的胜利也是中国近代史上反抗外来侵略斗争的第一次全面而伟大的胜利。这次胜利是中国人民奋起和觉醒的标志，也使东亚政治格局又一次发生根本变化。

在东亚政治风云四个回合的较量中，几乎都是围绕着中、日两国展开的，这半个世纪的风云变幻、波澜起伏留给我们许多值得深思和认真研究的历史课题。

（原文载于《抗日战争研究》1995年第1期）

甲午战争与近代日本的亚太政策[①]

臧运祜

    一个多世纪以来，由于甲午战争一贯被视为中日两国之间的战争（中国也称之为"中日战争"，日本则一直称为"日清战争"），因而，两国学界对于日本方面的研究，基本上是从其对华政策乃至于大陆政策的角度进行审视和定性的。1994—1995年间，在甲午战争100周年之际，中日两国学界均出现了把这场战争与东亚世界或远东国际关系相关联而进行研究的呼声，并产生了一些代表性成果，[②]但此后的研究成果并不多，这不能不说是学术上的遗憾。笔者进而认为，除此之外，时至今日的110年间，仍有必要从近代日本整个对外政策主要是亚太政策这个以往被忽略、却具有现实意义的角度，结合其政策的演变过程，来考察和定位甲午战争。[③]

---

    ① 本文曾提交2004年9月中国史学会、山东社会科学院在山东省威海市召开的"甲午战争110年学术研讨会"。

    ② 关于中国学界的研究情况述评，参考戚其章《中日甲午战争史研究的世纪回顾》，《历史研究》2000年第1期。相关研究成果，参见戴逸、杨东梁、华立《甲午战争与东亚政治》，中国社会科学出版社1994年版；戚其章《甲午战争国际关系史》，人民出版社1994年版；戚其章、王如绘主编《甲午战争与近代中国和世界——甲午战争100周年国际学术讨论会文集》，人民出版社1995年版；（台湾）"国立"师范大学历史研究所·历史学系编《甲午战争一百周年纪念学术研讨会论文集》，台北，1995年。日本学界的研究综述，参考山根幸夫等编《增补近代日中关系史研究入门》，研文社1996年版。相关研究成果，参见藤村道生《日清战争前后のアジア政策》，岩波书店1995年版。

    ③ 2005年9月2日，中共中央政治局常委李长春在纪念中国人民抗日战争暨世界反法西斯战争胜利60周年学术研讨会开幕式上的讲话中，提出"要把中国人民抗日战争史与日本侵略亚太各国的历史作为一个整体来研究"。见《人民日报》2005年9月5日第2版。笔者认为这应该是一个重要的学术视点。

　　所谓亚太地区，就是战前日本以国策定位的"大东亚"地区。近现代日本对于亚太地区的政策，几乎就是其对外政策的全部；它在时间上延续了近百年，表现形式就是大陆政策和南进政策；由于历史、现实和地缘上的原因，中国始终是日本亚太政策的核心部分。① 明治时代是近现代日本亚太政策的奠基阶段，而甲午战争就是一个重要的标志性事件。

一　甲午战前的日本亚太政策

　　19 世纪中期的幕末时代，当第一个"将亚洲和太平洋的政治问题作为一个整体来观察"的美国人培里，② 率领舰队在横滨叩关之后，日本即与中华帝国一样，被纳入西方列强的亚太政策范围之内。随着一系列不平等条约的签订和半殖民地地位的奠定，日本如何免遭中华帝国的厄运，迈向近代国家，成为"尊王攘夷"的幕末思想家们的共同课题。而在"攘夷"思想中产生的"海外雄飞论"，是幕末改革派先驱对外思想上的代表性主张，佐藤信渊、吉田松阴就是其中的代表人物。

　　佐藤信渊（1769—1850 年）受同时代盛行的日本国学思想的影响，在他的著述中，不但勾画了以日本为中心称霸世界的蓝图，而且提出了具体的政策。最有代表性的是他在 1823 年写成的《宇内混同秘策》一书。他认为，作为"皇国"的日本，是"世界万国之根本"，"全世界悉应为其郡县，万国之君主皆应为其臣仆"，故应以日本"混同世界、统一万国"。关于"混同宇内"的方案，他提出首先要吞并中国，"支那既入版图，他如西域、暹罗、印度诸国必渐慕畏威，稽颡匍匐求隶臣仆"；并在书中详细叙述了"攻取支那国之方略"，提出首先征服满洲，然后再图朝鲜、中国。③ 可见，这是一个征服满洲，吞并中国，进而征服世界，建立以日本为中心的世界帝国的"秘策"。根据一位中国专家最近的研究，佐藤的这个"秘策"，对于一百年之后的"田中奏折"（1927 年），也产生了重要影响；而后者提出的日本征服满蒙—中国—世界的侵略方针，在思

---

　　① 关于近现代日本亚太政策的论述，参见拙文《近现代日本亚太政策的演变与特征》，《北京大学学报》（哲学社会科学版）2003 年第 1 期。

　　② ［美］泰勒·丹涅特：《美国人在东亚》，商务印书馆 1959 年版，第 234 页。

　　③ 关于该文件的内容及其介绍，参考汪向荣《中国的近代化与日本》，（台北）百川书局 1988 年版，第 148—155 页。

路和措辞上，几乎是前者的仿写本或转抄件。①

佐藤信渊在世时，其思想影响还不太大。但到了明治维新以后，西乡隆盛、大久保利通等人，就发现了并特别重视其上述主张。这是因为：在佐藤信渊的思想体系中，"包括了维新以来，大正、昭和与近代日本历史进程中，适应时代要求而可以提取的种种侧面"，而其对外扩张、一统宇内的主张，更是被作为日本"高度国防国家体制的先驱而受到赞赏"②。

佐藤信渊之后，吉田松阴（1830—1859 年）则以言传身教影响了明治维新的领导人物。吉田松阴提出了"得失互偿"的攘夷保国之策。他主张日本在与欧美和好的同时，将失之于欧美者，取之于邻国："割据易取之朝鲜、满洲和中国，在贸易上失之于俄、美者，应以土地由朝鲜和满洲补偿之。"③ 并且又在佐藤的主张上更进一步，主张日本要"乘隙收满洲而逼俄国，侵朝鲜而窥清国，取南州而袭印度"，④ 从而实现丰臣秀吉未果的"宿志"。

吉田松阴在宣传其主张的同时，还创办了"松下村塾"，培养弟子。明治维新的许多重要领导人物，如：木户孝允、伊藤博文、山县有朋、井上馨等人，皆出自松阴门下。⑤ 吉田松阴的上述思想，自然也就较佐藤信渊，在明治初期产生了更大的影响。

幕末时期以佐藤信渊、吉田松阴为代表的思想家的"海外雄飞论"及其初步勾画的日本"攘夷"的对外战略，成为近代日本亚太政策的直接渊源。

明治维新开始以后，1868 年 2 月 8 日，新政府在向法、英、美等国公使递交日本第一份外交文书的同时，也发布了第一份外交公告，一方面宣称"断然同意缔结和亲条约之事"，同时又表示要"大力充实兵备，使国威光耀海外万国，以对答祖宗先帝之神灵"⑥。3 月 10 日明治天皇发布

---

① 宋成有：《未雨绸缪：江户时代经世学派对近代日本世界战略的先期探索》，《北大史学》第 1 辑，北京大学出版社 1993 年版。

② 《日本思想大系》第 45 卷，岩波书店 1977 年版，第 614、583—584 页。

③ 《日本思想大系》第 54 卷，岩波书店 1978 年版，第 193 页。

④ ［日］广瀬丰：《吉田松阴之研究》，武藏野书院 1943 年版，第 211 页。

⑤ ［日］海原彻：《吉田松阴と松下村塾》第 7 章，ミネルヅア书房 1990 年版。

⑥ ［日］日本外务省编纂：《日本外交文书》第 1 卷第 1 册，第 227—228 页。

的《对外和亲谕告》，以及 21 日的《亲征诏书》，也表达了同样的意思。
4 月 6 日，明治天皇在紫宸殿率公卿诸侯向内外宣布《五条誓文》的同时，又向国内发表了"安抚亿兆、宣布国威"的《宸翰》，再次宣称"欲继承列祖伟业……开拓万里波涛，宣布国威于四方"①。

　　上述表明，明治政权建立伊始所宣布的对外方针就是，要在对欧美列强"开国和亲"的同时，继承"列祖伟业"，对外扩张，以"使圣德光耀万国，置天下于富岳之安"②。

　　根据上述方针，明治初期的日本，在对外政策上采取了"远交近攻"的策略：一方面"脱亚入欧"，达到与欧美列强修改不平等条约、平起平坐的目的；一方面又加入列强在亚太地区的角逐，对近邻国家实施扩张侵略，以共同打破"华夷秩序"，确立日本的"东洋盟主"地位。围绕朝鲜和琉球问题，日本的亚太政策初露锋芒。

　　从地缘政治上看，当时的日本要向外发展，无论是北进亚洲大陆，或是南进海洋，均需首先解决朝鲜、琉球问题。有鉴于此，1869 年新成立的外务省，主要为解决朝鲜问题，向日本政府提出并获准通过了"日清交涉先行"的方针。1871 年 9 月 13 日，中日两国政府代表在天津签订《修好条规》和《通商章程》，并于 1873 年 4 月 30 日在天津交换了批准书。通过签订这个条约，日本第一次获得了在亚太地区与中国平等的地位，并为打开与朝鲜的关系创造了条件。

　　这时，日本国内"征韩论"盛行，并于 1873 年达到高潮。主持日本政府的西乡隆盛，向太政大臣三条实美陈述了首先以战争征服朝鲜、进而"踏上六倍于欧洲的亚洲大陆"的主张。③ 虽然不久由于以大久保利通等为首的"内治派"的反对，西乡隆盛等"征韩派"离开了政府，但日本并未放慢征韩的步伐。1876 年 2 月，日本强迫朝鲜签订了不平等的《修好条规》（又称《江华条约》），打开了朝鲜的大门，迈出了大陆政策的第一步；同时也否定了清朝与朝鲜的藩属关系，开始打破东亚"华夷秩序"。1882 年又借口"壬午兵变"，与朝鲜签订《济物浦条约》，取得了

---

①　［日］日本外务省编纂：《日本外交文书》第 1 卷第 1 册，第 557 页。

②　3 月 10 日《对外和亲谕告》，见日本外务省编纂《日本外交文书》第 1 卷第 1 册，第 393 页。此处所称"富岳"，即指"富士山"。

③　美国国会图书馆制：《日本陆海军档案》（缩微胶卷），中国国家图书馆藏，Reel 201，T1370. 66449—66450。

向朝鲜的驻兵权，并第一次向亚洲大陆扩张军事力量。"甲申政变"失败后，日本又与中国于 1885 年签订了《天津会议专条》，获得了将来出兵朝鲜的依据。

在"征韩论"盛行之时，日本的"征台论"也兴盛起来，并且是与吞并琉球的战略相关联的。在"征韩论"暂时受到压制后，1874 年 2 月 6 日，日本政府拟定了一份《台湾蕃地处分要略》①，决定"报复杀害我藩属琉球人民之罪"，征伐"清国政府政权所不及之地"的台湾，并且要派使至北京交涉，将"阻止琉球遣使纳贡之非礼，列为征伐台湾以后之任务"。按照上述方针，日本一面派兵入侵台湾岛，一面在北京与清政府交涉。10 月 31 日，中日签订《北京专条》，中国政府支付 50 万两银，换取日本从台湾撤兵，并将琉球船民称为"日本国属民"。侵台之役是明治政府成立后第一次针对中国的用兵，它不但践踏了中日"修好"条规，更为日本吞并琉球创造了条件。1875 年，日本决定废止琉球向中国的朝贡关系；1879 年又决定废琉球藩，改为冲绳县。琉球国的覆亡，在东亚的"华夷秩序"上撕开了一角，"这是所有朝贡的属国一个一个被割去的一个序幕，如安南、朝鲜、缅甸"。②

如同指向朝鲜、北进亚洲大陆的企图一样，日本吞并琉球、侵略中国台湾，也暴露了它南进的野心。据日本专家矢野畅教授的研究，日本在江户时代即出现了"经营南方"的主张，到了明治二十年代（1878—1888年），近代意义上的"南进论"便集中爆发出来。③

伴随着明治初期"富国强兵"政策的实施和扩军备战，日本在与欧美列强和好的同时，以武力从南、北两个方向向亚太地区扩张的对外政策已经比较明朗。而实施这样的政策，矛头最终必然指向中国。1887 年小川又次（参谋本部第一局局长）提出的《征讨清国方略》指出"自明治维新之初，常研究进取方略，先讨台湾，干涉朝鲜，处分琉球，以此断然决心同清国交战。此国是实应继续执行"。④ 这对明治维新以来日本的"国是"，进行了最好的表述。

---

① 《日本外交文书》第 7 卷，第 1—3 页。

② ［美］马士：《中华帝国对外关系史》第 2 卷，商务印书馆 1960 年版，第 301 页。

③ ［日］矢野畅：《"南进"的系谱》，中央公论社 1975 年版，第 48—50 页。

④ ［日］山本四郎：《1887 年日本小川又次〈清国征讨方略〉介绍》，《抗日战争研究》1995 年第 1 期，第 210 页。

19 世纪 80 年代，福泽谕吉提出著名的"脱亚入欧论"和国权主义取代民权主义以及"亚洲主义"的出现，均是上述政策在日本思想界的反映。

1889 年 12 月，日本根据"明治宪法"组成了山县有朋内阁。1890 年 3 月，山县有朋提出了他的对外政策意见书即《外交政略论》，以统一内阁成员的思想。在这个意见书里，山县首相提出了"利益线"的主张，即在防守日本固有领土疆域的"主权线"之外，还必须保卫"利益线"，并指出日本"利益线的焦点"是朝鲜，与此相关的还有中国、琉球、越南、缅甸等。① 山县首相的观点，获得了青木周藏外相的同意。他认为修改条约与入侵大陆是表里一体的事业，并在 1890 年 5 月的一份题为《东亚列国之权衡》的意见书中，又提出要把朝鲜、满洲，以及勒拿河以东的西伯利亚，并入日本。②

12 月 6 日，山县首相在日本第一届国会上，首次发表了施政方针的演说，公开了他的"维持国家独立、伸张国势"的对外主张："盖国家独立自卫之道有二：一曰守护主权线，二曰保护利益线。所谓主权线，乃为国之疆域。所谓利益线，乃与主权线之安危密切攸关之区域。如若不保主权线及利益线，则国将不国。方今于列国之间，欲维持一国之独立，独守主权线已不足，非保护利益线不可"。③ 山县有朋在这里复述了他在《外交政略论》中的意见，表明其主张已成为日本政府的国策。1891 年 2 月 16 日，山县首相又在国会发表了关于日本国策的演说，称："日本帝国之国是，自维新以来，已断然确立，不曾有变"④。山县内阁再次确立了日本明治维新以来日本的对外政策。

联系山县有朋的上述"利益线"主张，他在国会发表的这些演说，标志着作为近代日本国策的以大陆政策为主体的亚太政策，在 19 世纪 90 年代初期，即甲午战争以前已基本形成了。

---

① ［日］大山梓编：《山县有朋意见书》，原书房 1976 年版，第 196—200 页。

② 美国国会图书馆制：《日本外务省档案》（缩微胶卷），中国国家图书馆藏，Reel 4，MT1125。

③ ［日］内阁制度百年史编纂委员会编集：《历代内阁总理大臣演说集》，大藏省印刷局 1986 年版，第 9 页。

④ ［日］大山梓编：《山县有朋意见书》，原书房 1976 年版，第 10 页。

二 甲午战争期间的日本亚太政策

关于甲午战争期间日本方面的研究，学界的成果已经非常丰富，不必赘述。笔者拟简单考察日本在战争期间实施亚太政策的战略方针的演变。因为如果不从这样的角度出发，恐怕至少很难解释战争的结局为什么会是割占台湾。

在甲午战争的军事作战阶段，日本对华战略方针是经由朝鲜半岛，先在东北的辽东半岛，逐步向山东半岛、台湾岛转变。它反映了日本从北上、南进两个方向，实施其亚太政策的企图。而这个战略方针的转变过程，还包含了山县有朋、伊藤博文这两个重要人物在政策实施上的主张的分歧与斗争。

1894 年 11 月底，山县有朋亲自率领的第一军，与第二军配合，攻占了辽东半岛大部。他决定按预定计划，继续向山海关进攻，发动直隶作战，进而攻陷北京。但他的主张受到了伊藤博文的反对。12 月 4 日的大本营会议上，伊藤提出了"进攻威海、略取台湾"的意见书，主张另外组建一军，渡海进攻威海卫，歼灭北洋舰队余部，与辽东半岛一起"扼渤海之锁钥"；与此同时，"要以南向夺取台湾为大计"。因为在当时的日本，"持台湾诸岛作为战争之结果必归我所有之论者，晚近于朝野间愈益增多"；日本必须先以兵力占领之，作为在战后媾和条约中割让台湾的根据。[①]

坚持己见的山县有朋被招回国内"养病"，不久被免职。12 月 14 日，大本营决定暂缓实施直隶作战，而进行威海作战。1895 年 1—2 月间，日本陆海军联合进行夹击作战，固守威海卫的北洋舰队覆没。与此同时，日军继续进行辽东半岛作战，并占领之。

日本在控制渤海、威胁直隶的形势下，迅速开始了略取台湾的作战，同时在旅顺设立"征清大总督府"，继续保持对直隶地区的军事压力。

在上述形势下，中日开始了媾和阶段，实际上是日本的以战迫和阶

① 伊藤博文编：《机密日清战争》，戚其章主编《中日战争》（中国近代史资料丛刊续编）第 7 册，中华书局 1996 年版，第 127—128 页。

段。清政府被迫于 4 月 17 日与日本签订了《马关条约》，结束战争。通过该条约，日本推翻了中国对朝鲜的宗主权：中国确认朝鲜"为完全无缺之独立自主之国"，"该国向中国所修贡献典礼等，嗣后全行废绝"；还规定中国将辽东半岛、台湾全岛及所有附属各岛屿、澎湖列岛"永远让与日本"[1]。尽管不久由于以俄国为首的三国干涉，日本被迫在索赔之后归还辽东半岛于中国，但由此也奠定了北向中国东北发展的基础。而侵占台湾并将其作为殖民地，实现了日本自 1874 年以来 20 年的梦想，台湾从此成为日本侵略中国华南地区及南洋群岛和东南亚的跳板，从而拉开了近代日本南进的序幕。[2]

甲午战争是近代日本亚太政策实施的一个重要阶段，日本从此取得了从北、南两个方向踏向亚洲大陆的基地，并为继续北上、南进亚太地区打下了基础。同时，它不但打败了老大而软弱的清帝国，又把朝鲜、琉球等藩属强行割裂出来，从而打破了亚太地区旧有的"华夷秩序"，达到了"脱亚入欧"的目的，为其称霸亚太地区开辟了道路。

三　甲午战后的日本亚太政策

还在《马关条约》签订的同时，担任伊藤博文内阁陆相的山县有朋，就进一步提出了"扩大利益线"的主张："为了使这次战争的效果不致落空，进而成为东洋的盟主，就非谋求扩大利益线不可。"[3] 甲午战后，日本就是沿着扩大"利益线"、争做"东洋盟主"的路线，进一步实施亚太政策的。

1896 年 7 月，日本迫使清政府签订了《通商行船条约》，把它正在争取与欧美列强修约废除的东西，强加于中国。当列强在中国瓜分势力范围时，日本也于 1898 年 4 月要求清政府宣布不割让福建，使福建成为日本

---

① 王芸生编：《六十年来中国与日本》第 2 卷，三联书店 1980 年版，第 306 页；〔日〕日本外务省编纂：《日本外交年表及主要文书》上，原书房 1978 年版，第 165—166 页。

② 梁华璜：《近代日本南进的序幕——中日战争与割让台湾》，《中国近代现代史论集》第 11 编，中日甲午战争，台湾商务印书馆 1986 年版，第 617—644 页；〔日〕中村孝志：《台湾と"南支、南洋"》，中村孝志编：《日本の南方关与と台湾》，奈良天理教道友社 1988 年版，第 1—31。

③ 〔日〕大久保利谦：《近代史史料》，吉川弘文馆 1965 年版，第 304 页。

的势力范围。1900 年，中国爆发义和团运动，山县有朋内阁决定派兵参加"八国联军"，日本军队充当了主力军和急先锋。8 月 20 日，山县首相又写下了《关于北清事变善后》的意见书，[①] 除与列强共同处理中国之外，又提出了日本单独处理对华问题的策略："先行经营南方，并伺机与俄交涉，以达经营北方之目的"，其依据是"谚曰：追两兔者，一兔不得。方今各国逐鹿支那，先追南方一兔，捕获之后，再追北方一兔，犹未为晚也"。这就提出了近代日本的"北守南进"的主张，它企图在中国华南，除福建之外，再将浙江划入日本势力范围，并与台湾形成掎角之势，"一旦有事，可扼东亚之咽喉，以钳制敌国之侵攻"。在这一主张之下，日本于 1900 年底一度出兵厦门、上海。

甲午战后，日本的重点之所以转向"北守南进"，除了因为华南乃至南洋亦是其亚太政策的既定发展方向之外，主要是因为在北方，俄国自带头向日本"干涉还辽"之后，在中国东北大力扩张势力，并在朝鲜取代了中国的支配地位。日、俄矛盾在北方的激化，预示了一场新的争夺战争。山县有朋在前述意见书中也谈道："欲将朝鲜收归我之势力范围，必先具备对俄开战的决心，唯有此决心，才能实现经营北方的目的。"[②]

为此，日本在"卧薪尝胆"的口号下，积极备战。同时利用英俄之间在亚太地区的矛盾，于 1902 年 1 月与英国签订了第一次同盟条约，争取英国支持对俄作战，以作为解决"满韩问题"的手段。[③] 1904 年 2 月起，日俄两国主要在中国土地上进行了一场大战，在俄军失利的情况下，由美国调停，双方于 1905 年 9 月签订了《朴斯茅斯条约》，俄国承认朝鲜为日本的保护国，俄国将旅大租借地、长春—旅顺间铁路及其一切支线的权益转让于日本，北纬 50 度以南的库页岛割让给日本。[④] 此后，日本又迫使清政府于 12 月签订了条约，将俄国转让日本的一切"概行允诺"，并给予日本在东三省南部一些新的权利。[⑤]

日俄战争使日本彻底取得了对朝鲜的支配地位，日本此后又强迫签订

① ［日］大山梓编：《山县有朋意见书》，原书房 1976 年版，第 256—264 页。

② 同上书，第 264 页。

③ 《日本外交年表及主要文书》上，第 201—202 页。

④ 同上书，第 245—249 页。

⑤ 同上书，第 253—257 页。

了三次"日韩协约",并最终于 1910 年将其吞并。日本还取得了在"南满"地区的大量权益,并以此作为向中国大陆扩张的第一个基地。从一定意义上说,日俄战争是甲午战争的继续。日本经过这两次战争,分别占据了中国台湾和南满,成为两个继续推行亚太政策的南北基地。

日俄战争之后,成为亚洲地区唯一的帝国主义国家的日本,在加速吞并朝鲜、大力经营南满的同时,在完成与欧美列强修改不平等条约的过程中,迅速加入了帝国主义列强在亚太地区的新一轮争霸,纵横捭阖,在政略和战略方面积极进取,为其亚太政策的继续实施奠定基础。

还在日俄谈判期间,日本与英国为共同对付俄国对东亚和印度的威胁,便提前于 1905 年 8 月签订了第二次日英同盟,这个攻守同盟共同确认了日本在韩国、英国在印度的权益范围。[1] 此前,日本又与美国在 7 月间签署了《桂太郎—塔夫脱协定》,双方各自确认了对方在菲律宾和朝鲜的权益并划定了界限。[2]

《朴斯茅斯条约》签订之后,法国为维持在法属印度支那的殖民统治,寻求与日本结盟,并于 1907 年 6 月签订了《日法协定》,规定"两国为维护在亚洲大陆上相互之地位及领土,相互支持确保上述诸地区,即与两国拥有主权、保护权或占有权之区域相邻近之清帝国地区的和平与安宁"[3];同时在秘密说明书中还规定福建省为"上述诸地区"之一[4]。7 月,日本与俄国签订了第一次协定,并在秘密协定中对于满洲、韩国、蒙古达成如下协议:划定双方在南、北满洲的利益范围;俄国承认日、韩特殊关系及其进一步发展;日本承认俄国在外蒙古的特殊权益。[5] 1910 年 7 月 4 日,日俄又签订第二次秘密条约,承认以第一次密约所划定的两国在满洲的特殊利益范围之分界线为疆界。[6] 1908 年 11 月,日本驻美大使高平小五郎与美国国务卿罗特,交换了两国关于太平洋问题的换文,规定日美两国在太平洋地区拥有重要的远离本国的岛屿领土,并在该地区有着共

---

① 《日本外交年表及主要文书》上,第 241—242 页。

② 同上书,第 219—240 页。

③ 同上书,第 274 页。

④ 《日本外交文书》第 40 卷第 1 册,第 81—82 页。

⑤ 《日本外交年表及主要文书》上,第 280—282 页。

⑥ 同上书,第 337 页。

同的目标、政策和意图，① 实际上是美国换取了日本保证对菲律宾等岛屿没有领土野心和在中国的机会均等。

通过与英、美、法、俄等国签署的上述协定及秘密条款，日本以承认上述四国在亚太地区的势力范围和特殊权益为筹码，换取了四大国对日本在朝鲜、中国东北、华南（台湾、福建）及其他太平洋岛屿的势力和特权的承认，从而使日本在 20 世纪初期的亚太地区，成为继美、英、俄、法、德之后的六大强国之一。

就在日本政府以政略手段，进行上述外交交易，并以华丽辞令掩饰其亚太政策目的的同时，20 世纪初期已成为左右日本政治的势力中心的军部，在确立日本大陆政策的同时，② 又通过制定了日本国防方针和用兵纲领，并经由天皇，在战略上确定了日本的国防政策。

日清、日俄战争之后，日本的"利益线"已经大大延长，逐渐获得了库页岛南部、朝鲜、南满、台湾等殖民地并在此驻兵。1906 年 10 月，"从明治建军至日俄战争期间指导陆军发展"的山县有朋元帅，向天皇上奏了一份《帝国国防方针私案》，提出以俄国为主要敌国、首先向中国扩张权利的战后经营方针。山县的意见书经元帅府审议后，12 月，天皇命令参谋总长和海军军令部长共同制定国防方针。1907 年 4 月，天皇批准了《帝国国防方针》和《帝国军队用兵纲领》。其中规定日本国防的"本义"是"以自卫为宗旨，维护国权国利，贯彻开国进取的国是"；方针是"速战速决"；假想敌国依次为俄国、美国、法国。并规定对俄作战纲领是："以韩国为根据地，主要作战为北满洲方面，次要作战为从韩国咸境道至吉林省东北部及南部沿海等方向"；对美作战纲领是："开战之初，首先扫荡敌在东亚地区的海上兵力，以控制西太平洋，并确保帝国的交通线路，使敌舰队陷入作战困难"；对法国作战纲领是："陆海军协同，攻占法属印度支那。"③

从上述方针和纲领来看，日本军部制定并经天皇批准的日本国防政策就是，以攻势作战方针和俄、美、法三国为目标，在亚太地区贯彻"开

① 《日本外交年表及主要文书》上，第 312—313 页。
② 参见［日］北冈伸一《日本陆军与大陆政策，1906—1918》，东京大学出版会 1978 年版。
③ ［日］防卫厅防卫研修所战史室：《战史丛书·大本营陆军部》（1），朝云新闻社 1967 年版，第 129—131、138—150、158—162 页。

国进取"的战略。具体而言,军部确立的日俄战后,日本在亚太地区的"施政大方针"就是:保护日俄战争中"牺牲数万生灵和巨万财富而扶植的满洲及韩国的权益",以及"向亚洲南方及太平洋彼岸扩张发展民力"①。

军部制定并经天皇批准的上述文件,属于日本的秘密国策,其保管也相当严密:天皇批准的原件置于宫中,复写件分送给首相、陆相、参谋总长、海相、海军军令部长各一份,并密藏于本部门的金柜深处。② 当时的首相西园寺公望受命审议过国防方针,并"特许内览"过国防所需兵力,他认为"国防方针是适当的,唯国防所需兵力应考虑国家财政状况渐进实施",并上奏天皇:"开国进取乃帝国之国是,施政方针亦应始终贯彻之。……帝国一贯执行上述政策,历经几多苦心经营,才获得现在的地位与权益,将来亦必须谋求继续扩展。希望帝国在满洲、朝鲜的权益及在太平洋彼岸发展的民力,将来会有更大发展。"③ 可见,日本的国防方针和用兵纲领等高度机密的文件,在其未正式修改之前(1918 年进行第一次修改),一直作为日本的国防国策并影响了国家政策。

上述说明,日本最高统治集团在日俄战争之后,已就贯彻明治初期的"开国进取"国策,继续维护并扩张在亚洲大陆和太平洋地区的权益和势力,在政略和战略上达成了高度一致。这表明,经过甲午、日俄战争,明治末期的日本最高统治集团在确立了大陆政策的同时,也基本形成了近代日本的亚太政策。

这些政策,作为明治时代的政治遗产而为以后的日本统治者所继承。例如:被山县有朋指定为继承者的田中义一,④ 1927 年 7 月 25 日在《田中奏折》称:"惟欲征服支那,必先征服满、蒙,如欲征服世界,必先征服支那。……此乃明治大帝之遗策。"九一八事变之后认清日本面目的中

---

① [日] 防卫厅防卫研修所战史室:《战史丛书·大本营海军部·联合舰队》(1),朝云新闻社 1975 年版,第 112 页。

② [日] 防卫厅防卫研修所战史室:《战史丛书·大本营陆军部》(1),朝云新闻社 1967 年版,第 158 页。

③ [日] 防卫厅防卫研修所战史室:《战史丛书·大本营海军部·联合舰队》(1),朝云新闻社 1975 年版,第 120—121 页。

④ [日] 防卫厅防卫研修所战史室:《战史丛书·大本营陆军部》(1),朝云新闻社 1967 年版,第 132 页。

国政府也向国际社会明示："日本以武力侵占东三省，原不过为其统治太平洋区域（如非统治亚洲全部）程序中之一阶段。此项程序由其明治时代之政治家所制定。"①

　　日本史学界，在对两次中日战争的研究上，与"十五年战争史（1931—1945）"的观点相近似，还有"五十年战争史（1894—1945）"的见解。② 我国学界更将 1874 年的日本侵略台湾作为起点，有日本侵华"七十年史"的观点。③ 但无论如何，都是对于甲午战争的进一步定位。由此出发，我们也可以理解近代日本从甲午战争走向"大东亚战争"的必然性。可以说，以甲午战争为标志的近代日本亚太政策，就是日本发动"大东亚战争"（太平洋战争、亚洲太平洋战争）的"远因"。

（原文载于《社会科学研究》2006 年第 3 期）

---

① 参与国际联合会调查委员会中国代表处说帖（Memoranda—Submitted by the Chinese Assessor to the Commission of Enquiry of the League of Nations，April-August，1932），商务印书馆 1932 年版，第 33 页。

② 参见［日］桧山幸夫《日清战争の历史位置争——"五十年战争"としての日清战争》，《日清战争と东世界の变容》上卷。

③ 中国社会科学院近代史研究所：《日本侵华七十年史》，中国社会科学出版社 1992 年版；军事科学院：《日本侵华战略演变：从第一次进犯台湾到"九一八"》，《人民日报》2005 年 9 月 13 日（14）。

东亚近代史中的中日甲午战争

[日] 桧山幸夫

一百多年前爆发的中日甲午战争，无论是对于日本还是对于中国来说都是其近代史上极具影响的重要历史事件。对于这一观点，日中两国的历史学家恐怕不会有任何疑义。事实上，迄今为止，日本的历史学家同中国的历史学家一样，均试图通过各自的角度和史料来研究和解读中日甲午战争。在日本，比较通常的研究是关于甲午战争的军事史和社会史；有关军事史的研究比较集中在战前，有关社会史的研究比较集中于战后的 70 年代以来。日本甲午战争的研究受时代左右的痕迹比较明显；在中国港澳台以及中国大陆地区甲午战争的研究，总体上比较趋向于甲午战争前后的清政府的腐败体制和甲午战后中国社会的变化。

其实，无论是日本还是中国的甲午战争研究都忽视了这样一个不应该忽视的问题，这就是甲午战争给东亚外交和地区国际关系上所带来的影响以及真正意义上的日本社会变化的问题。现在想来，如此重要的学术论题之所以没有被提及或论述的原因其实很简单。对于一向以实证主义为研究手段，注重微细的史料论据和论点的日本史学界来说，不会从一个宏观的角度去俯瞰甲午战争所带来的东亚国际关系以及日本社会整体上的变化，即使注意到这一议题的日本学者也只是略有触及而不深刻；同时，我们也可以理解中国学者内心深处的苦楚。甲午战争永远是一个中华民族的历史伤痛和挥之不去的历史屈辱，这种伤痛没有政党的政治界限，没有人为划定的地域区分。在这种悲情中，中国的学者宁愿去研究战败的原因和战后的留学热，也不愿正视甲午战争给东亚和日本所带来的变化。

也许是中日两国学者在史学认识上的盲点使得两国的学者均不能从东

亚国际关系和东亚近代史的角度去理解和探讨甲午战争。本文基于上述认识，试图从近代东亚国际关系和外交体系的角度来分析甲午战争所带来的东亚、日本国内社会的巨大变动。

一

甲午战争前后，正是东亚地区国际关系变化最为激烈的时期。此前，在东亚地区的各国和诸民族所独有的国际秩序中，中华帝国的华夷外交体系构成了东亚地区外交体系的主体。当然，这个秩序下有两种体系在运动和作用。以中国为核心的相对同心圆和以中华帝国的皇帝为顶端的金字塔式的上下纵序列是这个外交体制的核心。在这个中心体制之下，尚有一个所谓的大君外交体制存在。这就是以德川将军为顶端，将虾夷和琉球纳入统治下的日本的小华夷秩序体制。当然，这一小华夷外交体制是由原来的大中华帝国体制中分裂而形成的。换句话说，这是由于丰臣秀吉侵略朝鲜而造成的军事对立和明朝的解体以及异民族国家清朝诞生后清政府和德川幕府的对外政策的转变所形成的。

德川幕府初期的外交政策是在试图恢复对明朝的外交关系的挫折后，开始尝试脱离中国的华夷外交而开展独自的外交关系的。总之，"脱亚"是早在德川幕府时期就已经开始了。尽管这种"脱亚"并不是德川幕府的目的而是政策展开的结果，但正是由于德川幕府的"脱亚"才使得日本脱离了传统的东亚秩序，并在其后开始了所谓的"锁国"体制的独特的外交政策。当然，所谓的"锁国"体制只是通过限制海外贸易和局限的外交政策而形成了很小范围的东北亚圈外缘贸易关系而已，并不是真正意义上的将国家锁起来不同外界往意义上的锁国。德川幕府后期，真正给德川幕府的外交政策带来变化的是鸦片战争中中国清政府战败求和信息的传入和黑船的来航。面临着欧美列强势力在东亚地区的入侵危机的德川幕府尽管开始尚能维系大君外交体制和小华夷秩序体系，但又不得不进行开港以及同欧美列强树立新型外交关系等一系列外交政策上的转变。实际上，德川幕府的外交政策在向着两种不同方法的多元化外交方向转变。其一是在继续维系着旧有的对清、对朝外交关系；其二是向新方式方法的西洋的国际关系的条约制度体系的转变。不言而喻，这种不同性质的多元外交政策的并存只能是暂时的而且是相互充满矛盾的，所以并不能维系很长的时间。

在和亲条约向通商友好条约体制的变化过程中，旧有的外交体制同新外交体制并存的矛盾在进一步深化，而德川幕府的政权机制并不具备体制上变革和调节的能力。明治维新政府初期的外交虽然仍然沿袭了德川幕府的多元外交政策，并按照传统的外交惯例，向朝鲜国发出了政权更迭通告和要求维系通信关系的通告，但这种做法很快就以失败告终。最后，新政府从德川幕府的多元外交政策的政治遗产中，选择了放弃多元外交政策而开始着手树立西洋条约体制下的新型近代外交关系。但是，运用新的方法同在华夷秩序体制下占据重要位置的朝鲜树立外交关系，首先要同清政府进行外交关系的调整是交涉成立中必不可少的条件。最为重要的是，明治政府不仅是同朝鲜，而且要同清政府通过签订条约来树立外交关系。当然，对于位于东亚世界中的日本来说，同中国树立外交和贸易关系不仅仅是在追求贸易上的利益和文化上的传授，而是证明新政权正当性的必需条件。早在德川幕府成立时期，德川幕府向明朝要求修复外交关系本身就说明德川幕府意识到了东亚世界的国际惯例和传统政权论体系。明治政府登上政治舞台后，也沿袭了这种东亚世界的传统国际秩序思想，同以往的统治者一样向清政府要求树立外交关系。《日朝修好条约》和《日清修好条约》就是这种努力的结果。

日本在外交上采取的新旧两种外交手段也是最后导致日中间发生对立，发生甲午战争的一个原因。接受万国公法的日本，在积极接纳西洋国际秩序和国际政治的同时，也在试图努力同原有的东亚秩序修复关系。但是，以万国公法作为立国之本的国家，首先要确立的就是强化具有统治力的政府和确保其能够统治的领域。继承京都朝廷的明治政府通过打倒将军家政权而产生了代表日本的政治权力，紧接着就需要确定其政府所能够统治的领域。尽管日本的近代外交最早于德川幕府时期就已经开始，但随着幕府政权的消亡这一作业也中途停止了。继承这一作业的明治政权开始着手处理库页岛、小笠原岛问题以及琉球王国问题。库页岛问题通过《库页岛千岛交换条约》得到了解决；小笠原岛问题通过1876年10月的《小笠原岛领有通告》得到解决；而琉球王国问题其对象是清政府和琉球王国，所以不是很容易可以解决的问题。但该问题在征讨台湾的事后处理时，同清政府签订的《日清两国互换条款》以及《备忘录》中，清政府实际上已经放弃了对琉球王国的领有权。这项条款对于日本来说具有外交上的意义。对于清政府来说，通过台湾原住民为本国国民的条款的确立而在国际法上表明了对台湾全岛的领有权。可以说该项条款是中日两国确定边境的条约。不幸的是这一过程的完成是日本通过出兵台湾，以武力入侵的形式完成的。同时，日本的这一过程，也使得在清、韩间产生了对日本的不信和芥蒂，甚至是警戒感。换句话说，日本单方面的这种行动并没有得到清、韩的认同，这种单方面甚至强制性的行动为日后的日清韩对立和甲午战争埋下了种子。甲午战争使得日本的游离于新旧两种外交体制中的外交战略得到了彻底的改变。甲午战争，小国的日本战胜了大国清朝，对于东亚地区的冲击是可想而知的。对于日本而言，新兴的日本在东亚变得更加重要了。不仅如此，此前中国一国可以主导东亚地区内的几乎所有事物，而今日本存在的扩大使得东亚世界呈现出了日清二元化的世界。在随后的欧美列强瓜分中国，以及清政府倒台和随后的中国内乱中，日本逐渐取代中华帝国的东亚盟主地位。日本的这一地位一直维系到 1945 年日本战败投降。当然，日本的这种盟主式的地位的确定是通过对外扩张所取得的。日中之间的 50 年战争从甲午战争开始计算的意义也在于此。

二

甲午战争给日本国内也带来了巨大影响。第一，通过甲午战争，日本获得了台湾领土，使得日本扩大了版图，日本的国家体开始具有多重构造，并演变成了多民族国家。第二，甲午战争使得日本回归到了东亚世界，并从近邻国家的认知中产生了"日本人"的概念。第三，近代战争开始演变成了国家总体实力的战争，要想取得战争的胜利，必须举国尽力才能完成战争。因此，在战争中，所有的"人民"开始演变成"国民"被战争动员起来。而这种动员的结果，才形成了真正意义上的日本的近代国民国家。第四，成为"国民"的民众在军事上被国家统合后，又被当权者逐渐演变成了"军国之民"，并为支撑其后的战争奠定了基础。第五，在民众被国家统合的过程中发挥重要影响力的是旧大名、藩主。这些旧大名、藩主作为新贵族从天皇的藩屏的立场，利用旧有的主仆关系将民众吸收到了天皇国家中。

第一点的核心就是近代日本国家构造问题。台湾的领有不仅意味着日本简单地扩大了领土面积，而且还使得日本从帝国版图的内地延长论中带来了主权领域的面的扩张。台湾被纳入了日本领土,在台湾居住的汉民族被纳入了日本国籍,这些语言、文化、风俗、宗教信仰完全不同的地域和民族的化入使得日本不得不产生了改变现行宪法等法规,实行统治方法的多样性的必要。这样,"大日本帝国"出现了所谓的"日本"和国际法意义上的"日本"的两种不同地域多重构造的国家。顺便提及的是由于台湾没有施行明治宪法,也使得迄今冲绳和北方的阿伊努族的地位问题变得复杂化了。日本的执政者们在制定法律时,不得不考虑到有一部分不执行法令的地域和通过宪法保证"臣民的基本权利"的限制所产生的矛盾。在冲绳,虽然通过逐渐的本土化政策使得冲绳的矛盾得到解决,但是,阿伊努族的歧视问题在"大日本帝国"消失后仍然没有得到完美解决。总之,通过甲午战争,使得日本不能维持以前的单一统治构造形态。甲午战后,日本统治构造上可分为传统统治地域和为完成近代国家而编入的地域以及通过甲午战争新领有的地域,这三个不同地域构成了"甲午战后大日本帝国"的体制。换句话说,"甲午战后的大日本帝国体制"是由传统统治地区的本土、台湾——这个帝国宪法统治区域外的外地,以及介于本土和外地间所存在的法体制比较模糊的冲绳的琉球人、仅仅给了国籍的日本人的阿伊努族人。日本变成了具有复杂国家构造的复合国家体。

第二点,近代"日本人"是通过与异民族直接接触而形成的民族主义感情基础上而诞生的。其中,这种民族意识是通过甲午战争中,对清的同仇敌忾心、对清的歧视心理、保护朝鲜的"正义之师"以及对朝蔑视心中开始逐渐酿成的。当然,像同时期的《日本人》等杂志以及甲午战前的日本思想家、启蒙家也在宣传一些爱国主义和民族主义,但对于一般日本人的民众来说,他们的生活与以前一样,与所谓的国家、民族等这些理性或理论上的接触并不是太多。而甲午战争则改变了他们生活规则。甲午战争使得他们强迫地或志愿地参加了举国的战争体制。在战争中,众多的日本人作为士兵被驱赶到了异国的战场。在异国,他们接触了异国之民,用他们自己的体验体会异国,认识自我。在战争这样一种极为特殊的条件下,开始植入日本民众的独特的异国文化体验和异国观念。

这些出征士兵所产生的异国观通过战场上寄出的军事信函、每天填写的日记、凯旋士兵归乡后给故里亲人、朋友所描述的异国风情体验开始在广大的民间流传。他们不仅是中国观、朝鲜观的传播者,也可能是乡里村间唯一的中国通和朝鲜通。这种真实而强烈的异国印象在民众间的流布中，渐渐萌发了作为"日本人"的满足感和自豪感，同时这种民族的优越感产生的同时也转化成了对中国、朝鲜的蔑视感。

第三点就是国民国家完成的命题。一般来讲，近代国民国家的成立要素包括法律秩序、近代的制度、国家机构和机能的完备、国际社会对于该国的认同和承认，当然这里所必需的还是近代国家中也是必不可少的国民。日本帝国宪法的制定使得日本成为立宪国家，并确定了其统治的区域，与外国签订了条约，构筑了近代外交关系，成为国际社会的一员；在内政上，日本通过完善统治机构，确立了法制国家所需的制度和机能，并通过实际统治确立了国际信用。其中，尚没有完善的就是国民的政治位置。虽然宪法上保证了作为臣民所应享有的基本人权和政治权利，但其保证过于狭小而且也不充分。与西欧国家相比较，日本宪法这种缺陷可能就是由于日本没有经过市民革命而直接进入国民国家的结果。对此，目前有一种理解就是，江户时期当政者就已经构筑了近代日本所需的经济、社会、文化的基础。而在维新新政权成立后，萨长藩阀维系政权，并取得了统治支配权使得日本没有能够经过市民革命这一阶段，从而导致近代日本政治发展的不成熟。但是，在同大国清国进行全面战争这样一个日本史上从未经历过大事件中，藩阀的一切理论都行不通。随着国内舆论的统一和举国一致体制的形成，就产生了将历史上原本被轻视或忽视的人民通过近代民众理论进行组织，并实现战争的总动员态势的必要性。这里，由"人民"演变成了"国民"的民众在关乎国家命运中被强制参与了捐献军资、迎送出征士兵、照顾出征士兵家属、慰问出征士兵、举行胜利游行、参加战死者葬礼、奉迎天皇、协助建立战争纪念碑等一切能够支援战争活动的"国民"义务。在这个过程中，军人被社会所优待、逃避兵役者被社会所唾弃，正因为有日本国内这种军事体制的形成才使得战争能够进行下去。从这个角度讲，日本"国民"的诞生是在完成战争为目的的国家理论中实现的。

第四点影响中的从"国民"到"军国之民"的转变也是在上述理论中顺理成章的事。因为"国民"的认知过程主要就是依据战争动员和支援军事而完成的，所以，众多的民众也自然地以一个"国民"的身份协助了战争。甲午开战前，围绕甲午战争日本国内有"国民战争论"和"藩阀战争论"两种对立的论争，但是，通过广岛大本营的天皇亲政和民众的战争动员，甲午战争其实质上变成了日本的"国民战争"。民众有意识地或无意识地被编入到了支援战争的活动的社会组织中，并通过战争变成了"国民"，演变成了"军国之民"。

甲午战争是通过征兵体制进行的战争，这种征兵体制虽然确保了廉价而大量的兵源，但却没有保证他们的生活，尤其是出征后家族的生活没有从体制上得到保障。被套上兵役义务的一般民众并不是职业的兵士，此前他们可能是农民、渔民、商人，也可能是手艺人或官吏。总之，他们很可能是家庭中生活的支柱。这样，在这些士兵出征后的家属生活保障就是为了维持战争所绝对必需的问题。免去士兵的后顾之忧，并尽力控制社会不安和防止民众间原本就存在的厌战情绪的蔓延，就是地方名望家所组织的军人家属扶助运动产生背景。

近代战争的战争费用，大体上是通过国家的财政预算、公债发行和民众开展的军资捐献运动来筹集的。这可能也是不同于以往战争的一种方式。当然，从资金的数量上看，国家财政预算额会远远高于公债发行和通过民众开展的军资捐献筹集到的资金。但是，通过公债发行和民间捐献军资可以看出民众对于战争的支持度，是民众对于战争态度的晴雨表。尤其是民众开展的军资捐献活动的本身意义可能远远高于其所捐献的金钱的意义。甲午战争期间，军资捐献运动在慰问和救济出征士兵家属的同时，还将近世以来所存在的自然村落和部落作为组织媒体而形成的地缘关系进一步强化，并由此而形成了一个地区的民间运动之一。在许多时候，地方上的名望家族和有识之士成为捐献军资的主体，从而在捐献运动中形成了"强制的共同体"。正是这一"共同体的强制"对于"军国之民"的产生起到了很大的作用。在一个厌恶征兵的社会里，通过甲午战争能够使服兵役成为一种光荣，逃避兵役成为卖国贼的风潮中，其社会的原动力就是民众对于战争的合作。在战争中，民众被动员到了从出征士兵的送迎、凯旋士兵的欢迎到参加祝捷会、阵亡者葬礼、再到建立慰灵碑、战争纪念碑等所有这些民众从未曾经历过的有关国家、战争的仪式中。这些仪式从表面上看，都是一些有识之士发起的自发行为，但其背后的组织就是民众的地域生活体和地缘关系为基础的社会组织。

这些连接民众和国家，民众和天皇的媒体就是第五点中的旧藩主。虽然历史已步入了近代社会，但民众中依然残留着旧藩主意识。对于此前与国家毫无关联地生活的"民"来说，不会轻易地接受日本的统治者已从"将军"奉还到了"天皇"，从"幕府"移位到了"朝廷"和"政府"的事实。民众最容易接受的仍然是旧藩主。战争中，旧藩主向出征士兵和阵亡者家属捐献慰问金，而这些家属在收到了旧藩主的慰问金后大为感动，甚至将其慰问信作为家传至宝深锁柜中。旧藩主的这些做法不仅消除了出征士兵家属和阵亡者家属的不满，还使得民众进一步认知天皇。旧藩主不仅协助了民众的军事统合的完成，也为天皇制国家的安定起到了很大作用。

三

通过上述阐述，我们可以看出，甲午战争所形成的近代日本，在其后的亚洲太平洋战争中，由于战败投降，"大日本帝国"彻底解体了。尽管如此，日本在其东亚世界的地位，作为国家基本上并没有改变，并一直持续到 21 世纪。从这个意义上讲，甲午战争并不是单纯的过去的历史事件。明治维新虽然是将日本带入了近代国家的契机，但并没有形成近代日本。日俄战争虽然是牺牲了许多人性命的大型战争，但同甲午战争相比较，其历史作用很小。甲午战争同以往战争相比，虽然很大，但同日俄战争和亚洲太平洋战争相比，就逊色了很多。尽管如此，甲午战争在日本社会和东亚世界中所带来的影响却远远超过了上述的战争。

（原文载于《日本研究》2007 年第 3 期）

清日战争前后韩中日三国外交关系

——亚细亚传统秩序的解体过程与近代化之矛盾

[韩] 金胜一

一 序言

最近，亚洲诸国普遍认为，有必要重新认识亚洲。基于这样的认识，亚洲各国间的交流非常频繁，而且有扩大的趋势。为了加强交流，以利于各国，亚洲各国异口同声地说，有必要重新建立亚洲形象，以与过去相区别。

亚洲各国都具有独特的历史背景。因此，在互相了解并承认这种特点的基础上，形成综合性的亚洲形象，需要各国间的协作。

本文认为亚洲新形象至今还不能建立的原因之一，在亚洲近代化过程中存在的问题，因而只有克服和解决这个问题，才能有亚洲的协作和确立新形象的可能性。

亚洲国家靠自己的力量，能否实现近代化的问题，暂且另当别论。在此要提出的问题是，要实现工业化的日本，为了追求本身的资本主义利益，勾结欧美的资本主义势力，打乱了亚洲的传统秩序。因此在亚洲，如果没有对日本在近代史上的悖逆行为进行反省和谢罪，以及作相应的补偿，很难形成亚洲各国间的新的协作关系。

另外，对亚洲国家能否靠自己的力量实现近代化的问题，最近亚洲各国的相关研究非常多。譬如，有研究指出，宋代以后棉纺织业的发展促成市民意识的形成，明代以后，朝贡体制转变为交易体制后，形成了亚洲地域性的商品流通和海外市场的一元化，等等。以此为例，许多人认为，如果没有欧洲帝国主义的经济侵略和阻挠，亚洲国家也可以实现近代化。[1]由此也可以看到，日本勾结欧美列强，牺牲亚洲诸国的利益，发展本国的工业化乃至资本主义，其危害甚至遗留到现在，导致亚洲还处在落后状态，在许多方面还要受欧美的影响。

在近代史上，日本靠牺牲周边国家发展自己。但是，日本对过去的行为却不反省，反而在为国际和平做贡献的美名之下，一再扩充军备，要成为联合国常任理事国。这样的行动和态度，对于将迎接 21 世纪东北亚时代的亚洲各国会起很大的妨碍作用。对此，日本也要有充分的认识才是。

本文为了促使日本有自觉的反省，并在东亚建立新的协作关系，拟对 19 世纪末以韩半岛为中心的国际关系进行分析。

二　中华秩序的理念与形态

我们为了更好地理解上述问题，首先有必要了解代表亚洲秩序的中华秩序，了解这个秩序被破坏过程中出现的问题及对日后的影响。因为，它不仅能够回答亚洲能否实现近代化的问题，还成为正确理解亚洲关系的基础，从而也为批判日本为实现近代化牺牲周边国家的行为，提供标准。

一般来说，所谓中华秩序的原理是，以"礼"为理念，把天子即皇帝的威光，普照四方，以教化周边国家。这是基本的理念[2]。同时，用这种理念进行统治。而这种统治，并不只局限在国内[3]，还扩展到对外关系方面。

中国处理对外关系的机构，除了礼部，还有为绥抚藩属（蒙古，青海，西藏，回部）的目的而特设的官厅理藩院。到清代后期，为了处理

---

① 新村容子：《中国近代史研究に关する方法论の觉え书》，《中国近代史研究》第 5 集，1987。

② 对中华秩序的完成及其分期，有许多分歧。但大体的倾向是，作为这种体制的重要因素，册封和朝贡是从汉代开始的。但秩序的确立时期，大致为 6 世纪至 8 世纪。但是，如果看隋文帝和炀帝，及唐太宗对高句丽的认识，这个时期也有一定的局限性。参看西岛定生《中国古代国家和东亚世界》，东京大学出版部 1983 年版。

③ 参见和田清编著《中国地方自治发达史》，汲古书院 1975 年影印本，第 4 章 "明代"，第 5 章 "清代"。

与西洋诸国相关的事务，又设立了总理各国事务衙门。此外，对西南地区
（四川，云南，西康，青海等）的少数民族，任命统辖当地的土司、土官
为清朝的官吏①。他们有必须遵守的义务。一是当他们交替的时候，按章
办事；二是朝贡。然而问题在于，中国把与此完全相同意义的朝贡关系，
使用于周边国家。也就是说，他们把朝贡和公纳看成是同一个意义，认为
这是联结中央和地方的不可缺少的手段②。

这种事实说明，与其说中国对周边的地理概念是东洋、西洋、南
洋，莫不如说他们首先考虑的是怎样确立中华秩序的问题。换言之，在
国内，以中央和地方的统治秩序为轴，在周边地区设立土司和土官，使
不同民族秩序化。对属于另一个范畴的女真等东北地区，通过朝贡维持
羁縻关系。超越中国，他们也是通过朝贡关系确立了自身的秩序。这些
朝贡国也可分几类：一是像朝鲜那样关系较密切的朝贡国，这包括琉
球；二是比之较远的朝贡国，尽管他们本身也向别的国家要求朝贡，如
泰国、越南等国家，但他们也均归属到以朝贡关系为特征的中华秩序
中。总之，不管什么形态，把周边世界纳入到中华秩序中，这是中国的
观念③。

尽管这种统治关系以礼为中心，但并不等于是一种以儒教道德维持的
外交关系④。如果从中国角度上讲，也许有想要进行统治的一面，但对朝
贡国来说，只不过是为了维持交易关系的一种手段。

由此可见，所谓朝贡关系，含有多层意义，因而它能够包容连政
治、外交在内的各种不同的因素，起到了维持亚洲秩序的作用。也就
是说，中国为中心，以朝贡—回赐的形式形成的朝贡体制，不是一元
的，还有许多卫星性的朝贡关系，而这些复杂的结构，形成了一个体
系。同时，这种体制，既有包容的关系，也有竞争关系。举例说，朝

①　任命当地有影响的人物为中国官吏，负责边疆统治的办法，始于唐代，元代后更扩大，
明代最终确立。清代，土司管军政，土官管民政。参见余贻泽《中国土司制度》，中国边疆学会
1947年版。

②　参见黄省曾、谢方校注《西洋朝贡典录》，中华书局1982年版。

③　浜下武志：《近代中国工国际的计器——朝贡贸易システムと近代アジア—》，东京大学
出版会1990年版，第30—35页。要注意的问题是，这种关系不是固定的。中国对朝贡国的态
度，随时代有变。即朝贡国的品阶上下起落，或属或不属这个范畴。

④　同上书，第33页。

鲜对中国是朝贡国，但和日本是互派使节往来的关系。越南亦如此，它对中国是朝贡国，但它又要求老挝向它朝贡。可见，即使和中国没有直接的朝贡关系的国家，也是通过这样的连锁关系，被纳入到中华秩序中。

但是，比这种政治关系更为重要的是，在这个框架中逐渐形成了以朝贡关系为特征的商业性的交易①。即朝贡关系发展到朝贡贸易关系。朝贡的目的，是为了进行交易。这样的关系，不仅仅是追求当事国的利益，还为周边国家带来连锁的利益②。举例说，通过华侨，和东南亚形成了交易关系，而朝鲜起到了联结中国和日本市场的作用。对马岛联结了朝鲜和日本，而琉球又起到了联结东南亚和日本的作用。进一步说，亚洲和印度，伊斯兰地域或欧洲的交易，也是通过这种朝贡关系形成的。换言之，朝贡贸易起到了中介贸易的功能和作用③。从而朝贡的活跃，带来交易的活跃，使相互之间得到了更多的利益。

这种关系，清代比明代更为活跃，并带来如下结果：

第一，中华秩序已变成亚洲秩序，并逐步扩展到亚洲各国。譬如，在朝鲜、日本、越南等国家开始确立中华理念。

第二，欧美诸国逐渐潜入这个体制中。结果朝贡贸易扩大，亚洲贸易变成世界贸易，从而形成世界经济圈。

第三，朝贡贸易的活跃，引起了贸易规模之扩大，从而以中国银货确立了国际结算制度和征税机构。

在许多朝贡国家中，朝鲜是和中国保持关系最密切的国家。1369 年高丽派使臣报告继位，要求册封，并由此开始朝贡。永乐后每年进行朝贡。贡物和回赐品，局限在《明会典》规定的范围④。到清朝后，1636 年朝鲜再开始朝贡，同时，在处于边境地区的义洲，又开始了互市贸易的

---

① 上原兼善：《锁国和藩贸易》，八重岳书房 1981 年版。参见中村荣孝《日鲜关系史的研究》，吉川弘文馆 1969 年版。

② Sarasin Viraphol, *Tribute and Profit*: *Sino—Siamese Trade, 1652 – 1853*, Cambridge, Mass., Hatvard Univ. Press, 1977, chap, 4.

③ 滨下武志：《近代中国工国际的计器——朝贡贸易システムと近代アジア—》，东京大学出版会 1990 年版，第 35 页。

④ 《明会典》卷 111 "回赐"。

私贸易①。

　　但是，在此值得一提的是，作为对贡物的回赐，支付了相应的银货，也就证明这是一种交易，所谓的朝贡就是这么进行的。对贡物的回赐，支付的或者是中国货币，或者是结算与此相当的银两。这种支付的原则，是以当时中国北京的市场价格为基准的②。

　　这种用中国货币结算贡物价值的方式，也就意味着中国货币扩散到国际，成为公用货币，也意味着能够正常进行国际性贸易的一元化的朝贡贸易体制正在形成。当然在这个过程中，出现了对贡物的结算不如市场价格高，纸币无信誉，各地因兑换率不同而引起混乱等现象，但是无论如何，这样的朝贡体制，稳定了近代东亚的政治、经济秩序，并奠定了亚洲以亚洲的方式能够实现近代化的经济基础③。

　　由于如此，19世纪开始出现的这种秩序结构的崩溃，给亚洲诸国带来极大的冲击。进而对破坏这个秩序的元凶切齿痛恨。在亚洲，只有日本是这个元凶之一。对日本为什么打破这个框架，下节再作具体论述。

三　近代化过程中的中日关系

　　到目前为止，对近代中日关系史的研究，主要集中在中国和日本是怎样应对西方世界冲击的，日本怎样采取了更为妥当的办法。比中国更快地实现了近代化，日本在清日战争前后怎样打入中国的？但是，比之更为重要的问题，即日本为什么非要摧毁中华秩序的问题，到目前为止研究的还不多。

　　笔者认为，日本为实现近代化，不得不打破由中国独占的朝贡贸易体制。这个问题应该成为研究近代中日关系史的新的着眼点。当然，这并不是美化日本的过去行为，与此相反，其目的在于，要正确分析亚洲近代化过程中，日本在外交、经济方面对此的错误认识。

　　首先，从经济方面分析日本的近代化。要收回被列强夺走的关税自主

---

　　①　《钦定大清会典事例》卷503"朝贡"。
　　②　参见佐久间重南《明代の外国贸易》，《和典博士环历纪念东洋史论集》1951。
　　③　参见石井宽治《近代日本とイソギリス资本—ジヤ—テイン＝マセソン商会を中心に—》，东京大学出版会1984年版，第2章。

权，实现工业化，这是它的主要目标。换言之，要确立主权国家，建成国民经济，这是相一致的概念。只有做到这一点，才会富国强兵。据到目前为止的研究，对日本为什么要实现工业化，还没有令人信服的回答。现在只局限在日本对中国的商业输出遭到失败，还有以长崎为中心的华侨商人的势力，随着欧洲列强的侵略更加膨胀，日本对此感到威胁等。除此之外，还没有更多的研究。

事实上，华侨商人和欧美商人去日本，参与制造活动，使日本生产了许多洋布。以此为契机，1886 年外国商人促使日本向中国出口洋布，为此，还通过香港领事对其可能性进行了市场调查。结果，日本的洋布有了与中国、印度等国的洋布相互竞争的关系。另外，日本的出口扩展到海产物、煤炭、生丝等，输出贸易非常活跃。这些资本的积累，扶植了日本的工业化。

这是欧美国家劝告的结果。它说明，外国商社不光是输出自己的产品，如果符合本身的利益，也可利用别的国家的产品。在相对的价格竞争中，处于优势的日本商品，被欧美国家拿来参与了国际竞争，而且在量上，也有了大幅度增加。应该指出，这是外国商社为了追求本身的经济利益，利用了条件相对优越的日本。扩大的输出，使日本的资本膨胀起来，而不是从锁国转换为开国后出现的急剧变化。结果，引起了中日两国在经济上的冲突，从而也导致了政治、外交上的冲突。

1871 年 9 月 13 日，中日两国签订了《日清修好条规（中日辛未条约）》。这个条约，规定两国的平等关系，而中国有主导权；还有在相互承认的情况下，互享领事裁判权等。这是以平等关系为基础而引人注目的近代国际条约。可是，中国不可能把它看成是平等的条约，也不会承认平等的关系。因为根据传统的中华秩序，中国与任何国家的关系，必须是以"礼"为中心，向中国皇帝朝贡的关系。如果借用国际法，要与中国皇帝平起平坐，这个概念在中国是无法想象的东西。

还有一个根据是，专门处理外交事务的总理衙门，其成员由军机大臣组成，具有比理藩院还大的权力。但是，各省的总督和巡抚与之不存在隶属关系。因此，如果看这个机构成立的过程，可知以总理衙门为主导而与外国签订的条约，在中国看来这只不过是与一个外交机构签订的条约而已，并不代表中国全体。由于这个原因，清日战争结束后，日本和中国签订《马关条约》时，日本提出中国要派全权代表。拒绝进行第一次谈判的原因，就在于此①。

由于中国具有这样的传统观念，积累资本的日本，要扩大对外贸易的时候，经常与中国的这种传统观念碰撞。故他们要打破这种框架②。因而可以认为，日本产生对外侵略主义的原因，在于他们认为只有打破中华秩序，才能早日实现日本的近代化。也就是说到明治维新为止，在中华秩序中，靠朝贡贸易进行交易的日本经济，由于欧美的劝告，从锁国到开国，引进外国资本，发展工业，对外贸易输出也有了大幅度的增加。其结果，与周边国家产生了竞争关系。尤其当他们发现中国以传统的观念要维持中华秩序，而亚洲周边国家也紧随这个秩序时，日本感到了孤立。因此日本认为，不打破中华秩序，很难实现日本的近代化。

当然，为了自己国家的利益，日本有了这种念头，也采取了这样的行动，这是不容否认的。但是，以资本积累和工业技术为武器向周边国家以卑鄙的手段显示自己的优越性，从而造成相邻国家之间的不和，并以此为借口，武力侵略别的国家，这是应该受到批判的。

四　东亚传统秩序之解体与朝鲜的对策

如上所述，朝鲜建国后再次被编入中华秩序中。其特征是向明朝朝贡的同时，又受明朝册封。而另一方面，与册封为日本国王的镰仓幕府的将军有对等的外交关系。壬辰倭乱以后，和德川幕府也恢复了这样的关系。这样，即使是日本锁国时期，两国的使臣往来和贸易关系也非常活跃。清代，日本尽管已在中华秩序之外，但是，以朝鲜和琉球的国交为媒介，商人往来较频繁，保持了东亚特殊的位置③。

但是，进入19世纪中叶后，东亚再不能维持传统的中华秩序。这主要是由受西方列强压迫的开国和资本主义商品输入所造成的④。在东亚内部，要打破这种传统秩序的，是明治维新的日本。在1868年公布的新政府外交文书上，日本放弃了传统的外交惯例，改变了过去的做法。它第一

---

① 参见陆奥宗光《蹇蹇录》，金胜一译，汎友社1993年版。
② 滨下武志：《近代中国工国际的计器——朝贡贸易システムと近代アジア—》，东京大学出版会1990年版，第44页。
③ 参见中村荣孝前引书。
④ 荒野泰典：《近世日本和东亚》，东京大学出版会1988年版。

个针对的对象就是朝鲜政府。即它们使用了"皇"、"敕"等用语，提高了自己的身份。当然这是朝鲜政府所无法接受的。由于朝鲜不接受日本的国书，日本政府为了解决这个问题，急于要和清政府交涉。

但是，在前面已说到，中国根本不承认1871年签订的《清日修好条规》是对等的，而从日本的目的来看，如果用文书的形式来承认平等条约，可以向朝鲜显示自己的优越性。但是，朝鲜不承认，于是日本挑起"云扬号事件"，强迫朝鲜签订《朝日修好条规》。《条规》的第一条写有："朝鲜国自主之邦，保有与日本国平等之权"，这是日本为了断绝朝鲜同清朝间的宗属关系而写进的条款①。

对日本的行为感到危机的清政府，为了维持传统的秩序也绞尽了脑汁。但是，最后和朝鲜的宗属关系还是有了变化。当时，李鸿章认为，无论如何日本比欧美列强好对付，因此为了牵制欧美列强，反而要求朝鲜向日本开国。后来，围绕琉球问题和日本发生纠纷的时候，为了牵制日本，又要求朝鲜向欧美诸国开国。清政府所以这么做是有目的的。它要让西方列强承认清政府和朝鲜的宗属关系。为此，1882年缔结《韩美条约》时，李鸿章亲自从中斡旋。其结果，缔结条约后，朝鲜国王宣布了清朝是宗主国②。这就体现了李鸿章的意图。李想，即使是附属国，但从表面上也要体现自主性。因为日本通过近代国际法，要改变宗主国和附属国间的关系。对日本试图断绝中朝关系的努力，清朝也不得不考虑改变过去的做法③。

对传统的外交体制的破坏，朝鲜的卫正斥邪派对此进行抵制。他们上疏，提到由于"倭洋一体"之故，既反对向日本开国，也反对向欧美诸国开国。由于他们的活动与大院君政权的策略不谋而合，一时还取得了成功。对此，开化派以过去的交邻关系为前提，要求和日本协作。从这一点上讲，开化派也和以清朝的朝贡关系为外交重点的斥邪论者，没有什么两样。可见，缔结《朝美条约》时，宣布的宗属关系是朝鲜的必然选择。

壬午军乱后，清朝军队进驻朝鲜，加强了干涉。从此，成立了以金玉均为首的激进的开化派，要求独立，并在日本的支持下发动了甲申政变，

---

① 原田环：《韩、中〈两截体制〉成立前史》，《近代朝鲜の社会と思想》，未来社1981年版。
② 茂木敏夫：《李鸿章の属国支配观》，《中国——文化と社会》2，1987。
③ 同上。

但归于失败。这一事实证明，当时想要维持传统的中华秩序，并以此对抗外国侵略的稳健的开化派势力，还是强大的①。

以甲申政变为契机，清日矛盾空前激化，至1885年缔结天津条约后，暂时缓和下来。但是，清朝派袁世凯继续干涉朝鲜内政。对此，日本也在继续加强经济渗透的同时，以清朝为假想敌，大力扩张军备②。其结果，爆发了清日战争，而日本作为战胜国，在《马关条约》中写进"朝鲜是自主国"的字样，最终否定了朝清之间的宗属关系③。

由此，传统的东亚秩序被解体，日本扩大了对韩国和中国的侵略。在这样的国际环境中，朝鲜政府于1897年改国号为大韩，称国王为皇帝，使用了独立的年号光武。这是东亚的传统秩序崩溃之后，为了对付外来势力，形成独立的防御体系，以适应变化了的国际形势而采取的对策④。所谓光武改革，就是要加强皇帝的专制权力，并在各列强之间展开多边外交关系，以谋求中立和独立。即这是靠国际保障实现中立的外交构想⑤。

但是谋求独霸朝鲜的日本，根本不可能帮助朝鲜实现中立。因此，日本千方百计妨碍朝鲜的外交活动，并为杜绝列强的介入，剥夺朝鲜的外交权，使自己成为朝鲜的保护国。日俄战争之际缔结的第一次韩日协约规定，朝鲜设有由日本推荐的顾问，重要的问题要和日本政府协议。在第二次协约中进一步规定，"日本国政府，通过在东京的外务省，对今后的朝鲜外交关系及事务进行监理和指挥"。这样，完全否定了韩国的外交主权，使自己成为朝鲜的所谓保护国。为了得到列强的承认，日本还通过《朴茨茅斯条约》等条约，终于得到了对朝鲜保护和监理的权力。在这种状况下，高宗皇帝作为最后手段往海牙派密使，在万国和平会议上展开了揭露日本罪行的外交活动，由于列强采取冷淡的态度而以失败告终。

但是，在朝鲜国内抵抗所谓保护政治的斗争此起彼伏。日本唯恐围绕

---

① 赵景达：《朝鲜における大国主义と小国主义の相克》，《朝鲜史研究会论文集》22，1985。

② 永井和：《东アジアにおける国际关系の变容と日本の近代》，《日本史研究》289，1986。

③ 参见《蹇蹇录》，第18章。

④ 慎镛厦：《韩国近代民族主义の研究》，1987。

⑤ 梶村秀树：《朝鲜における日露战争》，《史潮》，1980。

满洲问题引起列强的干涉，波及朝鲜问题，加快了变朝鲜为殖民地的步伐①。

在这样的国际形势下，朝鲜展开了以教育振兴和产业振兴来恢复国权的爱国启蒙运动②。但是，朝鲜所谋求的自强，是以日本或西欧为基本模式，所以自然对此缺乏彻底的批判意识，从而也就不可能提出克服当时社会矛盾的完备的理论③。与此相反，彻底批判西欧文明，坚持不妥协的卫正斥邪派——儒生的反日义兵斗争，则应该是值得肯定的④。

被日军逮捕后在对马岛被焚尸的崔益铉，站在忠爱、信义的儒教立场上，批判了用武力支配的近代世界。爱国启蒙运动家安重根以"尚道德，无竞争，在和平的土地上从事生业，人人享受太平"的文明观点，批判帝国主义现象，要以道德的东洋人来实现东洋的和平。这种精神持续到日本的殖民统治时期，成为谋求韩国独立的宝贵的精神武器⑤。

五　东亚外交关系的课题和展望

如上所述，传统的东亚秩序到了近代后，由于受欧美资本主义的商品侵入，其基本体制崩溃，而日本勾结欧美资本主义，对周边国家推行以武力侵略的殖民地政策，使其成为蹂躏亚洲传统秩序的元凶。

到 20 世纪 60 年代末为止，在对亚洲的近代化进程同欧洲相比较后，得到的结论一般都是否定的。进入 70 年代后，以少壮派学者为主力，从不同的角度研究了传统的亚洲秩序，即中华秩序。他们的研究，指出了在亚洲也有发展资本主义的可能性。由此，对中华秩序的概念，也有了新的认识。本论文出于这样的认识，对此做了概述。但企盼对近来的中华秩序研究有个充分的理解。

应该说，在亚洲实现近代化的可能性被西方势力所打破，是很遗憾的事情，也可以说这是亚洲历史的悲剧。因此，今后在亚洲再不容许出现这样的事情。尤其为了自己的既得利益，帝国主义列强围绕韩末的朝鲜半

①　森山茂德：《近代日韩关系史研究》，东京大学出版会 1987 年版。
②　赵恒来：《1900 年代的爱国启蒙运动研究》，亚细亚文化社 1993 年版。
③　金义换：《丁未年（1907）朝鲜军队解散和反日义兵斗争》，《乡土汉城》26，1966。
④　金昌洙：《韩国近代的民族意识研究》，同和出版公司 1986 年版。
⑤　赵景达：《朝鲜における日本帝国主义批判の论理の形成》，《史潮》25，1989。

岛，对亚洲和平国家，忽好忽坏的行为，应该受到批判。也就是说，像日本这样的国家，为了实现自己的工业化勾结欧美列强，使周边国家为他们付出了许多代价。为此，日本应该向亚洲国家谢罪，并向当时的被害者进行补偿。只有这样，才能清算周边国家的不信任。同时，让日本年轻人了解历史真相，只有这样才能转变日本人的意识，为亚洲发展作出贡献。但是，日本根本没有做到这一点。

旧韩末，中国则抛弃了作为宗主国的体面和义理，在列强之间要保持自己的既得利益。这是一种非常被动的自救策。结果，不仅没有解决国内矛盾，还给相邻国家带来影响，从而也就失去了亚洲的主导地位。

在近代史上受害最大的国家是韩国。非常软弱的外交是造成这一结果的重要原因。为了自己的权欲，以列强的关系为政治背景，互相倾轧的外交姿态，是应该受到批判的。在韩国，至今还存在这种影响。为此，应该加强这一方面的研究，彻底荡涤其影响，在东亚秩序中起更大的作用。

综上所述，亚洲国家处于最苦难的时候，亚洲没有团结起来，反而出现了互相排斥和利用的现象。这当然是带来自灭的结果。再则，亚洲所具有的实现近代化的可能性，到近代后，因为亚洲诸国没有形成相互信赖的关系，造成了整个亚洲的没落。

现在的世界形势，开始关注亚洲的发展。研究国际关系的学者们常说，21 世纪是东北亚的世纪。其目的是提醒人们要警戒亚洲的发展。因此，现在更需要亚洲各国的协助和团结。为了达到这样的目的，我们应该清算历史，认真研究重新确立亚洲新秩序的最佳途径。

（原文载于戚其章、王如绘主编《甲午战争 100 周年纪念论文集》，人民出版社1995 年版）

论清日战争前后清日
两国的对韩政策

[韩] 金昌洙

一 序言

1894 年在朝鲜全罗道爆发的东学农民革命，对内成了摧毁韩国封建体制的要素，对外加剧了围绕朝鲜问题而日益尖锐起来的清日矛盾，终于引起清日战争（甲午战争）的契机。

东学农民军起义后，当时的朝鲜政府靠自身的力量无法镇压和收拾这种局面，故照前例，向清朝政府提出了派援军的邀请。清军为镇压朝鲜的内乱，到朝鲜后，日本以《天津条约》为依据，也向朝鲜派兵，这就成了清日战争（甲午战争）爆发的导火线。清日战争的爆发，为日本侵略朝鲜提供了绝好的机会。另外清朝政府为了在朝鲜取得政治优势，也和日本进行角逐。因而它又成为清日两国对韩政策的一大转捩点。

对这一时期的清日两国的对韩政策，中日两国学者，主要在政治外交史方面，作了许多研究①。但是，无妨说，他们的研究大部分集中在当事

① 《中日甲午战争研究论著索引（1894—1993）》（中国甲午战争博物馆编，1994 年）；田保桥洁：《近代日支鲜关系的研究》，京城帝大法文学部，1930；《近代日支鲜关系的研究——天津条约より日支开战に至る》，原书房，东京，1979；《日清战役外交の研究》，刀江书院，东京，1951；《近代日鲜关系の研究》，朝鲜总督府中枢院，1940，上下两册中下卷；信夫清三郎：《陆奥外交——日清战争の外交史的研究》，丛文阁，东京，1935；中塚明：《日清战争の研究》，青木书店，东京，1968；彭泽周：《明治初期日韩清关系の研究》，上高书店，东京，1969；藤村道生：《日清战争》，岩波书店，东京，1973；王信忠：《中日甲午战争之外交背景》，国立清华大学，1937 年；林明德：《袁世凯与朝鲜》，"中央研究院"近代史研究所专刊 26，1970 年，第 345—354 页。戚其章：《甲午战争史》，人民出版社 1990 年版；戚其章：《甲午战争国际关系史》，人民出版社 1994 年版；戴逸、杨东梁、华立：《甲午战争与东亚政治》，中国社会科学出版社 1994 年版等。

国（清日）围绕朝鲜问题而展开的国际外交关系史方面。近来韩国学者从日本变朝鲜为他们保护国的角度，对其侵略政策进行了研究，并取得了一些成果①。此外，韩国学者为研究日本的对韩侵略政策，广泛涉猎国内外有关史料，致使其研究有所深入。对长期以来未涉及的重大问题，也进行了较细致的研究，最近又发表了一系列论文②。

本文从韩国的角度，拟探讨清日战争前后，清日两国在朝鲜政治上、军事上的角逐和朝鲜国内的动向以及对清、对日关系。同时，围绕导致清军向朝鲜派军的外国军队使用问题，朝鲜国内的议论和日本的动向及派军③等，对学术界至今尚未关心到的问题，作为重点去探讨。

二　朝鲜政府对清援军的交涉经纬

为了镇压东学农民起义，利用外国援军，特别是清军援兵的问题，早在东学农民革命爆发之前，即前一年的 1893 年 3 月，在开展东学教祖申冤运动的报恩聚会时，已被提及。对以"扫破倭洋"，即排斥外势为口号，展开示威运动的东学教徒的集体行动，政府通过宣抚使发出晓谕，令其解散退回的同时，开始着手准备各种防备措施。从而提及动员负商和利用外国援军镇压的较坚决和强硬的手段④。但是，对武装负商镇压东学教徒示威运动的主张，在经过庙堂会议时，当时任高官的金炳始等人提出了反对意见。其理由是，负商作为平民，平时根本未作军事训练，加之，

①　朴宗根：《日清战争と朝鲜》，青木书店，东京，1982；中国柱：《近代朝鲜外交史》，探求堂，1966；金义焕：《朝鲜对日交涉史研究》，通文馆，1965；李瑄根：《韩国史现代篇》，震檀学会，1963；《东学农民起义和甲午改革》，国史编纂委员会，1973；《清日战争前后的韩国和日本》，韩国精神文化研究院共同研究，1984；《关于日本对韩侵略政策形成的研究》，历史学会共同研究，1983.12；文教部学术研究结果报告书等。

②　崔文衡：《列强的东亚政策》（专著），研究论文有：《通过国际关系看清日战争的动因和经纬》，《历史学报》99、100 合辑，1983.12；《对列强对韩政策的研究》，《历史学报》，92，1981.12；《清日战争中日本的对韩政策——以井上馨公使企图成为朝鲜保护国为中心》，《清日战争前后韩国和列强》，研究论丛 84—87，韩国精神文化研究院 1984 年版；《帝国主义列强对韩国的浸透和影响》，《近代史上的帝国主义》，1982 年度靠文教部学术研究助成费而进行的研究报告，韩国史研究会，1983.9。

③　金昌洙：《东学农民革命和外兵借入问题》，《东国史学》15、16 合辑，1981.5；金昌洙：《清日战争前后日本的韩半岛军事侵略政策》，《清日战争和韩日关系》，一潮阁，1985。

④　同上书，第 36 页。

"以民攻民"会激化不同身份人之间的对立和矛盾。结果,这种手段被撤回①。对东学教徒提出的"斥倭洋"要求,当时的朝鲜政府不仅不能接受,也是没有能力做到的。这是不言而喻的事实。这样,政府忧虑事态的进一步发展,在庙堂会议上,国王以中国用英国的援兵镇压太平天国运动的事实,提出了利用清军的建议。即1893年3月25日,国王在景福宫舍元殿的次对席上,召集了庙堂会议,咨询领议政沈舜泽,左议政赵秉世,右议政郑范朝等人的意见。② 领议政沈舜泽提出建议,让江华、平壤两营的军队驻扎水原、龙仁等地,以对付东学教徒的北上,而京军则根据形势的变化随时调用。但是,国王考虑到形势的剧变,不同意调用京军,而提出了参照中国借用英军镇压内乱的事实,提出是否可以借用清军的想法。对此,领议政沈舜泽表示了反对意见。其理由是,如果借用清军,在当时国家财政很困难的情况下,朝鲜负担军费和军粮是不可能的。右议政郑范朝也强烈主张不可借用清军。这样,国王也无法再坚持利用外军的想法③。

国王提出的借用清军的问题,通过庙堂会议暂时被撤回。但这并不是国王的本意。只不过因为遭到高级官吏的反对,暂时撤回而已。所以国王不死心,秘密派前协办内务府事朴齐纯去和当时任清总理交涉通商事宜的袁世凯协商,打听袁对借用清军可能性的看法。但是袁世凯认为时机尚

---

① 《蓉菴集》卷7,论时弊袖札癸巳(1893)中说"或有用负商之论,此必以其众多也。而负商京平民也,素无习兵,以民攻民,短杜格斗。则其势相敌,虽此众彼寡,而彼如兽团,此如乌合,非但难于借切,或恐反致扰闹也"。

② 《日省录》高宗30年3月25日条;《承政院日记》高宗30年3月25日条;《清光绪朝中日交涉史料》卷12,第15页(883),《北洋大臣来电2》;《高宗实录》高宗30年3月25日条;《李文忠公全书电稿》卷4,寄译署;田保桥洁:《近代日鲜关系的研究》下卷,第235页。

③ 对庙堂会议上君臣间进行的重要的问答内容,《日省录》,高宗30年3月25日,载有:"……(舜泽曰)水原、龙仁是直路也,沁营(江华)、箕营(平壤)两营兵丁,先为派驻水原、龙仁等地,京军观势调用为好矣。(予曰)京军姑不可派送矣。借用他国兵,亦有各国之例也,然而何必借耶。(舜泽曰)此则不可矣,若用之则军饷下得不自我国进排矣。(予曰)中国曾有借用英国兵之事矣。(范朝曰)岂可效中国乎?(予曰)非欲借各国也,清兵可用,故言之矣,(范朝曰)清兵借用虽异各国,而曷若初不借之为好乎。(予曰)布谕后不散,则可以剿讨者剿讨,可以安集者安集。庙堂会议,而亦议于时原任将臣,原任大臣自当人参也,(范朝曰)若剿讨则如何为之乎?(予曰)歼厥臣魁,则自当解散矣。(范朝曰)沿路几幸中,振威令不堪胜任,可择差矣,(予曰)当择差矣。岭南则防守之地,鸟岭、秋风岭,何处为胜乎?(舜挣曰)两岭俱是紧阨也,岭兵亦令防守可也。(予曰)团束锄治之方,善为会议也。"

早，不同意清军到朝鲜。并劝告改变镇压东学教徒的办法，说让重臣带
1000名京军和江华兵，镇抚忠清道，先诛杀该党头目，剿讨东学余党的
抵抗。因东学教徒不带兵器，缺乏粮食，很容易被镇压下去①。这样，朝
鲜政府暂时撤回借用清军的想法，决定用朝鲜军队去武力镇压在报恩聚会
时进行示威的东学教徒。对东学教徒的示威运动，不是想方设法靠自己的
力量去解决，而是积极主张借用外国军队，说明国王本身是无能的，因而
只能靠外来势力。

1894年2月，全琫准领导的全罗道古阜郡民乱，与在这之前爆发的
地域性民乱相比较，其性质是不同的。东学教主全琫准靠自己的理论和战
术，以及组织能力，把民乱和东学运动结合起来，使农民起义归属到东学
教团之中②。所以这可谓东学农民革命。东学农民军起义爆发不久的5月
14日，政府发现它们北上的企图，用全州地方兵去镇压，结果大败于黄
土岘。这样，两湖招讨使洪启薰向政府要求增派援军的同时，提出了借用
清军的问题③。

招讨使洪启薰以壬午、甲申为例，请求向清军求救。也就是说，在政
府军与东学农民军尚未有一次正面冲突的情况下，以"我少彼多"为理
由，奏请要清军派援兵④。洪启薰的奏请，5月16日通过当时的实权人物
闵泳骏，转达国王。

据驻朝鲜国日本杉村代理公使向日本外务大臣陆奥提出的报告，闵泳
骏于5月16日（阴历四月十二日）奏请国王，正式讨论了借用清军的问
题⑤。此一问题，尽管开始是洪启薰向政府奏请，但后来是在和袁世凯有

① 《李文忠公全书》电稿卷4，寄译署；《清光绪朝中日交涉史料》卷12（883），北洋大
臣来电2。

② 梅泉黄弦把东学农民起义称为"东学之与乱民合"，是比较确切的。《梅泉野录》卷2，
甲午高宗31年3月，梧下记闻乙未4月以后部分（第一笔）同年3月。拙稿《东学思想和民众
蜂起》，崇山朴吉真博士古稀纪念论丛，《韩国近代宗教思想史》，圆光大出版局1984年版。

③ 田保桥洁，同上书，在第274—275页中，把招讨使洪启薰奏请借用清兵的方案，看成
是东学农民军入城（全州城）以前的5月23日（阴历四月十九日）。对此，李瑄根博士在《韩
国史现代篇》第67页中指出，这是错误的，应改为5月14日。对李瑄根博士的见解，笔者曾经
表示同意（前揭拙稿，第42页注）。最近，朴宗根在《日清战争和朝鲜》第11—12页中，也表
示了同样的见解。

④ 《东学党匪乱史料》，郑乔，《大韩季年史》上卷2，第74—77页。

⑤ 《日本外交文书》27，2，498，第153页，《朝鲜国政府清国援兵ヲ乞フ议中止シタル报
告1件》，5月28日接受〈发〉第61号。

了默契的情况下，由闵泳骏提议，国王和大臣们进行商议的。但由于遭到诸大臣的反对，未能如愿以偿①。然而，洪启薰再三请求政府借用清军，政府也进行了反反复复的商议，始终未能通过。这样，闵泳骏直接和袁世凯进行了协商②。5 月 18 日（阴历四月十四日），根据闵泳骏的奏请，为了重新商议借用清军的问题，召集时原任重臣会议，国王再次征求诸大臣的意见。结果诸大臣还是强烈反对借用外国军队。他们坚持原来主张的同时，提出了所谓"三难"理由。第一，民为邦本，不可剿灭众多的生灵。第二，如果外国军队进入国内，影响京乡各地，将会动摇民心。第三，如果外国军队进入国内，各国公使必然以保护公使馆和居留民为借口，也有出兵的危险③。大臣们认为，当务之急是改革内政。这样，最后决定，增派江华兵来代替借兵。但是，此后继续接到洪启薰战况报告的情况下，国王再次召集时原任大臣参加的重臣会议，议论了打开当前局面的办法④。

在这次会议上，国王说，目前的局势是非常危急的，有存亡的可能性。京城是四面受敌之地，北方还有俄国南侵的危险。依我（国王）的想法，趁机往忠州藏后院搬迁王宫。并向大臣们征求了意见。但是，诸大臣提出了反对意见，金弘集还提出了为晓谕和归化东学农民军，在大臣以下的文武官吏中，挑选有能力的人才派到农民军去的意见。

围绕借用清兵的问题，国王和大臣进行上述屡次讨论的时候，日本外交官对此反应是非常敏感的。5 月 22 日（阴历四月十八日），日本的代理公使杉村濬向外务大臣陆奥宗光报告了当时的情况。在报告中，详细列举了全州陷落之前的全罗、忠清两道农民起义状况后，又论及朝鲜政府相应的对策方案。第一方案是政府的内政改革，第二方案是借用清军镇压东学农民军。在说明第二方案时，特别强调了借用清军的主张是由闵泳骏提出

---

　　①　田保桥洁，前揭书，下卷，第 273 页中谈到，这个议论国王戚族和袁道（世）凯中，谁首先发出的，是值得怀疑的地方。但是，考虑到在报恩聚会时已论及借用外国军队问题，应该看成是闵泳骏猜中国王的想法后首先发出的。

　　②　朴宗根，同上书，第 12 页。

　　③　《日本外交文书》27，2，第 154 页。

　　④　同上书，《又诸大臣ノ会议》。

的，但是由于反对意见占上风，尚未作出最后结论①。从表面上看，由国王和闵泳骏提出的借用外国军队的问题，似乎被撤回。所以，5 月 29 日（阴历四月二十五日）杉村给陆奥的电报中也说②，闵泳骏尽管希望借用清军，但是，朝鲜遵照诸大臣的反对意见，未予采纳。看来全罗道的农民起义不像初期那样严重。

清朝的状况，也与此相似。5 月 25 日（阴历四月二十一日）袁世凯给李鸿章的电报中也谈到③，朝鲜国王还没有提出清朝派兵援助的要求。在此不可理解的是，日本也说，尚未听到派兵的消息，是他们真正没有把握事态的发展呢，还是假装镇定，等待机会？这是不得而知的。但是，前面已提及，借用清兵的问题是闵泳骏和袁世凯通过秘密联络，有默契的。这是我们应该重视的地方。围绕这个问题，后来朝鲜政府和清朝政府采取的步骤，也是值得注意的。应该指出，朝鲜政府和清政府围绕借兵问题，至少是秘密地而非公开交涉的④，而清军已做好了只要有朝鲜政府的正式请求就随时出兵的准备。

三　清朝派军和日本的动向

1894 年 5 月 31 日，东学农民军攻陷全州城的消息，传到京城之后，震动了朝鲜政府。中日两国也感到震惊。首先传来的是全州城危急的战况，直至 6 月 2 日，避难到公州的前全罗监司金文铉向政府正式报告了全州城陷落的事实。

6 月 2 日晚，国王召集时原任大臣，开了紧急重臣会议，商议借用清军的问题⑤。闵泳骏积极主张借用清军，而大臣们却表示要慎重，进一步观察局势的发展之后，再实施这个计划为好⑥。闵泳骏给元老大臣、领敦

---

① 《日本外交文书》27，2，(497)，第 152—153 页，杉村临时代理公使给日本陆奥外务大臣的报告文《全罗忠清两道民乱二付郦见上申ノ件》。

② 《日本外交文书》27，2，(499)，第 154 页，《清国援兵ヲ望ムニ就イテハ反对意见多キ旨报告ノ件》。

③ 《清光绪朝中日交涉史料》卷 13，(942)，《北洋大臣来电》。

④ 朴宗根，前揭书，第 13 页。

⑤ 《日本外交文书》27，2，(566)，第 165 页。《清兵派遣二至リタル颠末报告ノ件》，朝鲜政府が清兵借用二至リタル颠末探闻。

⑥ 上揭书，第 165—166 页。

宁府事金炳始写的书信当中，对这次重臣会议的内容报告写得很详细，并询问了他的意见。对此，金炳始回答说①，匪徒（东学农民军）的罪固然难赦，但其均为我民，宜用我兵剿讨。若用外国兵诛讨，我民心将如何？民心易涣散，故慎之又慎为好。再则，借用清军，不得不考虑日军的接踵而来。这样，金炳始强烈反对借用清军。尤其针对政府所说的既然未向日本提出出兵的要求，不必担心日本出兵的主张，他却说必须要警戒日本。后来围绕朝鲜问题清日两国采取的步骤和政策，说明金炳始的主张是正确的，是卓越的见解。他特别强调了用外国兵诛杀我民是不可原谅的事情，应尽力避免这种事情的发生②，这就体现了他的民本、自主的主张。后来清日两国对峙之际，对国王的咨询③，也强调了利用外国军队诛杀我民是不应该的，并表示了坚决反对的态度。尤其引人注目的是，他强调了东学农民军作为良民，他们起义的根本原因在于地方官吏的肆无忌惮的掠夺和剥削，因而用武力威胁东学教徒是不对的，并暗示了问题的关键在于改革内政④。此外，他还说，如果让清国的援兵诛杀我百姓，那么史臣把它记录下来，后代看了之后，一定谩骂我们的。

　　如上所述，借用清兵的问题，遭到了诸大臣和元老大臣的反对之后，国王和闵泳骏为了达到请兵的目的，绞尽脑汁，另想办法。另外，借用清兵的问题正式出现之前的 5 月 7 日，朝鲜政府曾经接受了清朝政府借给的军事装备。据资料记载，朝鲜政府通过金鹤镇向袁世凯提出了借用清朝的船舶，输送镇压东学教徒的讨伐军的要求。对此清表示同意。据清朝的回信⑤，清把正在仁川停泊的北洋海军所属炮舰平远号借给招讨使使用，并向全州的招讨使派遣了差办徐邦杰。但这并不等于清朝在军事上的正式介入，而只不过是军事装备的供应。

　　后来，国王不顾以金炳始等人为首的诸大臣的反对，下旨却说诸大臣

　　① 《东学乱记录》上，第 8 页，甲午实记 5 月初 1 日。

　　② 拙稿：《开化期的金炳始的经世观》，《南溪曹佐镐博士华甲纪念史学论丛》，一潮阁，1977，第 131—132 页。

　　③ 《东学乱记录》，5 月 20 日，第 11 页。

　　④ 《旧韩国外交文书》9，清案 2，(1795) 高宗 31 年 4 月 3 日（阳历 5 月 7 日）。〈发〉署理督办交涉通商事务金鹤镇〈受〉清总理交涉通商事宜袁世凯。

　　⑤ 上揭书，(1796)，同上件回答，《清光绪朝中日交涉史料》卷 13 (940)，北洋大臣来电，光绪二十年，四月初四日到，电报档。

已表示同意借用清兵，并要求向清馆提交照会①。对这一时期的状况，如果看日本的资料，能够详细了解借用清兵的经纬②。据载，闵泳骏根据国王的指令，派成岐运作为密使和袁世凯进行交涉。于是，借用清兵，只剩下政府发出照会的正式外交手续。这样，由国王和闵泳骏推进的借用清兵的问题，后经袁世凯的督促和外交手续，6月4日议政府发出照会，正式请求清朝派兵③。

袁世凯接到此照会后，当天立即打电报给李鸿章。李鸿章也以最快的速度报告给总理衙门，同时，立即着手派兵到朝鲜④。据载，李鸿章以直隶提督叶志超、北洋海军提督丁汝昌等为指挥官，派巡洋舰济远、扬威号到仁川，接着又让山西太原镇总兵聂士成率1500名先遣队到达朝鲜。这样，自6月7—25日大约2800名清军到达了忠清道牙山湾⑤。

对于清朝的出兵，日本的反应是，早在5月22日东学农民起义，杉村给陆奥报告起义动态时已提及。后来朝鲜政府商议借用清兵问题时，日本也积极做好了派兵准备⑥。尤其6月4日朝鲜政府为镇压东学农民起义，请求清朝派援兵，6月6日驻日清国公使汪凤藻向日本提交了出兵朝鲜的行文知照之后，日本正式加快了出兵朝鲜的准备。早在6月2日日本即决定出兵朝鲜，4日让正在休假之中的驻韩公使大鸟圭介回汉城，5日设立大本营，并向第五师团下了动员令。这一切说明，所谓行文知照，只

---

① 《日本外交文书》27，2，（516），第165页末尾的记事：上教以此论固好矣，而来头事未料，诸大臣之论，亦宜请援云。清馆照会，促送可也。成岐运往清馆，以照会传袁总理（世凯），即发电天津，未几日，清兵舰到泊沿江，叶部督领（志超）2000余名牙山下陆，李重夏迎接驻扎。

② 《日本外交文书》27，2，（516），第165—166页，《清兵派遣ニ至リタル颠末报告ノ件》。

③ 《东学乱记录》（上），甲午实记5月初8日，第9页，《清光绪朝中日交涉史料》卷13，第8页（953），北洋大臣来电《旧韩国外交文书》9，清案2，第311页，（1810）高宗31年4月30日发信，《对东学教徒讨伐次清军派兵要请的回答书》中说："钦命驻扎朝鲜总理交涉通商事宜二品衔正任浙江温处海关兵备道袁为照会事：照得本日贵政府照开，全罗道东学教匪，聚众万余，攻陷县城十数处，前往剿抚之练军，已被拒战败挫失去炮械多件，敝邦各军殊难殄除，照请转电，派兵代剿各等因，准此，当即电禀北洋大臣李（鸿章）核发，即奉电委本总理兼充全营翼长等因，奉此。除照行外，相应备文照会贵督办。请烦查照施行。须至照会者。"

④ 《李文忠公全书》电稿15，《东学乱记录》上，甲午实记5月初1日，第8页。

⑤ 田保桥洁，前揭书，第285—286页。

⑥ 前揭：《日本外交文书》27，2，第152—153页，《朝鲜国出兵ニ关シ清国并ニ朝鲜国卜交涉ノ件》，（497），（498）。

不过是单纯的形式而已。这是众所周知的事实①。

可见，清军出兵朝鲜后，日本也根据内阁的决定，趁机以保护日本公使馆和居留民为借口，出兵朝鲜②，围绕朝鲜问题清日两国展开了角逐。

四　日本派军和对朝鲜的侵略

日本出兵朝鲜，不是依据朝鲜政府的请求，而是依据《天津条约》第三条而进行的单方面的侵略。对日军侵略的经纬和经过，已有许多研究成果③。因此，本文对其具体经过不再重复，而着重阐述日军侵入后，朝鲜政府的反应。

6月10日，日本军以第五师团的大岛义昌少将为指挥，军舰八重山号装上混成旅团和陆战队488名、巡查20名以及4门大炮，从横须贺出港，在仁川登陆，接着进驻了汉城。这样，到6月15日为止，包括在仁川登陆的兵力，日军已达8000多人，优势于清军。

另外，在朝鲜政府根本没有请求的情况下，日军出兵朝鲜，朝鲜政府和清朝政府对此感到非常惊慌。6月8日，接到日本临时代理公使发来的日军派兵的通告后，朝鲜政府指使督办交涉通商事务赵秉稷，给杉村濬发出照会，向日本政府提出了严重的抗议，表示日本凭借东学之乱和保护公使馆派兵到朝鲜是非法的，要求撤回。不仅如此，还通过驻日朝鲜公使金恩辙向日本政府要求撤兵④。6月9日，又把参议交涉通商事务闵商镐急派到仁川，拟阻止日本大鸟公使率领的海军陆战队进入汉城。6月10日，把协办交涉通商事务李容植派到杨花津，阻止日本兵入城。但是这一切努力均归失败⑤。对朝鲜政府的抗议，日本方面却说，他们是根据《济物浦

---

　　①　山边健太郎：《日韩并合小史》，岩波书店，1984，第89页；朴宗根，前揭书，第15—16页。

　　②　杉村濬：《明治27、8年，在韩苦心录》，第8页。

　　③　主要著作有田保桥洁，前揭书，山边健太郎，前揭书，中塚明，前揭书。最近的研究有：崔文衡《通过国际关系看清、日开战的动因和经纬》，《历史学报》99、100合辑，1983；《清日战争中日本的对韩政策》，韩国精神文化研究院，《研究论丛》84—87，1984；《帝国主义对韩国的浸透和影响》，韩国史研究会，1983。

　　④　《旧韩国外交文书》日案（2834），高宗31年5月5日（西纪1894年6月8日），《要求撤回凭借东学乱和护卫公馆派兵的方针》。

　　⑤　朴宗根，前揭书，第17页。

条约》第五款，进行警备，并以此拒绝撤军①。朝鲜政府派赵秉稷向大鸟、杉村指出其非法性，再三要求日本撤军。当发来大鸟公使带领水兵进京的通报时②，又要求撤回水兵③，并指出，这违背外交上的基本原则。赵秉稷当时已很明确地提出，"现都下极甚安静"，所以日军若进京，反而会动摇人心，使人感到不安。④ 对此，日本大鸟公使却说，在第43号公文里说得很清楚，他们是根据《济物浦条约》而来，拒绝立即撤兵⑤。围绕《济物浦条约》，朝日两国有不同的解释。因而朝鲜政府要求撤兵和日本方面拒绝撤兵相持不下。从而朝鲜政府又派赵秉稷，于6月10日再次向日本提出抗议，抗议日本军队强行进京⑥。对此，杉村也进行了诡辩。他说，尽管朝鲜政府曾经强调过汉城气氛很安静，又有很多居留民，

---

① 前揭：《旧韩国外交文书》日案2，（2835），高宗31年5月6日（西纪1894年6月9日）《上件辨明及撤回拒绝》同上。

② 上揭书（2836），《大鸟公使的水兵带同进京通报》（同上），高宗31年5月6日（西纪1894年6月9日）敬启者：刻准仁川来电称：本日下午，我大鸟（圭介）公使抵（仁脱）埠，拟于明日午前四点钟，随带护卫水师兵三百名，由陆路进京，因将水师兵登陆缘由，特先知照贵政府等因，准此相应具由函达，贵督办查照可也。尚此泐佈，顺颂台祉。

③ 上揭书（2837），《同上水兵撤还要求》（同上），高宗31年5月6日（西纪1894年6月9日）敬覆者：刻准贵来函内开：我大鸟（圭介）公使抵仁埠，拟于明日午前四点钟，随带护卫水师兵三百名，由陆路进京云云等因，准此。查汉城现甚安静，贵兵丁切不可无故调来各情形，昨已面达并行照会。旋准贵覆文内，速禀贵政府查核等语在案。讵料不移时，而兵奇随至，使我都下人心大生惊恐，实出本督办厚望之外也。我政府自闻贵（正任）公使临港，早派本署参议闵（商镐）前往劳迎，幸叙各情，谅邀贵（正任）公使涵亮，尚望贵代理公使速将各项详细情形电达贵（正任）公使，除公使一行随员外，所有护卫水师，并勿用卸岸，即施撤还，以敦切邻友睦，免生一城骚讹。至切盼祷，肃此顺颂日安。

④ 上揭书（2838），《对同上件违背济物浦条约的指摘和立即撤还要求》高宗31年5月7日（西纪1894年6月10日）。

⑤ 上揭书（2839），《同上拒绝》（同上），高宗31年5月7日（西纪1894年6月10日）。

⑥ 上揭书（2840），《对日本强行进京的抗议》（同上），高宗31年5月7日（西纪1894年6月10日）条载：敬覆者：顷奉贵署公使第四十四号来函，均经阅悉。查此大鸟（圭介）公使带兵进京，不符约旨，立即撤还，以免惊骚各节，已于本日第十号公文逐细声明在案。至贵内未便擅行，有拂来意之处等语，殊非和衷办理之道，本督办不胜慨惜。凡各与国简派使臣，互相驻扎，遇有两国交涉重大事件，应由此国政府向彼国使臣，随事商办，务臻妥协，乃系各国通例。讵贵署公使以本督办前后陈述言若罔闻，一味推搁，不惟本督办之有失所望，亦非贵署公使分内应行之责也，且汉城系辇毂重地，玉帛会所，若于安静无事之时，调兵遽入，致生惊骚，纵贵署使任情自行，本督办惟有据章驳问而已。即希贵署公使热图善筹，亟回护兵，实为两国之大幸，无任祷盼之至。尚此布覆，顺颂夏祉。

要求日本立即撤兵。但是，日本根据《济物浦条约》，随时有出兵的权利①。这样，围绕对《济物浦条约》的解释，朝日两国相持不下的时候，6月11日政府军和东学农民军签订《全州和约》，从而日本军也就失去了任何驻扎下来的理由。由此朝鲜政府再次驳斥了日本派兵的借口，强烈要求日本撤军②。日本政府又通过大鸟公使，以没有完全平定东学乱为借口，继续拒绝撤军③。另外，在这之前的6月13日，朝鲜政府以签订《全州和约》为契机，也向袁世凯提出了早日撤回清军的要求④。这说明，国内局势稳定之后，朝鲜政府是同时向中日双方提出撤军要求的。当围绕中日两国同时撤军进行交涉的时候，对日本派兵反应最敏感的俄国政府在劝告清朝撤兵的时候，也要让日本政府撤兵⑤。但是，俄国的调停，也遭到了日本的反对。这样，根据袁世凯的要求，6月25日驻在汉城的英、美、俄、法公使进行会晤，并通过俄国公使，向日本外务大臣陆奥发表了共同声明，要求清日两国同时从朝鲜撤军⑥，但是，对这个要求，日本一再解释，除了护卫公使馆之外，没有别的意思⑦，对朝鲜的领土也没有侵略野心⑧。尽管如此，驻扎在朝鲜的兵力日益增多。在这期间，虽然日本大鸟公使和袁世凯继续协商，多次探讨清日共同撤兵的方案，但是，最后没有能达成协议，而归于失败⑨。

事实上，日本政府为了在朝鲜建立亲日政府，非常巧妙地避开列强的干涉，为挑起清日战争正在寻找机会。6月26日他们胁迫朝鲜政府进行内政改革，这是日本为了挑起清日战争而采取的步骤。这也是众所周知的

---

① 上揭书（2841），《拒绝撤回护卫水师的要求和对济物浦条约解释的反驳》（同上），高宗31年5月7日（西纪1894年6月10日）及《日本外交文书》27，2，第177—178、195—198页，田保桥洁，前揭书，下卷，第306—308页。

② 上揭书（2849），《否认派兵借口及催促撤回》（同上），高宗31年5月9日（西纪1894年6月22日）。

③ 上揭书（2854），《东学乱完全平定前撤收不可的照覆》（同上），高宗31年5月12日（西纪1894年6月15日）。

④ 朴宗根，前揭书，第26页。

⑤ 《日本外交文书》27，2，（629），《露国政府我力撤兵ヲ忠告シタル旨报告ノ件》，第282页。

⑥ 上揭书（633），《朝鲜ヨリノ撤兵劝告ノ件》，第284页。

⑦ 上揭书（547），（548），（549），（550），第198—205页。

⑧ 崔文衡：《清日战争中日本的对韩侵略政策》，第131页。

⑨ 朴宗根，前揭书，第26—28页。

事实。陆奥也在一些论述当中①，公开地承认了其侵略意图。

对日本提出的内政改革的要求，朝鲜政府提出了以日本撤兵为先决条件，而改革是朝鲜内部的事情，会自己处理的。并强烈谴责了日本的要求②。对内政改革的问题，早在东学农民革命爆发时，政府内部已有过议论③。正如金允植指出的④，根据东学农民军提出的弊政改革的要求，政府靠自己的力量，要进行改革的。作为内政改革的一环，政府还设立了校正厅。对此，黄铉指出⑤，虽然大鸟提出过要求，但这是政府逐渐进行改革的体现。

总之，日本政府在要求朝鲜政府进行内政改革的同时，做好了充分的军事准备。7月13日陆奥向大鸟发出的训令中说，"促进清、日间的冲突，是当务之急，为此务必不择手段"⑥，挑起战争。其结果是，7月25日在牙山湾丰岛附近，终于爆发了清日之间的战争。

五　结语

综上所述，清日战争前后的清日两国对韩政策，根本上说，是谁在朝鲜掌握主导权的问题。清军出兵朝鲜，是由朝鲜政府要求的，而日本却不请自来。也就是说，日本出兵朝鲜不是朝鲜政府要求的，而是依据《天津条约》第三条采取的单方面的侵略。对此，朝鲜政府几次提出抗议，但未能阻止其侵略计划。另外，6月13日国内局势稳定之后，朝鲜政府立即向清日两国提出了同时撤兵的要求，但因为遭到日本的拒绝，未能成行。事实上，日本避开列强的干涉，给朝鲜政府施加压力，要进行内政改革的同时，正在寻找挑起清日战争（甲午战争）的机会。

对日本提出的内政改革问题，朝鲜政府早已根据东学农民军提出的改革要求，设立了推进改革的机构——校正厅。但这也无法阻止日本的侵略

①　陆奥宗光：《蹇蹇录》，《岩波文库》，1933，第47页。

②　《日本外交文书》，27，1，第607—608页，朴宗根，前揭书，第34页。

③　前揭拙稿：《开化期的金炳始经世观》和《论甲午平匪策——梅泉黄玹的东学认识》，《蓝史郑在觉博士古稀纪念，东洋学论丛》，1984，高丽苑刊，第452页。

④　金允植：《续阴晴史》卷7，沔阳日记，高宗31年甲午6月。

⑤　黄弦：《梅泉野录》卷2，高宗31年甲午6月。

⑥　陆奥宗光，前揭书，第109页。

行为。日本侵略朝鲜的同时，也做好了对清战争的准备，于 7 月 25 日终于在牙山湾突袭清国军舰，挑起了清日战争。

最后，趁 1894 年东学农民革命爆发之机，介入朝鲜国内问题的清日两国，在掌握朝鲜政治主动权问题上发生了冲突。在借用外国军队的问题上，不仅能够看到朝鲜政府的无能和没有主见，更为重要的是，还能发现经过壬午军乱（1882）和甲申政变（1884）之后清日两国在对韩政策上的对立，最后导致了 1894 年的清日战争的爆发。尤其日本对韩国的侵略政策，是随着日本帝国主义的发展而推行的。而清日战争是把朝鲜变为其殖民地的第一个步骤。

（原文载于戚其章、王如绘主编《甲午战争 100 周年纪念论文集》，人民出版社 1995 年版）

十九世纪的"文明"与"野蛮"

——从国际法视角重新看待甲午战争

赖骏楠[*]

一 引言

光绪十二年（1886）旧历七月十日，北洋水师提督丁汝昌率"定远"、"镇远"、"济远"、"威远"四艘军舰以"入坞上油修理"的名义驶抵长崎。"定远"、"镇远"两舰是当时北洋水师乃至全远东吨位最大的铁甲舰，其排水量均为 7335 吨，各配有 305 毫米口径大炮 4 门、150 毫米口径大炮 2 门，另有其他火炮、机枪以及鱼雷发射管若干门。威风凛凛的舰队吸引了大量长崎市民前来观看，羡慕与嫉妒的情绪交织在人群当中。不出数日，便爆发了流血冲突：傲慢的中国水兵与愤懑的日本警察和民众在岸上发生斗殴，这导致双方各有伤亡。接下来则是旷日持久的事后交涉，最终在英德公使的调停下，双方达成协议，对死伤者予以抚恤，对肇事者（包括肇事水兵和警察）则予以惩戒（中方对自己水兵的惩办实际是不了了之）。[②]

中国方面似乎没有从此次事件中吸取什么东西，不过该事件对日本人来说却是意义重大。巨型铁甲舰的存在始终是本次谈判中的一个若隐若现的威慑因素，这深深地刺激了日本人敏感的民族自尊心：炮舰的威慑反倒

感谢黄宗智、易平、黄嘉亮、陈文玲、尤陈俊、吴四伍、俞盛锋、刘晗、高原、桂涛、焦长权、李达等师友就本文提供的评论和意见。文责概由本人自负。

② 关于"长崎事件"的具体交涉细节，参见王家俭《中日长崎事件之交涉（1886—1887）》，载中国近代现代史论集编辑委员会编《清季对外交涉（二）俄、日》（中国近代现代史论集，15），台湾商务印书馆 1986 年版，第 215—270 页。

促成了近代民族主义情绪的狂热爆发。更为实际的后果是，在随后不到十年的时间里，中日两国的海军实力发生了戏剧性的逆转。从 1888 年直到甲午战争开战，北洋水师未增一舰，而日本却大大加强了近代海军的建设。如何击沉"定远"、"镇远"这两艘铁甲舰，并战胜不可一世的北洋水师，成为日本海军绞尽脑汁研究的核心课题。1893 年，日本拥有了当时全世界最先进的高速巡洋舰"吉野"号。它的航速比"定远"和"镇远"多出 10.5 节，其火炮射速则是中国军舰的四到六倍。正是这艘"吉野"舰发出的隆隆炮声，宣告了中日甲午战争的爆发：是它在丰岛海战中打响了第一炮。它也参与了对"高升"号的轰击，并在黄海海战和围攻威海卫的战斗中立下赫赫战功。① 最终，中国彻底战败，并签订丧权辱国的《马关条约》。

对许多有关本次战争的历史教科书、学术专著、论文、浮世绘和其他影视文学作品来说，甲午战争的历史记忆就到此为止了。在经典的近代史叙述中，甲午战争见证了一个新兴的民族主义帝国的崛起，以及一个行将崩溃的旧帝国的垂死挣扎。新帝国的胜利首先在物质层面得以见证：所谓亚洲最强的北洋水师竟然被一个弹丸小国的海军击败了。为论证这一结果的必然性，相关的历史案例时常被引用：诸如慈禧太后挪用北洋水师军费去修建颐和园，而日本天皇的母亲则捐献出自己的首饰以资助购买"吉野"号这种对比鲜明的例子。更进一步的反思（这类反思自梁启超的时代即已开始）会指出中国不仅输在枪炮上，更输在了腐朽的法律和政治体制上，并宣告单纯模仿西方科学技术的洋务运动的彻底失败。然而，仅仅从军事实力和国内制度两个维度去理解一场殖民时代的战争，将不利于我们全方位地理解殖民征服的所有构成要素。本文试图提出一种新的视角，这种视角将关注日本帝国主义在征服东亚事业中的话语维度。后殖民主义的大量作品早已启发我们，所谓的帝国主义不仅仅体现在"炮舰政策"上，也不仅仅表现为"自由贸易帝国主义"。② 实际上，在帝国主义与殖民主义的全球扩张过程中，"法律"语言也成为一种至关重

---

① 关于甲午海战的战斗详情，参见戚其章《走进甲午》，天津古籍出版社 2005 年版，第 73—348 页。

② See John Gallagher & Ronald Robinson, "The Imperialism of Free Trade", *6 The Economic History Review 1 – 15*（1953）.

要的通货。① 本文试图展示的正是国际法话语在这种法律通货中的重要份额。与此同时，一种全球史的视角也有助于我们更深刻地理解国际法话语在 19 世纪跨文化的权力互动关系中所产生的作用。直到这时，我们才能深刻地体会到：在这场标志着近代中日两国命运转折点的关键战争中，中国不仅输在了曾经幻想能够攻克横滨、神户的军舰和枪炮上，更输在了（国际法）话语上。

二   国际法"文明"话语在东亚的传播

（一）19 世纪国际法与"文明"

当两个或两个以上国家之间有足够的交往，而且一个国家可以对其他国家的决策产生足够影响时，国家体系（又名国际体系）便产生了。② 如果这一国家体系内的国家意识到它们具有共同利益和价值观念，从而组成一个社会，也就是说，这些国家认为它们相互间关系受到一套共同规则的制约，而且它们一起构建共同的制度，那么国际社会便诞生了。③ 在 19 世纪的许多时间里，国际社会常常同"欧洲协调"（concert of Europe）这类概念联系在一起，因为它起源于这块土地。这也提醒我们，虽然我们今天能够对国际社会作出普遍性的理解，但在历史上，这个概念却与特定的地域、文化乃至宗教紧密交织。正因如此，作为国际关系学中"英国学派"代表人物的赫德利·布尔（Hedley Bull），在其作品中介绍当代"世界性国际社会"之前，感到有必要首先介绍之前存在的两个国际社会："基督教国际社会"与"欧洲国际社会"。④

这意味着在一个"世界性国际社会"形成之前，在历史的岁月中必定发生了某些事件。在这些事件中，非基督教、非欧洲的政治实体逐渐将自己建构成西方意义上的民族国家，并通过不懈的努力，最终在 20 世纪全部融入了国际社会，从而与西方国家一道，享受着（形式上）平等的

---

① See Sally Engle Merry, "Law and Colonialism", *25 Law & Society Review* 889–922 (1991).

② 赫德利·布尔：《无政府社会——世界政治秩序研究》第 2 版，张小明译，世界知识出版社 2003 年版，第 7 页。

③ 同上书，第 10—11 页。

④ 同上书，第 21—30 页。

主权。从西方的视角来看，这段历史被称作"国际社会的扩张"①，从非西方的视角来看，这段历史则被称为"进入国际大家庭"。② 由于主体的不同，所使用的动词也就不同（"扩张"与"进入"）。不过，无论叙述的视角如何，西方与非西方都始终绕不过一个共同的主线，这一主线就是"文明"。

在现代国际关系学诞生之前，国际法学承担着界定与描绘国际秩序的角色。③ 所以，在 19 世纪，布尔所说的"欧洲国际社会"又称为"国际法共同体"。这个共同体由平等的主权国家构成，彼此平等地通过使节和贸易（以及偶尔发生的战争）进行往来。他们共享着某些价值观念，一开始国际法学家认为它体现在基督教上。然而，当国际法试图将本身拓展到欧洲之外的广大地域时，问题出现了：欧洲之外的世界几乎全是异教徒。于是，一种新的价值认同孕育而生，它就是更具包容性的"文明"概念。杰里特·W. 龚（Gerrit W. Gong）已经指出，"文明"概念在 19 世纪国际法的全球扩张中具有两重功能：（1）它是为了回应保护居住在欧洲之外的欧洲人生命、自由和财产这一现实问题而出现，"文明"标准保证了欧洲人的某些基本权利能够在全球范围内得到保障，这导致领事裁判权制度的兴起；（2）在一种更为宏大的视野中，它是为了回应哪些国家能够获得国际法上的承认与人格这一问题而出现，"文明"标准提供了一种对"国际法共同体"成员及其候选人予以有效限制的学说。④ 如果非西方国家不能满足"文明"标准，那么，它将不能进入"国际法共同体"，与此相伴的后果则是：主权被减等；不平等条约将被签订和维持；固定关税、片面最惠国待遇、租界、领事裁判权、混合法庭、势力范围、保护关系等事物必须被保留。如果想解除这种束缚，那么唯一的方法便是"文明化"，它大致包括如下几个方面的工作：（1）对（尤其是外国人的）生

---

① 例见 Hedley Bull & Adam Watson（eds.），*The Expansion of International Society*，Oxford：Clarendon Press，1984。

② 例见 Immanuel C. Y. Hsü，*China's Entrance into the Family of Nations：the Diplomatic Phase，1858 - 1880*，Cambridge，Massachusetts：Harvard University Press，1960。

③ 现代国际关系学诞生于 20 世纪，参见肯尼思·W. 汤普森《国际关系中的思想流派》，梅仁、王雨译，北京大学出版社 2003 年版。

④ Gerrit W. Gong，*The Standard of "Civilization" in International Society*，Oxford：Clarendon Press，1984，p. 24.

命、自由和财产的保护；（2）有效率的官僚制政府；（3）完善的国内法律体系；（4）对包括战争法在内的国际法的自觉遵守，以及对国际会议与国际公约的积极参与。[①]

不过，还有一个问题需要解决：在 19 世纪国际法学家的眼中，究竟哪些国家已经是"文明"国家，哪些尚未达到"文明"？对这个问题，英国国际法学家詹姆斯·劳瑞默（James Lorimer）在其作品中作出了最清晰直白的解答：

> 作为一种政治现象，人类在其目前条件中，被划分成了三种区域或范围——文明人、野蛮人以及未开化人（savage humanity）。对于这些不同种类的人，不论是由种族特性造成还是由于同种族内部的发展阶段不一造成，文明国家享有在三种层面上承认的权利——完全政治承认、部分政治承认以及自然或纯粹作为人的承认……

> 完全政治承认的范围是所有现存欧洲国家，以及他们的殖民属国，这是就它们的人民是欧洲人的后代而言；以及南北美洲的国家……

> 部分政治承认的范围是土耳其的欧洲和亚洲部分[②]，以及那些没有成为欧洲属国的古老亚洲国家——波斯和其他中亚独立国家，以及中国、暹罗和日本。

> 自然或纯粹作为人的承认的范围，包括上文提及民族以外的其他人类；尽管在此处我们或许还应该区分进步种族和非进步种族。

> 国际法学家所直接处理的，唯有这三个范围中的第一个……他没有义务去将实证国际法适用于未开化人，甚至是野蛮人。[③]

（二）中日两国的不同反应

当中日两国与世界遭遇时，它们同时也遭遇了这幅国际法画面。1864

---

① Gerrit W. Gong, *The Standard of "Civilization" in International Society*, Oxford: Clarendon Press, 1984, pp. 14 – 15.

② 这意味着作者眼中的埃及已经脱离了奥斯曼帝国，而成为英国的"保护国"。

③ James Lorimer, *The Institutes of the Law of Nations: A Treatise of the Jural Relations of Separate Political Communities*, Edinburgh: W. Blackwood and Sons, 1883 –1884, pp. 101 – 102.

年末，亦即《南京条约》的签订——这是西方对中国承担"文明化"使命的关键一步——22 年后，美国传教士丁韪良（M. A. P. Martin）在总理衙门和美国公使的双重支持下，将其同胞亨利·惠顿（Henry Wheaton）的《国际法原理》（*Elements of International Law*）一书翻译完毕（中译本即《万国公法》）。该事件意味着中国政府对西方国际法的首度正式接受，当然，"正式"并不意味着"全部"。有充分的证据表明，丁韪良在翻译《万国公法》以及之后的一系列西方国际法作品时，出于使中国人更顺利地接受西方国际法，以及更有效地传播西方基督教文明的目的，将体现出国际法实证主义风格的原文扭转成自然法学风格。[1] 前一种国际法学强调国际法是主权国家意志的产物，因而其内容必须从外交实践中去推求。国际法并非具有先天普遍性，相反，国际法的普遍性必须通过历史性的实践来实现。在具体的国际法实践扩张到某一地区之前，该地区是不属于国际法适用范围的。[2] 后一种国际法学则更为古老，它在 19 世纪逐渐失势。这一学派认为国际法来源自然法，由于其是"理性法"或"上帝法"的体现，国际法具有先天的普遍性，所以，所有国家，不论处于西方还是非西方，都是这个普遍国际社会的平等一员。[3] 很显然，在 19 世纪日益得势、并在该世纪下半叶占据统治地位的国际法实证主义与"国际法共同体"的"文明"标准有着强烈的话语亲和关系。[4] 亨利·惠顿，作为英语世界国际法实证主义的首位代表人物，在其给国际法下的定义中强调：国际法是"文明"国家间的法律。[5]

然而，丁韪良却将这幅图画抹杀掉了，并且替换上一个更美丽的版本。将国际法称作"万国公法"导致这样一种印象：国际法作为国际社

---

① 参见林学忠《从万国公法到公法外交——晚清国际法的传入、诠释与应用》，上海古籍出版社 2009 年版，第 63—66 页。笔者的硕士论文对此做了更为详细的解析，参见赖骏楠《〈万国公法〉与晚清国际法话语（1863—1895）》，硕士学位论文，清华大学，2010 年，第 2 章。

② 参见杨泽伟《宏观国际法史》，武汉大学出版社 2001 年版，第 162—170 页。

③ 同上书，第 156—160 页；Arthur Nussbaum, *A Concise History of the Law of Nations*, New York: The Macmillan Company, 1947, pp. 114 – 118。

④ 需要提及的是，杰里特·W. 龚认为这二者并无本质关联，参见 Gerrit W. Gong, *The Standard of "Civilization" in International Society*, supra note 〔11〕, pp. 42 – 44。

⑤ Madison, *Examination of the British Doctrine which subjects to Capture a Neutral Trade not open in Name of Peace*, London Ed. , 1806, p. 41, quoted from Henry Wheaton, *Elements of International Law*, Boston: Little, Brown and Company, 1855, 6th Edition, p. 22.

会中制约各个国家之间关系的法规体系，就如同自然秩序一样是既定的存在。① 用"天理"、"人情"这些朱子理学概念去描述国际法的性质，也体现出丁韪良本人在美化国际法事业上孜孜不倦的努力。在 1864 年直到甲午战争前夕的三十年时间里，大部分不懂西方语言的中国士大夫在试图了解国际法时，其所能依赖的资源只有丁韪良的译本。赴欧留学人员中虽然有人学习了国际法，但他们却没有留下国际法学作品，他们中的大部分甚至在晚清外交实践中也默默无闻（只有马建忠是一个例外）。在同文馆和其他新式学堂中，屈指可数的丁韪良译作成为国际法教材，这是一个没有大学更没有法学院的时代。与此同时，中国传统儒家思想中对"天理"、"人情"的重视、对王道政治的向往，以及以诚信治天下、守四夷的思想，由于与西方自然法学存在某种程度的暗合，导致数代知识分子沉浸在丁韪良所描绘的自然法学图画中难以自拔。② 此外，在传统思想与实践中，存在一套中国自身的、有关"文明"与"野蛮"的话语（诸如"华夷之辨"的观念），而中国则位于"文明"层级的最高端。③ 尽管这套观念体系逐渐崩塌在 19 世纪残酷的国际政治现实面前，但它依然或多或少掣肘着晚清士大夫的心灵，这导致他们难以接受一个颠倒过来的新"文明"秩序。于是，新的"文明"概念消解进晚清国际法的自然法话语，甚或迷失在一种无知状态中。后文将指出的是，这在某种程度上导致了悲剧性后果。

与此同时，日本却渐渐走上另一条道路。明治初期的日本由于同样受到从中国输入的丁韪良译本的影响，其国际法观念停留在模糊的自然法/朱子理学认识上。不过，对国际政治的更深入接触（以岩仓使节团的经历为标志）、其启蒙思想家对时代精神的准确把握（以福泽谕吉的言论为代表）、对欧美留学生派遣的增多（研究过国际法的西周助等人是其中的佼佼者），对国内大学中法学教育的重视，乃至大和民族本身重现实体验、不屑于理论批判的文化习惯，所有这一切因素都导致日本在 19 世纪

① 佐藤慎一：《近代中国的知识分子与文明》，刘岳兵译，江苏人民出版社 2006 年版，第33 页。

② 参见赖骏楠《〈万国公法〉与晚清国际法话语》，硕士学位论文，清华大学，2010 年，第 3 章。

③ See John King Fairbank（ed.），*The Chinese World Order*，*China's Foreign Relations*，Cambridge，Massachusetts；Harvard University Press，1968.

70 年代逐渐意识到国际法"文明"话语在当时历史舞台上的重要意义。实际上,"文明开化"正是明治国家的三大国策之一。早在 1875 年,在其名作《文明论概略》中,福泽谕吉就对西方学术界中关于不同民族在"文明"上差距的话语表示全盘接受:

> 前章已经说过,事物的轻重是非这个词是相对的。因而,文明开化这个词也是相对的。现代世界的文明情况,要以欧洲各国和美国为最文明的国家,土耳其、中国、日本等亚洲国家为半开化的国家,而非洲和澳洲的国家算是野蛮的国家。这种说法已经成为世界的通论,不仅西洋各国人民自诩为文明,就是那些半开化和野蛮的人民也不以这种说法为侮辱,并且也没有不接受这个说法而强要夸耀本国的情况认为胜于西洋的。[①]

日本痛苦地接受了这一话语事实,也接受了与此相伴随的国际法理论,并且"从未怀疑过其效力或合法性,不论是在整体还是在局部上,它严格地遵守着国际法的规则"。[②] 尾佐竹猛已经指出,这时的日本人认定世道已经发生改变,而这一西方理论必然是正确的,因为"文明"国家的国际法学家坚持这种观点。当然,某些日本知识分子也曾在某种程度上怀疑过它的正义性,然而他们没有足够的勇气去冷淡并且无所畏惧地拒绝它。他们没有用来对抗欧洲理论的证据。甚至连日本的政治家们也在提倡全盘西化。于是,日本学者不得不服从欧洲理论。这正是明治中期存在的情形。[③]

在福泽谕吉笔下,"文明"成为一个无所不包的范畴,"无论是制度、文学、商业、工业、战争、政法,等等"。在这些事物中,能够促进"文明"发展的就是好的,而导致"文明"退步的就是坏的。因此,"内乱或者暴政独裁,只要能促进文明进步,等它的功效显著地表现出来时,人们

---

① 福泽谕吉:《文明论概略》,北京编译社译,九州出版社 2008 年版,第 17 页。

② Kanae Taijudo, "Some Reflections on the Japan's Practice of International Law during a Dozen Eventful Decades", *69 American Society of International Law Proceeding 65* (1975).

③ 尾佐竹猛:《国際法より觀たる幕末外交物語》,东京,1926,第 3—4 页,quoted from Susumu Yamauchi, "Civilization and International Law in Japan During the Meiji Era (1868 – 1912)", 24 *Hitot-suhashi Journal of Law and Politics* 2 (1996).

就会把它往日的丑恶忘掉一半而不再去责难他了"。① 因此，在促进"文明开化"的道路上，再也没有什么"天地之公道"和"宇内之公法"（而这正是明治初年日本人对国际法的普遍印象）来阻碍国家政策的实施了。虽然"文明"的含义十分广泛，但对于当下日本来说，"文明"的最重要使命则是确保日本国家的独立。为了确保独立，任何手段都是在所不惜的。福泽谕吉在书中给我们展现了这样一幅世界图景：

> 所以，从今天的文明来看世界各国间的相互关系，虽然在各国人民的私人关系上，也可能有相隔万里而一见如故的例子，但国与国之间的关系，则只有两条。一条是平时进行贸易互相争利，另一条就是一旦开战，则拿起武器互相厮杀。换句话说，现今的世界，可以叫做贸易和战争的世界。②

这样一幅"文明世界"的图画已经与丁韪良的图画相去甚远。在福泽的"文明"理论中，战争在本质上与"文明"并非冲突，相反，它是彰显国家实力，实现国家利益，促进"文明"发展的重要手段。"因此，应该说，战争是伸张独立国家权利的手段，而贸易是发扬国家光辉的表现。"③ 这种"文明"观与 19 世纪国际法学并不冲突，史蒂芬·内夫（Stephen C. Neff）的作品已经告诉我们：对于 19 世纪的实证主义国际法学家来说，将战争视作一种实现正义或保护国际社会共同价值的手段的观点，已经成为历史，因为"正义"或者"共同价值"已经不复存在。相反，支撑起 19 世纪法律思想是一种国际关系的无政府画面，战争是国际生活中固有和根深蒂固的特征。既然主权国家的独立意志是不受限制的，而主权国家间的利益又各不相容，那么发动战争必然成为表达意志和维护利益的手段。发动战争的理由是否合法不在检验范围之内，只要在战争过程中遵守游戏规则，那么这就是"文明"。战争成为一项法律制度，正是在这个世纪，圣彼得堡宣言、"利伯法典"（Lieber Code，美国联邦政府采用的陆战法规）、布鲁塞尔议定书、海牙公约等一系列战争法规则被制

---

① 福泽谕吉：《文明论概略》，第 51—52 页。
② 同上书，第 255 页。
③ 同上书，第 256 页。

定了出来。①

三　甲午战争:"文明"与"野蛮"

(一) 日本: 走向"文明"的战争之路

为了实现"文明",跻身"国际法共同体",明治政府付出了艰苦卓绝的努力。明治政府从国内和国际两个方面努力追求着自己的目标。"文明开化"、"富国强兵"和"殖产兴业"是这个时期的三大国策,实际上,后二者都可以被囊括进第一个范畴当中。最为关键的是,在 19 世纪 80 年代和 90 年代,仿照自普鲁士的君主立宪制在重重阻力下被确立起来,而刑法、民法以及诉讼法等一系列法典也在外国顾问的协助下被陆续制定和实施。这种国内法上的"文明化"使得外国人在日本的人身财产安全有了保障,因此领事裁判权的撤废被提上议程。与此同时,日本政府也必须向国际社会证明其遵守国际法的承诺。这尤其体现在从 19 世纪 70 年代开始的历次战争及其交涉中:为了日本的"独立",必须发动战争,并且还必须用国际法来为战争辩护。俾斯麦以三次战争建立的第二帝国成为日本的榜样,日本走上了武力开国的道路。与此相对应,明治日本继受国际法历史的一个显著特征,便是对战争法倾注了大量心血。1874 年,日本入侵台湾;1875 年,在军舰的帮助下,日本与朝鲜签订《江华岛条约》,迫使朝鲜开国;1882 年,日本公使在朝鲜发动政变,试图消灭王宫中的亲清派势力。在这每一次的军事 (或准军事) 行动中,相关的国际法问题都得到了研究,以证明日本一方的合法与"文明"。②

许多学者已经指出,在 19 世纪最后几十年中,中日两国之所以在朝鲜问题上存在冲突,是因为中国试图维持朝鲜作为中国藩属国的地位,并借此避免西方与日本政治经济势力借助朝鲜这个平台向中国本土实施进一步渗透,而日本则试图在东亚以近代主权国家的国际法上平等关系来替代传统朝贡体制,并实现与独立后朝鲜的结盟,从而将其作为向中国渗透的

---

① See Stephen C. Neff, *War and the Law of Nations*: *A General History*, Cambridge: Cambridge University Press, 2004, p. 162, pp. 186 – 187.

② 参见赖骏楠《〈万国公法〉与晚清国际法话语》,第 4 章第 5 节第 1 小节。

跳板。① 从这个角度看来，甲午战争的爆发显得不可避免。不过，从"近代化"的视角来看，甲午战争则拥有着更为丰富的意涵：从 19 世纪 60 年代以来，这两个国家都在军备、工业化、海外贸易、对外关系、科学技术等诸多"近代化"方面作出了巨大努力。而一场全面的战争，则成为检验各自努力是否收到实效的最佳机会。然而，与日本不同的是，中国缺少"文明开化"的口号。这一点已由佐藤慎一指出，他认为"文明开化"口号的缺失，导致中国在引进西方制度和学术上的迟缓，从而酿成甲午战败的悲剧。② 笔者将在本文指出的是，正是由于这个口号在中国的阙如，日本才得以在东亚垄断"文明"话语。日本人正是用这种话语来将战争中的各种行动合法化，而中国却对此发不出任何声音。

我们需要回到福泽谕吉的言论上来，因为他本人几乎成为明治日本时代精神的化身。上文已经指出，福泽认为日本在必要时可以诉诸战争，只要这有助于促进"文明"。于是，在甲午战争之前和之中，他始终在鼓吹对中国的战争。在战争爆发之际，正是他组织了"报国会"，在全日本筹集到了位居第二的巨额军事捐款③；正是他将中日战争放置在文明发展史中来看待，并将其称为"一场文明和野蛮之间的战争"；正是他发明了如下观念，亦即日本代表"文明"，而中国则代表"野蛮"。甲午战争爆发之际，整个日本如痴如狂，在一篇报纸文章中，这时的福泽如此阐述本次战争的意义：

> 日本希望激励朝鲜改革自身以迈向文明。日本希望促进朝鲜的独立，并希望独立后的朝鲜能支援日本自身。然而，中国却反对这迈向文明的运动，并试图干涉它。而且中国还首先通过武力和公开敌意，表达出其反对日本的意愿。日本被迫对中国宣战。这就是这场战争的起因。无可否认，这是一场中日之间的战争，但它实际上是一场文明

---

① 例见滨下武志《朝贡和条约——谈判时代的海洋性亚洲和条约口岸网络（1800—1900）》，阿里吉等编：《东亚的复兴——以 500 年、150 年和 50 年为视角》，马援译，社会科学文献出版社 2006 年版，第 20—61 页；Hedley Suganami，"Japan's Entry into International Society"，in Hedley Bull&Adam Watson（eds.），*The Expansion of International Society，supra note*〔8〕，p. 195。

② 佐藤慎一：《近代中国的知识分子与文明》，第 10—11 页。

③ 参见安川寿之辅《福泽谕吉的亚洲观——重新认识日本近代史》，孙卫东等译，张碧清校，香港社会科学出版社有限公司 2004 年版，第 81—82、94、109—110 页。

和野蛮之间的战争。战争的结果将决定文明的未来。因此，将自己认同为东方最先进民族的日本人就必须做好准备，不仅为他们的国家而战，而且为这个世界的文明而战。日本应该进攻并击败中国。日本必须一直不停地与中国战斗，直到有一天中国自己向文明投降。①

具体到这场战争的国际法领域，日本也必须采取"文明"的策略和话语。国内法的"文明化"已经大体完成，而且这已经通过日本学者用西方语言创作出介绍日本最新法典和司法制度的作品，告知了西方人。②日本走向"文明"国家，加入"国际法共同体"的使命，已经完成了一半。接下来需要日本在国际法本身上面做出足够出色的表现，通过积极地遵守和使用国际法，日本才能证明自己在国际交往中的"文明"。在之前的历次战争中，日本人都在努力研究和遵循国际法，但那些都是小规模的冲突，日本人需要更大的舞台。与中国的战争是一个绝好的机会，通过打败这样的"半文明"大国，通过将自己在战争中的行为与中国的"野蛮行径"一一对比，日本的"文明"将会更加突出。此外，更为现实的因素也催促着日本政府采取行动：1894 年 7 月 16 日，亦即对中国宣战十四天前，日本与英国签订了新的通商与航海条约，新条约规定英国将在五年后放弃在日本的领事裁判权。在随后短短的一年时间内，其他西方国家也相继与日本签订平等条约。③ 新的条约意味着西方国家首次对日本"文明"程度的正式认可，意味着日本已经拥有了"国际法共同体"的准成员身份，这正是明治日本几十年如一日梦寐以求的东西。但是，如果日本输掉了对华战争，如果日本在这场战争中事关国际法的事务上表现糟糕，那么这就意味着日本依然不够"文明"，新条约可能会作废，西方国家可

---

① Quoted from Susumu Yamauchi, "Civilization and International Law in Japan During the Mei-ji Era", *supra note* (25), p. 8. 此处文字系据英译文转译。

② See Kinji Akashi, "Japanese 'Acceptance' of the European Law of Nations; A Brief History of International Law in Japan c. 1853 – 1900", in Stolleis, Michael&Masaharu Yanagihara (eds.), *East Asian and European Perspectives on International Law*, Baden-Baden; NOMOS Verlagsgesellschaft, 2004, pp. 11 – 12.

③ Yoshiro Matsui, "Modern Japan, War and International Law", in Ando, Nisuke (ed.), *Japan and International Law: Past, Present and Future*, *International Symposium to mark the Centennial of the Japanese Association of International Law*, Hague, London, Boston: Kluwer Law International, 1999, pp. 10 – 11.

能会依然坚持领事裁判权，日本将依然被排除在"国际法共同体"之外。历史的逻辑时常以令人窒息的方式一环扣着一环，这种窒息迫使日本无法对中国仁慈，它已经没有退路，它只能背水一战，从物质上击溃中国，从话语上掩埋中国，以捍卫经过几十年奋斗而得来的成果。

甲午战争的经过和结局已无须赘述，它早已被深深植入中国、日本、韩国和朝鲜各自的民族历史记忆，尽管记忆的画面略有出入，对画面的评判则存在更大的差别。在本文中，我们需要关注的是本次战争中国际法话语的面向：日本人是如何将自己在战争中的一言一行同国际法相连？日本人是如何制造出一系列的国际法话语，从而证明自己已经迈入"文明"，已经成为"国际法共同体"的一员？西方对这套话语是如何反应的？这套话语对中国与日本在国际政治中的历史命运造成了何种影响？

（二）日本：国际法大秀场

国际法话语无所不在。1894 年 8 月 1 日，日本政府对华正式宣战，明治天皇在开战诏敕中明确提及日本将遵守国际法。对陆战和海战规则的紧急需要，导致了有贺长雄《万国战时公法》、原敬（译解）《陆战公法》、藤田隆三郎（译述）《海上万国公法》的刊行，这些作品成为日本军队在作战时的国际法参考用书。第二年，清军节节溃退，败局已定，李鸿章赴马关议和，此时中村进午的《媾和类例》问世，这当然是一本用来指导战胜国如何敲诈战败国的案例集。甚至，为了应对随后的三国干涉还辽，众议院议员集会所调查部编纂了《干涉及仲裁、战使、降伏》一书。日本人将整个战争的所有方面都用国际法包装起来，甲午战争成为日本人国际法知识的大秀场。①

不过这些以日语创作的作品，其主要目的是给日本政府和军队直接使用。欧洲人不懂日语，他们没有义务去考察这些作品，因此他们也就无法得知日本是否严格遵守了国际法。为此，产生了另外一批作品，它们用西方语言创作，主要面向西方读者。陆军第二军随军法律顾问有贺长雄在战争结束后前往欧洲，然后以最快的速度完成了创作。早在 1895 年，他就用法语发表了一篇介绍开战伊始便通过的保护在日中国侨民的帝国法令的

---

① 一又正雄《明治及び大正初期における日本国際法学の形成と発展——前史と黎明期》、《国際法外交雑誌》第 71 巻、第五、六合并号（1973 年），第 503 页。

文章。① 1896 年，他又用法语完成了《日清战役国际法论》一书的创作，
并在当年就将该书译成日语。② 海军法律顾问高桥作卫的作品产生得要迟
些，他来到英国接受国际法学的训练，先是发表了一篇简短的英语论文
（1898 年），该文简要介绍了战争期间有关捕获法的若干问题，并为自己
的未来专著做宣传。③ 1899 年，其英文作品《中日战争中的国际法案例》
问世，这本书从海战法角度审视了甲午战争。④ 1900 年，高桥作卫还用德
语出版了一本关于他这部作品的评论集，这本书显示出高桥的作品在西方
学术界的影响。⑤ 同年，作为国际法协会在日本的负责人，高桥作卫还将
自己的那本英文作品提交给该协会第 19 届年会。⑥

　　有贺长雄和高桥作卫用英、法、德、日四种语言创作的这批作品，都
呈现出一种"描述性"的特征。他们在作品中列举了大量的历史事实、
法律条文、宣言、告示、军事命令、案例，而很少有理论探讨，这是典型
的实证主义方法。有贺长雄是如此解释他这样做的目的："本书编述的目
的在于，对发生于明治二十七年至二十八年的日清战役中的各种事件，从
战时国际法的角度，尤其是从其中的陆战各种例规的角度，进行诚实的记
述。"⑦ 有贺长雄的作品记述了他在战争中所经历的几乎一切战斗与非战
斗情形。在他的描述下，滞留在日本的清国臣民及财产受到日本政府的保
护；日本军队对战争中误伤的中国居民都予以救护，并提供饮食照料；日
本军队对中国居民财产秋毫无犯；日本军队以合乎人道的方式处理了中国
军人的尸体（先埋葬后又挖出火葬）；日本军队对受伤俘虏予以救护；日
本红十字会在战争期间以中立态度同时慷慨地救助中日两国的士兵；日本

①　Kinji Akashi, "Japanese 'Acceptance' of the European Law of Nations", *supra note* 〔35〕,
pp. 14 – 15.

②　日译本参见有贺长雄《日清戰役國際法論》，东京哲学书院，明治三十六年。

③　See Sakué Takahashi, "The Application of International Law During the Chino-Japanese War",
14 Law Quarterly Review 405 – 415（1898）.

④　See Sakuyé Takahashi, *Cases on international law during the Chino-Japanese war*, Canbridge：
University Press；1899.

⑤　See Sakuyé Takahashi, *Äusserungen über völkerrechtlich bedeutsame Vorkommnisse aus demchine-
sisch-japanischen Seekrieg and das darauf bezügliche Werk*："*Cases on international law during the Chino-
Japanese war*", München, 1900；Kinji Akashi, "Japanese 'Acceptance' of the European Law of Na-
tions", *supra note*（35）, p. 18.

⑥　*19 The International Law Association Representative Conference* 324 – 325（1900）.

⑦　有贺长雄：《日清戰役国際法論·緒言》，第 9 页。

军队有效地区分了军用和民用建筑物，并对后者予以保护；日本军队以合理的补偿征用了占领地的各种财产；日本军队在占领地极为关注公众卫生，并努力杜绝霍乱、天花等传染病的爆发；日本军队对中立国的国民与财产予以充分保护。① 高桥作卫也描述了日本军人对国际法的忠诚：

> 于是日本发布了保护停留在日本的中国人的法令，这在上文已述及。她克制自己不去使用志愿者，因为这些人不属于正规军。她禁止使用私掠船作为报复，并严禁甚至是最轻微种类的抢劫。此外，她对受伤战俘照料得如同自己军人一样好。她给予所有战俘以最大的宽容。她有效地治理着占领地的人民，并释放了上千战斗人员，这些人已在威海卫投降。我们不敢冒险去列举完这类例子，因为它们实在太多了……②

与此同时，在他们的记述下，中国军队则表现太过恶劣。有贺长雄提供了若干证据：在他引用的陆军大臣训谕中，中国是一个"文明未化"的国家，因此它的士兵对日军伤病俘虏施加虐待③；中国士兵依然保持着割取敌军尸体首级的野蛮习俗④；中国士兵甚至虐杀并肢解日军俘虏。⑤高桥作卫则声称，中国政府在宣战诏书要求将所有日本帆船（不论是军用还是民用）击沉（可惜他没有提供中国曾经真正击沉过任何一艘日本民用船只的例子），中国不仅杀害战斗人员，还杀害战争爆发后滞留在中国的非战斗人员（他们实际上是为日军提供情报的日奸）。⑥ 所以，日本所面临的对手，是一个"不承认战争法，对敌国国民的私人财产不制定任何适当对待的规定，而且不试图采取任何坚决手段来限制其军队的抢劫和纵火暴行（即便是在它自己领土内）"的国家。⑦

---

① 有贺长雄：《日清戰役国際法論·緒言》，第 9 页。

② Sakuyé Takahashi, *Cases on International Law during the Chino-Japanese War*, supra note 〔40〕, pp. 3 - 4.

③ 有贺长雄：《日清戰役国際法論》，第 99—100 页。

④ 同上书，第 102 页。

⑤ 同上书，第 116—117 页。

⑥ Sakuyé Takahashi, *Cases on International Law during the Chino-Japanese War*, supra note 〔40〕, p. 3.

⑦ Ibid. , p. 164.

　　因此，这种"描述性"的视角充分"描述"了战争过程中日本的"文明"和中国的"野蛮"。两相对比之下，日本人对自己的"文明"充满了自豪感。于是，有贺长雄在《日清战役国际法论》的一开头就写道："盖日清战役中最重要的一点，即是此次战争的某种特异性质，在这场战争中，交战两国中的一方严格尊奉着战争法惯例，而另一方却严重违反了它。"① 在第一章的最后一段文字中，有贺长雄将战争中的"支那人"比作土耳其人、阿拉伯人和美洲印第安人，而"日本帝国"则如同法国、英国和德国那样恪守战争法规则，这甚至给日本士兵造成了重大牺牲。日本的表现是如此出色，以致这场战争中的日方经验将成为日后欧美诸国交战时的有益先例。② 高桥作卫在自己的英语专著中，甚至制造出一种"历史"与"价值"（借用列文森的术语）的统一："正如历史显示的那样，一种守法精神，尤其是在战争中，是一种日本自古以来就有的特性。"③正是由于这种日本自有的"文明"特性，使得它能够顺利地接受来自欧洲的最"文明"战争惯例。④

　　不过，在旅顺口发生的事情，却多少成为这套精美包装的"文明"话语的一个瑕疵。旅顺口大屠杀发生后，由于欧美记者冲破日军重重封锁而向外界发布报道，日本的"文明"造型一度受到欧美人士的强烈怀疑。驻英、驻法、驻德、驻意、驻奥、驻美的日本公使都意识到事态的严重性，并纷纷向外务大臣发来电报，请示如何应对西方媒体的报道。日本人一方面通过收买媒体；另一方面通过公开辩解来处理予以应对。⑤ 高桥作卫和有贺长雄在战争结束后，依然感到有必要对此事予以更充分的辩解。的确，他们采取的"诚实的记述"这一说辞有着一种妙用，它导致了一种有利于日本的实际叙述效果。如果这部作品忠实地记录下了本次战争所有可信的事件，那么，没有被写进此书的便是不可靠的传言。高桥作卫在自己的书中，表示自己目睹了日军进攻旅顺口的整个过程，并在旅顺被攻

---

① 有贺长雄：《日清戰役国際法論》，第9页。

② 同上书，第24页。

③ Sakuyé Takahashi, *Cases on International Law during the Chino-Japanese War*, *supra note* 〔40〕, p. 1.

④ Ibid., p. 157.

⑤ 相关的电报，见戚其章主编《中日战争》（第九册），中华书局1994年版，第529—536页。

克后立即访问了这个城镇。他以自己的"所见所闻"反驳了一则报道日军在旅顺口登陆时曾袭击十艘载满难民的舢板船的消息，他只承认有少数平民死于战斗过程中的流弹和炮火，而这类事故当然是不可避免的。[①] 如果连袭击舢板这样的事件都未曾发生，那么，怎么可能会存在持续四天的大屠杀呢？这只能是子虚乌有的谣言。有贺长雄的确更诚实地记述了他眼见的情形，他承认市街上布满了尸体，大概有两千具，不过他进而声称其中只有五百多具才是非战斗人员的尸体。而他认为更值得注意的是，死者大多是壮年男子，妇女儿童的尸体则极少见到，他只承认在水池中和马路上各见一具女子的尸体。这说明日本军队只是在处理试图逃匿或抵抗的残余清军。接着有贺长雄讲述了日本军队在登陆后是如何正确做到区分战俘与平民，如何保护平民的生命安全的（通过在身上和门口悬挂日军颁发的写有"不杀此人"之类文字的牌子）。最后他总结到："以上为二十一日之后数日在旅顺市街内的实况。"[②] 然而，对于自己声称眼见到的两千具左右的尸体，有贺长雄必须作出解释，他最终只承认发生了以下事实：（1）日本军队进入旅顺市街当日（1894 年 11 月 21 日），由于平民与清军士兵混杂在一起，所以日军的进攻导致了平民伤亡；（2）日本军队在战斗结束后的几天内，又杀死了大量试图抵抗和逃跑的清军战俘。也只是在这两点上，有贺长雄的法律良知战胜了辩解本能，他批评第二军司令官就旅顺事件向大本营所做的答辩。该答辩承认发生了这两点事实，但试图提供辩护理由，但有贺指出，军方的理由无论如何在国际法上都是不成立的。[③] 不过，这种"中立"的写作策略，却使得有贺长雄作为国际法学者的人格更令人尊敬，它更强化了前面在事实辩解上的叙述效果：只有大约两千人死亡，大部分是战斗人员，几乎没有妇女儿童死亡。

最终，这些"诚实的记述"以及附带的诡辩都在向欧洲人证明：中国人在战争中不遵守国际法，他们的举动不像是"文明"民族的所作所为，而日本天皇、日本政府、日本军队和日本国民却抱着谨遵国际法的最忠实愿望，他们在国际法上表现优异，日本已经实现了"文明"，并进入

① Sakuyté Takahashi, *Cases on International Law during the Chino-Japanese War*, *supra* 〔40〕, pp. 4 – 9.

② 有贺长雄：《日清戰役国際法論》，第 108—111 页。

③ 同上书，第 118—126 页。

了"国际法共同体",而发生在旅顺口的那一点点杀戮(况且它没有证据来证明!)并不能作为日本违反人类道德的有力证据。

(三) 中国:声音微弱

中国方面却只能发出极其微弱的声音。郑观应收到了美国记者写给他的英文信件,这封信描述了旅顺口大屠杀的惨状,他悲痛欲绝,在泪水中将信件译成中文,将屠杀情形绘图十二张,并摘录"公法战例一本",以及"古今名将不嗜杀而得福报者一本",编成一本册子,散发给民众。①115 年后,这本书已经无处可寻,而有贺长雄和高桥作卫的著作依然躺在世界各地的图书馆里。何启和胡礼垣在 1894 年冬(此时中国败局已定)创作了《中国宜改革新政论议》一文,他们在文中倡议学校教育应重视"万国公法及律学大同"这两大科目。他们对国际法的讨论依然重复着丁韪良的自然法话语,"公法"被当成"性理之书",被视作与"平情"吻合。对正在进行的那场战争,两位中国作者指责中国违背了国际法。当然日本也违反了国际法,证据表明"轰高升"、"屠旅顺"、"扰登州"以及"僵降卒"都确有其事,作者也对此表示谴责。作者甚至进一步指出"日本高明之士"以及"日报名家"早已"自知无理,深明大局者不乏其人"。鉴于中日两国在战争中都违反了国际法,作者期望两国在今后都不要有违国际法。② 在华传教士也参与进对这场战争的讨论,丁韪良的同胞林乐知(Young John Allen)在《万国公报》上发表议论。他重复着日本人的话语,指责中国方面对国际法的公然违背,中国的行径甚至激起了英法各国乃至日本的愤怒。而日本则表现良好,它明显更有"教化"。③

至少从现存史料上看,甲午战争时期派驻西方的中国公使都没有意识到日本人垄断"文明"话语的危害性。在这次战争中,他们最大的贡献

---

① 参见(清)郑观应《盛世危言后编·中日交战西文报记日兵屠城惨酷图说序》,载夏东元编《郑观应集》(下册),上海人民出版社 1982 年版,第 486—488 页。

② 参见(清)何启、胡礼垣《新政真诠:何启、胡礼垣集》,郑大华点校,辽宁人民出版社 1994 年版,第 121—124 页。

③ 林乐知:《中东之战关系地球全局说》(光绪二十年十月),蔡尔康译,载李天纲编校《万国公报文选》,生活·读书·新知三联书店 1998 年版,第 328—329 页。

只在于为朝廷购买军火。① 同样是在这个时期，没有任何一个中国人利用国际法资源和欧洲语言，向欧洲人展示中国方面的遭遇和看法。从军事力量上看，中日两国在甲午战争前夕的军舰总吨位分别是 83900 吨与 59000吨。虽然甲午海战中实际上仅是北洋水师参与了战斗，而其他水师则袖手旁观，但中国方面依然可以投入总吨位达 41200 吨的舰队。② 无论怎么对比，两国在军事力量上的差距并不遥远。然而从（国际法）话语的角度来看，双方则实力悬殊：晚清中国没有高等教育机构，没有法学院，没有专业国际法教授（同文馆的"万国公法"教习一直由学神学的丁韪良担任），也没有国际法专著产生，甚至连一篇真正的国际法学术论文都没有。因此，甲午战争不仅是一场军事力量上的较量，而且是一场话语上的较量。在这双重较量中，中国都以惨败告终。

四　课业评定：西方的回应

（一）日本胜出

日本人的努力立即收到成效。实际上在战争期间，西方的观察员和记者就坐在英国军舰里，饶有兴致地观看着战争双方的一举一动。一群东方人身穿欧式军服，手拿欧式步枪，按照欧式战法在战斗，这本身就很有趣，不是吗？欧洲人把军舰和大炮卖给了这两个国家，他们想观察自己武器的实际效能。由于这两个国家都是"国际法共同体"的候选人，所以本次战争是对其各自"文明"程度的最佳检验场合，这自然也需要欧洲人的参与。检验结果很快出炉。牛津大学的霍兰德教授（T. E. Holland，他后来给高桥作卫的那本英语作品写序）在战争结束后不久，就发表了一篇演讲以专门阐述本次战争中的国际法问题。在演讲的开始部分，他就指出这场"伟大战争"的深远影响："在远东发生的伟大战争已经持续将近十个月。它摧毁了一个帝国的荣誉，却造就了另一个帝国的荣誉。"日

---

① 参见《驻俄使臣许景澄奏购定枪弹电》，载戚其章主编《中日战争》（第一册），中华书局 1989 年版，第 218 页；《驻英使臣龚照瑗为购买枪械已由英运德十一月可到沪电》，载戚其章主编《中日战争》（第一册），第 269 页；《驻美使臣杨儒奏请派精通水师制造之人同往查验船只电》，载戚其章主编《中日战争》（第一册），第 452 页；《驻俄使臣许景澄奏北洋及张之洞所购枪炮弹药均已装船运粤电》，载戚其章主编《中日战争》（第一册），第 661 页。

② 吴杰章等主编：《中国近代海军史》，解放军出版社 1989 年版，第 205、207 页。

本已经处于进入"国际法共同体"的试用期，但中国则不是。因为中国并不准备吸收西方的伦理思想，也不准备进入大大便利了世界的社会生活的条约网络。中国没有加入日内瓦公约，而日本很早以前就成为其中一员。中国的法庭和法典也没有显示出任何试图符合欧洲要求的意愿，而日本在这方面却已大为改观。"因此，我们可以说，在这场战争之前，日本就已经被允许试用于'国际大家庭'，而中国则只是一个被允许的候选人。"①霍兰德接下来从交战国之间以及交战国与中立国之间的两个战争法角度，逐一分析了甲午战争中的各个细节。在分析过程中，对于在旅顺口发生的事情，霍兰德表示承认，并且解释其原因：

> 只有一次，即在亚瑟港②，日本人的表现无疑是可恶的。但其中的许多行为却是可以原谅的，只需考虑到当进攻者攻入要塞时发生了什么就可以了。如果部分不穿制服的苦力，或扔掉他们制服的士兵，在被发现手中持有步枪时就供认了自己的身份，对这些人进行处理就没有超出最近欧洲先例的允许范围。但不幸的是，日本人不论是军官还是士兵，在当他们于城镇大门发现遭拷打的战友的被肢解尸体时，他们随后作出的事情就远远超出了能被原谅的范围。登陆首日之后的整整四天，对非战斗人员、妇女和儿童的屠杀在冷血中持续进行着，而欧洲的军事观察员和特别通讯员则对这起他们无力阻止的大规模谋杀和毁灭感到震惊。据说这座城市最终只有36名中国人存活。他们能够幸免于难，是因为他们被用来掩埋他们死难同胞的尸体，他们每人都通过在帽子上系一个小纸条而受到保护，纸条上写着："这个人不要杀掉。"③

然而这幅悲惨画面却并不阻碍霍兰德对日本在战争大部分过程中表现优异的肯定。他的分析表明，日本没有使用私掠船，没有违反圣彼得堡宣言中关于禁止使用会爆裂子弹（达姆弹）的规定（中国被控告使用了这

---

① T. E. Holland, "International Law in the War between Japan and China", *3 The American Lawyer 387（1895）*.
② 即旅顺港。
③ T. E. Holland, "International Law in the War between Japan and China", *supra note*〔65〕, 388.

种子弹），日本政府努力禁止双手拿刀的武士参战（但还是有些武士伪装成苦力混入了军营），日本军队对居民和外国人的对待值得表扬，日本军队对大部分不再抵抗的战斗人员给予了宽恕，并对伤员给予良好的救治……霍兰德的结论是："日本，除了在亚瑟港的那次令人惋惜的野性爆发，已经符合战争法的要求，不论是在对待敌人方面还是在与中立国关系方面，其表现都可与西欧最文明国家的习惯相媲美。与此相反，中国则没有显示出试图接受文明战争惯例的迹象。"霍兰德甚至对中国的糟糕表现感到惋惜，因为中国也曾努力学习国际法，他们翻译了若干国际法作品，他们还聘请丁韪良博士来传授国际法。"但是中国人只接受了被我描述为最初步和最不可或缺的国际法观念。他们在使节礼仪和外交事务上展现出了他们的精通。但在战争法领域，他们还未掌握要领。"① 霍兰德的这篇演讲意味着日本经过此次战争的洗礼，已经顺利通过了西方的考察，被评定为"文明"，从而正式进入了国际社会。日本政府对霍兰德的这篇演讲非常满意，因为这篇演讲的出现正在日本政府的国际法规划之内。演讲被翻译成日语，并分发给各级日本官员。②

霍兰德的演讲让日本最终迈入了"国际法共同体"。1899 年，领事裁判权得以在日本被废除。1902 年，日本与英国缔结盟约，这标志着日本开始以更积极的姿态活跃于国际社会。日本在 1904—1905 年的日俄战争中的胜利，意味着它已经可与西方列强匹敌，并成为其中之一。1908 年，高桥作卫的英语新作《俄日战争中的国际法》问世。③

（二）中国落选

然而，霍兰德的评分不仅针对日本，也针对中国。中国被评定为不及格，它依然不够"文明"，被指定在国际社会的大门外苦苦等候入场券。这种话语在甲午战争后的欧洲学术界一再重复，而现实政治的表现也与这种话语保持一致。1895 年以后的清代历史是一段急剧凶险的历史，中国

---

① T. E. Holland, "International Law in the War between Japan and China", *supra note* 〔65〕, 389.

② Susumu Yamauchi, "Civilization and International Law in Japan During the Meiji Era", *supra note* 〔25〕, 12.

③ Sakuyé Takahashi, *International Law Applied to the Russo-Japanese War*, *with the Decisions of the Japanese Prize Courts*, London; Stevens and Johns, 1908.

的领土不断被列强吞食，甚至面临被彻底瓜分的危险。1900 年夏，北京陷入了一场清政府本身必须承担责任的残酷闹剧。于是，日本与其他七个西方国家一道，派遣军队前往北京营救使馆人员和侨民。8 月 28 日，刚刚击溃了义和团和清军主力的来自俄、日、英、美、法、德、意、奥八国的士兵分队（按照笔者列出的这个顺序）依次由南向北穿过紫禁城。① 一位观看了阅兵式的美国军官对此评论道：

> 据说从来没有白人进过紫禁城，洋人不能攻进紫禁城的说法虽然是一种迷信，但却为中国人深信不疑，因而粉碎、动摇这种信念就会使中国人精神崩溃，并且永远不能从这个打击中恢复过来。那样，他们就不用与列强谈判和平条件，不用偿付赔款了，中国就会被瓜分。②

这场盛大的军事—政治表演给所有人展示了一个历经几百年演变而日臻完善的国际法世界，它展示了新的民族国家世界体系所能爆发出的惊人能量。在这个世界中，只有民族国家才是国际法的主体，它们有着神圣不可侵犯的主权，它们可以动用主权来保卫使馆和侨民。如果你的祖国没有达到他们所要求的"文明"（义和团的所作所为便是明证），那么，你的祖国将不被视作国际法上的国家。它们可以将主权拓展到你这里，而你却没有主权。于是，来自主权世界的八个主权国家在世界体系的边缘展示它们的神圣主权。为捍卫它们的主权，它们可以不经宣战直接派兵侵略一个国家，它们可以随意指定战败国政府对他们认定的"祸首"实施死刑，它们甚至可以枪杀已经放下武器表示投降的对手。③ 因为这个国家没有主权，国际法对它完全不适用。

这种话语伴随着武装干预的进一步深入，迅即出现在欧美学术刊物中。同年 10 月，在义和团事件的公认最大受害国——德国（他的公使被清军枪杀），第二帝国头号公法学家耶利内克（Georg Jellinek）在《德意

---

① 北京市政协文史资料研究委员会、天津市政协文史资料研究委员会编：《京津蒙难记——八国联军侵华纪实》，中国文史出版社 1990 年版，第 262 页。

② 同上书，第 261—262 页。

③ 参见张海鹏《试论辛丑议和中有关国际法的几个问题》，载张海鹏《追求集：近代中国历史进程的探索》，社会科学文献出版社 1998 年版，第 201—222 页。

志法学家报》上发表了《中国与国际法》一文，专门阐述本次事件与国际法的关系。耶利内克在文章开头就指出了国际法与武力的联系："德意志民族在面临今后可能遭遇的危机时，不仅要有正确的政治行动，而且还要对这种行动寻找相应的法律依据。"① 于是耶利内克开始对侵略进行"法律依据"的论证。他首先煞有介事地介绍了西方国际法学归纳的国与国之间各种敌对关系的种类，这包括战争、干预（Intervention）、报复（Repressalien）以及自助（Selbsthilfe）等。随后耶利内克笔锋一转，指出"只有当眼下这项行动有着一个清晰可辨的法律面向时，对以上问题的讨论才有价值"。他提出这样一个问题："文明政权与中国之间的关系，在多大程度上能够按照国际法来看待呢？"② 于是他回顾了一遍 19 世纪欧洲国际法的传播史。最邻近的土耳其在 1856 年进入"政权一致"（das Konzert der Machte），日本则"有意同其整个过去完全断绝"，因此最终也加入进来。而所谓中国已经完全接受西方国际法这一说法，只是一个完全无法证实的声音，实际的情况是：

> 中国至多只是在勉强的、外界的令其屈服的压力驱使下，才将它那古老的针对外民族的锁国政策打开一个小口，从而开始同文明国家进行一些受限制的交往。但它从来就没有放弃它那高傲的政治狂妄与幻想；它总是自诩为中央帝国，根据它的官方理论，其他民族对它来说永远都是附庸。③

耶利内克继续写道：具体到战争法领域，中国更是没有参与进其最近几十年的完善事业中来。中国以完全次要地位的方式参加了 1899 年海牙会议，而且毫无疑问它没有批准这项决议。中国从来就不打算在这个领域对"文明"世界承担义务。对中国没有接受西方国际法的更为关键的证据，在于中国从来没有在国际法基础上捍卫自己遭侵犯的权利。耶利内克写道：

---

① Georg Jellinek, "China and V &lkerrecht", *Deutsche Juristeu-Zeitung*, 1900, Nr. 19, S. 401.

② S. o., S. 401 – 402.

③ S. o., S. 402.

　　中国从来没有抱怨过，它遭遇了不公正待遇，尽管这种不公正待遇经常发生。它通过自己的行为证明了它对西方国际法的拒绝，而且它也不会意识到需要将国家建立在国际法基础上。对于中国提出的所谓就西方违反国际法的抗议，人们完全可以置之不理；高傲的东方借助这种谎言挽救了其自负，这种自负禁止它令自己显得微不足道。然而，付国际法的侵犯始终以一个感觉受到伤害的主体为前提。以下这句话："哪里没有受害者，哪里就没有违法行为"，在国际交往中也毫无例外地生效。[①]

　　于是历史上空前盛大的一场"文明"世界针对东方"野蛮"政权的斗争就在国际法之外完成了，这场斗争完全是由政治而非法律主宰。既然斗争不受法律约束，那么杀戮和抢劫也就成为理所当然的了：

　　　　伴随着这种认识，我们不应对联军一方的所谓野蛮行径说三道四，这点已无需做进一步的解释。但是人道依然要被贯彻，不是因为中国可以将其作为一项权利来要求，而是因为它可以保证作为文明承担者的各民族避免去玷污历史的审判席。[②]

　　38 年前［1862 年美国公使蒲安臣（Anson Burlingame）开始向总理衙门推荐惠顿作品］，西方人兴高采烈地将国际法介绍给中国。而现在西方人将国际法收走，并认为中国人不配阅读这本书。耶利内克的文章是一篇以不容置疑的口吻创作的，令人感觉酣畅淋漓的作品。文章被翻译成英语，被再度发表在第二年的《美国法律评论》上（此时的美国也是德国公法学的继受国）。[③] 于是大西洋两岸的西方法律世界共同拥有了关于中国与国际法关系的统一话语。

---

　　① Georg Jellinek，"China and V &lkerrecht"，*Deutsche Juristeu-Zeitung*，1900，Nr. 19，S. 403.

　　② S. o.，S. 403.

　　③ See Georg Jellinek（trans. By Pauline Adelaide Thompson），"China and International Law"，35 *American Law Review* 56 – 62（1901）.

五　结语

　　直到 20 世纪下半叶，依然有日本学者陶醉在当年的"文明"壮举中。1962 年，著名外交史专家植田捷雄在自己的论文中，对日本在甲午战争中的表现给予高度肯定："日本帝国获得国际法上人格，完全是依靠自己的奋发。日本正是依靠自己的努力，获得了欧洲对其同为最高文明国的承认。"① 另一方面，可怜的中国依旧被定性为"野蛮"，有贺长雄的原文几乎被一字不漏地照搬："战争中清国的行动颇为野蛮，宛若土耳其人、阿拉伯人、美洲印第安人等。"② 不过植田捷雄也意识到，如果不存在有贺长雄和高桥作卫的作品，这些"文明"和"野蛮"的事例很可能将无人知晓，于是他又为这两位学术前辈歌功颂德："日本在日清战役中对国际法的遵守，在世界上广获好评，在这背后，当年日本的两大国际法学者，亦即有贺长雄和高桥作卫两博士的伟大功绩是不能忘记的。"③ 植田捷雄似乎意识到了话语在抬高日本国际地位上的作用，但是他没有进一步对此进行阐释，他更没有意识到为日本"文明"话语所掩盖的东亚人民的痛苦与灾难。植田捷雄的论文，实际上是在对日本的战争行动与话语进行史诗般的赞颂（与辩护）。

　　与此相反，本文尝试以新的、更具批判性的视角改写甲午战争史。在这种视角下，19 世纪"国际法共同体"的"文明"标准更多地带有一种话语性质，在这种话语背后则是 19 世纪西方国家在面对非西方世界时，所拥有的政治、经济、军事上的压倒性优势。当中日两国与这个"国际法共同体"发生接触时，他们也遭遇了这种"文明"话语。由于各种宏观和微观的原因，中日两国对这种话语作出了不同的回应。中国由于困窘于误导性的国际法汉译作品以及强大的儒家传统，从而在晚清数十年时间内未能意识到"文明"话语的重要性。日本则不假思索地接受了它，并努力使自己符合"文明"的各项标准。于是，在 19 世纪国际法学预设好

---

　　① 植田捷雄：《日清戰役と國際法》、英修道博士还历记念论文集编集委员会编《外交史及び國際政治の諸问题——英修道博士選暦記念論文集》、东京庆应通信 1962 年版，第 484 页。

　　② 同上书，第 486 页。

　　③ 同上书，第 487 页。

的轨迹内，甲午战争成为检验中日两国"文明"成就的关键舞台。日本在战争中胜出，它的国际法学家创作了一系列证明日本"文明"表现的作品，从而获得了西方国家对其"文明"国家身份的承认，以及"国际法共同体"的成员资格与领事裁判权的废除，并进一步加固了西方国际法学"文明"话语本身的正当性。中国则遭遇彻底的失败，这不仅体现在军事上，也体现在国际法人格上：中国被判定为"非文明"，从而不能进入"国际法共同体"。直到 1943 年，领事裁判权制度才在中国被彻底废除。因此，在本文的视角下，有贺长雄、高桥作卫等人在 19 世纪末用西方语言创作的国际法学作品，在决定中日两国近代政治命运的进程中，起到了举足轻重的作用。与此同时，在"文明"话语的背后，则是战争给全体东亚人民造成的巨大创伤以及（在很大程度上被民族主义话语加强的）持续至今的仇恨。

很显然，植田捷雄在其论文中，对 19 世纪国际法上的"文明"叙事依然不假思索地全盘接受。正是由于对"文明"本身缺少反思，所以他才会对日本的所作所为大唱赞歌。在一个主权膨胀的年代，在一个完整主权资格必须与"文明"挂钩的年代，日本以战争的方式追求"文明"、彰显主权的做法，似乎显得无可厚非。然而，由于本文将"文明"标准主要视作一种话语，所以有必要以怀疑的眼光来审视 19 世纪的"文明"叙事。后殖民主义的研究已经表明，在 19 世纪有关西方法律代表"文明"，而中国法律代表"野蛮"的叙事，很大程度上起源于 18 世纪晚期以来西方商人、媒体与汉学家建立在歪曲事实基础上的话语建构。而正是这套话语，为领事裁判权在中国的设立奠定了正当性基础。[①] 在国际法层面，伴随着越来越多的非西方国家进入国际大家庭、德国与日本这两个"文明"国家在 20 世纪三四十年代令人震惊的"反文明"罪行，以及西方国际法学本身对新现实的积极应对，"文明"话语也遭受质疑，并逐渐消失在 20 世纪国际法学作品中。[②]

然而，一个国际社会如果要维持其存在，就必须保持某些共同的观

[①] See Li Chen, "Law, Empire, and Historiography of Modern Sino-Western Relations: A Case Study of the Lady Hughes Controversy in 1784", 27 *Law and History Review* 1 – 53 (2009)。感谢欧中坦 (Jonathan Ocko) 与邱澎生两位教授推荐笔者阅读这篇论文。

[②] Gerrit W. Gong, "The Standard of 'Civilization' in International Society", supra note [11], pp. 81 – 90.

念、利益与规范，否则这个社会将面临瓦解，国际社会将可能重回霍布斯式的杀伐丛林。因此，从这一角度来看，19 世纪国际社会的"文明"标准自有其存在的正当性。不过甲午战争却又提醒我们："文明"标准本身可能导致新的悲剧。旧的"文明"标准已经成为历史，新的标准逐渐浮出水面，这包括人权和现代化等备选项。[①] 在研究完 19 世纪国际社会的"文明"标准后，杰里特·W. 龚已经无可避免地意识到："某些文明标准将是任何国际社会的一个特征，在这些国际社会中，文化差异和多元主义将永远与等级制和无政府状态并存，而不论社会联结的纽带有多么坚韧。"[②] 因此，审慎地对待和处理国际社会的开放与封闭、普遍性与特殊性、人权与主权、现代与传统这些永恒的张力，无疑将是所有政治家、历史学家、国际法学家与国际关系学家需要共同承担的艰巨使命。

（原文载于《北大法律评论》2011 年第 12 卷第 1 辑）

---

① Gerrit W. Gong, "The Standard of 'Civilization' in International Society", *supra note* 〔11〕, pp. 90 – 93

② Ibid. , p. 248.

马关议和与
《马关条约》研究

马关议和前夜的清政府与列强

季平子

1895 年 2 月中旬，中日双方都已决定议和。过了一个月之后两国代表始于 3 月中旬之末在马关开始谈判。在这一个月之中，清政府主要人员对于割地问题的态度，他们之间的争论和为此而进行的求助强援交涉，列强间分占中国领土的商谈，和日本为避免列强干涉而进行的外交活动，情况复杂而为探讨马关和会和《马关条约》者所不可不知。今特阐述如下。

一 日本方刚破坏了广岛会谈，又诱使清政府派使议和

甲午战争中，日本原打算在攻占辽东半岛后议和，故有广岛会谈的安排。广岛会谈尚在安排中，日本改变了主意，除早已确定所要夺取的辽东半岛外，还要夺取台湾，乃决计延长战事，进攻威海卫，消灭北洋舰队，同时破坏广岛会谈①，1895 年 2 月 12 日（光绪二十一年正月十八日）参加广岛会谈的中国代表团离长崎回国。同日，北洋舰队向伊东祐亨投降。日本既破坏了广岛会谈，又消灭了北洋舰队，他们的下一个步骤是什么？

威海卫沦陷，北洋海军退刘公岛时，李鸿章说："威海南北炮台俱失，水师万不能保，津、沽以北必有警信。"② 进攻大沽口至山海关一带，进而进攻天津、北京，是日本可能采取的步骤之一。日本内阁总理大臣伊

---

① 详见拙作《甲午战争后期的议和活动》，《社会科学战线》1983 年第 4 期。
② 光绪二十一年正月初十日李鸿章致宋庆、吴大澂两帮办电，见《中国近代史资料丛刊·中日战争》第 4 册，第 321—322 页。

藤博文说："如不先以兵力占领（台湾），将失去迫其割让之根据。"① 攻打台湾，先行占领，以便迫使中国割让，是日本可能采取的另一个步骤。后来的事实证明，消灭北洋舰队，破坏了广岛会谈以后，日本既没有进攻津、沽，也没有去攻占台湾。原来国际形势有了变化，日本又准备在这时与中国议和了。

促使日本作出破坏广岛谈判、延长战事的决定因素之一是，当时不存在列强干涉的迹象。约与中日双方代表在广岛谈判的同时，出现了新的情况。1895 年 2 月 1 日，即广岛会谈双方代表举行第一次会议之日，俄国政府召集一次特别会议，决定"增强我们在太平洋的舰队，以致使我们在太平洋上的海军力量尽可能较日本为强"。② 俄国在远东的军舰由 16 艘增加到 22 艘③，又向远东增派陆军。英国早已向远东增派军舰，到这时也已增加到 20 余艘，还准备从印度调陆军赴远东。2 月 1 日俄廷特别会议还决定"令外交部与英国及其他欧洲列强，主要是法国，达成协议，如果日本政府和中国缔结和约时，所提出的要求侵犯我国的重要利益，则对日本施以共同压力"。日本外务大臣陆奥宗光因见俄国"将作为外交后盾的武力急急集中于中国海及日本海"，发现"欧洲的形势已经逐渐露出不稳的情景"，认为"不如设法诱使中国政府早日再派媾和使臣，速行停止战争，恢复和平，以改变列强的视听"。日本政府决计集大军于旅顺、大连，摆出进攻北京的架势，迫使中国在会议桌上满足日本的全部要求，包括割让尚未被日军攻占的台湾在内。陆奥又认为"要想达到这一目的，就不得像以前那样再对中国政府隐秘我国的媾和条件"。④ 2 月 17 日，日本经由美国驻日公使谭思（Edwin Dun）和美国驻华公使田贝向中国发出一个照会，⑤ 把日本认为在议和时必须商谈的四个方面，即朝鲜独立、赔款、割地、重订中日通商条约，告知中国政府，要中国另派具有商议这四项内容的权力的使臣去议和。日本的这一步骤表明，日本已决定争取在列

---

① 伊藤博文：《冲击威海卫略取台湾之方略》，见伊藤博文《机密日清战争》，第 66—69 页。本文引用此书资料，系根据上海师范大学历史系袁琳同志译稿，所注页码则为原书页码。

② 1895 年 2 月 1 日俄政府特别会议记录，《中国近代史资料丛刊》第 7 册，第 307 页。

③ 马洛泽莫夫：《俄国的远东政策，1881—1904 年》中译，第 306 页，注 167。

④ 本段所引陆奥的话皆见陆奥宗光《蹇蹇录》，第 129—130、174 页。

⑤ 照会全文见《中国近代史资料丛刊·中日战争》第 7 册，第 114 页，照会上所注日期为 2 月 16 日，实则第二日始行送出。

强干涉还没有发生以前重开谈判，结束战争。

二　清廷派李鸿章为议和全权
大臣，准备逃难而不迁都

　　广岛会谈时，伊藤博文对中国代表团参赞伍廷芳说："贵国何不添派恭亲王或李中堂同来会议，郑重其事？"① 同时，日本外交部顾问端迪臣（Denison，又译作德尼孙）向中国代表团顾问科士达（John Foster，又译作福士德）说了相同的话。② 日方此项表示，乃日本制造中国代表职位太低的借口以破坏广岛会谈时所应有之文，并非日本已作出决定，只要中国改派职位较高的代表就可重开谈判。张荫桓、李鸿章和朝廷中人都未能窥破日人的阴谋，都以为只要改派恭亲王或李鸿章就可以重开谈判了。清廷一意求和，在接到田贝通知，日方拒绝由清政府补足张荫桓、邵友濂全权，继续谈判后，2 月 12 日（正月十八日），也就是北洋舰队投降，张、邵离长崎之日，决定派李鸿章为议和全权大臣。第二天，清廷谕曰："现在倭焰鸱张，畿辅危逼，只此权宜一策，但可解纷纾急，亟谋两害从轻……李鸿章著赏还翎顶，开复革留处分，并赏还黄马褂，作为头等全权大臣，与日本商定和约。……李鸿章著星速来京请训，切毋刻延。"③ 四天以后（2 月 17 日），始接日本为诱使中国再派媾和使臣而发的，关于议和代表必需有商议四项内容的权力的照会。中国已任命在先，19 日田贝将此项任命告知日本，并言明：李鸿章有"缔结和约、进行签押全权"。④

　　陆军溃败，舰队被消灭，都城北京受到日军进攻的威胁。中国在这样的处境下去与日本议和，所能订结的和约不可能与城下之盟有多大区别。

---

　　① 《伊藤博文与伍廷芳问答节略》，见《盛宣怀档案资料选辑之三·甲午中日战争》下册，第 393 页。

　　② 《科士达外交回忆录》，见《中国近代史资料丛刊·中日战争》第 7 册，第 472 页。

　　③ 正月二十日到，《军机大臣密寄》，见上海图书馆《李鸿章未刊稿》，总署要电，第一册。有少数资料引自本书其他各函，另行注出册名。本书电报部分，除李鸿章本人与各方来往者外，还有不少总理衙门与各驻外公使来往电。当时中国电报总局设在天津，由李鸿章亲信盛宣怀任总办。北京和国外各地来往电报皆由天津总局转发，总局留底送李鸿章，这些电报遂见于李鸿章档案，其中许多为他书所未见而又十分重要者。

　　④ 2 月 19 日田贝致电，见《中国近代史资料丛刊·中日战争》第 7 册，第 114 页。

像中国这样幅员广阔的国家，敌军威胁北京所产生的政府的安全问题，仍是有办法解决的，办法就是迁都。"继续作战，固然要迁都；无力继续作战，准备议和，为了使敌人无法以进攻都城相要挟，使我方代表不致被完全剥夺在会议桌上讨价还价力量，也是应该迁都的。"辽东战役后，北京受到威胁，就有人提出迁都问题。"倭人由辽渐迫，太后恒令顺天府备车二千辆，骡八百头，然始终不行。张孝达制军、李约农侍郎（署理两江总督张之洞字孝达，礼部右侍郎李文田字约农）皆主西狩之议，余（文廷式自称）亦以为不顾恋京师，则倭人无所挟持……沈子培员外、蒯礼卿检讨（沈曾植字子培，蒯光典字礼卿）则主暂避襄阳。而内城旗人汹惧。"尚书孙燮臣（工部尚书孙家鼐字燮臣）师致书李约农云："'勿奏请迁都；若倡迁议，必有奇祸。'盖李是时方考历代迁避之得失，欲有所论也，得是函而止。既而寇愈迫，翁尚书（同龢）亦主迁，孙尚书毓汶则主乞和。两人争于传心殿，孙之言曰：'岂有弃宗庙、社稷之理？'翁亦不敢尽其辞。然密遣人询李所考历代得失，盖讲幄之间，当偶及之。……余乃疏言：此时战既不足恃，和更不宜言，惟有预筹持久以敝敌之法。同时黄仲弢、沈子封（翰林院编修黄绍箕字仲弢，沈曾桐字子封）数前辈，联衔所奏四条，亦兼及迁都之计。"[①] 孙毓汶反对迁都的理由是站不住脚的，因为宗庙、社稷不是不可以迁转的。一个国家在战争中，其国都受到威胁，迁都以使政府机构可继续行使职权，在中外历史上都是常见的事。为什么翁同龢不敢尽其词去和孙毓汶争辩呢？为什么德国驻华公使珅珂对李鸿章说："若不迁都，势必割地"时，李鸿章认为"朝廷离开北京已是不可能实行的"？为什么翁同龢闻知珅珂此语，只敢在日记中兴"至言哉"之叹，而不敢再提迁都之议？[②] 因为清朝到了这时，末日将临；人们估计，一旦迁都，政府就会垮台。列强怕清政府垮了台，会妨碍他们在华的侵略利益，曾劝告日本不要进攻北京。[③] 一般满人怕清朝垮台，失去了他们的特权。慈禧太后和其他当权的满人更不愿丧失他们的权力了。他们都怕清政府垮台，也都反对迁都。其实，五年以后，清政府因八国联军入

① 文廷式：《闻尘偶记》，见《中国近代史资料丛刊·中日战争》第5册，第496—497页。

② 3月19日德国首相何伦洛熙公爵（Prince Von Hohenlohe）上德皇威廉二世奏，《翁文恭日记》，乙未正月三十日条。分别见《中国近代史资料丛刊·中日战争》第7册第334页和第4册539页。

③ 详见拙作《甲午战争后期的议和活动》，《社会科学战线》1983年第4期。

北京而逃往西安，并没有垮台。看来，在辛亥革命高潮到来之前，掌握兵权的督抚有李鸿章、张之洞、刘坤一等人在职，而未为像袁世凯那样的人所代替的时候，清政府不会因迁都而垮台。当时人未能见及此，[①] 慈禧太后遂采取备车、骡准备逃难而不迁都的办法。这是一个预感到末日将临的政府所采取的近乎荒谬的错误办法。不迁都给了日本一个极为灵验的威胁手段。威海卫之战以后，日舰开始进入渤海活动。[②] 在李鸿章入京请训期间，日本通过西人放出日军即将进攻津、沽的谣言，迫清政府授予李鸿章以割让土地之权。在马关议和期间，日本又以此相威胁，迫使清政府和李鸿章在条约上签字。

三　李鸿章北京请训，清政府求助英俄[③]

列强劝告日本勿攻北京，日本因此对进攻北京有所顾虑。[④] 但是清政府中，不论是枢臣、李鸿章，还是驻外公使们，都是一些不懂外交，对列强政策和国际形势茫然无知的人。除了一些口头的和报刊上的传闻以外，他们得不到有关日本和列强的重要真实情报。他们不知日本因列强的劝告而对进攻北京之举有顾虑。2月15日李鸿章报告说："洋人纷传，倭得威后，添兵赴旅，以水陆兵赴榆关。"[⑤] 中国朝野上下皆以为日本即将进攻北京，因而惊慌失措。第二天，清廷谕令李鸿章速来北京："此时事机至迫，连日电询李鸿章启程日期，殊堪焦盼。该大臣须即日布置成行。"[⑥] 李鸿章原定21日动身，接旨后把他动身的日期提前到19日，于21日到达北京。

---

① 后来，三月间，德国驻华公使珅珂已看出："京城陷落不一定就会发生现存国家秩序总解体之结果。"见《中国近代史资料丛刊·中日战争》第7册，第334页。

② 正月二十八日盛宣怀致北京李鸿章电报三通，见《盛宣怀档案资料选辑之三·甲午中日战争》下册，第615—616页。

③ 本节所述除已注明者外，皆根据《翁文恭日记》，乙未正月二十八日至二月十四日各条，见《中国近代史资料丛刊·中日战争》第4册，第537—542页，不一一作注。

④ 伊藤博文：《冲击威海卫略取台湾之方略》，见伊藤博文《机密日清战争》，第66—69页。

⑤ 正月二十一日李鸿章致总理衙门电，见《李鸿章未刊稿》，电稿，第十一册。

⑥ 正月二十二日军机处电寄李鸿章谕旨，见《中国近代史资料丛刊·中日战争》第3册，第435页。

战败求和，事情太严重。李鸿章此次入京请训，并不仅仅是例行公事，而是有极其重要的问题要和朝廷商议，并须由朝廷先行作出决定，以便李鸿章在谈判时有所遵循。日本提出必须商议的四项内容中，中国承认朝鲜独立一点是不成问题的，中国早已同意了。赔款也是早已答应的，但赔款的数目是一个问题。至于订结新的中日通商条约一点，在日本提出详细条文以前，难以确定其严重程度。当时中国政府也考虑不了这许多了，李鸿章赴日议和以前，清政府难以决定的最严重的问题是领土割让问题。

李鸿章在到京的第二、第三两天（2月22、23日），两次参加召对，并和枢臣面议。关于割地，光绪帝"令坚拒"。[①]诸臣的意见有三：1. 军机大臣兼总理衙门大臣孙毓汶、徐用仪是最早明白主张割地以求和的人。孙毓汶反对迁都，清政府也没有迁都。孙、徐又断言求助英俄是办不到的事。他们认为为了避免北京被攻占，只有求和，而不割地便不能开和议，所以同意割地。2. 军机大臣、户部尚书翁同龢反对割地。他以户部尚书的身份说："但得办到不割地，则多偿当努力。"这是一个愿多付赔款换取不割地的议和办法。这个办法是不切实际的，因为日本的领土要求绝不是多加偿款可以代替的。并且日本还没有提出赔款的数目。如果翁同龢早知日本所索的数目那样巨大，他也许就不会提出这个办法了。翁同龢在孙、徐和李鸿章争论求助英、俄问题时，赞成求助英、俄，借英国或俄国之力以避免割让土地给日本。3. 李鸿章在被派为议和全权大臣后即表示坚决反对割地。入京请训前，李鸿章谈到割地问题时说："鸿虽死不能画诺"。[②] 22日和枢臣面议时，李鸿章又说："割地不可行，议不成则归耳"，语甚坚决。李鸿章作坚决反对割地的表态的用意，当时已有人指出："现在李鸿章语及和局，辄以不愿割地偏告于人，窥其用意，必欲使此说出自宸断，然后定约之后，天下士论、民心怨愤不平之气，尽归于朝廷，而与己无与。"[③]李鸿章不可能不知道，不割地不可能议和，但是李鸿章和孙、徐不同，他对借助英、俄抱有很大希望；在北京请训期间，他也曾为此作过一番努力。可以说，除了孙、徐二人以外，其余的人或者反

---

①　正月二十九日李鸿章复张荫桓函，见《中国近代史资料丛刊·中日战争》第4册，第323—324页。

②　正月二十四日李鸿章致张荫桓函，见《中国近代史资料丛刊·中日战争》第4册，第322页。

③　二月初七日黄绍箕等条陈，见《中国近代史资料丛刊·中日战争》第3册，第491页。

对割地，或者不肯轻言割地，都对借助英、俄抱着希望。

当时抱着借助英、俄的希望的人是很多的。李鸿章、驻美公使杨儒、津海关道盛宣怀等人在他们来往的电文中提到这办法时，说的都太简单。署理两江总督、南洋大臣张之洞说的最为完整而明白。他们的见解是相同的，我们不妨即以张之洞的话为代表来看一看，他们所谓求助英、俄是怎么一回事。1894 年 12 月 23 日张之洞在分别致中国驻俄、德公使许景澄、驻英、法公使龚照瑗的电报中说："辽沈危，京畿急，非借强援不可。上等借船助战，次者武断胁和——如前数年英为俄、土两国武断定和之事。① 英忌他国夺东方利，俄亦不愿倭强，志在自得海口，似均可商；但必须饵以重利，恐须商务、矿务、界务等事于彼有利，方能相助。"② 张之洞所谓"界务"，指边界变动，实即领土割让。③ 张之洞把他的想法说得十分清楚，使我们可以明白无误地看出来，当时人所谓"借强援"，和近现代列国之间基于共同利害关系而建立同盟是完全不同的两回事，而和唐代向突厥回纥借兵之事相类似。原来，直到甲午战争时止，在多数中国人的心目中，"英夷"、"俄夷"和唐代的突厥、回纥没有什么根本性的区别。突厥、回纥的可汗是可以利诱的，只要可汗心动，就会派遣他的部众来为唐朝廷打仗。因此张之洞、李鸿章等人以为英、俄也可以利诱它们为中国动用武力。④

---

①　指 1877 至 1878 年的俄土战争。

②　光绪二十年十一月二十七日张之洞《致俄京许钦差》，见《中国近代史资料丛刊·中日战争》第 5 册，第 47—48 页。

③　张之洞在光绪二十年十二月初五日致龚照瑗电说："不如许英俄以商务、矿务或他项重利"，见《中国近代史资料丛刊·中日战争》第 5 册，第 49—50 页。所谓"他项重利"仍包括领土割让在内。

④　李鸿章也以为英俄会轻易为中国动用兵力。光绪二十年五月二十八日，天津英领事奉欧格讷之命谒见李鸿章，李说："应请欧转英外部，速令水师提督带十余铁、快舰，径赴横滨，与驻使同赴倭外署，责其以重兵在韩无理，扰乱东方商务。与英大有关系，勒令撤兵，再议善后，谅倭必遵。"（五月二十九日，北洋大臣李鸿章来电《中国近代史资料丛刊·中日战争》第 2 册，第 575 页）欧格讷认为李鸿章的话不屑理睬，没有向英国外交部转达（光绪二十年五月二十九日总理衙门致李鸿章电，《中国近代史资料丛刊·中日战争》第 2 册，第 577 页）。曾纪泽对列强有较正确的认识。光绪十六年（1880）他奉命赴俄，交涉收回伊犁。四月十九日他上了一个《敬陈管见疏》，说："各邦虽不尽民主，而政则皆由议院主持，军旅大事，尤必众心齐一，始克有成。今日之使臣……不能遍诣各国议院之人而说之。即令……慨然相助，试思事定之后，又将何以厌其求？襄者俄土之役，英人助土以拒俄……俄兵未出境，而赛卜勤斯一岛已入英国籍矣。"（《曾纪泽遗集》，岳麓书社，第 26 页。）

　　张之洞、李鸿章等人的求助英、俄策略还有极端错误的一点。他们主张割让领土与英国或俄国，取得它们的援助以免割让领上与日本，则割让领土与英或俄和割让领土与日有何区别？张之洞说："总之，胁和则可，讲和则不可；胁和则以利益与他国而不屈于倭，国威未挫；讲和而以利益与倭，则为倭所屈，从此不能立国矣。"① 这是一个包含有轻视日本的偏见在内的主张。当时中国人普遍地怀有轻视日本的偏见，因此这一主张也为当时许多中国人所共同持有。为了证明这一主张是错误的，让我们看一看，甲午战争中，中国国威是在什么时候受挫的？为什么会受挫的？1894年11月23日，即日军占领旅顺的第二天，德国驻华公使珅珂致电德国首相说："如果中日战争的结果，其他各国要在中国取得领土，为德国计，它可以利用机会为它的重要商业利益取得一根据地。"② 中国海陆军继黄海、平壤两次大败之后，又在辽东被轻易击败，列强马上开始考虑分割中国领土的问题了。可见中国国威在那时就因战败受挫，张之洞等人还在那里做他们的痴人之梦，说什么"不屈于倭，国威未挫"呢。

　　战争爆发后，清政府已求助过英、俄等国，为英、俄等国所拒绝。广岛会谈期间，清政府再次求助英、俄等国。法国答复说："和局已与英、俄商，极力调处。俟倭说出索项，即与参酌。"③ 俄皇回答说："威胁停战，致各国嫌衅，碍难办。……请中国速与商讲，如倭要索太过，必立即出约英、法，劝其退让。"④ 他们的意思很明确：第一，拒绝威胁停战；第二，俟日人说出索项再参酌。李鸿章说："盖倭必索占地，若占奉天，俄必不允；若占通商口岸，英必不允。必与该国有碍，始肯出为用力。此理甚明。"⑤ 即使果如所言，英国或俄国也要等到日本正式提出索占何地以后，才会有所表示。清廷和李鸿章竟幻想在议和以前得到列强承诺，支

------

　　① 光绪二十年十二月初五日丑刻发，张之洞致龚照瑗电，《中国近代史资料丛刊·中日战争》第5册，第50页。

　　② 1894年11月23日珅珂《上德国总理何伦洛照公爵电》，见《中国近代史资料丛刊·中日战争》第7册，第326—327页。

　　③ 1895年2月14日法外部告诉中国驻法公使馆参赞庆常的话，见正月二十二日到，龚照瑗致总理衙门电，《中国近代史资料丛刊·中日战争》第3册，第434页。

　　④ 俄皇的回答由俄国代理外交大臣基斯敬转告许景澄，见正月二十六日到，许景澄致总理衙门电，《中国近代史资料丛刊·中日战争》第3册，第461—462页。

　　⑤ 正月十八日到，李鸿章、王文韶致总理衙门电，《中国近代史资料丛刊·中日战争》第3册，第414—415页。

持中国拒绝日本的割地要求。李鸿章在北京请训期间又做了一次努力。李鸿章于 1895 年 2 月 22 日访问美使，[①] 第二天访问俄、法、英、德等国公使，分别要求各国给予援助。

甲午战争爆发前后，李鸿章着重求助俄国。这一回，李鸿章可能是因为新近接到俄国"威胁停战……碍难办"的回答，改而着重向英国求助了。也就在这个时候，英国传教士李提摩太（Timothy, Richard）向张之洞和李鸿章分别提出由英国"担保中国的完整"，换取英国扩大在华侵略权益的"中英同盟"方案。李鸿章即以李提摩太的方案向欧格纳提出，要求英国支持中国拒绝日本的割地要求。[②] 美使田贝劝李鸿章"背向欧洲列强，面向日本"，意思是劝李鸿章不要去求助列强。其余四国公使皆允电知各本国。2 月 24 日，李鸿章分别致电中国驻英、法公使龚照瑗和驻俄、德公使许景澄："顷商各使，电知本国，祈速赴外部密商托。"[③] 像支持中国拒绝日本的割地要求这一类问题，绝不是各国公使未经请示可以作答的。李鸿章访问各使，应以各使答应电知本国为满足，而等待各国外交部的答复。可是李鸿章竟就各使没有支持中国的表示作出判断："连日为土地事与各使商议，皆谓非此不能结局……借助仍难著实，不肯用重力，恐无济。"[④] 2 月 25 日，李鸿章和奕䜣开始转而同意割地。翁同龢仍表示反对，其余的人不作表示。光绪帝意，禀知慈禧再作决定。[⑤] 光绪帝把李鸿章、奕䜣意告知慈禧，"大拂慈圣之意"。但是慈禧很狡猾，不表示反对，对光绪帝说："任汝为之，毋以启予也。"二月初四日光绪帝召见李鸿章和枢臣们，要他们奏请慈禧定议和大臣之权。慈禧令太监传言："一切遵上旨可也"。

---

① 正月二十八日李鸿章借孙毓汶、徐用仪访问美使田贝时，除要求美国的援助外，又要求田贝在向日本接洽有关李鸿章赴日议和事时，仅说明李鸿章有"讨论割让问题"之权，而不是"同意割地"，亦为田贝所拒绝。见 1895 年 2 月 22 日田贝给美国国务院报告，收录卿汝辑《甲午战争以前美国侵略台湾的资料辑要》，载于《近代史资料》1954 年第 3 期。

② 详见丁则良《马关议和前李提摩太策动李鸿章卖国阴谋的发现》，收录到《中日甲午战争论文集》。丁文"英国在甲午战争中是帮助日本侵略中国的"一语与事实不符，但所述李鸿章以李提摩太方案向欧格诉求助一节则有英国档案为据。

③ 正月三十日戌刻李鸿章致龚、许二使电，《中国近代史资料丛刊·中日战争》第 4 册，第 325 页。

④ 二月初一日午刻李鸿章致张荫桓电，《中国近代史资料丛刊·中日战争》第 4 册，第 325 页。

⑤ 同上。

光绪帝虽名为亲政，慈禧仍抓住权力不放，重要大事都要由她来作决定。马关议和是例外，她为了躲避责任，要廷臣们遵帝旨行事。

2月26日和3月3日，英、法、俄外交部的答复由龚照瑗和许景澄转来了。三国都劝中国早日前往议和。英外交大臣金伯利（Kimberley）答说："各国知日索项，自有商酌。……俄、法同此意见。"龚照瑗询以"若言让土地，或南或北，英、法、俄如何处？"金伯利答道："未有定见，刻下不便言。"法外交部答说："姑观倭动静。"① 俄皇说："应俟倭说出索项，如华雇允，再出评论。"② 和以前的答复并没有不同。

四　列强商议分占中国领土，日本谋求列强支持，清政府予李鸿章以商让土地之权

金伯利的"自有商酌"和俄皇的"再出评论"不过敷衍，甚至是欺骗中国。俄国外交部亚洲司司长对日本驻俄公使西德二郎所说的话证明了这一点："前次中国向俄国政府提出之请求，以及该政府（按，指俄政府）对此所作之答复，其意义皆近迂阔而不切实。"③ 清朝当局，包括李鸿章和各驻外公使们，没有一个人能看出这一点来，他们仍然抱着英、俄等国将来在日本说出索项后助我拒绝割让土地的希望。其实，英、俄、德、法等国早已在那里另作商议，并各自和日本商酌了。它们相互"对可能发生之事情交换意见"。所谓"可能发生之事情"指的是"在领土关系上有主要更动"。④ 明白一些说就是，他们在交换各国分别占领中国部分领土的意见。3月间，英国驻俄大使拉赛尔斯（Sir Frank Lascelles）告诉德国驻俄大使⑤说："如果俄国因为它的铁路要并吞华北一部⑥或者朝鲜

---

① 二月初二日到，龚照瑗来电两件，《中国近代史资料丛刊·中日战争》第3册，第475—476页。
② 二月初六日到，许景澄来电，《中国近代史资料丛刊·中日战争》第4册，第326—327页。
③ 3月30日西德二郎致日本外交部电，见《蹇蹇录》，第175页。
④ 1895年2月6日德国驻伦敦大使哈慈菲尔德致德国外交部电，《中国近代史资料丛刊·中日战争》第7册，第329—330页。
⑤ 应为代办齐而绪基（Von Tschirschky）而非大使本人。
⑥ 中文"华北"一词通常指黄河流域，不包括"东北"在内。此处"华北一部"实指北满，应另译作"北中国一部"或"中国北边一部"，使不致引起误解。

一港口，英国没有一点理由反对。"① 瓜分危机并不是到了 1897 年底德国占领胶州湾才发生的，也不是订结马关条约后开始的，早在中国军队在辽东半岛败退声中就开始酝酿了。

当中国求助列强时，日本也在那里争取列强的支持。2 月 14 日俄国驻日本公使希特罗渥访问陆奥，陆奥说："时至今日，我国根据战争之结果，已不能不向中国提出割让土地之要求。日本政府希望事先了解是否与第三国发生利害关系，特别与俄国利害有关之问题希开诚相告。"希特罗渥答称："现在日本向中国要求割地是当然的问题，而俄国欲在太平洋沿岸获得自由通路②亦非一日，因此，如果贵国政府确能作到如过去所宣布的不妨碍朝鲜国之独立，俄国决无其他意见。"又说："日本要求割让台湾，俄国对此毫无异议。若日本放弃岛国之地位向大陆扩张版图，则决非上策。"希特罗渥没有明白表示俄国是否坚决反对日本在大陆扩张版图，只是说："在欧洲各国中会有提出异议的。"陆奥答以"果然如此，将来或许需要与此事有利害关系的国家直接谈判"，并不隐瞒日本将要割取大陆土地之意。但希特罗渥提到"以后如日军进攻直隶省，可能影响中俄两国之茶叶贸易，茶叶贸易对俄国一部分人民几乎为生命攸关之事业，因此希望预先予以充分注意"。三天以后，日本向中国送了议和使臣须有商议包括割让土地在内四项内容之权的备忘录。2 月 24 日希特罗渥又到日本外务省访陆奥，宣读了俄国外交大臣来电，表示"日本政府若声明在名义上及事实上承认朝鲜独立，则我政府当能劝告中国政府派遣有上述资格之全权使节，亦能劝诱其他强国与我政府采取同一方针。"后来，陆奥作了"在名义上和事实上皆承认朝鲜国之独立"的书面保证。日本驻俄公使西德二郎这时认为"如割地之要求不出台湾及金州半岛之外，相信俄国不致对此提出异议"。③

日本早就对英国做工作了。3 月 9 日伦敦《泰晤士报》发表了日本权威人士的谈话："关于对华的媾和条款，目前虽尚不能公布其全部内容，

---

① 1895 年 3 月 19 日德国首相何伦洛照上德皇威廉二世奏，《中国近代史资料丛刊·中日战争》第 7 册，第 335 页。

② 所谓"在太平洋沿岸得自由通路"意指在太平洋沿岸获得不冻港。当时俄国的具体目标是朝鲜东北沿海的永兴湾或新浦，以及这港口向北的沿海狭长地带，以便造一条铁路和海参崴相连接。

③ 本段所述皆据《蹇蹇录》，第 172—173、175 页。

但其中必须包括开放中国全境对外通商的条款。日本方面并不谋求在中国获得较列强更多的利益。"15 日该报又发表东京消息，"日本将要求割让辽东半岛"，并注明"不包括长江流域的领土"。

这时，德国开始活跃起来了。它发现"如果我们想要一些东西……现在似乎已到决定我们意旨的时候了"。[1] 德人因欲诱使中国给他们以"报偿"，决计放弃他们过去所持的对中国不利的沉默。3 月 8 日德国驻日本公使哥屈米德（Baron Von Gutschmid》向日本外务次官林董宣读了一份使日本人听起来是对日本表示好意，中国人听起来又是对中国的帮助的节略："德意志帝国政府劝告日本政府，务以适当条件缔结和约。……上述强国向中国要求干涉的报酬越多，则日本所得将越少。……日本似已向中国政府要求割取大陆之地。如此必将成为引起干涉之因素。"陆奥得到报告，致电林董，要他向德公使致谢。[2] 德国外交部将此举告知中国驻德公使许景澄，[3] 以求取得中国的好感。德人明知日本是不会因他们的劝告放弃对中国的要求的，所以在告知许景澄时声明"倭武员权重，未知能否听劝"。

日本深知要中国割让的两处土地，不但面积广大，并且辽东半岛是威胁北京的战略要地，台湾则日军尚未占领，中国必将千方百计加以拒绝。日人为实现其领土野心，议和以前就已采取了几项措施。12 月 19 日，日本政府接到清政府派李鸿章为全权大臣的通知。该项通知还声明，李鸿章带有授予缔结条约进行签押全权之委任状。日本政府还要"得到中国政府可遵照本月 17 日日本政府所电述的条件派遣其全权委员的保证"，并要中国政府将拟交付给李鸿章的全权委任状文稿先电知日本。总理衙门作了"李中堂奉派全权大臣，凡日本 23 日（即 2 月 17 日）电内欲商各节均有此全权责任"的声明，又同意颁发经日方作了字句修改的全权委任状给李鸿章，日本始于 3 月 1 日通知中国，定马关为议和地点，并表示中

① 1895 年 2 月 8 日哈慈菲尔德致德国外交部参事霍尔斯坦因私函，《中国近代史资料丛刊·中日战争》第 7 册，第 331 页。

② 《蹇蹇录》，第 179 页。

③ 二月十八日（3 月 14 日）到，许景澄来电，《中国近代史资料丛刊·中日战争》第 3 册，第 526 页。

国议和全权大臣可用密码与本国政府通电。①

辽东日军自 1894 年 12 月 13 日（十一月十七日）占领海城后未再前进。那时日人要中国割让辽东半岛，其北界或者还未明确，或者原欲占领到海城为止。中国调集大军于海城以西，辽河三角洲上的营口、牛庄、田庄台等地。双方军队在那里对峙了两个月。后来日本确定它要夺取的辽东半岛将包括辽河三角洲在内，派兵于 3 月 4 日（二月初八日）攻占牛庄，7 日占营口，9 日占田庄台。这次军事行动是日本在为议和作准备，并非欲延长战事。

2 月 22 日，即李鸿章到达北京的第二天，日舰十九艘在登州海面活动。② 3 月 18 日，日舰至长山岛，派兵登岸焚毁岛上中国专为瞭望日舰来往而设的电报局。次日，即李鸿章到达马关之日，日舰一艘在大沽口探水。③ 这些行动的用意在于配合日本通过西人散布的即将进攻津、沽的谣言，威胁清政府，并非日本真欲即将进攻津、沽。

军事上没有反败为胜的希望，求列强援助尚无着落，面对着这局而，不但在中国经史著作中找不到好的对付办法，外国历史著作中也是找不出办法的。2 月 26 日，翁同龢在一天之内读完《普法战纪》四册，仍然提不出什么新的办法来。在接到龚照瑗、许景澄转来的英、俄等国的答复后，清政府不得不先予李鸿章以商让土地之权，以便和议的召开，而希望在日本说出索项以后，会得到列强的援助。3 月 2 日，光绪帝面谕恭亲王等告知李鸿章，予李以商让土地之权。李鸿章乃奏道："论形势则有要、散，论方域则有广、狭；有暂可商让者，即有碍难允许者，臣必当斟酌轻重，力与争辩……但能争回一分，即少一分之害。"④ 翁同龢的意见也因而松动了。这天晚上，翁同龢在回访李鸿章时对李说："台湾万无议及之

---

① 《中国近代史资料丛刊·中日战争》第 3 册，第 470 页；第 7 册，第 114—120 页。日本在广岛曾向伍廷芳说，可在旅顺议和。那也不过是破坏广岛会谈时随便说说的，到了真的议和了，日本仍然要在日本境内选择地点。日本拒绝中国所提的烟台而定马关为议和地点。马关位于濑户内海西口北岸，为日本从广岛一带后方基地运送部队和军需船舰开往前方所必经。在那里议和可使中国使团目击日本运送部队往前方的船舰，以获得对中国进行威胁的最大效果。

② 正月二十八日盛宣怀致李鸿章电，《盛宣怀档案资料选辑之三·甲午中日战争》下册，第 616 页。

③ 二月二十三日盛宣怀致张荫桓电，《盛宣怀档案资料选辑之三·甲午中日战争》下册，第 624 页。

④ 二月初六日李鸿章：《预筹赴东议约情形折》，《李文忠公全集·奏稿》卷 79，第 47 页。

理。"言外之意是，割让土地，不可以包括台湾在内。3 月 3 日，光绪帝谕令李鸿章"即与议之条约，以纾宵旰之忧，而慰中外之望"。同时由军机处王大臣奏明慈禧："让地一节，若驳斥不允，则都城之危即在指顾。以今日情势而论，宗社为重，边徼为轻，利害相悬，无烦数计。"① 3 月 4 日李鸿章陛辞，第二日出京，到天津去等待日方关于会谈日期的通知，并对代表团人选作最后的安排。

3 月 14 日李鸿章率领代表团参议、他的儿子李经方，代表团顾问美人科士达，李鸿章私人顾问毕德格（W. N. Pethick），以及参赞、翻译等共 33 人，又医生、仆役、厨司、轿夫等 90 人，乘坐招商局"礼裕"、"公义"两轮船，悬挂德国旗，作为中立国船只，从天津出发。这个人数众多，但丝毫没有讨价还价能力的代表团，在北京尚未被日军进攻的时候，去接受那个与城下之盟无异的《马关条约》。这个和约较之 1871 年法国在它的主力部队连同它的总司令和御驾亲征的皇帝一起被俘，首都巴黎在普鲁士军队占领之下所接受的《法兰克福条约》，就条文本身说苛刻多了，就它的后果说更严重多了。

（原文载于《近代史研究》1985 年第 6 期）

---

① 二月初七日军机处王大臣、庆邸公奏，《李鸿章未刊稿》。

中日《马关条约》形成问题研究

崔　丕

　　中日《马关条约》是日本帝国主义强加给中国的不平等条约。《马关条约》的形成过程集中和突出地反映了日本帝国主义外交所追求的目的和本质。唯其如此，它的形成过程在中日甲午战争史研究中占有极为重要的地位，历来为国际学术界所瞩目。仅从日本史学界来说，对这一课题进行综合性、实证性研究的首推信夫清三郎先生。在近半个世纪中，信夫先生先后撰写了《陆奥外交——日清战争外交史研究》《日清战争》等一系列论著。1970 年，在信夫先生六十周年诞辰之际，其合作者之一的藤村道先生增补了《日清战争》一书中的空白之处，并加以详细的补充注释，使之重新发行。稍后，藤村先生又将本人的研究专著《日清战争——东亚近代史的转折点》付梓。信夫、藤村无不注重从宏观上考察《马关条约》形成的内外形势，而在微观方面又都是主要依据外相陆奥宗光在《蹇蹇录》中提出的资料来论述《马关条约》的形成过程。他们认为，1895 年 1 月 27 日广岛大本营会议确定的媾和方针及方案"是把前一年 10 月的议和条件方案（甲）（乙）两案综合起来"而形成的①。如果我们按照此一立论逆向推理，从更深一个层次上提出：1894 年 10 月的议和条件（甲）（乙）两案是怎样被综合起来的呢？那么，信夫、藤村的论著并未给予满意的答案。力求克服这一弱点的是田保桥洁、中塚明、山边健太郎这三位史家。田保桥先生毕生致力于研究中日甲午战争外交史。1944 年，完成了《日清战役外交史研究》。这部大作的第二编《日清和平之研究》，探讨了从议和条约最初起草阶段直至广岛御前会议确定基本媾和方针的过

---

　　① 信夫清三郎编：《日本外交史》，1951 年东京版，第 181 页。

程。然而，诚如田保桥先生自述所云："没有能够发现"议和条约的"原始方案"①，因而最终同样未能解决信夫史学所遇到的课题。中塚先生曾数年在日本外务省、国会图书馆研究中日甲午战争史料，稽古钩沉，在《陆奥宗光文书》中发现了《媾和预定条约》和《预定条约》这两件重要文献。他认为，《预定条约》是日本政府制定媾和条约过程中的"原始方案"②。在这一发现公布之前，1967 年原书房复刊了首相伊藤博文的《秘书类纂》，以《机密日清战争》为名发行，公布了伊藤博文编纂的《马关条约原案草稿》（一）、（二）、（三）、（四）。山边健太郎先生在为该书所作的《资料解说与增补》篇中又补充介绍了在未刊的外务省藏外交文书缩微胶卷中发现的《媾和预定条约》这一文件。他认为，《马关条约原案草稿》中的四份文件，从其内容来看，其形成的时间顺序应是（四）、（一）、（二）、（三）；《媾和预定条约》"或许是（四）的修正案"③。无须讳言，《预定条约》、《媾和预定条约》和《马关条约原案草稿》的发现与公布，以及日本史学界的研究，无疑为我们完整、准确地阐明《马关条约》形成史奠定了基础。同时也应当指出，中塚先生和山边先生的论断并没有能够明确指出上述新发现的条约方案与 1895 年 1 月 27 日广岛大本营会议确定的媾和方案，1895 年 4 月 1 日日本政府对清政府代表提出的媾和方案之间的内在联系。本文拟对这些问题做进一步的探讨。

一　日本政府的媾和方针是怎样具体化的

日本政府的媾和方针，是伴随着军事上步步向清王朝进逼而提出的，同时又是在以英国为首的国际帝国主义诱发中日议和之下出笼的。其最初体现，便是 1894 年 10 月 8 日外相陆奥宗光提出的（甲）、（乙）、（丙）三个方案。（甲）案规定：（一）中国承认朝鲜独立，不干涉朝鲜内政；将旅顺口、大连湾割让给日本，作为永久保证。（二）

---

① 田保桥洁：《日清战役外交史研究》，1951 年东京版，第 436 页。

② 中塚明：《日清战争研究》，1968 年东京版，第 263 页。

③ 山边健太郎：《资料解说与增补》，第 12 页，载伊藤博文编《机密日清战争》，1967 年东京版。

中国向日本赔偿军费。（三）中国须在同欧洲各国现行条约基础上与日本缔结新条约。以上条件实现以前，中国须给予日本政府以充分保证。（乙）案规定，（一）列强共同保证朝鲜独立。（二）中国割让台湾全岛。以下内容与甲案同。（丙）案提出，日本政府在明确以何种条件恢复和平以前，须了解中国政府的意向[1]。陆奥以此征求首相伊藤博文的意见。伊藤认为，（乙）案规定的列强共同保证朝鲜独立，无异于承认列强势力伸入朝鲜。这不仅同日本的战争目的大相径庭，而且会使日本失去占领中国旅顺口、大连湾的理由，因而明确复示同意（甲）案。虽然如此，但割让台湾这一点却被肯定下来。它同（甲）案中明确提出的朝鲜独立、割让旅大、赔偿军费、缔结新商约这四项条件融为一体，成为以后日本政府制定媾和条约的根本指导方针。首先使之具体化的则是陆奥宗光起草《预定条约》和《媾和预定条约》。

如前所述，《媾和预定条约》现有两种文本。一为外务省外交文书缩微胶卷《日清媾和条约缔约一件、休战条约》第三卷所收；二为现藏国会图书馆宪政资料室的《陆奥宗光文书》所收。二者内容相同。但后者最初系用墨笔楷书写成的《预定条约》，其后一度被朱笔修正、加笔、抹消，再后被稍潦草的墨笔字加以补正。如是观之，《预定条约》至少曾经过两次修改，才成为《媾和预定条约》，后者是从前者脱胎而来的。未经修改的《预定条约》全文如下：

预定条约

日本国皇帝陛下及清国皇帝陛下，为订定和约，俾两国及其臣民重修和平幸福并杜绝将来纷争之端，日本国皇帝陛下任命……清国皇帝陛下任命……为全权大臣。此校阅各所奉谕旨，认明均属妥善，会同议定下列各款：

第一条

清国承认朝鲜国确为完全无缺之独立自主之国，将来概不干涉该王国内政外交。故凡有损独立自主体制，既如该王国对清国所修贡献典礼等，嗣后全行废绝。

---

[1]　陆奥宗光：《蹇蹇录》，商务印书馆 1963 年版，第 106 页。

第二条

清国保证永不干涉朝鲜内政外交，将……半岛北纬……度止之地及与该半岛接近之……岛之主权，并该地方所有堡垒及官属物件，永远让与日本。

第三条

清国约将金币……圆或相当于此的纯金交与日本，作为赔偿军费。该项赔款分为五年交完，每年交付同一数额。第一次应于……时或以前交清，所余四次，应与前次交付之期相同，或于期前交付。又第一次赔款交；清后，未经交完之款，应按年加每……抽……之息。又，清国将台湾全岛及……岛之主权，并该地方所有堡垒及官属物件永远割与日本，作为赔偿军费，清国军队即从该地方撤退。自本约批准交换日起，日本国得任便占领上述地方。

第四报

本约批准交换日起，限……年之内，日本国准清国让与地方人民愿迁居让与地方之外者，任便变卖所有田地，退出界外；但限满之后尚未迁徙者，酌宜视为日本国臣民。

第五条

日清两国所有约章，因此次失和，自属废绝。清国约俟本约批准交换后速派全权大臣，与日本国所派全权大臣于……会同订立通商行船章程。其两国新订约章，应以清国与欧洲各国现行条约为本。又本约批准交换日起，新订约章未经实行之前，所有日本国政府官吏臣民及商工业船舶，清国予以最惠国待遇。清国约为下列让与各款，自本约批准交换之日起实行：

第一，日本国臣民运进清国一切货物，随办理运货之人或货主之便，于进口之时或进口之后，按货物原价输纳每……抽……之税。所到地方，勿论何种名目，何项利益，所有内地诸费均当豁除。但逐时所订洋药进口章程，与此款所定毫不相涉。

第二，日本国臣民得在清国任便从事各项工艺制造，又得将各项机器任便装运进口，只交所订进口税。

第三，清国约博采专门熟练者之说，务速疏浚吴淞河口沙滩，虽在落潮时亦须足……呎深，永勿任其阻塞。

第六条

日本国军队应于本约批准交换后……月内撤回。

第七条

清国为保证认真实行约内所订各款，准日本国军队暂时占领下开各处……日本国依本约所定赔偿军费交清情形渐次撤军，每交清一次赔款撤出一城。但通商行船章程批准交换以前，日本国仍不撤回军队。

第八条

本约批准交换后，两国应将是时所有俘虏尽数交还。清国约将由日本国所还俘虏并不加以虐待或处刑。

第九条

本约批准交换日起，日本国停止在清国的作战。

第十条

本约奉日本国皇帝陛下及清国皇帝陛下御笔亲批后，自本日起……日内于……处交换。为此两国全权大臣画押盖印，以昭信守①

《媾和预定条约》亦为十条，其中第一、三、四、六、九、十条除个别文字变动外，基本与上述《预定条约》相同。其他第二、五、七、八条的内容如下：

第二条

清国担保永不干涉朝鲜国内政外交，并保证东亚将来和平，将下开划界以内之盛京省半岛北部地区之主权永远割让与日本国：自鸭绿江岸……起至西北方辽河口止。该割让地沿岸任何一点起直径……日里以内诸岛屿及盛京省半岛以东北纬……度自……度止之清国所属岛屿皆包括在内。该割让地内所有堡垒兵器工厂及官属物件亦包括在内。俟本约批准交换之后，日、清两国各选派官员二名，为公同划定疆界委员，确定划界。若遇本约所订疆界于地形或治理所关有碍难不便等情，各该委员等当妥为参酌更定。各该委员当从速办理界务，以期奉委之后，限……竣事。但遇各该委员等有所更定划界，两国政府

---

① 中塚明：《日清战争研究》，第260—263页。

未经批准以前，应据本约所定划界为正。

第五条

日清两国所有约章，因此次失和，自属废绝。清国约俟本约批准交换后速派全权大臣，与日本国所派全权大臣于……会同订立通商行船章程及陆路通商贸易条约。其两国新订约章，应以清国与泰西各国现行条约为本。又本约批准交换日起，新订约章未经实行以前，所有日本国政府官吏臣民及商工业船舶及陆路通商贸易，清国予以最惠国待遇。清国约为下列让与各款，自本约批准交换之日起实行：

第一款　日本国臣民运进清国一切货物，随办理运货人或货主之便，于进口之时或进口之后，按货物原价输纳每百抽二抵代税。所到地方，勿论政府官吏、公举委员、私民公司，及有何项设立之名目，为何等利益，所有课征抽税钞课杂派一切诸费，勿论其性质、名义如何，均当豁除。日本国臣民在清国所购之经工货件及自生之物，一经声明系为出口，以至由口岸运出之时，除勿庸输纳抵代税外，亦照前开所有抽税钞课杂派一切诸费，均当废除。又日本国船只载清国内地所需清国经工货件及自生之物，运返清国通商口岸，一经输纳口岸通商税钞，除勿庸输纳进出口税外，亦照前开所有抽税钞课杂派一切诸费，均当豁除。但逐时所订洋药进口章程，与此款所定毫不相涉。

第二款　日本国臣民在清国内地购买经工货件及自生之物，或将进口商货运往内地之时，欲暂行存栈，除勿庸输纳税钞派征一切诸费外，得暂借栈房存货，清国官员勿得从中干预。

第三款　日本国臣民在清国输纳税钞及规费，可用库平银核算外，亦得以日本国官铸银圆照公定之价输纳。

第四款　日本国臣民得在清国任便从事各项工艺制造，又得将各项机器任便装运进口，只交所订进口税。

第五款　清国约博采专门熟练者之说，务速疏浚吴淞河口沙滩，虽在落潮时亦须足……呎深，永勿任其阻塞。

第七条

清国为保证认真实行约内所订条款，准日本国军队暂时占领下开各处……。日本国依本约所定赔偿军费交清情形渐次撤军，每交清一次赔款撤出一城。但通商行船章程批准交换以前，日本国仍不撤回军队，所有暂行占守一切费用由清国支办。

第八条

本约批准交换后，两国应将是时所有俘虏尽数交还。清国约将由日本国所还俘虏并不加以虐待或处刑。又清国约将认为军事间谍或被嫌逮系之日本国臣民，即行释放，并约此次交仗之间，所有关涉日本国军队之中国臣民概予宽大。①

如果我们将这一经过两度修改而成的《媾和预定条约》与《预定条约》相比，那么应该说，前者有着一系列实质性的变化。第一，《预定条约》第二条通款被彻底修正。新的第二条不但大致指明了所要攫夺的中国东北领土的范围，而且还详尽规定了勘定新界的具体程序。第二，《预定条约》第五条被大幅度修正。在《媾和预定条约》第五条的前言部分新增加了缔订"陆路通商贸易条约"的内容。更重要的是在"清国约为下列让与各款"项下新提出了三大要求。一是明确规定了交纳进口税税率为值百抽二；日本国臣民将中国物产运出时免交所有税课；在中国内地进行转口贸易时亦免交所有税课。二是日本国臣民有在中国借栈存货且免交税课权。三是日本官铸银圆得用于核算关税。而原《预定条约》内的第二款、第三款依次下移，改作《媾和预定条约》的第四、第五款。第三，《预定条约》的第七条、第八条亦被修改。在《媾和预定条约》的对应条款项下新增添了由中国支付日军占领费用、中国释放日军间谍等项要求。

在这里，值得注意的是，《预定条约》和《媾和预定条约》，皆未注明起草日期，也不见诸各种版本的《蹇蹇录》。在日本外务省编纂的《日本外交文书》第27卷、第28卷这样的重要档案文件集内亦不见丝毫踪影。那么，陆奥宗光究竟是在什么时间起草上述媾和方案的呢？又为什么始终秘而不宣呢？从其所包含的内容较1894年10月8日（甲）、（乙）两案详细这一点而言，首先可以肯定的是这两份方案形成于陆奥宗光首次提出媾和方针以后。而在这以后的一段时间里，从日本国内情形而言，整个日本到处弥漫着沙文主义的浓雾。正如陆奥自述所云，"对于中国的割让唯欲其大，发挥帝国的光辉唯欲其多"。从远东国际政治、形势来说，

① 中塚明：《日清战争研究》，第265—267页；山边健太郎：《资料解说与增补》，第12—14页，载伊藤博文《机密日清战争》。

欧洲列强"皆在飞耳张目，百方探索，甚至间或发出揣摩臆测之说"，对于日本往往怀有疑惧，"危机何时爆发难于意料"。这种形势导致了两个结果。一是陆奥宗光深感如不在某种程度上满足舆论的要求是不行的。因而在1894年11月26日致函伊藤博文首相，要求割让辽东半岛①。二是日本政府决意在"中国诚意求和以前，绝不泄露要求的条件"，使第三国绝无插足的余地②。陆奥只与伊藤随时商议，而不将其中情形通报其他阁僚、驻外使节，乃至陆海军军部。在此期间，其他阁僚、驻外使节、陆海军首脑、政党领袖也纷纷提出对华媾和条件要求，这一点在《蹇蹇录》中是有相当程度反映的。除此之外，在我们所论述的这一时期，还有一些较为重要的意见书曾经向陆奥宗光提出。譬如，在《陆奥宗光文书》中存有一份《关于日清和平条约》的意见书，文件标题下署名是志美津，在这份长篇意见书中，强烈主张增加通商口岸③。再如小村寿太郎所起草的意见书，除了要求均沾资本主义列强对华现行条约所规定的种种权益外，还要求在未来的中日媾和条约中列入三项新的特权：一、增开通商口岸（北京、沙市、湘潭、叙州、梧州）；二、敷设北京至天津、山海关至牛庄间的铁道；三、扩大内河航行权（长江上游、宜昌至重庆、叙州；长江至洞庭湖经湘江而至湘潭；广州至梧州）④。但这些意见采纳与否，全凭陆奥、伊藤两人裁夺。正如我们已经看到的那样，在《预定条约》和《媾和预定条约》中并没有列入志美津和小村寿太郎所要求的内容。正是日本政府的这种严格保密的方针，造成了上述两个文件直至1895年1月上旬以前根本不为他人所知。这一点，在《蹇蹇录》中是留有记载的。其一，陆奥写道，"我不顾众说纷纭，在10月8日英国提出调停以后，暗与伊藤总理仔细讨论策划，拟出一个媾和条约（这个媾和条约因战局为发展，内容轻重和宽严的程度自然也随着有所不同，因而后来对该案斟酌实际情况又屡有修改）"。其二，"……经常注意防止事前泄露我国政府的要求，使中国及其他各国无法窥测我国政府最后的希望。因而我以前草拟的媾和条约草案也深藏未露，在时机尚未成熟时决不轻易示人。但

---

① 春亩公纪念会编：《伊藤博文传》下，1940年东京版，第149—151页。
② 陆奥宗光：《蹇蹇录》，伊舍石译本，第116页。
③ 中塚明：《日清战争研究》，第283页。
④ 日本外务省：《日本外交文书》，第28卷，第1册，1953年东京版，第150页。

是，当中国媾和使节前来我国的日期已经迫近，我将携带该条约方案前往广岛时，特在内阁总理大臣官邸将该案请在京阁员审阅，并征求其意见（当时伊藤总理亦在东京）。由于阁员一致同意，我便于本年（1895 年）1 月 11 日随同伊藤总理由东京前赴广岛"①。我们所引述的第一段文字中所说的"媾和条约"，应当是《预定条约》，而对其加以修改的结果最先产生的当是《媾和预定条约》。然而，应该指出，《陆奥宗光文书》中所收的《媾和预定条约》还不是我们所引述的第二段文字中所说的提请"在京阁员审阅"者。真正提请"在京阁员审阅"者，乃应是这份《媾和预定条约》的抄件，即山边健太郎先生公布的外务省外交文书缩微胶卷本。正是在缩微胶卷本的封面上，题有"媾和预定条约阁议决定书"字样，并有伊藤博文、陆奥宗光为首的在京阁员的签押②。这和陆奥的亲笔自述是一致的。由此观之，笔者认为，《预定条约》和《媾和预定条约》是在 1894 年 10 月 8 日以后、1895 年 1 月 1 日以前这段时间内形成的。正因为这两份文件皆系"草拟"之作，因而陆奥没有注明准确的起草日期，从而也未提交政府，在外交文件档案中留下踪迹。另一方面，我们也应该强调指出，这份附有《媾和预定条约阁议决定书》的文件，也不是 1895 年 1 月 27 日广岛大本营御前会议审议通过的《媾和预定条约》（十条）。1895 年 1 月上旬在京阁员审定的条约方案中尚未列入有关要求清政府允准对日新开七处通商口岸和扩大内河航行权的条款，而 1 月 27 日大本营会议通过的媾和方案中却是列入了这两项要求的。尽管直至今天日本史学界尚未发现该媾和方案原件，但我们仍不妨肯定，在 1895 年 1 月 11 日至 1 月 27 日这段时间内，陆奥对《媾和预定条约》又有所修改，增补了这两项内容。不作如是观，就很难理解《媾和预定条约》与陆奥在奏明媾和方针要点时所做发言的不一致性或抵牾之处。陆奥才会说，"本条约方案大体分为三段。……第三段，为确定我国在中日两国的外交上的利益和特权，规定今后我国和中国的关系应与欧美各国和中国的关系均等；并进一步设置几处新开港口以及扩大内河航行权，使我国永远有在中国通商航行等权利"③。

---

①　陆奥宗光：《蹇蹇录》，伊舍石译本，第 117、118 页。

②　山边健太郎：《资料解说与增补》，第 12 页，载伊藤博文《机密日清战争》。

③　陆奥宗光：《蹇蹇录》，伊舍石译本，第 118 页。

　　总而言之，1895 年 1 月 27 日大本营御前会议所通过的媾和方针及媾和条约方案，虽然包含的基本条件继承了上年 10 月（甲）（乙）两案的全部内容，但并不是对此的简单"综合"。信夫先生、藤村先生的论断之不当，正在于他们没有充分注意到 1 月 27 日方案有着比 10 月方案更宽广的领域和更明确的内涵。在两者之间，至少是存在着《预定条约》到《媾和预定条约》这两个中介环节。唯其如此，本来是相互分离的（甲）（乙）两案才相互结合，日本政府的媾和方针才初步具体化起来。

二　怎样认识《马关条约原案草稿》四件与《媾和预定条约》《四一方案》的关系

　　中日甲午战争时期，伊藤博文身为日本政府首相和日方媾和全权大臣，他所编纂的《马关条约原案草稿》四件，无疑是中日《马关条约》形成史研究的最基本史料之一。要阐明《马关条约》的渊源，不可不对《马关条约原案草稿》四件逐一加以爬梳分辨，从而认清它与《媾和预定条约》和 1895 年 4 月 1 日日本政府对清政府提出的媾和方案之间的关系。

　　在《马关条约原案草稿》中，内容最简单、形式最粗疏的乃是《原案草稿》（四）。该文件未注明起草时间，内容基本上与前引的《预定条约》相同（第八条、第九条顺序颠倒）。如果与《媾和预定条约》相比，其内容之简略显而易见。这份草案的特点是用语混乱，格式不统一，显然是一份未经充分整理的手稿。其形成时间，大概是在伊藤博文与陆奥外相最初商讨媾和条件之时，很可能是《预定条约》的草稿①。

　　《马关条约原案草稿》（二）题名《媾和条约》，共计十一条，起草时间亦不详。如果说《原案草稿》（四）尚显粗糙，那么此一《媾和条约》堪称细密，具有许多引人注目的特征。在序言中对缔约双方的称谓郑重，使用"大日本国"、"大清国"的提法。第一条的内容虽然与（四）相同，但"将来概不干涉朝鲜内政外交"一语字下全部标示重点符号。特别是在这份文件中有关分割中国领土的要求方案不同于前述任何一个条

---

① 全文参见伊藤博文《机密日清战争》，第 241—246 页。

约方案。它不是开列一个而是同时开列三个方案，且皆标示"第二条"。正是在这里，我们看到了一个以往所没有的崭新趋向。前面提到的《预定条约》、《媾和预定条约》、《原案草稿》（四），共同特征之一是将割让台湾全岛、澎湖群岛作为赔偿军费的补充，且澎湖群岛的名字尚未公开明确注明，它与割让辽东半岛的要求是分列在不同条款之中的。而在我们现在所论述的三个"第二条"内无一不是作为中国应割让领土而提出的，无一不是明确注明"澎湖群岛既东经一百一十九度乃至一百二十度、北纬二十三度乃至二十四度之间的诸岛屿"，无一不是和辽东半岛相提并论的。所不同者在于辽东半岛的地域范围。第一个方案所定分界线是："从鸭绿江口起，溯该江流以抵汤子沟口，从此向迤北划一直线，抵通化县，从此向西划一直线，以抵辽河。从该线与辽河交会之限起，顺该河流而下，以抵北纬四十一度之线。再从辽河上划线起，顺此纬度，以抵东经一百二十二度之线。再从北纬四十一度东经一百二十二度两线交会之限，顺此经度，以至辽东湾北岸：在辽东湾东岸及黄海北岸属盛京省诸岛屿。"第二个方案所定的分界线是："从鸭绿江口起，溯该江流以抵三叉子，从此向迤北划一直线，抵榆树底下，从此向正西划一直线，以抵辽河（以下与第一方案同——笔者）"。第三个方案所定的分界线则是："从鸭绿江口起，溯该江流以抵安平河口，从该河口划至凤凰城、海城、营口而止，画成折线以南地方"。三个方案所要割占的中国东北领土的面积前后相差几近一倍。显然，上述三个方案，是日本政策谋划出来的高、中、低三个猎取目标。以后，第二个方案出现在 1895 年 4 月 1 日向李鸿章提出的《和约底稿》之中，第三个方案成为《马关条约》正式确定的分割线。该文件的第四条明确规定了赔偿军费三万万两，第一次交付一万万两，嗣后四年每年交付五千万两，年息每百加五。第七条规定日军在六个月内撤回。而第三条规定的两国各派委员勘定割让地界，第五条规定的割让地区人民迁徙事宜，第六条规定的中日通商行船陆路贸易及给予日本臣民五项特权，第八条规定的日本军队暂时占领中国城市，第九条规定返还战俘，第十条规定的停战，都和《媾和预定条约》的有关条款完全相同[①]。仅就这些特点而言，该方案具有远远超出于《预定条约》《媾和预定条约》和《原案草稿》（四）的明确性。当然，如果从该方案尚未最后确定向清政

---

① 全文参见伊藤博文《机密日清战争》，第 221—230 页。

府提出以哪个方案作为割让辽东半岛的分界线这一点而论，日本政府仍在审时度势，它的媾和条件仍处在尚未最后成熟阶段。如果从该方案仍然未列入要求清政府对日新开七处通商口岸和扩大内河航行权这一点来看，可以说它的形成当是在1895年1月陆奥宗光向在京阁员提交《媾和预定条约》以后、1895年1月27日广岛大本营御前会议通过媾和方针以前这一段时间之内。进而言之，这份方案很可能是伊藤博文为参加广岛御前会议而准备的文件。

问题在于究竟怎样理解《马关条约原案草稿》（一）和（三）这两件文献。二者皆题名《媾和条约》，计十一条。如果将其和《马关条约原案草稿》（二）相比，两者具有的最显著的共同特征有三。一是皆在序言部分用"大日本国"、"大清国"这样的全称称呼缔约双方，而在约文终结处标注"明治二十八年　　月　　日既光绪　　年　　月　　日于下关"的字样。二是在有关朝鲜独立问题的条款中全都删除了"将来概不干涉朝鲜内政外交"这一规定。三是皆在条约第六条内列出有关新开北京、沙市、湘潭、重庆、梧州、苏州、杭州等七处口岸和宜昌至重庆、扬子江至湘潭、广东至梧州、上海至苏州、杭州等四条内河航线的条款。二者之间当然也存在着一系列显著的差异。第一、《原案草稿》（一）所列条款没有明确标示序列号，而（三）则明确标示出全约共计十一条。第二、《原案草稿》（一）中有关中国割让的领土范围仍开列三个方案，内容与《原案草稿》（二）如出一辙：而（三）中只开列出一个方案，内容与《原案草稿》（二）第二条的第二个方案相同。第三、《原案草稿》（一）中有关占领中国城市以作赔偿军费抵押的条款之内，城市名称仍在虚悬，而在（三）中则明确注明占领"盛京省奉天府、山东省威海卫"两地①。倘若将这一方案与日本政府向李鸿章提出的议和条约方案相比较，就会看到二者何其相似！概言之，《原案草稿》（三）较之《原案草稿》（一）具备更完整的外交文件形式、更明确的内容要求。从二者的全部内容来看，其形成显然是在1895年1月27日广岛大本营会议之后。换言之，二者皆是在《媾和预定条约》和《原案草稿》（二）之后形成的。但是，《原案草稿》（三）又出自于《原案草稿》（一）之后，是日本政府1895年4月1日对清政府提出的和约底稿的最直接的蓝本。

---

① 伊藤博文：《机密日清战争》，第231—240、202—214页。

　　总括以上所述，笔者不同意山边健太郎先生的论断。不能说《马关条约原案草稿》四件本身的内在渊源关系是（四）→（一）→（二）→（三），而应是（四）→（二）→（一）→（三）这样的演变顺序。山边健太郎先生论断的最大缺陷在于没有充分注意《原案草稿》（二）中既未列入新开通商口岸、扩大内河航行权的要求，又未注明签约地点的意义。而日本政府确定在下关举行和谈，是在1895年2月。笔者亦不敢苟同山边健太郎先生关于《媾和预定条约》可能是《原案草稿》（四）的修正案这一推断。正如前文所述，《媾和预定条约》是在对《预定条约》二度修改的基础上产生的，附有《媾和预定条约阁议决定书》的《媾和预定条约》又是前者的抄件，怎么能说是《原案草稿》（四）——《媾和条约草案》的修正案呢？须知，《预定条约》和《媾和预定条约》系直接出自外务大臣陆奥宗光之手，而《马关条约原案草稿》（四）却不能这样肯定地说。笔者认为，在《马关条约》的形成过程中，媾和条约草案的准备工作，实际上是分两条线索进行的。一是由陆奥宗光主持的，因而产生了《预定条约》、《媾和预定条约》。由于陆奥随时同伊藤首相商讨媾和方针，因而在伊藤那里会出现类似的条约方案——《原案草稿》（四）和（二）。但是当广岛大本营御前会议决定伊藤博文和陆奥宗光为日本媾和全权大臣以后，便出现了第二条线索，即由伊藤博文主持该项事宜。唯其如此，在陆奥宗光的《蹇蹇录》中人们才再也看不到有关起草和约方案的记载，而在伊藤博文处却相继出现了《原案草稿》（一）、（三）这两个文献。这两条线索合二而一，构成了日本政府炮制《马关条约》的基本过程。如果我们将《预定条约》、《媾和预定条约》同《马关条约原案草稿》四件综合起来考察，既重视词句上的变化，又注重根本内容的演进，应该说，《预定条约》是日本政府制定媾和条约过程中最原始的方案，中塚先生所论当是不错的。《马关条约原案草稿》（三）是日本政府正式与清政府进行议和谈判前最后的一个准备方案，是1895年4月1日方案的最直接的蓝本。在从《预定条约》至《马关条约原案草稿》（三）的演进过程中，朝鲜独立、割占中国辽东半岛、台湾全岛、澎湖群岛、赔偿军费这三项核心条件，尽管在顺序上有所变化，内容上有所调整，但始终没有发生根本性变动。特别是有关割占辽东半岛的范围前后几近减半，但包括旅顺口、大连湾的核心腹地，不论在哪一个方案中都被置于首要地位。反之，有关获得在华通商行船陆路贸易特权这一项条件，在内容上则不断被充实和扩大。这种截然相反的演进趋势，明显昭示了日本帝国主义外交企图谋求的最大利益所在。同时也说明，在19世纪末远东错综复杂的国际帝国主义角逐之中，初登这一舞台的日本帝国主义为确保向东亚大陆扩张的战略要地，在外交策略上是企图以绥靖英国来防止国际帝国主义列强争夺其已到口的肥肉。

（原文载于《近代史研究》1987年第4期）

试论督抚与《马关条约》签订后的换约问题

贾小叶

签订不平等条约，这在晚清本已屡见不鲜。既为战败后的城下之盟，无论条约如何苛刻，清政府也似乎只有屈辱接受之一途。然而，1895年的《马关条约》却激起了巨大的反对声浪，废约再战的呼声一度影响到了朝廷的决策，能否换约几成问题。这其中，督抚的声音不容忽视。面对《马关条约》，督抚们不但积极作出反应，而且提出了自己的思想主张，甚至影响了朝廷的决策。然而，此前的相关研究，对"公车上书"用力较多，对督抚的言行关注不够。最近，茅海建先生在其《"公车上书"考证补（二）》一文中，对督抚的言行有所涉及。但茅先生的研究仍然以"公车上书"为主，仅在谈及"官员"的反应时，提到个别督抚的态度，缺乏对督抚群体的特别观照。① 缘是，本文拟围绕督抚与《马关条约》签订后的换约问题做一考察，不当之处，敬请专家批评指正。

一 《马关条约》签订后督抚的反应

光绪二十一年三月二十一日，李鸿章在春帆楼与日方代表进行了最后一次会谈，定于二十三日在《马关条约》上签字画押。②

---

① 茅海建：《"公车上书"考证补（二）》，《近代史研究》2005年第4期。
② 李鸿章在三月二十六日所奏"中日会议和约已成折"中如是说："二十一日，章又赴公所会议，竭力与争，几于唇焦舌敝，彼虽坚执，而让地划界、赔款利息、内地租栈日期纳税各节，尚勉从删改。当即订定二十三日两国全权大臣公同签画。"中国近代史资料丛刊《中日战争》（四），上海人民出版社1953年版，第609页。又见故宫博物院编《清光绪朝中日交涉史料》卷38，第18—19页。

消息不胫而走，东南各督抚甚至提前获得消息。三月二十日，张之洞等东南督抚即接到天津海关道盛宣怀关于"和议将定"的电信，称："制台宁署、抚台苏署、广东、杭州、安庆：相傅来电，和议明日会晤即定。欲保京师不得不尔。"① 这里，"制台宁署"即署两江总督张之洞，"抚台苏署"即苏抚奎俊，"广东"即粤抚马王瑶，"杭州"即浙抚廖寿丰，"安庆"即皖抚德馨。二十二日，盛道再次电报议和消息，称："宁督、苏杭两署：李相创口渐愈，子未取出。约已定二十三画押，即回津。辽东营口又全台均割让，赔款三万万。姑安旦夕，后事如何得了？"② 可见，在条约签字之前，东南诸督抚就得到了和议将成的确切消息，并获悉了条约的大致内容。消息传来，张之洞愤懑不已，但他并没有即时上奏表态，而是首先四处打探情况。他一方面致电盛宣怀、汪乔年、恽祖翼等，探问条约的详细内容，一方面多方打听其他督抚的反应。二十四日，他致电李秉衡，问"尊意有何法挽救"，李电云："已电奏力谏，断不可许。"同一天，又致电盛宣怀询问"夔帅、岘帅有何主见"。盛回电云："夔帅、岘帅未闻议论"。为了解刘坤一的真实想法，他又亲自致电刘坤一。二十五日，致电汉口的恽祖翼，探问谭继洵的态度。③ 在多方打探、确保不至触犯禁忌之后，张于三月二十六日，始电奏，反对和议，痛言条约之弊，"倭约万分无理，地险、饷力、兵权一朝夺尽，神人共愤，意在吞噬中国，非仅割占数地而已"，主张废约再战。④

　　与张之洞等督抚一样，身处关外、负责督办东征军务的两江总督刘坤一⑤也于三月二十一、二十二日提前获得议和将成的消息，并得知"除赔款

　　① 《天津海关道盛宣怀为和议将定致奎俊等电》，中国近代史资料丛刊续编《中日战争》第三册（以下简称《中日战争》续编），第56页。需要注明的是：该电报在收入该丛刊时，断句有误，将"制台宁署、抚台苏署"断为"制台、宁署抚台、苏署"。如此断来，"宁署抚台"不知何所指。

　　② 近代史所藏《张之洞处存各处来电》甲182—131。该电又见《中日战争》续编第三册，其中将"二十三日画押"误写为"二十一日"，见该书第66页。

　　③ 以上所引内容分别见《张之洞全集》（八），河北人民出版社1998年版，第6284、6285、6287、6296页。

　　④ 《张之洞全集》（三），第2060页。

　　⑤ 光绪二十年九月二十八日，时任江督的刘坤一奉命带兵北上。十二月初二日，上谕：两江总任刘坤一著授为钦差大臣，所有关内外防剿各军，均归节制。见《中日战争》（三），第161页；《刘坤一遗集》（二），第826页。

外，割给辽东、台湾"。与张之洞接到消息后的谨慎相比，刘坤一显得从容、果断，他决然电奏，陈说利害。称："既经赔款，又须割地，且割完富未扰之地，无此办法。辽、台并失，南北皆危，并恐各国从此生心，后患不堪设想。如畏倭攻京城，不得已而出此下策，则关、津、畿辅均宿重兵，讵不可以一战？战而不胜，尚可设法撑持。现在各军军械略齐，兵勇锐气可用，似不可听其恫吓之言，为此迁就之计。"① 此时，《马关条约》尚未签字，条约内容尚未公开。作为督办军务的前敌主帅，刘坤一本可沉默不言。② 而他公然电奏，反对和约，表明其主战的立场是明确的，即：赔款又割地，条约过于苛刻；兵勇锐气可用，不可如此迁就，和议暂缓。二十四日，他又代丁槐电奏，请停和议，并求陛见面陈。这里，张之洞的谨慎与刘坤一的果断形成了鲜明的对照，这与若干年后二人在废立问题上的反应何其相似。当戊戌政变发生后，太后欲行废立，史载："江督刘坤一得电，约张之洞合争。之洞始诺而中悔，折已发矣，中途追折弁回，削其名勿与。坤一曰：'香涛见小事勇，见大事怯，姑留其身以俟后图。吾老朽，何惮？'遂一人挺身独任。"③ 刘之敢于任事与张之谨小慎微，在此已初见端倪。

署台抚唐景崧可谓是此次废约运动的要角。条约的存废，对他而言，不仅关系到国之荣辱，而且关系着个人的仕途命运。为了保台，他反复上奏，成为督抚中电奏次数最多者。据他所说，截至四月初五日，"七次沥奏，并代台民两次泣奏，又两次电总署"。④ 鲁抚李秉衡在得知消息后，于二十四日发出《奏割地请成断不可允请决意主战电》。二十七日，又上《奏议和条约尚须斟酌谨披沥愚忱折》，四月初一日再上《和议要挟过甚万难曲从折》，并附《李经方阴鸷险狠必贻朝廷之忧片》。此外，鄂护督谭继洵、陕抚鹿传霖、桂抚张联桂等均有电奏，反对和约。现将督抚反对和约之奏请列表如下：

---

① 《寄督办军务处》（光绪二十一年三月二十二日），《刘坤一遗集》第三册，中华书局1959年版，第1394页。

② 军务处正式通知刘坤一关于和议已成，是三月二十五日。军机处拟发给刘坤一、王文韶、宋庆、裕禄、依克唐阿、长顺电信，称："钦差大臣李电：现与日本定约画押，停战展期至四月十四日，一切事宜仍照前停战期内办理。通饬各营约束兵勇，不得滋事启衅。"见《清光绪朝中日交涉史料》卷38，第17页；又见《中日战争》（三），第608页。

③ 胡思敬：《国文备乘》，见荣孟源、章伯锋主编《近代稗海》（1），四川人民出版社1985年版，第270页。

④ 《唐抚台来电》，《张之洞全集》（八），第6323页。

奏请者	时间及内容
江督刘坤一	三月二十二日奏割完富未扰之地无此办法电① 四月六日致军务处遵旨与王文韶等面商诸将主战意见相同电② 四月十二日奏和战大局宗社攸关、须展期换约电③
鲁抚李秉衡	三月二十四日奏割地之事于天下之事于天下大局不堪设想电④ 三月二十五日奏议和条约尚须斟酌折⑤ 四月初一日奏和议要挟过甚万难曲从折⑥ 附李经方阴鸷险狠必贻朝廷之忧片 四月十日李秉衡等七省督抚致总署报日事各国商有办法、展期换约电⑦
署台抚唐景崧	三月二十一日奏我若坚持与战日必溃败电⑧ 三月二十四日致军务处台民呈称愿效死勿割台地电；三月二十六日致军务处台民不服割地恐激他变电；三月二十七日致军务处请废约再战并商各使公断速罢前议电（二件）；三月二十九日致总署恳将割台事请各使公断电⑨ 四月初二日奏台民万众一心归英保护电；四月初三日致总署拟将全台密界各国为租界电；四月初四日致军务处台民不愿归日拟与刘永福留台为民做主；致军务处据绅民血书称誓不从日请照公法以民意为从违电；致总署台民愿归英保护请商英使以解倒悬电；四月初七日致军务处朝廷若不割地事犹可为电⑩ 四月十日唐景崧等七省督抚致总署报日事各国商有办法、展期换约电 四月十五日奏台事无转机兵变在即应如何办电⑪ 四月十六日奏请拨饷二百万两济台电⑫

---

① 《中日战争》续编（三），第63页；又见《刘坤一遗集》（三），第1394页。

② 《刘坤一遗集》（三），第1394—1395页；又见《清季外史料》卷110，第16页；《清光绪朝中日交涉史料》卷40，第27页。由于三处所收电文内容有出入，本文以《清光绪朝中日交涉史料》内容为准。

③ 《清光绪朝中日交涉史料》卷43，第35页；又见《中日战争》（四），第91页。

④ 《中日战争》续编（三），第73页；又见《清季外交史料》卷109，第6—7页。

⑤ 《清光绪朝中日交涉史料》卷38，第31页；又见《清季外交史料》卷109，第27页。

⑥ 《中日战争》（四），第46页。

⑦ 《清光绪朝中日交涉史料》卷43，第10页；《中日战争》（四），第84页；又见《清季外交史料》卷111，第13页。以下六人所奏同此。

⑧ 《中日战争》续编（三），第59页。

⑨ 《清季外交史料》卷109，第5、7、22、23、29页。

⑩ 《清季外交史料》卷110，第6、7、14、15、25页。

⑪ 《中日战争》续编（三），第344页。

⑫ 《中日战争》（四），第101页；又见《清季外交史料》卷112，第2页。

续表

奏请者	时间及内容
署江督张之洞	三月二十六日奏和议各条万不可允电①
	四月初二日致总署日约极无理请商英俄相助电②
	四月十日张之洞等七省督抚致总署报日事各国商有办法、展期换约电
闽督边宝泉	三月二十八日请速罢和议交各国公断电③
	四月初七日辽东、台湾万不可弃电（与福州将军庆裕同奏）④
	四月初十日七省督抚致总署报日事各国商有办法、展期换约电
	四月二十七日到台湾难割电（与福州将军庆裕同奏）⑤
豫抚刘树堂	四月初二日奏割地赔款如允易启外洋窥伺之渐电⑥
鄂抚谭继洵	四月初三日奏请迁都西安坚持抗敌必能取胜电⑦
	四月十日谭继洵等七省督抚致总署报日事各国商有办法、展期换约电
粤抚马王瑶	四月初三日致奏请罢和议联络泰西定计以制敌电⑧
	四月初四日奏强寇要盟权奸挟制筹策具陈折⑨
	附请远交英法俄等国近攻倭寇片
赣抚德馨	四月四日奏和约要挟太过、割地断难轻允、不如密商英、俄公使借兵襄助电⑩
	四月十日德馨等七省督抚致总署报日事各国商有办法、展期换约电
桂抚张联桂	四月初六日坚持抗倭必能取胜电⑪
陕抚鹿传霖	四月初七日奏和款狂悖太甚万不可从折⑫

---

① 《清季外交史料》卷109，第24页，又见《张之洞全集》（三），第2056页，《甲午战争》续编（三），第91页。

② 《清季外交史料》卷110，第3页；又见《张之洞全集》（三），第2060页。

③ 《中日战争》续编（三），第90页。

④ 《清光绪朝中日交涉史料》卷41，第22页；又见《中日战争》（四），第57页。

⑤ 《中日战争》（四），第130页。

⑥ 《中日战争》续编（三），第120页；《清光绪朝中日交涉史料》卷39，第13页；《清季外交史料》卷110，第5页。

⑦ 《中日战争》续编（三），第130页；又见《清季外交史料》卷10，第10页。

⑧ 《中日战争》续编（三），第136页；又见《清季外交史料》卷110，第11页。

⑨ 《清光绪朝中日交涉史料》卷44，第23—25页；又见《中日战争》（四），第112页。

⑩ 《中日战争》（四），第30页。

⑪ 《中日战争》续编（三），第154页。

⑫ 《清光绪朝中日交涉史料》卷44；又见《中日战争》（四），第93页。

续表

奏请者	时间及内容
护陕抚陕西藩司张汝梅	四月十三日奏日人要挟太甚割地赔款均不可从折①
甘督杨昌濬	四月十四日奏割地赔费求和应从长计议电②
署晋抚胡聘之	四月十五日奏请饬另议和约速筹战守而维大局电③

　　分析上表，可见：其一，以四月初八日为界，多数督抚所奏请的内容前后有所变化。四月八日，光绪帝在几经摇摆之后，最终批准和约。消息很快传出。当天，盛宣怀致电张之洞、马丕瑶、奎俊、廖寿丰："和约已奉旨批准。"④ 至此，"废约"成为泡影。以此为界，除地处西北、消息闭塞之个别督抚外，消息灵通之东南督抚所奏内容发生了变化，此前他们以奏请废约为主；此后则主要恳请展期换约。四月初十日的七省督抚联衔会奏及刘坤一十二日所奏，正是在这一背景下展开的。

　　其二，在各督抚单独入奏的同时，出现了多省督抚联衔会奏的现象。为了扩大声势、影响清廷的决策，督抚之间曾函电往返，商讨联衔会奏。当听说刘坤一二十二日之电奏不为清廷所用后，李秉衡产生了联衔会奏的想法，他致电张之洞说："宪台电商岘帅，并挈贱衔造奏，是否可行，乞酌。"⑤ 之后，粤抚张联桂积极联络张、刘、谭、边、鹿、李等督抚，准备联衔会奏，废约主战。但不知何故，联衔未成。四月六日，张单独入奏。为此，李秉衡曾致电张联桂，说："时事至此，只好各行其志"。四月八日，光绪帝批准和约。废约已不再可能。为了阻止按期换约，四月十

---

　　① 《中日战争》续编（三），第338页；又见《清季外交史料》卷111，第20页。
　　② 《中日战争》续编（三），第342页；又见《清季外交史料》卷111，第22页。
　　③ 《中日战争》续编（三），第343页；又见《清季外交史料》卷111，第27页。
　　④ 近代史所藏《张之洞存各处来电》，甲182—132。此外，四月初八日，王文韶日记云"闻和议已定，派候选道伍廷芳赴烟台互换，事非得已，犹是两害取轻也。然善后之计已大难措手矣。"《王文韶日记》第885页。四月初九日，唐景崧在"致总署台之存亡视批约准否乞密示消息电"中，有"台之存亡视批约准否……批约是本月初八日抑十四日，务乞密示消息以便豫筹"之语，据此可见唐在初九日已听说光绪帝批准换约的消息。（见《清季外文史料》卷111，第12页。）四月初十日《申报》亦有"昨日北京来电云中国与日本所立和约，中国大皇帝已钤用御宝"的报道。
　　⑤ 《张之洞全集》（八），第6297页。

日，督抚们再次联合行动。在张之洞的联络下，由张拟稿，闽督边保泉、鄂抚谭继洵、赣抚德馨、鲁抚李秉衡、台抚唐景崧、桂抚张联桂等七省督抚联衔电奏，称："传闻十四日烟台换约，此举一定，实关系大局安危，各国现在商办，有已有办法者，有未得确因者，但有强国出为排解，总可挽回几分。伏恳宸衷务加审慎，迅饬总署、使臣力恳各国切商倭人展限数旬，停战议约，以便详加斟酌。从容数旬，各国必有真实情形。彼此交忌，必然相争，庶可因时变通，相机补救。此时恳各国助战则难，恳各国展期则易。若仓促换约，各国皆怨，归咎于我，岂不可追。"① 对于此次联合行动，各督抚期许较高。十一日，德馨致电张之洞，云："正以换约期近，午夜彷徨，莫名焦愤，今得台端提倡，七省疆臣合词上达，倘能补救万一，顾全大局，诚天下臣民之福。"同日，张联桂致电张之洞，也说："倘因此次联奏能待妥议，可挽危局，天下之幸。"十四日，张之洞接谭继洵电，云："敬审公联衔电奏展期换约，深中肯綮。顷接恽道得其弟祖祁电称，会奏上动宸听。"② 为了废约与阻止按期换约，督抚们函电往返，商讨对策，并最终形成七省联衔会奏。从某种意义上说，庚子年的东南互保及新政时期督抚们动辄联衔的做派，在此已初见端倪。

其三，面对《马关条约》，近2/3的督抚反应激烈，奏请废约。这是此前任何一次和议之后都未曾有过的。当然，并不是所有督抚都反对条约，仍有1/3的督抚面对条约保持沉默。现据我所掌握的材料，将反对条约与没有主动表态之督抚人数列表如下：

反对条约之督抚	江督刘坤一、署江督鄂督张之洞、闽督边宝泉、鄂抚署鄂督谭继洵、鲁抚李秉衡、台抚唐景崧、豫抚刘树棠、粤抚马丕瑶③、赣抚德馨、陕抚鹿传霖、陕护抚张汝梅、桂抚张联桂、晋抚胡聘之、苏抚奎俊④、甘督杨昌濬

① 王彦威、王亮：《清季外交史料》卷111，书目文献出版社1987年影印，第13页。
② 《张之洞全集》（八），第6335页。
③ 1895年三月二十日，粤督李瀚章被解职，二十二日谭钟麟由川督改粤督，谭未到任前，由马丕瑶护理。
④ 奎俊虽没有电奏，但他曾致电荣禄表示不满条约，提出将台湾开为各国通商口岸的想法。见《中日战争》续编（三），第150页。

	续表
没有主动 表态之督	直督王文韶、皖抚福润、浙抚廖寿丰、湘抚邵友濂、粤督谭锺麟①、黔抚德寿、 滇抚崧蕃、新疆巡抚陶模

注：该表据《中日战争》丛刊及续编、《清光绪朝中日交涉史料》、《清季外交史料》等编制而成。

在这些对条约没有公开表态的督抚中，情况也不尽相同。黔抚德寿、滇抚崧蕃、新疆巡抚陶模，地处偏远，消息闭塞。他们对和约没有表态，与此不无关系。湘抚邵友濂曾以议和大臣出使日本，曲折的出使经历，使他更能体恤李鸿章的苦衷，自然不会反对条约。浙抚廖寿丰、皖抚福润、粤督谭锺麟消息灵通，他们对和约保持沉默，似可视为默认。其中，直督王文韶的态度值得注意。三月二十二日，他从李鸿章处获得议和的确切消息，"马关来电，和议已有成说，明日画押，目前暂可无事，后此则不堪问矣"。他并没有像刘坤一那样上奏反对，而只是慨叹"运会所迫，夫复何言"②。王对《马关条约》的态度与其主和的立场是一致的。两天前，当听德璀琳说"泰西各国欲阻日索地"的消息后，为防止此说干扰光绪帝的主和决策，王文韶立即电奏，称："津关德璀琳求随李鸿章出洋未准，意殊怏怏。此次议约，初以为德愿助成，而德复诱诸俄。现即以俄为言，谓俄必持公道。无论俄情叵测，即使真肯助我，必非数日间能见分晓。现在李鸿章所议如何，文韶不敢知。惟恐德璀琳曾以此说上达，幸勿为所摇惑。……事机甚迫，不堪再起波澜。望垂察焉。"③王文韶急于求成的心态跃然纸上。这里之所以强调王文韶的态度，是因为他与光绪帝的和战决策关系极大。

二　督抚与清廷批准换约之决策

按理，李鸿章签订《马关条约》是秉承谕旨办事，光绪帝自然会批准条约。然而，面对接连不断的废约奏章，清廷决策层在条约内容及是否

---

① 谭锺麟于 1894 年十月由闽督改川督，但未到川督任上。1895 年三月二十二日又改任广督。

② 袁英光、胡逢祥整理：《王文韶日记》，中华书局 1989 年版，第 882 页。

③ 《中日战争》续编（三），第 52 页。

批准的问题上几度游移。条约规定，从签字画押到换约，限期 21 日，即截止四月十四日夜十二点钟，"两帝国政府彼此不允批准和约，无庸告知，即将此约作为废止"。① 短暂的 21 天却为光绪帝的决策提供了思考的余地。他一度寄希望于通过李鸿章与伊藤电商，来修改条约。三月二十七日，上谕命李鸿章援照"普法战争"时，普索法之二省，法不得不应，"惟引西例，凡勒占领土，必视百姓从违，普不能驳"之例，以台民强悍不肯从倭与日磋商。② 二十八日李鸿章以"今既遵旨定约，似难反悔，再召大乱"，"台事业与面谈详尽，难再电商，商亦无益"③ 等语复奏。二十八日，光绪帝又命李鸿章就宽展赔款年限免加息税问题与伊藤电商。李鸿章奏称："今既遵旨定阅画押，查万国交涉通例，未有画押后复令原使臣改议电商或于换约时添立改约专条之事，我即如此说，彼亦断不能允。"④ 四月初五日，光绪帝再度命李鸿章就台湾难割问题与伊藤电商，谕旨称："连日纷纷章奏，谓台不可弃，几于万口交腾。本日又据唐景裕电称，绅民呈递血书，内云'公法会通第二百八十六章有云：割地须商民能顺从与否；又云：民必乐从，方得视为易主'等语。台民誓不从倭，百方呼乞，将来交接，万难措手。著李鸿章再行熟查情形，能否于三国阻缓之时，与伊藤通此一信，或豫为交接地步。务须体朕苦衷，详筹挽回万一之法。迅速电覆。"⑤ 四月初六日，李鸿章以"若令鸿章为改约电议，适速其决裂兴兵；为大局计，不敢孟浪"⑥ 等语奏上。李鸿章的几次拒绝使得光绪帝依靠李改约的希望破灭。在第一次接到李鸿章拒绝与伊藤磋商的电奏后，光绪帝颇为恼怒。翁同龢日记记曰："上以李鸿章复电台湾事不能

---

① 停战展期专条：第一款光绪二十一年三月二十三日即明治二十八年三月三十日订约停战，从此约签订日起得更展二十一日。第二款此约所订停战于光绪二十一年四月十四日即明治二十八年五月八日夜十二点钟届满。彼此无须知照。如在期内两帝国政府彼此不允批准和约，无庸告知，即将此约作为废止。见《全权大臣李鸿章奏中日会议和约已成折附马关条约议订专条、另约停战条约、停战展期专条及李鸿章咨文任伍廷芳等呈文》，《清季外交史料》卷 109，第 18 页。又见《头等全权大臣李鸿章奏押已画定本日未刻登舟回津电》，《中日战争》续编（三），第 71 页；《清季外交史料》卷 109，第 5 页。

② 《清光绪朝中日交涉史料》，见中国近代史资料丛刊《中日战争》（三），第 608 页。

③ 《中日战争》续编（三），第 89 页。

④ 《清季外交史料》卷 109，第 26 页。

⑤ 《中日战争》（四），第 31 页。

⑥ 同上书，第 43 页。

与伊藤说，甚怒。……论及台湾死守，上曰：'台割则天下人心皆去，朕何以为天下主！'孙毓汶以前敌屡败对。上诘责以赏罚不严，故至于此。诸臣唯唯，引咎而已。伏睹皇上乾纲一振，气象聿新，窃喜又私憾也。"①一心主战的翁同龢曾多次劝说光绪帝缓批和约，均"无益"。② 而今光绪帝的"乾纲一振"使翁龢断为之振奋。然而，当三十日翁同龢再见到光绪帝时，"天颜又霁，不似昨日威严矣"，命其将昨日论和款折十一件与恭亲王面商。③ 结果，恭"一无断语，大略谓邦交宜联而已"。四月初一日，光绪帝命枢臣与庆邸请见皇太后，面陈和战事。"顷内监传出懿旨：今日偶感冒，不能见，一切请皇帝旨办理。"④ 四月初二日，"传懿旨，谓和战重大，两者皆有弊端，不能断，令枢臣妥商一策以闻"。⑤ 这一切都说明在是否批准条约的问题上，最高决策层一度犹豫不决。而从慈禧太后的和战两难、恭亲王的"一无断语"到光绪帝的左右摇摆，我们可以看出清廷最高决策层的无能。

在不知所措之余，光绪帝发出两道电旨，一寄驻俄使臣许景澄，催俄廷回信，希冀三国干涉；一寄刘坤一、王文韶，就和战两事征求二人意见。电旨称：

> 新定和约条款，刘坤一、王文韶谅皆知悉。让地两处，赔款二万万，本皆万难允行之事，而日人恃其屡胜，坚执非此不能罢兵，设竟决裂，则北犯辽沈，西犯京畿，皆在意中。连日廷臣章奏皆以和约为必不可准，持论颇正，而于沈阳、京师两地重大关系皆未计及。如果悔约即将决战，如战不可恃，其患立见，更将不可收拾。刘坤一电奏有云战而不胜尚可设法支撑。王文韶亦有聂士成等军颇有把握，必可一战之语。惟目前事机至迫，和战两事利害攸关，即应立断。着刘坤一、王文韶体察现在大局安危所系及各路军情战事，究竟是否可靠，各抒所见，据实直陈，不得以游移两可之辞敷衍塞责。⑥

① 《翁同龢日记》第五册，第 2796—2797 页。
② 同上书，第 2795 页。
③ 同上书，第 2797 页。
④ 同上。
⑤ 同上书，第 2798 页。
⑥ 《清季外交史料》卷 110，第 2 页。

至此，刘坤一、王文韶的态度与许景澄有关三国干涉的回信便成了光绪帝决策的重要依据。① 上谕中提到的刘坤一"战而不胜尚可设法支撑"之语，见其三月二十二日电奏；王文韶"必可一战"之语是其在二月二十八日电奏时所说。当时，李鸿章已赴日本，开始和谈。清廷获悉"倭船游弋长山岛外未去，南洋贼艋亦往来无定"后，命王文韶"整饬各军，时加侦探，整备迎击，不得稍涉疏懈"。在复奏中，王文韶称："津沽防务，北路聂士成游击之师，士马精强，操练纯熟，与吴宏洛陈凤楼联络一气，万一倭人敢于登岸，必能勠力同心，遏此狂寇。南路曹克忠虽系新军，勤于训练，亦必可一战。文韶向不敢作侈张语，因体察军情，颇有把握，据实上陈，稍纾圣廑"。② 王、刘奉旨后，于四月初三日赴"关津适中之唐山"会商。据王文韶日记，二人"同寓一处，三次叙谈，商定复奏大略，仍各自电陈，遵各抒己见之旨。"③ 初四日，王文韶拟定奏稿，称：

> 臣维此次议约，日人要挟狠鸷，实为中外臣民所共愤，不独言事者忠义奋发也。旨意以不和即战，计及沈阳京师两地重大所关，务筹万全之策，仰见圣虑深远、急其所急。臣在津言津，如提督聂士成、总兵吴宏洛、章高元、陈凤楼等声气联络，必可一战。其榆关以迄辽沈各路军营，亦各有可用之将，究竟是否可靠，臣实不敢臆断。现在战事可胜不可败，势成孤注，与未经议约前情形又自不同。传闻俄、法、德三国颇肯助我，外间未审确实，事关全局安危，应请饬下军机大臣、督办军务处、总理衙门，通盘筹议，请旨定夺。再臣与刘坤一昨在唐山晤商一切，意见大略相同。④

关于这次奏复，王文韶日记云："大局攸关，不敢作违心之论，惟遵旨据

实直陈而已"。① 尽管谕旨再三强调"据实直陈"、"不得游移两可",王也自陈是"遵旨直陈",但其奏复仍有"游移"之嫌。"在津言津",王文韶对于天津军队的战斗力给予充分的肯定,"提督聂士成、总兵吴宏洛、章高元、陈凤楼等声气联络,必可一战"。在此他坚持了前奏"必可一战"的说法。而对于关外军队"究竟是否可靠",三国助我是否确实,王文韶却表示"实不敢臆断"、"未审确否"。王奏通篇没有一个"和"字,然其不主战的态度已隐藏其中。而且,这不主战的原因却不在王文韶自己,而是关外军队不可靠。这样,王文韶不仅将不能战的责任推卸给了别人,而且将这一"事关全局安危"之难题的最后决策权推给了军机处、总署及光绪帝。王文韶为人"透亮圆到",素有"玻璃球"之称。② 其圆滑在这次奏复中体现得淋漓尽致。

与王文韶相比,刘坤一的态度颇为明确。他奏称:

坤一于新定条约,虽未尽悉,要之让地、赔款多节,目前固难允行,后患更不堪设想。宜战不宜和,利害重轻,事理显然,此固天下所共知,亦在圣明洞鉴。

惟一经决裂,倭必分摊猛攻,自以保京畿、固辽沈为第一要义。查辽、沈等军,依克唐阿、长顺、陈湜等,皆与贼累战,甚为得力;唐仁廉亦系凤将,所部枪械已齐,当足以资抵御。更有宋庆、魏光焘、李光久诸军,驻扎宁、锦一带,该将领等忠勇过人,屡经大敌,相机战守,似辽、沈后路可无他虑。倭如图犯京畿,则自关至津,沿海要口,处处设防,又有大枝游击之师,合计不下十万余人,倭寇岂易深入?纵或登岸,究属孤军,既有程文炳、董福祥两军堵御于前,而津、关各军可以多面夹击;即不得手,自可再战三战,以期必胜,未必彼即长驱直入,我即一蹶不振。万一京畿吃紧,坤一必抽调劲旅,迅速入卫,以保无虞。前电所陈尚可设法撑持者此也。

夫利钝本难逆睹,但倭奴远道来寇,主客之形,彼劳我逸。近得探报,倭新卒多以老弱充数,饷亦不继。在我只须坚忍苦战,否则高垒深沟,严为守御。倭奴悬师远斗,何能久留?力尽势穷,彼将自为

① 《王文韶日记》,第884页。
② 朱有瓛:《中国近代学制史资料》第二辑上册,第116页。

转圜之计。况用兵两年，需饷不过数千万，较赔款尚不及半，而彼之所费愈多。"持久"二字实为现在制倭要著。

　　诸将一闻和约，义愤填胸，必欲一决死战。坤一职在兵戎，宗社所关，惟有殚竭血诚，力任战事，此外非所敢知。昨于初三日，驰抵津、关适中之唐山，与王文韶、聂士成、丁槐等面商，意见相同，谨据实直陈。①

此中，刘坤一开宗明义，表明自己的态度——"宜战不宜和"，然后多角度陈说了"宜战不宜和"的理由。首先，他分析了辽沈各路军情，认为各军可战，"辽、沈后路可无他虞"。日本图犯京畿，并非易事，"未必彼即长驱直入，我即一蹶不振"。其次，他提出了各种作战可能下的应敌之方，表示"万一京畿吃紧，坤一必抽调劲旅，迅速入卫，以保无虞"。最后，他比较中日实力，认为日本劳师袭远，并非绝对强大，无以制之：我止须坚忍苦战、持久战，待倭力尽势穷，"彼将自为转圜之计"。可以说，刘坤一的态度很明确：条约过于苛刻，各路军队尚可一战，日本军队并非绝对强大，"宜战不宜和"。

　　最近，茅海建先生据刘坤一上述电奏提出了新的看法，认为刘坤一主和而非主战。他分析说，"刘坤一此电，著名一时，引者多有误解。他是按照传统的'武死战、不知和'的思路来写的，其中提到的依克唐阿、宋庆等部皆有败仗，在他的笔下成了有作战经验或有忠勇之气的名将；在京畿地区的作战上，大谈取胜的可能性，大谈日军的不足，但始终在回避有无胜利把握的关键词。从基调上来说，他与王文韶完全相反，但在最后又称其与王文韶意见一致，正说明他以更加委婉的言词说明其对战争前景并无信心"，"老奸巨猾的刘坤一本来就是文字高手，他的电报又是当时文字游戏的杰作，其意思很难让人一下子看清楚"。② 这里，茅先生并不否认"从基调上来说"，刘坤一与王文韶"完全相反"。他之所以把刘坤一的电奏视为"当时文字游戏的杰作"，原因有三：一是刘将打过败仗的依克唐阿、宋庆写成有作战经验或有忠勇之气的名将；二是在京畿地区作战问题上，刘只是大谈取胜可能，而回避有无胜利把握的关键词；三是从

---

① 《清光绪朝中日交涉史料》卷40，第27页。
② 茅海建：《"公车上书"考证补（二）》，《近代史研究》2005年第4期。

基调上来说，刘与王完全相反，但刘折在最后又声明与王意见一致。我认为茅先生的分析过于主观。首先，宋庆、依克唐阿虽皆有败仗，然胜败乃兵家常事，而且导致失败的原因可能是多方面的，这并不影响宋、依是"有作战经验或有忠勇之气的名将"。事实上，对于宋庆，刘坤一在多次写给同僚和宋本人的信中都曾给予高度评价。二月十三日宋庆田庄台战败后，刘坤一于十六日致函翁同龢，谈及宋庆，评价说："关外诸帅皆因亟复海城，致为倭算……幸宋军移驻田庄，旋有十一之捷，士气稍壮。兹复分屯杜家台与双台两处，自是稳著。此老可谓善于用兵，尤妙在不候朝命而先拔营，否则营口逼处海滨，必为倭寇所败。孙、吴所谓'宁可杀、不可使居不完者'此也。"① 两相比较，刘坤一在奏折中将宋庆说成忠勇之士，并非言不由衷。此外，在当时主战者的奏章中，有不少人对宋、依诸军的评价与刘坤一相似。② 当然，这些评价未必客观，但我们决不能据此说他们不是真心主战。

其次，在谈到京畿地区作战问题时，的确如茅先生所言，刘坤一"大谈取胜的可能性，大谈日军的不足"，"始终在回避有无胜利把握的关键词"。但这并不能说明刘坤一是主和的。在我看来，刘坤一回避取胜把握的原因，似可从以下两方面分析：其一，仔细阅读刘坤一的上述电奏可见，他之所以主战，并非因为对取胜有绝对的把握，而是基于两种原因：一是条约过于屈辱；二是各路军队尚可一战，中国尚有取胜的可能。在他看来，《马关条约》过于苛刻，只要目前尚可支撑，只要有战胜的可能，中国就不该如此屈辱求和，而应暂缓和议。暂缓和议，并非反对议和，而是希冀小胜之后，"和"得稍有体面，用刘坤一自己的话说，即："战胜而和，庶可稍尊国体"③。"稍尊国体"一语，表明刘坤一并不奢望彻底打

---

① 《刘坤一遗集》第五册，第2136页。

② 如河南候补道易顺鼎坚决主战，他在递交都察院代奏的呈文中，评价前敌诸将说，"魏光焘坚固不摇，李光久奋勇尽战，牛庄虽败而杀伤倭寇亦足相当"，"且宋庆、聂士成又皆倭人所畏，而丁槐一军队伍已到，唐仁廉一军枪械已齐，皆可与倭人一决"。见《清光绪朝中日交涉史料》卷41，第29页。

又如都察院左都御史裕德等在"条陈六事折"中，也写道："驻津之聂士成战功迭著，曹克忠勇略夙闻，吴宏洛辈治军严整，董福祥一军西人亦啧啧称羡。至关内外各将如宋庆、马玉昆、宋得胜、丁槐固称名将，即其余战士与倭接仗已久，习于彼之战阵，非复从前之胆怯。"见《清光绪朝中日交涉史料》卷41，第19页。此外，类似之言论，尚有很多，兹不一一列举。

③ 《刘坤一遗集》（五），第2144页。

败日本，只是希望目前设法支撑，等待战事出现转机再行议和、再订条约，中国将不致如此屈辱。基于此种认识，刘坤一分析津、关各路军情后，虽没有大谈取胜的把握，却指出依靠现有的军队，中国不但目前可以"设法支撑"，而且可以"持久"。"持久"一语可视为刘坤一对电旨中"是否可靠"一问的肯定回答。其二，刘奏之所以"回避有无胜利把握"，似与当时特定的环境有关。身为钦差大臣、前敌主帅，刘坤一深知日本军队的厉害；作为官场老手，他又深知此次覆奏的分量。面对光绪帝交给的"难题"，刘坤一深感此中的责任与压力。因此，通篇奏折，他措辞谨慎，既努力表明自己主战的立场，又尽量不把话说得太满，以免承担战败的责任。为达到这一效果，他在奏折中只讲战胜的可能，而不谈战胜的把握，并在奏折末尾强调"坤职在兵戎，宗社所关，惟有殚竭血诚，力任战事，此外非所敢知"。凡此种种，都与刘坤一自我保全的心态有关，是其长期积累的政治经验使然。

再次，关于刘坤一在奏折最后声明与王文韶等意见一致的问题，我认为这同样不能说明其奏折内容就是主和的。对比刘坤一与王文韶的电奏，可以清晰地看出其中的差别。王奏中虽不乏"必可一战"之语，但其主和的基调是明确的。而刘奏虽不乏"利钝本难逆睹"、"坤职在兵戎……此外非所敢知"等"一二活字"，但其主旨却是主战的。如今二人唐山会谈的内容已无从可知，但从其各自奏折的内容推断，所谓"意见一致"的声明，很可能只是二人当时的约定，而且在拟稿时二人都遵守了这一约定，所以同样的声明也见于王奏。至于电奏的具体内容如何，二人或者根本没有达成共识，或者虽达成了共识，但在拟稿的过程中却从各自的利益出发自说自话。如王奏中大谈天津军队"必可一战"，而谈到关外刘坤一的军队时却表示"究竟是否可靠，臣实不敢臆断"，将不可战的责任推到了刘坤一的身上。显然，这是刘坤一所不愿意听的。对于刘、王电奏主战与主和的差别，我们还可以从军机大臣看到二人奏报的反映中得到证实。当军机大臣接到刘坤一的电奏后，翁同龢日记记载说："刘电虽复可战，而同列颇摘其一二活字，谓非真有把握也"。[①] 翁同龢从刘电读出的是"可战"，"同列"读出的是"非真有把握"，这都是忠于原奏的解读。所谓"非真有把握"，是指取胜没有把握，而不是"主和"。而当诸军机看

---

① 《翁同龢日记》第五册，第 2799 页。

到王奏时，出现的是另一种景象。时人记其事曰："连日枢意（当为译——作者按）争持不决，专候刘王报及恭邸销假。初六日，王夔帅报到，总署时正会科士达，翁、李均在座。济宁阅报大笑曰：'我说如何！'翁、李相顾失色，无一言。"① 济宁即孙毓汶，翁、李分别指翁同龢、李鸿藻。三人同为军机大臣。翁、李主战，孙主和。从孙看到王奏后的反映可知，王文韶之主和已为其言中。而翁、李之"相顾失色，无一言"，则反映了此时此刻主战者内心的惊惶与无奈。

事实上，比较刘坤一此前此后的数次电奏，可见其主战的立场是一贯的。早在三月二十二日获悉《马关条约》将成的消息后，刘坤一即电奏清廷，反对和约。此时《马关条约》尚未签字，条约内容尚未公开。在"未审是否属实"之时，作为督办军务的前敌主帅，刘坤一本可像王文韶那样沉默不言，而他却公然电奏，成为督抚中公开上奏反对条约的第一人。四月十二日，在得到换约业经批准、三国干涉还辽的传闻后，刘坤一又上奏清廷，表示传闻"如果属实，是倭已处函危之势，而我即有可乘之机"，"在我只须展期换约，观衅而动，则目前之地步稍纾，正好亟图补救"，"关系非轻，事机难得，天下大计，争此关所。况各国一与交锋，倭自力难兼顾，关津防务较松，即可抽调关内劲旅，会合关外诸军迅速分路猛攻，收复辽东失地。揣情度势，此尤机会之不可失者"。② 四月十四日，就在换约的当天，他再次电奏，说"万不得已，曷若与俄、法、德酌许分地给款，请为我击倭，并密定厚约。但能摧倭水师一如我之海军，谅倭不能重振；即重振，亦在我后，且畏俄、法、德三国，安能害我？……同一失地、与款，与仇曷若与邻？并绝后患"。③ 此中，刘坤一的见解是否正确姑且不论，仅就其战和思路而言，他仍然认为条约对中国危害过甚，应借助各国干涉的形势，与日本一战，收复辽东失地。此时，《马关条约》业已批准，换约在即，刘坤一果真主和的话，应当是心满意

---

① 易顺鼎：《盾墨拾余》，见《中日战争》（一），第127页。易氏此书中有些记述不免夸大或失实，但我认为其对该事的记述颇为可靠。因为，王奏到达时间确为初六日。并且这一天翁同龢及李鸿藻、孙毓汶的确在总署晤科士达。而且，翁同龢初六日日记只记会晤科士达事，而对王文韶奏折只字未提。这说明王奏对于翁打击很大，不愿提及。相关信息见《翁同龢日记》（五），第2799页；《科士达日记》，见《中日战争》续编（六），第626页。

② 《中日战争》（四），第93页。

③ 同上书，第95页。

足，不复再言。而他一再电奏的事实，说明其主战是真实的，也是一贯的。

对于刘坤一的这次电奏，其奏前奏后传闻颇多。四月初二日，盛宣怀从王文韶处得知刘、王将在唐山会议后，致函王文韶说："顷奉手谕，以和、战二事，师明日赴唐山，与岘帅晤商，切实具奏。此政府欲将一难题架在师与岘帅身上。惟岘帅廿二电奏，有各军枪械略齐，兵勇锐气可用等语。此次颇难自圆其说……目前关内外各军，一将统万人者，只有宋、聂、曹三枝，训练未久，恐难当此劲敌"。初四日，他又致函王文韶说："唐山会议一节，关系非轻。想岘帅措辞较难，函丈似可另奏……目前我之兵力断不足拒之，一经愈限，克期水陆兼进，京城不为所有。城下之盟必更烈于马关。"① 这里，盛宣怀自己的主张很明确，可和不可战。他对王文韶的态度也有所了解。只是对刘坤一的真实想法，他没有把握，所谓"此次颇难自圆其说"及"想岘帅措辞较难"，不过是其基于刘坤一主和假设之上的一种臆测，他建议王文韶"另奏"，正体现了其对刘坤一主张的没有把握。四月初四日，胡燏棻之弟收到胡从天津发来的电信，说："爕帅虽奉廷寄，昨到唐山与刘帅会议，大致以外事纷起，未曾道及战事确有把握否？若一经毁约，盛燕两京，能保得住否？请两帅一决。明系难题，津帅已逊谢不遑，刘帅曾翻案，颇难自圆其说。"② "刘帅曾翻案"系指三月二十二日刘坤一反对和约的电奏。此时，刘坤一与王文韶方从唐山返回，奏稿尚未拟定。胡以广西臬司在天津负责东征粮台，从其所说"津帅已逊谢不遑"的话中可见，他对王的主张是很了解的。而其所谓刘坤一"颇难自圆其说"之说，同样只是他的一种推测，与盛宣怀的上述说法如出一辙。合观上述史实，至少可以说明，在刘坤一入奏之前，天津方面有不少人认为他是不会坚持主战的。与天津方面的传闻不同，山海关传出的消息正好相反。四月四日，郑孝胥接到山海关来电，称："刘帅今早赴唐山，临行，电饬前敌各军准备器械，事在必战等语。勋棨。江"③ 这里所透露出的信息是，刘坤一主战。与刘复奏前的推测不同，其奏后的

───────────

① 《甲午中日战争——盛宣怀档案资料选辑之三》（下），上海人民出版社 1982 年版，第 433、434 页。

② 黄濬：《花随人圣庵摭忆》，上海书店出版社 1998 年版，第 174 页。

③ 劳祖德整理：《郑孝胥日记》，中华书局 1993 年版，第 457 页。

传闻则多认为刘坤一主战、刘的主张影响了清廷的决策。四月初八日，张之洞收到他在天津的侦探汪乔年发来的电信，说："和议事，廷臣交劾，上问计岷帅，复奏，有'三战必克'语。现上意不允和。"① 同一天，鲁抚李秉衡致电刘坤一说："和议，闻我公再三力阻，上意已回。一德格天，海内同深钦仰。"② 这从另一个侧面说明，在当时人的眼里，刘坤一的奏折是"主战"的、"上意已回"不过是主战者的愿望而已。

正当王、刘拟好奏稿、准备发送之时，津沽一带发生风雨海啸，关内外营地电线、铁路受损。二人电奏因之延误。初五日，翁同龢日记云："许电杳然，刘、王之奏未至，极徘徊也。"③ 初六日，清廷在刘、王之奏久等不至之余，旨令两人"由六百里驰报"，旨称："前据王文韶电奏，与刘坤一在唐山会商后，初四午前必可回津，据实直陈，至今未奏到。适闻京津电线不通，想必因此阻滞。现在和战之计立候决断，著刘坤一、王文韶即将所发电奏照录，由六百里驰递来京。并著王文韶饬令天津电局接到许景澄电信，如电线尚未接通，即将原码由六百里递至总理衙门为要。"④ 由此可见，王、刘二人的覆奏对于清廷的战和决策至关重要。就在上谕发出后不久，清廷于初六日相继收到王、刘电奏。初八日，王文韶初七日所发津沽风雨海啸灾害详情的电奏亦到。

历史的事实是，刘坤一的奏请并没有影响朝廷的决策。相反，王文韶的主和电奏及其关于海啸灾害的奏报却影响了光绪帝。翁同龢四月初八日日记云："晨入，见北洋报，初四、五天津大风雨，初五寅卯间海啸，新河上下各营被冲，水深四五尺，淹毙甚多，计六十余营被其害。北自秦王岛，南至垈子口皆然。此时值此奇变，岂非天哉。见起三刻，上意幡然有批准之谕臣。对以三国若有电来何以处之。上曰：须加数语于批后，为将来地步、于是战栗哽咽，承旨而退。"⑤ 可见，王文韶之主和电奏及其关于海啸的奏报对光绪帝的影响是重大的。与之相比，三国的态度已不很重要。因为，废约与否的关键在于自己的军队能否打仗，至于三国干涉与否只是能否改约的问题。光绪帝"幡然批准"与王文韶奏报之关系，还可

① 《花随人圣庵摭忆》，第 174 页。
② 《中日战争》续编（三），第 251 页。
③ 《翁同龢日记》第五册，第 2798 页。
④ 《中日战争》续编（三），第 161 页。
⑤ 《翁同龢日记》第五册，第 2799 页。

以从四月十七日光绪帝的一道朱谕中见及。在该上谕中光绪帝将此次日本肇衅、朝廷不得已讲和之缘由宣誓群臣，云：

> 自去岁仓促开衅，征兵调饷，不遗余力；而将少宿选，并非素练，纷纭召集，不殊乌合，以致水陆交绥，战无一胜。至今日而关内外情势更迫，北则竟逼辽沈，南则直犯京畿，皆现前意中之事。陪都为陵寝重地，京师则宗社攸关；况二十年来，慈闱异养，备极尊崇，设一朝徒御有警，则藐躬何勘自问？加以天心示警，海啸成灾，沿海防营，多被冲没，战守更难措手。用是宵旰彷徨，临朝痛苦，将一和一战两害熟权，而后幡然定计。①

综观光绪帝批准和约决策的全过程，可见这"天心示警，海啸成灾"的确是其"幡然定计"的重要因素之一。

需要指出的是，此次海啸灾害同样波及关外军营。而刘坤一与王文韶对海啸信息的处理却大异其趣，耐人寻味。首先看刘坤一的态度。他既没有及时奏报海啸信息，也没有大肆渲染。直到初十日，刘坤一在复初六日电旨时，才简略谈及灾情。称："此次风雨灾变异常，所有山海关及沿海一带各营垒壕沟莫不摧塌填平，棚帐等件亦皆破裂损坏。闻北塘、大沽、芦台受伤尤重，兵勇马匹淹毙颇多。"② 恰巧这一天的旨电也询问刘坤一关外防军是否受灾。③ 次日，光绪帝看到刘坤一初十日电奏后，对其迟缓不报灾情颇有微词，谕令其将兵勇受损情形如实覆奏，并称："津沽一带防营于初三、初四等日被海水冲没。业据王文韶、王文锦先后奏报，昨有旨电询山海关一带防军是否不致成灾。本日始据刘坤一电奏，沿海营垒被淹情形，兵勇马匹淹毙颇多等语。既有此等被灾重情，何以初六、初七两电未经叙及？殊属延缓。即督饬各将领将营垒一切迅速修整。军械等件如有损失，并著确查实在数目，勿任蒙混。被淹各营人口曾否受伤，来电亦未声叙。并著查明电复。"④ 这里，光绪帝对刘坤一的奏报有些误会，刘

---

① 《清光绪朝中日交涉史料》，见《中日战争》（四），第107页。
② 《中日战争》续编（三），第298页。
③ 电旨称："日前津沽一带防营忽被水冲没，情形甚重。山海关一带防军是否不至成灾，著电覆"，见《清光绪朝中日外交史料》卷43，第14页。
④ 《中日战争》续编（三），第303页。

所说的"兵勇马匹淹毙颇多",是指王文韶奏报之津沽,而非山海关。这一点,刘坤一在十一日的电奏中已明确指出:"山海关沿海防营,因初四、五风雨海潮大作,墙垒壕沟莫不摧塌,军装亦多为损坏。幸亏兵马伤损无多,较津沽一带灾情略轻"。① 十三日,刘坤一对十一日光绪帝颇有微词的电旨给予答复。刘坤一一方面再次指出光绪帝的误会,另一方面反复说明自己延缓奏报并非有意。② 但这仍无法排除其有意延缓之嫌。事实上,对王文韶张皇奏报灾情之举,刘坤一颇不谓然。他曾致函同僚谈及此事,说:"四月初旬风潮,濒海各营,不免摧毁,疆吏飞章入告,又甚其词,遂谓天意使然,汲汲讲款。"③

王文韶的"张皇"正与刘坤一的"延缓"形成鲜明对照。当初四日风雨大作,"戌初三刻紫竹林电报局大风断线"后,王文韶在将"陈奏军情"的电奏由六百里驰递,同时"夹片声明"风雨灾害。初六日,"即发电奏一件",报"风雨海溢情形",④ "旋据云楣查复情节较详,又具折由驿六百里驰奏"⑤。初七日,王文韶又"电奏一件,续陈各营被水情形"。⑥ 其七日电奏一一列举损失情形,说:"昨将风雨海溢情形除电奏

---

① 《清光绪朝中日交涉史料》卷43,第3页;又见《中日战争》续编(三),第302页。

② 该电称:"十一电奉旨,以山海关防营被灾重大、坤一奏报迟缓,又未将各营人口曾否受伤声叙,著即查明电复各因。坤一于初五日查知初四日电奏军情未能到京,情殊惶迫。于初六、初七两日汲汲一再补电。原奏申明风雨为灾,铁路、电线俱断之故,无暇他及。初九日电奏灾情(应为初十日),即分别声叙,山海关及沿海各营墙莫不摧塌填平,棚帐等件亦皆破残损坏。闻北塘、大沽、芦台受伤尤重,兵勇马匹淹毙颇多。查北塘、大沽、芦台等处,即王文韶奏报所指之津、沽,并非山海关。初十日奉旨垂询山海关防军是否不致成灾。又经坤一于十一日电复,防军墙壕摧平,军装损坏,仍如前奏。惟声明兵马伤毙无多,较津、沽受灾略轻,已饬赶紧修理,妥为抚恤在案。军装即指棚帐各项而言。军械如枪炮等件,并无损失。合并声明。"见《中日战争》续编(三),第336页。

③ 《刘坤一遗集》(五),第2162页。

④ 其电奏云:"初四日竟日夜风狂雨暴,海水漫溢,冲溃宏字、定武等十营。铁路不通,电线四路俱不通。赶即整理,今早勉通。京电、火轮车仍不能行。被淹各营赶紧收集整顿。详细情形容恭折驰报。"见《中日战争》续编(三),第159页。

⑤ 该奏称:"窃天津一带自初三日风雨交作,至四日风力益狂,雨势益猛,通宵达旦,无少休息。初五日寅卯间,海水坌涌,有同海啸。驻扎新河之吴宏洛六营、胡燏棻新练之定武军四营,仓卒之间同时被淹。营墙内外,平地水深四五尺。人马逃避不及者,淹毙不少,尚未查清确数。新河距大沽二十余里,距北塘三十余里,铁路被海水冲淹自浸置芦台、山海关火车不通。各路电线距津数里外皆不能达。"见中国第一历史档案馆藏《军机处录副奏折·水文灾情》,03/168/9638/36。

⑥ 《王文韶日记》,第884—885页。

外，由驿六百里驰陈，声明远处各营节节阻水，俟查确再报。现查宏字、定武等十营，军装子药多被淹失，该两军弁勇各淹毙数十百人，余皆凫水避至新河附近各村庄，并有由火车逃至天津者，人数尚未查清。其新河以上津沽周鼎臣三营、芦台聂士成十营、新河以下新城章高元八营、上古林等处曹克忠三十营均被水患，大约情形与宏字、定武等营相同。此次风雨三昼夜，继以海啸，沿海洋河口、秦皇岛及祁口埕子口等处，因电线中断尚未禀报，恐遭水情形亦所不免。目下各军收集勇丁，先须抚恤，并重整军装，沿海防务非一两月不能成军。正当和战未定之际，不敢不据实直陈。"① 与初六日的电奏、折奏相比，这些电奏，王文韶不仅对宏字、定武十营的损失有了更详细的说明，即：军装子药多被淹失、两军弁勇各淹毙数十百人；而且强调指出周鼎臣、聂士成、章高元、曹克忠等营被灾情形与"宏字、定武等营相同"；并断言"沿海防务非一两月不能成军"。"正当和战未定之际，不敢不据实直陈"一语，表明王文韶早已料到海啸灾情会对清廷的战和决策产生影响，因之"飞章入告"。也正是这一内容详细的灾情奏报影响了光绪帝的决策。②

那么，王文韶的上述奏报到底是不是"又甚其词"呢？③ 弄清这一问题，需要从时人的有关记载及王文韶后来的相关奏报中寻找证据。

四月初八日，张之洞接到胡燏棻关于海啸灾情的电报，称："顷闻许电总署，倭已将辽东押与俄廷，是三国联盟互保之说万不可恃。且津沽沿海数百里自初三起昼夜大风以雨，加以海啸，燏棻定武十营均遭水患，最重者新河四营与宏字六营，淹毙勇丁不少。现在凫水避至新河附近村庄，并由火车带至天津者，人皆饥顿交迫。军装器械亦多淹失，其余津沽、芦台、新城、上古林等处，聂、曹、章各军共六十余营，情形大致相同。此外，以电线不通，尚未查清，现须将遭水勇丁先行抚恤并重整军装，非一两月不能成军。此殆天意助倭，非人力所能挽回。和战大局似此情形，恐不能不俯就条约。"④ 从胡的口气可见，他本人是倾向于主和的。胡的电报与王文韶初七日之电奏，大同小异。据上引王文韶日记可知，宏字、定

---

① 《清季外交史料》卷110，第23页。

② 《中日战争》续编三，第250页。

③ 茅海建先生认为"王文韶是据实上报，没有任何夸大"。见茅先生《"公车上书"考证补（二）》文。

④ 《张之洞全集》（八），第6336—6337页。

武受灾情况，系胡燏棻复查得来。王文韶关于宏字、定武灾情的奏报是属实的。然而，依据聂士成及曹克忠关于灾情的相关记述，我认为王文韶初七日的奏报不免失实之处。张之洞在得知风雨海啸的消息后，即致电聂士成探问情况。四月十二日聂回电说："宏字营、嵩武、定武等军，驻新河、新城等处，距海较近，营垒被淹，兵勇飘没入海，计不满百人。子药向存高处，军装虽有沾湿，当饬擦干备用。士成所部驻芦一带，营房、帐幕亦多毁折，积水浸深，兵士两日未能举火。将无他患。"① 当天郑孝胥日记记之曰："聂士成来电，言津沽海啸，各军伤未甚重。"② 证之以聂士成的"子药向存高处"一语，王文韶所奏"军装子药多被淹失"之语未免失实。而且，聂对自己防营受灾情形的描述也与王文韶"与宏字、定武情形相同"的奏报不符。四月初九日，曹克忠致函盛宣怀，述及灾情说，"卑部驻扎双桥一带之各营，帐房均被风雨扯破，不能栖身，兵勇移驻墙上，讵风雨力大，墙上亦立不住。除弟坐营早垫起三尺地基，盖好窝铺，官弁勇夫尚可在营安住，其余各营均顾抢修营墙，未将地基垫起，以致各营内水深数尺。新立买卖房屋亦皆倒塌，三昼两夜不能举火，饥寒交迫，不堪言状"；"除弟坐营人均平安外，各营勇夫被水淹没者约六七十名，至土夫及负苦买卖人淹殁者约一百三四十人，马匹亦淹毙不少"，"至新城沿海被灾者，较卑部尤甚"，"弟派人到上古林、祁口各处查看，除祁口早已做成海挡，并未损坏营墙，亦无倒毙人马。上古林海挡尚未做成，营墙多有倾塌，帐房亦尽行倒塌，兵勇毫无损伤"。③ 曹克忠将被灾情形不仅报给了王文韶，而且报给了天津团练总局的王文锦，以备其入奏。因此，无论是王文韶还是王文锦，他们关于曹克忠部受灾情形的奏报都应以曹克忠的汇报为依据。通观曹克忠关于灾情的记述，并没有"军装子药淹没或冲毁"的字样。他所说的"新城沿海被灾者"，系是指距海较近的宏字、定武等营。"较卑部尤甚"，说明曹克忠部受灾不及宏字、定武等营严重。联系上述胡、聂的相关电信，可知宏字、定武是此次海啸中受灾最严重的防营。由此可见，初七日王文韶关于"曹克忠三十营均

① 《张之洞全集》（八），第6336页。

② 劳祖德整理：《郑孝胥日记》第1册，中华书局1993年版，第489页。

③ 《曹克忠致盛宣怀函》，《甲午中日战争——盛宣怀档案资料选辑之三》（下），第438页。

被水患，大约情形与宏字、定武等营相同"的奏报，有失实之处。相比而言，王文锦的奏报更忠于曹克忠的原意。①

而且，王文韶本人关于灾情的奏报，也存在着前后不一致的问题。初六日，依据胡燏棻查复详情，王文韶专折奏报宏字、定武军的灾情，除强调铁路、电线阻断外，略言"驻扎新河之吴宏洛六营、胡燏棻新练之定武军四营，仓卒之间同时被淹。营墙内外，平地水深四五尺。人马逃避不及者，淹毙不少，尚未查清确数"，奏报并不具体。其七日电奏，不仅有了关于宏字、定武的详细灾情，而且有了关于周鼎臣、聂士成、曹克忠等营灾情"与宏字、定武等营相同"的说法。而事实证明，王文韶这一说法，并非得之于聂士成、曹克忠等人的报告。四月八日，王文韶在其《奏如电线阻滞即由驿六百里驰陈电》中称："沿海被水各营，现在加紧整顿。兹据曹克忠报到情形，大略相同。现退屯小站旧营，重新整理。另由王文锦详细具奏。"② 可见，当王文韶初七日电奏时，尚未接到曹克忠关于灾情的汇报，其所谓"曹克忠三十营均被水患，大约情形与宏字、定武等营相同"的说法，或系传闻，或系推测，与曹所说"至新城沿海被灾者，较卑部尤甚"不相符。但在接到曹的汇报后，王文韶仍然坚持了其初七日"大略相同"的观点。可以说，初八日以前，王文韶有关灾情的奏报，着重强调灾情的严重性。但自初九日始，其相关奏报的语气有所不同。初九日，他奏报聂士成一军受灾情形，一改初七日"大约情形相同"的说法，称："聂士成报到被水情形尚轻，人口军装并无伤损，惟帐房大半毁坏，兵丁两日未能举火，现移札高阜，尚不难整理。"③ 可见，初七日王文韶关于聂士成部灾情的奏报，有失真实。四月十三日，电旨命

―――――――――――

① 《王文锦等奏海潮冲溢营垒淹毙勇夫情形由》，中国第一历史档案馆藏《军机处录副奏折·水文灾情》，03/168/9638/38。他奏称："窃津胜一军，驻扎沿海一带，业经臣等奏明在案……旋臣曹克忠由行营函称，初三至初五等日，阴雨三昼，雨狂不休，又兼东风大作，海潮上溢，致平地水深四五尺。驻扎双井一带各营墙垒均被冲塌，帐房亦均破坏。兵勇既无地栖身，亦且不能举火，当即飞饬各路驻扎小站旧营……各营计被水淹没勇夫六七十名，土夫及贸易人共约一百三四十名，马匹亦淹毙甚多。及粮米火药等项冲没若干，尚未查清。至上古林、祈口等处营坡亦多倾塌，人马尚无伤毙。"王文锦所说"粮米火药等项冲没若干，尚未查清"也与王文韶所谓"军装子药多被淹失"不符。

② 《中日战争》续编三，第250页。

③ 《王文韶奏汇报军情由》，中国第一历史档案馆藏《军机处录副奏折·帝侵类·中日战争》，03/167/9117/10。

王文韶等军"严为戒备",十四日王文韶在覆奏时说:"月初被水各营,聂士成一军情形较轻,现已一律整饬照常操练。曹克忠、章高元、吴宏洛各军亦均整顿复旧,原营有水未退尽处移扎高阜,仍扼要隘。帐棚、军械陆续补发齐全,先后据报开操。设有缓急,已足以资备御,堪慰宸廑。"①如此看来,初七日王所奏"沿海防务非一两月不能成军"一语不免夸大其词之嫌。而且,"聂士成一军情形较轻"之语又与其前奏"芦台聂士成十营……均被水患,大约情形与宏字、定武等营相同"的说法相矛盾。

综上所述,我们至少可以得出以下结论:一,四月初三至初五日,津沽地区的确发生了一场突如其来的风雨海啸,而且它给当地的驻军带来了不少损失与不便。王文韶关于这次风雨海啸的奏报,并非"诬奏"②;二,王文韶关于风雨灾情的奏报存在着诸多矛盾与失实之处。一方面,王文韶初七日电奏中所谓聂士成十营、曹克忠三十营受灾与"宏字、定武等营相同"的说法,既非得自聂、曹的汇报,也与二人的相关报告有出入。事实上,宏字、定武等营距海最近,是此次受灾最严重的防营。王电奏聂、曹各营的损失与宏字、定武"相同",无疑是夸大灾情。另一方面,王文韶自己关于风雨灾情的奏报,前后也不尽一致。初八日之前,王的相关奏报重点强调灾情的严重性,而后的奏报则相对真实。之所以出现这种差异,我认为与王文韶主和的心态密切相关。四月初八日,光绪帝批准《马关条约》按期换约。此前,王文韶的奏报意在影响光绪帝的决策,故而强调灾情之严重;此后,换约业已批准,王才逐步透露真实灾情。可以说,王的相关奏报虽不是"诬奏",却有不实之处、夸大之嫌。这是王文韶主和的心态使然。两相比较,刘坤一缓报灾情与其废约主战之主张不无关系。刘、王的和战态度判然有别。

三 督抚的废约主战思想

各主战督抚的交章谏阻,既没能废约,也没有阻止按期换约。但这些督抚所陈述的战和思路,却值得我们做深入的考究。检视这诸多督抚的废

---

① 《中日战争》续编(三),第341页。

② "诬奏"之说,得之康有为。对于康的"诬奏"说,茅海建先生表示异议,认为"王文韶电告海啸,绝非诬奏"。见《公车上书考证补(二)》。我很认同茅先生的观点。

约奏章，可见其中所包含的思想对于了解一百多年前的这场战争，具有十分重要的思想意义。

一 "战胜而和，庶可稍尊国体"

本来，各督抚并不反对议和。然而《马关条约》的严苛，激起了他们无尽的愤怒，使他们无法沉默。正如李秉衡所说，"苟和议于国体无伤，断不敢妄参末议。惟果如此割地之说，则天下大势不堪设想，万万不可曲从"。① 他们分析时局，一致认为，目前尚不到屈辱求和的伤上。其一，自开战以来，中国失地无多，无妨大局，不可急于割地，屈辱求和。李秉衡说："自去秋至今，所失不过奉天数州县之地。至辽河以东版舆之大，彼即以力征经营，得不得正未可定，奈何以数省之地，敌所力争而未必能得者拱手以让诸人，有是理乎？"② 张汝梅指出："去秋开战以来，互有胜负，我无大伤。并非一蹶不振。何故一旦屈辱至此，现我兵数倍于日，能战宿将亦不乏人。若饷绌，则以和日之二万万充饷腾饱有余。"③ 其二，目下中国布置稍定，关内外大兵云集，尚可一战。刘坤一多次致函同僚，说："目下军心渐固，士气渐扬，桑榆之效可收，边吏之耻可雪，所谓机不可失"，"关内外屯兵十万余人，又安见其不能一战而遽出此"。④ 他先后两次电奏，都谈到这一点。李秉衡也强调指出："自海上告警以来，召将征兵已遍天下，筹饷购械，糜帑逾数千万。近已布置稍定，兵机可期渐转。"基于此种认识，他们力主废约再战。主战，并非反对议和，只是认为议和时机尚不成熟，主张"暂缓和议"，希冀战胜之后再和，"和"得稍有体面。正如刘坤一所说，"战胜而和，庶可稍尊国体"，因此他曾几次以"兵尚可用，和可暂缓"⑤ 电奏清廷。李秉衡指出，只有坚持再战，"迨彼族势穷力屈"之时，"从容议和，则不至损威纳侮，亦可稍戢各国觊觎之心"。谭继洵也认为，只有日本"形见势绌"之后，"议和亦易就绪。若斯时曲从此约，谓可救目前之患，殊不知患即在目前。各国

---

① 《中日战争》续编（三），第73页。
② 《中日战争》（四），第9页。
③ 《中日战争》续编（三），第338页。
④ 《刘坤一遗集》（五），第2144页。
⑤ 同上。

乘隙而起，为害尤烈"。① 可以说，"战胜而和，庶可稍尊国体"，这是各
督抚废约主战的根本目的。因条约过于苛刻而主张废约再战，这在感情上
是可以理解的。然而，条约的背后是实力的较量。中国有废除条约的实力
吗？中国现有的军队究竟是否不可靠？这一点需要督抚们更理性地思考。

二　"持久战"

尽管中日开战以来，中国军队节节败退，但在各主战督抚看来，并非
日本绝对强大、中国一蹶不振。鲁抚李秉衡分析中日国情，说："日人立国
岛上，仅中华一二行省地耳。闻近来洋债日增，困穷日甚，非有长驾远驭
之略也。其来中华者，劳师袭远，死亡相继，人数有日减无日增，观于荣
成、威海等处得而不守。前以精锐萃于牛庄、营口，则海城以东久无动静。
二月中旬往攻澎湖，则旅顺一带日兵绝少，其大枝劲旅祗有此数，已可概
见。特以轮船飘忽海上，往来甚捷，故觉其势尚张"。② 在李秉衡看来，尽
管日本轮船迅捷，但地小国贫、劳师袭远、兵力不足是其不足。谭继洵比
较中日形势，结论大略相似。他说："日本地小饷绌，势难久角。我则地大
物博，侭堪坚持。且失地无多，无损大局。军民愤极，势有可乘。"③ 陕抚
张汝梅也称："割地赔款有断不可行者。彼客我主，彼寡我众，与之决命争
首，众志成城，未有不胜者也。况去秋开战以来，互有胜负，我无大伤。
并非一蹶不振。"④ 总之，日本地小国贫、兵力不足，彼客我主，彼劳我逸，
彼寡我众，这是日本的劣势、中国的优势，也是主战督抚的共识。

基于对中日国情的此种分析，他们提出了"持久战"的主张。谭继
洵指出，正因"日本地小饷绌"，所以"势难久角"，中国只要废约再战，
"坚持一年，日必形见势绌，无难蹙之，即议和亦就绪。"鹿传霖也奏称，
"彼倭逆深入重地，兵单饷竭，以我全力歼彼孤军，未有不能殄除凶暴、
复我疆宇者也。即或一时难以底定，则卧薪尝胆，蓄养精锐以图恢复，兵
力财力尚可有为，乌可束手受制，失人心、辱国体至于此极耶？"⑤ 桂抚
张联桂在反对条约的电奏中表达了同样的思想："自倭肇衅已十阅月，胜

---

① 《中日战争》续编（三），第130页。
② 《中日战争》（四），第9页。
③ 《中日战争》续编（三），第130页。
④ 同上书，第338页。
⑤ 《中日战争》（四），第93页。

败原属无常。即使持以三年，未必辽东、全台悉为彼有。军饷之费，未必速用二万万两。我朝地大物博数倍于倭，果与相持，彼必先困。"① 刘坤一到关外不久，即致电翁同龢，表达了对日持久作战的想法："坤一电商陈臬司与孙、吕两镇仍顾岭防，长、依与唐帮办分守辽、沈，但期大局无碍，倭即盘踞边鄙，其奈我何？目下既不能与之争锋，唯有坚壁以挫其锐而劳其师，计彼亦有难于久支之势，所谓以不战屈人之兵。"② 而后，他在答复清廷"军情战事究竟是否可靠"的电奏中，又明确提出"持久战"的思想。他说："夫利钝本难逆睹，但倭奴远道来寇，主客之形，彼劳我逸。近得探报，倭新卒多以老弱充数，饷亦不继。在我只须坚忍苦战，否则高垒深沟，严为守御。倭奴悬师远斗，何能久留？力尽势穷，彼将自为转圜之计。况用兵两年，需饷不过数千，较赔款尚不及半，而彼之所费愈多。'持久'二字实为现在制倭要著。"③

　　而要展开"持久战"，中国必须做充分的准备。由于日本所占中国之领土，密迩京师，日本要挟朝廷者在此，朝廷之急于议和者亦在此。为了消除清廷的顾虑，开展"持久战"，不少督抚提出"两宫巡幸"的主张。陕抚张汝梅说："今之迁就言和者，不过以北洋海口密迩京师，恐惊乘舆，出此下策。六龙巡幸，原可从权。若我皇上躬奉皇太后暂行巡幸，銮舆既出，则前敌各军将士无内顾之犹，得以专力言战。"④ 谭继洵也积极劝驾"巡幸"，早在中日开展不久即有巡幸之请。条约签订后，张之洞重提此事，他致电谭，说："公去年曾请西幸，此时欲废约力争，非先定计西幸暂避不可……彼所恫愒者，惟在犯京。暂时巡幸以避雄锋，关内援军日多，军械渐集，二百余营，何至不能一战？"四月初三日，谭继洵电奏，重申前说，云："日所挟者不过海道易阻，密迩京师耳。若离海既远则征调不灵，进退多阻，日之伎俩必穷。中外议论均愿皇上恭奉皇太后銮舆西幸长安。臣既知此事关系重大，诚未易言。但时事急迫之际，权衡轻重亦未当不可采取。"⑤ 他认为只有这样，才能持久战。此外，鹿传霖、马丕瑶也都积极主张"两宫巡幸"。可见，在主战督抚看来，"两宫巡幸"是展开持久

----

① 《中日战争》续编（三），第154页。

② 《刘坤一遗集》（五），第2137页。

③ 《清光绪朝中日交涉史料》卷40，第27页。

④ 《中日战争》续编（三），第338页。

⑤ 同上书，第130页。

战的重要前提，也是打消倭寇速战速决、要挟议和的重要举措。

"持久战"是主战督抚对比中日国情的思想结果。不过，在这场战争中，"持久战"并没有为清朝的决策者们所采纳。对此，刘坤一深表遗憾。他致函彭纪南军门，对彭所说"倭必不能持久"之语深表赞赏，并云："大疏说论忠言，字字沈著；至谓倭必不能持久，久则必困，尤为知己知彼之言。鄙人第二次电奏内，亦以持久为制倭要著，与尊指尚相吻合。可见彼之财力有限，人共知之，而惜乎吾谋不用也。"① 尽管刘坤一认为"持久战"是"知己知彼"之良策，但事实上他们对敌情国势的分析都不够客观、深入。他们所说的中日之间"彼客我主"、"彼劳我逸"、"彼寡我众"，是对的，但认为日本"地小国贫"却是对日本的不了解。可以说，督抚们对日本的了解尚停留在明治维新前的水平，对明治维新后日本的变化知之甚少，或一无所知。对日本的无知使得他们对敌情的分析流于肤浅。另一方面，尽管他们指出中国军队人数众多，但众所周知，这其中多数是临时召集的"乌合之众"，战斗力较差。正因如此，开战以来日本才节节进逼，以少胜多。可见，主战督抚所提出的"持久战"思想，在当时的条件下未必可行。

三 "乞援强国"

在各主战督抚中，张之洞是"乞援强国"论最积极的倡导者。三月二十三日，在获知和议已成的消息后，他首先致电唐景崧，详细申说了"乞援强国"的思想。而后，在致谭继洵、唐景崧等的电信中多次提及。他曾先后四次电奏，无一不提到这一策略。② 事实上，正如张之洞所说，该主张"仆自去秋至今屡次电奏沥陈，深遭时忌"。议和条款传回国内后，张之洞在痛斥日本"贪狠狂悖"之余，重新开出"乞援强国"的药方。如何乞援？张之洞认为"乞援非可空言，必须予以界务、商务实利"。他主张急与俄国订立密约，俄国"如肯助我攻倭，胁倭尽废全约，即酌量划分新疆之地，或南路回疆数城，或北路数城以酬之，并许以推广商务。"英国如"肯助我，则酌量划分西藏之后藏一带地，让与若干以酬之，亦许之推广商务"。在他看来，只要两国有一国肯相助，则兵不血

---

① 《刘坤一遗集》第五册，第 2157 页。
② 张之洞之四次电奏，分别见《张之洞全集》第三册，2057、2060、2062、2065 页。

刃，而倭约自废，京城自安。若倭敢战，则我击其陆兵，英、俄截其海道，攻其国都，倭必灭矣。① 尽管"乞援强国"代价沉重，但他认为，这是"两害取轻"的不得已之举。面对严苛的和约条款，张之洞之所以主张"乞援强国"，正是有鉴于敌强我弱的现实。当中国水陆两军节节败退，京师、陪都危在旦夕之时，张之洞只能"乞援强国"。因为，他深知，"非借兵威不能废约"，而时势至此，"欲废倭约、保京城、安中国，惟有乞援强国一策"。②

当然，"乞援强国"的思想不仅张之洞有之，其他督抚也曾提出过类似的主张。江西巡抚德馨在四月初四电奏中指出："赔款则可，割地断难轻允。中朝与英、俄素敦睦谊，不如密商英、俄公使，借兵襄助，果能平倭，将来酬以巨资，庶不致有碍大局。"③ 当割让台湾的消息传回国内后，唐景崧与张之洞函电往返，谈论的也是乞援强国之事。3 月 26 日，唐在听说刘坤一二废约主战的电奏"内间不理"后，致电张之洞，说："今无可呼吁，惟望公邀同刘、宋两帅及各疆臣，电告各国公使转商其政府，从公剖断……且闻各国极有违言，迎机恳之，或有一线转机。舍此别无良策。非常之变，并可破格与各国商办。"④ 此后，唐景崧四处求援，积极联络驻外公使，曾先后策划押台"恳英保台"、恳俄德"以保辽之法保台"、押台恳法保护、"请各国保台"、"或许以利益为租界"等保台之方，结果无一实现。对于唐景崧的保台办法，张之洞表示异议。他曾致电唐景崧，说明唐之保台与其"乞援强国"之不同："仆极力阻倭约，保辽、台，或电奏，或电各使，百计俱施，无所不可。但办法与尊意迥别，只能结强援以翻全约，不能为台求各国保护也。若各国护台，则台仍非中国有矣。"⑤ 唐景崧在台言台，当清廷无力废约甚至不能仿辽东办法赎回台湾时，唐为避免台湾落入日本之手，不得已出"各国保护"之下策。尽管张之洞有意强调其中的不同，但其"乞援强国"的本质是一样的。只是张之洞为保台、辽，出让的是回疆与后藏，而唐景崧则直接以台作抵押。

即便是一度主张"持久战"的刘坤一到后来也产生了"乞援强国"

① 《张之洞全集》第三册，第 2061 页。

② 同上。

③ 《中日战争》（四），第 30 页。

④ 《张之洞全集》第八册，第 6295 页。

⑤ 同上书，第 6322 页。

的思想。四月十四日，刘坤一就乞援之事上奏，称："倭与我通货，得辽台联成一片，又有二万万巨款，购船制械，其势益强，动辄与我为难，我将不能自立。万不得已，曷若与俄、法、德酌许分地给款，请为我击倭，并密定厚约。但能摧倭水师一如我之海军，谅倭不能重振；即重振，亦在我后，且畏俄、法、德三国，安能害我？至俄、法、德有功于我，得我厚利，其愿亦足，当不至别生枝节。同一失地与款，与仇曷若与邻？并绝后患。"① 这里，刘坤一希冀于三国的，不是干涉还辽，而是借助三国之力以翻全约。这与张之洞分回疆、后藏予俄、英的思路如出一辙。四月十六日，他再次就此问题致电总署。②

应当说，在中国古代史册中，合纵连横、远交近攻、以夷制夷的主张与实践屡见不鲜。但"乞援强国"思想却独具特色。张之洞等人的"乞援强国"论，是试图通过让利于第三国，进而借助其声威乃至军队，以达推翻和约、击败日本的目的。因为在他们看来，和约并非一两处有害中国，"鄙意全约各条皆有大害，不止割台一事，应全作废。若赂诸国以边远之地，可免倭割辽、台，或分新疆之回疆南数城赂俄，或分后藏赂英，商务、工务实利与诸国均沾，倭素畏泰西，况兵轮已压其境，言一出而倭已慑，全约可废"。③ 其让利之多，令人惊讶。

不容否认，三国干涉还辽，张之洞功不可没。他曾积极联络驻各国使臣，特别是驻俄之许景澄、驻法之王之春、驻英之龚照瑗，多次函电往返，催促他们寻求各国的帮助。但是，三国干涉还辽绝不是"乞援强国"的实现，它与张之洞等翻全约的目的相差甚远。因此，当三国干涉还辽事成，主和者心满意足之时，张之洞却丝毫没有松懈。他于四月二十一日致电许景澄，让其再"结强援"，云："结强援岂能无厚报？果有厚报，自可立密约，何援不能结，何寇不能御！阁下似可与外部深谈，询其所欲何在，有何相助之法能助。"接到张之洞的来电，许景澄有些迷惑，不知张之洞何所指。于是，复电询问："钧意须俄何助？愿闻。"④ 张之洞目的明确，就是要俄国帮助中国翻全约、还台湾。二十五日，他再次致电许景

---

① 《中日战争》（四），第 95 页。

② 同上书，第 101 页。

③ 《张之洞全集》第八册，第 6322 页。

④ 同上书，第 6368—6369 页。

澄，希望许说服俄国，不准倭干预韩事，以挑起日俄战争。他认为，日俄一旦开仗，"不惟台湾之患可解，中国亦可乘机尽翻全约"，如俄肯为此，"我即以界务、商务酬之，有何吝惜？"[1] 这里，张之洞关心的仍然是贿赂强国、尽翻全约。二十七日许景澄复电张之洞，云："俄不及台，亦不能再向日本赘话。已覆奏。"[2] 至此，张之洞的"乞援强国"宣告失败。对此，张之洞不无遗憾，曾致电唐景崧，说："鄙人四次电奏，请赂诸国以西域边地、商务实利助华废约，均不报。"[3] 但事实上、早在张之洞提出"乞援强国"策略之时，其幕僚郑孝胥就曾表示异议。郑在日记中记其事曰："观南皮谈论，意在明和战之害以悟上意，和则不可为国，战虽不胜，犹未至于不国。其意识度越诸辈。惟言'或割西藏以与英，或割新疆以与俄，则兵事可以立息'，余于末坐乃微言其未可必成，南皮颇护己说，盖各国之情事固不能谙悉也。"[4]

如果说"持久战"依靠的是自身的力量的话，那么，"乞援强国"所依托的却是外力。这是国势不济之下的不得已之举。对此，不仅郑孝胥不以为然，即便是倡导此说的刘坤一也感到矛盾重重、困惑不已。谈及三国干涉还辽，他曾致函黑龙江将军恩泽说："近闻倭以俄故，辽东尚可瓦全。一线转机，正不可测。不自振拔而仰助于人，国体益伤，后患益迫，盱衡时局，能勿悚然？夫引狼自卫，本属非计；然处此万不得已之势，若因应不善，则狼与狈共售其奸。俄地大兵强，与辖疆土实相逼处。前承台电，俄允助中伐倭，其意虽不可知，而其言自可取。"[5] "仰助于人"、"引狼自卫"，这是"乞援强国"之策的本质所在。然而，"处此万不得已之势"，为防止"狼与狈共售其奸"，又不得不"引狼"而"攻狈"。刘坤一明知不可为而为之，此中的无奈不言而喻。

（原文载于郑大华、邹小站主编《传统思想的近代转换》（中国近代思想史研究集刊第3辑，社会科学文献出版社2007年版）

---

[1] 《张之洞全集》第八册，第6383页。
[2] 同上书，第6387页。
[3] 同上书，第6322页。
[4] 《郑孝胥日记》第1册，第486页。
[5] 《复恩雨帅》，《刘坤一遗集》（五），第2149页。

马关签约后清朝官员的谏诤活动

王如绘

马关条约签字后，发生了一场轰轰烈烈的拒和运动。这一运动由两个部分组成：一是各省在京会试举人组织的"公车上书"，二是京外官员参加的谏诤活动。这一运动虽然未能阻止清政府批准条约，但对晚清历史却发生了深刻影响。以往史著对"公车上书"论述较多，而对官员的谏诤却语焉不详，且评价不高，因而不能不影响到对包括"公车上书"在内的整个拒和运动的认识。有鉴于此，本文拟对清朝官员的谏诤活动进行一些探讨。

一 官员谏诤情况概述

1895 年 4 月 15 日，李鸿章与日本全权大臣伊藤博文就马关条约的具体条款达成了最后协议。电到北京，丧权辱国的条款不胫而走，举国大哗。有人描述当时北京的情况说："近日都下人情汹惧，奔走骇汗，转相告语，谓：所有条款皆扼我之吭，制我之命，阻我自强之路，绝我规复之机，古今所未有，华夷所未闻。"[①] 不过，人们还没有完全绝望。条约虽已草签，但还须经中日两国政府批准互换才能生效。京外很多官员都寄希望于促使朝廷废约上，于是纷纷起而谏诤。

（一）京官的谏诤

据记载，京官中最早拍案而起进行谏诤的，是总理衙门的章京。他们

---

① 《清光绪朝中日交涉史料》卷 38，第 23—24 页。

身处外交枢要，最早得知马关条约的内容，尽管秩居微末，无权奏事，却激于义愤，于4月17日或18日首"递说帖争款事"，发出了拒和的第一声呐喊。接着，从总理衙门得到消息的翰林院侍读学士文廷式也与侍讲学士秦绶章、左庶子戴鸿慈、右庶子陈兆文于19日联衔封奏，请饬李鸿章暂缓商议。"于是，一说帖一奏，京师传抄，始知条款荒谬如此。"① 约款一经传开，谏诤活动骤然而兴。京中官员的谏诤活动有如下特点：

1. 来势迅猛，规模宏大

大约在4月22日以前，即有京官联名至都察院递呈。4月23日，谏诤活动已达到高潮。这一天，京官谏诤拒约的奏折共有8件上奏，参与上奏者达96人之多。翰林院下级翰林官李桂林等83人，经过数日集议，缮具公呈，于是日由掌院学士代奏。呈文指出，"议和之举，原以寇患渐深，民生可念。将借此以暂缓目前，即为后日自强之计"，"然窃闻所定条约，则目前之患愈深，日后之忧更大，既不能苟安于旦夕，且无从补救于将来，自非暂缓批准、审议详筹不足以纾切患而存国脉"②。侍值南书房的国子监祭酒陆润庠、司业吴树梅、侍讲学士陆宝忠、张百熙联衔具折，请将约款宣示中外，并饬六部九卿翰詹科道公同会议。上书房侍讲张仁黼、曹鸿勋、高赓恩也奏请饬下群臣会议，企图借百官舆论迫使朝廷废约。都察院的一些官员紧相呼应。给事中丁立瀛与御史庞鸿书合上一折，御史高燮曾、刘心源、斐维侒各上一折。他们把战败议和的责任归之于一些枢府大臣，指斥他们"偷安之习胜，忧国之意衰"，"平日惟知情面请托、护庇门生而已。……一旦临难，方且外托持重，茫无布置"③。这在一定程度上揭露了统治阶级的腐败。从此，谏诤之风很快吹遍了清政府的各个部院，奏章条陈日多一日，纷至沓来。

2. 中下级官员特别是下级官员，是京官谏诤的主力

参加谏诤的官员，分布面很宽，不仅各部院均有官员参加，而且包括了一些统治阶级上层人士。早在4月24日，就有近支宗室贝勒、贝子、公等联衔具公疏，认为如批准条约会"大失人心"④。署兵部左侍郎陈学

① 《文廷式集》下册，第797页。
② 《清光绪朝中日交涉史料》卷38，第20页。
③ 同上书，第26、29页。
④ 同上书，第32—33页。

菜奏请宣示和议条款，同时指出："若有不能宣示之条，则必大拂人心，大伤国体"，"正可执人心不服、众志难移以谢绝倭夷。"① 理藩院侍郎会章在奏折中请朝廷"立罢和议"，并请征询主战的统兵诸将领的意见②。都察院左都御史裕德等受前来上书的京外臣工及举人的影响，也联衔具奏，主张展缓批准条约，并整军备战③。理藩院尚书启秀3月末任会试考官，5月6日榜发出闱后，听到马关条约以及条约已经朝廷批准的消息，立即上奏，请"缓发约书"，希图挽回万一④。参加谏诤的宗室贵胄及二品以上京官，不过这么十数人，其言辞也多是游移婉转，缺乏真知灼见。而大部分部院大臣，这时都缩首官署，嗫不敢言。

有奏事权的其他中高级官员，参加谏诤的人数较多。根据《清光绪朝中日交涉史料》所收奏折的统计（这是很不完整的），总计单衔及联衔者，约有50余人次。这批人的主干是翰詹科道，其言辞比较激烈，有一定鼓动性和号召力。

京官谏诤的主力是各部院没有奏事权的下级官员。前述翰林院83人公折，即是一例。规模有更宏大者，如4月25日内阁司员奎华、杨锐等156人所具之呈。呈文痛斥马关条约是"五大洲未有之奇闻，三千年所无之变局"，如接受条约，朝廷将"欲为南宋之偏安不可得"。⑤ 内阁是办理国家政务的中枢机构，几乎是阖署司员一齐请命，可谓动天地而泣鬼神。翰林院、内阁如此，其他各部院的下级京官也无不如此。他们或单独上条陈，或联名具公呈，奔走呼号，企图挽狂澜于既倒。据不完全统计，参加谏诤活动的没有奏事权的下级京官，有575人次之多，其在清政府各机构的分布如表：

部别	翰林院	内阁	礼部	吏部	户部	工部	兵部	刑部	国子监	其他
人次	128	171	14	61	49	28	27	36	22	39

① 《清光绪朝中日交涉史料》卷39，第3页。
② 同上书，第8—10页。
③ 《清光绪朝中日交涉史料》卷41，第17—19页。
④ 《清光绪朝中日交涉史料》卷43，第37—38页。
⑤ 《清光绪朝中日交涉史料》卷39，第1页。

3. 跨部院的集会与联名上书，是京官谏诤的主要形式之一

清代各部司员上书皇帝，例由本部堂官代奏。因此，在谏阻和约时，很多无权奏事的官员循此途径表达自己的意见。但是，从谏诤活动一开始，即有一些官员冲破了部别的限制，或同乡，或好友，或志同道合者，互相联络，举行集会，联名上书。这种上书不能送交某部堂官代递，于是他们便到都察院递呈，也有的求督办军务处代奏。

最早到都察院递呈的约有 3 起。其一，是鲍心增等 12 人（分隶吏、礼、兵、刑、工 5 部）；其二，是喻兆蕃、杨锐等 5 人（分隶工、刑、吏、户部及内阁）；其三，是户部主事叶题雁、翰林院庶吉士李清琦与台湾省 3 名举人。这三件公呈递交都察院的时间，未见文献记载，笔者认为约在 4 月 20 日，早于首批举人上书两天①。也就是说，京官跨部院集会并联名上书，早在官员谏诤达到高潮以前就已经开始了。

谏诤进入高潮后，跨部院的联名上书越来越多。东北籍的京官贻谷等 26 人，联络了一批同乡举人，一齐到督办军务处递呈，言辞激切。福建京官黄谋烈等会同同乡举人共 150 余人联名上书，反对割弃台湾，声势更大。另外，如内阁中书陈嘉铭、翰林院编修张孝谦等 43 人的上书，广西京官李骥年等 24 人的上书，顺天府京官 43 人并绅士、举人的上书，刑部主事徐鸿泰等 28 人的上书，都横跨很多部门。

4. 京官谏诤促进了公车上书

以拒和为宗旨的各省举人上书，受康有为、梁启超等人影响很大。4 月 22 日首批举人上书，广东 80 人一呈，即为梁启超领头。此事屡为康、梁及其追随者所炫耀。但仔细分析一下便可看出，各省举人上书，同样受到了京官及其谏诤活动的影响。

如前所述，在 4 月 22 日首批举人到都察院递呈之前，即已有总理衙门章京等的说帖，有文廷式等人之奏，有鲍心增等数起京官到都察院递呈

---

① 理由如下：京官及举人上书后，都察院并未很快代奏，于是文廷式等人于 4 月 27 日有纠劾都察院之疏，其中说："此次各京官联衔及各省举人公呈，闻该堂官已允代奏，尚属知缓急。惟闻事隔七、八日，尚未进达宸聪。"（《文廷式集》上册，第 70 页）此处可注意者有二。其一，把京官列在各省举人之前，盖已表明京官会呈较举人为早。其二，4 月 27 日前"七、八日"，是 4 月 19、20 日，20 日（三月二十六日）是逢都察院收受呈文的双日堂期。已知举人首次递呈是 4 月 22 日，则 4 月 20 日递呈者为鲍心增等京官，殆无疑义。再，都察院上奏之时间，鲍心增等 3 件京官公呈是 4 月 28 日，而首批举人的公呈是 4 月 30 日，间隔也是两天。

之举。他们的行动，势必对在京应试举人发生影响。康、梁当时还只是普通应试者，对各省公车不可能有振臂一呼、应者云集的魅力。据康有为自己说，他曾与梁启超"分托朝士鼓（动）"[1]。他们究竟托了哪些朝士，我们不得而知。但由此可以肯定，举人们的上书，与京官的鼓动大有关系。多起京官联络举人共同上书的事实，即是京官鼓动的有力证据。

京官对举人上书的促进，还可举出文廷式一例。5 月 2 日都察院代递江南举人汪曾武等 54 人公呈中，领衔者汪曾武，是文廷式的表弟。汪曾武曾有自记，谓该呈文系由文廷式为之"点窜"改定[2]。又 5 月 1 日都察院代奏江西举人程维清等公呈，具名者中，文廷楷为文廷式九弟，文廷桡为其五弟，彭树华为其妹夫，文景清亦其同里族人[3]。既然汪曾武等人公呈尚经文廷式修改，那么程维清等人公呈同文廷式的关系，必然更为密切。由此可以窥见京官对举人上书促进之一斑。

（二）外臣的谏诤

与京中众议沸腾的局面相呼应，在马关条约签字的消息传来之后，各省督抚和前敌将领也纷纷起而谏诤。当时电报已通达大部分行省，京中消息瞬间可以传至各地；督抚之间也频相传递消息，商量对策。所以，外臣的交章谏诤，绝非孤立的行为，而是整个官员谏诤活动的有机组成部分。

早在 4 月 16 日，钦差大臣刘坤一在得知马关条约即将签字，其中有割地条款后，即电奏称："既给赔款，又须割地，且割完富未扰之地，无此办法。"并谓："现在各军枪械略齐，兵勇锐气可用，似不可听其恫喝之言，为此迁就之计。"[4] 此后，封疆大吏与前敌将领纷纷具折致电谏阻和约，其中有：山东巡抚李秉衡，署两江总督张之洞，河南巡抚刘树堂，湖北巡抚谭继洵，署台湾巡抚唐景崧，江西巡抚德馨，广西巡抚张联桂，福州将军庆裕，福建巡抚边宝泉，陕西总督杨昌濬，陕西巡抚鹿传霖，署山西巡抚胡聘之，广东巡抚马丕瑶，盛京将军裕禄，吉林将军长顺，署吉林将军恩泽，黑龙江将军依克唐阿，钦差大臣定安，盛京副都统济禄，吉

---

① 《康南海自编年谱》，光绪乙未三月条。

② 《文廷式集》上册，第 65 页注。

③ 同上书，第 63 页注。

④ 戚其章主编：《中国近代史资料丛刊续编·中日战争》（三），第 63 页。

林副都统沙克都林札布，宁古塔副都统富尔丹，帮办军务四川提督宋庆，广东陆路提督唐仁廉，福建陆路提督程文炳，总统甘军新疆提督董福祥等。

山东巡抚李秉衡谏诤最为激烈。4 月 18 日即电奏，请"决意主战，勿为浮言所惑"①。旋于 19 日又上一奏折，详陈所见，并表示"愿提一旅之师以伸积愤"②。4 月 25 日再次上折，警告政府，如曲徇日本之欲，必招来列强瓜分之祸。李秉衡还多次致电刘坤一、张之洞、边宝泉等，通报自己电奏情形，鼓动他们出面谏诤。

张之洞是疆吏中举足轻重的人物，谏阻和约非常积极。4 月 19 日他从盛宣怀处证实了关于马关条约割地赔款的消息后，感到"离奇太甚"③，接连电奏，痛陈利害，指出："倭约万分无理，地险、商利、饷力、兵权一朝夺尽，神人共愤，意在吞噬中国，非仅割占数地而已。"④ 他在电奏中甚至还表现出对慈禧太后的不满："坐视赤县神州，自我而沦为异域，皇太后、皇上将如后世史书何？"⑤

大吏中也曾出现联衔谏诤的情形。约在 4 月 26 日前后，广西巡抚张联桂曾致电刘坤一、张之洞、李秉衡、边宝泉等，提议联衔电奏，阻止和约⑥。李秉衡接电后多方联络以促成此举，但反应却较冷淡。张联桂只好单独电奏。5 月 2 日，清政府不顾朝野舆论的反对，批准了条约，并准备按照日本的要求于 5 月 8 日在烟台互换。在这种紧急情况下，张之洞才同意领衔，署名者有边宝泉、谭继洵、德馨、李秉衡、唐景崧、张联桂。电文内容是请"饬总署、使臣力恳各国切商倭人展限数旬停战议约，以便详加斟酌"，寄希望于各国因在华利益不同而出现矛盾，然后"因时变通，相机补救"⑦。这不是张联桂等要求联衔谏诤的初衷，是没有办法的办法。

联衔谏诤者还有东三省的大吏与将领。他们由裕禄领衔，列名者有长

---

① 戚其章主编：《中国近代史资料丛刊续编·中日战争》（三），第 74 页。

② 《清光绪朝中日交涉史料》卷 38，第 32 页。

③ 《张文襄公全集》，电牍 23，第 24 页。

④ 同上书，电奏 6，第 1—3 页。

⑤ 转引自冯天瑜、何晓明《张之洞评传》，南京大学出版社，第 151 页。

⑥ 戚其章主编：《中国近代史资料丛刊续编·中日战争》（三），第 125 页。

⑦ 《清光绪朝中日交涉史料》卷 43，第 10 页。

顺、恩泽、依克唐阿、定安、济禄、沙克都林札布、富尔丹和李培元。他
们身处前线，不认为战事必败，吁请朝廷"坚持定见，期以必战"，"万
不可曲从迁就，遽为允许"①。但这时清廷已下决心如期换约，这些议论
无人再听了。

二　官员谏诤中的主战论

官员们所上大量折奏、条陈的内容，并非尽善尽美、算无遗策，而且
有的失之空疏，有的显露浅薄，有的甚至非常荒唐。但是，谏诤活动的主
旨是敦促朝廷废约，官员们围绕这一中心，各陈"管见"，各献"刍荛"，
大量的奏折、条陈汇聚一起，互相补充，互相发明，集思广益，比较系统
地表达了主战的见解。其中不乏正确的认识，精辟的论述。兹述论如下：

（一）认为废约再战是中国的唯一出路

很多官员指出，割地赔款，出卖主权，得到的只是偷安一时。出路只
有一条，就是废约再战。工部主事喻兆蕃、内阁中书杨锐等人指出："夫
势处于无可为者，亦惟于无可为者为之；事出于不得已者，亦惟以不得已
者已之。……与其暂和而坐困，何如久战而延祚？与其偷安于一二年而必
底于分析，何如苦持于一二年而犹可图恢复？"②"战则犹有可转之机，和
则恐成浸弱之势"③，是参加谏诤的官员的一致看法。

对于中国来说，甲午战争是一次遭受外敌侵略的民族灾难。但是，这
场战争未始不可以转化为中华民族发展的重要机遇。转化的条件，就是采
取坚决的抵抗政策。因为只要坚决抵抗，就必然励精图治，必然适应战争
的需要进行军事的乃至政治、经济的改革。从这个意义上说，坚持战争，
可以使腐朽的封建王朝起死回生，给中国社会注入新的生机和活力。不少
官员看到了这一点。如御史刘心源指出："我意决于战，未必至于危，且
可以自强，是和中毫无生路，战中大有转机也。"④　御史高燮曾指出："能

---

① 《清光绪朝中日交涉史料》卷43，第11—12页。
② 《清光绪朝中日交涉史料》卷39，第35页。
③ 《清光绪朝中日交涉史料》卷43，第5页。
④ 《清光绪朝中日交涉史料》卷39，第29页。

御日本而后可以交泰西各国。此万世之计，视夫苟安旦夕而日削月弱以至
于亡者，不可同年语矣。"① 或自取灭亡，或自立于世界民族之林，两种
选择，两种结局。清政府选择了前者，所以从此国际地位一落千丈，帝国
主义争相掀起瓜分中国的狂潮。日本获得巨大的利益，从此挤进世界强国
行列，成为更大的战争策源地。

（二）坚信中国必胜

与主和派的失败主义针锋相对，很多官员在奏疏中一再向朝廷分析中
国能最终取胜。

官员们把这一结论首先建立在对中日两国形势与力量对比的分析上。
江南道监察御史管廷献指出："今以理则彼曲我直；以势则彼寡我众，彼
贫而我富。彼客而我主，以利害则我战而胜。彼将不支，我战而败，犹可
复战，总不至如和局之一蹶而不可复振也。"② 这是对敌我双方情况的比
较全面的概括。类似的内容，见诸很多奏疏。所谓"彼曲我直"，是说日
本军队是侵略者，以逆犯正，师出无名；中国军队进行抵抗，是正义之
师，理直气壮。"凡在普天率土之伦，莫不切敌忾同仇之志"③，这是中国
必胜的重要条件。在力量对比方面，很多官员指出：日本不过数岛之地，
户口可计，出兵数量有限；中国兵员多于日本数倍，且人口众多，兵源广
泛。日本地小饷绌，国中空虚，"国税愈增，国债愈众"④，难以为继；中
国地大物博，"东南财赋所入，犹可揍拄"⑤，"以十八省之地，尚能设法
筹饷，不至困乏"⑥，尤其是，若把准备拱手送给日本的 2 亿两赔款用来
练兵购械，"则可以练十万精兵，充二十年之饷。且以此购买船械，制造
军装，何一而不精坚快利乎？"⑦ 一些官员还指出，中日双方攻守异势，
日本"远道来寇，主客之形，彼劳我逸"。⑧ 其悬师远斗，势难久留。且

---

① 戚其章主编：《中国近代史资料丛刊续编·中日战争》（三），第102页。
② 《清光绪朝中日交涉史料》卷43，第9页。
③ 戚其章主编：《中国近代史资料丛刊续编·中日战争》（三），第218页。
④ 《清光绪朝中日交涉史料》卷41，第19页。
⑤ 《清光绪朝中日交涉史料》卷43，第5页。
⑥ 《清光绪朝中日交涉史料》卷39，第6页。
⑦ 《清光绪朝中日交涉史料》卷41，第9页。
⑧ 《清光绪朝中日交涉史料》卷40，第28页。

日本的优势在于水陆相依，如果深入内地，"离海既远，则征调不灵，进退多阻"，"伎俩必穷"①。中国以主制客，以静待动，有很强的战场主动性。

官员们关于敌我形势和力量对比的分析并不全面，尤其是他们大都讳言敌强我弱这一基本的事实。日本军队从装备、训练到军事指挥，都是先进水平的，其战斗力不可低估。但是，官员们这时大谈敌劣我优，与战争初期的虚骄轻敌思想不同；中国的确具有很大的潜在优势，但这些优势需要较长时间的发挥才能显现出来。在失败主义笼罩紫禁城的时候，官员们着重扬己之长，揭敌之短，企图使清廷鼓起勇气，悔约再战，因而具有积极的意义。

既称"敌劣我优"，何以屡战屡败呢？对此问题，各种奏章胪陈极多，归纳起来，主要有主观、客观两个方面的原因。

主观原因首先是惧敌。有些官员指出，首先是枢府惧敌，因而和战大计不决，军事指挥摇摆不定。有一件条陈指出："我前此之屡败，由于主意不定也。论其迹则忽怯忽勇，探其本则总由怯也。是故急调聂士成入关，怯也；急催依克唐阿进兵，与后来之盼其速下海城，亦怯也；前敌告警，不听前敌大将自行酌援而遥制之，亦怯也。何者？不胜其惴惴之心，故闻警而辄扰。"② 这段话揭示了清政府军事指挥失误的根源，鞭辟入里，切中要害。更多的官员指出，战败与朝廷及李鸿章主张议和有关。一边打仗，一边议和，使得将士观望，不肯拼死作战。不少官员还认为，前敌之败，非败于战，实败于不战而走。有人指出："自平壤倡溃以来，我军节节演败者，多败于不战，其敢战者固未尝尽败也。其亦有时而败者，以有拥兵不战之将累之也。"③

客观上的原因，主要是仓促应战，准备不足。有的官员指出：日本"狡焉思启。十年于兹矣，我之因循偷惰，亦十年于兹矣。蓄谋久而一旦窃发，而我以仓猝无备应之，始事之败，意甲事也。"④ 中法战争后，清军几经裁撤。由于战争爆发，急于扩军，将领、兵员大都临时征调招募。

① 《清光绪朝中日交涉史料》卷39，第23页。
② 《清光绪朝中日交涉史料》卷43，第18页。
③ 《清光绪朝中日交涉史料》卷41，第8页。
④ 《清光绪朝中日交涉史料》卷43，第19页。

这样临时凑集的军队，战斗力很差。宋庆指出："自牙山、平壤失事以后，始调各军宿将募兵入卫，至今尚未到齐，或调于任所，或来自原籍，率皆赋闲既久。所募之勇，兵将不相习。未经战阵，枪不知用，无异乌合，岂能得力？"① 内阁中书陈嘉铭等指出："盖承平既久，将不知兵，兵不习战，训练简阅，徒托空谈，一见敌人，立见哗溃。兵端初起，大抵皆然。"② 他们认为打败仗是战争初期必然的事情，合乎规律，不足为怪。

官员们分析战败的原因，目的之一，是要说明战败是暂时的。枢府惧战，可以易枢臣；将帅惧战，可以罢将帅。"朝廷有奋发有为之心，则战士有深固不摇之气"③，上面的问题解决了，士气就不成问题了。只要坚持把仗打下去，随着时间的推移，定可反败为胜。裕禄等9位大吏及将领在电奏中指出："自来办理军务，当入手之初，仓猝调募，兵将或不能相习，战守则未尽合宜，迨经营既久，人才以磨砺而兴，无不终归底定。"④ 他们对前途充满了信心。

（三）主张持久战

战争初期，很多官员昧于世界形势，错误地认为日本"蕞尔岛国"，不堪一击，因而"速胜论"甚嚣尘上，大有灭此朝食之慨。一些枢府大臣内心惧敌，胆气不壮，又为舆论所迫，不得不勉强主战，因而也希望速战速决，侥幸取胜。随着战争的不断失利，速胜论不攻自破。一些枢臣于是一下子从速胜论跳向了失败论，主张以割地赔款向日本乞和。

早在速胜论盛行之时，一些对战局比较清醒的官员就提出了与日本持久作战的思想。但在当时，这种思想不仅不为一般人所理解，也不为政府大臣所接受："有语以持久一年之计者，心惮其任重而道远，所由斥为迂缓也。"⑤ 当时人们对"持久"的理解还非常模糊，有的甚至把坚持数月、一年就看作是"持久"了。马关签约后，官僚们的头脑冷静多了，很多人一再申述打持久战的主张。钦差大臣刘坤一在电奏中说："在我只须坚

① 《清光绪朝中日交涉史料》卷39，第7页。
② 《清光绪朝中日交涉史料》卷41，第30页。
③ 同上。
④ 《清光绪朝中日交涉史料》卷43，第11页。
⑤ 同上书，第18页。

忍苦战，否则高垒深沟，严为守御……'持久'二字，实为现在制倭要着。"①提督程文炳奏称："观其拘衅，将及一年，所得亦仅奉边七八州县，饷绌兵分，已有外强中干之势。故彼之计，利在胁和以困我；我之计，反在持久以弊彼也。"②内阁中书王宝田等指出："先人之利，彼既据之，有待其衰，正我之所宜出也。而我昧之轻进，欲速攻坚浪战，皆违后人之术……诚鉴前失，专委三臣重其事权，宽以岁月，不求近功，而但责坚守持久，以老其师，此制胜之道也。"③

持久是多久？这虽无法预计，但很多人都有自己的测算。预计一年、两年、三年者都有。打算最长的有十年甚至更长。如总理衙门章京文瑞等认为，应"坚持战局，以十年为期"。④内阁中书陈嘉铭等一批下级京官认为，当年镇压太平军用了十余年的时间，现在遇到的是"强横外夷'，更难于"平内寇"，实际上认为这场战争也要付出十余年以上的努力。他们主张把时间设想得长一些，比较符合战争的实际。

持久战不仅仅是个时间概念，还包括要付出巨大的代价。日本扬言要进攻北京城，一下子就把慈禧太后给吓住了。北京能否保住，这的确没有把握。而且，战争中到底将失地几何，牺牲多大，也很难预料。官员谏诤一般都讳言可能遭受的损失，但他们中很多人主张"西幸"或迁都。如谭继洵奏称："中外议论，均愿皇上恭奉皇太后銮舆西幸长安。臣极知此事关系重大，诚未易言，但时事急迫之际，权衡轻重亦未尝不可采取。"⑤兵部主事方家澍、举人林旭等人具公呈，力主迁都，称："窃见今日之局，主战者徒争空名，主和者亦贾实祸。盖不迁都而战，是为孤注一掷，不迁都而和，是为鸩脯充饥。"⑥迁都不仅仅是为了挫败日本的要挟阴谋，也是做最坏的准备。陕西巡抚鹿传霖上奏时曾将此点道破："甚至万不得已，我皇太后、皇上暂时西幸……胜固转危为安，即战而不胜，而西据河山，犹足自守。"⑦他想到如沿海及平原地带全部陷敌，有太行山和黄河

① 《清光绪朝中日交涉史料》卷40，第28页。
② 《清光绪朝中日交涉史料》卷43，第6页。
③ 同上书，第19页。
④ 《清光绪朝中日交涉史料》卷41，第10页。
⑤ 《清光绪朝中日交涉史料》卷39，第23页。
⑥ 《清光绪朝中日交涉史料》卷41，第38页。
⑦ 《清光绪朝中日交涉史料》卷44，第2页。

为屏障，仍可与敌相持，以图最后恢复。这是实事求是的分析，也表示了抵抗到底的决心。

三　对官员谏诤活动应予充分肯定

（一）谏诤活动是顺应民意的爱国行动

清朝官员的谏诤活动，是封建统治阶级内部的救亡运动，其目的是反对政府当权派中占统治地位的失败主义和投降主义，维护民族独立、国家领土主权完整。尽管有些官员提出了一些不切实际或错误的意见，但主流是健康的。在民族危机严重的时刻，官员们大胆谏诤，顺应了民意，代表了中华民族的根本利益，是值得垂诸史册的爱国主义行为。

有的史家从一种简单的阶级分析出发，对清朝官员的谏诤活动评价不高，甚至做出基本否定的评价。对此我们不敢苟同。不能因为当时的封建统治腐败已极，就认为封建官员都一无是处。当时，民族资产阶级还没有登上历史舞台，国内还没有可以影响政局的先进阶级力量出现。正确的对敌方针，只能出自地主阶级主战派。人们似乎对各省举人的上书比较偏爱，其实，从其阶级属性、上书背景和内容来看，与官员谏诤都毫无二致，同属于地主阶级救亡运动的范畴。唯一的例外是康有为。他草拟了一份万言书，除集中了当时各种奏疏、公呈中拒和、主战的内容外，又增加了进行自上而下改革的内容，带有明显的资本主义启蒙色彩。康有为联络1000余名举人集会，本打算将万言书联名上呈。但举人们似乎不以为然，纷纷走散，以致万言书未能递交都察院。这一事实表明，清政府官员和大多数举人当时谏诤中提出的拒和、主战等燃眉之急的问题，才是举国关心的焦点。和战问题定不下来，变法无从谈起。可以说，官员谏诤是甲午战后政局发展的必不可少的重要环节。它不会因为未能阻止条约而丧失其进步意义，也不会因为没有提出先进的变法思想而黯淡无光。

（二）谏诤活动使清政府中央集权的统治发生了动摇

一个政权是依靠其官僚机构实施统治的。在这些官僚机构中任职的大批官吏，一反唯命是从的常态，群起指责政府的决策，本身就反映了这个政权统治秩序的动摇。通过谏诤，官员们对这个政府更加缺乏信心。"同光新政"的神话彻底破灭，人心涣散，一派末世景象。

谏诤活动使统治阶级内部的矛盾进一步加深。帝后争权以及由于和战问题引起的帝后党争，在马关订约前已经公开化。在长达 20 余日的谏诤活动中，后党主和派受到舆论的谴责，成为众矢之的，被搞得声名狼藉。此后不久，孙毓汶就称病退出军机，徐用仪也被免除了军机处和总理衙门的职务。李鸿章更是众怨之府，清政府不得不以"入阁办事"为名免了他的实职。帝党的势力得到加强，很多主战的官员都把希望寄托在受慈禧太后压制的光绪皇帝身上。这当然都是慈禧太后不愿意看到的，因而帝后党争更加激烈。

从清朝中央同地方的关系说，自从镇压太平天国起义开始，在地方督抚中就发展着一种独立倾向。在外官谏诤过程中，这一倾向得到加强。在议和问题上，众多的封疆大吏和统兵将领是反对中央政府的决策的。他们交章谏阻，甚至策划联衔致电，带有集体向中央施加压力的色彩。从此，中央政府对地方督抚的权威进一步削弱。此后在义和团运动中出现的一些疆吏拒不奉诏、策划"东南互保"。乃至辛亥革命中各省纷纷宣布独立，正是这一倾向的进一步发展。

（三）谏诤活动是晚清思想解放的先声之一

甲午战败的刺激，使晚清历史上出现了第一次思想解放的大潮。这次以维新思潮为主流的思想解放大潮的形成，与康有为等一批早就萌生变法思想的人士的推动有关，同时，也为马关签约后清朝官员的谏诤活动所促成。谏诤活动与思想解放的关联，至少有两个方面：

第一，谏诤活动中形成的集会议政之风，为思想解放创造了条件。思想解放是以敢于表达政治思想见解为前提的。甲午战争之前，清政府对官员和士人的思想禁锢十分严密，因而中国长期呈现一种"万马齐喑"的局面。梁启超记述清朝言路阻塞的情况说："国朝天泽极严，君臣远隔。自内而公卿台谏，外而督抚，数百十人外，不能递折。其庶僚虽许由堂官代递，士民许由察院代递，而承平无事，大臣亦稀谏书，故雍蔽成风。庶僚士民既不上书，堂官察院亦不肯代递。故虽有四万万人，实数十资格老人支拄掩塞之而已。"[①] 连绝大多数封建官僚都无权给皇帝上书，又何论士民百姓？连上书的权利都没有，更没有议论政治的权利了。马关签约

---

① 梁启超：《光绪圣德记》。

后，情况为之一变。众多的中下层官员在爱国热情的驱使下。冲破政府种种清规戒律的羁绊，拍案而起，"昧死上陈"，慷慨发表政见。他们奔走相告，串联鼓动，公开集会，用"大联署"和联合请愿的方式向政府施加压力，企图促使政府废约。这种集会活动，是与封建体制不相容的，带有鲜明的近代色彩，本身就是思想解放的一种表现。官员集会议政之风，在谏诤活动失败后，不仅没有消失，反而日盛一日，议论的内容转向变法。汪大燮当年 7 月 4 日致汪康年信中记述北京情况说："京中言变法者甚多，自上上下下几乎金同。"① 显然，如果没有官员的谏诤活动，这种局面是不会出现的。

第二，谏诤活动是维新派官员力量集结的起点。在谏诤活动中，主战派的各级官员互相有所结纳，康有为等维新派知识分子也与主战派官员建立了友谊。谏诤活动失败后，康有为就和一些京官共同商议变法问题。不久后，他们冲破清政府严禁结社的规定，成立了北京强学会。在参加强学会的官员中，沈曾桐、文廷式、丁立钧、张孝谦、杨锐、徐世昌、汪大燮、熊亦奇、王鹏运等，都是积极参加过谏诤的人物。其中，前三位都是该会的发起人，丁立钧、张孝谦在成立后一直主政其中。强学会是资产阶级维新派最早的政治团体。已具有资产阶级政党的雏形。显然，谏诤活动既是一部分开明的清政府官员同维新派结合的契机，也是他们向维新派转化的起点。一些参加谏诤的封疆大吏和统兵将领，也对强学会采取赞助的态度，如刘坤一、张之洞、宋庆等都曾向强学会捐资。甚至连翁同龢、李鸣藻等主战派的军机大臣，也对强学会或明或暗地采取了支持的态度。从此，维新思潮的传播日益广泛，维新派在政府官员中的力量越来越大，很多过去的主战派变成了维新派，最终促成了"百日维新"的发生。由此看来，官员中维新派力量的集结，实自谏诤活动始。

（原文载于《东岳论丛》1994 第 4 期）

---

① 《汪康年师友手札》（一），上海古籍出版社，第 701 页。

《马关条约》换约前官员士子的拒和运动

梁娟娟

《马关条约》签订前的拒和运动大致可分为三个阶段：第一阶段从战争爆发到清政府派李鸿章与日本议和，部分官员认为"和不可恃"，主张应战；第二阶级从光绪二十一年正月二十九日，清廷授李鸿章为与日议和头等全权大臣敕书，派李与日议和，至三月二十六日，李鸿章奏和议已成，达成马关条约，谏诤的重点是，拒绝和议、割地、赔款；第三阶段从三月二十六日，有关《马关条约》的内容传出至四月十四日中日换约，谏诤的焦点是呼吁清政府废约再战、拒绝盖宝换约。《马关条约》盖棺定论后，章疏拒和的呼声弱下来，台湾人民的抗日斗争则拉开帷幕。

一 李鸿章赴日前的拒和呼声

光绪二十年七月初一（1894 年 8 月 1 日），清政府和日本同天宣战，甲午中日战争正式拉开帷幕。自开战以来，由于腐朽的清政府无心应战，妄想列强出面调停和干涉，以致丧失制敌先机。加之，清廷所用非人，号称"训练有素"的 3 万新式淮军，在卫汝贵、叶志超等封建腐败将领统率下，不堪一击，大部溃散。部分北洋水师的爱国将士徒有满腔报国热忱，却沦为李鸿章"避战自保"的牺牲品，不唯李鸿章极力保护的、他一手创办的北洋水师全军覆没，战争形势更是一泻千里，中国被推到亡国灭种的边缘。对此负主要责任的是清廷实际的统治者慈禧太后，战争的实际指挥者李鸿章也难辞其咎。

李鸿章毫无攻占求胜的决心，很大程度上正是奉行慈禧旨意的结果。他们寄希望于列强的调停，殊不知列强对中国垂涎已久，只想通过战争从中国捞得更多的好处。九月十二日（10月10日），英国驻北京公使欧格讷在天津与李鸿章会晤，说中国对战事无把握，不如与日本议和，赔款了事。十四日，沙俄公使喀希尼也向李鸿章表示，应趁日军"尚未入境之先，速商停战之法"，并说中国总要吃点亏。美国和德国则表示反对，他们认为只有让日本打到心满意足再进行议和，才能迫使中国出让开矿、筑路等更多的特权，英国的所谓联合调停因而流产。十五日，欧格讷向总署（总理衙门）建议，各国共保朝鲜，中国对日赔偿兵费，即日议和。清廷内部，军机大臣孙毓汶、徐用仪力主议和，李鸿藻、翁同龢则坚决主战。十六日，翁同龢、李鸿藻入见慈禧太后，反对欧格讷的建议，主张催促援兵进攻，悬重赏激励士气，修复兵船，严扼渤海，"然天意已定，似不能回矣"，[①] 已表明慈禧的态度。十月十二日（11月9日），金州失守后，慈禧加紧了希望各国调停的步伐，命张荫桓赴天津与李鸿章会晤，商量邀请各国调停的办法，并最终决定由户部侍郎张荫桓、湖南巡抚邵友濂为代表前往日本议和。

面对清廷的公开求和之举，一些大臣当即表示反对，十一月初三，翰林院侍讲瞿鸿禨上折，从明治维新后日本不断窥探台湾，并占琉球的事实分析议和不可行。"思逞其欲，吞并朝鲜固非一日矣，岂惟欲并朝鲜，将有觊觎台澎之志。……若复隐忍姑容，一旦侵轶，我内地其亦将晏然而已乎？"而英俄两国亦对朝鲜心存不轨，"英据朝鲜之巨文岛，俄与朝鲜隔江为邻，声息相通，虎视眈眈，垂涎已久，正欲倭与中国构兵，坐收渔人之利"，[②] 所以不可能为中国调停。为今之计，只有"与之决战"才是最终解决之道。初四，翰林院侍读王懿荣上呈，请攻旅顺，斥和议。十七日，御史王鹏运上折，请皇上"勿为和议所误，宜及时修战备"。十九日，翰林院代奏编修冯煦折，称"和有六谬"。编修王荣商上呈，驳斥和议十条，"婉转博辩，总之非战不能自强，则非先去李鸿章则不能战"。[③]二十九日，御史安维峻上万言折，力言和议不可，言辞激烈，批判孙毓汶、徐用仪，并指责奕䜣、李鸿章和翁同龢误国。十二月初二，编修秦绥

---

① 翁同龢：《翁同龢日记》（五），陈义杰整理，中华书局1997年版，第2738页。

② 《翰林院侍讲学士四川学政瞿鸿禨奏不可轻与倭人言和折》，故宫博物院编《清光绪朝中日交涉史料》卷二五（二〇五六），民国二十一年五月铅印本，第9页。

③ 谢俊美编：《翁同龢集·甲午日记》，中华书局2005年版。

章联合御史、翰林院编修、检讨、庶吉士等 37 人上呈，认为邪说误国，请收回成命，并分析包括割地、赔款在内的和议条款将导致国家危亡。安维峻再次上折，请杀北洋大臣，并指责枢臣误国。折中还有"皇太后遇事牵制（慈禧太后惑于李莲英而坚决主和）"之语，触怒慈禧太后，光绪帝以安维峻"肆口妄言，毫无忌惮，若不严行惩办，恐开离间之端"为由，将其革职，发往军台效力。为压制此起彼伏的拒和之声，最高统治者不惜以大清"定制"来钳制悠悠众口，"向来联衔封奏，必有言责者方准列名。此外部院各官，均由堂官代奏。乃近来竟有一二人领衔，纠集不应具折之员至数十人之多，殊乖定制。以后再有似此呈递者，定将列名之员概行惩处"。① 最高统治者的上谕没有阻断主战官员折奏竞进的状况，而虽然反对和议的折奏屡上，却并未阻挡清廷求和的决心。

光绪二十年十二月十日（1895 年 1 月 5 日），清廷任命张荫桓、邵友濂为议和大臣，前往日本议和，并特别强调："前往日本会商事件，所有应议各节，凡日本所请，均著随时电奏，候旨遵行。其与国体有碍，及中国力有未逮之事，该大臣不得擅行允诺，懔之慎之。"② 这反而成为日本指责清廷不诚心讲和，并继续在中国境内纵兵推进的借口。伊藤博文在其英文说帖中为自己的强盗行径辩白："今日本大臣所行之事，系不得已之举，中国闻不讲外交，与邻相处不肯开诚布公。从前曾有与人订约，不肯盖印，及条约已定，无故不批准之事，皆所派大员权力不足之故。本国虑蹈前辙，是以必须中国所派大员权足定和，方能与议。……今贵大臣权力实系不足，可见并非诚心讲和。"③ 其冠冕堂皇的说辞无非是张、邵二人不能爽快地满足其狮子大开口的要求，从而以外交辞令和军事威逼向清政府施压，以期在议和中获得更大的利益。

作为中方代表，张、邵二人对议和所抱希望不大。十二月十九日（1 月 24 日），张荫桓抵达上海与邵友濂会合，准备赴日，已见反对议和的"匿名揭帖遍布通衢肆口，诋讥互相传播，虽于审度利害，衡量短长，漫无一当，而人心思奋，具见同仇敌忾之诚"。张荫桓甚至已经预见日本在

_____

① 《清德宗实录》卷三五五，中华书局 1987 年版，第 616 页。

② 同上书，第 624 页。

③ 《出使大臣张荫桓、邵友濂电》，故宫博物院编《清光绪朝中日交涉史料》卷三三（二六〇九），民国二十一年五月铅印本，第 5 页。

议和中必有要挟之举，"自中外通好以来，日本每以所订约章，不得媲于泰西，积怨已非一日。度此次多方要挟，早在圣明洞鉴之中"。因此，他保证在议和过程中"恪守训谕，力持大体，非特索及疆土，固当正言坚拒，即准韩自主偿倭兵费，曾经各国使臣居间而索费过巨，臣等亦万难与商停战之说，更不敢轻发纵彼举以为言，仍当电候圣裁。总之，和议之难易，必视战事之利钝为转移"。为避免军队因议和掉以轻心，给日本以可乘之机，张荫桓请求皇上，饬下关内外统兵大员积极备战，"勿以臣等之行，意存观望。他日和议可成，彼固不敢别有觊觎，即和议不成，我亦不至漫无准备"。①

陕西道监察御史恩溥认为中方议和代表已抵日本，日军却依然占领了荣城、威海，可见"倭寇志大欲奢，非赔偿所能了事，是张荫桓等此行并非确有把握"，恳求皇上"罔咈百姓，俯顺群情，改弦更张，整饬戎务，立罢李鸿章，召还张荫桓，以绝敌望"。② 翰林院代奏编修孙锡第分析日本的议和是缓兵之计，"倭以去冬天气寒冽，海上行军不便，故伪为愿和之说，以缓我师，迨今春融，海冰将释，彼复肆其猖獗，蹈我隙而抵我瑕，是彼之假和以误我者，其计显然"，因此，"和之一字，断断无可再计矣"。③

这一时期，反对议和的呼声还较为微弱，只是一些深具战略眼光的大臣见微知著，认为和议难成，希望清政府重整士气，对抗日军。但清廷对形势的估计严重不足，弃主战的呼声于不顾，终于在外交上陷入被动。

二　《马关条约》议定前拒议和、割地、赔款的谏诤

因伊藤博文与陆奥宗光认为张荫桓、邵友濂无"全权"，而拒绝谈判

① 《户部左侍郎张荫桓等奏请饬下关内外统兵大员实力防剿勿以议和意存观望折》，故宫博物院编《清光绪朝中日交涉史料》卷三三（二六三六），民国二十一年五月铅印本，第22页。

② 《陕西道监察御史恩溥奏和不可恃请立罢李鸿章并召还张荫桓折》，故宫博物院编《清光绪朝中日交涉史料》卷三一（二五〇八），民国二十一年五月铅印本，第34页。

③ 《翰林院代奏编修孙锡第条陈折》，故宫博物院编《清光绪朝中日交涉史料》卷三二（二五七四），民国二十一年五月铅印本，第23页。

和议，并威胁说"以此不开议，仍系仇敌"①，继续纵兵入侵，攻陷威海卫，颠覆北洋海军，控制渤海湾，威胁京津。面对这一严峻形势，清廷不得已于光绪二十一年正月十七（1895 年 2 月 11 日）召张、邵回国，并准备按日本的要求派一"全权"大臣与日议和。一心求和的慈禧太后召李鸿章入京面授机宜，此举一出，招致很多人反对。

（一）以翁同龢为首的主战派拒不同意议和

二十三日（17 日），美国公使田贝将日本要求的条款转达总署：朝鲜独立、割地、赔款、最惠国待遇。针对这些条款，光绪帝曾多次召集军机大臣和亲信重臣进行讨论。讨论过程中，主战派和主和派对割地的态度泾渭分明。孙毓汶、徐用仪等人，对内讨好慈禧，对外结纳实权派人物李鸿章，畏敌如虎，一意主和，甚至不惜割地、赔款，而翁同龢则坚决反对割地。

二十八日，李鸿章进京，与军机大臣同被召见于乾清宫。光绪帝询问其对和约的意见，李鸿章回答："割地之说不敢担承，假如占地索银，亦殊难措，户部恐无此款。"割地一事影响重大，李鸿章不敢明确表态，反将问题抛向户部。户部尚书翁同龢当即表示："但得办到不割地，则多偿当努力。"面圣结束后，李鸿章、庆亲王奕劻及军机大臣在传心殿议事，孙毓汶、徐用仪力主议和，李鸿章仍寄希望于列强的调停，积极游走于英、俄之间。其余大臣皆缄默无语，只有翁同龢"独主前议，谓偿胜于割"。三十日，李鸿章与奕劻等集议，孙毓汶依旧认为"必以割地了局，余（翁同龢）持不可"。德国公使申珂的意见："若不迁都，势必割地。"② 在无计可施的情形下，翁同龢赞同迁都。

二月初一日（2 月 25 日），光绪帝第三次召见李鸿章，询问有关割地事宜。因英、俄、德国公使没有明确表示切实相助的意思，李鸿章与庆亲王都倾向于割地求和。参与议事的大臣，除翁同龢反对外，都不置可否。六日（3 月 2 日），光绪帝第四次召见李鸿章，针对李鸿章的割地倾向，翁同龢坚持"台湾万无议及之理"。虽然在历次讨论时，翁同龢都"力陈

---

① 《北洋大臣转张荫桓等来电》，故宫博物院编《清光绪朝中日交涉史料》卷三三（二六一〇），民国二十一年五月铅印本，第 5 页。

② 翁同龢：《翁同龢日记》（五），陈义杰整理，中华书局 1997 年版，第 2780、2781 页。

台不可弃"，但因李鸿章、礼亲王、庆亲王都倾向于割地议和，孙毓汶甚至认为"战字不能再提"，光绪帝亦逐渐倾向于割地议和。翌日，正式予李鸿章以商让土地权，王、大臣会奏的理由是"宗社为重，边徼为轻"。① 给李鸿章处置土地的权力，实际上就是作出答应割地求和的最后决定。至此，清廷高层已达成共识，以同意割地为代价议和，以翁同龢为代表的主战派也不得不妥协。但这并不代表所有大臣都能接受这一屈辱求和的条件，当清廷的御前会议在紧锣密鼓进行的时候，有关割地、赔款的消息不胫而走，风闻议和条款，一些深具忧国意识的官员纷纷上折，指出和议难恃，割地更不可行。

（二）京员反对议和、拒割地赔款的谏诤

清廷派李鸿章赴日，暗示着同意议和的条件，虽未确定，但足以引起一些官员的忧虑之心。"日来朝廷以倭氛不靖，遣李鸿章东渡行成，朝野闻之，人心愤懑，各切忧疑。"② "中外交涉事件当事类秘密不宣，况此事机重大，更属无从访查"，但"外间人言啧啧，咸谓该大学士以割地之说请，已蒙俞允。臣闻信之下，不胜骇异"。③ 拒和再战，驳斥割地条款的折奏连日不绝。

首先，清醒地认识到列强的野心，指出列强不会公允地居中调停，与其求人不得法，不如放弃不切实际的幻想。在授予李鸿章全权大臣敕书的同日，陕西道监察御史恩溥上折，称所谓的"公法"不可靠。"窃倭人以朝鲜毫不干己之事，违约兴兵，是其目无公法，在各国已共闻共见。何以并无一国谓其为非，可见公法之说，虽有其名，原无公论"。④ 中日战争兴兵已久，若列强有心调停，早已干预，不会拖到此时。户科给事中洪良品也认为，"近闻诸国从中议和，看似为我解围，其实从中渔利"。⑤ 对此

① 郭廷以：《中国近代史事日志》（下），中华书局1987年版。

② 《翰林院代奏编修丁立钧等条陈时务折》，故宫博物院编《清光绪朝中日交涉史料》卷三五（二七九〇），民国二十一年五月铅印本，第23页。

③ 《江西道监察御史王鹏运奏请寝罢和议折》，故宫博物院编《清光绪朝中日交涉史料》卷三五（二七九三），民国二十一年五月铅印本，第20页。

④ 《陕西道监察御史恩溥奏请饬李鸿章慎重议和折》，故宫博物院编《清光绪朝中日交涉史料》卷三三（二六八三），民国二十一年五月铅印本，第48页。

⑤ 《户科掌印给事中洪良品奏军事渐顺和议不可轻开折》，故宫博物院编《清光绪朝中日交涉史料》卷三四（二七〇一），民国二十一年五月铅印本，第1页。

更有明证，正月二十九（2月23日），李提摩太就曾向清政府提出，由英国出面调停，条件是在一定年限内，英国控制中国的行政，并使英国独享改组陆海军各机关、修筑铁路、开发矿山及增开通商口岸等的权利。不过鉴于列强在中国错综复杂的利益关系，为免成为众矢之的，英使欧格讷最终劝李鸿章在割地赔款的基础上，接受日本的条件，迅速结束战争。列强的狼子野心可见一斑。

其次，坚决反对割地赔款。二月七日，翰林院编修黄绍箕、丁立钧等，检讨阎志廉等上折，从台湾、辽东的战略位置、人心得失及当时的国际环境几个方面，分析割地不可行。[①] 此折预见了割地将引发的种种不良后果，基本囊括了此后官员反对割地的理由。翰林院侍读文廷式上折严厉批驳了主和派所谓放弃台湾等"边徼之地"的做法，"其言谓以散地易要地，夫奉天固要地矣，台湾关系江浙闽广之得失，可谓散地乎？"[②]

最后，认为和议难成，请求罢斥和议，早做抗战准备。日本的贪得无厌引起清朝官员的极大反弹，不仅使主战大臣坚定了抗战的决心，也使一些抱有议和幻想的官员转到主战的阵营。他们敏锐地察觉到，若接受日本割地赔款的议和条件，中国势必一蹶不振。户科掌印给事中洪良品总结清军屡次战败的原因："非倭吏器械之无敌，乃我军退缩之不前也。"[③] 因此，最好的办法是集结兵力抗击日军，并要有持久抗战的准备。江西道监察御史王鹏运认为，朝廷虽然"外少折冲御侮之名将，内无运筹决策之良臣"，战事到如今已"毫无把握"，但也不能议和，"主战虽无把握，尚有转败为胜之机，若割地求和，势将有一蹶不可复振者"，"事已至此，除力图振作，坚忍求胜外，别无良策"。[④] 翰林院侍讲樊恭煦体谅朝廷派李鸿章赴日议和，是"万不得已之举"，但通过此前派张荫桓、邵友濂议

---

① 《翰林院代奏编修黄绍箕等条陈折》，故宫博物院编《清光绪朝中日交涉史料》卷三四（二七三六），民国二十一年五月铅印本，第18、19页。

② 《翰林院侍读学士文廷式奏倭攻台湾请饬使臣据理争论折》，故宫博物院编《清光绪朝中日交涉史料》卷三七（二九四二），民国二十一年五月铅印本，第22页。

③ 《户科掌印给事中洪良品奏军事渐顺和议不可轻开折》，故宫博物院编《清光绪朝中日交涉史料》卷三四（二七〇一），民国二十一年五月铅印本，第1页。

④ 《江西道监察御史王鹏运奏请寝罢和议折》，故宫博物院编《清光绪朝中日交涉史料》卷三五（二七九三），民国二十一年五月铅印本，第21页。

和无果的前鉴看，"李鸿章此行，恐亦未能操必和之券。且闻各国新闻纸所传，多云倭欲无厌偿费而外，割地为先"①。可见，和议很难达成。吏部给事中褚成博建议，与其将"数千里之封疆"拱手与人，不如激励士气，"以赔贼之费，购船械，峙糗粮，募团丁，养间谍"②，与日本决一死战。

虽然官员拒和、拒割地赔款的折奏屡上，却无法扭转清廷一心求和的定局。三月二十六日（4月20日），李鸿章电奏清政府中日《马关条约》（中日新约）签字，主要内容：中国承认朝鲜独立，割辽东、台湾、澎湖给日本，赔款日本军费白银二万万两，准许日人在中国口岸从事工艺制造等。

此次谏诤中，作为匡正君主得失的御史、科道官责无旁贷，成为主力军。据《清光绪朝中日交涉史料》粗疏统计，自正月二十九日授予李鸿章为与日议和头等全权大臣敕书，到三月二十六日李鸿章奏中日和约达成，官员所上涉及和议问题的折奏有23件，其中有12件来自科道官，10件出自翰林院官员之手。

三　《马关条约》订约后阻止换约的谏诤

"自二月间遣使与倭讲解，天下倾耳以听，谓苟不大伤国体，姑俯首，以纾目前之急。"③《马关条约》订约前，大多数人抱此观望心态，但当条约内容披露后，举国哗然。丧权辱国的条款震惊了社会各阶层，尤其是官员、士子。此时，人们还未完全绝望，条约虽已草签，但还须中日两国政府批准，用印、互换后才能生效。很多官员都寄希望于促使朝廷废约上，于是纷纷起而谏诤，发起了一场轰轰烈烈的拒和运动。

笔者根据《清光绪朝中日交涉史料》（佐以《翁同龢日记》）所收录的奏折、呈文、电文，作一粗略统计（很不完整）如下（见表一）：

---

① 《翰林院侍讲樊恭煦奏和议难恃请伤守将严防要隘以固畿疆折》，故宫博物院编《清光绪朝中日交涉史料》卷三五（二七五一），民国二十一年五月铅印本，第1页。

② 《吏部给事中褚成博请严拒割地议和折》，故宫博物院编《清光绪朝中日交涉史料》卷三八（二九七二），民国二十一年五月铅印本，第10、11页。

③ 《广西道监察御史高燮曾奏陈时势危迫亟宜改图折》，故宫博物院编《清光绪朝中日交涉史料》卷三八（二九九〇），民国二十一年五月铅印本，第25页。

总结这次活动有如下特点:

第一,从规模上看,参与人数多,规模宏大。由表一可见,总体的谏诤活动在四月六、七、八日达到高潮。但自马关订约的消息传回清廷后,京官的谏诤便已如火如荼展开。因工作之便,李鸿章的电文一到北京,条约内容便被部分密切关注和议事件的京员察知,一时之间群情激愤,反对之声一浪高过一浪。时人这样描述北京的情况:"近日都下人情汹惧,奔走骇汗,转相告语,谓所有条款皆扼我之吭,制我之命,阻我自强之路,绝我规复之机,古今所未有,华夷所未闻。"① 仅三月二十九日一天,官员所上拒绝和约条款的折奏就有 8 件,累计上奏者达 96 人之多。

表一

时间	折奏数	电奏数	备注
三月二十九日 (4 月 23 日)	11		翰林院编修李桂林、丁立钧等 83 人上折
三十日 (4 月 24 日)	2		
四月初一日 (4 月 25 日)	6	1	
初二日 (4 月 26 日)	3	3	
三日 (4 月 27 日)	6	2	
四日 (4 月 28 日)	6	4	
初五日 (4 月 29 日)	1		
六日 (4 月 30 日)	13	3	都察院代递奉天、湖南、广东、四川等省举人呈文 7 件
七日 (5 月 1 日)	14	13	都察院代递京官举人呈文 6 件
八日 (5 月 2 日)	19	5	都察院代奏 15 件,其中 8 件来自湖北、江南、河南、浙江、顺天、山东、四川省举人
九日 (5 月 3 日)	4	4	
十日 (5 月 4 日)	5	9	
十一日 (5 月 5 日)	11	13	都察院代奏 7 件,其中 4 件来自直隶、河南、江西、陕西等省举人

---

① 《侍讲张仁黼等奏和议要挟难堪请饬廷臣会议折》,故宫博物院编《清光绪朝中日交涉史料》卷三八(二九八八),民国二十一年五月铅印本,第 24 页。

续表

时间	折奏数	电奏数	备注
十二日（5月6日）	3	12	
十三日（5月7日）	1	7	
十四日（5月8日）	1	6	
十五日（5月9日）	2	7	
十六日（5月10日）	1	15	
十七日（5月11日）	1	9	

由京官发端的谏诤，很快得到各地官员的响应，形成席卷全国之势。各省督抚和前敌将领，或上折、上呈，或电奏清政府，拒绝议和条款。态度坚决者如山东巡抚李秉衡。早在条约签订的前一日，风闻割地议和的条款，李秉衡就愤而上折，请光绪帝"乾纲独断，如彼族要挟过甚，则绝其和议，勿为虚声所恫吓，勿为浮议所摇惑"，并自动请缨，"臣虽老惫，愿提一旅之师，以伸积愤。即捐糜顶踵，亦所不惜"。[1] 四月初一，听闻中日将于四月十四日换约，李秉衡再次上折，请皇上"立决和议"，"以偿兵费之款养战士，严敕各将帅督抚效死一战"。[2] 帮办军务四川提督宋庆也电请清政府废约再战，"庆一介武夫，愿与天下精兵舍身报国"。[3] 此外，南洋大臣张之洞、河南巡抚刘树棠、湖北巡抚谭继洵、江西巡抚德馨、直隶总督王文韶、福建巡抚边宝泉、陕西巡抚鹿传霖、钦差大臣刘坤一、广东陆路提督唐仁廉、福建陆路提督程文炳、新疆提督董福祥等30余人，亦纷纷进言，请求废约。

"数日以来，内而宗室王公、部院谏垣，外而直省督抚、前敌将领，莫不交章谏阻"，"各省会试举人亦呈请都察院代递，至有痛哭流

---

① 《山东巡抚李秉衡奏议和条约尚须斟酌折》，故宫博物院编《清光绪朝中日交涉史料》卷三八（二九九四），民国二十一年五月铅印本，第25页。

② 《山东巡抚李秉衡奏和议要挟过甚万难从折》，故宫博物院编《清光绪朝中日交涉史料》卷四一（三○六八），民国二十一年五月铅印本，第1页。

③ 《帮办军务四川提督宋庆来电》，故宫博物院编《清光绪朝中日交涉史料》卷三九（三○○二），民国二十一年五月铅印本，第7页。

涕者"。① 受此影响，在京参加会试的各省举人自四月六日开始，就不断以集体上书的形式赴都察院投递呈文，拒绝和议。奉天举人春生等20人，因"世居奉省，目睹军情胜负之故，得失之机，见闻颇切"，② 因而率先上呈。从初六到十五日，举人上呈占每日所上折奏中的大多数。

第二，从形式上看，此次谏诤以集体参与的方式为主。清朝谏诤的一个特点是以单衔的个人上奏为主，很少有多人上奏的情况，至多是同部院的人联名上奏。但当国难来临之时，谏诤方式却一反常态，京官中不仅同部院的官员联名上奏，还实现了跨部院的连衔上奏。或同乡，或好友，或志同道合者，互相联络，互通声气，联名上书。这种上书不能送交某部堂官代递，于是他们便到都察院呈递，或请求督办军务处代奏。

三月二十九日，翰林院代递李桂林等呈文，包括翰林院编修、修撰、检讨、庶吉士等83人。四月初一，内阁大学士额勒和布等代奏侍读奎华等条陈，包括内阁大学士、协办大学士、侍读、员外郎等155人。③ 四月初三，东北籍京官贻谷等26人，联络了一批同乡举人，一起到督办军务处递呈，请求废约。四月初四，吏部候补主事鲍心增等12人，"取具同乡京官引结，呈请（都察院）代奏"，指责李经方"叛父误国"④。四月初七，福建京官黄谋烈等会同同乡官员63人（隶属六部、翰林院、内阁、国子监、光禄寺），举人88人联名上书，坚决反对割弃台湾。四月初八，内阁中书陈嘉铭、翰林院编修张孝谦等43人上书，认为"与其掷二万万兵费资彼强虏，何若移此巨款赡养士卒，制船办械，为一鼓歼除之"。⑤ 同日，翰林院编修、修撰、庶吉士，内阁中书，六部主事及光禄

---

① 《翰林院侍读学士文廷式等奏和约断难遽就战事尤当预备折》，故宫博物院编《清光绪朝中日交涉史料》卷三九（三〇一八），民国二十一年五月铅印本，第20页。

② 《（翰林院代递）奉天举人春生等呈文》，故宫博物院编《清光绪朝中日交涉史料》卷四（三〇四七）附件一，民国二十一年五月铅印本，第5页。

③ 《内阁大学士额勒和布等代奏侍读奎华等条陈折》，故宫博物院编《清光绪朝中日交涉史料》卷三九（二九九六）民国二十一年五月铅印本，第1页。

④ 《（都察院代递）吏部候补主事鲍心增等条陈李经方罪状呈文》，故宫博物院编《清光绪朝中日交涉史料》卷三九（三〇三〇），民国二十一年五月铅印本，第28页。

⑤ 《（都察院代递）内阁中书陈嘉铭等呈文》，故宫博物院编《清光绪朝中日交涉史料》卷四一（三〇八一）附件三民国二十一年五月铅印本，第30页。

寺署正李骧年等24人上书，谓"尺寸之地不可轻弃"，① 请皇帝万勿批准和约。这些联名、连衔的上书，在声势上、规模上和舆论上形成了一股不可小觑的势力。

与此同时，受儒家"天下兴亡，匹夫有责"思想影响的举人们，一方面与同乡京官联名上奏，另一方面则单独联合赴京赶考的同乡或同年，集体赴都察院递交上呈，谓割地赔款不可。作为举人上书中不可或缺的人物，康有为曾这样描述发动举人上书的情形："三月二十一日电（有关割地、赔款的电文）到北京，吾先知消息，即令卓如（梁启超）鼓动各省，并先鼓动粤中公车，上折拒和议，湖南人和之。于二十八日粤楚同递，粤士八十余人，楚则全省矣。与卓如分托朝士鼓（动），各直省莫不发愤，连日并递章满察院，衣冠塞途，围其长官之车。台湾举人，垂涕而请命，莫不哀之。时以士气可用，乃合十八省举人于松筠庵会议，与名者千二百人，以一昼两夜草万言书，请拒和、迁都、变法三者。"② 此"万言书"，即为初八日，康有为、梁启超经过多方奔走呼吁，发动在京会试的举人进行的著名的"公车上书"。③ 但举人的上书并不止这些，四月初六、七、八日，都察院代奏的举人的单独上呈达到高潮，分别是6、4、7件，皆谓和议不可。

官员和举人联名（或连衔）上奏的具体情况如下（见表二）：

<hr/>

① 《（都察院代递）翰林院编修李骧年等呈文》，故宫博物院编《清光绪朝中日交涉史料》卷四一（三○八一）附件六，民国二十一年五月铅印本，第38页。

② 康有为：《康南海自编年谱》，中华书局1992年版，第26页。

③ 有不少学者认为康有为所谓的"公车上书"是他自我标榜的一个骗局，事实上根本没有此事。汪叔子的《康有为领导"公车上书"说辨伪》（载《安徽史学》1987年第3期）、王凡的《〈公车上书记〉刊销真相》（载《江西社会科学》1990第4期）对是否确实存在"公车上书"提出质疑，并认为《公车上书记》是康有为等人为了自我宣传而发行的印本。姜鸣在其《被调整的目光》中有文章《莫谈时事论英雄：康有为"公车上书"的真相》，指出所谓的"公车上书"，是康有为刻意制造的一个大骗局。茅海建更是从诸多史料的整理分析中，连续在《近代史研究》（2005年第3、4期）上发表文章《"公车上书"考证补（一）》和《"公车上书"考证补（二）》，重新审视"公车上书"的背景、运作过程及其影响力，指出由广大举人参与的上书活动，其实是由高层政治人物翁同龢、李鸿藻、汪鸣銮等人发动，京官组织的。康、梁四月初八日的上书只是一次流产的政治事件，却被有心人士任意夸大。对此，赞成者有之，反对者亦有之。

表二

时间	折奏名称	上奏人员身份	人数
三月二十九日	《翰林院呈递编修李桂林等条陈时务文折》	翰林院编修、修撰、检讨、庶吉士	83
四月初一	《内阁大学士额勒和布等代奏侍读奎华等条陈折》	内阁侍读、中书	155
四月初三	《詹事府左赞善贻谷等条陈和倭利害呈文》	詹事府左赞善，翰林院编修、庶吉士，内阁中书，六部郎中、员外郎、主事及举人	官员26，举人27
四月初四	《管理国子监事务户部尚书翁同龢等奏南北学肄业生曾炳熿等请驳罢和议据呈代奏折》	南北学肄业生	25
	《国子监祭酒萨廉等奏李鸿章误受敌欺请改易前约以弭祸患折》	国子监祭酒、司业	5
	《吏部候补主事鲍心增等条陈李经方罪状呈文》	吏、礼、兵、刑、工部候补主事	12
四月初六	《编修黎荣翰等呈文》	翰林院编修、检讨	11
	《奉天举人春生等呈文》	举人	20
	《湖南举人文俊铎等呈文》	举人	57
	《湖南举人谭绍裳等呈文》	举人	21
	《湖南举人任锡纯等呈文》	举人	43
	《广东举人梁启超等呈文》	举人	80
	《江苏教职顾敦彝等呈文》	江苏、山东、湖北、江西教职、举人	14
	《四川举人林朝圻等呈文》	举人	11

时　间	折奏名称	上奏人员身份	人数
四月初七	《（吏部）郎中延熙等呈文》	吏部郎中、员外郎、主事	32
	《礼部郎中黄谋烈等呈文》	六部主事、员外郎、郎中，翰林院编修、修撰、检讨、庶吉士，内阁中书，光禄寺署正，国子监博士，侍卫，举人等	官员63，举人88
	《贵州举人葛明远等呈文》	举人	110
	《广东举人陈景华等呈文》	举人	289
	《广西举人程维清等呈文》	举人	121
	《广西举人邹戴尧等呈文》	举人	115
四月初八	《内阁中书陈嘉铭等呈文》	内阁中书，翰林院编修，吏户礼兵刑工六部的主事、员外郎、郎中、笔帖式，国子监学正等	43
	《翰林院编修李骥年等呈文》	包括翰林院编修、修撰、庶吉士，内阁中书，六部主事及光禄寺署正	24
	《湖北举人黄赞枢等呈文》	学正学录、教谕、训导、举人	36
	《江南举人汪曾武等呈文》	举人	53
	《河南举人王瀕等呈文》	举人	14
	《浙江举人钱汝文呈文》	举人	37
	《顺天举人查双绥等呈文》	举人	18
	《山东举人周彤桂等呈文》	举人	120
	《四川举人刘彝等呈文》	举人	26
	《四川举人王昌麟等呈文》	举人	20

续表

时间	折奏名称	上奏人员身份	人数
四月初九	《顺天绅士兵部主事朱樑济等呈文》	六部、内阁、翰林院、詹事府官员，举人，生员	官员50，举人4，生员2
	《山西举人常曜宇等呈文》	举人	61
	《河南举人步翔藻等呈文》	举人	62
	《国子监奏助教朱寯瀛等陈和夷之弊与日本邻之策据呈代奏》	国子监官员	10
四月十一日	《奉恩将军宗室增杰等呈文》	兵部郎中、主事、笔帖式，工部员外郎，内务府员外郎，宗人府委署主事，候选通判，翰林院庶吉士，举人，生员	官员13，举人6，生员2
	《刑部主事徐鸿泰等呈文》	六部主事，翰林院编修，国子监学录等	28
	《直隶举人记堪诰等呈文》	举人	45
	《河南举人赵若焱等呈文》	举人	21
	《陕西举人张彪等呈文》	举人	81
四月十五日	《云南举人张成濂等呈文》	举人	62

第三，从参与谏诤的范围来看，京官中以中下级官员为主；人次上，则是进京赶考的举人占大多数。

清政府派李鸿章赴日定合约前，曾与枢臣多次讨论。尽管主战派的翁同龢一连数日与主和派面折廷争，并希望得到奕䜣等人的支持，但上迫于慈禧太后的压力，下受制于李鸿章、孙毓汶、徐用仪等主和派的极力撮合，翁同龢孤掌难鸣，清廷高层最终达成议和的共识。万般无奈之下，翁同龢曾写下"覆水难收，聚铁铸错，穷天地不塞此恨"的万念俱灰之语。因此，当和议条款公布之后，对内幕知之甚深的一二品大员多数对此持默许态度，唯有中下级官员希望以人海战术迫使清廷废约。"按之西法，亦有民不乐从，而约即废之例。现在尚未用宝批准，正可废约。"① 强烈的忧国忧民意识，促使占官僚系统绝大多数的中下级官员，为阻止换约折奏竞进，日日不绝。据不完全统计，京官中，反对签约的宗室贵胄及二品以上大员仅有十余人；二品以下有奏事权的官员有 50 余人次；没有奏事权的低级官员，却达 575 人次之多。② 通过这一对比可以看出，中下级官员是官僚集团拒和运动的主体。不仅如此，从影响力上来看，他们还是整个拒和运动的主力。正是在他们的带动下，谏诤活动才得以漫卷朝野，并带动了举人的大规模上书。从初六到十五日，举人单独上呈，或以举人为主的上呈达 25 件、1528 人次之多。人数之众，规模之大，在历史上是绝无仅有的。

第四，从进谏的内容来看，国际公法成为某些官员借以废约的依据，他们引经据典，引用公法条文来说明和约内容不符合公法宗旨，完全可以废弃。

四月四日，学正刘巨上呈指斥割地赔款的和议条款有违国际公法，并希望"泰西各国"为之"排难解纷"。③ 台湾巡抚唐景崧电请清政府，趁各国阻止换约之机废割地一款，"查公法会通第二百八十六章有云：'割地须商居民能顺从与否。'又云'民必顺从，方得视为易主'等语，务求废约，请诸国公议派兵轮相助"。④ 四月六日，湖南举人文俊铎等 57 人上呈，指出："窃闻万国公法，无论君主、民主，及合众之国遇有割地让城等事，必国会士民公议，方可施行，否则虽已立约，仍作废纸。盖以事系国家安危，不得不广为咨度。"⑤

四月八日，吏部主事洪嘉与等上呈，认为割地一条违背"公义公法"，绝不能遵守。呈文围绕"公义公法"解释割地条款不符合公法精

---

① 《（督办军务处代递）詹事府左赞善贻谷等条陈和倭利害呈文》，故宫博物院编《清光绪朝中日交涉史料》卷三九（三〇一四）附件一，民国二十一年五月铅印本，第 15 页。

② 姜鸣：《被调整的目光》，上海人民出版社 1996 年版，第 167 页。

③ 《管理国子监事务户部尚书翁同龢等奏学习学正刘巨请改派重臣另议条约据呈代奏折》，故宫博物院编《清光绪朝中日交涉史料》卷三九（三〇二七），民国二十一年五月铅印本，第 26 页。

④ 《台湾巡抚唐景崧来电三》，故宫博物院编《清光绪朝中日交涉史料》卷三九（三〇三八），民国二十一年五月铅印本，第 38 页。

⑤ 《湖南举人文俊铎等呈文》，故宫博物院编《清光绪朝中日交涉史料》卷四（三〇四六）附件二，民国二十一年五月铅印本，第 9 页。

神，"万国公法有'邦国不得擅弃土地'之条。公法便览曰：'就一国而论，国家虽有辖地之权，要不得鬻尺寸以与他国，故居民未愿，并他国国家勿得擅弃之，是谓公义公法。'""今者民情咸欲致死于倭，不愿改属倭逆，国家岂忍擅弃之，以犯公义？"按照公法的精神，清政府私自与日本订约，允其割地，并未得到民众的同意，完全可以废弃。而且，条约还没有正式订立，即使废约另议，日本也不能责备我方失信。"公法曰，两国和约以署押盖宝之日为始。又曰，使臣议约，一切悉遵密谕，其君有可辞者四：如议约后方知立约之意，由于误会而不可行，其可辞者一也；知所约必有害于他国，其可辞者二也；知所约为力之所不能行，其可辞者三；事势更变，所约归于无用，其可辞者四也。"① 现在和约尚未用宝，其中条款又是力所不能及，完全可以废约。

借助公法，实际还是寄希望于西方各国。然正所谓弱国无外交，鉴于在华纷繁复杂的利益冲突，各国始终以自身的最大利益为考量，而不会以清廷的利益为归依。因此，朝廷内外希望借助列强援助以保台的方案终究以失败而告终，用事实证明，所谓的国际公法在强权面前也就是一纸空文而已。

四月十四日《马关条约》如期换约，爱国官民虽不能接受割地、赔款的现实，但因事已成定局，拒和的呼声降了下来，而台湾人民的抗战则拉开了帷幕，他们用鲜血和生命谱写了一曲保卫家园的赞歌。

四　谏诤活动的得失

轰轰烈烈的拒和运动，虽没有改变《马关条约》割地赔款的既定事实，但对此后的历史却产生了深远影响。

首先，谏诤活动是一次爱国运动，上自爱国官员，下至普通士子，在民族危亡之际，无不奋起抗争，试图力挽狂澜。参与的人数之多，范围之广是历史上的首次。其次，促进了民族意识的觉醒和清廷救亡图存的决心。正如梁启超所说："中国维新之萌蘖，自中日战争生。"戊戌变法就是这次战争失败的直接产物，而在谏诤活动中饱受洗礼的康有为、梁启

---

① 《吏部主事洪嘉与等呈文》，故宫博物院编《清光绪朝中日交涉史料》卷四一（三〇八一）附件四，民国二十一年五月铅印本，第32、33页。

超、谭嗣同等人，则成为戊戌变法的主将。再次，整个谏诤活动中，言官表现得相当活跃，他们中的大部分属于主战派。每当涉及有关战、和的关键问题，帝党官员振臂一呼，必有一批言官追随于后，极大地改变了清朝后期言官默默无为的局面。最后，爱国官绅连篇累牍的上呈，打破了清朝只有某些大臣和有言责官员才能上言的旧例，成为后来思想解放的先声和启迪之响。

同时不可否认，这次谏诤活动的失败亦有不少经验和教训需要总结。第一，没有统一的组织、领导机构。虽然与以前单人单衔的上书相比，此次活动中联名上书，甚至跨部院上书的数量大为增加，也不乏数百人甚至上千人的上呈，但是却没有形成一个领导机构，相互之间联络少，无法统一行动，致使活动缺乏一个坚强的组织机构与清廷抗衡。第二，没有统一的目标。虽然爱国官绅的目的都是为了最大限度地维护国家利益，但具体目标却并不一致。有些官员坚决主张废约再战，有些官员则奢望通过出让部分利益的方式达到让列强调停的目的。第三，谏诤活动的主体是中下级官员，高级官员的参与性不高。因为清廷高层曾就议和达成共识，所以谏诤活动中，很少有一二品大员的踪迹，他们或主和，或迫于压力保持缄默。第四，民族意识开始觉醒，但未达到一定程度。此次活动的参与者，除了台湾人民，其他的均为士绅和官员，群众基础薄弱。第五，开始运用国际公法，但低估了日本的野心，高估了列强的同情心和公正心。一些官员对列强抱有幻想，提议"中朝与英俄素敦睦谊，不如密商英俄公使借兵襄助，果能平倭，将来酬以巨资，庶不致有碍大局"；① 甚至认为"彼各国使臣最重礼貌，每以觐见为荣，倘得亲聆天语，再得亲贵重臣动之以利害，诱之以货利"，② 各国就会为我国说话，这是根本不可能的，而事实也证明了这一点。

（原文载于朱诚如、王天有主编《明清论丛》第 11 辑，故宫出版社 2011 年版）

---

① 《江西巡抚德馨来电》，故宫博物院编《清光绪朝中日交涉史料》卷三九（三〇三五），民国二十一年五月铅印本，第 37 页。
② 《（翰林院代递）编修黄曾源条陈时务呈文》，故宫博物院编《清光绪朝中日交涉史料》卷三九（三〇一七）附件一，民国二十一年五月铅印本，第 19 页。

关于甲午战争的赔偿金问题

［日］ 伊原泽周

1894 年的甲午之役，由于清政府的败北，对明治政府付出了空前未有的巨额赔款。这笔赔款对促进日本资本主义的早期成立，可以说起了重要的作用。

1894 年 8 月 1 日，中日双方正式宣战。从这天起，直至次年 4 月 17 日，清政府议和全权代表李鸿章与明治政府首相伊藤博文在日本马关（今下关）签订了《马关条约》时为止，双方的海陆两军战斗，持续了十个多月。

日本对这次战争的动员，据统计：参加这次战争的兵员约 24 万人，雇用人员 6400 余人，搬运劳动者约 10 万人，军舰 28 艘，鱼雷艇 24 艘。

支出的战费：日金二亿余元。但是当时的国库剩余金，甚难支出这笔巨款，因此，1894 年 10 月 15 日，在广岛召开的第七次临时议会上决定了临时军事费的预算。其详细内容见表 I。

由表 I 观之，临时军事费特别会计至 1896 年 3 月 31 日终止。在此期间，会计决算的实际情况：临时军事费总收入 225230000 日元，内包公债募集金 116805000 日元，占总收入的 52%，特别资金滚入 78957000 日元，占 35%，1893 年国库剩余金 23439000 日元，占 10%。

表 I　　甲午战争时军事费特别会计计算（单位：日金千元）

决算内容			金额
收入		1893 年国库剩余金	23439
		公债募集金	116805
		军资捐纳金	161
		陆海军恤兵捐纳金	2789
		杂收入	1519
		占领地收入	624
		台湾及澎湖列岛诸收入	936
		特别资金滚入	78957
	合计		225230
支出	陆军	运送费	33953
		粮食费	24875
		其他杂费　总计	164520
	海军	船船费	12826
		兵器弹药以及水雷费	10080
		其他杂费　总计	35955
	合计		200476
收支相抵剩余金			24754

参考资料：《明治财政史》第二卷，第 44—50 页；《近代日本经济史要览》，第 66 页；《明治财政史纲》，第 218 页；《明治大政财政详览》，第 496—497 页。

与此同时，临时军事费总支出 200476000 日元。内包陆军支出 164520000 日元，占总支出的 82%，海军支出 35955000 日元，占 18%。

总收入与总支出相抵，尚剩余 24754000 日元，滚入 1896 年度的会计里。

如此看来，明治政府在甲午之役中所使用的战费，总计 2 亿余日元。这笔巨款，如从 1893 年（明治 26 年）的通常岁出 8000 余万日元[1]算之，则几乎达到 3 倍。这对明治政府的财政来说，实在是一个极为沉重的负担。因此，它要向清政府索取一笔巨大的赔款，以补其失。

_____

[1]　明治财政史编纂会：《明治财政史》（明治 31 年，凡善株式会社，东京）第三卷，第 729—734 页，谓 1896 年（明治 26 年）岁出总计 84581871 日元（决算）。

二

上述李鸿章与伊藤签订的《马关条约》,计十一款,此外,又签订了《另约》三款,《议定专条》三款。

关于清政府对日赔款的问题,《马关条约》第四款,内容如下:

> 中国约将库平银二万万两交与日本,作为赔偿军费。该款分作八次交完。第一次五千万两,应在本约批准互换后六个月内交清,第二次五千万两,应在本约批准互换后十二个月内交清。余款平分六次递年交纳,其法列下:第一次平分递年之款,于两年内交清,第二次于三年内交清,第三次于四年内交清,第四次于五年内交清,第五次于六年内交清,第六次于七年内交清,其年份均以本约批准互换之后起算。又第一次赔款交清后,未经交完之款应按年加每百抽五之息。但无论何时,将应赔之款或全数,或几分,先期交清,均听中国之便。如从条约批准互换之日起,三年之内,能全数清还,除将已付利息或两年半,或不及两年半,于应付本银扣还外,余仍全数免息。①

关于威海卫占领军守备费问题,《另约》第一款规定:

> 遵和约第八款所订暂为驻守威海卫之日本国军队,应不越一旅团之多,所有暂行驻守需费,中国自本约批准互换之日起,每一周年届满,贴交四分之一,库平银五十万两。②

关于辽东半岛返还酬报问题,《中日辽南条约》(1895年11月8日于北)第二款规定:

---

① 褚德新、梁德主编:《中外约章汇要(1689—1949)》,黑龙江人民出版社1991年版,第268页。

② 同上书,第271页。

中国约为酬报交还奉于省南边地方，将库平银三千万两迫于光绪二十一年九月三十日，即明治二十八年十月十六日，交与日本国政府。①

根据上揭三约，清政府除赔偿军费库平银二亿两，辽东半岛酬报金三千万两外，尚须付威海卫日本驻留军的守备费，以及缓期赔款的利息，实际上，大大地超过了一般人所谓的"二万万三千万两"。

马关议和时，赔款过大，湖广总督张之洞则电奏谓："赔款三万万两，六年付清，又加五厘利息，即借英国款转付，分期摊还，每年亦须还本息一千数百万两，各海关洋税空矣！"② 翰林院侍读学士文廷式也说："偿款至万万以上，皆足使中国一蹶不振。"③ 但李鸿章在日本的威胁下，只好全数承认。1895年4月14日（乙未三月二十日）军机大臣翁同龢接到李鸿章的来电后说："议和要挟之款，不欲记，不忍记也！"这"不忍记"之词，可以看出翁的痛苦心情！

由马关归国后的李鸿章，于7月30日（乙未六月九日）受到光绪帝召见。光绪首先慰问他在马关被刺的枪伤，④ 遂严词责问："身为重臣，两万万之款从何筹措？"李则"引咎唯唯"退出。⑤

翁同龢是光绪皇帝的师傅，最受宠信。因为他又是当时的户部大臣，筹外债付日赔款之事，多由翁主持。故翁说："余与荣、长两君皆派办借

---

①　北京外交部编：《中外条约汇编》，台北文海出版社，第154页。

②　张之洞：《力争和议电奏》，《张文襄公全集》卷78《电奏》6《致总署》光绪二十一年四月二日。

③　故宫博物院编：《清光绪中日交涉史料》卷37，第22页，（2942）附件一，光绪二十一年三月十二日《文廷式请勿轻许倭人条款片》。故宫博物院编：《清光绪中日交涉史料》卷38，第5—6页，（2968）光绪二十一年三月二十一日《翰林院代编修丁立钧等条陈时事折》，谓"赔偿巨款，目前虽借资洋债，终必敲骨取髓，岁取盈于二十一省之商民，轻许在矢口之间，赔累至数十年之久"。

④　1895年3月24日午后4时左右，李鸿章与日方全权代表伊藤博文首相会谈后，由会场返回旅馆时，途中被日本郡马县人小山六之助（26岁）以手枪击伤李之颧骨，遂酿成国际事件。伊藤首相及外务大臣陆奥宗光认为事件重大，遂至李处慰问，并命佐藤军医总监负责医治。同时，由外务大臣陆奥向驻日欧美各国公使说明事件真相。关于这次事件的详情，见外务省编《日本外交文书》第28卷第2册，第292—314页，伊藤博文编《机密日清战争》（原书房，昭和42年，东京），第194—200页《访问记话》。

⑤　翁同龢：《翁文恭公日记》（1925年影印本）第34册，第72页，乙未六月九日记事。

款者也。议借款以俄为最"。先借五千万两，然后再向德、法求助。翁为什么要如此呢？这恐怕是由于俄国的财力有限，结果，由俄主导，联合法国，成立了"俄法洋款"的外债，由驻俄使节许景澄负责交涉，终于签订了年息四厘的一亿两借款。关于此事，翁同龢在总理衙门召张荫桓（樵野）等会商谓："以许电借款欲将银合西币算，及由洋汇日或汇伦敦两节，请樵野明日偕仲华商诸林董（驻华特使——笔者注）。此事关系不轻也。"① 的确，将库平银合为"西币"，即当时国际通用的英镑，并以伦敦为兑换交付的地点。这就开了将赔款二亿三千余万两的库平银折合为英镑由伦敦交付的先例。

那么，前揭三约中的合计赔款二亿三千余万两库平银是怎样地折合为英镑呢？又怎样地由英镑再折合为日元呢？

三

甲午战争时，中日两国的金融制度都是以银本位的。当时中国各地通用的纹银，成色不等，称量不一，清政府所铸造的库平银锭是合规格的。但库平银是按重量单位"两"计算，不便携带，与近代欧美诸国所通用的货币有所不同。

按照当时伦敦国际市场的牌价，库平银二亿两，合纯银 2 亿 3992.5 万盎斯（Ounc），兑换为英货则为 3290 万镑，折合日金约为三亿一千余万元。②

今将军费赔款每次领收额，辽东半岛返还报酬金领收额，以及威海卫防卫军费每次领收额分别折换为英镑，其详细内容见表Ⅱ—表Ⅳ。

---

① 翁同龢：《翁文恭公日记》（1925 年影印本）第 34 册，第 72 页，乙未闰五月二十日（1895 年 7 月 12 日）记事。又，1895 年 10 月 6 日驻北京日本国特命全权公使林董致总理衙门翁同龢、张荫桓等书谓："所订之媾和条约第四款，清国政府第一次应赔日本国政府军费之期现在伊迩，乃将其时并其后如何交收之处，议定如左。一，所有库平银二万万两．为便两国办理起见，核成英货合三千二百九十万九百八十镑七希令七边士，均在伦敦用英货交收，至其照约应付之利息，亦按此率，仍用英货交收。一，清国政府与日本国政府派其驻英钦差全权大臣代表为交收。一，每交收在迩该清国大臣辄将应交之款数，日时，先期咨会该日本国大臣查照。以上缮写日汉文各二分，校对无讹，署名盖印，彼此各执一份，以照信守须至文凭者。"（《明治财政史》第二卷，第 165 页）

② 高桥诚：《甲午战争赔款之研究》，《经济志林》第 23 卷第 2 号。

表Ⅱ、表Ⅲ、表Ⅳ之总计英镑数及其利息如下：

军费赔款为32900980（赔款总计）＋3495729（利息）＝36396709英镑，再加上辽东半岛返还报酬金4935148英镑及威海卫防卫军费575767英镑，总计：41907624英镑。①

这4000余万英镑的赔款，是历史上空前未有的巨额，折合为日金的精确数目较为困难。例如军费赔款中的第一次付款（见表Ⅱ）为5000万两，交纳的时期是1895年11月（实际是10月31日）。

表Ⅱ　军费赔款每次领收额一览 （库平银折合英镑）

领收期限		库平银（两）	英镑
第一次	1895.11	50000000	8225245
第二次	1896.5	50000000	8225245
第三次	1897.5	16666666	2741748
第四次	1898.5	16666666	2741748
第五次	1899.5	16666666	2741348
第六次	1900.5	16666666	2741748
第七次	1901.5	16666666	2741748
第八次	1902.5	16666666	2741748
合计		200000000	32900980

参考资料：《明治财政史》第二卷，第179页。

表Ⅲ　辽东半岛返还报酬金领收额一览 （库平银折合英镑）

领收期限	库平银（两）	英镑
1895.11	30000000	4935148

参考资料：《明治财政史》第二卷，第182页。

表Ⅳ　威海卫防卫军费每次领收额一览 （库平银折合英镑）

领收期限	库平银（两）	英镑
1896.5	500000	82252

---

① 前揭《明治财政史》卷二，第185页。

续表

领收期限	库平银（两）	英镑
1897.5	500000	82252
1898.5	500000	82252
1899.5	500000	82252
1900.5	500000	82252
1901.5	500000	82252
1902.5	500000	82252
合计	3500000	575767

参考资料:《明治财政史》第二卷，第183页。

由中国驻英公使将支票直接交给伦敦日本公使加藤高明。这5000万两库平银折合8225245英镑。[①] 但实际上日方所获得的实数将由牌价（Rate）而决定。1895年（明治28年）11月2日《时事新报》的报道：

> （伦敦10月31日午前11时40分电）今日上午驻伦敦中国公使亲手将第一次赔款金额8225245英镑交给我国，我公使遂将该款如数存入英格兰银行（Bank of England）。该款今按伦敦牌价，折换为日金7415万2444元。

与此同时（即1895年11月16日），辽东半岛返还报酬金库平银3000万两，亦在伦敦折合4935148英镑，由中国公使交给日使加藤。此款亦由加藤公使直接存入英格兰银行。[②]

上述军费赔款第一次交付金5000万两及辽东半岛返还报酬金3000万两，合计8000万两库平银，相当于甲午战争时清政府的岁收。战争时，清政府已向外国告债，国库早就消耗一空，这时，哪里再有财力立即支付这8000万两的巨款？清政府内部对借外债问题争论不已。总税务司英人赫德主张以海关税作担保，向英借债，但利息重。而且，当时英与沙俄的对立，日益尖锐化。沙俄为阻止英国独占中国利益，表示愿借一亿两银子

---

① 前揭《明治财政史》卷二，第187—188页。
② 同上书，第190—192页。

给中国。

由于沙俄联法、德干涉日本将辽东半岛归还给中国，清政府认为沙俄是"真诚友人"，因此，借外债的对象，如前揭翁同龢所说的"以俄为最"。

"俄法洋款"是由法国六家银行及俄国四家银行所构成的银行团共同提供的，计四亿法郎。当时，折合为英货是 15820000 镑。[1]

上述 1895 年 10 月 31 日及 11 月 16 日，驻伦敦中国公使亲手交给日使加藤高明的 8225245 英镑及 4935148 英镑的两张支票，就是由这笔 15820000 英镑中支付出来的。

但是，四亿法郎的"俄法洋款"虽暂时解除日本的军事威胁，却带来了后来俄租旅大，法舰云南的大患，使中国临于被瓜分的危机。

四

甲午战争对日赔款库平银二亿三千万两，日方要求以英镑纳付。清政府遵此而行之。明治政府得此款后，全数存入伦敦英格兰银行生利息。由于分期纳付，库平银与英镑，英镑与日元的兑换率各有不同，精确的计算较困难。前揭表Ⅱ、表Ⅲ、表Ⅳ，虽将赔款总数计算为 4190 多万英镑，但换算为日元，正确的数究竟有多少呢？这是很不容易推算的。因为这笔钱不是一次付清的，而且，明治政府何时由英国银行提用了这笔钱？提用时的英镑与日元兑换率是多少？甚难精算。今根据 1899 年（明治 32 年）10 月 13 日大藏大臣松方正义向内阁总理大臣山县有朋提出的报告书《附件》里的记录，赔款合计日金为"三亿六千四百五十万九千六百五十六元二十五钱三厘"[2]。其详细内容见表Ⅴ。

如此看来，清政府对日军费赔款库平银二亿两，辽东半岛返还报酬金库平银 3000 万两，合计二亿三千万两，折合为日金是 364509656 元。但这个数字内，并未将威海卫防卫军费（库平银 350 万两，折合英货575767 镑，见表Ⅳ）包括在内，否则赔款更为增大。

---

① 刘秉麟编著：《近代中国外债史稿》，三联书店 1962 年版，第 16—17 页："按四亿法郎合金卢布一亿，合英金一千五百八十二万镑。本利合计共三千零一十一万五千二百九十八镑。"

② 前揭《明治财政史》卷二，第 288 页。

如果以 364509656 日元为明治政府从中国取得的实数，那么，甲午之役中，日本陆海军共支出的军费为 200476000 日元（见表I），两者相抵：364509656 − 200476000 = 164033656 日元。那就是：日本在这次战争中，从中国所取得的赔款除掉完全补偿了为这次战争所消耗的军费外，还多赚了164033656 日元（威海卫防卫军费在外）。

表V　甲午战争赔款领收额日金换算一览　　（单位：日元）

项目	年度	金额	利殖·差增	合计
第一次军费赔款	1895	74143054	93624	119144177
辽东半岛返还报酬金	1895	44907499		
第二次军费赔款	1896	83719110	911651	84630761
第三次军费赔款	1897	34869189	7071096	41940286
第四次军费赔款	1898	118341510	1341449	119682960
第五次军费赔款	1899	0	311277	311277
第六次军费赔款	1900	0	661313	661313
第七次军费赔款	1901	0	△1705783	△1705783
第八次军费赔款	1902	0	△155337	△155337
总计		355980363	8529292	364509656

注：△印表示差减。

参考资料：《明治财政史》第二卷，第290—291页。

这一亿六千万日元以上的巨款，是日本以强大兵力为后盾，逼使李鸿章所"多"要的。也可以说，明治政府在这次战争中大发了战争的财。

这笔巨大的赔款，明治政府怎样去使用它呢？

明治政府对这笔巨大的赔款的使用是很周密而有计划的。1896 年（明治 29 年）1 月 9 日通过帝国议会的承认，于这年 3 月 4 日颁布了《偿金特别会计法》，其主要内容是：（1）赔偿金及其利息与一般岁入岁出不同，设立特别会计处理之。（2）赔偿金以金、银与有价证券保有之，其兑换业务由日本银行承担之。简言之，这笔巨大赔款由明治政府以特别会计分配支出之。今将其收支内容，列于表VI。

由表VI观之，明治政府对这笔三亿六千四百余万日元的用途可分为：A. 陆海军备的扩张；B. 币制的改革；C. "三基金"的设立。

表 VI　赔款收支计算一览

（单位：日元）

收支 ＼ 年度	1895	1896	1897	1898	1899	1900	1901	1902	合计
收入 赔款收领额	119114117	84630761	41940286	119682960	311277	661313	1705783	155337	364509656
支出									
临时军费特别会计编入	78957164	0	0	0	0	0	0		78957164
陆军扩张费	0	7588356	16193396	8931554	6053979	8121594	5346895	1800000	54036776
海军扩张费	0	4043729	20633454	25151518	26582925	23118545	15536531	10200000	125266705
铁厂设立费	0	157304	383156	39301	0	0	0	0	579762
运输通信费	0	0	3150788	63696	0	0	0	0	3214484
台湾经营费	0	0	0	12000000	0	0	0	0	12000000
皇室费用	0	0	0	20000000	0	0	0	0	20000000
军舰水雷艇补充基金	0	0	0	0	30000000	0	0	0	30000000
灾害准备基金	0	0	0	0	10000000	0	0	0	10000000
教育基金	0	0	0	0	10000000	0	0	0	10000000
合计	78957164	11789389	40360796	66187071	82636904	31240139	20083427	12000000	344054893
总收支相抵剩余									20454763

参考资料：《明治财政史》第二卷，第 290—291 页。

A. 陆海军备的扩张

1895 年，临时军费特别会计编入的 7890 余万日元显然是甲午战争最后阶段军费的补充费。甲午战后，即自 1896 年度至 1902 年度，陆海军的军备费，年年都在支付，特别是海军扩张费大大地超过了陆军，总共达到一亿二千五百余万日元。由表 Ⅵ 观之，1896 年度，陆军扩张费为 750 余万日元，海军为 400 余万日元。1897 年度，陆军为 1600 余万日元，海军为 2000 余万日元。1898 年度陆军为 890 余万日元，海军为 2500 余万日元。1899 年度陆军为 600 余万日元，海军为 2600 余万日元。1900 年度陆军为 800 余万日元，海军为 2300 余万日元。1901 年度陆军为 530 余万日元，海军为 1500 余万日元。1902 年度陆军为 180 余万日元，海军为 1000 余万日元。这七年（1896—1902）中，陆军扩张费总计 5400 余万日元，海军为 12500 余万日元。陆海两军合计 17900 余万日元。这数字几乎接近于甲午战争中，日本陆海军消耗的军费二亿日元的数字。为什么明治政府要如此积极地扩大陆海军的军备呢？归根结底地来说，就是为了对抗沙俄，也可以说是 "日俄战争" 的事前准备。大家都知道，《马关条约》的签订是 1895 年 4 月 17 日，六天后，即 4 月 23 日，以俄国为首的俄、法、德三国出面干涉日本归还辽东半岛给中国。这一突然而来的国际干涉是当时明治政府所未能预料到的，外务大臣陆奥宗光在他的著述《蹇蹇录》中表明：在当时国际情势下，日本不愿再增加敌人，只好接受三国的一部分或全部的劝告，否则，《马关条约》将有变为一张废纸的危险。他征得伊藤首相的同意，将此一问题转至广岛大本营，求明治天皇裁决之。同年 5 月 10 日，明治天皇的诏书谓："为顾全大局，宽宏处其事，并为维护帝国之光荣与威严，接受友邦之忠言劝告，今已命政府将此意照会三国，并与清国政府会商归还半岛领土之一切措置。"① 事实上，返还辽东半岛是在三国，尤其是俄国的威胁下迫不得已而决定的。当时日本只有卧薪尝胆，忍辱报冤，待他日（1904 年日俄开战）与沙俄总结旧账。因此，乃决意大大而积极地扩大军备，特别是海军的增强。

B. 币制的改革

所谓币制的改革，就是金本位制度的确立。

什么是金本位？简而言之，就是黄金与货币在一定的比率下可以自由

---

① 明治 28 年（1895）5 月 13 日《时事新报》号外。

地兑换，是一种金输出入的自由货币制度。如前所述，甲午战争时，日本与中国都是以银为本位的货币制度国家，而欧美资本主义诸国，多采金本位制。结果，形成银价低廉、金价高贵的现象。这对银货国家的影响颇大。明治政府早已看到此点，计划改革币制，确立金本位制。但是由于财政困难，物价高腾，甚难实现。1893 年（明治 26 年）10 月，诏令设立货币制度调查会，检讨并调查货币制度的利害得失，久未得到结论。但是，1895 年 4 月，《马关条约》签订后，日本从中国获得一笔空前巨大的赔款，因此，该委员会乃于这年（1895 年）7 月断然地决定了金本位制的货币制度意见，呈报政府裁决之。

结果，明治政府认为，二亿三千万两的赔款已化为英镑，存在伦敦英格兰银行，足足可以安定币制的改革。而且，币制改革后所获得的利益：一，避免物价的变动；二，促进输出的增加；三，扩大金融，将在经济、财政上大获其利。[①] 经过了一番慎重的考虑与筹划，终于 1897 年 3 月 29 日公布货币法，决定于这年 10 月 1 日起，实行币制改革，于是便确立了金本位的货币制度。当时以 7260 余万日元的赔款金货作为银元兑换的准备金。[②] 而且，为扩张海军，需购买外国舰艇。预定自 1896 年（明治 29 年）至 1902 年（明治 35 年），七年间的用费，计 17349 余万日元，由存于英国银行的中国赔款中支付之。[③]

关于这次金本位制度成立的效果，经济学者铃木武藏氏指出下列诸点：一，抑制物价腾贵，减少激烈的价格变动。物价指数，如以 1887 年（明治 20 年）100 计算之，1898 年（明治 31 年）则至 170。此后，直到 1904 年日俄开战时为止，其变动不过是 170—180 而已。二，政府的岁计得到部分的节约。即减少了物品购买费及外国的支付金。这一时期的一般会计的规模大抵是很安定的。至少消去了随银价的变动而产生的财政计划不确实性的要素。而且还可借此机会更活泼地从金本位国导入外债。三，安定了外汇兑换，可以扩大对外贸易。此外不可忽视的是，通过这一时期，继续着输入超出，以及企业的扩大，和外国输入的增大。总而言之，金本

---

① 前揭《明治财政史》卷二，第 263 页。
② 同上。
③ 同上。

位制的成立，日本名副其实地进入了世界资本主义国家的阵营。[1]

C. "三基金"的设立

所谓"三基金"即是：军舰水雷艇补充基金，灾害准备基金，以及教育基金。这"三基金"中，以军舰水雷艇补充基金为最多，计3000万日元，灾害准备基金及教育基金则各1000万日元。合计5000万日元。

这5000万日元基金的谋财生利的方法：

①军舰水雷艇补充基金3000万日元，以金货存于日本银行，或者购买外国随时确实可以兑换金货的公债证书，以营其利。

②灾害准备基金及教育基金2000万日元，购买日本国内公债证书，以营其利。

③有事之日，发布紧急命令，首先以军资动用军舰水雷艇补充基金，其次，卖却灾害准备基金及教育基金之公债证书给日本银行，以作军需之用。[2]

如此看来，"三基金"5000万日元，其结果，可以说都是军费的准备金。特别是海军的扩张与加强。关于这一点，可以由1899年2月8日，大藏大臣松方正义的意见书中看出。松方说：

> 帝国海军与诸列强比之，颇为脆弱。1896年度以降，虽扩大其力，稍稍增强，然扩张费用取自清国赔款，非出于自国之力。故不设补充之法，舰艇日趋老化，再拟恢复其力，筹办巨款，实非易事。今效各国之例，设立舰艇代价注销之法，在1905年海军扩张完备上，有力舰艇总吨数21万余吨，将其代价一亿三千九百余万元，以军舰1/25，水雷艇1/15计算之，每年存攒6129000元，当可经常支付舰艇之补充，维持海军之实力，如此，帝国海军之基础，方可称之奠立。[3]

日本的海军扩张，为什么要设定在1905年才完备呢？这与后来的日俄战争有无关系？这是值得我们玩味的。

除此以外，在上揭表Ⅵ中，从赔款中支出的还有：皇室用费2000万

---

[1] 铃木武雄：《财政史》（日本现代史大系），东洋经济新报社，昭和37年，第73页。

[2] 前揭《明治财政史》卷二，第272页。

[3] 同上。

日元，台湾经营费 1000 万日元，合计 3000 万日元，其数目也很可观。

1898 年 9 月 16 日，松田正久大藏大臣在内阁会议上提出的议案：

> 明治二十七、八年之役，以有益于国家之硕果而终结。所以能如此者，实有赖于陛下之威光，此固不待言也。当战报初传出之时，陛下即车驾巡幸广岛，为国劳尽心力。此役之后，多赐功赏，皇室经费支出过重，且今后皇室费用将有更增加之必要。目下，清国之赔款已全部纳完，核算结果，赔款中尚有剩余金 7100 万元左右。其中，拟计划以 5000 万元作为非常准备金外，其余之 2000 万元，拟在次期议会上通过，编入皇室费用内。①

此议案后经贵族院、众议院满场一致赞成表决后，遂于这年 12 月 14 日公布，将赔款中之 2000 万元以公债证书献纳给皇室。

五

《马关条约》签后，日本从中国获得巨额赔款。明治政府将此赔款全部列入特别预算，其详情已如上述。至于一般经常年度预算是怎样的呢？

不用说，由于巨额赔款收入的刺激，日本的各种大小企业得到了飞跃进展。从 1894 年（明治 27 年）至 1896 年，各种企业的资本金增加了一倍，至 1898 年时，则达到 3 倍以上，其中最显著的，就是绵织产业的跃进。② 由此，年度的预算也在逐渐地增高。现将其实况列于表Ⅶ。

表Ⅶ　甲午战争前后明治政府年度预算一览　　（单位：日元）

年度	岁入		岁出
	经常部	81476059	68575661
1893	临时部	6569174	13272443
	合计	88045233	81848104

---

① 前揭《明治财政史》卷二，第 264 页。
② 铃木武雄：《财政史》（日本现代史大系），东洋经济新报社，昭和 37 年，第 70 页。

续表

年度	岁入		岁出
1894	经常部	81573964	70044721
	临时部	9569174	15791800
	合计	91143138	85836521
1895	经常部	88076756	75240691
	临时部	4026507	16401312
	合计	92103263	91642004
1896	经常部	107953719	104832075
	临时部	90601252	98626004
	合计	198554971	203458079
1897	经常部	121428570	112310798
	临时部	128096099	137236487
	合计	249524670	249547285

参考资料:《明治财政史》第三卷, 第729—936页。

根据表Ⅶ,我们可以看出:1893年度的岁入合计8800余万日元,岁出合计8100余万日元。1894年度的岁入合计9100余万日元,岁出合计8500余万日元。1895年度的岁入合计9200余万日元,岁出合计9100余万日元。但自中国赔款第一期及辽东半岛返还报酬金交付后,即1896年度的岁入,显著增加起来,即岁入合计19800余万日元,岁出合计20300余万日元,次年,即1897年度岁入合计更增至24900余万日元,岁出合计也增到24900余万日元。这就是说,明治政府的年度预算,甲午战后比甲午战前增加一倍或数倍以上。这显然是受了中国赔款的影响而成长起来的。

不仅如此,日本的国际地位也随之提高起来了。最使人注目的,就是日、英之间的不平等条约的改订有了部分的成功。

大家都知道,德川幕府末期,即1858年(安政5年),日本与美、荷、俄、英、法五国相继缔结了条约。因为都是安政5年间签订的,一般称为《安政条约》。它的内容与1842年中国与英国所签订的《南京条约》以及1858年所签订的中英《天津条约》颇有类似之处。即是条约内确定了领事裁判权、关税协定权,以及片面的最惠国待遇,是个十足的不平等条约。明治维新后，新政府成立，外交上最大的问题，就是对安政以后与欧美列强所签订的不平等条约开始着手进行改革。1869 年（明治 2 年）外务卿泽宣嘉首先与欧美各国公使交涉，但无结果。以后，访美欧使节岩仓具视、外务卿寺岛宗则、外务卿并上馨、外务大臣大隈重信、外务大臣青木周藏等都尽过一番努力，仍未能得到解决。到了陆奥宗光为外务大臣时，才算在条约改订上有了初步成功。那就是 1894 年 7 月 16 日，《日英通商航海条约》的签订。这条约又叫《陆奥条约》。在这条约里，日本终于把领事裁判（或治外法权）收了回来。这条约签订后刚半月，即 8 月 1 日，甲午战争便爆发了。

甲午战争终结后，如前所述，日本将中国的赔款全部化为英镑，存于伦敦英格兰银行生利息，促进日本的"金融资本"与英国的产业资本的结合。同时，明治政府又以赔款中的大部分，购买英国的军舰、水雷艇和其他兵器。因此，日、英的关系日益亲密起来。迄至 1902 年 1 月 30 日，日、英同盟协约终于在伦敦签订了。这个同盟协约，无疑是为了对抗沙俄而缔结的。

沙俄联合法、德干涉日本归还辽东半岛给中国，其阴谋是极为险恶的。虽然沙俄户部大臣威特向驻俄使臣许景澄表示：愿代筹款，使日本早日撤兵辽东，必于中国有利。[1] 但这种"有利"不是为了中国，而是为了沙俄自己。总税务司赫德曾指出："俄法如能续以低利筹到大宗款项，以后中国的借款，恐怕都将由它们包办了，但这种借款，不是财政的而是政治的借款，会造成政治上的牵扯和后果。"[2] 这种预言是很正确的。但是，当时的中国人并未考虑到这一点，认为俄国是在诚意地援助中国，因而高倡"联俄制日"之说。例如许应骙上书谓："臣尝览天下大势，昔当联英以拒俄，今则当联俄以拒倭。"这是为什么呢？他的理由如下：

　　归我辽南侵地，贷我万万偿款，不图自利，不取重息，其有意辑睦可知。朝廷宜乘此时特简忠贞夙著、胆识兼优之大臣，前往申谢，孚以信义，托以腹心，彼此订约为局内之国，无事同沾利益，有事共

---

　　① 《俄国借款办理情形折》，《许文肃公遗集》卷 2，第 7 页。

　　② 中国近代经济史资料丛刊：《帝国主义与中国海关》第七编《中国海关与中日战争》，第 188 页（1895 年 7 月 7 日北京去函 Z 字第 667 号），科学出版社 1958 年版。

矢匡扶。俄与我同属亚洲，必不膜视。迨中俄既合，微特倭人有所震
慑，即诸国亦无从觊觎矣。①

这种意见实在是很单纯，对当时的远东情势并未能深刻地去分析。但是更
值得注意的是，当时足以左右清朝政局的张之洞也竟然提出同样的意见。
张说：

> 同治庚午天津教堂之案，各国争哄，而俄国不与其事。伊犁之
> 约，我国家十八条全行驳改，而俄国慨然允从。此次为我索还辽地，
> 虽自为东方大局计，而中国已实受其益。倭人凶锋，借此稍挫，较之
> 他国袖手旁观，隐图商利，相去远矣。正宜乘此力加联络，厚其交
> 谊，与之订立密约，凡关系俄国之商务、界务，酌与通融。如俄国用
> 兵于东方，水师则助其煤粮，其兵船可入我船坞修理；陆路则许其假
> 道，供其资粮、车马，一切视其所资于我者，量为协济。而与之约
> 定，若中国有事，则俄须助我以兵，水师尤要，并与议定若何酬报之
> 法。盖俄深忌英独擅东方之利，中俄相结，则英势稍戢，俄必
> 愿从。②

结果，从马关归国的李鸿章，不及 7 个月，即 1896 年 2 月 10 日，"上宣
懿旨，命李鸿章出使俄国"③，进行与沙俄签订中俄密约交涉。

这年 6 月 3 日，李鸿章在莫斯科与沙俄外务大臣罗拔诺夫签订了六条
对沙俄极有利的密约。戊戌维新时，变法派大骂李鸿章的不是。今由史料
观之，李赴沙俄前，清政府内部的"联俄制日"政策似已确定，不能说
是李鸿章一人独断而决定的。

中俄密约的签订，更促进了日、英两国加速地向日、英同盟协约缔结
的方向前进。

总之，甲午之役的二亿三千万余两库平银的赔款，使日本的海、陆军

---

① 《仓场侍郎许应骙请联俄控制倭患折》，前揭《清光绪朝中日交涉史料》卷 46，（3375）。
② 《张之洞请与俄国立约结援片》，前揭《清光绪朝中日交涉史料》卷 46，（3383）。
③ 前揭《翁文恭公日记》第 34 册，第 128 页，乙未十二月二十七日（1896 年 2 月 10 日）
记事。

备大大地扩张起来；使日本的"金融资本"与英国产业资本结为一体，促进日本早期资本主义发展起来；使日本得到英国的支持，在日俄战争中打败了沙俄，遂与欧美列强并立，称霸于亚洲。

（原文载于戚其章、王如绘主编《甲午战争100周年纪念论文集》，人民出版社1995年版）

甲午战争赔款问题考实

戚其章

    甲午战争赔款问题，是一个受到普遍关注的课题，时贤已有不少论述，然尚有若干可存疑之处，需要进一步探讨。到底问题在哪里？笔者认为，仅从中日双方所签订的条约本身来研究是不够的，还必须透过条约的条款背后，甚至对条约以外的情况及其细节进行认真考察，才有可能对甲午战争赔款问题有真正切实的了解。因有此篇之作，希望得到读者的指正。

一 从开战到马关议和时日本支出了多少军费？

    按一般的理解，关于战争赔款的谈判，一个重要依据应该是胜利一方在战争中用兵的费用。李鸿章在马关议和时即对日方谈判代表伊藤博文、陆奥宗光说："日本所索赔款，既名为兵费，似即指此次用兵之费而言。"李鸿章提出："其款既以兵费为名，即应查明用兵所费实数。"① 那么，从甲午开战到马关议和时，日本究竟支出了多少军费？

    要了解日本的军费数目，先要看日本的军事预算是多少。先是 1894 年 10 月 18 日，在日本大本营所在地的广岛，第七届临时议会开会，通过了临时军事费 1.5 亿日元和募集军事公债 1 亿日元的预算案②。根据这一预算案，有的日本学者估计日本支出的军费超过了 2.5 亿日元③。但这样

---

① 邵循正等编：《中日战争》（五），新知识出版社 1956 年版，第 388—389 页。
② 信夫清三郎：《日本外交史》上册，商务印书馆 1980 年版，第 272 页。
③ 远山茂树：《日本近现代史》第 1 卷，商务印书馆 1983 年版，第 127 页。按：作者认为，日本政府用 7900 万日元的赔款抵补了甲午战费的 30%，按此说法换算，军费支出为 2.63 亿日元。

的估计很难做到准确。其实，1 亿日元的公债并未全部售出。据 1895 年 2 月 23 日东京出版的英文报纸披露，到此时为止，"其八十兆元股票虽经售出，而银洋究未收齐"①。后来日本公布公债认购的结果是 76949000 日元。② 可见，当时东京英文报纸所登载的这则消息是可靠的。因为这个 2.5 亿日元的军事预算案是在宣战两个多月后通过的，只是一个大体的匡算，到实际执行时，情况还是会有变化的。

战后，日本公布了临时军费决算的结果，其中实际收入款为 2.25 亿日元。据此，或认为这就是日本的临时军费数目。如称：待日本发动甲午战争之际，明治政府确定临时军费预算为 2.5 亿日元，实际使用的军费为 225230127 日元③。但是，临时军费决算应包括两项：一是实际收入项目，一是实际支出项目。二者不能混为一谈，因此，将实际收入作为军费支出的数目是不妥的。

实际上，日本所公布的临时军费决算结果，其中既有实际收入项目，也有实际支出项目。如下表所列④：

	决算项目	金额（千日元）
收入	1893 年国库剩余金	23439
	公债募集金	116805
	军资捐纳金	161
	陆海军恤兵捐纳金	2789
	杂收入	1519
	占领地收入	624
	台湾及澎湖列岛诸收入	936
	特别资金滚入	78957
	合计	225230

① 《中日战争》（五），第 388—389 页。
② 《中日战争》（一），第 230 页。
③ 孙克复、关捷：《甲午中日陆战史》，黑龙江人民出版社 1984 年版，第 63 页。
④ 参看戚其章、王如绘主编《甲午战争与近代中国和世界》，人民出版社 1995 年版，第 860 页。

续表

决算项目			金额（千日元）
支出	陆军	运送费	33953
		粮食费	24875
		其他各种费用	164520
	海军	舰船费	12826
		武器弹药及水雷费	10080
		其他各种费用	35955
		合计	200476
剩余金			24754

据此，许多学者认为，决算实际支出款 200476000 日元，才是日本军费的支出数目。如日本学者井上清、中塚明、伊原泽周和中国学者万峰等都持有相同的观点。[①]

至此，似乎这个问题可以定论了。其实不然，因为以上日本军费收支决算的终止时间是 1896 年 3 月[②]。这就是说，决算不仅包括日本对朝鲜和中国大陆用兵的军费支出，而且还包括日本对澎湖和台湾用兵的军费支出。而日本开始进攻澎湖是在 1895 年 3 月 23 日，中日两方代表在日本马关正式谈判是在 3 月 20 日；《马关条约》签订的时间是在 1895 年 4 月 17 日，双方在烟台完成互换条约手续是在 5 月 8 日，日军开始进攻台湾则在 5 月 29 日。日本利用马关中日谈判之机抢先攻占澎湖，其用兵的费用本不应列入所应统计的军费支出之内；至于日本之进攻台湾是在《马关条约》签订和换约之后，将其用兵的费用作为这次战争的军费支出更是没有任何道理的。所以，日本从开战到马关议和时的军费支出必定要低于 2

---

① 井上清：《日本军国主义》第 2 册，商务印书馆 1985 年版，第 142 页；中塚明：《日清战争》，见《日本史讲座》近代四，岩波书局 1962 年版，第 155 页；伊原泽周：《关于甲午战争的赔偿金问题》，见《甲午战争与近代中国和世界》，第 860 页；万峰：《日本近代史》，中国社会科学出版社 1978 年版，第 225 页。

② 高桥诚：《日清战后の财政、金融问题》，见《日本经济史大系》卷六，东京大学出版会 1965 年版，第 121 页；《甲午战争与近代中国和世界》，第 859 页。

亿日元这个数目。

李鸿章在马关议和时曾对日本的军费支出有一个估计，指出："查兵端未开之先，日本大藏省计存现洋三十兆元，中间计用多少作为兵费，外人虽未确知，今姑将全数作为兵费而论。迨兵端既开，日本复借国债洋一百五十兆元，作为兵费……东京英字新报云：第一次国债洋一百五十兆元中，有五十兆元股票尚未销售，其八十兆元股票虽经售出，而银洋究未收齐等语。此外尚有民间报效之数，如大藏省存款、所借国债等项，统共合算，日本与中国用兵之费，迄今似必不能过一百五十兆之数。"① 对于这段话，一般认为不过是李鸿章在寻找讨价还价的理由，没有谁去认真对待。实际上，李鸿章的这些话，都来自公布的日本官方资料和东京的日、英文报纸所刊载的消息，不是没有根据的。

日本政府当时的全年财政收入大致在 8000 万日元之谱。由于大力扩军备战，连年增加军事预算，如 1890 年军费占全年财政支出的 28%，1892 年军费占全年财政支出的 41%，闹得国家财力维艰，捉襟见肘。到 1893 年度决算，岁出总计 8458 万日元②，只能勉求平衡而已。所以，日本要发动战争，军费支出要靠年度财政收入是根本不行的。看来只有两个办法：一是提用国库剩余金，一是另辟财源。国库剩余金才 3000 万日元，完全无济于事。而另辟财源也只有劝购公债之一途了。但是，认购工作并不顺利，售出不足 8000 万日元。这样，日本政府才于 1894 年 12 月决定两次共发行了总额为 400 万日元的有息流通券，并在此后两个月内，要求国民必须向政府交纳 3000 万日元的土地税和第二次战争贷款③。这样，对日本军费的来源就可以做出一个大致的估算：

① 《中日战争》（五），第388—389页。

② 明治财政史编纂会：《明治财政史》第3卷，东京凡善株式会社1898年版，第729—734页。

③ British documents on Foreign Affairs, Part I, Series E, Vol. 5, Sino - Japanese War and Triple Intervention, 1894 - 1895, Bethasda, University Publication of Amer ica, 1989, p. 55, Feb. 7, 1895, Mr. Trench to the Earl of Kimberley.

项目	金额（万日元）
国库剩余金	3000
公债募集金	8000
有息流通券	400
土地税和第二次战争贷款	3000
合计	14400

由此可知，李鸿章估计日本军费支出不超过 1.5 亿日元之数，即折合库平银约 1 亿两，是接近于事实的。

二　赔款数目是怎样确定的?

虽然到马关议和时日本的军费支出不过 1 亿两，却想趁战胜之机向中国索取数倍于此数的巨额赔款。早在 1894 年 12 月，日本官方报纸就为此大造舆论，以便为日后和谈时逼索巨款预作准备。据英国驻日公使楚恩迟（P. de Poer Trench）于 12 月 20 日致外交大臣金伯利（John Wedehouse Kimberley）的一封密信透露，日本报纸正在讨论如果中国求和应提出何等条件的问题。其中，建议之一就是 "要求不少于 5 亿美元的巨额赔款"[1]。5 亿美元约折合库平银 6 亿多两。而且，还编造所谓来自中国的 "可靠消息"：中国议和大臣已接到皇帝的谕旨，可以接受支付战争赔款在 5 亿两至 7 亿两白银之间作为缔约的条件之一，另外还准备拿出 2000 万两用来抚恤战死日军遗属[2]。这些舆论流传甚广，连俄国财政大臣维特（Count Sergius Witte）都相信："日本将提出总额 20 亿法郎的战争赔款要求。"[3] 20 亿法郎约折合库平银 5 亿两。当然，也有的报纸要求中国 "赔偿军费至少三亿元以上"[4]。报纸对赔款问题所传出的不同声音，正反映

①　British documents on Foreign Affairs，Part I，Series E，Vol. 5，Sino‑Japanese War and Triple Intervention，1894 – 1895，Bethasda，University Publication of America，1989，p. 37，Jan. 21，1895，Mr. Trench to the Earl of Kimberley.

②　Ibid.，pp. 66 – 67，Jan. 11，1895，Mr. Trench to the Earl of Kimberley.

③　Ibid.，p. 54，Feb. 6，1895，Sir F. Lascells，to the Earl of Kimberley.

④　陆奥宗光：《蹇蹇录》，商务印书馆 1963 年版，第 116 页。

了日本政府内部在此问题上的意见不一。

在日本政府内部，大藏省因管理财政，故胃口特别大，希望借此机会获得巨额赔款，唯求多多益善。松方正义再度出任大藏大臣后，竭力主张要求 10 亿两赔款①。驻英公使青木周藏致电外务大臣陆奥宗光，也积极提出自己的建议："赔款应为英币 1 亿镑，其中一半为生金，另一半为银币，分 10 年偿清。"② 1 亿英镑约折合库平银 6 亿多两，数目也是相当惊人的。特别是关于赔款要用英镑的建议，正与陆奥宗光的意见不谋而合，成为其后日本变相向中国榨取巨款的一种手段。陆奥草拟《媾和预定条约草稿》，其第三条便是要求清政府将金币或纯金交付日本，作为赔偿军费③。但当时政界二三有识之士却为之担忧，认为"媾和条件若失之过苛，并非上策"④。确实，当时日本政府既要考虑清政府承受能力的极限，不能一下子将它搞垮，又要小心翼翼地避免西方列强的插手和干涉，以确保日本获得最大限度的利益。直到 1895 年 1 月上旬，日本内阁会议在东京举行，在内阁总理大臣伊藤博文的主持下，几经煞费苦心的斟酌，才通过中国赔偿军费的条款，即要求中国赔偿军费库平银 3 亿两，第一次交付 1 亿两，其后 4 年每年交付 5000 万两，年息 5%⑤。

1895 年 3 月，清政府决定派李鸿章赴日议和。在此之前，伊藤博文、陆奥宗光对和约条款作了多次修改，才草就了一份《和约底稿》，其第四款的内容："中国约将库平银三万万两交日本国，作为赔偿军费，该赔款分为五次交完，第一次交一万万两，嗣后每次交五千万两，第一次应在本约批准交换后六个月之内交清。所余四次，应与前次交付之期相同，或于期前交付，又第一次赔款交清后，未经交完之款，应按年加每百抽五之息。"⑥ 这就将原先内阁会议通过的赔偿军费条款具体化了。但是，考虑到谈判的过程情况多变，于是陆奥又同外务省顾问美国人端迪臣（Henry Willard Dennison）商议，将赔偿军费要求确定为甲、乙两个方案⑦：

① 《蹇蹇录》，第 115 页。
② 《日本外交文书》第 27 卷，东京日本国际联合会 1953 年版，第 793 号。
③ 戚其章：《甲午战争国际关系史》，人民出版社 1994 年版，第 358 页。
④ 《蹇蹇录》，第 116 页。
⑤ 《甲午战争国际关系史》，第 369 页。
⑥ 王芸生：《六十年来中国与日本》第 2 卷，三联书店 1980 年版，第 252 页。
⑦ 中塚明：《日清战争》，《日本史讲座》近代四，第 154 页。

项目	甲案		乙案	
	日金（亿日元）	白银（亿两）	日金（亿日元）	白银（亿两）
陆海军动员、远征、平时编成及复归费	2.20		3.45	
修复军需品、履行战时契约、年金、报酬等费	0.60		1.20	
日本在中、朝商业及国内产业、定期班轮损失	0.15		0.30	
对战争以外日本人被杀赔偿	0.05		0.05	
合计	3.00	2.00	5.00	3.33

按陆奥的设想，与李鸿章谈判时要准备两手：一是拿出所谓"充分理由"要求得到 3 亿两的战争赔款，即力争乙案；一是确定以 2 亿两战争赔款作为谈判时可达成的最低数目，即确保甲案。

果然，到马关谈判时，日本终于抛出了包括中国向日本赔偿军费库平银 3 亿两条款的《和约底稿》。李鸿章对日方的《和约底稿》用《说帖》的形式进行答复，就其第 4 款提出了四点意见：第一，"此次战争，中国并非首先开衅之人，战端已开之后，中国亦并未侵占日本土地，论理似不当责令中国赔偿兵费"；即使赔款，亦只应算至光绪二十年十月二十五日中国认明朝鲜自主之日止，"过此不应多索"。第二，日本所拟索的军费，非中国财力所能承担，必须"大加删减"。第三，日本"所得中国兵船、军械、军需，折价为数甚巨，自应从拟赔兵费中划出扣除"。第四，"限年赔费，复行计息，更属过重不公，亦难照办"①。答复也可算有理有节。问题是作为战败者，仅有理而无力，理也就不顶什么用了。与此同时，他还随时将条款电告清政府，并设法争取列强的同情和支持。日方根据西方国家的反应，决定将 3 亿两的赔款减少 1/3，以缓和列强的不满情绪。4 月 17 日，李鸿章奉旨签订《马关条约》，其第 4 款的内容最后敲定如下：

中国将库平银二万万交与日本，作为赔偿军费。该款分作八次交完：第一次五千万两，应在本约批准互换后六个月交清；第二次五千万两，应在本约批准互换后十二个月内交清；余款平分六次，递年交纳。其法列下：第一次平分递交之款，于两年内交清；第二次于三年

---

① 《中日战争》（五），第 388—389 页。

内交清；第三次于四年内交清；第四次于五年内交清；第五次于六年内交清；第六次于七年内交清。以上年分均以本约批准互换之后起算。又第一次赔款交清后，未经交完之款，应按年加每百抽五之息。但无论何时，将应赔之款，或全数或几分，先期交清，均听中国之便。如从条约批准互换之日起，三年之内，能全数清还，除将已付利息，或两年半或不及两年半，于应付本银扣还外，余仍全数免息①。

日本政府根据国际形势的变化情况，从乙案退到甲案，主要是从缓和与西方国家矛盾的需要出发。李鸿章认为这完全是他"力与坚持，多方开导"②的结果，未免将问题简单化，论者或信从之，是由于不太了解内情的缘故。

三　日本实际到手的赔款是多少？

根据《马关条约》的规定，中国应赔偿日本军费库平银 2 亿两，分 8 次付清。与此同时，还订有《另约》3 款，其中第 1 款规定，赔款交清前，日本在威海卫驻军费用，由中国每年支付库平银 50 万两。其后，中日又签订了《辽南条约》，其第 3 款规定中国再向日本支付赎还辽南费库平银 3000 万两。按这几项条约的规定，则从 1895 年起，到 1902 年止，中国将向日本支付赔款及利息共达库平银 2.5472 亿两。这样几近天文数字的巨款，相当于年度财政收入的 3 倍之多，清政府是很难承受的。清政府决定按条约在 3 年内交清赔款，这样可省 2100 多万两的利息和 200 万两的威海驻军费。因此，中国不是分 8 次支付赔款，而是分 4 次付清赔款的。

查总理衙门档案，可知这 4 次付款的情况：第 1 次，是 1895 年 10 月 31 日，在伦敦，由中国使馆参赞马格里、曾广铨将一期款库平银 5000 万两折合英镑数面交日本使馆参赞国府寺新作。第 2 次，是 1896 年 5 月 7 日和 8 日，分别在柏林和伦敦，由中国驻德、英使馆各将二期款库平银 2500 万两折合英镑数交付日本两处使馆之代表。第 3 次，是 1897 年 5 月 8 日，在伦敦，由中国使馆将 3 期款 1666 余万两折合英镑数交日本使馆代表接收。第 4 次，本应在 1898 年 5 月 8 日交付，因是日为西人之礼拜

① 《中日战争》（七），第 496 页。
② 《清光绪朝中日交涉史料》卷三八，北平故宫博物院 1932 年刊印，第 18 页。

天，银行不办公，故提前一天改为 5 月 7 日交付。到此时止，尚有应交之 4、5、6、7、8 期赔款，合计库平银 8333 余万两，拟在第 4 次作一次性付清。在此以前，中国已向日本交付 4 次息银，计库平银 1083 万两，按条约需要扣除。故此次由中国驻英使馆参赞马格里、罗忠尧到英国国家银行，将只应交付之款库平银 7250 万两折合英镑数交日本使馆书记官山座园次郎收讫。至此，所赔军费库平银 2 亿两始全部付清。另外，赎辽费库平银 3000 万两和日军在威海卫的驻守费库平银 150 万两，也都按时交付①。其具体交付情况如下表所列：

支付项目	交付时间及地点			库平银（两）	折合英金		
					英镑	先令	便士
赔偿军费款	第一次	1895.10.31	伦敦	50000000	8225245	1	$10\frac{3}{4}$
	第二次	1896.5.7	柏林	25000000	4112622	10	$11\frac{3}{8}$
		1896.5.8	伦敦	25000000	4112622	10	11
	第三次	1897.5.8	伦敦	16666666	2741748	8	3
	第四次	1898.5.7	柏林	72500000	1000000		
			伦敦		10926605	7	9
	1896—1897 年息银补四至八期付款不足数			10833333	1782135	15	$2\frac{1}{8}$
	小计			200000000	32900980	7	7
赎辽费	1895.11.16		伦敦	30000000	4935147	1	$1\frac{13}{20}$
威海驻军费	第一次	1896.5.8	伦敦	500000	82252	9	
	第二次	1897.5.8	伦敦	500000	82252	9	
	第三次	1898.5.8	伦敦	500000	82252	9	
	小计			1500000	246757	7	
总计				231500000	38082884	4	$10\frac{3}{10}$

① 戚其章主编：《中日战争》（中国近代史资料丛刊续编）第 5 册，中华书局 1993 年版，第 497—499、506—507、515、517、523、538、541—542、544—545、562—564 页。

仅就上表来看，日本通过甲午战争向中国索取了库平银 2315 亿两的赔款，似乎已经清楚了。其实，问题并不是这样简单。因为《马关条约》签订后，日本新任驻华公使林董一到北京，就急迫地同清政府商谈中国交付赔款的办法问题。为了从中国尽可能榨取更多的实际赔款，他以库平银成色不足为由，提出要库平实足。本来，马关和谈提出以库平银作为赔款计量的标准，一直到和约最后签字，伊藤博文、陆奥宗光都没有向李鸿章提出任何意见。其后，日本外务省发现中国的库平银有不同成色，便打起主意来了。库平为清政府所规定的国库收支银两的计算标准，并无白银实物存在，实际上只是一种"作为价值符号的虚银两"[1]。确定银两的标准成色，源于康熙时，"其成色约为 935.374，即是每一千两纹银含有 935.374 两纯银，所以习惯上每百两纹银须申水 6 两始等于足银，这是虚银两最早的一种"。[2] 可知康熙标准库平银每两为 544.6296 英厘（grain），即 35.292 公分（gramme）。有人或认为康熙时规定每库平两约等于 37.301 克[3]，这是不符合历史情况的。因为此规定出现的时间最早是在清末。《户部则例》第四条案语称，库平系指农工商部会同户部奏定划一度量衡章程，内库平一两，合法国衡数 37 格兰姆（gramme）又 301‰[4]。到 1915 年，权度法颁布后，又进一步明确以 37.301 公分为库平一两[5]。这就很清楚：康熙标准库平每两为 35.292 公分，而不可能是 37.301 公分。

但是，在以后的长期流通中，库平银的成色在全国范围内未能保持标准一致。不仅中央政府的库平与各省地方的库平各不相同，有大小之别，而且各省之间亦有长短之分，甚至一省之中有藩库平、道库平、盐库平之差。即以顺天府一地而言，库平既有三六库平和三四库平之分，成色相差甚大[6]，还有成色介于二者之间的北京库平[7]。兹将这几种库平的成色加以换算，以资比较：

① 杨端六：《清代货币金融史稿》，三联书店 1962 年版，第 81 页。

② 魏建猷：《中国近代货币史》，群联出版社 1955 年版，第 23 页。

③ 《第二届近百年中日关系史国际研讨会论文集》，中华书局 1995 年版，第 34 页。

④ 彭信威：《中国货币史》，上海人民出版社 1958 年版，第 800 页注。

⑤ 张家骧：《中华币制史》第 2 编，北京民国大学 1926 年版，第 55 页；张辑颜：《中国金融论》，商务印书馆 1930 年版，第 152 页；千家驹、郭彦岗：《中国货币史纲要》，上海人民出版社 1985 年版，第 187 页。

⑥ 钱屿主编：《金银货币的鉴定》，上海远东出版社 1993 年版，第 102 页。

⑦ 《中国近代货币史》，第 36 页附《各主要银两比较表》。

库平名称成	色（‰）	英厘（grain）	公分（gramme）
康熙标准库平	935.374	544.6296	35.292
三六库平	988.540	575.6170	37.300
北京库平	987.000	574.6900	37.240
三四库平	909.000	529.3210	34.300

在这几种通用的库平中，三六库平和北京库平成色比康熙标准库平高出不少；相反，三四库平成色则比康熙标准库平低出许多。显而易见，比较合理的办法是，中国赔款所用之库平银应以康熙标准库平来计算。而林董却以贴足实足色为借口，要求成色为988.89，即库平银一两为575.82英厘，合37.31256公分①。这就不仅远远高于康熙标准库平，而且比三六库平和北京库平还要高。尽管这一要求毫无道理，但在日本的压力下，清政府只能接受下来。这样一来，中国实际上交付的库平银数目就多出许多了。试比看下表：

库平名称	每两含纯银数		种成色库平赔款数比较（万两）
	英厘（grain）	公分（gramme）	
日方指定库平	575.82	37.31256	24475
康熙标准库平	544.6296	35.292	23150
多付康熙标准库平	31.1904	2.0206	1325

仅此一项，中国就比康熙标准库平银多付给日本1325万两。

当时，中日两国的金融制度都是实行银本位，而西方主要国家则都已实行金本位了。日本借甲午战争胜利之机，为在战后实行金本位打下财政基础，便要求中国在伦敦用英镑支付赔款。因为连年以来，金价上涨，银价跌落，已成不可逆转的趋势，故银镑兑换比率虽偶有波动，但镑价上扬

---

① 《中国货币史纲要》，第183页。

的势头是难以遏止的，这就形成了"镑亏"。试看以下银镑对换比率表①：

年份	1865	1879	1885	1887	1894	1895	1896	1897	1898
每英镑折合库平银（两）	3.18	3.425	3.59	4.05	6.21	6.1161	6.25	6.11	7.14

可见，尽管 20 余年来，镑涨银跌已成为总的趋势，但到 1895 年以后，镑价却稍有回落，即从 1894 年的平均镑价每镑兑换库平银 6.21 两落至约 6.11 两。问题是镑价肯定还要看涨，这从长远看，对日本是极为有利的。于是，林董单方面提出了一套对日本最为有利的划定镑价办法，即按当年 6、7、8 三个月伦敦市价折中核算，而且作为固定的核算标准，即 1 英镑折合库平银 6.0788 两。总理衙门提出，"银价合英镑早晚不定"，应就"交款之日，照上海规银总镑市价"，然后"升算库平银，即以西币若干合成千万两最平允"②。这本是一个比较合理的建议，却被日本方面拒绝。日本为从中国榨取尽可能多的英镑，一方面压低镑价，一方面又确定固定不变的镑价，真可谓机关算尽了。为什么这样说呢？因为日本规定的镑价比伦敦市场的镑价低，中国兑换时就得多付库平银，实际上中国多付的库平银是被日本所得了。此其一。再说将镑价在几年内固定为一个比值，而在以后镑价连续处于坚挺的情况下，中国还要格外多付巨额银款，却只能吞下苦果而无话可言，这些格外多付的巨款，实际上也是为日本所得。此其二。例如，1896 年 4 月，中国即将交付二期赔款库平银 5000 万两时，镑价稍有下落，中国如按市场行情涨落兑换，是可以节省一大笔银两的。赫德即函呈总理衙门称："上月底银价行市三十一边士一法丁，现落至三十一边士之数。按比核计，中国照上年定价交银，可省英金十五万零五百

---

① 许毅等：《清代外债史论》，中国财政经济出版社 1996 年版，第 686 页附录三：《清代各种货币折合表》。按：《清代各种货币折合表》中 1895 一栏："1 库平两合 3 先令"，即 1 英镑合库平银 6.666 两。这里显然是将"规元银"误作"库平银"了。兹按总理衙门档案重新换算，应为 1 英镑合库平银 6.1161 两（见《中日战争》续编，第 5 册，第 443 页）。再，至于 1897 年的镑价系以蔡尔康编《李鸿章历聘欧美记》之所记补入。

② 《第二届近百年中日关系史国际研讨会论文集》，第 35 页。

十四镑十九希令三边士，约合规银一百零四五万两。"① 尽管市场镑价时
有涨落，而中国应支付赔款的镑价却是死的。这样，中国得用高价购买英
镑，而按低价支付给日本，其结果是中国大吃其亏，而日本则占尽了便
宜。试看下表：

年度	赔款名目	库平银（两）	折合英金（镑）	日方规定镑价比市场每镑差价（两）	中国多付库平银（两）
1895	一期款	50000000	8225245	0.0373	490882
	赎辽费	30000000	4935147		
	小计	80000000	13160392		
1896	二期款	50000000	8225245	0.1712	1598263
	息银低军费	6250000	1028155		
	威海驻守费	500000	82252		
	小计	56750000	9335652		
1897	三期款	16666666	2741748	0.0312	111632
	息银抵军费	4583332	753980		
	威海驻守费	500000	82252		
	小计	21749998	3577980		
1898	四至八期款	72500000	11926605	1.0612	12743793
	威海驻守费	500000	82252		
	小计	73000000	12008857		
	总计	231500000	38082884		14944576

　　由上表可知，"镑亏"一项，日本就又从中国轻易地多得了约1500
万两。
　　据上所述，可知一般中外论著中有关甲午战争赔款的记述是需要重新
考虑的。从条约的字面上看，中国的赔款是三项：（1）军费库平银2亿
两；（2）赎辽费库平银3000万两；（3）威海日军驻守费库平银150万
两。三项合计，共为库平银2.315亿两。其实，日本实际得到的数目还应
该加上两项：（1）以库平实足为借口多得的1325万两；（2）"镑亏"一

---

① 《中日战争》续编，第5册，第516页。

项多得的 1494 万两。以上五项总计库平银 2.597 亿两，折合日金为 3.895
亿日元，是日本实际军费支出的 2.6 倍，也是日本年度财政收入的 4.87
倍。日本有关明治财政史的著作，皆按库平银 2.31 亿两折算，得出 3.64
亿日元之数①，并为许多日本学者所引用②。笔者殊觉考察未能全面，是
十分不妥的。

四　赔款以外的掠夺

　　李鸿章在马关与日方代表谈判赔偿军费时，曾提出无论赔偿多少，
日本"所得中国兵船、军械、军需，折价为数甚巨，自应从拟赔兵费中
划出扣除"。当时，伊藤博文、陆奥宗光根本不予理会，实际上是将这
些已经到手的战利品，视为赔款以外的自然补偿，没有任何讨论的余
地。但是，这些被日本掠夺的兵船、军械、军需等，究竟能折价多少?
李鸿章没有细说，可能他本人一时也说不清楚。后来，也一直未见有人
对此问题进行专门研究。这倒真的成为历史之谜了。但正如李鸿章所指
出，其"折价为数甚巨"，关系到日本通过甲午战争究竟从中国获得了
多少款项或财政收入，且对中日两国都有极大的影响，所以还是有必要
探究一番的。

　　但是，要真正算清这笔账，难度太大了。这是因为:第一，日兵占领
一地后，抢劫是其惯习，正所谓"民间鸡豕竟吞噬，器皿钱财一掠空"③，
这种民间损失，范围很大，而且非常分散，很难进行统计。第二，即使日
方公布的数字，也是挂一漏万，故一再声明"此外在各地所获数量不遑
统计"、"不能作精确计算"④ 云云。第三，日方对所获之兵轮、武器、弹
药等之估价不尽准确，故需要对其加以认真核算和调整，而做起来则很不
容易。因此，以下所列各项表格，都只能是一种极不完整的统计。无论如
何，当时的日本随军记者对此还是做了一些工作，这便成为我们今天进行
统计的基础。从总理衙门的档案里发现了一份译自日本报纸的《日军自

① 《明治财政史》第 2 卷，第 290—291 页。
② 高桥诚:《日清战争赔偿金の研究》，《经济志林》第 23 卷第 2 号（1955 年），第 72 页。
③ 岳晓岩:《日本军》，见《蜗庐杂咏》抄本。
④ 《中日战争》续编，第 7 册，第 608—609 页。

开战日至十二月杪所获武器弹药船只等物清单》①，其中除威海卫、牛庄、营口、田庄台诸役外，对在此之前的各次战斗所获武器、弹药、舰船等物及其价值做了具体的估算：

品名	数量	折算日金（万日元）	折合库平银（万两）
大炮	608（门）	200.0	133.3
步枪	7400（枝）	3.0	2.0
炮弹	2601741（颗）	300.0	200.0
枪弹	17458785（发）	10.0	6.7
米谷	16957（石）	5.0	3.3
马匹	368（匹）	0.2	0.1
营帐	3326（架）	3.0	2.0
华式运船	15（只）		
商轮	3（只）	0.0	6.7
帆船	1（只）		
挖泥船	1（只）		
操江兵轮	1（艘）		
敏捷兵轮	1（艘）	0.5②	47
海镜兵轮	1（艘）		
水雷、火药、开发器具等杂物，加大连、旅顺之炮台及机器等件		6500.0	4333.3
合计		7101.7	4734.5

可见，从甲午开战到是年腊月底，日本从中国获得的兵船、军械、军需等物价值7100多万日元，折合库平银4734.5万两。

---

① 见《中日战争》续编，第5册，第282—283页。
② 日方将操江、敏捷、海镜三艘兵轮估价为100万日元，未免偏高。因操江造价8.3万两，海镜造价16.5万两，敏捷购造价2.244万两，合计27万两。加上日本海军从操江上掠去的20万两饷银，共为47万两，折合日币70万元。故将原估算数100万日元压低为70万日元。

日本随军记者川崎三郎在甲午战后曾做过一篇《日清战役战利品概算》①，对我们的统计也极有参考价值。这个《概算》的内容是从甲午开战到乙未战争结束，包括所有各次战役的战利品统计数字。从中减去甲午年腊月底以前的部分，得出的就是乙未正月以后的数字了。如下表：

品名	数量	折算日金（万日元）	折合库平银（万两）
大炮	143（门）	467.4	311.6
步枪	2483（枝）	1.0	0.7
炮弹	22010（颗）	2.5	1.7
枪弹	2551000（发）	0.3	0.2
米谷	2300（石）	0.7	0.5
蒸汽船	5（只）		
半制汽船	1（只）		
帆船	2（只）	10.0	6.7
小船	100（只）		
镇远铁甲舰	1（艘）	213.6	142.4
济远巡洋舰	1（艘）	130.5	87.0
平远巡洋舰	1（艘）	78.6	52.4
广丙兵轮	1（艘）	30.0	20.0
镇东、镇西、镇南、镇北、镇中、镇边炮舰	6（艘）	135.0	90.0
湄云兵轮	1（艘）	15.9	10.6
福龙、右一、右三、镇二、鱼雷艇及飞霆轮船	5（艘）	45.0	30.0
地雷、水雷、火药、其他武器、工兵用具、威海炮台余炮、刘公岛炮台及机器等		750.0	500.0
合计		1880.5	1253.8

① 见《中日战争》续编，第7册，第606—609页。

这样，将以上两表的合计数字相加，便可以得知，日本通过甲午战争从中国所获得的舰船、武器、弹药及其他军需物品等，按日金价计算，共值8982.2万元，折合库平银5988.3万两。这个数字当然很不完整，也不可能完整。正如川崎三郎本人所指出："征清之役，我军所得战利品数不胜数，今举其重要战利品概算。"① 此说确系实际情况。

除以上这些实物以外，日本还通过这次战争掠夺了大量的金银货币。对此，中外多有记述。如姚锡光《东方兵事纪略》称：平壤一战，"将弁私财，军士粮饷，凡有金币12箱，内共金砖67块，金锭61碇，金沙14箱，大小30包，皆将领私财；而军士粮饷，除粮食以外，尚存饷银约及10万两"，皆为日人所得。蔡尔康等编《中东战纪本末》所译日本官报亦称，此战"得金银40箱，每箱约重英权300磅，高丽钱不计其数"，并注曰："英金1镑合华权4两，英权一磅合华权12两。"② 其实，这些记述皆限于平壤一战，且不甚具体，很难据此作出比较精确的计算。现根据日本当时所发表的历次战报，将其所获金银货币种类及数量具体开列如下③：

获得地	类名	数量	折算日金（万元）	折合库平银（万两）
平壤	金块	11贯350目		
平壤	砂金	14贯		
平壤	银块	143贯900目		
平壤	金属混合物	4贯600目		
平壤	日本纸币	5995元		
平壤	日本通货	8钱5厘	3000	2000
平壤	外国货币	14枚		
九连城及凤凰城	中国钱	28240贯		
金州及大连	中国货币	6000两		
威海卫	铜钱	44贯400文		
牛庄	马蹄银	230个		

---

① 见《中日战争》续编，第7册，第606页。

② 《中日战争》（一），第23、175页。

③ 《中日战争》续编，第7册，第608页；第8册，第61页。按：日本重量单位，一贯为1000目，相当于3.75公斤。

　　这些货币类别甚杂，计值单位不一，现据日方的逐一计算，计其值为3000万日元①，折合库平银2000万两。以上三项总计，共为1198亿日元，折合库平银7988万两。总括以上所述，可以得出以下几点结论：其一，日本从甲午开战到马关议和前，其军费支出不过1.5亿日元，约合库平银1亿两。其二，日本实际得到的战争赔款数约为库平银2.6亿两，折合日金约3.9亿元。其三，日本还在赔款之外掠夺了大量舰船、武器、弹药、机器及金银货币等，其价值约为库平银8000万两，折合日金1.2亿元。这样，日本通过这次战争从中国所得到的现金及财物，总计合库平银3.4亿两，折合日金5.1亿元。这是一笔巨大的财富，其数目是日本当时全国年度财政收入的6.4倍，而不是一些日本有关论著中所说的4.1倍多②。总之，通过这次战争，日本当局真正尝到了发动侵略战争的甜头，切实感觉到了发动侵略战争是一本万利的买卖，于是凭借这笔突然而至的巨款，大搞所谓"战后经营"，实行金本位制，进一步扩军备战，使整个日本国家战争机器化，成为此后东亚地区的主要战争策源地。

（原文载于《历史研究》1998年第3期）

---

　　①　《中日战争》续编，第7册，第608页。
　　②　加藤佑三：《东亚近代史》，中国社会科学出版社1992年版，第100页。

甲午战争赔款数额问题再探讨

蒋立文

甲午战争赔款，是一个直接牵涉中日两国国力消长及战后东亚与全球政局变动的重要历史课题，长期以来备受中外学界关注，论著极丰。然而，遍览先贤论著，仍有若干存疑之处。本文试在已有研究的基础上，综合《马关条约》签订过程、条约内容及与条约相关的史实，对赔款数额的某些疑点和歧义，作详尽的分析与考释，期以就教于学界同人。

一 对日本军费开支额以往诸说的商榷

在战争赔款的谈判中，确定赔款数额的最重要依据，是胜利一方在战争中因使用军力而耗费的财政开支额。这是国际社会自近代以来共同遵守的通例。代表甲午战争战败方参加马关议和的全权大臣李鸿章对此并不陌生，他在针对日方所提和约底稿作出的《说帖》，曾向日方谈判代表伊藤博文、陆奥宗光指出：

此次战争，中国并非首先开衅之人，战端已开之后，中国亦并未侵占日本土地，论理似不当责令中国赔偿兵费。惟上年十月间，我政府因战争不息，美使愿出调停，有允偿兵费之说，原为息事安民起见。本年正月二十三，又由日本电致美国驻扎北京公使声明。如所定数目公道，本大臣自当应允载入和约款内。惟据日本声称：此次战争，日本之意，在于欲令朝鲜自主。然中国于上年十月二十五日，业已声明愿认朝鲜自主。是纵使勒令中国赔偿兵费，亦只应算至中国声明愿认朝鲜自主之日而止，过此不应多索。

在遭到日方代表蛮横拒绝后，李鸿章仍然坚持："日本所索赔款，既名为军费，似即指此次用兵之费而言"，[①]"其款既以兵费为名，即应查明用兵所费实数"。[②] 显然，日本条约底稿中所开列之赔款额，比日军实际消耗之军费额高出甚远，故李鸿章一再坚持要查明日本用兵所费实际数额。

按照日方所定之战争起止时限，也是《马关条约》最后规定之时限，即从甲午开战到马关议和，日本究竟支出了多少军费？要想真正弄清这一学界久而未决的问题，须结合日本的战时军费预算和战后军费决算，对国内外现存的几种观点重新做一番讨论与商榷。

（一）日本所用军费超过 2.5 亿日元说

据日本人所著《明治财政史》、《明治大正财政详览》、《近代日本经济史要览》等书所记，1894 年 10 月 18 日在日本大本营所在地广岛，召开了第七届临时议会，没有任何争议地通过了临时军费 1.5 亿日元的预算案。此外，日本大藏省财政史室提供的史料亦披露了不少关于军事预算出台的细节，谓"宣战后的 8 月上旬，大藏省预测了一下日清战争的费用，并讨论了财政计划……8 月 9 日，以大藏大臣渡边国武的名义，起草了'军费意见'"。其中第一项意见："截止到战争结束，战费总额的预测共有三个阶段，（1）如果战争打到（明治）二十七年（1894）十二月，也就是 6 个月之内结束，军费为 5000 万日元；（2）如果战争打到（明治）二十八年六月，也就是一年结束，军费为 1 亿日元；（3）如果战争打到（明治）二十八年十二月，也就是一年半结束，军费为 1.5 亿日元。"作为筹措财源的方法，计划是在（1）的情况下，"由国库余款加上特别会计资金，再加上大约为 800 万日元的借款或者是公债来提供"。在（2）、（3）的情况下，"增加借款额度或者是公债，而且，由增税和从一般会计上节约，然后把资金转入到一般岁入。增税是说在（2）的情况下，根据加征酒、烟的税，还有加征所得税来解决 5000 万日元，（3）的情况是说加上加征地租 0.5% 分得 700 万日元"。在 10 月 18 日的广岛第七届临时

---

① 《与伊藤陆奥往来照会》原刻本，转引自王芸生《六十年来中国与日本》第 2 卷，三联书店 1980 年版，第 258—259 页。

② 《增补中日议和纪略》，转引自王芸生《六十年来中国与日本》第 2 卷，第 268 页。

议会上，大藏省提出的以该"军费意见"为主要内容的临时军费预算草案及与战时财政相关的几个议案，"没有和一个人进行讨论，就一致通过，贵族院也同样，预算直接通过"。会后不久，日本政府便根据临时军费预算案拿出了一套战时财政计划，规定："临时军费预算的岁出1.5亿日元是包括了（明治）二十七年六月以后的预算外支出5999万余日元，其中，2600万日元由国库余款填充，剩下的部分计划是用募集公债来解决……"1894年12月，日本在东京召开第八届议会，讨论了如何继续支持政府将对华战争坚持到底等问题，次年2月1日，众议院正式表明："由于对清战争的将来无法预测，今后，无论多少军资都会供给，以达成战争之目的。并通过了'无论需要多少军资都会协助'的决议。"2月18日，渡边新外相担心预算案内剩余的资金不足以将战争支撑到1895年6月，于是便根据第八届议会精神，"向内阁提出了要追加临时军费预算1亿日元的想法以及军事公债法案"。3月上旬，这项追加预算案在贵族院和众议院同样获得"全票通过"。①

日本在战争中使用军费"超过2.5亿日元"的观点，正是依据这两届议会通过的临时军费预算案和追加预算案得出的。然而，这种评估方式不仅很难做到准确，而且与实际执行情况亦相去甚远。因为，1.5亿日元的军事费预算案是在中日双方宣战两个多月以后通过的，只是预测战争在持续一年半的情况下所需军费开支额的大体匡算，实际执行到1895年1月末时共支出1.02亿日元，还剩4800万日元。另1亿日元的追加预算是在1895年2月18日提出的，3月初才在贵、众两院通过，数日后中日马关议和开始，3月30日中日签署了休战条约，战争即告结束。因此，不仅追加的1亿日元军费没有启动，就连预算案内截止到1月末尚存的4800万日元余额也没有完全用尽。可见，个别日本学者所谓此战军费"超过了2.5亿日元"之说纯系主观臆断，根本不能成立。

（二）日本所用军费为2.25亿日元说

据日本人所编《大藏省史》、《明治财政史》、《明治大正财政详览》、《近代日本经济史要览》等著作介绍，战后日本政府曾公布用于这场战争

① 日本大藏省财政史室编：《大藏省史》（明治·大正·昭和）第2期第3章"議会開設后の財政問題と日清戦時財政"，东京都大藏财务协会平成十年（1998），第276、277页。

的临时军事费决算结果，称战时实际收入款为 2.25 亿日元。至此，亦有人认为这些战时实际收入就是日本用于战争的临时军费总额。① 其实，稍懂一点财经常识的人都清楚，临时军费决算应由两大项构成：一是实际收入项目，一是实际支出项目，姑且不论实际支出项目核算的总金额与真正用于战争的实际资金额度是否完全相符，仅就将决算中的实际收入额与实际支出额两者混为一谈，便已极不科学、极为不妥。事实上，日本临时军费决算案中所说的军费总支出额只有 2.00476 亿日元。

（三）　日本所用军费为 2.00476 亿日元说

在日本所公布的临时军费决算案中，既含有实际收入项目，也含实际支出项目。如《大藏省史》所列："按照临时军事费的结算，岁出的总额为 2.00476 亿日元，其中，陆军省所管的部分为 1.6452 亿日元，海军省所管的部分为 3595 万日元。岁入的总额为 2.2523 亿日元，收支结余 2475 万日元转入（明治）二十九年度的一般会计。收入的大约一半是公债 1.168 亿日元，国库余款最终是 2343 万日元，转入的特别资金（清政府的赔偿款）为 7895 万日元，剩余的是军事献金、占领地的收入、台湾及澎湖列岛的收入之外，还有一些杂项收入。"② 其他一些日著文献所公布的项目及资金额度较之《大藏省史》所记则更为详细（见表 1）。

表 1　日本临时军费决算案

	决算项目	金额（千日元）
收入	1893 年国库剩余金	23439
	公债募集金	116805
	军资捐纳金	161
	陆海军恤兵捐纳金	2789
	杂收入	1519
	占领地收入	624
	台湾及澎湖列岛诸收入	936
	特别资金滚入	78957
	合计	225230

---

①　参见楫西光速等《日本资本主义的发展》（1），东京大学出版社 1975 年版，第 208 页。

②　日本大藏省财政史室编：《大藏省史》（明治·大正·昭和）第 2 期第 3 章 "議会開設后の財政問題の日清戦時財政"，第 281 页。

续表

		决算项目	金额（千日元）
支出	陆军	运送费	33953
		粮食费	24875
		其他各种费用	164520
	海军	舰船费	12826
		武器弹药及水雷费	10080
		其他各种费用	35955
		合计	200476
	收支结余		24754

资金来源：明治财政史编纂会：《明治财政史》第2卷，东京凡善株式会社1898年版，第44—50页；安藤良雄编：《近代日本经济史要览》，东京大学出版会1978年版，第66页；日本东洋经济新报社编纂：《明治财政史纲》，东京大学出版会，第218页；日本东洋经济新报社编纂：《明治大正财政群览》，东京大学出版会，第218页；日本东洋经济新报社编纂：《明治大政财政详览》，东京大学出版会，第496—497页。

据此，亦有人认为，决算中的军费实际支出额2.00476亿日元，才是日本在甲午战争中耗掉的军费总额。[1] 这种观点也值得商榷。因为，以上日本军费收支决算终止的最后时间是1896年3月，[2] 也就是说，决算不仅包括日本对朝鲜和中国内陆用兵的军费开支，而且还包括日本对澎湖及台湾用兵的军费开支。而中日两国全权代表开始在日本马关正式举行议和谈判是在1895年3月20日，中日《马关条约》签订的时间是1895年4月17日，双方在中国烟台履行完互换条约手续是5月8日。日本为能在谈判桌上实现割占台湾的目的，竟然在议和谈判期间的3月23日抢先派兵进攻中国澎湖列岛，其所用军费本不该列入甲午战争的军费开支总额之内。至于日本开始出兵进攻台湾则更是在《马关条约》签订及换约之后的5月29日，若再将日军攻台期间的军费开支也算在甲午战争日本军费开支额之内，就更没有任何道理可言了。所以。完全可以断定，日本从开战到马关议和，所用掉的军费开支总额应该大大低于2亿日元。

① 中日两国许多学者如土屋乔雄、中塚明、井上清、伊原泽周、万峰等都持此观点。

② 日军战时财政由"特别会计"专管，这个特别会计是根据"有关临时军费会计的法律（明治二十九年三月法律第10号），二十九年三月末终结的"。参见日本大藏省财政史室编《大藏省史》（明治·大正·昭和）第2期第3章"議会開設後の財政問題の日清戰时財政"，第281页。

（四）日本所用军费不超过 1.5 亿日元说

近年来，有人在对以上几种观点进行质疑的同时，又提出了一种新观点，[①] 认为，李鸿章在马关议和时对日军费开支所做的估计是值得重视的，李所云："查兵端未开之先，日本大藏省计存现洋三十兆元，中间计用多少作为兵费，外人虽未确知，今姑将全数作为兵费而论，迨兵端既开，日本复借国债洋一百五十兆元，作为兵费。……东京英字新报云：第一次国债洋一百五十兆元中，有五十兆元股票尚未销售，其八十兆元股票虽经售出，而银洋究未收齐等语。此外尚有民间报效之数，如大藏省存款、所借国债等项，统共合算，日本与中国用兵所费，迄今似必不能过一百五十兆之数"等辩驳之词，[②] "都来自公布的日本官方资料和东京的日英文报纸所刊载的消息，不是没有根据的"。不应把这段文字简单看成李鸿章在寻找讨价还价的理由。他还指出：日本"国库剩余金才 3000 万日元，完全无济于事。而另辟财源也只有劝购公债之一途。但是，认购工作并不顺利，售出不足 8000 万日元。这样，日本政府才于 1894 年 12 月决定发行总额为 400 万日元的有息流通券，并在此后两个月内，要求国民必须向政府交纳 3000 万日元的土地税和第二次战争贷款"。同时又列表将各项不同来源的资金合计为 1.44 亿日元。于是便得出结论："李鸿章估计日本军费支出不超过 1.5 亿日元之数，即折合库平银 1 亿两，是接近事实的。"

应该肯定，这种观点比以前诸说都更接近史实。但若据此便认为这个问题已经得到解决，似乎仍失于草率。笔者认为，此说的推测不仅结论略显保守，而且测算的依据与方式仍有进一步讨论的余地。

诚然，李鸿章于 1895 年 3 月 2 日受命为"头等全权大臣"行将赴日本议和时，对此次所膺使命之艰巨、议和前景之暗淡、和约结局之悲惨，事先已有一定的思想准备，故不得不向光绪帝表白，自己定会与日方据理"辩争"、"竭心力以图之"，但谈判的结局究竟如何，最终还取决于朝廷之"洞见"。[③] 为在谈判中尽可能多地寻找一些讨价还价、"力与辩争"

---

① 戚其章：《甲午战争赔款问题考实》，http://vip.6to23.com/jiawuhun/jiswu3 - 13. htm. 2006 - 10 - 8。

② 《与伊藤陆奥往来照会》原刻本，转引自王芸生《六十年中国与日本》第 2 卷，第 260 页。

③ 吴汝纶编录：《李文忠公全书·奏稿》卷 19，金陵，1908 年刻本，第 47—48 页。

的机会与因由，李鸿章虽处事机紧迫之下，仍安排谈判随员搜集日本与战争相关的政治、军事、经济等方面的情报与信息，这也正是他能在接到日方所提和约底稿后，较娴熟地引证日本官方财政部门及东京英、日文各报所发布的财经信息，做出"日本与中国用兵所费，迄今似必不能过一百五十兆元（日元）之数"的重要原因所在。

　　然而，值得注意的是，日本战争期间设立的政府财政"特别会计"体制，赋有专门管理军费的筹集、使用、出纳、结算等特殊使命，具有最高级别的保密制度与机要措施，即使是外国及敌方训练有素的志业间谍也很难侦知其内情，而那些早已被战争冲昏头脑、惯于吹捧政府、编造虚假新闻以诱骗民意的日本传媒界人士，若想获知其详情更是难上加难。因而，当时能够见诸日本报端的有关日本军费开支方面的各种说法，无非是根据已公开的广岛第七届临时议会通过的1.5亿日元军费预算案，或东京第八届议会后通过的1亿日元军费追加预算，及大藏省依据"军事公债法案"几次向社会招募的军事公债数额等做出的推断，可谓讹误百出。真假参半的这些新闻，对于弄清日本军费开支数额的真相究竟具有多少参考价值？暂时不宜做出完全否定的处理，但对其中以讹传讹的误导作用，却应给予足够的重视。如李鸿章在议和《说帖》中的估计："查兵端未开之先，日本大藏省计存现洋三十兆（3000万日元）……迨兵端既开，日本复借国债洋一百五十兆元（1.5亿日元）作为兵费"之语，显系李氏本自日本报载消息而发出的错误判断。因为，据日中双方现存的档案史料记载，整个甲午战争期间，日本不论在军费预算、军费决算及"特别会计"实际收支、出纳过程中，从未在"大藏省计存现洋三十兆（3000万日元）"之外"复借"过1.5亿日元的"国债洋"。若这一百五十兆元（1.5亿日元）针对的是广岛第七届临时议会通过的临时军费预算案，则其中已经包括开战前大藏省所存的"现洋三十兆元"（3000万日元）①，从没将两笔资金分开计算过。至于在筹集预算资金过程中需要招募多少军事公债，日本政府根据临时军费预算案制订的"战时财政计划"中曾明确规定："关于公债及借款，岁入1.5亿日元中扣除国库余款的收入2600

①　预算案为2600万日元；决算案实际为2343.9万日元。参见日本大藏省财政室编《大藏省史》（明治·大正·昭和）第2期第3章"議会開設后の財政問題の日清戦時財政"，第281页。

万，在剩下的 1.24 亿日元中再扣除由 9 月‘军事公债条令’（敕令第 144 号）募集来的 3000 万日元就只剩下 9400 万日元。……为了补充这 9400 万日元，计划随时募集限额度 1 亿日元以内、利率 6% 以下的公债或者借款。”后来“战时财政”、“均衡（运作）的结果”、“开战当初考虑过的增税”措施，并“没有实施”，直至马关议和之前，政府也没向银行和外同借债，“军事公债的发行”虽然成了“筹措战费成功的关键”①，但没等发行到 1.3 亿日元，战争即已结束。又如李鸿章《说帖》言：“东京英字新报云：第一次国债洋一百五十兆元中（1.5 亿日元），有五十兆元股票尚未销售，其八十兆元股票虽经售出，而银洋究未收齐等语。”亦属日本报界道听途说、捕风捉影的臆测之词。据日本官方档案文献所记和学界研究证明，甲午战争期间，日本政府“分四期发行了为数共 1.1680 亿日元的国内军事公债”②，其中有两期发行于马关议和之前，第一期“是根据‘军事公债条例’，于（明治）二十七年八月开始募集，募集的条件是总额 3000 万日元，年利 5% ……50 年以内偿还，募集时间是 9 月 10 日到 13 日”。在大藏省和地方各级官员的努力及关东同盟银行的协助下，“最后申请认购的共达 7700 万日元，是计划募集额的 2.6 倍”。或许因日本报界误把此次的认购数当成了一次计划发行数，才引出“八十兆元股票虽经售出，而银洋究未收齐”或“认购工作并不顺利，售出不足 8000 万”之谬说。第二次发行是在同年 11 月，“预定额为 5000 万日元，条件是，利率与上一次一样还是 5% ……招募时间是 12 月 11 日到 15 日。……最后，报告认购额共达 9030 万元，就这样以预定额 1.8 倍的好成绩结束了招募”。后两期公债是在马关议和为解决攻占台湾所需军费而发行的。由此可知，直到马关议和结束为止，日本从没发生过 5000 万日元股票“尚未销售”之事；亦不存在一次发行 8000 万日元股票之举；更没出现过“股票虽经售出，而银洋究未收齐”的现象。也就是说，李鸿章持论所依据的报刊资料及新闻信息的真实性和准确性是值得怀疑的，因此，他对日

---

① 日本大藏省财政史室编：《大藏省史》（明治·大正·昭和）第 2 期第 3 章“議会開設后的财政問題の日清戰時財政”，第 276—278 页。

② 大藏大臣官房财政经济调查课编：《戰時财政經濟参考资料》第 1 辑，《日清日露兩戰役及世界大戰に于はろ我が戰時财政》，第 3—4 页，辽宁省档案馆藏：军事 32 号档。《明治财政史》第 2 卷，第 44—50 页。时也谷常三郎：《明治時代史》，日本历史学研究会、日本史研究会编：《大日本史講座》第 10 卷，雄山阁，1929 年，第 204 页。

本战时军费开支额做出的估算结果，当然也就不足采信了。[①]

二　从开战到议和日本实际支出的军费数额

自中日甲午开战到马关议和期间，日本实际支出了多少军费？目前虽找不到直接而确切的文献记载，但却可以从李鸿章在谈判时的估计、日本相关档案文献中的零星记述以及日本军费筹集渠道等多方面史料信息的考析测算中得知，日本在甲午战争中实际支出的军费总额不会超过 1.25 亿日元。

（一）应重视李鸿章的另一种估测

早在李鸿章未出国门之前，割地赔款以求和的大势业已成为定局。但采取何种良策加以应对，清廷上下一直不得要领。从 1895 年 2 月 22 日到 3 月 2 日，他曾多次觐见光绪帝，并"迭与王大臣会议"，[②] 满朝君臣仍对议和中割地、赔款等项原则底线没能拿出一致有效的定见。马关议和开始后的 4 月 1 日，当李鸿章第一次阅读日方送达的和约底稿时，连这位素以老谋练达、智计深沉而著称且对日方必以高昂代价相要挟的贪婪行为有着一定思想准备的全权大臣，都不免为约稿中苛酷到极点的条款所震惊，急怒之下当天便电告总理衙门，声称："现日本已将和局条款出示，其最要者：1. 朝鲜自主；2. 奉天南边各地台湾澎湖各岛让与日本；3. 赔兵费库平银三百兆两。查日本所索兵费过奢，论中国万不能从；纵使一时勉行应允，必至公私交困，所有拟办善后事宜，势必无力筹办。且奉天为满洲腹地，中国亦万不能让。日本如不将拟索兵费大加删减，并将拟索奉天南边各地一律删去，和局必不能成，两国惟有苦战到底。"[③] 清廷接电后，光绪帝之意是希望议和尽速成功，诸王大臣除翁同龢力陈台湾不可弃之外，余皆反战议和。廷议未决，四日内答复的限期已届，李鸿章只好自行决断，于 4 月 5 日针对日方和约底稿中之割地、兵费与通商权利三款做了

---

①　日本大藏省财政史室编：《大藏省史》（明治·大正·昭和）第 2 期第 3 章 "議会開始后の財政問題と日清戦时財政"，第 278—279 页。

②　吴汝纶编录：《李文忠公全书·奏稿》卷 19，第 47—48 页。

③　吴汝纶编录：《李文忠公全书·电稿》卷 20，第 30 页。

书面辩论。其中关于赔款一项，正是考虑了日方索求数额远远超出清廷及自己的预料之外，未免担心回价过低可能丧失与日方继续讨价还价的机会，才在措手不及之际给出了一个自认为朝廷勉强可以接受的最高赔款限额——1.5 亿日元（约 1 亿两库平银）。在他看来，既然日本无视国际公理而漫天要价，不妨讨价还价顺势应对，只要所还的价码大大超过日本使用的兵费总额，日方就没有理由断然中止议和谈判，至于在推断日本军费使用数额时所征引的信息、资料是否确切真实已不是问题的关键，重要的是都来源于日本的官方及新闻报界，白纸黑字、有案可稽，非出自中方的编造与臆测。

除谈判技术层面的种种考虑，对日本所用军费数额的估测李鸿章是另有腹案的。4 月 10 日，当中日双方代表举行第四次会谈时，伊藤博文拿出对中方修正案的复文，其中赔偿军费一项由初稿的三亿两库平银降为二亿两。李鸿章仍反复与伊藤辩争，希望能将赔款再减五千万两，伊藤坚决不允。4 月 15 日，中日全权代表举行最后一次谈判，重申减少五千万两赔款之前议，复被伊藤所拒绝，在既愤怒又无奈的情况下，李鸿章终于对伊藤道出了自己的真实估测："五千万不能让。二千万可乎？现在新报一纸，在此内载明贵国兵费只用八千万（两白银）；此说或不足为凭，然非无因。"[①] 以往人们都把这段话看成是李鸿章被激怒之下的赌气之言，很少有人认真对待。实际上，对日本所用军费作出 8000 万两白银（约 1.2 亿日元）的估测，既是李鸿章综合分析日方报界信息及所了解的十个月战争双方军力、物力消耗概况而得出的把握性较大的结论，也是他为谈判预留的最后讨价砝码。不否认，他在作出这种估测时可能会有较多的主观臆测成分，或估测的依据不够充分可靠，但日本现存的文献史料却可以证明，李鸿章的这种推测远比他自己在谈判之初所提的"必不能过一百五十兆元之数"（1.5 亿日元）及其他各种观点都更接近事实。

（二）对日本各种文献记述的考析与测算

据日本《大藏省史》载录的渡边新外相向内阁介绍战时军费开支形势时所云："在第七次议会通过的临时军事费预算 1.5 亿日元之中，从

---

① 《中日议和纪略》，转引自王芸生《六十年来中国与日本》第 2 卷，第 278—282、295—296 页。

（明治）二十七年六月到（明治）二十八年一月的 8 个月时间里，它的支出为 1.02 亿日元，剩下了 4800 万日元。这个金额已不足以支撑到二十八年的六月，如果七月以后二十八年度中的 6 个月的战费，以陆海军每个月1100 万日元、预备费 400 万日元来计算的话，六个月共需要 9000 万日元。"① 毫不夸张地说，渡边的这段谈话已经明白无误地为我们弄清日本的军费开支总额，提供了三点无可争辩的测算依据，其一，日本军费消耗的主体，包括全部参战的陆海军及其所有战勤保障系统；其二，1.02 亿日元开支的最后截止时间是 1895 年 1 月末；其三，前 8 个月战争期间，陆海军合计平均每个月实际消耗军费不足 1300 万日元，相当于日本政府军费预算月均正常额 1100 万日元与一半"预备费"200 万日元之和。

依据以上三点，再来考察 1895 年 1 月末以后的中日交战形势。日本陆、海军进攻山东半岛、彻底击垮威海卫北洋舰队的战役，发起于 1 月23 日的荣成湾登陆，到 2 月 12 日，北洋海军军使向日本联合舰队司令伊东祐亨送上乞降书时即告结束，日本海军只超过 1 月末的 12 天便已完成全部作战任务。日本陆军则在连续夺取辽中、辽西诸镇后，复于 1895 年2 月发动了进攻辽河下游各城的战役，直至 3 月 10 日攻占田庄台为止，日本陆军亦在 1 月末后的 40 天内完成了全部作战任务。也就是说，自1895 年 1 月末到战争最后结束，日本所用军费开支按一个月计算，海军方面少支出 18 天，陆军方面仅多支出 10 天，如将陆海军所费合算为一个完整的战时财政开支月，加上所余的 200 万日元"预备费"，共计 1500万日元之数无论如何都应该绰绰有余了。至此，已经可以断定，从战争爆发到中日双方最后结束交战状态的 1895 年 3 月 10 日，日本的实际军费开支额，绝不会超过 1.17 亿日元（外加撤军所需的运输费）。那么，马关议和后日本究竟花掉了多少陆海军撤退费呢？到目前为止，尽管还无法找到确切的文字记载，但若能对决算案中之"运送费"一项作一番粗略的分解，似仍可求证出一个较为可信的大致额度。

按常规，在财政决算的统计中．撤退费一般都会记入军费实际支出项目中的"运送费"一栏。根据战后日本公布的临时军费决算结果，整个甲午战争及马关议和后日军攻占澎湖、台湾等地所用运送费总计 3395.3

---

① 日本大藏省财政史室编：《大藏省史》（明治·大正·昭和）第 2 期第 3 章"議会開設后の財政問題と日清戦時財政"，第 277 页。

万日元，共向国外运送作战部队 17 余万人、战勤军夫 11 余万人①，并各部队所携辎重、装备、弹药、粮秣及缴获战利品等。其中先后运往朝鲜与中国内陆的作战部队，计有陆军第一、二、三、四、五、六、近卫等 7 个战时满建制师团约 12 万人，② 近 8 万名军夫及各师团所属辎重、装备、弹药、部分粮草。③ 先后运往澎湖与台湾的作战部队有陆军第二、近卫两个战时满建制师团和新任台湾总督所率部队及进攻澎湖的一个混成支队，共约 54000 人，④ 军夫 27700 余名，⑤ 并两个半战时满编师团的辎重、装备、充足的弹药与粮草。从运送的人数、辎重、装备、弹药等项上看，澎湖与台湾方向仅为朝鲜与中国内陆方面的 40% 强，但西攻台、澎的运输距离却比北上朝鲜及中国内陆远了许多。战争中，日本向朝鲜与中国内陆方面运送的军队、军资，分别从朝鲜的釜山、仁川、元山、大同江口等四处登陆，其中釜山距离日本下关仅 100 多海里，距离广岛 200 多海里；其他三处登陆点距离日本两港亦不过 300—400 海里。1894 年 10 月下旬日军第一师团北上参战所行航程较远，先从广岛宇品港海运至大同江口，然后再海运至中国丹东花园口，全程也仅 500 多海里。而日本进攻澎湖的混成支队从左世保军港海运直达澎湖的将军澳，运送距离至少在 850 海里以上；新任台湾总督桦山资纪所率部队则是从日本宇品港先海运至琉球中城湾，⑥ 然后扑向台湾，航行了一个弧线，航程几近 800 海里；近卫师团和第二师团运送距离最远，先后都从大连湾启运，分别运送至琉球中城湾和澎湖将军澳，然后从东北、西南两路攻占台湾，航程分别约为 1000 海里和 1100 海里。粗略测算下来，北进和西征两个方面在运送同等数量军力

---

① 藤村道生：《日清戦争》"东アジア近代史の転換点"，东京：岩波书店 1974 年版，第 164 页。

② 据川崎三郎《日清戦史》卷 1（博文馆 1836 年版）第 111 页所记，日军步兵野战师团的平时编制定员为 10154 人，但战时多超过 1.5 万人。

③ 据日本参谋本部《明治二十七八年日清戦争史》第 1 卷（东京印刷株式会社 1904 年版），第 65、74 页载，战斗部队与随军役夫数量的大致比例为 100∶64。

④ 据戚其章《甲午战争史》（人民出版社 1990 年版）第 337 页所记人数合计而来。日方所记第二师团赴台湾时有 3.4052 万人，内应包括 1.4 余万名军夫，约 1.9 万名战斗人员（《日清戦争実記》第 44 编，熊田活版所 1895 年版，第 20 页）。

⑤ 据藤村道生《日清戦争》"东アジア近代史の転換点"，第 179 页；孙克复、关捷《甲午中日陆战史》（黑龙江人民出版社 1984 年版）第 337 页所记合计而来。

⑥ 参见戚其章《甲午战争史》，第 520 页。

与军资的情况下，北上朝鲜与中国内陆的海运距离约为西攻澎湖与台湾海运距离的 40%。

　　此外，再从运输的粮草与伤病员的数量上看，其中北进日军与军夫的数量虽然远远超过台澎方面，但粮草运输的总量却大致相等，因为北进朝鲜与中国内陆日军的粮草供给来自三个方面：一是先期出征的部队从国内携带仅够短期使用的粮秣，数量比较有限。原因是自 1889 年以来直至战争爆发，日本农业连续遭灾歉收，米价飞涨，为进口大米甚至消耗了大批外汇储备，因而，若是作战部队庞大的粮秣供给完全依赖国内，无论如何也承担不起。二是在朝鲜广大作战地区随时购买，不仅价格远比本国低廉，而且陆上运输距离短、运费少，尤其是 1894 年 8 月 26 日《大日本、大朝鲜同盟条约》订立以后，日本开始强迫朝鲜政府为日军的作战和粮食给养等提供一切方便，① 这样，日军就可以用本国的"纸币和铜钱"在朝鲜各地购买粮草和各种军资，"随着军队的进军，（使朝鲜人）慢慢对日本的纸币和铜钱产生了信任，并通用起来"，② 从而避免了外汇储备的减少和本国硬通货的外流。三是靠缴获清军和抢掠战地中朝两国百姓的粮草进行补充。据有关史料记载，仅从开战到 1894 年年末，日军共缴获米谷多达 459.4625 万斤。③ 据此估计，在整个甲午战争中，20 万日军、军夫所用粮草，从国内运送而来的定不会超过五分之一，且运输距离较短。而澎湖与台湾方面的日军，混成支队和台湾总督府直属部队的粮秣是从日本运出，其他两个师团的粮秣则全部由大连湾长距离海运到战地。可见，就粮秣的运送费而言，使用在台澎方面的势必要比使用在朝鲜与中国内陆方面的更多一些。与此同时，从战场向后方运送伤病人员亦需要花费一定数量的运送费。据统计，从甲午战争爆发到日本完全占领台湾，日军官兵"因重（伤）病而被送回国内的约占派往海外士兵

---

　　① 外务省编纂：《日本外交年表并主要文书 1840—1945》（上），原书房 1955 年版，第 157 页。

　　② 日本大藏省财政史室编：《大藏省史》（明治·大正·昭和）第 2 期第 3 章"議会開設后の財政問題と日清戦時財政"，第 281 页。

　　③ 蔡尔康等编：《中东战纪本末·朝警记九》，见《中日战争》（丛刊）（一），上海人民出版社 1957 年版，第 215 页。原译文为日本计量单位 36757 谷古，每谷古合 125 斤。

人数的三分之一，达 67600 人"。① 其中台澎方面就有 32000 余人，② 几乎占一半。若加上运输距离差异因素，台澎方面伤病员的运送费也会高于朝鲜与中国内陆方面。

通过以上的分析与估测，已经基本能对日本决算案中运送费的使用概况作出一个大致的分配：第一，如果说在 3395.3 万日元运送费总额中，用于澎湖与台湾方面的数额高于朝鲜与中国内陆方面所用的额度，可能会有冒估之嫌，若判定两个方面所用大致相等，应该与事实比较接近。也就是说，要将一半用于台湾与澎湖方面的运送费从全部运送费中扣除，这样，日本用于甲午战争的运送费就只有 1697.65 万日元。第二，应将日本用于甲午战争中的运送费分解为三个阶段：一为出兵及不断将战场向前推进阶段；二为对前方的装备、弹药、被服、粮秣等损耗的不断补给和伤病人员与部分战利品的回运阶段；三为战争结束后的全部参战部队及各种军资、部分战利品的撤退阶段。在运送费使用的分配上，除中间阶段应占 20% 外，出兵交战与全军撤退两个阶段似应各占 40%。这样算来，日本用于甲午战争的全军撤退费应该不超过 700 万日元，而前两个阶段所用掉的 60% 运送费已经计入 1.17 亿日元的军费开支总额之内，所以，只需在 1.17 亿日元之外加上最后阶段约 700 万日元的撤退费，即为日本在甲午战争中所支出的军费总额，或曰最多不会超过 1.25 亿日元，应该没有问题。

（三）日本《临时军费决算案》提供的佐证

对于这个测算结果，从战后日本公布的临时军费决算案内的收入结构中，亦能得到相应的印证。在前揭表 1 "日本临时军费决算案" 的 "收入" 栏目中，已经很直观地给出日本所耗军费总额的近似答案。表中构成 2.2523 亿日元临时财政收入总额的项目共有 8 个，其中 "台湾及澎湖列岛诸收入" 项内的 93.6 万日元，不属于甲午战争临时财政收支范围，应在财政收入总额中予以扣除；而 "特别资金滚入" 项内的 7895.7 万日元，则是《马关条约》签订后清政府支付给日本的赔偿款，亦不属于甲午战争内的财政收入，也应从财政总收入中扣除；最后再从临时军费收入

---

① 藤村道生：《日清戦争》"东アジア近代史の転换点"，第 165 页。
② 孙克复、关捷：《甲午中日陆战史》，第 387 页。

总额中减去临时军费决算的"收支结余"2475.4 万日元，结果，甲午战争临时军费总收入只剩 1.20583 亿日元，这与日本所用军费总额不超过 1.25 亿日元的测算结果是相当接近的。

（四）日本军费的来源与统计提供的旁证

若从日本战争军费来源方而考察，亦能对这一结论给出较有利的旁证。日本悍然发动甲午战争，不仅是一次划时代的政治、军事冒险，而且在财政经济方面也是一次历史性的豪赌。战争爆发前，伴随着资本原始积累和早期产业革命热潮的尾声，日本刚刚从一个封建的农业国初步变成一个资本主义的农业工业国，[①] 政府每年的财政收入尽管能经常维持在 8000 万日元以上，但由于坚持"大陆政策"而长期推行"武国"方针，不断扩军备战，连年增加军费开支，到 1892 年，军费支出就已超过 3450 万日元，[②] 占全年财政总支出的 41% 强。进入 1893 年，日本为向两方列强购买军事装备，军费开支增加更为明显，[③] 加上 1889 年以后农业因自然灾害连年歉收和 1890 年经济危机爆发等因素的袭扰，使日本国家财政连年处于捉襟见肘、如履薄冰的窘境。因此，仅靠政府年度财政收入来维持庞大浩繁的战时军费开支是根本不行的。办法只有两个：一是提用上年度国库剩余金；一是另辟财源。上年度国库剩余金只有 3000 万日元，仍属杯水车薪。而另辟财源除了加征赋税和举借外债之外，只有劝购军事公债一途。但是，1.5 亿日元的临时军费预算，计划用 2600 万日元国库剩余金和已于 9 月发行的 3000 万日元军事公债，并再发行 1 亿日元公债来填充预算收入空额的议案，是在 1894 年 10 月中旬的广岛第七届临时议会通过的，况且这些新增财源的办法在具体执行中亦需要一段时日，可临时军费开支的发生，也就是日本大藏省"特别会计"出纳业务的启动，早在战争爆发前的 6 月中旬向朝鲜派兵时就已开始，随后在战时"特别会计"业务流程下，军费开支活动便迅速进入不间断状态。为不影响战争进程，日本大本营首脑机关及大藏省在"特别会计"的实际运作中采取了若干

---

① 万峰：《日本近代史》，中国社会科学出版社 1984 年版，第 169 页。

② 田中五郎：《日本軍隊史》，理论社 1954 年版，第 197 页。

③ 据《岩波講座日本歴史近代》（4）（岩波书店 1962 年版）第 240 页载：1893 年日本从西方进口武器弹药及海军舰艇等物资总值达 1098390 日元，1894 年激增为 4209549 日元。

非常措施：一是将充作"特别会计"收入而提取的上年度国库剩余金尽力予以控制，最后压缩在 2343.9 万日元的额度，以便最大限度地保证正常会计的运转；二是采取寅吃卯粮的办法，"特别会计"在 1.5 亿日元的临时军费预算没有出台之前，于 1894 年 6 月以后有条件地陆续支出了额度为 5999 万日元的预算外开支，待第七届议会召开时再编入临时军费预算之内，并由日后筹来的军事公债募集金、军事捐纳、恤兵捐纳等款加以陆续充抵；三是采用事后追认的手法。在第七届临时议会召开之前的 9 月，就根据还未被议会通过的所谓"军事公债条例"，提前招收了 3000 万日元军事公债募集金；四是不顾民意和社会的反对，不惜采取"可能扰乱股市和其他市场"，甚至"无暇顾及经济社会如何紊乱"等孤注一掷的极端手段，于 1894 年 11 月中旬，发行了第二期高达 5000 万日元之巨的军事公债，所收募集金和民间各种捐纳金及占领地收入等基本充抵了 6 月以后陆续发生的预算外开支的绝大部分；五是在马关议和之后，因处理战争的善后问题，"作为代替甲午战争的抚恤金，日本银行（根据明治二十八年敕令第 137 号）临时特别发行了大约 992 万日元的军事公债"。[①] 至于日本用于进攻澎湖与台湾的军费开支，则是由中国对日 7895.7 万日元的赔款，即所谓"特别金滚入"和第四期军事公债募集金填充的。这样，从日本军费来源方面可以再做一个大致的测算（见表 2）。

表 2　日本军费来源统计

项目	金额（万日元）
上年国库剩余金	2344
1894 年 6 月后预算外支出（由第二期军事公债募集金及各种捐纳、占领地收入等充抵其中大部分）	5999
第一期军事公债募集金	3000
第三期军事公债募集金	992
合计	12335

　　由此再次证明，日本用于甲午战争的军费开支总额没有超过 1.25 亿

---

　　① 日本大藏省财政史室编：《大藏省史》（明治・大正・昭和）第 2 期第 3 章 "議会開設后の財政問題と日清戦時財政"，第 275、274、279 页。

日元，即折合库平银约 8000 万两。这个额度相当于甲午战前日本一个半财政年度的开支总额，如此巨大的财政包袱，日本却通过《马关条约》将其全数转嫁给了中国。

三 日本通过甲午战争实际从中国索取的赔款数额

直到马关议和，虽然日本的军费开支总额包括战后的撤退费不超过 1.25 亿日元，却想趁战胜之机将中国这个庞大而虚弱的对手变成任其宰割、肆意掠夺的对象，强迫中国与之订立了条件极为苛酷的《马关条约》。根据该条约，中国应赔偿日本军费高达库平银 2 亿两，分 8 次付清。同时还订有《另约》3 款，其中第一款规定：在 2 亿两库平银交清前，日本在中国威海卫驻军的费用，由中国每年支付 50 万两库平银。其后，在俄、德、法三国干涉下，中日又签订了《辽南条约》，其第三款规定：中国再向日本支付赎还辽南费库平银 3000 万两，限三个月交讫。① 按这几项条约的规定，从 1895 年起到 1902 年止，中国将向日本支付赔款及利息共达库平银 2.5472 亿两。几近天文数字的巨额赔款，相当于战前中国年度财政总收入的 3 倍，清政府是很难承受的。为节省 2100 多万两的利息和 200 万两的威海卫驻军费，清政府决定按条约在 3 年内分四期全部交清库平银 2.315 亿两的对日赔款。

（一）日本强迫清政府确定的库平银成色及赔款支付方式

按日本大藏省文献所记，《马关条约》刚刚签订，日本大藏省便急不可待地起草了一份《赔偿金领受顺序要领》，宣称，对中国库平银"需要确认成色以及换算方法。还有，清国为支付这笔赔偿金，需要从欧洲引进外债，如果在亚洲，以银元领受赔偿金的话，有可能扰乱亚洲市场。而且，因为当时世界上是确立金本位制，银价下滑的趋势日益严重，所以政府也是在等待机会在日本确立金本位制。为此，政府决定实行把赔偿金换算为英镑，在伦敦领受的方针"。随后，立即把新任驻华公使林董和大藏省主计官野村虎次郎派往中国进行谈判。结果，在贴足

---

① 《中外条约汇编》，见《中日战争》（丛刊）（七），上海书店出版社 2000 年版，第 505 页。

库平银成色的借口下，强行将库平银每两"定为纯银 575 格令 82（即成色为 988.89），按（明治）二十八年六、七、八三个月平均的伦敦银块市价（1 英镑折合库平银 6.0788 两作为固定的核算标准）把赔偿金换算成英镑，在伦敦按期领受"。① 按照这一标准，清政府所付赔款的情况（见表 3）。

表 3　甲午战争赔偿领受金额

项目	库平银（千两）	英镑换算额（千英镑）	日本货币换算实际收入金额（千日元）
军费赔偿金	200000	32901	311073
辽东半岛返还报酬金	30000	4935	44907
威海卫守备费偿还金	1500	247	2380
合计	231500	38083	358360

资料来源：日本财政经济学会编：《明治大正财政史》第 1 卷，東京财政经济学会 1936 年版，第 152—153 页。

按清总理衙门档案所记，清政府四期付款详情见表 4。

表 4　清政府甲午对日赔款支付一览

年度	赔款名目	库平银（两）	折合英金（镑）	交收地点
1895	一期款	5000000	8225245	伦敦
	赎辽费	3000000	4935147	
	小计	8000000	13160392	
1896	二期款	5000000	8225245	柏林 伦敦
	息银抵军费	6250000	1028155	
	威海驻守费	500000	82252	
	小计	56750000	9335652	

① 日本大藏省财政史室编：《大藏省史》（明治·大正·昭和）第 3 期第 1 章"日清戦后经营と财务行政"，第 315 页。

续表

年度	赔款名目	库平（两）	折合英金（镑）	交收地点
1897	三期款	1666666	5741748	伦敦
	息银抵军费	4583332	753980	
	威海驻守费	500000	82252	
	小计	21749998	3577980	
1898	四期至八期款	72500000	11926605	伦敦
	威海驻守费	500000	82252	
	小计	73000000	12008857	
	总计	231500000	38082881	

资料来源：故宫博物院编：《清光绪朝中日交涉史料》卷 47、48、50、51（1932 年刊印）；王彦威、王亮编：《清季外交史料》卷 131，书目文献出版社 1987 年刊印。

从表 3、表 4 反映的情况得知，中日两国官方文献，对清政府实际支出库平银成色为 988.89，每两为纯银 575 格令 82 的赔款 2.315 亿两和日本实收库平银每 6.0788 两折合 1 英镑的军费赔偿金 38082881 英镑这两个事实的认定与记载是完全一致的。

（二）中日两国学者在日本实收赔款折成日金数额上的分歧

甲午战争以来，中日两国学者由于各自所站的角度不同，对库平银成色的理解和对白银、英镑、日元三者之间采取的换算方式等也不尽相同，尤其是忽视了战后日金迅速升值这一关键因素，卒在日本实际得到的日币总额度上产生了重大分歧，并逐渐形成了几种颇具代表性的观点。

第一种是约合 3.45 亿日元说。此说最不准确、最不足采信之处主要有三点：其一，混淆了甲午战争前后中国常用康熙库平银与实际支付赔款所定库平银之间成色与币值的重大差异，抹杀了所含的成色亏与镑亏，甚至张冠李戴，将当时通行的康熙库平银与日元之比价简单地等同于赔款所用库平银与日元的比价，即将两种库平银一律看成 1 两比 1.5 日元；其二，换算的白银基础只是库平银 2.3 亿两的概数，将威海卫驻军费库平银 150 万两全部舍掉，未免过于简约；其三，仍然是按战前的习惯把 1 亿两库平银折合为日币 1.5 亿日元的比率作出的概算，而不是经过比较科学严密的统计与计算，更没有考虑到战争前后白银和日元所含币值的明显变化。因此，从一般科学的意义上讲，此说并不能成立。

第二种是3.645亿日元说。① 此说虽然是根据日本档案记载，即明治三十二年十月十三日大藏大臣松方正义向内阁总理大臣山县有朋提出的报告书《附件》作出的精确计算，并且考虑了库平银成色与镑亏等因素，但却仍与赔款的实际支付情况存在两点出入：其一，统计的对象只局限于《马关条约》库平银2亿两和赎辽费库平银3000万两两项赔款，威海卫驻兵费库平银150万两则被排除在外，使最后计算出的日币总额无法反映事实的全貌。导致这一问题发生的根源主要在于日本大藏省特殊的会计管理体制。在日本大藏省的财政收支体系中，"赔偿金区别于一般岁出岁入，是由赔偿金特别会计（根据明治二十九年三月法律案设立）负责经营管理"。但在大藏省领受赔偿金时，单单将"威海卫守备费偿还金（库平银150万两）编入了一般会计"，② 只有另外两项库平银2.3亿两赔款陆续领受后全部编入了"特别会计"。因此，绝大多数日本学者在计算甲午战争赔款时，往往会对这项库平银150万两的赔款忽略不计；其二，《马关条约》第四款虽然规定所有赔款分8次到1902年全部付清，计本付息，但在实际支付过程中，清政府只分四期到1898年5月上旬就已全部付清库平银2.315亿两的赔款，按条约第四款后半部分的规定，免除了利息，只还本金。可在《明治财政史》和部分日本学者的计算中，仍将赔款终止支付的时间拉到了1902年，并把所有各笔赔款在伦敦银行滞留期间的增息全部统计在内，这样，又使计算出的结果比日本大藏省的实收额有所膨胀。平心而论，各笔赔款在伦敦银行期内所增的利息严格说来应属日本战后经营的内容，若计入日本实收总额之中的确稍显牵强。

第三种是3.895亿日元说。③ 近年来，个别中国学者运用许多翔实可信的档案文献史料，以清代最通用的康熙库平银为基础，精确地计算和论证出中国在马关赔款中，多蒙受的白银成色损失达库平银1325万两，赔款折算英镑的镑亏损失近库平银1500万两。并得出了令人信服的最新结

① 参见井上清《日本の歴史》下册，岩波书店1968年版，第695页。

② 参见《明治财政史》第2卷，第290—291页；伊原泽周《关于甲午战争的赔偿金问题》，戚其章、王如绘主编《甲午战争与近代中国和世界——甲午战争100周年国际学术讨论会文集》，人民出版社1995年，第866—867页。

③ 参见戚其章《甲午战争赔款问题考实》，http：//vip.6to23.com/jiawuhun/jiswu3‐13.htm.2006‐10‐8。

论：清政府所支付的马关赔款总额为康熙库平银 2.59 亿两，折合日金约为 3.895 亿日元。如果仅从清政府实际支出的角度考察，这一结论应该是准确无误的。但从战后日本收到的赔款总额由英镑折换成日金的结果上看，与此结论相比，存在一定的差异却也是无法否认的事实。

（三）日本实际收到的赔款折成日金究竟是多少

根据笔者对日本一些较权威的官方档案文献记载作出的分析，结论应该是清政府实际支付足色库平银 2.315 亿两，折合 38082881 英镑，陆续折换成日金总计 3.5836 亿日元被日本实收。

如前揭所引《明治大正财政史》第 1 卷《甲午战争赔偿金领受金额》"第 3—1 表"中，"合计"一栏的最后统计结果便是 3.5836 亿日元。又如前文所提日本学者坚持 3.645 亿日元说的依据——《明治财政史》第 2 卷中登载的"甲午战争赔款领受额日金换算一览表"，其中不但足以否定日本学者自己的结论，而且，还能间接地为笔者的答案提供有力佐证。该表中仅列 4 期《马关条约》赔款和赎辽费两项合计 3.5598 亿日元；这 5 次赔款在伦敦银行滞留期间的利息合计 852.9292 万日元，这两个总额相加为 3.645 亿日元。正如笔者前文所述，所有赔款在伦敦银行的利息属于日本战后经营范围，应在实收总额中剔除，再加上威海卫驻兵费 238 万日元，[①] 恰好也是 3.5836 亿日元。

另据《大藏省史》所记：

> 由于甲午战争的临时军事费会计是在（明治）二十八年未终结，所以，军用资金的不足，决定除了招募公债之外，再用赔偿金来添补。（明治）二十八年度转入临时军事费会计的金额为 7895 万日元。陆海军扩张费的部分，在（明治）二十九、三十年度预算决定的第一期、第二期的军扩计划财源 3 亿 1300 万日元中，决定 4000 万日元由普通财源支出，当作临时军费财源预定的公债的转让，7700 万日元由公债支付，剩下的 1 亿 9600 万日元由赔偿金来支付。这些从（明治）二十九年支付到三十八年。接着，制铁所创建费由当初的 500 万日元变更到 58 万日元，是（明治）二十九、三十两年度支出

---

① 此数字见《明治大正财政史》第 1 卷，第 152—153 页，第 3—1 表。

的。还有，三十年度的预算中，一般会计从临时军事费会计那里接过来的事业，以及三十一年度共支出了 1521 万日元。以上全部转入到了一般会计，并用在了各种途径。就这样，（明治）三十一年八月末，赔偿金的用途大部分已经决定，还没有决定用途的大约有 7000 万日元。政府按照计划把其中的 5000 万日元作为非常储备金留下，2000 万日元捐献给了皇室。①

从以上大藏省对赔款用途作出的具体分配中，亦不难大致测算出日本实收赔款的日金总额度（见表 5）。

需要说明的是，表中之所以出现比日本实收赔款额多出 200 余万日元的统计结果，是因为日本从伦敦银行陆续将各笔赔款折兑成日金转汇本国时，往往将赔款所生利息，与赔款本金一同汇入大藏省赔偿金特别会计账内，这也正是《明治财政史》和日本学者们在计算日本实收赔金额时，始终误把利息与赔款本金混在一起统计的原因所在。日本政府战后不断支付和使用这笔赔款时，难免会略超出赔款本金而动用少量利息款予以贴补。若将为数不多的利息款扣除，表中的统计结果应该也会在 3.5836 亿日元上下。通过上述分析，完全可以肯定，3.5836 亿日元就是日本实收的全部甲午战争赔款，应该是符合实际的。

表5　赔偿金支付使用计划

用途	金额
（明治）二十八年度转入特别会计的军费	78957000
第一期、第二期军扩计划支出	196000000
制铁所创建费	580000
转入一般会计事业及台湾的经费补充	15210000
预留非常储备金	50000000
捐献皇室财产	20000000
合计	360747000

---

① 日本大藏省财政史室编：《大藏省史》（明治·大正·昭和）第3期第1章"日清戦后经营と财务行政"，第317页。

（四）清政府支付康熙库平银2.59亿两，合3.895亿日元与日本实收3.5836亿日元之间的关系

既然认定个别中国学者得出的清政府实际支付赔款足色库平银2.315亿两合康熙库平银2.59亿两、折合日金3.895亿日元，与日本实收日金3.5836亿日元的结论都是正确无误的，那么，对于两种结论之间存在的数字差异又当作何解释呢？问题的症结只有一个，那就是一直以来包括前述各种观点的坚持者，因所站角度的局限，在甲午赔款从开始支付到实际接收的时空转换过程中，对白银和日金的币值及库平银、英镑、日元之间的比价发生很大变化这一关键因素未能给予应有的重视。

在甲午战前的较长一段时期，中国的康熙库平银与日元之间的比价一直维持在1两比1.5日元的水平线上，而英镑与日元的比价也一直在1英镑比10日元左右，这种比价关系，不仅被中日两国而且也为国际社会视为习惯上的通例。19世纪中后期，由于西方资本主义列强率先实行了金本位货币制度，并不断加强对殖民地和半殖民地的贸易掠夺，从而造成了国际金融市场金贵银贱、金银比价不断倾斜的波动趋势。中日两国货币的币值亦随之有所下滑，但因两国实行的都是银本位制度，因而，中国库平银与日元的比价仍然没有发生变化。到了1893年10月，"印度实施了货币制度改革后，使得银价暴跌。这期间银价的下滑和变动，给日本经济带来了非常大的影响"。于是，日本政府正式开始了货币改革前的调查准备工作，到1895年马关议和后的7月，经调查委员会表决，日本政府决定从明治三十年三月开始实行金本位货币制度。[1] 这也正是日本为什么要求清政府用英镑支付战争赔款的根本原因所在，而清政府被勒索的38082881英镑的巨额赔款，则不折不扣地成了促使日本提早实现货币制度改革所梦寐以求的黄金储备手段。此外，甲午战争的胜利不仅使日本的国际地位迅速上升，也使国际社会对日本未来经济发展潜力的期望值日益增高。甲午战争的结局及日本的货币改革和国力的迅速膨胀，不仅进一步助推了国际金融市场银价继续下跌的趋势，而且更使日元的币值在甲午战争刚刚结束时就开始迅速蹿升。

据1895年11月2日日本《时事新报》的报道：10月31日，当中国

---

[1]　日本大藏省财政史室编：《大藏省史》（明治·大正·昭和）第3期第1章"日清戦后経営と財務行政"，第322—323页。

驻伦敦公使将第一期对日赔款库平银 5000 万两折兑成 8225245 英镑交付日本公使时，按伦敦牌价，折换为日金 74152444 元。这则报道证实，到 1895 年 10 月末，日元与英镑的比价已由战前的 10 日元比 1 英镑，变成了 9.015 日元比 1 英镑；此时中国足色的赔款库平银每两才值 1.48 日元，而康熙库平银与日元的比价却由战前的 1 两比 1.5 日元，变成了 1 两比 1.4 日元，其中若再计入库平银兑换英镑过程的镑亏数，恐怕康熙库平银此时每两只值 1.36 日元左右，足见日元升值的幅度和速度都是惊人的。另据《明治财政史》所记：1895 年 11 月 16 日，中国驻英公使将赎辽费库平银 3000 万两在伦敦折兑成 4935148 英镑交付日本公使加藤高明时，按伦敦牌价，折换为日金 44907499 元。① 此时日元与英镑的比价为 9.1 日元比 1 英镑。后来，在其他几期赔款支付时，日元的币值虽略有下降，但最低也没有越过 9.6 日元比 1 英镑的底线。如果用战后已经变化的日元币值标准，再将日本实收的赔款日金总额与清廷实际赔款库平银总额及实际支出的康熙库平银总额作一换算，便可得知：实际赔款库平银与日金之比为 1 两比 1.548 日元；而康熙库平银与日金之比已下降为 1 两比 1.38 日元。到此可以基本认定，战后日本实收赔款的 38082881 英镑折兑 3.5836 亿日元，与中国支付的足色库平银 2.315 亿两折算的战前康熙库平银 2.597 亿两并换算为战争前约 3.895 亿日元之间，所含的总币值是大致相等的。至于个别中国学者的计算方式与结论，显然是在战争前几种货币的币值概念基础上得出的。如果只想了解清政府的实际经济损失额，这种研究方法与思路无可挑剔，但若要进一步弄清日本实际勒索的日金额，对支与收的时空转换间日币迅速升值这一关键因素绝对不可以忽略。

综合以上分析，可以得出以下几点结论：其一，日本从甲午开战到马关议和前，其军费开支总额不超过 1.25 亿日元，约合中国库平银 8000 万两有余。其二，中国被勒索战争赔款实足库平银 2.315 亿两，折合 38082881 英镑，相当于康熙库平银 2.597 亿两或战前的日金 3.895 亿日元，日本实际得到战争赔款 38082881 英镑，折合已升值的日金 3.5836 亿日元。其三，扣除战争所用军费开支 1.25 亿日元，日本从中国强行掠夺资金高达 2.3336 亿日元。这笔巨额资金是当时日本全国年度财政总收入的 3 倍。通过这次战争，日本军国主义统治集团真正得到了侵略扩张的实

① 《明治财政史》第 2 卷，第 190—192 页。

惠，不仅将中国这个庞大的对手变成了任其长期宰割、转嫁危机、索求各种资源的战略基地，而且也使日本凭借这笔飞来的巨资迅速扩军备战，并实施提高综合国力的"战后经营"，进而击败沙俄，称霸东亚，最终成为世界东方的主要战争策源地。

（原文载于《历史研究》2010 年第 3 期）

论《马关条约》与钓鱼岛兼及琉球问题

张海鹏　李国强

日本政府和一些日本学者、媒体有一个基本观点，认为日本窃占钓鱼岛与《马关条约》完全无关，根据是《马关条约》中有关割让范围未提及钓鱼岛，进而认为日本是通过"和平的方式"取得钓鱼岛。1972 年日本外务省发表了《关于尖阁列岛主权的基本见解》，极力否认《马关条约》与钓鱼岛有关，声称："该列岛向来构成我国领土西南诸岛的一部分，而根据明治二十八年五月生效的《马关条约》第二条，该列岛并不在清朝割让给我国的台湾、澎湖诸岛内。"这成为日本所谓拥有钓鱼岛主权的依据之一。然而事实并非如此。

一　关于《马关条约》及其第二款

"明治维新"之后，日本确立了向外"开疆拓土"的政策，朝鲜和中国成为其"开疆"的目标。1876 年日本通过强迫朝鲜签订不平等的《江华条约》，将其势力迅速向朝鲜扩展。日本的这一行为，引起与朝鲜保持宗藩关系的清朝政府不满，双方在朝鲜问题上产生尖锐矛盾。1885 年 3 月中日签订《天津会议专条》，从而确立了两国在朝鲜的对等地位。1894 年春，朝鲜爆发"东学党"农民起义，朝鲜政府请求中国出兵帮助镇压。日本政府表示对中国出兵"决无他意"，但当清军入朝时，日本以保护使馆和侨民等为名举兵入朝，并于 7 月 25 日突袭中国租借的运兵船高升号，同时在朝鲜牙山偷袭中国驻军，挑起中日甲午战争。

1895 年（光绪二十一年）3 月，清政府鉴于战场失利，被迫派直隶总督李鸿章为头等全权大臣前往日本马关（下关），与日本全权代表、总理大臣伊藤博文和外务大臣陆奥宗光议和。1895 年 4 月 17 日，李鸿章在日本的威逼之下，签订了《马关条约》。

《马关条约》（又称《马关新约》，日本称为《日清讲和条约》）共 11 款，并附有"另约"和"议订专条"。该约第二款第二项规定中国将台湾全岛及所有附属各岛屿让与日本。

《马关条约》第二款第一项、第三项对同时让与的辽东半岛、澎湖列岛的地理范围（澎湖列岛甚至列出经纬度）有明确的界定，为什么仅对"台湾全岛及所有附属各岛屿"进行了模糊表述？难免令人生疑。从日方公开的有关《马关条约》交涉议事录的记载，我们可见日本政府在条约中模糊处理台湾附属岛屿的用心。

1895 年 6 月 2 日中日签署《交接台湾文据》前，关于台湾附属各岛屿包括哪些岛屿，成为双方讨论的焦点。当时日本公使水野遵和清政府全权委员李经方之间讨论的纪要收录于日本公文书馆，并见于日本学者滨川今日子所著《尖阁诸岛の之领有そめぐる论点》一文中。[①] 在会谈中，李经方担心日本在日后将散落于福州附近的岛屿也视为台湾附属岛屿而对中国提出岛屿主权要求，于是提出是否应该列出台湾所有附属岛屿的名录。水野回复说，如果将岛名逐一列举，难免会出现疏漏或涉及无名岛屿问题，如此一来该岛将不属于日、中任何一方，从而带来麻烦；有关台湾附属岛屿已有公认的海图及地图，而且在台湾和福建之间有澎湖列岛为"屏障"，日本政府决不会将福建省附近的岛屿视为台湾附属岛屿。鉴于日方的表态，李经方同意对台湾附属各岛屿不逐一列名的处理。

水野谈话表明，日本政府承认台湾附属岛屿已有公认的海图及地图，因而不需要在接管台湾的公文中列出钓鱼岛列屿，从这一点看，日本政府实际上承认钓鱼岛列屿是台湾附属岛屿，因为钓鱼岛列屿在公认的海图及地图上早已标明它属于中国台湾；另一方面，这段对话还表明，日本政府会谈代表水野有意隐瞒另一个事实，即在《马关条约》签署前三个月，日本政府已召开内阁会议秘密将钓鱼岛编入了冲绳县。

1885 年至 1995 年的十年间，冲绳地方政府一直图谋在钓鱼岛等岛屿建立"国标"，从而将钓鱼岛纳入其管辖范围，但日本政府鉴于钓鱼岛为

---

① ［日］滨川今日子：《尖阁诸岛の之领有そめぐる論点》，《調查與情報》，ISSUE BRIEF，No. 565，2007. 2. 28。

"清国属地",一旦建立"国标",恐引起清国警觉和争议,因此始终未予核准。当甲午战争日本即将获胜之际,日本政府感到攫取钓鱼岛列屿时机已到,于是在 1895 年 1 月 14 日召开内阁会议,秘密决定:"对于内务大臣建议的位于冲绳县八重山群岛之西北称为久场岛、鱼钓岛之无人岛,近年来有人试图从事渔业等,故应有序加以管理之,对此,应按照该县知事呈报批准该岛归入冲绳县辖,准其修建界桩,此事如建议顺利通过。指示:按照关于修建界桩事宜的建议办理。"①

同时,内阁还拟定了政府文书《久米赤岛、久场岛及鱼钓岛编入版图经过》,具体内容如下:

> 散落在冲绳与清国福州之间的久米赤岛(距久米岛西南方约 70 里,位于离清国福州近 200 里处)、久场岛(距久米岛西南方约 100 里,位于靠近八重山岛内石垣岛 60 余里处)及鱼钓岛(方位同久场岛,仅比久场岛远 10 里左右)之三岛未发现所属清国的特别证迹,且靠近冲绳所辖之宫古、八重山岛等,为无人岛屿,故冲绳县知事呈请修建国标。上述审议在呈报太政大臣前,山县内务卿于明治 18 年 10 月 9 日已征询井上外务卿的意见。经外务卿熟虑,鉴于本岛屿靠近清国国境,为蕞尔孤岛,当时我国政府因清国报纸刊载我占据台湾附近清国属岛等流言而敦促清国政府注意等理由,于 10 月 21 日答复把建立国标、开拓岛屿之事延至他日时机为宜。12 月 5 日内务、外务两卿指示冲绳知事,对目前不修建国标望加谅解。明治 23 年(1890)1 月 13 日,冲绳县知事向内务大臣请示,要求确定这些岛屿的管辖。请示提出本案岛屿一直为无人岛,未特别确定其所辖,近年因取缔水产之需要,故八重山官署报请确定其所辖。进而明治 26 年(1893)11 月 2 日,当时有人试图在本案岛屿从事渔业生产等,冲绳县知事为管理之,向内务、外务两大臣呈报修建该县所辖之界桩。内务大臣就本案提交内阁会议与外务大臣磋商,外务大臣未表示异议。于明治 27 年(1894 年)12 月 27 日提交内阁会议。明治 28 年(1895 年)1 月 21 日,内阁会议决定由内务、外务两大臣指示冲绳县知事:

---

① 〔日〕浦野起央主编:《钓鱼台群岛(尖阁诸岛)问题研究资料汇编》,励志出版社 2001 年版,第 169 页。

报请修建界桩一事已获批准。①

事实上，在钓鱼岛修建界桩，冲绳县并未立即执行。据井上清教授披露，直到 1969 年 5 月 5 日，冲绳县所属石垣市才在岛上建起一个长方形石制标桩。②

日本内阁会议的这一决定，是密件，过了 57 年后，于 1952 年 3 月在《日本外交文书》第 23 卷对外公布，此前清政府以及其他国家完全不知情。在中日《马关条约》的谈判、签署过程中，日本谈判代表隐匿内阁会议的决定，有意采取模糊策略，笼统地将钓鱼岛置于中国所割让的台湾附属岛屿之内，偷换手法，达到变"窃占"为"公开"占领钓鱼岛的目的。钓鱼岛是中国台湾的附属岛屿，在明清两代已是人所共知，而清政府又根本无从知晓日本秘密"窃占"钓鱼岛的实情，因此在《马关条约》谈判和签署中将钓鱼岛视为"台湾附属岛屿"，而未做特别说明。

由上述可见，日本"窃占"钓鱼岛绝非什么"和平方式"，而是近代殖民侵略的产物，是甲午战争中日本战略的一环。正是基于侵华战争胜券在握，日本内阁才抢先窃据钓鱼岛，接着才有了不平等的《马关条约》；正是通过《马关条约》，日本力图以所谓条约形式，实现其对钓鱼岛"窃占"行为的"合法化"。这一历史过程是清楚无误的，是史家的共识。

二　钓鱼岛早就是中国台湾的附属岛屿

钓鱼岛及其附属岛屿位于我国台湾省东北，是台湾的附属岛屿，分布于北纬 25°40′—26°、东经 123°20′—124°40′，距基隆港约 190 公里，在行政上隶属宜兰县头城镇大溪里。

根据中国历史文献记载，"钓鱼岛是台湾附属岛屿"这一事实，早已得到确认。明朝嘉靖四十四年（1565）成书的《日本一鉴》，由"奉使宣谕日本国"的郑舜功撰写。该书明确记录了钓鱼岛为中国台湾所属，书中载：

---

① 〔日〕《新領土ノ発見及取得ニ関スル先例》，JCAHR：B04120002200；《钓鱼台群岛（尖阁诸岛）问题研究资料汇编》，励志出版社 2001 年版，第 171 页。

② 转引自井上清《尖阁列岛—钓鱼诸岛の史的解明》，日本第三书馆 1996 年版。

　　或自梅花东山麓鸡笼上开钓鱼目自山，南风，用卯乙缝针，西南风，正卯针或正乙针，约至十更，取钓鱼屿。……自梅花渡彭湖、之小东、至琉球、到日本，为昔陈给事出使琉球时，从其从人得此方程也。一自彭湖、次高华、次黿鼊、次大琉球，亦使程也。而彭湖岛在泉海中，相去回头百六十里。钓鱼屿，小东小屿也。尽屿，南风，用正卯针，东南风，卯乙缝针，约至四更，取黄麻屿。黄麻、赤坎、古米岭，马齿、琉球、逦迤先黄麻、赤坎、古米、马齿、琉球、逦迤，皆海山也。尽黄麻屿，南风，用甲卯缝针；西南风，正甲针；东南风，正卯针，约至十更，取赤坎屿。尽屿，南风，用正卯针，或寅甲缝针；西南风，艮寅缝针；东南风，甲卯缝针，约十五更，取古米山。……尽古米，南风，用寅甲缝针或正卯针，约至五更，取马齿山。尽山，南风，用甲卯缝针，或寅甲缝针，约至五更，取大琉球。

该书还记载："小东岛，即小琉球，彼云大惠国。"①

"小东"、"小琉球"、"大惠国"，即当时中国、琉球、日本对台湾的不同称谓。上述航路，不仅准确记录了钓鱼岛与台湾岛等岛屿之间的地理关系，而且明白无误地指出"钓鱼屿，小东小屿也"，表明钓鱼屿是台湾所属小岛。《日本一鉴》是具有官方文书性质的史籍，它反映了明朝政府早已确认钓鱼岛列屿是属于台湾的小岛群。

在明清两代，台湾属于福建省辖地。光绪十一年（1885），鉴于日本和西方列强对台湾的觊觎和侵略，台湾防务形势严峻，台湾在行政上以一府的地位，难以应对，清政府决定在台湾建省。建省以前，钓鱼岛列屿作为台湾府所辖之岛屿纳入福建海防范围，史有明证。

明嘉靖四十一年（1562）闽浙总督胡宗宪幕僚郑若曾著《筹海图编》，其中《沿海山沙图》② 中不但记录了台湾、钓鱼岛、黄尾屿、赤尾屿等岛屿属于福建海防范围，而且标明了这些岛屿的位置与统管区域。

明万历三十三年（1605）徐必达等人绘制的《乾坤一统海防全图》及明天启元年（1621）茅元仪绘制的《武备志·海防二·福建沿海山沙

---

① （明）郑舜功：《日本一鉴》之《桴海图经》卷一之《万里长歌》，民国间抄本。现藏于国家图书馆。

② （明）郑若曾：《筹海图编》，嘉靖四十一年（1562）刻本。现藏于国家图书馆。

图》，也将钓鱼岛等岛屿与台湾岛作为同一个防区同时划入中国海防范围之内。

清康熙六十一年（1722），黄叔璥任清政府第一任巡台御史，乾隆元年（1736）他"以御史巡视台湾时所作"《台海使槎录》（前四卷名《赤嵌笔谈》），其中卷二武备目列举了台湾所属各港口，不仅将钓鱼岛视为中国海防前沿要塞，而且表明钓鱼岛在行政上早已属于台湾府管辖。其载：

> 近海港口哨船可出入者，只鹿耳门南路打狗港，北路蚊港，笨港、淡水港、小鸡笼、八尺门。其余如凤山大港、西溪蚝港……可通杉板船。台湾州仔、尾西港……今尽淤塞，惟小渔船往来耳。山后大洋，北有山名钓鱼台，可泊大船十余。①

《台海使槎录》是公文文书，其影响甚广，为此后史家多为引用，如乾隆年间的《台湾府志》，基本引用了上述内容："台湾港口"包括"钓鱼台岛"。类似记载在其他官员的公文文书中也屡见不鲜，如乾隆十二年（1747），时任巡视台湾兼学政监察御史范咸著《重修台湾府志》明确指出，钓鱼岛等岛屿已被清政府划入台湾海防的防卫区域内，属于台湾府辖区。

嘉庆十六年（1811）清政府在台湾置噶玛兰厅，1875年改设宜兰县。道光九年（1829）陈寿祺总纂（十五年程祖洛等续修）、同治十年

---

① （清）黄叔璥：《台海使槎录》卷2，清乾隆间刻本。现藏于国家图书馆。台北《海峡评论》2013年5月号发表香港中文大学亚太研究中心主任郑海麟的《黄叔璥〈台海使槎录〉所记"钓鱼台"及"崇爻之薛坡兰"考》，对该书所称"钓鱼台"是否今所指"钓鱼岛"表示质疑。该文指出："《使槎录》所记'山后大洋北'的'钓鱼台'究竟指哪个岛屿？根据现存的台湾文献资料确实颇难推定，在未有确凿证据之前，颇值得存疑。"存疑精神是可以的，但存疑并不等于结论。该文又说："从逻辑上看，《使槎录》所记的'钓鱼台'，应在'薛坡兰'附近，似不应指远在一百六十公里外的钓鱼岛；所述'山后大洋'的地理位置指的是濒临大海的台东、花莲、宜兰即清代'后山'地带。"这个结论似值得商榷。在没有确实证据以前，说"钓鱼台"似不应指远在160公里外的钓鱼岛，只是一种推测；说"山后大洋"指的是濒临大海的台东、花莲、宜兰即清代后山地带，也只是一种推测，且是无根据的推测。这个推测与"山后大洋北"相冲突。台湾人黎涡藤在历史博客（http：//blog.sina.com.cn/dddnibelungen）中认为这个钓鱼台并不是现在的钓鱼岛，而是台湾东岸南部秀姑峦以南一带某地（现今地点可能是三仙台）。以上见解笔者并不认同，当另文考证。

（1871）刊行《重纂福建通志》，其中卷八十六《海防》，《台湾府·噶玛兰厅》载：

> 噶玛兰厅即厅治，北界三貂，东沿大海……又山后大洋北有钓鱼台，港深可泊大船千艘。①

上述文献明确将钓鱼岛列入海防冲要，隶属台湾府噶玛兰厅管辖。类似记载见于余文仪著《续修台湾府志》、李元春著《台湾志略》以及陈淑均纂、李祺生续辑《噶玛兰厅志》等史籍中。

法国来华耶稣会士蒋友仁绘制了《坤舆全图》，该图初绘于乾隆二十五年（1760），再绘于乾隆三十二年（1767），其中《台湾附属岛屿东北诸岛与琉球诸岛》中有彭嘉、花瓶屿、钓鱼屿、赤尾屿等。图中不仅使用了福建话发音，将钓鱼屿写作好鱼须、黄尾屿作懂未须、赤尾屿作车未须，而且把上述各岛屿均置于台湾附属岛屿中。

日本人林子平1785年（天明五年）出版的《三国通览图说》所附《琉球三省及三十六岛之图》，图中绘有福建省福州到琉球那霸的两条航线，其中南航线由西向东绘有花瓶屿、澎佳山、钓鱼台、黄尾山、赤尾山，这些岛屿均涂上中国色，表明为中国所有。

1809年法国人皮耶·拉比和亚历山大·拉比绘制了彩图《东中国海沿岸图》，图中将钓鱼屿、赤尾屿绘成与台湾岛相同的红色，将八重山、宫古群岛与冲绳本岛绘成绿色，清楚地标示出钓鱼台列屿为台湾附属岛屿。

综上所述，尽管日方力图割裂钓鱼岛与中国台湾的历史联系，并一再否认《马关条约》中的"台湾附属岛屿"包括钓鱼岛，但是，事实胜于雄辩。大量历史文献表明，中国政府将钓鱼岛纳入台湾辖下，从海防和行政两个方面都对钓鱼岛实施了长期的有效管辖，钓鱼岛不是无主地，而是中国台湾的附属岛屿。钓鱼岛列屿不仅有中国渔民长期经营，而且至少从

---

① 台湾银行经济研究室编：《台湾文献丛刊》第084种，《福建通志·台湾府》，1960年版。此条记载很重要，一是它比黄叔璥晚一百多年，对山后大洋北钓鱼台的认识更准确了，说钓鱼台"北界三貂，东沿大海"，这个地理位置大体上是接近真实的。但可泊大船千余，可能是手笔之误。

明代中叶开始就纳入中国政府的海防范围，由中国政府采取了实际管辖措施，这一历史事实，早于日本所称1895年1月内阁决定窃据三百数十年。

三 "冲绳处分"与甲午战争及钓鱼岛争端

日本内阁秘密将钓鱼岛列屿划入冲绳县管辖，与日本的"冲绳处分"有关，也与甲午战争有关。冲绳本是琉球王国所在地。琉球王国是一个独立的国家，明初即接受明朝皇帝册封，是明清时期中国的藩属国。据历史记载，公元1372年（明洪武五年），明朝派出册封使到琉球，此后历代册封使不绝于途。幕府末期，日本与琉球相邻的岛津藩主强迫琉球向自己进贡，但琉球王国照旧向清政府纳贡称臣。明治维新后废藩置县，明治政府开始显现军国主义倾向，矛头指向朝鲜、琉球和中国。此后，日本利用各种借口侵略琉球、朝鲜和中国的事件时有发生。1872年日本利用琉球飘流民在台湾南部被所在地居民杀害一事，向清政府问罪。口实有二：琉球民是日本属民，台湾南部"番地"是无主地。日本派出的交涉使把清政府总理衙门大臣说的台湾番地是"政教不及之所"，偷换概念，变成"政权不及之地"。1874年日本蛮横地派兵侵入台南，引起中日之间进一步交涉。那时候，日本国力尚不能与清朝抗衡，在取得清朝50万两白银赔款后退兵。征伐台湾与侵略琉球是同时进行的。1874年2月日本政府通过的《台湾番地处分要略》提出，阻止琉球向清政府进贡"可列为征伐台湾以后之任务"。1875年，日本天皇强令琉球断绝与清朝的册封关系，采取措施断绝琉球与中国的关系。1877年年底，清政府驻日公使何如璋在东京考察了琉球问题后指出："阻贡不已，必灭琉球；琉球既灭，行及朝鲜"，"琉球逼近台湾，我苟弃之，日人改为郡县……扰我边陲，台澎之间，将求一日之安不可得"。[①] 1878年10月，何如璋向日本外务省发出照会，谴责日本阻止琉球向清朝朝贡为"背邻交，欺弱国"，是"不信不义无情无理"，将"贻笑于万国"。[②] 日本政府不理睬这个抗议，并借口照会失礼，断绝谈判。1879年日本政府以大批武力和警察开往琉球，将琉球国王强行押解到东京，吞并琉球王国，将它改名为日本的冲绳县。

---

① 《清光绪朝中日交涉史料》第1卷，第24页，北平故宫博物院，1932年刊本。
② 引自《日本外交文书》，明治第11卷，第271页。

这样，一个独立的琉球王国，就被日本明治政府剥夺了国家地位。[①] 这在日本历史上美其名曰“琉球处分”。[②]

日本此举立即引起了清政府的抗议。中日之间由此展开了琉球交涉。日本提出了“分岛改约”方案，即把宫古、八重山群岛划归中国，琉球本岛以北诸岛归日本，试图诱使清政府承认日本吞并琉球，但必须以修改中日《修好条规》为前提。《修好条规》是1871年中日之间缔结的建交条约，是一项平等条约。所谓修改条约，即是清政府允许在《修好条规》中加入日本人在华“一如西人”，享有与欧洲人在华通商“一体均沾”的权利。清政府提出了三分琉球的方案，即北部原萨摩藩藩属地诸岛划归日本，琉球本岛为主的群岛还给琉球，并恢复琉球国王王位，南部宫古、八重山群岛划归中国，待琉球复国后送还琉球。1880年，清政府正在处理在伊犁问题上与俄罗斯发生的纠纷，准备对日退让，便与日本议定了分岛改约方案。中方随后从琉球人那里了解了情况，认识到分岛改约方案无助于琉球复国，改约徒使中国丧失权力，分岛改约方案未及签字。实际上，1882—1883年，中日就此问题的谈判仍在进行。在讨论重新签订中日《修好条规》的附约《通商章程》时，清政府再提琉球问题，日本外相表示把修改贸易条款与琉球问题分开，清政府谈判代表反对。问题一直拖下来。直到1887年，总理衙门大臣曾纪泽还向日本驻华公使盐田三郎提出，琉球问题尚未了结。据日本方面的记载，直到1888年，日本想在谈判中获得与欧美比肩的权利，未能实现，日本方面就终止了谈判。[③] 但日本已经把琉球据为己有，对清政府的态度就不管不顾了。琉球处分问题在中日之间成为一个悬案。1889年，日本把参谋本部长改称为参谋总长，积极

---

① 参考井上清著前引书，第九章天皇制军国主义的“琉球处置”与钓鱼群岛。也可参考中国社会科学院近代史研究所《日本侵华七十年史》第一编第一章，中国社会科学出版社1992年版。

② 这不是日本第一次把琉球国王抓到东京。早在明朝万历三十七年（1609），日本萨摩州倭奴他鲁济吾济等纠党突入中山那霸港，队成蜂蚁，势如喊虎，藩城被倭罗围数匝，村麓被劫，靡有孑遗，复逼割土献降：假不如议，城庙尽行焚毁，百姓尽行剿灭，土地悉卷所有。琉球国王发现，日本得陇望蜀，还想劫取鸡笼，“看其鸡笼虽是萍岛野夷，其咽（喉）毗连闽海，居地籍〇，鸡笼殃虐，则省之滨海居民（岂）能安堵？故而不为之惊惧也”。琉球国王被挟制到了日本。见《万历三十七年琉球国王报称日本萨摩州倭奴进兵琉球阻止进贡事》，《琉球宝案》第一册，第570—573页，手抄本，台湾大学1972年影印。

③ 参见井上清《钓鱼岛：历史与主权》，中国社会科学出版社1997年版，第92页。

扩张军备，加快了对华侵略的准备，当然就更不愿意与中国谈判琉球问题了。

就是在这种背景下，出现了1885—1895年日本政府（包括琉球政府）商讨在钓鱼岛设置"国标"以及把钓鱼岛列屿划归冲绳县的问题。在钓鱼岛设置"国标"以及把钓鱼岛列屿划归冲绳县是与日本完成攫夺琉球并进而指向台湾联系在一起的。

《马关条约》签订，清政府没有能力重提琉球，台湾以及附属诸岛（包括钓鱼岛列屿）、澎湖列岛、琉球就被日本夺走了。但是，1941年中国政府对日宣战，废除《马关条约》。随后《开罗宣言》、《波茨坦公告》做出了战后处置日本的规定，日本天皇接受了这些规定。依照这些规定，不仅台湾及其附属诸岛、澎湖列岛要回归中国，钓鱼岛列屿也理应与台湾一起回归中国。而且，历史上悬而未决的琉球问题应该可以提出再议。①

四　日本政府欲盖弥彰究竟何为

在日本"窃占"中国钓鱼岛的进程中，甲午战争、《马关条约》是一个十分重要的环节。日本通过《马关条约》实现了觊觎钓鱼岛10年的图谋，开启了日本非法控制钓鱼岛的大门。由于《马关条约》，日本政府堂而皇之地主张对钓鱼岛的所谓主权，摇身一变成为钓鱼岛的主人，进而将其非法行为"合法化"。

然而就如同在签署《马关条约》时日方有意模糊"台湾附属各岛屿"一样，在很长时间内，日本政府并未公开宣称对钓鱼岛的领土主权。即使在1896年3月日本发布的名为《有关冲绳县郡编制》的第13号敕令中，明治天皇并没有将钓鱼岛明确写入，甚至也没有任何与钓鱼岛各岛屿相关的名称。而第13号敕令也被日方视为其领有钓鱼岛主权的依据之一。

日本政府既然在《马关条约》签署之前，就已偷偷将钓鱼岛编入冲绳县地方政府，为什么在《马关条约》签署之后，仍然含糊其词呢？这与当时台湾岛内的局势不无关系。

---

① 有关琉球处分研究，参见日本学者井上清前引书，以及羽根次郎《"尖阁问题"内在的法理矛盾——旨在驳斥"固有领土"论》，见日本岩波书店出版《世界》2012年10月号第835期。

不平等的《马关条约》将台湾全省及其所有各附属岛屿全部割让给日本，在中国京师和台湾岛内引起轩然大波。以台湾而论，1895 年 5 月 25 日，在工部主事丘逢甲和台湾巡抚唐景崧的幕僚陈季同等人的倡议下，台湾成立了以唐景崧为总统、刘永福为大将军、李秉瑞为军务大臣的"台湾民主国"，由此拉开了岛内长达 50 年从武装抗日到非武装抗日斗争的序幕。尽管在 1895 年年底，日本宣布基本控制台湾全岛，但台湾民众的抗日活动并未停止。日本政府忙于平息岛内事态，无暇顾及钓鱼小岛，另一方面也可能不想因钓鱼小岛再节外生枝。于是，从 1896 年将钓鱼岛的使用权租借给古贺辰四郎，而古贺家族的经营持续到"二战"之前。

事实已经非常清楚，日本政府采取"暗劫"手段，将中国钓鱼岛编入日本领土，又利用《马关条约》收获"窃占"中国钓鱼岛的"红利"，但仍然心有余悸，于是采取了秘而不宣的手法，以制造"钓鱼岛是日本领土"的既成事实。如今，日本政府一再否认《马关条约》中所述"台湾所有各附属岛屿"不包括钓鱼岛，意在把钓鱼岛从"二战"之后日本应归还的中国领土中剥离出来，从而为其"钓鱼岛是日本固有领土"、"钓鱼岛主权不存在争议"的立场提供历史依据和理论根据，这或许就是日本政府欲盖弥彰的目的所在。

五　琉球再议，议什么？

把钓鱼岛和"琉球处分"联系起来，是为了说明当时的中日关系和东亚局势，为了说明晚清外交的颓势和对日关系的失败。封建的老大的晚清中国，不仅抵挡不住西方殖民主义的侵略，也抵挡不住后起的东方殖民主义国家的侵略。东亚局势的转变，甲午战争是一个关键的标志。日本正是在这样一个积极对外侵略的态势中，强行吞并一个独立的王国琉球的，也借着甲午战争，攫取了钓鱼岛，把钓鱼岛划归冲绳管辖。日本内阁把钓鱼岛划归冲绳管辖，是日本侵略中国战略的一环。日本取得琉球是战争行为，取得钓鱼岛也是战争行为。

琉球地位需要"再议"，是从琉球历史和近代中日交涉的历史中得出的结论，不是从现实的中日关系出发的。当然，提出"琉球再议"，可能对现实的中日关系产生何种影响，需要关注。

琉球再议，不是说中国要把琉球拿过来。琉球再议至少可以有如下几点含义。

第一，琉球历史上曾经是一个独立的王国，明清两朝都是中国的藩属国，琉球国新国王登基，需要得到中国皇帝的册封，才具有法律地位。另外，琉球国需要奉中国正朔，使用中国的年号。所谓朝贡，现代学者研究具有贸易的性质，其实是带着礼物走亲戚。两个很亲的亲戚，如果不经常走动，就生疏了。两个国家更是如此。琉球国每年或者隔年到中国走动一次，带一些礼物，中国皇帝为满足自大心理，把这种走动称作朝贡，作为宗主之国，还礼很隆重，如此而已。东方国家朝贡关系的建立，是那时经济文化发展的差异造成的，是历史上东方国家的国际关系的构成体系，带有儒家温情脉脉的一面。17世纪初，与琉球国邻近的日本萨摩藩强行要求琉球朝贡，琉球自忖力量小，不得不应付，但当日本提出阻止琉球向中国朝贡要求后，被琉球拒绝，直到1879年为止。需要明确指出，日本吞并琉球，是强制的，是武力的，不是自愿的、和平的。当琉球国王被450名日本军人和150名日本警察抓到东京后，琉球国内还派出大臣到中国哭诉，要求宗主国中国出兵相救。中国面临西方殖民主义炮舰政策的进攻下，宗藩体系正处在瓦解的过程中，无力派兵相救。但清朝政府正式向日本提出了抗议，清朝驻日本公使也向日本政府提出了质询和谴责。1880—1888年，清政府与日本之间就解决琉球问题进行了长期谈判。清政府和日本政府当年都认为琉球问题是一个尚待谈判解决的悬案。显然，中国政府始终未承认日本吞并琉球为合法。如果没有甲午战争，琉球问题还将继续交涉，可能还会成为一个国际关注的问题。因此，琉球再议，至少要接续19世纪80年代中日两国之间就琉球问题进行的谈判。这是琉球再议的第一层含义。

第二，1943年美、英、中三国首脑开罗会议，美国总统罗斯福根据战后制裁日本以及日本领土只限于四岛的决定，根据琉球历史上与中国的关系，向中国当时的国家元首蒋介石委员长提出战后是否将琉球交给中国管理的意见，蒋答应可由中美两国共管。① 这个问题当时并未形成定论。

---

① 蒋介石在开罗会议前是主张中国收回琉球的，他在日记中多次表达过这种想法，但在开罗会议前，中国政府外交部提出了不同意见，这个意见影响了蒋介石在开罗会议期间就琉球问题的表态。详细研究参考侯中军《困中求变：1940年代国民政府围绕琉球问题的论争与实践》，《近代史研究》2010年第6期。

在冷战时期，美国改变了对琉球问题的看法，但美国没有就此与中国以及任何"二战"中的盟国商量过。今天可以在开罗会议机制上，由中美之间，或美英中三国之间加以讨论。

第三，1952年签订的《旧金山和约》（中华人民共和国外交部当时发表声明不承认这个条约，因为条约的谈判把对日作战的一个最重要当事国中国排除在外）规定，日本在放弃占领的领土之外，还同意美国对北纬29度以南之西南群岛（包括琉球群岛）等岛屿送交联合国之信托统治制度提议。在此提案获得联合国通过之前，美国对上述地区、所属居民与所属海域拥有实施行政、立法、司法之权利。这就是说，包括琉球在内的西南诸岛的委托统治在获得联合国通过以前，由美国行使管理权。1971年，未经联合国讨论通过，美日之间签订交还冲绳协定，将琉球的治权交给日本，这是违反《开罗宣言》和《波茨坦公告》的，是违反《联合国宪章》的。因此，琉球再议，可以在联合国去讨论琉球地位问题。

第四，琉球地位长期未定，考虑到琉球作为日本的冲绳县时间较长（1879—1945，1971至今），需要考虑琉球人民（即冲绳县的琉球人）的意见，可以在琉球人民中展开讨论，看看琉球人民究竟是愿意独立，还是有所归属？琉球人民的意见应该成为琉球再议的重要依据。

1943年签署的《开罗宣言》明确规定：同盟国的宗旨，"在剥夺日本自从1914年第一次世界大战开始后在太平洋上所夺得或占领之一切岛屿；在使日本所窃取于中国之领土，例如东北四省、台湾、澎湖群岛等"，归还中国；同时严正指出"其他日本以武力或贪欲所攫取之土地，亦务将日本驱逐出境"。

1945年由中美英三国签署的《波茨坦公告》不仅宣示三国一起致力于战胜日本，而且第八条还强调"开罗宣言之条件必将实施，而日本之主权必将限于本州，北海道，九州，四国及吾人所决定其他小岛之内"。

1972年9月中日发表建交声明，日本表示坚持遵循《波茨坦公告》第八条的立场。

根据《开罗宣言》、《波茨坦公告》和中日建交声明，日本必须将其窃取的包括钓鱼岛在内的中国领土归还中国。这三个文件都是庄严的国际法文件，也都是相关国家之间取得一致认识的政治文件。遵守相关文件，是相关国家的国际义务。

长期以来，日本在钓鱼岛问题上不仅没有切实履行承诺，反而屡屡在钓鱼岛领土问题上演闹剧、制造事端。在美国的支持下，日本作为战败国不仅不履行国际条约的规定，反而极力混淆国际社会视听，借曲解《马关条约》来否定中国对钓鱼岛的主权，为其长期"窃占"钓鱼岛寻求所谓"合法"依据，这不仅站不住脚，而且丝毫不能改变中国拥有钓鱼岛主权的客观历史事实。

本文的目的，是要从历史和现实的角度说明钓鱼岛是中国的领土，它从来不是琉球的一部分，更不是日本的一部分。钓鱼岛与琉球发生关系，是日本在近代的侵略政策造成的。

（原文载于《台湾历史研究》第一辑，社会科学文献出版社 2013 年版）

马关签约与割让台湾研究

光绪乙未台湾的交割与保台

梁华璜

前言

日本自从 1854 年，在西方列强的压迫之下打开门户之后，也跟中国同样被迫签订了一系列的不平等条约，故一度也陷入殖民地的状态。不过，后来因为开明的知识分子与下级武士，能够认识时代潮流，起而打倒顽固守旧的幕府，领导明治维新运动，终使日本摆脱了殖民地的桎梏，进而成为"现代化"的国家。

日本由摆脱西方列强的压迫直到"现代化"的过程，其所循途径主要有二：（一）对西方列强是极尽奴颜婢膝之能事，以求得列强之缓和压力。如乐于充当英国的鹰犬，以阻止俄国向远东的发展，因此博得英国的欢心，修改了英日不平等条约（1894 年）。如《马关条约》签订后，对于三国（俄、法、德）抗议其占有辽东半岛时，日本只是低头屏息，完全让步（对中国却一步不让，还要求退还辽东半岛的补偿），以获得列强默认日本割取台湾（包括澎湖，以下同）。（二）对邻居东方各国是用尽压榨侵略的手段，以充实其"现代化"的原动力。日本虽然也跟中国同样受过西方列强的压迫，却不愿与中国同舟共济，共图抵御"夷狄"之策略，反而要把西方列强加在日本的压力，转嫁于中国或朝鲜，更进一步仿效西方列强对日本所施之压迫手段，以压迫中国或朝鲜。也可以说，日本断送于西方列强的权益，则向中国、朝鲜榨取补偿。因此日本从明治初年便发动"强权外交"，以巧取豪夺的方式侵略邻国。如征韩论、征讨台湾生番、并吞琉球、江华岛事件、甲申之乱，乃至于甲午战争的发生，皆系"强权外交"的副产物。并吞台湾自然也是其中的一环。台湾沦为日本的殖民地之后，其资源与民脂民膏对日本的"现代化"便发生了极大的"贡献"。

在日本"强权外交"之下，同治末年（1874）日本已借口琉球人被台湾生番所杀，一度派军登陆台湾南部。虽未能如愿永久占有台湾，并吞台湾的野心却从未死。马关会谈日本的坚持割台，正是完成同治末年侵台未遂之志。换言之，日本并吞台湾的酝酿已久，处心积虑，志在必得。另一方面，北洋大臣李鸿章对日本垂涎台湾最为敏感，但在马关和谈时为解除京师根本之危迫，与保全其本身的北洋地盘，对日本要求割让台湾，并未尽力抗拒，反以割让台湾成全和局。关于这个问题的探讨，笔者曾经撰文《中日战争与割让台湾》发表于《星加坡南洋大学学报》（1986 年第 2期）。

本文探讨的范围是，从乙未年间（光绪二十一年、1895 年）台湾的交割开始，至刘永福的潜返大陆为止。探讨的问题，主要包括：

（一）李鸿章之子李经方的行径：李鸿章为举世所知，其子李经方则少为史家所注意。笔者认为李经方在马关和会与交割台湾时，所扮演的角色影响全局甚大。因此利用日本的资料剖析李经方在这方面的行径，而对其媚日求和、误国弃民的言行加以批判。

（二）"台湾民主国"的经过："台湾民主国"成立的动机，绝非脱离中国而独立，此事早为识者所知。笔者亦支持此一见解，进而分析当时所发表的"自主宣言"，认为"台湾民主国"是为了便于商结外援，抗拒日军侵占，权宜上采取独立的形式而已，事平仍要归中国。所谓"商结外援"尤其是与法国的关系最密切。笔者从"台湾民主国"的策划人陈季同与法国的关系来论述这个问题。但因缺乏这方面的外国资料，本文仅做试论而已，正确的求证有待日后更进一步的研究。

其次，对"台湾民主国"的所谓领导人物唐景崧（福建台湾巡抚）与丘逢甲（台籍工部主事），按其实际活动加以评论。唐景崧之背弃台湾绅民的众望，又遗弃自己的部众遁亡大陆的行径，史乘多加恶评。笔者同意这种态度，且认为清廷即使不传旨命唐景崧内渡，唐也不可能留台领导台民抗日，从这点对唐完全采取批评的立场。丘逢甲在初期对保台与抗日，一再慷慨陈词，但实际的表现与唐景崧相差无几，即最后也解散义民军逃回大陆。这种丘逢甲所扮演的角色，笔者从他的"官绅"（在朝为官，在乡为绅）的身份及特性，加以解释。

（三）保台与抗日：这个问题是就南洋大臣张之洞与台湾防务帮办刘永福的言行加以观察。张之洞在马关和谈进行期间，极力反对割台。至《马关条约》签订后亦煞费苦心，诱导西方列强挽救台湾，结果虽然失败，却不像北洋大臣李鸿章注重北洋区域（直隶、辽东），轻视台湾。这种张、李对台湾地位看法的不同，与他们南北洋洋务建设或势力范围的背景不无关系。又当时台湾巡抚唐景崧是张之洞的门人，所以张在前期对保台颇为积极。但是唐景崧内渡后，张之洞对台湾的态度即急转直下，对刘永福的求援竟借词拒绝、否认诺言，使刘永福与台湾义民军的抗日战争陷于孤立无援。第四章即论述这种张、刘为保台所发生的同床异梦经纬。

最后论及台湾义民（军）的抗日与刘永福的地位。台民抗日的壮烈，在吾国史料中颇为详尽。为求客观起见，笔者引用日人所著战记、从军日记之类，更加以证实。再把刘永福的地位衬托于台民抗日战斗之间，即评价刘永福融合黑旗军与义民军，领导抗日战争的功劳。又对刘永福曾经致书日军求和一节，论者虽视刘为投降分子，笔者却不敢苟同；乃分析刘与日军往还之书函，否认刘之求和等于投降。

本文有关日方资料，系留日期间在日本国会图书馆宪政资料室与外务省图书室等处多方搜罗。去夏甫自南洋返台，又在台湾省文献委员会与省立台北图书馆搜集中文文献，然后与日方资料互相参照，一而完成本文。唯笔者学识谫陋，加上匆促脱稿，舛误之处在所难免，尚祈读者不吝赐教。

1974 年 2 月

第一章　台湾的交割

第一节　交割委员李经方

甲午战争的结果，清政府被迫签订《马关条约》（1985 年 4 月 10 日，光绪廿一年三月廿三日），并于 5 月 8 日（西历，以下同）在山东芝罘换约。《马关条约》自谈判至签订，全权大臣李鸿章及其子李经方[①]扮演重

---

① 李鸿章初无子，以弟之子李经方为养子。李经方曾任驻英公使馆参赞与驻日使臣（1890—1892）。马关和谈李经方以参议官随行。李鸿章遇刺后，李经方则授全权委员与日本全权谈判。

要的角色，尤其是曾任驻日使臣的李经方，以亲日派的姿态受日牵鼻的卖国行为，不能忽视。其媚日的态度有甚于李鸿章，不幸清廷又委派李经方经理台湾交割，致使台湾领土与人民如敝屣一般地割弃于日本。本文重点即在探讨李经方交割台湾的态度，作为了解马关和谈中李经方丧权辱国的行为。

　　根据《马关条约》第五款："中日两国在本约批准交换后，随即各派委员一名以上，前往台湾省办理该省交割，务必在本约批准交换后二个月内完成交割。"[1] 日本既在条约上攫取台湾的主权，便想尽速将台湾并入日本版图。又鉴于俄、德、法的干涉而退还辽东，"接收"台湾确系刻不容缓之事。

　　《马关条约》签订后第二天（5月10日），即任命海军上将桦山资纪为台湾总督，并兼"接收"台湾全权委员。桦山资纪出身萨摩藩武士。同治末期以来垂涎于台湾，如1874年（同治十三年）日军之侵略台湾番地（琉球难民事件），桦山即是幕后的主战人物。此前，桦山已两度（1873年8月与1874年3月）深入台湾各角落，调查地势、资源，乃至于民情风俗。其对台湾内部（包括番地）的了解，不仅在明治文武官僚中首屈一指，恐怕清廷驻台官员也不能望其项背。如1873年初次来台，发现基隆郊外煤炭蕴藏丰富，矿脉多在三尺厚左右。但清政府并未投资开采，听任民间零星挖取而已，桦山便认为"将来占领后可兴办大规模的采矿业，岂不快哉！"[2] 同年九月抵达苏澳港，发现"本港中央有暗礁，左右两翼可停泊军舰三、四只。……本港为台湾东海岸的第一港，但务须注意中国大陆仅在对岸"[3]。对当时的台湾首府（今台南）留下更深刻的印象："安平城可能因为台湾首府所在地，民情敦厚朴实，对外国人并不作好奇之围堵。"又发现"该城驻军四千左右，城内户口稠密，东北区南门一带不少荒地，四周竹林茂郁，地形崎岖，形势险要。但进攻安平城并不难，应以南北门地区为攻击要点"[4]。1874年第二次来台，由澎湖登陆，

---

　　① 《日本外交文书》第28卷第2册（1089）讲和条约，参看《台湾省通志稿》卷3，第230页。

　　② 参看桦山爱辅·井泽弘述编《父·桦山资纪》（油印本，东京大学经济学部图书室收藏）。《桦山日记》（日本国会图书馆宪政资料室收藏），明治六年（1873）九月六日条。

　　③ 同上书，九月二十三日条。

　　④ 同上书，十一月十六日条。

即认为"澎湖港是中国海第一要港……且为本国（日本）两门之锁钥，无论何国占领该港，不但对我（日本）海军，国防上之不利亦莫此为甚"①。可见桦山对台湾的侦探无微不至，且居心叵测。日本政府委派桦山为第一代台湾总督兼"接收"全权大员，可谓用得其人。

另一方面，清廷以台湾绅民的反对割让为理由，准备展缓交割台湾，因此不但交割全权委员迄未委派，5月15日（1985年），还谕令李鸿章向日本总理伊藤博文要求再议台湾问题，及暂缓桦山启程赴台接收。5月15日李鸿章照会伊藤曰：

> 奉昨（五月十四日）电旨内开，现在台湾兵民交愤，必不甘服听命。……察看台湾情形，两国全权大臣急宜会议此事办法。查贵大臣（伊藤博文）业经认明所有弃让奉天南边之事，应行会议办理。本大臣（李鸿章）之意，以为以上两事务须同时议结。现因台地情形与前不同，中国国家万不得已，著本大臣与贵大臣商酌办法。谅贵大臣必以为然。并令日本大员桦山提督暂缓起程为要。②

这种要求简直是与虎谋皮，日本政府自然不能接受，于是5月17日，伊藤回电曰："既然割与（指台湾）日本，此时非两国政府所能协议"，又谓"桦山总督的行期不能展缓，彼已于今日（5月17日）出发京都"③。伊藤的语气反而催迫清廷速办交割。李鸿章也认为伊藤的复电"词意甚为决绝"④，建议总理衙门饬令福建、台湾巡抚唐景崧就地办理交割。但此前（5月15日），台湾绅民经由南洋大臣张之洞致电总署，要求查照国际公法，割地绅民不服时应如何处理⑤。这个问题，李鸿章经询顾问科士达（J. W. Foster）的结果是：战时之割地，虽绅民不服，不能援用

---

① 参看桦山爱辅·井泽弘述编《父·桦山资纪》（油印本，东京大学经济学部图书室收藏）。《桦山日记》（日本国会图书馆宪政资料室收藏），明治七年（1874）三月三日条。

② 《李文忠公全集》电稿20，第59页，寄译署。参看《日本外交文书》第28卷第2册（1230），台湾问题解决二关シ意向通告ノ件。

③ 《日本外交文书》第28卷第2册（1232），台湾问题二关シ回答ノ件。

④ 《李文忠公全集》电稿20，第6页，寄译署。

⑤ 《清季外交史料》卷112，第11页，署江督张之洞奏据台湾绅民公禀坚留唐抚刘提仍理台事电。

国际公法付诸剖断①，即不可能诉诸国际公法再议台湾问题。至此要求日本展缓交割台湾的努力归于泡影。俄、德、法也已分别表示不及顾台②。清廷遂于 5 月 18 日"着派二品顶戴前出使大臣李经方前往台湾，与日本派出使臣商办"交割事件。③

清廷任命李经方为交割大员，不像日本政府之委派桦山资纪之经过慎重选人，而是受舆论的压迫不得已委派李经方。所谓舆论的压迫，即因李鸿章父子在马关和谈的丧权辱国，众怒方炽，要求李经方亦应负责台湾之交割。正如刑科给事中谢隽杭所奏：

> 臣李鸿章李经方为倭奴定议条约中，有割台湾一款……近复风闻李鸿章有两礼拜期内交割台湾，并请简派唐景崧之奏。臣意唐景崧之为人，以之效命疆场则志当靡他，以之旋转乾坤则力恐弗胜。此事既系李鸿章、李经方始终主谋，岂有功届垂成，反自治遥事外之理。且该大臣等既能定割地请和之策，自必具用夷变夏之才，国家用人专一，若忽舍他求，臣恐其迫胁朝廷且未有已也。相应请旨伤派李鸿章、李经方等迅速亲赴台湾依限交割，以终遂其志而缄其口。④

这是愤恨李氏父子之余，充满讽刺的奏议，清廷却受影响委派李经方，让其负责到底。这种人选极为不恰当，但亦可概见当时朝野舆论的压力。

《马关条约》签订后，李鸿章父子正分别在天津与上海舒一口气时，忽奉交割台湾大任，宛若晴天霹雳，惊惶失措。原来李鸿章在《马关条约》签订前夕（1895 年 4 月 16 日），已向总署建议，由福建、台湾巡抚唐景崧就地办理交割。至 5 月 18 日，日本拒绝展缓交割之要求后，李鸿章又重申前议（派唐交割），渠知大任降落其子身上。李鸿章早知台湾民性"狞恶"⑤，又闻悉

---

① 《李文忠公全集》电稿 20，第 60—61 页，寄译署。

② 参看《清季外交史料》卷 112，第 5 页，总督与法使商保台事问答笔录。又同此书，同卷第 12 页，使俄许景澄致总署报俄德不及顾台并请由江省谢其好意电。

③ 《光绪朝中日交涉史料》卷 44，第 31 页（3217）军机处电寄李经方谕旨。

④ 同上书，第 30 页（3124），刑科给事中谢隽杭请派李鸿章、李经方赴台交割折。

⑤ 马关和会第四次会谈时，李鸿章对伊藤博文说："辽东民性柔顺，台湾则狞恶。"参看《日本外交文书》第 28 卷第 2 册（1089）讲和会谈要录。

和约签订后，台民群情汹汹，恨不得杀尽李鸿章全族。李经方如果接受交割任务，无异于自投虎口，所以李氏父子当时费尽心机，欲推脱交割台湾的任务。接奉大任的翌日（5 月 19 日），李鸿章即以其子李经方，自马关和谈结束回国后，"因忧劳成疾，病势沉重，回南（上海）就医"为理由，婉拒交割任务。又说，李经方"素未到台"，与台湾官绅无一认识，对台湾情形不熟悉，无法办理交割。最后还强调这些理由"系实在情形，并无一语捏饰"①。其实这些多属借口。

原来李经方接奉任命当初，李鸿章即央托顾问科士达，推动驻北京美国公使田贝（Charles Denby）及英国公使欧格纳（N. R. O'Conor）劝说总署改派他人。科士达亦向总理衙门大臣张荫桓说情，但皆被拒绝，于是李鸿章借病为子请命②。这由后来李经方之办妥交割，亦可推想"病势沉重"并非事实。有一稍后之事，可作为佐证。1896 年（光绪廿二年）2月，李鸿章奉派赴俄，参加尼古拉斯二世（Nicholas II）加冕大典，其亲生子李经述亦被派随行，李鸿章却要求改派李经方。此时李经方仍乞假养病中，其父以"若随往外国，尚可支持"③为理由，奏请许其同行。可见李氏父子完全视其利害关系为进退，交割台湾因任务艰难，便以"病势沉重"欲加推卸。

李经方与台湾地方官绅无一认识，也是纯系虚构的理由。李鸿章与台籍京官林维源（大地主）早有笃交。林对赈灾、洋务建设、军饷（中法战争时）屡次慷慨捐输，李颇为激赏，曾奏请"破格优奖"④。台湾割让前夕，李关怀林家今后之处境，马关和谈时，特地嘱咐伊藤博文接管台湾后，多照顾林家⑤。至条约签订后，李驰函林谓：台湾之割让系因"借以解京师根本之危迫"⑥，求林谅解，并劝林妥为处理善后。这样备受爱护的林维源，即使李经方跟他无一面之识，凭其父关系，岂有不协助交割台湾之理。

林维源之外，"台湾民主国"的外务大臣陈季同，曾任驻法参赞等

①　《光绪朝中日交涉史料》卷 44，第 32 页（3220）大学士李鸿章来电。

②　J. W. Foster, *Diplomatic Memories*, Vol. 2, p. 154.

③　《李文忠公全集》奏稿 79，第 55 页，李经方随往片。

④　参看《台湾通史》（六）（台湾文献丛刊第一二八种）《林平侯列传》。《李文忠公全集》奏稿 31，第 31—32 页，林维源母请匾额片。

⑤　桥本白水：《台湾の官民》下篇，第 19 页。

⑥　《李文忠公尺牍》下（台湾文海书局刊）《复前太仆寺正堂林》。

职，与同属外交界出身的李经方该有认识。后来李经方不得已奉命赴台，起程之前经由其父要求"（陈）季同在澎湖口外守候"①。两天后（五月二十三日）陈季同回电劝曰：

> 伯行（李经方）星使到时，同（陈季同）如在台，自应趋晤。惟抵台以来，见台民万亿同心，必欲竭力死守土地……千万勿来，或请收回成命，或请另派他人，切勿冒险。此季同目击实在情形，欲报感恩知己，惟中堂（李鸿章）垂察云②。

即陈季同乐意前往澎湖口外迎候李经方，但又顾及李之安全劝李"千万勿来"。要非笃交旧知，不敢据于私情蔑视谕旨劝李勿来。正如陈季同所表示，我们是已有恩惠关系的"知己"。即使非与李经方个人的"知己"，李经方赴台办理交割时，陈季同乐意效犬马之劳，则可无疑问。总之，李经方赴台办理至少可得林维源或陈季同的辅助。就常理言，以李鸿章之声望地位，听任其子与台湾"地方官绅无一知者"③，谁能信之？

　　1889年（光绪十五年），李经方出任驻英使馆参赞时，台湾巡抚刘铭传经由李经方向在台怡和、旗昌两洋行（皆属英国系统）购买大炮快船，后因账目不清，李经方应刘铭传之邀请，不辞劳远，由英国渡台亲自与该两洋行结算账目④。时仅相隔五年，李鸿章竟称，李经方"素未到台"，亦属欺人之语。

　　以上可见，李鸿章所称理由多属"捏饰"，清廷并不曾受其蒙蔽，而严旨斥曰：

> 李经方随同李鸿章赴日，派为全权大臣，同订条约，回津后尚未覆命，何以遽行回南？昨派令前往台湾商办事件，又复借病推诿，殊堪诧异。李鸿章身膺重任，此事妥筹结局，岂得置身事外，转为李经方饰词卸责？现在日使将次到台，仍着李经方迅速前往，毋许畏难辞

---

① 《李文忠公全集》电稿卷20，第66页，伯行上海来电。
② 同上书，第66页，寄伯行。
③ 《光绪中日交涉史料》卷44，第22页（3220）大学士李鸿章来电。
④ 参看海防档，甲，《购买船炮》下，第798页。

避。倘因迟延贻误，惟李经方是问。李鸿章亦不辞其咎也①。

李鸿章不敢再抗违，只好督促李经方准备启程。一方面要求总署再聘科士达为顾问，随同赴台。以上可知，李经方接受交割使命是受了极大的压力，其内心之苦闷不难想象，自然对交割会谈亦将敷衍塞责。

李鸿章既然无法向清廷为子请命，便转向日本要求保护李经方，即致电伊藤博文转达桦山资纪"格外体谅，按照友谊通融办理"，甚至劝伊藤谓："台湾主权业经交与日本，日本自应遣派水陆各军以资弹压，保守平安。"②为了吾人安全，竟然建议日本——敌国——派遣军队杀戮台湾人民。李鸿章之要求日本保护李经方，无异于投入日本怀抱，求之不可得，于是伊藤博文答复李鸿章，不如李经方先来长崎，再由"日本官方船舰之保护，同往台湾"③。但总署以"诸多窒碍"，著李鸿章不得接受④。最后经与伊藤、桦山商议结果，双方定在日本船队预定到达之淡水相会，并约定"若遇碍难之事，暂时护送澎湖或福州，陆上（台湾岛上）如有发生骚乱，俟镇压后，李经方再与桦山同时上岸"⑤。

另一方面，台湾人民闻悉《马关条约》将割让台湾，"一时哭声震天"⑥，群情汹汹，誓不服倭。至闻李经方来台交割，"台民愤极"⑦，且在民间张贴檄文欲杀尽李鸿章、徐用仪、孙毓汶两族。檄文略曰：

> 痛哉！吾台民从此不得为大清国之民也，吾大清国皇帝何尝弃吾台民哉？有贼臣焉：大学士李鸿章也，刑部尚书孙毓汶也，吏部侍郎徐用仪也。台民与汝李鸿章、孙毓汶、徐用仪有何仇乎？……我台民父母妻子，田庐坟墓生理家产身家性命，非丧于倭奴之手，实丧于贼臣李鸿章、孙毓汶、徐用仪之手也。我台民穷无所之，愤无所泄，不

---

① 《李文忠公全集》电稿卷20，第63页，寄伯行。

② 同上书，第65页，寄伯行。参看《日本外交文书》第28卷第2册（1236）清国李委员派遣ニ关シ通告ノ件。

③ 《日本外交文书》第28卷第2册（1240）清国全权派遣ニ关シ通告ノ件。

④ 李全集，电稿20，第68页，寄伯行。

⑤ 同上书，电稿21，第2页，寄译署，日本外交文书（1244）淡水会合通告ノ件。

⑥ 《张文襄公全集》卷144，电牍23，第28页，唐抚台来电。

⑦ 同上书，电牍24，第28页，唐抚台来电。

能呼号于列祖宗之灵也，又不能哭诉于太后皇上之前也，均之死也。为国家除贼臣而死，尚得为大清国之雄鬼也矣。我台民与李鸿章、孙毓汶、徐用仪不俱戴天，无论其本身，其子孙，其伯叔兄弟侄，遇之船车街道之中，客栈衙署之内，我台民族出一丁，各怀手枪一杆，快刀一柄，登时悉数歼除以谢天地祖宗太后皇上，以偿台民父母妻子，田庐坟墓生理家产性命，无冤无仇受李鸿章、孙毓汶、徐用仪之毒害，以为天下万世无廉耻卖国固位，得罪天地祖宗之炯戒。

大清光绪二十一年肆月台湾省誓死不二与贼臣俱生之臣民平启①

台湾人民对李鸿章、孙毓汶、徐用仪之愤恨凶焰②，跃跃纸上，无怪乎李鸿章父子提心吊胆，既要求敌国之全权委员保护，又唆使敌国派兵镇压台民，则难辞媚敌弃民之咎。

第二节　交割会谈

1895 年（光绪廿一年）6 月 1 日，中国交割全权委员李经方，与日本全权委员桦山资纪，各乘"横滨"号与"公义"号在基隆港外三貂角会晤③。翌日（6 月 2 日）上午即开始会谈。前后举行两次会谈，同日下午便结束交割手续，台湾的主权名副其实转移日本。李经方本无意办理台湾交割，故交割会谈在时间上极为短促，方式上则草率。李经方的态度也颇为奴颜婢膝，甚至侮蔑台湾人民取宠日本全权委员。

6 月 2 日上午，李与桦山见面时，李则首先要求交割手续不必上岸办理，可在船上仅作形式上的移交。其会谈概要如下：

　　李　曰：余如果上岸台湾，必定即时遭遇杀害，切望不必上岸。

　　桦山曰：台湾的交割手续不必上岸亦可办理，余当尽最大力量予

---

① 博文馆编：《日清战争实记》，第 41 编，第 15—16 页。杉浦和作：《明治二十八年台湾平定记》，第 112—113 页。

② 孙毓汶与徐用仪在甲午战争期间任军大臣，马关和谈时支持李鸿章割地求和。又倡辽东重，台湾轻，暗示台湾可割，故台民恨之入骨。战后由于舆论参劾，皆被革职。

③ 两国全权委员本约在淡水会晤，然因遭遇淡水沿岸守军之炮击，改在三貂角会晤，参看王芸生《六十年来中国与日本》卷 3，第 53 页。伊能嘉矩：《台湾文化志》下卷，第 925 页。

阁下以方便，以完成交割手续。

（中略）

李　曰：余原定久留，以便充分商议交割事宜，然因尚在养病中，此地对健康颇有害处（指瘴气多），长期停留甚有困难，故不胜切望早日完成交割事宜而回国。又台湾既依条约割予贵国，台湾主权亦已转移贵国，余唯行形式上交割而已。

桦山曰：余亦颇有同感，希望尽速完成接收，但不能忽视敝国总理大臣之训令，余当在训令范围内予以最大方便①。

由以上可知，李经方唯恐交割手续不早日完成，对会商地点、方式皆力求简便。虽然台湾人民宣称欲杀李经方，桦山已同意不必登岸，遭杀之可能性殆无，应该可与桦山从长商议交割事宜。因交割延迟，难保不出现挽回台湾的转机。日本政府拒绝展缓交割，岂不是忧虑这种转机之出现？前述5月15日（1985），李鸿章要求伊藤博文展缓交割时，外务大臣陆奥宗光已经顾虑到转机之出现，而以下列秘密电报建议伊藤，督促桦山迅速赴台会谈交割。其电报略谓：

台湾之管辖权究属中日何国不甚明确时，其岛内秩序混乱，若危害外国人（指欧美国民）生命财产，各国将如何干涉则难逆料，实系千钧一发之际。故本大臣（陆奥）渴望桦山早日起程，如果旅顺军队不便随同前往，可否率领澎湖方面守备军登陆台湾？无论如何，桦山之尽速赴台是当前的急务②。

就日本而言，交割益速益佳，李经方之"不胜切望早日完成交割"的心情，对日本来说正中下怀。两国全权见面当初，日本表示派军登陆，俟攻占首府（台北城）后，才在首府正式举行会谈，李经方竟答以"若候贵委员（指桦山）登岸，到台北府不知何时，全台地方甚大，民变非一日

---

① 《台湾总督府公文类纂》33《台湾受渡转（笔者按："转"系"颠"之误）末报告》（即"接收"台湾始末报告）。《台湾文化志》下卷，第928页。

② 《日本外务省收藏档案》，《台湾澎湖岛授受一件》。但本电文（1895年5月16日下午六时发出）无编号，亦未编入"外交文书"（第28卷第2册）。

可平，恐非数年不能交接清楚"①，而要求在船上简速交割。可见李经方反对交割拖延。

日本全权委员接受李经方要求，6月2日下午由办理公使水野遵与李经方在"公义号"开始正式谈判。最先协商交割草案。李经方出示吾方草案，但因文中有类似"台湾岛民自设政府"②之字眼，水野认为桦山见此，势必要求镇压内乱（自设政府）而后交割，故水野要求李将吾方草案废弃，李经方便"欣然同意"。接着水野则出示日方草案，李经方阅后亦"大体同意"，唯反对列记各港口与各府县厅所属官有财物。因移交这些财物，必须登录逐一点交故也。李经方自始渴望不登陆，为避免登陆，李对水野说："按台湾的事情阁下比余清楚③，有关财物内容，阁下调查登记后，余当唯命是听。"④李竟主客颠倒，与其登陆冒险，不如盲从日方要求。列席本会谈之日本书记官岛村久，对陆奥宗光（外务大臣）报告："李经方既无意见，亦无腹案"，对各港口及各府县厅官有财物的移交，"李经方连县府名称也不知道，不知从何办起"⑤。可见李经方为自己安全与方便，草率交割台湾，敷衍塞责。清廷委派李交割，实属不该。

李经方这种不负责有辱君命的交割台湾，回国后向清廷呈示之《交接台湾节略》却显得如何抗辩，坚持己见。《交接台湾节略》系经由李鸿章转达总署。该节略对照日方之《台湾受渡颠末报告》（"接收"台湾始末报告）则颇有出入。后者系谈判时当场之速记，其真实性高。前者既属"节略"，事后之捏饰难免⑥。尤其是一度（马关和谈时）成为众矢之

---

① 《李文忠公全集》，电稿卷21，第10页，寄译署。本"交换台湾节略"由李鸿章代李经方向总署提出者。《台湾文化志》下卷，第925页。

② "自设政府"指"台湾民主国"，详见本文第二章。

③ 水野遵系桦山资纪之股肱。1871年奉命留学中国，并侦察各地。1873年5月调查台湾北部番地，1874年3月又随同桦山调查台湾南部番地遗下《征蕃私记》，可说与桦山齐名之台湾通。台湾交割后水野出任台湾总督府民政厅长。

④ 《台湾受渡颠末报告》。

⑤ 《台湾接收手续二付岛村公使以书记官书简》（伊藤博文"祕书类纂，台湾资料"所辑）。

⑥ 在《交接台湾节略》中李经方记曰："伊（桦山）见词意甚决，始允照办。"又桦山要求台湾福建间之海底电线时，"经方云，海线非岸上产业，何能交议……我未奉命商办此事，无此权力"（《李文忠公全集》，电稿卷21，第10页）。但日本的《受渡颠末报告》则记曰：李经方答以"我政府已将台湾岛交割贵政府，何必争取一缕海底电线，言毕大笑"（参看《台湾受渡颠末报告》）。

的的李父子，饰词更属难免。

李经方在交割会谈时逢迎日本的意向之外，又以辱骂台湾岛民，向桦山献媚。李在 6 月 2 日上午与桦山会谈时，有下列一段对谈：

> 李　曰：本来台湾人的凶恶、剽悍、强暴，不是其他省份的中国人可以比拟，必须有这种觉悟而有所防备。
>
> 桦山曰：这次所率领的军队是近卫军，在日本算是最强悍的部队，所以请不必担心。
>
> （中略）
>
> 李　曰：据于友谊上冒昧地提醒阁下，从三貂角到鸡笼（基隆）之间，山峦重叠，道路崎岖，且有竹丛环绕的小村庄星罗棋布。贵军（日军）经过时难保不从背后受到狙击，阁下必须把这点注意部下。前年法军也为此颇受困扰①。
>
> 桦山曰：感谢忠告。军队已有十分的注意，相信不会出乱子②。

台湾僻处海外，久为逋逃之薮，民性之剽悍是无可否认的。但李经方却以全权委员的身份，在敌国全权委员之前强调此事，不但侮蔑台湾岛民，并且有伤国家体面，亦有失全权委员的立场。其实，台湾民性的"凶恶、剽悍、强暴"，岂非清廷之疏于治理与敌化有以致之？李经方这种献媚的方式，徒增日本的鄙视清政府。在《马关条约》割让台湾之后，对台湾岛民未加片言只字的慰抚，交割会谈时又侮辱台湾岛民以取宠敌国全权，误国弃民莫此为甚！

马关和谈与台湾交割会谈，其实是一体的两面，主宰者虽为李鸿章，李经方的媚敌求和比之李鸿章有过之无不及。这除由台湾交割会谈可以推知之外，南洋大臣张之洞在《马关条约》订立后亦斥曰："恐系大学士李（鸿章）伤重昏迷之际，李经方等冒昧应允。"③ 张之洞虽然与李鸿章对立，究属封疆大吏，言论尚有分寸。翰林院侍读学士文廷式的参劾则毫不留情，曰：

---

① 指 1884 年（光绪十年）中法战争时，法军登陆基隆战事。
② 《台湾受渡颠末报告》。
③ 《张文襄公全集》电奏 5，卷 77，第 35 页，致总署。

朝廷倚李鸿章为长城，李鸿章广蓄私人，以欺罔朝廷。……尤有甚者，则倭运米船则放之，倭运开平煤则听之。倭谍被获，或明纵，或私放。外有海光寺傍居民王姓，经天津县获究，而李鸿章之子，前出使日本大臣李经方为之说情。倭奸石川氏及军械所刘姓被获，供词牵涉李经方，及军械所局员，而盛宣怀述李鸿章意旨，劝令天津县李振鹏改供，为振鹏斥驳而止。……李经方又在日本各岛开设洋行三所，以及李鸿章利令智昏，皆为倭人牵鼻，闻败则喜，闻胜则忧，虽道路之言，而寓口流传，岂得无故①？

此外，按察使衔河南候补道易顺鼎也劾曰：

李鸿章虽奸，尚不及其子李经方之甚。李经方前充出使日本大臣，以己资数百万借给倭人购船饷兵；所纳外妇即倭主睦仁（明治天皇）之甥女。其奸诈险薄，诚不减蔡京之有蔡攸，严嵩之有严世蕃。李经方以权奸为丑虏内助，木腐虫生，霜寒冰至，今日此事，尤为中国一大关键②。

李经方曾任驻日使臣，置身日本社会，公私交集之下，上述各节之发生是极可能之事。可见李经方私人与日本社会利害关系之密切，进而彼之包庇倭谍，为丑虏（日本）内助，则属必然趋势，因此马关和谈上李经方之"内助"也势所难免。马关和谈时其父遇刺后，李经方与日本外务大臣陆奥宗光私下频频接触，陆奥为速求签约，对李说："和谈破裂，清朝全权大臣一旦退出此地，能否安全踏入北京城门，则难以保障。"③虽然是恫吓，李经方屈服，答应尽速商议于乃父提出答复。最后李经方要求陆奥，不要让和谈"不幸功亏一篑"④，可见李经方唯恐和谈破裂。为避免和谈破裂，李经方诱导其父接受日本之要求是可以想象的。可惜关于这

　①　《联衔纠参督臣植党疏》（文廷式等著《中日甲午战争》上册，第2—3页）。
　②　《光绪朝中日交涉史料》，卷41，第27页，"易氏呈察院条陈时务文。又福建道监察御史安维峻亦奏曰'李经方乃倭贼之婿。以张邦昌自命，臣前已劾。若令此等悖逆之人前往。适中倭逆之计'"（《劾强臣跋扈疏》，文廷式《中日甲午战争》上册，第4—5页）。
　③　陆奥宗光：《蹇蹇录》（岩波文库版），第229页。
　④　同上。

方面没有更具体的资料，不过由上述文廷式、易顺鼎所揭露各事，以及李经方在交割台湾会谈的态度，可以知道彼在马关和谈时，在媚倭求和上具有推波助澜的作用。

第二章　台湾民主国

第一节　"台湾民主国"的立场

甲午战争爆发初期，台湾民间已流传日本军即将攻击台湾，对于同治十三年（1874）日本侵略台湾，台民记忆犹新，促使台民对自己的最后命运产生敏感心理。

早在全权大臣李鸿章为马关和谈尚在北京请训时，福建台湾巡抚（简称台抚）唐景崧已忧虑台湾的地位，特以西汉元帝割弃珠崖事[①]作为前车之鉴，上奏清廷务须慎重处理台湾问题[②]。但这究属台抚唐景崧的未雨绸缪。俟1895年（光绪二十一年）3月30日停战条约成立，台民发现台湾、澎湖诸岛不在停战范围内时，异常愤怒，而向台抚责问"台民何辜，致遭歧视？"[③]驻台军民无不怨嗟与失望。这是台民对清廷外交（马关和谈）最初的抗议之声。4月17日《马关条约》签订，台、澎之割让成为事实。此时旅居北京之台籍官员及翰林院举人，联名上书反对割让台、澎，曰：

> 户部主事叶题雁，翰林院庶吉士李清琦，台湾安平县举人汪春源，嘉义县举人罗秀惠，淡水县举人黄宗鼎等为弃地吁仇……沥请据情代奏事。
>
> 夫台湾者，我圣祖仁皇帝六十年宵旰经营之地也。……今者闻朝廷割弃台地以与倭人，数千百万生灵皆北向恸哭，闾巷妇孺莫不欲食倭人之肉，各怀一不共戴天之仇，谁肯甘心降敌。……与其生为降

---

①　西汉武帝置珠崖郡于海南岛，然因土民屡次叛乱，西汉元帝时废除儋郡并置于版图之外（初元三年，公元前46年）。后世以此为割弃土地之恶例而引为前鉴（参看陈恺庵《汉元帝弃珠崖论》，阿英《甲午中日战争文学集》所录）。

②　参看《张文襄公全集》卷143，电牍22，光绪二十一年二月六日戌刻到，唐抚来电。

③　《清季外交史料》卷108，第13页，台抚唐景崧致军务处报告台民愤骇谓北省停战台独向隅，恳饬所有兵轮并粤省枪弹运台援应电。

房，不如死为义民①。（下略）

台民正如被弃之孤儿，但尚有宁死不为降虏之骨气。可是清廷求和心切；与其确保台湾不如成全和局，以解除京师之危迫，故台民之上书反对，终不为清廷所理睬。5 月 8 日，马关和约在山东芝罘换约，同月 20 日，清廷便敕令台抚唐景崧以下，大小文武官员内渡②，以便交割台湾。可谓台民对祖国悬崖勒马的寄望破灭，因此翌日（5 月 21 日）即内定"台湾民主国"的成立。

"台湾民主国"究系何人所策划，向来有两说③，一为丘逢甲，一为陈季同，究系何人，兹略加探究。

先就陈季同而论：陈系福建侯官人。同治年间在船政学堂学习法文，而后游历英、法、德、奥。精通法国政治与拿破仑法典。光绪元年（1875）以副将之头衔，历任驻德法公使馆之翻译官、参赞、代理公使等职，后有涉嫌贪污一度辞职，但经查非实，复职留任北洋。甲午战争发生，割台争论起，由于台抚唐景崧之邀请，陈季同渡台履新④。据《纽约先锋报》（New York Herald）驻台记者达维逊（J. W. Davidson）的记载，陈季同约在 1895 年 5 月上旬，以唐景崧的顾问渡台⑤。李经方被任命为交割台湾全权大臣之后，经由其父向陈季同采问台湾内部的民情，对此陈

---

① 《光绪朝中日交涉史料》卷 39，第 35 页，都察院代递户部主事叶题雁等呈文折。

② 《清季外交史料选辑》3（《台湾文献丛刊》第 198 种），第 310 页，旨台抚唐景崧开缺来京及文武各员内渡电。

③ 主张"台湾民主国"策划人为丘逢甲者：（一）江山渊《丘逢甲传》：逢甲哭曰"清廷虽弃我，我岂可复自弃耶？乃首倡台湾自主之说，呼号于国中"。（载《小说月报》第 6 卷第 3 号）（二）罗惇曧《割台记》："主事丘逢甲建议自主，台民争赞之"（见《割台三记》，第 2 页）。（三）姚锡光《东方兵事纪略》（台湾篇上，第九）："主事邱逢甲首建自主议，登坛誓众"。主张陈季同为策划人者：（一）吴德功《让台记》："陈季同倡贯立民主国之谋，同工部主事邱逢甲（台中人），候补道员林朝栋（台中人），内阁中画教谕陈儒林（台北人）推唐为民主"（见《割台三记》，第 35 页）。（二）王松《台阳诗话》："乙未割地议成，唐中丞幕友陈季同献改民主国之策，独立自守计"（第 26 页）。（三）J. W. Davidson, *The Island of Formosa: Past and Present* (London, 1903), With the idea of holding Formosa by declaring the island a republic, …Tcheng Ki-Tong（陈季同）was exactly the man for the place and after a conferenc at Peking and a nominally the positizon of Foreign affairs but in reality to organize the new republic. pp. 278—279。

④ 陈衍：《福建通志列传选》，《台湾文献丛刊》第 195 种陈季同，第 304 页。

⑤ *The North China Herala*, May 24, 1895（本电稿之发送是五月十七日）。

在5月23日回电曰："惟抵台以来，见台民万亿同心，必欲竭力死守土地……"①可见此时陈季同抵台未久。其正确的日期无法断定，但可以推知与达维逊所记五月上旬相差无几。原来五月上旬以来，法国对阻止台湾之交割开始采取行动。陈季同又是法国通（后详），故陈之渡台与法国的行动不无关系。

陈季同除前述，精通法国政治与拿破仑法典之外，曾以法文翻译《聊斋志异》等中文书，而博得西方读书人的尊敬②。法国文豪罗曼罗兰（Romain Rolland）青年时代（1889年2月）曾在苏尔钵（Sorbonne）的"法语文化教育协会"（Alliance Francaise）③听过陈季同的演讲，事后在其日记（2月18日条）中大加赞赏：

> 中国的陈季同将军穿着潇洒的紫色衣服，很斯文地坐在椅子上。那副娃娃脸显得年轻而幸福，且露出女明星一般的微笑与皓齿，但是身材魁梧，声音也宏亮而清晰。其流利的口齿中带有丰富的机智，看来很有法国的情调，但更有中国的情调。无论就个人或民族而言，其口才是在法国人之上。……今晚四位主讲人之中，让服尔泰（Voltaire）品评的话，可能认为中国人（指陈季同）是最有法国风格的人④（下略）。

由以上可知，陈季同不但了解中国的传统文化，且对19世纪的欧洲思想也颇有认识，可以说是开明知识分子，又是富于机智的外交家。"台湾民主国"的策划要有19世纪欧洲政治制度的知识，陈不但这方面的知识丰富，且身历其境（法兰西共和国），故策划人似非他莫属。当时英国伦敦《泰晤士报》亦持同样看法，而把陈讥为"来自北京的阴谋家"⑤。其次，由法国的行动更可证明陈是"台湾民主国"的策划人。

《马关条约》订立不久，俄、德、法出面干涉辽东问题，清廷则要求三国同时压迫日本退还台、澎。其中法国因1885年（光绪十一年）中法

---

① 《李文忠公选集》第5册（《台湾文献丛刊》第131种），第747页，寄伯行。
② 陈衍：《福建通志列传选》，第305页。
③ Alliance Francaise系法国向外文化教育宣传组织，创立于1883年。
④ 《罗曼罗兰全集》（日文翻译本），みすず书房刊，卷31，第270—271页。
⑤ 伊能嘉矩：《台湾文化志》下卷，第955页。

战争时一度占领澎湖及侵犯台湾，对台湾问题尚感兴趣，于是应清廷之要求，决定派舰至台湾协议救台之事。这种情报由驻法（兼英）公使龚照瑗经军机处转知台抚唐景崧（西历 5 月 5 日）：

> 奉旨：据龚照瑗电奏"台湾吃紧，法已派轮护商，先遣员晤台抚，面商机宜，有兵登岸，请晓谕地方勿惊疑"等语。着唐景崧将法轮系为护商来台，先行出示免致临时惊扰。法员来时即与相见，钦此①。

果然，5 月 21 日（西历）以前一只法国军舰抵台，陈季同往晤该舰官兵，询及护台之事，"答云有此事"，并曰：

> 法现在他处用兵，与（日本）斗恐力不及；因此，踌躇未定。大致谓台能自立，较易办。约明早来见崧。

翌日（5 月 22 日），法国官兵晋见唐景崧，"并云为中国争回土地则难，为台湾保民则易；必须台自立，有自主之权，法即派全权来台定约，与总署商办断难望成"②。即法国鼓励台湾的自主，因当初法国恐日不听三国劝告或有战事，欲以台湾驻兵也。李经方将来台湾办理交割时，陈季同亦以秘密电报告李："台将自主，法可保护，危险勿登岸"③。可是法国的态度究属"踌躇未定"，何况正在马达嘉斯忧岛（Madagascar Island）用兵。虽然如此，对存亡关头的台湾官民来看，法国的劝告是极大的鼓励与安慰，"台湾民主国"的促成，法国的态度影响甚大。

由陈季同个人的经历及渡台的时期，可见陈是配合法国的救台行动而渡台策划"台湾民主国"的。

丘逢甲与其说是"台湾民主国"的策划人，毋宁说是号召人较为恰当。丘祖籍广东，其祖先约于 1810 年移居台湾，丘则出生于台中。他秉

---

① 《光绪朝中日交涉史料》卷 43，第 31 页，军机处电寄唐景崧谕旨。
② 《张文襄公全集》卷 145，电牍 24，光绪廿一年四月廿七日寅刻到，又四月廿九日午刻到，唐抚来电。
③ 《李文忠公电稿》卷 21，4，伯行上海来电（五月初三日酉刻到）。

性聪颖，博览群书，尤工于诗，因而受唐景崧的赏识。其后历经举人、进士，而授工部主事，但以台籍京官留台。可见丘逢甲正如一般读书人受过中国传统的教育，抱着学优则仕的志向、经科举而达到仕宦的目标。丘亦阅读翻译书，吸收了不少西方知识①，这也是自强运动以来开明读书人共有的现象，不过，对欧美的政治思想能够了解多少则不无疑问。至少丘在这方面不如陈季同，故对于"台湾民主国"的策划，凭丘的知识与经验似有不足之嫌。但是丘是在籍京官，即本地乡绅（绅士，乡官），乡绅在地方有一乡之望，颇有号召力，如马关和约签订的隔天（光绪二十一年4月18日），丘统率全台绅民向清廷致电反对割台②。尽管陈季同有策划"台湾民主国"的能力，如无乡绅丘逢甲的号召，"台湾民主国"也难得绅民的响应支持。所以"台湾民主国"是由于陈季同的策划，丘逢甲的呼吁而组织成立③。

5月25日"台湾民主国"宣布成立，随后丘逢甲率士绅十余人④向台抚唐景崧上"台湾民主国总统之印"，即推唐为总统。又制定"蓝地黄虎"的旗帜，且为表示永戴圣清以"永清"为年号。总统之下置内务、外务、军务三大臣，各以俞明震、陈季同、李秉瑞任之。丘逢甲出任团练使，统率义军。另以道员姚文栋为游说使，内渡向清廷报告自主经过。大地主林维源被推为议会议长，但不接受，不久便内渡厦门。议员皆以绅士充任，但接受者仅拔贡陈云林、廪生洪文光、街董白其祥数人而已，然却未曾开会。另一方面，驻防台南以南的总兵刘永福，在获悉"台湾民主国"成立之消息后，向唐舆丘致电，表示"愿与台共存亡"，"民主国"则授与"台湾民主将军"的职位⑤。其后，外务大臣陈季同透过法国要求列国承认，结果不仅列国不理，连法国亦杳无回音⑥。

"台湾民主国"成立的经过如上述，于此值得探讨者：台湾绅民是否

---

①　邱菽园：《挥尘拾遗》（阿英《甲午中日战争文学集》所录）。

②　《清季外交史料》卷109，第5页，台抚唐景崧致军务处台民呈称愿效死勿割台地电。

③　参看张奋前《丘逢甲之家世及其生平事迹》，载《台湾文献》第14卷第3期。

④　丘逢甲所率领绅民人数诸说纷纭：有"数千人"（江山渊《丘逢甲传》）、"百余人"（《东方兵事纪略》）、"十余人"（《台湾通志稿》抗日篇）之三说，本文则引用第三说。

⑤　连横：《台湾通史》第1册（《台湾文献丛刊》第128种），第93页。罗香林辑校《刘永福历史草》，第241页。

⑥　洪弃生：《瀛海偕亡记》（《台湾文献丛刊》第58种）第2页。思痛子：《台海思恸录》（《台湾文献丛刊》第40种），第8页。

真正要求脱离清国而自主？即自主的真正动机何在？

早在台湾的交割已属不可避免时（5月15日），台湾绅民为表示今后的立场，向清廷致电曰：

> 台湾士民，义不臣倭，愿为岛国，永戴圣清①。

同时亦向总理衙门、南洋大臣，及闽浙总督分别致电，曰：

> 敬禀者：台湾属倭，万民不服……如赤子之失父母也，悲惨曷极。伏查台湾为朝廷弃地，百姓无依，惟有死守，据为岛国遥戴皇灵，为南洋屏蔽。惟须有人统率，众议坚留唐抚台仍理台事，并刘镇永福镇守台南。……台民此举无非恋戴皇清以图固守，以待转机。情形万紧，伏乞代为电奏。四月廿一日全台绅民同泣叩②。

在这篇电文中已显示"台湾民主国"的成立并无永久脱离清朝的意思；虽宣布自主仍要遥戴皇清，且一有转机便要投回祖国怀抱。台湾绅民闻悉交割不可避免以来，民心颇为激动，秩序大乱，如听其发展下去，日军一来唯有束手待毙，如果能够组织岛国，推戴领袖，尚可镇定民心，维持纲纪，也可团结力量抗拒日军的接收。至少要有这些准备才有"转机"的希望（上述法国援助亦以先"自立"相劝），故宣布自主是为了获得"转机"的权宜办法，并非永久脱离中国之计。

5月25日宣布自立后，"台湾民主国"发表如后的"自主宣言"：

> 窃我台湾隶大清版图二百余年，近改行省风会大开，俨然雄峙东南矣。乃上年日本肇衅，遂至失和，朝廷保兵恤民，遣使行成，日本要索台湾，竟有割台之款。事出意外，闻信之日，绅民愤恨，哭声震天。虽经唐抚帅电奏迭争，并请代台绅民两次电奏恳求改约，内外臣工，俱抱不平，争者甚众，无如势难挽回。绅民复乞援于英国，英泥局外之例，置之不理。又求唐抚帅电奏，恳由总理各国事务衙门商请

---

① 《台湾自主文牍》，载《中东战纪本末》卷4。
② 《李文忠公全集》电稿卷40，第66页，伯行上海来电。

俄、法、德三大国，并阻割台，均无成议。呜呼惨矣！查全台前后山二千余里，生灵千万，打牲防番，家有火器，敢战之士，一呼百万。又有防军四万人，岂敢俯首事仇？今已无天可吁，无人肯援，台民惟有自主推拥贤者，权摄台政。事平之后，当再请命中朝作何办理。倘日本具有天良，不忍相强，台民亦顾全和局，与以利益，惟台湾土地政令，非他人所能干预，设以干戈从事，台民惟集万众御之。愿人人战死而失台，决不拱手与让台。所望奇才异能，奋袂东渡，佐创世界，共立勋名。至于饷银军械，目前尽可支持，将来不能不借资内地。不日即在上海、广州及南洋一带埠头，开设公司订立章程，广筹集款。台民不幸至此，义愤之伦，谅必慨为倾助，泄敷天之恨，救孤岛之危。并再布告海外各国，如有认台湾自主公同卫助，所有台湾金矿煤矿以及可垦田，可建屋之地，一概租与开辟，均沾利益。考公法，让地为绅士不允，其约遂废，海邦有案可援。如各国仗义公断，能以台湾归还中国，台民亦愿以台湾所有利益报之。台民皆籍闽粤，凡闽粤人在外洋者，均望垂念乡谊，富者挟赀渡台，台能庇之，绝不欺凌；贫者歇业渡台，既可谋生兼可泄忿，此非台民无理倔强，实因未战而割全省为中外千古未有之奇变。台民欲尽弃田里，则内渡后无家可归，欲隐忍偷生，实无颜以对天下。因此搥胸泣血，万众一心，誓同死守。倘中国豪杰及海外各国能哀怜之，慨然相助，此则全台百万生灵所痛哭待命者也。特此布告中外知之①。

由这篇宣言可知：（一）台湾绅民呼吁海外各国承认"台湾民主国"的成立；（二）同时要求海外各国将台湾问题付诸"公断"，俾能归还中国；（三）为阻止日本军登台侵略，以优厚条件要求各国援助。由第（二）点可见台民的内心深处仍然是渴望投归祖国，这与前述"永戴圣清"或"恋戴皇清"的本意无异。第（一）点虽要求海外各国承认民主国的自立，可是从"事平之后，当再请命中朝作何办理"着想，终究的志向还是回祖国，因为事平之后，请示清廷如何处理台湾的归宿，清廷绝不能漠视台湾的自立，这点是台湾绅民所能预料的。如果台湾绅民真正争取独立，事平之后则无须请示清廷如何处理：特派游说使姚文栋向清廷报告自

---

① 《李文忠公全集》电稿卷20，第66页，伯行上海来电。

立的经过，也是多此一举。宣言又说，将来抗日的饷银军械"不能不借资内地"，又计划在上海、广州一带设置公司、筹集军费。这种想法，依然以中国为祖国而欲仰赖经济援助，更能证明不可分离者；"台民皆籍闽粤"，欢迎闽、粤人士振臂相助，同舟共济。这些皆反映台湾绅民之思念祖国乡土，且与闽粤人带有不可分离之民族感情，当时的台湾绅民并没有忘记大陆与台湾是骨肉一体。

总之，由"自主宣言"来看，台湾绅民并不是为脱离中国而建立"台湾民主国"，而是为确保台湾，争取重返祖国的机会才宣布自主者。

第二节　唐景崧与丘逢甲

"台湾民主国"成立的动机与立场已如上述。其后的实际发展如何，兹就领导人物唐景崧与丘逢甲为中心，加以探讨。

唐景崧，广西灌阳人，由于光绪十年（1884）与刘永福同在越南击败法军（中法战争），一举成名。亦因此功，授台湾兵备道。光绪十七年（1891）擢升福建台湾布政使。当时的南洋大臣、两江总督张之洞则为唐在越南时代的老上司（唐系以广西吏部主事请缨赴越，张则任两广总督），又有间接的师弟关系①，因这种双重的缘分，唐出任台抚以后仍与张保持密切关系。

清廷决定交割台湾后，谕令唐景崧内渡，但此前台民"众议坚留唐抚台仍理台事"②，唐则颇感懊恼；因他目睹台民群情汹汹，预测大乱必至，不易收拾。又唐的身份究竟是清朝的封疆大吏，如果就任"民主国"总统，等于协助台民抗日，势必导致日本政府的抗议。同时可能招致清廷的误会——违旨在台自立，故唐当初便坚拒出任总统，但台湾绅民坚不放休③。5月25日唐终于就任总统，然即时向总理衙门与内地各省解释他的处境，并声明立场：

① 唐景崧：《请缨日记》（《中法战争》2所录）第141页载："张之洞为仲弟（唐）景崧师。"

② 《李文忠公全集》电稿卷20，第66页，伯行上海来电。

③ 参看《张文襄公全集》卷145，电牍24，第22页，唐抚来电。

　　　日本索割台湾一岛，台民忠义，誓不服倭，屡次请为代奏，吁求
免割，未克挽回，全台绅民不胜悲愤，因公议自立为民主之国。适崧
奉旨内渡，捆当起程，台民闻知，于五月初二日拥集衙署，捧送印
旗……强崧暂留保民御敌，坚辞弗获，不得已允暂主。一面电奏，一
面布告各国，商结外援，图复台湾。总统由民公举，遵奉正朔，遥作
屏藩。能否久支，未可逆料，惟望悯而助之！事起仓卒，迫不自由，
想蒙亮鉴①。

　　可见唐自始便无意与台湾绅民合作，其原因固然是忧虑残局之难于收拾，
更重要者，唐如果与"民主国"合作可能被误为清廷之乱臣，故特别声
明"总统由民公举"，"不得已允暂主"，同时还要继续遵奉大清正朔，遥
作屏藩。5月30日，唐更向内地各省致电："崧为民劫迫，无计可脱身，
权宜留此"②，赤裸裸地表现唐存心逃脱。台民抗日之成败亦已注定矣。
　　至六月，前述法国的援助查无消息。另一方面，日本军已登陆攻陷基
隆，台北民心汹汹，急电频频传入民主国的"总统府"，唐更急欲逃脱。此
时，内务大臣俞明震劝唐自率一军，死守战略要地八堵，唐不听。俞再建
议唐，会同林朝栋（中路统领）及刘永福（南部总兵）重整旗鼓，但此议
亦为唐之股肱所拒。此时前线败退的士卒窜回台北城，掳掠、暴动、肆无
忌惮。唐部属"广勇"也失去节制，而与林朝栋所率"土勇"互相残杀。
在这种混乱中"总统府"被焚，府军的赏财、粮饷、武器则被掳掠一空
（这对此后中南部的抗日削弱极大的物质力量）。全台北城除洋行集中的大
稻埕③之外，形同人间地狱。终而唐亦趁机率少数亲信变装脱出台北城，
藏匿德船阿瑟号（Arthur），伺机内渡④。但被遗弃的部属"广勇"发觉
后颇为愤怒，且说："抚军（唐抚）初与吾辈约死守不去，今寇未临于城
下，潜挟赀而返，置吾辈于此为倭人抗戮，舟一起轮，立开炮轰击！"⑤
于是占领沪尾（淡水）两岸的炮台监视阿瑟船。广勇不满唐之卑怯行动

----

　　①　《张文襄公全集》卷146，电牍25，第5页，唐抚崧来电（并致各省）。
　　②　《日本外交文书》，同上册（1240）清国全权派遣ニ关シ通告ノ件，电牍25，第7页。
　　③　大稻埕洋行区因有英德士兵约55名戒备，且停泊淡水的英德军舰亦巡弋监护，故本区
未受侵犯。参看 J. W. Davidson, *The Island of Formosa*, p. 305。
　　④　俞明震：《台湾八日记》（《割台三记》所录，13）。
　　⑤　思痛子：《台海思恸录》，第9页。

之外，更恨唐将他们的饷银侵吞，因此唐从船上解下四万五千美元给予"广勇"分配，但"广勇"仍不满足，仍然不许阿瑟船离去。同船准备逃脱的陈季同及唐之女婿，见势不妙，要求淡水海关税务司摩尔斯（H. B. Morse）出面调停。摩尔斯终付出五千美元收买炮台的雷管。翌日（六月六日），唐等以为事平准备拔锚出港，却遭另岸炮台的攻击，由另只德船 Iltis 号的保护，阿瑟船始得脱险开向厦门①。

"总统"唐景崧的内渡，"台湾民主国"实际上已等于崩溃。从唐就任"总统"至逃出"总统府"，前后仅十天（5 月 25 日至 6 月 4 日），可见唐无真意坚守台湾，否则接受俞明震建议，再与林朝栋、刘永福协调，重整旗鼓，尚有可为，何况日军攻入台北城是唐逃出后三天之事。唐的逃出至为狼狈，且贻笑大方，早知有此，不若仿效前任台抚邵友濂趁早乞请内调②，尚不致遗臭于台湾。唐或许为恪遵谕旨急于内渡，以表白彼并非"台湾民主国"的乱臣，但唐已严正击明"遵奉正朔，遥作屏藩"，如能以此立场领导台湾绅民抗日，无异于效忠中国，仍不失为清廷之功臣，可是唐未交一战便溜之大吉。唐的逃脱不仅不顾台湾绅民的抗日热诚，又遗弃自己原有的部队（广勇），这正是鸦片战争以来，清朝官僚忽视民众力量，姑息敌人的作风。

外务大臣陈季同，内务大臣俞明震亦相偕与唐内渡，非台籍官员除刘永福之外，殆已内渡，之后收拾台湾城之残局者，是台湾绅民的领袖丘逢甲。丘在台湾绅民中的人望已如前述。丘一族移居台湾的时间甚早，对台湾的乡土观念较为强烈，随之对保卫台湾的态度当初比唐景崧积极。甲午战争甫发，丘已察觉日本垂涎台湾已久，且感于清廷对保台的鞭长莫及，召集乡里民众实施操练，以备万一。1894 年（光绪二十年）12 月，战局吃紧时，丘正式授"义民统领"，专责训练义军③。马关和约签订，割台消息传到，翌日（1895 年 4 月 18 日），丘便率全台绅民向清廷致电。

工部主事统领全台义勇丘逢甲率全台绅民呈称：

　　　　和议割台，全台震骇……列圣深仁厚泽二百余年，所以养人心，

① H. B. Morse, "A Short Lived Republic", *The New Review*, No. I, pp. 30—35.

② 《张文襄公全集》电牍 24，第 28 页，唐抚台来电，第 10 页。

③ 江山渊：《丘逢甲传》（载《中日战争》6）。

正士气，为我皇上今日之用，何忍弃之！臣等桑梓之地，义与存亡，愿与抚臣（指唐）誓死守御，设战而不胜，请俟臣等死后再言割地，皇上亦可上对祖宗，下对百姓。如日酋来收台湾，台民惟有开仗。谨率全台绅民痛哭上陈①。

虽简短，电文词语颇为悲壮慷慨，尤其是"桑梓之地，义与存亡"，大义凛然，要非生于斯土，长于斯土，实无法表露此情。唯丘等对清廷的割弃台湾未敢抱怨，甚至还以"深仁厚泽"感激清廷二百多年来的培植，可知丘等台湾绅民对中国仍然念念不忘。至台湾草率交割后，丘又叹曰："台湾者吾台人之所自有，何得任人之私相授受。清廷虽弃我，我岂可复自弃耶？"② 割让已成事实，丘对清廷的不满终难控制，但更使他救台的意志坚决。此时的丘逢甲始终以一个土生的台湾人，表示保台任务责无旁贷，热爱桑梓的意识至为强烈。这是丘与唐不相同的地方。因此丘对唐的消极态度极为不满，游勇抢劫台北城而唐束手无策时，丘慨叹唐之无能。至闻悉唐逃出台北城，丘的愤懑达于极点，且曰：

　　　吾台其去矣！误我台民，一至此极，景崧之肉其足食乎③！

　　众望所归的"总统"竟最先逃脱，唐与绅民共订的"誓同死守"也变成食言，从丘来看这是卑鄙的行动，难怪乎丘欲食其肉。丘对唐的要求如此严厉，但是丘本人的实际表现如何？
　　唐内渡后，丘率领义军欲重建台北城秩序，但已无法收拾，便退回台中义军司令部。接着与刘永福黑旗军支队防守彰化八卦山。1895 年（光绪廿一年）8 月底，与日军展开八卦山之役。但丘败退，遂将义军解散，收拾家产而内渡④。此役黑旗军将士（包括统领吴彭年）阵亡者甚多。丘本来也准备奋战到底，可是他的堂兄弟谢颂臣（率另支义军）见大势已去，劝丘不如解散义军内渡，而以图祖国之自强；祖国如能自强，台湾自

---

① 《清季外交史料》卷 108，台抚唐景崧致军务处台民呈称愿效死勿割台地电。
② 《台湾总督府公文类纂》33《台湾受渡转（笔者按："转"系"颠"之误）末报告》（即"接收"台湾始末报告）。《台湾文化志》下卷，第 928 页。
③ 同上。
④ 谢汝铨：《乙未抗日杂记》，《台北文物》第 9 卷第 1 期。

可收复。丘终同意而内渡①。谢的劝言虽有一理，然以丘的立场实不能如此一走了之。丘是全台绅民的领袖，马关和约甫订，便与绅民共誓死守（"义与存亡"，"誓死守御"），慷慨陈词者一而再，再而三。此刻，义军尚未溃败，丘竟将其解散而内渡，不仅前所发誓言词成为欺人之语，其行动亦极为可耻。又唐景崧内渡后，丘曾以严词责难，既然如此，丘应比唐立场坚定，勇敢抗战，不料丘亦步唐之后尘，逃之夭夭，不知将以何颜见唐？其实，丘自授为团练使以来，虽负责训练义军，收效却有限；在其致友函中曰：

> 将领多门下诸生，兵士皆乡间子弟，故训多为练。受命仓猝，恐旦夕有警，止能使人自为战，未可言节制也之师。书生初出治军，止能办到"临事而惧"四字②。

诚然，丘是书生出身，练兵是外行，可是在八卦山殉难的吴彭年也是以一书生带兵鏖战数阵。吴汤兴（阵亡八卦山下）与徐骧所率部属也是仓促招募的民兵士勇，故丘欲以练兵的仓促而掩饰败退（包括内渡）的责任，实难自圆也。丘逢甲自始则以土生的台湾人表示如何热爱"桑梓之地"，可是丘究竟是清朝的官员（工部主事），在乡则为乡绅。这种特殊的身份皆为清廷所孵育的，并且要在清廷权力所及之处，才能维持其地位于不坠。内渡前的仗义执言，率领绅民的种种反应正是维持其特殊地位的表现。一旦大敌临头，为保持这种地位（或身份）自以内渡为上策，何况丘尚未忘记清廷的"深仁厚泽"。这才是丘逃亡的真正原因。

综观以上，"台湾民主国"的成立是为了商结外援，争取重归中国的机会，并非有意脱离中国而独立。故一旦外援无望，"台湾民主国"的领导层便纷纷内渡。他们不是真正要组织民众力量，以对抗日本保卫台湾，因此外援无望时便不想领导民众一致抗日了。

---

① 丘瑞甲：《丘沧海先生丘逢甲年谱》，载《岭云海日楼诗钞》三，第395页。
② "丘逢甲信稿，复邓季垂"，载《近代史资料》1958年第3期。

第三章　刘永福的崛起

　　台北的"台湾民主国"瓦解后，抗日中心移至台南，而由刘永福出面领导。刘永福（渊亭）出生于广西，上思州贫农之家。1857年（咸丰七年）响应天地会之乱，后被扫荡亡命越南，投入吴亚忠麾下。1865年（同治四年），据保胜，独树一帜，称"中和团黑旗军"①。1873年（同治十二年）黑旗军在河内击败法军，法将安邺（Francis Garnier）亦战死，刘永福为之驰名中外②，但是此时，刘既非清廷将领，亦非一贯臣属于越南阮氏王朝，纯粹是游勇的集团。广西吏部主事唐景崧基于藩属越南的防卫，及云南、两广的边防，认为必须支援黑旗军，并且笼络刘永福为清廷将领，于是唐请缨前往北圻，助刘抗法。中法战争结束，两广总督张之洞与唐景崧，极力劝刘入关，刘终留下一部分部众迁入中国境内，后由张之洞的推荐出任南澳镇总兵。唐景崧战后则出任台湾兵备道。甲午战争发生后，刘永福调任台湾防务帮办，同年（1894年）11月，张之洞亦调署两江总督（兼南洋大臣），即中法战争时一度合作的张、唐、刘，将在台湾的抗日战争中再度展开微妙的关系。

　　唐、刘虽在中法战争时一度相处，两者之间却颇有芥蒂，1882年（光绪八年），唐在其请缨上奏中已存心操纵刘永福，奏曰："若辈（刘永福）生长蛮荒，望阊阖如天上，受宠若惊，决其愿效驰驱，不敢负德。惟文牍行知，诸多未便，且必至其地，相机引导，而后操纵得宜。"③ 可知唐自始视刘出身行伍，如赐予小惠，便可呼之即来，挥之即去。可是刘并不盲从唐之指使，如阮氏王朝嗣德帝死后，阮室发生继统之争，唐则屡劝刘趁此征服北圻，更南进统一全越，篡夺王位（唐之意思亦料刘可为大将，其文才不及唐，将来王位一定为唐所得），但刘不听，唐则引为一大遗憾④。其后亦为军费之分配，互有歧见，这可由唐致张之洞函中见之：

---

　　①　参看罗香林校辑《刘永福历史草》，第33、64页。

　　②　《刘永福历史草》，第120页。小玉新次郎：《阮朝と黑旗军》，载《东洋史研究》第13编第5期。

　　③　《刘永福历史草》，第163页。

　　④　唐景崧：《请缨日记》，《中法战争》2，第44页。《刘永福历史草》，第242页。

永福多疑善忌，驾驭殊难，财入彼手，却其分济守忠（刘部黄守忠）·万不能期其痛快，若我另济守忠，彼必又生疑忌……枭雄器识，固不能以圣贤之道义相绳矣①。

刘也许不无修养上的缺陷，但唐将其视如枭雄武夫之辈，未免夸张攻讦（唐劝刘篡夺越南王位，其实也不配谈"圣贤之道义"），亦可概见唐内心对刘之侮蔑。

中法战争和谈时，法国表示愿以所占澎湖岛交还中国，但要求清廷将刘永福（黑旗军）撤出保胜。张之洞与唐景崧深知要刘放弃20多年惨淡经营的军事基地，而另辟新天地，实非易事，虽此，张、唐催迫刘撤离保胜多达二十几次②，且语近恫吓，曰：

飞启者……兹承香帅电，寄上谕一道，恭录派弁赍投。麾下得此信后已入云界（云南）固好，如尚羁留保胜，务望遵旨立即拔队离开保胜速进云南，切不可再流连越地，致令法人借口，（中略）违旨身且不保，更何有于保胜？切切三思，速速拔退。望即将离越入云日期飞速函知③。

刘永福终不得已率领一部分部众撤离保胜。正如张之洞所说：刘之撤离保胜是向法国表示不清廷已在力行条约《中法天津简约》，对清廷是有利之事，对刘个人而言，则被削弱势力④。

甲午战争发生后，刘调任"帮办台湾防务"。同年（1894）10月，台湾巡抚邵友濂调署湖南巡抚，而唐景崧由布政使署理福建台湾巡抚。清廷在对唐擢任谕旨中已警告唐："不得意气用事，自以为是。倘与僚属动

---

① 《中法战争》2，第154页。

② 小玉新次郎：《阮朝と黑旗军》，载《东洋史研究》第13编第5期。

③ 参看桦山爱辅·井泽弘述编《父·桦山资纪》，《桦山日记》，明治六年（1873）九月六日条，第200页。

④ 《中法战争》2，第218页，载曰："永福能速离越入滇，中国即已践言，此外只可付之不问，故永福之部众渐离，在永福则为失势，而在中国则甚为有益。"

辄龃龉，以致贻误事机，该大臣当任其咎"①。原来邵之调任是由于唐之
"讦奏"② 所致。可见唐之排斥僚属，早在朝廷登记有案。可是唐就任后，
我行我素，将刘永福调离台北，使其驻防台南以南之地区，且不许刘过问
台北地区之军事。原来刘计划掌管台北军务，同时加强训练北部军队。刘
之调防南部是军事力量的分散，丘逢甲有鉴于此极力居中拉拢，但不为唐
所接受③。事实上，以当时台湾的形势而论，台北是全台重镇，台北不
保，台南及其他城镇亦必难守，唐至少有这种认识，故唐之调开刘，显然
是意气用事，或宣泄前在越南之私怨。

　　清军统帅刘坤一闻悉台湾自立后，委派总办行营文案处之丁忧河南候
补道易顺鼎，前往台湾侦探虚实。行前（光绪二十一年五月二十五日）
刘坤一将唐景崧来电出示于易顺鼎。易则怀疑"唐与刘同在台湾而唐电
无一字及刘"，"恐两人不甚相洽"，易顺鼎在复函中便"引蔺相如廉颇，
王猛邓羌及近代袁崇焕毛文龙事相鉴戒"。至易顺鼎抵台与刘相晤时，刘
倾诉被唐排挤事，"几痛哭流涕"。刘以一扬名中外的豪杰，竟呈此态，
其所受委屈可想而知。易则认为：

　　　　唐欲举大事，正宜引为臂助，乃不能推心置腹，以至如此！有一
　　良将不能用，而所用将佐专择逢迎巧滑，贪鄙嗜利之小人，却不败，
　　其可得乎④？

易身历其境，其见解自有道理。"台湾民主国"速亡的原因，唐、刘不睦
是一端，易之语可谓不幸言中。

　　刘永福虽被唐景崧敬而远之，可是台湾南部的绅民对刘的期待甚厚。
台北的"民主国"瓦解后，6月28日（1895）台南绅民决定推戴刘为总
统，且另择吉日会同各县绅民呈上"台湾民主国总统之印"，但刘婉拒而
曰："今日之事，军事也……区区此印，无能为力。"过一两天后，绅民

---

　　① 《清季外交史料》卷97，第21页"台抚邵友濂奏请简大员迅接抚篆以一事权电（附旨
二件）"。

　　② 同上书，第22页"闽督谭锺麟致枢垣请旨饬邵友濂、唐景崧不可各存意见电"。

　　③ 《刘永福历史草》，第239—240页。参看江山渊《丘逢甲传》，载《小说月报》第6卷
第3期。

　　④ 易顺鼎：《魂南记》，《台湾文献丛书刊》第212种，第6页。

代表又再呈上玺印，刘依然拒收，而更曰：

> 吾在越国时三次与法逆交兵，一战而法驸马安邺（Garnier）授首，再战而李威吕（Rivière）分尸，三战而法全军焚灭，共计法兵死者不下万人……彼时并无总统印绶，不过奉命讨逆，将士用命而已，印何为哉①！

刘所需要者不是总统印绶，而是"有银帮银，有钱帮钱，无钱帮米，无论多少均善，至其无钱米之人，则为帮力"。② 以此才说服绅民代表收回印绶，且着手筹集军粮。可见刘是不尚虚衔，而当初便决心领导台湾绅民抗日。以后刘则城镇台南，部署抗日策略，首先出示布告表明其态度及激励民心：

> 台湾民主国镇守台南帮办军务刘渊亭军门永福示于众曰：为开诚布公激励军民共守危疆事，照得倭寇要盟，全台竟割，此诚亘古变异为人所不忍闻，所不忍见。……本帮办则以越南为鉴，迄今思之无日不抚膺痛哭，追悔无穷。不料防守台民，未尝建树，离奇百变，意见两端，何以天无厌乱之心而使民遭非常之劫。自问年将六十，万死不辞，独不思苍生无罪行，将夏变为夷……本帮办亦犹人也，无尺寸长，有忠义气，任劳任怨，无诈无虞……如何战事，一担肩膺，凡有军需，绅民力任，誓师慷慨，定能上感天神，惨淡经营，何难除销敌焰③？

这篇文告如果与前述唐景崧就任总统后的立场声明比较，刘永福不扬言远大的理想，脚踏实地，就事论事，并且反省"民主国"在台北城的失败（"意见两端"即指刘与唐之不和）。再者引用前在越南抗法，坚忍不拔之精神，以强调他愿与台湾共存亡的决心。不像唐景崧当初便自认"不得已允暂主"，"为民劫迫，无计脱身"，两人的气魄迥然不同。刘声明本身的决心之外，也宣示绅民的责任重大，即呼吁绅民的自动支援。唐

---

① 《刘永福历史草》，第249—250页。

② 《光绪朝中日交涉史料》卷44，第31页（3217）军机处电寄李经方谕旨。

③ 《台湾自主文牍》，《中东战纪本末》卷4所录。

则一味渴望外援或"借资内地"，对岛内的绅民并无具体的号召，只管警告"民间有假立名号聚众滋事借端仇杀者，照匪类治罪"。① 毋宁说，对民众是采取警诫的态度。

台南的绅民代表许南英为支援刘永福抗日，发起议院的开设，以举人许献琛，贡生徐元焯，生员林香山、王蓝玉、卢振基、陈鸣锵充当议员，并推许献琛为议长②。议员的产生虽非经过民选，议院的宗旨却有民主思想。其布告曰：

> 凡事不拘巨细意见各有不同，今拟立官立政，进退人才，因革损益，莫不宏开议院，听人公是公非……嗣后如有军国大事即开院，任各人到院共议尊卑③。

议院成立后，即为筹集粮饷而开会，推选当地富豪陈鸣锵为"粮台"，负责筹集军费与粮饷。陈克尽职责奔走集粮④。富户在初期亦能慷慨捐输，但后来若非要躲避则内渡，致使财源发生困难。议院则决议发行纸币，先在台南设"官银钱票总局"（以陈鸣锵为总办），发行一元、五元、十元三种纸币，并说明"此票准照现银通行通用，不论官项私项，钱粮、关卡税厘、盐馆、行商贸易，及兵勇营饷，海关洋行，一概当银支取"。又在对岸厦门设"安全公司"，发行公债，并声明"台湾全国太平之后，即准其持票到局支回，股东照数加三倍给还"，一时颇多派购。此外，也采纳安平海关税务司麦嘉林（Mac-Cauum）建议，发行邮票三种，数日间便卖得洋银五十多元⑤。于此可见台南的议院成立以来，为支援抗日积极筹款，不像台北的议院：议员不合作，又未曾开会。这种表现莫非感于刘永福"绅民力任"，"有银帮银"的号召。

刘永福与唐景崧同样是由台湾籍的绅民所推戴的领袖，台南的议员与刘的合作则更为融洽，但是刘的立场也不是脱离清朝而独立。当初刘的一

---

① 《光绪朝中日交涉史料》卷44，第31页（3217），军机处电寄李经方谕旨。

② 吴德功：《让台记》（载《割台三记》，第51页）。

③ 参看《万国公报》卷81"选绅设院"。

④ 参看谢汝铨《乙未抗日杂记》（载《台北文物》第9卷第1期）。

⑤ 伊能嘉矩：《台湾文化志》下卷，第956页。吴质卿：《台湾战争日记》（《近代史资料》1962年第3期所录）。

再辞退"总统"印绶,固然因为不尚虚衔,同时也是无意自主。这由他对绅民代表的宣言更可明了。他说:"我们虽然采取独立的形态,却不能失去对中国的效忠。中国须要我们支援时必须予以支援,'民主国'的行动务必经常与祖国一致。"① 六月杪(1895年)刘为团结力量,与军民歃血为盟,该盟约曰:"永福承天子命帮办台防,闻和议已成,遂终朝陨泣。在皇上苦衷,良非得已……(台湾)改省为国,民为自主,仍隶清朝。……呜呼为大清之臣,守大清之地,分内事也,万死不辞。"② 依然强调他是清朝的干城,且对清廷的割弃台湾也能体谅"良非得已",如有脱离中国自主之企图,则不仅不能体谅,且大可顺水推舟。从国内也有人士致书刘永福,鼓励他奉正朔,以清朝不侵不叛的臣下,永久守卫台湾以为南洋屏蔽。在国内的民间则出现"刘大将军擒获倭督桦山斩首全图",及"东洋求和"③ 的讽刺漫画。虽然失之夸张,国内民众对刘之声援亦可见一斑。换言之,支持刘的情形不仅发生在台湾人之间,且在内地亦是。在末期战局吃紧时刘则一再乞救于国内,此亦可见刘并无意脱离清廷而自立。

总之,台南的士绅集团议员比较台北"台湾民主国"的议员,在抗日准备工作有具体的表现。这主要是刘永福有坚决的抗日意志,并能启发绅民的支援合作所致。唐景崧一再鄙视刘永福是枭雄之辈而加以排斥,但是疾风知劲草,刘能够苦撑抗日战争将近五个月,唐则望风而逃,唐才是应受鄙视的腐败官僚。

第四章　张之洞与台湾

第一节　误信"守台两月俄即来援"

马关和谈之前,清廷争论割台问题时,封疆大吏中最表关心者莫过于两江总督兼南洋大臣张之洞。张曾任山西巡抚、两广总督、湖广总

---

① J. W. Davidson, *The Island of Formosa*, p. 351.
② 博文馆编:《日清战争实记》第46编,第30—32页。
③ 伊能嘉矩:《台湾文化志》下卷,第966页;《东洋求和》图,即描绘倭相伊藤博文与日本某大臣在美国公使介入下,向刘永福投降之场面。

督。两广总督时代（光绪十年至十五年）正当中法战争时期，张以主战抗衡李鸿章的屈辱求和。这种勇气魄力获得西太后的激赏，中法战争以后的洋务建设亦畀以大任；即调迁湖广总督（1889 年 11 月），在湖北办理炼铁厂、枪炮厂、织布局、纺纱局，欲以湖北作为洋务建设的另一核心，随之张之洞的洋务背景亦一跃可与李鸿章相埒，两者的对立更趋严重。甲午战争发生后，清廷为挽回劣势，以两江总督刘坤一出任统帅，张则调署两江总督兼南洋大臣（1894 年 11 月），于是张的南洋本位与李的北洋本位，对台湾的割让问题发生不同的意见：前者主张确保台湾，后者偏于割让。

1895 年（光绪二十一年）3 月 2 日，张之洞为确保台湾，指示台湾巡抚唐景崧上奏台湾的重要性，奏曰：

> 本日撮钧示大致电奏曰："台湾逼近闽粤、江浙，为南洋第一要害。然我控之为要，敌据之为害。欲固南洋必先保台；若台不保，南洋永远不能安枕。……倭如索台，和款非能与议，而一岛关南洋全局，惟有沥陈利害，上备先事之运筹，下慰愚民之怀感。"①

这是唐景崧根据张之洞的"钧示"所撮大要，即等于张的见解。张以南洋大臣的立场对台湾的地位有这种认识，是势所必然。因此张在清廷决定割台之前，亦向清廷提供保台策略，其大意略曰：

> 即向英借款二、三千万，以台湾作保；台湾既以保借款，英必不肯任倭人之盗踞，英自必以兵轮保卫台湾，台防可纾。……则更有一策；除借巨款外，并许英在台湾开矿一、二十年。此乃于英国家有大益之事，必肯保台湾矣。……中英之交既深，即可与英外部密商，遇事从中暗助。总之，英远倭近，英缓倭急，英乃强邻尚存大体，倭乃凶盗毫无天理；古人所谓"远交近攻"，此理确然不易②。

原来张之洞这种以台湾作保向英借款的主张，与他的洋务建设有密切关

---

① 《张文襄公全集》卷 143，电牍 22，第 3 页，光绪二十一年二月初六日唐抚来电。
② 《张文襄公全集》卷 77，电奏 5，第 16—17 页，光绪二十一年二月初四日亥刻致总署。

系；张出任湖广总督以来，在湖北所建设炼铁厂与织布局，大部分是仰赖英国的资本、机器以及技术人员。如1889年（光绪十五年）4月，张之洞经由驻英公使刘瑞芬向英国"谐塞德公司"订购熔铁炉。同样经由刘向英购进布机一千张，纺纱、染纱、轧花、提花各项机器，及汽炉、锅炉等以配置湖北织布局。此外，也向英国汇丰银行前后贷款16万两充为织布局资金①。前述，张之洞所倡贷款押台的意见，最先出自留美道员容闳，彼在甲午战争发生后（1894年冬），曾献策由中国政府"派员将台湾全岛抵押于欧亦无论何强国，借款四万万美金以为全国海陆军继续战争之军费"②。张之洞幕下，负责湖北洋务建设的蔡锡勇（曾任容闳之通译兼参赞），即将容闳建议译为中文呈转张之洞。蔡锡勇既为湖北炼铁、枪炮、织布三厂的总负责人，又其洋务建设原先已仰赖英国系资本，自然张之洞倾向于求英保台。但是张却昧于当时的英日关系。

此时英日关系正是欢度蜜月的阶段。自1891年（光绪十七年）俄国着手修筑西伯利亚铁路之后，英国则欲以日本阻止俄国的东进（包括南下），于是向来对日的强硬外交逐渐软化，尤其是一向拒绝修改的不平等条约，英国也开始打开谈判之门。历经谈判，终在甲午战争发生前夕（1894年7月），英日签订《新通商航海条约》（包括废除领事裁判权）。英国在此时此刻对日本让步改订平等条约，并非时间上的巧合，而是暗中鼓励日本侵占朝鲜半岛，以代替英国，阻止俄国的南下。甚至在条约签署后，英国外相J. W. Kimberly对日本公使青木周藏贺道："本条约的签订，比日本击溃清朝大军更具重大意义"，③可见日本的发动甲午战争，事先已得英国的谅解与支援。这于战后英国不加入三国（俄、德、法）干涉辽东一事，也可以印证。这种英日关系正在亲善时，张之洞却要求英保台，近乎异想天开。

虽然如此，张之洞至少不像李鸿章对保台态度消极。马关和约签订后，张之洞又个别致电许景澄、龚照瑗、王之春三驻外（俄英法）公使，直接向三国商议救台策略，但结果是"电商数十次，电奏数次，百计俱

---

① 参看中村义《洋务运动をめぐつて》，载《历史学研究》1965年8月号。

② 容闳：《西学东渐记》，第134—135页，参看《张文襄公全集》卷47，第22—25页，为蔡锡勇请恤折。

③ 鹿岛守之助：《日本外交政策の史的考察》，第53页。

施，然卒以无权，事竟不就"①。可是张仍不灰心，至马关和约换约之前一天（光绪廿一年四月十三日），张还做最后的努力；这次他拟用总署训令推动上述三国公使，以借款押地（台湾）或让地为条件，商请三国救台，即曰：

> 令许（景澄）使商俄，王（之春）使商法，一面致谢，一面许以界务、商务实惠。恳俄始终力助，俾得徐议全约，若不再切恳，则俄除阻辽外，不管矣。恳法速派兵轮赴台。……拟请电龚使速回英与外部商，若能助我胁倭废约，我必仍向英借二万万以为修铁路，买兵船各项机器等事之用，仍多用英弁、英工；其新添之口，准英人通商，仍许酬以边远土地，英必尽力。总之，朝廷若肯以回疆数城让俄，以后藏让英，以云南极边让法，三国同助，则不唯台湾可保，倭约竟可全废，断无战争。……三国虽让以边地，不因此而加强，倭之毒计尽穷，筋疲力尽，不能再为我害。此所谓不战而屈人，转祸为福，转败为功，在此一事……②

这种救台的意见，只能说自打如意算盘，其实英政府已于 5 月 11 日正式向日本声明无意占领台湾，且要求日本守密。无怪乎张之洞不悟，而自信"英必尽力"③。俄法自从日本表示愿意放弃辽东半岛之后，无意逼日过甚。更重要者，向列强借款押地，"许以界务商务"，无异于引狼入室。后藏让英，云南边地让法，回疆让俄，这与后来的列强瓜分中国何异？等于去掉一个日本，又换来三个"日本"，本质上还是受帝国主义的侵略，幸亏列强不感兴趣，否则绝非张之洞想象中的"转祸为福"。不过，就救台而言，张之用意至善，其绞尽脑汁是无可否认的。

但是张之洞这种救台的热诚，在"台湾民主国"崩溃，唐景崧脱出后，便发生大转变，尤其是对刘永福的求援置若罔闻。此前（1895 年 6 月初），张之洞曾经鼓励刘永福留台苦守，两个月后俄国即可来援（"守

---

① 《张文襄公全集》卷 144，电牍 22，第 27 页，致台北唐抚台。

② 《张文襄公全集》卷 78，电奏 6，第 9 页，致总署。

③ 英国不但无意保台，甚至为日本抗议，粤沪有以军械、勇丁暗中接济台湾。参看《张文襄公全集》卷 78，总署来电。伊藤博文编：《机密日清战争》408。

台两月，俄即出援")①。可是两个月后俄援落空，刘求援于张，张则否认曾经"谕福（永福）守台两月，俄即出援"，于是两人各执一端，反复致电辩驳。事实上这是张之洞食言而肥，兹就史料上加以论证。

前述唐景崧与刘永福积不相能，此事张之洞最为了解，但张何以鼓励刘留台苦守？因当时清朝将领中以刘最负盛名，清廷一度欲以刘率军直捣日本长崎②，可见刘之威名不减当年。张认为这种为外夷所惮的名将，必须协助唐景崧共守台湾。故明知刘受唐排斥，郁郁不得志，张仍致电慰留，曰：

> 麾下来江，本所甚愿，奈近日探报，屡言倭将攻台，若奏请内渡，断难邀允。麾下忠勇成性，兵民信服，立功报国正在此时。处台为难情形，已知梗概；已电嘱唐抚院和衷优待，亦望麾下忍小任大，和衷共济，建立奇功，是所盼祷。鄙人与麾下及唐薇帅（景崧）皆系旧交，两君同处海外支持危局，鄙人不能奋飞相劝，昼夜悬念；惟盼两君同心，则必能破贼成功矣③。

可知刘本意欲内渡两江，张则甜言蜜语劝刘守台，又赞刘"忠勇成性，兵民信服"。不过，这是为了利用刘而做出来的一种笼络手段，因张也指示唐景崧："笼络一刘永福何难哉！渠此次系帮办，公（唐景崧）似宜稍予以面子，彼便颠倒奔走矣"④。张之蔑视刘永福与唐相同，正如当年在越南战场（中法战争），张、唐又要利用刘永福抵御日本。此时刘永福已是清廷属下之吏员，不像中法战争时只是一个游勇，但张、唐仍不能推心置腹，实有缺公允。因张、唐的真心如此，以后对刘永福的求援自不能尽力设法。

唐景崧、丘逢甲逃脱后，台湾绅民的抗日战争在刘永福、吴汤兴、徐让、简精华等指挥下勇敢展开，至于其军费、饷械则仰赖富户、地主之捐输，其数量本已不多，加上富户之陆续内渡，饷械便发生困难。前线将士

---

① 参看《张文襄公全集》卷147，电牍26，刘镇来电（七月初三日申刻到）。
② 参看《清季外交史料》卷97，旨寄邵友濂著询刘永福能否率偏师直捣长崎电。
③ 《张文襄公全集》卷143，电牍22，第18页，致台北刘镇永福。
④ 同上书，电牍23，第17—18页，致台北唐抚台。

对台南城（刘永福坐镇此地）的接济，已到翘首以待的地步。刘永福则向张之洞求援，因张曾经约以守台两月，俄即来援，但此刻已历时两月有余，刘更有理由向张探问，曰：

> 谕福守两月，俄即出援。今两月有余，南中幸无恙；今仍未见，俄欺公乎？福不负命。今饷械俱绝，民兵将乱，何以战守？福死奚惜，恐屏藩一弃，各国狡然生心。天下仰我公一人，乞为大局计。痛哭流血，乞速设法救援①。

同日（光绪廿一年八月廿二日）下午，张之洞经由闽浙总督边宝泉电覆刘永福：无从设法救援，并说"俄国并无两月后来援之说，不知何人讹传"②，即张之洞否认曾经约以两个月后俄援可来，甚至说这是第三者的"讹传"。张既不承认诺言，刘便提出更具体的证据，即曰："俄助，系五月间赖鹤年云奉公命，寄蔡嘏嘉转台。"③ 赖鹤年系台湾驻沪转运局道员，蔡嘏嘉则系驻厦门转运局委员，其转运工作皆与台湾有关，故经由他们传递是极可能之事。可是张之洞又再复电否认，并说"俄国在北，如何能顾及台湾？鄙人并未发此电"④。

诚然，俄国来援之说，并非张直接以电文发出，而是经由赖鹤年与蔡嘏嘉以极秘密的方式所传递。前述"台湾民主国"成立后，清军统帅刘坤一为了解虚实，派遣行营文案处之丁忧河南候补道易顺鼎渡台，6月21日（1895年），易顺鼎抵台南，适逢赖鹤年经蔡嘏嘉寄到"两个月后俄国来援"之文件，对此易顺鼎记曰：

> 余抵台南日，适厦门委员蔡嘏嘉寄到缄文一件，消息颇佳。其文云："驻厦办理台湾转运局务，前委台湾府知府蔡嘉嘏，为遵电转呈事。现奉上海转运局赖道鹤年转奉江督宪张转准驻俄许（景澄）公使电开：'气俄国已认台自主，问黑旗尚在否？究竟能支持两月否？'

---

① 《张文襄公全集》卷147，电牍26，第15页，刘镇来电。
② 同上书，电牍26，第14页，致福州边制台。
③ 同上书，电牍26，第17页，刘镇来电。
④ 《张文襄公全集》，卷148，电牍27，第2—3页，交邹委员寄致昼南刘镇渊亭。

似此外援已结，速宜将此事遍谕军民，死守勿去；不日救兵即至。仰即派人将此电告刘帮办并中路林、丘、吴三统领遵照等因。奉此，合即钞电转呈。为此备具绸文，密缝衣内，派差弁五品军功林廷挥赍送前来，由乙宪台察夺。并乞将五月十二日以后至近日全台军情战状详赐覆文，以凭转电南洋大臣酌夺。望切！盼切！须至申者"。刘见俄国认台自主，湘帅（张之洞）又许发救兵，志气益壮。[①]

易顺鼎所记各节，大体与刘永福所言吻合。唯右文所引驻俄公使许景澄致张之洞电文（简称甲电），在《张文襄公全集》中未曾发现。但 1895 年 5 月 21 日（光绪廿一年五月初八日），张"致俄京许钦差"电文（简称乙电），则与甲电颇有密切关系。乙电曰：

> 阳电悉，台地广山险，瘴盛雨多，民强粮足。海口炮台难恃，且沿海太宽，亦难阻其（日本）登岸，若深入五十里内，倭技穷矣；数月内断不能取全台。黑旗现在台，此两层是否俄外部问？有何语气？速示。台地要而沃，英既无志，何不劝俄保护，专东海以蹙英乎？[②]

两电文对照，可知乙电之"黑旗现在台"，显然是对甲电"黑旗尚在否？"所提出的答复。又乙电的"此两层是否俄外部问？"（尤其是"两层"何指？）无疑就是指甲电的"黑旗尚在否？究竟能支持两月否？"虽对第二问题未见具体答复，就全体而言乙电可谓对甲电的复电。所以《张文襄公全集》中虽未见甲电，张之目睹甲电不容置疑。换言之，甲电并非易顺鼎或他人所伪造，亦非他人之讹传。由乙电来看，当时张之洞颇倾向于俄国，因此对俄的动向看法乐观，终判断俄国似乎可以援台（"似此外援已结"），接着便要"速宜将此事遍谕军民"，于是俄国援台之说向台湾迅速传递。此时（约西历 6 月 2 日），张之洞正要上海转运局道员赖鹤年，将 30 万银转交鲁麟洋行（在上海）汇于唐景崧，俄国援台之说，可能也于此时交代赖鹤年传递刘永福。但 6 月 4 日唐内渡，张获悉后即饬令上海

---

① 易顺鼎：《魂南记》，第 8 页，按蔡嘉谷系蔡毅嘉之误。
② 《张文襄公全集》卷 146，电牍 25，致俄京许钦差。

刘道台向鲁鳞洋行收回30万银①。另一方面，于6月4日，驻俄许公使来电"俄无意台"②，即俄国无意援台。证明张之洞的判断完全错误，但张并未设法收回前发俄国援台之说。因张在唐景崧内渡后，正要刘永福与土民（台湾人）坚守台湾③，即使俄国无意援台，这则消息对刘等台湾军民亦可发有慰或鼓舞作用。

俄国援台之消息，于1895年6月21日（光绪廿一年五月廿九日）传递台南刘永福，刘则遵嘱转达"中路林、邱、吴三统领"，不过，当时林朝栋与丘逢甲二统领已内渡，只发现刘致吴（汤兴）统领之照会：

> 钦命帮办台湾防务统领福军闽粤南澳总镇依博德恩巴图鲁刘，为照请事……又准南洋大臣张密函，亟宜死守勿去，即有转机等因，准此合就照请，为此照合贵镇，烦为查照。
>
> 右照会
>
> 统领飞虎新苗各军前任台湾总镇吴
>
> 光绪二十一年五月三十日照会④

本照会内容虽无俄国来援云云，然由"南洋大臣张密函"与"即有转机"，不难推知消息来自张之洞。

又在日本军登陆台湾后，所没收的文牍中发现台湾中路营务处黎景嵩，由刘永福照得之张之洞密函，曰：

> 南洋张香帅密函内开，闻台事日非，不知尚能勉力支持两月否？如能支持自有各国出为说和，大局定可挽回。盖俄助民主国，已经兴师伐倭，倭轮之在台澎者，乡有调回以图自卫者，并允接济饷械，救兵随后即到等语⑤……

---

① 参看《张文襄公全集》卷146，电牍25，致上海刘道台（光绪廿一年五月十七日丑刻）。

② 同上书，致台北唐抚台（光绪廿一年五月十三日子刻）。

③ 参看《台湾通史》6，《台湾文献丛刊》第128种，《林平侯列传》。《李全集》奏稿，第31—32页，林维源母请匾额片。

④ 博文馆编：《日清战争实记》，第39编，第13—15页。

⑤ 日本外务省：《日本外交文书》第28卷第2册（1260）台湾澎湖岛授受杂件。伊能嘉矩：《台湾文化志》下卷，第958页。

由以上可知俄国援台之说，系张之洞据驻俄公使许景澄之情报，错误判断所致，故至俄援不能兑现时，张则归于讹传，或辩驳与他无关。张所以要辩驳，固然因他的判断错误，但更重要者，在发出俄国援台之消息前后，英、德公使曾抗议上海、广东向台湾接济军械与兵勇。继而清廷在5月28日至6月2日（五月初五至初十）之间，两次谕令张之洞"台事无从过问，饷械等自不宜再解，免生枝节"①。在一周内受到两次禁援的警告，居于南洋大臣的立场，不能不谨慎。因此对刘永福的求援，明知俄援落空，张也不能再以其他方式接济，只好对刘驳俄国援台之说与他无关。

前述，在台南亲睹"张密函"之易顺鼎，事后为求援，又奔回大陆晋见张之洞于南京，张则出示清廷第二次（五月初十日，西历6月2日）禁援谕旨。易认为张出示谕旨的意思，是欲借此勾销前对刘永福之诺言，所以易则告以"湘帅（张之洞）无此语犹可；既有此语，刘已坚守不止一月，而救兵尚未见至，将奈何？"对这段话，"湘帅无以应"②。虽有"一月"与"两月"之差，大意不出"守台两月，俄即来援"。要之，易追究张不能食言，见危不救。张既无话可答，可见俄国来援之说出自张。如果是"以讹传讹"，或与张无关，以常理言，张必定当即辩驳澄清，不至于保持缄默。由易顺鼎的证言，更可断定张之洞不履行前与刘永福的诺言。即张之洞对刘永福保台的态度是激之于前，绝之于后。

第二节　援台态度的转变

张之洞这种救台态度的180度大转变，固然是因俄国无意援台，以及清廷两次的禁援，其实另有原因，即唐景崧脱出后，张无意救刘永福，乃至于援台的热诚锐减。张之洞、唐景崧对刘永福的偏见及止于利用的态度已如前述。据于此种前提，张对唐的态度自然是厚此（唐）薄彼（刘）。"台湾民主国"发生动摇时，张之洞致电唐景崧曰："若至糜烂过甚时，可将总统印付与刘渊亭（永福）；公（唐景崧）在台南设法内渡，听刘与

①　《张文襄公全集》卷78，电奏6，第13页，总署来电。
②　易顺鼎：《魂南记》，第12页。

土民为之。公此时总以有亲兵，握巨饷，则便利为主，万勿气馁。"① 言外之意，要刘代唐维持残局秩序，以便唐安全脱出台湾，刘之生死安危可置之不理。果然，张又下令追回原拟援台款项；6月5日，唐尚未脱出时，张已交代上海转运局遗员赖鹤年30万两银，设法接济唐，但6月6日唐内渡后，6月9日，张便致电上海遗员，曰：

> 台事不支，唐中丞已内渡。前数日交赖遗员转交鲁麟洋行银三十万，仓卒数日，该行未必在台交银。速向赖遗员向该行收回，万不容其含混，即复②。

此电，乍看之下为了预防鲁麟洋行之"含混"才急于追回30万两银。其实不然，张何不饬令上海道，转达鲁麟洋行改汇与刘永福？可见张之洞之援台是对人（唐景崧）而不是对事。如果尚未汇出的援款，今后一概不汇，则情有可原，已在途上的援款也要追回，则未免过于刻薄，何况张又要刘代唐御敌！

张之洞对刘永福如此冷遇，而刘对张却毕恭毕敬，唯命是听。这可由刘致张电牍中见之：

> 前数电未蒙覆示。福所以死守台南为大局，非为私也。饷械不至，俄师渺然：我建孤忠，所在诸公必有以图之。事急矣！生死安危，惟公是命。如克有济，则祖宗之土地幸甚，台湾数百万之生灵幸甚，福亦幸甚！企立以俟，速赐覆示③！

翌日（8月22日），刘又致张急电："守、走、死、生，望公一言为定……如不能接济以及设法救福，亦请以一言为断"④。虽然置身九死一生的逆境，刘仍伫候张之指示（其实，刘大可仿效唐景崧、丘逢甲，一走了之）。张的指示却显为冷言冷语："守台之举出自阁下义勇，鄙人并未置词。……今或去或留，仍请阁下自酌，鄙人不敢与闻。至协济饷械，

---

① 《张文襄公全集》卷146，电牍25，第12页，致台北唐抚台。
② 同上书，第13页，致上海刘道台。
③ 《张文襄公全集》卷147，电牍26，第14—15页，刘镇来电（七月初二日未刻到）。
④ 同上书，第15页，刘镇来电（七月初三日申刻到）。

叠奉谕旨严禁，万不敢违"①。张说对刘之守台"并未置词"，这是欺人之语；早在三月间（1895 年），台湾告急时，张激励刘："正是豪杰立奇功，报国家之日，必能与薇帅（唐景崧）同心协力，保此危疆。"② 此时，张激励刘守台是正要利用刘助唐。唐内渡后，刘之去留已非张所关切，自然张要答以"并未置词"。这也是张之洞对刘永福的守台，激之于前，绝之于后的一端。

又接济饷械事，张之洞固然是顾虑清廷两次的禁援，但是当时秘密的援助并非绝对不可能。6 月 3 日（1895 年），日军攻陷基隆，台北城临危时，张为接济唐景崧，致电曰：

> ……公（唐）在他府，他县亦能交到（银两），敝处仍可随时接济。船不便派，此外虽不易办，当相机为之。基隆知不可守，勿以此为恨。总之，台地广，倭兵少，但存一府一县，即有生发；相持三月，各国必有出头者，仆当力筹③。

这是清廷两次（西历 5 月 28 日与 6 月 2 日）禁援令颁下后，张致唐之电文。事关唐景崧，张则可以不顾禁令"随时接济"，困难之处亦"当相机为之"，可见张不是真正担心触犯禁令。换言之，除船只不便派出之外，秘密方式的接济尚未绝望。所以对刘永福而言，张之洞之不接济是不为也，非不能也。不但隔海之求援，张不应刘之要求，即使遣人内渡，当面之求援，亦为张所拒；前述易顺鼎在南京曾向张之洞求援，张竟答以"饷械垂尽，则惟有用草船借箭之法"④。易顺鼎之外，刘永福之侄刘禹卿亦于八月间诣张求援，结果空手而返⑤。

十月间，刘永福再遣文案吴质卿内渡，向两广总督谭锺麟，广东巡抚马丕瑶，以及南洋大臣张之洞衷切求援。谭、马反应亲切，即向广东省各善堂集银三万余两交付吴质卿⑥。唯张之洞仍以清廷两次禁援为理由，反

---

① 《张文襄公全集》卷 148，电牍 27，第 2—3 页，交邹委员寄致台南镇台渊亭。
② 《张文襄公全集》卷 145，电牍 24，第 23 页，致台湾刘镇昼渊亭。
③ 《张文襄公全集》卷 146，电牍 25，第 12 页，致台北唐抚台。
④ 易顺鼎：《魂南记》，第 12 页。
⑤ 吴质卿：《台湾战争日记》，载《近代史资料》1962 年第 3 期。
⑥ 同上书，第 96 页。参看罗香林辑校《刘永福历史草》，第 253 页，按本书所载：吴质卿（桐林）亦谒见刘坤一、王文韶、翁同龢、李秉衡、边宝泉，但《台湾战争日记》中并无提及此事。

应颇为冷淡。此事，吴质卿在其日记中记曰：

> 九月初一日（西历 10 月 18 日）求见香帅（张之洞）坐谈两刻，余备陈台事，香帅不胜叹息，余再三求饷求械，香帅以"两奉上谕，不准接济台湾"为词。余苦苦相求，香帅止有长叹。后命余往见恽、桂二公观察。公令余夜间再会。晚间恽公奉香帅命，持洋蚨百元赠余行……①

"苦苦相求"的结果只得洋银百元，莫非要以此百元将吴质卿打发走。两广总督谭锺麟、广东巡抚马丕瑶亦同受清廷两次禁援严旨，然谭、马倒比张有援台热意。张之无意援刘（援台）至此已达冰点。张这种见危不救的态度，却有彼一套理由：即刘永福守台不成亦可为"田横，皆不失为奇男子"，"即使终归身殉，总可杀倭贼数千，断不能令倭贼唾手而得全台，较之越南游勇力量总较大也"②。这种解释不仅不能令人谅解张之洞不能援刘的处境，反而予人以张之洞存心将刘永福置于死地的印象。实际上，在唐景崧内渡前夕，张已有意"听刘与土民为之（抗日）"，至唐内渡后更抱着"听之于天，听之于数"③ 的态度。当时，黑旗军、台民义军的抗日，势同螳臂当车，"听之于天真，听之于数"，其后果更不堪设想。张明乎此而借口不援刘，无异于迫刘以死，所谓"田横"，"奇男子"是驱其死而已。因张之洞无意援刘，在台并肩抗日的黑旗军与台民义军，虽士气激昂，屡斩倭军，然因后援不济，不能长期掌握有利的局面。坐镇台南统筹军饷的刘永福，终慨叹"内地诸公误我，我误台民！"④ "诸公"之中，张之洞首当其冲，则殆无疑问。

　　总括以上，南洋大臣张之洞反对李鸿章的割让台湾，马关和约签订的前后，便以"以夷制夷"的方式，仰求西方列强保卫台湾，虽然不是上策，其竭尽思虑保卫台湾的努力，不能不加以评价。可是台湾巡抚唐景崧内渡后，张之洞保台态度发生变化，对刘永福统率的抗日战争不加以支援。对

---

① 吴质卿：《台湾战争日记》，第 96 页。

② 《张文襄公全集》卷 146，电牍 25，第 21 页，致福州边制台。

③ 《台湾总督府公文类纂》33《台湾受渡转（笔者按："转"系"颠"之误）末报告》（即"接收"台湾始末报告）。《台湾文化志》下卷，第 928 页。

④ 姚锡光：《东方兵事纪略》台湾篇下，第 10，《台海思恸录》，第 64 页。

叛离台湾绅民的唐景崧，张之洞待之优厚，对其忠心耿耿，率领台湾绅民抗日的刘永福，却待之刻薄，甚至是辜负。原来张之洞之要求列强（尤其是英国）保卫台湾，是与他的洋务建设有利害关系。在这个目的不能达到，唐景崧又脱出台湾后，张之洞便不关心刘永福与台湾绅民的抗日战争了。

第五章　黑旗军与义民军的抗日

第一节　抗日战斗如火如荼

"台湾民主国"成立之前，全台军队有 150 多营，总共五万人左右。各隶属（一）唐景崧（北路，广勇为主），（二）林朝栋（中路，土勇为主），（三）刘永福（南路，黑旗军为主）①。此外丘逢甲统率台湾义民军十营多。"台湾民主国"崩溃后，由于唐景崧、丘逢甲、林朝栋的前后内渡，他们的军队也随着溃散；一部分撤回大陆，一部分则成为游勇向中部流窜。后来台湾府（台中）知府黎景嵩则吸收其中一部分，编成"新楚军"，即官军主要有新楚军与黑旗军②。此外，义民军风起云涌，神出鬼没，其数难以估计，不过，据日本官方记载，实际与日军交战人数已达五六万之多③。日本方面则出动"常备舰队"（总司令，有地品之允）与"近卫师团"（师团长北白川宫），后者是日军之劲旅，原已入侵辽东，临时调遣攻台，盖欲以劲旅一气"敉平"台湾之"土匪"故也。

抗日战争高潮迭起，尤以下列三役最为壮烈，兹分述如后：

（一）大嵙崁、三角涌之役：以区域而言，包括台北近郊至苗栗地区。本地区居民多系客家族，客家族向来民族意识强烈，且富团结精神，故日军入侵以后抗日义民蜂起。领导人物是胡阿锦（胡嘉猷）、姜绍祖、徐骧、吴汤兴。日军占领台北府，设立"台湾总督府"（一八九五年六月

---

① 参谋本部编：《明治廿七、八年日清战史》（以下简称《日清战史》）第 7 卷，第 356 页。

② 新楚军共 14 营，约七千人，见思痛子《台海思恸录》，第 12 页。黑旗军数目众说纷纭，然以姚锡光《东方兵事纪略》所载似较中肯："永福奉广勇两营至台北，增募六营，成八营，仍称黑旗军"（台湾篇上第 9）。日军登陆后陆续增募，合土勇约六十余营，见《台湾省通志稿》卷9。

③ 《日清战史》卷 7，第 358 页。

十七日）后不久，已有奸民提供情报："现得警报，客眠（按系'民'之误）聚众数千，团积三角涌（今三峡）之崁仔脚，拟早晚乘虚袭台北"①。原来日军拟分途由海路直捣台南府城，因得此情报，遂变更计划，改由陆路南进，且欲扫荡义民军。但结果在大嵙崁（今大溪）与三角涌遭义民军之截击。他们在大嵙崁战闹的情形，日方资料记曰：

> 敌军（指义民军，以下同）由相距一千公尺的河流（指大溪）右岸，以步枪频频射击。我（指日军，以下同）炮弹命中率虽良好，敌军仍顽强抵抗：占据右岸堡垒向我炮兵阵地射击。……大嵙崁方面的敌军修筑坚固工事，防御村落。我军进而占领右方村落，并放火焚烧，但敌军坚持不退，战斗何时可完难以预测。……我军终决定全军冲锋……终为我军击退，败走大嵙崁左岸。②

> 匆促招募的义民军，竟能发挥坚忍不拔的精神，久战不退，实属难能可贵。他们败退左岸后，义民又麇集山上山下，重整旗鼓，与日军激战数刻，终日驳火，致使日军陷重围。后来虽有援军解围，日军已溃不成军，预定进军苗栗的计划也中止。③

原来大嵙崁是由总兵余清胜镇守，余在日军攻入台北后，自动致书"总督府"要求派兵接防，并献出军队名簿，与武器弹药等详细目录，甚至听从日军指使，举白旗诣日军司令部（余终得日军保护遣回内地）④。这种奇耻大辱与义民军的大义磅礴，相差何止霄壤。

在三角涌方面，由胡阿锦所指挥义民军曾经歼灭日军一小队（约二十人）。又在三角涌附近截击日军运粮船六只，尽夺粮食，并杀其护粮兵37人（仅4人幸免）⑤。这是大快人心的斩获。日军所受打击甚大，总督府遂下令全军扫荡三角涌附近，准备对"顽迷狡猾的土民（台民）予以

---

① 杉浦和作：《明治二十八年台湾平定记》（明治二十九年，1896年出版），第25页。

② 同上书，第70—71页。

③ 同上书，第72—74页。

④ 台湾省文献委员会编：《台湾省通志稿》卷9，第17页，桦本乙吉《台湾怀古录》（大正九年，1920年出版），第111—115页。

⑤ 大本营野战卫生长官部编纂：《明治二十七、八年役阵中日志》（以下简称《阵中日志》）七月十五、十六日条；杉浦和作：《明治二十八年台湾平定记》，第75页。

彻底的惩创"①。日军所受的创痛可想而知。7 月 21 日（1895 年），日军分三队，各由大嵙崁、海山口（今新庄）、台北三处，向三角涌包抄。结果该区民房烧毁殆尽，"民性极为狞恶的客家族，遗弃尸体不下四百"②。即日军以极残忍手段报复三角涌的义民。此役可谓最可歌可泣的一幕，怪不得日军自认南进中，此役所受打击最大。

在新竹方面，姜绍祖、吴汤兴、徐骧各军转战于中坜、新竹之间。姜绍祖出身地主，所率义民军包括自家佃农数百名，姜一度由佃仆之冒替幸免被杀（后姜再起，中弹殉难）③，可见地主与佃仆亦曾同仇敌忾，共赴国难。吴汤兴与徐骧为夺回新竹（6 月 22 日沦陷），在大湖口（今大湖）与日军激战三度，不支，败退头份④。此外，黎景嵩麾下新楚军，林朝栋余部，以及各路义民军亦陆续围攻新竹周围，企图收复新竹。"土兵（义民军）虽再度失败却不气馁，隔日又以一千五百人的兵力，从新竹的东西两面发动第三次攻击。"⑤ 可见抗日军愈挫愈勇，前仆后继。结果虽属失败，亦予日军以甚大威胁。

以上，日军出发台北以来的南进过程，出乎意料屡受顽强的抵抗，才发现"贼徒（指抗日军）的实力不可侮"。又因抗日军的屡挫日军，"台北的民心也渐有骚动的征候，以现有的兵力（近卫师团）恐不足镇压"，于是桦山总督向本国大本营要求增援一旅团兵力。大本营为安全起见，增援一旅团（混成第四旅团）之外，又加派"第二师团（师团长乃木希典）的一部分，与后备步兵三十中队，臼炮队等"⑥。即原初以为近卫师团（约一万五千人）便可敉平台湾的兵力，非增至"两师半左右"⑦ 便没有信心。抗日战斗在台湾北部的剧烈，可想而知。

（二）八卦山之役：日本增援部队赶到后，涉越大甲溪，攻陷台中（台湾府，8 月 25 日），接着进逼大肚溪。抗日军这方面：由北部败退的

① 《阵中日志》，七月十八日条。

② 同上书，七月二十四日条。

③ 吴德功：《让台记》，台湾文献丛刊第 57 种，《割台三记》所辑，第 46 页。

④ 参看《让台记》，第 48—49 页。

⑤ 《明治二十八年台湾平定记》，第 57 页。

⑥ 《日清战史》卷 7，第 82、152 页。

⑦ 同上书，第 2 页。即 1896 年 3 月为止，日本投入台湾兵力：战斗人员约五万，非战斗人员二万六千余，马匹九千四百余。

吴汤兴、徐骧、黎景嵩各军进入彰化，会同黑旗军统吴彭年，以及刘永福增援之七星军（统领林鸿贵），利用大肚溪与八卦山之地势，欲阻止日军南进。全台抗日战役中，兵力之厚集，地势之有利，应以此役为最，故开战前士气大振。日军预计抗日军至少有十二营①，不能掉以轻心，重新调度各军，分三队围攻八卦山。抗日军虽严阵以待却万密一疏，由奸民向导，日军从后山小路登攻八卦山，我军猝不及防，在日军快枪、快炮的环攻之下，吴汤兴、吴彭年、林鸿贵皆阵亡。他们的阵亡是明知不可为而为，如吴彭年立山顶指挥，至死不去。林鸿贵则为夺取吴汤兴尸体，冲进弹雨而死②。8月28日彰化沦陷，义民被日军搜查击毙者达380多人③。自三角涌的战斗以来又是悲壮的一幕。

八卦山之役失败的主要原因是武器、粮饷的匮乏。自新竹的反攻失败以来，富豪陆续内渡，粮饷、车费来源几绝。虽向刘永福求援，台南府库也已"连日搜括殆尽"。刘永福即向南洋大臣张之洞求援，表示"天下仰我公一人"，结果令人失望。刘永福增援的黑旗军，装备也极为简陋，刘永福恐怕提不起士气，"亲临各营，传谕大小将士，晓以大义，激以危词"，众军才奋勇百倍，立刻前去。其次，将领相轻，各路军之不协调亦为失败因素；南北抗日军在八卦山大会师是空前之事，吴彭年虽为总指挥，台湾府知府黎景嵩却与吴彭年"顿有龃龉"，黎轻视吴为不知兵，其新楚军微调不即应。结果各自为战，吴搏战阵亡，黎则遁去④。不过，就全局而言，黑旗军与义民军已能并肩作战集中力量。刘永福也从台南遥为督战。黎景嵩虽然与黑旗统领吴彭年有龃龉，人力物力的接济亦须仰赖刘永福⑤。换言之，抗日战争开始由刘永福统一节制。

（三）云林、大莆林之役：八卦山之役日军胜利后，又攻陷云林（8月29日），且进迫大莆林（今大林）。此役，刘永福遣杨泗洪率福字军迎

① 《明治二十八年台湾平定记》，第105页。

② 姚锡光：《东方兵事纪略》（见《台海思恸录》，第60页）。《割台三纪》附录《吴统领彭年传》。《台湾通史》6，《吴彭年传》。

③ 《明治二十八年台湾平定记》，第111页。

④ 《台海思恸录》，第60页；参看《割台三记》，第53页。

⑤ 吴德功《让台记》载曰"黎景嵩攀趾高，夜郎自大……不愿求援台南（刘永福）"，见（《割台三记》，第53页）。但日军登陆后在彰化电报局发现刘永福对黎景嵩求援的覆电，曰"彰化台湾府黎太尊鉴：电悉，已派兵来，惟军火尚在筹，然胜负兵家之常，可不必计。苗栗失，意中事。……"（《日本外交文书》第28卷第2册，第591页）。

战之外，又招抚当地游勇黄荣邦、林义成（苗生）、简成功及其子简精华（大肚）所率义民助战。杨虽阵亡，在简、黄、林各军奋勇夹击之下，日军败退大莆林。随后刘永福以简成功为义民军总统，率义民军五千多人，会同黑旗军王得标部反攻云林，9月1日收复之①。此役之胜利全赖简成功所率义民军之勇敢作战。原来此前，简氏族女60余人被日军凌辱，简成功等义愤填膺，蹶起抗日。国恨加上家仇，其锋必定锐不可当。日军之兽行，很容易激起村民的共愤而同情简家的遭遇，所以简氏父子能够率义民数千助战，且屡使日军陷于苦战，甚至这种苦战是"日清战争（即甲午战争）开战以来未曾有"的②。

云林与大莆林的连战连捷，人心大为振奋。日军占领下的台北、台中人民心中也颇为激动，如果黑旗军与义民军向北反攻，则准备内应，实为抗日战争良好的转机。可是因武器、粮饷的不足，进至彰化则被阻止。至十月间，日军重整军容，再南犯时抗日军便败退，黄荣邦、徐骧陆续阵亡。云林复失，嘉义亦沦陷（10月12日），台南告急。

综观以上三次主要战役，可知抗日战斗最后虽然是失败，但都经过一番的激战苦斗，甚至是死守。这种抗日战斗不限于上述三次战役，其他随时随地也有抗日游击战的发生。日人竹越与三郎，在其《台湾统治志》一书中的描写，最能代表一般老百姓的抗日游击战，兹引用如后：

> 新竹以南的清军并非军队，而是土寇（指义民，以下同），出没丛泽或隐匿山野之间……土民与土寇难以分别；在田野挥锄工作的良民，看我军（指日军，以下同）稍微势寡，则一变为土寇……而一度占优势，则邻近村庄无不化为敌人，连少妇也怒吼而拿起枪杆作战。他（她）们的顽强抵抗是占据散布村中的民房向我军拒战，这个民房被我军炮弹摧毁后，则转移隔壁民房续战，看我军稍有可乘之隙，则必逆袭而来。③

村妇的作战颇值得注意。另有日人从军记者也报道："连在路旁洗衣

---

① 参看《台海思恸录》，第62页。
② 《明治二十八年台湾平定记》，第120页。
③ 竹越与三郎：《台湾统治志》，第148—149页。

的妇女也带枪"①。目击抗日活动的诗人洪弃生，在其诗中也有"村妇助磨刀，耕农自裹粮"②的描述。巾帼不让须眉，当时台民抗日情绪的激昂，与抗日规模的如火如荼，不难想象。

义民军的抗日颇为壮烈，究竟义民军的成员如何？丘逢甲出任义民统领时，所招募"兵士皆乡间子弟"，或"义军皆乡里子弟"③。即农民为义军成员。丘内渡后继任义民统领的吴汤兴，在其招募义民军的檄文记曰："闽倭奴占据后，则田间要税，房屋要税，人身要税，甚而鸡犬牛猪无不要税。"④"田园"、"鸡犬牛猪"与农村最有密切关系，可见其招募的主要对象不外乎农民。在其组织成军后，向台湾府知府黎景嵩的报告曰："虽义民尚有数万，然草野农夫，散则为民，聚则为兵。"⑤可知义民（军）的绝大多数是农民，绝非日方资料所概括的"土匪"⑥或"土寇"。

但是农民所能贡献者出力，出钱则有待于绅富或殷户，尤其是内地的接济断绝以后，更须仰赖本地绅富或殷户的捐输，可是他们的态度如何？

绅富或殷户在经济上是指富商与地主，在身份上则多属官绅或绅民，也是社会的领导阶层，但他们抗日的态度不坚定。台湾府知府黎景嵩在新竹沦陷后，为支援义民军反攻新竹，"叠经劝谕各属绅富，暂行通融借助以应急需"，但是"舌敝唇焦，不啻痛哭流涕，乃言者喃喃，听者藐藐。自到任迄今筹饷一事终成画饼，可为浩叹"⑦。言词颇为哀切，但绅富的反应极为冷淡。因此台湾府（中路）军饷多仰赖台南刘永福的接济。前述，刘永福系由台南地区的绅民代表推戴出任抗日领导者，故初期绅民与刘颇能合作，慷慨解囊，或奔筹军费。又八卦山之役开战前，吴彭年所率黑旗军，备粮仅两月份，于是台南绅富吴敦迎（汝

---

① 博文馆编：《日清战争实记》第36编，第118页。

② 《洪弃生先生遗书（二）》，《寄鹤斋乙未以后披晞集》卷1，"台湾沦陷纪哀"。

③ 《丘逢甲信稿》，复邓季垂，《近代史资料》1958年第3期所辑。

④ 《日清战争实记》第24编，第9页。

⑤ 同上书，第39编，第13—15页。

⑥ 义民军之中并非完全没有土匪。如黄荣邦、林义成、简精华原系匪首（参看《东方兵事纪略》台湾篇下第10）。凡抗日分子日人一概称为"土匪"。矢内原忠雄虽然批判日本对台湾的殖民统治，但其著作"日本帝国主义下之台湾"亦将抗日分子视如"土匪"。

⑦ 《日本外交文书》第28卷第2册，第589—590页。

祥）奉刘永福之命，出任前敌各军"粮台"随军前往彰化。吴在彰化租馆，可得其捐输①。但是吴敦迎这类绅富毕竟是少数，且后来绅富多逃亡，甚至多逃漳泉等处②。尤其是战局恶化后，绅富之拒用纸币（"台湾民主国"发行者），与逃避捐助军需者层出不穷。刘永福则将其拘押等严办。当初最热心于奔筹军费的"陈鸣镝（粮台）亦被押，自缴万两始解脱"。陈粮台且如此，别人可想而知。但刘永福的拘押绅富，更引起他们的惊惶，多向厦门逃亡③。

当初就台南与彰化而言，绅富中大部分很可能就是郊商。台南有"三郊"即"北郊"、"南郊"、"港郊"分别与华北、华南、台湾各港通商贸易④。在鹿港则有"泉郊"与"厦郊"，各与永州、厦门通商⑤。郊商多系内地渡台湾之殷户，即"家在彼而店在此"⑥，然执当地商业之牛耳。过去郊商对捐输赈灾皆极踊跃，如林爽文之乱（乾隆五十一年）与蔡牵之乱（嘉庆十二年），"三郊醵金募招义民"，"为国家除暴出力"⑦多得清廷奖赏。又鹿港的泉、厦郊，在道光五年天津荒时，出力漕连台穀，亦获清廷褒赏。彰化之"殷户、业户、郊商"对城垣的修筑也踊跃捐输⑧。过去有此前例，乙未抗日时再仰赖郊商的捐助是极可能之事。但他们的"家在彼"，一旦台湾危急，逃亡厦门或漳、泉是自然的趋势。故战争不利时，不可能再得到郊商的捐助。

就地主而言，上述姜绍祖散财招募义民，动员自家佃农，亲历沙场以致战死，这是开明地主的一例。正如富商，其他地主的态度也是看风转舵。如大地主林维源虽然首捐一百万两，却在唐景崧之前内渡，临走犹留

---

① 《割台三记》，第53页。

② 同上书，第47页。

③ 《割台三记》，第70页。

④ 临时台湾旧惯调查会第一部调查第三回报告书《台湾私法》第三卷附录参考书，第50页。参看方豪先生《台湾行郊研究导言与台北之'郊'》，载《东方杂志》复刊第5卷第12期。

⑤ 国防研究院编：《彰化县志》卷9，风俗志"商贾"；伊能嘉矩：《台湾文化志》下卷，第4页。

⑥ 徐宗干：《斯末信斋文编》（台湾文献丛刊第87种）第86页；同上《台湾文化志》下卷，第12页。

⑦ 《台湾私法》第三卷附录参考书，第50—51页。

⑧ 《台湾文化志》下卷，第10页；国防研究院编：《彰化县志》卷12艺文志"请捐筑彰化县城垣并建仓疏"。

驻一部分人看护财产（预防土勇的袭击），并命令他们"对巡视的日军决不得加害"①。原任中路统领的林朝栋是仅次于林维源的地主，内渡前"戒弟朝选毋生事（指抗日），故林族始终不助清兵饷"②，甚至把栋军原用的武器隐藏，不让义民使用。这是大地主最典型的明哲保身。在新竹方面"巨室"亦观望不供应军需，吴汤兴终采取强硬措施：命令富豪"纳一年租税输军，不则军法从事"③。

绅富抗日态度的动摇可见一斑。内地接济断绝，本地绅富又不愿捐输，抗战的艰苦不难想象。虽此，黑旗军与义民（军）却能并肩作战，苦撑了将近五个月，其汗马功劳固然归功于驰骋沙场的烈士义民，但殿后指挥全局的刘永福更值得最高评价。

第二节　刘永福的地位

唐景崧与丘逢甲内渡后，刘永福受台湾绅民的推戴继承领导地位的过程，已论述于第三章。同时对刘永福抗日政策的积极性也已评价于前。本节重点是探讨刘永福在实际抗日行动上占何地位。

中法战争时刘永福在越南的击退法军，捍卫藩篱，颇得赞颂。至于乙未在台湾的抗日则褒贬不一。一般批评刘永福者，其理由主要有三：（一）刘永福在台南告急时，接受驻安平英国领事胡力穑（R. W. Hurst）的劝告，准备向日军投降④。"其后虽以刘崇义之劝阻，幸未成行，然自是，永福遂为好议者之口实。"⑤（二）刘永福最后遗弃其部众与台湾人民，而潜返内地，所以刘永福是自私自利的个人主义者；他的地位不如率领义民军战死的徐骧⑥。（三）刘永福不亲往前敌作战，以致坐失良机⑦。

---

① 杉浦和作：《明治二十八年台湾平定记》，第89页。

② 洪弃生：《瀛海偕亡记》（台湾文献丛刊第59种），第31页，参看第13页。参看《日清战争实记》第4编，第67—68页。

③ 《瀛海偕亡记》，第7页。

④ 李光璧：《一八九五年台湾抗日战争中的徐骧和刘永福》，载《中日甲午战争论集》。

⑤ 罗香林辑校：《刘永福历史草》，第259—260页；许南英：《窥园留草》第二册（台湾文献丛刊第147种），第237页。

⑥ 《台湾受渡颠末报告》。

⑦ 易顺鼎：《魂南记》，第17页。

以上各点批评，皆不免失之偏颇及成败论人，兹依据史实加以检讨。

日军"戡定"台北城之后，不顾中南部抗日之激烈，于 6 月 17 日（光绪廿一年，1895 年）举行"始政式"，开始其对台湾的殖民统治。但是鉴于大嵙崁、三角涌以来的抗日凶焰，欲"戡定"中南部必须再费一番苦战，因此"总督"桦山资纪想以怀柔手段笼络刘永福，6 月 25 日致书刘永福，劝其放弃武装抗日，略谓：

> 刘君永福足下……台湾全岛并澎湖列岛咸为大清国皇帝所割让。曩者钦差全权大使李经方与本总督相会于基隆，完清本岛并澎湖列岛授受之约，本总督乃开府台北，绥抚民庶，整理政务，凡百之事将就其绪，乃闻足下，尚据台南慢弄干戈，会此全局奠定之运，独以无援之孤军，把守边陬之城池，大势之不可为，不待智者而可知矣。足下才雄名高，能明事理，精通万国公法，然而背戾大清国皇帝之圣旨，徒学顽愚之为，本总督窃为足下惜焉。足下若能体大清皇帝圣旨之所在，速戢兵戈，使民庶安其堵，则本总督特奏请大日本帝国皇帝，待以将礼送还清国，各部下将卒亦当宥恕其罪，遣还原籍……本总督念闻足下之声名也尚矣，故预布腹心，告以顺逆之理，取舍唯足下之所择，足下请审计之。不宣。①

可谓语气亲切，娓娓动听的好文章。刘永福不但拒绝，且回书指责日军之残暴淫毒，并表示死守台湾。

其复函曰：

> 贵国（日本）不体我皇上爱民至意，占踞台北，纵容兵卒杀戮焚虏，无所不至，且有准借妇女之示，嗟嗟！生民何辜，遭此荼毒！来书云"开府台北，抚绥民庶"，其即此之谓耶？……余奉命驻防台湾，义当与台湾共存亡真……况台南百姓遮道攀辕，涕泣请命，余既不敢忘效死勿去之心，又何忍视黎庶沉沦之苦。爰整甲兵，保此人民，成败利钝，在所不计。台南一隅，虽属褊小，而余所部数十营，均系临阵敢死之士，兼有义民数万众，饮血枕戈，誓死前敌，粮饷既

---

① 《台湾总督府公文类纂》22《刘永福卜ノ往复书类》。

足，军械胥精，内不虞竭，外不待援，窃以为天之不亡台湾，虽妇竖亦知其然矣！……①

这封复函约于八月下旬发寄，可能在八卦山之役发生前回复桦山者。是时抗日军精锐（如吴彭年、吴汤兴各部）尚在，吾方尚非绝对不利之时，故本复函中刘永福的语气颇为坚决。至十月初，嘉义沦陷。同时日军重新部署，组织南进军（总司令由台湾副总督高岛鞆之助兼任）；即原来的近卫师团由陆路直捣台南之外，第二师团与混成第四旅团，分别由海路登陆枋寮与布袋嘴，即由三方面围攻台南，可说台南已陷于四面受敌。此时驻安平英领事胡力穑向刘永福劝曰："打得久矣，各商民亦甚辛苦，究不如大家和好，方为上策。"② 即示意劝和。刘说："和解后，敌见我已率队内渡，彼将摧残百姓，于心何忍。"但胡领事答曰："既和解后台湾百姓，敌当视同属民。"③ 刘认为日军如果答应善待台湾人民，彼此尚可议和。于是胡领事出任调停。10月10日，刘托胡转递书函予常备舰队总司令有地品之允（驻澎湖），函曰：

　　大日本国澎湖水师提督阁下：七月初四日（西历八月二十三日）接贵国桦山君手书，当于七月初六（西历八月二十五日）裁复一函，由厦门转寄淡水，计时想必收到。……现本帮办（刘永福）意欲免使百姓死亡受累，因此本帮办亦爱将台湾让与贵国。先立条约二端：其一、要贵国厚待百姓不可践辱。其台民不拘何项人等，均不得加罪残害，须当宽刑省法。其二、本帮办所部兵勇，以及随员人等亦须厚待，不可侮辱。将来须请照会闽浙总督迅速用船载回内地。此二约乃因保民免致生灵涂炭之苦。并免后再开仗起见。如能见允目下即能成议，并希即日详细示覆，手此谨布，惟照不宜。④

虽系示意议和，仍以保护台民及部众为条件。有地品之允接获永福书函

① 《复日本国桦山氏书》，载《近代史资料》1962年第3期。
② 《刘永福历史草》，第257页。
③ 李健儿撰述：《刘永福传》（人人文库），第202页。
④ 《台湾受渡颠末报告》。

后，答应可于 10 月 12 日与刘永福本人，或其代理人商议①。但是事后总督桦山与副总督高岛鞆之助则持异议：彼等认为永福"来函毫无投降谢罪征象，类似对等国之讲和书函，措词颇为无礼不逊。时至今日，此类书函应悍然摈斥方为恰当"②。即刻将有地原拟接受议和的意见推翻，并命令副总督高岛代理桦山予刘以严厉复函（10 月 11 日），略曰"汝（刘永福）若是真正悔过前罪，而诚意乞降，惟有反缚亲来军门哀求"③。刘永福接获高岛复函之前，已应有地之要求，派廖恩光为代理人，于 10 月 12 日在安平沿海"吉野号"军舰会晤有地。但有地一见面，即把前述高岛的意见以口头告廖："如有诚意乞降，明十月十三日上午十时以前，刘永福亲来帝国军舰吉野号，开陈真意，本官绝不许外国领事介入其间"④，并将廖逐回。

翌日（10 月 13 日），刘永福告胡领事：如果安平海关税务司麦嘉林可以作陪，则准备亲往日舰（"吉野"号）。经胡领事安排，麦嘉林同意陪往。但刘、麦正准备出发安平时，刘的亲信刘斯荣与刘崇义，由台南赶来劝阻。另有英商买办胡仰山亦以"日人气量狭小，不宜轻往……日人即不杀之，迳载而归，则台南百数十万兵民将何托"⑤ 等为理由阻刘赴日舰。刘终决意不与日军议和。日舰至约定时间见刘不来，亦拔锚而去。

以上系刘永福准备与日军议和又作罢的经过。由此可知，刘是在台南陷于四面受敌时才接受英国领事的调停，准备与日军议和。但此时刘致有地之书函，毫无投降或求降之意，正如高岛斥曰："毫无投降谢罪征象，类似对等国之讲和书函，措词颇为无礼不逊。"刘永福如果有意投降，早在 6 月 25 日桦山驰函劝降，愿"以将礼送还清国"时应已接受之。再者，刘虽然示意"让与"台湾，但并非无条件拱手送日本，而仍以"不得加罪残害"台湾人民，及护送兵勇内渡，作为必要条件。且其言和的动机是"欲免使百姓死亡受累"⑥。即对台湾人民的处境寄以极大的关怀。回忆李经方交割台湾时，对台湾人民竟无半句温语，反而在桦山之前侮辱

---

① 参看《日本外交文书》第 28 卷第 2 册（1260）台湾澎湖岛授受杂件。
② 陆奥宗光：《蹇蹇录》（岩波文库版），第 229 页。
③ 参看陈愒庵《汉元帝弃珠崖论》，阿英《甲午中日战争文学集》所录。
④ 同上。
⑤ 李健儿撰述：《刘永福传》，第 204 页。
⑥ 陆奥宗光：《蹇蹇录》（岩波文库版），第 229 页。

（台民性情狞恶、剽悍）台湾人民，且促桦山预防遭遇台民狙击。与此比较，刘永福之态度胜于李经方何止百倍。

刘永福虽然一度意志动摇，拟亲赴日舰（"吉野"号）。但如果将其亲往日舰，直接解释为接受日方要求乞降军门，则未免过于武断。刘打消议和之翌日（十月十四日），向高岛副总督致函反驳："贵军门亦为大日本国之一将官，本帮办亦为一将官，贵军门既不能上陆议和，宜派员与本帮办商议，或由本帮办派遣委员与贵军门商议，均可听便，是非甚善之策乎？何必往临始决其事耶？本帮办并非有别意，只不过欲令人民得以安居，不惊于锋镝而已耳。"① 可见刘亲赴日舰别无他意，只不过为了商议保护人民而已，并非被动前往投降。在同函中刘亦驳曰："七月间（西历八月）接得一书（指桦山最初致刘书函），既肯商议和好，今忽附以投降之言，则将何以昭信于天下乎？"最后刘又表明"若不怜惜两国兵民，则请以一言决断"②，抗日斗志依然蓬勃。又可概见刘心目中的"议和"并不等于"投降"。

由于刘永福的改变态度，和谈破裂。十月十五日，日军攻陷打狗（高雄），台南戒严，刘移驻安平炮台指挥作战。但日本舰队十多只集中炮击安平炮台，"永福自发炮击之，毙倭奴数十人"③。此时，台南城民心汹汹，土匪乘机猖獗。刘欲赶返台南城维持秩序，但是宿将许树南阻曰"军心已涣散，日军又由各方面大举来攻，台南城万难守备"，进而劝刘内渡。刘则仰天呼号"吾何以报朝廷，何以对台民"。许树南更曰"天下多故，愿公留有用之身，切勿留连"，遂将永福隐藏于英船"爹厘斯"

---

①　博文馆：《日清战争实记》第 44 编，第 29—30 页。

②　主张"台湾民主国"策划人为丘逢甲者：（一）江山渊《丘逢甲传》：逢甲哭曰"清廷虽弃我．我岂可复自弃耶？乃首倡台湾自主之说，呼号于国中"（载《小说月报》第六卷第三号）。（二）罗惇曧《割台记》："主事邱逢甲建议自主，台民争赞之"（见《割台三记》，第 2 页）。（三）姚锡光《东方兵事纪略》（台湾篇上，第九）："主事邱逢甲首建自主议，登坛誓众"。主张陈季同为策划人者：（一）吴德功《让台记》："陈季同倡贯立民主国之谋，同工部主事邱逢甲（台中人），候补道林朝栋（昼中人），内阁中画教谕陈儒林（台北人）推唐为民主"（见《割台三记》，第 35 页）。（二）王松《台阳诗话》："乙未割地议成，唐中丞幕友陈季同献改民主国之策，独立自守计"（第 26 页）。（三）J. W. Davidson, *The Island of Formosa: Past and Present* (London, 1903), With the idea of holding Formosa by declaring the island a republic, ……Tcheng Ki-Tong（陈季同）was exactly the man for the placeand after a conferenc at Peking and a nominally the positizon of Foreign affairsbut in reality to organize the new repu-blic. pp. 278—279。

③　《东方兵事纪略》（《割台三记》所辑）台湾篇下（第 10）。

（Thales）号，而开往厦门（10 月 19 日）①。

刘永福最后也像唐景崧与丘逢甲一样潜返内地，更妙者刘临走的情形与丘不约而同：丘是由其部将谢道隆的谏议才决定内渡的；刘亦由宿将许树南的劝告与安排才逃出台湾。谢道隆劝丘的理由是"台虽亡，能强祖国则可复土雪耻"。许树南则对刘劝曰"愿公（指刘）留有用之身"②。言外之意，两人都为了更大的抱负，被迫离开台湾。丘逢甲的这则记载是出现于其弟丘瑞甲、丘兆甲，及其子丘念台合编之《丘沧海先生丘逢甲年谱》。刘永福的这些资料则出现于其幕客吴桐林（质卿）所撰《台湾战争日记》。由各编修人分别与丘、刘有亲近关系，未免令人怀疑皆有饰词。所以刘永福的潜返内地与丘逢甲、唐景崧的逃脱并无差别，究属遁亡。不过，刘永福潜返内地之前的贡献，则非唐、丘所能望及。不能因刘永福的潜返内地，而把这点也加以一笔勾销。

刘永福内渡之前，领导抗日战争将近五个月之久。而直到孤立无援，"掘鼠庭罗雀"③，粮尽械绝的地步才离开台湾。不像唐景崧事先便计划脱出台湾，与日军未交一战则逃之夭夭。所以刘永福的内渡是值得同情的。正如罗惇曧在《割台记》所述，"永福守台南数月，以馕糈并绝而败，世犹谅之"④。诗人符天佑在其《寄怀刘渊亭军门》中比较唐、刘，而作曰"孤城无援计终穷，拔队归来气亦雄，犹领残兵三百骑，胜他夜半走江东"⑤。"犹领残兵三百骑"似有诗法的夸张，但刘确因粮尽弹绝而退。部众未溃，自己先退的丘逢甲，固然不能与刘永福相比，即使在朝鲜辽东战场上望风而逃的叶志超、卫汝贵、龚照瑗等与刘永福比较也是判若云泥。

刘永福潜返的结果，是将其部众与台民遗弃。但是此前，刘为保护台民与遣返兵勇之事，再三与日军商议（前述），并非对台民与兵勇今后的

① 吴质卿：《台湾战争日记》，第 103 页。
② 《李文忠公选集》第 5 册（台湾文献丛刊第 131 种），第 747 页，寄伯行。
③ 杨文藻：《闻刘渊亭军门台南内渡》，载阿英《甲午中日战争文学集》所辑，第 108 页。
④ 罗惇曧：《割台三记》，第 5 页。
⑤ Alliance Francaise 系法国向外文化教育宣传组织，创立于 1883 年。"胜他夜半走江东"系指唐景崧夜半伪装逃脱。其实刘永福的逃脱也极为狼狈（参看李健儿《刘永福传》，第 205—206 页）。

处境漠不关心，奈因谈判破裂，致使爱莫能助①。试问唐、丘内渡之前为台民与兵勇做过什么考虑或安排？——诸事已见于前，不拟赘述。

其次，易顺鼎指责刘永福未能亲自带兵作战，坐失良机。诚然，在战场殉难的吴汤兴、吴彭年、徐骧各人之贡献远在刘永福之上，但刘并非不顾战局，坐观成败。刘当时是军民精神上的领袖，颇有镇定民心的作用。如果刘离台南，势必群龙无首，土匪趁机猖獗，秩序大乱，民心动摇，台南城之瓦解或许不必等待日军之攻击。又各路抗日军能够在前线维持战斗的物质接济，与精神上的鼓舞，亦应归功于刘之策划，这种事实屡见于史料中：

> 七月十二日（一八九五年八月三十一日）……刘公（永福）派云南候补道程泰坤解银一千两前往犒师。
>
> 七月十四日，简精华等随同黑旗军连获胜仗，叠克苗栗、云林等县，进规彰化。公（永福）派李品三解银三千两飞往前敌犒师。
>
> 七月廿八日，刘公与余（吴桐林）议筹饷之事，夜间至四点钟。刘公欲余内渡，走沿海一带各处筹饷。②

此外对台南城的防备，刘亦亲自督防，例如：

> 六月二十八日（西历八月十七日），刘公出巡各海口，公乘马，余（吴桐林）亦乘马帕首腰刀，随带洋枪队数十人。夜间始归。
>
> 七月初八日，公又派余出巡各海口，半夜始还。
>
> 七月初九日，公又亲赴前敌布置一切。③

---

① 1885年（光绪十一年）3月，因中法战争双方议和时，清廷经由张之洞催迫刘永福离开越南（保胜）入关。永福则为兵勇及家室、孤儿寡妇等今后的安置，一再与张之洞折冲，终获准赏给银二万两，以为安置家属之资。虽不能满足永福全部之要求，然亦可概见永福对部众人民的爱护（参看李健儿《刘永福传》，第174—178页）。此事可令人益信，永福之遗弃部众及台民是不得已。

② 吴质卿：《台湾战争日记》。

③ 《张文襄公全集》卷145，电牍24，光绪廿一年四月廿七日寅刻到，又四月廿九日午刻到，唐抚来电。

由于刘永福这种夙夜督防，枕戈待旦，台南城才能"数月以来，居民相安，有若太平气象"①。可知刘虽未曾带兵出战，并非贪生怕死行为。

最后，刘永福最值得评价者：将黑旗军与台湾义民军之兵力熔于一炉，共同御敌。八卦山战役中，吴彭年（黑旗军）与吴汤兴（义民军），以及林鸿贵（七星军）的合力死守，已论述于前。向来土勇与广勇积不相能，此役竟能合作，实难能可贵。此役败退之另一义民领袖徐骧，又在刘永福慰勉下，"令往埤南（东部）番界募悍卒七百余人"②，重整旗鼓。不幸战殁彰化附近（十月十日）。论者赞颂台湾义军统领吴汤兴、徐骧视死如归，此岂非刘永福之臂助与激励，有以致之？

吴、徐各部得刘之吸并之外，又笼络黄荣邦、林义成、简成功、简精华所率义民军，而在云林、大莆林之役发挥威力，颇有斩获，可说他们是抗日阵容中的生力军。吴、徐皆出身生员，尚明大义，受刘永福之节制与黑旗军合作，似无甚大碍难。黄、林、简父子则纯系土民，甚至有"匪首"之称，义民中也不少游勇、土匪之流，刘永福也能包容驾驭，实非易事。这种统帅能力，正是刘在中越边界收容农民、游勇、土匪转战二十多年间所养成的，除刘之外，恐非他人所能办到。

总之，刘永福因能融合广勇与土勇，或黑旗军与义民军，才能苦撑抗日战斗将近五个月之久。此间，刘之壮志孤忠与黑旗军之勇敢善战，对义民军自然会发生砥砺作用，并促进抗日情绪的激昂。刘永福内渡后，其部属简精华与林义成，又以简义及林少猫之名义，分别在云林与高屏地区起义③。北部胡阿锦亦在刘永福内渡后，计划向日军发动总反攻，其檄文曰"本统军奉刘大帅（永福）委托，誓师督众，欲诛减倭奴"。④ 他们的起义抗日，未尝不是刘永福抗日精神的延续。

结语

由以上各节的探讨，首先可以知道日本的并吞台湾是迫不及待的，同

① 《李文忠公电稿》卷21，4，伯行上海来电（五月初三日酉刻到）。
② 连横：《台湾通史》吴徐姜林列传。
③ 《台湾省通志稿》卷9抗日篇，第45、65页。
④ 同上书，第30页。

时更暴露日本对台湾是志在必得。另一方面，李经方办理台湾交割，态度至为奴颜婢膝，方式则颇为敷衍草率，徒增台民的怨恨。李经方在马关和谈的立场可由交割台湾的态度窥测一斑，李鸿章接受丧权辱国的条约（《马关条约》），李经方不无推波助澜作用。清廷明知李父子在马关和谈有割台求和的迹象，又顺乎舆情委派李经方交割台湾，未免过于疲软无力。虽然台湾的收复殆不可能，清廷倘能改派熟悉台湾各方面的大员，慎重办理交割，且对台民以后的处境有所表示，亦可告慰台民。

"台湾民主国"的立场绝非脱离中国图谋独立，只因不连累本国政府，欲得列强之援助以抗拒日本的占有，权宜上采取自主的形式而已，事平仍要重归祖国。故以"台湾民主国"为台湾独立的原型，或以远东第一个共和国自诩，均属荒诞不经。"台湾民主国"的抗日，当初仍由内地获得军费与饷械之接济。不幸，当时西方列强虽然未必与日本站在同一线上，为本身利益计（如俄、德、法只顾辽东不顾台湾），不支援"台湾民主国"抗日，甚至抗议内地暗中接济兵勇与饷械，致使"台湾民主国"陷于孤立无援。

台湾巡抚唐景崧虽被台湾绅民推为"台湾民主国总统"，但无意领导台民抗日。又排斥台湾防务帮办刘永福，致使军力分散。至外援无望，台北告急，唐景崧便不顾台湾绅民，并遗弃部众，潜返内地。此前，清廷虽然也要唐景崧内渡，其实唐本身也无领导台民抗日的勇气与魄力。否则如能摈弃旧恶，与刘永福同心协力，组织义民共同抗日，"台湾民主国"不至于"十日天下"而告终。

丘逢甲初时虽以土著身份，慷慨激昂，呼吁抗日，然究属清廷的官绅，最后步唐景崧的后尘，背弃台湾义民，潜返内地。唐、丘的内渡，正是近代史上，每逢外敌，便"官怕夷"，民众未溃则溜之于先的通例。

两广总督张之洞（兼南洋大臣）据于地理关系，及与唐景崧之私人关系，极力阻止台湾落于日本手中；最先欲乞救于英国，英国因与日本的外交关系正在"蜜月"的阶段，不愿意抓火中之栗。于是转而乞救于法国与俄国，虽用意至善，却有病急乱投医之慨。且其救台的要领是欲以台湾为抵押，向列强借款，甚至要以酬报土地条件，打动列强保护台湾，不无剜肉医疮，或引狼入室之误。张之洞之热望于向英借款（以台湾为抵押），多买英国机器，多用英弁、英工，与张之洞在湖广地区的洋务建设有利害关系，正与北洋大臣李鸿章重视北洋的利益，轻视台湾的立场相反。

张之洞关心台湾的另一原因是，台湾巡抚唐景崧与张之洞的关系亲密。张之洞向台湾暗中接济银两，毋宁说为顾及唐的安全，故唐安全逃出后，张便不再暗中接济台湾。虽然张要利用刘永福的威名抗拒日本，却不理刘的求援。清廷禁止接济台湾的谕旨不过是借词而已，主要是张对刘异乎对唐景崧一样的态度。推其原因：（一）中法战争以来唐景崧与刘永福积不相能，张之洞自然祖护唐景崧，（二）刘永福出身绿林，不学无术，"枭雄"之流，对其生死可置之不理。因此张要刘在台湾备"田横"。这对刘而言未免苛刻，对全台人民而言显然横逆。

刘永福支撑残局，发扬孤忠，是清廷文武官员中唯一值得评价的。尤其是不求功名，脚踏实地，把黑旗军与义民（军）熔于一炉，统筹战局，苦撑抗日战争将近五个月之久。这点是凭他在越南二十多年的磨炼才能办到的。至于刘永福一度计划向日军求和，又最后亦遁亡内地，这些虽系美中不足之点，但比之唐景崧、丘逢甲，或叶志超、卫汝贵，不啻霄壤。

台湾义民（军），尤其是吴汤兴、徐骧、姜绍祖、简精华所率各路军，在刘永福的臂助与指挥之下，展开如火如荼的抗日战斗或游击战，这也许是甲午战争开战以来，最名副其实的抗日战争。虽然刘永福亦潜返内地，吴、徐、姜相继阵亡，但他们的抗日精神却为台民所继承，乙未以后抗日起义仍然此起彼落，未始非其余波之荡漾。

总之，乙未抗日是在清廷无能，官绅逃亡之下，由刘永福融合内地兵勇与台湾的义民（军），共同抵御外族的反侵略战争。

（原文载于中华文化复兴运动推行委员会主编《中国近代现代史论集》第 11 编"中日甲午战争"，台湾商务印书馆 1986 年版）

乙未割台与反割台斗争的历史回顾

王汝丰

　　1894（甲午）年，日本发动了侵略中国的战争。1895（乙未）年，清朝政府被迫与日本签订了丧权辱国的《马关条约》。《马关条约》最主要的内容和最严重的后果之一，是我国的台湾省，包括澎湖列岛被日本侵略者割占。由此中国人民在大陆、台湾掀起一场波澜壮阔、气吞山河的全国性的反割台斗争。

　　乙未割台与反割台的斗争，在中国近代史包括台湾史上都有着巨大而深远的影响，这种影响至今犹存。今年是《马关条约》签订百周年，本文拟在前人研究的基础上，就乙未割台与反割台的斗争，作一历史的回顾，希望能对全面正确地认识这段历史有所助益，并对百年前在反割台斗争中海峡两岸的中华儿女同呼吸，共命运，为捍卫国家领土主权的完整所表现的不甘屈服的英雄气概和爱国精神表示崇高的敬意。

乙未割台的历史根源

　　日本在明治维新后迅速走上对外侵略扩张的道路，朝鲜、中国均为其侵略扩张的主要目标。与福建省隔海相望的台湾，不仅物产丰饶，久为日本所垂涎，而且战略地位十分重要，既是大陆东南七省的屏藩，又扼日本南进的要冲，因而成为日本图谋夺占的要地。1894年日本悍然出兵侵犯台湾，便是亟欲实现这一图谋的第一次尝试，也是日本武装侵略中国的开端。

　　台湾是中国的领土，夺占台湾是日本侵略中国计划的一部分。日本侵略者深知，要实现这一目标，必须发动战争，击败中国。1874 年侵台事件后，日本从未放松准备。1879 年，吞并琉球，改为冲绳县。1884 年，乘中法战争之机，又派军舰至台湾基隆窥伺。1885 年起，日本开始十年扩军计划。1886 年，参谋本部长山县有朋又派其部属小川又次到中国进行调查①。小川回国后，写出《讨伐清国策案》，其中之第三篇《善后处置》全面提出了所谓"统治中国之策"，建议作好发动侵略战争的准备；还提出肢解中国的方案，要"分割十八省，满洲另立一国，又隔开西藏、蒙古而平分其力"等②。1889 年，日本颁布帝国宪法，积极主张对外扩张的山县有朋出任内阁首相，次年，山县在议会发表施政演说，提出所谓"守卫主权线"和"保护利益线"，鼓吹加紧备战夺取朝鲜并进而侵略中国。从 1886—1894 年，日本用于扩充军备的费用，一直保持在每年财政预算支出总额的 25% 以上，最高时竟达到 41% 强③。为了夺取制海权，在此期间，以超过和击败中国北洋舰队为目标，建成了包括"三景舰"即"岩岛"、"松岛"、"桥立"三艘主力舰，以及当时航速最快的"吉野"号巡洋舰在内的一支精锐舰队。陆军也迅速扩大和加强，其现役兵员已达 12.3 万人，加上预备役兵力可达 23 万人。1893 年 5 月，日本天皇批准了《战时大本营条例》，6 月初，战时大本营成立。经过长期策划，日本作好战争准备，只待伺机而发了。

　　1894 年 2 月，朝鲜东学道农民起义爆发，蓄谋已久的日本趁机出兵朝鲜，并于同年 7 月 25 日在朝鲜半岛海面对中国北洋舰队舰只发动突然袭击。三天后，其陆军也向朝鲜的中国军队进攻，终于发动了侵略中国的战争。8 月 1 日，清朝政府被迫对日宣战，一场侵略与反侵略的战争正式开始。

　　清朝政府虽然被迫宣战，却没有统一明确的指导方针和战略部署。中

---

　　①　小川又次时任日本参谋本部第二局局长。1879 年曾奉派到中国作调查。此为其第二次调查。

　　②　小川又次之：《讨伐清国策案》，载《日本研究》第 75 号。此处引述之内容，转见黄秀政《台湾割让与乙未抗日运动》，台湾商务印书馆 1992 年版，第 36—37 页。又见《抗日战争研究》1995 年第 1 期，译文与黄书稍异。

　　③　中国社会科学院：《日本侵华七十年史》，据有关资料统计，在此期间日本年财政预算支出总额约为 8000 万日元上下，年军费开支保持在 2000 万日元以上。戴逸等《甲午战争与东亚政治》一书认为，1892 年日本军费开支已占国家预算总额之 41% 强。

国海陆军爱国官兵在黄海海战和平壤战场虽然英勇奋战，但直接负责战争全局的直隶总督兼北洋大臣李鸿章一味指望列强调停，只求避战自保，以致处处被动挨打，连连败退。1894年10月下旬，日军在辽东战场不断得手，11月初攻占锦州、大连，下旬又占旅顺。日本军部气焰嚣张，提出直扑山海关，进军直隶，直指津京，逼清朝政府订城下之盟的作战方案。内阁首相伊藤博文担心由此导致中国出现无政府状态，引起列强干涉，难以应付，提出了"直取威海卫并攻取台湾方略"。伊藤认为，"此与席卷直隶（京师）使中国陷于无政府状态而招致列强共同干涉者，不可相提并论。何况迩来朝野之间议论台湾诸岛必以战利品归我者，与日俱增。如果以割取台湾为和平条约之一要件，若非事先以兵力占领，后日被拒以无割让之理由，将其奈何？故非有控制渤海之锁钥，同时南取台湾之深谋远虑不可"①。伊藤的意见得到前外务大臣大隈重信、前首相松方正义等的支持。大隈赞成迅速出兵占领台湾，松方正义写信给时任参谋本部次长的川上操六说："台湾非永久归于我国不可"、"台湾之于我国，正如南门之锁钥，如欲向南发展，以扩大日本帝国之版图，非闯过此一门户不可。如因攻占台湾而失去进攻北京之机会，就帝国百年大计设想，实无大损失，至少比攻北京失台湾更有大益"②。伊藤等人的意见最后占了上风，夺取台湾已是日本在甲午战争中亟不可待的目标。

在日本加紧部署北攻威海、南取台湾之际，清朝政府中的妥协求和倾向日益严重。密切注视中日战争发展的欧美列强此时亦不愿日本侵略势力进一步扩大，影响其各自在华利益。1894年11月，美国单独出面调停，日本担心列强干涉，加之此时财力、物力、军力均已感匮乏，随即表示清朝政府如派出全权代表，即可议和。清朝政府急忙派出总理衙门大臣户部左侍郎张荫桓和署湖南巡抚邵友濂为全权大臣赴日议和。但张、邵抵日后，日本一方面借口"全权不足"，予以拒绝，同时又示意必须奕䜣或李鸿章这样的大员才可与谈。1895年2月，日军攻陷威海卫，北洋舰队覆灭，清朝统治者已丧失继续作战的信心，慈禧太后决心不惜代价求和。2月12日，慈禧太后决定派李鸿章为全权大臣赴日本议和。

---

① 转引自黄秀政《台湾割让与乙未抗日运动》，台湾商务印书馆1992年版，第43页。

② 转引自丁名楠《略谈日本发动甲午战争的背景、过程及其影响》，见《甲午战争90周年纪念论文集》，齐鲁书社1986年版，第16页。

日本为在议和时攫取侵略权益早有准备，在陆奥宗光拟制的《媾和预定条约草稿》十条中，主要内容之一就是要割占中国领土，并已明确提出要将台湾全岛永远割与日本。此后多次修改，又明确加上应包括澎湖群岛并标明了所处经纬度位置。当得知清朝政府决定派李鸿章赴日议和时，日本又通过美国驻华公使田贝（Charles Denby）通知中国"非有割地之全权大臣不必来日"①。李鸿章奉命后于2月21日进京请训。22日起，光绪皇帝先后5次召见，割地是最大难题。李鸿章知道责任重大，表示"割地之说，不敢担承"，为自己预留进退。军机大臣孙毓汶、徐用仪力言不割地和议难成，"必欲以割地为了结"。另一军机大臣帝傅翁同龢提出"偿胜于割"②，主张宁可偿款，不可割地，廷议难决。李鸿章想求助于列强，就割地问题多次往访各国公使，各国与日本早有默契，李所得答复是"皆谓非此不能结局"③，美国公使田贝甚至对李鸿章施加压力说，如果中国固执不愿割地的观点，就不必到日本去，要李放弃向欧洲各国求助，还要李在议和时应极力避免割让中国大陆的地方，暗示割台不可避免。割地事关重大，慈禧和光绪不敢轻易作出决定。奕䜣、李鸿章等以"事机紧迫，非此不能开议"请定使臣之权。3月2日，奕䜣传光绪面谕予李鸿章以商让土地之权。李于同日上遵旨使日议和预筹商谈方略折，再次强调"敌欲甚奢，注意尤在割地"，只能"暂屈以求伸"④。其主导思想已定下割地求和了。次日恭亲王奕䜣、庆亲王奕劻等会奏，提出"宗社为重，边徼为轻"的方针⑤，请予李鸿章以商让土地之权，令其迅速起程。所谓"边徼"，隐喻台湾，清政府实际已内定要放弃台湾了。

李鸿章争得了割地全权，于1895年3月19日率大批随员，包括被聘

① 《美署中日议和往来转电节略》载：1895年2月17日，由驻日美大臣转到日电云：中国另派大臣，除允偿兵费，朝鲜自主外，若无商议地土及与日本日后定立办理交涉能以画押之全权，即无庸派其前来。见戚其章编《中国近代史资料丛刊续编·中日战争》第6册，第609页（以下凡引自该书均称《中日战争续编》）。

② 《翁文恭公日记》，见中国史学会主编《中国近代史资料丛刊·中日战争》（4），上海人民出版社，第537—538页。以下凡引自该书均简称《中日战争》。

③ 《李文忠公全集·译署函稿》，见《中日战争》（4），第325页。

④ 李鸿章：《北洋大臣李鸿章奏为遵旨奉使日本议和预筹商谈方略折》，《中日战争》续编2，第458—459页。

⑤ 《恭亲王奕䜣等奏为传谕李鸿章予以让地之权令其与日定议折》，同上，第464页。

为顾问的美国人科士达（Foster, John Waston）到达日本。自 3 月 20 日起至 4 月 17 日双方签订和约止，先后与日本首相伊藤博文、外务大臣陆奥宗光，以及日方的美国顾问端迪臣（Dennison, Henry Wilard）在日本马关的春帆楼进行 5 次正式谈判：3 月 21 日第二次谈判，李鸿章要求先议停战，伊藤以苛刻的先决条件相刁难，李乃同意先议和款：24 日，第三次谈判，伊藤未提出和款，却告以日本派兵往攻台湾，李只指出日本有"往踞之心"，未敢据理驳斥。会后，李于返寓途中突遭日本浪人行刺受伤：日本恐招致列强干涉，于 28 日同意停战，陆奥宗光向李鸿章提出停战条款 6 条，范围限于奉天、直隶、山东等地，台澎未在其内，这正是前述的险恶用心所在，李鸿章对此竟未加辩驳，接受了日方的全部条件。4 月 1 日，日本提出包括承认朝鲜独立、割地、赔款、通商等在内的和约底稿 11 款，限 4 天内答复。关于割地条款，第一项是辽东半岛；第二项是台湾全岛及所属岛屿；第三项是澎湖列岛。李鸿章当天电北京请示，翁同龢坚持台不可弃，奕劻认为辽南重于台湾，光绪哀叹"台割则天下人心皆去"，慈禧谓"两地（奉天及台湾）皆不可弃"，[①] 但 4 月 8 日，总理衙门又电李鸿章"让地应以一处为断，赔费应以万万为断"[②]。既然两地皆不可弃，又指示应以一处为断。显然奉天为清朝龙兴之地，自不能弃，可弃者只能是台湾及澎湖列岛。4 月 10 日，第 4 次谈判，伊藤博文一开始便蛮横地声称对日方所提条款"但有允、不允两句话而已"。李就台湾割让问题虽有所争辩，但伊藤坚持"主意不能稍改"、割地"已减至无可再减"，并扬言如果重新开战，条件当不止此。李鸿章连发两电请示，清朝政府被迫屈服。14 日，总署电李鸿章令其遵旨订约。15 日，双方最后一次谈判，李鸿章接受了日本全部条款，谈及台湾交割，李要求换约后 6 个月完成，伊藤坚不同意，最后议定以两个月为限。4 月 17 日，李鸿章与日本全权代表伊藤博文签订《讲和条约》11 款，附有《议定专条》3 款及《另约》3 款。因签约地点在日本马关春帆楼，通称《马关条约》。中国除承认朝鲜完全自主；割让辽东半岛；赔款 2 万万两；允许日本人在内地设厂制造和增开通商口岸外，在条约第一款之二、三两项中规定，中国将"台湾全岛及附属各岛屿"，以及"澎湖列岛"并该地方"所有堡垒军

---

① 《翁文恭公日记》，见《中日战争》（4），第 547 页。
② 《李文忠公全集·电稿》，见《中日战争》（4），第 338 页。

器工厂及一切属公物件，永远让与日本"。第五款规定"本约批准互换之后限二年之内，日本准中国让与地方人民，愿迁居让与地方之外者，任便变卖所有产业，退去界外。但限满之后尚未迁徙者，酌宜视为日本臣民"。"又台湾一省，应于本约批准互换后，两国立即各派大员至台湾，限于本约批准互换后两个月交接清楚。"中国人民世世代代辛勤开发建设的美丽富饶的台湾省，就这样被断送了。

《马关条约》是日本武装侵略中国的结果，也是清朝政府妥协屈服的结果：这一条约是中国近代史上迄此最惨痛的丧权辱国条约，它严重破坏了中国领土主权的完整，加深了中国的半殖民地化，把中国推向了被帝国主义瓜分的边缘，带给中国人民深重的苦难。台湾人民从此陷入日本侵略者残酷的殖民统治深渊长达半个世纪，遭受的苦难尤为深重。

反对割让台湾的斗争

清朝政府丧权辱国，割让台澎，全国震惊。举国上下，群情愤激，反割台斗争迅速掀起，形成了规模空前的爱国救亡运动。

日本以割地为议和的先决条件，反对割地的斗争，在李鸿章被派为议和大臣进京请训期间便已开始，割台是斗争的焦点。斗争的全过程大致经历了以下三个阶段：

第一阶段：1895年2月21日至3月14日（乙未正月十七至二月十八日），即李鸿章奉命议和进京请训至离津赴日的阶段。当时，事机严密，斗争开始时主要在朝廷中枢进行。军机大臣翁同龢是主战派的代表人物，极力反对割地，孙毓汶、徐用仪等则力持"不割地恐难成局"，主张割地求和。李鸿章提及割台，翁同龢以"台湾万无议及之理"，明确表示反对。清廷最高决策层中在割台问题上的斗争，此后持续到《马关条约》在烟台换约前仍在进行。翁同龢坚持"台不可弃"，"恐从此失天下人心"。而孙、徐等则认为"陪都重地，密迩京师，孰重孰轻，何待再计"，决意割台，甚至说"战"字不能再提。从翁同龢日记中所见，斗争很是激烈，双方"至于攘袂"，"声彻户外"①。

在中枢斗争炽热之际，割地之说已逐渐外传。当庭议已定予李鸿章割

---

① 《翁文恭公日记》，见《中日战争》（4），第537—556页。

地全权，一些积极主战的京官立即纷纷上书抗争，反对割台。3 月 3 日，翰林院编修黄绍箕等上书指出："倭人所垂涎者，台湾也"，"何罪何辜而沦为民域"？并针对李鸿章所谓"力图自强，屈以求伸"的谬论，痛斥此说假徐图自强之名，实则为暂图苟安。如果割地，不但"永远无自强之日，抑且旦夕无苟安之时"①。10 日，丁立钧等 8 人又联名再次上书力陈不可割地，指出一旦割地之例一开，各国见而竞起，"一举而弃一省，窃恐二十三省之地，不足供封豕长蛇之荐食，目前为剜肉之创，旋踵致噬脐之害，后虽追悔，庸有及乎"？要求"悉力持久为战"②，反对割地。

　　第二阶段：1895 年 3 月 14 日至 4 月 17 日（乙未二月十八日至三月二十三日），即马关议和至签订条约的阶段。马关议和期间，日本先派兵攻占澎湖，随后签订停战条款，台、澎又不在停战范围之内：4 月 1 日日本提出和约底稿，更明确要割占台湾及澎湖列岛。割地危机，迫在眉睫，台湾人民对停战台不在内极为愤慨，抗议停北不停南是"任倭全力攻台，台民何辜，至遭歧视"？要求"战则俱战，停则俱停"③，反对屈服。在北京，翰林院侍读学士文廷式先后两次上书要求撤使拒和，指出"今日台湾之事，尤为存亡之所关"，痛斥李鸿章等所谓"以散地易要地"的谬论说："夫奉天固要地矣，台湾关系江浙闽广之得失，可谓之散地乎？乃近有停战二十一日之说，曰停北不停南，同隶皇上之土宇，同为皇上之人民，何爱于北而恶于南，五洲万国有此停战之法否？"④ 江南道御史张仲炘 4 月 8 日也上折指出，"今者战事已停，而台湾独否，同是中国人民土地，何分南北？"⑤ 吏部给事中褚成博在请严拒割地议和折中说：台湾"若置诸度外，不予保全，窃恐四海生灵，从兹解体，民心一去，国谁与守？"⑥《马关条约》签订前夕，御史王鹏运再上折极力反对割台。他尖锐指出："今日如割台湾与倭人，则滇粤边境必入于法，雷琼西藏必入于英，黑龙江、珲春必入于俄，日朘月削，披枝伤心，不出十余年，恐欲为小朝廷而不可得。"他痛斥"姑以议和，再徐图自强"的谬论是"庸臣误

---

① 见《中日战争》3，第 489—492 页。
② 见《中日战争》续编 2，第 486 页。
③ 见《中日战争》6，第 381 页。
④ 见《中日战争》3，第 577 页。
⑤ 同上书，第 582 页。
⑥ 同上书，第 602 页。

国之谈"，大声疾呼为保全国家领土，"舍力战之外，更无他策"①。从李鸿章进京请训到《马关条约》签订，先后上书谏阻和议，反对割台的达30 余人 20 余件次，反映了中国人民维护国家领土主权完整的强烈意愿。但是以慈禧为首的清朝统治者一味妥协，不惜以牺牲国家民族的利益去换取屈辱的和平，对这些爱国呼声置若罔闻，在屈服求和的道路上越滑越远，终于接受屈辱条款，将台湾澎湖拱手让敌。

第三阶段：1895 年 4 月 17 日至 5 月 8 日（乙未三月二十三日至四月十四日），即马关签约至烟台换约的阶段。马关签约，割台消息传到台湾，全台震慄，"若午夜惊雷，惊骇无人色，奔走相告，聚于市中，夜以继日哭声达于四野，风云变色，若无天地"②。波澜壮阔的反割台斗争在全台掀起。台北民众"激于义愤，万众一心"③。鸣锣罢市，绅民拥入府署，愤怒抗议清朝政府的卖国割台行径，誓死抗日保台。他们还决定"抗缴厘金，谓台归中国则缴；并禁各盐贩售盐；饷银不准运出，制造局不准停工，皆称应留为军民拒倭之用"④。反割台的斗争怒潮迅速高涨，参加斗争的人员极为广泛，军、民、工、商，各行各业，不分老幼，全台沸腾。地方绅士丘逢甲刺指血书"抗倭守土"，并领衔联名致电请廷表示："桑梓之地，义与存亡，愿与抚台誓死守御。设战而不胜，请俟臣等死后再言割地。"⑤ 许多绅民向台湾巡抚呈递血书，悲愤陈诉"万民誓不服倭，割亦死，不割亦死，宁先死于倭人手"。如果朝廷不将"割地一条删除，则是安心弃我台民，台民已矣，朝廷失人心，何以治天下"⑥。

在北京的台湾举人和台籍官员得悉割台噩耗，立即到都察院联名上书，要求坚持抗敌，绝不能将台湾"弃以予敌"。他们满怀对祖国对故乡的赤诚和热爱，在上书中表示："今者闻朝廷割弃台地以与倭人，数千生灵皆北向恸哭，闾巷妇孺莫不欲食倭人之肉，各怀一不共戴天之仇，谁肯甘心降敌？纵使倭人胁以兵力，而全台赤子誓不与倭人俱生，势必强勉支持，至矢亡援绝数千百万生灵尽归糜烂而后已。"又说："夫以全台之地

---

① 《中日战争》续编 3，第 64 页。
② 江山渊：《丘逢甲传》，《小说月报》第 6 卷第 3 号。
③ 《中日战争》6，第 387 页。
④ 同上书，第 388 页。
⑤ 王彦威：《清季外交史料》卷 109。
⑥ 《中日战争》6，第 388 页。

使之战而陷，全台之民使之战而亡，为皇上赤子，虽肝脑涂地而无所悔。今一旦委而弃之，是驱忠义之士以事寇雠，台民终不免一死，然而死有隐痛矣。"他们还批驳了形形色色的妥协投降言论，对所谓"徙民内地，尚可生全"的谬论更无比愤怒，他们满怀对台湾的桑梓深情质问："祖宗坟墓，岂忍舍之而去？田园庐舍，谁能掣之而奔？纵使孑身内渡，而数千里户口又将何地以处之"？他们强烈要求清朝政府抗敌到底，只要不将台湾割弃，"台地军民必能舍死忘生，为国家效命"①。这掷地有声的呼号，是血泪的陈诉，是悲壮的誓言，是台湾人民爱国爱乡的赤诚，足以惊天地，动鬼神！

台湾人民的反割台斗争是保家卫国维护祖国领土主权的斗争，与全国各族人民反对《马关条约》、反对割地屈服的爱国救亡斗争紧密相连，当台湾人民的反割台斗争怒潮汹涌之际，海峡对岸，一场声势浩大的反和约反割地的斗争也在奔腾澎湃地迅速发展。海峡两岸汇成了一股以反割台为中心的爱国救亡的洪流。

当《马关条约》签订，割地消息传出后，整个北京为之震动，"人情汹惧，奔走骇汗，转相告语，谓所有条款皆扼我之吭，制我之命，阻我自强之路，绝我规复之机，古今所未有，华夷所未闻"②。"内而宗室王公，部院谏垣；外而直省督抚，前敌将领，莫不交相谏阻"③。其中，各部院谏垣的中下级官员尤为活跃。他们或单名具呈，或联衔上书，少则三五人，多则数十人，最高者多达150余人，从4月中旬到5月初，各级大小官员以至督抚将军、宗室贝勒共500余人次上折上书共109件次，为清朝前所未有：他们对丧权辱国的《马关条约》极为愤慨，御史高燮曾指出，这一空前屈辱的条约，"不独使我不能自振，直使我不能自立，不能自存"，若不拒绝条约，"危亡可立待矣！""欲为南宋小朝廷而不可得矣"④。礼部主事罗凤华和兵部主事何藻翔在上书中指出："今日可割台湾，异日安之不可割闽粤，割滇黔。"他们申斥投降派"卖国欺君，罪无

---

① 以上均见《中日战争》4，第27—28页，《户部主事叶题雁等呈文》按：呈文联名者为台湾籍户部主事叶题雁、翰林院庶吉士李清琦、台湾安平县举人汪春源、嘉义县举人罗秀惠、淡水县举人黄宗鼎共5人。

② 《中日战争》4，第5页。

③ 同上书，第19—20页。

④ 《中日战争》续编3，第101页。

可诋。外则李鸿章，内则孙毓汶，实为罪魁，人皆指目？"① 侍读奎华等
156人的联名上书中更沉痛指出：《马关条约》割地赔款，流弊无穷，是
中国之奇耻大辱，"五大洲未有之奇闻，三千年所无之变局"。并指出，
"今日割五城，明日割十城，窃恐欲为南宋之偏安不可得也"②。宗室侍郎
会章也上折痛斥所谓割地以保京师的投降谬论说："此端一启，各国生
心。假使再有兵端，则将割闽广以保京师；割云贵以保京师；割陇蜀以保
京师，驯至版图尽弃，而独留京师一隅之地，其足以立国乎？"③ 礼科
给事中丁立瀛等也说："夫倭自袭陷澎湖而后，未尝以一舟犯及台湾……
乃今于其兵力之所不及，而拱手让之，弃险厄之要地，启他国之戎心，异
时更有似此之举，何以应之？""若果弃之，是失民心也？民心一失，何
可复收。"④ 为拒和约，反割地，许多官员还提出了迁都作持久之战的建
议。作持久之战，是当时废约拒和的唯一出路，迁都则是作持久之战的必
要条件。这无疑是正确可行的制敌方略。但清朝统治者已然无意于战，一
心求和，已听不进任何意见了。

正在北京应试的各省举人，更是义愤填膺，悲痛万分，他们目睹
"台湾举人垂涕请命，莫不哀之"⑤，深为台湾人民反割台的壮举鼓舞，纷
纷集会上书，广东举人康有为、梁启超等奔走呼号，四处联络，一时之间
"章满察院，衣冠塞途"⑥、"至有痛哭流涕者"⑦。都察院前，举人上书请
愿的队伍竟长达一里多。由梁启超、林赞统领衔的81名广东举人在上书
中大声疾呼：台湾是祖国的门户，连地千里，山海峻险，物产饶绝海外，
岂可"一矢未加，而遽以千余里之岩疆，千余万之苍黎"，拱手让与侵略
者。他们强烈要求"严饬李鸿章订正和款，勿割台湾"⑧。在众多的举人
上书中，对台湾人民反对割台的悲愤感同身受，对台湾人民的爱国爱乡精
神由衷敬佩，对台湾人民的斗争表示了诚挚的支持。浙江举人钱汝雯在上

① 《中日战争》续编3，第105页。
② 《中日战争》4，第12页。
③ 《中日战争》续编3，第121页。
④ 同上书，第94页。
⑤ 《康南海自编年谱》，见中国近代史资料丛刊《戊戌变法》4，第130页。
⑥ 同上。
⑦ 《中日战争》4，第19—20页。
⑧ 同上书，第39页。

书中说："闻台湾之民，罢市聚哭，群情汹汹，不肯附倭，彼之所谓乱民，我之所谓义士也。澎湖之陷，绅民死事惨烈，今能不畏凶威，虽奉朝命，仍与之抗，可谓大义炳于寰区，方将旌之以徇于国，岂可抑勒之，束缚之，驱而纳诸水火之中乎"①。广东举人康有为更是日夕奔走，联络各省举人多次集会于北京城南松筠庵，与会者多达 1300 余人，康有为在会上慷慨陈词，力言国势危迫，非变法无以自强，与会者异常激愤，"士气之壮，国耻为之一伸"。他还连夜赶写了长达 1.8 万余字的呈文，即著名的《公车上书》，反对和约，反对割地，要求变法图强，签名的各省举人多达千余人。②

　　在《公车上书》中，康有为尖锐指出："弃台民即散天下"，"欲苟借和款求安目前，亡无日矣？"③ 他还提出了拒和、迁都、变法三项主张。拒和目的在于废约；迁都目的在于再战；变法则提出了挽救民族危亡的根本出路：他指出不变法而割祖宗之地，驯至于亡；变法则能光宗庙之威灵，可以大强④，把反和约、反割台与变法救亡相结合，将反割台的斗争推进到一个新的高度，具有更深刻的内容。以《公车上书》为标志，反割台的斗争达到了高潮。从 4 月 17 日《马关条约》签约到 5 月 8 日烟台换约止，前后 22 天，先后有在京的各省举人 3000 余人次共上书 38 件次，这是中国近代史上空前未有的壮举。海峡两岸的中国人民在民族危亡的关头，同呼吸，共命运，互相鼓舞，互相支持，把反割台的斗争汇结成中国近代史上第一次波澜壮阔的群众性爱国救亡运动，虽然最终未能阻止腐败的清朝政府签订丧权辱国的条约，阻止台湾的割让，但它促进了中华民族的觉醒，在中国近代史上谱写了光辉的篇章，正如梁启超所说："吾国四千余年大梦之唤醒，实自甲午战败割台湾，偿二百兆以后始也"⑤，其影响是极为深远的。

　　从此上对乙未割台与反割台斗争的历史回顾中，我们可以看到，割占台湾是日本蓄谋已久、志在必得的既定目标，是日本对外扩张，侵略中国政策的组成部分，《马关条约》是日本侵略中国的结果，也是清朝政府屈

---

① 《万木草堂遗稿外编》下册，第 834 页。
② 康有为：《上清帝第二书》，见《戊戌变法》2。
③ 同上书，第 133 页。
④ 同上书，第 140 页。
⑤ 梁启超：《戊戌政变记》，第 1 页。

服妥协的结果。台湾的割让，究其根源是日本的侵略，这一客观历史事实，不能抹杀，也无法抹杀。中国人民反割台的斗争，表现了两岸同胞不甘屈服，捍卫祖国领土主权完整的坚强意志，是两岸同胞用血泪写成的史章，两岸同胞共赴国难，命运相共，患难相依的骨肉亲情，不能割离，也无法割离。回顾历史，我们尤当珍视历史给予的启示。

（原文载于《台湾研究》1995 年第 3 期）

张之洞"援外保台"思路演变及其与"台湾民主国"关系考论

陈忠纯

1895 年反割台运动与时任两江总督兼南洋大臣张之洞有着极为密切的关系，因之久为海内外学界所重视，相关研究具体且深入。[①] 然笔者近来就相关史料与研究成果作一番细致对照后，感觉学界对于张之洞在反割台问题上所扮演角色的描述与评价，似有夸张不实之处。基于此，特不揣冒昧，就上述问题略作考论，希有助于更客观地展现张之洞与反割台运动的关系。

一 张之洞"援外保台"外交尝试及思路的演变

甲午战争中，日本国内割台舆论勃兴，身为两江总督兼署南洋大臣的张之洞深知台湾对于中国的重要性，1894 年年底和谈之议初起，便电告李鸿章不可割台。[②] 1895 年 2 月间，李鸿章即将赴日谈判，割台之说甚嚣尘上。张之洞苦思保台之策，他从容闳等人提出的押台借款之议得到启发，向清廷提出"押台保台"的计策，即以台湾作抵押，向英国借款二

---

① 相关主要研究成果可参见曾逎硕《张之洞与台湾乙未抗日之关系》，《台湾文献》第 10 卷第 2 期；戚其章《张之洞与反割台运动》，《历史教学》1984 年第 10 期；吴密察《1895 年"台湾民主国"的成立经过》，《台湾史论文精选》（下），台北：玉山社出版 1996 年版。此外，其他有关乙未反割台的论著，大都会涉及本文的问题。

② 张之洞：《致天津李中堂》，《张之洞全集》第 7 册，河北人民出版社 1998 年版，第 5846 页。

三千万，并允许在台湾开矿，借以让英国出面保台。①

张之洞的"押台保台"说得到清廷的重视与认可，他随即于 3 月 7 日、8 日分别电询驻英公使龚照瑗、驻俄公使许景澄，请他们同所在国政府商议，以台作押，许英（俄）在台开矿，诱其出面保台。② 但英、俄等国政府关心的是在华的商业利益以及日本对中国大陆的领土要求，对于台湾则不甚措意。俄国甚至早已于 1895 年 2 月 14 日向日本暗示不反对日本占领台湾。③ 因此，许、龚两使不久便回电说俄、英两国无意插手中日和议。龚照瑗还提到，英国表示如果有公司愿意出面租借台湾，"英可不阻"。④ 但当张之洞令其与英方公司联系后，却无回音。

清廷和张之洞并未放弃努力，⑤ 接着又派遣姚文栋赴台，与唐景崧共同商讨援外保台之策。姚文栋曾长期驻留日本，还做过使欧随员，对日本及欧洲列强的情况都比较了解，有丰富的外交经验。⑥

1895 年 4 月 17 日，姚文栋拜访英国驻台湾代领事金璋，探问英方出面保台的意愿。当日，姚文栋身穿便装，乘坐民轿，秘密拜访金璋的私宅，告知奉张之洞之命，专程到台湾与唐景崧商讨保台之策。⑦ 姚文栋强调说，日本强行割占台湾的做法不符合国际法，而且日本人并未占领甚至至今尚未进攻台湾，台民都强烈反对割让。此外，日本据台将严重损害其他国家的利益，对英国及其殖民地香港尤其不利。香港的贸易和安全都将受到威胁，故而希望与英国达成阻止日本割占台湾的协议。金璋表示条约既已签订，这样的筹划已毫无用处，拒绝为此事拜访巡抚，不过他愿意代向驻华公使递交备忘录或照会。次日上午，姚文栋再度拜访金璋，此次他

① 《署南洋大臣张之洞来电》，中国史学会主编：《中日战争》第 3 册，上海人民出版社、上海书店出版社 2000 年版，第 482—483 页。

② 张之洞：《致轮墩龚钦差》、《致俄京许钦差》，《张之洞全集》第 8 册，河北人民出版社 1998 年版，第 6137、6142—6143 页。

③ 《日本外交文书·试探俄国政府之态度》，戚其章主编：《中日战争》第 10 册，中华书局 1994 年版，第 59 页。

④ 《龚钦差来电》，《张之洞全集》第 8 册，第 6138 页。

⑤ 龚照瑗曾屡次向英国提出抵押台湾的建议，均遭到婉拒。参见《英国外交文件·下》，"金伯利致欧格纳函"，戚其章主编：《中日战争》第 11 册，中华书局 1996 年版，第 692—693 页。

⑥ 张敏：《略论姚文栋边防思想及实践》，《史林》1999 年第 2 期。

⑦ 《英国外交文件·下》，"金璋致欧格纳函"，戚其章主编：《中日战争》第 11 册，第 956 页。

以知府的名义照会代领事，提出①建立中英联盟，让英国舰队能出面保卫台湾，并留下一份备忘录："张总督及唐巡抚意欲秘密成立中英联盟以御日本并日后共同抵御好战邻国。首先须请阁下问明贵国公使此举是否可行。若其以为可行并将其意图完全告知我们，我们便可奏请朝廷批准该步骤。若其以为不可，则请将此秘密想法视为对阁下的私下询问而无官方色彩。"② 姚文栋还特别说明，希望他们的会面不让总理衙门知晓，这体现张之洞谨慎行事的一贯作风。③

1895 年 4 月 17 日，《马关条约》正式签订，日本谋取的侵略权益侵害了列强尤其是俄国的利益。俄、法、德三国随后出面要求日本放弃辽东地区。英国却袖手旁观，甚至想从和约中分得商业利益，同时达成扶日拒俄的目的，这让张之洞等人颇为失望："英人袖手，实欲倭强，借倭拒俄，非持盈保泰也。"④ 此时，张之洞的亲信王之春出使俄国，途中暂留巴黎，专程访问法外交部，得到法国有意出面干涉割让台湾消息。他建议张之洞，可借鉴普法战争之例，以割地需经当地人民同意为由，拒绝割台：根据国际公法，"凡勒占邻土，必视百姓从违"，而割地之民，"两籍相参，财产皆民自主"。⑤ 无独有偶，收到王之春电报的同日，张之洞还接到一封来自唐景崧的电报，内容与王电相似，称"赔款又割地，太不得情理之平，台本未失，今民又不服倭，皆公法所可争者"。⑥ 由于两电内容都提到被割让土地人民的自决问题，这就牵涉到一个问题：唐景崧所援用的这一国际法思路出自何人？是台民还是王之春？如果是王之春的

---

① 成立"中英联盟"来抵制日本侵略的主张，并非张之洞等人的原创。1895 年初，李提摩太曾向李鸿章、张之洞等提出过类似建议。参见张之洞《致总署、天津李中堂》，《张之洞全集》第 6 册，河北人民出版社 1998 年版，第 2039—2040 页。

② 《英国外交文件·下》，"金璋致欧格纳函"，戚其章主编：《中日战争》第 11 册，第 957—958 页。

③ 《欧格纳外交报告》，戚其章主编：《中日战争》第 6 册，上海人民出版社、上海书店出版社 2000 年版，第 694 页。

④ 张之洞：《致台湾唐抚台》，《张之洞全集》第 8 册，第 6322 页。

⑤ 《王钦差来电》，《张之洞全集》第 8 册，第 6302 页。此电王之春发电日期署"敬"日，即 18 日或 19 日发出，张之洞 4 月 20 日收到，当日便将此电转奏。见《致总署》，《张之洞全集》第 3 册，河北人民出版社 1998 年版，第 2059 页。

⑥ 《唐抚台来电》，《张之洞全集》第 8 册，第 6295 页。

话，为何唐电也在同一天到达张之洞处？① 实际上，以往学者可能忽略了一个问题，即王、唐两电虽是同日到达张之洞处，发电时间却有先后之分。王之春给张之洞的电报发自 18 日或 19 日，唐景崧则晚了一天。因此，就时间先后而言，唐确有先接到王电的可能。② 而且，前述姚文栋代表张、唐与金璋接洽时，虽然也以日本违背国际法为由，要求英方出面保卫台湾，但当时他对国际法的解读还限于从维护"势力均衡"角度立说。但到 21 日，唐景崧在给清廷的电报中提到的已不单一点：公法有均势一条，又众民不服者，其约可废。③

隔日之间，唐景崧提出的理由陡然增加了割地居民的自决问题。笔者以为，这观念的突然转变可能来自王之春的提示。当然，唐景崧除了得到王之春的提示，可能还参考了当时颇为流行的《万国公法》等其他材料。④

找到新依据的唐景崧马上请求张之洞会同刘坤一、宋庆等与各国公使接洽，要求这些国家的政府据公法处理。张之洞虽然认为中国可以援用公法和普法战争之例，听台民自便，但他不愿越俎代庖，以"由总署主持，疆臣不能擅许"为由，拒绝了唐景崧的要求。⑤ 唐景崧随后电奏清廷，称"按公法有均势一条，又众民不服者，其约可废。此事赔款则可，割台则断不可，为此吁请总署会集驻京各国公使，从公剖断，速罢前议，救斯

---

① 有学者便认为，唐景崧可能是先收到王之春的电报后，受到启发，故而也向张之洞提出类似想法。参见吴密察《1895 年"台湾民主国"的成立经过》，张炎宪等主编：《台湾史论文精选》（下），第 21 页。

② 王之春发电日期署"敬"日，即 18 日或 19 日发出，张之洞 4 月 20 日巳刻收到，当日便将此电转奏。唐景崧此电署"有"日，即 19 日或 20 日，20 日申刻到张之洞处。此电的接收时间晚于王电，就发电报的时间看，也应晚于王之春的电报。而且，王与唐之间也有过电报来往。

③ 《台抚唐景崧致军务处请废约再战并商各使公断速罢前议电》，王彦威辑：《清季外交史料》第 109 卷，王希隐发行，1932 年。

④ 比如丁韪良所译《万国公法》一书，当时成为清廷官方外交参考用书。该书便有讨论割地问题，称"自主之国虽有立约之权，托授君主，然分让地土之权，大概无有也。故或立条款特禁，或其国法暗寓禁止之义，以绝斯事"。该书以普法战争为例，说明"分让国土，而民举之绅士概不允准，其约遂归为废纸"。参见［美］惠顿《万国公法》，丁韪良译，世纪出版集团、上海书店出版社 2002 年版，第 144 页。

⑤ 张之洞：《致台北唐抚台》，《张之洞全集》第 8 册，第 6295 页。

民"。① 清廷也认为台事若能照此办理，"较可便民"，便令李鸿章与日方商议。② 日本拒绝了这一要求。③ 但清廷仍要求李鸿章妥筹"安置台民之法"，以免"万口交腾，人心解体"。④

此后，张之洞等人逐渐意识到以台民的名义要求保台，似较容易让列强接受，求援的对象也由英转法。⑤ 4 月 29 日，王之春电称，法国表示假如以台湾民变为理由，或可出面抵制割台，因而建议张之洞与唐景崧等人，"从民变着想当有权衡"。⑥ 而张之洞从唐景崧的电报中了解到，此时台湾"民变其势已成"，若由此要求干涉，"正合西例"，"且措词最得体"，有望说服列强出面干涉。于是，他电请清廷一面与各国公使商议，一面命令许、龚两使速与俄、德、英商议，令王使与法商议，"或有转机"。⑦ 张之洞同时也转电唐景崧，建议其从"民变着想"，电奏朝廷，一面电王、龚、许诸使代为设法，一面请英、法保台，若英仍拒绝，则"当求法保护"。一旦法、俄愿意保台，英或将被迫出力。不过"情甘归法，决不归倭"一类语，"只可出自台民"。⑧ 5 月 1 日，清廷下旨让张之洞转电王之春，正式令其速与法国外交部"切实商办"，希望以武力胁迫日本放弃割台。⑨

与此同时，驻英兼驻法公使龚照瑗通知唐景崧，"法有保台、澎不让倭意"，将派兵轮赴台护商，并与之商议机宜，"务祈推诚待之"。⑩ 他同时电奏清廷："现台湾吃紧，法已派人护商，先遣员晤台抚面商机宜。有

---

① 《收福州将军庆裕等电台民不服请总署罢割台之议》，《明清宫藏台湾档案汇编》，第 237 册，九州出版社 2009 年版，第 314 页。

② 《军机处拟发给刘坤一王文昭宋庆裕禄依克唐阿长顺电信》，中国史学会主编：《中日战争》第 3 册，第 608 页。

③ 《复译署》，《李鸿章全集》第 3 册，电稿三，上海人民出版社 1987 年版，第 507 页。

④ 《电谕大学士李鸿章著与伊藤通信将台民之产业按西例办理》，戚其章主编：《中日战争》第 3 册，中华书局 1991 年版，第 97 页。

⑤ 张之洞：《致台湾唐抚台》，《张之洞全集》第 8 册，第 6322 页。

⑥ 《王钦差来电》，《张之洞全集》第 8 册，第 6328 页。

⑦ 《致总署》，《张之洞全集》第 3 册，第 2062—2063 页。

⑧ 张之洞：《致台湾唐抚台》，《张之洞全集》第 8 册，第 6322 页。

⑨ 张之洞：《致巴黎王钦差》，《张之洞全集》第 8 册，第 6327—6328 页。

⑩ 《四月初七日发台湾抚台唐》，自《龚照瑗往来官电（选录）》，戚其章主编：《中日战争》第 6 册，中华书局 1993 年版，第 599 页。

兵登岸，请电台抚晓谕地方勿惊疑。"① 5 月 3 日，王之春也转同一消息，称法国已调兵轮赴基隆、沪尾，让唐景崧到时与法舰舰长商议具体办法。同时，法国正联系西班牙一道与日本交涉。② 5 月 6 日，王之春再电，建议唐景崧"仍以激变情形设法，则法可着手"。③

　　然而，日本据台与俄、德两国并无利益冲突，俄国早已同意日本占领台湾，德国也不希望法国拓展在台湾的利益，④ 建议日本应向法、西表示"决心占领台湾及澎湖"。⑤ 英国则与日本沆瀣一气，明确表示支持日本割占台湾。⑥ 对法国来说，仅和西班牙联合干涉台湾问题，力不从心，于是在保台问题上退缩了。5 月 11 日，法国驻华公使施阿兰告知总理衙门，原先担心日本不肯让步，故决定派兵赴台，但既然日本放弃辽东地区，中国也已将台湾割予日本，就不当再有其他要求，以免引起争端。不过，施阿兰的通告仍有余地，给台民留了一线希望："倘日后台湾出有别情形，法国或另有打算，亦未可知。"⑦ 同时，法国外交部拒绝接见王之春，并以王在巴黎活动事易引起猜嫌，要求清廷撤其回国。王之春见求援无望，只得回国。⑧

　　法援既绝，张之洞还幻想争取德国："惟有饵德，德有领事在台，令台民公商德领事，嘱其电达驻京德使，或是一策。倭来或缓，当有办法。"⑨ 但德国不仅拒绝清廷的请求，还针对台湾宣布"据为岛国"，公开抵制割台一事，警告清廷，"阴令台民叛拒倭人，显系违约"，日本若以

　　① 《四月初八日发北京总署》，自《龚照瑗往来官电（选录）》，戚其章主编：《中日战争》第 6 册，中华书局 1993 年版，第 600 页。

　　② 《王钦差来电》，《张之洞全集》第 8 册，第 6328 页。

　　③ 同上书，第 6342 页。

　　④ 《德国干涉还辽事件·外交大臣马沙尔男爵致驻伦敦大使哈慈菲尔德伯爵》，中国史学会主编：《中日战争》第 7 册，上海人民出版社、上海书店出版社 2000 年版，第 375—376 页。

　　⑤ 《日本外交文书·驻德国青木公使致陆奥外务大臣电》，戚其章主编：《中日战争》第 10 册，第 187 页。

　　⑥ 《英国外交文件·下》，"马来特致金伯利函"，戚其章主编：《中日战争》第 11 册，第 859—860 页。

　　⑦ 《总理各国事务衙门与法使问答节略》，中国史学会主编：《中日战争》第 4 册，上海人民出版社、上海书店出版社 2000 年版，第 108—109 页。

　　⑧ 《署南洋大臣张之洞来电》，中国史学会主编：《中日战争》第 4 册，第 119 页。

　　⑨ 张之洞：《致台湾唐抚台》，《张之洞全集》第 8 册，第 6375 页。

此"兴兵构怨",中国再败,则将会招致更大的损失。① 清廷不得已推托拒日割台乃台民的自发行为,并非有意主使。此后,为避免引起日本的不满,张之洞与清廷被迫基本停止援外保台的努力。不过,台民并未接受割台的命运,他们继续依循张之洞等人开拓的"援外保台"思路去尝试,最终选择了"自主保台"之路。

二　张之洞与"台湾民主国"关系辨析

张之洞及其亲信提出的被割让土地人民自决原则,虽然成为台湾民众寻求"自主保台",乃至成立"台湾民主国"的重要思想动因,却不能说张之洞有意推动台民的自主保台活动。张之洞对于自主保台态度比较复杂,既同情台民的抗争,又不愿意直接表露或者公开支持自主保台。4 月22 日,张之洞曾电唐景崧:"德、法、俄并阻批准约,英尤惜台,有质台之议,枢不受也。诏合肥有'画押以后台即属倭,台或不从,于中无涉'之语。然则台能自保,不累中矣。庇英自立以保民为词,守口聘英将,巡船乞英船,土匪自缉,事当有济,不必骤怒。倭袭澎慎举胜无可守。"②这封电报,首次提到台湾可寻求"庇英自立",因之被不少人视为张之洞推动台湾自主的主要依据,但该电并非张之洞自发,而是北京的某位署名"植"的人士,请张之洞代转的。③ 以此作为张之洞的主张,并不甚妥。实际上,检阅张之洞给唐景崧的电报,并无其他鼓励台湾"自立"的言语,反倒曾劝其不可以"自立"为名,激怒清廷。④

台民的自主保台活动,或可追溯至《马关条约》签订后不久。马关谈判开始后,获悉停战协议范围不及台澎,台民虽有请唐景崧代奏表示不满,毕竟只是对割台表示担忧,对清廷仍抱有希望。4 月17 日,《马关条约》正式签订,台湾被割让给日本。获悉此信的台湾绅民悲愤交加,唐景崧忙电询清廷消息确否,丘逢甲则领衔全台绅民电奏,表示誓与台共存

---

① 《寄译署》,《李鸿章全集》第 3 册,电稿三,第 549 页。

② 张之洞:《致台湾唐抚台》,《张之洞全集》第 8 册,第 6298—6299 页。

③ 黄昭堂推测此人是沈曾植,笔者尚未找到充分证据证实。

④ 《唐抚台来电》,《张之洞全集》第 8 册,第 6413 页。

亡。① 清廷却仅以"总署"名义，回电称为保京师，不得已割台，而且
"台无接济，一拂其请，彼必全力进攻，徒损生灵，终归沦陷"，令唐景
崧开导台民，"勿违旨意"，"免滋事端，致碍大局"。② 割台一事重大，
清廷却未下正式谕旨，"台民于此节尤愤恨也"。更令台民失望的是，该
电用词生硬，"并无一语抚恤"。不仅未能安抚台民，反因不当的措辞，
激起台民的愤慨，直接引发一场大规模的抗议请愿运动。③ 台北"哭声震
天"，民众鸣锣罢市，聚集于抚署，请唐景崧固守台湾，设法保台。④ 同
时，电告台南、台中绅士，迅速形成全台的抗争运动。台民通过各种途
径，向清廷表达拒和割台的决心和要求。在北京应试的台籍举人，会同台
籍官员叶题雁一道上书，成为"公车上书"的先声。⑤ 该上述所批驳的对
象，就是清廷对割台问题的回电。清廷称为保京师，不得已舍台，且若拒
日要求，日必攻台，残害台民，而割台后，台民还可内迁，劝全台绅民
"勿得逞忿一时，致罹惨害"。⑥ 叶题雁等人则反驳道："或谓朝廷不忍台
民罹于锋镝，为此不得已之举。然倭人仇视吾民，此后必遭荼毒。与其生
为降虏，不如死为义民。或又谓徙民内地尚可生全。然祖宗坟墓，岂忍舍
之而去？田园庐舍，谁能挈之而奔？纵使孑身内渡，而数千里户口又将何
地以处之？此台民所以万死不愿一生者也。"他们还警告，地无轻重之
分，若弃台民于倭寇之手，则"天下人心必将瓦解，此后谁肯为皇上出

　　① 《署台湾巡抚唐景崧奏邱逢甲率全台绅民誓与台共存亡电》，戚其章主编：《中日战争》
第 3 册，第 74 页。
　　② 《电署台抚唐景崧保卫京师重于保台希开导民人勿违旨意》，戚其章主编：《中日战争》
第 3 册，第 70 页。该电以往未收录其他文献汇刊（新近出版的《明清宫藏台湾档案汇编》收录
该电原件影印件，见第 237 册，第 278—280 页），学者都凭俞明震撰《台湾八日记》所附《台湾
唐维卿中丞电奏稿》的节录，查对两文，唐景崧所述与原电基本一致。此电用词生硬，对台民刺
激颇大，后来台湾绅民、举人的电奏，不少是对该电的批驳，详后。
　　③ 《台湾唐维卿中丞电奏稿》，中国史学会主编：《中日战争》第 6 册，上海人民出版社、
上海书店出版社 2000 年版，第 385 页。
　　④ 同上书，第 387 页。
　　⑤ 《台湾京官户部主事叶题雁、翰林院庶吉士李清鼎、台湾安平县举人汪春源、嘉义县举
人罗秀惠、淡水县举人黄宗鼎为弃地界敌泣呈效死条陈》，见茅海建《"公车上书"考证补
（一）》，《近代史研究》2005 年第 3 期。
　　⑥ 《电署台抚唐景崧保卫京师重于保台希开导民人勿违旨意》，戚其章主编：《中日战争》
第 3 册，第 70 页。

力乎！大局必有不可问者，不止京畿已也"。①

除了上书抗言，台湾绅民于 4 月 19 日召集会议，决定向列强请援，认为"既然皇帝已经抛弃了他们，他们有权决定向谁称臣；不是向日本，而是向一个他们了解并可以信赖的国家。它就是英国"。② 唐景崧则奏报称："总署令喻台民不可滋生事端，并无一语抚恤，故台湾绅民均愤恨，愿入英籍云。"③ 激于义愤，台民开始自求保台之路，而对张之洞与唐景崧来说，这种做法过于极端，只能设法予以引导。如何以台民不满为由阻止割台，同时又不能让台民的反割台运动过于极端，是个难题。据唐景崧向清廷的奏报，20 日台湾绅民在巡抚衙门"偶遇"英国代领事金璋，请其出面保台："适英领事金璋来臣署，绅民环请设法保台，拟以台归英保护，将煤金两矿并茶脑磺各税酬之，恳其转达公使。臣见其情急，莫能禁止。"④ 不过，据金璋的报告，事实则与唐的奏报有所出入。金璋在 19 日晚突接到唐景崧的电报，称有重大机密要与其商量，但又无法离开台北，请其于次日上午到衙门会面。待金璋如约至衙门，唐景崧先说明台北的危急形势，接着才告知当地士绅要与他见面。可见，这场会面其实是唐景崧特意安排的。之所以安排在巡抚衙门，可能是唐景崧要避免情绪激动的士绅私自与英方交涉，将台湾直接交给英国。⑤ 如金璋在给英国领事欧格纳的报告中也认为，即使没有唐景崧安排，同样会收到把台湾无条件地让给英国的建议。⑥ 此次会面，士绅所提出的请求，仍是张之洞的"押台保台"策，即请求英国保护台湾的土地和居民，提出金、煤、硫、樟脑及

---

① 《户部主事叶题雁等呈文》，中国史学会主编：《中日战争》第 4 册，第 27 页。

② 《英国外交文件·下》，"金璋致欧格纳函"，戚其章主编：《中日战争》第 11 册，第 960 页。

③ 《台湾唐维卿中丞电奏稿》，中国史学会主编：《中日战争》第 6 册，上海人民出版社、上海书店出版社 2000 年版，第 385 页。

④ 同上。

⑤ 唐景崧在给清廷的电奏中称，金璋与台湾士绅的会面是偶遇，但从金璋的报告中可以得知，这场会面其实是唐景崧有意安排的。参见《英国外交文件·下》，"金璋致欧格纳函"，戚其章主编：《中日战争》第 11 册，第 958—960 页；《欧格纳外交报告》，戚其章主编：《中日战争》第 6 册，中华书局 1993 年版，第 685 页。

⑥ 《英国外交文件·下》，"金璋致欧格纳函"，戚其章主编：《中日战争》第 11 册，第 960 页。

茶制品税金由英国征收，人口、土地税、疆土及其管理权仍属中国。① 不过，随着对清廷的逐渐绝望，台民自主保台的倾向日益强烈，唐景崧越发难以掌控。

三国出面干涉还辽时，张之洞及台民一度对法国寄予厚望。但当获悉三国干涉，台不在列之后，台民大失所望，情绪更加激动，"攻抚署、戕中军、劫官吏、留军火"，台北局势濒于失控。② 张之洞指示唐景崧应与林朝栋、林维源等士绅领袖合计，设法稳定局势，再图保台之法。③ 唐景崧依计宣谕台民，称和谈仍有希望，不过士绅已经决定全力保台，若和谈不成，他将以台湾巡抚的身份，领导台民同心协力抗敌。④ 4 月 29 日，唐景崧连电张之洞，第一次提出以"台民自主"为名，请列强出面保护，同时希望张之洞能援助军火和饷银：

> 台恐无转机，崧必为民劫留。台民自主，可请各国保护，或许以利益为租界，台存则可借债，随后自另有办法。惟强寇即来，恐办不及。和议成则江南撤防，能济以军火并饷百万否？⑤

唐景崧相信只要台湾自主，"坚持数月，必有解纷者"。⑥ 他还表示，不管法舰是否到台，台民都绝不让台。⑦ 这一主张明显出自台民。张之洞对唐景崧所提到"自主保台"一事未置可否，但言辞间并未表赞同，更谈不上鼓励：

> 若公在台言台，措词自异，亦不妨从民变着想，一面电奏，一面电王、龚、许诸使代为设法。仆极力阻倭约，保辽台，能结强援以翻

---

① 《英国外交文件·下》，"唐景崧与金璋会晤备忘录"（第 633 件附件，由士绅代表团当场起草），戚其章主编：《中日战争》第 11 册，第 960 页。

② 张之洞：《致台北唐抚台》，《张之洞全集》第 8 册，第 6317 页；《唐抚台来电》，《张之洞全集》第 8 册，第 6315 页。英国驻台代领事金璋也报告了台北的乱象。参见《英国外交文件·下》，"金璋致欧格纳函"，戚其章主编：《中日战争》第 11 册，第 960—961 页。

③ 张之洞：《致台北唐抚台》，《张之洞全集》第 8 册，第 6321 页。

④ 《英国外交文件·下》，"唐景崧文告"，戚其章主编：《中日战争》第 11 册，第1034 页。

⑤ 《唐抚台来电》，《张之洞全集》第 8 册，第 6323 页。

⑥ 同上。

⑦ 同上书，第 6361 页。

全约，不能为台求各国保护也。若各国护台，则台仍非中国有矣。至协饷济械一节，江南借洋款至今未妥，万分焦灼。若废约开战，则江南防务难撤；若朝廷意恝然弃台，台为自主，与中国无涉，则协饷济械又有窒碍，只可届时相机商办。……若台向英言，英不为中国保台，台当求法保护，情甘归法，英忌法、俄，或肯出力。然此语只可出自台民。①

此电内容颇值揣摩，张之洞没直接对"自主保台"表示意见，只是一面让唐景崧以"民变"为由，继续援外保台的努力；一面谨慎对待台民的自主保台运动，强调他只能争取废约，不能为台求列强保护，担心列强出面护台，则台湾"仍非中国有矣"。这其实是否定唐景崧提出台湾自立，请列强护台的主张。②但他深知唐景崧此举实属迫不得已，也未予以批驳，对于唐景崧急需的援台保证，仅言"若朝廷意恝然弃台，台为自主，与中国无涉，则协饷济械又有窒碍，只可届时相机商办"，没有应承，也没有拒绝，为其言行预留余地。实际上，当"台湾民主国"成立后，张之洞便主动为援台事请示清廷，当清廷明确停援后，并未再为台湾争取，就此停援。

5月8日，中日在烟台如期换约，台民"自主保台"已顺理成章。5月15日，台湾官绅发布的公告，援引公法"让地为绅士不允，其约遂废"之款，宣布拒绝让台，称"愿人人战死而失台，决不愿拱手而让台"。公告号召内地及海外华人到台相助，并以台湾的矿产、土地等作为条件，请求各国出面"以台湾归还中国"。③丘逢甲等人决定成立民主国，并准备推举唐景崧为总统。④5月20日，法舰"保汤"、"保佩"两舰到台，促成了"台湾民主国"的成立。

---

① 张之洞：《致台北唐抚台》，《张之洞全集》第8册，第6322页。

② 关于此份电报，有学者认为张之洞表示了支持"自主保台"的态度，并且同意设法援助台湾。但如本文所谈，综合张之洞的整体表现，似并非表示支持唐景崧的活动。参见戚其章《张之洞与反割台运动》，《历史教学》1984年第10期。

③ 蔡尔康等编：《朝警记十二·台湾自主文牍》，中国史学会主编：《中日战争》第1册，上海人民出版社、上海书店出版社2000年版，第202—204页。

④ 5月17日，唐景崧电告张之洞："然当务者谓台必自主，后与中日断绝，请外援方肯来。但民主之国亦须有人主持。"这透露台湾自主与成立民主国，都是"当务者"所决定的，即丘逢甲为首的台湾士绅。

　　对于成立"台湾民主国"一事，张、唐来往多份电报商讨。唐景崧
虽同意留下领导抗日，但对接受"总统"一职有顾忌，担心"事太奇创，
未奉朝命，似不可为"，为此，他请张之洞代奏，希望得到清廷的默许，
"得朝廷赐一便宜从事、准改立名目、不加责问之密据"。① 张之洞不表反
对，但也不愿代奏。他先是认为唐景崧可立为"总统"，不过清廷不会公
开支持。② 当唐景崧决定以"总统"为名后，却又提醒以何名目一定要谨
慎："台民欲劫公守台，无可如何，然名目宜酌……外洋总统甚大，似不
相宜，须稍变，或云总管，或云总办，谗谮嫌疑亦须防也。"③ 接着，他
反复强调向朝廷电奏时，只宜称"民会"、"民政"之国，不可云"民
主"，不可云"自立"，同时仍应用开缺本衔与巡抚关防。④

　　不过，5 月 27 日张之洞电奏清廷时，却非如此。值得注意的是，这
份电报有多个版本。《张文襄公全集》中，称台湾"自约为'民会'之
国"，或"自为民会之国"。⑤《清季外交史料》则记载为"（台民）奉唐
（抚）为自主之国"。⑥ 而在中国史学会所编的档案史料汇编中，张之洞所
奏仍为"台遂自约为民主之国"，或"现改自为民主之国"。⑦ 笔者查阅
了新出的《明清宫藏台湾档案汇编》，发现电报原件的影印版，与后者是
一致的。⑧ 可见，当时张之洞并未按约定上奏清廷。但是，当福州将军庆
裕、闽浙总督边宝泉询问如何向朝廷奏报"台湾民主国"一事，张之洞
仍自称未用"民主之国"一词："弟奏台事，仅叙大略，未加议论。因唐
电信字句多欠酌，敝处电奏声叙处极力为之斡旋，将台民汹汹，唐暂留以

　　① 《唐抚台来电》，《张之洞全集》第 8 册，第 6377 页。

　　② 张之洞：《致台北唐抚台》，《张之洞全集》第 8 册，第 6382 页。

　　③ 同上书，第 6400 页。

　　④ 同上书，第 6410 页。

　　⑤ 《致总署》，《张之洞全集》第 3 册，第 2070 页。另见《致总署》，《张文襄公全集》，卷
78，电奏 6，台北：文海出版社 1970 年版，第 5392—5393 页。新近出版的《张之洞年谱长编》
仍按《全集》编入该电。见吴剑杰编著《张之洞年谱长编》（上卷），上海交通大学出版社 2009
年版，第 431 页。

　　⑥ 《署江督张之洞致总署台已自主未便接济饷械电》，自王彦威辑《清季外交史料》卷
113，第 3—4 页，王希隐发行，1932 年。

　　⑦ 参见中国史学会主编《中日战争》第 4 册，第 141 页。

　　⑧ 《台湾改自为民主之国饷械未便再为接济》，《明清宫藏台湾档案汇编》，第 228 册，九
州出版社 2009 年版，第 349—351 页。

救各官各节详叙，将自立为民主之国解释为自约为民会之国。"① 在这里，张之洞的表现十分矛盾，一面希望各位督抚一同为成立民主国一事掩饰，一面又不愿承担责任，凸显其"明哲保身"的处世态度。

更重要的是，在给清廷的同一份电奏中，张之洞还主动提出停止对台湾援助饷械：

> 前奉旨拨济台饷五十万及军火各节，已拨三十万，并酌拨旧枪并弹。现改自为民主之国，以后饷械等事自未便再为接济，以免枝节。②

张之洞请停济台，似有探寻清廷之意。次日，清廷便依张之洞的电奏，正式下旨全面停济台湾饷械。③ 以往学界有观点认为张之洞是迫于清廷的禁令才停止对台援助饷械的，无疑是错误的。④ 还有学者虽然注意到张之洞请停济台，但又认为清廷在台民宣布自主保台当日已下过一道禁输令。⑤ 究竟在张之洞奏请停济前，清廷有否下过此类旨令？笔者查阅相关史料，发现在张之洞请停前，清廷不仅没有下过禁输令，反而应唐景崧请求，几次电令张之洞拨饷械济困。所谓张之洞不顾禁令，私自援助30万两军饷，实是张之洞在请旨禁援前，应清廷要求签发的最后一笔援款。而且，张之洞请停济台的奏稿中，丝毫没有提及清廷的禁令，按常理，若清廷下过相关禁令，张之洞应先述及才会将其意见表出。此外，清廷并非在5月15日就收到当日台民宣布自主的消息，谈不上知晓台民自主保台就下令禁援台湾。更关键的是，清廷在5月15日发给张之洞的电报，虽然是谈济台问题，却并非禁援，恰恰相反，是让张之洞设法谨慎办理济台

---

① 张之洞：《致福州庆将军、边制台》，《张之洞全集》第 8 册，第 6412 页。

② 《台湾改自为民主之国饷械未便再为接济》，《明清宫藏台湾档案汇编》，第 228 册，九州出版社 2009 年版，第 349—351 页。

③ 《奉旨台事无从过问张之洞停解饷械》，《明清宫藏台湾档案汇编》，第 228 册，第 360 页。

④ 不少学者持这种观点，如冯天瑜、何晓明合著《张之洞评传》一书谈道："《马关条约》签订后，张之洞……不顾清廷禁令，又拨银三十万两，经英国汇丰银行汇往台湾，鼓励唐景崧坚持抗战。"见冯天瑜、何晓明《张之洞评传》，南京大学出版社 1991 年版，第 152—153 页。

⑤ 黄昭堂：《"台湾民主国"研究》，台北：前卫出版社 2006 年版，第 127 页。

事宜：

> 台湾续拨枪枝，原备战守之用，出自绅民先期购到则可，若官为拨给，殊于和约有碍。此系重笨之物，如何慎密运往，著张之洞设法妥办，毋致别生枝节，是为至要。①

不过，"台湾文献丛刊"所辑录的《清德宗实录选辑》中，该条内容则成：

> 二十一日（壬戌），谕［军机大臣等］：电寄张之洞：台湾续拨枪枝，原备战守之用，出自绅民先期购到则可；若官为拨给，殊于和约有碍。此系重笨之物，焉可秘密运往；著张之洞斟酌停止，毋致别生枝节，是为至要。②

对照上下文，可见，两文所载的同一份电旨不仅文字互异，文意也卓然不同。差异主要在后半句：一为"此系重笨之物，如何慎密运往，著张之洞设法妥办"，其意为提醒张之洞妥善处理运械之事；另一为"此系重笨之物，焉可秘密运往；著张之洞斟酌停止"，其意则为令张之洞停止济械。学者若据后文，自然会得出清廷下过两道禁输令的结论。③ 究竟何文更为可信？前文出自清宫原档影印，而且与《德宗实录》所载一致，较为可靠。后文则很可能出自伪满本《大清德宗景皇帝实录》辑录，该版本很多内容被删改过，尤其是1895年、1896年间中日战争的记载，上

---

① 《德宗实录》（5），卷366，自《清实录》第56册，中华书局1987年版，第786页。另参见《奉旨台湾续拨枪支张之洞设法运往》，《明清宫藏台湾档案汇编》，第228册，第170—171页。这两份材料均自原档影印。

② 《清德宗实录选辑》（合订本），台北：台湾大通书局印行，1984年，第299页。

③ 黄昭堂认为，清帝一接到台民的"独立之通电"，立即命令"停止台湾士绅的武器购入及大陆官宪将武器搬入台湾"。这一观点错误有二：其一，清廷的电文并无此内容，这种说法显然出自伪满本的《实录》；其二，黄昭堂推论该电是在接获台民当日的电报后发出的，但从时间与电文内容上看，清廷发电时尚未知晓台民自立一事。参见黄昭堂《"台湾民主国"研究》，台北：前卫出版社2006年版，第127页。

文显然也被删改过。① 且就整个电文而言，清廷意在令张之洞以器械乃"台民自购"为由，向台湾接济枪械，而非禁止输械。另外，当时清廷担心因援台再起争议，已数次要求张之洞审慎处理援台事务。就此，笔者认为清廷发过两道禁输令的观点并不可靠。

张之洞虽然主动请停济台，却对唐景崧隐瞒了这一情况。在台北初战失利后，张之洞还向唐景崧表示"仍可随时接济"，以鼓励他坚持抗战。② 可当听说唐景崧内渡后，张之洞又紧急下令追回③先前所拨发的饷银，此后，便断绝了对台湾的援助。不仅如此，为了避免遭到攻击，他还严令东南地区的督抚不可援台。④ 由于缺乏来自大陆的有力支援，台民陷入饷械严重匮乏的困境。在台南坚持抗战的刘永福无以为继，被迫内渡，反割台斗争最终失败。

三　结语：张之洞与清廷保台的努力

反割台运动的兴起，"援外保台"路线及其援用国际法条款思路的确定，与张之洞有密切的关系。但反割台运动发展到"自主保台"，甚至成立"台湾民主国"这一结果，则是情势所逼，绝非张之洞所愿，他也并未支持这一转变。并且，当反割台运动超出他所能接受的限度后，便果断地主动断绝了给台湾的援助，为了逃避清廷的责备，甚至还下令禁止东南大员的援助活动。因之，张之洞在反割台斗争中的表现，反映了一名深谙仕途之道的封疆大吏，所能尽到的职责。

如有学者所言，张之洞的反割台活动，都有清廷的认可或默许。⑤ 无论对于光绪、慈禧或者封疆大吏来说，谁都不敢承担割台的罪责。光绪帝

---

① 黄昭堂所引及"台湾文献丛刊"所辑录《大清德宗景皇帝实录》，似均出自1937年在伪满洲国"满日文化协会"出版的伪满本，此版对原定稿本作了大量删改，尤其是有关光绪二十年、二十一年间中日战争的记载。参见《影印说明》，《清实录》第1册，中华书局1986年版，第4—8页。

② 张之洞：《致台北唐抚台》，《张之洞全集》第8册，第6427页。

③ 张之洞：《致上海刘道台》，《张之洞全集》第8册，第6433页。

④ 《台海思痛录》记载张之洞曾令易顺鼎携款赴台，参阅易顺鼎的自述及其与张之洞的电报往来，笔者认为应无此事。参见思痛子撰《台海思痛录》，戚其章主编《中日战争》第12册，中华书局1996年版，第112页。

⑤ 吴密察：《1895年"台湾民主国"成立经过》，张炎宪、李筱峰、戴金村主编：《台湾史论文精选》（下），台北：玉山社出版1996年版，第31—32页。

面对如潮的抗言，叹言"台割则天下人心皆去，朕何以为天下主"？[①] 慈禧同样曾表示"两地皆不可弃，即撤使再战亦不恤也"。[②] 但是，不管是清廷、张之洞抑或李鸿章，其实都是在不敢言战的前提下，寻求列强的支持来保住台湾。尤其注意避免引起日本的不满，再起争端。而清廷不够坚决的保台态度和活动，最终迫使台民选择"自主保台"之路。张之洞等人对"自主保台"的矛盾反应，同样受制于清廷在保台问题上的立场。因此，李鸿章与张之洞虽然对中日和议及割台问题的看法有别，且互有攻讦，就本质而言，二人并无卖国、爱国的绝对区别。相对而言，张之洞作为南洋大臣，更加关心台湾的命运，但这不意味着要将当时反割台的一切努力都归功于其名下。张之洞的援外保台建言，不少都是由清廷指令李鸿章出面接洽的。李鸿章对援外保台之事虽不热衷，但仍尽力与列强斡旋。列强注意到张之洞在幕后的活动，但并未视之为关键角色，他们更看重总理衙门与李鸿章的态度。[③] 就对台援助而言，张之洞虽然一度尽力协助，但当"台湾民主国"成立后，未能再予以积极的援助，更谈不上不顾清廷的谕旨禁令，主动援台，鼓动台民自主保台。当时内地不少官吏都将援台希望寄予张之洞，两江总督刘坤一便请张之洞承担起责任："我公为诸侯长，台湾本隶南洋，何忍坐视糜烂而不之救？倘蒙仗义执言，明目张胆，约会北洋，邀请西洋各国为之排难解纷，当亦易于就范，保全生灵亿万，时局赖以维持，功德为无量。"[④] 但此时张之洞正为援台事受李鸿章指责，不愿再冒风险为台民请命。[⑤] 张之洞还一度被在台湾中南部坚持抗战的官兵义军寄以很大希望，张氏即将援台的传闻不时在当地出现，最终都落空。当清廷在压力下被迫放弃保台努力后，就只能靠台民的爱国激情来延续反割台斗争的进程了。

（原文载于《台湾研究集刊》2011 年第 3 期）

---

　　① 翁同龢：《翁文恭公日记》（乙未三月二十九日），中国史学会主编：《中日战争》第 4 册，第 550 页。
　　② 同上书，第 547 页。
　　③ 这从金璋与姚文栋的谈话中便可看出。参见《英国外交文件·下》，"金璋致欧格纳函"，戚其章主编：《中日战争》第 11 册，第 956—957 页。
　　④ 刘坤一：《致张香涛》，《刘坤一遗集》第 5 卷，中华书局 1959 年版，第 2153 页。
　　⑤ 张之洞：《致福州庆将军、边制台》，《张之洞全集》第 8 册，第 6412 页。

甲午战争的影响研究

甲午战争前后中国人日本观的转变

王晓秋

    1894 年到 1895 年的中日甲午战争，是中国人日本观演变的一个转折点，这个转变不仅反映了甲午战争前后中国人对日本认识的深化和中日两国关系、国际地位的逆转，而且涉及甲午战争中国失败的原因及其深刻的历史教训。同时，它也是甲午战争对中国社会产生的重大影响与中华民族觉醒的表现之一。因此，研究甲午战争前后中国人日本观的转变，应该是甲午战争史研究中一个不可忽视的侧面，也是一个能为现实提供不少有益的历史经验教训和启示的课题。

一　甲午战争前中国人的日本观

    中国是最早认识日本的国家。早在公元一世纪写成的《汉书》中对日本已有"夫乐浪海中有倭人，分为百余国"的明确记载。以后历代中国史书中对日本的记述连续不断，自《三国志》到《清史稿》，有十六部官修正史中专门列有日本传（或称倭人传，倭国传）。

    然而，古代中国人对日本的认识进展却很缓慢，其主要原因是古代中国士大夫对日本的轻视态度。由于中国古代文明高于日本的缘故，加上中国知识分子浓厚的中华文化优越感和"华夷观念"。一般中国士大夫把日本称之"蕞尔三岛"的"东夷小国"。不屑花力气对它作认真的了解和研究。在中国古籍中往往把日本描写成虚无缥缈的仙岛神州，任意涂抹神秘色彩。历代正史中的日本传也大多因袭陈说，较少有深入的研究。尽管明代为对付倭寇的需要，出现了一批介绍日本的著述，但总的说来，直到清代中叶，中国人关于日本的知识仍然相当贫乏。例如乾隆年间查禁私钱，在沿海某地发现一枚日本的"宽永通宝"铜钱，满朝文武及各省大吏竟无人认识。朝廷还以为是有人私铸货币图谋不轨而严令追查，闹得"守令仓皇，莫知所措"，可见当时中国人对日本认识的无知程度。

鸦片战争以后，一些开明的中国知识分子开始睁眼看世界，研究介绍世界史地，寻求"制夷之策"。但是，他们注目的重点主要是侵略中国的西方列强，而对于东方邻邦日本，却依然未予重视，不过在某些著述中，已经开始把日本放在世界全局中加以考察，这毕竟是个进步。如徐继畲1848年编的《瀛环志略》十卷，其中第一卷就是东洋两国即日本和琉球。书中写道："东洋浩渺一水，直抵亚墨利加之西海，数万里另无大土，附近中国者，止有日本、琉球两国，盖神州之左翊也。"徐继畲还指出："西洋人海图将日本三岛列朝鲜以北，系属错误。"可是他自己对日本地理也没有正确的认识，书中竟然把日本说成由对马、长崎、萨山司马（即萨摩）三岛组成，实际上，长崎、萨摩同在九州岛，对马仅是朝鲜海峡中的一个小岛。徐继畲承认自己对日本的了解很不够，是由于日本乃"海外远夷，招车罕至，往来者皆商贾之流，无由探悉其原委耳"。①

魏源的名著《海国图志》的五十卷本和六十卷本中均无日本，直到1852年增补为一百卷时才添上日本。他在"日本岛国录"部分，引用了《明史》、《海图闻见录》、《坤舆图说》等十几种中外文献。然而作为最主要资料用大字全文抄录的却仍是上述《瀛环志略》关于日本的叙述，结果也犯了与徐继畲同样的错误。② 因此后来薛福成批评徐继畲与魏源道："于西洋绝远之国尚能志其崖略，独于日本考证阙如。或稍述之而惝恍疏阔，竟不能稽其世系疆域，犹似古之所谓三神山之可望而不可至也。"③ 说明近代初期，中国人对日本的认识仍是十分模糊的。黄遵宪的两句诗："只一衣带水，便隔十重雾"，④ 恰是这种状况形象的写照。

1868年日本明治维新这样的大事，最初也没有立刻引起中国朝野应有的注意。直到1874年日本公然派军队武装侵略台湾，才使中国的士大夫们大吃一惊，"岛夷如此猖獗"，究竟是怎么回事呢？这才迫使中国人

---

① 徐继畲：《瀛环志略》卷一。
② 魏源：《海国图志》（百卷本）卷十七。
③ 薛福成：《日本国志序》。
④ 黄遵宪：《近代爱国志之歌》，《人境方庐诗草》卷三。

开始睁眼看日本。目前所见中国人对日本明治维新最早的评论文章是1874 年陈其元所写的《日本近事记》。然而作者只把明治维新看成一次篡权夺位的宫廷政变，并持完全否定的态度。他把幕府将军误认为日本国王，却把天皇重新执政斥为"篡国"。文中写道："往者日本国王不改姓者二千年，国中七十二岛，岛各有主，列为诸侯。""自美加多（即日语天皇之译音）篡中、废其前王，又削各岛主主权。岛主失柄而怀疑，遗民念旧而蓄愤，常望一旦有事乘间蜂起。"他对明治政府学习西方进行改革尤为反感，"使国中改服，效西言，焚书变法。于是通国不便，人人思乱"。① 这位士大夫甚至异想天开地鼓吹乘明治政府尚未巩固之机，派兵渡海征日，帮助幕府旧政权复辟。

李鸿章可算是清政府大员中开眼看日本的第一人。他在 1874 年 12 月10 日给皇帝的一份奏折中写道："该国近年改变旧制，藩民不服，访闻初颇小哄，久亦相安。其变衣冠，易正朔，每为识者所讥。然如改习西洋兵法，仿造铁路火车，添置电报，开煤铁矿，自铸洋钱，于国计民生不无利益。并多派学生赴西国学习器艺，多借洋债，与英人暗结党援，其势日张，其志不小。故敢称雄东土。藐视中国，有窥犯台湾之举。"② 其对日本的认识比陈其元之流清楚得多，也反映了洋务派官僚的日本观。

1871 年中日两国签订了《中日修好条规》，两国正式建交并决定互派外交官。1877 年清政府正式派出了以公使何如璋为首的第一个驻日使团，在日本设立了公使馆和领事馆。此后，到日本游览访问的中国官员、文人络绎不绝。百闻不如一见，他们通过耳闻目睹，对日本有了新的认识。如首任驻日公使何如璋在其赴任日记《使东述略》中，根据实地考察，说明日本是由本州、九州、四国与北海道四大岛组成。九州岛"西有长崎"，"西南曰萨摩"，"对马岛由近朝鲜数十里矣。"③ 从而纠正了徐继畲、魏源等人对日本地理描述的错误。此外如王韬的《扶桑游记》、王之春的《谈瀛录》等许多访日游记，都对日本明治维新后的进步加以赞扬，描写了日本维新后兴建铁路、电报等所带来的便利，"斗巧争奇，令人目

① 陈其元：《日本近事记》。
② 李鸿章：《筹办铁甲兼请遣使片》，《李文忠公全书》奏稿，卷二四。
③ 何如璋：《使东述略》。

眩"，"藉以薪耳目而扩胸襟"。①

　　但是，也仍然有不少中国士大夫顽固地站在守旧立场上，戴着有色眼镜观察日本，对明治维新处处看不顺眼，尤其对日本学习西方十分不满。如曾任江西吉安府莲花厅同知的李筱圃 1880 年访日时写的《日本纪游》，指责日本维新改革后"非但不能拒绝远人，且极力效用西法，国日以贫，聚敛苛急，民复讴思德川氏之深仁厚泽矣。"② 另一位访日人士的《日本杂记》也认为日本因学习西方实行维新而导致贫困，并对日本学习西方文化，改革服装、历法、风俗加以非难。1885 年，一位自称"四明浮槎客"的守旧儒生访日时写的《东洋神户日本竹枝词》，讥讽日本学习西方："国法纷纷日逐更，究依何国没权衡。昨天美法刚刚换，今又匆匆奉大英。" 他还指责日本改革是"暮令朝更，如同儿嬉"。并嘲笑日本变法"移风易俗太荒唐，正朔衣冠祖制亡"。"文明开化说常夸，直是吴牛井底蛙。"③ 一方面说明他们顽固坚持祖宗之法不可变，一切只能墨守成规。另一方面也反映他们尚未抛弃华夷观念，对日本学习西方脱离中国文化圈的愤懑心态。

　　那些短期访问日本的中国士大夫们所写的日本游记，内容一般还仅是些走马看花、浮光掠影的印象和表面肤浅的认识。19 世纪 80 年代起，一些中国驻日使馆人员和专门派赴日本考察的官员，对日本的历史和现状进行了比较广泛深入的调查研究，写出了一批较有分量和价值的著作，反映了近代中国人对日本认识的深化。

　　曾任驻日使馆随员的姚文栋，根据日本的地理书，并参考近人航海记录等有关资料，编成七卷八册的《日本地理兵要》，1884 年由总理衙门刊行，这是中国近代最早出版的一部比较详细的日本地理书。

　　另一位驻日使馆随员陈家麟，通过调查研究，于 1887 年编成《东槎闻见录》四卷，对日本事情分成十几个类目加以介绍。他认为明治维新各项改革有利有弊，要加以区别分析，如"立学校，整矿务，开铁道，设银行，以及机器、电线、桥梁、水道、农务、商务各事。此利政也"。而"易服色，废汉学，改刑罚（刑律近效泰西，无笞杖名目，故国中盗

---

　　① 王之春：《谈瀛录》。

　　② 李筱圃：《日本纪游》。

　　③ 四明浮槎客：《东洋神户日本竹枝词》。

贼之事近亦屡见），造纸币（广造纸币，故民间大小交易俱无现镪），加赋税以及用人（凡曾赴外国及能外国语言者，无论贤否皆用之，故官场中流品殊杂），宫室（大小官署近皆改造洋房），饮食（亦仿西室），跳舞之属，此弊政也"。① 这恐怕是当时中国知识分子对日本明治维新后各种新政措施的一种较有代表性的看法。

1888 年至 1889 年清政府派赴日本等国的游历使兵部郎中傅云龙，通过实地调查，编撰了《游历日本图经》三十卷。另一位游历使刑部主事顾厚焜也编成《日本新政考》一书，包括洋务、财用等九部九十目，这些书为中国人了解日本提供了资料，不过顾厚焜仍批评日本的法制改革，"日人乃好异珍奇，竟一变而无不变也，是诚何道也？""一旦举法度典章——弃若弁髦，岂得谓是邦之福哉？"②

对日本研究最全面深入的当然还要数首届驻日使团参赞黄遵宪。他通过深入调查研究，从 1879 年起花了八年工夫，至 1887 年完成了巨著《日本国志》，全书 40 卷 50 万字，分为国境、邻交、天文、地理、职官、食货、兵、刑法、学术、礼俗、物产、工艺等十二种志。从各个角度深入系统地研究了日本的历史和现状，并着重介绍日本的制度，总结明治维新的经验教训，为中国的维新变法提供借鉴，堪称中国近代研究日本的集大成代表作。可惜该书 1887 年脱稿，1890 年付刊于广州富文斋，却迟迟没有刻成，直到 1895 年甲午战争后才正式出版问世。

资产阶级改良派人物除黄遵宪外，如郑观应、王韬、康有为等也都开始研究日本明治维新之成效，并产生仰慕之心，提倡仿效日本变法改革。1888 年，康有为在给光绪皇帝的第一次上书中指出："日本崎岖小岛，近者君臣变法兴治，十余年间，百废俱举，南灭琉球，北辟虾夷，欧洲大国，睨而莫敢伺。"③

综观甲午战争前中国人的日本观，大体上可以分为三种类型。一类是保守顽固派士大夫继续把日本视为"岛夷"，对明治维新横加指责。另一类是洋务派和一般开明人士开始正视日本，肯定其学习西方军事科技方面成就，却又否定其政治、风俗方面的改革。第三类是少数改良派先进知识

---

① 陈家麟：《东槎闻见录》。
② 顾厚焜：《日本新政考》。
③ 《康有为全集》（一），第 360 页。

分子开始探讨日本进步原因，主张仿效日本，变法维新。

在甲午战争前中国人的日本观中，轻视和低估日本的仍占主流。1874年日本侵台事件后虽然引起警惕，但多数人仍昧于"东夷小国"、"同文同种"、"唇齿相依"等观念，而对日本统治集团的侵华野心缺乏戒心和备战准备。

二　甲午战争后中国人的日本观

中日甲午战争的结果，老大的清帝国竟被新兴的日本一举击败。洋务派苦心经营十几年耗费巨资建成的北洋舰队全军覆没，几十万湘、淮军在日军进攻下，节节败退，清政府被迫签订了割地赔款、丧权辱国的《马关条约》、这好比一枚重磅炸弹，彻底粉碎了中国士大夫心中"天朝大国"、"同光中兴"的迷梦，也促使中国人的日本观发生巨大的变化。

甲午之败，马关之辱，震撼着每一个中国人的心灵，他们首先愤怒谴责日本的野蛮侵略，并把《马关条约》视为奇耻大辱而痛心疾首。康有为在《上清帝第三书》中声泪俱下地呐喊："日人内犯，致割地赔饷，此圣清200余年未有之大辱，天下臣民所发愤痛心者也！"

痛定思痛，应该怎么办呢？康有为又指出："经此创巨痛深之祸，必当为卧薪尝胆之谋。"[①] 先应当总结甲午战争的惨痛教训，问一问日本究竟为什么能够打败中国？通过对这个问题的反思，不少中国人对日本的认识发生了转变。

康有为等爱国知识分子把日本在甲午战争中获胜的原因完全归结于维新变法。1985年5月12日，康有为联合当时在京考试的举人1000余人"公车上书"，提出："日本一小岛夷耳，能变旧法，乃敢灭我琉球，侵我大国。前车之辙，可以为鉴。"[②] 康有为又在以后两份上书中向光绪皇帝指出："以日之小，能更化则骤强如彼，岂非明效大验哉？"[③] 日本由弱变强的经验证明了"夫今日在列大竞争之中，图保自存之策，舍变法外，

---

① 《康有为全集》（二），第132页。
② 同上书，第101页。
③ 同上书，第173页。

另无他图"，① 维新派另一代表人物梁启超也说："日本幕府专政，诸藩力征，受俄、德、美大创。国几不国，自明治维新，改弦更张、不三十年而夺我琉球，割我台湾也。"② 他们得出结论：要救中国，只有变法维新，而要维新，就要学习西方。既然日本向西方学习有效，成功地进行了明治维新，实现了富国强兵，以致在甲午战争中打败中国，那么中国人为什么不能向日本学习呢？为什么不能仿效日本变法自强呢？于是中国人的日本观发生了一次飞跃，中国先进知识分子终于抛弃了天朝大国的思想包袱，突破中华文化优越感的心理障碍，康有为明确地提出了"不妨以强敌为师资"的响亮口号。③

历史的发展往往是那样富于戏剧性，古代 1000 多年间日本人一直恭恭敬敬地以中国为师，处处向中国学习。然而进入近代还只有半个世纪，以甲午战争为转折点，中国人就迫不及待地要向日本学习了。1898 年的戊戌维新就是以日本为师，仿效明治维新亦步亦趋地进行的。1898 年 6月 11 日，光绪皇帝下诏明定国是，开始"百日维新"。为了向光绪提供日本维新的具体经验，康有为进呈了《日本变政考》十三卷。它以编年史的形式，详细叙述明治维新的各项改革措施，评论其得失利弊，并结合中国实际情况，提出中国变法的建议。他把日本明治维新改革的重点归纳为"大誓群臣以定国是，立制度局以议宪法，超擢草茅以备顾问，纡尊降贵以通下情，多派游学以通新学，改朔易服以易人心数者"。④ 他在该书跋语中还宣称："日本变政备于此矣。其变法之次第，条理之详明，皆在此书。其由弱而强者，即在此矣。"他主张全盘仿效日本，甚至断言："我朝变法，但采鉴于日本，一切已足。""我皇上阅之，采鉴而自强在此，若弃之而不采，亦更无自强之法矣。"⑤ 光绪皇帝得到此书，如获至宝，"日置左右，次第择向行之"。⑥ 并要大臣立刻进呈黄遵宪的《日本国志》以供参考。

戊戌维新的失败，并未减弱中国人学习日本的热情。20 世纪初，又

---

① 康有为：《上清帝第五书》，《戊戌变法》（二），第 195 页。

② 梁启超：《变法通议》，《戊戌变法》（三），第 13 页。

③ 康有为：《日本变政考》，故宫博物院藏进呈本。

④ 同上书。

⑤ 同上书。

⑥ 陆乃翔等：《康有为先生传》（上编），第 14 页。

出现中国人留学日本、考察日本的热潮，这也是在甲午战争后中国人日本观转变的驱动下产生的。20世纪初成千上万中国青年涌向日本留学。最根本的动力是甲午战争以后处在严重民族危机之下的中国知识分子要求向日本学习以挽救民族危亡振兴中华的强烈愿望。1901年留日学生编的《日本游学指南》中说："今日之日本，其与吾国之关系，则犹桥耳。""文字同，其便一；地近，其便二；费省，其便三；有此三便，而又有当时维新之历史，足为东洋未来国之前鉴。故资本一而利十者，莫游学日本若也。""吾国有志之上，大之为国，小之为己，其有奋然而起者欤！"① 吴玉章赴日本留学时写的一首诗："东亚风云大陆沉，浮槎东渡起雄心。为求富国强兵策，强忍抛妻别子情。"② 充分表达了20世纪初多数爱国留日学生的共同心声。

20世纪初，清政府实行"新政"，亦以日本为榜样，曾派出不少官员赴日本考察取经。另外还有一些士大夫自费东渡游历。许多人在日本实地考察时，认真思考中国究竟向日本学什么？怎么学？并从各种角度探讨日本的维新之要和富强之道，加深了中国人对日本的认识，也推动了中国人的近代化意识。如1899年刘学询赴日考察商务后鼓吹："富国必以振兴商务为本。"③ 1901年罗振玉赴日考察两个月后则认为日本强盛的关键："首在便交通，继在兴工业，三在改军政。"④ 张謇1903年访日时总结日本维新经验是"教育第一，工第二，兵第三"。⑤

甲午战争前后，中国人的日本观经历了从轻视嘲讽到震惊反思以至钦慕仿效的转变轨迹。

三　历史的经验教训和启示

考察剖析甲午战争前后中国人日本观的转变，可以获得不少有益的经验教训和启示。

首先是关于认识世界和研究外国的重要性。孙子兵法曰："不知彼不

---

① 章宗祥：《日本游学指南》。
② 吴玉章：《东渡述志》，《辛亥革命》，第53页。
③ 刘学询：《游历日本考查商务日记》。
④ 罗振玉：《扶桑两月记》。
⑤ 张謇：《东游日记》。

知己，海战必殆。"近代中国在历次对外交涉和战争中屡遭失败和耻辱，与昧于世界大势，不了解外国情况有很大关系。

甲午战争前日本人对中国的了解研究与中国人对日本的了解研究，形成了巨大的反差。黄遵宪曾尖锐指出："余观日本士大夫类能读中国之书，考中国之事，而中国士夫好谈古义，足于自封，于外事不屑措意。无论泰西，即日本与我仅隔一衣带水，击柝相闻，朝发可以夕至，亦视之若海外三神山，可望而不可即。若邹衍之谈九州，一似六合之外，荒诞不足议论也者，可不谓狭隘欤！"①

早在甲午战争爆发的十多年前即 19 世纪 80 年代初，驻日使馆随员姚文栋就见到日本明治政府把中国的地理形势军事险要编为《清国兵要地理志》一书，发给日本军人，几乎人手一册。"海陆军人咸诵习内务省所颁之清国兵要地理志一书，吾地情形，彼军人固讲之有素矣！"② 相反，当时中国人对日本地理却茫然无知。姚文栋受到强烈刺激，才发愤编写了《日本地理兵要》一书。

日本在明治维新后逐步走上军国主义道路，明治政府和军部为了向中国侵略扩张，派遣大批军人和间谍人员。调查研究中国政治、经济状况，收集中国军事情报，并绘制详细中国军用地图，有一个欧洲人波纳尔曾经获得一份日本人绘制的包括朝鲜、中国东北和渤海湾在内的军用地形详图，上面标明这些地区的第一座小丘和每一条道路。因此他认为："这份地图本身就是日本久已蓄意侵略中国的证据。"③

可是中国的官僚大员们却被"东夷小国"、"同文同种"的日本观蒙蔽了眼睛，对日本侵华野心缺乏戒备。甲午战争前中国士大夫的"天朝大国"、华夷观念虽经两次鸦片战争被西方人打掉了许多，但对待东邻日本在思想深处仍不时流露出"蕞尔岛夷"的轻蔑意识。如 1880 年，两江总督刘坤一说："以日本手掌之地，而又土瘠民贫，如欲与中国为难，多见其不知量矣！"④ 即使对日本已有一定戒心的李鸿章也认为："日本在唐宋以前贡献不绝，至元世祖往征大败后乃夜郎自大，今彼虽与西洋和好，

---

①　黄遵宪：《日本国志自序》。
②　姚文栋：《日本地理兵要例言》。
③　丁名楠：《帝国主义侵华史》第一卷，人民出版社 1973 年版，第 331 页。
④　光绪七年正月初八日两江总督刘坤一奏折，《洋务运动》（二），第 505 页。

尚无如朝鲜何,岂遽能强压我国耶?"① 这种轻日思想导致清政府对日战略战术上的许多失误。

黄遵宪的《日本国志》对日本国情作了详细分析研究。梁启超在甲午战争后写的后序中曾赞扬该书"于日本之政事、人民、土地。及维新变政之由",简直像进其家门数柴米油盐一样清楚,"其言十年以前之言也,其于今日之事,若烛照而数计也"。② 他还指出在 20 年前,当多数中国人"未知日本之可畏"的时候,《日本国志》"则已言日本维新之效成则且霸,而首先受其冲者为吾中国"。③ 梁启超惋惜《日本国志》成书十年后直到 1895 年才迟迟问世,"令中国人寡知日本,不鉴不备,不患不悚,以至今日也"。④ 《马关条约》签订后,袁昶曾带着《日本国志》到南京见两江总督张之洞时说,这部书如果早发表的话,可以省去我们对日赔款二万万两银子呢!⑤ 把甲午战争失败与《马关条约》赔款都归结于没有看到黄遵宪的《日本国志》,那当然是夸大之词,但也说明梁启超和袁昶认识到对日本的无知,不了解日本明治维新后情况,缺乏抵御侵略的准备,确是导致甲午战争失败的重要原因之一。

反之,对日本的了解和研究,则有助于促进中国社会的进步和近代化进程。如甲午战争前后中国人对日本明治维新的认识和研究,有力地推动了中华民族觉醒和中国的维新变法运动,黄遵宪的《日本国志》成为维新运动的启蒙读物,而康有为的《日本变政考》则成为百日维新的蓝图。20 世纪初中国赴日考察官员和留日学生对日本新政和民主思想的介绍,也有力地推动了清末改革和辛亥革命。

其次是认识世界和研究外国的态度问题。甲午战争前一些中国封建士大夫妄自尊大,顽固坚持守旧立场和华夷观念。或者不屑正眼看日本,或者戴着有色眼镜看待日本的改革和进步,对其百般挑剔、嘲讽以至攻击谩骂。这种偏见与无知同样危险。如 1880 年访日的李筱圃把日本的财政困难归罪于明治维新。1885 年访日的四明浮槎客则嘲笑日本变法是"移风易俗太荒唐。正朔衣冠祖制亡"。直到 1894 年中日甲午战争爆发时,李岳

---

① 李鸿章:《李文忠公全集》朋僚函稿,卷十三。

② 梁启超:《日本国志后序》。

③ 梁启超:《嘉应黄先生墓志铭》。

④ 梁启超:《日本国志后序》。

⑤ 黄遵宪:《三哀诗、哀袁爽秋京卿》自注,《人境庐诗草》卷十。

蕄的《策倭要略》还指责日本学习西方，"不用夏变夷，以进于夏者，而反变于夷，其自甘暴弃，不诚可惜耶!"① 易顺鼎在《讨日本檄文》中更是大肆谩骂日本维新改革是"效冠服于他人，驴非驴，马非马。纪年僭称明治，实愈纵其淫昏。改正妄号维新，且弥滋其污秽"。②

李鸿章等洋务派官僚虽然也主张学习西方和正视日本，比起顽固派士大夫要开明些。但是洋务运动的指导思想"中学为体，西学为用"也反映到他们的日本观之中。1876 年 1 月 24 日，李鸿章在保定直隶总督官邸与来访的日本驻华公使森有礼的谈话中，就表示以"西学为用"、"只是军器、铁路、电信及其他器械是必要之物和西方最长之处，才不得不采之外国"。因此他赞赏日本明治维新后在这方面的成就。然而他又坚持"中学为体"，即认为封建的政治体制和儒家的伦理观念以及传统的历法衣冠等"祖宗之法"是不应该改变的。因此他把日本学习西方政治制度和改变历法服装习俗等看成违背祖制、非常可耻的事情，而且断然表示"我国决不会进行这样的改革"。③ 这种日本观正好表现了洋务运动的局限性，也是洋务运动在甲午战争中遭到破产的重要原因。

此外，还要克服认识世界和研究外国中的片面性。无论是认识日本或者其他国家，盲目自大，一概否定，或者盲目自卑，全盘仿效，都不是正确的态度。甲午战争后维新派和光绪皇帝不顾中国与日本的国情和条件的差别，企图全盘照搬日本模式，也是导致戊戌维新失败的原因之一。甲午战后，有的中国赴日考察官员竟把日本描绘成尽善尽美的桃花源式乐土。如 1902 年赴日本考察农业的黄璟写道；"入其境，见夫田畴井井，厘若画图，男妇勤能，风物都美。古所谓野无旷土，国无游民者，不图得于今日遇之。"他还说："遍国中学校如林，铁轨如织，无人不学，无学不精，凡商业、工艺、武备、警察、开垦、矿务诸大政，靡不悉心筹计，不稍留缺憾于纤微宜乎。"④ 简直已经是十全十美的理想国了! 他却看不到当时日本社会存在的深刻的阶级矛盾、社会问题和统治集团的军国主义对外侵

---

① 李岳蕄：《策倭要略》（稿本）。

② 易顺鼎：《盾墨拾余》卷三，《中日战争》（五），第 173 页。

③ 木村匡：《森先生传》，第 99—102 页。

④ 黄璟：《游历日本考查农务日记》。

略野心，这也是十分错误的，应该对外国社会进行客观的辩证的具体分析，才能取其精华，弃其糟粕，透过现象，看到本质，获得全面科学的认识。

（原文载于戚其章、王如绘主编《甲午战争与近代中国和世界：甲午战争 100 周年国际学术讨论会文集》，人民出版社 1995 年版）

清末国人对中日甲午战争及日本的看法

李国祁

一 前言

中日甲午战争发生迄今恰好一百年，这次战争是影响中国百年来历史发展的一项战争。由于中国战败，国际地位一落千丈，从此成为孙中山先生所谓次殖民地，而且是列强欺凌瓜分的对象。日本则因这次侵略的得逞，从中国方面取得巨款，以及南进北进领土的据点，以后不断得寸进尺，成为 20 世纪武力侵略中国的头号敌人。就台湾而言，这次战争的失败，清廷将台湾割让给日本，使台湾日后的历史发展完全走上另一条途径。半个世纪的日本统治，使台湾同胞痛苦不堪，另方面亦使台湾的物质建设有相当改进，为光复后的台湾经济发展，奠定良好的初步基础。甚至今日台湾内部的若干问题，亦与当时的割台有相当关系。故当此百年回顾之余，值得深切检讨之处甚多。本文之所以选此为题，主要在透视当时及事后国人对此一战争及日本究作如何看法，俾增进对此次战争的认识，并盼能澄清若干今日的误解。

二 战争前夕及战争时期的官员看法

就国人在甲午战前对日本的认识而言，由于中国在传统上自视为天朝上国，而日本在汉唐时代即曾朝贡中国，并深自接受中国文化，虽在元代二次远征日本失败，明初并将之视为不征之国，但国人传统观念上是视日本为岛夷，甚至称之为倭奴，充满一种蔑视或不屑一顾的心态。近代国人真正认识日本，并极端注意日本维新的朝中重臣则是李鸿章。李氏在同治三年（1864）任江苏巡抚时，亦即日本明治维新（1868）的前四年，即对日本的自强模仿西法忧心忡忡，他曾表示：

> 前者英法各国以日本为外府，肆意诛求。日本君臣发愤为雄，选宗室及大臣子弟之聪秀者往西国制器厂师习各艺。又购制器之器在本国制造，现在已能驾驶轮船，造放炸炮。去年英人虚声恫喝，以兵临之。然英人所持为攻战之利者，彼已分擅其长。用是凝然不动，而英人固无如之何也。
>
> 夫今之日本，即明之倭寇也，距西国远而距中国近。我有以自立，则将附丽于我，窥伺西人之短。我无以自强，则将效尤于彼，分西人之利薮。日本以海外区区小国，尚能及时改辙，知所取法。然则我中国深维穷极而通之故，夫亦可以皇然变计矣。①

遂建议恭亲王奕䜣，及早学习西洋利器，特别是制器之器，并应在科考之中别设一科，专取通西法、讲求制造之士。② 次年江南制造局的成立，正可视为李氏理想的部分实现。

此后李氏时刻留心日本。同治九年（1870）日本趁我国因天津教案，与法国剑拔弩张，关系紧张时，派遣柳原前光等来华，要求订约通商。李鸿章时任北洋大臣直隶总督，兼理外交及朝鲜事务，于接见柳原等后致函总署称：

> 日本与英法通商立约，简严特甚。海关不用西人，传教不许开禁。即此二节已杜许多后患。又购求泰西机器兵船，仿制精利枪炮，不惜工本。勿谓小国无人。……日本距苏浙仅三日程，精通中华文字，其兵甲较东岛各国差强，正可联为外援，勿使西人倚为外府。③

---

① 《同治朝筹办夷务始末》卷25，第9—10页。

② 拙著《同治年间李鸿章的应变图新思想》，中研院第二届国际汉学会议论文集，1989，第571—572页。

③ 李鸿章：《李文忠公全集》文海本，译署函稿，卷一，第3下—4上页，论天津教案，同治九年九月初九日。

主与日本订平等新约通商，不可以传统天朝观念对待之。此后因英翰等人的反对，李氏复上奏坚持其议说：

> 日本近在肘腋，永为中土之患。闻该国自与西人定约，广购机器兵船，仿制枪炮铁路，又派人往西国学习各色技业。其志固欲自强以御侮，究之距中国近而西国远，笼络之或为我用，拒绝之则必为我仇。[①]

由此可看出李鸿章对日本的认识与心态，他欲以待之以平等，来交父日本。但是日本则不然，其所欲与中国签订的条约是西方列强与中国所订的不平等模式的条约，即享有利益均沾（亦即片面最惠国待遇）、领事裁判权及协定关税等权利。李氏深不以为然，已了解倭性桀黠，劝总署防范日本有关利益均沾等的不当要求。中日修好通商条约签订后，日本以未能完全求得与西方列强之同等权利，而且李鸿章为防止日本对朝鲜等藩属的侵略，特订有双方不可侵越所属邦土的规定，[②] 心有不甘，于次年换约时，要求改约。李除坚拒外，并以墨沈未干，日即意欲毁约，对之更有戒心。以为日人贫而多贪，诈而鲜信。[③] 此后于同治十一年因宋晋奏请罢议造船，及同治十三年因日军侵台，两次上奏力主筹办海防，并倡"此乃三千年来所未有变局"之说。[④] 故李鸿章此时期的海防思想，及光绪初年的积极筹办新式海军，均可视为受日本的刺激。其一生无论是海防建设或外交措施，几经常含有防御日本之意。但最后在甲午一战，竟败于日本，真是令人慨叹不已。

如众周知，李鸿章在光绪初年以后，因了解中国的实力不足，在对外关系上不肯轻易言战。日本在光绪初年的对朝鲜侵略，曾先后于八年（1882）及十年（1884）发动壬午及甲申事件，均为中国先发制人地予以

---

① 李鸿章：《李文忠公文集》，奏稿卷17，第54页，遵议日本通商事宜片，同治九年十二月初一日。

② 郭廷以：《近代中国史纲》，香港中文大学1980年版，第1册，第217页。

③ 日人于同治十年派伊达宗臣来华签订中日修好通商条约时，已尽毁同治九年柳原前光与中国所议。故李鸿章在同治十年奏报签订中日修好通商条约时，即认为其人贫而多贪，诈而鲜信（见《李文忠公全集》，奏稿卷18，第49上页）。

④ 参阅拙著《同治年间李鸿章的应变图新思想》，第584—587页。

平定。① 但李鸿章仍感到中国单独无力保护朝鲜，故要实行以夷制夷的策略，一方面鼓励朝鲜与西方列强订约通商，并冀在条约中言明朝鲜是中国的属国，亦即希望通过列强与朝鲜的订约通商来开放朝鲜，引入列强势力，既确立中国与朝鲜的宗主与属国关系，又借此共御日本的侵略。另方面亦利用英、俄间的矛盾，促使在远东国际政治上最重要的两强，声明对朝鲜无野心，尊重其领土的完整。故于光绪十一年有巨文岛事件。而此次事件被视为李鸿章以夷制夷外交的极大成功。② 从此他坚信在远东政局上，可以利用英、俄的矛盾，迫使两国均为我所用。而且自中法战后他觉醒联德的不可靠，转而尽其可能地拉拢俄国，相信俄国为其本身利益，会挺身而出干预日本。③ 而英国亦会因不愿坐视俄国的领导，而出面采取行动。故甲午战争前夕李鸿章所采取的外交政策是师巨文岛事件的故技，希望能再度利用英、俄之间的矛盾，迫使两国出面干预，压迫日本自朝鲜撤兵。而在这以夷制夷办法中，他看重俄国，坚信俄国不会坐视。俄驻华将卸任公使喀希尼（Cassini）亦投其所好，信誓旦旦，表示俄将强力干预日本。④ 实际上，俄国政府并非完全如喀希尼所言，仍在观望考虑之中。⑤ 故日后一般史家均认为李鸿章为喀希尼所愚。

　　就另方面言，李鸿章在甲午战争前夕之所以不敢与日本言战，也是因为自光绪十四年（1888）以后，中国即未曾实力整顿及增强过军备。中法战争之后，中国虽成立了海军衙门及北洋舰队，实际上李氏自称自光绪十四年以后即未曾购买过新军舰⑥（一般均作自光绪十六年（1890）以后），海军经费用于修建颐和园。而日本自 1889 年以后则大量添购新军

---

① 关于壬午及甲申事件详情，可参阅郭廷以《近代中国史纲》上册，第224—227页。

② 参阅拙著《自强运动时期李鸿章的外交谋略与政策：清季自强运动研讨会论文集》，1988 年，中研院近史所，第 251—252 页。

③ 同上书，第 253 页。

④ 同上书，第 254 页。

⑤ Malozemoff, *Russian Far Eastern Policy 1881 – 1904*, California, 1958, p. 54. 拙著 *Die Chinesische Politik zum Einspruch von Shimonoseki und gegen die Erwerbungder Kiautschou-Bucht*, MünSter, 1966. S. 49 – 50。

⑥ 中国史学会主编：《中日战争》第三册，上海 1956，第 71—72 页，转载《光绪朝中日交涉史料》，（1512）直隶总督李鸿章覆奏海军提督确难更易缘由折，光绪二十年七月廿九日。

舰，其舰队的实力无论在速度及火力上均强于中国。① 中国海军不仅未添新舰，甚至弹药亦不充足。定远、镇远两艘主力舰上的十二寸口径大炮，据说仅有三颗炮弹。② 就陆军言，淮军败坏，李鸿章心中是有相当了解的。当时为他管理后勤业务的周馥曾因清廷的禁购军火，建议李鸿章及早向中央争取经费，改善军备，李亦格于形势，未曾接受。③

就朝中的政治情况言，此时对李鸿章颇为不利。盖由于李氏待人接物常恃勋傲慢、盛气凌人，朝中始终有一股反李势力。当时反李的领袖人物是翁同龢及李鸿藻。翁同龢是光绪帝的老师，时任户部尚书军机大臣。李鸿藻是礼部尚书军机大臣。由于翁是光绪帝的老师，经常因进讲而与光绪帝接触频繁，其态度亦影响光绪帝。何况光绪帝视李鸿章为慈禧太后的老臣，对之在心理上即有厌恶之感。翁既握国家的财政大权，自然亦借此杯葛李鸿章。光绪十五年的明令禁购德国军火与光绪十七年的禁购新舰，或多或少均与翁的态度有关。④ 大体而言，此时李鸿章在朝廷中受信任的程度已大不如同治末年至光绪初年。

综上所述，可知李鸿章在甲午战争前夕，怯懦不敢言战，要依恃强援，可以说是有其不得已之苦衷的。但是由于他坚信俄人会强力干预，英人亦不会因此而坐视，为避免予日本更不肯撤兵的借口，未及时派大军进驻朝鲜，致而在派军措施上处处落后日本。故就军事的观点言，李氏是有贻误军机之处的。

翁同龢在甲午战争前夕的态度，可视为主战派，而且为主战派视为领袖人物。翁氏认为朝鲜应改革内政，⑤ 而中国对日本必须态度强硬。以为

---

① 关于北洋舰队与日本舰队实力比较，可参阅戚其章《甲午战争史》，人民出版社 1990 年版，第 136—139 页。

② 郭廷以：《近代中国史纲》上册，第 276—277 页。

③ 周馥：《周悫慎公全集》，文集二，第 3 上—4 上页，《书戴孝侯死事传后》，《中日战争》第 5 册，第 211—212 页。

④ 禁止购买德国军火系志锐于光绪十五年弹劾李鸿章，检举德军火商孟德尔（Mandl）与俄商密尔士相结，卖与中国不佳弹药而起。详情可参阅拙著 *Die Chinesische Politik zum Einspruch von Shimonoseki und gegen die Erwerbung der Kiautschou-Bucht*，M Ster，1966. S. 17, 38。未购新舰则与经费挪用修颐和园及筹措慈禧六十寿庆有关，见《中日战争》第三册，第 177 页，（1875）户部奏遵议李鸿章奏东征倭寇筹费为难各情请核实办理折，光绪廿年十月初三日。

⑤ 《翁文恭公日记》第 33 册，第 58 上页，甲午六月十四日。

中国可战胜日本。① 对于联络列强，出面调停或干预日本撤兵，他不反对，只是反对联俄，主张联英、德。唯由于翁氏不长于外交，亦不认识英、德的真正态度，甚至他的联英、联德亦或多或少是因反李而提出，因此在态度上他亦不肯多予英、德以实利。②

在朝中此时翁同龢具有相当影响力，不仅因他是光绪帝信任的老师，光绪帝受其影响，而且在元老大臣中李鸿藻与他沆瀣一气。李鸿藻为同治帝的老师，③ 一向与李鸿章不和，中法战争时期的清流党人反对李鸿章，即受他的支持，甚至指使。④ 此时年老多病，一切唯翁同龢马首是瞻，故日后荣禄曾认为李鸿藻为翁同龢所愚。⑤ 在总理各国事务衙门中翁同龢亦有党羽，那就是张荫桓。张几乎将总署与外人的一举一动均告知翁同龢。因此翁同龢对中外间的接触，甚至李鸿章与外人的来往，亦多有相当了解。此外翁同龢在国子监、翰林院以及给事中、御史等言官中亦有相当影响力，深受余联沅、文廷式诸人的拥戴。因而以翁同龢为首，在朝中构成强大的反对李鸿章势力。⑥ 当时虽然一般言官或自命为清流的京官其虚骄之气远不及中法战争时期，但是在他们之中以文廷式与余联沅为首，仍是积极主战的。例如余联沅即曾奏称： "上攻东京，次守海口，下与倭战。"⑦ 亦是极其意气自雄的。

就光绪帝而言，时年仅 27 岁，亲政未久，力图振作表现，相信翁同龢的看法，意图借甲午战争重振大清帝国声威。⑧ 其态度强硬，积极主战，更甚于其师翁同龢。曾对日本撤兵及日要求改革朝鲜内政问题表示

---

① 　郭廷以：《近代中国史纲》上册，第 274 页；《翁文恭公日记》第 32 册，第 58 上页。

② 　《翁文恭公日记》第 33 册，第 62 下页，甲午六月廿四日。

③ 　Arthur W. Hummel, *Eminent Chinese of the Ching Period* (1644 – 1912), Cheng-wen Taipci, 1970, p. 471.

④ 　参阅拙著《晚清政治人物的比较分析——刘坤一与张之洞初任巡抚的政治表现》，《近代中国历史人物学术研讨会》，1993，第 7 页。

⑤ 　《荣禄致鹿传霖便条》，《中日战争》第 4 册，第 576 页。

⑥ 　翁同龢系咸丰六年（1856）状元出身，初任职翰林院，并屡任乡试会试考官，亦曾任国子监祭酒，甲午战争时并管理国子监事务。故于翰苑、国子监及给事中、御史中，门生弟子极多。

⑦ 　《清光绪朝中日交涉史料》（1177），给事中余联沅奏东事日急请申宸断折，光绪二十年六月十七日（应为十五日），转引自《中日战争》第 2 册，第 628—629 页。

⑧ 　《翁文恭公日记》第 33 册，第 18 上页，甲午六月十四日；郭廷以《近代中国史纲》上册，第 278 页。

"不撤不讲"，态度极其顽强。① 故丰岛海战后，在他坚持下，中国毅然于八月一日对日宣战。② 光绪帝对李鸿章的怯懦不敢言战深为不满。他视李氏为慈禧太后的老臣，原即有厌恶之心，再加以翁同龢的不断进言，更增其憎恨。只是因慈禧太后的关系，他不能畅行其志，将李氏惩处革罢。在外交上光绪帝亦受翁氏影响，主张联英，反对联俄。③ 只是他对如何联英亦拿不出一套可行办法来，而且他联外的态度远不及主战为强烈。由于年轻气盛，缺乏实际政治经验，他常将问题简单化，并时刻有冲动的情绪反应。

光绪廿年（1894）十月是慈禧的六十大寿，④ 她当时对战争的看法颇受她将过寿及与光绪帝的关系影响。正因为她欲扩大庆祝六十大寿，因此在根本上她不希望战争。盖战争是兵凶，是属于不祥的，至少将使她无法自如地过六十庆典。就与光绪帝的关系而言，两人不和已久，此时光绪帝虽已亲政，但是她仍要时时干预。光绪帝既主战，又欲借此重振大清的声威。因此战争一起，中国真的打赢了，倒反而给光绪帝排除伊势力的机会，因此她亦不主张完全与日本决裂，致予光绪帝表现的机会。另一方面如果战争失败，她固可借此重新垂帘听政，但国家受损，亦非她所愿见的。因此在基本态度上，慈禧反对开战。但为了中国的颜面，亦认为态度不可过于软弱。因此她的态度是在反战的立场上时刻对光绪帝行动加以干预与监督，使光绪帝虽欲表现，而力不从心，不能放手做事，颇感无奈。

就地方的疆臣言，当时地方疆臣的领袖除李鸿章外，则为两江总督刘坤一、湖广总督张之洞。刘坤一是湘军硕果仅存的湘军元老，被尊为湘军领袖。此时他年已六十余，身体很差，又吸食鸦片，生活萎靡不振，暮气极深。他之所以能在光绪十六年（1890）三度出任江督，纯因是湘军的领袖关系。盖当时两江总督必用湘军领袖，用以牵制担任直隶总督的淮军领袖李鸿章。刘坤一光绪十六年三度出任江督后，即经常足不出户，疏于政事，时人讥之为"卧治"。他此时伤寒方愈，体力不继。⑤ 基本上认为

---

① 《翁文恭公日记》第 33 册，第 58 下页，甲午六月十五日。

② 戚其章：《甲午战争史》，人民出版社 1890 年版，第 82 页；窦宗一：《李鸿章年（日）谱》，文海，第 5026 页。

③ 《翁文恭日记》第 33 册，第 61 上页，甲午六月廿一日。

④ 慈禧生于道光十五年十月十日（1835.11.30）或作道光十五年十月初九（1835.11.29）。

⑤ 《刘坤一遗集》第 5 册，第 2083 页，致冯莘姹函。

这是北洋大臣李鸿章之事，但相信日本不是中国对手，可借此予日本重创，俾重振声威，使各国皆就我范围。因此他反对向日本迁就让步。① 由于他持乐观态度，再加行事素极因循，遂而整顿防务甚晚。1894 年 6 月中日关系极其紧张时，方才开始着手。故就贻误戎机而言，他与李鸿章相同，只是幸运的，日军并未向江苏沿海进攻。

张之洞在光绪初年时，任詹事府洗马、左庶子，是当时清流党的首领，与李鸿藻关系极深。他之所以能在短期内出任巡抚并推荐升至总督，即与醇亲王奕谖及李鸿藻的提携有关。② 此时他与日人略有往来。相信日本是注重海权的国家，以商为利，与陆权国家的中国应无根本上的利害冲突。故在琉球及伊犁问题发生时，他即主张联日制俄。与当时李鸿章所主张的联俄制日，恰恰相反。③ 在甲午战争前夕他亦态度乐观，相信中国力足御倭。以为只要中国闭关绝市，日本即会屈服。即使不然，两国相战，中国只须相持一年，日本亦必将失败。④ 在根本上他此时不了解中国军力实况，亦不能真正认清日本国情。虽然已官拜湖广总督，但仍具有任清流党领袖时的虚骄之气。

由上所述，可知甲午战争前夕，最能了解本身实力的是李鸿章。正由于他了解中国情况甚深，因而他不敢言战。以为"战端一起，益发不可收拾"。看法可以说是相当深刻。在这种情况下，他因而要依恃俄援，利用英、俄间的矛盾。惜英俄双方均不为其所动，致而使他贻误了军机。使在派兵入韩上，处处落后日本。至于其他诸人，无论是翁同龢、光绪帝，或其他疆臣及小吏，对中国本身的实力根本无认识，只本之于传统蔑视日本的心态，以为日本不是中国对手，主与日本一战。但是由于反李的心态作祟，他们也不愿支持掌握北洋军权的李鸿章。故一方面因李鸿章的不肯轻易言战力加反对，一方面亦诸事对李鸿章掣肘，使李无论是和或战均不能得朝中的全力支持。故党争或派系意识是为害及中国当时的对日交涉与备战的。即在这种扰攘不已难于产生一致对外的看法情况下，日本先发制人，发动海、陆军两方面的突袭，中日甲午战争遂而爆发。

① 《刘坤一遗集》第 5 册，第 2091 页，复松峻帅，光绪廿年六月十五日。
② 拙著《晚清政治人物的比较分析——刘坤一与张之洞初任巡抚的政治表现》，《近代中国历史人物学术研讨会》，中研院近史所 1993 年，第 7 页。
③ 同上。
④ 拙著《张之洞的外交政策》，中研院近史所 1970 年，第 69 页。

在战争将起时，李鸿章因中国海军徒有其表，实力不及日本，曾接受洋员英人泰乐尔（W. F. Tyler）的建议，向清廷要求拨款购买智利在英订造竣工而欲转售之最新式军舰。[①] 清廷在慈禧主持下，亦曾允许拨款三百万两用作军费，北洋海军时在户部存款亦有二百四十万两。而翁同龢则予杯葛，迟迟不予拨款。李鸿章在无可奈何下，曾致电庆亲王奕劻，请求说项，及早拨付海军所存二百四十万两。[②] 另一方面翁同龢对直隶则逼提盐本一百万两，李请求改提六十万两，翁仍不予同意。最后李自其长兄两广总督李瀚章处借拨海防捐六十万两应急。[③] 在如此情况下，时间自有所贻误。迨翁同龢允予拨款后，英国已决定采取中立，不允智利将在英所订造竣工之新舰售予中国。[④] 由此可看出翁、李的不和是如何影响此次战争的。

由于李鸿章了解北洋舰队不是日本对手，因此在战争爆发后，以之守威海至大同江品一线，后并退守威海至旅大一线。一时间日舰虽偶能潜入渤海湾骚扰，但亦不敢经常深入与中国海军相战，形成相持局面。但朝中反李派，特别是年轻气盛的言官，对此大不以为然。以为中国经营多年的北洋海军，竟如此怯懦，何能忍受。于是在给事中余联沅及福建道御史安维峻等人的领导下，交章弹劾李鸿章及丁汝昌。[⑤] 而光绪帝及翁同龢、李鸿藻等既愤恨李之军事部署处处落后，当然对北洋海军的怯懦亦深不以为然。于是先惩罚丁汝昌，将之革职留任，命戴罪立功。[⑥] 北洋舰队被迫全军而出，遂于大东沟附近洋面遭遇日舰，一战为日舰队击败。从此北洋舰队一蹶不振。而陆军已先三日在平壤战败。李鸿章因此亦遭惩处，拔去三眼花翎，褫黄马褂，交刑部严议处。[⑦] 清廷决定起用湘军，命湘军领袖两江总督刘坤一入京，赴山海关督师。刘坤一态度的怯懦更甚于李鸿章，以

---

① 郭廷以：《近代中国史纲》上册，第 277 页。

② 窦宗一：《李鸿章年（日）谱》，文海，第 5021 页；《李文忠公全集》，奏稿卷 78，第 56 下页，筹款购备新械片，光绪廿年八月初三日。

③ 同上书，第 5029 页。

④ 清廷于八月四日（七月初四）同意拨二百万两购智利舰，时已双方业已开战，英政府于八月七日宣布严守中立。

⑤ 详情可参阅《中日战争》第三册，第 39—69 页，志锐、锺德祥、易俊、长麟、高燮曾、余联沅、安维峻等奏文。

⑥ 窦宗一：《李鸿章年（日）谱》，文海，第 5030 页。

⑦ 郭廷以：《近代中国史事日志》第 3 册，第 884 页。

为湘军不少是临时招募者，不足恃。① 更迟迟其行，一个月后方抵北，②
陛见时一再恳辞督师，并力荐恭亲王奕䜣前往督师，最后在清廷力迫下，
方允负责山海关以内军事，山海关以外则推由吴大澂及宋庆负责，并请假
五日。③ 假满后方因清廷催促赴山海关巡视。时亦奏调董福祥回部各军北
上。此时关内有军力一百数十营，合关外湘淮军共达四百营，刘坤一始终
不敢出击。旋借机赴唐山养疴，终甲午战争他未曾指挥军队与日军相战。
反而是李鸿章于平壤战败后，虽众谤群集，仍建议清廷：不存轻敌之心，
多筹饷，多练精兵，内外同心，南北合势，全力专注，持之以久，严防渤
海以保京畿，固守沈阳以顾东三省根本。④ 清廷根本不予置理。至此中国
对整个战局束手无策，于是只有乞和。由此可以了解，当时中国除李鸿章
外，根本无治国统军的人才。

三　战败后朝野对议和的态度——拒绝割台

中国既在军事上节节败退，很自然地依恃强援之说因而再兴。慈禧当
时仍看重俄国的出面干预，因此饬令翁同龢赴天津就教李鸿章，隐隐含有
折辱翁同龢，给予李鸿章颜面之意。李则表示俄盼中国派专使与商。但翁
同龢并不相信，返京后的面奏是俄援不可恃，他倡议询问赫德（Robert
Hart）意见。⑤ 一时间联英德之说再兴。九月七日（10 月 5 日）志锐奏请
联英，主给以银三千万两。⑥ 两日后文廷式等二十三人联名上奏，以谣传
日与俄法相结，主联英德。⑦ 而英驻北京公使欧格讷（Nicholas R. O'Conor）

---

① 时在东北作战湘军约 60 营，其中 50 营为刘坤一旧部，但刘氏自称"多系新募不足恃"，要求"非船坚炮利，水陆并筹，不能操必胜之权"。（见《刘坤一遗集》第 3 册，第 2124 页，复陈右铭，光绪廿年十月十一日）。

② 刘氏于十月十六日（11.13）交卸江督后，直拖至十月廿八日（11.25）方启程，由浦口北上，于十一月杪方抵北京。

③ 《刘坤一遗集》第 2 册，第 828—829 页，通筹军务情形折；及第 830—833 页，奉命出师筹划军前事宜折，光绪廿年十二月廿一日。

④ 《李文忠公全集》奏稿卷 78，第 62 页，据实陈奏军情折，光绪廿年八月廿日。

⑤ 《翁文恭公日记》第 33 册，第 94 上页；郭廷以《近代中国史事日志》第 2 册，第 885—886 页。

⑥ 同上书，第 2 册，第 886 页。

⑦ 《清光绪朝中日交涉史料》，（1739）翰林院文廷式等奏请密连英德以御倭人折，光绪廿年九月初九日，转引自《中日战争》第 3 册，第 136—138 页。

建议总署由各国共保朝鲜，中国偿日战费以和，而翁同龢与李鸿藻坚决反对。主增援、悬重赏激励士气再战。[①] 然则慈禧已决定言和，于是遂有李鸿章派其德籍顾问天津税务司德璀琳（G. Detring）携李鸿章致伊藤博文私函，以度假名义赴日，欲拜访伊藤博文打开和谈之门之事发生。而总署亦请美驻北京公使田贝（Charles Denby）出面调停。迨日方严词拒绝德璀琳后，终因美方的调停而打开和谈之门。清廷乃派张荫桓、邵友濂为和谈代表。国内一时间对议和意见纷陈。于议和地点，一厢情愿以为在上海或烟台最为理想，[②] 殊不知日本已决定必须在日本。盖如此方显示中国系乞和，而非平等议和。对于割地，则大家几意见一致，反对割台。

在疆臣之中，张之洞一向主张以夷制夷，故最初对联英之说极为赞成。曾以李鸿章以俄迫英出兵威胁日本的办法是奇计。[③] 他亦主张以重利饵英。甚至主雇英人在泰晤士报撰文，煽动英国舆论，迫英政府采取行动。[④] 根本态度上他认定议和只可由列强出面胁迫日本谈和，不可由中国出面讲和。如要胁和，势必予列强以实利，因此主张割西藏边地予英，新疆回部数城予俄，云南边地予法，俾彼等强力干预日本。[⑤]

刘坤一亦素支持联英，此时则以为当联英、德。盖英、德制俄或不足，制日则有余。然为防止俄日相结，中国亦当羁縻俄国，使其能为我所用，至少不至于助日。[⑥] 显然他们两人对国际的情势变化——英国在态度上因中国的屡败，不堪扶植，转而倾向于与日本相结；德国则为纯粹投机主义，坐待机会来临，[⑦] 尚未有深切的认识。

至于割地问题，此时国际上已盛传日本要求必奢，条件必苛，割地自为理所当然之事。[⑧] 如割地势必是辽东或台湾，甚至两者均在其中。清廷

---

① 《翁文恭公日记》第 30 册，第 97 上页。

② 马建忠：《东行三录》，第 199 页；戚其章：《甲午战争史》，第 440 页。

③ 甲午战争前夕，李鸿章为促使英国出兵干预日本，曾向英驻天津领事表示，俄已应允强力干预日本撤兵，英为不落俄后保持在远东政局上之领导地位，应派军舰十艘赴长崎胁迫日本。

④ 《张文襄公全集》卷 138，第 21 页，致总署，光绪廿年七月廿三日；拙著《张之洞的外交政策》，第 70—71 页。

⑤ 拙著《张之洞的外交政策》，第 71—80 页。

⑥ 《刘坤一遗集》第 5 册，第 2112 页，致孙莱山宫保，光绪廿年八月廿八日。

⑦ 拙著 *Die Chinesischen Politik zum Einspruch von Shimonoseki und gegen dieErwerbung der Kiaut-schou-Bucht*, Münster, 1966, S. 69 – 71.

⑧ 同上书，第 66 页。

对此亦有所了解。① 盖辽东时已为日军占领，日本觊觎台湾已久。翁同龢坚决反对割台，以为台湾自归入清版图，未曾有任何过失，现亦未曾为日军占领，割台将"从此失天下人心"，② 光绪帝受其影响，亦反对割台，称："割台则天下人心皆去，朕何以为天下主。"③

光绪廿一年正月廿一日（1895 年 2 月 16 日）中国议和代表张荫桓、邵友濂终因日本借彼等未曾获清廷的充分授权为借口多方予以杯葛，铩羽返抵上海。清廷时已按日方所暗示，改派李鸿章为全权议和大臣，并召入京陛见。当时朝中对于割地之说分为两派：一为满洲亲贵如庆亲王奕劻及总署大臣孙毓汶、徐用仪等，主如需割地则当弃台保辽，盖辽东是北京门户及清龙兴之地，台湾仅边徼孤悬海外的岛屿，两者地位难于相比。另一派则是翁同龢、李鸿藻等，主多予赔款，不割领土，尤不当割让日军未曾占领之台湾。盖台民无过，不当负之，故有割台将失天下民心说。恭亲王奕䜣最初未曾明白表示意见，后亦认为非割地难成和议。

光绪廿一年正月廿八日（1895 年 2 月 22 日）李鸿章陛见并举行廷议。李氏为报过去翁的诸事刁难，曾请求派翁同龢同往日本议和，翁以未曾经办洋务推托。至于割地问题，翁独主"偿胜于割"，李鸿章则表示，"占地索银亦殊难措，户部应无此款"。意在讽刺翁氏过去在财政上之杯葛也。并断然说："割地之说不敢担承"，"议不成则归耳"。④ 实际上李鸿章知非割地难以言和，不过借此迫使清廷表明态度，并授予割地之权而已。

此后李鸿章在京一再为慈禧太后及光绪帝召见，参与廷议，一面亦分访各国公使，寻求援助。各国公使多劝及早与日本议和，愈晚愈为不利。至于援助或干预，多无恳切表示。⑤ 德使绅珂甚至坦白告知："若不迁都，势必割地。"⑥ 故整个的形势已昭然若揭，中国非割地不能议和。而翁同

---

① 美使田贝调停中国派使赴日本议和时，日本已表示所派使臣须有割地之权，至少在此时中国已知日本势必要求割地。

② 此语虽初见于《翁文恭公日记》乙未三月十二日，但在此以前翁之反对割台应是持相同看法。

③ 郭廷以：《台湾史事概说》，正中，1981 年，第 213 页。

④ 《翁文恭公日记》第 34 册，第 11 下页，乙未正月廿八日。

⑤ 拙著 Die Chinesische Politik zum Einspruch von Shimonoseki und gegen die Erwerbung der Kiaut-schou-Bucht，S. 72。

⑥ 《翁文恭公日记》第 34 册，第 12 下页，乙未正月卅日。

龢于正月 30 日（2 月 24 日）与李鸿章、庆亲王奕劻、孙毓汶等集议时，仍坚持不可割地。[①] 次日慈禧召见李鸿章及恭亲王奕訢。两人均赞同割地，李鸿章并上奏主暂屈以求伸割地将尽力辩争。慈禧曾愤慨表示"任汝为之，毋以启予也"。[②] 迁延至二月六日（3 月 2 日）清廷方决定割地。翁同龢于是日晚拜访李鸿章，坚持"台湾万无议及之理"。[③] 盖翁氏深知割地既不能免，则在割地的选择上，台湾难逃其厄运也。次日清廷正式授予李鸿章商让土地之权，而军机处王大臣等会奏曰："最可注意者，惟在让地一节，若驳斥不允，则都城之危，即在指顾。以今日情势而论，宗社为重，边徼为轻，利害相悬，无烦数计。"[④] 台湾被割让给日本的命运就中国方面而言，似乎已大致确定，但亦自此臣下反对割台之议纷起。

光绪廿一年二月初七（1895 年 3 月 3 日）翰林院编修黄绍箕、丁立钧、徐世昌等奏：割地不可行，台湾何辜而沦为异城。[⑤] 对于奉天虽称为是国家根本，却置于不可割让之次要地位。折中将割地之事归罪于李鸿章的推诿割地责任于朝廷，是德倭仇华的行为。

三日后吏科给事中余联沅上奏，惧李鸿章之议和是"脂韦结纳，昵就外洋"，使"要挟者无厌，便宜者难从"，或造成"我欲和而彼不肯和，彼之和非我所能和"，并谴责刘坤一的毫不振作，弹劾湘军将领陈湜等。[⑥]

同年三月十二日（1895 年 4 月 6 日）翰林院侍读学士文廷式奏，台湾关系存亡，闻倭人条款索地索费，李鸿章之行秘计在割台，闻劝倭专力攻台，吁请清廷万不可割敌兵未到之地，以固民心国脉。[⑦]

两日后江南道御史张仲炘亦奏，台湾必不可弃，以免中朝赤子陷蛮

---

① 《翁文恭公日记》第 34 册，第 12 下页，乙未正月三十日。

② 同上书，第 34 册，第 13 上页，乙未二月初一、初二日。

③ 同上书，第 34 册，第 14 下页，乙未二月初六日。

④ 《李文忠公全集》，奏稿卷 79，第 50 页，军机处王大臣庆邸等公奏折，光绪二十一年二月初七日。

⑤ 《清光绪朝中日交涉史料》（2736）翰林院代奏黄绍箕等条陈折，光绪二十一年二月初七日，引自《中日战争》第 3 册，第 489—492 页。此奏光绪朝中日交涉史料作二月七日。郭廷以《近代中国史事日志》作二月一日，今从后者，盖有所考订也。

⑥ 《清光绪朝中日交涉史料》（2763）吏科掌印给事中余联沅奏大局难支请饬报臣安筹善军折，光绪廿一年二月初十日，转引自《中日战争》第 3 册，第 501—503 页。

⑦ 同上书，（2942）翰林院侍读学士文廷式奏倭攻台湾请饬使臣据理争论折，光绪二十一年三月十二日。

夷，日人据吾门户，持我短长。①

由上所引各奏可以看出，当时这些小臣所持反对割台理由大约与翁同龢相同：一是台湾忠于清朝，清廷不当负之。二是未曾为日军占领，理应不予割让。三是我国的海上门户，割让有碍于东南海防。而且认定割台之事于李鸿章在京时已有定议。至于彼等的这种看法是否受翁同龢的影响，甚至主使，就情理而言，有其可能，只在史料中尚未发现证明。但不论如何，上述三项反对割台理由，日后变成为反对割台的一种共识，只要反对割台，必就此三项立言。

李鸿章于光绪廿一年二月廿三日（1895 年 3 月 17 日）抵日本马关，次日即举行和议会谈，最初仅要求立即停战，未曾讨论及割台问题。于二月廿八日（3 月 24 日）第三次会谈时，伊藤博文突然提及台湾问题，表示日军已向台湾进行，唯尚未得来自南方消息（按：日军于廿七日，即第三次会谈前一日，攻澎湖，自文良港登陆，占尖山、大武山）。引起李鸿章惊愕与关切，答以台湾居民有客民与土人两种，客民多来自广东，占十分之四，最为强悍。并询问日方之所以不肯轻允停战，是否为出兵台湾之故。亦表示日本倘占台湾，英国将不甘心。盖台湾地近香港，不欲他国盘踞台湾也。欲借英国吓阻日本。伊藤答以有损于华者，未必有损于英，英国仍守局外中立，无任何置喙理由。无论中国版图内何地，日欲割取，他国岂能出面拒绝。②

即在此次会议结束后，李鸿章返回行馆时遇刺。日本因惧李愤而返国及列强借此出面干预，③立即宣布停战，但停战地区不包括台湾。李曾力争一律停战，日方不允，表示兵与船早已前往，电报不通，势难禁止。李鸿章在电报停战协定时曾询及前议将台湾押与英商事是否有成，并请饬令台抚竭力固守。④总署的答复："而仍攻台湾，其注意可想。惟议和条款到时，李鸿章务当详审斟酌，设法尽力磋磨，总期必成而后已。不可畏难

---

① 《清光绪朝中日交涉史料》（2949）江南道御史张仲炘请饬全权大臣勿以台湾许倭折，光绪廿一年三月十四日。

② 《日本外交文书》第 28 卷，第 1089 号附件二，马关会谈纪要；戚其章：《甲午战争史》，第 461 页；黄秀政：《台湾割让与乙未抗日运动》，第 55 页。

③ 陆奥宗光：《蹇蹇录》，中译本，第 137—138 页。

④ 顾廷龙、叶亚廉编：《李鸿章全集》，上海人民出版社 1987 年版，（三）电稿三，第 473 页，寄译署，光绪廿一年三月初四日。

避谤，废于半途，致误大局，是为至要。"① 并告知澎湖业已失守，押台事系英商担文臆说，因开战而罢论。已令台抚唐景崧加紧严防。可知在此时李鸿章及总署均已完全确知日本割地要求必及于台湾，李寄望借押台与英商来保护台湾，故前有英国将不甘心之说，至此计亦落空，唯有希望台抚尚能武力坚守其地。而清廷的态度是和议总期必成，不可半途而废，割台与否显然是次要问题。

三月初七日（4月1日）日本提出和约底稿，要求割让奉南（辽东）及台澎，并赔巨款三万万两，限华方于三日至四日内答复。李鸿章电总署其看法：巨款万不能从，奉南为满洲腹地不可让。并接受科士达建议请总署密告英俄法三国公使，希冀引起干预，未提及台湾问题。② 其割地的意见显然是根据离京前军机处王大臣的决定："宗社为重，边徽为轻"，隐然有弃台保辽之意。而清廷亦有相同看法，但翁同龢坚决反对割台，故在三月初十日光绪召见廷议时，与礼亲王世铎、庆亲王奕劻发生严重争论，当时光绪帝亦束手无策，仅盼和议速成。显然原拒绝割台之态度有所动摇。恭亲王奕䜣卧病在府，诸枢臣又同往恭王府相议，奕䜣初主交由廷议。后因孙毓汶以为无法再行言战，仍然议未能决。③ 最后清廷是将责任推与李鸿章，仅表示割地应以一处为断，究竟是何处要李鸿章决定。④ 而此时李鸿章已了解日方的割地底线绝非是台澎一处了。故他此后所采取的交涉政策：本之于清廷的指示，尽速地签订和约。对于割地则已占者争一分算一分，未据者丝毫不放松。⑤ 故于三月十五日（4月9日）提出和约修正案时，允割辽东邻韩四县及澎湖，赔款一万万两。⑥ 次日，中日和谈第五次会议时，伊藤博文于辽东的割地稍予让步，辽阳划出要求之外。对台湾则坚持不让。双方因此争辩甚烈。时李鸿章所持拒绝割台理由：一、其地日军未曾占领，根据国际公法不当作此要求。二、地险民悍，不易治

---

① 顾廷龙、叶亚廉编：《李鸿章全集》，上海人民出版社1987年版，（三）电稿三，第276页，译署来电，光绪廿一年三月初七到。

② 同上书（三）电稿三，第476—478页，寄译署，光绪廿一年三月初七日。

③ 戚其章：《甲午战争史》，第475页；《翁文恭公日记》第34册，第25上页，乙未三月初十日。

④ 郭廷以：《近代中国史事日志》第二册，第910—912页。

⑤ 《李鸿章全集》，（三）电稿三，第486页，复译署，光绪廿一年三月十四日。

⑥ 同上书，第487—488页，寄译署，光绪廿一年三月十四日；郭廷以：《近代中国史事日志》第二册，第911页。

理。三、瘴气甚大，以故居民多吸鸦片，得之无益。伊藤的驳辩：吉林黑龙江一带何以自行违约割让给俄，亦即中国过去早已违例在先，现今日本不过是因沿旧章而已。日军不论如何艰苦，皆愿承受。据台后必禁鸦片。并胁以已于广岛集轮船六十艘，昨夜至今渡海运输之轮船已达二十艘，准备伺机进攻。① 三月十七日（4月11日），伊藤博文下最后通牒，限李鸿章于三日内答复。

至于清政府方面，翁同龢始终反对割台，三月十日（4月4日）在光绪帝前与满洲亲贵争论后，两日后（4月6日）廷议时仍力争不可弃台，语气激昂，与主保辽弃台者大相龃龉，愤而表示"恐从此失天下人心"，甚至不觉流涕。对李鸿章离京前军机处王大臣会奏宗社为重，边徼为轻的决定，以为是彼等老谋深算，自己是落其彀中。因而对自己的不明不敏，在日记中书称"真可愧死"。② 清廷在此时饬李鸿章割地只可一处之说，显然是受他的影响。甚至慈禧太后一度亦因此改变态度，主张再战，两地皆不可弃。③ 但当时的形势是中国根本无再战之力，因此最后仍决定电商李鸿章，不得已时是否许以台湾矿利，土地人民仍归我国所有。李的答复："彼垂涎台湾甚久，似非允以矿利所能了事。"表示日人骄狂太甚，无能解说，仍寄望俄国能出面干预。④ 唯仍派其子李经方赴伊藤寓所密商，伊藤以民人不归管理，有矿亦无用拒绝。⑤ 亦在此时李鸿章获天津税务司德璀琳（Gustav Detring）转报之前德驻华公使巴兰德（Max von Brandt）消息：欧洲各国对日要求割地事，不以为然。李遂再度寄望列强干预，曾先后致电德璀琳及盛宣怀，盼望各国早日行动，以为迟则勿及。⑥ 盛宣怀复称："俄舰东集，不愿日长东方。德云：会议原在八日内，如两日能展限固好，如复准，亦必出为争论。宣度俄惯寻渔人，决不空费

---

① 《李鸿章全集》，（三）电稿三，第489—490页，寄译署，光绪廿一年三月十六日；黄秀政：《台湾割让与乙未抗日运动》，第59—60页；戚其章：《甲午战争史》，第511页：郭廷以，前引书，第213—214页。

② 《翁文恭公日记》第34册，第26上页，乙未三月十二日。

③ 同上书，第34册，第26下页，乙未三月十四日。

④ 《李鸿章全集》，（三）电稿三，第491页，复译署，光绪廿一年三月十七日。

⑤ 同上书，（三）电稿三，第497页，寄译署，光绪廿一年三月二十日。

⑥ 同上书，（三）电稿三，第491页，复天津德税务司，光绪廿一年三月十七日；第493页，复天津海关盛道电，光绪廿一年三月十八日。

征调。"① 李鸿章为延宕日方的逼迫，于得盛宣怀复电之前一日，即三月十八日（4月12日）照会伊藤仍请减让割地赔款，并要求再作一次会谈。② 日方予以峻拒，盖时日方已解破中国电报密码，于中国方面的行为了如指掌。亦即在此时总署亦曾电询李鸿章可否仅将近澎湖之台湾南部割与日本。③ 李鸿章的答复是："割台之半予之，亦必不允。一岛两治，口舌既多，后患亦大。"并以为停战协约第六条规定，期内和议决裂，此约即予中止。日已派兵船二十余艘赴大连湾，允美法观战探事人随往前敌，其意可知。④ 李鸿章之所以采取此一态度者，一方面固因日方态度强硬，确实无仅割台湾一半之可能，一方面亦以存有激起列强干预之用心。盖俄对辽东不甘坐视，法于台湾久有觊觎，此是其所熟知者，而况盛宣怀复电又称："如复准，亦必出为争论。"⑤ 然则李氏仍勉力按清廷的指示与伊藤相议，为伊藤拒绝。⑥ 清廷乃于三月二十日（4月14日），亦即日本最后通牒所定期限最后一日，授权李鸿章：如条件无可商让，即可定约。⑦ 三月二十一日（4月15日）中日双方举行第六次会谈，李鸿章于台湾割让问题仍以台民反对割让，鼓噪誓不肯做日民为理由，要求日方再予考虑。而伊藤的答复是："听彼鼓噪，我自有法，中国一将治权让出，即是日本政府之责。"绝不肯作丝毫让步，于是割台遂成定议。⑧ 就另方面根据科士达回忆录的记载，李鸿章在与日本谈判时期，始终相信割辽将引起俄人的干预，割台英人亦绝不会坐视。其应允割地一方面出于无奈，另方面亦冀因此引起英俄的干预⑨，可惜英国出乎他的预料，不肯采取行动。

综括上述，可看出割台之事，就清廷方面言，实决定于李鸿章尚未

① 《李鸿章全集》，（三）电稿三，第493页，天津海关盛道来电，光绪廿一年三月十九日到。

② 郭廷以：《近代中国史事日志》第二册，第911页；戚其章：《甲午战争史》，第482页。

③ 《李鸿章全集》，（三）电稿三，第494页，译署来电，光绪廿一年三月十九日到（是电总署系十八日发）。

④ 同上书，（三）电稿三，第494页，寄译署，光绪廿一年三月十九日。

⑤ 盛宣怀后于三月十九日（4.1）复电李鸿章称："未揭穿前，各守局外，画押后，必出头争论。故让地可满允。兵费他人难同。"更坚定李鸿章相信列强必出面干预之心，见《李鸿章全集》，（三）电稿三，第496页。

⑥ 同上书，（三）电稿三，第497页，寄译署，光绪廿一年三月二十。

⑦ 郭廷以：《近代中国史事日志》第2册，第912页。

⑧ 马建忠：《东行三录》，第238、246、252页。

⑨ 同上。

离京，二月七日军机处王大臣会奏之时。此后虽由于翁同龢的坚持，诸翰苑言官的奏陈，清廷一度有所犹豫，但弃台保辽始终是其主流。而在国家轻重得失的理智衡量下，似乎亦只有如此。李鸿章在内心应持有相同看法。但观其在日议和时对割台一事各项交涉，似他并未因持此一看法，而未曾着力。只可惜日本态度坚持，而中国电报密码又为日方所破解，日人对中国的态度了如指掌，故其交涉未获得成功，于是只有寄望于列强干预了。故若以未尝积极交涉割台之事谴责李鸿章，似有过分责备求全之嫌。

割台问题由于翁同龢的坚决反对，在朝中形成枢臣间的巨大争执，对一般臣下自然产生相当影响。此在李鸿章尚未离开北京前，已见其端倪。翰苑言官中，已有不少人欨动反对割台。李抵日本展开和谈后更是如此，特别是自翁同龢与礼、庆亲王公然龃龉之后。而且时间愈晚，反对割台亦愈激烈，逐渐形成一种风潮。前面所说的三月十二日文廷式、三月十四日张仲炘的上奏，可视为是此政治风潮的初萌。迨及三月二十一日（4月15日）李鸿章允诺割台，遂乃群情激动，纷纷上奏或上书表示反对。即在是日翰林院编修丁立钧、沈曾桐等五人上奏痛陈割地之害，以为台湾沃野千里，当日本全国三分之一，割与之将益其富强。异日南洋必衅端百出，而他国亦将效尤，一发不可收拾。国既弃民，民将谁恃，人人自危，将成瓦解之势。[①] 另余联沅（吏科给事中）亦奏称：无台湾则闽浙失其屏蔽。[②] 次日江西道御史王鹏运亦上奏，如果割台，则不出十余年恐欲求为小朝廷而不可得。[③] 吏科给事中褚成博奏陈，闻知日本索军费巨款及割台，晓夜彷徨，心结气悸。极言不当割台，否则所失不止一隅。[④] 据翁同龢日记记载，是日总署章京五十六人联衔进说帖反对割台。[⑤] 在疆臣之中，署两江总督张之洞对割台一事素极注重，在李鸿章奉召入京时，他已上奏不可割让台湾。盖地逼闽浙，予日南洋将事事掣肘。主以台湾为押，

---

① 《清光绪朝中日交涉史料》（2968）翰林院代编修丁立钧等条陈时事折，光绪廿一年三月廿一日。

② 同上书，（2969）吏科掌印给事中余联沅请勿允许倭奴奢款并速定大计力筹远谋折，光绪廿一年三月廿一日。

③ 同上书，（2973）江西道监察御史王鹏运请勿割地和倭折，光绪廿一年三月廿二日。

④ 同上书，（2972）吏科给事中褚成博请严拒割地议和折，光绪廿一年三月廿二日。

⑤ 《翁文恭公日记》第34册，第29上页，乙未三月廿二日。

向英借款二三千万，俾英人出面保台。如果不成，亦可将台湾矿利让与英国一二十年，俾其为自身利益挺身而出。[①] 日后总署的与英洽商，或拟将矿利予日，可以说多少是由其说所引动。张之洞亦曾经致电台抚唐景崧，主台湾庇英自立，守口聘英将，巡海用英船。[②] 故当时他是一意要联英制日的。及此不成，则转而主联俄。甚至在闻知日本要求割台后，拟径自电俄，欲效包胥之哭秦庭，以乞俄援。[③] 刘坤一在开战之初是主张联英、德。此时他因督师在唐山，知联英由于英人不为所动已不可能，则主张联俄、德、法。[④] 当时他并不了解三国在欧洲有所集议，但与日后所知三国的行动却不谋而合，故他对三国干涉还是极端赞成的。另外反对割台的疆臣尚有山东巡抚李秉衡、广东巡抚马丕瑶、陕西巡抚鹿传霖等，其立论多仍在于所割系未占之地，主张对和约重新斟酌。

至于台湾地方官绅，闻知割台之说，反对更是激烈。巡抚唐景崧在李鸿章仍在北京与清廷筹商和平条件时，已于二月初五（3月1日）致电督办军务处反对割台，所持的理由：一、逼近江浙闽粤，为南洋第一要害，台湾不保，南洋永远不得安枕。二、台湾系可富可强之地，外人垂涎已久，不可予日。三、台民惊愤，浮议哗然，深恐视台如汉之珠崖。百端晓谕，莫释群疑。[⑤] 迨和议进行时，中外盛传日本索台，停战前日本并占澎湖，停战之议不及台湾地区，台湾士绅极为惶恐惊诧，曾询问唐景崧，台民何辜，竟遭歧视。唐景崧乃连上四电，报告战情及请求清廷释疑。[⑥] 和议将成前夕，唐景崧亦致电总理衙门，反对割台，并告知台民同仇敌忾全力保台情况。[⑦] 亦曾径电李鸿章告知台防周密，军民心固，反对割台，与倭誓不两立。[⑧]

---

①　《张文襄公全集》卷 143，第 10 页，致伦敦龚钦差，光绪廿一年二月十一日。张氏此一意见系出之于上海律师丹文（见拙著《张之洞外交政策》，第 76 页）。

②　《张文襄公全集》卷 144，第 30 上页，致台北唐抚台，光绪廿一年三月廿八日。

③　同上书，卷 144，第 19 页，致俄京许钦差，光绪廿一年三月廿三日；张氏甲午战争后期欲联英俄整个情况，可参阅拙著《张之洞的外交政策》，第 74—91 页。

④　《中日战争》第 4 册，第 95—96 页，钦差大臣刘坤一来电，光绪廿一年四月十四日到。

⑤　《清光绪朝中日交涉史料》（2733）署台湾巡抚唐景崧来电，光绪廿一年二月初六日到。

⑥　黄秀政：《台湾割让与乙未抗日运动》，第 93 页。

⑦　同上。

⑧　《李鸿章全集》（三）电稿三，第 488 页，台湾署抚唐来电，光绪廿一年三月十二日到，第 489 页，台湾署抚唐来电，光绪廿一年三月十五到。

　　马关和约于三月廿三日（4月17日）签订后，全国官绅极为愤慨，台民更悲痛无已。在北京先有翰林院编修李桂林、宋伯鲁等八十余人要求勿批准和约。认为割台无以对忠义之民，海内闻之，谁不解体。言官中给事中丁立瀛，御史高燮曾、刘心源、裴维侒及国子监祭酒陆润庠等亦纷纷上言，一时间反对割台言论纷来沓至，形成风潮。① 而应乙未会试之各省举人在梁启超、康有为等领导下，发动"公车上书"，是为近代中国第一次广大的士子运动。以为台湾一矢未加，竟然割与日本，天下将以为朝廷可弃台民，即可弃我，民心先乱，将有土崩瓦解之患，要求拒约自强。② 在台湾则全岛哗然，三月廿四日（4月18日）丘逢甲率领全台绅民向台湾巡抚唐景崧请愿并呈称："桑梓之地，义与存亡，愿与抚臣誓死守御，设战而不胜，请俟臣等死后，再言割地。"③ 何其悲壮沉痛。次日丘逢甲再率绅民男妇赴巡抚署，向唐景崧及其母环泣，挽唐景崧留台固守。三月廿六日（4月20日）并鸣锣罢市，人心惶惶不可终日。群众并向英国领事金璋（L. C. Hopkins）要求英国设法保台，愿以台湾金、煤矿及茶、樟脑、硫磺等税收为酬。④ 绅民并以血书向唐景崧呈称："万民誓不从倭。割亦死，拒亦死，宁死于乱民手，不愿死于倭人手。"⑤ 唐景崧乃连上数电，报告台民愤激情况，及为民遮留，要求清廷废约再战，商请各国公断，以救台民。⑥ 而台籍京官及在京台籍举人叶题雁（户部主事）、李清琦（翰林院庶吉士）、汪春原（举人）、罗秀惠（举人）、黄宗鼎（举人）等亦在此时联名向都察院呈请称："闻诸道路，有割弃全台予倭之说……数千百万生灵皆北向恸哭，闾巷妇孺莫不欲食倭人之肉，各怀一不共戴天之仇，谁肯甘心降敌。……是驱忠义之士以事寇雠，台民终不免一死，然而死有隐痛矣。"⑦ 悲愤万分地反对割台。

　　民情的激愤虽对清政府造成强大压力，但并不能改变业已签订的

① 郭廷以：《台湾史事概说》，第215页。
② 中国史学会主编：《戊戌变法》，上海神州出版社1953年版，第二册，第1320页。
③ 《清季外交史料》卷109，台抚唐景崧致军务处台民呈称愿效死勿割台地电，第5页。
④ 黄秀政，前引书，第94页。
⑤ 郭廷以：《台湾史事概说》，第219页。
⑥ 黄秀政，前引书，第94—95页。
⑦ 《清光绪朝中日交涉史料》（3032）附件一。户部主事叶题雁等呈文，光绪廿一年四月初四日。

《马关条约》事实。即在此时俄德法三国出面干涉还辽，于是中国举国欣喜若狂，一方面希望因此能废除《马关条约》，另方面亦希望至少可以不割让台湾。故当时清廷及一般臣民均主张暂缓批准马关和约。① 为此曾一面询问李鸿章，一面直接照会日本要求和约暂不批准互换，亦曾电饬驻使询问俄德法三国对暂不批准互换一事的看法。台湾官绅则更多方寻求西方列强的援助与保护。结果，无论是伊藤博文，或俄德法三国，均认定《马关条约》必须尽快地批准互换，三国的干涉还辽与《马关条约》的批准互换，无直接的关联性。② 当时法国确实对台湾有相当企图。曾向王之春表示割地须得当地人民同意，居民如不同意，亦可独立自主，于是在此暗示与主导下，台湾官绅遂有筹组民主国的活动。③ 另一方面法国亦曾与俄德两国相商，主以澎湖列岛割与日本有碍于台湾海峡的国际航道为理由，邀同西班牙，再共同干预一次。由于德国的坚决反对，认为如邀西班牙，则亦应请英国参加。再则如再干预，日本受辱过甚，可能发生战争，询问俄法是否有与日本一战的决心。致而其议终于胎死腹中。④ 列强并强烈警告清廷，不得援助台湾独立运动。对台湾官绅的请求援助，亦均严词加以拒绝。遂使割台一事终于尘埃落定，并未因三国干涉还辽而有所改变。

　　综观上述关于议和及拒绝割台的各项讨论，可了解最根本问题在于中国无再战能力，虽欲依恃强援，惜由于中国海陆军的不堪一击，无法苦撑待变，使列强对中国的评价一落千丈，甚至不屑一顾，以为中国是一个不堪扶助的国家。英国决心与日本亲近，俾联日在远东对抗俄法，以维护其优越的地位。德国则唯利是图，待机而动，其与俄法相结的目的在于：一方面转移两国注意力于远东，以减轻其在欧洲东西两线的压迫；另方面则希望因此取得一殖民通商之根据地。俄法两国之所以不肯立即采取行动，则是因最初尚相信中国不至于如此不堪一击，再则两国与德国的相结仍在洽商之中，故中国的依恃强援一时难有所成。迨海陆军皆败，日本军队以钳形攻势，北路兵锋及于山海关，南路由成山角登陆，势如破竹，攻下

---

① 可参阅拙著 *Die Chinesische Politik zum Einspruch von Shimono-seki und gegendie Erwerbung der Kiautschou-Bucht*, *Münster*, 1966, S. 81—88。

② 同上书，第 83 页。

③ 同上书，第 84 页；黄秀政，前引书，第 97—102 页。

④ 拙著 *Die Chinesischen Politik zum Einspruch. von Shimonoseki und gegendie Erwerbung der Kiautschou-Bucht*, *Münster*, 1966, S. 85 – 87。

威海卫，北京已陷入危机之中，随时有陷落的可能。在如此情况下，清廷
只有乞和，任由日本宰割，根本无讨价还价之可能。

故台湾的割让是形势使然，其割让与否的主动权根本不操之在中国手
中。但由朝野抗拒割台的激烈言行中，也可以了解，无论是清廷或一般官
绅均是不愿意弃台的，只是由于中国无再战能力，依恃强援又不可靠，于
是只好一切任由日本予取予求了。台民的愤恨清廷的割台，是可以理解
的，清廷的应允割台也是有其不得已苦衷的，绝非清廷不重视台湾，放弃
之予日本。就与清的关系言，确系辽东远比台湾重要，既是其龙兴之地，
又是北京的门户，然则清政府亦无法拒绝不予割让。由此应可了解，割地
无论是台湾或辽东均是迫不得已的，亦均非清廷所愿为的。

四　战后对日态度的转变——由仇日转变为模仿对象

甲午战后中国因战败割地赔款，最初其直接的反应有二：一、李鸿章
父子成为众人唾骂的对象，二、仇恨日本。就第一项言，实际上在议和后
期，李鸿章父子已被指责其行为是卖国，甚至诬称彼等之所以签订如此卖
国条约，是因李鸿章有六百万元存于日本，李经方为日本天皇之女义
父。① 径视其父子行为秦桧不如。盖秦桧主和是在中原既失以后，而李之
主和是在金瓯未缺之时。② 在这种憎李的气氛下，李鸿章返国后不敢马上
入京复命，先派使团中美顾问科士达（John WatSon Foster）入京报告，自
己则逗留天津，向清廷请假二十日。③ 为防激烈分子行刺或侮辱，李氏以
淮军自卫，④ 防守甚严密。而小臣中有人以为台湾既是李鸿章父子签约割
让日本，则交割时亦应李氏父子代表前往。⑤ 故清廷遂派李经方往台湾与

---

① 此说最早起议于给事中洪良品，时尚在战争期中。见《中日战争》第 3 册，第 109 页，
《清光绪朝中日交涉史料》，（1614）附件一，洪良品奏李鸿章在日本有商号资本并与倭王情意亲
密片。

② 《中日战争》第 4 册，第 25 页，《清光绪朝中日交涉史料》，（3030）附件一，吏部候补
主事鲍心增等条陈李经方罪状呈文，光绪廿一年四月四日。

③ 《中日战争》第 3 册，第 611 页，《清光绪朝中日交涉史料》，（2984）附件一，李鸿章
奏被刺后血气日衰又约款多不如意愤恨填膺困备难支请假二十日片。

④ 窦宗一：《李鸿章年（日）谱》，第 5077 页。

⑤ 《中日战争》第 4 册，第 120 页，《清光绪朝中日交涉史料》（3214）刑科给事谢儁杭请
派李鸿章李经方赴台交割折，光绪廿一年四月廿四日。

日方交割。① 经方竟不敢上岸，中日双方在三貂澳海上完成交割手续。② 李鸿章入京陛见时，光绪帝当面斥责令氏割台并赔巨款。③ 从此李鸿章不仅罢去直隶总督北洋大臣职位，并置之闲散，仅授以器办事，最初不许专折奏事。④

就第二项言，大体上国人仍本之于传统，詈日本为岛夷倭寇，认为其国贫志贪，要胁奇横，其所提出之议和约款：万分无理，地险、商利、饷力、兵权，一朝夺尽，人神共愤。意在吞噬中国，非仅割占数地而已。⑤ 张之洞并深切地指出："其通商条目，赔款期限，尤堪骇异。各省口岸城邑，商业工艺，轮船处处任意往来，任意制造，一网打尽，工商生路尽矣。"而允倭在华制造土货，按洋货享不纳厘金利益，厘金必有亏损。巨额赔款使财政陷于绝境。将造成民贫生乱，海陆军永不能练，外无自强之望，内无剿匪能力。以为其居心不仅在于部分领土的窃夺，和约各款处处包藏祸心，字句巧黠，意图含混。⑥ 翰林院侍读学士文廷式等更认为日本事事出情理之外，海内之人痛心疾首，争欲食其肉而寝其皮。⑦

然则不久这种情势却完全改变。盖当中国官绅痛自检讨中国战败原因，重新图谋改弦更张，力求自强时，于是对日本模仿西法的成功，大加赞扬。不仅不再视为仇雠，而且深以为是模仿对象。即在光绪廿一年闰五月初八日（1895 年 6 月 30 日）亦即中日签订马关和约一个半月后，康有为在第四次上清帝书中，即曾称：

> 日本蕞尔三岛，土地人民不能当中国之十一。近者其国王与其相三条实美改纪其政，国日富强，乃能灭我琉球，割我辽台。以土之

---

① 《中日战争》第 4 册，第 122—123 页，《清光绪朝中日交涉史料》，（3217）军机处电寄李经方谕旨，光绪廿一年四月廿四日。

② 详情参阅黄秀政《台湾割让与乙未抗日运动》，第 103—110 页。

③ 李鸿章系于光绪廿一年七月九日（1895.8.28）陛见，光绪帝除申斥外，并誓不再予李实权任事（见窦宗一前引书，第 5085 页）。

④ 窦宗一，前引书，第 5085—5086 页；郭廷以：《近代中国史事日志》第二册，第 930 页。

⑤ 《中日战争》第 4 册，第 17 页，《清光绪朝中日交涉史料》，（3008）署南洋大臣张之洞来电，光绪廿一年四月初二日。

⑥ 《张文襄公全集》卷 78，电奏六，第 1 上至 3 上页，致总署，光绪廿一年四月初二日。

⑦ 《中日战争》第 4 册，第 19 页，《清光绪朝中日交涉史料》，（3018）翰林院侍读学士文廷式等奏和约断难遽就战事尤当预备折，光绪廿一年四月初三日。

大，不更化则削弱如此。以日之小，能更化则骤强如彼，岂非明效大
验哉信。①

又说：

> 近者日本之变制也，以县直隶国王，而亲王出为知县，故下情无
> 不达，而举事无不行。吾土地辽阔，知县太多，纵不能如日本直隶国
> 家，亦当如汉制，领以巡抚，崇其品秩，任以从臣，上汰藩臬道府之
> 冗员，下增六曹三老之乡秩。②

光绪廿三年（1897）德借曹州教案出兵占据胶州湾，是年十二月康
有为在上清帝第五书建议三策中，其第一策即曰"采法俄日以定国是，
愿皇上以俄国彼得大帝之心为心法，以日本明治之政为政法"，以为日本
"地势近我，政俗同我，成效最速，条理尤详，取而用之，尤易措手"。
因此力倡中国的维新一切师法日本。③ 此后在戊戌变法时期并建议派学生
赴日本游学。不仅康有为如此，其他有识之士无不如此。例如郑观应，此
时他增订所著《盛世危言》一书，名之曰增订《盛世危言正续编》。在书
中常常表示中国应以日本为师。而在疆臣之中，张之洞更是如此。张氏早
年在京任官并为清流党领袖时，即兴日本人略有往来，时主张联日制
俄。④ 甲午战争期间虽痛恨日本的肆无顾忌的侵略，曾主张联英俄以制
日，但对日本模仿西法成功，始终艳羡不已。此时他在所著勤学篇中，公
开表示中日同文同种，日本模仿西法完全学得西法之长，而无西学之弊，
其地距中国近，习俗与中国同，东文因近于中文易通晓，无论就上述的任
何一项观点，中国均应大量派学生赴日留学。⑤ 因此在他的大力提倡下，
留日风气大兴，至日俄战争以后，留日学生竟多达一万五千人。张氏不仅
派遣留学生赴日读书，带动国内的留日风气，同时他于甲午战后全力兴办
新式学堂师资亦大量聘用日本教习，或留日学生。对中国的师日风气亦有

---

① 《戊戌变法》第二册，第 179 页。
② 同上书，第 182 页。
③ 同上书，第 195 页。
④ 参阅拙著《张之洞的外交政策》，中研院近史所 1984 年，第 41—50 页。
⑤ 同上书，第 26—27 页。

所助长。甚至我们可以说甲午战后中国兴办新学所培育出的新知识分子，是日本教育模式所训练出的时代新宠，正因为如此，致使庚子以后清政府所推行的新政，如教育制度、创设警政、修订律法、立宪等，几无不是模仿日本。另方面不少新学所培育的新知识分子，留学日本。接触新思想，于是转而反清，主张革命。故在富国强兵的观念上，不仅态度较温和的改革思想者受日本的维新影响，即激烈主张革命推翻清朝者，亦是受日式的西化思想影响。清末中国的现代化进行模式是师法日本，经由日本的诠释，吸取西方知识，故可以说是走日本模式的。这与日后直接的效法欧美，颇有不同。

当时中国不仅在模仿西法的自强努力上，以日本为模仿对象，即使在外交上，直到日俄战争时期（1904—1905）亦极端亲日。光绪廿三年（1897）德占胶澳，使中国朝野上下对干涉还辽的俄德法三国，终于产生了另一种认识，相信三国是合而谋我，至少俄德两国是采取互助合作的迫我行动，而中日两国均是受害者。因此形成了一种中日两国应和衷共济，合作对抗俄德法三国气氛。① 于是遂有光绪廿年十一月十九日（1897 年 12 月 21 日）上海道蔡钧亲仿日本驻上海总领事小田切之助，提及中、英、日利害相同，主张一致行动，以抗俄德法三国。小田切之助极表赞成。② 双方均迅速报告政府。一时间中英日同盟之说甚嚣尘上。此时两江总督刘坤一、湖广总督张之洞均是支持中英日同盟意见的。而日方因素知张之洞亲日，亦派员向张氏游说。时日前任使馆馆附参谋大佐神尾光臣奉日本陆军二等提督川上操六之命，以游历之名，来鄂拜访张之洞未晤，则与汉口道及洋务委员畅谈中日同文同种同教，甲午之战彼此俱误，主中国派员赴日学习军事，并以此为两国重新联交之始。③ 小田切之助对神尾光臣的访鄂是知情的，上海道蔡钧亦曾事先电告张之洞。④ 张之洞之所以不肯立即接见神尾光臣，是因对其来意未能确知，惧其有所要挟，故借查勘堤工为由避不相见。及闻知其为中日联交而来，颇歆动，乃于十二月初四

① 当时中日应和衷共济的文字，首先见之于上海清字新闻。主中英日同心协力，共抗俄德法（《日本外交文书》卷 30，昭和廿九年，东京，第 557 页）。

② 同上书，卷 30，第 556—560 页，第 389 号文。

③ 《张文襄公全集》卷 79，第 19 下至 20 上页，致总署，光绪廿三年十二月初十日。

④ 同上书，卷 154，第 12 上页，致上海蔡道台，光绪廿三年十一月十九日。

日（1897 年 12 月 27 日）致电神尾，邀其再度来鄂商谈。① 于是川上操六
复派参谋部部员宇都宫太郎以赠送日本地图及政治书籍为名，赴鄂与张之
洞联络。宇都除向张之洞再度殷勤劝说派员赴日学习军事外，并密语委
员，英、日已结同盟，提出三项助华办法：一、用兵船武力干预，相信日
本海军有力抵抗俄德远东现有舰队，但如俄、德增调舰只东来，则无把
握。二、外交调停，惧不生效。三、联英共同助华。宇都认为第三项办法
最为有效，而且容易实行。② 时英国方面亦有英将于光绪廿三年十一月中
旬以后向自强军总办沈敦和进言，主张中英日三国联盟。在中国则保疆
土，在英国则保商务利益。故刘坤一亦极歆动。③ 时张之洞的看法：倭人
因强敌四逼，乃志在联英华，以图自保。中国正可因此相结。他虽不认为
日本有力量抵抗俄德，但相信英国海军有此实力。他认为与日本相结的优
点在于："倭肯出力劝英与我联，则英不能非理要求，而我可借英之援助
矣。"④ 而且中国如不联络日本，日本势必附英而窥长江。故于光绪廿三
年十二月十日（1898 年 1 月 2 日）正式奏请与英、日联交，视此为解救
当时危机的第一要着。刘坤一在看法上虽对张之洞的奏请积极支持，但他
抱定德法是世仇的观念，误以为在远东问题上，德与俄亲，俄与法渐疏
远，中国应予运用，同时并联法国，使中国与英、法、日相掎角，以为如
此德必不支。⑤

　　总署则对联英、日以抗俄、德，并不赞成，曾于十二月廿九日
（1898 年 1 月 21 日）电告张之洞说：

> 　　俄焰日炽，各国畏忌，日英尤切。其欲联我无非藉我为屏蔽，无
> 资于我也。既与联，则必有密约。日英政出议院，断难久秘，一经传
> 播，中俄之交绝，德法乘之，其祸不可思议。俄地接壤，且有归辽之
> 助，今又联英日而拒之，前后三年矛盾如此，恐环球各国皆不值也。
> 忆壬辰癸巳之间，英以帕米尔事密议相联拒俄，我如其意不遗余力。

---

　　① 《张文襄公全集》卷 154，第 15 下页，致日本参谋大佐神尾君光臣，光绪廿三年十二月
初四日。

　　② 同上书，卷 79，第 19 下—20 下页，致总署，光绪廿三年十二月初十日。

　　③ 拙著《张之洞的外交政策》，第 100 页。

　　④ 《张文襄公全集》卷 79，第 19 下—20 下页，致总署，光绪廿三年十二月初十日。

　　⑤ 拙著《张之洞的外交政策》，第 100 页。

诓英自规利益，潜与俄盟，割什克南罗喜两部落予俄，而订界约，曾不告我一言，约成而悉其诈。此联英之前车也。日本狃于辽役，民志日骄，其二三老臣尚以为惧。其于我诚有唇齿之势。马关约定，我亦大度处之。……日英求联，皆游士兵官之言，该使从不稍露端倪，联之一事甚不易言。①

事后证明总署的看法是对的。但日本的这种游说行动，确对张之洞的亲日，以及不少国人改变仇日的态度为师法日本，起相当作用。这不能不说是日本外交上的一种成功。

自德占胶澳事件后，中日的外交关系大有改进。迨庚子义和团事件发生，德借惩罚中国之名，派大批军队来华，英为牵制德国，亦商由日本派大军来华。中国对此项行动自然欢迎。而日军在华军风纪远好于德军。诸此均在在改善了中日两国的外交关系，亦促进国人对日本的好感。《辛丑条约》签订后，俄人拒不肯撤东三省驻军。1902 年英日两国为抗俄及支持美国对华门户开放政策而结为同盟，自更获得中国好感。及日俄战争爆发，故中国明虽宣布中立，暗则无论中央及地方均大多助日。因此可以说1897—1905 年间，中国在外交上是一亲日时代，此与社会上的亲日，视日本是中国现代化的理想楷模，恰相配合。于是造成了大批学生前往日本读书，政府及民间常于改革事务上要效法日本。中国不仅不再视日本为仇雠，而且蓄意模仿之。这种改变是在古今中外历史上所罕见的。就日本而言，这显然是其外交的成功。就中国而言，造成此种情况固由于儒家精神的严于律己、仁恕待人，以及国人心胸广阔；也许更重要的仍是国家危险情势的逼迫，在急于求效见功的心理状态下，以为师法日本较为省时省力，可得急效。然则却也反映出，清季国人的自强努力无论甲午战前或战后，均是缺少一种彻底求新的精神。

五　结论

综括上述诸节的讨论，可将国人对甲午战争及日本的看法，归纳为下列诸点：

---

① 《张文襄公全集》卷79，第26 上—27 上页，总署来电，光绪廿三年十二月廿九日到。

（1）战前虽经壬午及甲申的两次事件，国人除李鸿章外，未曾对日本侵略的野心有根本的认识。甚至李鸿章本人亦不曾相信日本会借朝鲜东学党之乱来挑起战争。因此中国并未曾及早地备战。此次战争对中国而言，是突发性的，乃形成了中国是在仓皇失措之中应战。

（2）李鸿章因了解军队的腐化与备战的不足，不敢轻易言战，一切希冀依恃强援，欲以以夷制夷的方法，来避免战争的发生。一般国人在翁同龢、光绪帝的领导下，则出于蔑视日本的传统观念，不了解力量根本不足以言战，因此浮躁虚骄地积极主战。对李鸿章的委曲求和，不能谅解。再加以李氏的依恃强援，列强并不能为李氏所用。于是使彼求和不能，求战未备，而陷入进退维谷之中。

（3）朝中的主战分子是以翁同龢与李鸿藻为领袖，而两人素与李鸿章不睦。李鸿章主和固予反对，主战亦多加杯葛。慈禧太后与光绪帝间的情况也是如此。使无论是和或战均不能当机立断，有所决定。显然党争是对此次战争的失败，应负相当责任。

（4）就议和与割台的问题而言，国人有极为强烈的抗拒反应。只是当时中国在海陆军皆败之后，已无再战能力。而寄望于列强干预，又急切间难于成功。于是被迫只有任日本宰割。因而在心理及感情上充满愤懑与无奈的郁闷。这种愤懑与郁闷在当时遂转而视赴日和谈签订《马关条约》的李鸿章父子为卖国贼。在事后则对中国及台湾历史发展，亦造成相当影响：就中国言，则造成改革与革命运动的兴起。对台湾则潜伏了中国遗弃台湾的怨尤。

（5）正由于这种愤懑与郁闷的影响，才会在战争方结束不久，则产生艳羡日本维新成功的心态，要师法日本，相信中国富强的捷径不是直接采取西洋的富强之术，而是要模仿日本。于是使中国在近代化的努上出现了一个以日本为模式的时期！

（原文载于《甲午战争一百周年纪念学术研讨会论文集》，台湾师范大学历史研究所、历史系编印 1995 年版）

《万国公报》与中日甲午战争

郑师渠

《万国公报》创刊于 1868 年，原名《中国教会新报》，为周刊。1874年起改名《万国公报》，其间一度停刊。1889 年复刊后，改为月刊出版，并成为刚成立不久的英美传教士团体广学会的机关报，一直到 1907 年 7月停刊。美国传教士林乐知长期主持《万国公报》，参与编辑和撰稿的李提摩太、丁韪良诸人，也多是一些著名的英、美传教士。它是外国传教士创办的中文报刊中历时最长、发行最广、影响最大的一家。《万国公报》虽属教会刊物，但教义宣传不是主要的，它实际上是以评论中国时局与介绍外国情况为重点的综合性刊物。

学术界对于《万国公报》虽不乏研究①，但就其与中日甲午战争的关系而言，却尚付阙如。值得注意的是，《万国公报》名声鹊起，产生广泛的影响，恰是以其积极参与报道、评论中日甲午战争为起点的："其最足歆动中国朝野士大夫之报导，则为甲午战争之际所刊载之中东战纪。《万国公报》遂引起朝野官绅之广泛注意。"②《万国公报》于 1896 年底也不无自豪地公开声言：经甲午之役，本刊发行量"从每月一千本逐渐加增，今已盈四千本。且购阅者大都达官贵介名士商绅，故京师及各直省阀阅高门清华别业案头多置此一编，其销流之广，则更远至海外之美澳二洲"。③这也并非虚言。

---

① 北京师范大学历史系毕业的王宁同志的博士论文，即为《万国公报研究》。

② 华文书局编辑部：《影印"教会新报"、"万国公报"缘起》，见《万国公报》（1），台北，华文书局股份有限公司 1968 年影印本。

③ 《万国公报》（26），卷 94，第 16483 页。

甲午战争是近代中国历史发展的重要转折点，影响既深且远。作为外国在华传教士的重要刊物，《万国公报》是怎样报道与评论这场战争的？这自然是十分有意义和饶有兴味的研究课题。它不仅有助于我们进一步了解《万国公报》的立场，而且有助于我们进一步理解甲午战争及其所发生的那个时代。

一

1894 年初，朝鲜南部发生东学党起义，5 月底全州陷落，京城震动。6 月初清政府应朝鲜国王的要求出兵帮助平叛；而日本居心叵测，以中日《天津条约》为口实，也同时增兵朝鲜，从而形成了中日军队在朝鲜对峙的局面。这是中日战争爆发的导火索。《万国公报》于此十分敏感，1894 年 7 月卷 3 上便发表了《朝鲜纪乱》，初次报道了中日军队在朝鲜对峙的严重事态。其后每月一纪，定名"乱朝纪"（后改称"朝乱纪"），前后共 16 篇，较为系统地跟踪报道了中日甲午战争的全过程。与此同时，《万国公报》还配发了主要是由林乐知诸人撰写的为数甚多的评论文章及记述各国反应的消息等，从而形成了自己颇为鲜明的立场与态度。但是，需要指出的是，在战争的前后期，它的立场与态度曾发生了根本性的变化。

在战争的初期，《万国公报》支持中国，谴责日本的立场十分明显。上述《朝鲜纪乱》就指出："中国出师为藩邦戡乱，实属名正言顺"，而日本以《天津条约》为借口，拒绝各国调停，"则是日本自知其曲而思图逞志于戎行，中国于此岂尚甘于退让哉！"[①] 林乐知等且认为，中国应邀出兵朝鲜，并无利人土地之心，其主张不干涉朝鲜内政，中日同时退兵以保全太平大局，是完全合理的，故深得"五洲万国之所共谅"。而日本借口帮助朝鲜改革内政，拒绝退兵，虚伪之至："然而日本之心，岂真厚爱乎朝鲜哉！"[②] 与此相应，《万国公报》不但相信中国必胜，而且积极为之出谋划策，主张狠狠教训日本。1894 年 9 月发表的《乱朝纪三》甚至主张厚集兵力，远征日本，一锤定音。文章说，"愚见所及，中国有亟应措

---

① 《万国公报》（23），卷 66，第 14555 页。

② 《中日朝兵祸推本穷原说》，《万国公报》（23），卷 68，第 14646 页。

置者五端"：一曰"厚集海军"。中国南北两洋及闽广等省，兵舰之多远驾日本，又有北洋水师，威望素著，"区区岛国，岂敢争衡？"由是，"将得其人，船得其用，征东之大本定矣"。二曰"大发陆军"。海陆并进，聚而歼之，"一弹指间耳"。"韩都恢复可期，保存藩之大局可成矣。"三曰"以攻为守"。不能固守，当主动出击，进兵东京，长驱进入。"东京唾手而可得，彼自称为明治天皇者，行见为拿破仑第三之续矣。"四曰"以战为和"。五曰"以存为灭"。即不必灭日本，但要赔款，"日本偿银，但有一丝一毫之未缴，中国戍卒，即无一日之离防"。① 林乐知在另一处也愤慨陈词："若居今为中国计，则有二策焉：一曰力保朝鲜，一曰痛剿日本。"日本狂妄，不加痛剿，定然为祸天下："浸假而得志于朝鲜，又将觊觎中华之重地矣；浸假而再毒于中华，又将欺侮欧洲之雄国矣。肆意妄行，何所不至！"② 直到同年10月，《万国公报》卷69还发表了《英将谭兵》，即对曾在北洋水师任职的英水师副提督琅威理的访谈录。这位英国将军断言，中国海军的实力不容低估，不仅足以战胜日本，即与西方大国战亦觉绰绰有余。③

应当说，《万国公报》取上述的立场与态度自有其合理性。其一，中日甲午战争全然是日本奉行对外侵略扩张政策蓄谋挑起的，尊重事实的明眼人都不难看出这一点。人所共知，美国在其时中日交涉中一直是站在日本一边的，但其驻朝鲜公使西尔向他的政府报告中日对峙时，却也十分明确地指出："中国人赞成同时撤出，日本人固执己见。疑其别有用心，日本似乎要战争。"又说："日本在这里的行动被指责为轻率的、无理的好战行动。虽然从来没有一次国际争端比这个更缺乏正当的理由，但两国军队间的冲突似乎是迫在眉睫了。"④ 足见《万国公报》此时是正视了事实的。其二，中国自鸦片战争以降虽国势衰堕，但在西方人的眼里，仍不失为东亚的大国。中日相较，就国土与人口论，中国占绝对优势，固不待言；即就军力而论，中国行洋务运动30年，购舰练兵，在在进行，北洋水师声威尤著，至少当不在日本之下。因之，西人推论，两国开战，中国

---

① 《万国公报》（23），卷68，第14684页。

② 《中日朝兵祸推本穷原说》，《万国公报》（23），卷68，第14648页。

③ 《万国公报》（23），卷69，第14747页。

④ ［英］菲利浦·约瑟夫：《列强对华外交》，胡滨译，商务印书馆1959年版，第44、46页。

可操胜券，也在情理之中。但问题在于，他们高估了缘国之大小所决定的诸多有形因素，而低估了包括清朝统治者的腐朽程度、日本统治者励精图治及其处心积虑等诸多无形因素，因之对中国优势的估计，不免失之乐观；至于上述显然不负责任的夸大其词，更多的还是流露了参与撰稿的中国士人传统的虚骄心理。

但是，自1894年11月卷70起，《万国公报》对中日战争的立场与态度发生了根本性的改变。首先，林乐知等人由中国必胜论者转变成了中国必败论者。9月，经平壤之役，清军兵败如山倒，战火烧到辽东之后，《万国公报》惊呼事出意料之外，对中国顿失信心。林乐知写道："中国昔日自夸之处，至此而扫地殆尽……总而言之，中国至今日，实已一败涂地，不可收拾。"① "吁嗟乎悲哉！余壹不知夫中国之懦弱屡怯，竟至于斯也。呜呼，惜哉！"② 而1895年2月《万国公报》卷73刊载的对前英驻华公使威妥玛的长篇访谈录，则已是在强调中国之败，事有固然了。其次，由肯定中国的正义性，转而极力混淆是非，甚至不惜颠倒黑白，为日本侵略者张目。如果说，随着战争的进程，时移势异，《万国公报》由看好中国变为看好日本，这自有根据，无可厚非；那么，其后一种的转变，则完全暴露了《万国公报》最终信奉的仍无非是"强权即公理"这一殖民主义者的信条。

1895年1月，林乐知在《以宽恕释仇怨说》一文中说："至论中日两国之是非曲直，则中国任朝鲜之败坏，而不加整顿，固亦有不是处，亦有曲处，然日本之甘为戎首，而以强词夺理，则其但有曲处，而无是处可知……所惜天下事，往往不论理而论势。今中国亦既败矣，遂有偏于日本者。"③ 在这里，林乐知强调中国也有不是处、曲处，已经是在有意模糊是非了，而且这种倾向愈往后则愈露骨。5月《万国公报》刊载《追译中东失和之先往来公牍》，其中包括由西文译出的战前中日双方交涉公牍9件。林乐知在按语中说，从这些文件看，双方互相咨照，词意和平，唯中国始终坚持朝鲜是其属国，"轻蔑日本之意，实于言外见得。从此衅隙渐开"。日本坚持"断难坐视朝鲜沉沦苦海"，要求改革朝鲜内政以免乱

---

① 《满招损谦受益时乃天道论》，《万国公报》（23），卷72，第14910页。
② 《乱朝纪六》，《万国公报》（23），卷70，第14811页。
③ 《万国公报》（23），卷72，第14914页。

图治,但是,"中国仍力驳之,而兵祸成矣"。林乐知意犹未足,最后还特别强调指出:"又按中国素轻日本,谓为不过朝鲜之流亚,故日本与朝鲜立约,称为平等之时,毫不过问,岂不曰中国固加于日朝一等哉……中国不谙外事,惟知高自期许,于他人蔑视之耻,偏淡焉其若忘。呜呼,惜哉!吾甚愿中国化其视日朝为平等之心,并化其自视加人一等之心,遂化泰西视我为降等之心,则中日可为同等者,东西亦无异等,耻辱雪而等威定矣。"① 很显然,林乐知将中日冲突的起因,最终归结为中国自大,蔑视日本。同时,复将日本说成欲登朝鲜于衽席和敢于与中国争平等的仁勇之国。其颠倒是非,莫此为甚!这不仅与《万国公报》前期的立场相矛盾,即是与上述"中国有曲处,日本无是处"的说法相较,也已是大相径庭。所以,毫不奇怪,有中国士人指责林乐知"不正日本之罪,而反招中国之过"。但后者一意孤行,随着中国败局渐趋明朗,其偏见也变得更加赤裸裸了。6月,《万国公报》卷77发表《中东失和古今本末考》,内含明万历年间丰臣秀吉两度侵朝所引起的中日交涉的部分文件。明军援朝,两败丰臣秀吉,久成中朝联合抗敌的历史佳话。② 林乐知不是借此去揭露日本扩张侵略的历史根源,相反,目的却是要强调现实中的中日战争不过是两国历史上恩恩怨怨的延续,从而进一步抹杀了是非,实际上是为日本的侵略行径做掩饰。不仅如此,他在"总跋"中甚至公然歪曲历史,说:据所译日方的文件,"几疑曲在中国"。特别要指出的是,文中还收有译自西文的张佩纶与李鸿章的奏疏各一通:《前左副都御史张幼樵副宪奏请豫防东患疏》和《合肥相遵议豫防东患兼定征东良策疏》。林乐知如获至宝,据此强调说:近30年来,中日"诈虞未泯,猜忌渐深,孰是孰非,孰曲孰直,具备两造各执一词,虽具老吏断狱之才,而竟委穷源,岂能爰书之骤定"?张、李二疏说明,自琉球被灭后,中国不动声色,"实有图日之意"。林乐知称,有人说"中日之役,日本有心以图中华,中国无意而遇敌",这种说法是错误的,若必欲区分是非曲直,中国固然可以自以为有理,但日本又何尝不可以振振有词?实际上,数年前有西人问日本大臣何以备战,后者就曾回答说:"防中国也,不得已也。中国屡思泄忿于我,我若偶不经心,祸不旋踵矣。"林乐知再一次颠倒黑白,干脆将

① 《万国公报》(24),卷76,第15193、15194页。
② 参看翦伯赞主编《中国史纲要》第3册第八章,人民出版社1979年版。

日本说成受害者了。

　　人所尽知，自 16 世纪末丰臣秀吉初步统一日本和两度入侵朝鲜起，日本便开始了酝酿对外扩张的"大陆政策"，而其最终形成正是在明治维新之后。这集中的表现即在于"征韩论"喧嚣一时，并实际上成了日本部分军阀所奉行的国策。故有人提出："朝鲜国北连满洲，西接鞑清之地，绥服此地，实为保全皇国之基础，成国今后经略万国之基石，倘被他人占先，国事休矣！"基于此一考虑，一些军阀叫嚣："首先要积蓄实力，把朝鲜置于日本的支配之下，并抱持（控制）中国"。① 从 19 世纪 70 年代起，日本先后侵略中国台湾，侵犯朝鲜，吞并琉球，小试锋芒，屡屡得手，使其扩张野心备受鼓舞，从而更加处心积虑和急切地推进它的"大陆政策"。需要指出的是，对于这一点，后来的日本军国主义者洋洋自得，不仅不讳言，且力加宣扬，不以为耻，反以为荣。东亚同文会是日本军国主义分子为了鼓吹侵略而组织的一个半官方团体，成立于 1898 年，即甲午中日战争后第 3 年。1934 年，也就是"九一八"事变后的第 3 年，该会特在其下设置了一个对华功劳者传记编纂会，纂辑自明治改革至"九一八"事变为止大约 70 年间日本侵略中国过程中的大事和"有功"人员的传记，《对华回忆录》就是它的产物。该书在第 1 编第 1 节"总说"中，这样写道："这本回忆录将略述在这个时期的中日外交关系，总括大要，明示趋势真相。并将附加对华先驱者列传，俾使其留芳千古。凡此不畏困难，不避危险，出生入死，惨淡经营之事迹，虽懦夫一读，也会感奋而兴起！今满洲建国之业已成，皇威广被宇内，大东亚的曙光，正灿然照耀于东方。当此时际，每一念及我们的所以能有今日，诚非一朝一夕之故，益感对于前辈志士的宏规远谟，不能不有所纪念。姑请先述七十年的风云，借以报效前辈的伟绩。从明治 7 年（1874 年）征台之役起，以后琉球问题、朝鲜事变、天津条约等中日间的交涉事项，接踵而至，以至于我朝野人士，活跃于中国大陆，探究根源，实在兆端于明治 6 年震撼朝廷的征韩论争。由于这种意义，我们对华问题的回顾，要先从征韩论的争辩起笔，明示它的真相，然后再及其他。"② 该书将日本 70 年侵华的"伟业"，归功于所谓明治初年的"宏规远谟"即"征韩论"所彰显的"大

① 转引自苑书义等《中国近代史新编》中册，人民出版社 1986 年版，第 297 页。
② 《对华回忆录》第 1 编第 1 节，商务印书馆 1959 年版，第 5、6 页。

陆政策"，可以说，是日本军国主义者自暴真相！

其时，在清政府内部，张佩纶等一些感觉敏锐的官员，实已注意到日本扩张侵略的威胁。光绪八年八月，张佩纶上《密定东征之策以靖藩服折》（即上述《豫防东患书》），指出："日本凭寡倾危，琉球之地久踞不归，朝鲜祸起萧墙，殃及宾馆。彼狃于琉球故智，劫盟索费，贪婪无厌。"① 请令南北洋大臣及沿海督抚，迅练水陆各军，以备进规日本。清廷也觉事关重大，上谕交李鸿章先行通盘筹划，迅速复奏。李鸿章旋上《议复张佩纶靖藩服折》（即上述《遵议豫防东患兼定征东良策疏》）。他说：跨海远征，胜负难有把握，"第征东之事不必有，征东之志不可无。中国添练水师实不容一日稍缓。"② 作为清流健将，张佩纶虽不乏敏锐，但不免视事太易，流于书生意气。李鸿章终究老成，"第征东之事不必有"一句，实已明确地否定前者，但他复借"征东之志不可无"的高调，巧妙地将前者尖锐的意见，转换成了"添练水师实不容一日稍缓"的议事常项，使被驳者也不便坚持。要言之，李鸿章的议复，不赞成张佩纶的意见，而清廷显然也认可了，故张的所谓征东说遂告搁置。但是，甲午惨败说明，事实上李鸿章连这一议事常项也并未真正落实！北洋水师营务处总办罗丰禄在光绪十六年八月初一日写给兄长的信中曾十分肯定地指出："二哥大人如见……海侄既愿在船，甚属好事。合肥在此作督，海上断不用兵。祈勿虑。"合肥即李鸿章。孔祥吉先生据此评论说："罗丰禄写此信时，已在北洋任职几乎达 10 年之久。他算把准了李鸿章的脉搏，故能做出'海上断不用兵'的结论。一个'断'字，道出了李鸿章内心的玄机。这个'断'字，也与李鸿章在甲午战争中所推行的政策，有着密切的关系。"③ 此判断是对的。甲午战争爆发后，张佩纶在与人书中所说的话，也印证了这一点："日本奸究，防不胜防。鄙人自壬午以来，屡以日本必噬朝鲜为虑，屡上章疏为曲突徙薪之计，海军疏更切言之。"日人知之，恨之入骨。后被劾去职，复与合肥缔姻。现在甚悔，未能应邀代治公事，否则，"以我之猛济其宽，淮将、海军何至如此？日本即不寝谋，亦

① 《光绪朝东华录》（二），中华书局 1984 年版，第 134 页。
② 《李鸿章全集》（3），海南出版社 1997 年版，第 1359 页。
③ 孔祥吉：《甲午战争中北洋水师上层人物的心态》，《近代史研究》2000 年第 6 期。

堪一战……此地是鄙人不老辣处。所以然者，一肚皮线订书为害耳"。①
张佩纶所言，虽不免于好自高标，但他慨叹自己的先见之明未被采纳，却
是合乎实际的。

耐人寻味的是，英国学者菲利浦·约瑟夫在 1929 年出版的《列强对
华外交》一书中，对此也做了评论。他说：日本人"他们很早以来就能
看到中国总理衙门的秘密档案，并且准备着在最有利的时机实现他们的大
陆政策"。"他们从中国的秘密档案中获悉：中国打算就琉球问题向日本
寻衅，以便恢复它在远东的霸权。早在 1882 年，中国大臣们就商定了这
个计划。可是，中国官场的腐败，使中国未能进行对日作战的必要准备。
另一方面，日本的海军和陆军已经准备就绪……并且他们急盼在中国未动
手之前下手。因此，他们决定了对中国的战争。"② 此一判断与上述张佩
纶的说法，也正相符合。故据此，可以提出两点：其一，是日本的咄咄逼
人的侵略扩张迫使清政府谋求应对，而非相反；其二，清政府根本没有征
东计划，甚至也没能形成积极的防东计划；退一步说，即便有这样的计
划，也并不能改变日本挑起侵华战争的事实。所以，林乐知费尽心机进行
所谓的"中东失和古今本末考"，试图进一步掩饰日本的侵略本质，甚至
强调中国先有"图日之意"，才引起了日本回应，这说明其囿于偏见，不
惜歪曲历史，颠倒黑白，已是心劳日绌。

不仅如此，《万国公报》还编译了大量西方报刊的言论，以证明自己
的观点乃属"公见"。例如，它曾转译《泰晤士报》云："中败而不自承
其败，犹可说也，及至遣使议和，则已自知不敌，然仍含骄傲之意，此岂
局外人所能测哉！中国将谓他国皆糊涂虫哉，及观其待各国也亦无不然。
各国之所以让之者，盖一敬其为古大国，一念其语言文字之末节，不必缘
之而多事耳。日本则不然，且业既开衅，战亦甚易，非平空宣战可比。为
中国计，自宜先知日本于我藐视之心，素不甘服，则办理和局自易奏功。
乃不但不知，且仍视日本为边寇，故不能以兵威而去之，即姑以财力贿而
出之而已……此和议之所以难成也。"③ 事实是，1895 年 1 月初清政府在

---

① 中国史学会主编：《中国近代史资料丛刊·中日战争》（5），上海人民出版社 1957 年版，
第 224、225 页。
② 参见该书第 40 页。
③ 《朝乱纪十》，《万国公报》（24），卷 75，第 15155 页。

十分屈辱的情况下，派张荫桓、邵友濂为全权议和大臣赴广岛与日本议和，但后者却借口中国代表全权不足，实际上是将之驱逐，从而破坏了广岛和议。日本是有意拖延时间，为了能占领刘公岛并最后消灭北洋舰队，以便使自己在和谈中占更有利的地位，同时，也是要迫使清政府派出李鸿章来日本议和。这里，《泰晤士报》却诬中国傲慢，破坏了和议，公然颠倒黑白！这些转译的西方报刊言论，无疑增强了《万国公报》宣传的恶劣影响，同时也助成了某种定格，即在中国士人的眼里，《万国公报》及英国偏袒日本的形象。林乐知对此深以为忧，曾做这样的解释："今日之时局，理不能与势敌，势苟弱，理即与之俱弱。即如中东交战一役，历观西报，比比皆然。然本报不表而出之，中国岂知其命意之所在？故一年来所译各报，绝不愿稍从粉饰。及至和局粗定，俄法德三国，起而阻日本之割地，英国则效寒蝉之噤声，彼华人之无识者，必将感三国之助我，而疑英之阴祖日本。呜呼，岂其然哉！岂其然哉！"① 然而，这种"此地无银三百两"式的辩解，结果只能是欲盖而弥彰。

二

　　信奉"强权即公理"的殖民主义信条，固然是《万国公报》与林乐知好言"理不敌势"、偏袒日本的一个原因；但是归根结底，作为广学会的机关刊物，《万国公报》的宣传取向代表了英、美主要是英国的利益，这才是最为根本的原因。

　　从西方列强全球争霸的格局看，中日甲午战争的爆发，是列强冲突的焦点集中于朝鲜一隅的必然结果。1894 年 11 月《万国公报》卷 70 上发表有《中东之战关系地球全局说》一文，实际上已指出这一点。文章说，从全球看，世界各地除中国、日本之外，已尽入欧人之手。英俄法三国全力争夺世界"威柄"即霸权，原先集注于中亚，今则冲突转至于朝鲜。英于印度，法于越南，俄于西伯利亚，都有由西渐东之趋势。俄因在中亚受阻，正修西伯利亚铁路，争谋控制朝鲜，以求获得东部不冻港。英为阻俄南下，故于 10 年前有据朝巨文岛之举，"阳为自保商务，阴实预杜俄谋"。后俄许英不谋朝鲜，英师旋撤，但彼此猜测防范之心不减。法据越

---

　　①　《哀私议以广公见论》，《万国公报》（24），卷 77，第 15266 页。

南，觊觎暹罗，以通亚洲的利薮，威胁英在印度的利益，故英决不肯稍让。俄法合纵，英必与中合，日又必与俄法合。"然则中英俄法日之战，始于亚东矣。东亚之既开，欧西之局大震。德奥意连横诸国，将趁机而齐起。萃中英德奥意五国之全力，以伐俄法日三无道之国，胜负之数即曰无待蓍龟，而烽火连天，为患岂可思议。"① 是文指出了朝鲜已成为以英、俄对抗为主轴的列强争夺的焦点，这是对的；但它显然回避了此一背景与中日战争爆发间以下更为深层的内在联系：其一，英俄诸国为各自的利益都曾利用中国对朝的宗藩关系。英、俄为了能通过中国控制朝鲜，曾不约而同地都希望中国加强对朝鲜的"宗主国地位"，特别是英国甚至还一度怂恿中国"吞并"朝鲜。而日本在策动甲申政变失败后，愈益感到要吞并朝鲜，首先必须打败中国。无奈时机尚未成熟，遂改韬光养晦，伺机而动。但日本担心俄国对朝鲜的野心，一改常态，也怂恿中国加强中朝的"宗藩关系"，以便将清政府推到台前，更有利于自己在幕后操纵朝鲜的内政。日本在这个问题上态度时变，全然取决于自己纵横捭阖以控制朝鲜的策略。② 其二，英俄美诸国站到日本一边，是日本敢于最终发难的重要原因。英国为抵制俄国，始终拉拢日本，乐观日本坐大。英国《圣詹姆士官报》曾著文露骨地说："在今后许多年中，日本对于我们不会有任何损害。我们不必反对它在太平洋上的海军力量。无疑地，它将威胁和震动俄国，但这和我们毫不相干。让日本和俄国一决胜负，如果它们高兴的话。就我们自己说来，如果日本对于正向亚洲北部伸出一个长爪的令人可怕的帝国形成一种对抗力量，我们并不吃亏。同时，假如日本打开中国的巨大领土对外通商，尽管有横滨和东京方面的竞争，我们在全世界各族人民中因此而获得的利益最大。"③ 事实上，英国在战争爆发前已与日本正式结盟。俄国对英国的策略自然是清楚的，但是俄国想吞并朝鲜，却苦于西伯利亚铁路尚未修成，军事准备不足，复受英国牵制，不敢贸然行事。因此它也乐于让日本打先锋，以便从中渔利。而美国从支持日本侵略台湾时起，就一直站在日本的一边。这样，日本利用大国间的矛盾，使英俄美诸国都站到自己一边，国际上的顾虑消除了，最终发难的时机已经成熟，

---

① 《万国公报》（23），卷70，第14779、14780页。
② 参见戴逸等《甲午战争与东亚政治》第二章，中国社会科学出版社1994年版。
③ 转引自《列强对华外交》，第72页。

只需要找到一个借口，而这个借口自然是不难找到的。其三，英国对中国的策略。英虽袒日，但它仍然希望中国能在自己的远东政策中发挥某种工具的作用。在战争爆发前，它曾建议清政府缔结"中英同盟"，以与法国在华南的势力抗衡；而它与俄国因阿富汗东北边界问题正发生冲突，也需中国的合作。此外，英以为中国作为大国具有巨大的潜力，它很有可能取得战争的胜利。缘是之故，在战争初期，英袒日多隐而不显。① 明白了上述关系，便不难理解，何以《万国公报》与林乐知诸人开始极力鼓吹"中国出师为藩邦戡乱，实属名正言顺"，后来却转而攻击中国坚持视朝为属国，促成了中日的决裂，公开袒日，出尔反尔，虚伪之至。要言之，《万国公报》与林乐知诸人对于甲午战争，前后立场与态度的根本性变化，归根结底是体现了英国在远东的战略利益。

《万国公报》的此种取向，其后在极力鼓吹中国当无条件接受日本提出的不平等条约，竭力抨击俄、法、德三国干涉还辽和《中俄密约》，表现得愈加明显。

在战争的最后阶段，日本虽答应与清政府议和，但蛮横之至，几乎是以最后通牒的方式迫使李鸿章接受条件极为苛刻的、包括割让台湾和辽东半岛、赔款两万万两等条款在内的《马关条约》。消息传来，国内哗然，弹章交至，无不指斥李鸿章祸国殃民。但是，《万国公报》却公然宣称：中国既然战败，就应当无条件接受日本条件，况且后者提出的要求十分公道。京内外臣工弹章纷至，无非昧今狃古，并不足道。"中国一败涂地至此而极，日本要求之事只此数端，尚不失为公道。"② 中国有四万万人口，赔款两万万两，为数区区，人出一金，尚多富裕。"华民虽贫，少此区区，岂即不能谋朝夕哉！"③《万国公报》更极力攻击台湾军民的反割台斗争。林乐知说，李经方割台礼成，"而台民偏断断然抗之，是非抗日本而抗朝廷也。忠义之士岂宜出此"！④ 至于刘永福，不能遵朝议，全师以退，"违制据地作俑自主固属可恨"。⑤ 他甚至还教训清政府当守和约，严令台湾官员内撤："台湾之畀敌也，藏诸盟府，历历可稽，诚宜趣撤守臣，以

<hr/>

① 参见刘培华《近代中外关系史》上册第五章，北京大学出版社 1986 年版。

② 《朝乱纪十二》，《万国公报》（24），卷 77，第 15304 页。

③ 蔡子：《新语十一》，《万国公报》（25），卷 83，第 15713 页。

④ 《朝乱纪十二》，《万国公报》（24），卷 77，第 15305 页。

⑤ 《台湾东归》，《万国公报》（25），卷 82，第 15644 页。

昭大信于天下，乃嗫口默坐，漠然清□之上，则将明让朝鲜非华属，而阴许台湾为海外夫余耶！"① 《万国公报》的立论，显然是站在日本侵略者一边，欲诱逼中国接受不平等条约。

《万国公报》竭力诱逼中国接受《马关条约》，归根结底，并非为了日本，而是反映了英国的利益。实际上，由于英国占中国贸易的50%以上，所以一开始它也担心日本与中国订约，有可能排斥自己在华的利益。精明的日本为了缓和英国舆论的猜忌，有意透过媒体向英国示好。1895年3月8日伦敦《泰晤士报》刊登了一篇来自东京的重要声明说："下面这篇声明，是从最高方面得来的，并且绝对可以视为代表日本目前的看法：'……关于议和的条件，目前全部都说出来是不得当的，但是，可以说：日本要使中国全境开放通商，并非企图为自己获得较任何其他国家更有利的条件。'"② 无论如何，4月4日日本发表了和约条款，4月8日英国内阁召集会议，决定不加干涉，原因是媾和条件与英国利益无损。当天的《泰晤士报》说，辽东领土的割让没有损害英国的利益，"而按照协定的其他部分，英国的利益可能有所增进"。③ 菲利浦·约瑟夫在《列强对华外交》中这样评论道：《马关条约》注意到了英国的利益，"而且是有意地要博得英国政府的赞可。尽管日本在华贸易是较为不重要的，它却提出了广泛的通商利益的要求，这些通商利益正是英国商人们渴望已久，而至今未能获得的。如果它获得这些利益，英国人根据他们的最惠国地位，也将获得这些利益。事实上，由于英国在华贸易的优势，从第四款、第六款、第七款、第八款、第九款、第十款、第十一款及第十二款要求中，英国商人或许较日本人自己获得更多的利益"。④ 实际上，当时英国商人们看得更远，《中国通与英国外交部》的作者伯尔考维茨在书中写道："像前任中国承审公堂英国审判长理查·瑞尼在那次晚宴上所说的"，在战后，中国也许需要一笔借款，当它以一个巨额借款人出现在欧洲市场时，欧洲的金融家便会问"用什么担保"？那么中国就不得不给予铁路、电报、矿山等特许，而这正是商界一向梦寐以求的迫使中国改革工商业的绝

---

① 《险语对中上》，《万国公报》(25)，卷83，第15659页。

② 转引自《列强对华外交》，第67页。

③ 〔英〕伯尔考维茨：《中国通与英国外交部》，江载华、陈衍译，商务印书馆1960年版，第215页。

④ 《列强对华外交》，第85、86页。

妙机会。在 1895 年 2 月，使商人们感到兴奋的，不是日本侵略或俄国竞争的威胁，而是那英国贸易和投资的"绝妙机会"。① 其后的历史证明，英国商人判断并没有错，甲午战后列强掀起了竞相瓜分中国的狂潮，英国果然大获其利。缘是以观，《万国公报》为《马关条约》大唱赞歌，一再诱逼中国接受这个丧权辱国的不平等条约，它究竟为谁辛苦为谁忙，不是很清楚吗！

1895 年 4 月《马关条约》订立，其中割让辽东半岛的条款，直接威胁了俄国在华的侵略利益，首先激起了俄国的强烈反对，它要求日本吐出辽东半岛。法、德出于各自利益的考虑，同意共同干涉。三国干涉还辽的目的不是为了中国，但它不符合英、美的利益。《万国公报》强烈地反映了这一点。《朝乱纪十一》写道："俄罗斯纠约法德二国，力扼日本，俾不得逞志于满洲，阳托于仗义执言之例，实则各自保其利益，初非有爱于中华也。俄人之浸浸图南者，已非一日，日本之福，俄罗斯之忧也。其必抗之者，势也。法既得安南，即图台湾，今忽焉而折于日本，法人之不能甘心者，亦势也。独德与法为世仇，俄与法合，德即联奥意以拒之，今助俄法，事出意外……总之，各有深意，绝不肯为中国援手，则皆事有必至，理有固然也。"这里的揭露是对的，但其命意只在排俄，也绝非有爱于中国。所以，作者最后竟荒唐地劝告中国说，既要割让土地，最好还是送给日本："奈何其助外人，而抑邻国哉！吾请以一言决之曰，中国能自强，寸土尺民，不可与人也；否则，与其欧洲，无若日本！"② 三国干涉还辽与英之袒日，形成了鲜明的对照，中国舆论因之对英不利。对此，《万国公报》强辩说："若夫我英，当中日战祸大开之顷，有以未曾助中败日之说进者，特其人之偏见然耳。"又有人说英未能逼日停战，试问日兵所以不能攻上海，入长江，岂非我英国之功？③ 为将英国装扮成高尚无私的国家，《万国公报》上竟然有文编造故事说：中日战争将毕时，清政府为拒日，宁愿将台湾让与英国，曾通过中国驻英公使一再表示要让台，但都被婉拒了。④ 其用心可谓良苦！

① 《中国通与英国外交部》，第 209 页。
② 《万国公报》（24），卷 76，第 15227、15228 页。
③ 关心时局人译：《中俄订约论》，《万国公报》（27），卷 100，第 16868、16869 页。
④ 林荣章译：《让台记并序》，《万国公报》（26），卷 96，第 16617—16619 页。

但无论如何，俄国带头干涉，使辽东半岛失而复得，清政府于此感恩不尽，并最终形成了亲俄联俄的外交政策。这自然也为俄国进一步扩大对华侵略，提供了新的空间。1896 年 6 月李鸿章参加尼古拉二世加冕典礼时，与俄国秘密签订的《御敌互相援助条约》即《中俄密约》，不啻是俄国从清政府那里索得的一份丰厚的回报。通过这一密约，俄国不仅夺得了中国东北的路权，而且打开了此后俄国海、陆军进入中国的通道。这对中国来说，固然是权益的重大损失，但对于英美来说，让俄国捷足先登，控制中国东北，却也是"是可忍孰不可忍"的事。《泰晤士报》称之为"无比大胆地对于现有势力均衡的破坏"，并且提醒英国政府需要"根本改变办法来保持它现在的地位和商业利益"。该报引用了美国的意见说，"俄国的行动，如果证实了的话，是对中国担负起保护权，而且只能解释为意在打破在东方的现有势力均衡"。①《万国公报》充分表达了英美的愤愤之情。1896 年 4 月，《万国公报》转载了上海《字林西报》所披露的《中俄密约》，并在按语中指出："中国之于各国诚宜一视同仁，断不肯徇一国之私，而召列邦之大妒。"它以为此事不可思议，不敢相信会是真的，故强烈要求"中国政府赐书敝馆，实指其作伪之据，俾得代为传播，于以破欧洲人士之疑团，即以表中国官家之卓识也"。② 事实得到证实之后，《万国公报》即发表了《密约谣评》一文，其中引"京信"，指斥清政府签订此约，丧权辱国，遗臭万年："君阅此约，知中国误堕俄之彀中，必将忧闷不堪。余（寄书人自谓）则以为中国王大臣乃竟订此约，不啻弃本国于无何有之乡，卖国辱主之名，必遗臭于万年，永远不能洗涤矣。俄国幸而得此，再益之以心力，不第东三省全归掌握已也，北五省亦必折入于俄，且安坐可待，不必旷日持久矣。"③《万国公报》一向看重李鸿章，当李因签订割地赔款的《马关条约》备受弹劾时，它曾极力为之辩解。但现在《中俄订约论》一文，却指名谴责李鸿章"目光短视"，"昧昧从事"，"暗堕彼术而不知"。文章认为，中国的三千万两赎辽费，只为俄人出而已，因为东三省终将落入俄人之手。中国疏英而亲俄，甘心受骗，愚

①　《中国通与英国外交部》，第 224 页。

②　《照译中俄密约》，《万国公报》（25），卷 87，第 15984 页。

③　《万国公报》（25），卷 88，第 16036 页。

昧殊甚!①

　　如果说，上述二文还仅是代英国宣泄愤懑之情的话，那么，李佳白的《东三省边防论》则提出了防范俄国人的具体建议，已是上呈清政府的条陈了。李佳白首先提醒清政府注意：俄人干涉日人还辽，却无意于阻割台湾。以中国形势言，辽东显然重于台湾；以万国公法言，阻割台湾，其词复严于阻割辽东。俄人所以顾此而舍彼，其意甚明，即为控制东三省预留地步。所以，中国于俄，"盟不可信，交不可恃"。伊犁之变，殷鉴不远。俄人甚至无须败盟兴戎，只需一日借口取东三省于内寇之手，中国将无词以相诘难。"而陵寝所在，列祖创业所基，竟沦异族，间尝独居深念，事盖在不可言者。"他复表白说，俄在中亚受阻，转谋东亚，其雄长全球的野心，欧美各国共知。自己居中国十多年，衣食住行，无非华化，亦自视为华人矣。食毛践土，每思报称。李佳白因之提出四条防俄建议：一曰"兴农政以靖奸宄"。二曰"设口岸以固险要"。旅顺、大连乃军事要地，仅靠中国军队不足防卫，当开大连为通商口岸，使各国群沾应有利益，不容一国垄断，"掣一国横噬之肘，是为无形之防"。三曰"开铁路以宏规模"。俄西伯利亚铁路成，则中国危。东三省应亟修铁路，否则俄必取道满洲。可请外商修路，美国乃修好之邦，从不干预他国内政，若能将修路事托诸美商，"则内无綮政之虞，外杜强邻之口，实为善策"。四曰"兴矿务以收利权"。俄必觊觎东北矿藏，故当加紧与西国商人合作开矿，"以先声夺人，使俄绝念"。② 李佳白对于俄国图谋染指中国东北野心的剖析，可谓入木三分，但其本意却并非像他自己所标榜的，为报称中国，而在于为将美国的势力引入东北充当说客。

　　从林乐知到李佳白，《万国公报》的主要代表人物都一再表白自己爱中国，将中国当成了自己的第二故乡，故绝无二心。然而，就其在甲午战争中应乎英美的远东战略需要、袒日排俄而言，此言不足信。

三

　　应当承认，《万国公报》所以经甲午战争而名声鹊起，绝非因其袒日

---

① 《万国公报》(27)，卷100，第16868—16870 页。
② 《万国公报》(26)，卷92，第16282—16283 页。

排俄的宣传取向，甚至也不是因它的跟踪报道为时人提供了比较详备的战争信息；真正的原因在于，它结合对战争的评论，十分尖锐和无所顾忌地抨击了清朝封建统治的颠顶腐朽，并疾呼中国当变法图存，从而为正在惊醒的中国人提供了一份清凉剂。

中国作为一个大国，竟然败于蕞尔日本，且溃不成军，一败涂地，是中外人士所始料未及的。平壤溃败后，《万国公报》对于清军的腐朽之极大为震惊，以为不可思议。《乱朝纪四》写道：平壤华军，将不知兵，兵不知将。平日不孚以恩信，战时复克扣军饷。所执之枪，药不配弹，子不配枪。"凡此种种，皆必败之道也。呜呼哀哉！吾不忍再书矣。"① 到《朝乱纪六》，作者则进而将清军失败的原因归结为五：一，"兵多而不精"；二，"势分而不合"；三，"权杂而不专"；四，"倒执而不化"（刑赏不明）；五，"事虚而不实"。② 随着败局渐定，《万国公报》对于中国失败原因的分析，也超越了单纯的军事层面，而扩大到了对这个老大帝国愈趋衰败之深层原因的指陈。

1895 年 2 月《万国公报》曾刊登《广学会第七年综记》，其中特别提到，堂堂中国凌夷至今，几成病入膏肓之人，却不自觉其所失之三大端：一曰"失地"。50 年间，中国陆续割让土地，面积已达六省之广。中国失地人尽知之，但多至如此之数，恐知其实者百无一人。二曰"失民"。50 年前中国生齿已有四百兆，按正常计算，今当有民人六百兆，但考其册报，仍不过四百兆。不知尚有二百兆人谓归何处。失民之多至于此极，世界未有，知其事者千无一人。三曰"失财"。中国财政至少年可增四万万两，而今却一文莫名！然而知其理者万无一人。在作者看来，土地、人口、财政，是治国之基，三者大量流失，国将不国。中国之危，不言而喻，但清政府却无所容心，依然故我。"凡此三失，误在一端，一端者何？"京师衮衮诸公，不知今昔何年，守旧而不知通变之故也。③ 具体说来，在《万国公报》的眼里，华人有八大积习：一曰"骄傲"。尊己轻人，对他国善政不屑一顾，以为戎狄而已，"中华不尚也"。二曰"愚蠢"。既不关心世界，安肯就学远人，徒潜心于诗文，"识见终于不广"。

---

① 《万国公报》（23），卷 69，第 14760 页。

② 《万国公报》（23），卷 71，第 14880 页。

③ 《万国公报》（24），卷 73，第 14997—14998 页。

三曰"悃怯"。不知科学，唯尚迷信，久成怯弱之性，于人于物皆然。故于西人，"非恠之为异类，即畏之为凶人"。四曰"欺诳"。虚文应事，不知实事求是之道；祈天求福，妄听妄信而已。五曰"暴虐"。官府腐败，不问民间疾苦，重刑讯，草菅人命。六曰"贪私"。人多自私，一盘散沙。七曰"因循"。得过且过，"今兹未能，则曰以待来年也。今吾尚病，则曰以望后人也"。八曰"游惰"。征逐歌舞，优游度日。① 这八大积习，"其祸延于国是，其病先中于人心"。所以，归根结底，"朝鲜之役，非日本之能败中国也，中国自败之也"。

　　不过，最值得注意的是林乐知写的《中日两国进止互歧论》和威妥玛对问题的分析。林文从中日比较的角度，探讨中国的致败之由，给人以历史的纵深感，因而也更具启发性。林乐知说：他初到亚洲时，中日皆徒知率由旧章，与西人格格不入。1860 年后，中国开始设总理衙门、京师同文馆等，采西学，延西师；日本也有倒幕之举，并迁都东京，开海口，创西学。后美国驻华大臣蒲安臣归国，中国首次有二旗员随访欧美，适日本也派二臣赴欧美。"虽云分道扬镳，不啻同条共贯。万不料自此以后，中日同异之途显，中日进止之境遂于以定也。"日使归，告以西法善，日主喜之，"不能自已"。由是，访西使臣、留学生络绎于途。复积极延聘西员，改革教育，培养新式人才。全国向化西学，蔚为风气。日本非无守旧者，但时势所迫，销声匿迹。"维新之治，盖至是而名副其实矣。"30年来，因君臣鼓励振兴不遗余力，举凡电线、铁路、邮政、开矿、通商诸大政，日本无不行之。同时复踵西法而立议院，许其民公举议员，以通上下之情。日民乃益感奋，国势缘是日盛。但中国却不然，选幼童出洋肄业，遽尔中止。守旧大臣如倭仁等极力阻挠，且发为谬说：堂堂中国，而学于外夷，耻也。结果争论纷起，采西学难得真正进展，守旧之思依然弥漫国中。"中国乃曰，我自有嘉果在，无借于外也，又岂知中国之果，不可充饥，一旦饥馑荐臻，而始悔移根之不早，呜呼，不亦愚乎！而彼日本者，三十年来，移他邦之嘉种，以成本国之良材，迄于今，柢固根深，果实已垂垂熟矣。"② 在林乐知看来，中日学西方谋维新，起步是相同的，但 30 年后日本终成伟业，而中国凌夷至今，究其原因，端在前者勇于革

---

① 《险语对上》，《万国公报》（25），卷 82，第 15621—15627 页。
② 《万国公报》（23），卷 71，第 14837—14842 页。

故鼎新，后者则"但守祖宗之旧训，不谙经济之新猷"，对一切改革格格
不入。他指斥"临民人者，尸居余气，一窍不通"，其所谓"恪守祖宗成
法"，所谓"成例不准更张，西事不可则效"，无非是加在中国这匹千里
马身上的"铁索"。① 林乐知以为，战败未必是绝对的坏事，中国若能痛
定思痛，从此奋起摆脱守旧的铁索，其强盛当在不远："余以为此正天之
所以福中国。"②《万国公报》早在甲午战争前，就已陆续报道日本变法维
新的消息，不过较为零碎，更缺少评论。林乐知此文是第一篇系统比较中
日成败得失的长文，观点尖锐，具有震撼性。

　　威妥玛也批评中国守旧，不动不变，偶有急难，则似虾一跳而水一
动，及至事过境迁，则又相与淡忘矣。但他没有停留于对中国守旧痼疾的
简单指陈，而是进一步分析了中国人身上存在着的"自相矛盾"的性格。
他说，华人并不缺乏聪明才智，甚至于外事也并非不了解，但问题在于，
"知之者一人，行之者又似别有一人也"。自己常与中国大臣纵谈外事，
后者总是回答说：我朝深欲效法西国，从格致之学入手，以成各种机器，
必将取而用之。至于中国风俗与道学德行，则当终守而不改，"此华人之
见解也"。但是日本却不然，风俗道德皆随新法而变。日人相信，格致新
理需要风俗新章与之相适应。"即此一端，可见日人之巧于华人矣。"中
国之误，在于墨守旧章的观念，"譬之于人，一手欲取新器，而一手仍紧
握旧物，则心必纷而不能安。故有时敦聘一西人，使教华人以制造之业，
及至绘图列说，铸炼成器，即曰：吾事毕矣。问其既得此器，能行与否，
则日久而仍未见其行也"。③ 这里，威妥玛所谓的中国人"自相矛盾"的
性格及其所谓的"华人之见解"，实际上就是洋务派所津津乐道的"中体
西用"原则。所以，威妥玛对中国症结的见解，较林乐知诸人更显深刻，
因为，后者还仅限于对顽固派表示气愤，而前者却已在指摘洋务派及其观
念的落伍了。

　　但是，无论如何，《万国公报》作者的共识：中国不仅已经到"不
可不改，不能不改"的紧要关头，且其当务之急，还在于必须明确此种
求变改过的取向何在：古法尚可守乎？中国果能自创新法乎？或者说，

---

　　① 《险语对中》，《万国公报》（25），卷84，第15727—15730页。

　　② 《满招损谦受益时乃天道论》，《万国公报》（23），卷72，第14912页。

　　③ 《英前使华威妥玛大臣答东方时局问》，《万国公报》（24），卷73，第14991—14992页。

改革之道专在中国之酌古准今乎？显然，"殆非也"。中国变革的唯一取向，或叫救国的良药，只能是求助于西方："中国之迫而求诸外者，势也。"①

《万国公报》发表了许多文章，对中国改革提出了具体的建议。其中，林乐知与李提摩太的意见最为系统。林乐知在《险语对》中提出"五纲"说：一曰"意兴宜发越"。中外交往，一向多阻，意兴阑珊。今求变通，当自意兴发越始。这包括皇上常召见各国公使，并派干员出使各国，以敦进中外和睦。铁路、电报、铸银局等一切益商之事，当大力推行。二曰"权力宜充足"。权力即国力，其强不在武备精良，而在人才兴盛。故中国变通之要务，"当以育才为本"。要设各级学堂，鼓励多读西书。同时设译书院，多派宗室子弟出洋留学。三曰"道德宜纯备"。四曰"政令宜划一"。宜合全国而权归于一，如水陆军务、关权之税务、书院之考政、银局之圜法、信馆之邮政、国家军械局之工程、南北东西之铁路干线、官电局之报务，皆改使直隶政府，由京师总揽宏纲，外省不得过问。办学经费由民众公捐，官不染指。路矿电信各公司，皆应由民间任意创办，官加保护。发明新法，保护专利，不能抑勒。同时，汰冗员，重法治。"法律为一国之主，上自帝后，下及庶司百职，同隶于法律之下，分毫不敢荡佚。"百姓身家性命受法律保护，"上既不能悖律以行私，下自不敢干律以犯分"，更不容官吏舞文以弄法。许民间仿议局之例，凡明理通律者，任民公举以入局。农工商各业有不便，"皆许局商诸官长，达诸部院"。五曰"体统宜整饬"。废刑讯，去妇女不许读书、缠足及娶妾等陋习。② 李提摩太在《新政策并序》中则提出"四纲领"：一"教民之法"。派宗室近支王公、京师各大员、各省督抚子弟、正途人员如翰林等，出国留学，以通中外。立报馆、译西书、建书院、增中西一科，并定额取士，同时设广学部以例统管。二"养民之法"。修铁路、设邮局、开矿、垦荒、制机器、开银行、铸银圆、保商贾、发行政府公报。三"安民之法"。中国百姓不安者，其故有二：外患与内忧，所以安民之法也即在于"和外"与"保内"。"和则大安也，大利也，不和则大危也，大害也。"欲和外，需与各国通好，维持大局，共保太平，尤其"应暗联有大

① 《险语对中中》，《万国公报》（25），卷84，第15727页。
② 《险语对下之中》，《万国公报》（25），卷87，第15955—15958页。

权大德思保大局之国，以为己助"。保内之法就在于使民人各遂其生，士农工商各安其业，其道有四：中西学各适其宜，以免偏私；善筹借款，以解燃眉之急，以求百业俱兴；延请西人，改用西法，整顿海陆军；创行新法，鼓励发明创造。四"新民之法"。中国人多排外，当求改变，办法是多见西人，多读西书西报，多派留学生出洋，多派使臣驻外，办好京师同文馆。①

综观《万国公报》所提出的"新政策"，有三点值得重视：其一，提示了民权的观念。林乐知在谈到应允许民间自由集资兴学、开办铁路电报工厂各公司，官加保护，而不容抑勒时，他强调的理由：西方有君民共主与民主之国，中国虽难冒昧仿行，"然天之生人，无不付以自主之理，人之待人，独不应略予以自主之权乎？"② 这里显然是在表达西方近代天赋人权的重要观念。而他强调法治，以为上自帝、后，下至百官黎民，都必须同隶法律之下，无人可以例外，百姓的身家性命受法律保护，不容侵犯时，则无疑是在提示同样重要的平等的观念。从民权、法治的观念出发，议院的体制问题，自然呼之欲出。如果说，林乐知主张民间设议局，公举明理通律者为议员，以与官府交涉，还仅透露某些端倪的话；那么，狄考文强调"东西两洋，国势勃兴，推厥所由，实维议院"，中国目前不仅少堪充议员之人，且少能举议员之人，故难遽仿效。但今一旦兴学，人才蔚起，"于是并设议院，以通上下之情"，便成必然之趋势，则显然是指明了，中国改革必将导致设立议院这一新的政治体制。③ 主张从民权平等这些西方近代观念的层面上推进中国的变法，说明《万国公报》已不满足于洋务运动，而开始径直要求清政府在政治领域进行某些改革。《万国公报》登载《强学会序》、《上海强学会序》、《上海强学会章程》等维新派的文件，在"附记"中报道了李提摩太专门赴京与维新派接触的消息，并写道："京师新创之强学会，固与广学会气求声应者也。会中人多与先生游，得其序文，函属刊诸本报。因附记其缘起，匪曰玉之自炫，窃幸德之不孤。"④ 其对康梁维新派的关注与支持，本身也正说明了这一点。

① 《万国公报》（25），卷87，第15937—15942页。
② 《险语对下之中》，《万国公报》（25），卷87，第15955页。
③ 《拟请并设总学堂议呈译署王大臣》，《万国公报》（27），卷100，第16860页。
④ 《万国公报》（25），卷83，第15687页。

其二，警告清政府，再不更法，民变将起。狄考文说，沿海各省通商既久，居民素与外人相习，"乐从彼法者，百倍内地"。自备资斧，往西方留学，卓有成就者，也不乏其人。"朝廷守旧不变，隐有携贰之心。"唯有变法图强，才能号召群才，"收拾人心，在此一举"。① 林乐知讲得更坦率，他说：沿海华人多于西方新政耳濡目染，"不免跃跃欲试"。今为日本所败，更觉自惭形秽，而斥官府祸国殃民，"激昂慷慨，有不足为外人道者"。② 故守旧不化，"诚大乱之根苗也，万一华民齐起大呼，求设议院，以通君民之隐"③，国家勉从，固属大幸，但事不出于君上之特恩，而迫于民间之哗变，于国体已是大伤。何况更有甚者，相信西方"以民为主，官吏可任意废置"，其愤于政府误国，难免"有藐法违纪，妄思尝试者……近日粤东之乱是也"。④ 所谓"粤东之乱"，无疑是指 1895 年 10 月兴中会的广州起义。这与康有为在上书中警告光绪帝，再不变法，金田之役将复起，"恐皇上与大臣求为长安布衣而不可得"，颇有相通之处。不过，《万国公报》的此一警告尚另有一层意思：内乱将伤及外人，必引起西方报复。故李佳白要求清政府必须"格外谨慎小心，遇有外国之人，善为保护，不可轻启隙，以致诸多失睦"。居内地之无论商人、教士，都要"尽心保护"，不然外人自行干涉，权柄自归外人。⑤ 由是可知：《万国公报》不希望中国内乱，这与上述它要求清政府维护大局、共保太平是一致的；同时，它宁可维持清朝政权，而不愿发生革命。这也正是列强尤其是英美的政治取向。

其三，强调中国的变法新政应由英美人士来主持。这一点，李提摩太讲得最露骨。他建议清政府成立新政部，以总揽新政，其中华西人各半，主要应聘用英美人士。因为，"此两国皆无忮心，皆不好战，最宜襄助中朝"。他还明确要求让这些英美人士负责总管军事、学部、铁路、筹款、报馆等事项，并推荐了具体的人选。林乐知虽然没有像李提摩太这样，直截了当提出干预中国内政的要求，但他在所译《印度隶英十二益》一文中，引一印度官员的话说：印度在英国的治理下，国富民强，中国也应选东南

① 《拟请并设总学堂呈译署王大臣》，《万国公报》（27），卷 100，第 16859 页。
② 《险语对中上》，《万国公报》（25），卷 83，第 15661 页。
③ 《东抚导民方命论》，《万国公报》（26），卷 98，第 16756 页。
④ 《险语对中上》，《万国公报》（25），卷 83，第 15661 页。
⑤ 《亟宜防外患论》，《万国公报》（26），卷 93，第 16351 页。

两省之地，租归英治，凡有利弊，听其变置，50 年为期，必结善果。① 这无异是主张瓜分中国了。林乐知诸人最终仍然是代表着英美的利益。

探讨《万国公报》与戊戌维新的关系，不是本文的任务，但这里要强调的是，不仅前者所提示的育才为第一要务，进而实现设议院、改革政治、以变法避免内乱等新政主张，实际预设了后来康、梁诸人明显的维新思想的进路；而且它所鼓吹的新政当有英美人士来主持的主张，同样影响了维新派，康有为强调英、美是"救人之国"，甚至奏请光绪任命李提摩太为顾问，就反映了这一点。换言之，《万国公报》的这一方面言论，有助于中国维新思潮的发展，但这并不改变它代表英美利益命意之所在。

《万国公报》是其时报道、评论中日甲午战争最具影响力的刊物。战后，蔡尔康诸人复将相关文章先后辑成《中东战纪本末》初编 8 卷、续编 4 卷出版，一时风行，洛阳纸贵，以至于要劳动苏松太兵备道出示严禁盗版。而其广告也赫然写道：该书不仅是研究中国新政与中日战争的必备书，"且今岁秋闱礼部议准第三场兼问时务，岁科试经古场，尤重之此二编"，是为最重要的"揣摩秘笈"。② 同时，也唯其如此，《万国公报》关于甲午战争的报道与评论，其影响愈益扩大了。但它的报道、评论，是非参半，真伪互见。就其以英、美在远东的利益为价值取向，不惜混淆是非，为日本迫使中国签订不平等的《马关条约》张目而言，它是应当受到谴责的；但是，当它以较为客观的立场比较中日，尖锐地指陈中国致败的深层原因，并从中引出教训来，疾呼清政府幡然改过，革故鼎新时，显然又具有自己的合理性。此种是非真伪的互见，也决定了《万国公报》的宣传得失两分。战后清政府亲俄，既反映了英美远东利益的受损，同时，也说明了《万国公报》前一取向的失败；而斯时勃然兴起的康、梁维新派，几视《万国公报》为启蒙的教科书，并对李提摩太诸人深抱希望，则反映其后一取向获得了很大的成功。历史是多样性的统一。《万国公报》的这种两面性具有一定的典型意义。它说明，近代来华的传教士、商人和其他一些文化人，从总体上说，他们难以摆脱西方殖民主义政策的影响，但是，其思想、言行与本国政府及其政客毕竟又有所区别，不宜等量齐观。所以，我们可以说，林乐知诸人终究无法超越自己毕竟代表本国

---

① 《万国公报》（26），卷 94，第 16441—16442 页。

② 《万国公报》（26），卷 99，第 16853 页。

殖民主义利益的局限；但是，于其关于热爱中国的表白，不可轻信，却也无须苛求。实事求是，还其本来面目，可也。由是可知，对历史现象作简单的定性，将冒绝大的风险。此外，蔡尔康等参与《万国公报》合作撰文的中国士人，同样也表现了自己的两面性。他们不仅对后者显然颠倒是非的观点力为润色，心安理得，甚且独立撰文，为不平等条约叫好。这表明，近代长期与西方势力合作的某些士人，尽管与守旧者不可同日而语，表现了强烈的维新的取向，但他们身上却又往往沾染半殖民地的习气，是同样耐人寻味的。

（原文载于《近代史研究》2001 年第 4 期）

甲午战争前后日本对华观的变迁[*]

——以报刊舆论为中心

王美平

　　甲午战争在日本的对华观及对华政策变迁史上具有分水岭意义，它不仅对日本形成蔑视型对华观起到了决定性作用，而且拉开了近代日本侵略中国的序幕。曾经处于华夷秩序中的日本何以敢于发动甲午战争？所谓的"泱泱大国"中国为何惨败？战后日本缘何以蛇吞象地不断推行侵华政策？对此，部分学者从多种视角进行了翔实而又深入的研究，^① 但从日本对华观入手进行的探讨尚显不足。^②

　　事实上，观念构建利益，利益驱动行动，日本的对华观与侵华政策之间存在密不可分的互动关系。如果不认真解析甲午战争前后日本对华观的状况，就难以从思想认识层面深入解读日本发动甲午战争、并在此后长达

---

　　* 本文系教育部人文社科研究青年基金项目（11YJC810034）的成果，得到南开大学历史学院杨栋梁教授的指导。

　　① 近年来有关甲午战争的主要研究成果有戚其章《甲午战争史》（上海人民出版社 2005 年版）；关捷等编《中日甲午战争全史》6 卷本（吉林人民出版社 2005 年版）；戚其章主编《甲午战争九十周年纪念论文集》（齐鲁书社 1986 年版）；海军军事学术研究所等主编《甲午海战与中国海防——纪念甲午海战一百周年学术研讨会论文集》（解放军出版社 1995 年版）；戚其章、王如绘主编《甲午战争与近代中国和世界——甲午战争 100 周年国际学术讨论会文集》（人民出版社 1995 年版）等著作。另外有大量探讨甲午战争起因、胜负原因及其影响的论文，其中以孔祥吉《甲午战争中北洋水师上层人物的心态》（《近代史研究》2000 年第 6 期）、陈政生《北洋海军与甲午海战》（《国防》1994 年第 9 期）、戚其章《从制海权看甲午海战的结局》（《东岳论丛》1996 年第 4 期）、苏小东等《北洋海军在甲午战争中的后路保障》（《军史历史研究》2005 年第 3 期）等为代表。

　　② 近年来严绍璗、王晓秋、王屏、刘岳兵、史桂芳等学者开始重视日本的对华观研究，但尚缺乏对甲午战争前后日本对华观之转变过程的详细考证。

50 年的时间里不断推行侵华政策的原因。随着日本各大报刊、从军日志、报纸杂志及政论意见书等相关资料的整理与挖掘，探究甲午战争前后日本政界、知识界与普通民众对华观的转变过程及其影响，进而深入分析日本发动侵华战争的思想根源成为可能。

一　甲午战争前日本对华观的转换

步入近代以前，中国在东亚范围内以高度发达的农业文明辐射、影响周边邻国，建立了以王道思想为基础、朝贡册封为形式的华夷秩序。在长达两千年的中日交流史上，日本虽在政治层面及民族心理上不甘于属国或边缘国地位，制造出"神国观念"等抗衡中国，不断追求对华平等乃至优越地位，甚至两次发起挑战引发较大规模战争，却始终无法撼动中国的中心地位，也未能从根本上打破因文明差距决定的中日间"师生关系"，在文化上仰慕中华、效仿中华、追赶中华亦构成近代以前日本对华观的主线。① 然而，近代"西学东至"与"西力东渐"动摇了中华文明在东亚地区的中心地位。尤其是在两次鸦片战争中，日本得知号称"天朝上国"的中国被"西夷"英法打败，举国惊愕之余不但较为彻底地抛弃了"慕华观"，而且将中国作为反面教材以为警训。② 旨在学习西方文明的"和魂洋才"也取代了曾长期主导日本文化发展方向的"和魂汉才"成为新时代的流行话语，并迅速上升为治国安邦的战略口号。1868 年，西方列强入侵的危机与国内"倒幕"之声四起，导致以儒学为官学维护封建统治的德川幕府覆灭。东亚传统文明的追捧者寿终正寝，西方文明影响日本的时代宣告来临。

明治维新后不久，日本明确将学习追赶的对象转向欧美，确立了"西方文明中心观"，并将之纳入国家统治意识形态。1871 年，明治政府派遣阵容庞大的岩仓使节团对欧美 12 国进行了将近两年的考察，认为西

---

① 关于近代以前的日本对华观可参见王屏《论日本人"中国观"的历史变迁》，《日本学刊》2003 年第 2 期；朱莉丽《1369—1599 日本各阶层对华观初探》，博士学位论文，山东大学，2007 年。

② 有关鸦片战争对日本对华观的影响可参见王晓秋《アヘン戦争から辛亥革命：日本人の中国観と中国人の日本観》，中曽根幸子、田村玲子译，东方书店 1991 年版。

方的经济、教育、文化制度优于东方,[1] 赞叹欧美各国之政治制度亦"超绝于我东洋",决心将此"开明之风"移入日本,促使国民"迅速进步而至同等开化之域"。[2] 在这一方针的指引下,日本进行了"富国强兵"、"殖产兴业"、"文明开化"等一系列旨在发展资本主义、建立近代国家的改革。

日本知识界也于明治初年确立了西方文明中心观。启蒙思想家福泽谕吉在 1875 年写下举世闻名的《文明论概略》一书,将世界文明划为文明、半开化、野蛮三个层次,欧美各国属于文明国,中国、日本等亚洲国家属于半开化国,非洲及澳洲属于野蛮国。[3] 福泽认为"野蛮—半开化—文明"是人类发展的阶梯,处于野蛮与半开化状态的国家都只有朝着文明的方向发展方可维护国家独立,故他宣扬"西洋国是吾国之师",[4] 呼吁改换门庭,脱胎换骨,向欧美学习。该书作为当年最畅销的书籍,对日本社会产生了一次可谓洗脑性的精神冲击。此后,"顺文明者昌,逆文明者亡"成为日本社会的普遍认知。[5]

世界文明中心观的西移,势必影响日本对华观生变。日本学界对明治维新到甲午战争前日本对华观的变化进行了深入研究,其中有三种观点颇具代表性。芝原拓自通过对明治维新后至 1885 年间政府要员、中央五大报纸等相关资料的编辑考察,[6] 认为福泽谕吉发表的《脱亚论》具有划时代意义,此后日本对华观由"仰慕"转为"蔑视"。[7] 伊藤之雄则在利用上述史料的同时,进一步挖掘自由民权运动中自由党、改进党的机关报等资料,将福泽谕吉、陆羯南分别作为引领近代日本发展方向的两大思想流派"脱亚入欧"与"亚洲主义"之代表,并探讨了 1868—1893 年间日本

---

① 久米邦武编:《特命全权大使米欧回览实记》第 1 卷,岩波书店 1993 年版,第 82 页。

② 春亩公追颂会:《伊藤博文传》(上),统正社 1944 年版,第 638 页。

③ 石田雄编:《近代日本思想大系 2 福泽谕吉集》,筑摩书房 1975 年版,第 89 页。

④ 福泽谕吉:《時事小言》,庆应义塾编:《福沢諭吉全集》第 5 卷,岩波书店 1959 年版,第 212 页。

⑤ 本山幸彦:《明治前半期におけるアジア観の諸相》,京都大学人文科学研究所《人文学報》第 30 号,1970 年 3 月,第 52 页。

⑥ 中央五大报纸是指《东京日日新闻》、《邮便报知新闻》、《朝野新闻》、《东京曙新闻》、《东京横滨每日新闻》,日均发行量都为 5000—10000 份。

⑦ 芝原拓自:《対外観とナショナリズム》,芝原拓自、猪饲隆明、池田正博校注:《日本近代思想大系:対外観》,岩波书店 1996 年版。

的对华观，认为日本在出兵台湾后即已形成"蔑华观"，虽然在壬午兵变及甲申政变中遭受了挫折，但 1893 年春又全面恢复了对华优越感。[①] 小松裕则利用戏剧、文学作品、报纸、漫画杂志等资料，着力于考察对华蔑称"猪尾奴"的产生、发展过程，[②] 得出甲午战后"蔑华观"在民间定型的结论。[③] 上述研究在史料挖掘及观点论证方面均可资借鉴，但前二者之结论令人甚为质疑，后者则因其考察对象囿于对华蔑称，故而留下了拓展与深化余地。在日本已有的研究中，普遍存在着忽视当时"语境"而被"后见之明"所左右，以甲午战后长期存在的"蔑华观"来臆测甲午战前的对华观，从而使其论述产生了重视"蔑视"大潮、而忽视"畏惧"暗流之弊病，同时对于"蔑视"与"畏惧"的对象又不加细分，致使其叙述难以解释为何在确立所谓"蔑华观"之后依然存在"畏惧"之声的乖戾。

甲午战前日本的对华观错综复杂、充满矛盾，既有"蔑视"又有"畏惧"，但亦非一团乱麻、不可理清。若细加区分辨别即可发现，其"蔑视"对象主要体现于精神文明领域，而"畏惧"则主要体现于物质文明领域。这种精神观与物质观的分裂，是基本贯穿于甲午战前日本对华观的重要特征。

甲午战争前日本对华观大致可划分为三个阶段。从明治维新到壬午兵变是第一阶段。该阶段日本在争取对华对等地位的同时，精英阶层因其对近代化改革的态度积极于中国而形成对华优越感，并在"台湾出兵"与"琉球处分"中得到了"自以为是"的"验证"。但这种优越感主要体现于精神领域。

明治维新以后，日本政府急切地推进与中国的外交谈判，欲用重视横向关系的近代西方国际关系模式取代东亚传统的纵向朝贡模式，以摆脱历史上长期存在的"属国"或"边缘国"地位。1871 年，中日双方签订《中日修好条规》，日本成功实现了梦寐以求的对华对等地位。与此同时，

---

①　参见伊藤之雄《日清战争前の中国、朝鮮認識の形成と外交論》，古屋哲夫编：《近代日本のアジア認識》，京都大学人文科学研究所 1994 年版。

②　所谓"猪尾奴"，音为"tyantyan"，是对清朝男子扎辫子风俗的形容与嗤笑，以此蔑称中国人。

③　小松裕：《近代日本のレイシズム——民衆の中国（人）観を例に》，熊本大学文学部《文学部論叢》第 78 号，"歴史学篇"，2003 年 3 月。

日本政府及知识界在东西文明对比中产生了显著的"劣亚"自觉与强烈的"脱亚"欲望，这驱使日本对于受到西方压迫却依然守旧、专制、怠惰的中国、朝鲜留下了负面印象。在外交上，早已习染"失之于西偿之以东"战略的日本政府欲将"西方文明—东方野蛮"的对立图式移植于东亚内部，铸造一种"日本文明—中、韩野蛮"的文明范式以及与之相随的"日本盟主—中、韩附庸"的东亚国际关系模式。1874 年 5 月，日本政府利用中国北疆告急的"有利形势"出兵台湾并侥幸得手，这使其产生了一股"蔑华"风潮。1875 年 2 月 14 日，《新闻杂志》发表了题为《台湾事件大成功》的报道，称"日本人自满得意，猪尾奴终于屈服。四百余州已为囊中之物，恭亲王、李鸿章之类如同小儿不足为惧"，对于清朝赔偿一事，则称"此事使其丧失第一名义，在各国面前丢尽颜面"。①同年 8 月，日本又挑起江华岛事件，迫使朝鲜签订含有不平等内容的《日朝修好条约》。清朝虽是朝鲜的宗主国，却未能阻止签约，从而客观上助长了日本的蔑华之风。同年，日本政府强令琉球断绝与清朝的关系，1879 年又将琉球彻底吞并。

以伊藤之雄为代表的一部分学者因出兵台湾后日本出现了上述"蔑华"风潮及东京部分城市居民开始使用"猪尾奴"蔑指华人，就认定此时日本已经形成"蔑视型对华观"。然而，正如德富苏峰所自白的那样，日本国民性里流淌着一种"外尊内卑"的血液，但为解脱长期被压抑的自我"劣等感"，一旦获得机会其"自轻自贱"与"崇洋媚外"就会转为"自我迷恋根性"与"贬低他国"以自尊、求大、泄愤的心理，而导致这一国民性形成的最大根源就是历史上长期存在的强大邻国中国。② 因此，在出兵台湾之后，都市圈的媒体及部分民众掀起的"蔑华"风潮，也可以被理解为对因历史上长期"仰视"、"敬畏"中国而积郁成疾的释放行为。而且，当时日本在国际上依然是一个遭受列强欺凌的弱国，在东亚也只是一个刚实现对华对等地位的小国，客观来说，此时日本的实力不足以支撑其"蔑华观"在全民中间推广开来。再者，日本此时的"蔑华"

① 《台湾事件大成功》，《新聞雜誌》1875 年 2 月 14 日，收于中山泰昌编著《新聞集成明治编年史》第 21 卷，本邦书籍株式会社 1982 年，第 230 页。另外，所谓"四百余州"是指中国。

② 德富猪一郎：《敗戦学校》，宝云社 1948 年版，第 32—37、48—51 页。

内容基本是对中国面对西力东渐的强压却仍在近代化问题上裹足不前、墨守成规的耻笑。对于以军事力量为中心的综合实力对比，日本还难以确信优于中国。1876 年，清朝派遣"扬武号"访日，日本对该舰作了如此评价："此为支那产之第 17 艘军舰，制造坚固精密，为我国龙骧舰等所不及。舰中可装大炮，运转轻便，器械齐备。又士官等均为正规海军士官，无人不懂英语，就连记账、日期亦均用英语，极为熟练，非我海军士官可比及。"① 由于在军事、经济等领域缺乏自信，日本社会出现了讽谏蔑华之风的力量。1875 年 11 月，《东京日日新闻》发表了题为《支那决不可轻侮》的文章，内称："国人以于东洋之开明先进，颇带自满之状，轻蔑东洋诸国，而支那人愤懑于日本抢先，渐呈奋发之势。夫轻蔑与奋发孰为保全独立之良策，愚人亦明。吾切望国人早日舍弃轻蔑邻邦之恶念。"② 1878 年 1 月，《邮便报知新闻》也发表了题为《论清国不可轻视》的文章，指出日本文明开化过快有招致"内贫"的危险，而步履缓慢的中国反而会保存实力，潜力巨大，因此"欲奉告有轻视清人思想者，交际各国中最可惧者即为清国"。③ 也正是基于对中国物质力量的较高评估，1878 年成立的"振亚社"才积极提倡以"日清提携"、共御列强为主要内容的"亚洲主义"。④

　　1882 年 7 月，日本在壬午兵变中以武力挑战中国未能得逞，其对华观随之进入第二阶段。该阶段日本在精神上对中国的蔑视与对中国军事等领域的畏惧之间的龟裂进一步扩大，对中国的敌对意识显著增强，此种状况一直持续到 1893 年。

---

　　① 《支那揚武号来航》，《东京曙新闻》1876 年 1 月 7 日，收于中山泰昌编著《新聞集成明治编年史》第二卷，第 467 页。

　　② 《支那決して軽侮すべからざるなり》，《东京日日新闻》1875 年 11 月 28 日，收于芝原拓自、猪饲隆明、池田正博校注：《日本近代思想大系：对外观》，第 259 页。

　　③ 杉山繁：《清国軽視ス可ラザル论》，《邮便报知新闻》1878 年 1 月 12 日，收于芝原拓自、猪饲隆明、池田正博校注：《日本近代思想大系：对外观》，第 260—262 页。

　　④ 国内对于"兴亚派"的研究可参见王屏《近代日本的亚细亚主义》，商务印书馆 2004 年版；盛邦和《19 世纪与 20 世纪之交的日本亚洲主义》，《历史研究》2000 年第 3 期；戚其章《日本大亚细亚主义探析——兼与盛邦和先生商榷》，《历史研究》2004 年第 3 期；盛邦和《日本亚洲主义与右翼思想源流——兼对戚其章先生的回应》，《历史研究》2005 年第 3 期；杨栋梁、王美平《日本"早期亚洲主义"思潮辨析——兼与盛邦和、戚其章先生商榷》，《日本学刊》2009 年第 3 期等。

　　壬午兵变后，日本舆论界在精神层面极尽贬低中国之能事，对于清朝固守封建性的政治、思想、文化、教育等产生了强烈的蔑视感。福泽谕吉可谓嘲讽中国"夜郎自大"、"故步自封"的领军人物。1882年9月，他在《时事新报》上刊登今泉一瓢的漫画《北京梦枕》，讽刺清朝在列强不断东侵的形势下依然高枕酣睡、自负傲慢。1883年，福泽提出"中国历史停滞论"，评价中国"将二千余年前尚处于蒙昧未开时代之古圣人语录，定为管束人间言行之万世不易之规则，政治主义、社会组织，有史以来未尝进行一次局部性改革。亿兆生民将二千余年间之劳力，皆消耗于几百遍周而复始之同一长途"。①

　　在壬午兵变前后，日本舆论界在对中国大肆声讨的同时，也为争夺对朝鲜的"指导权"并缓减中国的仇日情绪而倡导"亚洲主义"。1880年，"亚洲主义"的典型组织兴亚会成立。1882年3月，福泽谕吉在《时事新报》上发表《论对朝鲜外交》一文倡导"亚洲连带论"。但不论是兴亚会还是福泽谕吉，二者都基于对中国的蔑视，而将日本定位为"东洋盟主"。兴亚会的重要成员草间时福便称："以我国为东洋盟主，卓然立于执其牛耳地位者，舍东洋连横，尚有其他良谋善策乎？"② 福泽谕吉也宣扬"亚洲应齐心协力以御西洋人之侵凌……亚洲东方堪当此魁首盟主者唯我日本"。③

　　1884年12月，日本趁中法战争正酣、清朝无暇顾及朝鲜之机，鼓动金玉均等开化党人发动甲申政变挑战中国，最终不敌清朝而失败。日本政界、舆论界恼羞成怒，对于中国在中法战争中的"不败而败"大加鞭挞与嘲讽。福泽谕吉更是发表"告别东方恶友"的《脱亚论》，大声呼号"为成今日之谋，我国不可待邻国开化而与之共兴亚细亚，莫如脱其行伍，与西洋文明国共进退"。④ 人们在考察《脱亚论》时往往关注的是它对日本走上"脱亚入欧"道路的意义及它对日本产生蔑华观的推动作用，而忽略了其"脱亚"论述的前提，即对清朝与朝鲜的蔑视内容："吾日本国虽位于亚细亚东部，国民精神却已摆脱亚细亚之固陋而移入西洋文明。

---

　　①　庆应义塾编：《福沢谕吉全集》第91，岩波书店1960年版，第23—24页。
　　②　草间时福：《東洋連衡論》，《邮便报知新闻》1879年1月19日，收于芝原拓自、猪饲隆明、池田正博校注：《日本近代思想大系：对外观》，第267—268页。
　　③　庆应义塾编：《福沢谕吉全集》第8卷，岩波书店1960年版，第30页。
　　④　庆应义塾编：《福沢谕吉全集》第10卷，岩波书店1960年版，第240页。

然不幸此处有近邻二国，一曰支那，一曰朝鲜。此二国人民古来受亚细亚之政教风俗所滋养，与我日本国民无异，然或由人种来历不同，虽处同一政教风俗，遗传因子却不同。比较日、支、韩三国，支那与朝鲜相似，其共性在于一身一国皆不知改进之道，处于交通极便之世，耳闻目睹文明事物却不为心动，留恋古风旧习之状千百年未变。当今世界文明日新月异，此二国却依稀论教育则曰儒教主义，论学校教旨则称仁义礼智，由内而外皆为虚饰，道德扫地、残酷又不知廉耻，尚傲然自尊毫无反省之念。以余观之，此二国在此文明东渐之风中，难有维护独立之道。"① 可见福泽谕吉对于中国的蔑视依然主要停留在精神领域，即批判中国固守传统而惰于革新。

值得关注的是，从壬午兵变到甲申政变，日本对华观在精神领域的"蔑视"得到强化的同时，在军事、经济等领域的"畏惧"及"敌视"也大为升级。其"畏惧"的对象主要是中国广大的国土、新锐武器的进口、北洋舰队的兴建以及庞大的陆军，② 其中对北洋舰队的"警戒"尤为突出。

清政府从 1879 年开始大力扩充海军，其效果在壬午兵变及甲申政变中得到了很好的体现。壬午兵变后，日本便认识到中国的军事实力得到了强化，对华敌对意识显著增强。1882 年 11 月，《自由新闻》发表了如下言论：清国为抗衡日、俄而扩张海军，"根据 1881 年的调查，我国海军战舰仅有 24 艘，而清国则有大小船舰 60 余艘"。③ 就连向来对中国嗤之以鼻的福泽谕吉也在该年发表的《兵论》中注意到"支那近来非常致力于制造新式兵器"，承认中国物产丰富、国富民勤，担忧中国凭借丰厚的资本引进西方军械及其制造方法，"骤然间于东洋出现一大强国"。④ 1883年 6 月 5 日，近代陆军的缔造者山县有朋在《对清意见书》中清醒地认识到"对清作战的胜利并不简单"，⑤ 从而摒弃、抑制了陆军中下层要求

---

① 庆应义塾编：《福沢谕吉全集》第 10 卷，岩波书店 1960 年版，第 239—240 页。

② 具体参见昙五里《日清戰争前後の亞細亞（上）：日清戰争前の亞細亞》，《日本》1895年 6 月 15 日，"社論"，第 1 版。

③ 《自由新聞》1882 年 11 月 18 日。转引自古屋哲夫编《近代日本のアジア認識》，第 114页。

④ 庆应义塾编：《福沢諭吉全集》第 5 卷，岩波书店 1959 年版，第 306 页。

⑤ 大山梓编：《山县有朋意见书》，原书房 1966 年版，第 137—138 页。

立即对清开战的意见，同时开始实施增税以扩军备战。

及至甲申政变后，随着中国对定远、镇远两艘超级铁甲舰的购入，中日海军力量的差距进一步拉大，又兼清军将士在中法战争中顽强抵抗，使得日本颇感"震惊"。1885 年 6 月，《自由之灯》评价"清国首次让欧美各国公认其东洋大帝国之价值"，且"迩来清政府深感不可轻视陆海军建设，竭尽国力购买战舰弹药，并大力开发矿山、铁道等工业资源，加之人民勤俭、士兵众多，本不可侮"。① 1887 年 1 月，已经发表《脱亚论》的福泽谕吉亦对中国"拥有东洋一流海军"流露了复杂心情，发现世人通过中法战争"吃惊地看到清国并不弱，法国并不强，尊敬支那之念大有所增"。② 同年 3 月，《东京日日新闻》公开承认了中国对于日本的军事优势，即"若论将士之勇猛、操作之熟练，我国海军无疑处于优势地位。然论舰队大小、速度快慢、装炮轻重等物质方面，则需承认清国处于优势地位。而当今世界之发明日新月异，海军物质力量成为决胜之关键，则东洋海军当推支那为第一"。③ 随着中国军事优势的日趋显著，日本出现了"中国威胁论"。1891 年，德富苏峰宣扬中国旺盛的人口繁殖力、勤勉的国民气质与强劲的忍耐力、外交政略上的"狡猾"等，都使其成为一个值得恐惧的国家，将来在对外贸易竞争中必将成为日本的劲敌。④ 正是鉴于在军事力量上的劣势，日本政府从甲申政变结束签订《天津条约》到 1893 年间，在大力进行针对中国的扩军备战以将朝鲜化为本国殖民地的同时，又不得不暂时默认中国在朝鲜问题上的主导地位。⑤

由是观之，截止到 19 世纪 90 年代初期，日本对于中国的蔑视与畏惧是并存的。因此，若将福泽谕吉发表《脱亚论》作为日本对华观发生全面逆转之标志，则有失全面性，忽略了日本对以军事力量为代表的中国物质文明存在"畏惧"的一面。

---

① 千代田生文：《清国は复吴下の旧阿蒙にあらず》，《自由の燈》1885 年 6 月 27 日，转引自古屋哲夫编：《近代日本のアジア認識》，第 138—139 页。

② 福泽谕吉：《外国との战争必ずしも危事凶事ならず》，《时事新报》1887 年 1 月 7 日，庆应义塾编：《福沢諭吉全集》第 11 卷，岩波书店 1960 年版，第 179—180 页。

③ 《海军拡張》，《东京日日新聞》1887 年 3 月 17 日，转引自古屋哲夫编《近代日本のアジア認識》，第 145 页。

④ 藤原正人编：《国民之友》第 9 卷，明治文献株式会社 1966 年版，第 54—55 页。

⑤ 伊藤之雄：《日清战争前の中国、朝鲜認識の形成と外交論》，古屋哲夫编：《近代日本のアジア認識》，第 128 页。

1893 年，随着日本以中国为目标的既定扩军计划的完成，日本政界及民间舆论对于中日两国以军事实力为标志的物质文明对比评估发生戏剧性变化，日本的对华观进入第三阶段。

是年 10 月，山县有朋在《军备意见书》中根据相关情报确信清朝于 1885 年后在军事上无可观投资与重大建树，军人吸食鸦片，精神颓废、士气衰微，而"兵要在于精炼，此绝非二、三年即可练就"。[1] 与中国在军事上的不思进取相反，日本却受中国购买定远、镇远两艘巨型铁甲舰组建"东洋一流"海军的刺激，上自天皇、军部、政府下至舆论界都致力于以中国为假想敌加强陆海军备。1886 年，日本制定了第六次海军扩张计划。1891—1893 年，严岛、松岛、吉野三艘 4000 吨位的巡航舰相继竣工，桥立、秋津洲等巡航舰也将于 1894 年竣工。至此，山县认为今后十年内堪称敌者已非中国而是英、法、俄，在军事领域表现了对华优越感。[2] 基于此，1894 年 6 月 15 日，伊藤博文内阁决定了对清开战方针。

此外，1889 年 12 月，日本颁布基于近代立宪主义思想之上的《大日本帝国宪法》，次年 11 月 29 日开始实施，召开第一次帝国议会，政党开始正式登上日本政治舞台。此时，日本政党也因政治近代化的推进及军事力量的增强而对中国充满了自信，并在发动侵略战争问题上与其宿敌——藩阀势力达成一致。[3] 1894 年 8 月，大隈重信领导下的改进党煽动对清开战：清国"政治是君主独裁，国民缺乏爱国精神，少有勤王之念"，中法战争中，李鸿章袖手旁观，未派北洋舰队援助南洋舰队，据此可知清朝国民缺乏团结，且"陆军号称百万，但采用洋式操练、使用巨炮洋枪者不过李鸿章手下三万兵，余者皆为手持大刀长矛的旧式兵"，而日军却"纪律严明、进退去就都得到充分锻炼"，故日本攻打中国无异于"虎狼驱赶

[1]　大山梓编：《山县有朋意见书》，第 218—219 页。

[2]　伊藤之雄：《日清戦争前の中国・朝鮮認識の形成と外交論》，古屋哲夫编：《近代日本のアジア認識》，第 128 页。

[3]　萨摩、长州、土佐、肥前四藩领导层主导了明治维新，他们以各自的出身藩为依托形成派系，被称为"藩阀"，由藩阀占据多数的内阁被称为藩阀政府或藩阀内阁，该政治形态被讥为"藩阀专制"。

羊群、疾风席卷落叶"。①

　　日本精英阶层对于中日军事实力对比的评估于1893年后亦发生了类似于政界的变化，② 从而形成了对华优越感。值得注意的是，他们在敌视中国，尤其是在挑战中国、发动侵略战争问题上与日本政府并无重大分歧，其态度甚至比政府更为激进。

　　早在甲申政变之际，日本精英阶层就已出现要求开战的呼声。1884年12月，自由民权运动的舆论代言《自由新闻》主张开战："清国虽军舰众多、武器充备，然徒于虚饰外表，并无巧操战舰、妙用军队之将校，亦无熟练操作枪炮之士兵，若一旦战机来临，吾国就当以精兵强将驱逐驻守韩国之支那兵，进而横跨鸭绿江，长驱直入进北京。"③

　　东学党起义后，日本舆论更是大张旗鼓地煽动对清开战。德富苏峰本为追求平民主义而创办《国民之友》杂志，但在甲午战争期间却转向"国权主义"，诬蔑中国的历史是"一部侵略史"，中国人是"具有山贼般天性的侵略者"，称"清国大为觉醒之时，乃最为危险之日"，④ 宣扬在亚洲建设"大日本"是老天赐给日本的特权，而清朝是阻碍这一特权的敌人，主张对清开战。⑤ 与德富苏峰着眼于"中国威胁论"主张对清开战不同，当时大多数主导民间舆论的知识分子用"文野之战论"赋予这场侵略战争以"正义性"。"脱亚论"者福泽谕吉诡辩甲午战争"是文明开化之谋求者与阻碍者之间的战争"。⑥ 原本主张"日清提携"的亚洲主义者陆羯南，此时也污蔑清朝是"东洋之一大野蛮国"，极力煽动战争，宣扬"王师之胜败乃文明之胜败也"。⑦ 后来转为反战主义的基督教信徒内村鉴

---

　　① 丸山名政：《朝鮮国の保護を論して日清の战争に及ふ》，《立憲改進党党報》第31号，1894年8月7日，第10页。

　　② 具体可参见伊藤之雄《日清戦争前の中国・朝鮮認識の形成と外交論》，古屋哲夫编：《近代日本のアジア認識》。

　　③ 《朝鮮処分》，《自由新聞》1884年12月19日，收于芝原拓自、猪饲隆明、池田正博校注：《日本近代思想大系：对外観》，第374页。

　　④ 《支那論》2，《国民之友》第15卷第231号，第7页；竹越与三郎：《支那論》，民友社1894年版，第32页。

　　⑤ 《支那论》，《国民之友》第14卷第230号，第8—9页；竹越与三郎：《支那論》，第5页。

　　⑥ 庆应义塾编：《福沢諭吉全集》第14卷，岩波书店1961年版，第491—492页。

　　⑦ 西田长寿等编：《陸羯南全集》第4卷，MISUZU书房1970年，第579页。

三此时也公开附会这是一场义战，认为日本是代表新文明的小国，而清朝是代表旧文明的大国，二者的冲突难以避免，宣扬"支那不知今之圣人之道，文明国对于此不诚不信之国民唯有一途，即铁血之道也，以铁血求正义之途也"。[①]

总之，"文野之战论"是包括脱亚入欧、国粹主义、亚洲主义、国权主义等各派知识分子的共同主张，也是日本政界共有的口实。日本人的对华观是一种心理认知状态，它会上升为意识形态并转化为一种行动激情。[②] 甲午战争前夕日本政府及精英舆论有关中日两国之对比评估的逆转，是日本敢于发动甲午战争的精神驱动。尽管这场战争的爆发原因不在所谓文明与野蛮的对立，而在日本向亚洲扩张的战略与贪婪欲望，但精英阶层所宣扬的"文野之战论"，不仅为日本政府发动甲午战争提供了舆论、智力与理论支持，而且它所树立的"日本文明、中国野蛮"的对立图式，构成日本民众对华观逆转的重要语境，引领其对华观朝着蔑视方向发展。

二　战争报道与民众对华观的逆转

上文已述，日本政界及精英舆论于1893年后已滋生对华优越感，但若将该年作为日本对华观全面逆转之标志则仍有欠妥当。这主要基于以下原因。其一，政界、精英层之对华优越感毕竟尚未经过战争检验，故其底气未必充足。其二，精英阶层的对华优越感需要经历一个由高层到低层、由中心到边缘的辐射过程。目前在探讨甲午战前的日本对华观时，可资利用的史料主要局限于政府文件、精英论集、报刊资料，其中报刊资料虽在一定程度上能够反映城市民意，但由于当时购买报纸尚未成为底层民众及农村边远地区的习惯，故无法确定当时精英阶层的对华优越感已经渗透普通民众当中。其三，根据一些回忆记录，在甲午战前普通民众对华并无蔑视感。例如，荒畑胜三少年时代生活于华人聚居区横滨，他回忆说："甲午战争前支那人一般[③]是受到极大欢迎与友待的……他们至少比富山卖药

---

①　藤原正人编：《国民之友》第15卷，明治文献株式会社1967年版，第85—86页。

②　严绍璗：《战后60年来日本人的中国观》，《粤海风》2006年第5期。

③　荒烟寒村：《寒村自传》（上），筑摩书房1965年版，第26页。

的受到了更多的亲善与友待。"在群马县沼田度过少年时代的生方敏郎也回忆说："甲午战争开始之前，我们对于支那人并无恶感，更遑论是憎恶了"，那时，在小学学习的是汉字，每晚回家由父亲教习《大学》、《中庸》、《论语》等中国典籍，在学校、家里都聆听过孟母三迁的故事；家中所用高档屏风画的是"唐人"、"唐童"游戏图，数枚漂亮餐碟是南京制造；在庆祝夏天到来的节日里，各町抬出的车辇舆轿上摆设的大多是诸如汉高祖刘邦、楚霸王项羽、关羽、张飞、史进、鲁智深等中国英雄人物。总之，在甲午战争前，中国对于日本老百姓而言是一种"伟大、浪漫与英雄"的存在。[①] 其四，甲午战前普通民众之所以对中国具有此种亲切感与友爱感，主要源于古代中国在文物、制度、思想等方面对于日本的深度影响及随之而来的"中华"形象。江户时代，《千字文》、四书五经、《唐诗选》及记载中国历史的《十八史略》被各地庶民小学引为教材，民众所能触及的是儒家经典所展现的理想王国，中国成为其憧憬对象也属合理推断，且在后世日本的论著中亦常如此回忆。当然，他们亦受"元寇来袭"、丰臣秀吉"伐朝叩明"等历史事件的影响对现实中国不无畏惧或轻蔑，且随着明治维新后日本近代教育的实施与《西洋事情》、《劝学篇》等具有思想启蒙意义的书籍被引为教材，有不足一半的儿童[②]接受了福泽谕吉关于"文明与野蛮"的世界观，从而对中国形成一定的轻蔑情结，但这与形成全民性的蔑视型对华观尚有距离。

然而，战争的胜负可以改变一个国家的国际地位及国家形象。甲午战争作为中日间规模空前的武力角逐而日本大获全胜，这对日本民众的对华观实现从"仰慕"到"蔑视"的历史性逆转起到了决定性作用。

报纸、杂志及参战士兵寄给亲友的信件在向日本民众传播甲午战争的消息并使之形成共有的对华观过程中发挥了重要作用。甲午战争期间日本66家报社派出从军记者114人，其中以《朝日新闻》、《中央新闻》为最，次之为德富苏峰的《国民新闻》与陆羯南的《日本》。[③] 各大报纸、杂志根据战地记者传回的消息连篇累牍地报道战争的进展状况、战斗经

---

① 生方敏郎：《明治大正見聞史》，中央公论社 1978 年版，第 33—34 页。

② 1891 年日本小学义务教育的入学率达到 50%。

③ 陆军省编：《日清戦争統計集：明治二十七、二十八年戦役統計》下卷 2，海路书院 2005 年版，第 1106—1107 页。

过、双方死伤人数、俘获战利品、俘虏处置及战地情形等，其中对日本民众的对华观产生重大影响的报道主要有以下三个方面。

首先是有关中国不堪一击、连战连败的报道，极大地助长了日本民众的自负心理。

从1894年7月25日，日本海军第一游击队在丰岛海面对北洋舰队发动突然袭击挑起战争，至1895年4月17日签订《马关条约》，甲午战争历经近9个月、三大阶段。①日本各大报刊一般都在头版头条的位置、用放大的字体报道战胜的消息。在开战之际，日本民众还因对中国持有敬畏之念而高度紧张，故对丰岛海战与成欢、牙山之战的胜利惊喜万分。9月17日黄海海战爆发，《东京朝日新闻》报道中日双方激战5个小时，号称"东洋首席"海军的北洋舰队大败于日本联合舰队，宣称中国"海军战斗力已经消亡"。②

黄海海战后，日本对甲午战争的胜负结局已有确凿把握，各大媒体纷纷叫嚣扩大战争、入主内陆、占领北京，完成丰臣秀吉之迁都北京的历史遗梦。竹越与三郎早在成欢、牙山之战后③就扬言"海陆并进，日章旗插上北京城头之日绝不遥远"。《东京朝日新闻》发表社论称"不论是陆军在平壤的大捷，还是海军在黄海的大胜，皆可测知清国战斗力之低下。若如此势如破竹直捣其巢穴亦非难事"。④日军从10月下旬开始越过鸭绿江发动侵略中国本土的战争，中国连失九连城、凤凰城、金州、大连、旅顺等战略要地，尤其是在11月22日旅顺要塞失陷后，《东京朝日新闻》评论道：旅顺系"清国咽喉要塞"，其"防御设施冠绝东洋"，却未费吹灰之力攻陷，令世界"瞠目结舌"，"清国海军之元气尚未恢复，却又丢失如此要港，则渤海湾之制海权业已由我掌握，由此以势如破竹之势迅猛攻破其根据地北京，为期不远矣"。⑤

在1895年1月20至2月上旬进行的威海卫之战中，北洋舰队在日本陆海夹击、腹背受敌的情况下，在已成孤岛的刘公岛上鏖战多日，最终失

---

① 有关阶段划分可参见戚其章《甲午战争史》，人民出版社1990年版，第586页。

② 《東京朝日新聞》1894年9月22日，第1版。

③ 竹越与三郎：《支那論に題す》，《支那論》，第1页。

④ 破扇子：《前途有望の时期に際して》，《東京朝日新聞》1894年9月25日"社論"，第2版。

⑤ 破扇子：《旅順口の占領に就て》，《東京朝日新聞》1894年11月27日，第3版。

败。日本各大报纸以头条新闻连日报道，向民众传达了北洋舰队全军覆没的消息。

北洋舰队覆灭后，日本眼中已无中国，[①] 要求进攻北京的呼声更加高涨。《团团珍闻》登载了日军吞食中国失地的漫画，其中便包括北京，并鼓励日军驱使占领地的中国人攻打北京。第一军参谋福岛安正也致书山县有朋，认为北京守军号称18万，但可谓劲旅者不及四五万，故日军"以3个师团的兵力即可轻取北京"。[②]

在一系列战争报道中，日本民众作为受众，当然不会无所表现。对于日本陆海军的连战连胜，他们开始时抱有侥幸心理，但随着战争频频得手而增加了自信，至攻陷旅顺则已确信日本优越于中国。[③] 陆奥宗光写道："平壤、黄海战胜前，暗自担忧战局胜败的国民，现已毫不怀疑战争的胜利了，而是关注我国旭日军旗何时插到北京城头。人们都充满了雄心壮志、快乐狂欢、骄傲高慢，迷醉于欢声凯歌之中，对于将来的欲望急剧膨胀。"[④] 在日军每战必胜、中国每战必败的宣传中，日本民众"对中国转为极其蔑视的心态"，[⑤] 这甚至表露于日常生活。黄海海战后，儿童在玩耍奔跑竞赛、相扑游戏时，辱骂失败者是"支那"。在一种名叫"面子"的游戏中，"支那兵投降图"、"我国骑兵蹂躏豚军图"、"黄海击沉清舰图"等面具流行一时。即便在成年人之间，撒谎者也会被谩骂为"支那政府"，吹牛者会被嘲讽为"李鸿章"。[⑥] 庆祝日军胜利的国民大会更是充斥于各地。

其次是有关中国军纪涣散、贪污腐败、临阵脱逃等现象的刻画与宣传。

《日清战争实记》以《清兵在军营携带玩具》为题做了描述：有将军携带妓女的，有打着蝙蝠伞的，有带着鸟笼的，队伍里有唱歌的，有怒骂

---

① 《眼中清国なし》，《自由党党报》第79号，1895年2月25日，第41页。

② 尚友俱乐部山县有朋关系文书编纂委员会：《山県有朋關係文書》(3)，山川出版社2008年版，第156页。

③ 《何故に我は清に勝てりや》，《国民之友》第15卷第240号，1894年11月，第5页。

④ 陆奥宗光：《蹇蹇録》，岩波书店1977年版，第145页。

⑤ 藤村道生：《日本アジア観の変遷》，上智大学史学会：《上智史学》第22卷，1977年，第29页。

⑥ 《东京朝日新闻》1894年10月7日，第3版。

的，有快走的，有慢走的，千差万别、千奇百怪。① 丰岛海战后，《邮便报知新闻》讥讽中国"军舰外貌修饰得堪与泰西各国媲美，但舰内琐瑙设备极不完备。大炮看似完美，内部却早已生锈，枪筒内全已腐蚀，实际根本不抵用"。② 还有报道称中国文武官员十指都留着长指甲，任其自然生长，"以平时拱手闲坐为风韵体面"。③

甲午战争中，中国陆海军不同程度地发生了临阵脱逃事件，这对讲究杀身成仁、推崇武士道精神的日本民众来说，是可资笑谈与鄙夷的绝佳材料。《日清战争实记》写道："支那大将身形高大、力气超群，貌似可指挥三军，然一旦开战就变成弱虫一条，尚未听到枪声就已逃之夭夭，甚至披上妇女衣装，企图蒙混过关。"④ 从军记者山本忠辅如是描绘了成欢、牙山之战中堪称精锐部队的李鸿章旗下"练军"之丑态：

> 清将聂（士成——作者注）仅次于清军副将叶志超，是李（鸿章）总督旗下的名将，欧美人无不知其姓名者，在征讨马贼过程中屡立奇功。然……聂之狼狈真是徒有虚名……当我军围攻聂营发起猛攻时，聂迅即弃营而逃，还脱掉军服，连大将寸刻不能离手的文书包也弃之不管……清兵逃跑时，军服靴帽扔得到处都是，钻进农家，抢走朝鲜人衣服，改装而逃……牙山是其根据地，本以为要背水一战……岂料到牙山一看，他们竟丢下几十万发弹丸、六七百袋（七斗一袋）军粮逃跑了……呜呼，凭此等羸弱之兵还欲在弱肉强食之世界夸耀独立，妄想将朝鲜作为属邦与我国一争高下，实在是愚昧之极，令人忍俊不禁。⑤

战火蔓延到中国本土后，清军也未能遏制逃跑现象。《东京朝日新

---

① 《清兵军中に玩具を携ふ》，《日清戦争実記》第4编，1894年9月29日，第95页。另外，陈悦在"X档案——甲午战争失败疑云"节目中为致远舰管带邓世昌养宠物狗正名而列举日本松岛旗舰上的牛也是宠物。根据松岛舰水雷艇艇长木村浩吉的观战记录，该舰上的牛并非宠物，而是食物储备，同舰还带有屠夫（木村浩吉：《黄海海戦ニ于ケル松島艦内ノ状況》，内田芳兵卫，1896年）。

② 《外見ばかりの清艦：内部は腐蝕朽廃》，《郵便報知新聞》1894年7月29日。

③ 《長爪と清国軍人》，《日清戦争実記》第5编，1894年10月19日，第96—97页。

④ 《支那の大将株》，《日清戦争実記》第3编，1894年9月19日，第95—96页。

⑤ 山本忠辅：《成観激戦の実況》，《東京朝日新聞》1894年8月9日，第1版。

闻》报道在金州之战中，清十营"新募兵一听到我军进攻金州城的炮声便落魄而逃"。① 大连之战中，清军在日军"枪剑尚未进逼到壁垒时就已逃遁"，大连炮台"兵不血刃"为日军所获。该炮台"系用洋式近代筑城法建筑，壁垒坚固，大炮、弹药完备"，故该报慨叹"清军所据炮台如此坚固，且具备各种口径大炮，却不能顽强防御而以逃跑为事，着实令人震惊"。②

不仅陆军，北洋舰队出现的临阵脱逃现象也颇为严重。黄海海战中，济远、广甲两舰就不服从命令先行逃跑。③ 根据日舰高千穗的从军记者佐伯安报道，清军将卒"惜命不惜名，开战之初来势凶猛，一旦露出败相便争先恐后逃跑，不服从长官命令，阵形紊乱秩序失调，导致愈益失败"。④ 在威海卫海战中，被日军抓获的逃兵为保全性命，将极为重要的机密泄露给阵前大敌。⑤ 北洋海军保存完整的十艘鱼雷艇支队在战争中毫无建树，却在刘公岛决战中由管带王平、蔡廷干率领结伙逃跑，结果被日本抓获。⑥

中国官员的腐败也给日本民众的对华观带来了重大影响。《日本》以如下报道揭示、嘲讽清军的腐败。"淮军一将卫汝贵身率十余营于平壤，而私囊营兵粮饷奉银十余万两不发，将之密送于上海，托于外国银行汇兑，转至家乡以为家计。营兵愤懑由内而溃……又有天津道台盛宣怀负责从德国购买三十万挺小枪及附属弹药，却买来废旧枪支与粗劣弹药充数，

---

① 山本忠辅：《第二军从从记》第7，《東京朝日新聞》1894年11月22日，第2版。

② 山本忠辅：《第二军从从记》第6，《東京朝日新聞》1894年11月25日，第1版。

③ 国内关于黄海海战中是否是方伯谦所率济远舰首先逃跑的问题存在分歧。根据高千穗舰上的从军记者记载，日军游击队四艘两侧分别架有速射炮的巡洋舰首先集中火力进攻超勇、扬威，二舰受重创起火，超勇沉没，扬威"逃向"西北方向的浅滩。北洋水师阵形大乱，日军趁机发起猛烈进攻，旗舰定远及经远起火，平远、致远损毁严重，北洋舰队不能支应，呈现败势，济远、广甲首先朝着西南方向败走（《明治二七年九月十七日鸭绿江冲海戦の记》，《东京日日新聞》1894年11月11日，第7版）。

④ 《明治二七年九月十七日鸭绿江冲海戦の记》，《东京日日新聞》1894年11月11日，第7版。

⑤ 日军从来自刘公岛的逃兵处探知："同地支那军舰有镇远、定远、济远、平远、威远、广济八艘，镇远坐礁受损后用'水泥'填补，故不能发射大炮，来远尚未修好，广济无大炮，还有其他炮舰6艘及大型水雷艇7艘与小型水雷艇4艘，镇远舰长林太曾自杀是事实。"（《敌舰の消息》，《自由党党报》第78号，1895年2月10日，第29页）

⑥ 青山好惠：《海洋岛海戦記補遺》，《東京朝日新聞》1894年9月28日，第1版。

私囊二百万弗。事败露，李鸿章怒而掌其颊……却终不纠其罪。"① 小室重弘在《自由党党报》中批判中国将帅"并不把战争视为国家忧患，而是为自家营利的大好时机，仅带二、三千兵却声称一、二万，虚报兵数，狡狯地私囊银给，榨取国帑……实为国家蠹虫"。②

最后，日本媒体对中国的丑化性报道，也严重地影响了盲从的日本民众。战争报道、小说及从军日志，大多为煽动民众而刻意对中国使用侮蔑性言辞。日本民众在上述战争报道及参战家属来信中形成了中国愚昧、落后、腐败、懦弱等认识，盲目地接受了政府及传媒所导向的蔑视型对华观，从而决定了他们不可能成为日本侵华政策的牵制者，而只能成为随波逐流者乃至推波助澜者，成为近代日本不断推行侵华政策的"社会基础"。

三　对中国病症的分析与蔑华观的固化

日本对甲午战争的关注并未停滞于对事物表象的描述与渲染上，还深度分析了双方胜负原因。了解之，既有利于把握日本蔑华观定型固化的过程，也有助于更为客观地审视自我、反省不足。

一般来说，包括军力与财力在内的国家实力是决定战争胜负的重要因素。日本首相伊藤博文曾说：中国地大物博，"聘西人教习泰西兵法，与我国均历二十余年，人数既多于我，而饷糈又厚于我"，至于旅顺、威海"系天然险阻，若奋力据守，非一年半载断难得手，今乃取之如拾芥固"，然"非我国之强，亦非中国之弱，不过中国让我成功耳"。③ 改进党的岛田三郎亦认为中国占据了地利、武器与粮饷优势。④ 从军记者渡边久太郎目睹旅顺军港繁华得如同神户、横滨，房屋鳞次栉比，行人服饰华美，其

① 孤愤子：《隣に视れば笑ふ可し、自ら省みなば奈何》，《日本》1895 年 1 月 5 日，"社说"，第 1 版。

② 小室重弘：《支那の愛国者》，《自由党党报》第 70 号，1894 年 10 月 10 日，"社说"，第 11 页。

③ 《述议和时问答语》，《申报》1895 年 4 月 8 日（光绪 21 年 3 月 14 日），第 1 版。

④ 岛田三郎：《日清勝敗の原因》，《立憲改進党党報》第 40 号，1895 年 3 月 10 日，第 1 页。

心境如同乡下人来到东京，并感叹旅顺的沟堑炮台值得日本学习。① 这种情况并不局限于旅顺，《万朝报》还惊讶地发现："所到之处陆地防备极为坚固。各地都筑有炮台城郭，设有数十门乃至百余门巨炮，很多日本兵器反而落后不及。至于海岸防御，大连湾、旅顺口、威海卫等姑且不论，就连名不见经传之地都设有炮台守军，不知支那于何时将海防建设得如此周密。"②

可见，在日本眼里，当时中国的军事设备及经济发展水平并不落后，人口及国土资源更是数倍于日本，但战争的结果却令世界触目惊心，中国以大败小、以"强"负"弱"，导致在国家实力与战争胜负之间出现一个看似悖论的结果。人们在百余年来始终不渝地探讨这场影响中国历史命运之战的胜负原因，却很少涉足亲历战场的对手——日本对该问题的看法。事实上，日本有大量的从军记者、政治家、浪人等从思想、制度及国民性层面深度挖掘了中国战败的原因。

其一，在思想层面上，认为清朝拘泥于妄自尊大的华夷思想，消极对待精神与制度层面的近代化改革是导致战败的根源。

《万朝报》直陈中国倨傲自大，"自称中华，视他国为夷狄，尝不能摆脱中华不以夷狄为敌的迷信"，而这种迷信转为自满心理，自满心理又转为士气沮丧，士气沮丧化为国防颓废，国防颓废化为兵制紊乱，兵制紊乱带来连战连败。③ 该分析虽不全面，但切中要害。明治维新后，日本不仅认识到引进欧美器械文明的必要性，而且意识到只有首先学习西方自由进取的精神风气与民主的政治制度，方可水到渠成地获取西方物质文明，④ 所以在政治、军事、经济、教育等领域自上而下地推行了一系列资本主义性质的改革，取得了显著成效。反观清政府在两次鸦片战争后未能摆脱"华夷思想"之束缚，仍以"中华"自居，墨守成规、恪守旧制，

---

① 渡泽久太郎：《北进记》，《万朝报》1895 年 5 月 10 日。

② 《支那の军备拡張について》，《万朝报》1895 年 9 月 7 日，第 1 版。

③ 《清国之将来を卜す》，《万朝报》1895 年 2 月 3 日，"社論"，第 1 版。

④ 福泽认为"文明"可分为有形的物质文明与无形的精神文明。衣服、饮食、器械、住所及政令法律等都是物质文明，而人民自由、进取之"风气"是精神文明。物质文明易取而精神文明难求，但若先易后难会导致踌躇不前、走走停停甚至后退的结果，故"欲求西欧文明，必先难后易，先变革人心，而后改革政令，最后至有形物质"（福泽谕吉：《文明论概略》，北京编译社译，商务印书馆 1992 年版，第 8—10 页）。

轻视除近代军工业以外的西方文明，嘲笑日本的政治改革是"轻佻躁进"，鄙夷其为"模拟欧洲文明之皮相的小岛夷国"。[①] 这种认识决定了清朝无法像日本那样及时采取全方位的近代化路线，而是坚持"中体西用"的理念，固守封建专制统治。正是由于中日在面对强势的西方文明时采取了上述两种不同态度，导致两国在近代国家的形成及近代化建设上走上了不同的道路。在发动甲午战争之际，日本已渐趋完成近代国家的建设并确立资本主义制度，[②] 清朝却在封建专制体制上原地踏步。因此，甲午战争是近代国家对传统封建帝制国家的侵略战争，日本以"小"胜"大"也就不足为奇。日本联合舰队司令长官伊东佑亨在致丁汝昌的劝降书中谈及：日本在三十年前就已切实废弃旧治道，吸收新事物，并将此作为维护国家独立的首要任务，方才带来了连战连胜。而清朝之所以有今日，并非一君一臣之罪，而是固守旧道所致。[③] 福泽谕吉也在庆应义塾大学出身的议员的同窗会上分析日本的战胜是"文明开化所赐"。[④] 自由党看到中国虽有慧眼之士要求革新，但清政府却不积极，原因在于一旦改革，其命运就危在旦夕，他们"只怕丢掉爱新觉罗所征服的版图，无暇顾及国民的命运"。[⑤]

其二，在军事制度方面，认为封建性的军制导致清朝的战败。

首先，军制的封建割据导致中国无法举全国之力抵御日本。日清贸易研究所的创始人荒尾精凭其多年在华侦探经验，于 1894 年 10 月写下《对清意见》一书，分析清朝军制存在如下弊病：清政府由于害怕改革军制、将全国兵权总揽于中央打破祖宗遗法、破坏全国均衡，从而动摇满族统治，故在军制上维护封建割据状态，"在各省设置总督巡抚，任以兵马权，统领绿营军，恐其背叛，割财政权予布政使、储粮权予粮储道、武器权予兵备道"。[⑥] 为遏制各省联合叛乱，又规定各营以防卫各自驻地为本职，一省需从他省借调援兵，须上谕准许方可进行，即便接到应援谕旨，

---

① 陆奥宗光：《蹇蹇録》，第 44—45 页。

② 依田憙家：《日中両国近代化の比較研究序説》，龍溪书社 1993 年版，第 135—136 页。

③ 《我聯合艦队司令长官伊東中将が丁汝昌へ与えたる勧降書》，《东京日日新闻》1895 年 2 月 8 日，第 2 版。该劝降书实由第二军司令官大山严命令法律顾问有贺长雄起草。

④ 《福沢翁の時事意見》，《太陽》第 1 卷第 2 号，1895 年 2 月 5 日，第 156 页。

⑤ 《清国形勢論》，《自由党党报》第 73 号，1894 年 11 月 30 日，第 1 页。

⑥ 荒尾精：《对清意见》，博文馆 1894 年版，第 50 页。

若出于本省防务之需，亦可拒绝赴援。因此，甲午战争期间中国未能举国一致共抗日本。山路爱山在《支那论》一书中就此写道：大多数中国人未觉这是中国与日本帝国之间的战争，"各省大员认为那是直隶、满洲跟日本之间的战事，与己无关，故既不出粮饷，也不出军队"。① 改进党的尾崎行雄也看到日本"并不是在与支那而是与直隶省作战，而后随着战线的扩大，才开始与支那（也只不过东海岸数省）相战"。②

其次，军制割据导致中国未能建立统率全局的作战指挥系统，陆海军之间及内部都缺乏协同作战机制。威海卫之战，中国陆海军各自为战，日军首先轻松突破陆上防御，占领周边主要炮台，致使北洋舰队腹背受敌。日军在花园口和荣成湾大部队登陆时，竟未遭到北洋舰队与岸上陆军的联合阻击，致使日军无一伤亡便轻松拿下荣成。③ 陆军内部各营也都各事其主，旅顺失陷前，清军共30余营，但"六统领不相系属"，"诸将互观望"，"致以北洋屏障拱手让人"。④ 南洋、福建、广东三水师对北洋战事如同隔岸观火，拒不增援。海军衙门会办大臣李鸿章承认"华船分隶数省，畛域各判，号令不一"。⑤ 尾崎行雄亦发觉清朝四支水师各自为阵，"皆处于半独立状态，甚至暗地里将对方视为敌人"。⑥ 荒尾精分析清军这种"即便中央政府，亦难使其服从一将统一指挥"的情况，是由兵权分属各地总督、缺乏统一指挥造成的。⑦

再次，军事割据导致中国未能建立统一的兵法与武器规格体系，这极不利于近代大规模作战。根据日本现存相关写实绘画等资料可以发现，当时日军武器与服制都已近代化，武器是带有刺刀的枪支，枪柄较长，刀锋锐利，既利于长距离射击，又利于近距离搏斗。清军武器与服制则均未完全近代化，传统武器矛头短钝，⑧ 近代武器种类和规格千差万别，枪炮不通用，子弹不对号，兵法不一，难以统一号令。荒尾精分析这是由各地总

① 山路爱山：《支那论》，民友社 1916 年版，第 7 页。

② 尾崎行雄：《支那处分案》，博文馆 1895 年版，第 115—116 页。

③ 《荣成湾上陆の公报》，《自由党党报》第 77 号，1895 年 1 月 25 日，第 33 页。

④ 中国史学会编：《中日战争》第 1 册，新知识出版社 1956 年版，第 39、156 页。

⑤ 中国史学会编：《洋务运动》第 2 册，上海人民出版社 1961 年版，第 527 页。

⑥ 尾崎行雄：《支那处分案》，第 115—118 页。

⑦ 荒尾精：《对清意见》，第 42—43 页。

⑧ 铃木华村画作、迟塚丽水说明：《日清战争绘卷》第 1 卷（京城之卷），春阳堂，1895年 1 月。

督巡抚"各自任意制定兵制，进行训练"造成的。他还看到清朝全国有八旗绿营共 80 余万兵，但除"练军"外，"皆为手执大刀长矛的旧式兵，士气操练均无可观之处"。[①]

武器兵法不一，则难以组织统一训练，又兼仓促应战，导致清军技术不及日本。改进党要人、早稻田大学校长高田早苗讲道：甲午战争"犹如大力士与柔术手格斗，清国拥有四亿人口，力量自然胜于我国，然彼不懂战术，我则熟知之，故以我之有术抵其无术，恰如柔术手击毙大力士。"[②] 成欢之战，日军见地势险要，以为短期内难以攻克，但清炮兵不懂战术，据地利却不攻击日军炮营，只朝其步兵射击，还算错距离，日军无一伤亡。[③] 清军所持乃连发枪，日军所持不过是名为"村田"的单发枪，[④] 清军却不懂射击方法，命令一下便将七发子弹全部打尽"。日军则在清军射击时伏于地面，乘其重安子弹时袭击，颇为有效。[⑤] 6 门瑷金州之战，城头设有 3 大炮，日军处于射程之内，炮弹却"始终落在固定位置"，丝毫不能阻挡日军前进。[⑥] 北洋舰队在军事技术上也与日本海军相比存有差距。黄海海战，北洋舰队初遇日舰时，在双方远距 6000—5000 米处便开始发炮，即便旗舰定远发出的巨炮亦不能击中日舰，[⑦] 日军则为确保命中率在驶近 3000 米处才开始发炮。[⑧] 蔡廷干作为北洋舰队鱼雷支队的负责人，却不懂鱼[⑨]雷夜间偷袭的功效，被俘后反问日本为何趁夜偷袭蜗居于威海卫的北洋舰队，结果贻笑大方。因此，有日本人认为技术的不熟练是北洋舰队大败的要因。[⑩]

"此外，清朝没有建立近代征兵制，沿用封建旧兵制，未能确保兵

---

① 荒尾精：《对清意見》，第 41—42 页。

② 高田早苗：《戦争と経済》，《立憲改進党党報》第 32 号，1894 年 10 月 20 日，第 17 页。

③ 《清国砲兵戦術を知らず》，《日清戦争实記》第 3 编，1894 年 9 月 19 日，第 96 页。

④ 山本忠輔：《日清戦闘余聞》，《东京朝日新聞》1894 年 8 月 21 日，"社説"，第 2 版。

⑤ 《清兵射撃之巧拙》，《日清戦争实記》第 4 编，1894 年 9 月 29，第 96—97 页。

⑥ 山本忠輔：《第二軍随従記（6）·金州城攻撃》，《东京朝日新聞》1894 月 11 年 25 日，第 1 版。

⑦ 《明治二七年九月十七日鴨緑江冲海戦の記》，《东京日日新聞》1894 年 11 月 11 日，第 6 版。日本有关北洋水师开炮的距离也有 4000 米的说法。

⑧ 《海戦大捷の詳報：松村少尉の奏上》，《東京朝日新聞》1894 年 9 月 25 日，第 1 版。

⑨ 天野皎著、天野德三编：《入清日記等》全，兵庫：壺外书屋 1929 年版，第 179 页。

⑩ 《海軍の实力》，《自由党党報》第 78 号，1895 年 2 月 10 日，第 11 页。

员质量。近代征兵制与武器的近代化及民族国家的诞生紧密相关。日本于 1873 年发布旨在建立全民皆兵体制的征兵令，1889 年对男性国民赋予了全民皆兵义务，这对其在甲午战争中取胜发挥了重要作用。《国民之友》分析道："征兵令使平民接受了武士训练。过去作为士族特长的武士道通过征兵令渗透到平民中间。平民曾认为执枪上阵杀敌、死于主君马前只是武士的职责，但现在平民亦知自己与武士具有同等任务。"①日本在甲午战争时人口不及中国十分之一，但通过征兵制确保了兵员数量及质量。清军则采用传统的募兵制招收兵员，且缺乏训练。荒尾精指出，这些兵员大多"不解武器用法，不知兵法为何"，"平时充溢于各省，不是鼠窃狗盗扰乱地方，就是赌博淫酒败坏风俗"。②山本忠辅有关金州之战中新募兵逃跑的报道也证明了募兵制的弱点。《团团珍闻》还以漫画的形式讽刺募兵制，应募者为钱而来，甚至其中还有残疾人。

其三，日本还从民族性出发分析中国战败的原因。首先，中国人无近代国家思想，无爱国观念。尾崎行雄在 1895 年的《支那处分案》一书中写道：一个国家要想在列强竞争如此激烈的时代维护独立，人民就必须具备国家思想；若无国家思想，其国必亡。但中国人"知道有朝廷，③ 而不知有国家"，"尚不知国家为何物，焉有国家思想乎？"在北洋舰队投降交接时，广丙号舰长以"我舰属广东舰队，不属北洋舰队"为由，拒绝交舰，日本将此作为"支那人无支那概念之确证"。④ 小室重弘嘲讽清朝的封建专制导致人民缺乏爱国心："在专制国内，天下非天下之天下，乃君主一人之天下，国家非国民之国家，乃君主一人之财产。是以唯其主人君主才独爱其国，余者庶民百姓……视国家之安危存亡，不过君主自身之安危存亡矣。"⑤

---

① 《何故に我は清に胜てりや》，《国民之友》第 15 卷第 240 号，1894 年 11 月，第 7 页。

② 荒尾精：《对清意见》，第 46—47 页。自由党党报也注意到"清国无征兵制，通过佣兵制招集的人都是无产穷民、无赖贱夫"。（《清国形势论》，《自由党党报》第 73 号，1894 年 11 月 30 日，第 4 页）

③ 尾崎行雄：《支那处分案》，第 17—18 页。

④ 岛田三郎：《日清胜败の原因》，《立宪改进党党报》第 40 号，1895 年 3 月 10 日，第 2 页。

⑤ 小室重弘：《支那の愛国者》，《自由党党报》第 70 号，1894 年 10 月 10 日，"社论"，第 10—11 页。

　　尾崎与小室的上述分析可谓切中时弊。日本的近代化改革确实留有许多封建残余，但毕竟在甲午战争之际基本完成了由封建国家向近代国家的转型。尤其是其近代教育制度的实施培养了国民的近代国家思想，为主君献身的封建武士道精神被嫁接到天皇制近代国家身上，打造出全民性的"忠君爱国"精神，日本士兵"了解护国义务，明白士兵职分，理解国家荣辱……心系国家利益"。[①] 中国则依然处于封建专制统治之下，固守科举制，没有建立旨在培养近代国民的教育制度，所以绝大多数士兵"并非出于国民义务、为爱国精神驱使参战，而是为获得给银，以私自家囊中"。[②] 这导致大量不战而逃的现象，从而带来了连战连败。《东京朝日新闻》便认为"清之军舰、炮台、连发枪及武器，均有超出我国者，却屡战屡败，皆由将卒怯懦所致"。[③]

　　其次，中国吏治腐败。尾崎行雄就尖锐地指出清朝吏治腐败，丑陋至极。[④] 驻华公使大鸟圭介批判科举制度造成官吏社会乃至整个国家的腐败。[⑤] 自由党也批评中国人"多年耗财修学及第，为官目的在于名利，故收敛贪污之臣成群"。[⑥] 荒尾精从财政制度上分析了清朝吏治腐败的原因：户部岁入不过一亿三千余万圆，过半被充作军费，官吏俸银甚少。清政府明知各省官吏悉以利禄而仕，于是默许其以各种名目聚敛民财。此策可使清政府博得廉洁之名，免招民怨，但人民所受苛捐杂税却至少超过正税 5 倍，悉为大小官吏私吞。[⑦]

　　再次，中国人具有文弱的民族性情。尾崎行雄评价中国人"乃尚文之民，非尚武之民，乃好利之民，非好战之民"，批判中国在漫长的历史中未能制造出一击置人于死地的锋利武器，而以战场为"旗鼓竞赛会"。[⑧] 荒尾精在批判中国文弱气质的同时，分析其成因：中国历代有贵文贱武

①　《何故に我は清に胜てりや》，《国民之友》第 15 卷第 240 号，1894 年 11 月，第 7 页。

②　小室重弘：《支那の爱国者》，《自由党党报》第 70 号，1894 年 10 月 10 日，"社论"，第 10 页。

③　山本忠辅：《第二军随従记》第 7，《东京朝日新闻》1894 年 11 月 22 日，第 2 版。

④　尾崎行雄：《支那处分案》，第 20—26 页。

⑤　大鸟圭介：《日清教育の比较》，《太阳》第 1 卷第 9 号，1895 年 9 月 5 日，第 154—155 页。

⑥　《清国形势论》，《自由党党报》第 73 号，1894 年 11 月 30 日，第 4 页。

⑦　荒尾精：《对清意见》，第 51—56 页。

⑧　尾崎行雄：《支那处分案》，第 26—28 页。

之风，俗谚有云"好铁不打钉，好人不当兵"，清政府对此大加利用，诱导汉人日益朝着文弱的方向发展，采取"贵文贱武"、"以文抑武"的政策，甚至连用兵都任文官为统帅。然而太平日久，文弱之风已成。文官平生不是贪污受贿、中饱私囊，就是在诗酒之间较量指甲长短，向来不留意军务。又有武人通过骑射考试录用之制，但高级将校大多目不识丁，平时沉溺于酒色与赌博，毫无志气与操练，故所谓洪秀全"一介草贼"便可崛起横行，所到之处文武百官弃城而逃。荒尾认为"若不彻底改革文弱之弊"，中国就无旺盛之元气，但清政府害怕尚武风气会让汉人强盛起来危及大清江山，故即使面临外来侵略也断不会实施真正的军制改革。[①]

由上观之，日本对中国战败原因的分析是较为深入的。但是，这种分析在促使蔑视型对华观定型固化的同时，还给其对华政策带来了深远的不良影响。上述诸种病症在此后中国展开的一系列近代化改革与革命中逐步得到改善，日本却为其侵华欲望不断膨胀，长期未能改变诸如中国人文弱、无爱国心等观念。这种观念误导日本深信可以轻易征服中国，成为诱使其进一步采取侵华行动的认识诱因。

四　蔑视型对华观的升级及其影响

甲午战争拉开了近代日本侵略中国本土的黑幕。在此后的 50 年间，日本不断推行侵华政策，甚至胆大妄为地发起全面侵华战争。近代日本为何对偌大的中国施以野蛮的侵略行径？除此前被广为论及的国际环境、近代天皇制、国家战略、近代化缺陷、皇国观念、武士道精神及军国主义传统等因素之外，蔑视型对华观在日本政界升级、病变为"侵略客体观"，也是不容忽视的思想动因。

甲午战争期间日本政治处于"藩阀专制"的鼎盛时期，以伊藤博文、山县有朋为代表的藩阀执掌内政外交，自由党、改进党等大地主、大资产阶级政党构成推动议会民主制发展的基本力量。藩阀与政党在国内民主问题上争执不下，但在对华扩张上却高度一致。甲午战争后政界除与普通民众一样形成蔑视型对华观外，其对华认识还在以下两个方面发生了变化。

---

① 荒尾精：《对清意见》，第 37—40 页。

其一，中国的东亚大国地位已为日本取代，确立了妄自尊大的"东洋盟主观"。

如前所述，日本早在1880年代既已兴起"东洋盟主"意识，但当时不论是在东亚国家还是在欧美列强看来，属于儒家文明圈的东亚地区，其盟主当属该文明的发源地且长期主导该地区国际秩序的中国。但是，甲午战争不仅打破了中国仅存的属国朝鲜与之长期维持的朝贡关系，而且扭转了欧美国家的对日、对华观。日本对中国及中华民族亦表现出极端否定与歧视的态度，① 而对大和民族的自豪、对天皇制的推崇及对武士道的盛赞却无以复加地充斥于各界，主论随之甚嚣尘上。

自由党作为众议院第一大党在甲午战争期间就已公开表达称霸东亚的野心："我国作为东洋文明之先导，为鼓吹亚细亚革命而奋起，即要……将旭日旗插上喜马拉雅山顶，称霸东洋"，"东洋盟驰骋于世界强国之竞争舞台"。② 改进党作为众议院第二大党所显示的东亚盟主意识更为强烈，其喉舌《每日新闻》在开战前就鼓吹"日本实乃东洋之盟主也、先进也"，③ 在战争过程中该报愈益狂妄，宣称"通过此次征服清国，东洋大局已定。值此之际，苟有阻碍我国前进者，就应断然排斥之，唯有贯彻独自之本领，方能掌握东洋之霸权，以与欧洲列强争雄"。④ 伊藤博文内阁的喉舌《东京日日新闻》也表达了极度膨胀的"东洋盟主"野心："朝鲜之北、台湾之南，无⑤不可取，若将清之中枢各部收归于我，扩大规模，遂大日本问题可得正当解决。"

为确保"东洋盟主"地位，日本企图通过割地、赔款等方式沉重而残酷地打击中国，使之不能东山再起。黄海海战后，政界开始探讨"北

---

① 如自由党铃木充美宣称："日本确实拥有大和魂这种应受尊崇的优良特性……而支那具有何种特性呢？他们贪得无厌、唯利是图，不知羞耻。"（铃木充美：《朝鲜改革論》，《自由党党报》第75号，1894年12月25日）

② 梅田又次郎：《日清事件の終局を論ず》，《自由党党报》第67号，1894年8月25日，第11页。

③ 《国民思想の進歩》，《每日新闻》1894年7月8日，转引自古屋哲夫编《近代日本のアジア認識》，第6页。

④ 《英国の挙動》，《每日新闻》1894年10月11日，转引自古屋哲夫编《近代日本のアジア認識》，第6页。

⑤ 《大大日本》，《东京日日新聞》1894年12月8日，转引自古屋哲夫编《近代日本のアジア認識》，第5页。

京城下之盟"，即占领北京后的媾和问题。国民协会首领品川弥二郎在接受综合杂志《太阳》采访时，继承吉田松阴之遗志，扬言将"天皇圣驾迁到支那本部"，为防止中国"卷土重来"、对日复仇，须"割其版图要地为我所有"。① 改进党提议除割地外还需"在财政上收取足以使之屈服的赔偿"，以使中国"永不翻身、永不复仇"。② 党首大隈重信强调"攻占盛京、直隶两省之要地，进攻威海卫占领山东、进入江苏，同时派遣第三军团，速占台湾"。③ 该党骨干岛田三郎还强调了占领台湾对于维护其"东洋盟主"的意义："从清国割占全岛，可与琉球八重山诸岛连为一体成为东洋第一藩镇，据此可控东洋制海权，我国之一喜一忧迅即牵动东洋之治乱兴衰。"④ 自由党也为防止中国重新崛起提出如下媾和条件：割取盛京省及台湾；对日赔偿5亿元；赔偿全部还清之前，日本驻军于中国各要地，军费由中国负担。⑤ 该党森本骏明确阐释了占领台湾对于防止中国复仇的意义："他日清国复与我滋生事端，最便于侵袭我国冲绳诸岛"，"尤清国于冲绳问题至今因琉球案件不能释怀"，而台湾与冲绳相邻，"是真正的一衣带水之地"，故"他日清国向冲绳进攻，必以台湾为根据地，若无此地，将来即使恢复国力，亦难出兵"。⑥ 上述主要意见均被日本政府纳入谈判，并落实于《马关条约》中。

　　1896年后，盛极一时的"东洋盟主论"因受"三国干涉"的打击而受挫。此时，日本学界掀起了文明层面上的"东洋盟主论"。1902年，冈仓天心提出以日本为金字塔尖的"亚洲一体论"，⑦ 强调日本文明在亚洲内部的优越性，贬斥中国由于历朝战乱及外族入侵导致"除文献与废墟之外，无任何可使人想起唐代帝王之荣华与宋代社会之典雅的标识"，褒

---

　　① 《征清の结局奈何：品川子の谈》，《太阳》第1卷第1号，1895年1月5日，第161—162页。

　　② 尾崎行雄：《北京城下の盟约》，《立宪改进党党报》第36号，1894年12月28日，第6—7页。

　　③ 《大隈伯时事谈》，《立宪改进党党报》第35号，1894年12月8日，第27—28页。

　　④ 岛田三郎：《讲和の条件》，《立宪改进党党报》第37号，1895年1月25日，第8页。

　　⑤ 森本骏：《北京城下盟私议》，《自由党党报》第71号，1894年10月25日，第3页。

　　⑥ 同上书，第6—7页。

　　⑦ 冈仓天心：《东洋の理想》，色川大吉编：《日本の名著》（39），中央公论社1989年版，第106页。

扬日本才是"真正承载亚洲思想与文化的仓库"、是"亚洲文明的博物馆"。[①] 1905 年，日本打败俄国，在政治及军事上确立了世界大国与东北亚霸权地位，其"东洋盟主观"亦从迷梦变为"现实"。由此，日本更加确信其文明的优越性，以大隈重信为代表的政、学界要人纷纷宣扬"东西文明调和论"，认为世界只有日本调和了东西两大文明，[②] 故日本"于东洋是西洋文明的中介，于西洋是东洋文明的代表"，"在东西文明融合中，处于绝对主导地位"。[③] 此后，日本便企图在东亚地区以其特有的皇国思想、武士道精神与西方文明之"先觉"为由，用日式霸道文化取代中国王道文化，建立以其为盟主的新秩序，最终演化为黄粱一梦的"大东亚共荣圈"。

其二，中国从竞争对手沦为行将亡国的"破落户"，建立了"中国亡国观"。

甲午战争以前，尽管日本屡次挑战中国的东亚大国地位，但无论在朝鲜问题上，还是在国际权重上，中国于日本而言在客观上依然是一个强大的竞争对手。但战后，日本政界普遍认为中国会遭到列强瓜分与内部分裂的双重危机走向灭亡。改进党的尾崎行雄早在中法战争中就通过实地考察发现，清朝纲纪败坏、道德腐败、民族分裂，必定走向灭亡。他认为中法战争后中国之所以未亡，是列强不了解清朝真相所致，然甲午战争暴露了清朝的腐败无能，故"由列国之误解与救护而维持余生的清国，至此势必灭亡"。[④] 自由党也认为中国行将亡国，"惨败衰颓的清朝，只不过是一个空然拥有庞大国土却不能自立的国家。土崩瓦解之势已成，必然走向四分五裂"。[⑤] 伊藤博文系下的《东京日日新闻》在攻陷旅顺后旋即做出如此判断："清国陆海军都如此缺乏战斗力，其行政几乎不能统辖庶民，有土崩瓦解、四分五裂之势，欧洲国家必定乘机制造各种口实瓜分狮子。"[⑥] 1899 年 5 月，时任首相的山县有朋亦于《关于清朝特使的意见书》中，

---

① 冈仓天心：《東洋の理想》，色川大吉编：《日本の名著》(39)，中央公论社 1989 年版，第 108—109 页。

② 大隈重信：《大隈伯演説集》，早稻田大学出版部，1907 年版，第 514—515 页。

③ 大隈重信：《東西文明》，《新日本》第 1 卷第 2 号，1911 年 5 月 1 日，第 6 页。

④ 尾崎行雄：《对清政策》，《太陽》第 1 卷第 1 号，1895 年 1 月 5 日，第 41—42 页。

⑤ 《東洋の禍機》，《自由党党报》第 73 号，1984 年 11 月 30 日，第 32 页。

⑥ 《今後の对清策》，《東京日日新聞》1894 年 11 月 15 日，第 2 版。

在"中国亡国观"的判断基础上阐述了长期对华扩张政策："观清国形势，欧洲列强于清国版图内到处扩张利益线，显然，清国地图最终将被赤、橙、蓝分开，其国将如犹太人国亡而人种存。值此之际，我国将来亦当尽量扩张利益线。"①

民间亦充斥着"中国亡国观"与侵华论调。吉野作造如是回忆："维新后吾人停止了对最早引进文物制度的老师——支那的尊敬，唯有武力一点难以轻侮，但通过此次战争，就连这点体面也悲惨地剥落了。西洋人曰沉睡的雄狮是错误的，狮子已经疾死。"②《大阪朝日新闻》还以甲午战争导致中国面临亡国危机为借口，恬不知耻地倡导日本应尽"东洋盟主"的"天职"，"做好将来把支那分成若干独立国或分建附庸国的觉悟与准备"。③

可见，甲午战争后，日本在"东洋盟主"欲望的极度膨胀中，产生了"中国必亡"的错觉，不复将中国视为竞争对手，而是可以无视主体性与感情的侵略对象，从而形成了"侵略客体型"对华观。

上述对华观在此后的 50 年间始终未能得到修正，并被嵌入日本对华战略及决策的制度框架。1897—1898 年，列强掀起瓜分中国的狂潮更加强化了日本的"中国亡国观"与"侵略客体观"。此后，中国面临亡国危机，先后掀起戊戌变法、义和团运动、清末新政、辛亥革命、国民革命等救亡图存的改革与革命运动，但日本政界、军界乃至知识界的主流对其积极意义均予以否定，甚至以表象为据反向理解各种革新运动会促使中国更为迅速地走向分裂与崩溃，坚持中国无法建立近代统一国家得以重生的陈腐观念。由于这些势力或直接位于决策地位制定政策，或处于决策周边提出议案，或置身于驻华使馆及军事机构提供相关情报，或活跃于言论界主导舆论，故上述对华观通过各种渠道融入日本对华战略及决策的制度框架。当观念被嵌入制度却又缺乏"新陈代谢"时，就会规定政策的方向，并排斥其他的政策选择。④ 日本通过甲午战争形成、巩固的"蔑华观"升

---

① 大山梓编：《山县有朋意见书》，第 251 页。

② 吉野作造：《吉野作造博士民主主義論集》第 6 卷，新纪元社 1947 年版，第 10 页。

③ 《所謂東洋の平和は何か》（二），《大阪朝日新聞》1894 年 12 月 22 日。

④ 朱迪斯·戈尔茨坦、罗伯特·O. 基欧汉：《观念与外交政策：分析框架》，朱迪斯·戈尔茨坦、罗伯特·O. 基欧汉：《观念与外交政策：信念、制度与政治变迁》，刘东国、于军译，北京大学出版社 2005 年版，第 13 页。

级、病变为"东洋盟主观"与"中国亡国观",进而形成"侵略客体观",最终演化为导致其在近代不断推行侵华政策、进而发动侵华战争的认识根源与思想鸦片。从甲午战争开始后的 50 年,日本走上了不断发动侵华战争的不归之路,错误的认知、反动的政策、罪恶的军事侵略最终导致日本在第二次世界大战中的彻底失败。

(原文载于《历史研究》2012 年第 1 期)

从国难中觉醒

——试论甲午战争的历史作用

丁伟志

甲午战争的历史，是中华民族一部刻骨铭心的国难史。回首百年，它的历史作用，是愈加清晰了。这主要表现在：

形成了对国势的一种新认识：
亡国大祸已经临头

甲午战争的结局，以冷酷的事实把亡国危机迫在眉睫的状况，无情地昭示于国人，惊醒了弥漫于全国的太平迷梦。

保持对天下大势的清醒认识，是正确处理国事的前提。所以高明者总是居安而思危，低庸者总是居危而恬安。鸦片战争前中国政局的悲剧，不仅在于中国因其贫弱而处在列强环伺的险恶局势中，而且在于举国上下对这种危局竟然浑然不察。像龚自珍那样敏锐感觉到末世景象的人，实属凤毛麟角，并且是被舆论目为迂狂怪诞，十分受孤立的。在上的秉政者仍然自视为天朝上国，富甲天下；在下的各阶层人士，受高压政策和愚民教育的桎梏，无从知晓国内外大势的真相，确如康有为所形容的，那时节的中国简直是"举国皆盲"。

几番交手、几番吃亏之后，面对现实的先进人士，对于中国在当世的处境，逐步清醒了一些，先明白了中国比列强军事上弱，后明白了中国比列强经济上穷。于是乃肯打破天朝的自欺，正视国家积贫积弱的现实，作"自强"、"求富"的号召。但是，30年洋务办下来，洋务本身的不足与弊端也充分暴露于世，这除了是由于种种政治的和社会的因素挟制和影响之外，与洋务主持者及其思想家们对国势和世情认识的短浅也有着重大关系。在一次次割地赔款之后，他们依然执迷地认定列强对中国，只是有通商的要求，而没有侵吞"土地人民"、倾覆"宗庙社稷"的野心，所以并不觉得面临亡国的危险。正因为这样，甲午战事一起，掌握国家军政大权的洋务派的能员们，立即都变成了六神无主的一批庸才。面临强敌的军事侵略，不但民众没有准备，军政当局也极端缺乏应有的准备，他们和战两歧，进退无据；决定宣战，却又只懂得调几支军队做"兵来将挡，水来土囤"式的迎敌。没有长远的战略，没有全局的部署，六军无帅，盲人瞎马，一败涂地的结局自然是难以避免的了。

败给"蕞尔小国"日本，中国人没有思想准备；败给日本竟引来列强瓜分的危机，中国人更是没有思想准备。唯其没有思想准备，唯其突如其来，人心受到的震动才愈显剧烈。梁启超说："吾国四千余年大梦之唤醒，实自甲午战败割台湾偿二百兆以后始也。"（《戊戌政变记》）对于一向有强烈主权意识的中国来说，甲午战争后突有大梦初醒般的震惊，这是实情。国事不堪，竟然到了这步田地，使得一切自欺欺人的自大心态、粉饰太平的中兴谎言，统统失去了效力。人们不能不对国势重新估量了。甲午战争迫使具有爱国之思和救国之识的中国人改变对国情国势的认识，亡国灭种的危机意识成为笼罩舆论的主流。产生这种对国势认识的转变，在感情上是痛苦的，在理智上是清醒的。能够勇敢地正视经济上处于半殖民地、政治上处于半附庸国的这种严酷现实，就是对国家实际局势认识的一大进步。

以往的中国近代史著述中，对于甲午战争后救亡思潮兴起的研究是不够的。现在看来，这确实是中国近代思想史上一桩具有时代思潮意义的大事。甲午以前，在中国论坛上几乎是听不到什么救亡的声音的，偶有危机意识的言论出现也被目为危言耸听，引不起重视。甲午战败，舆论发生的最显著变化，就是救亡的号召一呼百应，成为最强劲最有感召力的时代思潮。这种悲壮的社会思潮，当时发挥出的激励人心士气的作用是不可估量的，而由于它的出现在中国近代思想史上的进步作用也是不可估量的。先进的中国人确实是从甲午战争之后，才清醒起来，认识到中国这个文明古国已经在世界发展的大潮中沦为无主权可言、并随时有着灭亡危险的这种现实国情。正因为这样，从甲午战争之后，"奋起救亡"的口号，就成了唤起民族觉悟、正视国势艰险、提高民族凝聚力的号角。救亡的危机意识，是中国近代史上仁人志士们前仆后继谋划和实施救国大计的精魂所系，是他们为之献身的道义前提。从国难国耻中激发起救国的国魂，这大约就是甲午战争给中国思想界带来的最大成果。

得到了一个实实在在的教训：战争是实力的较量

甲午战争的是非曲直是明明白白的。日本是侵略者，中国是被侵略者，日本是非正义的一方，中国是正义的一方。但是战争的结局却置道义于不顾，明火执仗的强盗胜利了，守土卫疆的正义之师失败了；公理人心黯然失色，并未显示出有什么左右战局的威力。

中国何以遭此惨重失败？仅仅归罪于慈禧、李鸿章畏敌怯战，或者仅仅归罪于几个将领的临阵脱逃，显然是不能揭明问题的全部症结的。除了清朝政治的腐败、清朝军制的混乱、中方战事指挥的失误之外，敌我双方军事实力的强弱无疑也是一个制约战局的重要原因。战争的实际进程表明，从日本挑起丰岛海战起，到威海卫北洋水师全军覆没的八个月里，大小凡数十战，除个别外，清军通常都是战而后败，并非不战而败的；况且许多战役中清军和民众是做过义无返顾的英勇博杀之后才悲壮败绩的。可见，就民心士气而言，清军绝非不堪一战的。不过战争的实践无情地表明，为国捐躯的献身精神并不能确保正义之师稳操胜券。甲午战争中除个别小胜外，几乎每战都损失惨重，无论在海上还是在陆上的重要战役中，中方的伤亡总是数倍于敌，甚至十几倍数十倍于敌。这足以表明日军军事实力胜于清军军力乃是无可否认的事实。由此可见，武器在实战中的作用，是不应忽视的。除指挥的得失外，军事实力的强弱确实也是制约战局胜负的重要因素。

中国开展洋务自强运动在明治维新之前，但是 20 多年下来，中国的军事实力却落在了日本后边，从武器装备到军队训练均处于劣势。甲午战前，中外舆论往往还估量不清中日双方军力的强弱，中日实战的结果却无情地做出了裁判。

战争的进程与结局，应了那句"当今争于气力"的老话。日本凭借着军事实力的优势，赢得了战争，也凭借着军事实力的优势，在谈判桌上悍然置一切公理、公法于不顾，用强盗的逻辑对中国进行肆无忌惮的要挟勒索。实力较量的结果，证实了中国和日本相比，已经变成弱者。

通常来说，一个国家的军事实力总是以经济实力为后盾的，但经济较强而军事较弱、经济较弱而军事较强的事例，也是常见的，这自然是由于投放到军事上的经费数量的多寡和效益的高低不同所致。近来历史学家的考察，已经证实甲午战争之前中国的经济实力，总体上不是落后于日本，而是稍强于日本。不论就综合国力来看，还是就与军力直接相关的钢铁工业、军火工业来看，都是如此。不过必须注意到，当时中日间这种经济实力的差别是很有限的；况且更重要的是，能否把一国经济实力转化为军事实力，以及能否有效地调动经济的和军事的实力用之于实战，那还得取决于政府的政策与能力。腐朽的清朝政府，在甲午之际，显然没有有效解决这种问题的政策，也没有有效解决这种问题的能力。所以，战争的实际进程所显示出来的，中国在日本面前不仅在军事实力上是个弱国，而且在经济实力上也俨然是个弱国。

国人在屈辱、惶惑与震怒中，纷纷起来对洋务派的误国行为大加抨击。这当然是势所必然的事，不过对当时发生的对洋务派的那些指责，是需要加以分析的。顽固派借战败为口实，指责洋务自强纯系祸国殃民，重新扯起纲常名教救国的旗帜，仍然想用"彼以富强，我有仁义"之类的鬼话来欺世盗名。这种对洋务的批评，当然是混淆是非的。事实上甲午败绩，并不能证明洋务派建立新军、创办军事工业以及兴办工矿企业这些事毫无成绩，更不能证明这些事全办错了。甲午败迹证明的，只是洋务派所办经济、军事诸事办得不力，不得要领，不善管理，效率低、质量差，弊端丛生，没有达到预期的富国强兵的效果。就中国自身的状况来说，洋务派所惨淡经营的实业，不无草创之功，然而放到急剧发展的国际舞台上，和资本主义强国的进展相比较，尤其是和起点与中国相近的日本相比较，洋务派所办诸事却是不成功的，他们延误了时机，使得中国成为没有抓住发展时机的落伍者。这就是说，办了30年洋务，中国自身的实力固有所增长，然而放到国际竞争的天平上，中国却拉大了同强国间的差距。

不及时进步，就要失败。这在世界经济、政治日趋国际化的时代，更是千真万确的通则。把甲午战争看作对明治维新与洋务运动二者间得失成败的裁判，是不无道理的。国力的强弱，确是检验国家改革成功与否的最为可靠的衡器。

甲午战后，中国既屈于日本，又屈于列强，中国在强盗们的欺凌下竟然毫无还手的实力，这给中国人的刺激太深了。人们终于懂得了，唯有强大的经济实力和国防实力，才能够确保中国的复苏。正是在这样的社会氛围中，严复从进化论中推演出来的物竞天择，优胜劣败，弱肉强食，适者生存的箴言，才迅速成为风靡一时、振聋发聩的醒世恒言。

　　总之，甲午战争不仅没有否定"富国强兵"的目标，相反地恰恰证实了必须寻求一条比洋务运动更有效的途径，力争在飞速发展的世界大潮流中实现"富国强兵"的目标，以救中华。甲午战后，中国的民族工商业有较大的发展，显然与一些仁人志士从战争教训中认识到国家经济实力是国家存亡的生命线，有着重大关系。

启发人们去寻找一条有效的救国之路：从政治上作根本解决

　　日本侵略中国的战争给中国造成了灾难，战争的后果给中国造成了比战争本身更大的灾难。侵略元凶日本成了胜利者，没有出过一兵一卒，也没有对中国做过任何支援的帝国主义列强，都变成了分尝侵略战果的胜利者。随着空前数额的赔款和经济主权的严重丧失，中国与帝国主义列强间，尤其是与靠着掠夺中国的大量财富而飞速发展起来的日本之间，国力差距愈形拉大。现在证明，甲午战争把中国的经济、政治推向了绝境。

　　亡国灭种的大祸既然已经临头，这就迫使国人不得不深入查究造成国难的原因。甲午之战，以中国的国力而论，难道就注定了必败无疑吗？战败后的灾难性后果，难道注定了只能如此严重吗？痛定思痛之时，一切有识人士都看到了清朝最高当局对造成国难危势应负主要罪责。

　　甲午战前，中国军事实力虽然弱于日本，但并没有达到强弱悬殊的程度。从战争爆发后的许多次激烈对抗的战事来看，特别是从台湾军民在完全失去中央政府的支持孤军抗击日本侵略者的战绩来看，不能说中国不存在以弱胜强、击退侵略者的可能。军事实力的强弱，可以对于局部战争的胜负发生决定性的影响，但不可能决定两个大国间一场大战的整个结局。何况中国既有着可以一战的军事力量，又有着广土众民、在自己国土上作战等有利条件。可见，闹成这般一败涂地，问题还是出在清朝政府身上。就甲午战事的具体进程看，正是这个掌握着最高决策权的统治集团葬送了抗击侵略的胜机。宣战之初，就心存速胜速和的侥幸，而没有动员举国之力抗击侵略的决胜之心和相应的战略部署。辽东战败，又惶恐无状，一意乞和，拒不考虑一切持久抗战的建策。其实，以中国这个大国的综合的经济实力和军事实力，以及广阔的疆土和众多的民众来看，特别是从人心的向背来看，做长期的抗战到底的部署，未尝不存在把实力在战争中已经大损的日军击败，从而转败为胜的可能。就战事的后果而言，清朝政府和它的全权大臣李鸿章，唯以保全清朝小朝廷的"京畿"、"社稷"为务，"甘于割地弃民而不顾"（康有为：《上清帝第二书》），屈从于日本的恫吓和要挟，几乎是有求必应地满足了掠夺者割地、赔款、出让国家主权的全部贪婪要求，放弃了据理力争的任何措置，终至犯下了丧权辱国的罪孽。曾经为中国军事和工业的近代化做出过许多创举的李鸿章，在《马关条约》谈判过程中的卑污言行，前愧对那些在甲午战争中壮烈殉国的部属将士，后愧对孤军作战的台湾军民。如此行止，当然是无法用"忍辱负重"一类的说辞掩盖得过的。

酿成亡国危机的罪魁清朝政府，及其作为立国根本决策基础的政法制度，在甲午战后不能不成为众矢之的。有识之士从国难的教训中，明白了造成国难的真实原因。事实证明，与其说甲午战败是中国实力不如人所致，毋宁说是中国政治制度落后于人所致。这道理或者可以用一个老格式来表达，就是说，军事实力之强弱是制约甲午战争胜败的条件，而政治制度的优劣则是决定甲午战争胜败的根据。甲午之后，有志于挽救国家于危亡的志士们，终于懂得了拯救国家民族之道，这时走到了只有从根本上改革清朝最高政权和它的根本政治制度这一条路上，已经别无他途。于是，温和者如康有为，在《公车上书》中，一方面要求光绪帝下"罪己之诏"，承担责任，激励天下，迁都练兵，同雪国耻；同时他又着重建议"幡然变计"，根据新的局势更改"国朝法度"，变法自强。激进者如孙中山，痛切认识到清廷已腐朽到不可救药，乃极谋组织推翻清朝政权的武装起义，创立合众共和国。这两种救国方案的得失，长期以来议论不一；近年是改良而非革命的议论，在海外又颇为抬头。这中间的是非曲直，姑且不论，但是有一点却的确是值得引起中国近代史研究者注意的。这就是，我们既往的研究和著述中，基本上是着重于分析革命与改良两种政见的区别，而很少分析这两种政见的共同性。其实，应当说，在甲午战后几乎同时并起的这样两种救国的方案，它们之间是存在着共同性的。甲午战争的灾难不可辩驳地证明了，19世纪末的清朝政府及其政治法度、内外政策，乃是造成国家民族危机的主要祸根，要救国就不能让它再照旧统治下去。

"中国不变法则必亡"（严复：《救亡抉论》），已是当时明智人士的共识。在甲午战后的具体时代背景下，先进的中国人已经懂得中国如果还不从根本上改变政治制度，是国亡无日了。明识及此，就是对中国近代国情国势认识的划时代进步。这显然是甲午以前中国所未有过的自我省察。至于变法的方式，是改良好还是革命好，变法的模式，是日式的君主立宪好还是美式的民主共和好，老实说，在当时还没有成为急需弄明白的当务之急。不管是康有为维新派也好，还是孙中山革命派也好，能够从国难中，从危亡的险恶前景中，看到变法改制的这个大方向，总算为多灾多难的中国勘察到了一条出路。尽管前边的路还十分崎岖险阻，但是找到这条生路，总算没有辜负甲午战争中为国捐躯的先烈们的遗志。

（原文载于戚其章、王如绘主编《甲午战争 100 周年纪念论文集》，人民出版社1995 年版）